PRÉCIS DE CIVILISATION ESPAGNOLE ET IBÉRO-AMÉRICAINE

DU XXe SIÈCLE À NOS JOURS

2e édition mise à jour

PRÉCIS DE CIVILISATION ESPAGNOLE ET IBÉRO-AMÉRICAINE

DU XXe SIÈCLE À NOS JOURS

2e édition mise à jour

Carole POUX
Professeur agrégée d'espagnol, docteur en linguistique
Enseignante en CPGE au Lycée Louis-Barthou de Pau (64)

Claire ANZEMBERGER
Professeur agrégée d'espagnol
Enseignante en CPGE au Lycée Henri-Poincaré de Nancy (54)

ellipses

ISBN 9782340-047792

8/10 rue la Quintinie 75015 Paris

www.editions-ellipses.fr

REMERCIEMENTS

L'aventure se poursuit avec cette nouvelle édition du précis de civilisation espagnole et ibéro-américaine. Afin de continuer d'accompagner les étudiants dans la préparation des concours, il nous a semblé essentiel d'actualiser cet ouvrage qui, nous l'espérons et nous le souhaitons, saura assouvir leur soif de savoir.

Nous remercions sincèrement Barbara James, éditrice chez Ellipses, qui nous a accompagnées tout au long de ce projet et a su nous guider par ses conseils pertinents et son œil expert depuis trois ans. Nous adressons également notre gratitude à notre famille et à nos amis pour leurs encouragements, sans oublier Pascale Fanlo, professeur agrégée d'espagnol à Pau, pour sa relecture scrupuleuse et avisée. Enfin, nous tenons à saluer la patience et le soutien quotidien de nos enfants qui, malgré leur jeune âge, ont compris l'enjeu de notre investissement pour mener à bien l'actualisation de ce livre.

Bien chaleureusement,

Claire et Carole

AVANT-PROPOS

Cet ouvrage s'adresse aux étudiants des classes préparatoires aux grandes écoles quels que soient les filières suivies et les concours préparés (Écoles de Commerce, ENS, IEP...), ainsi qu'à ceux de LLCR et LEA et à tous les préparationnaires du CAPES et de l'agrégation d'espagnol désireux de perfectionner leurs connaissances civilisationnelles du monde espagnol et ibéro-américain.

Ce précis (rédigé en langue espagnole), comme son nom l'indique, se veut détaillé, mais aussi clair et accessible afin que le lecteur se plonge aisément dans la civilisation et l'actualité de l'Espagne et de l'Amérique latine. L'époque ciblée s'étend du XXe siècle jusqu'à nos jours. Les synthèses proposent des notes lexicales (avec synonymes en espagnol et/ou traduction en français) ainsi que des encadrés qui sont un zoom sur un point précis. De plus, pour enrichir la culture littéraire et cinématographique du public ciblé, chaque chapitre propose des titres de romans ou de films et documentaires en rapport avec la thématique traitée. Pour faciliter l'apprentissage et consolider les savoirs issus de la lecture de ce livre, des cartes mentales viennent récapituler chaque synthèse. La carte conceptuelle, par son côté condensé, sa structure et sa hiérarchisation des idées clés, est un outil idéal pour appréhender les contenus de manière rapide et efficace, ce qui favorise également les révisions. Enfin, les renvois à l'intérieur de chaque chapitre (➔ véase MC[1] ou cap[2]...) permettront de naviguer d'un sujet à l'autre pour instaurer une cohérence et offrir une vision globale de l'ensemble.

La deuxième édition de ce livre nous a donné l'occasion de fusionner des chapitres, d'en supprimer pour intégrer de nouvelles thématiques et mettre à jour les deux années qui se sont écoulées depuis la première publication. De nombreux présidents ont entamé leur mandat pendant cette période et l'Amérique latine a été secouée, en 2019, par des révoltes sociales qui se sont prolongées en intégrant de nouvelles revendications en 2020. La crise sanitaire du coronavirus a particulièrement touché l'aire ibéro-américaine et l'Espagne, entraînant une crise socio-économique et politique dont les enjeux apparaissent incontournables.

Nous espérons que ce nouvel ouvrage contribuera à la réussite des étudiants et facilitera le travail de nos collègues de l'enseignement supérieur !

1. MC = Mapa Conceptual : *carte mentale*.
2. cap. = capítulo : *chapitre*.

SOMMAIRE

PRIMERA PARTE. ESPAÑA

APROXIMACIÓN A LA REALIDAD HISTÓRICA Y SOCIOPOLÍTICA

ENFOQUE TEMÁTICO

SEGUNDA PARTE. AMÉRICA LATINA Y EL CARIBE

APROXIMACIÓN A LA REALIDAD HISTÓRICA Y SOCIOPOLÍTICA

ENFOQUE TEMÁTICO

PRIMERA PARTE

ESPAÑA

APROXIMACIÓN A LA REALIDAD HISTÓRICA Y SOCIOPOLÍTICA

ESPAÑA (presentación general)

- **Los principales partidos políticos**
  - PP (Partido Popular)
  - PSOE (Partido Socialista Obrero Español)
  - Ciudadanos
  - Podemos
  - IU (Izquierda Unida)
  - Vox
- **Forma de Gobierno**
  - Monarquía parlamentaria
- **Organización territorial**
  - **17 comunidades**
    - 16 autónomas y 1 foral (Navarra desde 1982)
  - **2 ciudades autónomas**
    - Ceuta y Melilla
- **Situación geográfica**
  - En Europa
  - Frontera norte con Francia
  - Frontera noroeste y oeste con Portugal
- **Superficie**
  - 505.944 km²
- **Población**
  - 47,37 millones de habitantes
  - **Gentilicio**
    - Un español / Una española
- **Lenguas oficiales**
  - El castellano (= el español)
  - El catalán
  - El euskera (= el vasco)
  - El gallego
- **Capital**
  - Madrid
- **Moneda nacional**
  - El euro

LA SEGUNDA REPÚBLICA (1931-1939) 1

Proclamación de la Segunda República

Tras la caída de la dictadura de Miguel Primo de Rivera (1923-1930), que dimitió el 28 de enero de 1930, y el fracaso de la "dictablanda" del general Dámaso Berenguer, el rey Alfonso XIII decidió nombrar en febrero de 1931 al almirante Juan Bautista Aznar para que presidiera un gobierno de concentración monárquica y colaboración regionalista.

Éste convocó elecciones municipales, en lugar de comicios generales, para el 12 de abril de 1931, finalmente consideradas como un plebiscito[1] entre la continuidad de la monarquía del rey Alfonso XIII y una nueva República. Frente a una clara preponderancia de votos republicanos, el monarca se exilió sin abdicar del trono que ocupaba desde 1902 dejando paso a la proclamación de la Segunda República.

La "dictablanda" de Dámaso Berenguer remite a su manera pasiva de gobernar pero las insurrecciones le impidieron gobernar realmente. Por eso fue una "dictadura blanda", de ahí el juego de palabras con lo "dura" que fue la dictadura precedente del general Miguel Primo de Rivera y lo blanda que fue la de Berenguer.

Dos días después, fue proclamada la Segunda República y la primera ciudad en alzar la bandera republicana fue Eibar en Guipuzcoa (País Vasco), seguida de otras ciudades españolas como Barcelona y Madrid antes de generalizarse a todo el país. El mismo 14 de abril, Francesc Macià, recién elegido a la cabeza de la *Generalitat* –Parlamento catalán– proclamó la República catalana, negando la existencia de una federación ibérica. Cataluña aprobó su estatuto de autonomía el 9 de septiembre de 1932 y fue vigente hasta el 5 de abril de 1938.

La Constitución

Así quedó aprobada la Constitución el 9 de diciembre de 1931 en torno a un Estado integral, con posibilidad de estatutos de autonomía, separación de la Iglesia y del Estado, sufragio universal directo y una cámara única.

La bandera de la Segunda República española fue la bandera nacional durante el período 1931-1939. Era tricolor con franjas horizontales de color rojo (la superior), amarillo (la central) y morado (la inferior), las tres del mismo ancho. Podía incluir –pero no siempre– como blasón en el centro de la franja amarilla el escudo de la Segunda República.

La bandera republicana será después utilizada por el partido político Podemos encabezado por Pablo Iglesias a partir de su creación en 2014. Es una manera de mostrar su apego a la República. El color morado será retomado como símbolo de este partido.

Reformas bajo la Segunda República

Con Niceto Alcalá Zamora como primer presidente de la Segunda República (1931-1936) y Manuel Azaña Díaz como jefe del Gobierno entre 1931 y 1933 y brevemente en 1936, se llevaron a cabo algunas reformas.

En el plano militar, los principales objetivos fueron modernizar el ejército para hacerlo más eficaz, así como subordinar el "poder militar" al poder civil.

La cuestión agraria quedaba pendiente[2] debida a la grave situación que estaban sufriendo los jornaleros[3], sobre todo en Andalucía y Extremadura, donde se había disparado[4] el número de desempleados y la mano de obra padecía explotación con bajos salarios. Aunque los siete decretos pronunciados por el ministro de Trabajo, Francisco Largo Caballero, mejoraron las condiciones laborales de los jornaleros, los propietarios se opusieron, apoyados por los ayuntamientos monárquicos y la Guardia Civil.

En el plano social, los sindicatos cobraron más legitimidad y poder, se protegió el derecho a la huelga[5] bajo ciertas condiciones, se pagaron por primera vez las vacaciones y se negociaron contratos de trabajo mediante jurados mixtos. Hasta se consiguió la laicización de la sociedad (divorcio, matrimonio, despenalización del aborto, disolución de la Compañía de Jesús).

Tendencia insurreccional y Revolución de Octubre

Pero tanto la oposición izquierdista como la derechista frente a la Segunda República mostraron un carácter insurreccional, obligando al Gobierno a prohibir las manifestaciones, encarcelar o desterrar a muchos anarquistas a partir del 1 de mayo de 1932.

Frente a la desunión de los republicanos durante este primer bienio, triunfó la unión de derechas antirrepublicanas con el radical Alejandro Lerroux como jefe del Gobierno apoyado por la CEDA (Confederación Española de Derechas Autónomas). El 19 de noviembre de 1933, se celebraron las segundas elecciones generales de la Segunda República española para las Cortes y fueron las primeras en que las mujeres ejercieron el derecho al voto. En las nuevas Cortes, el partido fascista Falange española, dirigido por José Antonio Primo de Rivera, hijo del exdictador Miguel Primo de Rivera, obtuvo dos diputados, lo que mostró un vuelco[6] conservador ampliado por el voto femenino influido por la Iglesia católica. Lerroux acabó por dimitir y las insurrecciones de abril de 1934 desembocaron en la Revolución de Octubre del mismo año con un saldo de 4.000 muertos y 23 condenados a muerte. Entre las condenas, dos se llevaron a cabo. Los principales focos de la rebelión se produjeron en Cataluña y Asturias, región en la que tuvieron lugar los sucesos más graves cuando, para controlar la huelga de los mineros y obreros, el ejército del general Francisco Franco tuvo que intervenir desde Marruecos. Y tuvo gran importancia en las cuencas mineras de Castilla y León y ciudades de la provincia de Valladolid. Largo Caballero era el organizador de la revolución. Otro acontecimiento grave: Lluís Companys proclamó Cataluña como Estado catalán dentro de la República federal española, lo que le valió al presidente de la *Generalitat* una pena de cárcel de treinta años por sedición[7].

Radicalización de la derecha

Tras la Revolución de Octubre, se entabló una tercera etapa de radicalización de la derecha durante la cual se suprimieron los efectos de la reforma agraria y se prohibió la actividad sindical. Gil Robles, ministro de Guerra, nombró al general Francisco Franco jefe del Estado Mayor central. El gobierno fracasó por la falta de consenso entre todos los partidos en torno a la reforma de la Constitución, lo que desencadenó la disolución de las Cortes en enero de 1936.

Terceras y últimas elecciones

Se celebraron nuevas elecciones generales en febrero de 1936 en las que, gracias a la Ley electoral, salió ganando el Frente Popular en el que se integró Izquierda republicana. En mayo de 1936, tras la destitución de Niceto Alcalá Zamora, Manuel Azaña Díaz accedió a la Presidencia de la República. Pretendían restablecer la reforma agraria y el estatuto de autonomía en Cataluña, así como cerrar los colegios religiosos. España, con tan pocos partidos adeptos a la democracia, conoció un verdadero desliz[8] hacia el levantamiento definitivo de Franco el 18 de julio de 1936. Franco le pidió a Gil Robles que declarara el estado de sitio, pero éste se negó y dimitió. Los obreros y los campesinos reprimidos tras la Revolución de Octubre y frustrados de las pocas tentativas del Frente Popular desataron violentas insurrecciones con saqueo[9] y quema de conventos. El Congreso votó el estado de alarma y la violencia crónica desembocó en el alzamiento desde Marruecos el 17 de julio de 1936.

NOTAS

1. un plebiscito = una consulta popular
2. pendiente (adj.) = que queda en suspenso, sin resolver
3. los jornaleros = los peones: *les travailleurs dans les champs*
4. dispararse: *monter en flèche*
5. la huelga: *la grève*
6. un vuelco = un giro: *un revirement de situation*
7. la sedición = el alzamiento público y colectivo contra un gobierno a fin de derrocarlo
8. un desliz: *un glissement*
9. el saqueo: *le pillage*

- ***Las bicicletas son para el verano*** (1984), ficción de Jaime Chávarri basada en la obra teatral homónima de Fernando Fernán Gómez, se ubica en el verano de 1936 cuando estalla la Guerra Civil tras el Alzamiento nacional.
- ***Belle époque*** (1992), del director español Fernando Trueba, narra el clima de libertad que acompañó la proclamación del nuevo régimen.
- ***Tierra y Libertad*** (1995), del director británico Ken Loach, sobre el levantamiento anarquista, causante de una "guerra dentro de una guerra" entre los partidarios de la CNT y el gobierno del Frente Popular.
- ***La lengua de las mariposas*** (1999), de José Luis Cuerda, sacada de la novela gallega *A lingua das bolboretas* de Manuel Rivas.
- ***Clara Campoamor: la mujer olvidada*** (2011), documental de Elvira Mínguez.
- ***Las chicas del cable*** (2017), serie televisiva de Ramón Campos, Teresa Fernández-Valdés y Gema R. Neira que narra la lucha cotidiana de cuatro mujeres por sus derechos e independencia.

MC 2 La Segunda República (1931-1939)

LA SEGUNDA REPÚBLICA (1931-1939)

- **Inicio de la Segunda República (14 de abril de 1931)**
  - Sustituta de la monarquía de Alfonso XIII
  - **Dos etapas republicanas**
    - Una etapa de paz (1931-1936)
    - La Guerra Civil (1936-1939)
- **PRIMER BIENIO (1931-1933)**
  - **Coalición republicano-socialista dirigida por Manuel Azaña**
  - Reformas para modernizar el país
- **SEGUNDO BIENIO (1933-1935)**
  - **Llamado por las izquierdas "bienio negro"**
  - Gobierno del Partido Republicano Radical de Alejandro Lerroux, respaldado por la derecha católica de la Confederación Española de Derechas Autónomas (CEDA)
  - Insurrección anarquista y socialista conocida como Revolución de 1934 encabezada por dos sindicatos
    - La Unión General de Trabajadores (UGT) y la Confederación Nacional del Trabajo (CNT)
- **TERCER BIENIO (1935-1936)**
  - **Triunfo de la coalición de izquierdas (el Frente Popular) en las elecciones generales de 1936**
  - Gobierno del Frente Popular: cinco meses de paz
  - Golpe de Estado iniciado el 17 de julio y organizado por una parte del ejército
  - Estallido de la Guerra Civil
- **Durante la etapa en guerra (1936-1939) se sucedieron tres gobiernos**
  - El republicano de izquierda José Giral (julio-septiembre de 1936)
  - El líder de la UGT Francisco Largo Caballero (sept. 1936- mayo de 1937)
  - El socialista Juan Negrín (mayo de 1937- abril de 1939)
- **Final de la Segunda República (1 de abril de 1939)**
  - **5-12 de marzo de 1939**
    - Golpe de Estado del coronel Casado
  - **1 de abril de 1939**
    - Victoria del bando nacional liderado por el general Franco
- **A partir de 1939**
  - La República dejó de existir en España
  - Miembros republicanos exiliados
    - Instituciones republicanas vigentes en el exilio

LA GUERRA CIVIL (1936-1939) 2

Datos generales

Las reformas iniciadas durante la Segunda República no consiguieron frenar la progresiva radicalización de grupos de izquierdas o derechas que respectivamente abogaban por[1] una revolución obrera o un Estado fuerte y autoritario. En la primavera de 1936, este clima de violencia se generalizó por toda España. Más de 200 personas murieron en enfrentamientos políticos en los tres meses que siguieron a las elecciones de febrero de 1936. Tanto en la derecha monárquico-fascista como en la izquierda militante, la juventud ya no creía sino en las armas para solventar[2] los problemas. Prueba de ello: los asesinatos se habían convertido en la moneda común de los jóvenes militantes, cualesquiera que fueran sus ideas políticas.

Un golpe fracasado[3]

El 17 de julio de 1936, la rebelión que Mola llevaba meses planeando estalló en Melilla con la sublevación de una parte del ejército contra el gobierno republicano. Este pronunciamiento[4] militar, apoyado por los falangistas, monárquicos y sectores de la CEDA, fue seguido de varios alzamientos[5] de las guarniciones en distintas zonas del territorio español. Ya el 23 de junio de 1936, el general Francisco Franco había avisado a Santiago Casares Quiroga del inminente alzamiento, pero como no recibió respuesta por parte del jefe del Gobierno, se unió a los rebeldes. El 19 de julio de 1936, Franco, comandante militar de Canarias, se trasladó a Tetuán para tomar el mando del ejército de Marruecos. Fue uno de los últimos generales en sumarse[6] al golpe.

El avión de José Sanjurjo Sacanell –otro destacado militar español que se trasladaba de Lisboa a España para reunirse con los golpistas– se estrelló al despegar, por lo que los sublevados perdieron a su jefe (lo que favoreció la ascensión de Franco al puesto de generalísimo el 1 de octubre de 1936 tras varias discusiones).

Al no triunfar en toda España el alzamiento militar que duró entre el 17 y el 21 de julio de 1936, la población y el territorio se dividieron en dos zonas y dos bandos: los republicanos (llamados "rojos", eran en su mayoría socialistas, comunistas, anárquicos) contra los nacionales (llamados "azules", entre los que se encontraban falangistas, monárquicos, buena parte del Ejército, la Iglesia y la oligarquía terrateniente). Los golpistas se impusieron fácilmente en la mitad norte de España (excepto Cataluña y la franja[7] cantábrica), las islas (salvo Menorca), en el protectorado español de Marruecos (Ceuta y Melilla) así como en las ciudades de Sevilla, Córdoba, Granada y Cádiz. Madrid y Barcelona resistieron frente al pronunciamiento gracias al apoyo fundamental de los socialistas, comunistas y anarquistas. A finales de julio, la zona rebelde y la zona fiel a la República contaban con fuerzas y territorios iguales de tamaño. El golpe militar había fracasado y la victoria de los rebeldes sólo era posible mediante una larga guerra.

Guerra de columnas de julio a diciembre de 1936

El objetivo principal de los sublevados era la toma de Madrid. El ejército operó del mismo modo que en la Guerra de Marruecos: pequeñas columnas avanzaban a pie o a bordo de camiones. Este avance fue facilitado por la ausencia de un verdadero ejército en la zona republicana, ya que los oficiales del Ejército leal a la República habían sido ejecutados y las milicias populares carecían de entrenamiento. Desde Cataluña, los anarquistas liderados por Durruti iniciaron una ofensiva en la zona de Aragón.

Para el bando rebelde, era necesario trasladar el ejército desde África; para ello, el general Franco gestionó la ayuda de barcos y aviones italianos y alemanes. Una vez conseguido, se aseguró el dominio de gran parte de Andalucía y se inició la marcha hacia Madrid, hacia donde se dirigían también las tropas del norte. Franco tomó una iniciativa decisiva para el resto de la guerra: optó por liberar Toledo, en cuyo Alcázar se resistía un grupo de sublevados, mandados por el coronel Moscardó. Una vez tomado Toledo, se reinició el ataque a Madrid. Ante la proximidad de los rebeldes, el gobierno republicano se trasladó a Valencia el 7 de noviembre. Los esfuerzos del sindicalista del PSOE, Francisco Largo Caballero, en organizar un ejército popular ya habían dado resultado y la llegada de las Brigadas Internacionales hizo realidad la famosa frase de Dolores Ibárruri (La Pasionaria): "No pasarán".

La Pasionaria (Dolores Ibárruri Gómez) fue una política española que luchó por la causa republicana. Dirigió el Partido Comunista de España y pugnó por[8] los derechos de las mujeres. Algunas frases suyas han pasado a la historia, aunque son adaptaciones de frases ya existentes: "¡No pasarán!" o "Más vale morir de pie que vivir de rodillas".

Internacionalización del conflicto

La Guerra Civil española fue el anticipo de la Segunda Guerra Mundial, lo que explica que cada bando recibiera el respaldo de países acordes a[9] la ideología de los bandos combatientes. El miedo a la extensión del conflicto hizo que Inglaterra presionara a Francia para que no interviniera en la contienda[10]. De hecho, en agosto de 1936, Francia e Inglaterra firmaron un tratado de no intervención y en septiembre se creó en Londres el Comité de No Intervención que perjudicó[11] sobre todo a la República.

El conflicto se internacionalizó a finales de julio de 1936 con la ayuda de Alemania, Italia y Portugal para la zona rebelde y el apoyo de la URSS, México y las Brigadas Internacionales para el territorio republicano.

La Italia fascista y la Alemania nazi no escatimaron[12] su ayuda al bando de Franco. Mussolini envió las tropas llamadas *Corpo di Truppe Volontarie* (por cuyas filas pasaron unos 80.000 voluntarios, la mayor ayuda numéricamente hablando). Alemania envió a unos 20.000 hombres en sucesivos relevos, a la Legión Cóndor formada por aviadores, personal técnico especializado, así como aviones que desempeñaron un papel clave en el bombardeo de la población civil de Guernica (País Vasco) el 26 de abril de 1937. El Portugal de Salazar facilitó créditos, una amplia protección diplomática y proporcionó[13] material y hombres llamados "viriatos". De hecho, el vecino portugués se convirtió en la retaguardia de apoyo logístico por servir de plataforma de comunicación entre las zonas ocupadas por los golpistas. Esta ayuda se hizo a crédito y la España de Franco tuvo que reembolsar sus deudas hasta 1945 para Alemania y 1967 para Italia a través de productos agrícolas, minerales y pagos. Una vez terminada la guerra, Alemania fijó la deuda española en 372 millones de marcos alemanes cuando Italia la valoró en unos 7.000 millones de liras. Sin embargo, el Gobierno italiano fijó la cuantía de dinero que devolver en 5.000 millones.

La República financió la ayuda exterior mayoritariamente con las reservas en oro del Banco de España, enviadas a la URSS a finales de 1936 para adquirir armamento (carros de combate y aviones especialmente). El México de Cárdenas hizo lo posible para ayudar al gobierno legítimo de España abriendo sus fronteras a los miles de republicanos exiliados, así como proporcionando armas y pertrechos[14] para los contendientes[15] republicanos. El gobierno de la República incluso se instaló en México en 1975. En las filas republicanas también lucharon las Brigadas Internacionales, cuyo número oscilaba entre 40.000 y 60.000 voluntarios. Estas unidades militares compuestas por voluntarios extranjeros procedentes de 50 países y reclutados por la Internacional comunista combatieron en defensa de la República y sus valores.

A pesar de que la ayuda recibida por uno u otro bando fuera similar, cabe hacer algunas consideraciones. En primer lugar, la ayuda italiana y alemana fue más rápida, además de generosa, ya que las potencias fascistas no exigieron el pago inmediato del material suministrado. En segundo lugar, la ventaja estratégica inicial de la República se perdió en parte por esta ayuda. Un hecho decisivo como el paso del Estrecho del ejército de África no hubiera sido posible sin los barcos y aviones proporcionados por Alemania. Por último, la ayuda militar a las dos partes contribuyó a la prolongación de la guerra, al incremento de las destrucciones económicas y a la pérdida de vidas humanas.

Las grandes batallas

La guerra creció en envergadura desde finales de 1936 debido a la ayuda exterior a ambos bandos y a la organización de ejércitos totalmente operativos. Así se pasó a las grandes ofensivas y contraofensivas. Desde el punto de vista militar, la guerra adquirió entonces un carácter moderno, que anunciaba lo que iba a ser la Segunda Guerra Mundial: la aviación comenzó a ser el arma fundamental, por su capacidad de observación y ofensiva; los carros de combate desempeñaron un papel básico; se llegó al concepto de "guerra total" con bombardeo de ciudades y se intensificó la "guerra psicológica", utilizando la radio, los periódicos y la llamada "literatura de trinchera" (a través del poeta Miguel Hernández y del escritor José María Pemán).

Franco intentó por segunda vez tomar Madrid, pero fracasó en la batalla del Jarama (febrero de 1937), una de las más encarnizadas de la guerra, y la de Guadalajara (marzo de 1937), donde las tropas italianas enviadas por Mussolini fueron derrotadas. La ofensiva republicana en Brunete también fracasó.

Entonces Franco cambió de estrategia. Aceptó la idea de una guerra larga y centró sus esfuerzos en la Campaña del Norte, con la conquista de Asturias, Cantabria y el País Vasco. Tras el bombardeo de Guernica por parte de la Legión Cóndor tuvo lugar la caída de Bilbao (junio de 1937). La ofensiva republicana en Belchite (del 24 de agosto al 6 de septiembre de 1937) no consiguió el objetivo de Franco de parar la Campaña del Norte.

Las batallas decisivas de 1938 y final de la guerra

A finales de 1937, los republicanos desarrollaron una ofensiva en el Bajo Aragón, logrando entrar en Teruel en enero del 38, pero pronto la ciudad fue recuperada por los nacionales. Tras esto, Franco se dirigió hacia el Mediterráneo, cortando en dos el territorio de la República con la toma de Vinaroz.

Las tropas republicanas, para frenar el avance hacia Valencia, lanzaron la ofensiva sobre el Ebro con el ejército de Cataluña. Esta batalla que duró tres meses y medio (julio a noviembre de 1938) supuso un gran desgaste[16] y la última oportunidad republicana. Tras su victoria, los nacionales pudieron conquistar fácilmente Cataluña en enero de 1939, iniciándose un exilio masivo a Francia por los Pirineos, la llamada "Retirada".

> **La Retirada** se refiere al exilio de los españoles (sobre todo catalanes) tras la caída de Barcelona en enero de 1939. Se calcula que, en marzo de 1939, 440.000 refugiados españoles habían cruzado la frontera pirenaica. Las autoridades francesas, desbordadas por esta ola masiva de exiliados, los reagruparon en campos de concentración. Entre los que los más conocidos: el campo de Saint-Cyprien y el campo de concentración de Argelès-sur-Mer (Pirineos Orientales) y el campo de Gurs (Pirineos Atlánticos).

Tras la dimisión de Manuel Azaña como presidente de la República, hubo un golpe de Estado por el coronel Casado, jefe de Defensa de Madrid, que pretendía una paz negociada con los golpistas. Sin embargo, Franco admitió únicamente la rendición sin condiciones. El 28 de marzo, las tropas franquistas ocuparon Madrid, iniciándose el derrumbe definitivo de la República en Ciudad Real, Albacete, Murcia y Valencia. El 1 de abril de 1939, se anunció el fin de la Guerra desde Burgos.

Las consecuencias de la Guerra Civil

Se calcula que murieron unas 500.000 personas y el exilio republicano supuso una descomunal pérdida humana en el territorio español. Ya durante el conflicto, los "niños de la guerra" fueron evacuados a la URSS, Francia o México (en menor medida), pero el gran éxodo tuvo lugar en enero y febrero de 1939. En conjunto, se estima que hubo más de 450.000 exiliados.

La guerra fue una verdadera catástrofe a nivel económico. La renta nacional y per cápita no recuperó el nivel de 1936 hasta la década de 1950. Se destruyó el tejido industrial del país, por lo que se volvió a una economía básicamente agraria. También se destruyeron viviendas, comunicaciones e infraestructuras que fue necesario reconstruir, aumentó la deuda externa y se perdieron las reservas de oro del Banco de España.

La guerra supuso una verdadera fractura del país entre vencedores y vencidos. Varias generaciones fueron marcadas por el sufrimiento de la guerra y la represión de la larga posguerra.

La victoria franquista supuso la creación de un estado dictatorial, que giró en torno al Generalísimo Francisco Franco hasta su muerte en 1975.

NOTAS

1. abogar por: *plaider pour et intercéder*
2. solventar: *résoudre*
3. fracasar: *échouer*
   fracasado: *raté, manqué*
4. el pronunciamiento: *le putsch*
5. el alzamiento: *le soulèvement*
6. sumarse a: *se joindre à*
7. la franja: *la bande de terre*
8. pugnar por = luchar por
9. acorde a: *en accord avec*
10. la contienda = la guerra, el conflicto
11. perjudicar: *nuire*
12. escatimar: *lésiner*
13. proporcionar: *fournir*
14. el pertrecho: *l'attirail, l'équipement*
15. el contendiente: *le belligérant*
16. el desgaste: *l'usure, l'affaiblissement*

- ***La vaquilla*** (1985), tragicomedia de Luis García Berlanga sobre la Guerra Civil española y un grupo de soldados que se dedican a escribir cartas.
- ***¡Ay, Carmela!*** (1990) de Carlos Saura sobre dos cómicos que dan representaciones teatrales para las tropas republicanas, en el frente de Aragón.
- ***Libertarias*** (1996) de Vicente Aranda que adopta el punto de vista de mujeres durante la Guerra Civil española.
- ***Mientras dure la guerra*** (2019) de Alejandro Amenábar cuenta los sucesos acaecidos en la Salamanca de la segunda mitad del año 1936 mediante el punto de vista del escritor y filósofo Miguel de Unamuno sobre el principio del golpe de Estado de los sublevados.

Pas pleurer (2014) de Lydie Salvayre aborda la Guerra Civil mediante la voz de una madre que vivió el conflicto y la de Georges Bernanos, testigo directo de la contienda.

LA GUERRA CIVIL (1936-1939)

Antecedentes

- **Elecciones del 16 y 23 febrero de 1936**
  - Victoria del Frente Popular
- **Propagación de la violencia por toda España**
  - Asesinato de José Calvo Sotelo (líder monárquico)

Principio

- **17 de julio de 1936**
  - Golpe militar del general Mola y del militar Sanjurjo en Melilla: se propagó al territorio español
  - Fuerte resistencia de los republicanos, obreros y sindicatos
  - Fracaso del pronunciamiento militar
  - División de la población española
- **18 de julio de 1936**
  - Estallido de la Guerra Civil

2 bandos

- **Los nacionales**
  - Apodados "azules" o fascistas: falangistas, monárquicos, oligarcas terratenientes, militares o eclesiásticos
  - Respaldados por la Alemania de Hitler y la Italia de Mussolini
- **Los republicanos**
  - Llamados "rojos": en su mayoría socialistas, comunistas, anarquistas o cualquier persona leal a la República
  - Su lema: "No pasarán"
  - Ayudados por la Rusia de Stalin, México y las Brigadas Internacionales

Final y balance

- **Balance humano**
  - 500.000 fallecimientos en los 3 años del conflicto y cientos de miles de exiliados
- **Balance económico catastrófico**
  - Destrucción del sector industrial, de las infraestructuras y pérdidas de las reservas de oro
- **1 de abril de 1939**
  - Final de la Guerra Civil: victoria de los nacionales
  - Principio de una larga dictadura encabezada por Franco

Desarrollo

- **Entre julio y noviembre de 1938**
  - La batalla del Ebro (la más larga del conflicto)
- **26 de abril de 1937**
  - Bombardeo de Guernica
- **Julio-septiembre de 1936**
  - Muerte accidental de Sanjurjo, jefe de los rebeldes
  - Francisco Franco pasó a encabezar a los insurrectos
  - Nombramiento como Generalísimo y luego, como jefe del Gobierno
  - Autoproclamación de Franco como jefe del Estado

3 LA DICTADURA DE FRANCISCO FRANCO (1939-1975)

Datos generales

Al terminar la Guerra Civil, España estaba destrozada[1] social y económicamente. Además, el fin de la guerra no anunció el advenimiento[2] de la paz, sino la victoria para los nacionales y la represión para los republicanos (durante los diez años que siguieron la derrota, se efectuaron más de cien mil ejecuciones y el último campo de concentración sólo fue cerrado en 1962). Empezó el franquismo, un período dominado por la figura del general Francisco Franco Bahamonde. La dictadura de Franco fue una dictadura de carácter personal con rasgos fascistas y totalitarios. Entre el 1 de octubre de 1936 (cuando fue nombrado jefe del Estado) y su muerte el 20 de noviembre de 1975, el poder franquista evolucionó y conoció cambios que corresponden con etapas que van del aislacionismo a la apertura sobre el mundo exterior. Cabe precisar, sin embargo, que la armazón del régimen definido por las instituciones y las leyes que regían su buen funcionamiento no cambiaron nunca.

El franquismo, un poder totalitario, centralista, autocrático y represivo

El general Franco no sólo tenía el mando supremo del Ejército (con el título de Generalísimo) sino también la totalidad del poder político, ejecutivo, legislativo como jefe del Estado y del Gobierno. Todos los organismos que fueron creados entonces, como la Junta técnica o el Consejo de ministros, eran sólo organismos asesores del jefe del Estado, el cual nombraba y destituía a sus miembros, que no tenían por sí mismos ningún poder decisorio. Franco tomaba todas las decisiones, incluso a nivel regional. Este centralismo fue uno de los elementos más cuestionados por Cataluña y el País Vasco.

El Caudillo aparecía como una figura inspirada por Dios, cuyo poder, limitado a una sola persona, era absoluto. Franco recurrió a la Iglesia católica para legitimarse e imponer principios dictatoriales. Su ideología pasó a denominarse "nacionalcatolicismo".

El decreto de Unificación del 19 de abril de 1937 refundió a todos los grupos políticos que se habían unido a los militares sublevados el 17 de julio de 1936 en un partido único, la Falange española tradicionalista, inicialmente creada en 1933 por José Antonio Primo de Rivera, hijo del exdictador Miguel Primo de Rivera (1923-1930). Los miembros de este partido estaban sometidos a la autoridad exclusiva de su jefe nacional, Franco. El nuevo partido tenía una ideología en la que se mezclaban elementos de la derecha más tradicional con aportaciones del ideario[3] falangista más próximos al pensamiento fascista europeo. En 1937, la Falange pasó a llamarse el "Movimiento". Su emblema era el de los Reyes Católicos: cinco flechas que representaban los cinco "reinos" (Castilla, León, Aragón, Cataluña y Navarra) unidas por un yugo[4] que simbolizaba al Estado.

Los tres pilares del régimen franquista

El régimen franquista descansó en tres pilares[5] esenciales: el Ejército, la Iglesia y el Movimiento. Los militares tenían una presencia relevante en la vida cotidiana de la sociedad franquista. Se encargaban de controlar la represión, dirigían la policía, participaban tanto en la política económica como jurídica y aportaron muchos símbolos del régimen a través de la doctrina del caudillaje militar. La principal aportación ideológica de los militares al régimen fue el "nacionalpatriotismo", una visión unitaria y tradicionalista de España. Del espíritu militar provinieron las ideas de jerarquía, disciplina, autoritarismo que dominaron las distintas etapas de la dictadura. Firmemente anticomunistas, los militares eran defensores de la unidad nacional y del orden público. Del fascismo tomaron ideas como el "hipernacionalismo", la ética de la violencia, el machismo (nunca participó una mujer en el Consejo de ministros con Franco), la idea de España como un imperio, la exaltación del líder, la dirección paternalista de la sociedad, el adoctrinamiento político de la juventud y de la mujer (Sección Femenina) y la organización en sindicatos verticales (nacionalsindicalismo).

Desde el principio, la Guerra Civil fue calificada de "Cruzada"[6] y la Iglesia aportó legitimidad tanto a nivel nacional como internacional. Franco nombraba a los obispos y cardenales. Se le devolvió a la Iglesia el control de la educación que se le había quitado durante la Segunda República.

El nacionalcatolicismo se tradujo en la defensa de la religión y de la moral católica en sus versiones más tradicionales. La Falange, junto con los tradicionalistas carlistas y las JONS (Juntas de Ofensiva Nacional-Sindicalista), se fundieron en el Movimiento nacional. El papel fundamental del Movimiento fue el adoctrinamiento de las masas mediante la creación de diversas entidades como los sindicatos verticales, la Sección Femenina, y el Frente de Juventudes.

Esta mezcla ideológica formó el nacionalismo español durante la dictadura, plasmado en el lema "España, una, grande y libre": "UNA" o sea unida y libre de separatismos; "GRANDE" como el imperio en la época de los Reyes Católicos y de Carlos V; y "LIBRE" de las ideologías "extranjerizantes" (judíos, masones y comunistas) y todo ello dentro de una España tradicional cuya seña de identidad era el catolicismo. El "Régimen" culpaba al sistema liberal de la República de los males por los que había pasado España. Por lo tanto, optó por un sistema sin partidos políticos, sin elecciones, sin división de poderes, sin parlamento y sin las características de un sistema liberal. La obsesión y fobia que Franco sentía para con el judaísmo, la masonería y el comunismo se debía a que para él eran los introductores de los dos grandes problemas del siglo XIX y XX.

Los Reyes Católicos, Isabel de Castilla y Fernando de Aragón, así como su nieto Carlos V, representaban para Franco el ideal de unidad y grandeza del país. La pareja real había emprendido la unificación del territorio con su boda (1469) y con la toma de Granada (02/01/1492). En cuanto a Carlos V, como rey e imperador, reinó en un territorio tan extenso que se dijo que nunca se ponía el sol en su imperio por incluir tierras en Europa, África y en América.

Una sociedad propensa al conservadurismo

La dictadura de Franco contó con un respaldo[7] importantísimo de la sociedad española. Los apoyos mayoritarios provenían de la oligarquía terrateniente, financiera e industrial, sin olvidar el peso del pequeño propietario agrícola de la mitad norte y la masa de funcionarios y beneficiados por el régimen. Las clases medias, que conocieron su auge[8] a partir de la década desarrollista, respaldaron[9] mayoritariamente al régimen. Éste, apoyado por la Iglesia y el Movimiento nacional, consiguió que la mayor parte de la población española se alejara de la política. Esta despolitización era otra forma de hacer política que consistía en el sometimiento de una mayoría a una minoría. Un aspecto que el alumnado notó fue el cambio en el calendario festivo de las escuelas puesto que comenzó a celebrarse una serie de días festivos religiosos y se estableció una retahíla de conmemoraciones que debían celebrarse en el colegio, dentro del horario lectivo.

Las mujeres sin derechos

Con la dictadura de Franco, se cerró brutalmente el capítulo de emancipación de las mujeres escrito por la Segunda República. Se redefinió el rol de las mujeres en la sociedad y fueron relegadas a la esfera privada. Mediante leyes, normas educativas y la Sección Femenina, el régimen franquista difundió e impuso un arcaico arquetipo femenino sumiso que limitaba el papel de la mujer al hogar. Mediante leyes se reguló la dependencia de las mujeres consideradas como menores bajo tutela masculina (primero el padre y luego el marido). Además, el Fuero del Trabajo de 1938 obligaba a despedir a las mujeres de ciertos empleos cuando contraían matrimonio para que se convirtieran en el "ángel del hogar". Si una esposa tenía que trabajar, era una deshonra para el marido, por eso se le impedía que trabajara.

El fútbol bajo la dictadura

Durante la dictadura franquista, el fútbol actuó como un mecanismo de nacionalización informal y pasó a ser deporte nacional o "deporte rey". Era un modo de obtener la atención de la gente y en las canchas de fútbol, los mayores dirigentes del régimen aprovechaban para tratar sus temas, los jugadores estaban obligados a hacer símbolos de respeto al régimen y se celebraba una copa llamada Copa del Generalísimo. El 21 de junio de 1964, la selección española consiguió alzarse con la Eurocopa en el estadio madrileño Santiago Bernabéu y no lo hizo ante un enemigo cualquiera, sino frente a la Unión Soviética. Millones de telespectadores vieron a Franco saludar desde el palco del Bernabéu: era la culminación de la propaganda futbolística del régimen franquista. La vinculación entre franquismo y fútbol no se habría producido de la misma manera si no hubiese sido por la irrupción y el desarrollo de los medios de comunicación de masas durante los años 50. La combinación de periódicos, radios y el NO-DO permitían que un único partido de fútbol siguiera en la mente del público durante varias semanas.

El NO-DO (acrónimo de Noticiarios y Documentales) era un noticiero que se proyectaba obligatoriamente en los cines españoles antes de la película, entre 1942 y 1976. Fue una herramienta propagandística que alababa las acciones del régimen.

La corrida de toros y la dictadura

Los toros se convirtieron en patrimonio nacional y cultural del país con vistas a atraer a los países con mejor economía para firmar contratos. La corrida de toros no dejó de ser una auténtica "fiesta nacional", como ya lo era durante la Restauración, la dictadura de Miguel Primo de Rivera y la Segunda República. La Guardia Civil, la policía secreta franquista, era la que respaldaba todo lo que le rodeaba. Los propios comisarios o alcaldes y gobernadores de Franco presidían los festejos que distraían a los ciudadanos. De hecho, mientras la gente se reunía para asistir a una corrida de toros, no pensaba y no se rebelaba.

La oposición

Representada por el gobierno de República, la *Generalitat* y personalidades como Don Juan (hijo de Alfonso XIII), la oposición exterior fue debilitándose al perder contacto con el país. En el interior, durante la etapa autárquica (hasta 1948), la represión fue tan feroz que la oposición existente desapareció por su eliminación o su paso a la sociedad pasiva. Sólo los "maquis" continuaron la lucha armada en forma de guerrilla en diferentes zonas de España. A partir de los años cincuenta, pero sobre todo en los sesenta y setenta, aparecieron grupos que se opusieron a la dictadura. Para ellos, se creó el Tribunal de Orden Público (TOP). Por otra parte, la universidad se convirtió en un crisol de oposición al Régimen. Los obreros, encuadrados en organizaciones sindicales (sobre todo UGT de inspiración socialista y Comisiones Obreras de ideología comunista), organizaron la lucha obrera por mejoras laborales, pero con un trasfondo político de lucha contra la dictadura. En Cataluña y el País Vasco, se reforzó el sentimiento nacionalista acentuado por la represión (estaba prohibido el uso del catalán o del vasco en la administración y la escuela, hasta en las calles, bajo amenaza de encarcelamiento). Los partidos nacionalistas como el PNV cobraron más fuerza y surgieron grupos armados como ETA (➲ véase MC 32) o el FRAP (Frente Revolucionario Antifascista y Patriótico) en 1973. A partir de los sesenta, influida por las doctrinas del Concilio Vaticano II, una parte de la Iglesia quiso apartarse de la dictadura.

La posguerra y la autarquía (1939-1958)

Durante esa época, la prioridad era permanecer en el poder y luchar contra el marxismo. Para ello se suprimieron las libertades políticas y solo hubo un partido (el Movimiento nacional) y una central sindical (la Organización sindical). Franco era jefe del Estado y del Gobierno, jefe del Movimiento, generalísimo de los ejércitos y Caudillo de España. Contó con la colaboración de grupos ideológicos conservadores como la Falange, la Iglesia y el Ejército. En cuanto a la Comunidad Internacional, rompió las relaciones diplomáticas con la España franquista excepto el Vaticano, Portugal, Suiza y la Argentina de Perón (➲ véase cap. 41). Tras el triunfo de los nacionales se mantuvo la fuerte represión contra los vencidos: se aprobó la Ley de Responsabilidades Políticas (quien no hubiera apoyado al Movimiento podía ser juzgado), así como la Ley de Represión contra Masonería y Comunismo. El 1 de septiembre de 1939, se inició la Segunda Guerra Mundial. Hitler se entrevistó en Hendaya con Franco para obtener su participación en el conflicto, pero finalmente España no entró en guerra. En 1942, Franco optó por la no intervención, excepto suministros de guerra a los alemanes y el envío de la División Azul a Rusia entre 1941 y 1944. A partir de 1943, el sistema político español emprendió una serie de reformas que lo llevaría a abandonar muchos de sus signos fascistas (saludo, uniforme, himno). En 1947, la Ley de Sucesión hizo de España un reino y otorgó a Franco la Jefatura vitalicia del Estado y el derecho a nombrar a su sucesor. Don Juan de Borbón (padre del rey emérito Juan Carlos I) publicó el "Manifiesto de Lausana" en el que pedía la restauración de la monarquía, así como el retorno a la democracia en el "Pacto de San Juan de Luz". Sin embargo, pocos meses después, Don Juan acabó entrevistándose con Franco y permitió que su hijo Juan Carlos se educara en España.

Entre 1957 y 1959, la pésima situación de la balanza comercial, la inflación, los conflictos sociales y la baja productividad agrícola e industrial impulsaron un cambio en la gestión económica del país con el llamado "Plan de Estabilización".

No se redactó una nueva Constitución, sino que el régimen se organizó jurídicamente mediante 7 LEYES FUNDAMENTALES:

– Carta del Trabajo de 1938, que reglamentaba la jornada laboral, los descansos y prohibía el derecho a la huelga. Constituyó la primera ley fundamental como mecanismo para la institucionalización del Régimen. Esta ley regulaba y organizaba la vida económica del país.

– Ley de Cortes de 1942, que permitía la creación de las Cortes, a las que se les asignaba un papel consultivo y sin iniciativa parlamentaria. Los procuradores eran designados por Franco o por elección de municipios y el Sindicato.

– Carta a los españoles de 1945: se trataba de una especie de declaración de derechos y deberes de los ciudadanos, pero estos podían ser suspendidos cuando el Gobierno lo considerara oportuno. Esta ley y la anterior pretendían dar al régimen cierta apariencia democrática: era la "democracia orgánica".

– Ley de Referéndum nacional de 1945, que permitía someter a referéndum aquellas cuestiones que el jefe de Estado considerara oportunas. Establecía un método de sufragio directo de todos los españoles.

– Ley de Sucesión de 1947. "España es un Estado católico, social y representativo que, de acuerdo a su tradición histórica, se constituye en un Reino", donde se dice que Franco es jefe del Estado vitalicio y con derecho a nombrar a su sucesor (de este modo, Franco aparece como un tipo de regente). Esta ley fue aprobada en el primer referéndum celebrado en España después de la Guerra Civil. Se establece que el príncipe don Juan Carlos de Borbón, nieto de Alfonso XIII, tendrá que iniciar estudios de bachillerato en España.

– Ley de los Principios fundamentales del Movimiento de 1958. Se sustituyó el contenido falangista por el del "Movimiento", más neutro y ambivalente. Se estaba abandonando la autarquía que iba a ser sustituida por el desarrollismo económico. Promulgaba los ideales de Patria, Familia y Religión, junto al máximo respeto de las Leyes fundamentales y a la monarquía.

– Ley orgánica del Estado de 1967, por la que España se organizaba en una democracia orgánica y se reconocía una forma leve de participación ciudadana para elegir a una parte (1/3) de las Cortes. Se establecía la posibilidad de que el jefe del Gobierno fuera diferente al del Estado. Las Cortes pasaron a tener cierto papel legislativo. La ley del Estado institucionalizó el régimen franquista.

Todas estas Leyes fundamentales dieron el soporte jurídico a un sistema político piramidal donde Franco controlaba todos los resortes del poder: ostentaba la jefatura del Estado, podía legislar por decreto, todos los poderes le estaban subordinados. Tenía iniciativa para nombrar obispos, cargos públicos, universitarios.

En 1948, se volvieron a abrir las fronteras con Francia. A partir de 1951, comenzó un periodo de transición hacia la apertura exterior que acarreó un incremento de la economía y permitió el principio del proceso industrializador del país gracias a la ayuda norteamericana y a la llegada de turistas extranjeros. A partir del comienzo de la Guerra Fría, el enfrentamiento entre fascismo y democracia fue sustituido por la lucha por la hegemonía entre Estados Unidos y Unión Soviética, lo que permitió que, a principios de los 50, la ONU atenuara la condena al Régimen. En octubre de 1953, se firmaron los Pactos de Madrid entre Estados Unidos y España. A cambio de una ayuda económica, alimenticia y militar, España les concedía a los estadounidenses el derecho a establecer bases militares en Zaragoza, Rota y Torrejón. España tuvo una posición geoestratégica importante en el contexto de la Guerra Fría. Este acercamiento a EE. UU. posibilitó el ingreso de España en la ONU y tuvo efectos positivos inmediatos: un aumento de los puestos de trabajo en las ciudades, así como la libertad de precios y de circulación de todos los productos alimenticios. En 1952, España ingresó en la UNESCO.

Estabilización política y milagro español (1959-1973)

Las transformaciones iniciadas en 1951 se aceleraron a partir de 1957 (ingreso en el FMI en 1958) y sobre todo con el Plan de Estabilización de 1959, que puso fin al periodo de autarquía. El almirante Carrero Blanco, desde el año 1951, empezó a controlar el gobierno y se apoyó en los tecnócratas del Opus Dei, lo que permitió modernizar la economía española.

El Opus Dei (literalmente "obra de Dios") es una institución católica fundada en 1928 por el sacerdote español José María Escrivá de Balaguer cuya meta era contribuir a la misión evangelizadora de la Iglesia. La labor apostólica del Opus Dei traspasó las fronteras españolas no sólo mediante el clero sino también personas laicas. Se trata de un grupo elitista que aboga por la elevación intelectual y espiritual de sus miembros.

España se consolidó como dictadura burocrática con nuevas leyes (Ley de Principios del Movimiento nacional). A comienzos de los 60, el franquismo daba muestras de agotamiento. En 1962, los oponentes al régimen se reunieron en Múnich, desde donde denunciaron el carácter antidemocrático del régimen. En España, la agitación social cundía mediante protestas universitarias y una fuerte oposición de índole nacionalista que culminó con la creación de la banda terrorista ETA en 1959 (véase cap. 13 • 27).

La promulgación de nuevas leyes:

En 1958, por la Ley de Convenios Sindicales, se abandonó el control directo del Gobierno sobre la fijación de los salarios, que pasaron a depender de las negociaciones directas entre patronos y asalariados.

La Ley de Principios fundamentales del Movimiento (1958) reafirmó las bases teóricas del sistema. En 1966, la Ley de Prensa (o "Ley Fraga" por el nombre de su autor) suprimió la censura previa aplicada hasta entonces a cualquier escrito destinado a ser publicado.

La Ley Orgánica del Estado fue aprobada mediante el referéndum de 1966. Estableció que los procuradores en Cortes fueran elegidos directamente por votación de los cabezas de familia y mujeres casadas.

La Ley de Libertad Religiosa (1967) eliminó las discriminaciones que pudieran recaer sobre algunos ciudadanos por razón de la religión que profesaran.

La Ley Sindical de 1971 aprobó la continuación del control gubernamental sobre los sindicatos llamados "sindicatos verticales", donde se integran obligatoriamente empresarios, productores y técnicos.

Con el Plan de Estabilización de 1959, se saneó[10] la economía española y se creó un clima de confianza que incentivó[11] las inversiones extranjeras. Se devaluó la peseta, lo que aumentó las exportaciones e incrementó la importación de bienes de consumo y de capitales. 1959 también fue el año de ingreso de España en la OCDE. El 21 de diciembre de 1959, el presidente estadounidense Eisenhower viajó a España y se encontró con el Caudillo. Esta entrevista marcó un hito[12] en la historia del país ya que, en cierta manera, legitimaba al régimen de Franco y rompía el aislamiento del país a raíz de la derrota del fascismo en la Segunda Guerra Mundial. En ese contexto el país abrió sus puertas al turismo. En 1960, en los albores del turismo internacional, España acogió a 6 millones de visitantes. Paralelamente, se produjo el proceso de descolonización cuando España le devolvió su soberanía al protectorado marroquí. El 12 de octubre de 1968, se independizó Guinea Ecuatorial (última colonia española) tras 180 años de soberanía española y en 1969, Franco ordenó el cierre de la frontera con Gibraltar.

A nivel económico, para salir de la política de autarquía económica, el Plan de Desarrollo (1964-1967) constituyó un intento serio de remediar la situación de atraso secular de la economía. El Segundo Plan de Desarrollo (1968-1971) estableció por primera vez una política económica.

En julio de 1969, las Cortes aceptaron como sucesor de Franco en la jefatura del Estado, con el título de rey, al príncipe don Juan Carlos de Borbón, y no al heredero dinástico de Alfonso XIII, don Juan de Borbón, padre de Juan Carlos que se había opuesto al Caudillo. En 1972, se decidió que, en caso de fallecimiento del jefe del Estado, Juan Carlos desempeñaría directamente las funciones de rey y que el vicepresidente del Gobierno en funciones ocuparía la jefatura del Gobierno. Todo parecía listo para que la vida política del país siguiera bajo control del régimen. Sin embargo, la oposición se manifestaba cada vez con mayor frecuencia y empezó un pulso[13] entre el Gobierno y la oposición. La vertiente[14] más espectacular de esta lucha correspondió al terrorismo generado por ciertos grupos radicales (ETA o FRAP), que provocó fuertes reacciones por parte del Gobierno. Tras violentas protestas internacionales, Franco indultó[15] a los seis etarras condenados a muerte en el conocido "proceso de Burgos" el 30 de diciembre de 1970.

El tardofranquismo o la agonía del Régimen (1973-1975)

El 11 de julio de 1973, Franco dejó el poder al almirante Carrero Blanco, que unos meses después, en diciembre de 1973, sería asesinado por ETA. Su muerte supuso un gran golpe para el Régimen. Entonces le sucedió Carlos Arias Navarro, que propuso una apertura llamada "espíritu del 12 de febrero", pero que en realidad no lo fue para nada, lo que provocó un descontento tanto a nivel nacional como internacional. Como consecuencia, se retiraron las embajadas instaladas en España y el Vaticano rompió sus relaciones con España.

El 27 de septiembre de 1975, tuvieron lugar los últimos fusilamientos (dos etarras y tres militantes del Frente Revolucionario Antifascista y Patriota) ordenados por Franco a pesar de una fuerte movilización para evitarlos. Tales ejecuciones tuvieron un enorme impacto en toda España y en toda Europa. Incluso el papa Pablo VI le pidió clemencia a Franco que, con todo, firmó las penas de muerte. El 20 de noviembre del 1975, dos meses después de los últimos fusilamientos, moría Franco tras una larga agonía que anunciaba el fin de la era franquista.

El caso de los bebés robados: una dolorosa espina de la dictadura todavía presente en la democracia

Entre el final de la Guerra Civil en 1939 y principios de los 90, el Estado, los hospitales y la Iglesia participaron en el robo de bebés para que fueran adoptados ilegalmente por familias afines al Régimen, tras asegurar a las madres que sus hijos habían muerto durante el parto. El escándalo de los bebés robados estalló en 2007, en pleno debate sobre la memoria histórica (➲ véase cap. 22). Se calcula que entre 30.000 y 300.000 bebés fueron arrebatados a sus madres. Una de las culpables más famosas fue María Gómez Valbuena, conocida como Sor María, imputada en 2012. El juez Garzón, famoso por su labor a favor de las víctimas de las dictaduras (tanto en España como en América Latina), afirmó que la cifra de niños robados superaba los 30.000. Después de la inhabilitación del juez Baltasar Garzón en 2012, la jueza argentina María Servini tomó el relevo en la investigación.

NOTAS

1. destrozar: *démolir, détruire, anéantir*
2. el advenimiento: *l'arrivée, l'avènement*
3. el ideario: *l'idéologie*
4. el yugo: *le joug*
5. el pilar: *le pilier*
6. la cruzada: *la croisade*
7. el respaldo: *le soutien*
8. el auge: *l'essor*
9. respaldar: *soutenir*
10. sanear: *assainir*
11. incentivar: *stimuler*
12. marcar un hito: *faire date*
13. el pulso: *le bras de fer*
14. la vertiente: *l'aspect*
15. indultar: *gracier*

- ***Las trece rosas*** (1988), del director español Emilio Martnez-Lázaro, cuenta la represión sangrienta, en 1939, al final de la Guerra Civil, contra todos los que se atrevieron a oponerse a los nacionales, en particular los miembros de las JSU (Juventudes Socialistas Unificadas). Entre los derrotados, muchas mujeres intentaron luchar. Trece de ellas, entre las cuales siete eran menores de edad, fueron ejecutadas el 5 de agosto de 1939, y pasaron a la Historia como "las trece rosas", convirtiéndose así en representantes de todas las mujeres ejecutadas por la barbarie franquista o muertas por las pésimas condiciones de vida en las cárceles.
- ***Els nens perduts del franquisme (Los niños perdidos del franquismo)*** (2002), de Montserrat Armengou y Ricard Belis es un documental de los robos de bébés durante la dictadura.
- ***La voz dormida*** (2011), del director español Benito Zambrano que se inspiró en la novela epónima de Dulce Chacón, cuenta la represión durante la posguerra española.
- ***Pan negro*** (2010) de Agustí Villaronga se ambienta en la Cataluña rural en los años de postguerra y cuenta la historia de un niño cuya familia pertenece al bando de los perdedores.

Maquis (1997), novela española de Alfons Cervera que cuenta la vida del pueblo "Los Yesares" y la represión que se ejerció contra los "maquis" entre los años 1939 y 1950-51. Retrata pues la lucha armada en forma de guerrilla en diferentes zonas de España bajo la dictadura franquista.

LA DICTADURA DE FRANCISCO FRANCO (1939-1975)

- **Organización política**
  - **Franco**
    - Jefe del Gobierno y del Estado y Generalísimo en el Ejército
  - **La Falange**
    - Único partido autorizado. En 1937, pasó a llamarse el Movimiento. Su emblema era el de los Reyes Católicos: un yugo y cinco flechas
  - **Los 3 pilares del Régimen**
    - El Ejército, la Iglesia y el Movimiento
- **Vida social**
  - **Mujeres sin derechos pese a su emancipación durante la Segunda República**
  - Gran importancia de la religión
  - El fútbol como opio del pueblo
  - La corrida: patrimonio cultural y nacional
- **Oposición**
  - **Cataluña**
    - La Generalitat
  - Don Juan, hijo de Alfonso XIII y padre de Juan Carlos I
  - Los "maquis"
  - **Oposición aniquilada**
    - En los años 60 y 70 reorganización y creación de grupos armados como ETA (1959) o el FRAP (1973)
- **Final de la dictadura**
  - **20 de noviembre de 1975**
    - Muerte de Francisco Franco
  - **Bebés robados**
    - A partir de 1939 hasta principios de los 90, robos de 30.000 bebés a sus madres para adopción ilegal
- **Tres etapas**
  - **1939-1958**
    - Autarquía
    - Las 7 Leyes Fundamentales
  - **1959-1973**
    - Plan de Estabilización
    - Milagro español
    - Aprobación por las Cortes del sucesor de Franco: Juan Carlos de Borbón (1969)
  - **1973-1975**
    - El tardofranquismo

MAPA CONCEPTUAL

4 LA TRANSICIÓN DEMOCRÁTICA (1975-1982)

Datos generales

Dos días después de la muerte de Franco el 20 de noviembre de 1975, el rey Juan Carlos I asumió la jefatura del Estado[1] en medio de un período de incertidumbre[2] generalizada. Con los términos Transición española o transición democrática se denomina el proceso complejo que cerró el período dictatorial y permitió la vuelta a la democracia en España, así como la normalización de las relaciones con Europa y el resto del mundo. Resulta difícil dar una fecha precisa que marque el principio y el final de ese período, pero se suele retener desde la muerte de Franco hasta la aprobación de la Constitución el 6 de diciembre de 1978 o bien hasta el 23-F, fecha del intento de golpe de Estado con el fin de restaurar el nacionalismo franquista o bien, por último, las elecciones generales de 1982, ganadas por el PSOE, que marcaron un verdadero cambio en el tablero político.

La labor de Adolfo Suárez

El año 1976 empezó con numerosas huelgas[3] y movilizaciones sindicales que provocaron varias muertes y eran el síntoma del malestar de la población frente a los pocos avances llevados a cabo por el presidente del gobierno franquista Carlos Arias Navarro, que acabó por dimitir en julio. A raíz de esta dimisión, Juan Carlos de Borbón nombró a Adolfo Suárez para ocupar la presidencia. Este joven político, centrista y reformista desempeñó un papel fundamental en la sustitución del régimen dictatorial por la democracia y en la emergencia del pluralismo político. Consiguió impulsar la Ley para la Reforma política (18 de noviembre de 1976) apoyándose en el rey y Torcuato Fernández-Miranda que había desempeñado de forma interina la Presidencia del Gobierno en diciembre de 1973, tras el asesinato de Luis Carrero Blanco por ETA. Adolfo Suárez logró el apoyo de ciertos militares, aprobó la amnistía a los presos políticos, hizo votar la Ley electoral y legalizó el Partido Comunista Español (PCE) en abril de 1977 para que pudiera participar en las primeras elecciones libres (15 de junio de 1977) desde los comicios de febrero de 1936.

Las elecciones del 15 de junio de 1977 y el pacto de la Moncloa

Todas las formaciones políticas estaban representadas por partidos políticos. Entre ellos destacaban Alianza Popular (AP), partido conservador liderado por Manuel Fraga, la Unión de Centro Democrático (UCD), encabezada por Adolfo Suárez, y el Partido Socialista Obrero Español (PSOE) con Felipe González al frente. Un 78 % de los ciudadanos votó y fue la UCD de Suárez la que ganó. El PSOE y los partidos regionales tuvieron también un gran éxito. El gran perdedor de estos comicios fue el partido conservador, mostrando así el cambio ideológico experimentado por España. El Congreso de los Diputados designó un Comité compuesto por siete miembros pertenecientes a los principales partidos políticos (desde conservadores hasta comunistas) para redactar el anteproyecto de la Carta Magna.

Por otra parte, para hacer frente a la grave crisis económica que azotaba[4] al país desde la crisis petrolera de 1973, se firmaron los pactos de la Moncloa en octubre de 1977. Se trataba de medidas socioeconómicas acordadas conjuntamente por los diferentes partidos políticos para controlar la inflación que pasó del 20 % en 1976 al 44 % en 1977 y estimular el empleo.

La Constitución

El texto constitucional resulta de un largo proceso lleno de trabas[5] debidas sobre todo a la división del territorio en comunidades autónomas (➔ véase cap. 11), así como la voluntad de autogobierno de Cataluña y el País Vasco. Este tema espinoso tiene consecuencias todavía hoy en la política española y hasta pone en tela de juicio[6] el papel de la transición política y de la constitución resultante de este proceso. No obstante, durante mucho tiempo se consideró la Transición el gran logro[7] de la historia española del siglo XX, no sólo por ser ratificada masivamente por los ciudadanos el 6 de diciembre de 1978 sino también por el consenso que supuso. La Constitución establece como forma de Estado la monarquía parlamentaria bicameral basada en el pluralismo político y en la descentralización del Estado. El rey es el jefe del Estado (➔ véase cap.10), encarna la unidad del Estado, nombra al presidente del Gobierno, es el jefe del Ejército y sanciona las leyes aprobadas por las Cortes Generales, pero carece de poder efectivo de decisión.

La división de los poderes es una idea fundamental en el texto constitucional. El Congreso de los Diputados y el Senado comparten el poder legislativo, sin embargo, la Cámara Baja tiene más responsabilidades ya que se encarga de la investidura del presidente del Gobierno y su eventual cese por moción de censura. Tanto el Congreso como el Senado desempeñan un papel de control político sobre el Gobierno, cuyo presidente dirige el poder ejecutivo. En cuanto al poder judicial, les incumbe a los jueces y al Consejo general del Poder judicial. El Tribunal Constitucional tiene un papel de control sobre las leyes y las actuaciones de la administración pública para comprobar si respetan la Carta Magna.

Los siete padres de la Constitución fueron diputados (de formaciones políticas muy alejadas) encargados de redactar el anteproyecto de Constitución. Entre ellos estaban: Gabriel Cisneros Laborda (UCD), Manuel Fraga Iribarne (AP), Miguel Herrero Rodríguez de Miñón (UCD), Jordi Solé Turá (PSUC), José Pedro Pérez-Llorca Rodrigo (UCD), Miquel Roca i Junyent (Pacte Democràtic per Catalunya) y Gregorio Peces-Barba (PSOE).

El 23-F

Una vez aprobada la Constitución, Suárez convocó nuevas elecciones generales para marzo de 1979 pero el 32 % de abstención reveló cierto descontento y desilusión de los ciudadanos frente a la incapacidad del gobierno de solventar la crisis económica y gestionar las dificultades provocadas por los actos terroristas de ETA. En el partido UCD, las tensiones internas y las críticas hacia Suárez provocaron su renuncia a finales de enero de 1981.

El 23 de febrero de 1981, durante la segunda votación de investidura de Leopoldo Calvo Sotelo, tuvo lugar una intentona de golpe de Estado por parte del teniente coronel Antonio Tejero que secuestró con unos cuatrocientos militares a todos los que se hallaban en el Congreso. Ante esa situación tensa, el rey desempeñó un papel decisivo para salvar la democracia valiéndose de su título de jefe de las Fuerzas Armadas. Juan Carlos I salió en televisión a la una de la madrugada, dirigiéndose a los militares para convencerles de seguir fieles al régimen democrático. Su actuación le valió el mote de "bombero de la democracia" y fue apoyada por todos los sectores políticos que condenaron el golpe. Juan Carlos I y la democracia salieron engrandecidos de esta crisis política. Por el incesante declive de la UCD, Leopoldo Calvo Sotelo, que había sido elegido presidente el 25 de febrero de 1981, disolvió las Cortes y convocó elecciones generales en octubre de 1982, poniendo fin definitivamente a la Transición con la victoria del PSOE con mayoría absoluta.

Una transición hacia la libertad

Durante los siete años transcurridos entre la muerte de Franco y la victoria del socialista Felipe González, la Iglesia perdió influencia, las mujeres empezaron a emanciparse y la libertad de prensa regresó, siendo un símbolo de ello el primer número del periódico *El País*, el 4 de mayo de 1976, apenas cinco meses después de la muerte de Franco. Una de las consecuencias del final de la censura fue el fenómeno llamado "destape"[8], una reacción desbocada[9] tras casi cuarenta años de represión. El destape usó y abusó de elementos sexuales en las películas o en los anuncios y acabó por desaparecer cuando los desnudos dejaron de ser algo excepcional. También cabe mencionar el movimiento contracultural de la Movida que apareció en Madrid al principio de la Transición y se generalizó a otras comunidades autónomas hasta mediados de los ochenta.

La Movida fue una explosión cultural, cuyo epicentro fue Madrid, que se manifestó tanto en la música como en el cine, el teatro, las artes gráficas o incluso en la manera de vestirse de los jóvenes. Contribuyó a la modernización del país y su integración en una Europa más adelantada. Una de las principales figuras de este movimiento que rompía totalmente con el rigor de la sociedad franquista es el famoso cineasta Pedro Almodóvar, con sus películas atrevidas como *Pepi, Luci, Bom y otras chicas del montón* en 1980, *Laberinto de las pasiones* en 1982 o *Átame* en 1989.

A pesar de sus altibajos[10], la Transición supo dar a los españoles las mismas libertades que las de sus vecinos europeos, pero hoy numerosas personas cuestionan el éxito de este período especialmente debido al secesionismo catalán y reclaman una reforma de la Constitución.

NOTAS

1. asumir la Jefatura del Estado: *assumer les fonctions de chef d'État*
2. la incertidumbre: *l'incertitude*
3. la huelga: *la grève*
4. azotar: *s'abattre sur, ravager*
5. la traba: *el obstáculo*
6. poner en tela de juicio = cuestionar: *mettre en doute/ en question*
7. un logro: *une réussite*
8. el destape = el hecho de desvelar, de quitar lo prohibido
9. desbocada: *emballée, déchainée*
10. los altibajos: *les hauts et les bas*

- ***El diputado*** (1978) de Eloy de la Iglesia cuenta las desventuras de un exmilitante clandestino de un partido de izquierdas durante el franquismo que es elegido diputado en las elecciones de 1977. Pero cuando está a punto de ser nombrado Secretario General de su partido, lo chantajea un grupo ultraderechista que amenaza con divulgar su homosexualidad.
- ***23-F, el día más difícil del Rey*** (2009), documental español de Silvia Quer que cuenta las horas decisivas que pudieron cambiar la historia de España.
- ***23-F: Operación palace*** (2014) de Jordi Évole es un análisis del hito que tuvo en vilo a todos los españoles el 23 de febrero de 1981.

LA TRANSICIÓN DEMOCRÁTICA (1975-1982)

- **Final de la dictadura y principio de la monarquía**
  - **Muerte de Francisco Franco**
    - 20 de noviembre de 1975
  - **Juan Carlos I de Borbón, rey de España**
    - 22 de noviembre de 1975
    - Jefe del Estado
    - Jefe de las Fuerzas Armadas
- **Octubre de 1977**
  - **Pactos de la Moncloa**
    - Para controlar la inflación e incentivar el sector laboral
- **Labor de Adolfo Suárez**
  - Legalización del Partido Comunista (abril de 1977)
  - Amnistía de los presos políticos
  - Elecciones libres el 15 de junio de 1977 con la victoria de la Unión de Centro Democrático, liderada por Adolfo Suárez
  - Redacción de la Constitución de 1978
- **06 de diciembre de 1978**
  - **Referéndum sobre la Constitución**
    - Aprobada por el pueblo español (91,81 %)
    - Sancionada por el rey el 27 de diciembre de 1978
- **1 de marzo de 1979**
  - **Elecciones generales convocadas por Adolfo Suárez**
    - Victoria de la UCD y progreso del PSOE
- **29 de enero de 1981**
  - Dimisión de Adolfo Suárez
- **23 de febrero de 1981 (23-F)**
  - **Intentona de golpe de Estado por parte de Tejero**
    - Durante la segunda votación de investidura de Leopoldo Calvo Sotelo
    - Gestión de la crisis por parte del rey Juan Carlos I como jefe de las Fuerzas Armadas
- **28 de octubre de 1982**
  - **Elecciones generales**
    - Final de la Transición con la victoria del PSOE

MAPA CONCEPTUAL

5 LA ERA FELIPE GONZÁLEZ (1982-1996)

Una victoria triunfal

La victoria arrasadora[1] del PSOE (Partido Socialista Obrero Español) en las elecciones generales de octubre de 1982 marcó una nueva etapa que duró casi catorce años con Felipe González al frente del país. El PSOE, uno de los partidos más antiguos de España (fundado en 1879 por el gallego Pablo Iglesias Posse, 1850-1925) y que se vio prohibido durante la dictadura, se convirtió rápidamente en un partido clave en oposición a la UCD (Unión de Centro Democrático). Ganó ampliamente las elecciones con diez millones de votos y la mayoría absoluta. Este exitazo[2] se debió a varios factores internos y externos: la juventud de los miembros del partido, que representaban un renacer para los ciudadanos, una ideología moderada que convenía a la mayoría tras la época de la dictadura, la crisis de los partidos adversarios (la UCD y el PCE), la promesa de crear empleos en un país donde el paro alcanzaba el 16 % en 1982, el temor de los ciudadanos a un golpe de Estado tras la intentona[3] del 23-F en 1981 y el compromiso[4] de modernizar una España atrasada a raíz de la Guerra Civil y los años de dictadura franquista.

Modernización del país

Durante los primeros diez años de sus mandatos, Felipe González se esforzó por consolidar la reciente democracia, sanear[5] la economía luchando contra la inflación disparada[6] y un crecimiento casi nulo con la devaluación de la peseta[7], una política monetaria restrictiva con altos tipos de interés, una reconversión industrial que se inició en sectores como el siderúrgico y naval y que incluyó el sector bancario. Tanto los inversores extranjeros como los empresarios españoles se dieron cuenta de que el PSOE podía tomar medidas impopulares para, a largo plazo[8], desarrollar el bienestar de los ciudadanos (lo logró ya que la economía española creció un 5 % anual). Colocó a España en la escena internacional, cuyo punto álgido[9] fue el ingreso en la CEE en 1986 y renovar las infraestructuras, las redes de transportes (el gran logro fue la puesta en servicio del AVE en 1992) para fomentar[10] el desarrollo industrial del país y atraer a los turistas, fuente[11] de divisas relevante. El Gobierno emprendió reformas en diferentes sectores. En el ámbito educacional, se aprobó la ley de reforma universitaria en 1983 y en 1990 la LOGSE (Ley Orgánica General del Sistema Educativo), que hizo obligatoria y gratuita la enseñanza pública hasta los 16 años y permitió la laicización de la educación. En el sector jurídico, se reformó el Código Penal en 1983 para despenalizar el aborto en tres supuestos[12] (➲ véase cap. 28). El servicio de sanidad pública se volvió gratuito para toda la población.

La sombra del terrorismo

Durante esos años, el nacionalismo extremista vasco no aceptó nunca la Constitución ni el desarrollo autonómico. Su propuesta: el derecho a la autodeterminación valiéndose de la violencia. La banda terrorista ETA (➲ véase cap. 27) seguía con los atentados para desestabilizar al Gobierno y sembrar el terror con el fin de obtener la independencia del País Vasco. A comienzos de los años 80, ETA cometía más de 50 asesinatos cada año. Y no era la única banda terrorista activa en el país: los GRAPO, *Terra Lliure*, los Comandos Autónomos Anticapitalistas y el *Exército Guerrilheiro do Pobo Galego Ceibe* también ponían en peligro la seguridad de España.

Los **Grupos de Resistencia Antifascista Primero de Octubre (GRAPO)** son una organización terrorista española en 1975 y cuyo objetivo era instaurar una "república popular y federativa" en España. El atentado más sangriento de dicha banda tuvo lugar el 26 de mayo de 1979 y provocó la muerte de 9 personas. Aunque no se disolvió, se considera desarticulada por la ausencia de atentados o secuestros desde 1995 con la muerte del empresario Publio Cordón.

Terra Lliure (Tierra Libre en castellano) fue una banda terrorista independentista catalana de ideología socialista creada en 1978 y disuelta en 1991 tras perpetrar más de 200 atentados. Algunos de sus miembros ingresaron en el partido ERC que exigió su renuncia al terrorismo.

ETA reaccionó a la victoria socialista con un atentado sólo dos días después de los resultados. Para luchar contra el terrorismo, el PSOE optó por un acercamiento con Francia y creó los GAL (Grupos Antiterroristas de Liberación), activos entre 1983 y 1987, que actuaron para debilitar a ETA para que redujera sus acciones terroristas. Pero desataron un escándalo por practicar terrorismo de Estado o "guerra sucia" contra ETA financiada por altos funcionarios del Ministerio del Interior.

España desempeñó un papel cada vez más relevante en la escena política internacional con la visita del papa Juan Pablo II en 1982, el tratado de cooperación con EE. UU. en 1983, la apertura de la frontera con Gibraltar (➲ véase cap. 17) en 1985 (cerrada desde 1969), el referéndum para permanecer en la OTAN, la incorporación de España en la CEE (➲ véase cap. 18), la colaboración con Francia para luchar contra ETA, la primera presidencia de España en la CEE en el primer semestre de 1989, la firma del Tratado de Maastricht en 1992 y en julio de 1992, la celebración de una Cumbre iberoamericana.

1992, un año clave para el desarrollo de España

El año 1992, que marcó el fin de la década dinámica del PSOE, fue, con todo, un año clave para España no sólo por ser el quinto centenario del Descubrimiento de América (o más bien el encuentro entre dos mundos) o de la primera gramática en español, sino por los grandes acontecimientos de envergadura internacional que revelaron al mundo una España moderna, involucrada en eventos tanto culturales como deportivos. Las festividades empezaron con el título de capital europea de la cultura conferido a Madrid y los numerosos eventos organizados en torno a esta nominación por un año. Luego arrancó la Exposición Universal de Sevilla que terminó simbólicamente el 12 de octubre (día del quinto centenario del Descubrimiento) y, entre tanto, tuvieron lugar los Juegos Olímpicos de Barcelona, que transformaron totalmente la ciudad, así como la imagen internacional del país. Ese año rico en eventos exitosos actuó como una palanca para izar a España a la altura de los países europeos desarrollados y fue utilizado como escaparate[13] mundial de la España democrática.

Una crisis económica y política portadora del ocaso del PSOE

A nivel político y económico, España estaba viviendo una crisis debida a una serie de casos de corrupción que implicaban al PSOE, así como al elevado presupuesto destinado a la organización de los eventos de 1992. Los escándalos de corruptela (➲ véase cap. 24) estallaron a finales de los años 80 y condujeron al fracaso del PSOE en los comicios de 1996 (ya en 1993 había perdido la mayoría absoluta que había obtenido en las elecciones de 1982, 1986 y en 1989 con mayoría reducida al mínimo con 176 escaños). Algunos políticos sacaron provecho del aumento de los gastos públicos desviando dinero público. Todos estos escándalos perjudicaron la imagen del PSOE entre los ciudadanos. En cuanto a la mala tesitura[14] económica, por muchos esfuerzos que el partido hiciera para cumplir con su promesa de crear 800.000 puestos de trabajo y pese a una mejora respecto al número de parados, el desempleo seguía siendo una lacra que alcanzó el 22 % en 1993. La emancipación de las mujeres con su llegada al mundo laboral y los cierres de empresas para sanear la economía dispararon[15] las cifras del paro, lo que acarreó[16] el descontento de los españoles que no vacilaban en[17] manifestar su ira mediante revueltas sociales. Por otra parte, al intentar resolver el problema del desempleo con la liberalización del mercado laboral, el PSOE se enemistó con los sindicatos, que convocaron tres huelgas generales entre 1988 y 1994.

El declive[18] del PSOE se manifestó a mediados de los años 90, con su derrota en los comicios de 1996, lo que condujo al principio del bipartidismo. Las crecientes tasas de paro, el crecimiento lento y el déficit eran los síntomas de una crisis económica que presagiaba la derrota del PSOE en las elecciones generales. Ya en 1994, el resultado de las elecciones al Parlamento europeo prefiguraba la futura victoria del PP (Partido Popular) de José María Aznar por mayoría relativa en las elecciones generales del 3 de marzo de 1996.

NOTAS

1. arrasador = triunfal
2. el exitazo = el gran éxito
3. la intentona = el intento frustrado
4. el compromiso: *l'engagement*
5. sanear: *assainir*
6. disparado = muy alto
7. la peseta = moneda española antes del euro
8. a largo plazo: *à long terme*
9. el punto álgido: *le point d'orgue*
10. fomentar = favorecer
11. la fuente = el origen
12. el supuesto = el caso, la hipótesis
13. el escaparate: *la vitrine*
14. la tesitura = la situación
15. disparar: *faire grimper*
16. acarrear = provocar, causar, ocasionar
17. vacilar en: *hésiter à*
18. el declive: *le déclin*

MC 6 La era Felipe González (1982-1996)

LA ERA FELIPE GONZÁLEZ (1982-1996)

28 de octubre de 1982
- **Primeras elecciones democráticas desde el final de la Segunda República**
- Victoria arrasadora del candidato socialista (PSOE) Felipe González en las elecciones

Modernización del país
- **1983**
- Reforma del Código Penal para despenalizar el aborto bajo 3 supuestos
- **1986**
- Ingreso de España en la CEE
- **1992**
- Puesta en servicio del AVE

1992, año clave
- V centenario del Descubrimiento
- V centenario de la publicación de la primera gramática escrita en castellano por Nebrija
- Madrid, capital europea de la cultura
- Los Juegos Olímpicos de Barcelona
- La Exposición Universal de Sevilla

Escándalos de corrupción y debilitamiento del PSOE
- **Entre 1988 y 1994**
- 3 huelgas generales
- **1994**
- Pérdida de la mayoría absoluta
- **3 de marzo de 1996**
- Fracaso del PSOE en las elecciones generales

Terrorismo
- A principios de los 80, ETA cometió más de 50 asesinatos al año
- Otros grupos (GRAPO, Terra Lliure) intentaron desestabilizar al país
- Terrorismo de Estado con los GAL

Política internacional
- **1982**
- Visita del papa Juan Pablo II
- **1983**
- Tratado de cooperación con Estados Unidos
- **1985**
- Apertura de la frontera con Gibraltar cerrada desde 1969
- **1989**
- Primera presidencia de España en la CEE
- **1992**
- Firma del Tratado de Maastricht

6 LOS GOBIERNOS DE JOSÉ MARÍA AZNAR (1996-2004)

Datos generales

Las elecciones de 1996 confirmaron el declive[1] del PSOE (Partido Socialista Obrero Español) y la ascensión del Partido Popular liderado por José María Aznar.

Su llegada al poder puso fin a los 13 años de legislatura del PSOE de Felipe González castigado[2] por los ciudadanos, entre otras razones, por los escándalos de corrupción que salpicaban[3] el partido, el caso de los GAL (véase cap. 13 • 27) o la financiación ilegal del partido. Como el PP no había ganado las elecciones con mayoría absoluta, tuvo que aliarse con otros partidos para conseguir la mayoría parlamentaria y así aplicar su programa electoral. Optó por acercarse a los nacionalistas vascos (del PNV) y catalanes (de CIU) que, al cabo de dos meses de discusiones, aceptaron la propuesta por las ventajas que suponía colaborar con el partido en el poder.

El PP fue fundado en 1989 para sustituir al partido conservador Alianza Popular creado por exjerarcas franquistas durante la Transición democrática.

De la desconfianza a la popularidad

El PP empezó su mandato en un momento de descontento y desilusión de la población española hacia la política de su país por la mala tesitura económica, así como los numerosos casos de corrupción en la esfera política. Por consiguiente, la prioridad del PP era recuperar la confianza de los ciudadanos tanto más cuanto que muchos lo asociaban al franquismo. No sólo era necesario obtener la confianza del pueblo sino también encontrar soluciones a la crisis económica reduciendo la tasa de paro y la deuda pública altísima. Para ello, fomentó la privatización de numerosas empresas públicas para aminorar el déficit público y se esforzó por controlar la inflación para equilibrarla a nivel europeo. Con estas medidas, consiguió el denominado "milagro español" por hacer que España se pusiera a la cabeza de Europa en crecimiento económico, por mantener bajo el déficit presupuestario[4] y por reducir la tasa de desempleo del 22 % al 11 % (durante su doble legislatura). Gracias a estos logros su popularidad no dejó de crecer entre los ciudadanos que volvieron a votar al PP. Éste alcanzó pues la mayoría absoluta que le permitió acabar con los pactos con los presidentes de Cataluña y del País Vasco. Ambas comunidades autónomas habían provocado las críticas de las demás que vieron con recelo[5] el trato preferencial que recibían respecto a sus reivindicaciones.

Una segunda legislatura a medias tintas

Durante su segundo mandato, el PP puso fin al servicio militar obligatorio ("la mili") implantando la profesionalización de las Fuerzas Armadas. Esta iniciativa recibió un fuerte respaldo popular. La principal meta del Gobierno en esa época era mantener el crecimiento económico y garantizar la seguridad del país golpeado[6] por el terrorismo de ETA (José María Aznar había sido objeto de una intentona de atentado en 1995 lo que puede explicar su empeño en aniquilar a la banda terrorista). Fue él quien logró que ETA se encontrara en las listas internacionales de organizaciones terroristas. Por otra parte, se detuvo a más de 1.000 terroristas y se evitaron numerosos atentados con el desmantelamiento de varios comandos. Prosiguió la colaboración con Francia iniciada por Felipe González y como última medida aprobó una ley que ilegalizaba el partido independentista vasco Batasuna, brazo político de ETA. Pero no todo fueron éxitos y el PP no siempre contó con el apoyo popular. Durante su segundo mandato José María Aznar tomó decisiones que desagradaron tanto a los ciudadanos como al sector político y echó abajo el prestigio que había cosechado durante su primer mandato. Favoreció a sus allegados durante la etapa de privatización: no vaciló en ejercer un fuerte control de los medios de comunicación públicos y especialmente de la televisión que casi sufre censura en ese momento. Provocó el descontento de la población con su política laboral lo que desembocó en la huelga general del 22 de junio de 2002. No supo gestionar la catástrofe ecológica del *Prestige* ocurrida en 2002 lo que incrementó la ira de los ciudadanos con el lema en gallego "*¡Nunca mais!*". Volvió a introducir la enseñanza de la religión en las escuelas en el curso 2004-2005 y favoreció el endeudamiento de las familias y la burbuja inmobiliaria con la Ley del Suelo de 1997-1998 que liberalizó el suelo, apoyó la invasión de Irak por las tropas estadounidenses sin permiso de la ONU y en contra del 90 % de la población lo que acarreó numerosas manifestaciones de todos los sectores de la ciudadanía y en detrimento de la colaboración con el eje franco-alemán (ya que el Tratado de Schengen firmado en 1995 implicaba una política exterior común). Pese a esta actitud el sucesor de José María Aznar (Mariano Rajoy) aparecía como el candidato favorito y se pronosticaba una fácil victoria para el PP. Pero era sin contar con un suceso trágico ocurrido tres días antes de los comicios. El 11 de marzo de 2004, los atentados (➔ véase cap. 26) en la estación de trenes de Atocha (en Madrid), que provocaron 192 víctimas mortales y unos 2.000 heridos, invirtieron los pronósticos de los sondeos ya que José María Aznar se obstinó en culpar a ETA para manipular la opinión pública. El atentado yihadista fue tomado en realidad como un castigo de Al Qaeda por la participación de España en la guerra en Irak por eso Aznar insistió en una autoría de ETA. Pero la verdad venció a la mentira de Aznar que perjudicó a su partido y llevó a la victoria del socialista José Luis Rodríguez Zapatero. Al fin y al cabo, este voto resultó ser un voto castigo en contra de Aznar más que a favor de Zapatero. Los españoles le guardaron rencor a Aznar por haberles mentido.

NOTAS

1. el declive: *le déclin*
2. castigar: *punir*
3. salpicar: *éclabousser*
4. presupuestario: *budgétaire*
5. el recelo = la desconfianza
6. golpear: *frapper*

Alejandro y Ana: lo que España no pudo ver del banquete de la boda de la hija del presidente (2003) de Andrés Lima y Sandra Gallero es una crítica a la boda entre Ana Aznar (hija del entonces presidente del Gobierno) y Alejandro Agag (exeurodiputado del PP).

MC 07 Los gobiernos de José Mara Aznar (1996-2004)

LOS GOBIERNOS DE JOSÉ MARÍA AZNAR (1996-2004)

- **Elecciones generales (3 de marzo de 1996)**
  - **Victoria de José María Aznar (PP)**
  - Pacto con los nacionalistas catalanes y vascos para obtener la mayoría parlamentaria
- **PRIMERA LEGISLATURA (1996-2000)**
  - **El "milagro español"**
  - Desarrollo sostenido
  - Industrialización
  - **Ley del Suelo (1997-1998)**
  - La "fiesta del ladrillo"
  - Reducción del paro del 22 % al 11 %
  - Turismo masivo
- **Elecciones generales (12 de marzo de 2000)**
  - **Reelección de José María Aznar con mayoría absoluta**
  - Fin del pacto con los nacionalistas catalanes y vascos
- **SEGUNDA LEGISLATURA (2000-2004)**
  - **Lucha contra ETA**
  - Ilegalización del partido independentista vasco Batasuna
  - Fuerte control de los medios de comunicación
  - **9 de marzo de 2001**
  - Final de "la mili"
  - **22 de junio de 2002**
  - Huelga general
  - **13 de noviembre de 2002**
  - Catástrofe ecológica del Prestige
  - **11 de marzo de 2004 (11-M)**
  - Atentados de Atocha
  - 192 muertos y unos 2.000 heridos

LOS GOBIERNOS DE JOSÉ LUIS RODRÍGUEZ ZAPATERO (2004-2011) 7

Una vuelta inesperada

Tras dos legislaturas del PP, el PSOE volvió al frente del país con la victoria inesperada de José Luis Rodríguez Zapatero en las elecciones generales del 14 de marzo de 2004, tres días después de los atentados perpetrados por terroristas de Al Qaeda en la estación de ferrocarriles de Atocha en Madrid (➲ véase cap. 27). Su llegada al poder marcó una verdadera ruptura con la precedente presidencia conservadora del PP (dos mandatos seguidos de 1996 a 2004).

Un vendaval[1] de reformas

Apenas se instaló en La Moncloa (sede del Ejecutivo), José Luis Rodríguez Zapatero creó el primer gobierno paritario de la historia nombrando a 8 ministras (los gabinetes ministeriales de Zapatero tuvieron un 50 % de mujeres y el cargo de vicepresidente siempre recayó en una mujer hasta 2010). Retiró a los 1.400 soldados enviados a Irak (a raíz de los atentados de Atocha) y organizó la primera conferencia de presidentes entre los presidentes autonómicos y el presidente del Gobierno. Modificó la Carta Magna para tomar en cuenta la construcción europea, llegó a un acuerdo con CiU (partido nacionalista de derechas) sobre el futuro estatuto de autonomía de Cataluña que sería considerada una "nación" en su preámbulo (la reforma del Estatuto levantó polémica tanto entre los conservadores que consideraban que el grado de autonomía otorgado era excesivo como entre los nacionalistas catalanes que seguían insatisfechos) y les dio acceso al trabajo legal a los extranjeros ilegales que habían entrado clandestinamente en el país antes de 2004. En 2006, introdujo una reforma educativa para paliar los malos resultados de España con respecto a los otros países miembros de la UE. A finales de 2007, fue aprobada la Ley de Memoria Histórica (➲ véase cap. 22) que provocó el descontento del PP y de los conservadores, que alegaban que no hacía más que abrir las heridas del pasado. En el ámbito social, llevó a cabo numerosos avances entre los cuales la legalización del matrimonio homosexual, así como la adopción por equiparar el matrimonio homosexual al heterosexual (2005). También propuso una reforma de la Ley del Divorcio (2005). Respecto al aborto, la Ley de Supuestos de 1985 pasó a ser la Ley de Plazos en 2010 durante su segunda legislatura, lo que permitía que las mujeres abortaran hasta las 14 primeras semanas de embarazo sin motivo y autorizaba el aborto a las chicas de 16 años sin permiso de sus padres (➲ véase MC 35). Su lucha por la igualdad de género hizo de España un país pionero en este ámbito. En diciembre de 2004, aprobó la Ley Integral contra la Violencia de Género, por la que el Gobierno de Rajoy recibió 10 años después el Premio Políticas de Futuro, un galardón internacional, mientras que, en 2004, la derecha había hecho una campaña de desprestigio contra ella. Además, en 2007, aprobó la Ley Orgánica para la Igualdad. Ambas leyes pretendían luchar contra la violencia hacia las mujeres y contra la discriminación, así como fomentar la paridad en el mundo laboral. En 2007, instauró el cheque-bebé de 2.500 euros sin condición de ingresos, pero fue suprimido en 2010 a causa de la crisis que golpeaba de frente a España.

Durante su primer mandato, Zapatero priorizó el aspecto político y social ya que, en esa época, la economía gozaba de[2] buena salud gracias al saneamiento[3] instaurado por José María Aznar. Sin embargo, Zapatero reformó el mercado laboral para limitar la contratación temporal y favorecer la contratación indefinida.

Una época de vacas gordas

En 2007, España estaba experimentando un período de prosperidad económica que mejoró considerablemente el nivel de vida de sus habitantes y atrajo a millones de inmigrantes (a lo mejor debido también al "efecto llamada" que consistía, según miembros del PP, en la llegada masiva de nuevos inmigrantes ilegales al país a raíz de la regularización decretada por el gobierno de José Luis Rodríguez Zapatero en 2005) (➲ véase cap. 26). El país iba creciendo, los españoles consumían, accedían a la vivienda y los inversores extranjeros no vacilaban en[4] invertir. La popularidad de Zapatero no dejaba de aumentar por sus numerosas reformas sociales y fue en ese contexto de bonanza aparentemente duradera cuando volvió a ganar las elecciones de marzo de 2008. Pero eso era sin contar con la crisis de 2008, que alteró radicalmente el panorama socioeconómico y político (a largo plazo[5]) de España cuya trayectoria positiva dio un vuelco[6] repentino[7].

Una crisis arrasadora[8]

El sector del ladrillo, que había sido uno de los factores del crecimiento español, se desplomó a raíz del estallido[9] de la crisis (➲ véase MC 26). Con el pinchazo[10] de la burbuja inmobiliaria[11], terminó el *boom* inmobiliario y empezó la desaceleración económica, lo que acarreó un disparo del desempleo en el país (la tasa de paro pasó del 8 % en 2006 al 23 % en 2011).

Zapatero tardó mucho en contener los efectos de la crisis, lo que le fue reprochado numerosas veces. La deuda pública alcanzó el 80 % en 2011, la crisis del sector bancario provocó la necesidad de pedirle ayuda a la UE para contrarrestar sus consecuencias desastrosas. Entonces la UE presionó al Gobierno para que hiciera recortes presupuestarios para sanear la economía. Las medidas de austeridad causaron el descontento de los españoles ya muy afectados por los efectos de la crisis (desempleo, desahucios, pérdida de las ayudas sociales). Manifestaron su desilusión en marchas cuya máxima expresión fue el movimiento de los indignados, también conocido como 15-M por ser el 15 de mayo de 2011 el principio de una oleada de protestas para denunciar el sistema. La meta de la manifestación del 15-M, convocada por el colectivo "Democracia Real Ya" mediante las redes sociales, era protestar contra el poder de los bancos, el bipartidismo, los recortes[12] del gobierno o la corrupción y promover una democracia más participativa. Esta concentración que sólo debía durar un día se prolongó en la Puerta del Sol, se extendió por toda España (y de ahí nació tres años más tarde, en enero de 2014, el partido político "Podemos") e incluso inspiró a numerosos ciudadanos del mundo con la aparición de movimientos como *Occupy Wall Street* en Nueva York (en septiembre de 2011) o *Nuit Debout* en Francia en marzo de 2016, a raíz de la Ley del Trabajo.

El segundo mandato de Zapatero tuvo un balance bastante negativo debido a la altísima tasa de desempleo, al descontento social generalizado y eso que, durante su segunda legislatura, logró poner fin a 43 años de terrorismo con el cese definitivo de la actividad armada de ETA (➲ véase cap. 26) el 20 de octubre de 2011 (un mes antes de las elecciones generales convocadas con anticipación y a las que Zapatero no volvió a presentarse).

NOTAS

1. un vendaval = un viento fuerte
2. gozar de: *jouir de*
3. el saneamiento: *l'assainissement*
4. vacilar en: *hésiter à*
5. a largo plazo: *à long terme*
6. dar un vuelco: *connaître un revirement*
7. repentino: *soudain, subit*
8. arrasor = devastador
9. el estallido: *l'éclatement*
10. el pinchazo: *la crevaison*
11. la burbuja inmobiliaria: *la bulle immobilière*
12. el recorte: *la coupe (budgétaire), la réduction*

Los gobiernos de José Luis Rodríguez Zapatero (2004-2011)

LOS GOBIERNOS DE JOSÉ LUIS RODRÍGUEZ ZAPATERO (2004-2011)

- **14 de marzo de 2004**
  - **Victoria inesperada de José Luis Rodríguez Zapatero (PSOE)**
    - 3 días después de los atentados de Atocha (11-M)
- **PRIMERA LEGISLATURA (2004-2008)**
  - **Un vendaval de reformas**
    - Primer gobierno paritario con 8 ministros y 8 ministras
    - Retirada de las tropas enviadas a Irak
  - **2004**
    - Ley Integral contra la Violencia de Género ratificada
  - **2005**
    - Legalización del matrimonio y de la adopción homosexual
  - **2007**
    - Ley para la Igualdad aprobada
    - Ley de Memoria Histórica aprobada
    - Cheque-bebé de 2.500 euros
  - **Prosperidad económica**
    - Mejora del nivel de vida de los españoles
    - Llegada masiva de inmigrantes ilegales
- **SEGUNDA LEGISLATURA (2008-2011)**
  - **Elecciones generales del 9 de marzo de 2008**
    - Victoria del PSOE: reelección de Rodríguez Zapatero
  - **Estallido de la crisis económica a principios de 2008**
    - Pinchazo de la burbuja inmobiliaria
    - Ley de Plazos para el aborto (2010)
  - **2011**
    - Incremento del desempleo (23 %)
    - Disparo de la deuda pública (80 %)
    - Medidas de austeridad
  - **Gran manifestación de los indignados**
    - El 15-M
- **20 de octubre de 2011**
  - **Cese definitivo de la actividad armada de ETA**
    - Victoria de Rodríguez Zapatero tras años de negociaciones con la banda terrorista
- **Elecciones anticipadas**
  - **20 de noviembre de 2011**
    - Derrota del PSOE

8 LOS GOBIERNOS DE MARIANO RAJOY (2011-2018)

Primera legislatura de Mariano Rajoy: a la tercera va la vencida[1]...

A raíz de las elecciones generales del 20 de noviembre de 2011, España cambió de gobierno con la victoria del PP (Partido Popular) frente al PSOE (Partido Socialista Obrero Español) en el poder desde 2004. Alfredo Pérez Rubalcaba salió ampliamente derrotado por Mariano Rajoy que se presentaba por tercera vez. El PSOE perdió más de cuatro millones de votos con respecto a los comicios de 2008 pasando de un 43 % de los votos en 2008 a un 28 % en las elecciones anticipadas del 20 de noviembre de 2011. En cuanto al PP, ganó 5 puntos pasando del 40 % al 45 % lo que le permitió alcanzar[2] la mayoría absoluta en el Congreso de los Diputados. La crisis económica y la elevada tasa de paro fueron los factores principales de la pérdida de confianza de la población. Nada más llegar al poder, Mariano Rajoy acabó con la paridad en el Gobierno instaurada por Zapatero nombrando a 13 ministros entre los cuales tan sólo 4 eran mujeres.

Austeridad y recortes, palabras clave del nuevo Gobierno (➲ véase cap. 23)

En ese momento, tanto la economía que heredó el líder del PP como la moral de los ciudadanos estaban por los suelos[3]. Rajoy tuvo que tomar medidas urgentes porque la tesitura[4] era peor de lo declarado por el gabinete anterior y de lo calculado por el suyo. Para ahorrar[5] unos 9.000 millones de euros, el Gobierno empezó su legislatura con una subida generalizada de los impuestos, del IVA[6] (mientras que Rajoy había hecho campaña en contra cuando Zapatero lo aumentó del 16 al 18 %) y una supresión de subsidios (bajada en un 50 % de las prestaciones del paro a partir del séptimo mes). Se consideró un golpe de gracia a la credibilidad del presidente ya que el incremento de los impuestos venía a incumplir su principal promesa electoral. Además de la política de austeridad, Rajoy emprendió diferentes labores reformatorias. La reforma laboral (aprobada por decreto en febrero de 2012) por la que las empresas podían modificar unilateralmente los salarios y las condiciones de trabajo acarreó dos huelgas generales (29 de marzo y 14 de noviembre de 2012) y una multitud de despidos ya que los facilitaba. El paro alcanzó un total de casi seis millones de desempleados o sea un 26, 2 %. La popularidad de Rajoy se desplomó conforme se iban anunciando medidas drásticas para intentar contener los efectos de la crisis. Todos los sectores (educativo, sanitario, público, social) sufrieron los recortes que hicieron del Gobierno de Rajoy un gobierno ejemplar para las autoridades europeas y sobre todo Angela Merkel (ya durante la presidencia de José Luis Rodríguez Zapatero, el Gobierno había seguido las directivas de la cancillera alemana modificando el artículo 135 de la constitución). A modo de ejemplo, además de los 27.000 millones de recortes previstos en los Presupuestos Generales del Estado, el Gobierno anunció que suprimiría 10.000 millones de euros más inicialmente destinados a Educación (3.000) y Sanidad (7.000) (➲ véase cap. 31). Tanto las autonomías como los sindicatos reaccionaron convocando movilizaciones sociales, pero de nada sirvió, porque el PP hizo valer su mayoría absoluta, que también utilizó para aprobar el copago sanitario (es decir la retirada de la financiación pública a unos 450 fármacos) lo que equivalía a sumir aún más en la precariedad a una población ya golpeada fuertemente por la crisis económica. Por otra parte, el Gobierno decidió reducir un 63 % los gastos de la minería española pese a las protestas y la huelga general en Asturias y Aragón (junio de 2012). Suprimió la paga de Navidad a los funcionarios dos días después de anunciarlo. Todas estas medidas de austeridad provocaron una protesta social que se propagó de manera endémica por toda España. Los españoles salían a la calle a diario para manifestarse en contra de los "tijeretazos[7]" en los presupuestos que no hacían más que ampliar las desigualdades y empobrecer a la gente. En 2012, uno de cada cinco españoles vivía bajo el umbral de pobreza. Como consecuencia de esta grave precariedad, numerosos inquilinos padecieron la nueva ley de desahucio de mayo de 2013 por la que podían ser expulsados diez días después de la denuncia sin que las autoridades tuvieran que recurrir a la vía jurisdiccional.

Un panorama desolador

A finales de 2013, el ministro de Justicia, Alberto Ruiz-Gallardón, anunció que antes de Año Nuevo se aprobaría la nueva ley de aborto que cuestionaba fuertemente la Ley de Plazos de Zapatero de 2010 (➲ véase cap. 29). Se había promovido para contentar al electorado conservador pero la mala tramitación[8] y su retirada después de tres años de debate terminó con la carrera política de Gallardón mediante su dimisión. Esta ley fue el mayor fracaso de la legislatura del PP ya que no sólo levantó una verdadera polémica entre la oposición sino también en el mismo partido. Las discrepancias[9] en el seno del PP se debían a lo restringida que era esta ley que no permitía el aborto a no ser que fuera un aborto a raíz de una violación o si el feto presentaba riesgos para la salud de la madre o si no era viable. Paralelamente al apretón de cinturón[10] de los españoles debido a las medidas de austeridad surgieron numerosos casos de corrupción (➲ véase cap. 24) que salpicaban no sólo a los dos principales partidos sino también a la Casa Real lo que provocó la ira y el desencanto de los ciudadanos. Además del caso Nóos que salió a la luz en 2011, los españoles se ofendieron y se desilusionaron cuando se enteraron de los sobresueldos[11] en efectivo[12] que numerosos ejecutivos del PP (entre los cuales Mariano Rajoy) cobraron[13] protegidos por la contabilidad B del extesorero del PP, Luis Bárcenas. A pesar de las acusaciones y de las manifestaciones, el presidente del Gobierno se negó a dimitir e incluso se presentó de nuevo a las elecciones del 20 de diciembre de 2015 que volvió a ganar, pero esa vez sin mayoría absoluta lo que iba a complicar la formación del gobierno.

El bloqueo político

Estos comicios marcaron un hito[14] en la historia de la democracia por considerarse el fin del bipartidismo con la irrupción del partido Podemos en enero de 2014 y el ascenso del partido Ciudadanos creado en 2006. El PSOE obtuvo su peor resultado de la democracia con el 22,01 % (69 escaños) y si bien el PP se mantuvo como la fuerza más votada con el 28,72 % (123 escaños), quedó muy lejos de la mayoría absoluta (176 escaños). Las nuevas formaciones, Podemos (primera fuerza política en votos en Cataluña y País Vasco; segunda en Madrid, Navarra, Valencia, Baleares y Galicia) y Ciudadanos, ganaron escaños (respectivamente 69 y 40 escaños) a expensas de[15] los partidos clásicos de representación nacional. Una vez revelado el resultado del escrutinio, se abrieron varios escenarios para la investidura del presidente del Gobierno. Según la tradición democrática española, la fuerza más votada en las urnas es aquella a la que le toca formar gobierno. Además, Pedro Sánchez, en uno de sus discursos ya había indicado que en primera instancia le correspondía a Mariano Rajoy intentarlo. Para que el PP obtuviera el gobierno de España, hacía falta que consiguiera el voto a favor o la abstención del PSOE, además de la de Ciudadanos. Tras numerosos debates e intentos de formación de gobierno, el periodo de investidura se alargó hasta el límite legal de dos meses después de la primera votación. El rey Felipe VI, como árbitro en las rondas de consultas, desempeñó un papel importante en todas las negociaciones para que se pudiera nombrar a un nuevo presidente del Gobierno. Se reunió con los candidatos designados por los partidos políticos con representación parlamentaria. En la primera fase es obligatoria la mayoría absoluta de los votos lo que imposibilitó al PP investir a su candidato. Los casos de corrupción que le afectaban dificultaron las negociaciones con Ciudadanos cuya preocupación principal era la lucha contra la corrupción. El 24 de febrero el PSOE y Ciudadanos llegaron a un acuerdo de Gobierno que enseguida recibió el rechazo[16] del resto de las formaciones políticas. Durante los meses de marzo y abril siguieron las negociaciones entre los partidos con tres posibilidades de investidura: un pacto entre PSOE-Ciudadanos-Podemos, un pacto PP-PSOE-Ciudadanos, o una gran coalición entre PP y PSOE, que fracasaron y provocaron la disolución de las Cortes porque ningún candidato fue investido presidente en el plazo[17] anterior a dos meses. Entonces se volvieron a convocar para el 26 de junio de 2016 elecciones generales cuyo vencedor fue el Partido Popular que logró una mayoría simple de 137 escaños (catorce más que en diciembre de 2015) con un 33,01 % de los sufragios, seguido del PSOE que obtuvo el 22,63 % de los votos, lo que se tradujo en 85 diputados (otra vez su peor resultado en la actual democracia). Unidas Podemos, coalición de izquierda compuesta por Podemos, Izquierda Unida, Equo y otros partidos fue liderada por Pablo Iglesias y Alberto Garzón, y obtuvo 45 diputados cuando Ciudadanos, consiguió 32 diputados, perdiendo ocho de ellos. Al cabo de 314 días de bloqueo político, Mariano Rajoy fue reelegido presidente del Gobierno el 29 de octubre de 2016 gracias a la abstención del PSOE para evitar la convocatoria de terceras elecciones en diciembre porque el 31 de octubre de 2016 vencía el plazo fijado por la Constitución para que hubiera gobierno en España. Paradójicamente, y después de dos años hablando del declive del bipartidismo, fueron los dos partidos tradicionales los que pusieron fin juntos a la etapa de interinato de más de diez meses. Por primera vez en 40 años, eligieron juntos al presidente del Gobierno.

Un gobierno sin mayoría en el Congreso

La incapacidad de las fuerzas políticas para formar gobierno, debida a una fragmentación parlamentaria sin precedentes, socavó a las instituciones del Estado. Mariano Rajoy tenía que gobernar en condiciones políticas difíciles y frente a un Congreso dividido y decidido a dejarlo maltrecho. En plena tormenta en torno a los escándalos de corrupción que salpicaban al PP (convocación de Rajoy en el caso Gürtel, imputación de Ignacio González, dimisión de Esperanza Aguirre), Podemos (apoyado por Izquierda Unida, *En Comú Podem*, *En Marea y Compromis*) presentó una moción de censura contra Mariano Rajoy para sustituir al presidente conservador por uno de ultraizquierda (el proceso falló por no reunir los votos necesarios para destituir a Mariano Rajoy).

Los primeros acuerdos alcanzados a principios de 2017 en el Congreso respecto a las leyes educativas o de seguridad ciudadana, el techo de gasto, el salario mínimo o la pobreza energética dejaban entrever una nueva etapa de diálogo entre las fuerzas políticas necesarias para recuperar la confianza de los ciudadanos y encontrar consensos lo que era imposible cuando Rajoy tenía la mayoría absoluta en el Congreso. El pacto firmado en julio de 2017 por los principales partidos para luchar contra la violencia de género confirma esta búsqueda de diálogo entre las distintas formaciones políticas.

España, rumbo a la recuperación

Con su reelección como presidente del Gobierno (que acabó con el vacío debido al periodo de interinidad a finales de octubre de 2016), Rajoy quiso recuperar el retraso acumulado durante el bloqueo tanto en la agenda nacional como internacional. A nivel nacional, la prioridad era que se aprobara el presupuesto[18] para el año 2017 y fue cosa hecha a finales de mayo de 2017. El crecimiento económico fue más alto de lo previsto en el segundo trimestre de 2017 gracias al sector turístico (con cifras récord) desde 2013 representa el 11 % del PIB, a las exportaciones (del sector automóvil, químico y agroalimentario) y al consumo de los hogares. El PIB casi vuelve a alcanzar su nivel de antes de la crisis de 2008. Sin embargo, la tesitura económica seguía frágil con una deuda pública altísima (tres veces mayor que antes de la crisis), un paro que representaba un 17 % de la población (el segundo más alto de Europa detrás de Grecia, aunque perdió 9 puntos desde 2013), unos contratos precarios y salarios muy por debajo de los practicados en Alemania o Francia y un déficit comercial (pese a que las exportaciones superaban a las importaciones) que se explicaba por la dependencia al petróleo. Tras superar la crisis y en plena recuperación, Rajoy volvió a tomar las riendas de la política exterior impulsando la presencia española en el escenario internacional para mejorar la imagen del país y reforzar su popularidad) ante los casos de corrupción que afectaban al PP, desarrollando las relaciones con América Latina (gracias al cambio de presidente en Argentina o a la apertura de Cuba) y pretendiendo ocupar más espacio en las instituciones internacionales.

Una moción de censura letal

El 25 de mayo de 2018, a raíz de la sentencia del caso Gürtel que condenó al PP a una multa de 245.000 euros como partícipe a título lucrativo, Pedro Sánchez presentó una moción de censura contra Mariano Rajoy. Tres escenarios se perfilaban: el rechazo de la moción, la dimisión del presidente del Gobierno o la aprobación de la moción con su destitución. Pedro Sánchez necesitaba la mayoría absoluta (o sea 176 votos) para que la moción saliera adelante. El PSOE obtuvo el apoyo de Podemos, Compromís, ERC, PDeCat, Bildu, Nueva Canarias y PNV. El 1 de junio, la moción prosperó gracias a 180 votos a favor y 169 en contra. El 2 de junio, Pedro Sánchez se convirtió en el primer presidente del Gobierno no diputado en ser investido.

NOTAS

1. A la tercera va la vencida: *la troisième fois, c'est la bonne*
2. alcanzar: *atteindre*
3. estar por los suelos: *être très bas*
4. la tesitura = la situación
5. ahorrar: *économiser*
6. el IVA: *la TVA*
7. el tijeretazo: *le coup de ciseaux, ici la coupe budgétaire*
8. la tramitación: *les démarches*
9. la discrepancia = el desacuerdo
10. el apretón de cinturón: *le serrage de ceinture*
11. el sobresueldo: *la prime*
12. en efectivo: *en espèces, en liquide*
13. cobrar: *toucher (de l'argent)*
14. marcar un hito: *faire date*
15. a expensas de: *au détriment de*
16. el rechazo: *le rejet*
17. el plazo: *le délai*
18. el presupuesto: *le budget*

Alcaldesa (2016) de Pau Faus muestra la vida de Ada Colau un año antes de convertirse en alcaldesa de Barcelona.

MC9 Los gobiernos de Mariano Rajoy (2011-2018)

LOS GOBIERNOS DE MARIANO RAJOY (2011-2018)

- **PRIMERA LEGISLATURA (2011-2015)**
  - Fin de la paridad en el Ministerio
  - Supresión o baja de los subsidios
  - Incremento del IVA
  - **2012**
  - Reforma Laboral
  - Copago sanitario
  - 2 huelgas generales
  - **2013**
  - Paro: 26,5 %
  - Nueva ley de desahucios
  - **2014**
  - Fracaso y retirada del proyecto de ley de aborto tras 3 años de debate
  - Corrupción generalizada a toda la esfera política e incluso a la familial real
- **Tablero político renovado**
  - **Dos nuevos partidos a nivel nacional**
  - **17/01/2014**
  - Creación de Podemos cuyo líder es Pablo Iglesias Turrión
  - **2006 a nivel regional pero 2015 a nivel nacional**
  - Ciudadanos se convirtió en la cuarta fuerza política encabezada por Albert Rivera
  - **Multipartidismo**
  - Ruptura con el bipartidismo
  - **Consecuencia: bloqueo político de 314 días**
  - Entre el 20 de diciembre de 2015 y el 29 de octubre de 2016
- **SEGUNDA LEGISLATURA (2016-2018)**
  - **Escándalos de corrupción en el PP**
  - Convocación de Mariano Rajoy en el caso Gürtel
  - **Fragmentación parlamentaria**
  - Dimisión de Esperanza Aguirre
  - **Moción de censura fallida de Podemos contra Rajoy (2017)**
  - Recuperación económica pero gran precariedad
  - **Moción de censura de Pedro Sánchez el 1 de junio de 2018 tras la sentencia condenatoria del caso Gürtel (25 de mayo de 2018)**
  - Apoyo de Podemos, Compromís, ERC, PDeCat, Bildu, Nueva Canarias y PNV
  - 180 votos a favor, 169 en contra y una abstención
  - Primera moción de censura de la democracia española en prosperar
- **Elecciones generales del 26-J**
  - **26 de junio de 2016**
  - Victoria de Mariano Rajoy sin mayoría absoluta
  - Dimisión de Pedro Sánchez por las divisiones dentro del PSOE
  - **29 de octubre de 2016**
  - Reelección de Mariano Rajoy gracias a la abstención del PSOE
- **Elecciones generales del 20-D**
  - **20 de diciembre de 2015**
  - **El PP**: Partido más votado (123 escaños), pero sin mayoría absoluta
  - **El PSOE**
    - Peor resultado desde la vuelta a la democracia (69 escaños)
    - Crisis interna
  - **Podemos**: Primera fuerza política votada en Cataluña y Madrid (69 escaños)
  - **Ciudadanos**: 40 escaños

PEDRO SÁNCHEZ (JUNIO DE 2018-) 9

Una moción de censura decisiva

A raíz de la sentencia del 25 de mayo de 2018 contra el PP que instó a dicho partido a pagar una multa[1] de 245.000 euros como partícipe a título lucrativo en el caso Gürtel (véase cap. 24) y condenó a su extesorero a 33 años de cárcel, Pedro Sánchez (como primer secretario del PSOE) presentó una moción de censura contra Mariano Rajoy, del PP (véase cap. 8). Para que esta moción saliera adelante, Pedro Sánchez necesitaba la mayoría absoluta en el Congreso de los Diputados, o sea 176 votos a favor. Desde la vuelta a la democracia, fracasaron todas las mociones de censura. La de Felipe González contra Adolfo Suárez (1980), la de Antonio Hernández contra Felipe González (1987) o la de Pablo Iglesias contra Mariano Rajoy (2017): **todas habían fracasado**. Pero el 1 de junio, cuando Pedro Sánchez presentó una moción de censura, contó con el respaldo de Unidas Podemos, Compromís, PDeCat, Bildu, Nueva Canarias y el PNV, lo que le dio 180 votos a favor, 169 en contra y una abstención. Ciudadanos se había negado a apoyar al PSOE porque quería que se convocaran elecciones generales. Pero Pedro Sánchez, al obtener 180 votos, logró tumbar el Gobierno de Mariano Rajoy y el 2 de junio, tras prometer su cargo ante el rey Felipe VI, se convirtió en el primer presidente de Gobierno en ser investido sin ser diputado previamente. Tras su nombramiento, Sánchez manifestó su voluntad de agotar[2] la legislatura vigente y no convocar elecciones hasta junio de 2020. Pero no ocurrió como lo previsto.

Primer gobierno (2018-2020)

Unos turbulentos albores

Varios retos se presentaban a Pedro Sánchez en esa inédita situación política: encontrar un consenso al gobernar en minoría, especialmente respecto a los Presupuestos Generales aprobados por Mariano Rajoy, restablecer el diálogo entre el Gobierno y el *Govern* de Cataluña, acabar con la reforma laboral llevada a cabo por Mariano Rajoy, encontrar un acuerdo para las pensiones y, por último, reformar la transición energética mediante el "Paquete del invierno". De hecho, el Gobierno suprimió el controvertido impuesto al sol en octubre de 2018.

El impuesto al sol fue creado en 2015 bajo la presidencia de Mariano Rajoy para gravar[3] el desarrollo de la energía solar fotovoltaica y el autoconsumo en España. Se trataba de una tasa cobrada por el Estado a las personas que tenían una instalación con paneles solares. Estos ciudadanos debían pagar un peaje por recibir energía del sol y consumirla mientras seguían conectados a la red eléctrica general.

Además de aceptar estos desafíos, el nuevo presidente del Gobierno debía implementar medidas anunciadas antes de llegar al poder, entre las cuales la cuestión de la exhumación de Franco del Valle de los Caídos (véase cap. 22).

Las elecciones generales del 28 de abril de 2019

Estas elecciones anticipadas, que debían haberse celebrado en 2020, se organizaron porque el PSOE sólo tenía 84 de los 350 escaños en el Congreso de los Diputados, lo que acarreó un bloqueo legislativo que impedía la aprobación de cualquier ley. En febrero de 2019 fracasó la aprobación de los Presupuestos Generales del Estado rechazada por el Partido Popular, Ciudadanos, Foro Asturias, Coalición Canaria e incluso por parte de los aliados independentistas del Gobierno. Por ello, Pedro Sánchez decidió anticipar las elecciones generales, pensando obtener más escaños en el Congreso de los Diputados. Convocó a la prensa el 15 de febrero para anunciar la celebración de unos comicios para el domingo 28 de abril de 2019. Las elecciones generales del 28 de abril se saldaron[4] con una participación del 75,75 % y apuntaron al PSOE como la fuerza más votada en 15 de las 17 CC. AA. Alcanzó una mayoría simple (con 123 escaños) en la cámara baja y la mayoría absoluta en la cámara alta. Lo que llamó la atención fue la irrupción de Vox en el tablero político español con 24 escaños.

El 6 de junio, Felipe VI propuso a Pedro Sánchez como candidato a la presidencia del Gobierno. Pero, al no gozar de una mayoría absoluta para la investidura, se entablaron negociaciones que fracasaron ya que ni Unidas Podemos ni Ciudadanos aceptaron aliarse al PSOE. Por consiguiente, la investidura fue rechazada por el Congreso de los Diputados en la segunda votación el 25 de julio, con 124 votos a favor, 67 abstenciones y 155 en contra. El 30 de julio, el rey disolvió las Cortes y se volvieron a convocar elecciones generales puesto que ningún candidato había conseguido el respaldo necesario para ser investido en el plazo de dos meses. De hecho, según la ley, después de la primera sesión de investidura fallida, el Congreso de los Diputados dispone de dos meses para investir a un presidente de Gobierno.

Las elecciones generales del 10 de noviembre de 2019

Estos comicios fueron los cuartos en cuatro años y la campaña electoral empezó en un contexto tenso: dos semanas después de la sentencia del *Procés* (➔ véase cap. 14). Esta tesitura[5] tirante fue una verdadera ganga[6] para Vox ya que la crisis catalana era la que mayor impacto podía tener en los votantes indecisos (30 %). Otras problemáticas como la exhumación de Franco, el posible frenazo económico y las pensiones inquietaron a Pedro Sánchez.

El 10 de noviembre, el PSOE volvió a ganar con un 28 % de los votos: obtuvo 120 escaños (3 menos que el 28-A) y perdió la mayoría absoluta en el Senado. Se dejó unos 800.000 votos, entre los cuales unos 230.000 le beneficiaron a Vox cuyos resultados se duplicaron alcanzando los 52 diputados. Se puede interpretar su éxito como un voto de protesta contra la situación económica y política, así como de angustia en cuanto al desafío separatista. Ciudadanos se derrumbó, pasando de 50 escaños a 10 y provocando así la dimisión de Albert Rivera a raíz de este batacazo[7]. El Parlamento resultó más fragmentado que nunca con numerosos partidos regionales, lo que dificultó la investidura de Pedro Sánchez aunque ya el 12 de noviembre, Pablo Iglesias y Pedro Sánchez firmaron[8] un preacuerdo para formar un Gobierno de coalición liderado por el candidato socialista. Necesitaban más apoyos para que la investidura prosperara. El 5 de enero de 2020, no obtuvieron el respaldo[9] necesario a la investidura en la primera votación. Pedro Sánchez debía conseguir la mayoría absoluta, o sea por lo menos 176 de los 350 escaños. Sin embargo, sólo 166 diputados apoyaron su investidura cuando 165 votaron en contra y 18 se abstuvieron. Al permitir la Constitución española un segundo intento a las 48 horas de la primera votación, el 7 de enero, los diputados volvieron a votar y Pedro Sánchez fue investido presidente del primer gobierno de

Un voto clave

El voto de Tomás Guitarte, primer diputado de la agrupación ciudadana Teruel Existe, que lucha contra los problemas de la España despoblada (➔ véase cap. 30), fue particularmente decisivo después del cambio de última hora de Coalición Canaria que votó en contra de la investidura de Pedro Sánchez en vez de abstenerse. Tomás Guitarte sufrió numerosas presiones y amenazas (incluso por parte de miembros de la plataforma Teruel Existe) para cambiar su voto. Recibió miles de correos electrónicos en dos días y tuvo que permanecer en un lugar oculto la víspera[10] del voto por su seguridad.

coalición de la democracia con 167 votos a favor (PSOE, Unidas Podemos, PNV, Más País-Compromís, Nueva Canarias, BNG y Teruel Existe), 18 abstenciones (ERC y Bildu) y 165 votos en contra (PP, Vox, Ciudadanos, Junts per Catalunya, CUP, UPN, Coalición Canaria, Foro Asturias y PRC). Cabe precisar que, sin la abstención de ERC y Bildu, el líder socialista no hubiera superado la votación en la Cámara Baja.

Segundo Gobierno de Pedro Sánchez (2020-)

Un gobierno fragmentado

Tras el acuerdo de gobierno entre el PSOE y Unidas Podemos, el segundo Gobierno de Pedro Sánchez se convirtió en el primer ejecutivo de coalición de la era democrática española (desde la Segunda República) y en el segundo más paritario con 11 ministros y 11 ministras, tras el de José Luis Rodríguez Zapatero (➔ véase cap. 7). Al sumar[11] apenas 155 escaños, el PSOE y Unidas Podemos tenían que buscar apoyos entre otras formaciones de izquierdas, independentistas u otros partidos para aprobar los Presupuestos Generales del Estado y sacar adelante su agenda. Pero era sin contar con la llegada del coronavirus a España que provocó estragos a todos los niveles, tanto humanos como socioeconómicos y políticos.

Cronología de una crisis anunciada (➔ véase cap. 31)

La agenda política y socioeconómica de la coalición en el poder se vio trastornada por la pandemia de Covid-19 que se cobró la vida[12] de unas 70.000 personas. El terremoto que supuso la crisis del coronavirus obligó al Gobierno a repensar sobre la marcha[13] las medidas previamente ideadas. La prioridad del Gobierno ya no era llevar a cabo los proyectos sino gestionar la crisis que se avecinaba. El 31 de enero de 2020, se registró el primer caso de coronavirus en territorio español. El 12 de febrero, se canceló el Mobile World Congress (un congreso anual en torno al mundo de la comunicación móvil) que había de celebrarse en Barcelona a finales de mes. El 4 de marzo, se confirmó la primera muerte asociada a la Covid y, sin embargo, el Gobierno no tomó medidas de contención. Pese a la multiplicación de los casos, no impidió que se celebraran manifestaciones el 8 de marzo con motivo del Día Internacional de la Mujer. Entre el 8 y el 9 de marzo, se duplicaron los casos y el 11 de marzo la OMS declaró pandemia el coronavirus, por lo que el 12 de marzo, todas las CC. AA. decidieron cerrar sus centros educativos. Se cancelaron fiestas como las Fallas de Valencias o la Semana Santa de Sevilla. El 15 de marzo, inició el estado de alarma que debía durar, en un principio, 15 días con confinamiento de la población y prohibición de ciertas actividades laborales y desplazamientos no esenciales. El 23 de marzo, el Palacio de Hielo de Madrid se transformó en una gran morgue para hacer frente a la llegada masiva de fallecidos.

> Tras el fin del estado de alarma, las competencias regresan a las autonomías (➔ véase cap. 11), pero si se necesita decretar otra vez el estado de alarma para aplicar otro confinamiento en todo el territorio, el mando único retorna a La Moncloa.

Pero el 28 de marzo, el confinamiento se prolongó y se endureció. Se prohibió la salida para cualquier actividad deportiva y los niños no podían salir a la calle bajo ningún pretexto. Ante la situación de presión en los centros médicos de la Comunidad de Madrid, el IFEMA, uno de los recintos más grandes de la capital, fue convertido en un hospital de campaña a petición del gobierno regional para descongestionar los hospitales. El 9 de abril, Pedro Sánchez, tras conseguir el apoyo parlamentario, prorrogó el estado de alarma hasta el 26 de abril con algunas medidas de relajación como la posible salida de los niños bajo ciertas condiciones. Una situación que finalmente se prolongaría hasta el 11 de mayo. Mientras tanto, tuvieron lugar varias manifestaciones de Vox (en coche) para denunciar la gestión del gobierno. El 28 de mayo, en un Consejo de Ministros extraordinario, se aprobó el ingreso[14] mínimo vital que contemplaba reducir en un 80 % la pobreza extrema en España. Esta prestación financiera, prevista para un millón de hogares, oscilaba entre los 462 y los 1.015 euros, según la composición del hogar. El 31 de mayo, el Gobierno anunció que pediría la sexta y última prórroga del estado de alarma que duró hasta el 22 de junio. El 3 de junio, los profesionales sanitarios recibieron el Premio Princesa de Asturias de la Concordia 2020 por su labor excepcional desde el principio de la pandemia. El 8 de junio, el Banco de España anunció una caída del 15 % del PIB para 2020. La vuelta a la normalidad anunciada y efectuada en diferentes fases no fue un lecho de rosas[15]. El balance humano fue tremendo y la economía se vio muy afectada (➲ véase cap. 23). Aunque el Gobierno anunció que inyectaría unos 4.000 millones de euros a la Sanidad y destinaría 14.000 millones a la economía, la crisis económica que estalló a raíz de la pandemia causará, a largo plazo, muchos daños entre los españoles. Pese a las ayudas decretadas, en muchos casos, sus salarios se vieron reducidos en un 50-80 %. Las restricciones de la actividad socioeconómica durante los tres meses de estado de alarma supusieron el cierre de numerosos negocios, comercios, empresas, polideportivos, cines y teatros para impedir la propagación del virus.

Un gobierno frente a cada vez más retos

El principal desafío para el Gobierno de coalición es encontrar un consenso para poder llevar a cabo las diferentes medidas, leyes o proyectos que se postergaron[16] por la pandemia. A principios de junio de 2020, Pedro Sánchez pidió la mayor unidad política para poder encarar[17] la reconstrucción del país tras los estragos[18] causados por la epidemia y lamentó que la oposición intentara sacar provecho de esta crisis sanitaria para “derrocar al Gobierno”. El líder socialista considera que la derecha no ha aceptado su derrota a raíz de la moción de censura. Los políticos se libran una verdadera batalla en vez de luchar juntos. Prueba de ello: Vox anunció a finales de julio que presentaría una moción de censura contra el Gobierno de Pedro Sánchez en septiembre de 2020.

España parece estar en un callejón sin salida[19] ya que la gobernanza parece imposible por lo fragmentado que resulta el Parlamento. Tanto las cuestiones políticas, socioeconómicas, diplomáticas o sanitarias (➲ véase cap. 30), migratorias (➲ véase cap.26) y medioambientales (➲ véase cap.28) quedan pendientes de acuerdos entre políticos por un lado Podemos y ERC, por otro lado, una alianza con Ciudadanos y PNV. ERC condicionó su respaldo a una solución política al conflicto catalán. Para que se aprobaran los Presupuestos Generales, Pedro Sánchez acudió a la formación independentista vasca Bildu que exigió el acercamiento de los presos etarras a cambio de sus votos. Además, el Ejecutivo aprobó el anteproyecto de Ley Democrática (➲ véase cap.22) haciendo hincapié en la urgencia de esta medida, conllevando así el descontento del PP y Vox. El 22 de octubre de 2020, se celebró la moción de censura llevada a cabo por el partido ultraderechista para desbancar[20] a Pedro Sánchez. Fue la votación de desconfianza con el menor respaldo de la democracia española, aislando así a la formación política de Santiago Abascal que fracasó con 298 noes frente a los 52 síes de los diputados ultras con lo que la Cámara Baja aprobó a Pedro Sánchez como presidente del Gobierno. El debate le sirvió a Pablo Casado para romper con la extrema derecha mientras que Pedro Sánchez aprovechó su intervención para paralizar la reforma del Poder Judicial pese a la voluntad de Pablo Iglesias de mantenerla.

Tras el fracaso de su renovación debido a la falta de acuerdo entre PSOE y PP, en marzo de 2021, el Poder Judicial aprobó seis de los ocho nombramientos previstos. La mayor parte de los miembros del Consejo abogó por llevar a cabo las designaciones en caso de que el Ejecutivo aprobara en abril la ley que prohíbe los nombramientos con el mandato caducado.

El Consejo General del Poder Judicial (CGPJ) es el órgano de gobierno del poder judicial español y su finalidad es garantizar la independencia de los jueces en el ejercicio de sus funciones. Esta institución consta de 20 vocales[21], la mitad de ellos elegida por el Senado y los otros 10 por el Congreso. Pero 12 de ellos son propuestos por los propios jueces (mediante las asociaciones judiciales), alcanzando un número máximo de 36 candidatos, y los 8 restantes son juristas de competencia reconocida. Las pautas[22] exigen que estos 20 miembros no sean reelegidos por el Consejo siguiente. Su mandato dura 5 años y siguen en funciones hasta la toma de posesión del nuevo. Su elección reviste una importancia capital porque ellos eligen a algunos jueces del Tribunal Supremo, por ejemplo. Ahora bien, el PSOE y Unidas Podemos contemplan[23] cambiar el sistema de elección del CGPJ con vistas a que la Cámara Baja y la Cámara Alta puedan elegir a los seis vocales de cada cámara con mayoría absoluta en segunda votación, 48 horas después de una primera ronda en la que se mantendría la mayoría de tres quintos. De esta manera, el Ejecutivo pretende reducir el umbral[24] de mayoría para nombrar a los doce miembros del órgano judicial lo que hace peligrar la independencia judicial. Los jueces lo consideran un proyecto contrario a la Carta Magna y reclaman una despolitización de su entidad. Pero para la coalición de izquierdas, esta reforma permitiría que los miembros del CGPJ no fueran rehenes[25] de su mandato en caso de bloqueo político si su período de ejercicio ha expirado entretanto. Esta propuesta del PSOE y de Unidas Podemos desató una protesta generalizada en la oposición que temía que la institución judicial quedara en manos del Ejecutivo. El PP amenazó con acudir al Consejo de Europa, los tribunales europeos y la Justicia española para contrarrestar esta reforma y Bruselas advirtió al Gobierno de Pedro Sánchez que velaría por la independencia de los jueces. A raíz de las observaciones de la Comisión Europea y la voluntad del PP de retomar las conversaciones, Pedro Sánchez reanudó el diálogo con el PP que exigió que Unidas Podemos no participara en las negociaciones.

El Ejecutivo no sólo se enfrentó a tensiones con los partidos de oposición sino que experimentó también discrepancias internas en cuanto a las políticas de igualdad, verdadero epicentro de los desacuerdos del Gobierno de coalición. Unidas Podemos rechazó apoyar en el Congreso la Ley Zerolo impulsada por los socialistas cuando el PSOE se negó a respaldar la Ley Trans ideada por los morados.

Ley Zerolo: del nombre del responsable de la Secretaría de Movimientos Sociales del PSOE y activista por los derechos LGTBI, Pedro Zerolo, esta norma contempla evitar los comportamientos discriminatorios por razón de etnia, raza, sexo, clase social, religión, política, discapacidad u orientación sexual. Sancionará el acoso o la discriminación con multas que van desde los 300 euros hasta 500.000 euros por las más graves.

Los izquierdistas radicales acusaron al PSOE de incumplir el pacto de legislatura al interferir en su cartera. Esta tirantez dentro del Ejecutivo acarrearon cierto inmovilismo en la gestión sociopolítica del país.

Estos desencuentros no sólo se dieron a escala nacional sino también regional a imagen y semejanza de lo que pasó en el gobierno autonómico de Murcia a principios de marzo de 2021 cuando Ciudadanos presentó una moción de censura pactada con el PSOE contra el PP (con el que formaba la coalición de turno) para arrebatarle el poder. Finalmente esta maniobra fracasó porque tres representantes del partido de Inés Arrimadas la traicionaron convirtiéndose en tránsfugas ya que se incorporaron al PP. Este terremoto político provocó un efecto dominó acarreando, otra vez, cierta inestabilidad institucional al poner a prueba los pactos de la triple derecha.

De hecho, Pablo Iglesias dimitió como vicepresidente segundo del Gobierno para presentarse como candidato de Unidas Podemos a las elecciones anticipadas de la Comunidad de Madrid el 4 de mayo de 2021.

NOTAS

1. una multa: *une amende*
2. agotar = acabar, terminar
3. gravar: *taxer*
4. saldarse con: *se solder par*
5. la tesitura = la situación
6. una ganga: *une aubaine*
7. el batacazo = el fracaso
8. firmar: *signer*
9. el respaldo = el apoyo: *le soutien*
10. la víspera: *la veille*
11. sumar: *totaliser*
12. cobrarse la vida de: *coûter la vie à*
13. sobre la marcha: *au fur et à mesure*
14. el ingreso: *le revenu*
15. no ser un lecho de rosas: *ne pas être un long fleuve tranquille*
16. postergar: *reporter*
17. encarar = hacer frente a
18. los estragos: *les ravages, les dégâts*
19. un callejón sin salida: *une impasse*
20. desbancar: *évincer*
21. el vocal = el miembro
22. la pauta = la regla
23. contemplar: *envisager*
24. el umbral: *le seuil*
25. el rehén: *l'otage*

MC10 La presidencia de Pedro Sánchez (a partir de 2018)

LA PRESIDENCIA DE PEDRO SÁNCHEZ (desde el 2 de junio de 2018)

1 de junio de 2018
- **Moción de censura de Pedro Sánchez contra Mariano Rajoy**
- Aprobada
- 180 síes, 169 noes, 1 abstención

PRIMER GOBIERNO (2 de junio de 2018-enero de 2020)
- **Bloqueo legislativo**
- Imposibilidad de aprobar cualquier ley
- **Nueva fuerza política a nivel autonómico en diciembre de 2018 y a nivel nacional el 28-A: el partido ultraderechista Vox**
- Elecciones autonómicas (diciembre de 2018)
- Elecciones generales anticipadas 28-A (2019)
- **Debilidad del gobierno de Pedro Sánchez (sólo 84 escaños de los 350)**
- No se aprobaron los Presupuestos Generales del Estado (febrero de 2019)
- Exhumación de Franco (24 oct. 2019)

28-A
- **Participación: 75,75 %**
- (+6 puntos con respecto a 2016)
- **PSOE: 123 escaños**
- (+39 con respecto a 2016, o sea 2 millones de votos más)
- **PP: 66 escaños (-71)**
- Pérdida de 1,4 millón de votos a favor de C's
- Pérdida de 1,6 millón de votos a favor de Vox
- **C's: 57 escaños (+25)**
- **Unidas Podemos: 42 escaños**
- -27 escaños, o sea dos millones de votos menos mayoritariamente a favor del PSOE
- **Vox: 24 escaños (+24)**
- Irrupción del partido en el Congreso

SEGUNDO GOBIERNO (desde el 7 de enero de 2020)
- **Primer gobierno de coalición de la democracia:**
- PSOE-Unidas Podemos
- **Crisis sanitaria a raíz de la pandemia de Covid-19**
- **22 de octubre de 2020**
- Moción de censura fallida de Vox contra Pedro Sánchez
- **Proyecto de reforma del CGPJ**
- Rotunda oposición del PP
- **Proyecto de Ley de Memoria Democrática**
- Rechazo de Vox y del PP

10-N: fragmentación de las Cortes
- **PSOE: 120 escaños** — Pérdida de unos 800.000 votos
- **PP: 89 escaños**
- **Vox: 52 escaños**
- Voto de hartazgo, de protesta contra la situación económica, de angustia en cuanto al desafío separatista
- **Podemos: 35 escaños**
- **Ciudadanos: 10 escaños**
- Batacazo de C's (perdió los dos tercios de sus votantes)
- **Pérdida de la mayoría absoluta en el Senado por parte del PSOE**

Investidura fallida
- **Primer intento**
- 23/07/2019: 124 votos a favor, 170 en contra, 52 abstenciones
- **Segundo intento**
- 25/07/2019: 124 votos a favor, 155 en contra, 67 abstenciones
- **Disolución de las Cortes por el Rey**
- 23/09/2019: convocación para nuevas elecciones generales
- **Según la ley, después de la primera sesión de investidura fallida, el Congreso de los Diputados dispone de dos meses para investir a un presidente de Gobierno**

LA MONARQUÍA ESPAÑOLA DESDE 1975

10

El reinado de Juan Carlos I (1975-2014)

De "Juanito el Breve" a "bombero de la democracia"

Juan Carlos de Borbón y Borbón, hoy llamado Juan Carlos I, es hijo de Juan de Borbón y Battenberg (conde de Barcelona) y de María de las Mercedes de Borbón-Dos Sicilias y Orleans. Es nieto del exiliado rey Alfonso XIII (1886-1931). Juan Carlos I nació en Roma en 1938, ciudad donde vivían sus padres durante el exilio de la familia real, ausente de España desde la proclamación de la Segunda República en 1931.

La Ley de Sucesión de 1947 definía España como un Estado constituido en reino, aunque en realidad no tenía ni monarquía ni monarca. La Ley de Principios fundamentales de 1958 y la Ley Orgánica de 1967 establecieron una monarquía en el marco del Movimiento nacional (➔ véase cap. 3).

Franco y el conde de Barcelona se pusieron de acuerdo en una entrevista en 1948 para que el joven príncipe se trasladara[1] de Portugal a España para cursar allí sus estudios. A los 10 años, Juan Carlos pisó por primera vez la patria de sus antepasados. Cursó en Madrid el bachillerato, luego, entre 1955 y 1957, siguió su instrucción militar en la Academia General Militar de Zaragoza, ingresó en la Escuela Naval Militar de Marín en Pontevedra en 1957 y finalmente en la Academia General del Aire de San Javier en Murcia (1958-1959). Juan Carlos fue propuesto como sucesor de Franco a título de rey, propuesta ratificada por las Cortes españolas en julio de 1969, ante las que el joven príncipe prestaría juramento de guardar y hacer guardar las Leyes Fundamentales del Reino y los principios del Movimiento Nacional, es decir, el ideario franquista. El 14 de mayo de 1962, se casó en Atenas con la princesa Sofía de Grecia y Dinamarca, con la que tuvo tres hijos: la infanta Elena (1963), duquesa de Lugo, la infanta Cristina (1965), duquesa de Palma de Mallorca (hasta 2015), y el príncipe de Asturias, Felipe (1968). En julio de 1969, las Cortes aprobaron la proclamación de Juan Carlos, con el título de Príncipe de España y sucesor de Franco. Dos días después de la muerte de Franco, ocurrida el 20 de noviembre de 1975, Juan Carlos fue proclamado rey de España en un contexto político de gran incertidumbre[2]. Franquistas y antifranquistas le otorgaban poco crédito, como lo dejaba entender el mote[3] que se le daba al reciente rey, apodado[4] "Juanito el Breve". Nadie veía en ese rey legitimidad alguna. La oposición no reconocía a Juan Carlos impuesto por Franco, la izquierda quería que se proclamara una república, para los monárquicos el heredero legítimo era el padre de Juan Carlos I (don Juan sólo abdicó en su hijo el 14 de mayo de 1977) y los franquistas querían que el franquismo permaneciera, mientras que Juan Carlos I ya quería emprender el camino hacia la democratización de España. El monarca mantuvo a Arias Navarro en la presidencia del Gobierno durante 8 meses, pero, al comprobar que éste se mostraba reacio[5] a desmantelar el sistema franquista y entablar reformas, le obligó a dimitir el 1 de julio de 1976. Nombró a Adolfo Suárez para sucederle, un hombre joven que, con su apoyo, consiguió llevar a cabo "una revolución desde arriba".

Finalmente, Juanito el Breve adquirió tanta popularidad entre los ciudadanos que se llegó a hablar de "juancarlismo" para evocar el apego[6] a este rey. Juan Carlos I desempeñó un papel clave en la democratización del país, tuvo un rol relevante al evitar que el 23-F desembocara en[7] un retorno a un régimen autoritario y fue considerado por ello como el garante de la democracia. La Constitución española de 1978 estableció una monarquía parlamentaria y democrática concediéndole al rey el papel de jefe del Estado además de jefe supremo de las Fuerzas Armadas. Como tal, logró que el coronel Tejero fracasara en su golpe de Estado (el 23-F) en 1981. A diferencia de su abuelo que había apoyado el golpe de Estado de Primo de Rivera en 1923, Juan Carlos se mantuvo firme para salvaguardar la democracia. De ahí el apodo de "bombero[8] de la democracia", así como los premios y distinciones que le otorgaron el reconocimiento nacional e internacional del que gozó[9] gran parte de su reinado. El papel de Juan Carlos I durante la Transición española fue fundamental puesto que logró reunir al pueblo español dividido después de la sangrienta Guerra Civil y los casi cuarenta años de dictadura. Transformó el sistema político español gracias al apoyo del presidente del Gobierno, Adolfo Suárez, y del de las Cortes, Torcuato Fernández-Miranda alejándose de la Falange y de los franquistas, restableciendo las libertades y legalizando partidos políticos y sindicatos.

El lento desgaste de la monarquía

A mediados de los años 2000, la monarquía empezó a sufrir ataques y escándalos procedentes de todas partes. Por ejemplo, se censuró de inmediato una caricatura (sexual) de los príncipes de Asturias publicada en la revista *El Jueves* en 2007. El mismo año, una frase del rey dirigida al entonces presidente venezolano Hugo Chávez levantó polémica. El famoso "¿Y por qué no te callas?" iba a pasar a los anales de la historia. Conforme pasaban los años, la familia real fue alejándose de la imagen ejemplar para entrar en una fase de declive. En 2004, el príncipe Felipe se casó con una mujer plebeya (sin sangre azul) y, por si fuera poco, divorciada. Por otra parte, en 2009, la infanta Elena se divorció de Jaime Marichalar (inmediatamente fue retirada su estatua del Museo de Cera de Madrid). Hasta 2011, la monarquía era una de las instituciones mejor valoradas por los ciudadanos españoles. Pero a partir de 2012, la aprobación de la monarquía sólo alcanzaba un 53 % (pasó del 72 % en 1998 al 53 % en 2012), y la preferencia hacia una república subió del 11 % en 1998 a un 37 % en 2012. Este bajón de la popularidad de la monarquía entre los españoles se debía por una parte a la población joven que nació en plena democracia y no conoció el franquismo, al colectivo "Juventud sin futuro" y los separatistas catalanes que no le atribuían al monarca ninguna legitimidad. Por otra parte, el caso Nóos, que implicaba a Iñaki Urdangarin y a la infanta Cristina (hermana del actual rey), los escándalos vinculados a la vida privada del entonces monarca Juan Carlos I y el escándalo de la cacería en Botsuana en la que participó en abril de 2012 alimentaron el descontento de la ciudadanía. Si no se hubiera roto la cadera, los españoles no se hubieran enterado de este viaje de alto coste en plena crisis económica. Fue tal el desengaño entre los españoles que la Casa Real decidió reaccionar con una actitud inédita: las disculpas del rey con la famosa frase "Lo siento mucho, me he equivocado y no volverá a ocurrir". Y para colmo el 9 de abril de 2012, Froilán Marichalar (nieto de Juan Carlos I) de 13 años se hirió al manipular una escopeta no reglamentaria para su edad (lo cual no deja de recordar el triste accidente de Estoril en 1956 en el que murió Alfonso, al manipular una pistola su hermano mayor Juan Carlos, el cual nunca abandonaría no obstante esa afición por las armas). Mala racha[10] para la monarquía...

¿Hacia el ocaso de la monarquía?

Para contrarrestar los efectos negativos de los escándalos que salpicaron la imagen de la Corona, el príncipe Felipe presenció cada vez más actos como los de índole[11] militar, a los que antes sólo asistía su padre. Y tanto la agenda del monarca como la del heredero se llenaron de actos menos protocolarios y más concretos para el ciudadano y ambos desarrollaron la práctica de la diplomacia económica. Juan Carlos I y don Felipe se convirtieron en embajadores de la entonces llamada "Marca España" para abrir nuevos mercados a España (➔ véase cap.20). Por otra parte, conscientes de que estaban bajo la lupa, se bajaron un 7 % el sueldo. La monarquía cuesta oficialmente 8,4 millones de euros al año y en tiempos de crisis resulta difícil aceptar y justificar estos gastos (aunque sea, al parecer, la más barata de Europa con 0,19 euros por habitante). Para mostrarle a la ciudadanía que la familia real no despilfarraba el dinero, no se organizó ninguna celebración oficial con motivo de los 45 años del príncipe. En abril de 2013, la Casa Real mostró mayor transparencia en sus cuentas. Cuando la monarquía intentó recuperar el prestigio perdido con medidas de transparencia, el estado de salud de Juan Carlos comenzó a deteriorarse. Además, en marzo de 2013, en Holanda y en julio del mismo año en Bélgica, las cabezas reinantes dejaron el trono a sus descendientes. En este contexto, se planteó la cuestión de la abdicación de Juan Carlos I en su hijo Felipe. A finales de 2013, sólo el 41,3 % de los españoles apoyaba al reinado de Juan Carlos y el 62 % pedía su abdicación. Por primera vez, la institución monárquica perdió popularidad hasta situarse por debajo del 50 %. En cambio, el 66 % tenía buena o muy buena opinión del príncipe Felipe, pero al mismo tiempo, muchos españoles y sobre todo jóvenes opinaban que la institución era obsoleta y poco democrática ya que no procedía del sufragio popular. El 14 de abril de 2013, miles de personas se manifestaron en decenas de ciudades españolas para conmemorar el aniversario de la Segunda República y más de 50 organizaciones convocaron las marchas para exigir un nuevo proyecto de país: una Tercera República. El 2 de junio de 2014, el jefe del Gobierno, Mariano Rajoy, anunció públicamente la abdicación del rey en su hijo Felipe mientras que, en su discurso de Navidad, a principios de 2014, había descartado una eventual abdicación. Luego el rey se dirigió a los españoles para justificar su decisión. El 19 de junio de 2014, Felipe VI fue proclamado rey de España y su esposa Letizia se volvió, por consiguiente, reina. La pareja real heredaba una corona mellada[12] por escándalos de corrupción y cuya popularidad había bajado mucho en los últimos años. En un país sumido en una tremenda crisis económica, con un 25 % de desempleo, tensiones separatistas, además de la presión de los partidos de izquierda que reclamaban un referéndum para elegir entre monarquía y república, el reto para el futuro rey era de gran magnitud.

El reinado de Felipe VI (desde 2014)

Una voluntad de transparencia

Felipe VI, tercer hijo del rey emérito Juan Carlos de Borbón y de la reina Sofía de Grecia, fue proclamado rey de España el 19 de junio de 2014, tras la abdicación de su padre el 2 de junio del mismo año. Tomó el cargo de la Jefatura de Estado y el mando de los Ejércitos en un contexto político y socioeconómico caótico. En su discurso de proclamación, Felipe VI aludió a una Corona que debía recobrar la confianza de la ciudadanía con "una conducta íntegra, honesta y transparente". Para ello, anunció una auditoría de sus cuentas[13], una regulación de los regalos recibidos y un código de conducta. A partir del uno de enero de 2015, entró en vigor el nuevo código regulador por el que los miembros de la familia real sólo pueden aceptar regalos que entran dentro de "los usos habituales, sociales o de cortesía". Cada año, publicará en su web un listado de los presentes, pero sólo los que la propia Casa del Rey haya clasificado como "institucionales". Los miembros de la familia real tampoco podrán recibir dinero. Si se trata de la dotación económica de un premio que se les haya concedido, donarán la suma a una entidad sin ánimo de lucro[14]. Si son bienes dejados en testamento por personas que no sean de la familia, se incorporarán a Patrimonio Nacional o se entregarán a instituciones públicas o entidades no lucrativas. Además de estas medidas, Felipe VI le revocó a su hermana el título de duquesa de Palma que su padre le había regalado con motivo de su boda con Iñaki Urdangarin en 1997 para mostrar su intransigencia ante la corrupción y la equidad judicial, para que se borrara la idea de que la familia real era intocable.

Un compromiso político inquebrantable

La tormenta familiar que había oscurecido el horizonte de la monarquía no iba a ser la única en desafiar al rey en ciernes[15]. Basta con hablar de su labor en el contencioso catalán justo después de su proclamación. Viajó numerosas veces a Cataluña para entrevistarse con Artur Mas. Su dominio del catalán, así como su título de príncipe de Gerona, hacían de él el interlocutor ideal. En 2016, las visitas del rey a Cataluña disminuyeron un 40 % respecto a las que realizó en 2015, año en que viajó allí casi mensualmente. El 11 de enero de 2016, se confirmaron las relaciones cada vez más tirantes entre la Zarzuela y la *Generalitat* cuando el rey no le concedió audiencia a la presidenta del *Parlament*, Carme Forcadell, en el marco de la investidura del nuevo presidente de la *Generalitat*, Carles Puigdemont. En 2016, la agenda de Felipe VI también fue marcada por sus reuniones con los líderes políticos a raíz del bloqueo tras las elecciones del 20-D. Frente a la imposibilidad de nombrar al presidente del Gobierno, el rey tuvo que convocar nuevas elecciones generales previstas para el 26 de junio de 2016.

Desde su entronización, el monarca no dejó de defender la unidad de su país y sobre todo a mediados y finales de 2017 por el desafío soberanista de los independentistas catalanes (➔ véase cap. 14). Dos días después del 1-0[16], el rey Felipe VI se dirigió a todos los españoles para transmitirles “un mensaje de tranquilidad y esperanza” insistiendo en la “deslealtad inadmisible” de los independentistas y en las consecuencias para la sociedad y la economía catalanas. La popularidad del rey, que no ha dejado de crecer desde su llegada a la Zarzuela, se ha disparado con su postura implacable ante el secesionismo catalán. Según un sondeo de noviembre de 2017, el rey saca una nota de 7,2 puntos de diez, la mejor nota atribuida a la monarquía desde hace veinte años.

El bloqueo político de 2016, las consecuencias de la crisis de 2008 y el *Procés* son tantos desafíos que el rey intenta superar con firmeza y malabarismos diplomáticos.

La monarquía otra vez mellada

El 3 de agosto de 2020, la Casa Real anunció que el rey emérito dejaba el país por los múltiples escándalos. Las noticias sobre el presunto dinero oculto que Juan Carlos de Borbón tenía en Suiza así como la donación de 65 millones de euros que le hizo a su examante Corinna Larsen avivaron el debate sobre la inviolabilidad del jefe del Estado. Las fiscalías de Suiza y el Tribunal Supremo de España investigan estos delitos por los que el monarca emérito podría ser juzgado sólo a partir de su abdicación en 2014. La Fiscalía del TS indaga el origen de los 65 millones de euros ingresados en la cuenta suiza de una fundación cuya sede se encuentra en Panamá. Se quiere determinar si este dinero procede de los 100 millones que cobró desde Arabia Saudí, doce años atrás, por la construcción del AVE entre Medina y la Meca. Ante la partida de Juan Carlos, los políticos no vacilaron en expresar públicamente su indignidad (Podemos), su apoyo a Felipe VI (PSOE), su respaldo al antiguo rey (el PP) por su contribución a la democracia y su respeto a Felipe VI por su papel clave en la vida política del país y su labor ejemplar. Si bien numerosos españoles se declaraban “juancarlistas”, no se reconocían en el sistema monárquico. Los escándalos que salpicaron a la Corona no sólo socavan la imagen del rey emérito sino que perjudican y debilitan el modelo constitucional de la monarquía parlamentaria. Con la salida de Juan Carlos a Abu Dabi volvió el eterno debate entre Monarquía y República encabezado por el líder de Podemos Pablo Iglesias. Además, en septiembre, el Ejecutivo le impidió a Felipe VI que presenciara en Barcelona el acto de entrega de despachos a los nuevos jueces por razones de seguridad. La Constitución establece que todos los actos oficiales del monarca tienen que contar con el visto bueno del Gobierno, por consiguiente, el rey no tuvo más remedio que renunciar a esta ceremonia.

La decisión de Moncloa de no permitir la presencia de Felipe VI en el acto de entrega de despachos de los nuevos jueces en Barcelona acarreó el malestar y la ira de la magistratura. De hecho, el artículo 117 de la Constitución establece que la "justicia emana del pueblo y se administra en nombre del rey", por lo tanto la ausencia del rey se vio como una afrenta. Para el PP, se trataba de una "cesión más al independentismo" poco afín a la monarquía y partidario de una República. Por otra parte, unos miembros del Ejecutivo temían que el Tribunal Supremo y la cúpula judicial aprovecharan la asistencia del rey para dar a conocer la sentencia sobre la inhabilitación de Quim Torra (➔ véase cap. 14).

Tras este episodio y ofensas públicas al rey por parte del vicepresidente Pablo Iglesias o ministros podemitas como Alberto Garzón, Pedro Sánchez quiso rebajar las tensiones integrando a Felipe VI en varios actos de su agenda política de octubre de 2020.

En diciembre de 2020 y a finales de febrero de 2021, Juan Carlos de Borbón llevó a cabo regularizaciones fiscales (respectivamente 680.000 euros y más de 4 millones) para evitar un delito fiscal por regalos patrimoniales o de viajes en jets privados.

NOTAS

1. trasladarse: *déménager*
2. la incertidumbre: *l'incertitude*
3. el mote: *le surnom*
4. apodado: *surnommé*
5. reacio: *réticent, réfractaire*
6. el apego: *l'attachement*
7. desembocar en: *déboucher sur*
8. el bombero: *le pompier*
9. gozar de: *jouir de*
10. la mala racha: *la mauvaise passe*
11. la índole: *le caractère, la nature*
12. mellar = perjudicar, dañar
13. la auditoría de cuentas: *l'audit*
14. sin ánimo de lucro: *à but non lucratif*
15. en ciernes: *en herbe*
16. 1-0 = fecha del referéndum ilegal organizado por los independentistas catalanes y celebrado el uno de octubre de 2017

El rey (2018) de Alberto San juan y Valentín Álvarez rememora la abdicación de Juan Carlos y evidencia del "agotamiento del ciclo" del sistema político español.

MC 11 La monarquía española desde 1975

LA MONARQUÍA ESPAÑOLA DESDE 1975

- **Restauración de la monarquía en 1975**
  - **Papel del rey**
  - Jefe de Estado
  - Jefe de las Fuerzas Armadas
- **Juan Carlos I de Borbón (1975-2014)**
  - Llegada por primera vez a España a los 10 años
  - Designado a título de rey como sucesor de Francisco Franco (propuesta ratificada por las Cortes en 1969)
  - Proclamado rey de España en un contexto de incertidumbre y fuerte oposición
  - **De "Juanito el breve" al "bombero de la democracia"**
  - Papel clave en la transición del país, en el 23-F
  - Nombró a Adolfo Suárez a la presidencia del Gobierno
  - **Del juancarlismo al declive de la monarquía**
  - Boda entre el príncipe Felipe y Letizia, mujer plebeya divorciada
  - Divorcio de la infanta Elena y Jaime Marichalar
  - Caso Nóos relacionado con la infanta Cristina y su esposo Iñaki Urdangarin
  - Safari del rey Juan Carlos en Botsuana
  - Pérdida de la popularidad del monarca
  - **2 de junio de 2014**
  - Anuncio de la abdicación de Juan Carlos I
  - Rey emérito desde entonces
  - **Agosto de 2020**
  - Corrupción
  - Exilio a los Emiratos Árabes
- **Leonor de Borbón y Ortiz**
  - **Infanta sucesora**
  - Primogénita del rey Felipe VI y de la reina Letizia
  - Nacida en 2005
  - Princesa de Asturias (30 de enero de 2018)
- **Felipe VI (desde junio de 2014)**
  - **19 de junio de 2014**
  - Proclamación de Felipe VI
  - **11 de junio de 2015**
  - Título de duquesa de Palma revocado por Felipe VI a su hermana Cristina
  - Mediador activo en el contencioso con Cataluña hasta 2016
  - **3 de octubre de 2017**
  - Discurso intransigente tras el referéndum del 1-O
  - **A partir de 2019**
  - Caída de la popularidad del rey por los escándalos vinculados con su padre, el rey emérito

LAS COMUNIDADES AUTÓNOMAS 11

Presentación general (véase MC 12)

Según se recogió en la Constitución de 1978, el Estado español está formado de 16 comunidades autónomas (CC. AA.) también llamadas "autonomías" y una comunidad foral[1] (Navarra) a las que se sumaron dos ciudades autónomas, Ceuta y Melilla, a partir de 1995.

Al proclamar en la Constitución su voluntad de proteger a todos los pueblos de España, sus culturas y tradiciones, lenguas e instituciones, España se definió como "una en la diversidad y diversa en la unidad", característica que rige su propia identidad. Son, por orden alfabético: Andalucía, Aragón, Asturias, Baleares, Canarias, Cantabria, Castilla-la-Mancha, Castilla y León, Cataluña, Comunidad de Madrid, Comunidad Valenciana, Extremadura, Galicia, La Rioja, Navarra, el País Vasco (o *Euskadi*) y Región de Murcia.

> **La Constitución de 1978** afirma que el "Estado se organiza territorialmente en municipios, en provincias y en las comunidades autónomas que se constituyan". En el mismo sentido, supone que les atribuye "autonomía para la gestión de sus respectivos intereses" según el artículo 137 de la constitución española.

Cada autonomía tiene su propia capital, salvo Canarias que presenta dos capitales, Santa Cruz de Tenerife y Las Palmas de Gran Canaria por la extensión que suponen las siete islas. Cada autonomía presenta en su seno provincias que tienen a su vez capitales. Pero esta subdivisión no se da de forma sistemática.

Cantabria, por ejemplo, es una autonomía que tiene una única provincia porque se negó a unirse a Castilla y León o al País Vasco. Por motivos históricos, Asturias y Navarra ya estaban definidas como territorios bien distintos ya que gozaban de derechos forales. Baleares se encuentra en la misma situación, pero por razones geográficas dado que son islas. En cuanto a Madrid, esta provincia que alberga la capital de España separa de cierto modo Castilla en Castilla-la-Mancha y Castilla-y-León. La Región de Murcia y La Rioja, por ser pequeñas, son provincias por sí solas.

Pero no es el caso de las otras CC. AA. Por ejemplo, Cataluña se compone de Barcelona, Gerona, Lérida y Tarragona con su respectiva capital.

Otro dato que destaca de esta organización territorial: dentro de cada provincia, se encuentran distintos municipios.

Lenguas

Todas las autonomías tienen **el castellano** como idioma oficial, pero en algunas se suma al castellano otra lengua cooficial: **el catalán** en Cataluña, **el gallego** en Galicia y **el *euskera*** (vasco o vascuence) en el País Vasco y Navarra. Cabe recalcar variantes del catalán: en la Comunidad valenciana se habla el valenciano y en Baleares, el mallorquín. Bajo la dictadura franquista del general Francisco Franco (1939-1975), se prohibía y reprimía el uso de las lenguas regionales, así como cualquier manifestación cultural en detrimento de lo castizo[2], lo auténticamente español.

Principales disposiciones de la Constitución en torno a las CC. AA.

La Constitución (➔ véase cap. 4) redactada por intelectuales y políticos de aquella época fue aprobada por las Cortes el 6 de diciembre de 1978 con el mero[3] objetivo de fundamentarse en la indisoluble unidad de la Nación española, "patria común e indivisible de todos los españoles" y afirmar "el derecho a la autonomía de las nacionalidades y regiones que la integran y la solidaridad entre todas ellas". Su promulgación dio respuesta a un problema ya recurrente entonces en España como resultado de sus diferentes identidades. Su objetivo era otorgar[4] más autonomía a cada comunidad ya que todas, y unas más que otras, habían sufrido represión por parte del Gobierno anterior (dictadura de Franco) que llevaba una política nacionalista.

Bajo la dictadura de Franco, el lema franquista presentaba España como "Una, Grande y Libre". "Una" significaba que el país era indivisible, negando la posibilidad de cualquier separatismo o incluso descentralización territorial. "Grande" no sólo se refería al imperio perdido en América sino también al imperio que se quería ganar en África. "Libre" suponía que España no se sometía a ninguna influencia extranjera como la Unión Soviética o los Estados Unidos. Además, todos los españoles tenían que hablar castellano y sólo castellano, por ser única lengua común.

Cada comunidad autónoma tiene Gobierno propio: la *Generalitat* en Cataluña, la *Eusko Jaurlaritza* en el País Vasco, la *Xunta* en Galicia, la Junta en Andalucía o la Diputación foral en Navarra.

Cada gobierno tiene su presidente y Consejerías, un Parlamento autónomo y un Tribunal Superior de Justicia.

Las competencias (➔ véase MC 13)

Por ser "autónomas", se entiende que estas comunidades desempeñan cierto papel que no cumple el Gobierno español, pero puede ocurrir que el Gobierno central se encargue de una competencia por no querer ejercerla la comunidad autónoma.

El Estado tiene competencia exclusiva en materias de interés general o que desbordan el territorio de la comunidad autónoma y sobre legislación básica. Se encarga de la justicia, la defensa, la recaudación[5] de los impuestos (excepto en el País Vasco y Navarra por gozar[6] ambos de derechos forales), los aeropuertos y la política exterior. Si un asunto afecta a más de una autonomía, pasa a ser competencia del Estado.

A cada comunidad autónoma le corresponde encargarse de la gobernanza, la educación, la cultura, la salud, las ayudas sociales, el urbanismo, el transporte, la vivienda[7], la agricultura entre las más destacadas competencias. Promueven el turismo, el deporte o la cultura con leyes autonómicas, pero siempre respetando las leyes básicas.

Una autonomía puede proponer leyes, pero siempre será el Gobierno el que tenga el poder legislativo y por ello el que apruebe dichas leyes.

El proceso de descentralización con pactos autonómicos

La Constitución reconoció dos modalidades en este proceso que correspondían a dos situaciones diferentes ya en el pasado.

Vía rápida

El 31 de julio de 1981, Leopoldo Calvo-Sotelo, presidente del Gobierno, y Felipe González, líder de la oposición, acordaron los Primeros Pactos Autonómicos. Se dio prioridad a Cataluña y al País Vasco, por una parte; a Galicia y Andalucía por otra parte, por tener un proyecto autonómico antes de que estallara la Guerra Civil. Así que estas cuatro comunidades se beneficiaron de una vía acelerada con más autonomía y un estatuto especial porque ya bajo la Segunda República se les había reconocido este derecho. En 1979, las dos primeras ya elaboraron su propio estatuto y enseguida formaron una policía local: *Ertzaintza* en el País Vasco y *Mossos d'Esquadra* en Cataluña. Las otras dos consiguieron un estatuto en 1981. Se calificó a Cataluña, País Vasco, Galicia y Andalucía de comunidades históricas por acceder a la autonomía antes que las otras.

Vía lenta

Las demás autonomías tenían cinco años para que se cedieran competencias desde el Estado central pero no se les exigía llegar al mismo nivel de competencias que las cuatro primeras. En 1983, todas habían adoptado su estatuto propio (el llamado "café para todos").

En 1992, se actualizó el proceso de descentralización con los Segundos Pactos Autonómicos, firmados entre el entonces presidente, Felipe González, y el líder de la oposición, José María Aznar. Se traspasaron 32 competencias entre las cuales la de Educación a las Autonomías que querían igualar las Autonomías "históricas".

> Adolfo Suárez, uno de los redactores de la Constitución, optó por la vía fácil del **"café para todos"**, es decir, del autogobierno generalizado para dar salida al contencioso histórico de los nacionalismos periféricos sin seguirle la corriente a parte del Ejército que se oponía a restituir los estatutos de autonomía a País Vasco y Cataluña.

Zapatero, con su adhesión inicial al estatuto de Cataluña, impulsó en 2005 un nuevo proceso de descentralización, que llevó el Estado de las autonomías al límite. Lo hizo sin consenso. El PSOE y el PP pactaron los nuevos estatutos de Baleares, Aragón, la Comunidad Valenciana o Castilla y León, pero no el de Cataluña. Con un recurso al Tribunal Constitucional, la *Generalitat* incluyó en el texto una referencia a sí misma como "nación" y asumió el control de los trenes de cercanías y obtuvo más medios en justicia.

En resumidas cuentas, entre 1978 y 2014, el Estado traspasó 1.994 competencias a las comunidades. La más beneficiada, con 189 funciones y servicios, fue Cataluña, seguida de Andalucía.

Reformar o reemplazar el Estatuto

Según lo dicta la Constitución, cada comunidad tiene derecho a reformar su estatuto.

Pero algunas comunidades nunca cambiaron su estatuto. Es el caso de Galicia, La Rioja, la Comunidad de Madrid, la Región de Murcia, Navarra y el País Vasco.

Otras sí sustituyeron su estatuto inicial. En 2006, Cataluña, seguida de la Comunidad Valenciana el mismo año, reclamó más autonomía y se reivindicó como nación. Aunque su nuevo estatuto fue aceptado por referéndum y por las Cortes, fue modificado en 2010 a raíz de una demanda del PP al Tribunal Constitucional. Pero no fue un caso aislado. También cambiaron de estatuto algunas que otras comunidades: en 2007, Andalucía en sustitución del de 1981 y las Islas Baleares en sustitución del anterior de 1983.

Las demás autonomías decidieron reformar más de una vez su estatuto.

La crisis económica que conoció España principalmente entre 2008 y 2015 tuvo repercusiones negativas en la manera de ver la Constitución de 1978. Algunos partidos políticos empezaron a hablar ya de enmendarla[8], pero hasta ahora nada se ha hecho al respecto. Algunas comunidades tuvieron la sensación de pagar por las demás autonomías. Fue el caso de Cataluña lo que agudizó[9] la subida del independentismo catalán (➔ véase cap. 14).

La financiación de las autonomías

En España, existen dos modelos de financiación de las comunidades autónomas: el régimen común (15 CC. AA. concernidas) y el régimen foral (el País Vasco y Navarra solo). Se trata de distinguir los impuestos propios de cada autonomía (impuestos sobre el patrimonio, sucesiones y donaciones, juego, ventas al por menor[10] de hidrocarburos) de los impuestos cedidos a la Administración central.

El régimen común, varias veces reformado, toma en cuenta desde 2008 algunos criterios como la población, el fondo de suficiencia global para financiar las necesidades globales de cada comunidad autónoma, los costes diferenciales de vida entre CC. AA. y el número de inmigrantes para saber qué cantidad de impuestos una comunidad tiene que devolverle a Madrid. Según el principio de solidaridad, cada comunidad debe compensarse con otra en términos de densidad poblacional o de riqueza. Con el cheque inversor[11], el Estado invierte en cada comunidad autónoma una cantidad equivalente a su peso en el PIB español, directa o indirectamente.

Dentro del régimen común, las islas Canarias poseen un régimen económico y fiscal especial por razones históricas y por su ubicación ultraperiférica. No tienen IVA sino IGIC (impuesto general indirecto canario).

Ceuta y Melilla son dos ciudades que participan de la financiación autonómica, de conformidad con su estatuto de autonomía y también del régimen de financiación de las Haciendas locales. Asimismo, disponen de un régimen de fiscalidad indirecta especial, caracterizado entre otros aspectos porque en su territorio se aplica el IPSI (impuesto sobre la producción, los servicios y la importación), en lugar del IVA.

En plena crisis económica, se acentuaron las desigualdades entre las CC. AA. Fue el detonante para que tanto Cataluña como País Vasco exigieran aún más autonomía. Por una parte, Cataluña aprovechó la ocasión para organizar un referéndum sobre la independencia el uno de octubre de 2017 (➔ véase cap. 13). Por otra parte, el País Vasco con un 17 % de independentistas entre su población, respaldó la decisión del presidente de la *Generalitat*, Artur Mas: un 42 % de los vascos reclamaba más autonomía (➔ véase cap. 12) para sí mismos.

El régimen foral se aplica sólo al País Vasco y Navarra que recaudan impuestos (salvo el IVA[12] e impuestos a la importación) de los que han de ceder una parte al Estado. Se explica esta situación particular por el respeto de los derechos históricos de los territorios forales. Los conciertos económicos de los que se benefician se remontan a 1841 para Navarra y a 1876 para el País Vasco. Con este aporte ambas autonomías superaron a Madrid y Barcelona en materia de riqueza.

Al sistema de financiación proporcionado a las Comunidades Autónomas, cabe agregar el resto de los recursos de que éstas disponen: tributos propios, transferencias de los Presupuestos Generales del Estado, fondos de la Unión europea. Asimismo, las Comunidades Autónomas pueden obtener financiación acudiendo al endeudamiento, en los términos previstos por la normativa vigente.

Sistemas de control de las autonomías

Varios organismos estatales están encargados del sistema de control de las comunidades autónomas según está regulado en la Constitución española vigente. Es tarea del Tribunal Constitucional cuando el control es relativo a la constitucionalidad de sus disposiciones normativas; le corresponde al Gobierno, en caso de previo dictamen del Consejo de Estado, controlar el ejercicio de las funciones delegadas; le toca a la

Jurisdicción contencioso-administrativa el control de las normas reglamentarias y resoluciones de la Administración autonómica; el Tribunal de Cuentas se encarga del control económico y presupuestario; el Gobierno y el Senado, conjuntamente, actúan en los casos más graves de incumplimiento.

Los controles descritos se sitúan por debajo de la normalidad establecida en los Estados federales, donde se recoge un poder de vigilancia y control a la Federación respecto de los Estados miembros cuando ejecutan la legislación federal.

La isla de los Faisanes, el condominio más pequeño del mundo

Situada entre Irún y Hendaya, sobre el río Bidasoa que separa España y Francia, la isla de los Faisanes es un territorio que goza de un estatus muy peculiar y poco habitual en el mundo. Sus 5.000 m^2 pertenecen seis meses a España y seis meses a Francia desde hace más de un siglo. A modo de ejemplo, en julio de 2017, pasó a manos de los franceses que, mediante un sencillo trámite[13] administrativo, se hicieron cargo de ella hasta finales de enero de 2018 y en enero del mismo año, volvió a pasar a manos de los españoles.

A fin de cuentas, España cuenta con un modelo de estado autonómico que resulta rápidamente inadaptado a su política. A un nacionalismo impuesto por el general Franco (1939-1975) se sustituyó un sistema que conllevó[14] varios nacionalismos (el gallego, el vasco y el catalán). Con la crisis económica de 2008, que tuvo repercusiones en los años siguientes, algunas autonomías se quejaron de tener que pagar por las demás. Con la crisis política (2011-2016), España se enfrentó a una necesidad de reformar su Constitución para volver a pensar un nuevo modelo.

Incluso plantea problemas a nivel sanitario (➲ véase cap. 31): la crisis del ébola (agosto-diciembre de 2014) demostró que un modelo autonómico de sanidad riñe con una gestión eficiente del riesgo sanitario. No sólo dimitió la ministra de Sanidad, Ana Mato, afectada por la crisis sanitaria, sino también el consejero de Sanidad de Madrid, Javier Rodríguez, que fue cesado directamente por sus desafortunadas acusaciones a la auxiliar médica y víctima de ébola, Teresa Romero, a la que acusó de mentir y a quien tachó de poco profesional. A su vez, la crisis sanitaria que golpeó de lleno España a partir de marzo de 2020 con el brote de Covid-19 reveló disparidades entre las autonomías a la hora de gestionar los hospitales y las unidades de cuidados intensivos (UCI). Como las competencias están totalmente descentralizadas, la coordinación entre las 17 comunidades autónomas para encarar una emergencia como ésta resultó mucho más compleja que si hubiera sido un sistema centralizado.

NOTAS

1. foral = (derivado de FUERO) privilegio, derecho, exención concedido por ley o estatuto a un territorio
2. castizo = puro, genuino, que viene de la “casta”.
3. mero = simple
4. otorgar = conceder
5. la recaudación: *la perception (des impôts)*
6. gozar = disfrutar, beneficiarse
7. la vivienda: *le logement*
8. enmendar = modificar
9. agudizar = acentuar
10. una venta al por menor: *une vente au détail*
11. el cheque inversor = el cheque de pago diferido
12. el IVA = el Impuesto sobre el Valor Añadido
13. el trámite: *la démarche*
14. conllevar = provocar, desencadenar

- ***Ocho apellidos vascos*** (2014), comedia de mucho éxito en España del director Emilio Martínez-Lázaro, que cuenta la historia de un joven sevillano que tras una serie de circunstancias tiene que hacerse pasar por un auténtico vasco.
- ***Ocho apellidos catalanes*** (2015), comedia de Emilio Martínez-Lázaro en la que un joven a punto de casarse movilizó al pueblo para hacer creer a su abuela que Cataluña consiguió la independencia y que su boda sería la primera de este nuevo país.

MC 12 Las Comunidades Autónomas (CC. AA.)

Las competencias autonómicas y competencias estatales

LAS COMPETENCIAS AUTONÓMICAS Y LAS COMPETENCIAS ESTATALES

- **Competencia extraordinaria del Estado**
  - **Casos excepcionales**
    - Si una comunidad autónoma no quiere desempeñar una competencia que le corresponde
    - Si un asunto concierne a más de una autonomía
      - Ejemplo: una vía de ferrocarril que atraviesa dos o tres comunidades
- **Los principios generales**
  - Autonomía, solidaridad y coordinación
  - Equilibrar los desequilibrios
- **Competencias estatales**
  - **Competencias propias del Estado**
    - Aeropuertos
    - Defensa
    - Justicia
    - Política exterior
  - **Recaudación de impuestos**
    - Salvo en País Vasco y Navarra
- **Competencias autonómicas**
  - **Competencias propias de las comunidades autónomas**
    - Agricultura
    - Autogobernación
    - Ayudas sociales
    - Cultura
    - Educación
    - Transporte
    - Urbanismo
    - Vivienda

12 EL MULTILINGÜISMO

Un Estado plurilingüe

La diversidad lingüística constituye una característica fundamental del Estado español, pues allí se hablan varias lenguas con sus respectivos dialectos. De hecho, se recoge el multilingüismo del Estado español en el artículo 3 de la constitución aprobada por las Cortes Generales el 6 de diciembre de 1978.

Artículo 3

1. El castellano es la lengua española oficial del Estado. Todos los españoles tienen el deber de conocerla y el derecho a usarla.

2. Las demás lenguas españolas serán también oficiales en las respectivas comunidades autónomas de acuerdo con sus Estatutos.

3. La riqueza de las distintas modalidades lingüísticas de España es un patrimonio cultural que será objeto de especial respeto y protección.

El castellano es la única lengua oficial en todo el territorio español, pero se habla de forma cooficial con otras lenguas en algunas comunidades autónomas. Los estatutos de seis comunidades autónomas declararon oficiales, además del castellano, el catalán y el aranés, en Cataluña, el catalán solo en las Islas Baleares (donde se denomina mallorquín), en la Comunidad Valenciana (donde se denomina valenciano) y en la franja oriental de Aragón; el gallego, en Galicia, y el euskera o vasco, en el País Vasco y parte de Navarra.

Se llegó a mencionar el árabe y el tamazig[1] como lenguas cooficiales respectivas de Ceuta y Melilla (véase cap. 16), por su situación geográfica. Situadas en el norte de Marruecos, ambas ciudades autónomas tienen el castellano como lengua oficial, pero innegablemente existe un plurilingüismo. La realidad es que el árabe dialectal está en auge en Ceuta, y el tamazig, en declive en Melilla y en todo el norte de Marruecos. Por ello nunca han llegado a ser cooficiales, pese a intentos.

En Galicia, por su frontera común con Portugal, se habla el portugués. De hecho, el gallego es un idioma más parecido al portugués que al castellano.

Los estatutos reconocieron también otras situaciones lingüísticas: el bable, en el Principado de Asturias y las hablas aragonesas, en Aragón. El asturleonés es aún hablado de manera minoritaria en algunas zonas de España: en Asturias en mayor parte, en Cantabria en menor grado y en las provincias de Zamora y León. El aragonés y el asturleonés fueron ambos declarados como idiomas en peligro de extinción por la Unesco a finales del siglo XX. En todos ellos se pone de manifiesto el valor de ese patrimonio lingüístico y la necesidad de fomentarlo[2] y de protegerlo.

Otra situación se da a través de las variantes de unas lenguas. En Andalucía se habla el andaluz, en Extremadura, el extremeño y en Canarias, el canario que no son más que variantes del castellano según las zonas geográficas.

Lenguas propias

Las lenguas propias constituyen uno de esos rasgos que pueden entenderse desde la óptica de la identidad o de la diversidad. En el primer caso, puede provocar un conflicto de opiniones; en el segundo caso, puede suscitar más bien un acuerdo común. Cabe señalar que el partido de centro-derecha Ciudadanos (inicialmente plataforma catalana denominada *Ciutadans* y creada por Albert Rivera en 2006) nació como partido sobre el supuesto conflicto del uso del castellano en la escuela catalana. De hecho, en Cataluña, se da un caso particular: una de las lenguas oficiales, el español, mayoritario en esta comunidad autónoma, no es la lengua utilizada en la enseñanza. Por eso, el exministro de Educación, José Ignacio Wert, en junio de 2015, con ocasión de la reforma de la Ley Orgánica para la Mejora de la Calidad Educativa (LOMCE), habló de "españolizar" a los catalanes que solo reciben clase de historia catalana y solo manejan la lengua catalana en clase. La intervención de Wert con tales propósitos desató polémica, como también otras muchas medidas propuestas por el ministro durante su mandato.

La Ley de Lenguas de Aragón, oficialmente *Ley 10/2009, de 22 de diciembre, de uso, protección y promoción de las lenguas propias de Aragón*, regula las lenguas habladas en la comunidad autónoma, otorgando reconocimiento oficial al aragonés y al catalán como lenguas propias, además de la oficialidad del castellano en todo el territorio.

En Aragón, el catalán y el aragonés son lenguas maternas para varios miles de ciudadanos por lo que necesitan la protección del derecho a su uso –lo que no se opone a que el castellano sea la lengua hablada por el conjunto de los aragoneses. Los primeros testimonios explícitos sobre la presencia del catalán en la Franja de Aragón se remontan a mediados del siglo XVI. La lengua catalana cuenta con reconocimiento oficial y explícito desde la Ley de Patrimonio Cultural de Aragón (1999), pero especialmente desde la Ley de Lenguas de 2009.

¿Bilingüismo o multilingüismo en España?

El bilingüismo es propio de algunas comunidades autónomas y no se generaliza a todas las CC. AA. Andalucía tiene su propio dialecto (el andaluz) pero tiene un solo idioma oficial que es el castellano. Por lo tanto, no se puede hablar de España como de un Estado bilingüe.

El multilingüismo sólo concierne a algunas autonomías, pero no a toda España. Si bien se hablan más de dos idiomas en seis de las diecinueve comunidades y ciudades autónomas, no se hablan de forma homogénea. Con todo, el multilingüismo de España tal y como se define reivindica una verdadera identidad de España basada en la diversidad y regida por la Carta Europea de Lenguas Regionales o Minoritarias.

La Carta Europea de las Lenguas Minoritarias o Regionales es un acuerdo ratificado en Estrasburgo el 5 de noviembre de 1992 por los Estados miembros del Consejo de Europa para defender y promover todas las lenguas de Europa que carecen[3] de carácter oficial o que aun siendo oficiales en alguno de los firmantes no lo son en otros o muestran una manifiesta debilidad. Se excluyen expresamente los dialectos de las lenguas oficiales y los idiomas de los inmigrantes.

Asimismo, el multilingüismo en España supondría que todas las lenguas del territorio español concernieran por igual a todo el país, pero no es así ya que las lenguas distintas del castellano son sólo un asunto de cada comunidad autónoma bilingüe y el castellano es la única lengua oficial en todo el territorio. La Ley Orgánica para la Mejora de la Calidad Educativa (LOMCE), conocida también como *ley Wert*, estableció en 2013 que el castellano era lengua vehicular de la enseñanza en todo el Estado y las lenguas cooficiales también lo eran en las respectivas Comunidades Autónomas. Pero a principios de noviembre de 2020, se aprobó una enmienda de la Ley Orgánica de Modificación de la LOE (LOMLOE; ➔ véase cap. 31) que introducía la posibilidad de que los Gobiernos autonómicos pudiesen determinar cuál era la lengua vehicular en la comunidad educativa de cada territorio, eliminando así la referencia del castellano como tal. Esta denominada "ley Celaá" es consecuencia del pacto entre los independentistas catalanes ERC y el Gobierno de coalición formado entre PSOE y Unidas Podemos (➔ véase cap. 9).

Aunque el Instituto Cervantes (➔ véase cap. 20) promueve la lengua española a través del mundo, a pesar de dar clases de euskera, catalán o gallego, es conocido sobre todo por sus clases de castellano, por la promoción de la lengua y la cultura españolas y no de todos los idiomas de España.

NOTAS

1. el tamazig = lengua bereber hablada en Melilla y también en muchas regiones de Marruecos.
2. fomentar = desarrollar
3. carecer: *manquer*

Una casa de locos / L'auberge espagnole (2002), comedia franco-española del director Cédric Klapisch que recalca las diferencias de enseñanza en Cataluña respecto del resto de España.

MC 14 El multilingüismo en España

MAPA CONCEPTUAL

EL MULTILINGÜISMO

- **Reconocimiento de la existencia de distintos pueblos y lenguas en España**
  - **Según la Constitución española de 1978**
  - Ruptura con una larga tradición centralista de monolingüismo oficial bajo Franco
- **Cooficialidad**
  - **El vasco (o euskera)**
    - Lengua cooficial junto al castellano en el País Vasco y Navarra
    - 1 millón de hablantes (con la zona francesa donde se habla)
  - **El gallego**
    - Idioma cooficial junto al castellano en Galicia
    - 2,5 millones de hablantes
  - **El catalán**
    - Lengua cooficial junto al castellano en Cataluña, Comunidad Valenciana, Islas Baleares y Andorra
    - 8 millones de hablantes (con el Rosellón francés y la ciudad de Alguer en la isla de Cerdeña)
- **Dialectos del castellano septentrionales o meridionales**
  - Andalucía
  - **El andaluz**
  - Extremadura
  - **El extremeño**
  - Canarias
  - **El canario**
- **Idiomas propios de una comunidad o parte de una comunidad**
  - Principado de Asturias
  - **El bable**
  - Valle de Arán
  - **El aranés**
  - Comunidad autónoma de Aragón
  - **El aragonés**
  - Principalmente en Asturias, en menor grado en Cantabria y en las provincias de León y Zamora
  - **El asturleonés, también llamado asturiano, leonés o mirandés**

13 EL NACIONALISMO VASCO

Datos generales

El País Vasco, también llamado *Euskadi* o *Euskal Herria* en vasco, tal y como se concibe en la mente de los nacionalistas, se compone de las tres provincias de Vizcaya, Guipúzcoa y Álava ubicadas todas en la comunidad autónoma del País Vasco, de Navarra y un territorio conocido como Iparralde situado en el suroeste de Francia. Actualmente, el País Vasco español es la comunidad autónoma con mayor grado de autonomía de España al disfrutar de un parlamento que le otorga una capacidad de autogobierno considerable y al tener competencias totalmente independientes del gobierno central de Madrid en los ámbitos educativo, sanitario, cultural y en cuanto a la vivienda[1] y la seguridad. Además, se trata de una de las cuatro comunidades autónomas en tener su propio cuerpo de policía: la *Ertzaintza*. A pesar de que esta comunidad goza de[2] un alto nivel de autonomía, los nacionalistas vascos abogan por[3] una independencia del resto de España, pero no todos los vascos son independentistas.

Orígenes del nacionalismo vasco

El nacionalismo vasco no surgió de la nada, puesto que ya existía una conciencia identitaria vasca que desde el siglo XIX se basaba en cierta particularidad cultural y lingüística, así como en la permanencia de los fueros[4] (ordenamientos jurídico-administrativos propios del Antiguo Régimen) abolidos en 1876 a raíz de las guerras carlistas. A partir de 1878, las Diputaciones (gobiernos provinciales) del País Vasco mantuvieron una autonomía fiscal y administrativa: una verdadera excepción en el sistema centralista de la monarquía borbónica. Tras la abolición de los fueros surgieron grupos, como la Asociación Euskara de Navarra y la Sociedad Euskalerria de Bilbao, en cierto modo antepasados del nacionalismo vasco. Sin rechazar el rasgo[5] español del País Vasco, trataron de fortalecer la unidad vasca con tal de restaurar los fueros. La decepción que supuso desde 1876 la pérdida de los fueros y el rápido proceso de industrialización desarrollaron el sentimiento particularista de los vascos y despertaron el nacionalismo vasco.

Génesis del nacionalismo vasco

El nacionalismo vasco nació a finales del siglo XIX, en la década de 1890. Su fundador, Sabino Arana, publicó en 1892 el libro *Bizkaya por su independencia*, en el que intentaba demostrar la independencia originaria de Vizcaya frente a España. Las características del primer nacionalismo vasco fueron el racismo, el catolicismo integrista, el concepto esencialista de la nación vasca, el antiliberalismo y el antisocialismo. Para Arana, la clave de la libertad vasca radicaba en la supuesta "pureza de raza", lo que significaba un odio a los inmigrantes, también porque, desde una perspectiva católico-tradicionalista, la única forma de lograr la salvación eterna de los vascos era aislar completamente al País Vasco de España.

Las contradicciones que marcaron la historia del nacionalismo vasco aparecieron ya en vida de su fundador, en cuya evolución política pueden distinguirse tres etapas: la de 1893-1898, caracterizada por un nacionalismo radical, cuyo único objetivo era la independencia de Vizcaya en primer lugar y, por extensión, del resto de los territorios vascos; la de 1898-1902, más moderada y pragmática, aun sin cambiar sus principios ideológicos básicos, y la denominada "evolución españolista", que terminó en 1903, con la muerte de Arana.

Este movimiento político y social, inicialmente muy minoritario, fue ampliando su presencia en la sociedad vasca a lo largo del siglo XX. Desde la Transición (véase cap. 4) y la instauración de la democracia en España –tras el final de la dictadura de Franco (véase cap. 3)–, el nacionalismo ha sido habitualmente mayoritario en las tres provincias de la comunidad autónoma del País Vasco (Vizcaya, Guipúzcoa y, en menor medida, en Álava) y muy minoritario en Navarra, territorio reivindicado por el nacionalismo como parte del País Vasco (Euskadi), pero que forma una Comunidad Autónoma diferenciada.

De la muerte de Sabino Arana al final de la dictadura de Miguel Primo de Rivera (1923-1930)

La muerte de Arana fragilizó al nacionalismo vasco hasta tal punto que se comentó que este movimiento político desaparecería con el fallecimiento[6] de su fundador. Era necesario reorganizar el partido y unificarlo ya que existían discrepancias[7] en sus filas entre los autonomistas moderados y los sabinianos independentistas más radicales. En 1906, lograron ponerse de acuerdo y adoptaron como meta común la restauración de los fueros. Así fue como el nacionalismo vasco comenzó a integrarse poco a poco en la vida política española entre otras medidas la creación del sindicato nacionalista Solidaridad de Obreros Vascos en 1911, el primer Consejo Nacional (*Euskadi Buru Batzar*) del PNV el mismo año, la publicación en Bilbao en 1913 del diario nacionalista *Euzkadi.* El nacionalismo vasco alcanzó sus años de mayor expansión entre 1914 y 1931, convirtiéndose el PNV en el primer partido político de Vizcaya, extendiéndose por las demás provincias vascas y protagonizando la primera campaña a favor de la autonomía para el País Vasco (1917-1919). En septiembre de 1921, fundaron (retomando el nombre original) un nuevo PNV *aberriano*, en el que se integraron los independentistas de Juventud Vasca y el grupo de Luis Arana. Esta escisión no fue consecuencia de un cambio ideológico profundo (en cuestiones sociales o religiosas), sino sobre todo de las ideas de cada grupo sobre la relación entre Euskadi y España y sobre la autonomía o la independencia como meta del partido. El PNV *aberriano* tomó como modelo al nacionalismo irlandés –a ejemplo del cual creó, en 1922, una organización femenina, *Emakume Abertzale Batza*– e impulsó los contactos con independentistas gallegos y catalanes, con los que en septiembre de 1923 –dos días antes del golpe de Estado del general Primo de Rivera– firmó el "Pacto de la Triple Alianza". La dictadura persiguió al nacionalismo radical, cerrando los centros y los periódicos del PNV *aberriano* y obligando a algunos de sus dirigentes a exiliarse.

La Segunda República (1931-1939) (véase cap. 1)

Durante la Segunda República española en 1931, el PNV se convirtió en un movimiento social muy popular con cinco diarios propios, numerosas organizaciones políticas y culturales. Luchó por un estatuto de autonomía del País Vasco dentro de la España republicana para después alcanzar la independencia. Esta meta sería difícil de alcanzar puesto que los republicanos desconfiaban del PNV por su ideología conservadora y su ferviente catolicismo. Entonces éste se alió con la derecha española para poder llevar a cabo el Estatuto de Estella, sin embargo, la mayoría izquierdista en las Cortes impedía la realización de su proyecto. Por ello, el PNV empezó a alejarse de la derecha y se posicionó en el centro del tablero político. En 1933, el PNV venció en las elecciones y el proyecto de Estatuto Vasco fue aprobado por vía de referéndum.

La Guerra Civil (1936-1939) (véase cap. 2)

El inicio de la Guerra Civil dividió el territorio vasco entre los militares alzados (que controlaban Navarra y Álava) y los republicanos (Vizcaya y Guipúzcoa). Al principio, el PNV quiso mantenerse neutral, sin embargo, apoyó al bando republicano esperando la aprobación del Estatuto Vasco. El PNV y el Frente Popular pactaron su alianza en octubre de 1936 lo que permitió la formación del primer gobierno vasco de la historia, presidido por el nacionalista José Antonio Aguirre, y la entrada de Manuel Irujo en el Gobierno de la República, primero como ministro sin cartera y luego de Justicia. El PNV se involucró realmente en la lucha a partir de ese momento ya que quería defender Euskadi, que no tenía futuro con una victoria del bando nacional. Sin embargo, en junio de 1937, las tropas franquistas conquistaron Bilbao y acabaron con el "oasis vasco", la primera experiencia de autogobierno vasco dirigido por el PNV. El Gobierno vasco tuvo que exiliarse y el PNV dejó de apoyar a la República, aunque algunos líderes siguieron fieles a ella.

La dictadura de Franco (1939-1975) (véase cap. 3)

La victoria del bando nacional marcó para los nacionalistas vascos el principio de un periodo de represión y exilio (más de 400.000 personas) lo que debilitó al PNV (por problemas de organización y de coordinación entre los miembros que se quedaron en España y los que se exiliaron al extranjero) aunque éste siguió organizando actos de propaganda clandestina, como la celebración del *Aberri Eguna* (Día de la Patria). La autonomía y los fueros fueron suprimidos, se prohibieron la bandera vasca, así como el uso del euskera. Pero veinte años después del principio de la dictadura franquista, emergió el principal protagonista de la oposición nacionalista: ETA (*Euskadi Ta Askatasuna*, o sea País Vasco y Libertad) (véase cap. 26). Al principio, las relaciones entre el PNV y ETA eran cordiales. Sin embargo, el PNV fue distanciándose del grupo terrorista no tanto por el uso de la violencia contra la dictadura (que ETA apenas había iniciado) sino por la acusación del PNV de poner en peligro al Gobierno Vasco en el exilio ya que éste era marxista y no realmente nacionalista. Para el PNV, la violencia, contra un régimen dictatorial, no podía ser condenada sino sólo matizada, puesto que era una violencia "de respuesta" a la opresión franquista. No obstante, los atentados mortales se multiplicaron a finales de los 70 y a lo largo de los 80 lo que muestra que el verdadero combate de ETA no era la lucha contra la dictadura sino por la independencia.

La Transición y la era democrática (véase cap. 4)

A principios de los 70, apareció una escisión dentro de ETA entre el brazo más radical y el brazo más político que llevó a la creación de una coalición de izquierda radical por parte del grupo más virulento. En 1978, nació Herri Batasuna cuyo objetivo era luchar contra el PNV. Esta nueva formación política abogaba abiertamente por una solución violenta para alcanzar la independencia.

> **Herri Batasuna** ("Unidad Popular" en vasco) fue una coalición política independentista vasca considerada como el brazo político de ETA. Se registró como partido político en 1986, pero desapareció en 2001 tras refundarse en el partido político recién creado Batasuna, ilegalizado en 2003 por el Tribunal Supremo por su apoyo a la banda terrorista.

A pesar de que los nacionalistas se opusieron a la aprobación de la Constitución, fue ésta la que permitió la posterior promulgación del Estatuto vasco. Se legalizó la bandera vasca (la *ikurriña*) durante el Gobierno de Adolfo Suárez en enero de 1977. El 25 de octubre de 1979, se celebró el referéndum autonómico por el que fue aprobado definitivamente el estatuto vasco todavía vigente en la actualidad. El gobierno central de

Madrid y el parlamento vasco firmaron un acuerdo sobre los conciertos económicos y la policía (la *ertzaintza*). A nivel fiscal, el País Vasco cobra el impuesto y devuelve una parte al gobierno central. Con este estatuto, el País Vasco alcanzó un grado de autonomía que nunca había experimentado antes. En los 80, ETA multiplicó los atentados para forzar las negociaciones con el Gobierno. Entre los atentados más letales, el del 15 de julio de 1986 provocó la muerte de 12 agentes de la Guardia Civil tras la explosión de un coche bomba en Madrid, el del Hipercor de Barcelona el 18 de junio de 1987 cuyo balance fue de 21 muertos y 45 heridos. Y otro atentado, el 11 de diciembre de 1987, golpeó la casa cuartel de Zaragoza con un balance de 11 muertos y 40 heridos.

Kale Borroka: son actos de violencia callejera que ocurrieron en el País Vasco y Navarra por parte de jóvenes independentistas primero y luego etarras. Esta guerrilla urbana no dejó de crecer a lo largo de los 90 hasta mediados de los años 2000 lo que engendró un clima de inseguridad permanente. Esta guerrilla urbana se organizaba en diferentes grupos: X, Y, Z. El grupo X lo formaban jóvenes radicales que debían realizar daños callejeros. El grupo Y constaba de jóvenes encargados de cometer pequeños atentados mientras que el grupo Z se dedicaba a organizar los atentados con coches bomba y otros asesinatos.

En los 90, el nacionalismo vasco desempeñó un papel cada vez más importante en el ámbito político ya que después de las elecciones de 1993 y 1996, el PNV pactó con el PSOE y luego el PP para que éstos obtuvieran la mayoría absoluta en sendas elecciones. Este peso político le permitió al PNV obtener ventajas para el País Vasco. Si bien durante la Transición el PNV no rechazaba clara y explícitamente los atentados cometidos por ETA, a finales de los 80 el PNV empezó a involucrarse en la lucha antiterrorista, al firmar en 1988 el pacto de Ajuria Enea que abogaba por la erradicación de la banda terrorista. Sin embargo, una década después, se radicalizó el nacionalismo vasco con Juan José Ibarretxe, líder del PNV y presidente (*lehendakari*) del País Vasco que presentó en 2002 una "Propuesta para una nación asociada" conocida como el "Plan Ibarretxe".

El Plan Ibarretxe proponía una reforma del estatuto de autonomía del País Vasco dándole competencias próximas a las de un Estado independiente (derecho a la autodeterminación, nacionalidad vasca, poder judicial autónomo...). El PP y el PSOE se opusieron rotundamente a este proyecto que no contaba con la aprobación de todos los vascos.

En junio de 2002, se aprobó la Ley de Partidos Políticos mediante la cual se impidió que fuera legal cualquier partido que respaldara el uso de la violencia contra la democracia. En virtud de dicha ley, el 28 de marzo de 2003, el Tribunal Supremo notificó la sentencia que ilegalizaba a Batasuna y ordenó el cese inmediato de sus actividades. La Fiscalía General del Estado también pidió la ilegalización de Batasuna por ser el brazo político de ETA.

En mayo de 2005, la Cámara Baja aprobó que el Gobierno de José Luis Rodríguez Zapatero entablara el diálogo con ETA para poner fin a la violencia crónica de ETA.

Tras la ilegalización de Sortu, la izquierda *abertzale se* presentó en las elecciones municipales del 22 de mayo de 2011 dentro de la coalición Bildu que se convirtió en la segunda fuerza en el País Vasco por detrás del PNV. Desde entonces, el nacionalismo vasco está dividido en dos bloques: el PNV (independentista, conservador y mayoritario) frente a la llamada izquierda *abertzale* (radical, independentista y virulenta) de la coalición EH Bildu.

Sortu es un partido creado en febrero de 2011, pero tuvo que esperar 2013 para ser legalizado por el Tribunal Constitucional a raíz de las demandas por su vinculación con ETA y Batasuna.

El 20 de octubre del mismo año, la banda terrorista ETA anunció el cese el fuego definitivo, pero no su disolución ni la entrega de las armas.

Para los independentistas vascos como el líder del partido Sortu, Arnaldo Otegi, la nueva lucha es obtener del Estado la vuelta al País Vasco de los presos dispersados por toda España. Los independentistas quieren que los presos sean reagrupados en cárceles cercanas al País Vasco o directamente en Euskadi para que su familia pudiera visitarlos.

A diferencia de lo que se vaticinaba[8], el referéndum del 1 de octubre de 2017 en Cataluña no tuvo un efecto dominó en el País Vasco. Fue lo contrario: el sentimiento nacionalista bajó a raíz del plebiscito independentista catalán a diferencia de lo ocurrido en Galicia (➲ véase cap. 15).

El 8 de abril de 2017, ETA entregó las armas y un año más tarde, la banda terrorista anunció desde Francia su disolución, poniendo fin así a 59 años de existencia.

Las elecciones al Parlamento vasco celebradas el 12 de julio de 2020 le dieron otra vez la victoria al PNV revalidándole así a Iñigo Urkullu su puesto de *lehendakari* que ostenta desde 2012. El Gobierno vasco recién electo, una semana después de la investidura de Urkullu, recordó a Pedro Sánchez la insuficiencia de los acercamientos de presos etarras a cárceles del País Vasco (➲ véase cap. 27). Reclamó una “nueva política penitenciaria” que reforzara los derechos de los reclusos, aunque durante los dos años de gobierno de Pedro Sánchez, se trasladó al País Vasco a cincuenta reclusos de ETA. Por otra parte, el Gobierno socialista negoció la aprobación de los Presupuestos de 2021 a cambio del acercamiento de los presos etarras lo que le valió al Ejecutivo una lluvia de reproches por parte del PP, Vox, Ciudadanos, así como de los dirigentes históricos del PSOE, Felipe González y Alfonso Guerra.

NOTAS

1. la vivienda: *le logement*
2. gozar de: *jouir de*
3. abogar por = defender
4. el fuero = el privilegio
5. el rasgo: *le trait*
6. el fallecimiento = la muerte
7. la discrepancia = el desacuerdo
8. vaticinar = predecir, profetizar

- ***El viaje de Arián*** (2000) de Eduard Bosch narra la captación y el recorrido de una joven *abertzale* para la militancia de ETA.
- ***Yoyes*** (2000), película dirigida por Helena taberna, se basa en la vida y asesinato de la militante etarra Dolores González Catarain, alias Yoye, primera mujer en ocupar puestos de responsabilidad en ETA.
- ***Olvidados*** (2004) de Iñaki Aterta es un documental que recoge el testimonio de personas cuya vida se vio trastornada por las acciones de ETA.
- ***Tiro en la cabeza*** (2008) de Jaime Rosales plasma el asesinato de dos guardias civiles el 1 de diciembre de 2007 por tres miembros de ETA que se encontraron de modo fortuito con ellos a las afueras de la localidad francesa de Capbreton.
- ***La pelota vasca, la piel contra la piedra*** (2008), largometraje de género documental realizado por Julio Medem y basado en entrevistas a casi setenta personas sobre el conflicto vasco. Ofrece, desde su diversidad, un retrato de los múltiples aspectos de un viejo problema, de base nacionalista y cuya consecuencia más devastadora fue la persistencia de la lucha armada de ETA.
- ***Amama*** (2015), película vasca de Asier Altuna, que muestra con intensidad las tradiciones vascas a través de los tres hijos de una familia.

MC 15 El nacionalismo vasco

EL NACIONALISMO VASCO

- **Antecedentes del nacionalismo vasco**
  - Abolición de los fueros
  - Creación de grupos a favor de la unidad vasca
- **Nacimiento y consolidación del nacionalismo vasco**
  - Impulsado por Sabino Arana a finales del siglo XIX
  - **1911**
    - Creación del sindicato nacionalista
    - Primer Consejo Nacional del PNV
  - **1913** Publicación del diario nacionalista Euskadi
  - **1914-1931** Gran presencia en la política vasca
- **Bajo la dictadura de Miguel Primo de Rivera (1923-1930)**
  - Prohibición del nacionalismo
  - Exilio de algunos dirigentes
- **Durante la Segunda República (1931-1939)**
  - El PNV se convirtió en un movimiento sociopolítico muy popular
  - Proyecto de Estatuto vasco aprobado en 1933
- **Durante la Guerra Civil (1936-1939)**
  - Los rebeldes controlaban Navarra y Álava
  - Los republicanos dominaban Vizcaya y Guipúzcoa
  - Primera experiencia de autogobierno
- **Durante la dictadura de Francisco Franco (1939-1975)**
  - Supresión de los fueros, exilio, debilitamiento del PNV
  - Creación de ETA en 1959
- **La era democrática**
  - **1978** Creación de Herri Batasuna (nacionalismo vasco radical y violento)
  - **25 de octubre de 1979** Estatuto vasco aprobado
  - **Años 90-2000** Kale Borroka
  - **2002** Plan Ibarretxe
  - **2003** Ilegalización de Batasuna
  - **2011**
    - Creación del partido Sortu
    - Coalición Bildu (izquierda abertzale)
    - PNV frente a Bildu desde esta fecha
    - Cese el fuego definitivo de ETA (20 de octubre)
  - **2012** Urkullu: lehendakari
  - **2013** Legalización del partido Sortu
  - **2017** Desarme de ETA
  - **2018** Disolución de ETA (3 de mayo)
  - **2020**
    - **Lucha por el acercamiento de los presos etarras**
    - Pacto del Gobierno con los independentistas vascos para aprobar los Presupuestos 2021
    - 197: número de presos etarras en cárceles españolas (el más bajo en las últimas cuatro décadas)

14 DEL AUTONOMISMO AL INDEPENDENTISMO CATALÁN

Orígenes del nacionalismo catalán

La identidad catalana se remonta a la Edad Media, cuando de la Marca hispánica (un territorio compuesto de diferentes condados[1]) se independizó un condado dirigido por los condes de Barcelona. En el siglo XII, a raíz de la boda[2] entre el conde Ramón Berenguer IV con Petronila de Aragón (heredera del trono de Aragón), se formó la Corona de Aragón, compuesta de Aragón y del Condado de Barcelona. A pesar de la conexión con Aragón, Cataluña gozaba de[3] cierta autonomía dentro de dicha Corona. En 1359, se creó la *Generalitat* (organización política de Cataluña) que tenía un peso importante en el funcionamiento de la región. En 1469, Fernando de Aragón se casó con Isabel de Castilla, uniendo el reino de Aragón al de Castilla, aunque cada reino siguió con sus leyes y su moneda.

En 1640, tuvo lugar una primera sublevación de los catalanes contra el Reino de Castilla como consecuencia de una reforma centralizadora que el valido de Felipe IV, en un período de crisis económica, emprendió para unificar la fiscalidad, lo que implicaba abolir los fueros[4] de Cataluña. Por otra parte, en plena Guerra de los Treinta Años, Cataluña pidió ayuda a Francia para desvincularse de la monarquía española. Pero al no respetar los franceses las prerrogativas de las instituciones catalanas, los catalanes rechazaron la tutela francesa y volvieron a aceptar a Felipe IV como rey tras la reconquista de Barcelona.

En 1700, durante la guerra de sucesión, la Corona española enfrentó a dos posibles sucesores, Carlos de Habsburgo y Felipe V de Borbón. Los catalanes se opusieron a Felipe V, que representaba el absolutismo y el centralismo. Tras cuatro años de guerra, Barcelona se rindió el 11 de septiembre de 1714 (fecha que se eligió para la *Diada*, la fiesta "nacional" catalana) ante el ejército de Felipe V. El cambio de dinastía de los Habsburgo a los Borbones implicó la unificación jurídica de un reino unitario y centralizado. A raíz de la sublevación de Cataluña durante la guerra de sucesión, Felipe V suprimió sus fueros y competencias, así como la *Generalitat* mediante el Decreto de Nueva Planta firmado en 1716.

Del nacionalismo al autonomismo (siglos XIX-XX)

El nacionalismo catalán saca su origen del catalanismo (corriente cultural e intelectual) que apareció durante el siglo XIX. Esta *Renaixença* (Renacimiento) que glorificaba la lengua y la historia catalanas fue evolucionando a lo largo del siglo hasta tener una vertiente[5] política a principios del siglo XX, que aspiraba a la autonomía territorial de los *Països Catalans* (Países catalanes compuestos por la parte española y la francesa delimitada por los Pirineos orientales). Al mismo tiempo, aparecieron las primeras formaciones políticas nacionalistas que pretendían recuperar la soberanía perdida en 1714. La politización se produjo mediante grupos regionalistas como *Unió catalanista*, fundado en 1891.

El advenimiento de la Segunda República en 1931 permitió a Cataluña conseguir su primer estatuto de autonomía en el que se reconocía su lengua y se restablecía la *Generalitat*. La República necesitaba el apoyo de los catalanes para vencer a sus enemigos (fascistas, militares, miembros del clero[6], monárquicos). A cambio de esta ayuda, se le otorgó a Cataluña el primer *Estatut* (Estatuto de Núria) que hacía de Cataluña una "región autónoma dentro del Estado español" y reconocía el catalán como lengua oficial junto al castellano.

La ocupación de Cataluña por las tropas franquistas en enero de 1939 provocó el derrocamiento del *Estatut* catalán. Cataluña volvió a formar parte plenamente del Estado español, Franco disolvió las instituciones catalanas y prohibió el uso de la lengua catalana. Pero no logró aniquilar a la *Generalitat*, única institución española que permaneció cuando se recompuso entre 1940 y 1977 durante el exilio.

A mediados de 1978, se empezó a redactar un nuevo estatuto que fue ratificado por vía de referéndum (88 % de los catalanes a favor) en octubre de 1979 y aprobado por las Cortes el 18 de diciembre del mismo año.

A principios de los años 2000, antes de su elección como presidente del Gobierno, José Luis Rodríguez Zapatero había anunciado que apoyaría un nuevo *Estatut*. Los partidos catalanes, excepto el PP, participaron en la redacción del nuevo *Estatut* firmado por el rey en 2006 y previamente aprobado por el Congreso el 31 de marzo de 2006. Sin embargo, el 31 de julio de 2006, el PP presentó ante el Tribunal Constitucional un recurso de inconstitucionalidad contra el nuevo estatuto de Cataluña por varios puntos tales como la definición de España como "nación de naciones". La sentencia del Tribunal Constitucional sobre el Estatuto de Cataluña que salió a la luz el 28 de junio de 2010 defraudó[7] a los catalanes.

Del autonomismo al independentismo (a partir de 2010)

En 2010, a raíz del retoque[8] y recorte[9] del *Estatut* de 2006, un millón de personas se manifestaron por las calles de Barcelona clamando la frase "*Som una nació, nosaltres decidim*" ("Somos una nación, decidimos nosotros") y reivindicando la independencia de Cataluña. Su descontento y su desilusión eran tanto más profundos cuanto que el proyecto del nuevo *Estatut* había necesitado cinco años de trabajo y de espera.

Apenas elegido en noviembre de 2010, Artur Mas se comprometió a proponer un nuevo pacto fiscal al Gobierno central.

El 11 de septiembre de 2012 se celebró la *Diada* más multitudinaria desde la del 11 de septiembre de 1977 (en la que un millón de catalanes salieron a la calle para pedir el restablecimiento del Estatuto de Autonomía): un millón y medio de manifestantes reclamaron la independencia de Cataluña. Artur Mas quiso aprovechar para negociar con el Gobierno un nuevo pacto fiscal más beneficioso para Cataluña. Pero Mariano Rajoy le contestó que "no era momento de algarabías, líos, polémicas y disputas", que los problemas de Cataluña eran "el déficit, la deuda y 700.000 parados". Dos días después, Artur Mas pidió un Estado propio para Cataluña.

El 25 de noviembre de 2012 se celebraron las elecciones al Parlamento de Cataluña (que debían haberse celebrado el 28 de diciembre de 2014). Fueron anunciadas por Artur Mas el 25 de septiembre. Dos días más tarde fue votada en el Parlamento de Cataluña una moción en la que se pedía convocar una consulta sobre la independencia de Cataluña.

Tabarnia

La particularidad no-independentista de Tarragona y Barcelona hizo emerger en 2012 en la mente de la asociación *Barcelona is not Cataluña* la idea de "Tabarnia" (neologismo compuesto a partir de Tarragona y Barcelona), una nueva comunidad autónoma española que uniría varias comarcas de ambas provincias. Incluso a principios de enero de 2018, se empezaron a vender banderas de esta comunidad ficticia virtual. La empresa Banderas APP tuvo que regresar de vacaciones para poder hacer frente a la creciente demanda. En enero de 2018, ya se habían encargado más de 10.000 banderas tabarnianas. Lo que al principio era una broma satírica y virtual en respuesta al independentismo se convirtió en algo real con la confección de una bandera comunitaria. La Real Academia Española propuso varios gentilicios frente a las numerosas demandas de los internautas: tabarnense, tabaniense o tabarniano, así se llamarían los habitantes de esta hipotética autonomía.

El pulso[10] entre la *Generalitat* y la Moncloa

En marzo de 2013, el *Parlament* aprobó la declaración que preveía el derecho a decidir. Sin embargo, la declaración fue suspendida por el Tribunal Constitucional. En medio de ese período convulso, el ministro de Educación, Ignacio Wert, aseguró que con la LOMCE (Ley Orgánica para la Mejora de la Calidad Educativa) quería "españolizar a los alumnos catalanes". Esta afirmación echó leña al fuego que ya ardía entre la *Generalitat* y La Moncloa.

El 11 de septiembre de 2013, la *Diada* volvió a ser un día histórico con una cadena humana de 400 kilómetros (desde la frontera con Francia hasta el límite con Valencia) para reivindicar un Estado propio. El 12 de diciembre, Artur Mas anunció que el referéndum tendría lugar el 9 de noviembre de 2014 con las preguntas siguientes: "¿Quiere que Cataluña sea un Estado?" y "En caso afirmativo, ¿quiere que este Estado sea independiente?". El Gobierno central reaccionó en seguida dejando bien claro que tal referéndum no se celebraría por ser inconstitucional. Entonces el presidente de la *Generalitat* anunció que en vez de un referéndum realizaría una consulta organizada con el financiamiento de la *Generalitat* y la participación de voluntarios.

En el tricentenario de la caída de Barcelona (11 de septiembre de 2014), los manifestantes formaron una V que simbolizaba las palabras "voluntad, votar y victoria". El 27 de septiembre, Artur Mas firmó el decreto de convocatoria de la consulta en el Palacio de la *Generalitat* y el 9 de noviembre precisó que trataría de organizar una "consulta definitiva" pactada con el gobierno español. En caso contrario, Artur Mas convocaría elecciones anticipadas y fue lo que pasó. El 81 % de los electores apoyó la propuesta independentista pero la participación sólo alcanzó un 33 %, lo que no representaba a la mayoría de los catalanes, ya que aquellos que se oponían a la consulta no acudieron a las urnas por petición de sus partidos. A raíz de este culebrón[11] político, en marzo de 2017, Artur Mas fue condenado a 2 años de inhabilitación por desobedecer al Tribunal Constitucional.

En enero de 2015, Artur Mas, como adalid[12] del independentismo, decidió adelantar las elecciones catalanas de finales de 2016 al 27 de septiembre de 2015. Diferentes partidos independentistas apostaron por[13] presentar una lista única (*Junts pel Sí*) a la que no quiso sumarse la CUP (Candidatura de Unidad Popular). La *Diada* de 2015 coincidió con el principio de la campaña del 27-S, unas elecciones autonómicas que *Junts pel Sí* contemplaba interpretar en clave plebiscitaria (si cosechaban[14] una mayoría de escaños[15], comenzarían un proceso de secesión unilateral). Los manifestantes salieron a la calle y llenaron los 5,2 kilómetros de la avenida Meridiana de Barcelona en lo que se llamó la *Via Lliure* ("Vía libre"). Fue la cuarta demostración de fuerza consecutiva del nacionalismo catalán. La principal meta de esa cita fue internacionalizar el conflicto entre el Gobierno y los nacionalistas. En las elecciones del 27 de septiembre de 2015, un 77 % de los catalanes en edad de votar acudió a las urnas. *Junts pel Sí* fue la formación más votada con 62 escaños, seguida de *Ciutadans* con 25 y del PSC con 16. Los independentistas ganaron los comicios, pero no el plebiscito por no alcanzar la mayoría absoluta (*Junts pel Sí* y la CUP recaudaron el 47,74 % de los votos frente al 50,67 % de los demás partidos). La CUP, con 10 escaños, iba a desempeñar un papel clave en la elección e investidura del nuevo presidente de la *Generalitat*.

Para su elección el 10 de noviembre, Artur Mas no obtuvo la mayoría absoluta requerida (68 votos), tampoco la mayoría simple dos días después. Sólo obtuvo 62 votos las dos veces. La CUP se oponía firmemente a su candidatura. Quería apoyar a un candidato que no fuera Artur Mas. La situación se desbloqueó cuando Carles Puigdemont (sustituto improvisado) de *Junts pel Sí* fue elegido con 70 votos, de los cuales 62 de *Junts pel Sí* y 8 de la CUP. El nuevo mandatario de la *Generalitat* se definió a sí mismo como presidente de la "posautonomía y de la preindependencia" y se comprometió a llevar a Cataluña hacia la independencia (como máximo en 18 meses) a pesar de la rotunda oposición de Mariano Rajoy y de los partidos catalanes opuestos al secesionismo. El 9 de junio de 2017, Carles Puigdemont anunció la fecha del 1 de octubre de 2017 para la celebración del referéndum de autodeterminación de Cataluña con la pregunta: "¿Quiere que Cataluña sea un Estado independiente en forma de República?". El 6 de septiembre de 2017, el Parlamento de Cataluña aprobó la ley del referéndum con el apoyo de *Junts pel Sí* y la CUP en ausencia de Ciudadanos, el PSC y el PP. Al día siguiente, el Tribunal Constitucional suspendió de forma cautelar la convocatoria del referendo. El 11 de septiembre, con motivo de la *Diada*, una multitudinaria manifestación independentista recorrió Barcelona con el lema de *La Diada del Sí*. A lo largo del mes de septiembre, la Guardia Civil intervino para incautar[16] el material necesario a la organización del plebiscito declarado ilegal mientras que los independentistas no se doblegaron. El 24 de octubre, la ANC y *Òmnium Cultural* repartieron en Barcelona miles de papeletas durante el denominado "Maratón por la democracia".

El referéndum del 1-O y sus consecuencias políticas

Pese a la actuación policial y judicial, el referéndum tuvo lugar el 1 de octubre de 2017 en la mayoría de los 2.315 colegios electorales; sin embargo, esta consulta no ofrecía ninguna garantía legal ya que varias personas pudieron votar hasta tres veces. Por otra parte, se cerraron colegios electorales y se usó la fuerza para desalojar a los votantes lo que acarreó violencias por parte de la Policía Nacional. Pedro Sánchez mostró su desacuerdo con la postura de Mariano Rajoy pidiendo que el Ejecutivo negociara con la *Generalitat*. Ciudadanos respaldó tardíamente la actuación del Gobierno, pero lamentó el uso de la fuerza. Según la *Generalitat*, el "sí" ganó con más de 2 millones de papeletas.

El 3 de octubre por la noche, el rey Felipe VI se dirigió a los españoles en una intervención excepcional debida a la situación convulsa. El rey, como representante de la unidad del país, salió en defensa del orden constitucional, reiteró el carácter ilegal e ilegítimo de la consulta y culpó al *Govern* y al *Parlament* de la división entre los ciudadanos catalanes. Más de 12,4 millones (un 76,7 % de cuota de pantalla) de espectadores vieron la alocución del rey que llamó a la restauración del orden constitucional. Después de dicho discurso, tuvieron lugar varias manifestaciones unionistas en Barcelona (8 y 29 de octubre de 2017), que llamaron la atención por la masiva movilización de la denominada "mayoría silenciosa".

Si bien el artículo 155 de la Constitución le permite al Senado suspender una autonomía, el Gobierno central tardó en usarlo en su pulso con los independentistas catalanes, aunque el PP tenía la mayoría absoluta en la Cámara Alta. El 10 de octubre de 2017, la Declaración de Independencia de Cataluña fue firmada de forma unilateral por la mayoría independentista del *Parlament* y fue aprobada el 27 de octubre con 70 votos a favor. El mismo día, tras 6 horas de debate, el Senado aprobó la aplicación del artículo 155 de la Constitución, que supuso el cese del presidente de la *Generalitat*, así como de su Gobierno y restringió los poderes del *Parlament*. A finales de octubre, el sindicato Intersindical-CSC (minoritario y radical, con simpatía con la CUP y ERC) convocó una huelga general para expresar su descontento ante la aprobación del artículo 155. Mariano Rajoy, además de destituir a Carles Puigdemont y al *Govern* y de nombrar a la vicepresidenta Soraya Sáenz de Santamaría al mando de Cataluña, convocó elecciones para el 21 de diciembre de 2017. El 9 de enero de 2018, el Parlamento catalán anunció que recurría ante el Tribunal Constitucional la aplicación del artículo 155 en respuesta a la declaración unilateral de independencia.

A raíz del referéndum del 1-O, el respaldo al independentismo en el País Vasco se desplomó cuando los nacionalistas gallegos apoyaron el plebiscito mediante un manifiesto (➔ véase cap. 15).

Las consecuencias económicas del referéndum ilegal

El referendo tuvo una repercusión inmediata a nivel bursátil: el Ibex bajó un 2,85 %, su mayor caída desde el 24 de junio de 2016, tras el plebiscito en el que los británicos decidieron salir de la UE y la prima de riesgo subió 5 puntos para alcanzar los 133. A raíz del 1-O, unas 5.500 empresas trasladaron su sede de Cataluña a otra comunidad ya que una Cataluña independiente saldría enseguida de la UE y tendría que hacer frente a una crisis monetaria y pagar aranceles. Por otra parte, la afluencia turística bajó, así como las pernoctaciones respecto al año anterior en la misma época y este descenso no se puede imputar sólo a los atentados del 17 de agosto de 2017 en Barcelona. El desempleo aumentó durante el último trimestre de 2017, siete veces más que en igual período de 2016, y se destruyeron 2.188 puestos de trabajo, comparado con los 10.859 creados entre octubre y diciembre de 2016.

Las elecciones del 21 de diciembre de 2017

La participación en estos comicios alcanzó el 82 %, o sea 7 puntos más que en los últimos del 27 de septiembre de 2015, prueba de lo que estaba en juego. Sin embargo, el cambio no fue tan rotundo[17] como se pensaba ya que no se modificó en profundidad la composición del Parlamento.

Si se comparan los resultados de 2017 con los de 2015, se puede notar que el gran ganador de los partidos nacionales es Ciudadanos con 37 escaños, seguido de *Junts per Catalunya* con 34 escaños y ERC-CatSí (los dos partidos independentistas que conformaban *Junts pel Sí* y que por separado tuvieron un mejor resultado, ya que pasaron de 62 escaños a 66). Si en 2015, los independentistas de *Junts pel Sí* y la CUP sumaron 72 escaños en el *Parlament*, en 2017 el conjunto de los partidos secesionistas perdió 2 escaños y no alcanzó la mayoría de los votos. Pese a no tener la mayoría de votos, los independentistas consiguieron la mayoría de escaños por el reparto de los escaños entre las 4 provincias que conforman Cataluña. De hecho, Lérida y Gerona (las provincias menos pobladas y más rurales) son las que suelen votar por los nacionalistas e independentistas, a diferencia de Barcelona y Tarragona, que son las más urbanas y pobladas y las que se decantan por[18] los partidos nacionales y rechazan el independentismo. Y fue lo que ocurrió en las elecciones del 21 de diciembre de 2017 porque Lérida y Gerona votaron por la lista de Carles Puigdemont (*Junts per Catalunya*) mientras que Tarragona y Barcelona optaron por Ciudadanos (*Ciutadans*). Pero el sistema para transformar los votos en escaños favorece de lejos a los independentistas ya que, por ejemplo, 1 elector de Lérida vale por 2,3 de Barcelona. De tener el mismo peso cada voto, los independentistas no hubieran alcanzado la mayoría absoluta en el *Parlament*. En vez de tener 70 escaños, habría obtenido 65 (➔ véase cap. 21).

Según una encuesta del 6 de enero de 2018, fueron el rey Felipe VI, Albert Rivera e Inés Arrimadas los mejor valorados por la gestión de la crisis catalana. Parece que Podemos, al encenderle una vela a Dios y otra al diablo[19], perdió credibilidad y escaños. Ada Colau, alcaldesa de Barcelona que apoyaba la formación *En Comú-Podem*, fue "castigada" por los electores de su ciudad que votaron mayoritariamente por Ciudadanos (23,94 %) y no por la lista que respaldaban (9,33 %).

El nuevo *Parlament* se constituyó el 17 de enero de 2018 y su nuevo presidente, Roger Torrent de ERC, propuso como candidato a la presidencia de la *Generalitat* al *expresident* Carles Puigdemont que había huido a Bruselas. Sin embargo, no se posibilitó su investidura por no estar presente en la cámara como lo había pedido el Tribunal Constitucional. Por otra parte, se necesitaba el permiso previo del juez Pablo Llarena que se encargaba del caso en el Tribunal Supremo. Se aplazó pese a las críticas de *Junts per Catalunya* y la CUP que abogaban por un debate de investidura telemático. Después de cuatro meses de desacuerdos, intentos fallidos y rechazos del Tribunal Constitucional, Quim Torra, candidato designado por Carles Puigdemont, fue investido el 14 de mayo de 2018. El 2 de junio, la toma de posesión de los *consellers* del *Govern* de Quim Torra supuso el levantamiento del artículo 155 de la Constitución así como la recuperación del autogobierno después de 218 días de intervención.

El juicio al *Procés* (del 12 de febrero al 12 de junio de 2019)

El juicio a los líderes del proceso independentista catalán se celebró entre el 12 de febrero y el 12 de junio en el Tribunal Supremo (ubicado en Madrid) presidido por el juez Manuel Marchena. Éste le sucedió a Pablo Llarena que se había hecho cargo de la instrucción entre octubre de 2017 y julio de 2018. La Fiscalía del Estado, la Abogacía del Estado y el partido Vox (como acusación popular) culparon a los procesados de rebelión, sedición, malversación, organización criminal y desobediencia. Entre los 18 reos[20] destacan, por sus cargos antes de su encarcelamiento, Oriol Junqueras, Carme Forcadell, Jordi Cuixart, Jordi Turull o Jordi Sánchez.

El 14 de octubre, se conoció la sentencia en la que se condenó a 12 de los enjuiciados a penas de entre 9 y 13 años de prisión por delitos de desobediencia, malversación y sedición (no rebelión como propugnaban la Fiscalía y Vox). Esta decisión dio lugar a numerosos disturbios alentados por el mismo *President* Quim Torra.

El 23 de septiembre de 2020, el ministro de Justicia, Juan Carlos Campo, anunció en el Congreso de los Diputados el comienzo de los trámites para indultar a los condenados por el *procés* y eso que Pedro Sánchez había asegurado varias veces que cumplirían su condena en totalidad. Esta decisión llegó en un momento clave para el Gobierno de Pedro Sánchez: la negociación de los presupuestos del Estado. De hecho, para el PP, esta medida es un intercambio para que se aprueben los Presupuestos Generales del Estado con el apoyo de los independentistas. Si se indulta a los presos del proceso independentista, Vox y el PP recurrirán esta maniobra del presidente del Gobierno.

El 9 de marzo de 2021, el Parlamento Europeo levantó la inmunidad de Carles Puigdemont, Toni Comín y Clara Ponsat y justo después, un juez de vigilancia penitenciaria revocó el tercer grado que la *Generalitat* había otorgado en enero a siete de los presos del *procés*.

La inhabilitación de Quim Torra

La Sala de lo Penal del Tribunal Supremo confirmó el 28 de septiembre de 2020 la condena a un año y medio de inhabilitación impuesta por el Tribunal Superior de Justicia de Catalunya por un delito de desobediencia. En efecto, durante la campaña para las elecciones autonómicas del 21-D, Quim Torra desoyó la orden de la Junta Electoral Central de retirar del Palau de la Generalitat una pancarta en apoyo a los presos del proceso soberanista. Se trata de una enésima crisis institucional para una comunidad sumida en la inestabilidad: de los últimos tres presidentes, dos fueron condenados (Artur Mas y Quim Torra) por delitos en el cargo cuando el tercero se fugó de España para librarse de la justicia. A raíz de esta sentencia, el *President* tuvo que renunciar a su cargo y fue sustituido por Pere Aragonés que, como presidente suplente, tenía un margen de actuación muy limitado. De hecho, no podía convocar elecciones ni designar o cesar consejeros. El presidente del *Parlament*, Roger Torrent, tenía 10 días para proponer un candidato para el cargo. Por eso el 2 de octubre, anunció las próximas elecciones para el 14 de febrero de 2021 en caso de no haber debate de investidura.

La Diada 2020

Aunque las autoridades sanitarias desaconsejaron celebrar este tipo de manifestaciones (en plena alerta por la crisis sanitaria debida al coronavirus (véase cap. 31) y tres días antes del inicio del curso escolar en Cataluña), los independentistas catalanes mantuvieron la celebración de este acto. Pero si bien las *Diadas* de los años anteriores fueron multitudinarias, la del 11 de septiembre de 2020 fue muy particular por su carácter descentralizado. Las concentraciones convocadas para celebrar esta fiesta se realizaron en más de 80 municipios catalanes para evitar agrupaciones masivas. En el paseo Lluis Companys de Barcelona, la asociación *Òmnium Cultural* instaló 2.850 sillas vacías con los nombres de las personas procesadas en el marco del *Procés*.

Las elecciones del 14-F

El 14 de febrero de 2021, se celebraron las elecciones autonómicas en un contexto sanitario convulso con la tercera ola de Covid-19. El PSC, con Salvador Illa, ganó dichos comicios en términos de votos alcanzando casi el doble de escaños que en 2017. Los 33 escaños son un verdadero hito ya que los socialistas no habían obtenido semejantes resultados desde los tiempos de Pasqual Maragall. Ciudadanos (con 6 escaños frente a los 36 de 2017) experimentó un tremendo batacazo cuando Vox irrumpió en el *Parlament* con 11 escaños convirtiéndose así en la cuarta fuerza política de Cataluña. Con la participación más baja de la historia en unas elecciones catalanas, el independentismo superó por primera vez el 50 % de los votos y consiguió 74 escaños (ERC 33, *Junts* 32, la CUP 9). En tal contexto, aparecieron dos opciones para formar gobierno: la más probable, una coalición entre independentistas o una alianza entre fuerzas de izquierdas (PSC, ERC y *En Comú Podem*).

NOTAS

1. un condado: *un comté*
2. la boda: *le mariage*
3. gozar de: *jouir de*
4. los fueros = los privilegios
5. la vertiente = el aspecto
6. el clero: *le clergé*
7. defraudar = decepcionar
8. el retoque: *la retouche*
9. el recorte: *la coupe (budgétaire)*
10. el pulso: *le bras de fer*
11. el culebrón = la telenovela que nunca acaba
12. el adalid = el campeón, el cabecilla
13. apostar por: *parier sur*
14. cosechar: *récolter*
15. el escaño: *le siège (des députés)*
16. incautar: *saisir*
17. rotundo: *catégorique*
18. decantarse por = preferir
19. encenderle una vela a Dios y otra al diablo: *ménager la chêvre et le chou*
20. un reo = un acusado

Dos Cataluñas (2018) de Álvaro Longoria y Gerardo Olivares) es un documental que cuenta el conflicto entre independentistas y unionistas.

MC 16 Del autonomismo al independentismo catalán

DEL AUTONOMISMO AL INDEPENDENTISMO CATALÁN

Orígenes del nacionalismo

- **Siglo XII**
  - Formación de la corona de Aragón compuesta de Aragón y del condado de Barcelona
- **1359**
  - Creación de la Generalitat
- **1640**
  - Sublevación de los catalanes contra el Reino de Castilla
- **11 de septiembre de 1714**
  - Derrota de los catalanes frente al rey Felipe V
  - Proclamación de la Diada (fiesta nacional para Cataluña)

Del nacionalismo al autonomismo (siglos XIX-XX)

- **El catalanismo**
  - Movimiento cultural e intelectual del siglo XIX
- **Segunda República (1931-1939)**
  - Primer estatuto de autonomía y restauración de la Generalitat
- **Dictadura de Franco (1939-1975)**
  - Derrocamiento del Estatuto catalán
  - Disolución de las instituciones catalanas

Estatutos de autonomía

- **18 de diciembre de 1979**
  - Aprobación del nuevo Estatuto por las Cortes
- **2006**
  - Nuevo Estatuto (luego retocado tras el fallo del Tribunal Constitucional en 2010)

Diada (11 de septiembre)

- **2012** "Catalunya, nou Estat"
- **2013** Vía Catalana hacia la Independencia: cadena humana de unos 400 kilómetros
- **2014** Vía catalana o V
- **2015** Vía Libre a la República Catalana, "ara es l'hora" (Ahora es la hora)
- **2016** Lema: "A punt" (= "a punto")
- **2017** Diada del Sí
- **2018** Lema: "Fem la República Catalana" (="Hagamos la República Catalana")
- **2019** "Objectiu independència"
- **2020** "Aquesta terra" (= "Esta tierra")

De la autonomía al independentismo

- **2010**
  - Manifestación de un millón de personas en Barcelona "som una nació, nosaltres decidim" (Somos una nación, decidimos)
  - Artur Mas presidente de la Generalitat
- **9/11/2014** Consulta para saber si los catalanes quieren ser independientes
- **27/09/2015** Elecciones autonómicas anticipadas
- **12/01/2016** Carles Puigdemont presidente de la Generalitat
- **1/10/2017 (1-0)** Celebración del referéndum declarado ilegal
- **3/10/2017** Condena del referéndum por el rey Felipe VI
- **14/05/2018** Quim Torra presidente de la Generalitat
- **(12/02-12/06/2019)** Juicio al Procés
- **28/09/2020** Inhabilitación de Quim Torra sustituido por Pere Aragonès
- **14/02/2021**
  - Elecciones autonómicas anticipadas
  - PSC (33), ERC (33), (32)
  - Irrupción de Vox

15 EL NACIONALISMO GALLEGO

Datos generales (véase MC 17)

Se entiende por nacionalismo gallego una corriente política y cultural que aboga por[1] el reconocimiento de Galicia como nación, entendiendo que ésta comprende principalmente la actual comunidad autónoma española del mismo nombre pero también las comarcas *do Eo-Navia* en Asturias, El Bierzo en León y Sanabria en Zamora. Por ende[2], el nacionalismo gallego defiende el reconocimiento del derecho de autodeterminación para el pueblo, la lengua y la cultura gallegos.

Génesis del nacionalismo gallego

Dentro de los movimientos precursores del nacionalismo gallego, destacan el provincialismo, el federalismo y el *rexionalismo*.

El **provincialismo** nació en 1840 para defender la integridad del territorio de Galicia ya que se veía amenazada por culpa de un proyecto de división de España en provincias, proyecto iniciado tras la muerte del rey Fernando VII (1833). Los provincialistas reivindicaban el derecho a que Galicia fuera una sola provincia y que no fuera dividida en las cuatro provincias hoy existentes.

A partir de 1865, se desarrolló el **federalismo** gallego que culminaría en la Primera República Española (11 de febrero de 1873-29 de diciembre de 1874). Los federalistas propugnaban[3] que Galicia se constituyese como un cantón dentro de España y que fuera regida por su propia Constitución cantonal. A este movimiento se sumaron los antiguos provincialistas.

Por último, entre 1875 y 1907, se extendió el ***rexionalismo*** durante el cual se reestructuró lo cultural e ideológico, con ideas galleguistas adoptadas por conservadores y tradicionalistas. Se fundó la Asociación regionalista gallega cuyos líderes principales eran el provincialista Alfredo Brañas y el creador de la *Real Academia Galega* (RAG), Manuel Murguía.

Nacimiento del nacionalismo gallego

El comienzo del nacionalismo gallego propiamente dicho se suele establecer en la asamblea que las *Irmandades da Fala*, asociación de corte sociocultural fundada en 1916, celebraron en Lugo en 1918. En esta primera asamblea se reivindicó una autonomía total para Galicia, hacia una federación de naciones de la Península, la cooficialidad del gallego y del castellano en Galicia, así como un asiento para Galicia en la Sociedad de Naciones.

Evolución del nacionalismo gallego de 1922 a 1975

Con ocasión de una nueva Asamblea de las *Irmandades da Fala* en 1922, se desvelaron las discrepancias[4] entre dos corrientes dentro de la organización: la que respaldaba mayor participación en la política y la que defendía continuar en la línea cultural: la segunda salió ganando. Pero la dictadura del general Miguel Primo de Rivera (1923-1930) interrumpió durante seis años la actividad política de los grupos galleguistas.

En 1929, nació la ORGA (Organización Republicana Gallega Autónoma) de Santiago Casares Quiroga, una organización gallega de corte autonomista, republicano y de izquierdas. Un año después se organizó la Federación Republicana Gallega (mediante el denominado Pacto de Lestrove). Junto con la ORGA, resultó ser la fuerza hegemónica en Galicia con 15 diputados en las elecciones constituyentes de 1931, antes de pasar a llamarse Partido republicano gallego, el cual acabaría en la esfera de la Izquierda republicana de Manuel Azaña en 1934.

En 1931, nació el *Partido galeguista*, liderado por Castelao, compuesto de grupos nacionalistas de izquierdas y también de derechas, que se apoderó del programa de las *Irmandades*. Tuvo un éxito notable: en cuatro años, pasó de 700 afiliados a 6.000, de tener 30 grupos locales a 150, y de 54.000 a 300.000 votos. Lo primero que consiguió fue un estatuto de autonomía para Galicia cuando su meta final era crear una república federal en España con un Estado gallego federado.

Con la victoria del Frente Popular en las elecciones de febrero de 1936, se organizó un referéndum el 28 de junio. Oficialmente votó el 74,5 % de la población y un 99 % de los votantes se pronunció a favor del estatuto de autonomía, pero la derecha denunció falsificación masiva de actas, afirmando que apenas votó una quinta parte de los electores. A continuación, unos diputados gallegos fueron a Madrid a presentar el estatuto de Galicia a las Cortes Generales. Pero, la sublevación militar del 18 de julio impidió la aplicación del estatuto, pese a que el texto fuera aceptado por las Cortes republicanas el 1 de febrero de 1938. Algunos dirigentes nacionales fueron fusilados durante la Guerra Civil, aunque otros se acomodaron al nuevo régimen. Durante la dictadura franquista todo el movimiento relacionado con el nacionalismo y la lengua gallega fueron duramente reprimidos (➔ véase cap. 2 • 3).

> Galicia se autoproclamó República independiente el 17 de junio de 1931 pero fue un brevísimo periodo ya que tan solo duró unas horas.
>
> El Partido Galeguista tuvo que pactar con el Frente Popular, debido a la postura antiautonomista de los grupos de la derecha española. Este hecho provocó dos escisiones muy criticadas por Castelao: *Dereita Galeguista* de Pontevedra (liderada por Xosé Filgueira) y *Dereita Galeguista* de Ourense (encabezada por Vicente Risco), que luego formarían *Dereita galeguista*.

En 1963, nació el *Partido Socialista Galego* (PSG), que se limitó a la actividad cultural y a la formación de sus miembros para no llamar la atención de la represión franquista. Su líder, Xosé Manuel Beiras, denunció que Galicia sufría un subdesarrollo y era víctima de un neocolonialismo socio-económico por ser una nación periférica.

En 1964, también el nacionalista Bautista Álvarez fundó la *Unión do Povo Galego* (UPG), frente nacionalista que en 1966 se transformó en partido de corte comunista. Pretendía romper con el culturalismo en que se había refugiado el galleguismo durante la dictadura franquista. Inspirada en el marxismo-leninismo, consideró a la sociedad gallega como una nación proletaria en el contexto internacional por lo que se vinculó rápidamente a los movimientos de liberación nacional del Tercer Mundo. Proclamó abiertamente el derecho a la autodeterminación y la ideología de una Galicia soberana con el poder residente en el pueblo. Pero no reivindicó abiertamente el separatismo. Quiso arraigar[5] el nacionalismo a través de conflictos sociales por lo que pasó a la acción. En 1971 se crearon los *Comités de Axuda á Loita Labrega* y en 1973 la asociación estudiantil Estudiantes Revolucionarios Gallegos (ERGA).

El nacionalismo gallego durante la Transición Española (1975-1978)

A la muerte del general Francisco Franco, en 1975, los galleguistas intentaron reanudar con el galleguismo de centro. Surgieron Unión Democrática e Izquierda Democrática, reunidos finalmente en el Partido Popular Gallego. De inspiración europeísta y democristiana, todos acabaron por involucrarse en la transición democrática. Unos, influenciados por Manuel Fraga, exministro de Franco, ensayaron una Alianza Popular de corte[6] regionalista. Otros fundaron el Partido Gallego Independiente, pero rápidamente aceptaron participar en la dirección de la UCD gallega, bajo propuesta de Adolfo Suárez, para darle un corte autonomista.

El mismo año, se creó la *Asamblea Nacional-Popular Galega*, una organización de masas, de izquierdas, con vocación a reunir partidos y personas sin militancia. Pero ésta no correspondía a las expectativas de la sociedad gallega de pequeños campesinos y clases medias que buscaban más bien la agitación social hasta revolucionaria. Por eso fue reacia a la propuesta teledirigida finalmente por la UPG que ya trabajaba en la constitución del *Bloque Nacional-Popular Galego* para concurrir a las primeras citas electorales.

En 1978, se volvió a fundar el *Partido galeguista* de centro-izquierda, unión del *Partido Gallego Social-Demócrata* (PGSD) y del *Partido Socialista Galego*. No obstante, la izquierda nacionalista seguía estando representada principalmente por la UPG. En las primeras elecciones democráticas desde la muerte de Franco, el nacionalismo se presentaba fragmentado y con posiciones rupturistas que asustaron[7] al electorado más moderado en un momento de gran incertidumbre política. El nacionalismo gallego obtuvo algo más del 10 % de los votos, por lo que se quedó fuera de las Cortes Generales españolas y marginado en el proceso de reforma democrática, así como de las decisiones institucionales imprescindibles para su crecimiento.

La autonomía gallega

A pesar de que Galicia resultó definida como nacionalidad histórica, junto con Cataluña y el País Vasco (➔ véase cap. 10), el nacionalismo se había automarginado del proceso estatutario por entenderlo poco. No impidió que el *Partido Obreiro Galego* de Camilo Nogueira (una escisión de la UPG) y el PG trabajaran en el consensuado Estatuto de las autonomías.

En las primeras elecciones autonómicas en 1981, el nacionalismo gallego se presentó otra vez dividido. El *Bloque Nacional-Popular Galego* (BNPG) en coalición con el PSG, alcanzó el 6 % de los votos con 3 escaños, lo que se consideró una victoria dada la ausencia de instrumentos institucionales y comunicativos. Además, el independentismo había consolidado una división crónica con fuerzas rupturistas e independentistas como Galicia Ceibe. El esfuerzo de participación pacífica e institucional del BNPG-PSG fue truncado por la expulsión de diputados que se negaron a jurar la Constitución de 1978. *El Partido galeguista*, con el 4 % de los votos, no obtuvo representación de modo que la única fuerza nacionalista aún activa en el Parlamento de Galicia fue *Esquerda Galega*, heredera del *Partido Obreiro Galego*. Pero la creación de una Alianza Popular (AP) con una retórica galleguista muy marcada recalcó[8] un espacio abierto para el nacionalismo de centro.

En las elecciones autonómicas de 1985, la *Coalición Galega* consiguió el 13 % de los votos y 11 escaños, frenando el crecimiento de AP pese al perfil autonomista de ésta. Sin embargo, los diputados se vieron tentados por las fuerzas de ámbito estatal y cayeron en divisiones y subdivisiones.

Nació un gobierno autonómico tripartito con dos partidos nacionalistas en el poder: la *Coalición galega* y el *Partido Nacionalista Galego* (PNG), ineficazmente dirigido por Pablo González Mariñas, que paradójicamente había sido el candidato de *Coalición galega* a la presidencia. Como la presidencia de la Junta fue para el PSOE, a raíz de la reconversión industrial, las cuotas lácteas[9], los recortes de la flota pesquera o el recurso de inconstitucionalidad contra la Ley de Normalización lingüística aprobada por unanimidad en el Parlamento de Galicia, se castigó electoralmente al partido: Manuel Fraga llegó a presidir la Junta de Galicia. En estos comicios el *Bloque Nacionalista Galego* (BNG), ya claramente proclive al trabajo institucional, inició una carrera ascendente, ocupando espacios de centro-izquierda. Los restos menos ideologizados de una moribunda *Coalición Galega* ensayaron candidaturas en comicios locales con discreto éxito mientras que el Partido Nacionalista Gallego se integraría en el BNG.

El nacionalismo había perdido diez años de historia en su automarginación en la Transición y el proceso estatutario, pero acabaría siendo la segunda fuerza política de Galicia y una alternativa a los repetidos mandatos de Fraga.

Representación del nacionalismo gallego en las elecciones autonómicas de los años 90

Los partidos actuales con presencia en el Parlamento de Galicia que se definen como nacionalistas son el *Bloque Nacionalista Galego* (BNG), con un vuelco a la izquierda, y En Marea, coalición heterogénea vinculada a Podemos. El BNG conoció su apogeo en las elecciones autonómicas de 1997 pero también en los comicios municipales de 1999, ya que contó con las alcaldías de ciudades importantes como Vigo, Pontevedra y Ferrol. Llegó a ser la segunda fuerza política gallega, por delante del *Partido dos Socialistas* de Galicia-PSOE. Contó además con un eurodiputado, tres parlamentarios en el Congreso de los Diputados y un senador de designación autonómica.

En la década de los años 90, el nacionalismo gallego conoció un notable crecimiento, pasando el voto nacionalista de un 9 % a más de un 25 %. Apoyaron el independentismo gallego muchas organizaciones juveniles entre las cuales la más fuerte, *Fronte Popular Galega* (FPG), integrada en *Anova-Irmandade Nacionalista*, pero por muy numerosas que eran, carecían de representatividad y poder político real. Otra, *Nós-Unidade Popular*, organizó campañas para la retirada de la simbología franquista aún presente en Galicia. Todas se autodisolvieron en 2015.

El nacionalismo gallego de principios del siglo XXI

El galleguismo izquierdista consiguió un hito histórico tras las elecciones autonómicas de 2005. Por primera vez, a pesar de un fuerte descenso de los votos, un partido nacionalista gallego de izquierdas (el BNG) logró formar parte del gobierno regional, ocupando su dirigente Anxo Quintana el cargo de vicepresidente de la Junta de Galicia, además de las Consejerías de Medio Rural, Innovación e Industria, Cultura y Vivienda. En esa legislatura se aprobaron importantes proyectos para el galleguismo (creación de una red de *galescolas*[10] o reactivación de la selección gallega de fútbol) pero cambió poco su política social, energética, forestal, turística, cultural o agrícola respecto de las líneas de acción de los gobiernos de Fraga.

Cuando las elecciones municipales de mayo de 2007, el BNG alcanzó cerca del 20 % de los sufragios gracias a un mensaje rural análogo al del PP galleguista de Manuel Fraga y Xosé Cuíña. Distaba mucho de la imagen intelectual y rebelde de los éxitos electorales de Xosé Manuel Beiras en el ámbito urbano y juvenil.

Con el proyecto de reforma del Estatuto de autonomía gallega, los nacionalistas intentaron alcanzar mayores cuotas de autogobierno en materias como pesca, administración de Justicia, policía autonómica, cuencas fluviales, asistencia social e inmigración, industria y administración local. También lograron equiparar el estatus jurídico del idioma gallego, junto con el castellano. Propusieron incorporar un listado de derechos cívicos conforme a las tendencias sociales que consideraban más avanzadas y un modelo de financiación que revirtiera en Galicia su valor añadido generado por sus sectores productivos. Otro caballo de batalla, que resultó ser decisivo para parar el proceso de reforma, fue el deseo de introducir en el estatuto una mención a Galicia como nación.

Después de las elecciones autonómicas de 2009, el único partido abiertamente nacionalista con representación en el parlamento, el BNG, se vio relegado a una posición secundaria frente a la mayoría absoluta del PP.

Tras la XIII Asamblea nacional del BNG, en 2012, abandonaron esa fuerza política varios sectores. Los centristas constituyeron un nuevo partido llamado Compromiso por Galicia (CxG). A la izquierda, se creó una nueva fuerza llamada *Anova-Irmandade nacionalista* que acogió a la *Fronte Popular Galega* (FPG) en línea de recuperar un discurso soberanista y en conexión con la indignación social derivada de la crisis económica y la corrupción. De acuerdo con eso, formó una coalición con *Esquerda unida* (federación gallega de IU). Juntos, consiguieron un éxito electoral en las elecciones autonómicas de 2012 para las que pasó a denominarse *Alternativa Galega de Esquerda* (AGE) con el 14 % de los votos y 9 diputados. Así que desplazó al BNG a la cuarta plaza con 7 diputados.

En las elecciones generales del 20 de diciembre de 2015, *Anova-Irmandade nacionalista* formó parte de la candidatura bajo la marca de En Marea, que alcanzó con 6 diputados y el 25 % de los votos la segunda posición en el ámbito gallego. No obstante, no pudo formar un grupo parlamentario propio, por lo que no tenía representación en el Parlamento.

En las elecciones generales del 28 de abril de 2019 (➲ véase cap. 9 • 21), el nacionalismo gallego se quedó fuera del Congreso tras 23 años de representación parlamentaria, consecuencia de la ruptura de la coalición. Efectivamente, en diciembre de 2018, se había dividido en dos bloques (por una parte, En Común-Unidas Podemos y por otra, En Marea, liderada por Luís Villares y despojada de partidos centralistas), acarreando su debilitamiento político. Pero en las elecciones generales del 10 de noviembre de 2019, el *Bloque Nacionalista Galego (BNG)* recuperó un escaño. El 12 de julio de 2020, se celebraron las elecciones autonómicas en Galicia y País Vasco. Como resultado de las primeras, el PPdG (Partido Popular de Galicia) fue la fuerza más votada (48 %) y logró 41 escaños, de los 75 que se eligen por las cuatro provincias para conformar el Parlamento de Galicia. En segunda posición llegó el BNG que pasó de 6 a 19 escaños. La coalición Galicia en Común (en la que concurrían Podemos, IU y Anova) se quedó fuera del Parlamento gallego, al igual que *Marea Galeguista*, la otra parte heredera de En Marea y conformada también por *Partido Galeguista* y Compromiso por Galicia.

Aunque parece menos relevante que el nacionalismo vasco y catalán, no por ello el nacionalismo gallego ha dejado de suscitar interés e implicación desde su nacimiento hasta la actualidad. En enero de 2018, en la sede de la Confederación Intersindical Gallega (CIG), en Santiago de Compostela, medio centenar de fundaciones sociales y culturales y de asociaciones ciudadanas vinculadas al nacionalismo gallego acordaron la implementación de la plataforma *Vía Galega*, de índole[11] soberanista, que pretende expandir la conciencia social sobre el carácter de Galicia como nación con derecho a ejercer libremente su autodeterminación.

También cabe señalar que existen otros independentismos como el canario o el andaluz, que no son tan residuales como pudiera parecer. En Canarias, los partidos nacionalistas gobiernan ininterrumpidamente desde hace décadas. En Andalucía, en diciembre de 2017, se proclamó la República virtual andaluza, cuyo objetivo es concienciar sobre la cuestión republicana *versus* monarquía e insistir en el atraso económico secular[12]de Andalucía y, muy especialmente, denunciar la gestión corrupta de algunos gobiernos.

NOTAS

1. abogar por = estar a favor de
2. por ende = por consiguiente
3. propugnar = impulsar, defender
4. las discrepancias = los desacuerdos
5. arraigar = originar
6. el corte = la tendencia
7. asustar = provocar miedo
8. recalcar = insistir en
9. las cuotas lácteas = las cantidades de leche
10. la galescola = la escuela donde se da una enseñanza en lengua gallega.
11. la índole = el carácter, la naturaleza
12. secular = que dura desde hace siglos

Galaicus (2014), película de David Gómez y protagonizada por Luís Tosar. Retrata el origen de la identidad gallega, relacionada con el mundo celta y su contacto tardío con Roma. La escena se desarrolla en el año 137 a. C. Tras la muerte de Viriato, llega el procónsul de Roma, Décimo Junio Bruto, conocido como Galaicus, a los territorios galos.

MC 17 El nacionalismo gallego

EL NACIONALISMO GALLEGO

- **Nacimiento del nacionalismo gallego**
  - Desarrollo con el federalismo recogido en el siglo XX por las Irmandades da Fala, asociación sociocultural fundada en 1916
- **Dos corrientes ideológicas**
  - **De corte republicano**
    - A favor de la transformación de España en un Estado federal o confederal
    - Integración voluntaria del pueblo gallego
  - **De índole izquierdista e independentista**
    - A favor de la ruptura total con España
    - Contra el modelo de la sociedad capitalista
- **Durante la dictadura de Miguel Primo de Rivera (1923-1930)**
  - **Proscripción de los grupos galleguistas**
    - Parón de seis años de la actividad política de los grupos galleguistas
- **Durante la Segunda República (1931-1939)**
  - **1931**
    - Nacimiento del Partido Galeguista (unión de varios grupos nacionalistas tanto de izquierdas como de derechas)
- **Durante la dictadura franquista (1939-1975)**
  - El movimiento nacionalista gallego se limitó a lo cultural para evitar toda represión
- **Vuelta a la democracia**
  - **1981**
    - Adopción del Estatuto gallego nunca sustituido ni reformado después
  - **Años 90**
    - Apogeo del BNG (Bloque Nacionalista Galego)
- **Elecciones autonómicas de 2005**
  - Por primera vez: representación en la Xunta de Galicia de un partido nacionalista (BNG)
- **Septiembre de 2017**
  - **Apoyo a Cataluña**
    - Manifiesto de los nacionalistas gallegos para respaldar el derecho a decidir y la celebración del referéndum del 1-O
- **Elecciones autonómicas de 2020**
  - El BNG pasó de 6 a 19 escaños

LAS CIUDADES AUTÓNOMAS: CEUTA Y MELILLA 16

Presentación general (véase MC 18)

Ceuta y Melilla gozan de una situación geoestratégica peculiar. Son dos enclaves españoles situados en el norte de Marruecos.

Ceuta, de 18,5 km^2, consta de 84.500 habitantes llamados "ceutíes". Fue portuguesa desde 1415 hasta 1580 cuando pasó a manos de los españoles. Pero sólo fue declarada oficialmente española a raíz del Tratado de Lisboa en 1668. Se sitúa al este de Tánger y frente al Peñón de Gibraltar.

Melilla, de 12,3 km^2, cuenta con 86.000 habitantes llamados "melillenses". Conquistada por la Corona española en 1497, fue declarada oficialmente española por el Tratado de Wad-Ras firmado una vez acabada la Guerra de Marruecos en 1860. Está situada a 150 km de Argelia y la mitad de su población es musulmana.

Ceuta y Melilla, tierras por conquistar

Por su situación geográfica, ambas ciudades fueron codiciadas[1] repetidas veces por el reino marroquí y lo siguen siendo en la actualidad. De hecho, como son puertos francos, suelen comerciar con África lo cual les beneficia económicamente. A estos dos enclaves españoles en su propio territorio, Marruecos los llama "presidios" lo que significa "plaza fuerte".

Ya en 1917, el dictador español Miguel Primo de Rivera propuso devolverle[2] Ceuta a Marruecos a cambio de Gibraltar, pero en vano. También, en febrero de 1975, el rey Hassan II le propuso a la ONU que descolonizara Ceuta y Melilla, así como otras islas costeras, pero como no le fue concedida esta solicitud, dicho monarca decidió entablar la Marcha Verde hacia el Sáhara Occidental para invadirlo y hacerse con él.

El Sáhara Occidental fue llamado "Sáhara español" entre 1884 y 1976 cuando era una provincia española, aunque ubicada en el territorio africano. Durante la Segunda Guerra Mundial, los españoles exploraron esta parte de África y en 1947, España fundó la África Occidental Española uniendo los territorios de Saguía el Hamra y Río de Oro a la antigua provincia española Ifni, colonizada en 1934. A partir de los años 50, varias sequías incitaron a parte de la población nómada a huir a las zonas urbanas donde se sedentarizaron; de ahí que entraron en contacto con los españoles, desencadenando tensiones en torno a su estatuto colonial. Tras presiones de la ONU en 1949, la enseñanza se volvió obligatoria para los niños de la colonia, que fueron aprendiendo la lengua española entre 1949 y 1975. En 1976, después de la *marcha verde* de Marruecos sobre el territorio y el Acuerdo Tripartito de Madrid, España interrumpió su proceso de descolonización abandonando el territorio, sin traspasar su soberanía ni su condición de potencia administradora. Desde aquel periodo, el llamado Sáhara Occidental es disputado por Marruecos, que lo ocupa, y la autoproclamada República Árabe Saharaui Democrática.

Como el general Francisco Franco por aquellas fechas estaba agonizando, consiguió su objetivo sin la menor dificultad. En 1976, el exministro de Franco, Manuel Fraga Iribarne, reiteró la propuesta de Primo de Rivera, pero agregando[3] Melilla al trueque.

Una nacionalidad por definir

Estas dos ciudades gozan[4] oficialmente de un estatuto de "ciudades autónomas" desde el 13 de marzo de 1995 pero Ceuta y Melilla podrán constituirse en comunidades autónomas si así lo deciden sus respectivos ayuntamientos, según un acuerdo adoptado por la mayoría de sus miembros. Así lo autorizan las Cortes Generales, mediante una ley orgánica, asimismo la Constitución española de 1978. Esta nueva Ley Orgánica desató[5] entonces el descontento de Hassan II que volvió a reivindicar Ceuta y Melilla como territorio propio de Marruecos. Otra polémica provocó la visita del presidente del Gobierno español, José Luis Rodríguez Zapatero en 2006. Ya en 1980 se había desplazado hasta Melilla Adolfo Suárez, presidente del Gobierno de 1976 a 1981 durante la Transición Democrática. Un año después, en 2007, los reyes de España, Juan Carlos I y Sofía de Grecia visitaron por primera vez ambas ciudades, lo que generó una nueva cólera por parte del Reino de Marruecos cuando los habitantes de ambas ciudades celebraron con alegría la visita de los soberanos.

Así que esta posición que podría ser ventajosa no lo es de forma tan evidente. De hecho, repetidas veces y muy recientemente, otra vez en enero de 2017, el jefe de Al Qaeda Central, Ayman Al Zawahiri, amenazó por sexta vez a España y, más concretamente, a las ciudades autónomas de Ceuta y Melilla. El líder de la organización terrorista declaró la yihad[6] contra el país y animó a sus miembros a que lucharan para acabar con lo que llama "usurpación española" de ambos territorios (➔ véase cap. 27). No impidió que el presidente de Melilla, Juan José Imbroda, invitara al rey Felipe VI y a la reina Letizia a la inauguración de un parque que llevaría el nombre del rey. La población melillense y ceutí reivindica su españolidad como lo mostraron los gritos "Olé, olé, olé, somos españoles" a los reyes de visita a las ciudades autónomas en noviembre de 2007.

La situación geopolítica de ambas ciudades autónomas, en el norte de África, llegó a crear tensiones a nivel religioso. Con ocasión de la visita de la escritora Zoubida Boughaba a Melilla en enero de 2020, se discutió el uso del velo islámico, el hiyab. La Comisión Islámica, principal organización de los musulmanes melillenses, tachó a la autora de "islamófoba" por sus afirmaciones contra la imposición del hiyab a las mujeres.

Ceuta y Melilla frente a la seguridad fronteriza

Cuando no es Marruecos el que reivindica sus derechos de propiedad, Ceuta y Melilla se ven asaltadas por oleadas de migrantes que intentan pasar la frontera con Europa ya que cada ciudad autónoma delimita su frontera con el territorio marroquí a su manera mediante una valla más o menos alta, más o menos gruesa. Ambos enclaves constituyen las únicas fronteras terrestres entre África y Europa.

Ceuta tiene una valla[7] metálica de ocho kilómetros de largo por tres metros de alto, construida en 1999, pero alzada hasta los seis metros en 2005 para evitar que los migrantes la salten. Pese a ello, el 9 de diciembre de 2016, más de ochocientos africanos intentaron pasar la frontera y muchos de ellos resultaron heridos[8]. Cabe remontarse al año 2000 para dar con esta cifra.

Melilla materializó su frontera con una triple alambrada[9] de doce kilómetros de largo. A imagen de la de Ceuta, dispone de videocámaras y miradores para vigilar y acechar cualquier asalto o invasión. Dos de las tres vallas, las que están por fuera, fueron revisadas y alzadas hasta seis metros de alto en 2005 también. Tienen alambres[10] y cuchillas cortantes[11] de acero para disuadir a los inmigrantes ilegales. Pero con eso y con todo, los migrantes siguen intentándolo aunque algunas ONG advierten del peligro.

Unos dicen que el refuerzo en 2005 se debió a la llegada de una oleada de migrantes, pero según otros, el anuncio de este refuerzo fue el que condicionó con la llegada del invierno el intento de pasar al otro lado de la frontera. La última tentativa de pasar la valla de Melilla se remonta a octubre de 2016 cuando unos cien migrantes se habían lanzado a la aventura.

En agosto de 2020, se decidió que una empresa de Toledo iba a encargarse de la fabricación de las piezas de acero que elevarían las vallas de Ceuta y Melilla hasta los diez metros, o sea más altas que el muro que quería prolongar Donald Trump.

Ceuta y Melilla, un centro atractivo

Ceuta y Melilla también son atractivas por otros motivos que por ser fronteras terrestres entre África y Europa: miles de marroquíes pasan a estas ciudades cada día para trabajar o para ir de compras. En 2016, el turismo internacional batió un récord en toda España y allí donde dio los mejores resultados fue en las ciudades de Ceuta y Melilla en valores relativos. Se apuntó un incremento del 158 % para aquel año lo que generó a su vez un alza de los puestos de trabajo. Si no es por el turismo, también las entradas irregulares en España se hacen a través de los pasos fronterizos de Ceuta y Melilla y no paran de aumentar año tras año.

Desde 2014 y durante la presidencia autonómica por el popular Juan José Imbroda, se empezó a hablar de un proyecto de ampliación del Puerto Comercial de Melilla que incluiría una zona de contenedores, otra para el almacenamiento de mercancías, líneas de atraque[12] y una zona franca. El proyecto, por el que quiere incrementarse en 25 hectáreas la superficie de la instalación portuaria y al que se le dio luz verde en enero de 2015, avanzó hacia su consecución tras más de un año de superar obstáculos. Además de potenciar la actividad portuaria, se trataba de trasladar al nuevo suelo las industrias insalubres que hay en el casco urbano, generar empleo y aminorar la alta densidad de población. Pero al llegar el Gobierno Tripartito en el poder en 2019, se echó a perder según el PP esa oportunidad pese a que los Presupuestos de 2018 aprobados durante la presidencia de Mariano Rajoy habían calculado y adoptado el proyecto que se considera el mayor proyecto para la Melilla del siglo XXI.

Evolución política: el Gobierno tripartito

A principios de agosto de 2019, se eligió un nuevo gobierno en Melilla conformado por Coalición por Melilla (CPM), Partido Socialista (PSOE) y Ciudadanos (Cs). Lo encabeza Eduardo de Castro González como presidente de la Comunidad de Melilla. Pero frente a la crisis sanitaria, el PP le reprochó su inacción y su incapacidad a resolver la situación dramática de contagios. De hecho, pidió la dimisión en bloque del Gobierno tripartito en agosto de 2020.

Evolución demográfica y cultural

Las altas tasas de paro (2020) de un 23,9 % en Ceuta y un 23 % en Melilla se explican por el mayor índice de fracaso escolar de toda España. Entre otras causas, como la mayoría de alumnos hablan el tamazig y el árabe dialectal en casa y sólo usan el español como lengua escolar, se creó un abismo entre las formas de vida cristiana y musulmana, lo que prepara el terreno para un posible estallido de conflictos sociales, políticos y étnico-religiosos.

La población española está abandonando las ciudades autónomas, o estableciéndose como población flotante, por el impacto de la presión demográfica musulmana en las costumbres y la convivencia. Según estudios, si prosigue esta tendencia, Melilla será muy pronto, si no lo es ya, una ciudad básicamente bereber y árabe, y Ceuta le seguirá los pasos. Desde 1986, la población de Ceuta ha crecido un 29 % y la de Melilla, un 60 %, comparado con un crecimiento medio del 22 % en el conjunto de España.

El cambio demográfico y cultural en Ceuta y Melilla puede dar lugar a amenazas imprevistas para la seguridad nacional, debido a la entrada en escena de Marruecos y Argelia, dos actores fundamentales para los intereses de supervivencia de España. Con Ceuta y Melilla predispuestas cultural y religiosamente a la "marroquinización", y una España debilitada internamente por conflictos separatistas, por la polarización política o por la vulnerabilidad económica, las condiciones pueden ser idóneas para que Marruecos avive el discurso nacionalista como maniobra de distracción, al menor indicio de problemas internos que hagan peligrar la monarquía, como ya sucedió en 1975 con la Marcha Verde hacia el Sáhara Occidental, en plena agonía de Franco.

Otro factor que debilita a España en Ceuta y Melilla: cuanta más reivindicación en Gibraltar, más argumentos para Marruecos de recuperar las dos ciudades autónomas (➔ véase cap. 17).

NOTAS

1. codiciadas: *convoitées*
2. devolver = restituir
3. agregando = añadiendo
4. gozan = disfrutan
5. desató = provocó
6. la yihad = obligación religiosa de los musulmanes, según un concepto del Islam.
7. la valla: *la clôture*
8. heridos: *blessés*
9. la alambrada: *la clôture en fils de fer barbelés*
10. los alambres: *les fils de fer barbelés*
11. las cuchillas cortantes: *les lames tranchantes*
12. las líneas de atraque: *les lignes d'amarrage*

MC 18 Ceuta y Melilla: dos ciudades autónomas

CEUTA y MELILLA, DOS CIUDADES AUTÓNOMAS ESPAÑOLAS

- **Gentilicios**
  - **De Ceuta**: Un ceutí
  - **De Melilla**: Un melillense
- **Geografía**
  - **En el norte de África**
  - MELILLA: 12,3 km² con 86.000 habitantes
  - CEUTA: 18,5 km² con 84.500 habitantes
  - **Frontera con Marruecos**
- **Historia**
  - Melilla conquistada por la Corona española en 1497, pero oficialmente española desde el Tratado de Wad-Ras, firmado tras la Guerra de Marruecos (1859-1860)
  - Ceuta oficialmente española desde el Tratado de Lisboa (1668)
- **Población musulmana**
  - **Territorios reclamados por Marruecos**
  - **Ceuta**
    - Más de 36.400 musulmanes
  - **Melilla**
    - Más de 44.500 musulmanes
- **Evolución política**
  - **Creación de un Gobierno tripartito (agosto de 2020)**
  - Coalición por Melilla (CPM), Partido Socialista (PSOE) y Ciudadanos (Cs)
  - Muy criticado por el PP por su gestión frente a la Covid-19
- **Desempleo**
  - **Ceuta**
    - Mayor tasa de paro nacional (23,9 %)
    - Segunda tasa de paro juvenil (62,4 %)
  - **Melilla**
    - Segunda tasa de paro nacional (23,85 %)
    - Mayor tasa de paro juvenil (66,1 %)
- **Amenaza terrorista**
  - Mito de Al-Ándalus como tierra arrebatada al Islam
- **Cultura y religión**
  - Reivindicaciones culturales y religiosas cada vez más intensas
  - Reivindicación: enseñanza de la historia de Marruecos junto a la historia de España
- **Lenguas**
  - El castellano
  - El tamazig y el árabe
  - Reivindicación: lenguas vehiculares en la enseñanza, junto al castellano

17 GIBRALTAR

Datos generales (véase MC 19)

Gibraltar, también llamado "El Peñón"[1] o "La Roca", es un territorio situado al Sur de España, cerca de Algeciras, pero es de soberanía británica ya que les fue arrebatado a España por el Reino Unido tras el Tratado de Utrecht en 1713. Es uno de los territorios más ricos del mundo en términos de renta anual per cápita. A partir de 1830, Gibraltar fue reconocido como colonia británica mientras que hoy es territorio británico de ultramar de la Ley de Nacionalidad Británica. La ONU nunca sacó a Gibraltar de su lista de territorios colonizados por lo que sólo le quedan dos opciones a los habitantes de Gibraltar, llamados "llanitos": o ser colonos británicos o ser descolonizados y devueltos[2] a España. A diferencia de lo que siempre ocurrió en los otros 13 territorios británicos de ultramar, Gibraltar poseía acceso libre al mercado no sólo británico (mayoritario) sino también europeo hasta el *Brexit* (1 de febrero de 2020), o sea de la salida del Reino Unido de la Unión Europea. Desde entonces, quedan pendientes las negociaciones durante un periodo de transición que concluye en diciembre de 2020. Al no estar el Reino Unido en el espacio Schengen, Gibraltar tampoco formaba parte de éste.

Lenguas

Por ser territorio británico, en Gibraltar el inglés es idioma oficial, aunque los llanitos también hablan el castellano por la proximidad geográfica con España. En El Peñón, la mayoría de los jóvenes hablan más a menudo inglés que español por dos razones fundamentales: la enseñanza se da en inglés, pero además el español es la lengua de un país que les resulta hostil. De hecho, en 2015, Madrid decidió cerrar allí las puertas del Instituto Cervantes cuando éste es una institución que aboga por la enseñanza y la difusión de la lengua y cultura española a través del mundo. No obstante, el bilingüismo debería imponerse en este territorio tan próximo a España.

Relaciones entre Inglaterra y España en torno a Gibraltar

En varias ocasiones de su historia, el territorio conoció tensiones y auténticos conflictos con España debido a varios factores. En 1965, la ONU aprobó una resolución a favor de una negociación entre Gran Bretaña y España. En el referéndum de 1967, salió perdiendo España. Pero el Reino Unido, en la nueva Constitución de 1969, le otorgó a Gibraltar nuevas competencias de autogobierno, mandó construir una verja (totalmente legal) y suspendió el tráfico marítimo entre Gibraltar y Algeciras. Coincidía con los tiempos de la dictadura de Franco: las fronteras quedaron cerradas hasta 1982 para los peatones y hasta 1985 para los vehículos, lo que ocasionó una crisis económica para el territorio y Andalucía. Gibraltar se adhirió a la Comunidad Económica Europea el 1 de enero de 1973 tras el ingreso del Reino Unido en el entonces denominado Mercado Común. Cuando España pasó a ser miembro de la CEE en 1986, tuvo que reconocer los derechos adquiridos por Gibraltar. El jefe del Gobierno José María Aznar propuso en 2001 nuevas negociaciones en torno a la soberanía compartida, pero fueron rechazadas por Gran Bretaña.

En 2006, bajo el Gobierno de José Luis Rodríguez Zapatero, se tomaron nuevas disposiciones para una mejor convivencia mediante el acuerdo de Córdoba. El aeropuerto ya era propiedad tanto de los españoles como de los gibraltareños; los más de seis mil trabajadores españoles que habían perdido su trabajo por el cierre de las fronteras (1969-1985) fueron indemnizados al recibir un aumento de sus pensiones de jubilación[3]; las líneas telefónicas fueron liberalizadas entre Gibraltar y España; se instauró una policía de inmigración española en el aeropuerto común; se abrió un Instituto Cervantes; se amplió la carretera entre Gibraltar y La Línea de la Concepción, ciudad española fronteriza, para facilitar la comunicación y el tráfico entre ambos. La nueva Constitución aprobada en 2006 le dio más autogobierno a Gibraltar y reconocimiento de su autodeterminación por parte de Gran Bretaña. Aunque el Gobierno de Zapatero había abogado por un apaciguamiento de las relaciones con Inglaterra respecto de Gibraltar, con la vuelta de la derecha en el gobierno español, en 2011, se notó menos flexibilidad en cuanto a negociaciones.

Gibraltar, un paraíso fiscal cuestionado

Hasta la proclamación del Brexit, Gibraltar formaba parte del mercado interior europeo, pero no de la Unión Aduanera. Así se benefició de la libre circulación de personas, servicios y capitales. Con impuestos y aranceles distintos, fue tildado de paraíso fiscal, aunque la UE y los organismos internacionales no lo consideraron técnicamente como tal. En su territorio, Gibraltar consta de 34.000 habitantes para tan solo una superficie de 6,5 km^2 lo que le otorga[4] la mayor densidad poblacional mundial. Según el Gobierno de Madrid, albergaría unas 28.000 sociedades, pero según el ministro principal de Gibraltar, Fabián Picardo (desde las elecciones de diciembre de 2011), la realidad sería otra: sólo albergaría la mitad. Por este estatuto de paraíso fiscal que le concedió Reino Unido a Gibraltar, afluían de media cada día unos 10.000 españoles fronterizos que pasaban La Línea de la Concepción, ciudad que sacaba muchos beneficios de la situación. Efectivamente, en 2019, Gibraltar era el segundo proveedor de empleos por detrás de la misma Andalucía. Este territorio era muy codiciado[5] por el Gobierno de Madrid por su economía boyante que no paraba de crecer gracias a sus bancos, estancos, tiendas, apuestas[6] en línea, servicios financieros que ocasionaron diez millones de turistas anuales. Es la tercera renta per cápita en el mundo (por detrás de Catar y Luxemburgo), seis veces por encima de la de sus vecinos del Campo de Gibraltar. El *bunkering* es también una práctica que reporta mucho dinero con sus gasolineras en ultramar que les permiten a los buques[7] llenar el depósito de carburante sin arribar al puerto, sin ser sometidos a control. De hecho, el *Prestige*, que causó la marea negra de 2002 en las costas gallegas, tenía como destino Gibraltar.

Gibraltar siempre gozó pues de una situación privilegiada y su singularidad se debía a sus ventajas fiscales, aunque el Gobierno de Madrid ya advirtió varias veces de los abusos. La cuestión fiscal no queda resuelta ya que, según Bruselas, Gibraltar ya no figura desde 2015 en la lista de los paraísos fiscales, pero según España, todo el dinero que mueve Gibraltar constituye una verdadera competencia desleal ya que deja exhausta[8] a toda la región de Algeciras. Se emiten muchas críticas y se denuncia cierta opacidad bancaria, lavado de dinero e incitación al contrabando, sobre todo de cigarrillos. Pese a ello, Reino Unido se hace el desatendido. Fueron 117 millones de paquetes los que entraron en Gibraltar en 2013, en el peor momento de la crisis. En 2018, Gibraltar importó 70 millones de paquetes pero en 2019 la venta cayó a la mitad (35 millones de cajetillas). Esta disminución se debe a una mejor trazabilidad de los paquetes de cigarrillos desde el 20 de mayo de 2019 en la Unión Europea. Un código facilita el control de la ruta seguida por un paquete desde su origen (la plantación) hasta el punto de venta. Por consiguiente, resulta más fácil seguir la pista a los desvíos hacia el mercado ilegal.

A finales de 2019 había 14.500 trabajadores transfronterizos en Gibraltar, de los que 11.000 residían en La Línea de la Concepción; unos 7.000 españoles y en torno a 4.000 de otras nacionalidades. El *Brexit* amenaza a estos empleos en caso de que se consuma un divorcio a las bravas[9] con la UE.

Rutas aéreas y aguas territoriales, objeto de discordia

Existe un rotundo desacuerdo en torno al espacio aéreo ya que el aeropuerto de Gibraltar se sitúa en el territorio español. En 2016, se impidió que el ministro de Exteriores de David Cameron sobrevolara la Península para hacer un mitin en Gibraltar. También se prohibió, en 2010, que cazas británicos utilizaran el espacio aéreo español en un entrenamiento cerca del Peñón.

Otro punto de discrepancias son las aguas territoriales. Madrid no le reconoce a Gibraltar su derecho a pesca ni el paso de cualquier embarcación. En verano de 2013, Gibraltar les prohibió físicamente a los buques españoles la pesca creando un arrecife[10] artificial de sesenta bloques de hormigón[11] en medio de las aguas territoriales que España consideraba suyas. Este suceso provocó la cólera del Estado español. De hecho, el exministro de Asuntos Exteriores español, José Manuel García-Margallo, aseguró en 2016 que iba a clavar la bandera española en las aguas a proximidad de Gibraltar para reivindicar su derecho de propiedad. También ocurrieron otros incidentes en abril de 2016, cuando submarinos nucleares estadounidenses averiados llegaron a Gibraltar para hacer una pequeña parada técnica rutinaria. Enseguida, la patrulla española intervino por motivos de seguridad, pero el Gobierno de Gibraltar protestó por la "incursión" del barco de la Guardia Civil. En junio de 2016, esa vez, se produjo la colisión del submarino nuclear de la Armada Real Británica, *HMS Ambush*, con un buque mercante en la costa del Peñón mientras se dedicaban a ejercicios de entrenamiento. El 4 de diciembre de 2018, un patrullero de altura Infanta Elena (P-76) de la Armada española salió del puerto de Algeciras con rumbo al mar de Alborán. Enseguida, desde Gibraltar se emitió por el canal VHF-16 el himno británico titulado el *God Save the Queen* para bloquearle esta frecuencia de radio al buque español. Este acto provocó un escándalo ya que dicho canal está reservado exclusivamente para llamadas de emergencias y pedir socorro en caso de peligro en alta mar. Supuestamente, los británicos pretendían reivindicar las aguas que bordean el peñón de Gibraltar como propias ante el buque de la Armada española que estaba de paso. A lo que la nave española respondió haciendo sonar por sus altavoces el himno de España para reclamar así que esas aguas fueran de soberanía española, y lo hizo sin ocupar el canal VHF-16. Al día siguiente, el Gobierno de Gibraltar emitió una querella alegando que el buque de la Armada navegó "por sus aguas". Un mes después, los pescadores de La Línea y de Algeciras ocuparon el canal VHF-16 para protestar sobre la usurpación por los británicos de las aguas españolas cerca de Gibraltar. Se quejaron de que les impedía sus labores de faena tradicionales en la zona tal y como llevan siglos desarrollando. Una vez más el Gobierno de Gibraltar emitió una queja en este sentido, pero sin mencionar que ellos mismos lo hicieron un mes atrás.

Son muchos episodios como éstos que muestran la necesidad de reorientar el sentido de las alianzas geopolíticas y militares de España.

La cuestión del *Brexit*

En el referéndum del 23 de junio de 2016, un 95,9 % de los llanitos se pronunció en contra del *Brexit*. La primera reacción fue la del Gobierno de Fabián Picardo que salió a pelear[12] porque la Roca mantuviera su estatuto en el escenario europeo. En todo caso nunca se aplicó el espacio Schengen en Gibraltar a pesar de permitir el paso de mercancías, personas y servicios. Luego, los llanitos mostraron preocupación por su economía. Las empresas que se deslocalizaron a Gibraltar podrían buscar una nueva red en otra parte de Europa. Además, temieron que el Peñón sirviera de moneda de cambio en las negociaciones entre Bruselas y Reino Unido a desventaja propia. De hecho, Bruselas ya no podría desempeñar[13] un papel de mediador entre Gibraltar y Europa y ya se le reprochó al Parlamento de Bruselas en 2016 el no considerar ninguna ayuda en el presupuesto de 2017 para La Línea de la Concepción en caso de que Gibraltar saliera de la Unión Europea. Finalmente, la entonces primera ministra de Inglaterra, Theresa May, declaró que activaba el artículo 50 del Tratado de Lisboa.

> En **el Tratado de Lisboa**, que entró en vigor el 1 de diciembre de 2009, se refleja por primera vez la posibilidad de que un Estado miembro se retire voluntariamente de la Unión Europea. El artículo 50 regula el procedimiento de retirada.

A partir de allí, los llanitos aceptaron su nueva situación.

Tras la consulta sobre el *Brexit*, el ministro español García-Margallo vio una auténtica oportunidad para España y propuso una cosoberanía temporal que tuviera como finalidad la anexión española de dicho territorio. En julio de 2017, el rey Felipe VI visitó a Theresa May para intentar buscar una solución aceptable pero le fue denegada[14] la solicitud. No impidió que el rey reafirmara su voluntad de defender una relación con Reino Unido para reducir al mínimo los obstáculos vinculados por el *Brexit*.

A medianoche, entre el 31 de enero y el 1 de febrero de 2020, se concretó el *Brexit:* el Reino Unido abandonó la Unión Europea, pero hasta el 31 de diciembre, quedó abierto un período de transición para entablar negociaciones sobre las relaciones futuras entre el Estado miembro saliente y la UE. Pese a que podía ser prorrogado una vez, por uno o dos años si la decisión se tomaba antes del próximo 1 de julio, Reino Unido declaró finalmente, el 12 de junio de 2020, que no deseaba prolongar este lapso transitorio. La situación permaneció sin cambios para los ciudadanos, los consumidores, las empresas, los inversionistas, los estudiantes y los investigadores de ambas partes. Asimismo, todas las instituciones, órganos, oficinas y agencias de la Unión Europea siguieron teniendo las competencias que les otorgaba el Derecho de la Unión en relación con Reino Unido. De la misma manera, El Peñón aseguró que no habría ningún cambio en la frontera, excepto sustituir la bandera de la UE por la de la *Commonwealth*.

> La *Commonwealth* es una organización intergubernamental compuesta de 54 Estados miembros que son casi todos antiguos territorios del Imperio británico.

Gibraltar frente a la covid-19

Si bien el *Brexit* no modificó nada entre España y El Peñón, lo que sí alteró el fluir de los viajeros entre la Línea de la Concepción y Gibraltar fue la covid-19: nunca se había visto la verja tan despoblada que durante la primavera de 2020 en el punto álgido[15] de la pandemia. El 22 de mayo, Fabian Picardo, ministro británico, decidió levantar el confinamiento impuesto por decreto el 24 de marzo, pero emitió restricciones en torno a la Verja por ser un lugar de tránsito muy concurrido. Pese a que, durante el verano de 2020, el Reino Unido impuso una cuarentena a cualquier persona procedente de España, el Gobierno de Gibraltar sorteó[16] la medida de aislamiento implementada por los británicos alegando su estatus particular con una jurisdicción independiente del Reino Unido.

NOTAS

1. "El Peñón": *le Rocher*
2. devueltos = restituidos
3. la jubilación: *la retraite*
4. otorga = concede
5. codiciados: *convoités*
6. las apuestas: *les paris; jeux*
7. los buques = los grandes barcos
8. exhausta: *exsangue*
9. a las bravas = sin remedio
10. un arrecife: *un récif, chaine de rochers à fleur d'eau ou submergée*
11. el hormigón: *le béton*
12. pelear = discutir
13. desempeñar = ocupar
14. denegar = rechazar
15. el punto álgido: *le point d'orgue*
16. sortear: *contourner*

El niño (2014), de Daniel Monzón, aborda el narcotráfico en el Estrecho de Gibraltar.

Gibraltar (presentación general)

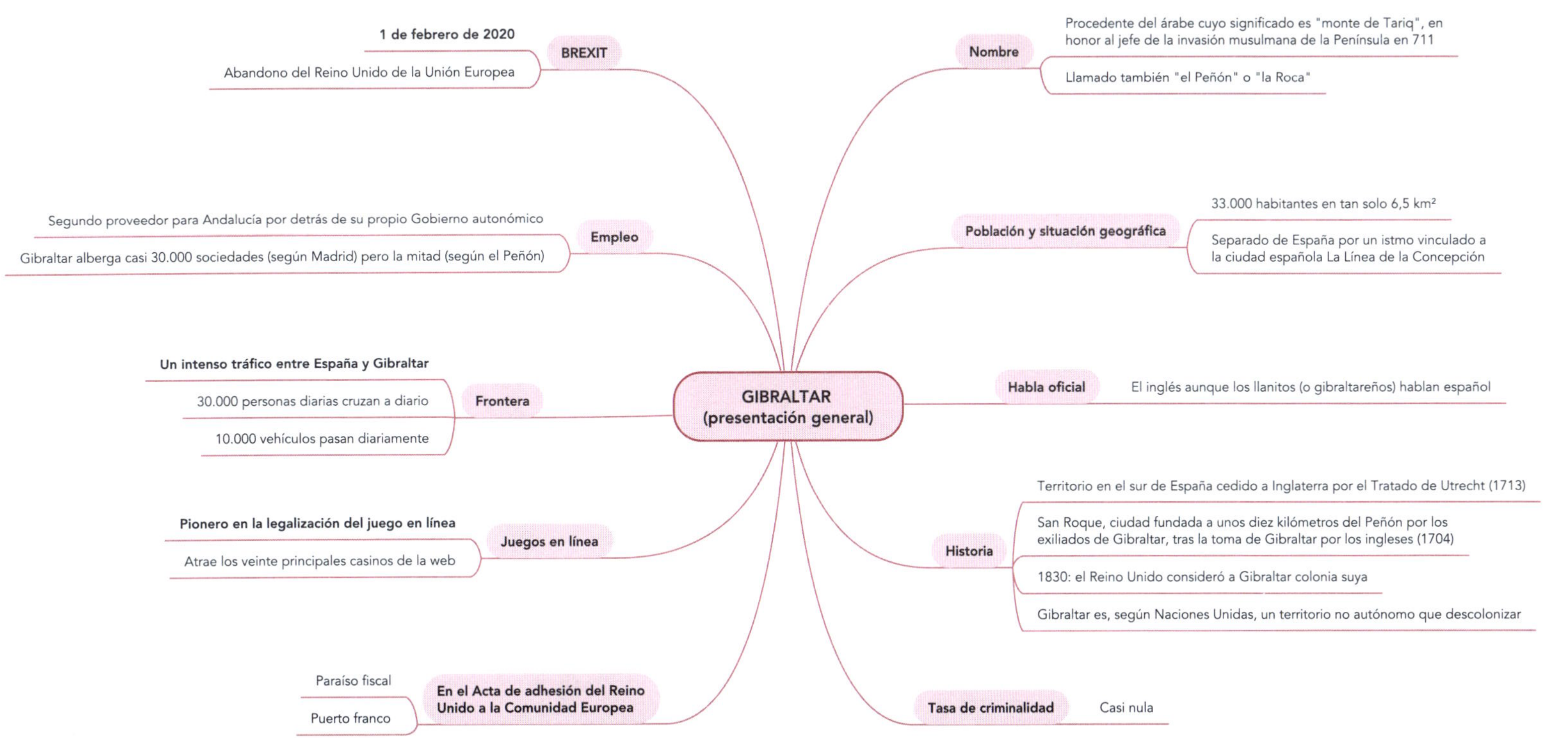

MC 20 Gibraltar: relaciones con España

GIBRALTAR (relaciones con España)

- **Tratado de Utrecht (1713)**
  - Aguas territoriales gibraltareñas = las del Puerto de Gibraltar
  - Espacio aéreo = el que sobrevuela la ciudad
- **Declaración de 1969 sobre la concesión de la independencia a los países y pueblos coloniales**
  - **España pide la devolución de Gibraltar**
    - Su estatuto es contrario a los conceptos de la ONU
    - Rompe con la integridad territorial
- **Durante la dictadura de Franco**
  - **Fronteras cerradas con España**
    - De 1969 hasta 1982 para los peatones
    - De 1969 hasta 1985 para los vehículos
- **Durante la Segunda Guerra Mundial**
  - Tierra de acogida de los republicanos, Gibraltar se convirtió en una base estratégica para los aliados
- **1987: La Línea de la Concepción**
  - Uso conjunto del aeropuerto entre España y Gran Bretaña
- **Negociaciones bajo José María Aznar (1996-2004)**
  - **"Por una soberanía compartida"**
    - Voluntad española de recuperar Gibraltar al cabo de veinte años
    - Soberanía indefinida reclamada por el Reino Unido
- **BREXIT**
  - **1 de febrero de 2020**
    - Abandono del Reino Unido de la Unión Europea
    - El Peñón aseguró que no habría ningún cambio en la frontera
- **Referendos**
  - **1967**
    - El 99,6 % de los llanitos a favor del estatuto de territorio británico de ultramar
  - **2002**
    - Voluntad de los llanitos de seguir siendo de soberanía británica
    - El ministro principal, Peter Caruana, defendió la autodeterminación
  - **Junio de 2016**
    - El 96 % de los llanitos votó en contra del Brexit
- **Acuerdo bajo José Luis Rodríguez Zapatero (2004-2011)**
  - **2006 "convivir mejor"**
    - Uso conjunto del aeropuerto de Gibraltar
    - Aumento de las pensiones congeladas desde 1989 a los españoles que perdieron su trabajo al cerrarse la verja
    - Libertad telefónica total para los llanitos
    - Policía de inmigración española en el aeropuerto
    - Apertura de un Instituto Cervantes en Gibraltar

ESPAÑA EN LA UNIÓN EUROPEA 18

Los preliminares de la entrada de España en la CEE[1]

Desde un punto de vista político, la muerte de Franco (1975), la celebración de elecciones democráticas (1977) y la Constitución (1978) le permitieron a España iniciar conversaciones para ingresar en la CEE. Ya había solicitado esta adhesión en 1962 pero ésta le había sido denegada por no ser un régimen democrático ya que España estaba en plena dictadura bajo el mando del general Francisco Franco (➲ véase cap. 3). Desde una perspectiva europea, el deseo de construir una Europa unida suponía la integración de nuevos miembros y España era un país que había participado activamente en los acontecimientos europeos. Además, la Comunidad veía en la integración una forma de afianzar[2] en España la democracia y el Estado de derecho.

Desde un punto de vista económico, la crisis de 1975 mostró las limitaciones de la economía española. La incorporación a la CEE daba la posibilidad de atenuar los efectos negativos de la crisis y acercar el nivel económico español al europeo. En 1977 España inició un programa de reformas que constituyeron un elemento clave para poder presentar su integración con éxito.

Los **Pactos de la Moncloa**, firmados durante la transición española el 25 de octubre de 1977, fueron llamados "Acuerdo sobre el programa de saneamiento y reforma de la economía" y "Acuerdo sobre el programa de actuación jurídica y política". Se comprometieron a su desarrollo el Congreso de los Diputados dos días después, y el Senado el 11 de noviembre, entre el Gobierno de España de la legislatura constituyente, presidido por Adolfo Suárez, los principales partidos políticos con representación parlamentaria en el Congreso de los Diputados, con el apoyo de las asociaciones empresariales y el sindicato Comisiones Obreras (excepto algunas secciones sindicales del mismo). Apuntaron a procurar la estabilización del proceso de transición al sistema democrático, así como adoptar una política económica que contuviera la gran inflación que alcanzaba el 26,39 %. La Unión General de Trabajadores, que finalmente lo firmaría más tarde, y la Confederación Nacional del Trabajo (CNT), se negaron a tales pactos.

Por su parte, la Comunidad, obligada a competir con EE. UU. y Japón en una globalización económica, veía interesante la incorporación de nuevos miembros. Las negociaciones para la adhesión fueron difíciles, pues España ofrecía productos agrícolas y pesqueros, que podían competir con los de otros países comunitarios. Finalmente, culminaron con la firma del Tratado de Adhesión (1985) que entró en vigor el uno de enero de 1986. España, junto con Portugal, entró en la CEE, la actual Unión Europea.

Consecuencias económicas de la entrada de España en la CEE

Su tardía incorporación a la CEE la colocó entre los países periféricos, con un claro retraso respecto al espacio central europeo. Dentro de los primeros efectos que se dieron a conocer tras esta adhesión a la CEE, España conoció un periodo de prosperidad económica. Durante cinco años seguidos, logró el mayor índice de crecimiento de toda la Comunidad Europea que en aquella época contaba con tan sólo doce miembros (Alemania, Bélgica, Francia, Italia, Luxemburgo, Países Bajos, Dinamarca, Irlanda, Reino Unido, Grecia, España y Portugal). España tuvo que realizar reformas para adaptar su economía a la comunitaria y adoptar las políticas internas de la Unión sobre agricultura, pesca, industria lo que exigió un gran esfuerzo de modernización técnica; aumento de la calidad, competitividad y cuidado medioambiental. En este esfuerzo contó con ayudas económicas y participó en proyectos europeos (I+D[3]).

El 1 de enero de 1999, se emprendió la tercera fase de la Unión Económica y Monetaria Europea en la que el euro –inicialmente denominado ECU– se convirtió en la moneda de España, junto a otros Estados de la Eurozona, aunque la sustitución física de la peseta ocurrió más adelante, en el primer semestre de 2002. El euro ganó estabilidad al ingresar en el Sistema Monetario Europeo y posteriormente en la Unión Económica y Monetaria.

Cabe recordar que la situación geográfica de las islas Canarias, más cercanas a África que a España, planteó problemas lo que demoró la adhesión de esta comunidad autónoma en el seno de la CEE. Se la veía como alejada pero también dispersa en varias islas. Hubo que esperar 1992 para que se incluyera dentro del acuerdo común.

Consecuencias políticas

Al salir España del aislamiento internacional que había sufrido durante la dictadura de Franco, fortaleció su joven democracia.

Tras la entrada de España en la CEE, una de las modificaciones políticas que se produjeron fue el cambio en el combate contra la organización ETA tanto desde la estrategia aplicada en España como la de los Estados europeos, especialmente de Francia. El terrorismo había sido muy activo durante la transición política, produciendo muchas víctimas mortales. En 1986, se acabó con el empleo del terrorismo contraterrorista que, en la última etapa, en los años 80, se había realizado mediante el llamado GAL (Grupo Antiterrorista de Liberación), pero que con otras denominaciones se estaba realizando antes, suponiendo numerosas víctimas mortales (➔ véase cap. 27). De hecho, la última víctima fue en 1987. Se conoció más adelante la implicación del Gobierno de Felipe González en la creación de esta milicia (➔ véase cap. 5).

Consecuencias sociales

Cuando ingresó en la CEE, España carecía[4] de un Estado de bienestar homologable al de los otros miembros. Desde entonces las administraciones públicas dedicaron una parte creciente del gasto a su creación y consolidación, a pesar de la coyuntura económica adversa. Así, y a costa de un fuerte endeudamiento, se produjo un gran aumento de las prestaciones sociales y la universalización de los servicios públicos básicos (sanidad y educación).

Unos tratados imprescindibles

En 1992, España firmó el **Tratado de Maastricht** con el que la CEE pasó a ser la UE (Unión Europea). No obstante, en el mercado laboral España presentaba inconvenientes, como altas tasas de temporalidad[5] y de rotación del empleo, elevados niveles de paro femenino, juvenil y con baja cualificación.

En 1997, España firmó el **Tratado de Amsterdam** cuyos objetivos eran crear un espacio de libertad, seguridad y justicia común y hacer énfasis en el empleo, la libre circulación de ciudadanos, la justicia, la política exterior y de seguridad común, y la reforma institucional para hacer frente a la adhesión de nuevos miembros. Mediante este tratado, se estableció la libre circulación de personas en el territorio de la UE, procedentes de sus Estados Miembros (Acuerdo de Schengen).

En 2001, España firmó el **Tratado de Niza** que adoptó por primera vez normas formales para aplicar sanciones a un Estado miembro.

La España actual dentro de la Unión Europea

La superficie de España y su población la sitúan como el segundo estado comunitario más extenso, después de Francia, y el quinto más poblado; aunque, en relación con su superficie, su densidad poblacional es baja. Sus características socio-económicas la colocan[6] entre los países "periféricos" de la UE. Por muy positivo que sea el balance de su integración, un abismo todavía separa a España de los países que encabezan a la UE y de la media comunitaria en gran número de indicadores básicos tanto económicos (PIB, población activa) como sociales (salarios). Su situación geoestratégica, en el extremo suroeste del continente europeo y en una encrucijada[7] de mares y continente, favorecen su papel de mediación entre la UE y los ámbitos atlántico y mediterráneo.

La ampliación de la Unión hacia los países de Europa Central y Oriental, con indicadores socioeconómicos más bajos que los españoles, tuvo diversas repercusiones: un nuevo reparto[8] de los fondos estructurales que generó una subida de su nivel respecto a la media comunitaria cuando en realidad la cantidad que recibía España era menor que antes. La ampliación del mercado único acrecentó[9] las posibilidades de mercado para los productos y los capitales españoles. Pero también incrementó la competencia en la venta de productos y en la atracción de inversiones extranjeras, cuyo descenso ocasionó una disminución de la productividad y del empleo españoles. Estos efectos negativos pudieran haber sido evitados aumentando la competitividad de los productos españoles, que no dependía tanto del precio de venta o de los costes de producción como del contenido tecnológico y la calidad. Pero España poco invirtió en realidad en I+D+i[10] lo que le impidió ser muy competitiva. También mantener la estabilidad económica le hubiera permitido atraer inversiones lo que fue imposible tras la crisis económica que conoció España tras su estallido[11] en Estados Unidos en 2008 (➔ véase cap. 23).

España, al igual que Portugal y Andorra, es partícipe de las Cumbres Iberoamericanas creadas en 1991 y celebradas anualmente hasta 2014 y bianualmente desde 2014. Como allí se reúnen los jefes de Estado de las naciones de América Latina, junto a los de España, Portugal y Andorra, se consolidan así los vínculos lingüísticos, culturales, históricos y económicos que existen entre todos. Sin duda fue lo que facilitó las negociaciones para un Acuerdo de libre comercio entre la UE y el MERCOSUR (➔ véase cap. 55) para el cual España desempeñó un papel fundamental. De hecho, el Banco de España destacó que España se encontraba en una posición "privilegiada" para aprovechar las oportunidades que brinda[12] este convenio en el ámbito comercial. Tras treinta rondas de negociaciones durante los últimos treinta años, España fue un verdadero motor para reanudarlas en mayo de 2020, en la Cumbre UE-ALC de Madrid, en busca de un acuerdo global y equilibrado con beneficios económicos y políticos para ambas partes.

En resumidas cuentas, en 2020, se mantuvieron las cifras del informe de 2018, con la riqueza media por habitante de las autonomías españolas situada por debajo del promedio europeo, según Eurostat. Extremadura, Andalucía, Canarias, Castilla-la-Mancha y las ciudades autónomas de Ceuta y Melilla son las zonas más pobres. No llegaron al 75 % del promedio. Madrid, el País Vasco, Navarra y Cataluña son las más ricas y superan la media per cápita de la Unión Europea. España tiene la tasa más alta de la Unión Europea en términos de empleo temporal. Un 26 % de los trabajadores carecían de contrato fijo al cerrarse el año 2016, prácticamente el doble de la media comunitaria (14,2 %). La ausencia de contratos fijos afecta especialmente a los jóvenes (71,2 % de los españoles de entre 15 y 24 años) que mantienen con su empresa un acuerdo temporal, de nuevo la tasa más alta de la UE. La media comunitaria está más abajo (43,3 %).

La imagen de España dentro de la UE

Varios estudios revelaron la percepción compartida por todos los miembros implicados en la UE de que España experimentó un cambio importante y muy positivo en las últimas décadas, lo que atenuó ese "complejo de inferioridad" hacia el resto de Europa que aparentemente sufría en el pasado.

Tensiones persisten hoy sobre todo en tiempos de austeridad o frente a la cuestión catalana en España. En caso de que Cataluña consiguiera salir de España, la Unión Europea rechazaría en un primer tiempo su adhesión inmediata y tendría que reunir todos sus miembros para decidir si Cataluña podría formar nuevamente parte de la Unión Europea como nuevo Estado miembro. Otro elemento que no se ha de desdeñar: Cataluña es la comunidad autónoma más rica de España, pero también la más endeudada y su deuda se calcula en euros, la moneda de la Unión Económica y Monetaria Europea. Reembolsarla le costaría mucho trabajo a Cataluña (➲ véase cap. 14).

El euroescepticismo frente a tres crisis

Justo después de estallar la crisis económica (➲ véase cap. 23), se observó un espectacular aumento del euroescepticismo entre los españoles, pasando del 15 % en 2007 hasta el 49 % en 2016. Italia y Francia eran otros dos Estados donde la cifra había aumentado de manera significativa. A finales de 2016, el 46,5 % de los españoles consideraba que la mejor forma de resolver los problemas económicos de España y la UE era la recuperación de soberanía estatal. El 13,1 % entendía que la situación debería quedarse tal y como estaba y el 36,6 % sostenía que Bruselas debía aglutinar más poder aún. El referéndum de 2016 sobre el *Brexit* también agudizó al ya existente euroescepticismo, aunque a medida que se fue concretando la salida británica de la Unión Europea, surgió un efecto contrario. Aunque más españoles abogaban por el aumento de la soberanía nacional en el marco comunitario, no ocurrió lo mismo con el euro. El 72,6 % de los encuestados en 2016 creía que España debía permanecer en la Eurozona y sólo el 22,2 % consideraba que debía volver a la peseta.

La crisis migratoria (➲ véase cap. 26) y la gestión de la misma por las autoridades comunitarias es uno de los balones de oxígeno de las nuevas formaciones de derechas. Su oposición firme al sistema de cuotas implementado por Bruselas y su apuesta por un mayor control fronterizo, les sirve para conseguir más apoyo entre la población. En todo caso, el euroescepticismo le da votos al partido ultraderechista Vox que aboga por la soberanía nacional.

En 2020, la crisis sanitaria mundial relacionada con la fulminante covid-19 incrementó de nuevo la tendencia euroescéptica porque se acentuaron las discrepancias políticas entre países y en el seno de cada país (➲ véase cap. 31). España no logró acuerdo con otros Estados miembros y se le achacó a Pedro Sánchez una mala gestión frente a la pandemia.

NOTAS

1. la CEE: *la Comunidad Económica Europea*
2. afianzar = garantizar
3. I+D = Investigación y Desarrollo
4. carecer de: *manquer de*
5. la temporalidad = el recurso al trabajo interino
6. colocar = situar, ubicar
7. una encrucijada = una intersección
8. un reparto = una distribución
9. acrecentar = aumentar
10. I+D+i = Investigación y Desarrollo e innovación
11. el estallido = la explosión
12. brindar= ofrecer

España en la Unión Europea

ESPAÑA EN LA UNIÓN EUROPEA

- **Entrada de España en la CEE (Comunidad Económica Europea)**
  - **1 de enero de 1986**
  - **1962**: Primera solicitud de adhesión rechazada por no ser España un país democrático
  - **1992**: Entrada tardía de Canarias por su ubicación africana
- **Tratados europeos**
  - **Tratado de Maastricht (1992)**
    - La CEE pasó a ser la UE
    - Creación de un espacio de libertad, seguridad y justicia común
  - **Tratado de Amsterdam (1997)**
    - Acuerdo de Schengen
    - Libre circulación en el territorio de la UE de personas procedentes de sus Estados Miembros
  - **Tratado de Niza (2001)**
    - Ratificado por los 15 Estados Miembros
    - Vigente a partir del 1 de febrero de 2003
    - Por primera vez normas formales para aplicar sanciones a un Estado miembro
  - **Tratado de Lisboa (2007)**
    - Vigente a partir del 1 de diciembre de 2009
    - Nuevas competencias legislativas dadas al Parlamento Europeo
    - Igualdad entre el Parlamento Europeo y el Consejo de Ministros
- **Frente a la COVID-19**
  - **Plan de Recuperación para Europa**
  - Mecanismo de Recuperación y Resiliencia (672 500 millones de euros)
- **Consecuencias sociales**
  - Aumento de las prestaciones sociales y generalización de los servicios públicos básicos (sanidad y educación)
  - Consolidación del bienestar de su población a costa de un fuerte endeudamiento
- **Consecuencias políticas**
  - Consolidación de la joven democracia
  - Más apoyo y mejor coordinación para luchar contra ETA
  - Papel de mediador europeo con América Latina
- **Consecuencias económicas**
  - **Periodo de bonanza**
    - Mejores niveles europeos durante cinco años
  - **1 de enero de 1999**
    - Entrada en la zona euro
  - **A principios de 2002**
    - La peseta dejó de usarse
  - **Ayudas de la CEE para llevar a cabo proyectos en I+D**

19 LAS RELACIONES ENTRE ESPAÑA Y AMÉRICA LATINA

Datos generales (véase MC 22)

"España es una nación americana" así fue como el actual rey Felipe VI (entonces príncipe de Asturias) expresó los estrechos vínculos[1] que existen entre su país y América Latina en su discurso pronunciado en Harvard en 2012. Seis dimensiones explican la identidad española. En primer lugar, el aspecto histórico: España fue la mayor potencia colonial del continente americano entre 1492 y 1898. Desde el punto de vista cultural, la Casa de América, que hoy en día ocupa el madrileño Palacio de Linares fue creada bajo el Gobierno de Felipe González para estrechar las relaciones entre España y sus antiguas colonias. A nivel lingüístico, comparten la misma lengua materna más de 483 millones de hispanohablantes nativos. A escala geopolítica así como migratoria, la inmigración latinoamericana comenzó a desarrollarse en España en los años 90 y la inmigración española cobró fuerza en América Latina con la crisis económica de 2008. Por último, desde una perspectiva económica (España se convirtió en uno de los principales inversores en la región en los 80 y sobre todo en los 90). No cabe duda de que la raíz de esta fuerte relación se halla en la historia común: la conquista, colonización e independencia de los países de América Latina que duró durante más de cuatro siglos. Como consecuencia de ello, se expandió la lengua y la cultura españolas por casi todo el subcontinente (menos Brasil donde se habla portugués por ser descubierto en 1500 por la flota comandada por el portugués Pedro Alvares Cabral). Por otra parte, los flujos migratorios de ida y vuelta por razones políticas o económicas (Guerra Civil, dictadura o crisis económica), los intereses de las empresas españolas en la región son otras tantas razones que permiten comprender los lazos[2] entre ambas entidades.

Vínculos institucionalizados

En 1945, se creó el Instituto de Cultura Hispánica y la política exterior española hacia América Latina fue y sigue siendo una prioridad compartida por los diferentes gobiernos desde el final de la dictadura mediante varios acuerdos, actos o instituciones entre los cuales destacan el Instituto de Cultura Hispánica (1945), la Oficina de Educación Iberoamericana (1949) o las cumbres iberoamericanas que vienen celebrándose de manera ininterrumpida desde 1991 (al principio anualmente y desde 2014 bianualmente por resultarles demasiado pesadas a los dirigentes que acababan dejando de acudir a ellas). Ya en 1963, Fernando María Castiella había propuesto en la Asamblea General de la ONU la creación de una "Comunidad Atlántica", que pretendía implementar una triangulación Estados Unidos-Europa-Hispanoamérica, y hacer de España el puente entre las tres entidades. Pero este proyecto fracasó.

Las cumbres iberoamericanas, ideadas para consolidar los vínculos comunes en todos los sectores, así como para mejorarlos, reúnen a los jefes de Estado y de Gobierno de América Latina, España y Portugal. Por su rol particular dentro de las cumbres iberoamericanas, España desempeña el papel de puente entre América Latina y la UE. España siempre actúa como el "aliado incondicional y confiable" de los intereses de América Latina en Europa. En ese objetivo España abogó por la renovación de las cumbres UE-CELAC, la exención de visados para los peruanos, el acuerdo UE-Cuba o la reanudación de las negociaciones UE-Mercosur. En cuanto a los procesos de integración regional, España se convirtió en el primer país observador de la Alianza del Pacífico. En Centroamérica, España es un socio[3] privilegiado del Sistema de Integración Centroamericana (SICA) y participa activamente en la estrategia de seguridad en esta área.

Desde 2012, España contribuye a encontrar soluciones a las diferentes crisis que se han producido en Latinoamérica mostrando por ejemplo su apoyo al Gobierno colombiano en el proceso de paz con las FARC (Fuerzas Armadas Revolucionarias de Colombia) (➜ véase cap. 45) así como en las negociaciones con Cuba colaborando con Estados Unidos en la normalización de sus relaciones diplomáticas. Renovó los acuerdos de asociación estratégica con los países de la Alianza del Pacífico. Estas actualizaciones tienen como propósito mejorar las previsiones de colaboración en el ámbito comercial, cultural, financiero y científico.

Relaciones bilaterales particulares

Argentina: una relación caótica (➜ véase cap. 41)

En Argentina, a raíz de la elección de Mauricio Macri (2015-2020), el nexo con la antigua Madre patria fue mejorando. Cabe recordar que los gobiernos kirchneristas no facilitaron las relaciones con España y la renacionalización de la empresa petrolera Repsol-YPF por Cristina Fernández de Kirchner representó el punto de máximo deterioro. La victoria de Macri en los comicios presidenciales de 2015 fue vista por Rajoy como una oportunidad para reanudar con Argentina. Macri quiso apoyarse en España para relanzar las negociaciones entre el Mercosur y la UE y así reactivar la economía de su país. Prueba de ello, la visita de Estado a España el 21 de febrero de 2017 que tenía una carga simbólica puesto que se trataba del primer viaje de un mandatario argentino desde 2009. Sin embargo, el flujo inversor hacia Argentina dista del de la década de los 90 cuando España era el primer inversor extranjero en Argentina. España es el segundo inversor extranjero en Argentina, por detrás de Estados Unidos. En 2016, las exportaciones españolas a Argentina alcanzaron los 851.940 millones de euros o sea un 54,7 % más respecto al mismo periodo del año anterior cuando Cristina Fernández de Kirchner todavía estaba en el poder. España es el octavo cliente para Argentina a nivel global y el duodécimo suministrador de Argentina. El presidente recién electo Alberto Fernández viajó a España en febrero de 2020 para encontrarse con su homólogo Pedro Sánchez y buscar un apoyo en la negociación con el FMI.

Bolivia y el "*Boliviagate*" (➜ véase cap. 42)

El incidente diplomático de Bolivia con España y México comenzó el 27 de diciembre de 2019, como consecuencia del exilio de Evo Morales tras los comicios presidenciales del 20 de octubre de 2019. La crisis internacional estalló cuando el gobierno interino de Jeanine Áñez culpó a diplomáticos españoles de haber intentado sacar a funcionarios de la administración del expresidente Evo Morales aislados en la embajada de México en La Paz. El Ejecutivo boliviano acusó al Gobierno español de vulnerar el convenio de Viena cuando 4 agentes españoles encapuchados y supuestamente armados fueron sorprendidos tratando de penetrar en la residencia de la embajadora de México, María Teresa Mercado. El 15 de noviembre, el Gobierno de transición de Bolivia la había convocado para expresarle su molestia por permitir que Evo Morales hiciera declaraciones políticas en su asilo desde México. El Gobierno mexicano anunció que denunciaría ante la Corte Internacional de Justicia a Bolivia por el acoso de fuerzas de seguridad en sus sedes diplomáticas. El 27 de diciembre, Karen Longaric, canciller interina, reveló que unos diplomáticos de la Embajada de España se encontraban en los alrededores de la residencia de María Teresa Mercado, acompañados de personas encapuchadas que intentaban ingresar de forma clandestina para facilitar la salida de los asilados entre ellos Juan Ramón Quintana (exministro de Presidencia), Wilma Alanoca (exministra de cultura). El 28 del mismo mes, el Ejecutivo español aclaró que la visita de los diplomáticos fue de cortesía y negó las acusaciones de Jeanine Áñez. Jorge Quiroga, expresidente de Bolivia y delegado presidencial del gobierno interino, le pidió a Pedro Sánchez, que se disculpara por el incidente tachando al partido Podemos de colonialista. Bolivia declaró personas no gratas a la embajadora de México, María Teresa Mercado, a la encargada de Negocios de España, Cristina Borreguero y al cónsul de España en La Paz, Álvaro Fernández y les dio 72 horas para irse del país mientras que España consideró personas no gratas al encargado de negocios de Bolivia en Madrid, así como a otros dos funcionarios con estatus diplomático y el Ejecutivo mexicano comienza el trámite de retorno de su embajadora.

Chile, ¿el hijo pródigo? (➲ véase cap. 44)

Sebastián Piñera, presidente de Chile (2010 a 2014; 2017-2021), afirmó en 2011 que el vínculo que une a España y Chile es "una relación tan fuerte como aquella que sólo existe entre una madre y un hijo", después de 500 años de historia común y dejando atrás dictaduras y exilio. Efectivamente, Chile y España mantienen excelentes relaciones quienquiera que sea el mandatario en el poder y su color político. El comercio exterior entre ambos países va creciendo desde hace una década, periodo durante el cual se duplicaron las exportaciones a Chile y triplicaron las importaciones. Sin embargo, el peso del comercio bilateral entre España y Chile resulta muy reducido. A finales de enero de 2017, Chile fue azotado por una oleada de graves incendios forestales que provocaron la muerte de 11 personas y calcinaron unas 500.000 hectáreas. España, junto con Portugal y Francia, envió militares de la Unidad Militar de Emergencias, expertos en incendios forestales, para ayudar a los bomberos chilenos. El 2 de diciembre de 2019, la Cumbre del Clima, inicialmente prevista en la capital chilena, se celebró en Madrid por las protestas que azotaban al país.

México y España: ¿las cuentas del Gran Capitán? (➲ véase cap. 32)

En marzo de 2019, el presidente Andrés Manuel López Obrador propició un enfriamiento con España al exigir al rey Felipe VI que pidiera perdón por los abusos cometidos por los españoles durante el período de la conquista del actual México. El Gobierno de Pedro Sánchez y líderes de varios partidos políticos se negaron a pedir disculpas por hechos de hace medio siglos. Un año después, en octubre de 2020, el EZLN (➲ véase cap. 52) se desolidarizó del mandatario mexicano anunciando que no quería disculpas de la antigua metrópoli. Consideró el anuncio de AMLO un acto demagógico e hipócrita para justificar la violencia que impera en el país. En 2021, se celebran el quinto centenario de la caída de Tenochtitlán y el bicentenario de la independencia de la nación azteca y al Ejecutivo le molesta que España no haya entablado una reflexión sobre la llegada de Cortés a las tierras mexicas. Para AMLO, es necesaria una reconciliación entre ambas naciones para poder festejar estos acontecimientos históricos.

Venezuela: un historial especial (➔ véase cap. 50)

El caso de Venezuela es particular, ya que las relaciones de España con este país se han deteriorado en 2014 debido a la crisis del régimen bolivariano y su violación a los derechos humanos. Las diversas visitas de los expresidentes españoles Felipe González y José Luis Rodríguez Zapatero muestran a las claras los vínculos incondicionales entre España y América Latina. Viajaron a Venezuela para encontrarse con los presos políticos (entre los cuales Leopoldo López, Antonio Ledezma o Daniel Ceballos) y dialogar con el Gobierno. Las estancias de Lilian Tintori (mujer de Leopoldo López) o Leopoldo López padre en España para tener el apoyo de Mariano Rajoy evidencian las relaciones particulares entre ambos países. El gobierno de Mariano Rajoy concedió en diciembre de 2015 la nacionalidad española a los padres de Leopoldo López para reforzar las garantías democráticas ante la persecución política y judicial que sufrían a consecuencia de la situación de su hijo. Este declive relacional también se plasmó[4] en las palabras de Nicolás Maduro hacia su entonces homólogo español al tacharlo[5] de "sicario del pueblo" en 2015 o de "racista, basura corrupta y basura[6] colonialista" en 2016 y desencadenó una verdadera crisis diplomática entre ambos estados. No era la primera vez que ocurría tal disensión entre representantes venezolano y español. Basta con recordar el famoso "¿por qué no te callas?" del entonces rey Juan Carlos I dirigido a Chávez que acababa de tildar de fascista a Aznar. Pese a contar con una nutrida colonia de unos 200.000 españoles en el país y ser el segundo inversor extranjero en Venezuela, las tensiones no se reducen. En noviembre de 2017, Antonio Ledezma escapó de su arresto domiciliario en Venezuela y se refugió en España. En 2019, Lilian Tintori también se instaló en España con sus hijos para garantizar su seguridad y emprender una gira por Europa para seguir la lucha contra el régimen de Nicolás Maduro. Además, el 24 de octubre de 2020, Leopoldo López logró fugarse de Venezuela y llegó a España para reunirse con su familia tras año y medio refugiado en la embajada española en Caracas. Esta huida agravó la crisis diplomática entre Venezuela y España: Nicolás Maduro acusó a España de participar en la operación que facilitó la fuga del opositor venezolano.

Relaciones económicas

La relación política corre parejo de una intensificación de los vínculos económicos. España es el segundo país inversor en América Latina y América Latina brinda grandes oportunidades en el sector de la agroindustria, de las energías renovables (cabe notar que Chile y España se parecen mucho por sus costas, sus montañas, sus desiertos por lo que resulta viable un intercambio de saberes en energía solar y eólica), o de las tecnologías de la información.

Cuando en 2008, España sufrió la crisis económica que puso en entredicho la pujanza económica de los años precedentes, América Latina se convirtió en una verdadera tabla de salvación[7] para España que tenía un crecimiento negativo del 1,4 % en 2013 mientras que América Latina ostentaba[8] un crecimiento de un 4 %.

Gracias, en parte, a este despliegue exterior, ciertas empresas españolas lograron equilibrar sus cuentas y mejorar sus balanzas en los peores momentos de la crisis. Además de la presencia de grandes empresas españolas en América Latina, unas medianas empresas también se han instalado en las antiguas colonias lo que contribuye a crear un tejido[9] económico y de creación de empleo. El rey Juan Carlos I hizo hincapié en esta relación particular en la Cumbre Iberoamericana de Cádiz de 2012 mencionando la necesidad de invertir el proceso y acoger a las empresas latinoamericanas en España, para desarrollar un vínculo de interés recíproco. La presencia empresarial en América Latina no ha estado exenta de trabas. Basta con mencionar la expropiación por el Gobierno argentino de los activos de Repsol en YPF. Pero hubo también oportunidades económicas con Panamá, por ejemplo, que contrató a la empresa española Sacyr para las obras de ampliación del Canal. La tendencia de estos últimos años es cierta pérdida de interés por parte de América Latina por discrepancias políticas o diversas entidades regionales recién creadas (➲ véase cap. 55). Entre ellas, el Mercosur, el ALBA o la Alianza del Pacífico, que compiten entre sí y se decantan por defender sus intereses comerciales dentro de la región. Pasa lo mismo con España que suele invertir más en Portugal que en América Latina por su proximidad geográfica interesante en periodo de recortes presupuestarios. En 2015, las exportaciones hacia América Latina alcanzaron casi 15.000 millones de euros cuando ascendieron a 18.000 millones en Portugal. En cuanto a las importaciones procedentes de los países de Latinoamérica, se nota una tendencia a la baja.

Mientras que en 2012 totalizaban unos 20.000 millones de euros, en 2015 llegaron a unos 15.000 millones ya que América Latina enfrenta un escenario adverso con el descenso del precio de las materias primas, la bajada del precio del barril de crudo o la desaceleración de la economía china.

Pese a esta coyuntura, las empresas españolas mantienen su interés en la región. El IX informe "Panorama de la Inversión española en Iberoamérica" destacó que el 77 % de las empresas ibéricas preveía incrementar sus inversiones en América Latina en 2016.

Latinoamérica también mira hacia España para incentivar[10] su economía. Costa Rica eligió la capital de España para implantar su primera oficina europea Procomer (Promotora de Comercio Exterior) cuyo objetivo es establecer relaciones con Europa y promover los bienes, productos y servicios costarricenses. España actúa, así, como una ventana hacia las otras potencias económicas que son Alemania, Francia y Reino Unido.

Los flujos migratorios: un vaivén enriquecedor (➲ véase cap. 26)

No sólo la política y la economía cimientan los vínculos presentes sino también la dimensión humana plasmada en los flujos migratorios. De hecho, en ambos lados del Atlántico conviven numerosos latinoamericanos y españoles. Más del 50 % de los españoles que reside en el extranjero se encuentra en tierra iberoamericana. Y a 1 de enero de 2020 vivían en España 272.596 colombianos, 188.735 venezolanos, 130.795 ecuatorianos y 121.695 hondureños.

América Latina y España han experimentado profundos cambios estos últimos diez años que han llevado a un nuevo enfoque en sus relaciones mutuas. Las economías latinoamericanas se han modernizado y desarrollado mientras España estaba azotada por la crisis que empezó en 2008. Las clases medias latinoamericanas han crecido cuando la situación económica de los españoles se precarizaba, los proyectos de integración y concertación no han dejado de multiplicarse incluso hacia el Pacífico lo que cambió los nexos entre ambas áreas geográficas. Todo ello pensando que una América Latina más próspera y más presente a nivel mundial siempre le beneficiará a España, pero siguen influyendo huellas del pasado. Muchos españoles siguen experimentando un sentimiento de superioridad hacia los latinoamericanos por el espíritu de conquista que les animó siglos atrás. Es necesario un verdadero cambio de mentalidades en este contexto de globalización y de postcrisis y que España replantee su estrategia en sus relaciones bilaterales según la peculiaridad de cada país.

El Día de la Hispanidad

Como recuerdo de la llegada de Cristóbal Colón a Guanahani, el 12 de octubre es festivo en España por ser el Día de la Hispanidad, además de ser el día nacional. Antiguamente llamado Día de la Raza por Faustino Rodríguez San Pedro para celebrar la unión entre España e Iberoamérica, pasó a denominarse Día de la Hispanidad en 1958 por decreto. Aunque esta festividad común tiene el mismo origen, no tiene el mismo nombre según las naciones o instituciones por razones políticas y por la manera como se percibe a Cristóbal Colón.

Denominación del Día de la Hispanidad en Latinoamérica:

Argentina: Día de la Diversidad Cultural Americana
Bolivia: Día de la Descolonización
Chile: Día del Descubrimiento de Dos Mundos
Colombia y México: Día de la Raza
Ecuador: Día de la Interculturalidad
Estados Unidos: Día de Colón
Perú: Día de los Pueblos Originarios y del Diálogo Intercultural
ONU: Día de la Lengua Española
Uruguay: Día de las Américas
Venezuela: Día de la Resistencia Indígena

Esta fecha suele suscitar polémica en América Latina para saber si se debe mantener la celebración de la fiesta nacional española en este día ya que para algunos es sinónimo de exterminación de los indios cuando otros piensan que se trata del encuentro entre dos mundos. Numerosos latinoamericanos suelen boicotear esta fiesta por la violencia a la que remite. En abril de 2013, la entonces presidenta argentina Cristina Fernández de Kirchner también ordenó que se retirara la estatua de Cristóbal Colón situada en la capital por ser símbolo de la conquista española. El plan inicial era exiliarlo a 400 kilómetros de Buenos Aires, sin embargo, el entonces alcalde de Buenos Aires Mauricio Macri (actual presidente del país) se opuso rotundamente al desmantelamiento del monumento, así como la comunidad italiana. De hecho, la escultura había sido obsequiada a la ciudad de Buenos Aires en 1921 para agradecer la hospitalidad de los argentinos hacia los inmigrantes. Finalmente, tras año y medio de negociaciones, se consiguió un acuerdo entre Cristina Fernández de Kirchner y Mauricio Macri. Una estatua de Colón también fue derrumbada en Estados Unidos durante manifestaciones contra el racismo en junio de 2020 y otra en México el 10 de octubre.

La solidaridad panhispánica en tiempos de coronavirus

A raíz de la crisis del coronavirus surgieron numerosas iniciativas solidarias para ayudar a los más vulnerables no sólo a escala nacional sino también internacional. España, azotada de pleno por la pandemia, recibió ayuda por parte de la comunidad médica latinoamericana y más precisamente la colaboración de médicos cubanos o venezolanos. Unos cien médicos cubanos acudieron a México para apoyar a los equipos sanitarios del país que no daban abasto por un déficit de 23.000 enfermeras y 6.600 médicos. Por otra parte, la isla caribeña mandó una brigada de 20 médicos a Honduras mientras unos 50 virólogos hondureños fueron a Cuba para desarrollar sus conocimientos sobre el virus. De hecho, más de 2.300 médicos cubanos atendieron a unos 26.000 pacientes con covid-19 por lo que la asociación feminista y pacifista estadounidense *Codepink* pidió que el Nobel de la Paz fuera otorgado a los médicos cubanos por su lucha contra la enfermedad a nivel internacional.

NOTAS

1. un vínculo: *un lien*
2. un lazo: *un lien*
3. un socio: *un partenaire*
4. plasmarse: *se concrétiser*
5. tachar de: *traiter de, parler de quelqu'un de façon critique*
6. la basura: *les ordures*
7. la tabla de salvación: *la planche de salut*
8. ostentar = mostrar
9. el tejido: *le tissu*
10. incentivar = estimular

1492: La conquista del paraíso (1992) de Ridley Scott relata el viaje de Cristóbal Colón con su tripulación y su llegada a la isla de Guanahani el 12 de octubre de 1492.

MC 22 Las relaciones entre España y América Latina

LAS RELACIONES ESPAÑA-AMÉRICA LATINA

- **Cumbres iberoamericanas**
  - Desde 1991
  - Anualmente hasta 2014
  - Bianualmente desde 2014
- **Integración regional de España**
  - España, observador de la Alianza del Pacífico
  - Socio privilegiado del SICA
  - Apoyo en el proceso de Paz con las FARC
- **12 de octubre**
  - **Fiesta nacional de España = Día de la Hispanidad**
    - **Otras denominaciones en América Latina**
    - Día de la Raza (Colombia y México)
    - Día de la Resistencia Indígena (Venezuela)
    - Día del Descubrimiento de Dos Mundos (Chile)
    - Día de las Américas (Uruguay)
    - Día de los Pueblos Originarios y del Diálogo Intercultural (Perú)
    - Día de la Interculturalidad (Ecuador)
    - Día de la Descolonización (Bolivia)
    - Día de la Diversidad Cultural Americana (Argentina)
- **Argentina**
  - Conflictos con C. Kirchner (REPSOL)
  - Mejora de las relaciones durante la presidencia de Macri
  - Elección de Alberto Fernández (oct. 2019)
- **Crisis sanitaria del coronavirus (primavera de 2020)**
  - Médicos cubanos enviados a España
- **Relaciones caóticas**
  - **2019**
  - Boliviagate
  - México y las disculpas pedidas por los actos cometidos durante la Conquista
  - **2020**
  - Maduro acusó a España de participar en la fuga de Leopoldo López
- **Latinoamérica, tabla de salvación desde la crisis de 2008**
  - **Mutuos flujos migratorios**
  - Más del 50 % de los españoles residentes en el extranjero viven en Iberoamérica
  - El 43 % de los extranjeros residentes en España es latinoamericano
  - Vuelta de muchos latinoamericanos residentes en España a su país de origen
  - Implantación de numerosas empresas españolas en América Latina
- **Venezuela**
  - Tensiones entre Juan Carlos I y Chávez
  - Pulso entre Rajoy y Maduro
  - Intentos de mediación de Felipe González y José Luis Rodríguez Zapatero
  - **España, uno de los principales destinos del exilio venezolano**
  - Noviembre de 2017: fuga de Antonio Ledezma a España
  - 2017: más venezolanos que sirios pidieron asilo político
  - Entre 200.000 y 300.000 venezolanos residentes en España
  - Octubre de 2020: fuga de Leopoldo López a España

ENFOQUE TEMÁTICO

LA LENGUA ESPAÑOLA EN EL MUNDO 20

Datos generales (➲ véase MC 23)

En 2020, más de 489 millones de personas tienen el español como lengua materna, haciendo de él el segundo idioma del mundo por número de hablantes nativos por detrás del chino mandarín y la segunda lengua de comunicación internacional. Además de ser lengua oficial en España, lo es de 19 países de América y del Caribe. A esas naciones se suman Guinea Ecuatorial, Filipinas y los sefardíes (unos 2 millones de hablantes de judeoespañol). Así, el español es la tercera lengua más hablada después del chino mandarín y el inglés y es una de las lenguas más extendidas geográficamente (es lengua oficial o cooficial de casi todo el continente americano y se halla en cuatro continentes). Pero el número de hispanohablantes potenciales alcanza los 585 millones de usuarios si se toman en cuenta aquéllos que lo usan como segunda lengua, representando así un 7,5 % de la población mundial. Por muy paradójico que parezca, en 2060, Estados Unidos será el segundo país hispanohablante del mundo, por detrás de México.

Sin la publicación de la primera gramática escrita en castellano por Antonio de Nebrija y publicada en 1492, el español no habría experimentado semejante expansión. Al referirse a la lengua que los conquistadores exportaron al Nuevo Mundo, el escritor Pablo Neruda dijo: "se llevaron el oro [*hablando de la codicia de los conquistadores*], nos dejaron el oro [*remitiendo al castellano*]". Pero lo que olvidó mencionar el poeta chileno es que este desarrollo del idioma de Cervantes desempeñó un papel relevante en el proceso de aculturación de los nativos y en la desaparición de sus lenguas. Dos meses antes del desembarco de Cristóbal Colón en Guanahani el 12 de octubre de 1492, Nebrija escribía, en la introducción a su *Gramática*, datada del 18 de agosto de 1492, que "la lengua siempre fue compañera del imperio". ¿Acaso no fue lo que pasó?

Países y territorios donde el español es idioma oficial

1. México (127.792.286)
2. Colombia (50.372.424)
3. España (47.026.208)
4. Argentina (45.376.763)
5. Perú (32.625.948)
6. Venezuela (32.605.423)
7. Chile (19.458.310)
8. Guatemala (17.915.568)
9. Ecuador (15.954.438)
10. Bolivia (11.633.371)
11. Cuba (11.326.616)
12. República Dominicana (10.448.499)
13. Honduras (9.304.380)
14. Paraguay (7.252.672)
15. Nicaragua (6.624.554)
16. El Salvador (6.453.553)
17. Costa Rica (5.111.238)
18. Panamá (4.278.500)
19. Uruguay (3.473.730)
20. Puerto Rico (3.195.153)
21. Guinea Ecuatorial (1.225.377)

Un idioma muy estudiado en el extranjero

Más de 22 millones de alumnos estudian español como lengua extranjera en 110 países. El español, el francés y el chino mandarín se disputan el segundo puesto en la clasificación de idiomas más estudiados como segunda lengua. El auge[1] del español como lengua extranjera en los últimos años se puede explicar por la gran variedad de países hispanohablantes y el aumento de los intercambios comerciales entre los países de habla hispana y el resto del mundo. Al contrario, la proporción de hablantes de chino, francés e inglés disminuye.

Estados Unidos, Brasil, Francia, Italia, Alemania y Reino Unido son los países más interesados por el estudio del español como lengua extranjera. En Estados Unidos, el español es el idioma más estudiado en todos los niveles de enseñanza, por lo que el número de alumnos matriculados en cursos de español en las universidades estadounidenses supera al número total de alumnos matriculados en otras lenguas.

En 2005, en Brasil, el Congreso Nacional aprobó el decreto conocido como "ley del español", que propone este idioma como primera lengua extranjera en los centros de enseñanza del país e incluso existen zonas donde el español es cooficial con el portugués.

El español en Estados Unidos

En Estados Unidos, 62 millones de personas son de origen hispano, es decir casi un 19 % de la población total, haciendo de la comunidad hispana la mayor minoría. En medio siglo, dicha comunidad se multiplicó por siete y sólo en 2018 su crecimiento supuso más de la mitad del incremento de la población estadounidense. Estados Unidos cuenta con unos 43 millones de hispanohablantes, situándolo en cuarta posición de las naciones con más hispanófonos. Se prevé que, en 2060, será el segundo país hispanohablante del mundo por detrás de México. Un estudio de 1990 señalaba que un hispanohablante cobraba menos que un anglófono. Diez años después se repitió esta encuesta y se detectó lo contrario en algunos sectores económicos. Hoy, lo que antes era una desventaja[2] se ha convertido en una verdadera baza[3] a nivel laboral y económico. De hecho, existe un incentivo salarial asociado al dominio del español que favorece a los que dominan el inglés y el español. Entonces, el castellano puede representar un medio para mejorar la carrera profesional de los trabajadores de EE. UU. A lo mejor esta prima es lo que incita a miles de universitarios estadounidenses a estudiar español. Pese a los datos alentadores[4] procedentes del dinamismo demográfico, del creciente peso económico y papel político de los hispanos, existen sombras como el declive[5] del bilingüismo sobre todo en la tercera generación. En ésta, menos de la mitad sigue hablando español mientras que un 82 % de hispanos lo mantienen en la segunda generación.

A nivel económico, la comunidad latinoamericana tiene un peso considerable: si los hispanos de los Estados Unidos conformaran un país en sí, su economía sería la octava más grande del mundo, por delante de España.

Un idioma con un peso económico innegable

Se estima que un 15 % del producto interior bruto (PIB) de un Estado está vinculado a la lengua. La importancia económica de un idioma se mide según distintos factores: el número de hablantes, su extensión geográfica, el número de países donde es oficial, el índice de desarrollo humano de sus hablantes, la capacidad comercial de los países donde se habla oficialmente o su papel en la diplomacia internacional.

El español se encuentra entre las cinco primeras lenguas del mundo en número de hablantes, en número de países donde es oficial y en extensión geográfica. Por tanto, la demografía es el primer factor en el que descansa su potencia económica.

El PIB generado por el conjunto de los países hispanohablantes es superior al generado por los países germanohablantes o francófonos con un 10 %.

Cada año, el número de estudiantes universitarios que siguen programas de movilidad internacional aumenta. Si se tiene en cuenta que una de las principales bazas de la economía española es su sector turístico, el fomento[6] de la lengua y la cultura en el extranjero es imprescindible, de ahí el rol de la llamada "Marca España".

El número de personas que estudian español como segunda lengua también desempeña un papel relevante en la economía de los países que reciben a turistas por motivos de estudios, tanto más cuanto que el turismo idiomático experimenta un gran crecimiento estos últimos años. Entre 2007 y 2013, su número se duplicó lo que convirtió a España en líder mundial en el mercado de la enseñanza del castellano. Los principales países que mandan estudiantes a las tierras de Cervantes son Francia, Italia y Alemania. Estas procedencias, junto a la estadounidense, donde se está dando mucho empuje del español, organizan generalmente viajes grupales.

Marca España es una política de Estado implementada[7] por el Gobierno de Mariano Rajoy en 2012 (en plena crisis) cuyo objetivo era mejorar la imagen de España tanto a nivel nacional como internacional. En octubre de 2018, el Ministerio de Exteriores decidió cambiar esta denominación a **España Global** para dar un nuevo impulso a la promoción del país.

Una lengua muy atractiva

La primera ciudad en acoger estudiantes por motivos de estudios es Madrid, seguida de Barcelona y Salamanca. España es el primer país de destino para los universitarios con beca Erasmus de los 32 países que forman parte del programa, con un 17 % del total de los becarios.

El Instituto Cervantes obra por la difusión de la lengua a nivel mundial mediante las acreditaciones que expide[8]. Éstas garantizan un nivel de calidad en los centros que imparten[9] las clases.

El Instituto Cervantes es una institución pública creada por España en 1991 para promover a nivel internacional la enseñanza, el estudio y el uso del español, así como contribuir a la difusión de las culturas hispánicas en el extranjero. Existen 87 centros distribuidos en 44 países por los cinco continentes. Su labor[10] consiste en difundir la lengua española, dar clases de castellano, así como de las lenguas cooficiales en España, realizar actividades de difusión cultural y organizar los exámenes. El número de matrículas de español de los centros del Instituto Cervantes de todo el mundo se multiplicó por ocho entre 1992 y 2016.

El DELE: los Diplomas de Español como Lengua Extranjera son los títulos oficiales acreditativos[11] del dominio del idioma español otorgados por el Instituto Cervantes en nombre del Ministerio de Educación de España. Desde su creación, el número de inscritos no ha dejado de crecer.

El español en la red

Es la tercera lengua más utilizada en Internet. En 2020, el 8,2 % de la totalidad de los usuarios de internet (3.612 millones) se comunicaba en español. Los dos idiomas por delante del español eran el inglés y el chino. El futuro de un idioma se juega en las redes sociales. Además, en unos lugares del mundo, como en el caso de Nueva York, el español, después del inglés, es el idioma más utilizado en Wikipedia, Facebook, Twitter y Linkedin.

El español en las organizaciones internacionales

La influencia de la que goza el español le ha otorgado una posición privilegiada en las principales organizaciones internacionales. De hecho, el español es una de las lenguas oficiales de la ONU, la OCDE, la UNESCO, la OEA y el Mercosur (➲ véase cap. 55). Ocupa el tercer lugar en el sistema de las Naciones Unidas y el cuarto en el ámbito institucional de la Unión Europea.

El Congreso Internacional de la Lengua Española y la ASALE

La Asociación de Academias de Lengua Española, cuyo lema es "Una estirpe, una lengua y un destino", fue creada en México en 1951 y organizó desde su fundación quince congresos ordinarios que se celebran cada cuatro años salvo contratiempos[12] excepcionales. Estos encuentros permiten fomentar la política lingüística panhispánica y elaborar planes de acción para el desarrollo del castellano mediante reuniones entre académicos, especialistas de la lengua española, escritores, entidades políticas que reflexionan sobre el idioma español. Durante este foro se aborda la situación, los problemas y los retos[13] del castellano. Los miembros de la ASALE velan por la organización de los congresos mediante reuniones entre las diferentes instancias. El VII Congreso Internacional de la Lengua Española que tuvo lugar en San Juan de Puerto Rico, en marzo de 2016, giró[14] en torno al lema "Lengua española y creatividad" con la presencia de 10.000 participantes y más de 250 medios de comunicación procedentes de diez países diferentes. El VIII Congreso Internacional de la Lengua Española se celebrará en Córdoba (Argentina) entre el 27 y el 30 de marzo de 2019 bajo el lema "América y el futuro del español. Cultura y educación, tecnología y emprendimiento". La ASALE, de la que forma parte la Real Academia Española, tiene su comisión permanente en Madrid. La capital española también es sede de la Real Academia Española y del Instituto Cervantes, también buques insignia[15] del castellano.

NOTAS

1. el auge: *l'essor*
2. la desventaja: *le désavantage, le handicap*
3. la baza: *l'atout*
4. alentador: *encourageant*
5. el declive: *le déclin*
6. el fomento: *la promotion, l'encouragement*
7. implementar: *mettre en œuvre*
8. expedir: *délivrer*
9. impartir = dar
10. la labor: *le travail*
11. acreditativo: *justificatif*
12. el contratiempo: *l'empêchement*
13. el reto = el desafío
14. girar: *tourner*
15. el buque insignia: *l'emblême*

MC 23 La lengua española en el mundo

LA LENGUA ESPAÑOLA EN EL MUNDO

- **Lengua oficial de 21 países**
  - **México, Colombia y España**
    - Países con más hispanohablantes
  - **Lengua oficial en América, Europa y África**
    - México / Colombia / España / Argentina / Venezuela / Perú / Chile / Guatemala / Ecuador / Cuba / Bolivia / República Dominicana / Honduras / El Salvador / Paraguay / Nicaragua / Costa Rica / Panamá / Puerto Rico / Uruguay / Guinea Ecuatorial
- **Número de hispanohablantes**
  - Lengua materna de 489 millones de personas
- **Segunda lengua de comunicación internacional**
  - 585 millones de hispanohablantes incluyendo a los usuarios que lo hablan como segundo idioma
- **Promoción de la lengua española**
  - **Asociación de Academias de la Lengua Española (ASALE)**
    - A nivel mundial mediante congresos
  - **El Instituto Cervantes**
    - Enseñanza del castellano a nivel internacional
  - **La Real Academia Española (RAE)**
    - Referencia universal para la lengua española
- **El español en Estados Unidos**
  - 43 millones de hispanohablantes
  - EE. UU. cuarto país con más hispanohablantes
- **22 millones de estudiantes del español como lengua extranjera**
  - **Turismo idiomático**
    - Un verdadero peso en la economía del país
    - Francia, Italia y Alemania son los 3 países que más estudiantes mandan a España
  - **España**
    - Líder en el mercado de la enseñanza del castellano
    - Primer destino de los estudiantes Erasmus

21 EL SISTEMA POLÍTICO

Datos generales (véase MC 24)

Tal y como reza[1] la Constitución de 1978, España es una monarquía parlamentaria. Se trata de un régimen parlamentario, cuyos poderes proceden del pueblo español. El candidato a presidente del Gobierno debe ser aprobado al menos por mayoría simple (más votos favorables que desfavorables –de manera general, 176 votos a favor) en el Congreso de los Diputados. El presidente elegido permanece en el cargo durante cuatro años, a no ser que se disuelvan las cámaras, dimita, anticipe las elecciones o fallezca[2]. Puede ser reelegido sin límite de mandatos. El presidente del Gobierno más longevo de la democracia fue el socialista Felipe González durante trece años y medio (véase cap. 5).

El rey (véase cap. 10) simboliza la unidad y la permanencia del Estado. Sanciona las leyes aprobadas por las Cortes Generales, es jefe de las Fuerzas Armadas y nombra al presidente del Gobierno, los ministros y los embajadores. Su función es esencialmente representativa y moderadora ya que sus poderes son simbólicos.

La Constitución descansa en varios pilares[3] básicos: la monarquía, el régimen parlamentario y el Estado descentralizado. Proclama la división de poderes: el poder ejecutivo ejercido por el presidente del Gobierno, el poder legislativo llevado a cabo por las Cortes (o sea el Parlamento) y el poder judicial compuesto de los jueces y tribunales.

Los símbolos del Estado, recogidos en la Constitución, son la bandera roja y amarilla, el escudo y el himno nacional que tiene como particularidad el no tener letra. Se conoce tradicionalmente con el nombre de "Marcha Granadera" o "Marcha Real española".

Organización

El poder ejecutivo: recae en[4] el presidente del Gobierno. Al Gobierno le incumbe la función ejecutiva, la iniciativa de la actuación legislativa y la elaboración del proyecto de los Presupuestos[5] generales del Estado. El Gobierno dirige la política interior y exterior, la administración civil y militar, así como la defensa del Estado. El Consejo de ministros, formado por el presidente, el vicepresidente o vicepresidentes y los ministros, es el órgano colegiado[6] del poder ejecutivo que suele reunirse cada semana. El Gobierno en 2020 está compuesto por el presidente del Gobierno (Pedro Sánchez), cuatro vicepresidentes (entre ellos Carmen Calvo) y veintidós ministros (once mujeres y once hombres).

El poder legislativo: las Cortes Generales se dividen en dos cámaras: la Cámara Baja (o sea el Congreso de los Diputados) y la Cámara Alta (es decir el Senado), ambas elegidas por sufragio universal por cuatro años. Las Cortes Generales no sólo ejercen funciones legislativas, sino que controlan al Ejecutivo y aprueban los presupuestos. El congreso se compone de 350 diputados elegidos por un período de cuatro años mediante la regla d'Hondt.

Regla d'Hondt: método utilizado para distribuir los escaños[7] del Congreso de los Diputados mediante un sistema proporcional y de listas cerradas. Se establece un mínimo del 3 % de votos en cada circunscripción para obtener un diputado. Así se pretende suavizar la irregular distribución geográfica española y evitar una excesiva fragmentación del Parlamento. Sin embargo, este método favorece a los partidos mayoritarios.

La moción de censura: al menos una décima parte de los diputados y un candidato a la Presidencia del Gobierno deben proponerla para que se ponga en marcha el proceso por el que se puede forzar la sustitución del presidente. Si es rechazada, el partido que la ha propuesto no puede presentar otra antes de la siguiente legislatura. Si el Congreso de los Diputados aprueba la moción de censura, el candidato queda automáticamente investido.

El Senado, que es la Cámara de representación territorial, tiene la potestad de vetar[8] o corregir los proyectos aprobados por el Congreso. Se constituye de 266 senadores: los ciudadanos eligen a 208 senadores, a los que se suman 58 designados por las comunidades autónomas (que cuentan con un senador por comunidad, más otro por cada millón de habitantes). Únicamente en un caso, el Senado puede actuar sin que el Congreso de los Diputados intervenga: como fue el caso de Cataluña en 2017 (➔ véase cap. 14) para la aplicación del artículo 155 de la Constitución.

La decisión del Senado tiene que ser aprobada por mayoría absoluta (o sea al menos 134 votos) y puede incluir condiciones y restricciones. En la práctica, una suspensión de la autonomía se llevaría a cabo por causas excepcionales. Está previsto para situaciones "extremas", en las que una comunidad incumple las obligaciones impuestas por la Carta Magna o las leyes "atentando gravemente al interés general de España". No basta con el mero[9] incumplimiento de las leyes. Se aplica el artículo 155 en el caso de un intento de secesión si afecta a la integridad territorial del Estado, y a los principios de unidad y soberanía nacional enunciados en la Carta Magna.

Artículo 155 de la Constitución de 1978
"Si una comunidad autónoma no cumpliere las obligaciones que la Constitución u otras leyes le impongan, o actuare de forma que atente gravemente al interés general de España, el Gobierno, previo requerimiento al presidente de la comunidad autónoma y, en el caso de no ser atendido, con la aprobación por mayoría absoluta del Senado, podrá adoptar las medidas necesarias para obligar a aquélla al cumplimiento forzoso de dichas obligaciones o para la protección del mencionado interés general."

El poder judicial: su misión consiste en administrar justicia en nombre del rey mediante la supervisión del Consejo General del Poder Judicial. Éste es un órgano constitucional compuesto de jueces y otros juristas, cuya meta es garantizar la independencia de los jueces en el ejercicio de sus funciones, del Tribunal Constitucional, que vela por la buena aplicación de las leyes en relación con la Carta Magna, así como del Tribunal Supremo (superior en todos los órdenes, excepto en materia de garantías y derechos constitucionales, cuya competencia corresponde al Tribunal Constitucional). Éste se compone de doce miembros nombrados (por 9 años) por el rey a propuesta del Congreso de los Diputados, del Senado, del Gobierno de la Nación y del Consejo General del Poder judicial. Su papel consiste en controlar la constitucionalidad de las leyes, resolver los conflictos de competencias entre el Estado y las comunidades autónomas (o de las CC. AA. entre sí) entre otras misiones.

Particularidades

- Existen dos instituciones que dependen directamente de las Cortes Generales y cuya misión es controlar al Gobierno. Se trata del Tribunal de Cuentas, que controla la actividad económica y financiera del sector público a nivel nacional, autonómico y local, así como la contabilidad de los partidos políticos, y del defensor del pueblo (elegido por las Cortes Generales para un periodo de 5 años), que garantiza la defensa y la protección de los derechos fundamentales. Su nombramiento depende mucho de los partidos políticos, lo que a veces representa un problema, ya que pueden existir conflictos de intereses.
- Cada comunidad tiene su propio Gobierno, Parlamento, Tribunal Superior de Justicia y su defensor del pueblo.
- José Luis Rodríguez Zapatero fue el primero en instaurar una paridad en el Gobierno, que se componía de 8 mujeres y 8 hombres.
- Durante la XI Legislatura, permaneció en funciones[10] Mariano Rajoy así como el último gabinete de la X Legislatura al no alcanzarse un acuerdo para investir a ninguno de los candidatos.
- De las cinco mociones de censura propuestas desde la vuelta a la democracia, cuatro fueron rechazadas. La única en prosperar fue presentada en 2018 por Pedro Sánchez (PSOE) en contra de Mariano Rajoy, lo que acarreó su destitución y la investidura de Pedro Sánchez. La última moción de censura fallida fue llevada a cabo por Vox contra Pedro Sánchez y celebrada el 22 de octubre de 2020 (➲ véase cap. 9).
- Aplicación del artículo 155: en octubre de 2017, a raíz del referéndum ilegal del 1 de octubre de 2017, el Gobierno decidió aplicar el artículo 155 para restaurar la legalidad en Cataluña, celebrar elecciones con normalidad y asegurar los derechos y las libertades de todos los catalanes. Siendo el PP mayoritario en el Senado, el voto se aprobó sin sorpresa alguna –pero también apoyaron esta aplicación el PSOE y C's. En 1989, a Canarias casi se lo imponen por motivo de rebelión fiscal.

Los partidos políticos

El artículo 6 de la Constitución española establece el pluralismo político que se caracteriza por la existencia de partidos regionales y nacionalistas, reflejo del sistema autonómico y la organización territorial del Estado. Desde el retorno a la democracia y las primeras elecciones democráticas, lo que caracterizó el tablero[11] político español fue el bipartidismo, o sea la alternancia entre dos partidos (el Partido Popular y el PSOE), cualesquiera que fueran los comicios (nacionales, regionales, municipales). Sin embargo, en 2014, irrumpió el partido de izquierda radical Podemos que, junto al partido de centroderecha Ciudadanos (creado en 2006), modificó el panorama político español. La prensa no dejó de hablar del final del bipartidismo tras la llegada a la escena política de estos otros dos partidos. En realidad, no impidieron que fuera reelegido el PP pero sí contribuyeron al bloqueo político de casi un año que provocó una verdadera crisis institucional en el país y tensiones políticas en el PSOE, gran perdedor del bipartidismo. Sin embargo, hicieron que el Partido Popular perdiera la mayoría absoluta en el Congreso, lo que le obligó a entablar[12] el diálogo con las demás formaciones políticas (ya era el caso en el pasado, pero con partidos autonómicos independentistas). En 2017, en el Congreso de los Diputados estaban presentes: el Partido Popular (con 134 diputados), el Partido Socialista Obrero Español (con 84 diputados); la coalición Unidos Podemos-En Comú Podem-En Marea (con 67 diputados); el partido Ciudadanos (con 32 diputados);

el partido Esquerra Republicana (con 9 diputados); el grupo parlamentario Vasco-EAJ-PNV (con 5 diputados) y el Grupo Mixto (con 19 diputados). En 2020, después de las elecciones del 10 de noviembre de 2019, el tablero político cambió bastante. De hecho, el PSOE (con 120 diputados) pasó por delante del PP (con 89 diputados), ambos seguidos del partido ultraderechista Vox (con 52 diputados) y Unidas Podemos (con 35 diputados). El surgimiento de la formación de ultraderecha en el Congreso marcó un hito[13] en la historia política del país y el derrumbe[14] de Ciudadanos provocó la dimisión de su líder y fundador Albert Rivera.

Se denomina **Grupo Mixto** a un grupo parlamentario formado por los diputados que no cumplen los requisitos para formar un grupo parlamentario propio o los parlamentarios que hayan dimitido o sido expulsados de su partido. Fue el caso de Rita Barberá, que conservó su escaño en el Senado después de darse de baja en el PP por su implicación en un caso de corrupción.

Partidos de ámbito nacional

El PSOE: el Partido Socialista Obrero Español fue fundado en 1879 por Pablo Iglesias Possé (que no se debe confundir con Pablo Iglesias Turrión, líder de Podemos) y durante un siglo se definió como un partido de clase obrera, socialista y marxista. Durante la dictadura franquista fue ilegalizado (como el Partido Comunista Español). En 1979, rechazó el marxismo como definición ideológica y se convirtió en uno de los dos partidos políticos mayoritarios de España. En 2020, lo preside Cristina Narbona y su líder es el secretario general del partido, Pedro Sánchez, jefe del Gobierno desde junio de 2018.

El PP: el Partido Popular es un partido político conservador español que en el espectro político se sitúa en la derecha. Fue creado en 1989, cuando sustituyó al partido Alianza popular, fundado en 1976 por algunos franquistas. Se trata de uno de los partidos mayoritarios de España con el PSOE. Hasta la moción de censura de 2018, el PP tenía mayoría simple en el Congreso de los Diputados, mayoría absoluta en el Senado y gobernaba en cinco comunidades autónomas, así como en Ceuta y Melilla.

Ciudadanos: fue fundado en 2006 en Barcelona (con el nombre de *Ciutadans*) pero tuvo que esperar ocho años para alcanzar presencia a nivel nacional. En las elecciones del 20-D, se convirtió en la cuarta fuerza política del país por detrás del PP, del PSOE y de Podemos. Obtuvo un 13 % de los votos en las elecciones del 26 de junio de 2016. En las elecciones catalanas anticipadas del 21 de diciembre de 2017, Ciudadanos fue la fuerza política más votada y en febrero de 2018, una encuesta de Metroscopia situaba a Ciudadanos como partido más votado si hubiera elecciones generales. En los comicios del 28 de abril de 2019, fue la tercera fuerza más votada con 57 diputados. Sin embargo, en los comicios del 10 de noviembre del mismo año se desplomó[15] esta fuerza política al obtener sólo 10 diputados, acarreando así la dimisión de su líder Albert Rivera, sustituido por Inés Arrimadas.

Vox: es un partido de extrema derecha creado en diciembre de 2013 y cuyo presidente es Santiago Abascal. Esta formación política aguardó[16] cinco años para cobrar protagonismo en la arena política española: primero a nivel autonómico en las elecciones parlamentarias celebradas en Andalucía el 2 de diciembre de 2018 con 12 diputados y luego a escala nacional con su irrupción en el Congreso de los Diputados en las generales del 28 de abril de 2019 (con 24 diputados) y las del 10 de noviembre (con 52 diputados) en las que se convirtió en la tercera fuerza política.

Podemos: nació el 17 de enero de 2014, a raíz del movimiento de los Indignados de 2011 (conocido como el 15-M). Es un partido de izquierda radical anticapitalista liderado por Pablo Iglesias Turrión. Cuatro meses después de su creación, Podemos logró cinco escaños en el Parlamento Europeo. El partido, solo o en coalición, alcanzó el 20 % de los votos en las elecciones generales del 20 de diciembre de 2015. Para las elecciones generales del 26 de junio de 2016, se alió con el partido Izquierda Unida y formó la coalición Unidas Podemos que llegó en tercera posición.

El color de los partidos

Los partidos políticos suelen elegir colores para representarles y conectar con el electorado. En el tablero político español, los colores más representativos son: el rojo para el PSOE, el azul para el PP, el verde para Vox, el morado para Unidas Podemos y el naranja para Ciudadanos. Unidas Podemos escogió el morado para representar su afán republicano ya que este color era el de la República española (➔ véase cap. 1)

Partidos de corte nacionalista

ERC: *Esquerra republicana de Catalunya* nació en Barcelona en 1931 y desempeñó un papel relevante en la política catalana durante la Segunda República, la dictadura de Franco y la Transición. Es presidido por Oriol Junqueras y es un partido independentista de izquierda que aboga por[17] el republicanismo y el nacionalismo catalán. ERC formó parte de la coalición *Junts pel Sí*, elaborada para las elecciones al parlamento de Cataluña de 2015.

PDeCAT: el Partido Demócrata Europeo Catalán es un partido de ideología independentista creado en julio de 2016 para suceder a Convergencia democrática de Cataluña (que participó en la coalición *Junts pel Sí*). Su presidente es David Bonvehí, cercano a Carles Puigdemont.

PNV: el Partido Nacionalista Vasco se fundó en 1895 y se sitúa en el espectro de la centroderecha. Su área de actuación se ubica en el País Vasco y Navarra. Este partido siempre condenó los actos terroristas de ETA.

La CUP: la *Candidatura d'Unitat Popular* es un partido de izquierda radical anticapitalista que emergió oficialmente en 1987 y que lucha por la independencia de Cataluña y la creación de los "Países Catalanes" (*Països Catalans*). Se dio a conocer en las elecciones al Parlamento catalán (*Parlament*) de 2015, cuando obtuvo 10 escaños que le permitieron tener un peso en la vida política catalana, ya que Artur Mas, con 62 escaños no había alcanzado la mayoría absoluta. Estos diez escaños de la CUP iban a serle fatales a Artur Mas porque la CUP no quería aprobarle como *president de la Generalitat*. La CUP aceptó la candidatura de Carles Puigdemont, que anunció que Cataluña sería independiente en 2017.

Peculiaridades regionales

Cataluña, el País Vasco, Galicia y Andalucía tienen un calendario electoral propio a diferencia de todas las autonomías regidas por el Estado. Las últimas elecciones autonómicas en Andalucía se celebraron el 2 de diciembre de 2018, en Galicia y el País Vasco el 12 de julio de 2020 y en Cataluña el 21 de diciembre de 2017 (a raíz de la aplicación del artículo 155, Mariano Rajoy convocó elecciones anticipadas) (➔ véase cap. 14). Se celebraron elecciones en dicha autonomía el 14 de febrero de 2021.

Tradicionalmente a la izquierda desde el retorno a la democracia	Tradicionalmente a la derecha desde la vuelta a la democracia
Andalucía (pero desde diciembre de 2018, pasó a manos de la derecha) Asturias Castilla-la Mancha Extremadura	Castilla y León Ceuta y Melilla Galicia Madrid Murcia

Comunidades indecisas que optaron por la alternancia
Aragón (es como Ohio en EE. UU.: el partido más votado en Aragón es también el más votado a nivel nacional; los resultados en Aragón anuncian los resultados nacionales de las elecciones generales).
Baleares: desde 1999, alternan el PSOE y el PP.
Cantabria: el PRC dirige hoy Cantabria con el respaldo de los socialistas.
Navarra (pero hoy son los nacionalistas de izquierda quienes gobiernan con el apoyo de Podemos). UPN ha dirigido muchas veces Navarra con la ayuda del PP.
Valencia

Casos particulares con dominación de partidos independentistas o regionalistas	
Canarias	Coalición Canaria, partido regionalista de centroderecha que a menudo gobernó aliándose con la izquierda.
Cataluña	Tradición independentista (alternancia entre derecha e izquierda, pero dominó la derecha). Sobrerrepresentación de las provincias rurales más independentistas debido a la ley electoral por la que 1 voto en Lérida vale por 2,3 votos en Barcelona. Significa que, para tener 1 escaño en Lérida, se necesitan 20.000 votos mientras que en Barcelona se necesitan 46.000.
País Vasco	Dominación del PNV (centroderecha) con una excepción entre 2009 y 2012, con la elección de Patxi López del PSOE.

A veces, a raíz de las elecciones generales los partidos nacionalistas tuvieron un peso decisivo en la formación de las mayorías parlamentarias a pesar de ser una fuerza residual. Apoyaron al partido mayoritario o se abstuvieron a cambio de concesiones y ventajas.

Felipe González	En 1993, CiU (con Jordi Pujol) apoyó a los socialistas para que formaran un gobierno.
José María Aznar	En 1996, el PP fue respaldado por CiU. Esta alianza se conoce como el pacto del Majestic, por lo que Aznar fue elegido con los votos de CiU, además de los del PNV y CC.
José Luis Rodríguez Zapatero	En 2004 y 2008, los socialistas recibieron el apoyo de ERC.
Pedro Sánchez	En de enero de 2020, ERC se abstuvo permitiendo así la investidura de Pedro Sánchez.

NOTAS

1. rezar = decir (en este contexto)
2. fallecer = morir
3. el pilar: *le pilier*
4. recaer en: *revenir à*
5. el presupuesto: *le budget*
6. colegiado: *constitué en collège*
7. el escaño: *le siège (des députés)*
8. vetar = prohibir: *interdire*
9. mero = simple
10. el gobierno en funciones: *le gouvernement par interim*
11. el tablero político: *l'échiquier politique*
12. entablar: *entamer, engager*
13. un hito: *un fait marquant*
14. el derrumbe: *l'effondrement*
15. desplomarse: *s'effondrer*
16. aguardar = esperar
17. abogar por: *plaider en faveur de*

MC 24 El sistema político español

EL SISTEMA POLÍTICO

- **Monarquía parlamentaria**
  - **El rey Felipe VI (desde el 19 de junio de 2014)**
    - Jefe del Estado
    - Jefe de las Fuerzas Armadas
    - Encarna la unidad del país y simboliza la permanencia del Estado
  - **El presidente del Gobierno Pedro Sánchez desde el 2 de junio de 2018**
    - Aprobado al menos por mayoría simple (176 votos)
    - Mandato de 4 años, sin límite para ser reelegido
  - **Constitución española de 1978**
    - Ratificada por referéndum (6 de diciembre)
    - Sancionada por el rey (27 de diciembre)
    - En vigor desde el 29 de diciembre de 1978
- **Organización**
  - **ESTADO DESCENTRALIZADO**
    - Cada comunidad tiene su propio Gobierno, Parlamento, Tribunal Superior de Justicia y defensor del pueblo
  - **El poder ejecutivo**
    - El presidente del Gobierno
  - **El poder legislativo**
    - **Las Cortes Generales**
      - Funciones legislativas, aprobación de los presupuestos y control del Ejecutivo
      - El Tribunal de Cuentas y el defensor del pueblo dependen de las Cortes Generales
    - La Cámara Alta: El Senado
    - La Cámara Baja: El Congreso
  - **El poder judicial**
    - El Tribunal Supremo
    - El Tribunal Constitucional
- **Partidos de corte nacionalista**
  - **Cataluña**
    - ERC
    - Cat Comú
    - CUP
    - PSC
  - **El País Vasco**
    - PNV
  - **Galicia**
    - BNG
- **Partidos de ámbito nacional**
  - **Partido Socialista Obrero Español (PSOE)**
    - Fundado en 1879
  - **Partido Popular (PP)**
    - Creado en 1989
  - **Ciudadanos (C's)**
    - Formado en 2006
  - **Vox**
    - Creación en diciembre de 2013
  - **Podemos**
    - Creación en 2014
- **Pluralismo político**
  - **BIPARTIDISMO**
    - Desde 1982 a 2015
  - **MULTIPARTIDISMO**
    - A partir de 2015

LA MEMORIA HISTÓRICA 22

Hablar de memoria histórica en España viene a abrir las heridas de un pasado doloroso para unos, reconocer la Guerra Civil (véase cap. 2) y la dictadura franquista (véase cap. 3) para otros con el propósito de que no vuelva a ocurrir nunca más. Se cerró el capítulo de la represión tras la muerte del general y dictador Francisco Franco y con la Ley de Amnistía promulgada el 15 de octubre de 1977, en plena transición a la democracia (véase cap. 4). Su objetivo era eliminar algunos efectos jurídicos que pudieran peligrar la consolidación del nuevo régimen; por eso se prohibió juzgar a criminales acusados de delitos de lesa humanidad[1] como genocidio y desapariciones forzosas.

Antecedentes de la Ley de Memoria Histórica

En 2000, se fundó la Asociación para la Recuperación de la Memoria Histórica (ARMH), que permitió la exhumación de 500 de los 30.000 cuerpos echados a las fosas comunes.

El 19 de noviembre de 2002, el País Vasco votó un decreto sobre la compensación de los que sufrieron privación de libertad por la Ley de Amnistía que seguía vigente desde 1977. Al día siguiente, las Cortes votaron la Ley Memorial que condenaba el levantamiento de Franco en 1936 y reconocía moralmente a las víctimas del franquismo proponiendo una ayuda financiera para las búsquedas de fosas comunes.

En abril de 2004, llegó al poder el candidato del PSOE, José Luis Rodríguez Zapatero, nieto[2] de militar fusilado en 1936 por las tropas nacionales, por lo que se aceleraron los trámites[3]. De hecho, el 10 de septiembre se creó un Comité interministerial destinado a rehabilitar moral y jurídicamente a las víctimas de la Guerra Civil y la dictadura. En noviembre, el ayuntamiento de Madrid propuso eliminar de la vía pública y de los edificios de la ciudad cualquier tipo de símbolo vinculado a la dictadura. Se señalaron 167 calles, plazas y barrios con nombres de personas o momentos históricos asociados a aquel periodo, pero esta propuesta fue rechazada[4].

En marzo de 2005, se retiró la estatua ecuestre de Franco que estaba situada frente a la entrada del Ministerio de Medio Ambiente, en Madrid. A pesar de que el evento[5] se efectuó con pacifismo, no impidió que tanto republicanos como nostálgicos de la dictadura se encontraran frente al derrumbe[6] de la estatua. En octubre, el pleno del ayuntamiento de Chinchón, pueblo de la comunidad de Madrid, aprobó la sustitución de los nombres de diversas calles y barrios del pueblo con referencias a la dictadura franquista.

En 2006, el Consejo de Europa reconoció por primera vez internacionalmente a los hijos de las prisioneras republicanas cuyos apellidos fueron modificados, una vez entregados a familias afines[7] al Gobierno franquista.

Las disposiciones de la Ley de Memoria Histórica

Treinta años después de dicha Ley de Amnistía, el Gobierno de José Luis Rodríguez Zapatero aprobó la Ley de Memoria Histórica (LMH), el 26 de diciembre de 2007, pero sin mencionar antes tal proyecto en su programa electoral ni en su discurso de investidura, lo que sorprendió sobremanera[8]. De hecho, se podía pensar que la Ley de Memoria Histórica sería bien acogida por la *Esquerra Republicana de Catalunya*. Sin embargo, fue todo lo contrario ya que ésta lamentó que el PSOE retrasara tanto la ley de recuperación de la memoria histórica prometida en 2004 para finalmente presentar sus propias proposiciones de ley en noviembre de 2005.

Con esta Ley de Memoria Histórica, se reconoció a todas las víctimas de la Guerra Civil (1936-1939) y la dictadura del general Francisco Franco (1939-1975). También se ampliaron derechos y se establecieron medidas a favor de quienes padecieron persecución o violencia durante la Guerra Civil y la dictadura. Reconociendo así un derecho individual a la memoria personal y familiar de cada ciudadano, se pretendía profundizar en el espíritu del reencuentro y de la concordia de la Transición, pues no eran estos ciudadanos los únicos en ser reconocidos y honrados sino también la democracia española en su conjunto.

> Se edificó la **Basílica del Valle de los Caídos** entre 1940 y 1958, a petición del propio jefe del Estado de entonces, Francisco Franco, por unos decretos de abril de 1939 y abril de 1940. Consta de una cruz de 130 metros de altura. El Valle de los Caídos fue un monumento para inmortalizar su victoria. Es, además, la mayor fosa común de España, porque de esos casi 34.000 enterrados, 12.410 corresponden a restos sin identificar, y entre los 491 traslados desde fosas y cementerios (entre 1959 hasta 1983) figuran los cuerpos de republicanos que fueron enterrados, sin el consentimiento familiar, junto a su verdugo.

Respecto al artículo 16 de la LMH sobre el Valle de los Caídos, situado en la comunidad de Madrid, se precisó que "en ningún lugar del recinto podrán llevarse a cabo actos de naturaleza política ni exaltadores de la Guerra Civil, de sus protagonistas o del franquismo". En 2011, el informe de expertos realizado por el Gobierno de José Luis Rodríguez Zapatero especificaba que el Valle de los Caídos debía "dejar de ser un lugar de memoria franquista y nacionalcatólico para reconvertirlo en un espacio para la cultura de la reconciliación de la memoria colectiva democrática y de dignificación y reconocimiento de las víctimas de la Guerra Civil y la dictadura". Como consecuencia, la Justicia no pudo rechazar demandas de revisión de juicios invocando las leyes de la dictadura, como solía suceder desde la Ley de Amnistía de 1977. Las víctimas del franquismo y sus familiares recibieron una ayuda suplementaria con respecto a las subvenciones ya existentes. Se retiraron escudos, placas y menciones conmemorativas del levantamiento militar, de la Guerra Civil y de la dictadura de los edificios y espacios públicos, pero no de los templos o iglesias. Por último, se concedió la nacionalidad española no sólo a los brigadistas internacionales sino también a los hijos de exiliados sin que deban renunciar a la suya.

Críticas ante la Ley de Memoria Histórica

Por todas sus disposiciones, la LMH tenía que haber producido efectos casi inmediatos, pero se chocó con ideas contrarias. El 14 de diciembre de 2006, asociaciones memorialistas denunciaron ante la Audiencia Nacional las numerosas desapariciones forzadas o involuntarias por lo que calificaron la Ley de Memoria Histórica de incompleta. La ONU consideró positiva la Ley de Memoria Histórica de 2007, pero emitió algunas críticas:

1. Remoción de símbolos franquistas

Aunque la mayoría de los símbolos y monumentos franquistas ya fue retirada, siguen existiendo calles y edificios, placas conmemorativas e insignias que ensalzan a altos cargos y funcionarios franquistas.

2. Valle de los Caídos

El sitio, construido con el trabajo forzoso de miles de presos políticos bajo condiciones inaceptables, constituye en sí la exaltación del franquismo. Falta información sobre José Antonio Primo de Rivera y la razón por la que fueron enterrados allí, él y Franco, sin ser víctimas de la Guerra Civil. Se impone una "resignificación" del lugar y sugiere la retirada del cuerpo del general Franco.

3. Educación deficiente

Pese a las reformas educativas de 1990 y 2006, los libros de texto hacen referencias sólo globales al pasado, manteniendo la idea de una responsabilidad simétrica en lugar de destacar los abusos y la violencia del régimen. La mayoría de los españoles aprendieron que la Guerra Civil fue "un conflicto entre dos Españas" y que se estableció la política del "borrón y cuenta nueva" tras la Ley de Amnistía de 1977.

4. Policías, militares y jueces poco formados

Los miembros de la Policía, la Guardia Civil, las Fuerzas Armadas y los jueces no reciben suficiente formación sobre las graves violaciones a los derechos humanos cometidas durante el franquismo ni sobre la responsabilidad que pudieron tener esos cuerpos.

5. Falta de información

La Ley de Memoria de 2007 no ha solucionado la falta de información por lo que se requiere una Comisión de la Verdad donde se darían censos oficiales de víctimas de la Guerra Civil y la dictadura. Nunca se abordaron temas como los trabajos forzosos de presos, las muertes en bombardeos, los niños robados o la participación o complicidad de empresas privadas en la violación de los derechos humanos.

6. Acceso restringido a los documentos

El Centro Documental de la Memoria Histórica de Salamanca está bien documentado, pero pocos archivos son de acceso libre. Muchos permanecen clasificados invocando riesgos a la seguridad nacional sin dar los motivos. Ni siquiera la Ley de Transparencia aprobada bajo el Gobierno de Mariano Rajoy abordó los huecos[9] legales que generan este problema.

7. Exhumaciones "privatizadas"

Las exhumaciones e identificaciones de los restos acabaron siendo asunto de familiares y asociaciones. El desapego[10] del Estado en este asunto desde 2011 conlleva poca participación de las autoridades judiciales. De ahí la ausencia de registros oficiales sobre lo que encierran unas 2.382 fosas que contendrían más de 45.000 restos de personas.

8. El obstáculo de la Ley de Amnistía

España suscribió compromisos internacionales como el Pacto Internacional de Derechos Civiles y Políticos ratificado meses antes de aprobar la Ley de Amnistía el 15 de octubre de 1977 que resultó ser el mayor obstáculo en la búsqueda de justicia. Los casos se archivan pues sin que los jueces siquiera conozcan los hechos.

9. Jurisdicción universal

España fue pionera en la aplicación de la jurisdicción universal, y particularmente en las causas contra el dictador chileno Augusto Pinochet y el militar argentino Adolfo Scilingo por crímenes de lesa humanidad. No obstante, las reformas de 2009 y 2014 limitan la investigación de crímenes internacionales por los juzgados españoles y algunos jueces se resisten a cerrar las causas invocando estándares internacionales.

10. Víctimas "de segunda categoría"

La LMH parece privilegiar a las víctimas del golpe de Estado, de la Guerra Civil y de la dictadura franquista cuando existen en España más víctimas debidas a otras circunstancias, por ejemplo, víctimas del terrorismo (véase cap. 27). Se aconseja incluir a todas las categorías de víctimas dentro del anteproyecto de Ley a las Víctimas.

En el año 2008, el juez Baltasar Garzón desató polémica al evocar a los niños perdidos de la dictadura franquista. Consideró como crimen de lesa humanidad aquella detención ilegal con desaparición forzada de personas y arrebatamiento de menores a sus padres. Con más de 143.300 desaparecidos, sin contabilizar a los niños perdidos ni a los desaparecidos en combate, España resulta ser el segundo país del mundo en cifras absolutas de desaparecidos, por detrás de Camboya, bajo el régimen comunista del dictador Pol Pot. Antes de las investigaciones del juez Garzón, se estimaba en 30.000 el número de desaparecidos en España durante la Guerra Civil y bajo la dictadura. Pudiendo estar aún vivas muchas víctimas, tanto hijos como padres, el magistrado les pidió a las instituciones, al Ministerio Fiscal y a los jueces que investigaran y sancionaran a los culpables, pero también que ofrecieran una reparación a las víctimas, de manera que éstas pudieran recuperar la identidad usurpada. Hasta el juez hizo mención de más de 30.000 niños robados por la dictadura franquista para ser entregados[11] a familias vinculadas con el Gobierno franquista. El informe no precisaba que esos niños podían haber sido adoptados por otras familias suponiendo así un cambio de apellidos.

> La inhabilitación del juez **Baltasar Garzón** en febrero de 2012 acusado de prevaricación[12], en un dictamen en el que se consideró que sus actuaciones habían sido arbitrarias y por encima de la ley, puso en entredicho[13] la continuación de diligencias[14] contra la dictadura.
>
> El mismo año, el ministro de Justicia, Alberto Ruiz-Gallardón anunció la creación de un servicio de atención para los afectados por el caso de niños robados en los que se incluía la elaboración de un censo[15] de posibles casos. La ONU le reclamó repetidas veces a España que investigara tanto los crímenes del franquismo como los desaparecidos de la dictadura.

En septiembre de 2009, en el Congreso de los Diputados, el grupo del Partido socialista obrero español, en proposición de ley, instó[16] al gobierno a identificar los restos de los republicanos enterrados en el Valle de los Caídos. Estos restos fueron exhumados y trasladados en el pasado sin que los familiares lo supieran por lo que éstos siguieron llorándolos allí donde inicialmente fueron enterrados. El grupo socialista pidió el reconocimiento de esas víctimas y recordó la responsabilidad del Estado al estar enterradas en suelo del Patrimonio del Estado. La misma proposición de ley insistió para que en el plazo de seis meses el Gobierno se pusiera en contacto con los familiares de las víctimas, les comunicara el actual paradero de sus allegados y les diera la posibilidad de decidir sobre el destino final de sus restos. La propuesta, a iniciativa de ICV-IU-ERC[17] y de *Nafarroa Bai*[18], fue aprobada el 30 de noviembre con la única oposición del PP que opinó que no se consideraba la Ley de Protección de Datos ni las competencias de la comunidad autónoma de Madrid.

De hecho, con el cambio de legislatura, tras la elección de Mariano Rajoy a la cabeza del Gobierno, la Ley de Memoria Histórica quedó paralizada. La financiación de dicha ley fue reducida en un 60 % en 2012, pero luego quedó sin dotación presupuestaria para su aplicación para 2013 y 2014. El PP criticó esta ley que, según él, abría nuevamente las heridas del pasado. Durante su mandato, no manifestó ningún deseo de actualizarla o enmendarla[19]. No es extraño dado el propio proyecto "alternativo" de memoria histórica del PP. En noviembre de 2012, el ministro de Justicia español de entonces, Alberto Ruiz-Gallardón, contempló una reforma del Código Civil que permitiera a los descendientes de los sefardíes expulsados de España en 1492 obtener el pasaporte español sin renunciar a su nacionalidad de origen. Esta propuesta tuvo buena acogida entre los miembros del PP. Hubo varias lecturas: la ley fue considerada como un llamado a reactivar la economía española, todavía en crisis, con una comunidad de renombre en el comercio y la banca. También pudo ser una forma de contentar a Israel después de que España apoyara a los palestinos en su aspiración a formar parte de la Organización de Naciones Unidas. En todo caso la ley tuvo un propósito económico o político.

Cumplimiento de la LMH por las distintas comunidades autónomas

Pese a que la LMH quedara en poca cosa, algunos ayuntamientos llevaron a cabo sus propias acciones a favor de la recuperación de la memoria.

Cambio de nombres de calles y plazas

En noviembre de 2013, se propuso a la Asamblea de Madrid que requiriera a las administraciones competentes la retirada de la simbología franquista en el callejero, en monumentos, placas conmemorativas, denominaciones de centros y servicios públicos. El alcalde de Beade (Galicia) retiró la abundante simbología del franquismo que presidía su despacho oficial en el ayuntamiento. Se levantó un monumento en La Fatarella (Cataluña) en homenaje a la XV Brigada del ejército republicano. En enero de 2014, el ayuntamiento de Aspe (Comunidad Valenciana) retiró de su basílica el monumento franquista y borró[20] de la fachada del templo las alusiones a los fallecidos nacionales durante la guerra. En febrero de 2014, el ayuntamiento de Brunete (Madrid) aprobó proceder a la retirada de los elementos de simbología franquista. En Valencia, en septiembre de 2017, se dedicó una avenida al héroe olvidado de París, Amado Granell, militar republicano y primer oficial aliado en liberar la capital francesa de la ocupación alemana. El ayuntamiento borró de su callejero símbolos del franquismo y se reconcilió con su pasado republicano al volver a nombrar cincuenta y una vías públicas.

En Filipinas, el 12 de junio de 2017, con ocasión del aniversario de su declaración de independencia respecto de España en 1898, el abogado Eduardo Ranz les escribió al Ministerio español de Asuntos Exteriores, a la embajada nacional en Filipinas y también a la sede diplomática del país asiático en Madrid para pedirle al Ejecutivo de Rajoy que luchara por aplicar la ley de la Memoria Histórica en Filipinas y solicitara el cambio de nombre de estas calles. Resulta extraño que la avenida Primo de Rivera, arteria principal, se cruce aún hoy con varios de los generales que dieron el golpe a la República española: Aranda, Dávila, Mola y Yagüe. También el abogado trasladó su reivindicación hasta Manila, por si el Estado filipino decidiera actuar por su cuenta. En este país, lo único que queda de España no es el idioma español, sino las calles franquistas.

Retirada de placas

En febrero de 2017, el ayuntamiento de Barcelona inició la retirada de placas colocadas por el franquismo en edificios de la ciudad, que destacan por incluir el yugo y las flechas, el emblema de la Falange. En junio, el ayuntamiento de Salamanca, para cumplir la Ley de Memoria Histórica, se comprometió a quitar el busto del dictador que estaba en la Plaza Mayor de la ciudad.

Ejemplos de construcciones conmemorativas

En diciembre de 2013, el ayuntamiento de Cazalla de la Sierra enterró a 109 víctimas del franquismo en un mausoleo. Un mes después, se construyó en Málaga (Andalucía) la fosa más grande de España: un panteón o mausoleo para los restos de los fusilados durante la Guerra Civil y la represión franquista. El municipio de Mahón (en Menorca, una de las islas Baleares) anunció la construcción de un monumento memorial a 75 víctimas del Ejército Popular de la República durante la Guerra Civil española. En febrero de 2014, el municipio de San Sebastián (País Vasco) anunció la colocación frente al Palacio Goikoa de una nueva escultura en memoria de las víctimas del franquismo. En Salamanca, en junio de 2017, se creó el Centro Documental de la Memoria Histórica que recoge datos, testimonios y demás.

Nacionalidad española

En abril de 2017, la propuesta de ley conocida como "nueva ley para nietos de españoles" contempla que podrían conseguir la nacionalidad española los hijos mayores de edad de quienes obtuvieron la nacionalidad de origen por la llamada Ley de la Memoria Histórica. También tendrían derecho a la nacionalidad española los nietos de españoles de origen, nacidos en España y casados con un no español antes de la entrada en vigor de la Constitución Española de 1978. Por último, quedan contemplados también los nietos de español nacionalizado en el país de acogida[21] por cuestiones económicas antes del nacimiento de su hijo y los nietos de español que, habiendo ostentado la nacionalidad, la han perdido por no ratificar su deseo de conservarla al cumplir su mayoría de edad. Sin embargo, es imposible saber si la ley entrará en vigor ya que la propuesta no ha sido aprobada por el Congreso de los Diputados.

Campañas o leyes

En febrero de 2014, también se iniciaron campañas para colocar placas antifranquistas en las construcciones con simbología franquista de dictadura, por ejemplo, en Amoeiro (Galicia).

El 28 de marzo de 2017, en Andalucía, la Ley de Memoria Histórica y Democrática procuró ir más allá de la LMH llevando acciones concretas con la retirada de los nombres de calles, plazas u otros lugares y su sustitución por otros nombres desprovistos de cualquier tipo de exaltación a la Guerra Civil y a la dictadura de Franco. Sólo en Andalucía, con 54.000 desaparecidos en fosas comunes, existen más desaparecidos que sumando los crímenes de desaparición forzada de personas perpetrados en Chile, Argentina, Perú y Guatemala.

En agosto de 2017, en España una agencia de publicidad se encargó de recordarlo todo. Partiendo de que la amnesia es sinónima de cobardía o de muerte, confortable virtud de la inanidad, afirma que la memoria es emancipación, identidad y perspectiva, aunque duela y agote. El 30 de agosto –Día Internacional de las Víctimas de Desapariciones forzadas–, Amnistía Internacional presentó una campaña intelectualizada para buscar empatía con las víctimas de la Guerra Civil y del franquismo. Bajo el lema "Nada es igual si alguien desaparece", los creativos quitaron a los personajes de las series famosas –desde *Chanquete* hasta *Los Simpsons* pasando por *Cuéntame*–, dejando sólo una línea discontinua que cercaba[22] sus figuras ausentes. Esta acción forma parte de un proyecto más amplio, que empezó a finales de 2016 "Justicia por Navidad", también creado a petición de la misma ONG.

El Valle de los Caídos y la exhumación de Franco: el cuento de nunca acabar

En 2015, con ocasión del 40 aniversario de la muerte de Franco, el 20 de noviembre de 1975, los abogados Manuel Ollé y Eduardo Ranz le pidieron al Gobierno la reconversión del Valle de los Caídos en un Espacio de Memoria, el traslado de los restos de Francisco Franco y José Antonio Primo de Rivera y que el Estado pidiera perdón a las víctimas de la Guerra Civil y la dictadura y a sus familiares. Reclamaron también al Ejecutivo la supresión de la simbología franquista y de los actos conmemorativos practicados en el propio Valle de los Caídos. Además, solicitaron la exhumación e identificación de los restos de las víctimas enterrados en la Basílica. En febrero de 2017, el Supremo rechazó el recurso del juez Baltasar Garzón que pedía sacar los cuerpos de Franco y Primo de Rivera del Valle de los Caídos y trasladarlos a otro lugar. En mayo de 2017, el Congreso aprobó, por 198 votos a favor frente a 140 abstenciones y sólo uno en contra (una diputada del PP que se equivocó), una proposición no de ley para instar al Gobierno a que procediera a la exhumación de los restos del dictador Francisco Franco y su retirada del Valle de los Caídos.

El 18 de junio de 2018, el Gobierno de Sánchez confirmó esta decisión y empezó a estudiar cómo exhumar los restos del dictador del sitio que él mismo ordenó construir. Entre el 24 de agosto y el 13 de septiembre el Congreso aprobó el real decreto que modificaba la Ley de Memoria Histórica, pero se enfrentó a la oposición firme de la familia Franco en cuanto a la exhumación de los restos del Valle de los Caídos. El documento preveía la resignificación del Valle de los Caídos como lugar de reconciliación y el Ejecutivo de Sánchez estableció un plazo de 15 días a la familia Franco para que designara un nuevo lugar de sepultura. El 28 de septiembre, la familia del dictador rechazó el traslado y pidió que los restos fueran sepultados en la catedral de La Almudena, en pleno centro de Madrid. El 16 de diciembre, el Tribunal Supremo rechazó el recurso de los Franco y afirmó rotundamente que decidiría en última instancia el devenir del féretro[23]. Diez días después, se publicó un informe que concluyó que el cuerpo de Franco no debería enterrarse en La Almudena por motivos de orden público. El 27 de febrero de 2019, el permiso de exhumación quedó paralizado por un juzgado de Madrid. Después de varias peripecias judiciales, el 24 de septiembre, los jueces del Tribunal Supremo decidieron por unanimidad que los restos del dictador Francisco Franco serían exhumados del Valle de los Caídos un mes después y trasladados al Pardo.

La Ley de Memoria Democrática

A casi un año de la exhumación del cuerpo de Franco, el Gobierno socialista de Pedro Sánchez aprobó el 15 de septiembre de 2020 el anteproyecto de Ley de Memoria Democrática impulsada por la vicepresidenta Carmen Calvo. La meta de dicho texto legislativo es el reconocimiento de los que padecieron violencia por razones políticas, ideológicas, religiosas, sexuales durante el período comprendido entre el golpe de

Estado del 18 de julio de 1936 y la promulgación de la Constitución Española de 1978. Se trata de una continuación a la Ley de Memoria Histórica de José Luis Rodríguez Zapatero y consiste en promover la reparación moral de las víctimas, recuperar su memoria y condenar el golpe desde 1936 y la dictadura de Franco. Para Cristina Narbona, presidenta del PSOE desde 2017, se trataba de una medida urgente pero su aprobación en tiempos de crisis sanitaria fue vista más bien como una cortina de humo[24] y reavivó la polémica sobre la voluntad del PSOE de abrir las heridas del pasado. Vox acusó al Ejecutivo de "liquidar" la Transición y anunció que recurriría esta ley. Se prevé que esta norma sea aprobada durante el primer semestre de 2021.

La Ley de Memoria Democrática prevé la prohibición de la exaltación y del enaltecimiento de la dictadura así como la ilegalización de la Fundación Franco. Si no se respetan estas medidas, se aplicarán multas. Esta legislación obligará a los poderes públicos a ocuparse de la recuperación de los cuerpos de las víctimas, convertirá el Valle de los Caídos en un centro de recuerdo y homenaje para las víctimas de la Guerra Civil, impedirá homenajes a Franco el 20 de noviembre con motivo de su muerte, anulará las sentencias y los juicios dictados durante la dictadura franquista entre otras decisiones. Para llevarla a cabo, se realizará una dotación de 750.000 euros.

En noviembre de 2020, el Gobierno de coalición anunció la mayor exhumación de fosas para 2021: más de once millones de euros estarían destinados a este "presupuesto histórico". La Secretaría de Estado de Memoria Democrática propuso un "plan de choque" que a lo largo de cuatro años pretendería recuperar e identificar a unos 20.000 de los casi 115.000 cadáveres supuestamente enterrados en las fosas comunes del franquismo.

NOTAS

1. de lesa humanidad: *contre l'humanité*
2. un nieto: *un petit-fils*
3. los trámites: *les démarches*
4. rechazada: *refusée*
5. un evento = un hecho
6. el derrumbe = la caída
7. afin a = próximo a
8. sobremanera = excesivamente
9. los huecos: *les lacunes*
10. el desapego: *le manque d'intérêt*
11. entregados = dados
12. la prevaricación = acción de faltar conscientemente un funcionario a sus deberes
13. poner en entredicho = poner en duda
14. las diligencias = los trámites administrativos
15. el censo = el cálculo
16. instar = rogar, pedir
17. ICV-IU-ERC = coalición Izquierda Unida – Iniciativa per Catalunya Verds – Esquerra Republicana de Catalunya
18. Naffaroa Bai = "Navarra Sí" en euskera, fue una coalición de partidos políticos cuyo ámbito de actuación era la comunidad foral de Navarra, en España
19. enmendar = modificar
20. borrar: *effacer*
21. país de acogida = país receptor
22. cercar: *entourer*
23. el féretro: *le cercueil*
24. una cortina de humo: *un rideau de fumée*

El silencio de otros (2018) de Almudena Carracedo y Roberto Bahar es un retrato de los horrores del franquismo que evoca las ejecuciones extrajudiciales, la tortura, las fosas comunes así como la búsqueda de las personas desaparecidas durante ese período trágico.

- ***Le vestibule des causes perdues*** (2011), de Manon Moreau, aborda el Camino de Santiago, pero también de paso, evoca las numerosas fosas comunes que existen en España.
- ***Histoire d'Adrián Silencio*** (2019), de Eléonore Pourriat, es un homenaje a todos los exiliados y una saga familiar en torno a la represión franquista.
- ***La commode aux tiroirs de couleurs*** (2020) de Olivia Ruiz cuenta la vida de la abuela de la narradora que se exilió a Francia a principios de la Guerra Civil. Tras la muerte de la abuela, la narradora hereda una cómoda cuyos cajones contienen trozos de vida de su difunta pariente.

ESPAÑA FRENTE A SU MEMORIA

Antecedentes

- **2000**
  - Asociación para la Recuperación de la Memoria Histórica
- **2002**
  - Ley Memorial que condenaba el levantamiento de Franco y reconocía a las víctimas de la dictadura
- **2004**
  - Comité Interministerial para rehabilitar moral y jurídicamente a dichas víctimas

Ley de Memoria Histórica

- **Aprobada el 26 de diciembre de 2007 bajo José Luis Rodríguez Zapatero**
  - Reconocimiento de todas las víctimas de la Guerra Civil y la posterior dictadura de Franco
  - Medidas en favor de quienes padecieron persecución o violencia durante aquel periodo

Proyecto de Ley de Memoria Democrática

- **15/09/2020**
  - Aprobación del anteproyecto
  - Iniciativa de Carmen Calvo
  - Viva oposición de Vox

Franco y el Valle de los Caídos

- **24/10/2019**
  - Exhumación de los restos del dictador

Críticas emitidas

- **Por desacuerdo**
  - Mariano Rajoy (PP)
- **Por ser insuficientes las disposiciones**
  - Asociaciones memorialistas
  - Esquerra Republicana
  - La ONU

Disposiciones adoptadas

- Atención y revisión de juicios
- Ayuda a las víctimas del franquismo y a sus familiares
- Localización, identificación y exhumación de las fosas comunes a cadáveres de las víctimas de la represión franquista
- Retirada de todo signo que exalte al levantamiento militar, a la Guerra Civil y a la dictadura
- Despolitización del Valle de los Caídos
- Nacionalización española de los Brigadistas Internacionales e hijos de exiliados

23 TRES DÉCADAS DE ECONOMÍA (1990-2020)

Repaso histórico de la economía española (siglos XIX-XX)

A partir del siglo XIX, a raíz de la revolución industrial, el crecimiento mundial aumentó como nunca, aunque de modo muy desigual. Unos países muy avanzados como Inglaterra o EE. UU., cambiaron radical y rápidamente su forma de vida y se adaptaron al progreso debido a la industrialización, mientras otros países, como España, no supieron adaptarse a tal progreso y tardaron muchos más años en industrializarse. Pese a recurrir España a las mismas claves de fomento que las grandes potencias económicas, su evolución fue distinta de los otros Estados y mucho más tardía. Tanto el desarrollo agrario y la acumulación de una gran cantidad de riqueza en manos de la burguesía terrateniente[1] –los principales inversores industriales– como la progresiva apertura al exterior y el progreso técnico continuo contribuyeron a la industrialización española. Entonces los bancos como centros de financiación, cobraron auge por permitir que los pequeños comerciantes pudieran financiar sus fábricas.

Pero en el siglo XX, una vez terminada la revolución industrial, los países europeos conocieron las crisis especulativas y con ellas, se empezó a cuestionar el papel de los bancos. De hecho, entre 1978 hasta 1985, entró en crisis una cuarta parte del sistema bancario. El Banco de España trabajó como mediador y evitó males mayores. Dos años más tarde, se produjo un *crack* de la Bolsa que obligó a los gobiernos a aplicar las tasas de seguridad construidas después de la Gran Depresión del 29: fondos de garantía de depósitos, impuestos directos y gastos públicos sociales, entre otras medidas. Entonces, la recesión se apoderó de las grandes metrópolis industriales.

Periodo de bonanza económica española (1994-2006)

A finales de 1994, tan sólo pensar que España formaría parte de la Unión Europea Monetaria (más conocida como "zona euro") produjo enseguida una baja de los tipos de interés. Por lo tanto, familias y empresas se lanzaron masivamente a pedir créditos para invertir en viviendas[2], bienes de consumo duraderos, empleo y bienes de equipo. Todo ello, a su vez, conllevó creación de empleos y actividad económica, lo que disparó el PIB *per capita*. En 1998, el Gobierno de Aznar aprobó la llamada Ley de Suelo[3].

> **La Ley de Suelo**, adoptada por ayuntamientos y autonomías de todo signo político, pretendía privatizar el mercado del suelo aumentando el terreno urbanizable y haciendo de él un negocio atractivo. A mayor oferta inmobiliaria, menor precio para las viviendas. Por fin, los jóvenes iban a poder comprar su primer alojamiento.

La liberalización del suelo impulsó la urbanización por lo que los especuladores fueron enriqueciéndose, el terreno sobrevalorándose y el precio de la vivienda disparándose, tomando en cuenta las deducciones fiscales por adquirir casas. Se desató una burbuja inmobiliaria. Hasta se rebajaron los tipos de interés lo que incitó al endeudamiento[4], pasando por la especulación que infló los precios. Otro efecto dañino fue la corrupción de los ayuntamientos, fueran cuales fueran los partidos, que aprovechaban su poder de recalificación del suelo para conseguir sobornos, financiación de campaña electoral... (➔ véase cap. 24)

Procedente tanto de los gobiernos del PSOE como de los gobiernos del PP, y hasta de los tiempos de la UCD bajo la presidencia de Adolfo Suárez (1976-1981), **la burbuja inmobiliaria** dificultó el acceso a la vivienda en España para muchas familias. En 1979, arrancó[5] la deducción por compra de vivienda. El ministro de Suárez, Francisco Fernández Ordóñez, creó el IRPF (Impuesto sobre la Renta de las Personas Físicas) y estableció la deducción en el 15 % para adquirir sucesivas viviendas habituales. En 1991, el Gobierno de Felipe González dio la posibilidad de deducir impuestos por las cuentas vivienda. En el 98, una mayor reforma suprimió la deducción más allá de la primera vivienda e introdujo un límite fijo en la base de deducción (1.500.000 pesetas = 9.015 euros que, en 2002, pasó a 9.015 euros. El coste fiscal para el Estado pasó de casi 230 millones de pesetas en 1980 a más de 6.000 millones de euros en 2007, pero el efecto era multiplicador sobre los ingresos[6] que generaba la compra de pisos.

La burbuja inmobiliaria se extendió por España hasta agosto de 2007, con sostenidas alzas de precios que incluso alcanzaron el 30 % anual. Ya, en 2002, el Banco de España alertaba sobre ella. Mientras el ritmo de la construcción ya se había disparado[7] y España construía más que Italia, Francia y Alemania juntas (en 2009, España alcanzó su máximo histórico con casi 650.000 viviendas nuevas sin vender), Aznar implementó una reforma laboral similar a la Ley de Suelo.

La Reforma Laboral de 1997 consistió en reducir el reglamento laboral y los derechos de los trabajadores, para que más empresarios contrataran, generando así una gran oferta laboral y más demanda de trabajadores, en especial, en el sector automovilístico y de la construcción.

La consecuencia inmediata fue que muchos jóvenes dejaron sus estudios para incorporarse al mercado laboral, incrementándose así los empleos poco cualificados. Asimismo, llegó mucha mano de obra desde el extranjero lo que contribuyó a reducir y hasta resolver la falta de mano de obra en sectores problemáticos e incrementar el número de contribuyentes a la Seguridad Social (el famoso superávit de la hucha de las pensiones cuyo uso es tan polémico hoy). Así, tanto el PIB nacional como el PIB por habitante experimentaron una subida. No sólo el beneficio fiscal estimuló las decisiones de inversión en vivienda sino también el ciclo de expansión económica y el recorte de los tipos de interés por parte del Banco de España con la integración en el euro, del 11 % en 1995 al 3,5 % entre 2003 y 2005, lo que incitó al endeudamiento para poder ser propietario o especular. Las entidades bancarias apenas discriminaban a la hora de dar hipotecas incluso por encima del 100 % (incluso incitaban a sus clientes a usar el crédito de la vivienda para comprar el coche o cualquier bien de consumo duradero caro). El menor coste de la financiación disparó la demanda y la deuda hipotecaria, a lo que la oferta respondió con más viviendas –se llegaron a construir más de 700.000 inmuebles anuales– acompañadas de una subida de los precios. Muchos invertían en el ladrillo pensando que era un sector valioso que no podía fallar, pero al final llevó a la ruina a miles de familias y empresas (una ruina más fácil con créditos al 90 % en variable; en Francia la mayoría de los créditos son de tasa fija, algo más cara es verdad, pero mucho más manejable cuando sube el Euribor –tipo de interés que paga un banco cuando le presta dinero a otro-; además, España ya era uno de los países que mayores propietarios tenía, con una tasa del 85 %).

Como el crecimiento económico español se había sustentado[8] sobre unos pocos sectores (inmobiliario, construcción y turismo), la creciente demanda de productos superó a la capacidad de respuesta del aparato productivo nacional y supuso una dependencia excesiva al exterior. Mientras la población aumentaba, y con ella la demanda de créditos, lo hacía también la demanda de viviendas y el precio de las mismas. Otro factor que explica la dependencia al exterior fue la demanda de los extranjeros para casas de vacaciones. Atraídos por las aerolíneas baratas, alemanes y franceses compraron masivamente, y sobre todo ingleses entraron en el mercado cuando la libra estaba por las nubes[9] y salieron cuando estuvo por los suelos, quizás anticipando el *Brexit*. El crecimiento económico español había sido causado por una acumulación de capital (viviendas) y trabajo (mano de obra inmigrante) y no se debía en absoluto a una mejora de la eficiencia o de la competitividad. A diferencia de otros países que también habían experimentado un crecimiento económico muy importante (Finlandia e Irlanda), España no había apostado por la educación, formación e innovación (sector I+D+i)[10], sino por las infraestructuras (sector de la construcción tanto en vivienda como en aeropuertos). El paro bajó a una cifra récord (9 %) pero los sueldos se estancaron[11]. Incluso en el mayor periodo de bonanza de la democracia, la mayoría de los españoles cobraba un sueldo miserable por lo que, para poder comprarse una casa, bancos y cajas de ahorros empezaron a otorgar créditos de hasta 40 años. Éstos apostaban por que los precios siempre subieran y se pudiera vender la casa, recuperando la inversión y encima ganando dinero en caso de impago[12]. Además, se hinchó[13] el crédito para pagar otros materiales y los españoles tuvieron la impresión de ser ricos cuando la economía y pues, el bienestar, sólo descansaba en créditos y más créditos. Pues la crisis del ladrillo en España se puede comparar con la crisis de EE. UU. ya que este país comparte con España un déficit gemelo estructural (comercial y público), con la diferencia de que EE. UU. puede jugar con su moneda (el dólar), España no.

En resumen, la España en auge fue reuniendo tres desequilibrios que, posteriormente, serían los causantes de la recesión económica de 2010: un gran endeudamiento por parte de familias y empresas, un consecuente peso económico del sector de la construcción seguido por un aumento continuo de la especulación, y un incremento cada vez mayor del precio de la vivienda y de la demanda lo que desbordó al aparato productivo de España. Además, las autoridades europeas no supieron o no quisieron suplir[14] estas deficiencias que cada vez eran más evidentes. El euro está diseñado para economías de renta, como la alemana, de ahí, la exigencia del BCE para estabilizar los precios y el 3 % de déficit, para proteger tanto a los ahorristas como a los rentistas.

Estallido de la crisis económica española (2008)

La crisis financiera que estalló en EE. UU. a finales de 2007 se dio especialmente en el sector constructor y bancario, por lo que los bancos empezaron a prestar hipotecas de bajo tipo de interés a familias que carecían de ingresos fijos, empleo y propiedades, pero siempre pensando en recuperar la vivienda si algún cliente no podía devolver el préstamo, pero el mercado de la vivienda cayó. En 2008, tras la crisis de los *subprimes*[15], se inició una auténtica crisis financiera que se extendió rápidamente a los otros países. Los activos financieros cayeron y con ellos las empresas constructoras e inmobiliarias, lo que desató una oleada de despidos[16] y una subida del paro. Tanto la demanda como la oferta de créditos bancarios se vieron reducidos; la primera por la desconfianza de las familias y empresas hacia los bancos, y la segunda por la de los bancos en la solvencia de sus prestatarios. Con unos préstamos más caros y un mayor paro, quebraron pequeñas empresas que no pudieron soportarlo. Sin dinero que prestar, debido a la gran cantidad de hipotecas que estaban concediendo, los bancos estadounidenses comenzaron a crear paquetes con hipotecas cuya devolución no estaba garantizada (los llamados *mortgage-backed securities*).

España conoció un similar escenario en 2007 (➔ véase MC 26), cuando la deuda de administraciones, familias y empresas alcanzó niveles descomunales igual que la deuda de las cajas como otras entidades financieras. Además, el Gobierno socialista de José Luis Rodríguez Zapatero (a partir de 2004) se mostró incapaz de frenar a tiempo la crisis, siendo la estructura económica española heredada del gobierno de Aznar muy débil. Los bancos españoles, como de los otros países europeos, empezaron a adquirir dichos *packs* estadounidenses, aun a sabiendas del riesgo que se corría. Todo ello ocasionó que los bancos comenzaran a desconfiar entre ellos, dado que ninguno sabía la cantidad de hipotecas "peligrosas" que poseían los otros. Esta desconfianza perjudicó al llamado mercado interbancario lo que produjo una subida del Euribor. Todo ello hizo que aumentara el interés hipotecario y, finalmente, desembocó en la crisis económica de 2008.

Como nadie prestaba dinero, se produjo un efecto dominó, el consumo se desplomó, se contrajo la economía, las empresas empezaron a despedir masivamente y las familias sin trabajo fueron echadas de sus casas por impago (Ley de Desahucio[17]).

Los desahucios, un drama económico y sicológico

En 2011, los juzgados españoles procesaron 58.241 expedientes de desahucio, cifra que supuso un récord y un aumento del 22 % con respecto al año anterior. El persistente aumento del paro y los problemas que atravesaron las familias para llegar a fin de mes impidieron que muchos inquilinos pudieran pagar sus hipotecas o alquileres. El Gobierno decidió crear un código de buenas prácticas para la banca con vistas a flexibilizar los desahucios y facilitar la dación en pago[18] de las hipotecas para las personas en riesgo de exclusión. Sin embargo, no sólo las personas fueron expulsadas de su casa, sino que además no se anuló la hipoteca y el banco se hizo propietario de la casa. De hecho, entre 2008 y 2012, los desahucios judiciales se dispararon hasta alcanzar los 166.700 expedientes. La región más afectada, con diferencia, fue la Comunidad Valenciana, con 13.711 desahucios, seguida de Andalucía con 9.864 y Madrid con 9.460 expedientes. La menos afectada fue La Rioja, con 244. Este drama desembocó en otro mayor: la oleada de suicidios a principios de 2012, al enterarse los futuros desahuciados del porvenir que les esperaba. España resultó ser el país de Europa que más había construido, que menos vivienda social tenía, y que más desahuciaba.

Políticas de austeridad (2010-2013)

A partir de 2010, frente al temor de que España no fuera capaz de reembolsar la deuda, la Comisión Europea, el BCE y el FMI (la llamada *troika*) la obligaron a recortar varios presupuestos para inspirar credibilidad y confianza, así como evitar una suspensión de pagos. Los planes de recorte se dieron en dos etapas: un giro a la austeridad durante el segundo mandato de Zapatero (segundo trimestre de 2010 – finales de 2011) y un plan de austeridad a ultranza durante el primer mandato de Mariano Rajoy (último trimestre de 2011 hasta finales de 2013) impidieron toda tentativa de reactivar la economía.

En el sector de la educación, se incrementó el número de horas para los profesores y se eliminaron puestos de interinos. Aumentó pues el número de alumnos por aula y se suprimió la decimotercera nómina[19] de los funcionarios. Los efectos de la crisis sobre las universidades españolas fueron devastadores. A la gran pérdida de recursos económicos, se sumó la paralización en la renovación de las plantillas, la congelación de la promoción del profesorado y de todo el personal.

En el sector del I+D+i y en las ciencias, se efectuaron muchos tijeretazos[20] que impidieron que España fuera un país competitivo.

A nivel sanitario, recortaron el presupuesto de los hospitales lo que aumentó las colas de espera antes de atender al paciente. Se implementó el sistema de copago: los pacientes tenían que abonar cierta cantidad de dinero como medida de solidaridad. Cuando el Gobierno de Zapatero anunció que para los niños nacidos a partir del 1 de enero de 2011 los padres ya no cobrarían el cheque-bebé de 2.500 euros, una de las medidas estrella para fomentar la natalidad (la única política pública natalista que implementó un gobierno español), muchas mujeres con el parto[21] previsto en enero se plantearon adelantarlo unos días para recibir la ayuda. Y cientos de ellas lo hicieron pese al riesgo inducido.

La caída de los ingresos familiares y los recortes de las políticas sociales aumentaron los niveles de desigualdad. El índice de Gini pasó en España del 31,9 % en 2007 al 35 % en 2012, mientras la media de la UE no creció durante esa etapa, y se situó en el 30,6 %. Según este indicador, la distribución de la renta en España era la segunda más desigual de la UE, por detrás de Letonia. El riesgo de pobreza se situó en máximos (27 %), con la infancia como el grupo más afectado de la población (30 %) en riesgo de pobreza. Igualmente, fue creciendo de forma muy aguda entre los jóvenes, sobre todo en los denominados "ni-nis" (sin empleo ni formación) que dejaron sus estudios porque iban a ganar dinero fácilmente en la construcción pero que, por la crisis, se hallaron sin trabajo y no reanudaron con el circuito escolar.

Con un paro que alcanzó más del 26 % (en 2013) entre la población activa y un 50 % de los jóvenes, la situación social llegó a tales extremos que desató la mayor manifestación de la historia española reciente: el movimiento de los indignados. Con seis millones de parados, España representaba una tercera parte de la Eurozona desempleada.

El 15-M, de la indignación a la acción

El 15 de mayo de 2011, las principales ciudades españolas fueron escenario de manifestaciones convocadas tras la publicación, en 2010, del panfleto titulado "*Indignez-vous!*" ("¡Indignaos!") del francés, Stéphane Hessel, de 93 años entonces, que se levantaba contra la indiferencia de los ciudadanos ante el retroceso de las democracias modernas, un llamamiento ante la pasividad. Las reivindicaciones de los protagonistas del movimiento 15-M conformaron un manifiesto de propuestas variadas, unas sensatas y otras utópicas, tuvieron demandas concretas que iban desde la modificación de la ley electoral a la adopción de medidas tajantes contra la corrupción política o un replanteamiento del sistema de financiación de partidos.

Otro libro trató de dar un paso más a favor del grito de guerra: la obra coral "Reacciona", coordinada por la periodista Rosa María Artal, en la que participaron representantes de diferentes generaciones y ámbitos profesionales: José Luis Sampedro, Federico Mayor Zaragoza, Baltasar Garzón, Juan Torres López, Àngels Martínez i Castells, la propia Artal, Ignacio Escolar, Carlos Martínez Alonso, Javier López Facal, Javier Pérez de Albéniz y Lourdes Lucía.

Una nueva generación de activistas muy conscientes de sus derechos ciudadanos incorporó las nuevas tecnologías a la protesta civil, animando las calles desde las redes sociales hasta llegar a bautizarse el 16 de mayo como "el día del tuit". Aunque España tenía todas las razones para protestar en masa, nadie había previsto el auge que cobraría el 15-M. En un año, se organizaron tres movilizaciones multitudinarias (15-M, 19-J, 15-O). Una de las claves del éxito fue el lema de la primera convocatoria del 15 de mayo: "No somos mercancía en manos de políticos y banqueros". El rechazo a la corrupción rampante[22] unió voluntades frente a tantos casos: la trama Gürtel, el caso Palma Arena, el culebrón[23] de la trama corrupta marbellí... (➲ véase cap. 24) Los indignados no sólo fueron jóvenes sino gente de todas las edades. Los autodenominados "yayoflautas" (porque en lenguaje coloquial, se le dice "yayo" al abuelo y "yaya" a la abuela) también salieron a la calle para protestar porque no querían que sus nietos vivieran peor que ellos.

Los indignados españoles generaron un nuevo modelo de protesta que desbordó las fronteras. No recurrieron a la violencia, pero sí a la desobediencia civil. Fue uno de los factores que se exportaron a Nueva York: con el movimiento *Occupy Wall Street*. Pero lo relevante es que el 15-M fue una referencia en la revolución digital que ya ha llegado a la arena política.

La fuga de cerebros (➔ véase cap. 26)

Desde finales de 2007 hasta finales de 2012 se destruyeron 3,5 millones de puestos de trabajo, de los que el 91 % estaba ocupado por menores de 35 años. Estos datos explican que más de 700.000 personas abandonaron el país entre 2010-2015 para buscar una oportunidad laboral acorde a sus expectativas. En su mayoría fueron jóvenes, por tener aún una pareja fija e hijos. Los tres principales destinos fueron Francia, Alemania y Reino Unido. España perdió un 10 % de sus investigadores entre 2012 y 2016 lo que supuso una pérdida de capital humano de 12.418 investigadores. Se debió principalmente a una importante pérdida de recursos en el sistema científico universitario español. En concreto, la financiación por cada investigador disminuyó un 6,7 % en los últimos años y la evolución de los gastos corrientes de las universidades cayó casi un 8 % en 2014 respecto a 2010. Otro factor influyente: la tasa de paro tan alta en 2011 (un 23 % de la población activa y un 50 % de los jóvenes eran desempleados) incitó a los cualificados a salir de España en busca de un sueldo digno y a la altura de sus diplomas.

> **Apuntarse al ERE** (Expedientes de Regulación de Empleo): Palabras que en los últimos años son sinónimo de crisis, drama, paro. Desde el inicio de la crisis a mediados de 2008, más de un millón de trabajadores se vieron afectados por un ERE: ya sea de extinción (despido), suspensión temporal de empleo o reducción de jornada laboral.

El caso de la científica Nuria Martí Gutiérrez fue relevante: después de ser despedida en un ERE, participó en una investigación sobre clonación terapéutica en Estados Unidos. Lograron derivar células madre de embriones humanos clonados.

El estancamiento de la economía (2012-2014)

Una consecuencia directa de la crisis económica fue que, en septiembre de 2011, se modificó de manera exprés el artículo 135 de la Constitución, en una votación nocturna en el congreso con los votos a favor del PP y PSOE, sin consulta popular. Se trató de liquidar el Estado de bienestar supeditado a las obligaciones de pago de la deuda para calmar a los mercados, pero incumpliendo los derechos sociales fundamentales definidos hasta por Naciones Unidas. La abrogación de dicho artículo fue considerada como una diabólica cláusula e incluso como un golpe de Estado. Los españoles entraron en pánico al ver que sólo se buscaba garantizar la estabilidad presupuestaria del país en detrimento de los propios ciudadanos.

Después de alcanzar una cifra récord del 27,2 % en 2013, el desempleo dejó de crecer e incluso se situó en un 24,5 % a mediados de 2014, lo que representaba unos 5,6 millones de parados en España. El consumo interior que se desplomó en el peor momento de la crisis tardó en recuperarse, en parte por las políticas de austeridad aplicadas por el Gobierno de Mariano Rajoy para limitar el déficit. La nueva Reforma laboral de 2012 eliminó la autorización laboral de los despidos colectivos.

A partir de entonces sólo era necesaria la autorización judicial por lo que facilitó el despido colectivo en todas las Administraciones Públicas y en todas las empresas, organismos y entidades que formaban el sector público. Tanto el sector bancario como el de la construcción necesitaron tiempo para sanear antes de inyectar nuevas liquideces en el mercado o volver a construir casas ya que quedan muchas por vender en España.

> **La Reforma Laboral** de 2012 implantó como norma general un despido más barato y con menos requisitos; dio más facilidades al empresario para cambiar jornadas, turnos, funciones y salarios; introdujo un contrato específico para pymes y emprendedores; estableció nuevos incentivos para la contratación indefinida; y posibilitó los despidos colectivos en las administraciones y empresas públicas, entre otras medidas.

Ante la alta temporalidad, la precariedad del empleo y los bajos salarios que trajo la reforma laboral del PP, España necesita cambiar el modelo productivo y adoptar una nueva Reforma Laboral para dar prioridad al empleo fijo y de calidad. Después de los mileuristas –los que ganaban mil euros– y los nimileuristas –los que no ganaban siquiera mil euros–, ha pasado a hablarse de la emergencia de una nueva clase social: el precariado.

¿Recuperación económica española? (2014-2020) (véase MC 27)

Buenas señales

En 2013, ya se anunció que volvería a crecer el producto interior bruto (+1,2 % para 2014) y se empezó a considerar un buen comportamiento de las exportaciones, una creación de empleo, una deuda a precio muy bajo por las políticas del BCE, buenas cifras en el sector turístico (véase cap. 25). Eran brotes verdes esperanzadores para un país duramente azotado por las sucesivas crisis (del ladrillo, de la deuda soberana) y que vio muchos de sus sectores recortados: sanidad, educación, justicia, cultura, entre otros.

En septiembre de 2017, el ministro de Economía, Luis de Guindos, anunció que ningún otro país de la zona euro estaba creciendo como lo estaba haciendo España gracias al tirón de las exportaciones y a la mejora de la demanda interna. Y efectivamente, los datos macroeconómicos apuntaban a una clara recuperación del crecimiento en España. El PIB volvió a rebasar en mayo de 2017 su nivel pre-crisis (tercer trimestre de 2008) lo que debería suponer una reducción de la tasa de paro y una mejora de los salarios, que permanecían congelados desde la crisis. Además, la estructura del PIB ha sufrido un cambio en España durante la recuperación económica. El sector de las exportaciones ha ganado peso después de alcanzar los 205.560 millones de euros hasta septiembre y marcar un nuevo récord. La Unión Europea alabó pues que España fuera uno de los países en los que la tasa de desempleo más disminuyó en 2016, aunque recordó que seguía sufriendo un paro muy alto con respecto a la media europea (9,1 %).

	Desempleo total	Desempleo juvenil
2013	26,5 %	57 %
2016	18,6 %	42,9 %
2019	13,8 %	30,5 %

Desempleo total		Pronósticos
2017	2019	2021
16,2 %	13,9 %	19,1 %

La bonanza económica y el incremento de los resultados empresariales empiezan a trasladarse al empleo con nuevas contrataciones, pero también aumentos de plantillas[24] que son producto de la incorporación de los trabajadores de empresas que han sido adquiridas. Uno de los principales motores de la creación de puestos de trabajo entre las grandes compañías españolas volvió a ser el sector de la construcción (ACS, Ferrovial y Acciona). También la mitad del empleo fue generado en la hostelería.

Matices[25]

A pesar de la recuperación económica y de crecer a velocidad de crucero –un 3,3 % de media en 2016–, las desigualdades han calado[26] en el mercado laboral español y han perjudicado a la clase media. Un informe de la Unión Europea (UE) publicado en noviembre de 2017 sitúa a España en una “situación crítica” de desigualdad de renta junto a Bulgaria, Grecia y Lituania. Por eso todavía quedan asignaturas pendientes para el mandato de Pedro Sánchez. La UE alertó de que en estos países no se había alcanzado aún el nivel anterior a la crisis en cuanto a ingresos y todavía distaba mucho de conseguirlo. Así, en España, el 20 % de los hogares más ricos recibieron unos ingresos que fueron 6,5 veces mayores a los del 20 % más pobre.

En el mismo estudio, Bruselas también le reprochó a España –junto a Malta, Portugal y Rumania– su elevado abandono escolar, que alcanzó un porcentaje del 20 %. En 2016, fue del 20 % cuando la media europea es de la mitad (en 2011, era del 26 %). La baja se puede explicar por la crisis que devolvió a las aulas a los alumnos que tenían planes en el sector laboral.

Por otro lado, la UE destaca que los Estados miembros con mayor proporción de población en riesgo de pobreza son Rumania, Bulgaria y España (22 % o más). En 2016, el 72,9 % de los jóvenes con trabajo tenía un contrato temporal en España, mientras que la media de la Unión Europea era del 43,8 %. El 24 % de los jóvenes emancipados aseguró que sus ingresos mayoritarios provenían de sus padres (10 puntos más que en 2008) porque cobran bajos salarios, tienen que pagar un alquiler bastante alto y estudiar más tiempo. En 2016, España lideraba, por detrás de Chipre, el crecimiento de “ninis” en Europa: uno de cada cinco jóvenes españoles de entre 20 y 24 años ni estudiaba ni trabajaba.

Por añadidura, España presentaba un mercado laboral muy dependiente de la estacionalidad, dañando así la evolución salarial que se daba de forma desigual en España desde 2008. Además, los sueldos medios sufrieron su primera caída en 2016 pese al notable avance del PIB. En concreto, el sueldo medio se situó en 1.878 euros con una bajada del 0,8 % respecto a 2015. Los más perjudicados fueron los que menos cobraban antes de la crisis y aquellos que estaban obligados a cambiar de trabajo. En 2008, la remuneración del 10 % de la población con un bajísimo sueldo no se había recuperado en 2017:

Cifras de 2016

Renta media neta: 9.373 euros anuales (INE)

Salario medio bruto: 1.029,3 euros mensuales (INE)

Tasa de paro juvenil: 33,9 % (Eurostat)

Tasa de temporalidad en el empleo: 72,9 % (Eurostat)

Tasa de emancipación: 19,5 % (Consejo de la Juventud de España)

Edad media de emancipación: 29 años (Eurostat)

	Remuneración del 10 % de la población con un bajísimo sueldo
2008	655,07 euros
2017	633,39 euros

Los trabajadores que permanecieron en sus empresas ingresaban un 4,5 % más al final de la crisis frente a la pérdida del 4,1 % que sufrieron aquellos que se vieron obligados a buscar otro trabajo. El poder adquisitivo de los asalariados superó ya los niveles registrados en el cuarto trimestre de 2007 (+1 %). En cuanto a la evolución de la remuneración en términos nominales, el incremento fue incluso del 13 % mayor con respecto a las cifras de 2007.

En el reverso de la moneda se situó el sector financiero, que continuó reduciendo su tamaño, principalmente en las dos grandes entidades (el Banco Santander y el BBVA). Un contraejemplo lo constituye la Caixabank, que, gracias a la incorporación del portugués BPI, elevó el número de trabajadores.

ESPAÑA

El retorno de los españoles

Como muchos españoles se marcharon durante la crisis económica, lo esperado era que volvieran si la situación mejorara en España. Efectivamente, se notó una vuelta por parte de los que habían emigrado debido a varios factores, entre los cuales la nostalgia y la familia. Pero también soñaban con vivir mejor en su país por tener una experiencia profesional y haber vivido en el extranjero. Podían ser verdaderos motores del talento y la innovación. La plataforma "Volvemos" seguramente motivó a muchos a regresar a su país. Para protestar en contra de la emigración forzosa, se desarrolló un movimiento denominado la marea granate (por el color del pasaporte).

Las consecuencias fueron inesperadas a nivel empresarial ya que los que volvieron tenían una nueva visión estratégica empresarial adaptada a la economía global. El nivel de paro se rebajó. El retorno también introdujo cambios positivos en la pirámide poblacional que se ve afectada por el envejecimiento, con un saldo vegetativo negativo (➔ véase cap. 30).

La plataforma "Volvemos", a partir de abril de 2016, tuvo como objetivo que los españoles quisieran regresar, pudieran hacerlo con una oportunidad laboral. Rápidamente, logró que los jóvenes pudieran acceder a diez vacantes de empleo diarias desde su buscador de empleo.

También volvieron a su país muchos latinoamericanos que habían ido a España cuando el país se veía como Jauja[27], pero ya no les merecía la pena quedarse en un país tan lejos del suyo y con tan pocos ingresos (muchos españoles volvieron a trabajar en la restauración y hostelería cuando habían dejado su puesto a los latinoamericanos antes de la crisis económica).

Aunque la economía española entró en un proceso de crecimiento, España comenzó el año 2018 como el único país de toda la UE con el déficit público por encima del 3 %. Las tres principales razones fueron la precariedad laboral, los salarios bajos que dañaban la progresión prevista del crecimiento y la incertidumbre que representaba para la economía española la cuestión catalana (➔ véase cap. 14). A fin de cuentas, el estribillo[28] independentista acabó pasando factura en términos de inversión extranjera o de impacto en el turismo y en forma de calificación crediticia, con la fuga de los bancos de Cataluña al resto de España.

Impacto de la Covid-19 en la economía española (2020-2021)

En cuanto el brote del virus Covid-19 se transformó en una pandemia global, el Fondo Monetario Internacional estimó una contracción del PIB global del 3 % en 2020. Se trata de la mayor crisis sanitaria, económica y social del siglo XXI. En España, se asistió a un descenso del PIB de un 18,5 % en el segundo trimestre del año. Cuando, el 14 de marzo de 2020, el Gobierno de Pedro Sánchez decretó el estado de alarma, que luego prorrogó seis veces hasta el 21 de junio, la limitación temporal a la libre circulación de las personas y la suspensión de gran parte de la actividad productiva y laboral derivó en el colapso generalizado de la actividad económica. Algunos sectores se vieron más afectados que otros por la ralentización de la demanda: la construcción, el turismo (➔ véase cap. 25), la industria y automoción junto al comercio menorista fueron los sectores más perjudicados, seguidos de lo inmobiliario, del comercio menorista de alimentación, la energía y logística. Los que menos expuestos resultaron fueron el ámbito sanitario y farmacéutico, los servicios financieros y las telecomunicaciones. La tasa de paro se disparó, pasando del 13,8 % hasta el 14,4 % con 121.000 desocupados más a lo largo del primer trimestre. El drama que conocieron los jóvenes durante la

Gran Recesión podría volver a ocurrir con la nueva crisis sanitaria y económica que conoce España. El paro juvenil aumentó hasta julio un 53 % respecto al año anterior, un crecimiento que casi duplica la media general (28 %). Hasta junio, de los 330.000 empleos destruidos, sólo se recuperaron 57.000 personas y con mayor frecuencia, estos trabajos con contratos parciales se concentran entre jóvenes menores de 25 años. Y España no es un caso aislado dado que la Organización Internacional del Trabajo (OIT), en un informe, alertó de que uno de cada seis jóvenes en el mundo perdió su empleo a consecuencia de la epidemia de Covid-19. Se teme que, dentro de unos años, se concrete una denominada "generación Covid" para remitir a estos jóvenes. En este contexto, el Consejo de la Juventud de España presentó, durante su comparecencia en la Comisión de Reconstrucción, la urgencia de fortalecer el Fondo de Garantía Juvenil (que facilita la formación o la búsqueda de empleo de los jóvenes), así como reformar el Ingreso Mínimo Vital (IMV), de modo que también los menores de 23 años puedan solicitar esta prestación.

En mayo, el Gobierno español cifró en casi 140.000 millones de euros el impacto de las medidas tomadas para combatir el Covid-19 y detalló el coste de algunas de las principales iniciativas, como los 18.000 millones de euros por los cambios en los expedientes de regulación temporal de empleo (ERTE) y la creación del Fondo Covid-19 para financiar las comunidades autónomas.

Los expedientes de regulación temporal de empleo (ERTE) le permiten a una empresa en una situación excepcional obtener una autorización para despedir trabajadores, suspender contratos de trabajo o reducir jornadas de manera temporal, si pasan por dificultades técnicas, organizativas que pongan en riesgo la continuidad de la compañía.

El Fondo Covid-19 se estimó en 16.000 millones de euros repartidos entre las diferentes autonomías según tres sectores para cubrir el gasto sanitario (6.000 millones euros en julio y 3.000 millones en noviembre), el gasto educativo (2.000 millones en septiembre) y para compensar las pérdidas de ingresos por menor actividad económica (5.000 millones en diciembre).

El 22 de octubre, los 27 Estados miembros decidieron dotar a la Unión Europea de un presupuesto conjunto extraordinario de 750.000 millones de euros para hacer frente al descalabro financiero. De ellos, 140.000 millones de euros serán destinados para España como parte del Fondo Europeo de Recuperación.

Por áreas geográficas, Madrid fue la comunidad autónoma que más avales recibió (20 %), seguida de Cataluña (19,1 %), Andalucía (12,3 %), Comunidad Valenciana (11 %) y País Vasco (5,7 %). Existe una verdadera disparidad entre las CC. AA.

La caída de la economía debida a la Covid-19 disparó el endeudamiento de empresas y hogares españoles superando un 140 % del PIB. Aunque se recuperó parte del empleo perdido durante el confinamiento de marzo y abril de 2020, las cifras de desempleo se dispararon hasta un 16,26 %, tres puntos más respecto al tercer trimestre del año pasado. La relajación de los confinamientos y la intervención pública para evitar despidos y cierres de negocios condujeron a un crecimiento del 16,7 % en el tercer trimestre del año, la mayor subida de la serie histórica, pero no bastará para compensar la pérdida económica.

El Instituto de Crédito Oficial (ICO), entidad pública empresarial adscrita al Ministerio de Asuntos Económicos y Transformación Digital, concedió una línea de avales, es decir de créditos específicos en el marco de la Covid-19. Por ejemplo, más de 11.000 millones de euros le fueron prestados al sector del turismo y 7.500 millones al de la construcción.

NOTAS

1. un terrateniente: *un propriétaire terrien*
2. la vivienda: *le logement*
3. Ley del Suelo: *Loi du Sol*
4. el endeudamiento: *l'endettement*
5. arrancar = iniciarse = comenzar
6. los ingresos: *les revenus*
7. dispararse: *monter en flèche*
8. sustentarse = descansar, basarse
9. estar por las nubes = ser muy alto
10. I+D+i = Investigación + Desarrollo + innovación
11. estancarse: *stagner*
12. el impago: *le non-paiement*
13. hincharse: *gonfler*
14. suplir = satisfacer, colmar
15. los *subprimes*: *emprunts risqués mais à meilleur rendement*
16. los despidos: *les licenciements*
17. los desahucios = las expulsiones
18. la dación en pago = acción de entregar un bien a cambio de saldar una deuda pendiente de pago
19. la nómina: *le bulletin de salaire*
20. los tijeretazos = los recortes = las disminuciones del presupuesto
21. el parto: *l'accouchement*
22. rampante: *galopante*
23. el culebrón: *le feuilleton*
24. las plantillas = el personal de una empresa
25. un matiz: *une nuance*
26. calar: *prendre racine*
27. Jauja: *le pays de cocagne*
28. el estribillo: *le refrain*

- ***Los lunes al sol*** (2002), película española de Fernando León de Aranoa, relata la vida cotidiana de un grupo de trabajadores en los astilleros de Vigo que afrontan el desempleo con malestar, miedo, desesperanza y frustración de cara a la mutación de la economía española. Cada personaje nos muestra diferentes facetas de las dificultades de los hombres en el paro y en situaciones de precariedad laboral.
- ***Eutsi!*** (2007) de Alberto J. Gorritiberea es una comedia social sobre la deslocalización y la pérdida de los puestos de trabajo que de ella se derivan.
- ***Españistán, de la burbuja inmobiliaria a la crisis*** (2011), película documental de Aleix Saló que cuenta el proceso económico por el que pasó España entre 1996 y 2011.
- ***5 metros cuadrados*** (2011) de Max Lemcke cuenta la vida de una pareja que compra un piso sobre plano a las afueras de una gran ciudad. Tras reunir todos sus ahorros para pagar la entrada y contraer una hipoteca a cuarenta años, se paran las obras.
- ***El mundo es nuestro*** (2012) de Alfonso Sánchez cuenta las andanzas de dos compadres que atracan una sucursal bancaria disfrazados de penitentes en un trasfondo de precariedad y falta de oportunidades laborales.
- ***El triste olor de la carne*** (2013) de Cristóbal Arteaga narra, de manera realista, el desahucio de una familia a raíz de la crisis de 2008.
- ***Ayer no termina nunca*** (2013) de Isabel Coixet es la radiografía anticipada de la sociedad española del 2017 devastada por la crisis económica de 2008.
- ***Como todas las mañanas*** (2013) de Toni Nievas es una sátira sobre la crisis económica de 2008 en forma de falso documental paródico donde el director retrata a la generación Y, precaria y estigmatizada.
- ***Murieron por encima de sus posibilidades*** (2014) de Isaki Lacuesta es una comedia que narra el plan de cinco ciudadanos que lo han perdido todo por la crisis de 2008. Quieren salvar la economía española y mundial secuestrando al presidente del Banco Central y ordenándole que todo vuelva a ser como antes.
- ***Perdiendo el Norte*** (2015) de Nacho G. Velilla, trata sobre la fuga de cerebros de jóvenes españoles a Alemania, que acaban trabajando en Berlín vendiendo *falafel*. También hace una crítica a los recortes de España en I+D+i.
- ***El olivo*** (2015) de Icíar Bollaín, historia del rescate de un olivo milenario, de los que se venden para su exportación al extranjero, y que ha acabado en el *lobby* de un banco alemán.

MC 26 La crisis económica (2008-2013)

LA CRISIS ECONÓMICA (2008-2013)

- **Estallido de la crisis económica en Europa**
  - **Principios de 2008**
    - Tras la crisis de los subprimes en EE. UU. (finales de 2007)
    - Caída de los activos financieros
    - Despidos en masa
    - Aumento del paro (más del 26 % en 2013)
    - Reducción de la demanda y oferta de créditos bancarios
- **Desconfianza general**
  - De las familias y empresas hacia los bancos
  - De los bancos en la solvencia de sus prestatarios
- **Subida de los tipos de interés**
  - Quiebra de muchas pymes
  - Subida del Euríbor
- **Nuevo orden social**
  - Aumento de los ni-ni (ni estudian, ni trabajan)
  - Nimileuristas además de mileuristas
- **Fuga de cerebros**
  - Reino Unido
  - Alemania
  - Estados Unidos
  - Francia
- **Políticas de austeridad**
  - Recortes en Educación
  - Tijeretazos en Sanidad
  - Recortes en I+D+i
- **Ley de Desahucio**
  - **Octubre de 2011**
    - Expulsión de miles de familias
  - **A principios de 2012**
    - Oleada de suicidios

MAPA CONCEPTUAL

MC 27 ¿Hacia una recuperación económica? (2014-2020)

¿HACIA UNA RECUPERACIÓN ECONÓMICA? (2014-2020)

- **Crisis económica debida a la Covid-19**
  - **2020**
    - Contracción económica: -12,5 %
  - **Previsiones para 2021-2022**
    - Crecimiento más moderado en 2022 (4,5 %) que en 2021 (7,5 %)
  - **Subida del paro en 2021**
  - **Deuda pública**
    - Subida del 120 % en 2020, 2021 y 2022
  - **Recuperación desigual según los sectores**
- **Buenas señales**
  - Buen comportamiento de las exportaciones
  - **Creación de empleo**
    - La mitad en hostelería
    - Buena parte en la construcción
  - Mejora de la demanda interna
  - **Crecimiento del PIB (+3,1 % para 2017)**
    - España supera a los otros países de la Eurozona
  - **Reducción del paro hasta un 15,2 % (2018)**
- **Flujos migratorios**
  - **Entre 2014 y 2016: equilibrio entre emigración e inmigración**
    - Retorno de muchos españoles que habían emigrado durante la crisis económica
    - Salida de muchos latinoamericanos venidos a España en periodo de bonanza
  - **Entre 2017 y 2020: más inmigrantes que emigrantes**
    - Compensa ampliamente el saldo vegetativo negativo de España
- **Matices**
  - **Desempleo**
    - España dista mucho de la media europea (9,1 %)
  - **2016: los ninis**
    - Uno de cada cinco jóvenes españoles (20 y 24 años) ni estudia ni trabaja
  - **Precariedad laboral**
    - "Situación crítica": desigualdad de renta junto a Bulgaria, Grecia y Lituania
    - Único país de toda la UE con el déficit público por encima del 3 %
  - **Estancamiento**
    - El PIB en su nivel precrisis
  - **Desigualdad**
    - Mayor proporción de población en riesgo de pobreza junto a Rumania y Bulgaria

LA CORRUPCIÓN 24

Definición

Por corrupción política se entiende el mal uso del poder público para sus fines personales. Se lleva principalmente de forma privada y secreta. El término opuesto a corrupción política es transparencia. De ahí las expresiones "nivel de corrupción" o "de transparencia" de un Estado legítimo.

Datos generales

La sociedad española empezó a preocuparse por la corrupción, bajo la presidencia de Alejandro Lerroux con el escándalo del estraperlo[1] y el asunto Nombela (1935).

Claro está que la dictadura de Franco encubría muchos casos de corrupción por lo que muchos llegaron a pensar que no hubo tanta corrupción bajo el franquismo como después. Con la vuelta a la democracia, no dejó de existir la corrupción política. Fueron relevantes los casos Filesa y Roldán bajo la presidencia de Felipe González. Desde 1995, Transparencia Internacional publica anualmente un índice sobre la percepción de la corrupción (IPC) a escala mundial. En 2008, España ocupaba el puesto 14 pero pasó al puesto 31 en 2011, año negro para la corona española (véase cap. 10), mientras que en 2019, el índice de España se disparó al puesto 62. A juzgar por el número de casos de corrupción y las elevadas cifras, la credibilidad de los partidos constitucionalistas (PP y PSOE) es baja lo que explica la desafección del electorado y el desprestigio que rodea a esas viejas formaciones. A escala europea, España se sitúa en el puesto 13 entre los 28 miembros.

> El **asunto Nombela** (por el nombre del funcionario que lo denunció: Antonio Nombela) fue un caso de corrupción ocurrido durante el segundo bienio de la Segunda República española y en el que se vio envuelto el líder del Partido Republicano Radical, Alejandro Lerroux, así como otros destacados miembros. Entonces era uno de los partidos que integraban el Gobierno junto con la CEDA de José María Gil Robles, y que se sumó al escándalo del estraperlo que también había afectado a los radicales.

La corrupción política (véase MC 28)

Casos de corrupción en el PP

Los llamados "casos aislados" según el PP, no son, en realidad, tan aislados. Así lo demuestran los vínculos entre tres investigaciones independientes a nivel judicial –las tramas Gürtel, Púnica y Lezo– que dibujan un sistema de corrupción construido en torno al Partido Popular y sus contactos empresariales. Conllevan nombres de personas y de compañías que se repiten.

La trama Gürtel es un caso de corrupción investigado en noviembre de 2007 pero cuya denuncia se remonta tan sólo a febrero de 2009, ante la Audiencia Nacional. Funcionó sobre todo entre las comunidades de Valencia, Galicia y Madrid. El líder principal, el empresario Francisco Correa, organizó eventos públicos del Partido Popular durante el Gobierno de José María Aznar; costumbre que habría dejado Mariano Rajoy cuando llegó a presidir el PP en 2004. El nombre de dicha trama se debe a la traducción del apellido Correa al alemán (Gürtel) que usó para abrir una cuenta en Austria para evadir fondos. El método más habitual para obtener favores era la utilización de dádivas[2] a funcionarios y autoridades públicas –trajes de 12.000 euros, entre otros–.

Con el término **Operación Púnica**, se conoce el operativo policial a instancias del juez de la Audiencia Nacional de España. En octubre de 2014, la Guardia Civil detuvo a 51 políticos, ediles[3], funcionarios y empresarios por estar supuestamente involucrados en una trama de corrupción que adjudicó servicios públicos por valor de 250 millones de euros en dos años a cambio de pagos y comisiones ilegales, posteriormente blanqueados mediante un entramado societario. En 2017, se mantenía en prisión provisional a Francisco Granados y se investigaba la financiación irregular del PP de Madrid. Una formación donde desempeñaba otro rol fundamental Beltrán Gutiérrez, exgerente autonómico del partido, que guardaba en su domicilio cientos de facturas de Luis Bárcenas. El nombre de este operativo tiene su origen en el latín *punica granatum*, nombre científico para el árbol de la granada, para hacer un juego de palabras con el principal detenido Francisco Granados. Rosalía Iglesias, esposa del extesorero del PP, y otros cinco miembros fueron condenados en firme a penas superiores a cinco años de cárcel por la primera etapa de la trama Gürtel tendrán que ingresar en prisión.

De ahí el salto a Gürtel de nuevo: así parecía cerrarse el bucle hasta que la **Operación Lezo** estalló en abril de 2017 con la detención de Ignacio González, presidente de la Comunidad de Madrid y del canal de Isabel II y secretario general del PP de Madrid. Éste se dedicaba a inflar contratos para desviar dinero público. Para ello recurrió al Canal de Isabel II, desde donde utilizó a sus filiales latinoamericanas, entre otras, para comprar una compañía brasileña por 31 millones de dólares, cuando su valor patrimonial apenas llegaba a los 10 millones.

En 2017, se juzgó **el caso Bárcenas** –una derivación de la trama Gürtel– con el extesorero del PP, Luis Bárcenas, entre 1990 y 2009, como pieza clave por ser acusado de sobornos[4] a altos cargos del PP durante años. En junio de 2013, Bárcenas ingresó en prisión y en el juicio de septiembre de 2017, la Fiscalía declaró que el extesorero del PP llegó a acumular 48,2 millones de euros supuestamente de comisiones del entramado de Gürtel y del dinero de la caja B del Partido Popular. Por ello tuvo que comparecer como testigo ante la Justicia el presidente del Gobierno, Mariano Rajoy, que negó conocer en persona al líder de la trama original, Francisco Correa.

En mayo de 2018, la Audiencia Nacional condenó al cabecilla de la trama Gürtel, Correa, a 51 años y 11 meses de prisión, al extesorero Luis Bárcenas a 33 años y 4 meses además de 44 millones de euros de multa, a su esposa Rosalía Iglesias a 15 años y un mes de prisión y al PP a pagar una multa de 245.000 euros como partícipe del entramado. Este caso de corruptela llevó a la moción de censura contra Mariano Rajoy (➲ véase cap. 8). Para evitar que Luis Bárcenas proporcionara informaciones comprometedoras al juez Pablo Ruz, el Gobierno de Mariano Rajoy había montado, ya en 2013, un operativo secreto llamado Operación *Kitchen* cuya misión era sustraerle documentos sensibles al extesorero del PP (para chantajearle) mientras estaba en la cárcel. El Ejecutivo ofreció unos 50.000 euros al chófer de la familia Bárcenas para que participara en el espionaje. En este caso están involucrados altos cargos y policías, entre los cuales el excomisario Villarejo encarcelado desde 2017 por blanqueo de capitales, cohecho y organización criminal.

En febrero de 2021, Luis Bárcenas compareció como testigo en el marco de la investigación del caso Púnica. El extesorero del PP propuso su ayuda para explicar cómo funcionaba la financiación irregular en el PP. De hecho, afirmó que había dado un sobre con 60.000 euros a Esperanza Aguirre (entonces presidenta del PP de Madrid y presidenta de la Comunidad de Madrid,) previamente entregados por la constructora Ploder, en el marco de las elecciones municipales y autonómicas de 2017. Para la interesada, estas revelaciones no son sino un falso testimonio.

Casos de corrupción relacionados con el PSOE

En 2011, se desveló el caso de corrupción más mediático relativo al PSOE: el de los EREs[5] fraudulentos. Se trata de una red de corrupción vinculada al gobierno autonómico de Andalucía presidido por el PSOE desde los años 1980. Las presuntas prejubilaciones[6] fraudulentas en la empresa Mercasevilla facilitaron el destape de este caso de corrupción.

En 2013, el **caso Edu**, también llamado fraude de los cursos de formación, consistía en malversación de caudales públicos vinculados a la Junta de Andalucía. En este caso, la Junta habría pagado cursos de formación que no se llegaron a realizar, sin exigir justificación de la realización de estos ni demandar la devolución de los fondos en caso de que el curso no se impartiera[7]. La investigación se inició en la provincia de Málaga y estarían involucradas 17 empresas con más de 200 personas.

Podemos, ¿un partido exento de corrupción?

A Pablo Iglesias se le conoció por su rebelión contra la casta corrupta y se mostró intransigente sobre la implementación de una política anticorrupción. No obstante, muy rápidamente después de la ascensión del partido Podemos en el Parlamento Europeo en mayo de 2014, se dio a conocer la estrecha relación que mantuvo Pablo Iglesias con el gobierno de Chávez y Nicolás Maduro. Habría cobrado dinero para financiar su campaña electoral lo que le impediría condenar el régimen autoritario venezolano. A eso se le llamó "corrupción de valores democráticos". En febrero de 2014, Maduro encargó a una cuenta a nombre de Pablo Iglesias en el paraíso fiscal de Islas Granadinas. Asimismo, fue denunciada la colaboración de Podemos con el Gobierno de Irán. En febrero de 2020, el CNI (Centro Nacional de Inteligencia) le exigió al vicepresidente del Gobierno explicaciones mediante un formulario denominado "Declaración personal de Seguridad". En caso contrario, no podría obtener acreditación de seguridad.

En junio de 2017, en el ayuntamiento de Madrid, dos concejales[8] de la plataforma Ahora Madrid (directamente vinculada a Podemos) fueron imputados: el concejal de Economía y Hacienda, Carlos Sánchez Mato, y la de Igualdad, Celia Mayer, fueron acusados de malversación de caudales públicos, prevaricación[9] y delito societario. El caso tiene que ver con los 50.000 euros de fondos municipales, que gastaron para la elaboración de una investigación privada sobre el acuerdo del ayuntamiento con el Open de Tenis de Madrid. Una decisión, además, para la que no contaron con la alcaldesa, Manuela Carmena. La lógica habría sido que Pablo Iglesias siguiera la misma vara de medir[10] que la que sugiere a las otras formaciones en cuanto se denuncian casos de corrupción. Pero no parece darse el caso. Como primer síntoma, la web de Ahora Podemos retiró la declaración de principios, en la que figuraba la exigencia de cese inmediato de sus cargos municipales en cuanto se produjera una imputación. Y segundo síntoma revelador: la portavoz de Podemos, Irene Montero, salió en defensa de los dos concejales. En enero de 2020, se confirmó el auto de procesamiento de los dos concejales. Todo ello no le impidió a Pablo Iglesias convertirse en vicepresidente del Gobierno de coalición tras las elecciones del 10-N en 2019 (➜ véase cap. 9).

El partido está atravesando pues la peor crisis política desde su creación en enero de 2014.

Convergència i Unió

A muy poca distancia del PP y PSOE, se sitúa el partido nacionalista catalán CIU, investigado por el caso Jordi Pujol, nombre del expresidente de la *Generalitat* entre 1980 y 2003. Se trata de un entramado con numerosas ramificaciones en las que están implicados miembros de su familia y también el propio partido por el 3 % cobrado por adjudicar obras públicas que sirvieron para financiar a la formación. Entre lo defraudado por el clan Pujol y la investigación que atañe a CIU se calcula que el fraude alcanzó los 3.000 millones de euros.

El *mastergate*

En abril de 2018, estalló el escándalo del llamado "*mastergate*" cuando se reveló que muchos currículos de políticos habían sido inflados con títulos que nunca habían obtenido. La sospecha surgió cuando se descubrió que Cristina Cifuentes, del Partido Popular, presentaba un diploma que en realidad no tenía valor alguno. Se empezó a investigar sobre todos estos másters que salían del mismo centro: la Universidad Rey Juan Carlos. Se destapó la caja de Pandora: la tesis intrigante que Pedro Sánchez habría realizado sobre un tema que desconocía un año antes de leerla y el máster que Pablo Casado obtuvo con tan sólo cuatro trabajos entregados sin asistir a clase. Al revelarse la lista de políticos involucrados, muchos dimitieron. En noviembre de 2019, se reveló que el currículo de Albert Rivera había menguado desde 2015: se presentó en un principio como doctor en Derecho Constitucional por la Universidad de Barcelona, pero resulta que nunca había sido matriculado allí. El periódico nacional *El País* fue acusado de mentir en varias publicaciones sobre la representante de Vox, Rocío Monasterio, que supuestamente ostentaba un título de arquitectura que no había obtenido. El diario fue obligado por la Justicia a rectificar lo dicho.

Caso de corrupción política y urbanística

El caso Palau (o caso Millet)

También conocido como el saqueo del *Palau de la Música*, esencialmente un desfalco[11] realizado por Fèlix Millet i Tusell, presidente del patronato de la *Fundació Orfeó Català-Palau de la Música* (ideada por el mismo Millet en 1990), con la implicación de algunos de sus colaboradores. Se realizó el fraude a lo largo de la primera década del siglo XXI lo que facilitó que se considerara el delito prescrito. El caso originó la consternación de la sociedad civil catalana por la importancia simbólica del Palacio de la Música Catalana. Las ramificaciones del caso Millet afectaron al partido Convergència Democràtica de Catalunya (CDC), que habría sido receptora del pago de comisiones de Ferrovial a través del *Palau de la Música* a cambio de la concesión de obras públicas, como la Ciudad de la Justicia nunca acabada o la inconclusa línea 9 del metro de Barcelona.

La corrupción urbanística

Se refiere a los casos de abuso del poder de los cargos públicos vinculados a la especulación inmobiliaria y el incumplimiento de las normativas urbanísticas y medioambientales con el objeto de enriquecimiento ilícito. La corrupción urbanística se explica en mayor parte por la financiación de los ayuntamientos, que antes le incumbía al Gobierno central.

El proceso de descentralización en España es resultado de la creación del Estado de las autonomías. Las comunidades autónomas podrán asumir competencias en la ordenación del territorio, urbanismo y viviendas, así como en obras públicas de interés de la comunidad autónoma en su propio territorio.

Al igual que un ayuntamiento recibe enormes cantidades de dinero por parte de promotores y constructores para poder pagar los servicios municipales que presta (transporte público, polideportivos, limpieza de calles, *etc.*), también los políticos que gobiernan esos ayuntamientos cobran dinero a título personal (sobornos, sobresueldos). Como el precio difería de un tipo de suelo a otro hasta 20 veces más, los ayuntamientos se enriquecieron por conceder la calificación de "suelo urbanizable" a promotores y constructores (➔ véase cap. 24).

Aeropuertos fantasma

Varios casos de aeropuertos fantasma se dieron en España desde el principio de la crisis, como si fuera una solución idónea para salir adelante.

El aeropuerto de Ciudad Real, abierto al público desde 2008, se declaró en quiebra en 2012. Obras descomunales se llevaron a cabo en 2011 para construir **el aeropuerto de Murcia** y así competir con el aeropuerto internacional de Corvera. Después de conocer un éxito en 2012, debido a las compañías de bajo coste, propuso cerrar en agosto de 2013. Hoy queda abierto, pero vacío y sin utilizarse. **El aeropuerto de Huesca** construido por 40 millones de euros e inaugurado en 2006, sigue hundido por la falta de actividad. Su parálisis supone, año tras año, una media de cuatro millones de euros perdidos al año. **El aeropuerto de *Lleida-Alguaire* (Lérida)** no funciona. Más de seis años después de su puesta en marcha, el *Govern* tiene serias dificultades para sacar rendimiento al equipamiento. La infraestructura nació para incorporar a Lleida en el mapa aeroportuario y dar un importante impulso a la demarcación leridana y a los Pirineos, aunque hoy no se están cumpliendo las expectativas fijadas de buen principio.

Sin embargo, el caso del aeropuerto de Castellón no es tan "fantasma" como podía parecer. Esta instalación, a pesar de haber sido símbolo del despilfarro[12] político, duplicó el número de viajeros en la primera mitad de 2017 e inició colaboraciones culturales.

Construcción abusiva de hospitales

Crecieron hospitales fantasma, como el de Cáceres, Tenerife, Melilla, Málaga, Toledo, Huelva, Salamanca, Cádiz... Son instalaciones planeadas en plena burbuja sanitaria[13] que han quedado a medio construir, abandonadas o sin fecha de apertura por falta de presupuesto, disputas políticas o mala planificación.

Otras infraestructuras inútiles

En septiembre de 2015, se descubrió la existencia de un polideportivo[14] de 1.200 m^2 en Arganda del Rey, uno de los municipios más endeudados: nunca se utilizó. La historia se remonta a mediados de la década pasada, cuando el ayuntamiento, entonces gobernado por el Partido Popular, inició las obras de las instalaciones deportivas. En 2008, amplió la obra con 1.200 metros cuadrados más debajo de la piscina. En la construcción de este polideportivo participaron constructoras vinculadas con la trama Gürtel, fuertemente asentada en este municipio. El coste se habría disparado desde los dos millones de euros presupuestados hasta los 12 millones. Desde 2008, final de las obras, las salas multiusos están cerradas al público.

En Barcelona, existen 12 estaciones fantasma, diez de las cuales son de metro, una de ferrocarriles de la *Generalitat* y otra de *Rodalies* RENFE. A lo largo de su historia ha habido estaciones que se han tenido que abandonar para construir nuevas estaciones de metro más grandes o bien estaciones que se han construido y nunca se han usado.

Viviendas fantasma

Seseña es posiblemente el icono de la burbuja inmobiliaria, pero es sólo uno más de los lugares de España donde se construyeron más viviendas de las que la demanda podía absorber a esos precios. Casas terminadas, pero vacías, sin luz y con las persianas bajadas se acumularon también en Ciudad Valdeluz a 70 km de Madrid, Costa Miño golf en La Coruña, Ciudad Zaragoza golf, El Toyo en Almería, Costa Esuri en Ayamonte, Palafrugell en Cataluña, Señorío de Illescas en la provincia de Toledo o la Torre Golf Resort en Murcia. Viviendas y barrios sin vida se extienden por diferentes puntos de España, víctimas de la burbuja inmobiliaria (➔ véase MC 28). Casas y más casas se levantan en estos barrios, que no cuentan con centros comerciales, ni colegios ni servicios básicos. Pese a que los precios han caído, las viviendas en estas zonas resultan poco atractivas precisamente por estas carencias. Los pocos que viven allí denuncian que tienen problemas con el correo, con la recogida de basura o con la iluminación. Desarrollados y pensados para miles de personas, tan solo albergan unos pocos cientos de hogares.

El Banco de España calculó en septiembre de 2017 que el *stock* de viviendas se situaba en 500.000 inmuebles por exceso sin vender en zonas donde no hay demanda. El Tribunal Supremo condenó a la banca a devolver el dinero que recibió a cuenta para promociones fantasma. La condena se hizo gracias a una ley de 1968 que protegía al consumidor y que les obligaba a vigilar el destino del dinero. La sentencia abre un nuevo frente judicial para la banca.

De la corrupción urbanística a la "exclusión monárquica": el caso Palma Arena

El caso Palma Arena es un proceso judicial por corrupción, con más de 25 piezas separadas, que se inició en octubre de 2007 a raíz de la denuncia del nuevo conseller de Deportes del Gobierno autonómico de las Islas Baleares, el socialista Mateu Cañellas, quien aseguró que el anterior Gobierno autonómico del Partido Popular presidido por Jaume Matas había autorizado un gasto total de 90,6 millones de euros para el velódromo, casi el doble de los 48 millones presupuestados. Intervino la Fiscalía Anticorrupción y en agosto de 2008, se inició la instrucción judicial por la posible comisión de delitos de malversación de caudales[15] públicos, falsedad y cohecho[16] en relación a la construcción del pabellón. Poco a poco fueron imputadas hasta 30 personas, entre ellas el yerno del entonces rey Iñaki Urdangarin, imputado el 29 de diciembre de 2011 por presunta ilegalidad de convenios firmados en 2005 y 2006 entre la Fundación Illesport, el Instituto Balear de Turismo (Ibatur), dependientes del *Govern balear*, y el Instituto Nóos, presidido por él, y el expresidente balear y exministro del PP Jaume Matas.

De ahí un paso hacia el **caso Nóos**, también conocido como caso Urdangarin u Operación torre de Babel. Comenzó en 2010 como derivación del caso Palma Arena al ser encausados los dirigentes del ***Instituto Nóos***, Iñaki Urdangarin, ex duque consorte de Palma de Mallorca, y su ex socio Diego Torres. La Fiscalía Anticorrupción les acusó de malversación, fraude, prevaricación, falsedad y blanqueo de capitales. Tales actividades delictivas se habrían realizado desde Nóos, la fundación sin ánimo de lucro que dirigían, así como desde una red societaria de empresas asociadas a Nóos. En enero de 2013, la Casa Real borró[17] de su página web la página propia que le correspondía a Urdangarin como miembro de la Familia Real y tan sólo dejó su nombre y su imagen, como esposo de doña Cristina y duque de Palma, en la página personal de la infanta. A Iñaki Urdangarin se le condenó a pesar de todo a seis años y tres meses de cárcel. La

Infanta Cristina también fue imputada en febrero de 2014 pero luego absuelta lo que desató polémica. No obstante, perdió su título de duquesa y su posición en la Familia Real. La relación con su hermano el rey Felipe VI es hoy casi inexistente. Más tarde, la examante del rey emérito, Corinna Larsen, apareció como representante de Juan Carlos I junto a magnates extranjeros, y actuó como intermediaria en transacciones con altos dignatarios y empresarios de Rusia y de Arabia Saudí. En marzo de 2020, se descubrió que Juan Carlos I había hecho cuantiosas y periódicas retiradas de efectivo de la cuenta a nombre de Lucum por importes que superaban los 100.000 euros al mes entre 2008 y 2012, lo que podría explicar el supuesto regalo de 65 millones de euros a Corinna (➔ véase cap. 10).

En resumidas cuentas, la corrupción urbanística no es más que una derivación de la corrupción política que mancilla[18] parte de la clase política desde los más bajos hasta los más altos cargos.

NOTAS

1. el estraperlo = el mercado negro
2. unas dádivas = unas donaciones
3. un edil: *un conseiller municipal*
4. los sobornos: *les pots-de-vin*
5. ERE (Expediente de Regulación del Empleo): *subventions liées aux plans de licenciements*
6. las prejubilaciones: *les pré-retraites*
7. impartir una clase, un curso = dar clase
8. un concejal: *un conseiller municipal*
9. la prevaricación = hecho de dictar una sentencia injusta o contraria a la ley
10. la vara de medir = la manera de actuar según criterios
11. el desfalco = el desvío de fondos
12. el despilfarro: *le gaspillage*
13. la burbuja sanitaria = en plena bonanza económica, el Gobierno de José María Aznar concedió ayudas para construir hospitales
14. un polideportivo: *un gymnase*
15. los caudales = los fondos
16. el cohecho = la corrupción
17. borrar: *effacer*
18. mancillar: *éclabousser, salir la réputation*

- ***El diputado*** (1978), película española de Eloy de la Iglesia, en la que cuenta cómo la ultraderecha de la Transición lanza una trama para acabar con la carrera política de un brillante candidato de la izquierda.
- ***La escopeta nacional*** (1978), película española de Luis García Berlanga, sobre un empresario catalán de porteros electrónicos que decide organizar una cacería en Madrid para hacer contactos dentro de una corte franquista de lo más surrealista.
- ***B, la película***, (2015), largometraje español de David Ilundain inspirado en la comparecencia de Luis Bárcenas del 15 de julio de 2013 ante el juez Pablo Ruz. El guión, una transcripción literal (aunque acortada) de su declaración, relata el momento en que, por primera vez ante el juez, Bárcenas admite ser el autor de "los papeles" que se le atribuyen.
- ***El reino*** (2018), de Rodrigo Sorogoyen, es un *thriller* de índole política sobre la corrupción en España. Cuenta la caída fulgurante de un influyente vicesecretario autonómico que lo tiene todo para obrar a nivel nacional, pero que ve frustrado su afán de poder a raíz de unas filtraciones que le implican en una trama de corrupción.

El atasco de influencias (1991), *Corrupción a mogollón* (1994), *El Señor de los Ladrillos* (2005) y *Marrullería en la alcaldía* (2010), tebeos de Francisco Ibáñez recopilados en la serie Mortadelo y Filemón.

MC 28 Los mayores casos de corrupción política

LOS MAYORES CASOS DE CORRUPCIÓN POLÍTICA

- **PP**
  - **Caso Palma Arena (octubre de 2007)**
    - Corrupción del gobierno autonómico de Palma de Mallorca presidido por Jaume Matas (PP) para construir el pabellón multideportivo
    - 30 personas imputadas entre las cuales el yerno del rey, Iñaki Urdangarin (dic. 2011) por ilegales convenios firmados en 2005 y 2006 entre la Fundación Illesport, el Instituto Balear de Turismo (Ibatur) y el Instituto Nóos
  - **Trama Gürtel (2009)**
    - **25 de mayo de 2018: sentencia condenatoria**
    - PP: multa de 245.000 euros
    - Bárcenas (extesorero del PP): 33 años de cárcel
    - Francisco Correa: más de 50 años de cárcel
    - Moción de censura presentada por Pedro Sánchez contra Rajoy (aprobada el 1de junio de 2018)
  - **Caso Bárcenas (enero de 2013)**
    - Sobresueldos repartidos por Luis Bárcenas
    - Mariano Rajoy habría puesto fin a esta práctica en 2004
  - **Operación Kitchen (2013)**
    - Espionaje del chófer de Luis Bárcenas en colaboración con Mariano Rajoy para chantajear al extesorero del PP
  - **Operación Púnica (octubre de 2014)**
    - Detención de 51 políticos, ediles, funcionarios y empresarios
  - **Tarjetas opacas Caja Madrid (octubre de 2014)**
    - Gastos personales con dinero sucio
  - **Caso Lezo (abril de 2017)**
    - Financiación irregular del PP de Madrid
- **Podemos**
  - **Financiación de la campaña electoral para las elecciones europeas de 2014**
    - Dirigentes del partido recibieron 4 millones de euros de Venezuela, Ecuador y Bolivia
- **Mastergate**
  - **Abril de 2018**
    - Recurso a títulos fraudulentos y diplomas inflados con el fin de alcanzar cargos políticos relevantes
    - Muchos políticos acusados (incluso Pedro Sánchez)
- **Monarquía**
  - **Caso Nóos, derivación en 2010 del caso Palma Arena**
    - Iñaki Urdangarin acusado de desviar fondos públicos mediante el instituto Nóos con su socio Diego Torres
    - Urdangarin condenado a cinco años y diez meses de cárcel y encarcelado en junio de 2018
- **Convergencia**
  - **Caso Palau**
    - Construcción del Palacio de la Música
  - **Caso Pujol**
    - Toda la familia imputada
- **PSOE**
  - **Caso de los EREs falsos (2011)**
    - Fraude de 1.400 millones de euros que afectaría a 68 empresas
  - **Caso Edu (2013)**
    - Fraude de cursos de formación

EL TURISMO, ¿BAZA O PLAGA PARA ESPAÑA? 25

Datos generales

A finales de los años 50, la España de Franco abrió sus puertas masivamente (pese a la malísima calidad de las carreteras y de los transportes) a los turistas extranjeros y, desde entonces no ha dejado de ir mejorando sus infraestructuras. Para aumentar su capacidad a recibir visitantes exteriores se inauguró la primera línea de AVE en 1992 entre Madrid y Sevilla (con motivo de la EXPO'92), desarrollando estrategias para llamar la atención y atraer a los extranjeros, como por ejemplo el "Plan del Turismo Español Horizonte 2020". Cuatro factores fundamentales explican este interés desaforado[1] por la tierra española: las características geográficas, el clima, el patrimonio cultural y los precios competitivos. Pero este éxito, que depende fuertemente de otras causas exteriores, resulta ser un arma de doble filo[2] ya que acarrea[3] consecuencias a la vez positivas y negativas para el país.

Un sector clave boyante

El turismo se ha convertido en la primera industria española al generar empleo y divisas para el Estado. La llegada de turistas extranjeros en 2018 alcanzó los 82.8 millones y en 2019 los 83.7 millones. El gasto de los turistas internacionales que visitaron España alcanzó los 92.278 millones de euros en 2019, lo que supuso un aumento del 2.8 % frente a 2018.

Baleares, Cataluña y Andalucía son las comunidades autónomas con mayor peso en el gasto total de los turistas. La actividad turística es una verdadera fuente de riqueza que, en plena crisis, sirvió (y ahora en plena recuperación sigue sirviendo) para compensar la caída libre de otros sectores económicos, así como la del turismo interior. 2016 fue un año récord resultante de la ocurrencia de asuntos geopolíticos como el impacto del terrorismo en los destinos mediterráneos (Turquía, Egipto o Túnez) que suelen competir directamente con España en la tradicional oferta de "sol y playa". El turismo es el más competitivo de todos los ámbitos de la economía española que hasta 2017 se posicionaba en tercer lugar en el *ranking* mundial respecto a la recepción de turistas y, en el segundo en cuanto a los ingresos, compitiendo sólo con Francia y Estados Unidos. En 2017, volvió a batir su propio récord con 82 millones de turistas extranjeros consolidándose como segunda potencia turística mundial por detrás de Francia y por delante de Estados Unidos. La participación del sector turístico en el PIB representó el 14.6 % del PIB en 2018. Este auge[4] se explica por un sinfín de posibilidades que brinda[5] España a nivel cultural, deportivo o cultural. También propone una gran oferta en términos de turismo de sol y playa, negocios, compras, red de paradores[6] nacionales...

Los 83.7 millones de turistas, que llegaron a España procedían principalmente del Reino Unido, Alemania y Francia. Optaron por pernoctar durante su estancia en las islas Baleares o Canarias y Cataluña.

El reverso de la medalla

El triunfo del turismo oculta[7] numerosos problemas tanto para la sociedad como para el medio ambiente. La oferta de sol y playa que atrae a la mayoría de los turistas provoca un gasto excesivo de agua (por ejemplo en Baleares cada turista consume 278 litros de agua al día frente a los 105 de los residentes locales), un hormigonado[8] de la costa (fenómeno urbanístico que se conoce como la balearización del litoral) que acaba con la belleza de los sitios y favorece cierta precariedad laboral ya que el sector turístico suele decantarse por[9] contratos temporales y mano de obra barata que a veces tiene dificultades para alojarse por sus altos precios. Por ejemplo, los 80.000 trabajadores estacionales[10] que salen de la Península para cubrir el verano en Baleares se hacinan[11] en pisos compartidos por hasta 10 personas y al precio de 500 euros la cama o sofá, o incluso duermen en coches y tiendas de campaña. Además, el mercado hotelero está viviendo una situación difícil por la competencia de los alojamientos colaborativos como *airbnb*. En 2016, el número de plazas en apartamentos turísticos superó por primera vez a las hoteleras en los 22 mayores destinos del país. En Baleares se aprobó en 2016 una tasa diaria a los turistas conocida como Ley del impuesto sobre estancias turísticas y de medidas de turismo sostenible y en ciertos ayuntamientos[12] como los de Barcelona o San Sebastián se intenta luchar contra esta competencia desleal mediante normativas que regulan las viviendas turísticas. Por otra parte, el comportamiento de ciertos turistas, que fuera de su país piensan que lo tienen todo permitido, provoca la ira de la población autóctona. Basta con tomar el ejemplo de los turistas que deambulan desnudos por las ciudades o de los jóvenes ebrios que saltan desde balcones (el llamado *balconing*). Son los deportes favoritos del turismo de borrachera[13] y sólo una muestra[14] de sus numerosas manifestaciones. Los vecinos de los barrios sufren la superpoblación debida al turismo de masas, el aumento del precio de la vivienda en las zonas de más demandas, la desaparición de las tiendas no turísticas en el casco viejo de las ciudades, así como el ruido cuando no los olores. El barómetro del ayuntamiento de Barcelona de julio de 2017 colocaba al turismo como el principal problema de la ciudad para los barceloneses por encima del paro, algo sin precedentes que seguía igual en 2019.

Como consecuencia, el tradicional discurso sobre la importancia del turismo en la economía española empieza a cambiar e incluso está surgiendo un fenómeno contrario. Una parte de los ciudadanos, que ve el sector como una molestia[15] para su calidad de vida, no vacila en[16] expresar su hartazgo[17] en manifestaciones o colgando banderolas de sus fachadas. Su expresión extrema es la “turismofobia” que hasta puede tener una resonancia política mediante cierta hostilidad como el ataque a un autobús turístico de Barcelona cometido por la organización juvenil independentista Arran a finales de julio de 2017. En el País Vasco, a principios de agosto, las juventudes de la izquierda *abertzale*[18] convocaron para el 17 del mismo mes una marcha contra el turismo en San Sebastián. Los actos vandálicos o delictivos, las manifestaciones “turismófobas” perjudican[19] la imagen del país y su economía podría resentirse. El turismo español afronta riesgos internos y externos que las autoridades no pueden desoír[20] si quieren que la mayor industria nacional siga teniendo el viento favorable. Su meta actual es alcanzar un desarrollo sostenible para disminuir los efectos negativos de la actividad turística sobre el medio ambiente, ofrecer mayor calidad a los turistas y mejor calidad de vida a los españoles. Para ello, España tiene que diversificar la oferta turística, mejorar la calidad de las infraestructuras y del personal, escalonar la llegada de los turistas para evitar la masificación durante el verano. Estas prioridades son las garantes de la perennidad de la actividad y los recursos turísticos, pero los efectos de la crisis que sigue experimentando España pone en entredicho[21] unas medidas que podrían afectar su PIB.

El sector tiene numerosos desafíos que aceptar para seguir siendo uno de los destinos turísticos más apreciados y no morir de su propio éxito.

El impacto de la COVID-19 en el sector turístico

A raíz de la pandemia de coronavirus que azotó de pleno España, el turismo pasó de baza económica a maldición económica en un abrir y cerrar de ojos. El confinamiento en España, así como en los países emisores de turistas paralizó los flujos turísticos. De hecho, la entrada de turistas internacionales se desplomó hasta el 98 % en junio de 2020, la actividad de las aerolíneas cayó un 95 % y se suspendieron más de 250.000 vuelos. Estas limitaciones a la movilidad, así como la cuarentena impuesta a los turistas extranjeros a la vuelta de sus vacaciones disuadieron. Además, el modelo económico nacional depende del turismo masivo, que incrementa el riesgo de rebrotes[22]. El turismo es el sector más duramente afectado por la crisis sanitaria y su recuperación no se prevé antes de 2022-2024. Estos datos resultan tanto más desoladores cuanto que el turismo representa un 14 % del PIB y genera un 13 % del empleo. Se calcula que el sector perdió casi cien mil millones de euros. Algunas zonas que no dependían del turismo extranjero, como el Mar Menor, en el Mediterráneo, no sufrieron de la pandemia: los turistas españoles siguieron yendo como todos los años y los ingleses que son residentes permanentes se quedaron allí. Nada cambió, salvo que volvieron a aparecer algunas especies marinas desaparecidas hasta entonces. Se estableció un corredor de turismo entre Alemania y Baleares ya que estas islas no presentaban riesgo. También se buscaron estrategias para llevar a cabo un turismo más sostenible donde el viajero se sienta como en casa, pero fuera de casa. Se privilegió por tanto un turismo de naturaleza, de aislamiento con actividades al aire libre, senderismo y rutas enológicas o gastronómicas. Se calculó que España perdió más de 65 millones de turistas en 2020 por la Covid-19 y más de 70.000 millones de euros (dinero gastado en el país por los veraneantes).

NOTAS

1. desaforado = enorme
2. de doble filo: *à double tranchant*
3. acarrear = provocar
4. el auge: *l'essor*
5. brindar = ofrecer
6. el parador = en España, monumento histórico rehabilitado en hotel de lujo dependiente de organismos oficiales
7. ocultar = esconder
8. hormigonado: *bétonné*
9. decantarse por = preferir
10. estacional: *saisonnier*
11. hacinarse: *s'entasser*
12. el ayuntamiento: *la mairie*
13. la borrachera: *la beuverie*
14. la muestra: *l'échantillon*
15. la molestia: *le dérangement, la gêne*
16. vacilar en: *hésiter à*
17. el hartazgo: *le ras-le-bol*
18. *abertzale* = independentista en vascuence
19. perjudicar: *nuire*
20. desoír: *ne pas tenir compte de*
21. poner en entredicho: *mettre en doute*
22. un rebrote: *une flambée*

MAPA CONCEPTUAL

EL TURISMO EN ESPAÑA

2020: peor año para el turismo

- **Impacto de la Covid-19**
  - Paralización de los flujos turísticos
  - Pérdida económica estimada en 100 mil millones de euros
  - Reaparición de algunas especies marinas
  - Turismo verde y sostenible
- **El reverso de la medalla**
  - Gasto excesivo de agua
  - Balearización de las costas
  - Numerosas molestias
  - Turismofobia
- **Un turismo con mucha oferta**
  - Cultural y arquitectónico
  - De negocios (viajes, coloquios)
  - De sol y playa (estaciones balnearias)
  - Idiomático (aprendizaje del idioma español)
  - Verde (ecológico, de caminatas)
- **Razones del éxito de España**
  - Características geográficas
  - Clima
  - Patrimonio cultural
  - Precios competitivos
- **Finales de los años 50-60**
  - Principio y desarrollo del turismo
- **Turistificación en los años 90**
  - AVE
  - Expo'92 de Sevilla
  - JJ. OO. de Barcelona (1992)
  - Madrid, ciudad europea de la cultura
- **Primera industria española**
  - **2016** – 75,6 millones de turistas extranjeros (tercer destino turístico mundial)
  - **2017** – 81,8 millones de turistas extranjeros (segundo destino turístico mundial)
  - **2018** – 82,8 millones de turistas extranjeros (segundo destino turístico mundial)
  - **2019** – 83,7 millones de turistas extranjeros (segundo destino turístico mundial)
  - **El turismo representaba un 14% del PIB en 2019**
- **Procedencia de los turistas**
  - Alemania
  - Francia
  - Reino Unido
  - Auge del turismo chino estos últimos 7 años
- **Principales comunidades visitadas**
  - **Andalucía**
  - **Baleares** – Prohibición de AirBnb, impuestos turísticos
  - **Cataluña** – A raíz del 1-O y del desafío soberanista, el turismo decreció a finales de 2017

ESPAÑA, TIERRA DE EXILIO Y ACOGIDA 26

Paseo histórico por quinientos años de idas y vueltas

La tradición migratoria española se remonta a numerosos siglos y culminó cuando Cristóbal Colón atracó en Guanahani y abrió paso a la llegada de numerosos conquistadores al Nuevo Mundo. La colonización de los territorios se dio conforme la conquista iba produciéndose. Los que cruzaban el Atlántico para instalarse allí eran oriundos[1] de Extremadura o Andalucía principalmente. Las guerras de independencia en América (a principios del siglo XIX) provocaron el retorno de miles de españoles a su tierra natal, con excepción de Cuba, que no dejó de atraer a emigrantes (en particular de Canarias y Cataluña) por el auge[2] azucarero y tabacalero. Las antiguas colonias de Latinoamérica atrajeron a inmigrantes españoles a mediados del siglo XIX y de la primera parte del siglo XX por ser países que necesitaban mano de obra, permitían enriquecerse y compartían el mismo idioma, lo que facilitaba la integración de los recién llegados. En aquella época, los candidatos a la emigración eran campesinos o trabajadores que carecían de cualificación. La mayor oleada de emigración española ocurrió a finales del siglo XIX, cuando un gran número de españoles llegó a Argentina, Uruguay y Brasil, en un periodo de bonanza[3] económica. De hecho, los salarios de los trabajadores de Buenos Aires, Montevideo o São Paulo superaban ampliamente los de los españoles. Salió un promedio de 40.000 españoles al año entre 1880 y 1900 hasta alcanzar unos 100.000 hasta la Gran Depresión de 1929 y tuvo repercusiones en todo el continente. La Guerra Civil española (1936-1939) produjo una nueva emigración masiva, pero esta vez forzosa, que obligó al exilio de más de 400.000 republicanos españoles a Francia. Sólo uno de cada diez de ellos logró emigrar a América: eran los más adinerados[4]. La emigración española creció después del fin de la Segunda Guerra Mundial, debido a la depresión económica que caracterizó los primeros 20 años del Gobierno de Franco. Para escapar del hambre, el racionamiento y los malos salarios volvió a resultar atractivo emigrar, especialmente a Argentina, Venezuela, Brasil, Uruguay y Cuba, pero por estancias[5] cortas. Entre 1950 y 1960, debido a la crisis económica que asolaba a España, se marchó más de un millón de emigrantes rumbo a[6] Francia, Suiza y Alemania. Estos países, en ese momento, necesitaban una mano de obra poco cualificada. Las remesas[7] que los emigrantes mandaban a sus familiares constituyeron para éstos una relevante ayuda. A diferencia de la precedente emigración a América, los emigrantes españoles no se instalaban definitivamente en el país de acogida. Franco había "negociado" la mano de obra de su país con una Alemania en plena reconstrucción. Después de varios años, una tercera parte regresó a España. A finales de los años 60, los países de acogida endurecieron las condiciones de inmigración y, a raíz de la crisis del petróleo de 1973, favorecieron el retorno de los trabajadores extranjeros por la grave recesión. Con el final de la dictadura franquista, la vuelta a la democracia, la modernización de España y la entrada en la Comunidad Económica Europea en 1986, la emigración disminuyó rápida y considerablemente. Y se empezó a producir el fenómeno contrario: España empezó a ser atractiva.

España, tierra de acogida (➜ véase MC 30)

La inmigración es un fenómeno bastante reciente en España, pero conoció un fuerte crecimiento enseguida. Fue a mediados de los años 90 cuando empezaron las primeras llegadas de extranjeros por considerar España una puerta de entrada a Europa. La población de los inmigrantes pasó de menos de un millón en 2000 a más de cinco millones (un 12 % de la población) en 2008. La población inmigrante se disparó entre 2000 y 2006, multiplicándose por 4. Creció tanto que España se convirtió en uno de los países con más inmigrantes per cápita del mundo (por delante de Estados Unidos, Reino Unido o Alemania). En 2005, José Luis Rodríguez Zapatero permitió la regulación de más de 700.000 inmigrantes ilegales.

En 2006, la llamada crisis de los cayucos[8] culminó con la llegada de más de 31.500 inmigrantes ilegales procedentes de África. La operación Hera desplegó barcos y aviones de varios Estados miembros en el litoral africano para detener la salida de cayucos y devolver a sus ocupantes al punto de partida.

El efecto llamada es una expresión que fue utilizada por miembros del PP para exponer las posibles consecuencias del proceso de regulación de inmigrantes llevada a cabo por el gobierno de José Luis Rodríguez Zapatero, en la primera mitad de 2005. Para los detractores de este decreto, la legalización posibilitada por el proceso regulador fomentaba[7] la llegada masiva de inmigrantes ilegales.

Evolución de la población extranjera residente en España entre 2010 y 2020

2010	2012	2014	2016	2018	2020
5.700.000	5.236.030	4.677.059	4.417.517	4.719.418	5.235.375

En el año 2013, el gobierno español adoptó una resolución que otorgaba visados a los extranjeros que invirtieran en el país por más de 500.000 euros. Así, los foráneos[9] pueden ingresar y permanecer de manera legal en España durante más de un año. En 2015, el Congreso aprobó una ley que daba la nacionalidad española a los descendientes de los sefardíes expulsados en 1492, aunque no tuvieran residencia legal en España. El requisito[10] era que probaran su condición de sefardí y su especial vinculación con España. En 2017, los venezolanos fueron los extranjeros que más inmigraron a España. A uno de julio de 2017, los venezolanos eran 73.747 mientras que eran 53.488 a 1 de julio de 2016 (➔ véase cap. 50). Los mayores crecimientos fueron para los nacionales de Venezuela (16,6 %) mientras que los mayores descensos se dieron entre los residentes de Ecuador (–3,3 %) y Bolivia (–3,2 %). La población extranjera volvió a aumentar en 2018 por la recuperación económica que atrajo de nuevo a los inmigrantes irregulares. En junio de 2018, la llegada del barco *Aquarius* a las costas españolas con 630 inmigrantes ilegales a bordo creó un precedente en Europa al alcanzarse un acuerdo entre 6 países (entre los que figuraba España) para acoger a los migrantes ilegales. En julio y agosto, miles de africanos intentaron entrar en España trepando por las vallas de Ceuta o Melilla: el 26 de julio, el asalto masivo a la valla de Ceuta por parte de 600 inmigrantes se saldó con 22 guardias civiles y 130 inmigrantes heridos.

Con la caída de los cruces transfronterizos ilegales en la ruta del Mediterráneo central, los movimientos migratorios se desplazaron hacia el Mediterráneo occidental. En 2018, marroquíes y subsaharianos en su mayoría, cruzaron el Estrecho de Gibraltar y el Mar de Alborán, haciendo del Mediterráneo occidental la ruta de acceso a Europa más utilizada. A finales de año, se incrementó la prevención por parte de las autoridades marroquíes gracias al esfuerzo con cooperación entre Marruecos y España.

La vía canaria se daba por controlada, pero a partir de septiembre de 2019 sufrió una presión migratoria sin precedentes. La reactivación de la ruta a las islas se debe sobre todo al refuerzo del control de Marruecos en el Estrecho de Gibraltar y del mar de Alborán. Además, la crisis económica ocasionada por el coronavirus y las restricciones fronterizas que impiden a los migrantes tomar vías terrestres desvían los flujos migratorios hacia las islas Canarias desde el Sáhara Occidental, Senegal y Gambia.

En 2020, a raíz del cerrojazo[11] del Estrecho en el marco de la lucha contra la inmigración ilegal, Canarias volvió a ser el destino de miles de inmigrantes irregulares: más de 23.000 clandestinos llegaron a las islas para huir de su país. Y la pandemia de coronavirus cambió el perfil de los que buscaban refugio en Canarias: los africanos arruinados por la crisis sanitaria. A los migrantes que huían de los conflictos, las sequías o la pobreza crónica, se agregaron las personas que se lanzaron al mar sin planearse emigrar previamente. Empleados del sector turístico, comerciantes, trabajadores informales que lo perdieron todo engordaron la lista de los candidatos a la inmigración ilegal. Este repunte de las llegadas de sin papeles volvió a propagarse el discurso xenófobo por parte de los isleños. En noviembre de 2020, frente a esta oleada que recuerda la de 2006, el Ejecutivo entabló negociaciones con Frontex para lanzar una operación conjunta y frenar la llegada de cayucos al archipiélago. Sólo durante el fin de semana de los 7-8 de noviembre llegaron más d 2.000 clandestinos frente a una Guardia Civil desbordada ante esta ola masiva.

Radiografía de las nacionalidades de los inmigrantes

En 1988, los colectivos predominantes eran el marroquí, seguido por el británico, el alemán, el portugués y el francés mientras que en 2002 el panorama cambió, aunque los marroquíes seguían encabezando la lista, seguidos por los ecuatorianos, colombianos, ingleses, alemanes y rumanos. A 1 de enero de 2020, los grupos extranjeros de población más numerosos procedían de Marruecos (864.546), Rumanía (665.598), Reino Unido (262.123), Italia (251.610), Colombia (272.596), China (232.617) y Venezuela (188.735). Los casi 300.000 británicos que residen en España están instalados en la Comunidad Valenciana, Andalucía y las Islas Canarias. Entre las 15 nacionalidades más numerosas, ocho pertenecen a países de la Unión Europea y tres a países latinoamericanos. En enero de 2020, la población extranjera alcanzaba el 11.4 % de la población española.

> Los tres colectivos latinoamericanos más presentes en España en 2020 son los colombianos, los venezolanos y los ecuatorianos.

Entre los inmigrantes de la UE predomina la ocupación en el sector financiero y comercial, y las profesiones liberales. La mayoría de los latinoamericanos trabajan en la hostelería y el servicio doméstico. Los del este son los que más se emplean en la construcción mientras que los marroquíes se contratan en el sector agrícola esencialmente.

> En septiembre de 2017, la hostelería era el sector que más inmigrantes empleaba, seguida por el comercio, las actividades del hogar y la agricultura. La construcción conoció un desplome entre 2009 y 2017 a raíz de la crisis económica. El sector del ladrillo[12] se redujo a la mitad pasando de 255.323 trabajadores inmigrantes a 115.992.

La lucha contra la inmigración ilegal

España cuenta con dos sistemas de vigilancia: la Agencia Europea para la Gestión de la Cooperación Operativa en las Fronteras Exteriores, conocida como Frontex, y el Sistema Integrado de Vigilancia Exterior (SIVE). Frontex es un órgano financiado por la UE cuya meta es mejorar la gestión de las fronteras terrestres y marítimas de los Estados miembros de la UE. Para ello se usan barcos, aviones y agentes especiales. España, junto a Italia y Dinamarca, controla las operaciones Hera y Nautilus, desplegadas en el Mediterráneo. Por su parte, el SIVE, que ya opera en Andalucía y las Islas Canarias, permite la vigilancia de la franja litoral de la costa. Estos sistemas son costosos pero eficaces. Entre 2005 y 2006, el número de migrantes que habían logrado llegar a las islas

Canarias pasó de 5.000 a 30.000. En 2010, la inmigración clandestina hacia Canarias se desplomó[13] debido a la acción de Frontex aunque también se puede explicar esta caída por el fuerte desempleo que azotaba[14] a España y los acuerdos de cooperación firmados con países africanos desde 2006 para prevenir las migraciones clandestinas y la explotación de los extranjeros. España tiene Convenios Bilaterales de Ordenación de Flujos Migratorios con Ecuador, Colombia, Marruecos, República Dominicana, Rumanía, Polonia y Bulgaria.

Frontex ha cobrado un protagonismo cada vez más relevante en la política migratoria de la UE. Fundada en 2005 con un presupuesto de unos 19 millones de euros, contaba en 2020 con un presupuesto de 420,6 millones de euros. Pero se ha cuestionado la agencia por su presunta complicidad con el Ejecutivo heleno para expulsar en caliente a los refugiados que llegan a las costas griegas.

Para llegar a España, los inmigrantes ilegales viajan en embarcaciones de fortuna llamadas pateras o cayucos. También utilizan zódiacs o barcos hinchables. Las condiciones de travesía son muy peligrosas y muchos de ellos mueren en su intento de llegar a Europa.

Pero estos sistemas de control y prevención no desalientan[15] totalmente a los ilegales. Los 11 y 12 de agosto de 2014, España conoció la oleada de pateras[16] más numerosa de su historia. 1.219 subsaharianos llegaron a las costas de Cádiz en un centenar de botes. Por otra parte, Ceuta y Melilla, por su situación geográfica particular (➔ véase cap. 16) conocen regularmente asaltos a sus vallas[17]. Entre 2015 y 2016, se realizaron unas 20.000 repatriaciones de inmigrantes ilegales desde España. Entre enero y septiembre de 2017, unos 14.000 africanos (esencialmente de Marruecos, Costa de Marfil y Guinea) intentaron llegar a España cruzando el estrecho de Gibraltar. Unos 244 (de Senegal, Marruecos y Guinea) trataron de alcanzar las islas Canarias.

España, otra vez tierra de exilio (MC 31)

La crisis económica de 2008 así como el desempleo resultante frenaron la inmigración hasta tal punto que el saldo migratorio[18] fue negativo hasta 2017. Muchos inmigrantes extranjeros contratados en el sector de la construcción durante los años de bonanza fueron los más afectados por la crisis. Además, numerosos trabajadores españoles sustituyeron a los inmigrantes en el sector agrícola, lo que les sumió[19] en el paro. El fuerte desempleo entre los trabajadores extranjeros (en torno al 35 %) explica la voluntad de marcharse de España. Las altas tasas de paro (hasta un 27 % en 2013) y la precariedad empujaron a numerosos inmigrantes nacionalizados o no y españoles a irse al extranjero para ganarse la vida. A diferencia de lo que había pasado en los años 50 y 60, una parte de los que decidieron irse tenían alta cualificación. A partir de 2010, el saldo migratorio en España se volvió negativo, es decir que, desde entonces, emigraban más personas de las que inmigraban. Esta sangría demográfica[20] tuvo consecuencias mayúsculas en el país. A pesar de las numerosas salidas, España es, dentro de los países de la UE, uno de los que tiene un porcentaje menor de emigración de personas con nacionalidad del propio país. Por cada 1.000 habitantes, 2 emigran al extranjero (en Francia son 3,5). Entre 2013 y 2016, el número de extranjeros disminuyó en algo más de un millón. Se puede explicar por el hecho de que los inmigrantes preferían vivir mal en su país de origen a vivir mal en un país que no les ofrecía nada más comparado con su tierra natal. Por otra parte, el Plan de Retorno Voluntario bajo el mandato de Mariano Rajoy incentivó[21] la vuelta a su país de numerosos extranjeros. Además, con la crisis, los propios españoles preferían trabajar en sectores donde antes no trabajaban que dar estos trabajos a los inmigrantes.

La fuerte emigración de los españoles hizo que emergieran voces de alarma por parte de periodistas y asociaciones como Marea Granate (referencia al color del pasaporte), un colectivo formado por emigrantes de España, cuyo objetivo es luchar contra las causas y los responsables de la crisis económica que les obligó a emigrar.

El Plan de Retorno Voluntario es un programa financiado por el Ministerio de Empleo y Seguridad Social para que los extranjeros afectados por la crisis regresen a su país de origen a cambio de cobrar el subsidio de desempleo de una vez. Entre los incentivos para fomentar su salida se encuentran el pago del billete al país de procedencia del inmigrante y de sus familiares, una ayuda económica de 400 € por persona como ayuda a su instalación y dinero de bolsillo (50€) por persona.

Radiografía de la diáspora española en el mundo en 2020

Primer continente: América encabeza la lista con 1,3 millones de españoles en Argentina, Venezuela, Brasil, Cuba, México y Estados Unidos, entre otros países.

Segundo continente: Europa, que alberga a unos 700.000 españoles repartidos en Francia, en Alemania, Suiza y Reino Unido, entre otras naciones.

Tercer continente: Asia, donde la mayoría de los 27.000 españoles expatriados reside en China y Filipinas.

Cuarto continente: África, donde Marruecos, Sudáfrica y Guinea Ecuatorial son los tres países que más españoles albergan.

Quinto Continente: Australia y Nueva Zelandia acogen a unos 20.000 inmigrantes españoles.

Las migraciones y sus retos

Consecuencias de la inmigración para España

Positivas	Negativas
▪ La inmigración es un factor clave para frenar el envejecimiento de la población española ▪ Los trabajadores extranjeros permitieron un aumento del PIB, tanto a nivel nacional como per cápita	▪ Racismo, discriminación ▪ Mano de obra poco cualificada e infravalorada que ha acarreado[22] una baja de los sueldos que se repercutió en los trabajadores nacionales

En 2019, la llegada de los extranjeros permitió el crecimiento de la población española que por primera vez superó los 47 millones de personas. De hecho, la inmigración compensa la pérdida de habitantes en España, ya que el saldo migratorio positivo contrapesa el saldo vegetativo negativo. Lo que está en juego es el envejecimiento poblacional y sus consecuencias (➲ véase cap. 30).

Consecuencias de la emigración para España

Positivas	Negativas
▪ Las remesas enviadas a las familias que se quedaron en España les permiten tener un mejor poder adquisitivo[23] ▪ Los emigrantes que acaban por regresar pueden compartir la experiencia que adquirieron fuera	▪ Los jóvenes cualificados que se van (fuga de cerebros) son un lucro cesante[24] para el país que les formó y que no aprovechará la inversión en sus competencias ▪ El país pierde sus fuerzas vivas y no innova tanto como podría (pérdida humana en el sector del I+D+i)[25] ▪ El desarraigo[26] y la nostalgia que hacen que muchos emigrantes españoles decidan regresar a España

NOTAS

1. oriundo = originario
2. el auge: *l'essor, l'apogée*
3. la bonanza: *la prospérité*
4. adinerado: *riche, fortuné*
5. la estancia: *le séjour*
6. rumbo a: *en direction de, vers*
7. fomentar = promover: *encourager, promouvoir*
8. el cayuco: *la pirogue*
9. foráneo = extranjero
10. el requisito = la condición
11. el cerrorazo: *le verrouillage brusque*
12. el ladrillo: *la brique (désigne symboliquement le secteur de la construction)*
13. desplomarse: *s'effondrer*
14. azotar: *frapper, s'abattre sur*
15. desalentar: *décourager*
16. la patera: *embarcation de fortune*
17. la valla: *la palissade, la clôture*
18. el saldo migratorio: *le solde migratoire*
19. sumir: *plonger*
20. la sangría demográfica: *l'hémorragie/la saignée démographique*
21. incentivar: *stimuler, encourager*
22. acarrear = provocar
23. el poder adquisitivo: *le pouvoir d'achat*
24. el lucro cesante: *le manque à gagner*
25. I+D+i: *investigación, desarrollo e innovación (estrategia del gobierno para desarrollar estos sectores)*
26. el desarraigo: *le déracinement*

- ***Las cartas de Alou*** (1990), de Montxo Armendáriz, evoca el itinerario de Alou, un senegalés ilegal que trabaja en varias ciudades españolas.
- ***Bwana*** (1996), de Imanol Uribe, narra el encuentro entre dos turistas españoles y un inmigrante africano ilegal en las costas andaluzas.
- ***Flores de otro mundo*** (1999) de Icíar Bollaín trata de unas mujeres inmigrantes ilegales que son acogidas con los brazos abiertos en un pueblo español sin mujeres casaderas.
- ***El traje*** (2002) de Alberto Gómez cuenta el destino de Patricio, un inmigrante subsahariano, en España. La película aborda el tema de la inmigración, la supervivencia, el racismo así como la aporofobia.
- ***Poniente*** (2002) de Chus Gutiérrez alude a la migración forzada, al racismo y al desarraigo en tierras cubiertas de invernaderos.
- ***14 kilómetros*** (2007), de Gerardo Olivares, cuenta el recorrido de tres jóvenes africanos que emigran a España cruzando los 14 kilómetros del Estrecho de Gibraltar.
- ***El rayo*** (2013) de Fran Araújo y Ernesto de Nova narra la historia y el recorrido de Hassan, que después de trece años en España sin trabajo fijo, decide volver a su hogar en Marruecos. Se trata del itinerario de un hombre en pos de un futuro mejor.
- ***A escondidas*** (2014) de Mikel Rueda evoca la vida de Ibrahim, un adolescente marroquí que se fuga de un centro de menores inmigrantes porque sabe que lo van a deportar. La película trata de los sin techo, los indocumentados, la homofobia, el fanatismo entre otros temas.
- ***En tierra extraña*** (2014) de Icíar Bollaín es un documental que aborda la pésima situación de decenas de españoles que tuvieron que emigrar a Edimburgo para tener una vida mejor.

Ramito de hierbabuena (2001), de Gerardo Muñoz Lorente, cuenta la odisea de dos primos que van a España en pos de una vida mejor.

MC 30 La inmigración en España

LA INMIGRACIÓN EN ESPAÑA

- **Refugiados**
  - De los 17.337 previstos en 2015, sólo se acogió a 1.980 o sea, el 11,4 % del total
  - **Los venezolanos: primer grupo nacional en pedir asilo por delante de los sirios**
  - Las solicitudes de asilo pasaron de 1.275 en 2016 a 5.000 en el primer semestre de 2017
  - En 2019, la comunidad venezolana creció un 37%
- **Nacionalizaciones en 2015**
  - **Primera comunidad**
  - Los marroquies
  - **Segunda comunidad**
  - Los ecuatorianos
  - **Tercera comunidad**
  - Los colombianos
  - **Cuarta comunidad**
  - Los bolivianos
- **Extranjeros con autorización de residencia por razones de interés económico**
  - Los chinos (33 %)
  - Los rusos (30 %)
- **Sector laboral**
  - 210.000 trabajadores **Agricultura**
  - 125.500 empleados **Servicios**
  - 117.000 empleados **Industria**
  - 115.000 obreros **Construcción**
- **Porcentaje de extranjeros**
  - **1998**
  - 600.000 extranjeros
  - 1,6 % de la población
  - **2011 (año récord)**
  - 5,7 millones de extranjeros
  - 12 % de la población
  - **2016**
  - 4,6 millones de extranjeros
  - 10 % de la población
  - **2020**
  - 5,2 millones de extranjeros
  - 11 % de la población
  - Llegada masiva de clandestinos a Canarias
- **Procedencia de los inmigrantes**
  - Marruecos
  - Rumanía
  - Reino Unido
  - Italia
  - Colombia
  - China
  - Venezuela
- **CC. AA. donde viven los inmigrantes**
  - Andalucía
  - Cataluña
  - Madrid
  - Valencia

MC 31 La emigración española

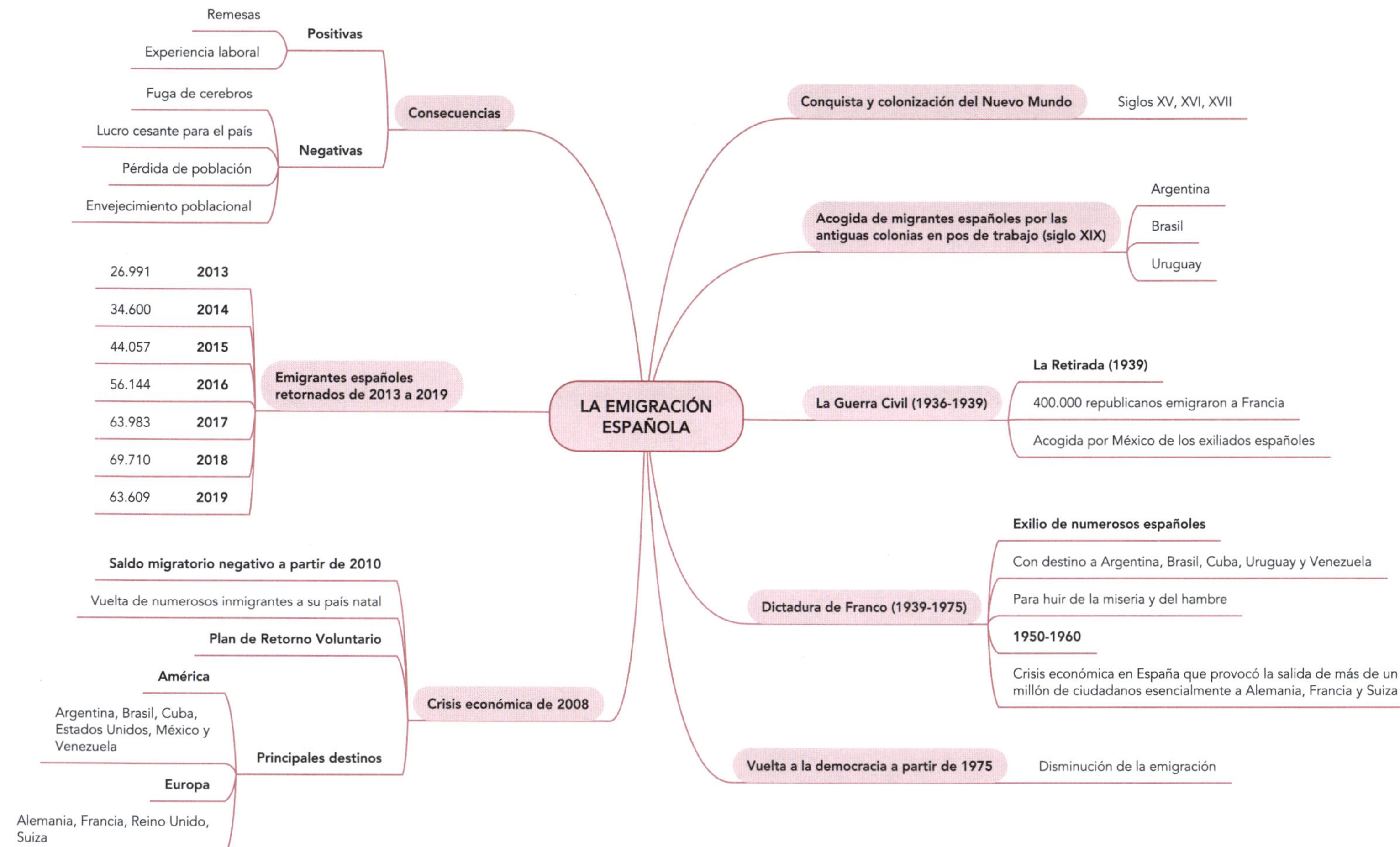

ESPAÑA FRENTE AL TERRORISMO 27

España fue muy marcada por el terrorismo vasco y también desde hace poco se ve afectada por el yihadismo.

España frente a ETA (véase MC 32)

Génesis de ETA (véase cap. 13)

La banda terrorista ETA nació en Bilbao el 31 de julio de 1959 y fue creada por un grupo de estudiantes radicales pertenecientes al colectivo EKIN (1952). Era una alternativa ideológica a los postulados del PNV con cuatro pilares básicos: la defensa del euskera, el etnicismo (como fase superadora del racismo), el antiespañolismo y la independencia de los territorios. Durante los primeros años, los miembros se dedicaban a colocar[1] pequeños artefactos sin apenas consecuencias, hacer pintadas[2] de *"Gora Euskadi"* ("Viva Euskadi") y colocar *ikurriñas* (banderas independentistas). En 1962, el grupo se presentó como "Movimiento Revolucionario Vasco de Liberación Nacional" que rechazaba cualquier colaboración con partidos no nacionalistas vascos y apostaba por[3] la lucha armada como modo de conseguir la independencia de Euskadi.

Modus Operandi

Los etarras recaudaban fondos mediante la extorsión o los secuestros que permitían pedir rescates[4]. Enviaban cartas a empresarios vascos amenazándoles con matarlos a ellos o a su familia si no daban una cantidad determinada de dinero. Muchos pagaron el llamado "impuesto revolucionario" por miedo a ser raptados y asesinados. No obstante, la mayoría del empresariado vasco y navarro no cedió al chantaje de ETA ni pagó, ni se marchó, en cambio sí soportó ese peso en soledad o junto a los familiares más allegados[5] durante cinco décadas. Los secuestros servían, por una parte, para financiar a la banda terrorista y por otra parte para chantajear al Gobierno. De los 77 secuestrados, algunos fueron liberados tras el pago de los rescates o después de la intervención de las Fuerzas de Seguridad y otros fueron ejecutados. El 12 de julio de 1997, Miguel Ángel Blanco, diputado del PP, murió tras el ultimátum de 48 horas dado por ETA al Gobierno para que cambiara su política de dispersión de presos y trasladara al País Vasco a los etarras repartidos en cárceles de todo el país. Esta muerte conmocionó a gran parte de la ciudadanía que se involucró[6] cada vez más en la lucha contra ETA. En marzo de 2011, la banda anunció por fin a los empresarios que cancelaba la extorsión.

Movilización civil

Desde el nacimiento de ETA, en 1959, los atentados terroristas provocaron rechazo social. No obstante, pocos se atrevieron a expresarlo abiertamente por miedo a represalias. Fue en los 90, superadas las 800 víctimas, cuando el hartazgo[7] ciudadano se manifestó abierta y contundentemente[8] y cuando emergieron colectivos contra la violencia etarra. Primero, nació "Gesto por la paz", luego el movimiento social Elkarri y otros muchos como "Manos Blancas" (cuyo nombre se debe a las manos de los estudiantes alzadas hacia adelante con las palmas pintadas de blanco que simbolizaban el rechazo a la violencia y el compromiso por la paz) o el "Colectivo de Víctimas del Terrorismo" (COVITE creado en 1998) cuyo propósito era que los terroristas reconocieran el daño que le infligieron a la sociedad vasca y española en general y fueran juzgados. "¡Basta Ya!", creada en 1999, fue otra iniciativa ciudadana española que reunió a personas de diversas ideas políticas, con el triple propósito de oponerse al terrorismo, apoyar a sus víctimas, y defender el Estado de Derecho, la Constitución española y el Estatuto de Autonomía del País Vasco.

Lucha contra ETA

Desde el retorno a la democracia, los sucesivos gobiernos que debieron luchar contra ETA se valieron de diferentes estrategias y ardides[9] para acabar con la banda terrorista que desestabilizaba a la joven democracia. Gracias a diferentes medidas tanto a nivel nacional como internacional lograron debilitar a la organización terrorista capturando a sus líderes y socavando[10] sus recursos económicos. En 1974, un topo apodado "el Lobo" se infiltró en el grupo etarra y hasta logró alcanzar la cúpula de la organización como responsable de infraestructuras. Este hombre permitió la detención del Comando Madrid y el Comando Barcelona en 1975. A raíz del asesinato de Carrero Blanco por ETA en 1973, la lucha antiterrorista empezó a generalizarse con la creación en 1977 del Mando Único de la Lucha Contraterrorista. Bajo la primera presidencia de Felipe González, se crearon los GAL (Grupos Antiterroristas de Liberación), unas agrupaciones parapoliciales que practicaron el terrorismo de Estado o la "guerra sucia[11]" contra ETA. Durante su actividad, que duró entre 1984 y 1986, cometieron unos 30 atentados que causaron la muerte de 27 personas y otros tantos heridos. Finalmente, los integrantes del GAL, así como sus creadores, fueron juzgados y condenados en 1997.

Francia fue un gran aliado de España en la lucha contra ETA ya que numerosos terroristas se escondían en el País Vasco francés. El juez Garzón desempeñó un papel relevante en el debilitamiento de la banda privándole de su entramado financiero y apoyo político.

En 2004, cuando los atentados del 11-M en Atocha (➲ véase cap. 27), al echarle la culpa el presidente del Gobierno Aznar a la banda terrorista vasca, agudizó las tensiones entre ambos y le valió al PP su derrota electoral pocos días después. Pero, la llegada al poder de José Luis Rodríguez Zapatero mostró un cambio en la política antietarra. Ya no se trataba de una guerra en contra de ETA como hasta ahora sino de un proceso de negociación de paz.

El último atentado mortífero cometido por ETA fue el de la Terminal 4 del aeropuerto de Barajas el 30 de diciembre de 2006 en el que murieron 2 personas y resultaron heridas unas 20. Este atentado se produjo en el contexto de un proceso de paz entre el Gobierno español y la banda terrorista, que había declarado un "alto el fuego permanente". En julio de 2009, la banda terrorista cumplió 50 años, muy fragilizada por la desarticulación de su aparato militar repetidas veces desde 2008. Sin embargo, los atentados del verano de 2009 en Palma de Mallorca mostraron su voluntad de no rendirse. Entre noviembre de 2008 y febrero de 2010, la estructura de la banda terrorista fue duramente golpeada a raíz de las sucesivas detenciones de su cúpula por las fuerzas de seguridad españolas y francesas. La colaboración internacional frente al terrorismo permitió debilitar a la organización terrorista que azotaba[12] al país desde hacía más de medio siglo.

Desde las treguas hasta el cese definitivo de la organización terrorista

Desde su creación en 1959, la banda ETA anunció más de 10 treguas hasta la declaración de un alto el fuego permanente, así como el fin de su actividad armada, el 21 de octubre de 2011, un mes antes de las elecciones legislativas en las que no se volvería a presentar José Luis Rodríguez Zapatero que había llevado a cabo las negociaciones de paz con ETA.

28/02/1981	5 días después de la intentona del 23-F, ETA anunció un alto el fuego sin condiciones y liberó a los cónsules de Austria, Uruguay y El Salvador a quienes habían secuestrado.
1988	Tregua por las conversaciones de Argel: ETA anunció en un comunicado el cese de asesinatos durante 2 meses a cambio de conversaciones cuyo mediador sería el Gobierno argelino.
1989	Tregua entre enero y abril de 1989.
1991 y 1992	ETA propuso dos treguas que el Gobierno rechazó ya que, para él, la única condición para hablar con ETA era que abandonara las armas y dejara de matar.
16/09/1998	ETA anunció "una tregua unilateral e indefinida", la primera desde su creación. Primero el Gobierno de José María Aznar se mostró escéptico, luego, en mayo de 1999, tuvo lugar un encuentro entre ambas partes en Suiza. La tregua terminó el 3 de diciembre de 1999 ya que la banda terrorista y el Gobierno no lograron acordarse.
2004	Tregua, pero solo en Cataluña.
2005	En junio de 2005, anunció un cese de sus actividades "armadas" contra "los electos de los partidos de España". Pero la banda terrorista excluía de esta tregua a las autoridades del Estado y a las personas con responsabilidad en el Gobierno.
22/03/2006	El grupo informó de un cese de sus acciones criminales mediante un alto el fuego "permanente". Sin embargo, ETA pulverizó la tregua con un atentado en la Terminal 4 del aeropuerto de Barajas.
2010	En septiembre de 2010, la banda anunció un alto el fuego sin precisar si era temporal o definitivo.
10/01/2011	ETA decretó un alto el fuego "permanente", de "carácter general" y "verificable internacionalmente". Esta tregua acabó con la extorsión a empresarios (el impuesto revolucionario).
21/10/2011	ETA anunció, mediante un vídeo difundido por la *BBC*, *The New York Times* y *Gara* (periódico afín a la independencia), el "cese definitivo de su actividad armada". No obstante, no se trataba de su disolución.

En abril de 2017, ETA entregó las armas en Francia y el 4 de mayo de 2018 anunció su disolución.

La causa de los presos etarras

El número de presos etarras fue evolucionando desde la vuelta a la democracia hasta hoy. Si en 1978, se contaba con 102, llegaron a ser 762 en 2008 para luego ir decreciendo hasta los 202 presos en 2020. Este aumento se debe a la entrada en vigor el 1 de octubre de 2004 de la figura jurídica de lesa humanidad en España que permitió enjuiciar a etarras por su responsabilidad en los asesinatos o secuestros perpetrados a partir de esa fecha. De los 202 presos etarras que existían en las cárceles españolas, la mayoría estaba en Andalucía y sólo una decena en el País Vasco. De ahí que la asociación de familiares de presos, *Etxerat* (= a casa, en *euskera*), pidió el acercamiento de los presos a su tierra reivindicando el derecho de las personas presas a cumplir condena en su lugar de arraigo tal y como establece la Ley General Penitenciaria.

En julio de 2012, se constituyó un grupo de mediadores y coordinadores que hacían de transmisores entre ETA y sus presos en las diferentes cárceles españolas. Este frente de presos, designado como "Frente de Makos", se encargaba de supervisar y ejecutar desde el exterior, con ayuda de abogados, las órdenes de ETA dentro de las cárceles contando con la independencia y la autoridad suficiente para actuar de forma autónoma en nombre de la banda. La idea era propiciar contactos con agentes políticos vascos e internacionales en busca de una solución para los encarcelados de la banda terrorista. El Frente de Makos fue constituido sucesivamente por los órganos Halboka (acrónimo en *euskera* de "Rompiendo las Paredes, Pronto los Luchadores a la Calle") y KT (*Koordinazioa Taldea* = grupo de coordinación, en vasco). Es la última gran estructura de la banda terrorista que queda por juzgar tras someter a juicio a 35 miembros de los partidos políticos ilegalizados PCTV (Partido Comunista de las Tierras Vascas) y ANV (Acción Nacionalista Vasca) ambos disueltos en 2008 y Batasuna, disuelto en 2013. En 2014, la Operación Jaque consiguió la detención de la abogada de presos etarras, Arantxa Zulueta, y en 2015, la operación Mate terminó la labor con el arresto de otros doce abogados y cuatro tesoreros. En 2016, un acuerdo de conformidad con el fiscal les permitió a algunos eludir la prisión. Hasier Arraiz, presidente del partido Sortu, fue el primero en pedir este consenso al Tribunal Supremo.

Todavía en la actualidad se sigue deteniendo a etarras como a David Pla e Iratxe Sorzabal en 2015, Mikel Irastorza en noviembre de 2016, los tres pertenecientes a la cúpula de ETA o Mikel Barrios e Iñigo Gulina en octubre de 2017 por ataques enmarcados en la denominada *"kale borroka"* (➲ véase cap. 13). En mayo de 2019, se detuvo en Francia al militante etarra, Josu Ternera, conocido por anunciar el comunicado de la disolución de ETA. Desde 2002, no se sabía nada de él ya que había huido después de ser citado a declarar por el Tribunal Supremo tras el atentado en la casa cuartel de la Guardia Civil de Zaragoza en 1987. Este ataque se había cobrado la vida de 11 personas –seis de ellas menores de edad–. En esa época, Ternera era parlamentario por Euskal Herritarrok. En febrero de 2020, se arrestó nuevamente en Francia a David Pla, en libertad desde abril de 2019 en virtud de una euroorden cursada por las autoridades españolas. Su detención responde a su presunta relación con el aparato de presos de ETA, *Halboka*, en el que también estaban involucrados los abogados Arantza Zulueta y Jon Emparantza. En 2020, las cárceles francesas contaban con 33 presos etarras y el 72 % de ellos se hallaban en centros penitenciarios a dos horas de Francia.

Tras su pacto con el PNV (➲ véase cap.9), el Gobierno de Pedro Sánchez adoptó una política de acercamiento de presos de ETA que para la Asociación Víctimas del Terrorismo (AVT) significa el fin de la política de dispersión. Efectivamente, en dos años, el ministro del Interior español, Fernando Grande-Marlaska, acercó o suavizó el grado penitenciario a 90 presos de ETA. Pero la pandemia Covid-19 exigió nuevas medidas sanitarias para evitar desplazamientos de los familiares y en mayo de 2020, mientras Unidas Podemos pactaba con Bildu, el PNV le pedía a Sánchez que acercara a más presos etarras y excarcelara a quienes ya habían cumplido tres cuartas partes de su condena. A 28 de octubre de 2020, el número de presos etarra quedó en 197, por el goteo de excarcelaciones. Estaban repartidos en 44 centros penitenciarios.

España frente al yihadismo (➲ véase MC 33)

Cuando se habla de yihadismo en España, se piensa enseguida en los atentados del 11-M (11 de marzo de 2004) en Madrid o del 17-A (17 de agosto de 2017) en Barcelona. Pero, en realidad, es un fenómeno que se remonta a los años 90, aunque este terrorismo constituía una amenaza subestimada tanto por las élites políticas como por la sociedad. Hasta ahora, España disponía de un sistema antiterrorista muy desarrollado y altamente eficaz en la lucha contra los terrorismos de índole etnonacionalista o socialrevolucionaria, cuyos atentados se limitaban al territorio nacional, aunque las organizaciones terroristas que los practicaban cruzaban las fronteras en busca de un refugio, de abastecimiento[13] o de publicidad. Entonces se trataba de un conjunto de instrumentos y de servicios mal dotados, tanto en términos humanos y materiales como en términos de conocimiento especializado, frente al terrorismo yihadista, red[14] mundial compleja que se va desarrollando en territorio español.

Antes de la masacre de los "trenes de la muerte", en noviembre de 2003, en el plano penitenciario, se adoptó una medida gracias a la cual los presos relacionados con el terrorismo yihadista serían repartidos en algo más de treinta cárceles, para evitar que los presos que mantenían vínculos con el salafismo yihadista transformaran las cárceles en lugares de radicalización y de reclutamiento.

Los atentados del 11-M

El jueves 11 de marzo de 2004, en la estación de trenes de Atocha, en pleno centro de Madrid, se produjo el mayor atentado de la historia de España. En este atentado perpetrado por la organización terrorista islamista Al-Qaeda, fallecieron[15] 191 personas y salieron heridas más de 1.500 personas. Diez bombas en total explotaron en distintos trenes en tan solo cinco minutos sobre las siete y media de la mañana, o sea la hora punta, en la que los activos van al trabajo y los estudiantes a la universidad.

Se estima que los artefactos explosivos fueron colocados[16] por diez o trece individuos, y que unos treinta en total, en su gran mayoría marroquíes, habrían participado en los atentados, principalmente financiados por el narcotráfico. El 11-M marcó los espíritus tanto por el gran número de víctimas como por las repercusiones políticas ya que se produjo tan sólo tres días antes de las elecciones generales en España. A raíz de las multitudinarias manifestaciones de protesta en todo el país, el rey Juan Carlos I se dirigió a la nación española para expresarle su solidaridad y también para pedir "unidad, firmeza y serenidad". Se suele relacionar el 11-M con la decisión del presidente del Gobierno español de entonces, José María Aznar, miembro del Partido Popular (PP), de mandar tropas españolas a Irak. Lo más seguro es que los atentados fueron una respuesta directa. Los españoles consideraron que Aznar les había mentido achacando[17] la responsabilidad a la organización vasca ETA cuando sabía de sobra[18] que cada atentado etarra siempre fue reivindicado y que los culpables eran islamistas. Aznar mantuvo esta versión aun después de que la banda terrorista vasca hubiera desmentido su responsabilidad en tal acto. El 13 de marzo, un día antes de las elecciones, salieron en primera plana de varios periódicos los retratos de los verdaderos responsables: tres marroquíes y dos indios, todos miembros de Al-Qaeda. Al día siguiente, el PSOE ganó las elecciones con un 42,64 % de los votos cuando, antes, las encuestas habían dado ganador al PP y al candidato Mariano Rajoy. Al final, a Aznar le sucedió José Luis Rodríguez Zapatero del PSOE. Los atentados cambiaron el resultado de las elecciones. Pero sí es cierto que las tentativas de manipulación informativa llevadas por el PP influyeron más. Poco después de los atentados, se creó la asociación 11-M Afectados del Terrorismo que mantiene relaciones muy tensas con el PP por razones obvias. Al principio, la asociación dirigida por Pilar Manjón, madre de Daniel Paz Manjón fallecido el 11-M con 20 años, sólo reunía a víctimas y familiares, pero ahora también acoge a las víctimas de otros atentados. En 2008, para recaudar fondos para esta asociación, un famoso grupo de música española, La Oreja de Van Gogh, les rindió homenaje a las víctimas en una canción titulada *Jueves*, en referencia al día en que se produjo la tragedia.

Después del 11-M

Pero, en realidad, los terroristas del 11-M no llevaron su plan a cabo. En abril de 2004, estaban preparando otro atentado contra el tren de alta velocidad (AVE) entre Madrid y Sevilla, en la provincia de Toledo. La policía ya estaba buscando a individuos implicados en los hechos, y descubrió en la localidad de Leganés un edificio donde se escondían siete de ellos. Éstos se suicidaron cuando vieron que la policía los había localizado, después de matar a un policía del grupo de los operativos especiales.

La amenaza terrorista yihadista ya existía en España antes de la guerra en Irak y antes del 11-M. Hoy sigue persistiendo a un nivel muy alto. Tras estos atentados, España no introdujo nuevas leyes antiterroristas con una disminución de los derechos y libertades. La única reforma del código penal vinculada a los atentados yihadistas es aquella que aumenta las penas relativas al manejo ilegal de explosivos. Las decisiones gubernamentales se centraron en la adaptación de las estructuras de seguridad interior a los desafíos que supone el actual terrorismo global.

Dos años después de los atentados del 11-M, la sociedad española consideraba el yihadismo como la mayor amenaza terrorista a la que el país tuviera que enfrentarse. Para luchar, se adoptaron medidas destinadas a adaptar las estructuras de seguridad interior frente a un terrorismo internacional ya que sus orientaciones ideológicas, su articulación organizadora, su composición sociológica, sus conexiones transnacionales, sus estrategias de movilización y sus modos operatorios distinguen en una amplia medida otras expresiones del terrorismo que España conoció hasta entonces.

Nuevas medidas para enfrentar el yihadismo

Una de las principales metas fue reforzar las capacidades de información de la inteligencia policial, paralelamente al crecimiento de las capacidades de información de los servicios secretos españoles, es decir el Centro Nacional de Inteligencia, que depende del Ministerio de Defensa.

Tanto la policía como la Guardia Civil cuentan con nuevas secciones especializadas en los procesos operatorios propios del terrorismo yihadista. De ahí que aumentaron los efectivos dedicados a los servicios respectivos de lucha contra el terrorismo internacional. En 2004, trescientos nuevos policías y guardias civiles se unieron al centenar de agentes que ejercían sus funciones en las unidades informativas exteriores cuando los atentados del 11 de marzo. En 2005, se agregaron trescientos más y en 2007, otros tantos para cumplir con el objetivo inicialmente fijado de mil personas dedicadas a la lucha contra el terrorismo yihadista. Nuevos efectivos que se beneficiaron de programas específicos de formación y del respaldo[19] de unos cuarenta nuevos traductores de lengua árabe.

Otra línea de acción fundamental fue reforzar la coordinación entre los servicios de seguridad, después de constatar fallos de lo ocurrido antes de los atentados de Madrid: la falta de coordinación entre los diferentes cuerpos es una constante del modelo policial español. La creación en mayo de 2004 de un Comité ejecutivo para el mando unificado de las fuerzas y cuerpos de seguridad del Estado, presidido por el secretario de Estado en seguridad, fue seguida por la del Centro Nacional de Coordinación Antiterrorista (CNCA), que empezó a funcionar a principios del verano 2004. Esta organización colabora con instituciones similares en otros países, dentro y fuera del entorno europeo, proporcionando un valor añadido a la cooperación internacional.

También se estableció el principio de disponibilidad de la información que garantiza un acceso rápido, conjunto y compartido entre fuerzas y cuerpos de seguridad del Estado. Se trata pues de una base de datos que incluye carné de identidad, armas y explosivos, formularios rellenados por viajeros o sistemas de identificación de huellas digitales.

El Comité ejecutivo para el mando unificado de las fuerzas y de los cuerpos de seguridad del Estado aprobó en marzo de 2005 un plan de prevención y protección antiterrorista. Éste se activa según el nivel previsto de amenaza terrorista, que puede variar según las épocas del año o las circunstancias nacionales e internacionales. Dicho plan apunta a proteger contra eventuales atentados y ataques químicos.

Para ser eficaz en la lucha antiterrorista, es innegable reforzar la cooperación internacional con Francia, y también con Estados Unidos.

Falta de consenso nacional antiterrorista

En la lucha antietarra, España se encontró dividida. El PP lanzó una guerra contra ETA mientras que el PSOE buscaba un acuerdo de paz con la banda terrorista lo que consiguió finalmente el 11 de octubre de 2011. La ausencia de consenso nacional y la lucha entre los dos principales partidos españoles influyeron en los atentados del 11-M como también influyeron seguramente en los atentados del 17 de agosto de 2017. De ahí la necesidad de unir fuerzas en adelante.

Los atentados del 17-A en Cataluña

Primero, España se sabía amenazada: Daesh ya había avisado que quería reconquistar la zona ya conquistada entre el siglo VIII y el siglo XV, o sea Al-Andalus que corresponde a la península ibérica de hoy. Desde junio de 2015, el Gobierno español había ubicado el país en una alerta 4 en una escala de 5 puntos, en materia de terrorismo y se sabía que Cataluña era la comunidad autónoma con mayor riesgo de radicalización yihadista. ¿Por qué Cataluña?

Cataluña favoreció oleadas de inmigrantes musulmanes a diferencia de Madrid que privilegió a los inmigrantes latinoamericanos. Asimismo, Cataluña dio la nacionalidad a los musulmanes para ganar votos en el referéndum. Actualmente, reside en Cataluña un 25 % de los musulmanes presentes en todo el territorio.

En Cataluña, durante el verano 2017, existían muchas tensiones con el Gobierno de Madrid ya que el presidente de la *Generalitat* había anunciado el referéndum para el uno de octubre, consulta en pos de obtener la independencia catalana. Por eso Cataluña no quiso seguir los consejos y las advertencias en materia de antiterrorismo y de seguridad urbana.

En nombre del secesionismo, la policía local –*los mossos d'Esquadra*– no aplicaron las medidas que Madrid había recomendado en las zonas peatonales. Era pues una manera de demarcarse del resto de España. Tras los atentados en Barcelona, el entonces presidente de la *Generalitat*, Carles Puigdemont, dio un discurso en lengua catalana cuando concernía a todos los españoles y no se dirigió a las fuerzas de seguridad españolas que son las que coordinan el plan en caso de ataque terrorista. El secesionismo catalán no pareció tener límites cuando el *conseller* de Interior de la *Generalitat*, Joaquim Forn, matizó en TV3: "en el atentado de Barcelona han muerto dos personas catalanas y dos personas de nacionalidad española" como si Cataluña ya no formara parte de España.

> El 10 de noviembre de 2020 empezó la primera jornada **del juicio a los atentados del 17-A.** Tres terroristas de la célula de Ripoll (Gerona) declararon, uno de los cuales se mostró arrepentido. Se negaron a responder al Fiscal.

Al-Qaeda sabía del conflicto entre el gobierno de Madrid y Cataluña y posiblemente, aprovechó esta brecha para atacar. El atentado se cobró la vida de 16 personas e hirió a 140 transeúntes.

Ceuta y Melilla, otros focos de radicalización

Además de la polarización de Cataluña, destaca la de las dos ciudades autónomas Ceuta y Melilla como principales focos de reclutamiento yihadista en España. A lo largo de 2013 y 2014, se notó un aumento de la llegada a Ceuta y Melilla de inmigrantes irregulares procedentes de Siria.

Otro dato, la entrada de otros inmigrantes procedentes de países en guerra del Sahel y de Oriente Medio se ha incrementado un 48,5 % en estas dos ciudades. En enero de 2017, el jefe de Al-Qaeda había dado la alerta al gobierno de Madrid respecto a próximos atentados. Amenazó a España con recuperar Ceuta y Melilla que, según él, están en territorio marroquí.

NOTAS

1. colocar: *placer*
2. unas pintadas: *des graffiti*
3. apostar por: *parier sur*
4. un rescate: *une rançon*
5. un allegado = un familiar
6. involucrarse = implicarse
7. el hartazgo: *le ras-le-bol*
8. contundentemente = categóricamente
9. un ardid: *une ruse*
10. socavar: *saper, porter atteinte*
11. sucio, -a: *sale*
12. azotar = afectar duramente
13. el abastecimiento: *l'approvisionnement*
14. la red: *le réseau*
15. fallecer = morir
16. colocado = situado
17. achacar = echarle la culpa a
18. de sobra = excesivamente
19. el respaldo = el apoyo

- ***Operación Ogro*** (1979) de Gillo Pontecorvo repasa el atentado con coche bomba de ETA que mató a Carrero Blanco en diciembre de 1973.
- ***El proceso de Burgos*** (1979) de Imanol Arias es un documental sobre el consejo de guerra que tuvo lugar a raíz del asesinato de Melitón Manzanas en un atentado de ETA el 2 de agosto de 1968.
- ***La pelota vasca, la piel contra la piedra*** (2003), de Julio Medem es un documental sobre el terrorismo de ETA y de los GAL en el País Vasco.
- ***El Lobo*** (2004), película española de Miguel Courtois Paternina. Se inspiró en la vida de Mikel Lejarza, el hombre, apodado "*El Lobo*" e infiltrado en el seno de la banda terrorista vasca ETA a principios de los años 70.
- ***GAL*** (2008), película española de Miguel Courtois Paternina que retrata la España herida de los años 80. El país sufre a diario los atentados de ETA, a los cuales responde la violencia del GAL, Grupo Antiterrorista de Liberación.
- ***Negociador*** (2014) de Borja Cobeaga es una comedia basada en las negociaciones con ETA entre 2005 y 2006 para llegar al fin de la lucha armada de la banda terrorista.
- ***Fe de etarras*** (2017) de Borja Cobeaga es una película humorística sobre el fin de ETA a través de la vida de cuatro etarras que tratan de pasar desapercibidos durante las eliminatorias del Mundial 2010 que ganó España.
- ***Boye*** (2016) de Sebastián Arabia es un repaso a la vida de un hombre que en los años 90 fue condenado por colaborar con ETA en el secuestro del empresario Emiliano Revilla y que aprovechó su encarcelamiento para estudiar derecho. Como abogado participó en asuntos como los juicios del 11-M o el caso Bárcenas.

- ***Cien metros*** (1976), de Ramón Saizarbitoria, se centra en un militante etarra que huye por las calles de San Sebastián hasta que lo abate la policía.
- ***Patria*** (2016), del escritor Fernando Aramburu, está ambientada en una localidad rural vasca de Guipúzcoa, considerada la "Euskadi profunda" con el terrorismo de ETA y la izquierda *abertzale* de tela de fondo.
- ***Una tumba en el aire*** (2018), del escritor y articulista Adolfo García Ortega, relata la historia real de tres jóvenes españoles que fueron secuestrados, torturados y asesinados por un grupo etarra tras confundirlos con policías.

MC 32 España frente a ETA

ESPAÑA FRENTE A ETA

- **ETA**
  - **Creación el 31 de julio de 1959**
  - Antiespañolismo
  - Euskadi ta Askatasuna (País Vasco y Libertad)
  - Defensa del euskera
  - Independencia del territorio
- **Modus Operandi**
  - Atentados
  - Extorsión
  - Impuesto revolucionario
  - Kale Borroka
  - Secuestros para obtener rescates
- **Movilización ciudadana**
  - ¡BASTA YA!
  - COVITE
  - Gesto por la paz
  - Manos Blancas
- **Final y balance**
  - 829 víctimas mortales
  - **20/10/2011**
  - Alto el fuego permanente
  - **Abril de 2017**
  - Entrega de las armas
  - **04/05/2018**
  - Disolución de ETA
- **Presos etarras**
  - Frente de Makos
  - Política de acercamiento
- **Lucha contra ETA**
  - Los GAL bajo el mando de Felipe González
  - Cooperación con Francia
  - El juez Baltasar Garzón
  - Vuelco con la llegada de Zapatero al poder: proceso de negociación

MAPA CONCEPTUAL

MC 33 España frente al yihadismo

ESPAÑA FRENTE AL YIHADISMO

- **Objetivo del yihadismo**
  - **Terrorismo**
    - Implantar un califato bajo una interpretación dogmática, ortodoxa y minoritaria de la sharia, ley islámica
- **11 de marzo de 2004**
  - **Estallido de 10 bombas en la estación de ferrocarriles de Atocha (Madrid)**
    - 191 muertos y más de 1600 heridos
    - 30 marroquíes implicados en el atentado
    - Reivindicado primero por las brigadas de Abu Hafs al-Masri, luego por Ansar Al-Qaida en Europa y por último por Oussama ben Laden
- **2 de abril de 2004**
  - **Tentativa de atentado en la línea del AVE Madrid-Sevilla**
    - Suicidio de los sospechosos antes de ser arrestados en Leganés
- **Refuerzo de la coordinación entre los servicios de seguridad**
  - **Mayo de 2004**
    - Creación de un Comité ejecutivo para el mando unificado de las fuerzas y cuerpo de seguridad del Estado
  - **Julio de 2004**
    - Creación del Centro Nacional de Coordinación Antiterrorista (CNCA)
    - Base de datos (carné de identidad, armas y explosivos, sistemas de identificación de huellas digitales)
- **18 de agosto de 2017**
  - **Atentado fallido en Cambrils (Cataluña)**
    - Murieron abatidos cinco terroristas por la policía
- **17 de agosto de 2017**
  - **Atentado en Barcelona (Cataluña)**
    - 13 víctimas inocentes
- **Vuelco con la llegada del PP al poder (2011)**
  - Lucha contra el yihadismo = prioridad
  - **Cooperación España-Francia**
    - Dispositivo conjunto para luchar contra el terrorismo
- **Refuerzo del efectivo del Centro Nacional de Inteligencia vinculado al Ministerio de Defensa**
  - **2004**
    - 300 policías y guardias civiles además de los 100 ya existentes
  - **2005**
    - Otros 300 más
    - Plan de prevención y de protección antiterrorista (marzo)
  - **2007**
    - Otros 300 más para llegar a 1.000 personas destinadas a la lucha antiterrorista + 40 traductores de lengua árabe

LA CUESTIÓN MEDIOAMBIENTAL EN ESPAÑA 28

Datos generales

Durante los 90 y sobre todo a principios del siglo XXI, cobró[1] mayor importancia el compromiso[2] medioambiental por parte de los Estados y de los ciudadanos. En 2007, se logró un acuerdo internacional histórico en cuanto a la lucha contra el cambio climático firmado por todos los países participantes en la Cumbre de Bali. El mismo año, en España se ratificó la Ley de Responsabilidad Medioambiental según la cual "quien contamina repara" y la Ley del Patrimonio Natural y la Biodiversidad, cuya finalidad es garantizar los derechos de los ciudadanos a un medio ambiente adecuado para su bienestar, salud y desarrollo. Por otra parte, la aprobación (también en 2007) de la Estrategia Española de Desarrollo Sostenible hizo de la sostenibilidad el pilar básico del desarrollo en el marco de la globalización. Esta medida aboga por[3] interconectar la dimensión socioeconómica con el área ambiental para asegurar la bonanza[4] económica, garantizar la protección del medio ambiente y prevenir su degradación. Con vistas a disminuir la contaminación atmosférica en todos los países de la UE, se adoptó en 2013 el Paquete "Aire puro" que establece objetivos para reducir los efectos sobre la salud y el medio ambiente de la contaminación atmosférica hasta 2030. Pero, el contexto de incertidumbre resultante de la crisis económica de 2008 socavó[5] las preocupaciones hacia la ecología que hoy representa un verdadero reto[6] para el gobierno actual. Éste tiene que impulsar políticas realistas y eficaces de protección del medio ambiente puesto que la economía ya no puede contemplarse sin la protección de la naturaleza ni el fomento del desarrollo sostenible. Una de las principales lecciones sacadas, en estos últimos diez años, es la imposibilidad de continuar el desarrollo económico siguiendo los esquemas no sostenibles y perjudiciales para el medio ambiente. A nivel medioambiental, a España se le presentan numerosos desafíos tanto por su riqueza geográfica como por las problemáticas vinculadas con su entorno. España tiene una zona costera de unos 10.000 kilómetros de longitud con un patrimonio natural marítimo variado que necesita ser conservado y protegido. Dicha área es el centro de una importante actividad turística y pesquera que constituye una posición estratégica en la economía y la geopolítica. Bosques[7], reservas naturales y otras zonas protegidas merecen especial atención si el país no quiere perder su rico patrimonio natural. Tanto el Estado como las comunidades autónomas deben invertir en las energías renovables para reducir el recurso a las energías fósiles, garantizar el acceso al agua cualquiera que sea la zona y proteger su fauna y su flora.

Las energías renovables, ¿tabla de salvación[8] de España?

El objetivo de España es alcanzar una economía sostenible baja en carbono que permita modificar la tesitura del país con medidas sostenibles, pero no por ello, desprovistas de competitividad mediante acciones innovadoras. El Grupo Español para el Crecimiento Verde, iniciativa creada en 2014, reúne unas cuarenta empresas involucradas en la lucha contra el cambio climático y a favor de una economía hipocarbónica. Las empresas que forman parte de dicho grupo se comprometen a reducir al menos un 40 % las emisiones de gases de efecto invernadero respecto a los niveles de 1990, a aumentar la aportación de energías renovables hasta alcanzar un 27 % de la energía final consumida en Europa y a ahorrar la energía. La toma de conciencia tanto a nivel institucional como a nivel empresarial o individual apuesta por[9] conciliar prosperidad y progreso velando por[10] la igualdad social y el respeto a los recursos naturales. La COP 21, que adoptó el Acuerdo de París, estableció el marco global de lucha contra el cambio climático a partir de 2020 con el objetivo de impedir que el incremento de la temperatura media del planeta superara los 2°C respecto a los niveles preindustriales. Intentó lograr esfuerzos adicionales que hicieran posible que el calentamiento global no superara el 1,5°C. Sin embargo, pese a todos los acuerdos firmados y los aparentes esfuerzos, a España le cuesta aunar crecimiento económico con protección del medio ambiente.

Desde finales del siglo XX, el desarrollo de las energías renovables es una prioridad para los diferentes gobiernos españoles. El Plan de Fomento de las Energías Renovables (2000-2010) fue el primer paso y su objetivo para 2010 era generar el 30 % de la electricidad de fuentes renovables. Entre 1998 y 2013, las ayudas públicas sumaron[11] más de 50 mil millones de euros. Sin embargo, los recortes[12] a raíz de la crisis económica provocaron la reducción de las inversiones públicas en el sector de las energías limpias. Por ejemplo, en 2012, la financiación pública cayó un 68 %. En 2015, España disminuyó un 3,1 % el consumo de energías renovables, mientras que en Europa aumentó un 9 % en comparación con el año anterior. En 2017, se destinaron 336 millones de euros para alcanzar un 20 % de energías renovables para el 2020. El petróleo sigue siendo la principal fuente[13] de energía en España, con un 42 %, por delante del gas natural, con casi el 20 %, y las energías renovables que representan el 13,9 %. En cuanto a la energía nuclear y el carbón, representan un 12 % del consumo. La energía solar fue la que más contribuyó, con un 33 %; seguido de la eólica, con un 21 %; la biomasa eléctrica, con un 16 %; y los agro-carburantes o agro-combustibles, con 6 %. Las renovables pasaron de un 15 % en 2014 al 13,9 % en 2016. España dista de[14] cumplir sus objetivos como lo atestigua[15] su dificultad de alcanzar el 20 % de la generación de electricidad con energías renovables.

En 2018, destacó una disminución del 10,8 % del consumo de carbón en España con respecto al año 2017, un leve incremento del consumo de productos petrolíferos del 0,4 % y una reducción del 0,7 % del gas natural. El consumo de las energías renovables incrementó un 8,8 %, debido a la contribución de la energía hidráulica, además del aumento del consumo de biocombustibles, compensando así la disminución de la producción solar fotovoltaica y térmica, por haber sido 2018 un año de baja radiación solar en el país.

Las principales fuentes de energía renovable en España son la eólica y la hidráulica. En 2018, se encontraban en funcionamiento 1.368 parques eólicos, con una potencia total cercana a los 23.500 megavatios frente a los 20.000 generados por la energía hidráulica.

La energía eólica

España es el quinto país del mundo por potencia eólica, tras China, Estados Unidos, Alemania e India y el segundo a nivel europeo por detrás de Alemania. En 2016, la energía eólica fue la segunda fuente de generación eléctrica en España. España fue pionera en la implementación de aerogeneradores: en 2007, el país producía el 20 % de la electricidad eólica mundial y desde entonces se convirtió en un líder en investigación y desarrollo en este sector. En 2018, la energía eólica cubrió el 18,5 % de la demanda eléctrica y fue la tercera fuente de generación, por detrás del gas natural con un 21 % y la nuclear con un 20 %.

La energía hidráulica

Las principales centrales se encuentran en el norte del país por el paisaje más favorable para la construcción de presas[16]. Los pantanos tienen tres usos fundamentales en España: para el abastecimiento[17] y consumo de las zonas urbanas, para la agricultura y para generar electricidad mediante centrales hidroeléctricas. La energía hidráulica se sitúa como una de las más importantes fuentes de energía de España, sin embargo, con la baja pluviosidad en 2017, los embalses se encontraban al 37,5 % de su capacidad, el menor nivel desde 1995, lo que hundió la producción hidroeléctrica. En octubre de 2017, se registró la menor cifra desde 1990, o sea un 3,6 % del conjunto de la producción de electricidad por la falta de agua en los embalses. Entre enero y octubre de 2017, se produjo un 52 % menos de electricidad a través de esta fuente renovable, lo que provocó un alza[18] de un 12 % del precio de la electricidad y más emisiones de CO_2 por la quema de carbón y gas. Entre enero y agosto de 2017, este sector emitió un 37 % de este gas de efecto invernadero más que en el mismo periodo de 2016. La baja pluviosidad no sólo afectó al consumidor y al sector agrícola, sino también los resultados de las eléctricas. Las tres principales compañías ganaron 733 millones de euros menos durante los nueve primeros meses de 2017 respecto al ejercicio anterior. Iberdrola, la más dependiente del recurso hidroeléctrico, registró un descenso del 57,6 % en la producción hidráulica en España. En 2018, la energía hidráulica representó el 13,4 % de la producción eléctrica, o sea un aumento del 75 % con el año anterior que se explica por la extrema sequía que asoló al país en 2017.

La energía solar

Por muy paradójico que parezca, el país más soleado de Europa ha sido adelantado por Reino Unido en el sector de la energía solar. Hasta forma parte de los "países no fiables para los inversores solares", junto a Bulgaria o la República Checa y quedó fuera de la Alianza solar internacional. Y eso que España era en 2008 uno de los países con más potencia fotovoltaica del mundo. Las modificaciones en la legislación de este sector frenaron la construcción de nuevas plantas[19] fotovoltaicas, así como la suspensión de forma indefinida de los incentivos[20] económicos para nuevas instalaciones fotovoltaicas decretada por el gobierno de Mariano Rajoy en 2012. Pero Pedro Sánchez anunció la supresión del "impuesto al sol" lo que es buena señal para el sector solar. En 2018, la energía solar sólo representó el 4 % de la producción eléctrica nacional.

La energía geotérmica

La geotermia es un sector poco desarrollado en España con respecto a los países nórdicos. Con 2.000 instalaciones, Madrid es la comunidad con el mayor auge en geotermia con un crecimiento de un 100 % anual. En Galicia, la energía geotérmica presenta un gran potencial de utilización por el subsuelo muy favorable y la buena conductividad térmica. Este tipo de energía, aunque anecdótico en 2018, parece seducir a cada vez más ciudades por el ahorro que supone.

La cuestión del agua: un rompecabezas[21] jaquecoso[22]

El agua es un recurso fundamental para la vida, para la economía y desempeña un papel geopolítico tanto a nivel regional como nacional (por el desigual reparto acuífero agravado por diferencias identitarias muy marcadas que culminan con el independentismo). En España, el agua escasea[23], lo que puede dar lugar a períodos de sequía. Las zonas áridas o semiáridas cubren el 67 % del territorio y las comunidades que más agua consumen son las que menos precipitaciones reciben. Así, la gestión del agua a medio y largo plazo[24] es una prioridad para el país desde hace mucho tiempo. Los romanos y los árabes introdujeron un sistema de regadío eficaz (con norias[25] y acequias[26]) y ya en la Edad Media existía el Tribunal de las aguas de Valencia, una institución de justicia encargada de dirimir[27] los conflictos derivados del uso y aprovechamiento del agua de riego entre los agricultores. Todavía funciona el Tribunal de las Aguas y en 2008 fue designado Patrimonio Cultural Inmaterial de la Humanidad.

A finales del siglo XIX, se consideraba el agua como un medio para resolver la crisis política y socioeconómica ya que era un elemento esencial que contribuyó a la modernización agrícola a principios del siglo XX con la construcción de canales y embalses. A mediados del siglo XX, bajo la dictadura de Miguel Primo de Rivera (1923-1930), así como durante la Segunda República (1931-1936) se fijaron las bases de la política acuífera de España con la creación de las primeras confederaciones hidrográficas.

Las Confederaciones Hidrográficas, creadas en 1926, desempeñan un importante papel en la planificación hidrológica, la gestión de los recursos, el control de la calidad del agua, el proyecto y la construcción de nuevas infraestructuras.

Bajo la dictadura franquista (1939-1975), se desarrollaron las grandes instalaciones hidráulicas hasta tal punto que a Francisco Franco se le puso el mote[28] de "Paco Rana", pues como el batracio, iba saltando, inauguración tras inauguración, de embalse en embalse. Cada promoción era una oportunidad para elogiar los avances económicos del país. Entre 1939 y 1975, España cuadriplicó su capacidad de almacenamiento[29] de agua, lo que fomentó[30] la agricultura y la producción de electricidad (el 90 % en aquella época). Hoy en día, España cuenta con 1.300 embalses. En 2001, el Gobierno de José María Aznar aprobó el Plan Hidrológico Nacional que preveía, entre otras medidas, el trasvase del Ebro hacia zonas deficitarias como Barcelona, Castellón o Valencia. Entre 2000 y 2003, tuvieron lugar varias manifestaciones contra el trasvase[31] apoyadas por el movimiento "Nueva Cultura del Agua", que había surgido a mediados de los años 90. Pero, la derrota del PP en las elecciones de 2004 cambió los planes de José María Aznar ya que, con la victoria del PSOE, Cristina Narbona, ministra de Medio Ambiente, canceló el trasvase y entabló un nuevo plan hidrológico bautizado A.G.U.A (Actuaciones para la Gestión y la Utilización del Agua), cuyo objetivo era la construcción de 15 desalinizadoras. El presupuesto inicial era de 721 millones, sin embargo, cuando el PP volvió al poder en 2011, sólo funcionaba una desalinizadora y el presupuesto[32] casi se duplicó, alcanzando 1.337 millones de euros sin haber empezado siquiera la construcción de las nuevas plantas desaladoras. Frente a la escasez[33] de agua aparecieron estos últimos años comportamientos ecológicos ciudadanos. La preocupación por el agua se plasmó en 2008, con la celebración de la Exposición Internacional de Zaragoza cuyo lema era "Agua y Desarrollo Sostenible". Entre 2010 y 2013, el consumo de agua diario bajó de 144 litros por habitante a 130. Sin embargo, no se sabe la conciencia ecológica produjo esta reducción o si fue el alza (más del 20 %) del precio del agua.

El profesor Pedro Arrojo recibió en 2003 el Premio Goldman por su labor en torno al agua. Se considera uno de los impulsores de la llamada Nueva Cultura del Agua. Impidió que el plan Hidrológico Nacional construyera presas en los últimos ríos de flujo libre. Promovió un sistema sostenible para gestionar el agua. Se centró en la protección del delta del Ebro permitiendo así seguir con el cultivo de arroz y preservar el ecosistema de la zona.

La sequía

España encadena años hidrológicos con lluvias menores de lo normal desde 2014. En 2017, la falta de lluvias y la escasez de agua en los embalses golpeó duramente la agricultura y el abastecimiento de algunos pueblos que tuvieron que recurrir a camiones cisterna para tener agua. La sequía meteorológica (pocas precipitaciones) ha acarreado una situación de sequía hidrológica (pocos recursos hídricos). Los embalses estaban, en octubre de 2017, al 38,3 % de su capacidad. La sequía representa un verdadero peligro para la agricultura y especialmente para el cultivo de las aceitunas. España produce un 44 % del aceite de oliva en el mundo. La severa sequía que sufre el país podría provocar un descenso de la producción hasta un 30 % y también tener consecuencias dramáticas para los ganaderos[34].

Los incendios forestales

El clima mediterráneo caracterizado por sequías estivales, altas temperaturas y viento incrementa el riesgo de incendios y de propagación. 2017 fue el segundo peor año del último decenio, con casi 175.000 hectáreas quemadas y episodios trágicos como el incendio en Doñana (un espacio natural protegido y ubicado en Andalucía). En octubre de 2017, la sequía y las altas temperaturas favorecieron los dramáticos incendios de Galicia y Asturias.

Una naturaleza rica pero vulnerable

España es uno de los países con mayor biodiversidad de la Unión Europea y es el segundo país de la UE con mayor superficie forestal (ocupa el 55 % del territorio) después de Suecia. Para preservar su fauna y su flora, España cuenta con 15 parques nacionales ubicados en 12 comunidades autónomas. Estas zonas naturales, por su belleza, sus ecosistemas y su diversidad geológica, tienen un valor científico, estético y educativo que merecen una atención y una protección específica. La superficie protegida en España en el año 2016 se sitúa en un 33 % del territorio nacional. Por otro lado, la superficie marina protegida se estima en un 8 % de la superficie marina total. La catástrofe del *Prestige* en 2002 ilustra la vulnerabilidad de la naturaleza frente a las acciones del hombre. Las islas Canarias poseen el mayor porcentaje de superficie terrestre protegida respecto a su superficie terrestre total, con un 77 %.

En España existen 47 Reservas de Biosfera, impulsadas por el Programa MaB (Hombre y Biosfera), que hacen de ella el primer país del mundo, junto con Estados Unidos, en este tipo de protección medioambiental.

El hundimiento del buque[35] petrolero *Prestige* cargado con 77.000 toneladas de petróleo frente a las costas de Galicia contaminó 2.000 kilómetros de las zonas costeras española, francesa y portuguesa. Este derrame[36] se considera el tercer accidente más costoso de todos los tiempos a nivel mundial por detrás de la catástrofe nuclear de Chernóbil y la desintegración del transbordador espacial Columbia. Se trata de una de las mayores catástrofes medioambientales.

Madrid, sede inesperada de la COP25

El presidente del gobierno español, Pedro Sánchez, le ofreció a Sebastián Piñera organizar en la capital española la cumbre del clima, a raíz de la renuncia de Chile a celebrarla en el marco de las protestas sociales que tuvieron lugar en el país austral (➔ véase cap. 44). Entonces, Madrid acogió la COP25 entre el 2 y el 15 de diciembre de 2019 bajo la presidencia de Chile. Pero esta cumbre no llevó a ninguna medida concreta para los más vulnerables como los pueblos indígenas víctimas de la deforestación. Este evento se organizó en un mes y su coste se cifró en unos 50 millones de euros.

Los retos venideros

En los próximos 30 años, España deberá cambiar su modelo de desarrollo para respetar los objetivos del Acuerdo de París contra el cambio climático. El país tendrá que alcanzar la neutralidad de las emisiones de gases de efecto invernadero. Para cumplir con estas metas, el Consejo de Ministros aprobó, el 3 de noviembre de 2020, la Estrategia de Descarbonización a Largo Plazo. Significa que, a partir de 2050, España sólo podrá emitir la cantidad de gases de efecto invernadero que los bosques puedan absorber. La principal manera de conseguirlo consistirá en su drástica reducción limitando los combustibles que los ocasionan. Se opta también por la reforestación de 20.000 hectáreas anuales en las próximas tres décadas, así como la recuperación de 50.000 hectáreas de humedales para 2050. Se prevé que el 97 % de toda la energía consumida en España sea renovable en 2050.

El impacto de la Covid-19

Si bien la pandemia de coronavirus tuvo repercusiones dramáticas tanto a nivel humano como socioeconómico, de ella surtieron efectos positivos a escala medioambiental. La reducción de la movilidad debida al confinamiento mermó las emisiones de gases. Además, la crisis sanitaria tuvo un impacto inesperado en algunas ciudades: los coches perdieron espacio a beneficio de las bicicletas con una ampliación de los carriles. En Madrid se agregaron 12 kilómetros provisionales a los 130 ya existentes y Barcelona añadió 21 kilómetros que se volvieron permanentes.

Sin embargo, el uso de mascarillas desechables[37] así como la falta de civismo de ciertos ciudadanos que las tiran al suelo ennegrecen el panorama alentador de algunos municipios que se esfuerzan en fomentar acciones favorables al medio ambiente.

NOTAS

1. cobrar importancia = adquirir importancia
2. el compromiso: *l'engagement*
3. abogar por: *plaider pour*
4. la bonanza: *la prospérité*
5. socavar: *saper, miner*
6. el reto: *le défi*
7. el bosque: *la forêt*
8. la tabla de salvación: *la planche de salut*
9. apostar por: *miser sur*
10. velar por: *veiller sur*
11. sumar: *totaliser*
12. el recorte: *la coupe budgétaire*
13. la fuente: *la source*
14. distar de: *être loin de*
15. atestiguar: *démontrer, attester*
16. la presa = el pantano = el embalse: *le barrage*
17. el abastecimiento: *l'approvisionnement*
18. un alza: *une hausse*
19. la planta = la fábrica
20. el incentivo: *la prime*
21. el rompecabezas: *le casse-tête*
22. jaquecoso: *qui donne la migraine*
23. escasear: *manquer, se faire rare*
24. a medio y largo plazo: *à moyen et long terme*
25. una noria: *une roue de moulin*
26. una acequia: *une rigole*
27. dirimir = resolver, solventar
28. el mote: *le surnom*
29. el almacenamiento: *la réserve*
30. fomentar: *encourager, promouvoir*
31. el trasvase: *le détournement, la dérivation*
32. el presupuesto: *le budget*
33. la escasez: *la pénurie*
34. el ganadero: *l'éleveur de bétail*
35. el buque: *le bateau*
36. el derrame: *la marée noire*
37. desechable: *jetable*

- ***Cenizas del cielo*** (2008) de José Antonio Quirós aborda la vida de un pueblo rural alrededor de los conflictos causados por la central eléctrica que se ubica cerca del municipio.
- ***¿Trileros del agua?*** (2018) de Ricardo Gamaza es un documental que denuncia la privatización del agua en España por las grandes multinacionales que han hecho del agua uno de sus principales negocios.

MC 34 La cuestión medioambiental en España

LA CUESTIÓN MEDIOAMBIENTAL

- **Biodiversidad rica**
  - Segundo país de la UE con mayor superficie forestal
  - 15 parques nacionales
- **2002**
  - Catástrofe del Prestige
- **2007**
  - Cumbre de Bali
  - Ley de Responsabilidad Medioambiental
  - Ley del Patrimonio Natural y la Biodiversidad
  - Estrategia de desarrollo sostenible
- **Crisis de 2008**
  - Ecología relegada a un segundo plano
  - Reducción de las inversiones públicas en el sector de las energías limpias
- **Avances ecológicos**
  - **2013** Paquete "Aire puro"
  - **2014** Grupo español para el Crecimiento Verde
  - **Diciembre de 2019** COP 25 en Madrid
- **Retos para 2050**
  - Limitar las emisiones de gases de efecto invernadero
- **El agua**
  - **Escasez**
    - Fuerte impacto del sector turístico
  - Tribunal de las Aguas de Valencia
  - Confederaciones hidrográficas
  - **2001**
    - Plan Hidrológico Nacional aprobado por el PP y cancelado por el PSOE en 2004
  - **Programa A.G.U.A**
    - Construcción de desalinizadoras
  - **2008**
    - Expo Internacional de Zaragoza
  - **La sequía**
    - Incendios
    - Serio problema para el sector agrícola
  - **2017**
    - Falta de lluvia y embalses vacíos
- **Las energías renovables**
  - **Energía solar**
    - País poco fiable para los inversores solares
  - **Energía eólica**
    - España, quinto parque mundial
  - **Energía hidráulica**
    - Importante fuente de energía pero amenazada por la baja pluviosidad
    - En 2018, la energía hidráulica representó el 13,4 % de la producción eléctrica, un aumento del 75 %
  - **Geotermia**
    - Galicia: líder en el sector

MAPA CONCEPTUAL

29 SER MUJER EN ESPAÑA

La Constitución española de 1931 que marcó la Segunda República así como la legislación posterior, supuso un gran avance para las mujeres como consecuencia del reconocimiento de derechos tales como la igualdad de sexo, la prohibición de discriminación laboral, la protección laboral de la mujer, el reconocimiento del matrimonio civil o el divorcio.

Pese a estos numerosos progresos desde principios del siglo XX (aborto legalizado, divorcio, paridad entre otros), España sigue experimentando desigualdades de género en muchos ámbitos.

Abortar en España (véase MC 35)

En España el aborto inducido, para referirse a la interrupción voluntaria del embarazo[1], es una práctica que no siempre estuvo regulada como ahora.

Primera despenalización del aborto (1937)

Nada se legisló en torno al aborto hasta el 25 de diciembre de 1936, en Cataluña, cuando Josep Tarradellas legalizó el aborto libre durante las 12 primeras semanas de embarazo.

Luego, en plena Guerra Civil, la ministra de Sanidad, Federica Montseny (noviembre de 1936 –mediados de mayo de 1937) votó la ley de despenalización del aborto en 1937, bajo el mando del socialista Francisco Largo Caballero, pero su vigencia duró muy poco, ya que el bando franquista la derogó[2].

Prohibición del aborto (1939-1985)

Nada más terminar la Guerra Civil, el gobierno franquista volvió a ilegalizar el aborto provocado. Sin embargo, la interrupción voluntaria de embarazo siguió practicándose, a pesar de la dura legislación franquista que se aprobó en su contra, como la ley de Represión del Aborto, de 1941. Durante la dictadura de Franco, muchas mujeres abortaban ilegalmente. A partir de 1967, podían ir a Inglaterra o a partir de 1976 a Francia donde ya era legal desde el 17 de enero de 1975 (ley de Simone Weil). Pero los viajes costaban caro. En otras circunstancias optaban por montarse en autobuses: como las carreteras eran malas y presentaban muchos baches[3], uno o dos trayectos de ida y vuelta a veces les ahorraban el viaje al extranjero. También podían recurrir a los servicios de una curandera[4] que les daba infusiones con hierbas abortivas o de una abortera[5], que mediante agujas de hacer punto[6] realizaban la interrupción de embarazo. Bajo el régimen de Franco, el Código Penal castigaba con mayor detención a todos aquellos que vendieran, anunciaran, suministraran o divulgaran cualquier medio o procedimiento capaz de facilitar el aborto y claro, la mujer cargaba con penas que, si bien eran más leves[7], podían significar su encarcelamiento[8].

En 1976, se calculó que entre 200 y 400 mujeres murieron por abortos clandestinos.

Segunda despenalización del aborto (1985)

Con la vuelta a la democracia y la llegada al poder de Felipe González (1982-1996), el 5 de julio de 1985, se despenalizó de nuevo el aborto bajo tres causales (o "supuestos")[9]: riesgo grave para la salud física o psíquica de la mujer embarazada (supuesto terapéutico), violación (supuesto criminológico) y malformaciones o taras, físicas o psíquicas, en el feto (supuesto eugenésico). En los demás casos, el Código Penal establecía diversas penas de prisión tanto para la mujer embarazada como para los que practicaran abortos no respaldados[10] por la ley.

Legalización del aborto (2010)

Bajo José Luis Rodríguez Zapatero, el 5 de julio de 2010, una nueva ley entró en vigor legalizando totalmente el aborto en España hasta la semana 14 de ahí su nombre, "ley de plazos"[11], que vino a sustituir la "ley de supuestos" de 1985. En casos de "graves riesgos para la vida o la salud de la madre o el feto", el plazo de las 14 semanas se podía prorrogar[12] a la semana 22. Más allá de este plazo, sólo en casos de anomalía o enfermedad incurable posteriormente detectada se practicaba la interrupción voluntaria de embarazo. Un año antes, se había aprobado la dispensación gratuita de la píldora del día después. Con esta ley, también se estableció la edad sanitaria a los 16 años, es decir que las menores a partir de esta edad podían abortar sin el consentimiento de sus padres. Esta medida tomada por el Gobierno socialista fue rechazada[13] por el Partido popular y la Iglesia católica.

Polémicas en torno a la legalización del aborto

El 20 de noviembre de 2011, Mariano Rajoy, del PP, salió electo en las elecciones generales y el ministro de Justicia, Alberto Ruiz-Gallardón propuso un anteproyecto de ley para modificar la ley de plazos de 2010. Se trataba de volver a la ley de supuestos de 1985 pero quitando uno de los tres: en caso de malformación del feto, la madre tenía que hacerse cargo de su hijo y no podía interrumpir el embarazo. Este proyecto desató polémica y a fuerza de manifestaciones tanto nacionales como internacionales y oportunamente antes de las elecciones generales, el Gobierno decidió estratégicamente renunciar a votar el proyecto y el ministro de Justicia presentó su dimisión el 23 de septiembre de 2014. Lo único que sí quedó como obra del Partido Popular fue la edad sanitaria que volvió a situarse a los 18 años.

En enero de 2020, el gobierno de coalición entre PSOE y Podemos propuso modificar la ley del aborto en España, para que las menores de 16 y 17 años pudieran volver a abortar sin el consentimiento paterno, lo que el PP rechazó radicalmente alegando que en lugar de prevenir el embarazo adolescente, lo facilitaba.

La desigualdad de género

La discriminación entre personas como consecuencia de su género llega a afectar tanto su vida laboral como su vida privada al suponer que las mujeres son consideradas inferiores y subordinadas a los hombres. Aunque se ha avanzado mucho en igualdad de género en España, aún queda mucho trecho por recorrer. Son muchas las causas de la desigualdad de género y derivan de diversas situaciones o elementos del entorno cotidiano.

Estereotipos

Desde la infancia, los niños asocian determinados papeles[14] en función del género y según el entorno familiar en el que viven. Muchos relacionan a la mujer con la familia y el hogar[15] y al hombre –el cabeza de familia– con el trabajo y la fuente de ingresos para mantener a la familia. Asimismo, el sistema educativo perpetúa esas creencias sobre los papeles masculino y femenino de modo que las mujeres acceden en menor medida a estudios científicos. Hasta los medios de comunicación informan apoyando dicho reparto de papeles que termina arraigándose[16] en la sociedad de forma consciente o inconsciente y acaba alejando a las mujeres de la esfera laboral.

Techo de cristal y brecha salarial

Esta manera de pensar y actuar no sólo dificulta el acceso de las mujeres a puestos directivos –el famoso techo de cristal[17] que impide visualizar algún cargo que una mujer quisiera desempeñar– sino que también provoca una brecha salarial[18], o sea una diferencia de sueldos. En 2020, se calculó que las mujeres deberían ganar un 28,6 % más para igualar el salario de los hombres. En términos de comunidades autónomas, también varía la inequidad: Madrid representa la mayor desigualdad con 7.700 euros anuales de desfase mientras que Canarias es la más igualitaria con una diferencia de 2.500 euros anuales. Se estimó que se necesitarían 105 años para cerrar la brecha, un plazo que se dispara[19] hasta los 839 años en el caso de Murcia. Incluso cuando se jubilan, las mujeres siguen siendo discriminadas: aunque el número de mujeres pensionistas supera en un 5,27 % a los hombres, la cuantía de su pensión es un 37,79 % más baja. Entre los jóvenes y en base a la Encuesta de Población Activa (EPA), la tasa de desempleo de las mujeres menores de 25 años en diciembre de 2020 fue 46,5 % cuando la de los hombres fue 41,9 % mientras que entre adultos activos, la tasa de desempleo fue 18,7 % para las mujeres frente al 10,2 % para los hombres. La pandemia global aumentó mucho el desempleo.

No obstante, el informe *Global Gender Gap* de 2020, del Foro Económico Global, recalcó que España consiguió cerrar el 79,5 % de la brecha de género. Por su parte, Islandia, el país más igualitario del mundo, ha cerrado casi el 88 %. Este avance se debe, en gran medida, a la alta presencia femenina en política en España, convirtiéndose en el país europeo con mayor proporción de mujeres en el Congreso (el 47 % de la Cámara Baja), y en uno de los gobiernos del mundo más centrado en las mujeres, donde el 65 % de los ministros son mujeres.

El 8-M: el feminismo hace historia

Hasta 2017 se mantuvo estable la cifra de manifestantes pero a partir de esta fecha, frente a una desigualdad de género creciente, cobraron auge[20] manifestaciones callejeras multitudinarias como la del 8-M, y la del 25-N, el Día Internacional de la Eliminación de la Violencia contra la Mujer, para reivindicar más derechos y una verdadera igualdad entre hombres y mujeres.

Con motivo del 8 de marzo de 2017, salieron 40.000 manifestantes a las calles, mientras que en 2018 fueron cientos de miles de personas para manifestar su descontento frente a tanta injusticia social, salarial y laboral pero también para denunciar el acoso[21] sexual, la violencia de género y los feminicidios, asesinatos de mujeres por el mero hecho de ser mujeres. La convocatoria fue precedida de manifiestos de colectivos profesionales (periodistas, académicas, sanitarias, deportistas,...) que habían ampliado el perímetro de la protesta mucho más lejos que en los años precedentes.

Si el 8-M de 2018 fue un día de huelga general sin precedentes en toda España, se volvió a repetir en 2019, con los mismos contenidos. Este crecimiento exponencial se reflejó hasta en el recorrido por kilómetros que se triplicó en veinte años llegando a 3,9 km en la capital. También se multiplicaron las pancartas con mensajes claros y fuertes: "No somos princesas, somos guerreras", "Somos el grito de las que ya no tienen voz", "Es mi cuerpo, yo decido", "Techo de cristal, vergüenza estatal", "Ni santas ni putas, somos mujeres" y "No estamos todas, faltan las asesinadas".

Gracias a estas reivindicaciones, la situación de la mujer ha mejorado, en casi todos los aspectos. Lo ilustra el estudio *Global Gender Gap* de 2020 que coloca a España en la octava posición de los 153 países analizados en igualdad de género, cuando en 2019 estaba en el puesto 29. En 2020, el 8-M se definió como una revuelta feminista y otra vez, fue histórico desde una *performance* multitudinaria de *Un violador en tu camino* (himno feminista compuesto por el colectivo chileno Las Tesis) hasta la propagación fulminante del coronavirus. Aquel día se manifestaron más de ciento veinte mil personas pese a que la pandemia ya había contaminado a mil quinientas personas y causado treinta muertos. Seis días más tarde, el gobierno de Pedro Sánchez decretó el estado de alarma. El 8 de marzo de 2020 pasó a la historia desde otra perspectiva: la justicia española cuestionó la responsabilidad de los políticos y del gobierno socialista por poner en peligro la salud de tantas personas (➲ véase cap. 9).

La violencia de género (➲ véase MC 36)

Toma de conciencia general

La toma de conciencia del drama que sufrían muchas mujeres en casa por la violencia de género, se remonta a 1997. Aquel año, murió Ana Morantes, de 60 años, asesinada por su exmarido que la roció de gasolina y la quemó viva, diez días después de que ella confesó en un plató televisivo los malos tratos recibidos durante cuarenta años. Resultaron inútiles las más de quince denuncias que ella interpuso ya que el día de su divorcio en 1996, el juez sentenció la obligación para Ana Morantes de seguir viviendo con su exmarido. La sociedad española profundamente traumatizada por aquel crimen, se lanzó a buscar una solución frente al llamado "terrorismo familiar", la "violencia machista" (término usado en España), la falta de respuesta judicial e impunidad. Para ello recibió el apoyo de asociaciones feministas y algunos dirigentes políticos.

El caso de "La Manada" desató polémica entre la población española que se manifestó en contra de la sentencia de la Audiencia Provincial de Navarra que consideró en abril de 2018 como abuso sexual la violación de una joven de 18 años por cinco chicos, en la madrugada del 7 de julio de 2016, durante las fiestas de San Fermín. El 5 de diciembre de 2018, el Tribunal Superior de Justicia de Navarra confirmó la pena de nueve años por abuso sexual. Pero ante la magnitud de las protestas, se revisó el caso y el Tribunal Supremo pronunció una nueva sentencia en junio de 2019 porque lo consideró una violación. En octubre de 2020, el Anteproyecto de Ley de Libertad Sexual igualó víctimas de violación con las de violencia doméstica. La también llamada Ley del "solo sí es sí" apuntó a que se acabara con la diferencia en el Código Penal entre violación y abuso sexual y castigó hasta 15 años de cárcel la violación.

> **El término "manada"** ha pasado a ser utilizado en más ocasiones. Por ejemplo, en el caso de la "Manada" de Manresa, condenada por abuso en noviembre de 2019 o la "Manada" de Pozoblanco, sentenciada en junio de 2020.

Otro caso que impactó a la sociedad española fue el secuestro, la violación y el asesinato de Laura Luelmo por un hombre que acababa de salir de prisión. La Junta de Tratamiento de la cárcel aprobó en dos ocasiones (julio y septiembre de 2018) concederle a Bernardo Montoya permisos de varios días de salida ya que estaba a punto de terminar su última condena por un robo con violencia. Además, no tenía sanciones y presentaba un pronóstico de reincidencia bajo. El fiscal no recurrió la propuesta, el juez la aprobó y el recluso cumplió íntegra la condena. Pero una semana después de salir de prisión, cometió el crimen.

Medidas implementadas para luchar

Como primera consecuencia, se reformó el Código Penal en 1999 con órdenes de alejamiento y la violencia de género dejó de ser un tema tabú ya que muy rápidamente, empezaron a dar noticia del número de víctimas de violencia machista cada año. Por eso se creyó que España encabezaba la lista de los países más violentos de Europa cuando, en realidad, no hacía sino sacar a la luz todos los casos para sensibilizar y concienciar aún más a la sociedad.

En febrero de 2000, en plena campaña electoral, José María Aznar (PP) ofreció una ley integral para combatir los malos tratos a las mujeres pero poco después, negó haber hecho tal propuesta y se opuso a legislar sobre la violencia machista. Finalmente, se llevó a cabo un "plan de acción contra la violencia doméstica" en 2001 y se creó un Observatorio Estatal de Violencia contra la Mujer en 2003, permitiendo así un conteo del número de víctimas registradas.

Posteriormente, llegó al poder el socialista José Luis Rodríguez Zapatero que hizo del combate un tema central: en octubre de 2004 el Congreso aprobó por unanimidad la Ley Integral de Violencia contra las mujeres, convirtiéndose en Ley Orgánica 1/2004, del 28 de diciembre, de Medidas de Protección Integral contra la Violencia de Género. Se implementaron medidas pioneras a escala mundial mediante un sistema judicial inédito en Europa para proteger a las víctimas y salvar vidas con 1.200 dispositivos. Entre ellos, un número de teléfono gratuito (016) que le presta a la mujer servicio y asesoramiento jurídico. A partir de 2009, se aplicaron soluciones técnicas como las pulseras[22] electrónicas, para vigilar a los cónyuges o excónyuges y en casos graves, se llevaron a cabo órdenes de alejamiento[23].

En octubre de 2014, España recibió una mención de honor Premio Políticas de Futuro (*Future Policy Award* 2014) por la Ley Integral contra la Violencia de Género: Mariano Rajoy, del PP, fue galardonado con este premio internacional cuando diez años antes, José María Aznar del mismo partido la había criticado.

En 2016, surgieron algunas campañas de sensibilización como la de Campofrío "Deliciosa calma" llevada a cabo por Pavofrío y protagonizada por tres chicas Almodóvar –Carmen Maura, Rosy de Palma y María Barranco– que intenta liberar a las mujeres de sus tareas cotidianas o la campaña sobre "micromachismos" en el blog eldiario.es que resalta la discriminación diaria de la mujer en la sociedad.

Todo ello supone un elevado coste: en 2019, el gobierno de Pedro Sánchez anunció un aporte de 220 millones de euros que repartir entre los diferentes ministerios, las regiones y las ciudades para financiar las pensiones a los huérfanos de la violencia doméstica o las ayudas económicas a las víctimas para facilitarles la mudanza[24]. Este paquete de medidas permitió reducir el número de feminicidios a 55 en 2019 comparado con los 71 en 2003. Hasta finales de febrero de 2021 se totalizaron 1079 mujeres asesinadas desde que se empezó el registro. El problema persistente es que el 80 % de las víctimas no denunciaron los malos tratos y esta cifra va en aumento. En 2020, fueron 45 mujeres asesinadas a manos de su marido o exmarido.

Aunque pueden parecer altas estas cifras, el panorama europeo es más triste. Francia, por ejemplo, registró 111 mujeres asesinadas en 2020 por culpa de una toma de conciencia algo tardía. En 2011, se quiso adoptar una política común para luchar contra la violencia de género en Europa mediante el Convenio de Estambul que ratificaron los países posteriormente. Por ejemplo, España lo integró en 2014. Este convenio pretende sacar a la luz los datos para evitar cualquier tabú, pero no todos los países de la Unión Europea lo hacen con transparencia.

En el decimoquinto aniversario de la ley, el partido Vox, irrumpiendo con fuerza en las instituciones locales, autonómicas y también en el Congreso después de las elecciones del 10-N, defendió la idea de que la violencia era "intrafamiliar" y no específica contra las mujeres. De hecho, por primera vez desde 2005, el Ayuntamiento de Madrid no emitió en 2019, por exigencia de Vox, una declaración institucional con motivo del Día Internacional contra la Violencia de Género. Lo mismo sucedió en otros ayuntamientos y comunidades autónomas donde PP y Ciudadanos formaron gobierno con apoyo de Vox y terminaron aceptando las exigencias del partido ultraderechista. La falta de consenso para las declaraciones institucionales marcó un punto de inflexión con probables consecuencias nefastas.

Una violencia doméstica más sutil: la luz de gas

Así denominada por la película estadounidense *Gaslight* donde el marido ejerce sobre su esposa una violencia moral, el fenómeno de "luz de gas" tardó mucho en ser considerada como violencia porque no deja huellas aparentes. Se trata de una auténtica tortura psicológica que termina por despojar a una persona de todo lo que posee y anularla por completo. Se traduce por el aislamiento e insomnio, la ansiedad con crisis de nervios, arrebatos emocionales, tendencias obsesivas que provoca a la vez la dependencia y el miedo a su acosador que intenta volverla loca.

Coronavirus y violencia de género: un binomio peligroso

Durante el confinamiento impuesto por la pandemia del Covid-19, en marzo y abril de 2020, las mujeres tuvieron que vivir a diario y más horas de lo normal bajo el mismo techo que su maltratador. Por eso incrementaron las violencias domésticas así como las llamadas telefónicas al número gratuito de asistencia 016. Siguieron luchando aún más las asociaciones sin ánimo de lucro[25] contra la violencia de género como Ayuda en Acción, Mujeres Unidas contra el Maltrato, ALMA, Por Ti Mujer entre otras. También los niños estaban de por medio y pudieron enfrentar peleas y golpes que no estaban acostumbrados a presenciar tanto como en esos días obligados a quedarse en casa, sin poder salir ni siquiera un rato al parque para cambiar de aire (➲ véase cap. 31). No obstante, 2020 es el año en que menos asesinatos se registraron por malos tratos debido a que la cuarentena limitó los crímenes en casa o fuera. Como la víctima no podía escapar de la célula familiar, su pareja no tenía por qué castigarla. En 2020, se contaron 45 feminicidios respecto de los 55 registrados el año anterior. La ministra de Igualdad, Irene Montero, introdujo como delito el acoso callejero ocasional y el proxenetismo en todas sus formas en el Anteproyecto de Ley Orgánica de Garantía de la Libertad Sexual del Gobierno. Además, incluyó a los menores como víctimas directas de la violencia de género. Se previó la creación de centros de crisis y casas de niños para su atención integral, en un modelo similar al que ya existía en otros lugares de Europa, conocidos como "Barnahus" (que significa en sueco "Casa de los niños"). Otra medida mencionó por primera vez la reparación de los huérfanos del feminicidio sexual.

NOTAS

1. el embarazo: *la grossesse*
2. derogar = suprimir
3. los baches: *les trous sur la chaussée*
4. una curandera: *une guérisseuse*
5. una abortera: *une tricoteuse, une avorteuse*
6. hacer punto: *tricoter*
7. leves (adj.) = ligeras
8. un encarcelamiento: *un emprisonnement*
9. los supuestos = las condiciones
10. respaldados = ayudados
11. un plazo: *un délai*
12. prorrogar = prolongar
13. rechazar: *refuser*
14. un papel: *un rôle*
15. el hogar: *le foyer*
16. arraigarse: *s'enraciner*
17. el techo de cristal: *le plafond de verre*
18. una brecha salarial: *un écart des salaires*
19. dispararse: *monter en flèche*
20. el auge: *l'essor*
21. el acoso: *le harcèlement*
22. una pulsera: *un bracelet*
23. el alejamiento: *l'éloignement*
24. la mudanza: *le déménagement*
25. sin ánimo de lucro: *à but non lucratif*

- ***Gaslight*** (***Luz que agoniza*** en España y ***Luz de gas*** en Latinoamérica) es una película estadounidense de George Cukory (1944) basada en la obra de teatro epónima de Patrick Hamilton. Una mujer recién casada experimenta la presión de su marido que la atormenta hasta hacerla creer que se está volviendo loca.
- ***Te doy mis ojos*** (2003), de la directora de cine española Icíar Bollaín, relata el infierno que vive una mujer maltratada por su marido.
- ***Solas*** (2009), del director español Benito Zambrano, cuenta la soledad experimentada por la protagonista, al quedarse embarazada de un hombre poco interesado por el tema.
- ***Planes para mañana*** (2010), primer largometraje de Juana Macías, retrata las diferentes generaciones de mujeres que enfrentan problemas e inquietudes.
- ***Carmina o revienta*** (2012) de Paco León es una película que sigue el estilo del documental para narrar la historia de una mujer que lo hace todo para sacar adelante a su familia en la ciudad de Sevilla.
- ***Excluidas del paraíso*** (2016) de Esther Pérez de Eulate es un documental que denuncia los mecanismos que perpetúan el patriarcado en la sociedad mostrando las situaciones de desigualdad en los ámbitos socioeconómico y cultural entre otros.

MC 35 Abortar en España

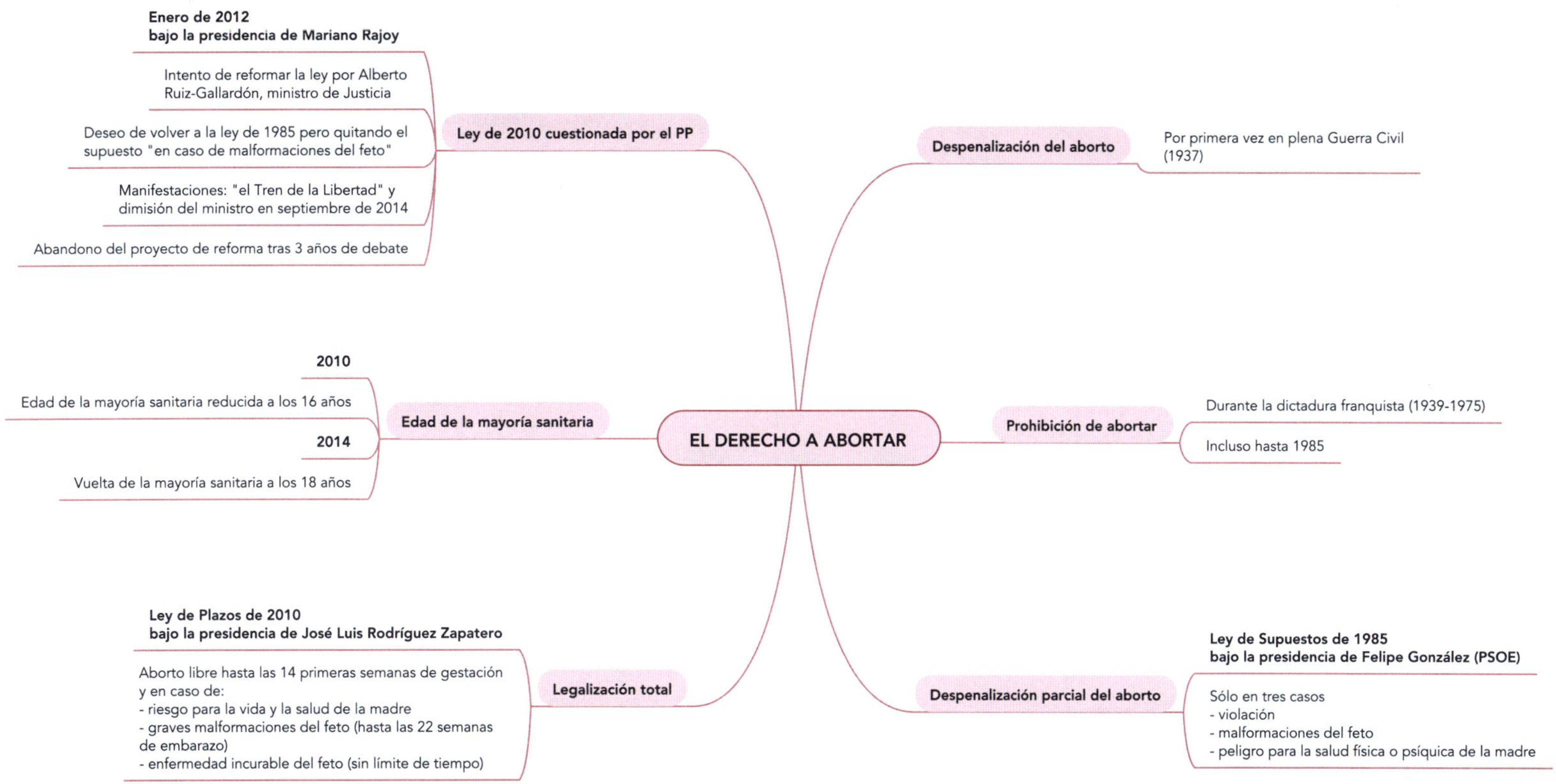

MC 36 La violencia de género

LA VIOLENCIA DE GÉNERO

- **Terminología**
  - **Violencia de género = violencia machista o doméstica**
    - Maltrato en la esfera profesional, social y familiar
  - **Luz de gas**
    - Maltrato moral para intimidar
  - **25 de noviembre**
    - Día Internacional de la Eliminación de la Violencia contra la Mujer
- **Legislación en torno a la violencia doméstica**
  - **Reforma del Código Penal (1999)**
    - La violencia de género dejó de ser un tabú
  - **Plan de acción llevado por el PP (2001)**
  - **Observatorio Estatal de Violencia contra la Mujer (2003)**
    - Inicio del conteo del número de víctimas
  - **Ley Integral contra la Violencia de género (dic. 2004) por el PSOE**
    - Mención de honor del Premio Políticas de Futuro recibida por el gobierno de Rajoy el 15 de octubre de 2014 cuando, en realidad el PP desprestigió las medidas llevadas a cabo por Zapatero
  - **Convenio de Estambul (2011)**
    - Marco para luchar contra la violencia machista y la doméstica
    - España integró en 2014
- **La crisis de 2008 como factor agravante**
  - Menos denuncias por miedo a perderlo todo
  - Obligación de seguir viviendo en la misma casa
  - Aumento de la violencia interior por el paro
- **Frente a la Covid-19**
  - **2020**
    - El año con menos muertes
    - Menos "posibilidad" de asesinar a su pareja durante el confinamiento
    - Aumento de la violencia doméstica
  - **Anteproyecto de Ley de Libertad Sexual (octubre de 2020)**
- **Balance**
  - **2003: año en que se empezó el recuento de víctimas mortales**
    - 71 mujeres asesinadas a manos de su pareja o expareja
  - **2019**
    - 55 víctimas mortales
  - **2020**
    - 45 mujeres asesinadas
- **Pacto de Estado Contra la Violencia de Género**
  - **Julio de 2017: plan histórico**
    - Prevención contra la violencia machista desde el colegio
    - Tipificación de los delitos
    - Creación de unidades de apoyo
    - Pérdida de la custodia compartida para los maltratadores
    - Supresión de atenuantes (confesión del crimen o reparación del daño)
    - Ayuda económica a la mujer maltratada

LOS RETOS DEMOGRÁFICOS DE ESPAÑA 30

Datos generales

La población de España aumentó en 392.921 personas durante el año 2019 y se situó en 47.329.981 habitantes a 1 de enero de 2020. Se trata del crecimiento más elevado desde 2008, año en que la crisis económica estalló en España (➲ véase cap.23) y causó estragos no sólo económicos, sino también sociales y demográficos. El saldo migratorio positivo de 451.391 personas compensó el saldo vegetativo negativo de 57.146 personas.

> **Saldo migratorio**: es la diferencia existente entre la emigración y la inmigración dentro de un país o una región.
>
> **Saldo vegetativo**: se trata de la diferencia entre nacimientos y defunciones en el país.
>
> El mayor crecimiento se dio en las islas Baleares, la comunidad de Madrid y Canarias, zonas atractivas por ser urbanas o litorales. Por primera vez, se superaron los 47 millones de habitantes en el país.

Un país cada vez más canoso[1]

En las últimas décadas, la población en España va peinando cada vez más canas. En efecto, entre 1971 y 2020 se duplicó el número de personas mayores de 65 años. En 2019, uno de cada cinco españoles tenía 65 años o más y se vaticina que en 2050 representen el 30 % de la población, o sea, más de 17,5 millones de personas. Este proceso de envejecimiento impacta en el crecimiento económico y el Estado del bienestar. Por otra parte, la tasa de natalidad del 1,23 % en 2019, al situarse por debajo de la tasa del 2,1 %, no garantiza el reemplazo poblacional. Con menos hijos, la población tiende a envejecer: se reduce la parte inferior de la pirámide poblacional y ensancha la parte superior por aumentar el número de personas de edad avanzada.

En una década, los nacimientos bajaron casi un 28 % y en 2019 se registró la cifra más baja desde 1941. En España, el saldo vegetativo es negativo desde 2015 y no deja de crecer la diferencia entre nacimientos y muertes. De hecho, casi se triplicó entre 2015 (con 21.280) y 2019 (57.146). Se trata del saldo vegetativo más bajo desde 1941, es decir justo después de la Guerra Civil.

A la larga, la baja natalidad plantea el problema de sostenibilidad de las pensiones porque pese a la recuperación iniciada en 2014, la Seguridad Social seguía deficitaria en 2019. Por eso resulta imprescindible que la población crezca para poder hacer frente al coste de las pensiones. Si hay muchos jubilados para pocos trabajadores, al Estado le costará compensar. Esto se podría conseguir con la acogida de más inmigrantes, pero también con medidas sociopolíticas que fomenten la natalidad como por ejemplo incentivos financieros o la ampliación del permiso de paternidad.

Los extranjeros, ¿tabla de salvación de la demografía española?

En 2019, el incremento poblacional se debió al crecimiento del número de extranjeros, los residentes extranjeros aumentaron en 395.168 personas para alcanzar un total de 5.235.375 a 1 de enero de 2020 representando así un 11 % de la población total. Este incremento respondió, en su mayor parte, al saldo migratorio positivo. En 2019, los foráneos que más acudieron a España fueron los colombianos (+62.355), los venezolanos (+53.288) y los marroquíes (+47.346). Y entre los mayores descensos se dieron los rumanos (–3.250), los ecuatorianos (–1.769) y los búlgaros (–389) (➲ véase cap. 26). La inmigración, así como el retorno de los españoles instalados en el extranjero a raíz de la crisis de 2008, son uno de los principales retos sociodemográficos de la España de hoy. Efectivamente, los inmigrantes podrían ensanchar la base de la pirámide poblacional así como repoblar la España vacía. Pero suelen instalarse en las zonas urbanas que ofrecen más oportunidades laborales.

¿Una España vacía o vaciada?

El envejecimiento de la población afecta más a las regiones de la España vacía, como se conocen popularmente las zonas geográficas que han sufrido una importante sangría demográfica en los últimos años. Principalmente se debe a la emigración de los habitantes en edad de trabajar hacia áreas urbanas (litoral y Madrid), lo que crea un tremendo desequilibrio demográfico y una desigualdad de oportunidades entre regiones. El 30 % del territorio español concentra el 90 % de la población. Significa que más de 42 millones de personas habitan en Madrid y en el litoral español. Los demás viven en el 70 % del país. En los años 2000, la inmigración extranjera logró atenuar parte de dicha desigualdad interregional pero no consiguió compensar totalmente la pérdida poblacional que siguen padeciendo las regiones de la España vaciada.

> La expresión **"la España vacía"** viene del libro epónimo escrito por el periodista Sergio del Molino y publicado en 2016.
>
> La España vacía abarca Castilla y León, Castilla la Mancha, Extremadura, Aragón y La Rioja. Estas CC.AA. ocupan el 53 % del territorio pero sólo acogen al 15 % de la población.
>
> Existe un debate sobre dicha apelación que supone que en estas zonas nunca ha habido habitantes. Por eso muchas personas prefieren designarlas con la expresión "España vaciada" para insistir en el éxodo rural y el hecho de que los habitantes se van a otros lugares para tener una mejor calidad de vida.

Sólo en tres CC. AA. (Madrid, Murcia, Baleares) y en Ceuta y Melilla el saldo vegetativo fue positivo en 2019, y en algunas como Galicia y Castilla y León fue particularmente negativo. De hecho, en Galicia se aprobó la primera ley para frenar la despoblación: la *Xunta* propuso ayudas específicas para que 20.000 emigrantes gallegos regresaran al país.

El envejecimiento en las zonas rurales de estas regiones es más elevado que en los núcleos urbanos, lo que constituye un enorme desafío no sólo socioeconómico sino también político y sanitario. Las diferencias regionales resultan muy marcadas en el ámbito económico. El bienestar de todas las CC.AA. de España ha aumentado desde la vuelta a la democracia. El PIB per cápita en términos reales de un español se situaba alrededor de los 20.000 euros en 1981 cuando alcanzaba los 30.000 euros en 2017. Sin embargo, las desigualdades relativas entre regiones no han disminuido. Madrid tenía en 2017 un PIB per cápita un 37 % superior al promedio de España mientras que el PIB per cápita en Andalucía fue un 24 % inferior al promedio en 2017. Las consecuencias del envejecimiento en las zonas rurales y del éxodo son numerosas: falta de servicios básicos, pobreza, aislamiento, menos inversiones, riesgos de incendios y de accidentes de tráfico. En efecto, la carretera mata más en la España vaciada por la falta de inversión para el mantenimiento de las vías secundarias donde tienen lugar tres de cada cuatro siniestros. Por eso se alzaron unas voces para denunciar estas desigualdades territoriales. Se crearon plataformas ciudadanas como "Teruel existe" (1999) o "Soria ¡YA!" (2001) que dan a conocer la realidad de su vida diaria mediante manifiestos o protestas. El 31 de julio de 2019, "Teruel existe" encabezó con "Soria ¡YA!" la llamada "revuelta de la España vaciada", una multitudinaria marcha celebrada en Madrid y a la que acudieron más de 100 colectivos del país para poner en la agenda política las problemáticas de las zonas despobladas. De hecho, en las elecciones generales del 10 de noviembre de 2019, "Teruel existe" fue la fuerza más votada en la provincia de Teruel y logró un escaño en el Congreso de los Diputados y otros dos en el Senado. El diputado Tomás

Guitarte respaldó la investidura de Pedro Sánchez a cambio de una serie de inversiones y compromisos del futuro presidente del Gobierno con la provincia de Teruel y a raíz de una promesa de colaboración en la lucha contra la despoblación. Dicho respaldo político le valió unas amenazas sufridas como represalias. Tuvo que pasar la noche anterior a la segunda votación de investidura en un lugar secreto por cuestiones de seguridad porque su voto era decisivo.

El impacto de la Covid-19

La pandemia de coronavirus (➔ véase cap. 31) acarreó en la población española un incremento de la mortalidad y una disminución de la esperanza de vida así como una reducción de los movimientos migratorios lo que supuso una ruptura respecto al año anterior. La esperanza de vida bajó casi un año y el saldo migratorio se dividió por cuatro, pasando de 450.000 a 110.000 personas. Aunque la natalidad no se vio afectada por los efectos de la crisis sanitaria, ésta causó, con todo, estragos descomunales[2] en la demografía española.

En resumidas cuentas, La cuestión demográfica es probablemente el desafío más importante al que se enfrenta España. El país está experimentando un invierno demográfico que aumenta el peso de la población inactiva, con el consiguiente desarrollo de los gastos de protección social a cargo de la población ocupada. Al envejecimiento poblacional se suma la baja tasa de fecundidad y el éxodo de cada vez más habitantes desde los pequeños municipios rurales hasta las zonas urbanas más pobladas. La crisis económica de 2008 con sus políticas de austeridad y sus recortes ha empeorado el problema del desplazamiento de la población.

El cierre de colegios o centros sanitarios y la ausencia de servicios básicos provocaron y siguen provocando la pérdida de población en los municipios rurales. Pero cuando estos servicios se mantienen o incluso se refuerzan, se puede notar que la población no disminuye pero sí aumenta. Los políticos ya no deben seguir haciendo la vista gorda ante esta cuestión pendiente para evitar el suicidio demográfico de su nación y por ello es necesario que inviertan más en las áreas despobladas y gestionen la inmigración para que los nuevos ciudadanos se instalen en los municipios que van vaciándose. El partido Vox (➔ véase cap.21), se hizo con[3] esta asignatura pendiente[4], para ganar más votos y obtener más escaños. Si bien las áreas menos pobladas son desde la Transición un feudo[5] inexpugnable en manos del PP y del PSOE, el panorama político empezó a cambiar con el voto a Ciudadanos en las elecciones de 2016 pero también en la primavera de 2019. Por otra parte, en las elecciones del 10-N, el dominio del bipartidismo se vio amenazado por la formación ultraderechista de Vox que recuperó buena parte de los parlamentarios perdidos por el partido centroderechista Ciudadanos.

NOTAS

1. Canoso: *grisonnant*
2. Descomunal = enorme
3. hacerse con: *s'emparer de*
4. la asignatura pendiente: *le problème en suspens*
5. el feudo: *le fief*

- ***La lluvia amarilla*** (1988) es una novela española de Julio llamazares que aborda el éxodo rural mediante el monólogo del último habitante de un pueblo del Pirineo aragonés llamado Ainielle. El autor insiste en esta ficción en la soledad, la muerte, la memoria y el olvido.
- ***La España vacía: viaje por un país que nunca fue*** (2016) es un ensayo donde el autor, Sergio del Molino, trata del campo español que se vacía y de las consecuencias de este éxodo en la España de hoy.

MC 37 Los desafíos demográficos

LOS DESAFÍOS DEMOGRÁFICOS

- **Población 2021**
  - **47.351.567 habitantes (1 de enero)**
  - Incremento respecto a 2019 gracias a los inmigrantes
  - Saldo vegetativo negativo desde 2015
  - **Impacto de la Covid-19**
  - Descenso de la esperanza de vida
  - Aumento de la mortalidad
  - Reducción de la inmigración
  - Vuelta al campo
- **El envejecimiento**
  - **La tasa de natalidad no garantiza el reemplazo poblacional**
  - 20 % de la población con más de 65 años
  - Más fuerte en las zonas rurales y la España vacía
  - **Impacto en el crecimiento económico y la sostenibilidad de las pensiones**
  - Caída de la tasa de natalidad
- **La España vacía**
  - Expresión sacada del título del libro de Sergio del Molino
  - El 53 % del territorio
  - Castilla y León, Castilla la Mancha, Extremadura, Aragón y La Rioja
  - **Representación política**
  - Teruel Existe (1999)
  - Teruel Existe obtuvo un escaño en las elecciones generales del 10 de noviembre de 2019
  - Soria ¡YA! (2001)
- **Los extranjeros**
  - 5.235.375 inmigrantes
  - 11 % de la población española
  - Colombianos, venezolanos y marroquíes fueron los que más acudieron a España en 2019

EDUCACIÓN Y SANIDAD, DOS PILARES ESENCIALES 31

Educación y Sanidad son dos sectores clave en la sociedad española. Sin embargo, no recibieron el mismo trato y no dan los mismos frutos. Ambos son competencias propias de cada comunidad autónoma, salvo en caso de que se dé el estado de alarma como ocurrió por el coronavirus (➲ véase cap. 11).

El sistema educativo español

Datos generales

Según el informe PISA, el sistema educativo español necesita mejorar, ya que ha obtenido siempre resultados mediocres en comparación con países europeos. Sin embargo, se reconoce que ha progresado. España gasta un 9,8 % del gasto total del Gobierno en educación, un porcentaje similar al de Francia (9,6 %) pero lejos del de Suecia (15,5 %) o Bélgica (12,2 %). En España, la universidad pública es muy barata lo que permite a gran parte de la población cursar sus estudios allí. También existen universidades privadas.

Un Ministerio de Educación caótico

La creación de un Ministerio de Educación en España se remonta al año 1900 con la denominación de Ministerio de Instrucción Pública y Bellas Artes que perduró hasta el principio de la Guerra Civil (1936) y que incluía las competencias de Cultura. Después, el régimen franquista (➲ véase cap. 3) le cambió el nombre al de Ministerio de Educación Nacional. En 1977, se creó el nuevo Ministerio de Cultura y entre 1979 y 1981, junto al Ministerio de Educación y Ciencia existió un Ministerio de Universidades e Investigación. En 1990, el Consejo Superior de Deportes se integró en la dependencia orgánica de Educación. Con la llegada al Gobierno de José María Aznar (PP) en 1996 (➲ véase cap. 6), el Ministerio de Educación y el de Cultura volvieron a fusionarse y se establecieron las Secretarías de Estado de Universidades, Investigación y Desarrollo y la Secretaría de Cultura, así como la Secretaría General de Educación y Formación Profesional. Sin embargo, bajo el segundo mandato de Aznar (2000-2004), Educación perdió las competencias de investigación en beneficio del nuevo Ministerio de Ciencia e Innovación. En 2004, llegó al poder el socialista José Luis Rodríguez Zapatero (➲ véase cap. 7) que recuperó la clásica denominación de Ministerio de Educación y Ciencia y le concedió a Cultura un nuevo ministerio tan sólo durante cuatro años, ya que el Ministerio de Ciencia e Innovación asumía las competencias de Ciencia y Educación Universitaria. A cambio, al Ministerio de Educación se le asignó la competencia sobre Política Social. Esta situación se mantuvo durante un año y en 2009, se devolvieron a Educación las funciones de Enseñanza Superior y perdió, en favor de Sanidad, la Política Social. Llegó Mariano Rajoy en 2011 a la cabeza del gobierno español y con la política de austeridad impuesta por la Unión Europea, se decidió fusionar otra vez el Ministerio de Educación con Cultura el 22 de diciembre de 2011, creando así el nuevo Departamento de Educación, Cultura y Deporte. Tras la moción de censura contra Rajoy el 1 de junio de 2018 (➲ véase cap. 8) y la formación del nuevo Gobierno de Pedro Sánchez en junio de 2018, el Ministerio volvió a separarse de Cultura y perdió las competencias en Universidades, en favor del Ministerio de Ciencia. Pasó a denominarse Ministerio de Educación y Formación Profesional.

Un sector muy recortado[1]: desde la LOE hasta la LOMLOE pasando por la LOMCE

En plena crisis económica (➔ véase cap. 23), en 2012, España recortó mucho y, entre otros, en educación. El entonces ministro de Educación, José Ignacio Wert, reformó este sector en diciembre de 2013 con la LOMCE (Ley Orgánica para la Mejora de la Calidad Educativa) que vino a sustituir la LOE (Ley Orgánica de Educación) de 2006. Pero, desde la presentación del proyecto de ley en mayo de 2013 hasta su aprobación definitiva por las Cortes Generales el 28 de noviembre, fue una ley muy criticada por políticos, sindicatos y hasta por asociaciones de padres. Salvo del Partido Popular en el poder, la LOMCE no recibió ningún otro respaldo. Junto a sus homólogos de Grecia, Chipre, Portugal, Hungría y Rumanía, España redujo drásticamente el gasto[2] público en el sistema educativo, provocando así el descontento de la población que salió a manifestarse por las calles, en una auténtica "marea verde" (juego de palabras con el apellido Wert). En reiteradas veces, estudiantes pidieron la dimisión del ministro a través del eslogan "Wert dimite, el pueblo no te admite". En junio de 2015, tras tantas protestas, Mariano Rajoy anunció el relevo ministerial sólo en el sector educativo con el nombramiento del veterano eurodiputado Íñigo Méndez de Vigo, del sector más moderado del partido.

Hasta las comunidades autónomas con idiomas cooficiales se alzaron en contra de la ley y el propio Partido Popular de Cataluña le pidió al ministro que cambiara la consideración del catalán como "asignatura de especialización optativa" para atenuar el rechazo. Con la LOMCE, las lenguas propias quedaban relegadas a "optativas" en lugar de "asignaturas troncales" como hasta entonces. De esta manera, se daba a entender que las lenguas cooficiales ya no serían necesarias para la homologación de los estudios, lo que desmintió José Ignacio Wert. Por otro lado, según algunas comunidades autónomas, particularmente Cataluña y País Vasco, la ley invadía las competencias de sus respectivos estatutos de autonomía. Por eso, el gobierno de Cataluña y su entonces presidente, Artur Mas, acabó amenazando con incumplir la LOMCE si no evocaban cambios. El proyecto fue considerado como una tentativa de "recentralización" y "un ataque frontal al *Estatut*, a la Ley de Educación catalana y al modelo de inmersión lingüística" sobre todo cuando Wert propuso "españolizar" a los alumnos catalanes que, según lamentaba él, desconocían la historia de España en provecho de la catalana (➔ véase cap. 14). El PSOE no vaciló en calificar el proyecto de "clasista, segregador e involucionista" advirtiendo que suprimiría totalmente la LOMCE en cuanto volviera al poder. El 10 de abril de 2018, el Tribunal Constitucional desestimó el recurso del PSOE contra la LOMCE, alegando que la educación segregada podía recibir subvenciones del Estado.

La LOMCE incluyó la obligación de seguir la asignatura de *Religión* y la implementación de otra asignatura *Valores Sociales y Cívicos* en Primaria y *Valores Éticos* en ESO (Enseñanza Secundaria Obligatoria) como sustituto de *Educación para la Ciudadanía* por eso se dijo que apoyaba a la escuela concertada y a la Iglesia. La ley aumentó el número de horas lectivas para cada profesor y suprimió el decimotercer mes de sueldo.

La ESO es el sistema educativo español de enseñanza secundaria desde el curso 1994-95. Tiene como objetivo preparar al alumnado de entre 11 y 16 años para sus próximos estudios o el mundo laboral. Se compone de 4 cursos repartidos en 2 ciclos. El primer ciclo incluye a primero, segundo y tercero de la ESO y el segundo ciclo únicamente a cuarto de la ESO. Se cursa la ESO en los IES (Institutos de Educación Secundaria), en los IESO (Institutos de Educación Secundaria Obligatoria), en los Centros o Colegios de Enseñanza Obligatoria (CEO) o bien en centros privados y concertados. Después, se imparte el Bachillerato español, de forma postobligatoria, a partir de los 16 años. Tiene dos cursos de duración y carácter preuniversitario. Tras haber superado el Bachillerato se puede ingresar en los Ciclos Formativos de Grado Superior, o en la universidad, una vez superadas las Pruebas de Acceso a la Universidad en torno a "la selectividad".

El 22 de febrero de 2019, se aprobó el Proyecto de Ley por el que se derogaba la LOMCE (Ley Orgánica para la Mejora de la Calidad Educativa) de 2013 y se pretendía volver a la Ley Orgánica de Educación de 2006 modernizándola. Pero el texto no fue modificado durante la anterior legislatura. Entonces, en marzo de 2020, Pedro Sánchez tuvo que aprobar de nuevo el proyecto porque salió el mismo día que se disolvieron las Cortes Generales para convocar nuevas elecciones. Entre los cambios, la ministra de Educación y Formación Profesional, Isabel Celaá, previó quitarle peso a la asignatura Religión en el currículum. Con la LOMLOE (Ley Orgánica de Modificación de la Ley Orgánica de la Educación), la asignatura Educación en Valores Cívicos y Éticos pasó a ser obligatoria para todos los alumnos en un curso de primaria. La ministra recuperó los programas de diversificación curricular de la ley educativa de 2006, desde tercero de la ESO, para que los alumnos que no estuvieran en condiciones de decidir su futuro tuvieran la posibilidad de una vía común sin itinerarios específicos. La nueva ley propuso medidas para evitar altas tasas de repetidores de curso. En España, el 29 % de los estudiantes de 15 años repetía algún curso de la ESO en 2018, frente al 13 % de media de los países de la Unión Europea. Era obligatorio superar todas las asignaturas de los dos cursos para hacerse con la titulación de bachillerato pero de forma excepcional para pasar de un curso a otro, se podría prescindir de una asignatura suspendida. Las autonomías perderían poder ante los contenidos del currículum pero se buscó un mayor consenso entre el Estado y las comunidades. Se recalcó la importancia de centrarse en el ciclo de 0-3 años y sobre todo en la plena escolarización de los 3-6 años aunque sin carácter obligatorio. En el texto, no se mencionan las asignaturas Latín y Griego como materia de ninguna etapa educativa, lo cual no sucedía desde la Ley de Instrucción Pública de 1857. Por eso se alzaron voces en defensa de las lenguas clásicas como pilar fundamental para conocer las raíces de las lenguas románicas (el castellano, el gallego o el catalán) y el lenguaje científico. Les resultaba impensable suprimir el latín y el griego en un país plurilingüe (➔ véase cap.12). Ya en julio de 1975, durante la etapa del desarrollismo, el ministro José Solís Ruiz propuso concederle más horas al deporte que al estudio de "lenguas muertas", incluso en el Bachillerato de Letras. Pero no había sido exitoso.

Pese a estar financiada por la Administración, la escuela pública, donde está matriculado el 67 % del alumnado, acoge al 79 % de los estudiantes inmigrantes y a nueve de cada 10 chavales de los hogares con menor renta. La escuela concertada[3] a veces acoge a niños desfavorecidos pero otras veces, los aparta. Por eso a finales de octubre de 2020, el Congreso aprobó una enmienda a la LOMLOE para evitar la segregación y frenar la proliferación de centros educativos públicos convertidos en guetos y en noviembre, otra para eliminar el castellano como lengua vehicular de la enseñanza en todo el Estado (➔ véase cap. 12).

Fracaso escolar y abandono de los estudios

La LOMCE impactó mucho en el fracaso escolar y el abandono precoz de los estudios. Con la llamada "ley Wert", el fracaso escolar aumentó en España a partir de su primer año y la tasa de estudiantes graduados en el 2016-2017 (primera promoción de la LOMCE) descendió cuatro puntos respecto al curso anterior. Dicha ley fue criticada por su efecto segregador de la normativa ya que apuntaba a una enseñanza a los alumnos separada por sexos según los principios de educación privada. También, la formación profesional básica (FP), creada para dar una segunda oportunidad a los estudiantes que no terminaban la ESO, conoció poco éxito además de impulsar el fracaso escolar. El porcentaje de estudiantes que no obtuvieron el título de educación secundaria obligatoria aumentó en el curso 2016-2017.

En 2019, España encabezaba la lista de países europeos con mayor tasa de abandono escolar: el 17,3 % de los jóvenes españoles entre 18 y 24 años no siguieron formándose tras finalizar secundaria cuando Europa registró un 10,2 %. No obstante, la tasa de abandono escolar española ha ido menguando paulatinamente en estos últimos años: en 2006, la cifra alcanzaba el 30,3 % y en 2012 era del 24,7 %. Pese a ello, España aún no ha llegado a la meta educativa de un 15 % que le marcó la UE para 2020, una cifra alta si se compara con el 10 % en el conjunto de los Veintisiete, pero sí descendió hasta un 16 %. La diferencia entre sexos era marcada: el porcentaje de mujeres que abandonaron los estudios en España era 13 % (en Europa, 8,4 %), mientras que el de hombres alcanzaba el 21,4 % (en Europa, 11,9 %). La diferencia también se notó entre las comunidades autónomas ya que oscilaba entre un 8 % de jóvenes que apenas terminaron la ESO en el País Vasco y un 24 % en Murcia hasta un 29 % en Melilla pasando por un 17 % en Cataluña o en La Rioja. A pesar de todo, según Eurostat, España se situaba por encima de la media europea (40,3 %) con un 44,7 % de personas de entre 30 y 34 años con estudios superiores. Cumplió entonces con los objetivos que se habían fijado para 2020 (44 %). A finales de septiembre de 2020, el Consejo de Ministros, por iniciativa de la ministra de Educación, Isabel Celaá, aprobó un Real Decreto-Ley que dio luz verde a las comunidades para que los alumnos pasaran de curso sin límite de suspensos. Esta medida iba en contra de la Constitución y de la LOE-LOMCE que fijaba un máximo de dos asignaturas suspensas para obtener el título.

Los "ninis"

El término "nini" se acuñó entre 2012 y 2015 para hacer referencia a los jóvenes de entre 16 y 29 años que "ni estudian ni trabajan", una situación que ha cobrado auge[4] en los últimos años cuando la tasa de paro juvenil se disparó hasta superar el 50 % (primer trimestre de 2013: 56,9 %). Además, este colectivo era el que mayor contratación temporal experimenta. En 2017, tres de cada cuatro jóvenes menores de 25 años tenían un contrato temporal. De esta forma, los jóvenes ninis llegaron a ser cerca de 1,6 millones a finales de 2012, aunque la mayor tasa se registró en el tercer trimestre de 2009, cuando alcanzaron los 1,9 millones. La evolución por sexos se invirtió en dos ocasiones durante la crisis económica. Si poco antes del inicio de la crisis, se registraban más mujeres ninis que hombres, durante la crisis los varones[5] sobrepasaron a las mujeres. Desde 2016, vuelven a ser las mujeres las ninis más numerosas, revelando así una vez más una brecha de género (➔ véase cap. 29). En 2019, en el tramo de entre 20 y 34 años, el 22,1 % de las mujeres no estudiaba ni trabajaba (20,9 % en Europa), frente al 17,1 % de hombres (12,2 % en Europa), una diferencia de cinco puntos que se agudizaba a mayor edad. El mayor porcentaje de mujeres que no trabajaban se concentró efectivamente entre los 30 y 34 años porque son las que suelen cuidar de los niños o de algún familiar (25,1 %, diez puntos más que los ninis hombres, que se situaban en el 15,3 %). Si se compara por comunidades autónomas, en 2018, el País Vasco fue la comunidad autónoma con menor porcentaje de ninis con un 9,9 % aunque aumentó con respecto a 2017 (8,8 %). En cambio, las ciudades autónomas de Melilla y Ceuta eran las que más ninis presentaban (30,7 % y 23,2 % respectivamente) a pesar de una baja significativa (34,4 % en 2017). Donde menos ninis hay (menos del 15 %) es generalmente en la parte norte de España incluyendo Madrid pero exceptuando Cataluña. Según los informes 2019, más de la mitad (59,3 %) de los jóvenes de 18 a 24 años de edad estaba cursando estudios, una quinta parte (20,5 %) no estaba estudiando, pero sí estaba empleada, y el 20,2 % ni estaba empleada ni estaba matriculada[6] en la Universidad o apuntada a una formación alguna. En los países de la OCDE, la proporción media era 52,6 %, 33,1 % y 14,3 % respectivamente. El desempleo es una gran preocupación en todos los países y España tiene una de las tasas más bajas de empleo.

A partir del año 2000, y debido a la alta oferta de empleo particularmente en la construcción, los jóvenes quisieron entrar en el mundo laboral de modo que entre 2005 y 2007, más jóvenes estaban trabajando que estudiando (contaba con un 15,8 % de ninis comparado con un 26 % en 2014). No obstante, este aspecto no contribuyó a elevar la tasa de abandono escolar (la tasa fue similar: de 31,0 % en 2005, pasó al 30,8 % en 2007). La fuerte demanda de mano de obra llevó a muchos estudiantes a trabajar sin dejar los estudios y el porcentaje total de estudiantes no se vio alterado. A partir de la crisis de 2007, se invirtió la tendencia y menos jóvenes estaban estudiando lo que disparó el porcentaje de ninis. Hasta 2018, los jóvenes que trabajaban representaban un bajo porcentaje: el mínimo (15,7 %) en 2013 y el máximo (20 %) en 2018. Al contrario, más jóvenes estudiaron. Los expertos lo explicaron como un refugio para los jóvenes que no podían acceder al mercado laboral. En 2019, el número de jóvenes que sólo estudiaban o estudiaban y trabajaban a la vez era 63,9 %, la más alta tasa nunca conocida. La mayoría de los jóvenes confiaba en que la mejor manera de incorporarse al mercado de trabajo era mediante la formación.

La educación frente a la Covid-19

El 26 de marzo de 2020, junto al G20, la OMS se unió a la UNESCO y a otras instancias para implementar la Coalición Mundial para la Educación con el objetivo de ofrecer a los niños y jóvenes opciones de aprendizaje incluso durante el periodo de interrupción repentina y sin precedentes en la educación debido al confinamiento de la población. En octubre de 2020, se aprobó el anteproyecto de los Presupuestos Generales del Estado con un crecimiento de un 70,2 % en la parte dedicada a la educación. De los 2.876 millones atribuidos en 2020 se pasará a 4.893 millones de euros. Este considerable incremento fue posible porque el Gobierno decidió aumentar un 7,5 % la inversión a lo que se sumó una inyección de 1.803 millones del Mecanismo de Recuperación y Resiliencia puesto en marcha por la Unión Europea. Los que se beneficiaran de esta inversión extra serían las becas (514 millones más), la educación infantil (200 millones) y la Formación Profesional (370 millones). Según la edición de 2020 del informe PISA, el 5 % de los alumnos no disponía de ningún ordenador en su casa. Ante un eventual reconfinamiento, Educación buscó soluciones a través del Plan Educa en Digital, con el que quería dotar de dispositivos a los alumnos sin medios (150 millones) o crear aulas interactiva (827 millones).

¿Un sector de la Sanidad realmente eficaz?

Si España tiene un sistema educativo deficiente, se dice lo contrario con respecto al sector de la sanidad. De hecho, España es un gran referente mundial en el campo de la salud. Desde hace décadas, la sanidad ha sido y sigue siendo totalmente gratuita: no se paga nada por consultar a un médico o por alguna intervención quirúrgica. Frente a las listas de espera, muchos ciudadanos optan por la sanidad privada: les parece que pagando, van a tener un mejor servicio.

El pódium por la esperanza de vida

En febrero de 2021, la OMS colocó al sistema sanitario público español en el puesto 15 de un total de 190 países, o sea que cayó once puestos respecto al año anterior. En términos de esperanza de vida, España encabezaba en 2020 la lista de todos los países europeos con 83,1 años, síntoma del buen funcionamiento de su sistema sanitario y de la calidad de vida de su población (➲ véase cap. 30). A nivel mundial, llegaba en segunda posición por detrás de Japón. Según datos de la Organización para la Cooperación y el Desarrollo Económico (OCDE), la reducción de la mortalidad después de los 65 años, una de las más bajas de la Unión Europea, la universalidad y el acceso gratuito y cercano a muchos servicios médicos y básicos explican el crecimiento constante de la esperanza de vida en España.

Ahora bien, este rango en Sanidad se derrumbaba si se tomaban en cuenta el presupuesto estatal dedicado a la Sanidad, los efectivos del personal sanitario, las listas de espera en las consultas y la gestión. Precisando que la nota final atribuida a cada país en el *ranking* mundial suele basarse en un 70 % en la esperanza de vida, un 20 % en el gasto relativo al PIB y un 10 % el gasto absoluto en sanidad, la clasificación resultaba muy relativa.

El sistema de copago, ¿un sistema equitativo?

La reforma del año 2012 amplió el copago farmacéutico en España bajo la presidencia de Mariano Rajoy del PP (➲ véase cap. 8) para intentar reducir la deuda pública siguiendo la política de austeridad impuesta por la Unión Europea. La novedad fue para los pensionistas que desde los años ochenta obtenían gratis toda la medicación con receta. Desde entonces, los pensionistas empezaron a pagar un 10 % del coste del medicamento, con un límite de 8 euros al mes para quien tenía una renta inferior a 18.000 euros al año y de 18 euros al mes para quien ingresaba entre 18.000 y 100.000 euros al año. Para los que ganaban más de 100.000 euros, el coste era un 60 % del medicamento con un límite de 62 euros al mes. Esta reforma fue polémica por perjudicar a los pensionistas y fomentar[7] un sistema más desigual. Pero, al mismo tiempo, evita un mal gasto de las medicinas: cuando la gente no paga, tiende a despilfarrar[8] y abusar.

Frente al envejecimiento de la población, se sabe que el gasto sanitario tenderá a subir con fuerza en los próximos años ya que si, entre los 20 y los 50 años, el gasto de un adulto medio en servicios sanitarios se mantiene constante o sube muy poco, a partir de los 55-60 años, sí empieza a crecer mucho y según se va envejeciendo, el coste económico para sanidad es mayor. Algo positivo (el aumento de la esperanza de vida) acaba siendo negativo desde otra perspectiva.

Esta reflexión no impidió que el Gobierno de Pedro Sánchez anunciara el 30 de diciembre de 2019 la eliminación progresiva de los copagos introducidos en 2012, empezando por los pensionistas con independencia de su renta y los hogares en situación de mayor vulnerabilidad. Con anticipación, algunas comunidades autónomas ya habían creado antes un sistema de subvenciones anuales para reducir el impacto del copago. En la Comunidad Valenciana, en 2020 se destinaron 67,4 millones de euros para unas 1.250.000 personas (con renta inferior a 18.000 euros). En País Vasco, una ayuda similar se planteó con un presupuesto de 7,4 millones. Otra experiencia similar se llevó a cabo en Castilla La Mancha, donde se destinaron unos 700.000 euros para unos 100.000 jubilados o colectivos desfavorecidos.

Una formación de calidad pero huidiza[9]

España cuenta con 47 especialidades médicas; para acceder a dicha titulación, se requiere un periodo de entre 2 y 5 años como Médico Interno Residente **(MIR)** en un hospital o en un centro de salud acreditado.

Una de las fortalezas del sistema es la excelente formación de sus profesionales sanitarios, con el prestigioso método MIR (Médico Interno Residente).

Además, la selección de los profesionales se realiza entre los estudiantes con una nota mínima de notable (entre 7 y 8,9/10) en el acceso a las universidades y con una vocación innegable que justifique la carrera que eligen. Por la fama que tiene dicha formación en España, se rifan[10] miles de médicos y enfermeros cada año en los servicios sanitarios europeos, especialmente del Reino Unido, de Francia y Alemania. En 2019, unas 8.000 enfermeras residen fuera de España y 2.500 médicos solicitaron un certificado de idoneidad[11] para irse al extranjero, un 16 % más que en 2018, según los datos de la Organización Médica Colegial (OMC).

Tijeretazos y más tijeretazos[12]

España es el cuarto país de la OCDE con más recortes en Sanidad en la última década, solo por detrás de Grecia, Islandia y Portugal. Cuando Francia gastó 4.900 euros per cápita y Alemania 6.000, el gasto real español en sanidad eran 3.000 euros por habitante al año lo que el Ministerio de Sanidad concretó con 74.000 millones de euros en la sanidad pública y 31.000 millones en la privada.

España gastaba antes de la crisis de 2008 (➔ véase cap.23), casi el 7 % de su PIB en Sanidad. En 2019, gastaba el 6,2 % lo que representaba 7.600 millones de recorte de gasto sanitario desde 2009, mientras Francia, Reino Unido y Alemania incrementaron el gasto. En 2020, siguió bajando hasta alcanzar el 5,6 % del PIB. La OCDE apuntó que antes de la crisis, España era ya, frente a países como Italia, Francia, Reino Unido o Alemania, el país que menos gastaba en Sanidad con casi 2 puntos menos de su PIB en Sanidad que Francia y 2 puntos y medio menos que Alemania. La brecha se ha agrandado pues.

En términos de personal como médicos o enfermeros, la cifra en España es muy inferior a la de sus vecinos con 30,1 sanitarios por cada 1.000 habitantes frente a 32 en Italia, 60 en Francia y 71 en Alemania. El número de médicos en España supera incluso a Francia o Bélgica, pero el déficit de enfermeros y enfermeras es considerable, incluso frente a Italia. Mientras España tiene 5,7 enfermeros por cada 1.000 habitantes, Francia tiene 11 y Alemania 13. Sin embargo, son los que primero atienden las complicaciones menores. Cuando se habló de personal sanitario "desbordado" durante la crisis sanitaria del coronavirus, estas cifras son sintomáticas de una situación poco privilegiada. España tiene la mitad de enfermeros que los países de su entorno. Y si a ello se suma la escasez de camas[13] (9 en España) en UCI (Unidades de Cuidados Intensivos)[14], Italia está algo peor que España con 8 camas lo que explica también el altísimo número de muertos debidos a la Covid (➔ véase cap.9). Alemania tiene tres veces más camas que España por cada 100.000 habitantes cuando Francia tiene 16 camas en Cuidados Intensivos.

Diez años de recortes sanitarios han dejado todos los indicadores médicos absolutamente diezmados[15].

La descentralización de la sanidad, ¿baza[16] o desventaja?

Como es competencia de cada comunidad autónoma de la península, el sector sanitario no da los mismos resultados en las 15 autonomías, desde la gestión de los centros hasta las listas de espera pasando por la atención bucodental donde España obtiene los peores resultados. No existe una central de compras coordinada para reducir los costes de equipos y medicamentos. Asimismo, la tarjeta sanitaria no es válida para todo el Estado lo que dificulta el acceso a historiales médicos desde otra autonomía. La llegada de la Covid-19 no hizo más que sacar a la luz todas las desigualdades sanitarias en el territorio español y se dice que el personal sanitario ya estaba desbordado antes de la pandemia.

El sector sanitario frente a la Covid-19

Los primeros casos del nuevo coronavirus llamado Covid-19 en España se diagnosticaron en La Gomera (isla Canaria), a finales de enero, y en Baleares, a principios de febrero de 2020. Más tarde se conocería que la primera víctima por esta epidemia falleció el 13 de febrero. A finales de dicho mes, se estaba propagando el virus en España sobre todo a través de lo que llamaron en China las "cadenas invisibles de contagio" (personas sin síntomas que pueden transmitir la enfermedad). El Centro Europeo de Prevención y Control de Enfermedades avisó mucho antes de las graves consecuencias sanitarias. A pesar de eso, el Día Internacional de la Mujer, el 8 de marzo (8-M), fue un verdadero detonante de la propagación del virus, debido a la concentración de muchas personas en esta fecha para reivindicar la igualdad de género. Un día antes, la Organización Mundial de la Salud elaboró una guía pública con recomendaciones para frenar la epidemia: evitar los hacinamientos[17], cancelar reuniones masivas y cerrar escuelas pero el Ejecutivo español autorizó las marchas, aunque sabía que serían multitudinarias: en años anteriores, reunieron más de 550.000 personas sólo entre Madrid y Barcelona. Al contrario, por estas mismas fechas, el ministro de Salud de Alemania, Jens Spahn, pidió la cancelación de todas las manifestaciones de más de 1.000 personas ante la propagación de los casos de contaminación por coronavirus en el país. El 6 de marzo, había 98.192 casos confirmados a escala mundial (275 en España). El 7 de marzo, ya se habían alcanzado los 101.927 casos (374 en España), y el 8 de marzo, 105.586 casos (430 en España, lo que la convertía en el cuarto estado europeo con más infectados tras Italia, Alemania y Francia). El Gobierno también hizo oídos sordos a las recomendaciones actualizadas del Centro de Prevención y Control de Enfermedades Europeos, que tres días antes del 8-M cuestionaba celebrar actos multitudinarios y desaconsejaba a la ciudadanía acudir a ellos recordando que el riesgo de infección para la población se consideraba entonces "de moderado a alto". No obstante, la Comisión 8-M de Madrid defendió que actuó con responsabilidad y siguiendo las pautas marcadas por el Ministerio de Sanidad. Varios informes revelaron documentos como el del Servicio de Prevención de Riesgos Laborales del 28 de febrero, en el que se aconsejaba a los trabajadores de la delegación del Gobierno mantener la distancia de seguridad de un metro para evitar contagios. A la vista de recomendaciones como ésta, se consideró que las autoridades subestimaron la gravedad y el fulminante auge de la pandemia anunciada como tal el 11 de marzo por la OMS.

Al día siguiente, el Ibex-35 registró la peor caída de su historia, mostrando la gravedad del asunto y la evidente crisis no sólo sanitaria sino también social y económica que se estaba atravesando. El 14 de marzo, Pedro Sánchez declaró el estado de alarma anunciando que sólo podrían circular por las vías públicas las personas que necesitaran adquirir comestibles o farmacéuticos, acudir al puesto de trabajo o atender emergencias, imponiendo así la cuarentena nacional a partir del 15 de marzo a medianoche. No se podía salir a la calle bajo ningún otro pretexto. Se cerraron entonces las tiendas no esenciales, incluyendo bares, restaurantes, discotecas, cafeterías, cines, negocios comerciales y minoristas[18]. Hasta los niños quedaron encerrados sin poder salir a parques o pasear. A 31 de marzo, se anunciaron 929 fallecimientos por Covid-19.

El Día Mundial de la Salud –el 7 de abril de 2020– se centró en conmemorar la labor del personal de enfermería y de partería, en primera línea de la respuesta a la Covid-19. El 28 de abril se anunció un plan de desconfinamiento progresivo en cuatro fases: durante esta desescalada[19], sectores de la población empezaron a organizar protestas contra la gestión del Gobierno y pidieron su dimisión porque el presidente y sus ministros habían tardado en reaccionar frente a la pandemia. Rápidamente, la crisis sanitaria desató tensiones políticas. En lugar de luchar juntos contra la pandemia, los políticos aprovecharon la ocasión para sacar trapos sucios[20] lo que evidenció muchos resquemores[21]. Las medidas tomadas por Pedro Sánchez frente al coronavirus amenazaron la estabilidad de su gobierno, formado gracias a la coalición con otros partidos. Cabe recordar que cada vez que el presidente del Ejecutivo desea renovar el estado de alarma (por períodos de dos semanas) debe someterlo a votación en el Congreso, con necesidad de conseguir la mayoría de los votos de los diputados. En la primera ocasión Sánchez no obtuvo votos en contra, pero el apoyo fue disminuyendo hasta que en la última oportunidad sus socios naturales se opusieron y debió buscar respaldo en Ciudadanos. Gracias a este partido pudo ampliar el término de excepcionalidad por quinta vez y consiguió quince días más. El grupo independentista catalán Esquerra Republicana (ERC) barajó[22] la posibilidad de romper el apoyo que llevó a Sánchez a la presidencia en enero de 2020 (➔ véase cap. 9). Efectivamente, votó contra la última extensión del estado de alarma por el coronavirus, al tiempo que lamentó que el presidente se apoyara finalmente en el partido Ciudadanos para continuar la prórroga de la situación de excepción que se vivía en España desde el 14 de marzo. ERC se sintió traicionada por el jefe del Gobierno español dado que el gran enemigo del separatismo catalán es el partido Ciudadanos, que de hecho nació en Cataluña en 2006. Sospechó que Sánchez estaba dando un giro a la derecha y no quería abordar verdaderamente la cuestión catalana, pese a ser la promesa formulada para recibir su respaldo en la formación del gobierno. Los partidos de la derecha –sobre todo el extremista Vox– no quisieron desperdiciar la ocasión e intentaron ganar réditos[23] políticos. Santiago Abascal, secretario general de Vox, culpó a Sánchez de los fallecimientos inducidos por el coronavirus y convocó una gran manifestación para el 23 de mayo, en Madrid, denominada "Caravana de la libertad". Para cumplir con las normas sanitarias, pidió que se hiciera con coches pero acabó en un monumental atasco de 6.000 coches y motos que colapsaron el centro de la capital. A 21 de mayo, se volvió a registrar un alza de las muertes.

Los sanitarios fueron galardonados con el premio Princesa de Asturias 2020 en junio de 2020 por su lucha contra la Covid-19 y su dedicación extraordinaria durante este largo periodo. El 21 de este mes, se declaró el fin del estado de alarma, se fueron disparando los casos de contagios, debido al final de la desescalada y en parte también a un mayor número de test realizados. El 4 de julio, se volvió a decretar el confinamiento domiciliario en Cataluña por un brote de nuevos casos en Lérida a partir del 12 de julio, así como en el noroeste de Galicia, se aplicó la decisión el 6 de julio. Pero el 13 de julio, el gobierno de Pedro Sánchez anuló el decreto alegando que no le correspondía a una comunidad autónoma tomar este tipo de decisión. Tras su anuncio inicial, un Tribunal de Lérida la suspendió, lo que llevó a la *Generalitat* a aprobar rápidamente un decreto ley para poder aplicar las medidas de reconfinamiento ante las preocupantes alzas de casos. El 25 de agosto, Pedro Sánchez movilizó al Ejército para detectar los casos de Covid-19 y pidió a los españoles que utilizaran la aplicación móvil RadarCovid, con el objetivo de rastrear las cadenas de transmisión del virus.

El 30 de octubre de 2020, España era el primer país de Europa que superaba el millón de casos de Covid-19 y más de 35.700 fallecimientos y era el tercer país europeo más afectado desde julio, por detrás de Rumania y República Checa, con 15 muertos por cada 100.000 habitantes. Por eso el Gobierno decretó el estado de alarma nacional y les otorgó a las comunidades autónomas los instrumentos jurídicos necesarios para tomar medidas frente a la pandemia sin depender del aval de los tribunales. Se volvió a imponer el toque de queda nocturno en todas las autonomías, salvo en Canarias. El confinamiento domiciliario en algunas provincias de España o el cierre perimetral de algunas ciudades fueron otras soluciones para vencer el virus. El anteproyecto de los

Presupuestos Generales del Estado del 30 de octubre de 2020 incluyó 1.018 millones destinados a vacunas contra el coronavirus y a pagar los medicamentos que pensionistas con renta baja y perceptores de la prestación económica de la Seguridad Social por tener algún hijo a su cargo tenían que pagar hasta entonces. A fin de cuentas, ciertas personas volvieron a beneficiarse de las ayudas que perdieron en 2012, tras los recortes en Sanidad para salir de la recesión.

NOTAS

1. recortado: *diminué, amputé*
2. el gasto: *la dépense*
3. la escuela concertada: *l'école privée sous contrat*
4. el auge: *l'essor*
5. los varones: *les garçons*
6. matriculada = apuntada: *inscrite*
7. fomentar = favorecer
8. despilfarrar: *gaspiller*
9. huidiza: *fuyante*
10. rifar: *tirer au sort*
11. un Certificado de Idoneidad Profesional = un documento oficial para colegiarse y trabajar como médico dentro de la Unión Europea. Tiene una validez de tres meses y lo expide el Consejo General de Colegios Oficiales de Médicos (CGCOM).
12. los tijeretazos: *les coupes franches budgétaires*
13. las camas: *les lits*
14. Unidades de Cuidados Intensivos: *unités de soins intensifs*
15. diezmados: *décimés*
16. una baza: *un atout*
17. un hacinamiento: *un entassement*
18. los minoristas: *les commerces qui vendent au détail*
19. la desescalada = el desconfinamiento
20. sacar trapos sucios: *laver son linge sale en famille*
21. los resquemores: *les rancœurs*
22. barajar la posibilidad: *envisager la possibilité*
23. un rédito = un interés

EDUCACIÓN Y SANIDAD

- **Dos sectores básicos de la sociedad**
  - Muchos recortes
  - Copago (2012)
  - LOMCE o "ley Wert" (2013)
- **Consecuencia de los tijeretazos en Educación**
  - **A partir del curso 2016-2017**
    - Fracaso escolar
    - Abandono escolar
  - **Los ninis**
    - Principalmente entre 2012-2015
    - Disparo del paro juvenil
- **Educación frente a la Covid-19**
  - **Anteproyecto de Presupuestos Generales del Estado 2020**
    - Un 70,2 % más dedicado a la educación
  - **Plan Educa en Digital**
    - Suministrar ordenadores a los jóvenes más necesitados en caso de un nuevo confinamiento
    - Más salas interactivas en los centros docentes
- **Sanidad frente a la Covid-19**
  - España, tercer país europeo con más muertos (15 por cada 100.000 habitantes) por detrás de Rumania y República Checa
  - **30 de octubre de 2020**
    - Estado de alarma y toque de queda nocturno en todo el país, salvo en Canarias
- **Situación 2019 a raíz de los tijeretazos en Sanidad**
  - **30,1 sanitarios por cada 1.000 habitantes**
    - Italia (32), Francia (60) y Alemania (71)
  - **6,2 % del gasto público**
    - Francia (8,2%) y Alemania (8,4%)
  - **9 camas en UCI**
    - Francia (16) y Alemania (33)
- **Buena fama del sector sanitario**
  - Mayor esperanza de vida europea (83,1 años)
  - Formación de calidad para enfermeros y médicos
  - Fuga de sanitarios a otros países
  - Premio Princesa de Asturias 2020 (junio de 2020)

SEGUNDA PARTE

AMÉRICA LATINA Y EL CARIBE

APROXIMACIÓN A LA REALIDAD HISTÓRICA Y SOCIOPOLÍTICA DE CADA PAÍS

- **América del Norte**
  México
- **Caribe**
  Cuba
  República Dominicana
- **América Central**
  Costa Rica
  El Salvador
  Guatemala
  Honduras
  Nicaragua
  Panamá
- **América del Sur**
  Argentina
  Bolivia
  Brasil
  Chile
  Colombia
  Ecuador
  Paraguay
  Perú
  Uruguay
  Venezuela

Datos generales (➲ véase MC 39)

México, oficialmente llamado Estados Unidos Mexicanos, es un país de América del Norte cuya capital es Ciudad de México. Su territorio se extiende por una superficie de 1.964.375 km^2, por lo que es el decimocuarto país más extenso del mundo, el quinto en América y el tercero en América Latina. Tiene frontera con los Estados Unidos a lo largo de una frontera de 3.155 km, 958 km con Guatemala al Sur y 276 km con Belice. Sus costas limitan al oeste con el océano Pacífico y al este con el golfo de México y el mar Caribe, sumando 9.330 km^2, por lo que es el tercer país americano con mayor longitud de costas. Por su situación geopolítica, se suele decir del país: "¡Pobre México, tan lejos de Dios y tan cerca de Estados Unidos!".

México es el décimo país más poblado del mundo y el mayor de habla hispana. Su población se estima en 123,5 millones de personas en 2020, la mayoría de las cuales tienen como lengua materna el español. Además, se reconocen 67 lenguas indígenas propias de la nación en la Constitución Política de los Estados Unidos Mexicanos (CPEUM) y en la Ley General de Derechos Lingüísticos de los Pueblos Indígenas (LGDLPI).

Políticamente, México es una república democrática, representativa y federal compuesta por 32 entidades federativas (31 estados y la capital federal) que corresponden a 2.400 municipios, donde el pluralismo político es una realidad. Existe una competencia política real y sistemática entre dos grandes partidos –el PRI en el centro-derecha y el PAN a la derecha de forma más moderada– y un tercero menos fuerte y arraigado en la izquierda, el PRD. Pero en las elecciones de julio de 2018, ganó el partido Morena, derrotando al PRI y al PAN.

> En 2002, se promulgó la **Ley de Derechos lingüísticos** para proteger las lenguas indígenas mexicanas y fomentar la educación bilingüe e intercultural. Se totalizan 67 lenguas, lo que puede parecer un número consecuente, pero ya desaparecieron más de 130 lenguas indígenas, con sendas costumbres y cultura. En México, se hablan alrededor de 287 idiomas, siendo así el séptimo país con mayor diversidad lingüística en el mundo.

En términos macroeconómicos, por producto interno bruto (PIB), es la duodécima de las mayores economías mundiales, la segunda economía de América Latina y la cuarta del continente. Entre los recursos naturales más importantes se encuentra el petróleo (➲ véase cap. 58). México consta de una gran desigualdad social que se mide comparando la distribución de los ingresos en los hogares. El 10 % de los mexicanos más ricos recibe el 40 % de este ingreso cuando el 10 % de los más pobres apenas sobrevive con el 1,5 % de este ingreso.

Según la Organización Mundial del Turismo, México es uno de los principales destinos turísticos de América Latina con sus 32 sitios culturales o naturales reconocidos por la Unesco como Patrimonio de la Humanidad. México también presenta una gran diversidad de climas, de hecho alberga[1] un 10-12 % de la biodiversidad mundial con sus más de 12.000 especies endémicas.

Tras las expediciones de Francisco Hernández de Córdoba (1517) y Juan de Grijalva (1518), Hernán Cortés y su tripulación[2] alcanzaron las costas de Tabasco, donde tuvieron que luchar contra los mayas, el 12 de marzo de 1519. El virreinato fue la base del mestizaje cultural y racial del actual México, donde coexisten las culturas indígenas y europeas que fusionaron durante 300 años.

El 16 de septiembre de 1810, Miguel Hidalgo y Costilla, conocido por abolir la esclavitud en México, llamó a la insurgencia, iniciando la guerra de independencia de México. A partir de 1815, los independentistas entraron en una guerra defensiva y fragmentada. Agustín de Iturbide se apoyó en Vicente Guerrero y juntos promulgaron el Plan de Iguala el 24 de febrero de 1821. En éste, se declaraba a la Nueva España como país soberano e independiente. Cuando Juan O'Donojú –último virrey designado– llegó a Nueva España, firmó el Acta de Independencia de México el 28 de septiembre de 1821.

El Porfiriato (1876-1911)

El 28 de noviembre de 1876, Porfirio Díaz inició su primer mandato presidencial, empezando así un largo periodo llamado "el Porfiriato". La inversión extranjera y nacional fue incentivada con grandes privilegios por parte del Gobierno, lo que favoreció el desarrollo económico. En contraste, las condiciones de vida de los obreros y campesinos continuaron sin mayores cambios. La oposición política fue eliminada por la fuerza y los rebeldes fueron exiliados u obligados a trabajar como esclavos en medio de una inhóspita región lluviosa, selvática y aislada como el Valle Nacional que se convirtió en una auténtica cárcel para los detractores del Porfiriato. El 25 de mayo de 1911, meses después de estallar la Revolución, el Caudillo abandonó el poder y salió rumbo[3] a Francia.

La Revolución Mexicana (1910-1920)

Las huelgas de Cananea (1906) y Río Blanco (1907) fueron muestras de desacuerdo con el régimen porfirista. Las elecciones presidenciales de 1910 dieron la victoria a Díaz frente a Francisco Ignacio Madero, que había sido encarcelado. Fugado de la prisión, llamó a las armas en el Plan de San Luis (manifiesto del 5 de octubre de 1910 para derrocar el Porfiriato y establecer elecciones libres y democráticas). El 14 de noviembre, se adelantó la revolución con la toma de Cuchillo Parado en el estado de Chihuahua. El 20 de noviembre, se sumaron a la rebelión numerosos grupos de varias clases sociales, con diversas banderas[4]. Entre otros líderes de la Revolución estaban Pascual Orozco, Álvaro Obregón, Francisco Villa (también conocido como Pancho Villa), Venustiano Carranza y Emiliano Zapata. Díaz dimitió el 25 de mayo de 1911 y se exilió a Francia donde murió más adelante.

En febrero de 1913, Victoriano Huerta acabó con la vida de Madero y de su vicepresidente, mediante un golpe de Estado, pero luego, en 1914, Huerta fue derrocado. Con el propósito de unificar a los revolucionarios, Carranza convocó en México D.F. a una Convención de los representantes de los gobernadores de las unidades del ejército constitucionalista, pero se dio en Aguascalientes por ser lugar neutral. En 1917, Carranza luego promulgó la constitución (actualmente en vigor en México) con el principio de no reelección. El conflicto entre institucionalistas y convencionalistas culminó con el asesinato de Zapata en 1919, de Carranza en 1920 y de Villa en 1923. Adolfo de la Huerta fue nombrado presidente de forma provisional durante seis meses (1 de junio – 30 de noviembre de 1920) durante los cuales quiso reorganizar el gobierno, lograr la paz interna y convocar elecciones generales para renovar el poder ejecutivo y legislativo. De la Huerta optó por la conciliación hacia los grupos disidentes. De hecho, su gabinete estuvo formado de representantes de grupos revolucionarios.

A nivel político, el aporte de la Revolución Mexicana de 1910 fue enorme. Se volvió a derrotar a la Iglesia católica, se destruyó el latifundismo, se hizo un nuevo reparto de las tierras, se incorporó a los sindicatos y a una multitud de organizaciones gremiales, se libró al ejército de la tradición militarista, se crearon una serie de instituciones de seguridad social y un gran sector paraestatal[5] con muchas empresas nacionales.

Pero esta revolución se saldó con un millón de pérdidas humanas. Y la otra cara oscura del proceso sería la creación de un partido de Estado (el futuro PRI) con todos los problemas que supondría (presidencia sin contrapeso, debilidad del Estado de derecho, poca justicia, falta de ciudadanía y corrupción rampante[6]). Este partido conocería una verdadera hegemonía durante más de setenta años.

El levantamiento zapatista (1994)

El 1 de enero de 1994, entró en vigor el Tratado de Libre Comercio de América del Norte (TLCAN) coincidiendo con el levantamiento zapatista. Los asesinatos del candidato oficial a la presidencia de la República, Luis Donaldo Colosio, y de su senador, José Francisco Ruiz Massieu, sacudieron la escena política en México y tuvieron serias repercusiones en la economía mexicana que entró en recesión.

El mismo día, un grupo armado de indígenas –el Ejército Zapatista de Liberación nacional (EZLN)– liderado por el enigmático subcomandante Marcos, se sublevó en el estado de Chiapas, en el atrasado Sureste de México. El objetivo de esta guerrilla (➔ véase cap. 50) era derrocar[7] al presidente Carlos Salinas de Gortari e instaurar una democracia participativa. Los combates duraron 12 días en Chiapas, fronterizo con Guatemala, y se cobraron decenas de muertos, la gran mayoría zapatistas. La guerrilla se inspiró en el líder revolucionario Emiliano Zapata, reclamaba el derecho a la tierra, vivienda, educación, salud y empleo en comunidades de Chiapas, una de las regiones más pobres y con mayor número de población indígena de México. Tras la represión militar de la que fue objeto su alzamiento en armas, el grupo decidió emprender una actividad política manteniendo un carácter de izquierda radical. El 22 de diciembre de 1997, 45 indígenas tzotziles fueron asesinados por grupos paramilitares opuestos al EZLN, mientras rezaban[8] en una iglesia de la comunidad de Acteal, en el estado de Chiapas.

> **El subcomandante Marcos** siempre apareció encapuchado, al frente del grupo armado indígena: así protegía su identidad con un pasamontañas y una gorra, y no se separaba de su pipa. El 26 de mayo de 2014, el EZLN anunció la desaparición de su figura que se transformó en el subcomandante insurgente Galeano. Ya no es un prófugo de la justicia porque ya se prescribieron los delitos por los que fue acusado en 1995: sedición[9], motín[10], terrorismo, conspiración, uso de armas exclusivas de las fuerzas armadas.

El 1 de diciembre de 1994, asumió la presidencia el candidato del PRI, Ernesto Zedillo Ponce de León. Su mandato fue marcado por una de las crisis financieras del siglo –llamada Efecto Tequila– con repercusiones internacionales. Zedillo y Salinas se culparon mutuamente de la crisis. Carlos Salinas responsabilizó al llamado "error de diciembre", táctica de libre flotación de la paridad peso-dólar, la cual había estado controlada en su propio sexenio. La libre flotación causó una fuga masiva de divisas ante la situación política del país (levantamiento zapatista, entre otros).

Debido a las quiebras de miles de empresas, al desempleo y a la situación de impago de muchos deudores, el gobierno de Zedillo creó el Fondo Bancario de Protección al Ahorro, para apoyar a la banca nacional en detrimento de los deudores. Así solucionó el problema mediante dos préstamos hechos por los Estados Unidos a México, por lo que se notó una recuperación del empleo y un saneamiento de la economía mexicana. Con la entrada en vigor del TLCAN, las tasas de crecimiento medio del personal ocupado se duplicaron, pasando del 6 % entre 1990-1993 a un 13,18 % en 1995. En el estado de Guanajuato, entre 1995 y 2000, se fueron instalando 289 empresas, entre las cuales principalmente maquiladoras, después de General Motors con sede en México. Se crearon así 75.000 empleos en cinco años. Evolucionó también la localización de las maquiladoras: en 1990, sólo un 10 % de la ocupación generada por la maquila se encontraba fuera de la zona fronteriza, mientras que en el año 2000, diez años después, este porcentaje ya era del 23 %.

> **Una maquiladora (o maquila)** es una empresa extranjera situada en el suelo mexicano. Importa materiales sin pagar aranceles y su producto industrializado se comercializa en el país de origen de la materia prima. El capital de las maquiladoras suele ser íntegramente extranjero, pero puede ser capital mexicano. Quienes trabajan en las maquiladoras son principalmente mujeres, de origen humilde. Piensan cruzar la frontera con EE. UU. algún día, pero su "sueño americano" muchas veces acaba en violación, tortura y asesinato (➔ véase MC 42 y cap. 61).

Con la desaparición de la URSS, la "tercera ola democrática" mundial obligó a la élite política mexicana a abrir el país al pluralismo político. De hecho, en las elecciones de 1983, el PAN logró ganar por primera vez la gobernación de Chihuahua y en las elecciones de 1988, el PRD llegó a la cabeza de varios estados. Todo ello facilitó una mayor competencia en las elecciones del 2000. Durante el sexenio de Zedillo, la administración pública mexicana sufrió importantes cambios. El Programa de Modernización de la Administración pública fue el primer gran intento por reformar la administración pública federal bajo los modelos internacionales de la nueva gestión pública.

La victoria del PAN

La presidencia de Vicente Fox (2000-2006)

Una vez metido en política, primero, Vicente Fox fue diputado federal a partir de 1988 durante la presidencia de Carlos Salinas de Gortari, y en 1995, fue gobernador de Guanajuato. Emprendió finalmente una larga campaña electoral en la que supo manejar todas las cuerdas como el hombre de negocios que había sido hasta entonces. Llegó a la presidencia en 2000, a la cabeza del PAN (Partido de Acción Nacional), venciendo por primera vez en la historia al partido oficialista, el PRI, que había estado 71 años en el poder. Gracias a su lema "Vote útil", supo atraer a todos los que no querían votar por el PRI. No obstante, una tercera parte de la ciudadanía se mantuvo fiel al PRI, de ahí que éste obtuvo mayoría en el Congreso.

> Antes de entrar en política, el católico y propietario agrícola **Vicente Fox**, fue director nacional de Operaciones para la Compañía Coca-Cola en 1970 y director de mercadotecnia, en 1971 para en sólo once años asumir la presidencia de la división de América Latina, convirtiéndose así en el gerente ejecutivo más joven en la historia de la compañía transnacional. En agosto de 2010, tras terminar su mandato, Fox sugirió legalizar la producción, distribución y venta de drogas como parte de una estrategia para asestarle un golpe a la estructura económica de los cárteles. Vicente Fox fue expulsado del PAN en 2013 por no acudir a refrendar[11] su militancia en el partido, cuando es obligación para todos los militantes del partido. En septiembre de 2017, se postuló para presidente de los Estados Unidos en una parodia donde salió diciendo "Si Trump puede, cualquiera puede".

Vicente Fox asumió la presidencia con uno de los índices de popularidad más altos en la historia reciente de México. La pérdida del control por parte del PRI tuvo una repercusión en todos los medios de comunicación. Hasta 1994, presionando económica o políticamente, el Gobierno censuraba la radio y la televisión, proyectando en las estaciones y pantallas la versión oficial. Todo esto cambió a finales del siglo XX. México vivió su propia "revolución de terciopelo[12]": la plena libertad de expresión y de crítica se volvió habitual en los medios.

Pero, pronto su popularidad se fue deteriorando. En el seno de su propio partido, no todos lo apoyaban de forma incondicional como había ocurrido antes con los presidentes todopoderosos del PRI. Entre las promesas de su campaña electoral, una era erradicar antes de 2006 la pobreza que alcanzaba a más de 40 millones de mexicanos y otra, acabar con la guerrilla zapatista. Por todo ello, los mexicanos esperaban un verdadero cambio que no ocurrió. Primero, el inicio del mandato de Fox coincidió con la caída de la economía estadounidense. Como México mantenía entonces con EE. UU. el 90 % de sus intercambios comerciales, la promesa de un crecimiento del 7 % anual pasó a ser cero. Las consecuencias del estancamiento fueron, entre otras, el paro, el deterioro de la infraestructura y de la calidad de los servicios públicos así como la concentración del ingreso. Para solucionar el problema, Fox promovió una reforma fiscal que consistía en gravar con el impuesto al valor agregado (IVA) el consumo de alimentos, medicinas, colegiaturas de escuelas privadas, libros y revistas (entre otros), pero la polémica reforma fue rechazada. Vicente Fox también se había comprometido a mejorar la infraestructura de México con la construcción de un nuevo aeropuerto a proximidad de la capital. Tras diversos estudios de factibilidad, el 22 de octubre de 2001, se determinó el lugar donde se realizaría la obra, cerca del lago de Texcoco. Para ello, un decreto presidencial especificó la expropiación de campesinos de sus 4.550 hectáreas de tierras, a cambio de indemnizaciones. Los afectados manifestaron reiteradas veces su descontento colocando, en diciembre, barricadas en los accesos principales a sus tierras para impedir el paso de policías. Fueron aumentando las protestas en diferentes zonas de Ciudad de México durante varios meses hasta que, a fin de cuentas, el 1 de agosto de 2002, el Gobierno mexicano decidió cancelar el proyecto del nuevo aeropuerto. Durante el sexenio de Fox, se llevaron a cabo políticas sociales tales como becas a estudiantes de pocos recursos en primaria y secundaria, preescolar, maternal así como apoyo financiero a familias marginadas.

A nivel económico, la industria maquiladora de exportación conoció una recesión, generando la pérdida de alrededor de 230.000 empleos entre 2000 y 2003.

Tres principales factores explican tal situación crítica: la caída en la demanda de productos de las maquilas, debido a la recesión en la economía norteamericana; también, la competencia de otros países con salarios más bajos que México, como los de América Central y China; por último, quedó eliminada el 1 de enero de 2001 la exención del pago de aranceles e impuestos a maquinaria e insumos[13] provenientes de fuera del TLCAN.

El 1 de noviembre de 2001, un decreto estableció la creación de la AFI (Agencia Federal de Investigación) para combatir delitos federales como el secuestro, el tráfico de drogas, la delincuencia organizada, así como los delitos electorales. Dicho decreto establecía la AFI como parte operativa de la PGR (Procuraduría General de la República). Pero persistieron el narcotráfico y la corrupción sumados a la ineptitud de la justicia. Además, Fox no logró resolver el conflicto de Chiapas.

En política exterior, las relaciones con Estados Unidos se tensaron por el rechazo oficial del Gobierno de Vicente Fox a la guerra de Irak en el Consejo de Seguridad de la ONU. Coincidió con negociaciones de México que buscaba el apoyo del presidente Bush para un acuerdo migratorio. México se fue alejando de los países latinoamericanos cuando éstos conocieron gobiernos de izquierdas, pese a ser elegidos democráticamente. En 2005, Fox criticó a Argentina, Paraguay y Uruguay, que junto con Venezuela no estaban a favor de crear el ALCA (Área de Libre Comercio de las Américas). Además de sorprender por no figurar el ALCA como prioridad de la política exterior mexicana (el país ya tenía un amplio TLC con EE. UU.), tal defensa de Vicente Fox provocó tensiones con los gobiernos de Argentina –durante la presidencia de Néstor Kirchner– y Venezuela –durante la presidencia de Hugo Chávez–, hasta una remoción[14] mutua de los embajadores de cada país. También en 2005, Fox rompió unilateralmente el acuerdo de amistad y cooperación que existía con Brasil (incluía la dispensa recíproca de visas). Lo mismo pasó con Ecuador. Pese a la costumbre que impone la relevante presencia de México en la región, cuando las respectivas tomas de posesión de los presidentes recién electos, Vicente Fox no acudió a las de Tabaré Vázquez (Uruguay) en 2005, Evo Morales (Bolivia) en 2006 ni Michelle Bachelet (Chile) en 2006.

La presidencia de Felipe Calderón (2006-2012)

En la elección presidencial de 2006, llegó al poder Felipe Calderón Hinojosa, del PAN frente al candidato del PRD, Andrés Manuel López Obrador, pese a que éste no reconoció el resultado alegando fraude electoral. Entonces, su toma de poder, el 1 de diciembre de 2006, fue marcada por su polémico triunfo en las elecciones. Debido a que los diputados del PRD habían tomado la tribuna de la Cámara de Diputados, ese día, Calderón tuvo que entrar por una puerta trasera del recinto para ser investido como presidente de la República. Los seis años de su gobierno transitaron entre la relativa estabilidad macroeconómica y las consecuencias sociales del iniciado combate al narcotráfico (➜ véase cap. 64), que dejó más de 100.000 muertos.

A nivel económico, México conoció la inflación más baja de su historia, una acumulación récord de reservas internacionales y una deuda pública estable. En 2010, recibió el "Premio Nueva Economía al Desarrollo Económico y la Cohesión Social", otorgado por la organización española Nueva Economía Fórum, fundada en el año 2000. La inversión en infraestructura, sobre todo en el sector carretero, fue muy importante. Se pusieron en marcha varios proyectos, entre los que destacan la Hidroeléctrica La Yesca en Jalisco, el Puente Baluarte y el Túnel Emisor Oriente, en el estado de México.

En el sector petrolero, el 23 de octubre de 2007, un accidente en la plataforma Usumacinta, en la sonda de Campeche, provocó la muerte de 22 trabajadores y destapó[15] las condiciones de inseguridad en las que trabajaba la plantilla de Petróleos Mexicanos. Desde 2007, el fracasado Proyecto Aceite Terciario del Golfo, conocido como "Proyecto Chicontepec", generó pérdidas de hasta 18.000 millones de pesos. Fue considerado como la mayor apuesta[16] de Petróleos Mexicanos para la producción de crudo de este gobierno (➜ véase cap. 58).

En la noche del 11 de octubre de 2009, con policías y militares ocupando las instalaciones de la paraestatal, Calderón publicó el decreto de extinción del organismo Luz y Fuerza del Centro, argumentando su ineficacia operativa. La desaparición de la compañía dejó sin empleo a 44.000 trabajadores.

Luz y Fuerza del Centro (LyFC) fue un organismo público descentralizado, con personalidad jurídica y patrimonio propio, que transmitió, distribuyó y comercializó energía eléctrica en toda la Ciudad de México, a 80 municipios del Estado de México, dos de Morelos, dos de Puebla y cinco de Hidalgo.

En 2012, una de las mayores aerolíneas del país, Mexicana de Aviación, reveló su crítica situación financiera. De hecho, acabó por suspender indefinidamente sus vuelos que, desde el 28 de agosto de aquel año, no se han reactivado.

A nivel social y político, en marzo de 2011, se elevaron a rango constitucional los derechos humanos y se concedió a la Comisión Nacional de Derechos Humanos (CNDH) el derecho de investigar violaciones graves a las garantías individuales. En la misma línea, en noviembre de 2012, la Suprema Corte de Justicia de la Nación anunció que los tribunales federales del país iban a resolver los juicios sobre delitos de militares contra civiles.

La presidencia de Calderón fue marcada por un incremento de la violencia a todos los niveles: diez días después de asumir el cargo y sin tener una verdadera estrategia, Felipe Calderón emprendió un combate al crimen organizado, con el apoyo de las Fuerzas Armadas, cuyo saldo social se contabilizó en unos 80.000 mexicanos asesinados entre 2007 y 2014, además de miles de desaparecidos y desplazados, y en un incremento de los casos de tortura y tratos crueles.

El 15 de febrero de 2011, la Cancillería anuló la participación del país en el Año de México en Francia, cuando se enteró de que el evento se dedicaría a la francesa Florence Cassez. El caso alcanzó a los presidentes de ambos países: Nicolás Sarkozy solicitó la extradición de su compatriota, a lo que Calderón se negó.

En el mismo año 2011, dos masacres se sucedieron: el asesinato de 52 personas en el casino Royale en Monterrey y el hallazgo de 72 cadáveres de migrantes centroamericanos en una fosa clandestina en San Fernando. Éste reveló la situación de crecientes agresiones a migrantes indocumentados en el país, cuyos responsables en muchos casos eran las propias autoridades migratorias y policiales. Bajo el gobierno reaccionario de Calderón, en el marco de la ofensiva contra la clase trabajadora, se profundizó la ofensiva contra las mujeres. En el marco de la "guerra" contra el narco, la violencia contra las mujeres se disparó, con un aumento inaudito del feminicidio y la desaparición de mujeres (véase cap. 61). La mayoría de las mujeres no tienen acceso a la educación ni al trabajo y, cuando lo consiguen, son trabajos precarios. Tan sólo de enero de 2009 a junio de 2010, el Observatorio Ciudadano Nacional del Feminicidio contabilizó en 18 estados del país 1.728 asesinatos violentos de mujeres, ocupando el estado de México el primer lugar con más de 900 feminicidios entre 2006 y 2011.

El caso Florence Cassez empezó el 9 de diciembre de 2005, con su detención y la de su compañero, Israel Vallarta, por policías de la AFI, que dependía de la Procuraduría general de la República. Se les acusaba de participar en el secuestro de tres personas. Pasaron siete años antes de que la Primera Sala de la Corte Suprema ordenara su liberación inmediata, para poner fin a la serie de errores y violaciones constitucionales que se cometieron en su contra. Fue liberada el 23 de enero de 2013.

La vuelta del PRI: la presidencia de Enrique Peña Nieto (2012-2018)

Con la elección de Enrique Peña Nieto a la cabeza del Gobierno mexicano el 3 de julio de 2012, el PRI volvió al poder, pero hubo que esperar hasta el 12 de agosto para que recibiera la acreditación de los votos definitivos. En las elecciones presidenciales, la participación pasó de un 58 % en 2000 al 62 % en 2012. Una vez más, Andrés Manuel López Obrador –también conocido bajo el acrónimo AMLO– acusó de fraude al presidente electo, así como el movimiento #YoSoy132, principalmente compuesto de estudiantes mejicanos. Hubo muchos incidentes aquel día de elecciones entre los cuales urnas cerradas, manipulación, votos comprados bajo amenazas. Tradicionalmente, las elecciones intermedias atraían pocos votantes, pero en las de junio de 2015 (para diputados federales, gobernadores y alcaldes), un 48 % del electorado acudió a las urnas, porcentaje más alto que en los comicios intermedios de 2009. Sin embargo, se registraron algunos incidentes de violencia en los convulsos estados de Guerrero y Oaxaca, pero a diferencia de las elecciones de 2006 y 2012, hubo pocos reclamos de fraude. El papel crítico de la prensa y de la radio (pero no de la televisión) se volvió posible. Y a esos medios tradicionales se aunaron[17] las redes sociales. En su discurso de investidura, Peña Nieto presentó un programa político en torno a tres ejes: seguridad económica, social y pública pero no pudo ser cumplido a rajatabla[18].

El caso Iguala (2014)

Primero, lo ocurrido en el municipio de Iguala, en el estado de Guerrero –uno de los estados más pobres y violentos de México– fue un golpe de gracia para el presidente y la sociedad mexicana. Desaparecieron de manera forzada 43 estudiantes de la Escuela Normal Rural de Ayotzinapa durante una serie de episodios violentos ocurridos en la noche del 26 de septiembre del 2014. La policía municipal y el ejército mexicano de Iguala los persiguieron y atacaron, dejando un saldo de 27 heridos, entre los cuales periodistas y civiles, y 9 muertos, además de los 43 estudiantes desaparecidos. Unos narcotraficantes estarían también involucrados en esta desaparición. Durante las investigaciones policiales, se fueron hallando aún más cadáveres en fosas hasta entonces sin descubrir. Dos meses después, la policía detuvo al entonces alcalde de Iguala, acusado de ordenar los ataques contra los estudiantes después de su huida. En enero de 2015, la esposa del alcalde fue encarcelada al estar presuntamente relacionada con el cártel Guerreros Unidos y en octubre, las pesquisas del Gobierno mexicano dieron como resultado que algunos de los 43 estudiantes habían sido quemados en el basurero de Cocula, cerca de Iguala. A la periodista Carmen Aristegui le prohibieron hablar mal del gobierno, después de dar su opinión acerca de lo que sucedió con los 43 estudiantes.

En junio de 2020, un sobreviviente normalista narró cómo el Ejército mexicano estuvo involucrado en los hechos del 26 y 27 de septiembre, lo cual fue omitido en la llamada "verdad histórica" de la antigua Procuraduría General de la república (PGR). También se comprobó la participación directa de militares, presuntamente corrompidos por el cártel Guerreros Unidos, quienes detuvieron a muchos jóvenes, los ingresaron a instalaciones militares para interrogarlos y después los habrían entregado al grupo criminal que terminó con sus vidas. En agosto de 2020, el Tribunal Federal de Justicia Administrativa despidió a tres policías por las omisiones e irregularidades que cometieron en su participación en el caso Iguala.

El movimiento estudiantil mexicano de 1968 reclamaba en realidad un cambio democrático en el país, mayores libertades políticas y civiles, menor desigualdad y la renuncia del Gobierno del Partido Revolucionario Institucional (PRI), al que consideraban autoritario. La masacre de Tlatelolco se dio cuando en aquel momento una represión de este tipo era inimaginable en México.

Como eran estudiantes, este caso recordó a los que murieron en la Plaza de Tlatelolco durante la represión gubernamental del movimiento estudiantil de 1968.

La impunidad, una plaga endémica

El Estado tuvo que paliar un déficit estructural en un país donde el 98 % de los crímenes quedaba impune. Durante el sexenio del presidente Enrique Peña Nieto, ya murieron 23 ediles en activo. La Asociación Nacional de Alcaldes (ANAC) insistió en que era urgente un protocolo de seguridad para representantes municipales.

Al problema general de la corrupción se suma el de la impunidad. Y ambos son lacras[19] para la sociedad a todos los niveles. Ser víctima de un crimen que permanecerá impune tiene un impacto en la actividad económica. Los agricultores y pequeños empresarios azotados[20] por la extorsión en Guerrero, Puebla o Morelos, tuvieron que abandonar sus propiedades y ciudades para protegerse a sí mismos y a sus familias. Económicamente, se observa un renacimiento de los exportadores de aguacate[21] en Michoacán, ahora que resultan parcialmente liberados de las extorsiones que afectaban seriamente su modo de vida. A nivel político, progresos y libertades se ven devaluados: ni siquiera existen en muchas zonas del interior del país (Tamaulipas, Veracruz) donde la delincuencia organizada y las autoridades locales o estatales (supuestamente aliadas entre sí) asesinan a periodistas (➲ véase cap. 62), acallan voces de denuncia (hasta en las redes sociales) y aterrorizan a la población.

En 2008, se introdujo una progresista reforma constitucional del sistema de juicios orales que buscaba más transparencia en la justicia. A todas luces, el problema jurídico no es legislativo: urge reformar las diferentes policías. Hoy, predomina un sistema a tres escalas: una policía federal, 32 estatales y más de dos mil municipales. La intención es fundir las policías municipales en 32 mandos únicos, pero no será suficiente dado que el nivel de profesionalismo de muchas policías estatales es tan bajo como el de las municipales. México no tiene nada parecido a los

El Instituto Nacional de Acceso a la Información y Protección de Datos (INAI) forma parte efectiva del control del poder político y contrapeso de las instituciones públicas en el marco de un referente constitucional.

Carabineros en Chile o la Guardia Civil en España. La transformación no depende sólo del gobierno sino también de la sociedad civil: las escuelas, las universidades y los medios de comunicación han de llevar a cabo un amplio programa de educación cívica y jurídica.

El Instituto Nacional de Estadísticas y Geografía (INEGI) desarrolló en 2015 un sistema capaz de identificar la carga emotiva de las publicaciones de Twitter en el territorio nacional y así clasificarlas como positivas o negativas. En 2018, fue capaz de publicar que el ánimo nacional había decaído.

En febrero de 2014, Peña Nieto envió al Congreso una reforma constitucional para establecer una fiscalía federal autónoma, pero quedó congelada en el Senado.

Es imprescindible recalcar que varias instituciones autónomas –el INAI, el Banco de México, el INEGI– funcionan bien. En diciembre de 2017, el INAI solicitó al presidente Peña Nieto que observara la nueva Ley de Seguridad (artículo 9) en favor del principio constitucional de máxima publicidad.

El narcotráfico: de los cárteles a las cárceles (véase cap.64)

Un sector creciente (un tercio de la población) está a favor de la legalización de las drogas para controlar al crimen organizado y a los cárteles. Ante la nula cooperación estadounidense en el control de la venta de armas de asalto, México podría inspirarse en Uruguay y adoptar esa medida. Como los mexicanos (incluso el propio Estado) mostraron madurez y solidaridad ante casos de desastres naturales (terremotos, epidemias, huracanes), era posible imaginar que respondieran con eficacia si se despenalizaran las drogas y si se presentara su consumo como un problema de salud pública.

El hacinamiento[22] en las cárceles en 2017 de 240.000 presos cuando la capacidad máxima aceptada era de 190.000 personas, plantea un verdadero problema de seguridad al que se suma cierta jerarquización entre presos: la existencia de un cogobierno entre reos y autoridades que no sólo aumentaba la porosidad y la corrupción en las cárceles, sino que además fomentaba violencia. Esta situación penitenciaria se debía a la alta proporción (42 %) de reos procesados, pero no sentenciados. Eran auténticas escuelas del crimen y siguen siéndolo. Algunas medidas prácticas serían la liberación de los delincuentes menores, la creación de auditorías independientes a los penales, el monitoreo de todas las llamadas telefónicas, la certificación periódica de funcionarios y la inspección sistemática de comisiones de derechos humanos.

Una población víctima de inflación y pobreza

A nivel económico, comparado con otras naciones de América Latina, México es mucho menos dependiente de la producción petrolera (véase cap. 58) gracias al crecimiento general del comercio y los servicios, la producción agrícola y manufacturera, así como del turismo y las remesas que envían los mexicanos que trabajan en Estados Unidos. Pese a que la tasa de pobreza bajó un 1,9 % en cuatro años, en agosto de 2017, el número de pobres en México seguía por encima del nivel previo a la gran recesión.

De acuerdo con el Consejo Nacional de Evaluación de la Política de Desarrollo Social, entre 2010 y 2014, **la pobreza** se mantuvo en niveles elevados: en 2014, 55,3 millones de mexicanos vivían en la indigencia[23]. Existe una considerable brecha de desigualdad entre los muchos billonarios mexicanos y las mayorías en situación pésima. Uno de los más ricos del mundo es Carlos Slim, con sus compañías telefónicas, entre otras.

Otro problema económico lejos de resolverse, como el de la pobreza: **la inflación**. En 2017, se dispararon[24] los precios de forma generalizada hasta niveles jamás vistos desde hacía más de una década en México. Se registró un aumento del 6,63 % en un año, pero para algunos productos fue mucho más elevado, entre ellos el gas, la gasolina y algunos ingredientes de la canasta[25] alimentaria básica.

La corrupción rampante, una enfermedad priista (véase cap. 63)

A poco de terminar su mandato, según el Latinobarómetro, el presidente Enrique Peña Nieto alcanzaba un 35 % de aprobación (sólo superior, en la región, a Nicolás Maduro de Venezuela y Horacio Cartes de Paraguay). La fe de los mexicanos en el Congreso era aún más baja, lo mismo que la confianza en los partidos. La inmensa mayoría (cerca del 80 %) creía que en México no había elecciones limpias, que el combate a la corrupción fue ineficaz y que el gobierno no sirvió al bien del pueblo. Ese contexto fue favorable para la victoria de AMLO en las siguientes presidenciales donde el PRI ganó en un solo estado de México, un país de jóvenes que vive un desencanto generacional. La llamada Generación X (nacida entre 1965 y 1980) y los *Millennials* (nacidos entre 1981 y 1995) constituyen el 70 % de la población y no se interesan ni por la economía ni por la historia reciente de México. Para ambas, el "sistema" mexicano pertenece a la prehistoria a diferencia de Argentina, Uruguay y Chile, que hasta los años ochenta sufrieron dictaduras militares, pero que hoy son más democráticos.

En agosto de 2020, Enrique Peña Nieto fue denunciado ante la Fiscalía General de la República (FGR) por presuntos actos de corrupción vinculados a la constructora brasileña Odebrecth, tras la declaración de Emilio Lozoya, exdirector de Petróleos Mexicanos (Pemex) y asesor de Peña Nieto en su campaña presidencial de 2012. Los sobornos alcanzaron los más de 4 millones de dólares entregados a varios asesores electorales extranjeros que colaboraron y trabajaron para la campaña.

MORENA: ni PRI ni PAN (desde el 1 de julio de 2018) (véase MC 40)

Una campaña electoral bajo el signo de la violencia

La campaña electoral de 2018 fue marcada por el asesinato de 120 políticos, 351 funcionarios no electos y la agresión de 465 políticos (entre septiembre de 2017 y junio de 2018). Entre los diferentes candidatos para las elecciones federales de 2018, se observaron novedades además de toda esa violencia. El Ejército Zapatista de Liberación Nacional (EZLN) y el Congreso Nacional Indígena, durante el Quinto Congreso Nacional Indígena, nombraron candidata, el 28 de mayo de 2017, a María de Jesús Patricio Martínez, médica herbolaria nahua[26]. A finales de enero de 2018, un grupo de hombres armados asaltaron el vehículo donde viajaba la aspirante y su equipo en una carretera de Tierra Caliente (Michoacán), en plena campaña electoral. Entre los aspirantes del PAN, se encontraba Margarita Zavala, ex primera dama de México, que buscaba la candidatura por el PAN o por la vía independiente. El 23 de enero de 2016, lanzó su plataforma política "Yo Con México". El único político del Partido de la Revolución Democrática (PRD) en expresar su interés en competir por la presidencia fue Miguel Ángel Mancera, jefe de gobierno de Ciudad de México. En el seno del partido oficialista (PRI), muchos expresaron su intención de obtener la candidatura priista para estos comicios.

El líder del partido izquierdista Morena (Movimiento Regeneración Nacional), Andrés Manuel López Obrador, se descartó totalmente de los partidos en los que había militado en algún momento y hasta acusó al PRD y al PAN de estar al servicio de la "mafia del poder". También criticó severamente a Enrique Peña Nieto. Negó rotundamente[27] cualquier paralelismo con el Gobierno venezolano después de la comparación establecida por sus rivales políticos de su retórica con la de Hugo Chávez y Nicolás Maduro. Dentro de sus banderas electorales, entraba la promesa de librar una lucha sin cuartel[28] contra la corrupción como era de esperar después del escándalo Odebrecht (véase cap.63). Finalmente, AMLO pasó de triunfar en ocho estados en los comicios de 2012 a imponerse en 31 de las 32 entidades federales del México en las elecciones de 2018. Así que ganó las presidenciales con más de un 53 % de los votos.

Acuerdos entre México y Estados Unidos

Poco después de su elección, el 30 de septiembre de 2018, se anunció un nuevo tratado entre México, Estados Unidos y Canadá que sustituyó al TLCAN vigente desde 1994. El T-MEC (o USMCA por sus siglas en inglés) fue firmado el 30 de noviembre (➔ véase cap. 55).

El 7 de junio de 2019, México y Washington llegaron a un acuerdo para frenar juntos la inmigración ilegal procedente en su mayoría de Centroamérica. A cambio, Estados Unidos suspendió los aranceles[29] del 5 % a todos los productos importados desde México con los que había amenazado en mayo de 2019. Rápidamente, AMLO mandó miembros de la Guardia Nacional a la frontera con Guatemala para impedir el paso de los clandestinos. En virtud del acuerdo, EE. UU. expulsó inmediatamente para México a 8.000 migrantes bajo el programa "Quédate en México" en el que los solicitantes de asilo debían permanecer en suelo mexicano hasta que se resolviera su situación. Una semana después, Estados Unidos anunció que este acuerdo llevaba otro más secreto que instaba a México a convertirse en un "tercer país seguro". AMLO negó rotundamente[30] este segundo acuerdo alegando que buscó evitarlo.

México anunció la detención de líderes de caravanas migrantes y el bloqueo de cuentas de presuntos traficantes de indocumentados para satisfacer los deseos de EE. UU. Estos resultados fueron alabados por Donald Trump que buscaba la reelección en las presidenciales de 2020. Al lograr una disminución del 56 % de los flujos en tres meses, México también quiso reclamar otro trato sobre el tráfico de armas entre ambos países: se calculó que sólo transcurrían 90 días entre la compra de un arma en Estados Unidos y el asesinato cometido con esta arma en México. Pero no se obtuvo ninguna respuesta al respecto. En noviembre de 2019, Trump le propuso a México intervenir rápidamente para exterminar los cárteles de droga, pero México rechazó la ayuda de EE. UU. alegando que era asunto suyo y no le correspondía a Estados Unidos. El 16 de septiembre de 2020, Trump amenazó a México con penalidades si no hacía más con el narcotráfico.

El término de **tercer país seguro** fue acuñado[31] en la Convención sobre el Estatuto de los Refugiados de 1951 y estipulado por la Organización de las Naciones Unidas (ONU). Si una persona huye de su país en busca de asilo en otra nación y ésta se lo niega, el segundo país lo puede remitir a un tercer país que sea considerado seguro. Entonces, convertirse en un tercer país seguro supone un cúmulo de responsabilidades y deberes hacia los asilados para recibirlos. Actualmente busca ser implementado por Estados Unidos con Guatemala y México en su propuesta de acuerdo migratorio.

Las "grandes obras" de AMLO

En septiembre de 2018, López Obrador anunció un gran proyecto: la construcción del Tren Maya en el sureste de México para conectar los pueblos autóctonos entre sí y fomentar el turismo en la zona. La vía ferroviaria será de 1.460 kilómetros y exige cuatro años de construcción cuya inversión se ha de recuperar en cinco o siete años. Pese a que en principio el Tren Maya tenía que representar una importante inversión privada, el Estado financia un 70 % del proyecto para evitar la inversión extranjera. Ahora bien, la iniciativa no fue acogida de modo unánime tanto a nivel medioambiental como cultural y económico. Además de plantear problemas vinculados con una construcción en plena selva, crea inseguridad debido a la criminalidad pandillera[32] y reactiva el recurrente dilema de pertenencia a las tierras y preservación del patrimonio arquitectónico. Los indígenas consideran el Tren Maya más una estrategia gubernamental para asentar su poder que para ayudar económicamente a los pueblos originarios. Como éstos no fueron consultados y encima, no se aprovecharán de los beneficios tras su puesta en funcionamiento, de maya, el tren sólo parece tener el nombre.

En abril de 2019, el Gobierno anunció la cancelación del Aeropuerto Internacional de Texcoco cuyo proyecto iniciado en 2014 nunca hubiera debido iniciarse, según el presidente, por múltiples razones: evitó un desastre ecológico mayor, una severa explosión demográfica en la Zona Oriente del Valle de México, la sobreexplotación de recursos escasos como el agua, el gasto de enormes recursos públicos; impidió, además, el desperdicio de la infraestructura aeroportuaria existente y los riesgos del comportamiento de pistas e instalaciones en un terreno inestable y complejo. En cambio, en agosto de 2018, había anunciado el plan del nuevo Aeropuerto Internacional de Santa Lucía cuya construcción arrancó en octubre de 2019.

Al cumplir un año en el poder, la promesa de un crecimiento económico no se había cumplido todavía, dificultando así la ambiciosa agenda social planeada. Se dieron muchos conflictos con empresarios, además de signos de debilidad financiera que mostraba la petrolera mexicana Pemex. Carlos Slim, el hombre más rico y el empresario más potente del país, le propuso a AMLO subir el IVA e invertir tanto en lo privado como en lo público. Ambos hombres llegaron a un acuerdo formal, sin tumulto. En mayo de 2019, Andrés Manuel López Obrador le pidió al Rey Felipe VI que España se disculpara por las atrocidades cometidas en México más de quinientos años atrás ya que hoy se reconocen como violaciones a los derechos humanos. España rechazó la solicitud (➔ véase cap. 19).

En mayo de 2020, AMLO le envió al Congreso una iniciativa para disponer de mayores facultades en el manejo del presupuesto. De aprobarse ésta, el mandatario, como representante del Poder Ejecutivo, podría hacer uso de los recursos siempre que el país enfrentara una emergencia económica, como la que se dibujó con el coronavirus. Con vistas a las elecciones parlamentarias del 2021, quiso garantizarse el cumplimiento de las principales obras de su Gobierno –el aeropuerto de Santa Lucía, el Tren Maya y la refinería de Dos Bocas pese a no tener dinero para atender las emergencias prioritarias. López Obrador se aferra[33] al poder y a las obras que podrían darle aún más potencia ya que son la bandera que ondeará al cerrar su administración, el logro que explotará para que Morena, su partido, consiga ganar las presidenciales de 2024.

México frente a la Covid-19

Cuando empezó a extenderse la pandemia por América Latina, a mediados de marzo de 2020, AMLO no reaccionó con medidas drásticas mientras quince países de la región ya habían impuesto la cuarentena obligatoria a los casos confirmados de coronavirus. Fueron los mexicanos quienes tomaron la iniciativa de quedarse en casa y cerraron restaurantes y discotecas, bares y museos. No obstante, el presidente alzaba un amuleto diciendo que el pueblo estaba protegido y repartía besos y abrazos entre la comunidad indígena. El Gobierno de AMLO se escudó[34] en el escarmiento[35] que sacó, once años atrás, de la gripe porcina que atacó con virulencia a los mexicanos. La economía mexicana se resintió tanto que, en primavera de 2020, no quiso que ocurriera lo mismo que en 2009. Según López Obrador, ninguna prueba científica avalaba la eficacia de la cuarentena, de ahí su inacción. Pero dos semanas después, cuando el número de casos alcanzó la barra de los 1.000 contagios, ya se dio cuenta del error cometido y tras ser muy criticado, el mandatario impuso las medidas que todos esperaban.

A mediados de marzo de 2021, México era uno de los países con más muertos en el mundo por la Covid-19 que se cobró 190.000 vidas en apenas un año. Por tanto, el presidente salió perjudicado por su mala gestión de la crisis sanitaria. Hasta el personal hospitalario fue duramente afectado, debido a una carencia dramática de los equipos de protección: fueron los que más fallecimientos registraron durante la pandemia. Tampoco se introdujo ninguna medida de mitigación[36] para proteger económicamente a la población: el Gobierno tan sólo adelantó dos meses de pagos en sus programas planeados. De hecho, las proyecciones para México indican que el número de nuevos pobres alcanzará los 10 millones de personas. Paradójica situación para un país donde el lema de su presidente fue "primero los pobres" durante su campaña electoral.

Joe Biden, un nuevo adversario (desde enero de 2021)

A partir del 20 de enero, Joe Biden tomó posesión y AMLO que finalmente se había conformado con la relación con Donal Trump (construcción del muro y acuerdos fronterizos), tuvo que cambiar de rumbo. Ya no le iba a ser tan fácil seguir la agenda bilateral propuesta por el nuevo presidente estadounidense. El primer enfrentamiento fue respecto del exministro de Defensa, Salvador Cienfuegos (2012-2018), acusado de narcotráfico por la DEA. Bajo presión de AMLO, EE. UU. lo liberó a falta de pruebas.

NOTAS

1. albergar: *abriter*
2. una tripulación: *un équipage*
3. rumbo a = en dirección a
4. las banderas = (aquí) aspiraciones, ideales
5. paraestatal = que forma parte de los bienes del Estado, pero no del conjunto que maneja la administración pública
6. rampante: *galopant(e)*
7. derrocar: *renverser (un régime)*
8. rezar: *prier (sens religieux)*
9. la sedición = acción que se lleva a cabo en masa y pacíficamente en contra de una autoridad para obligarla a actuar en el sentido deseado
10. un motín = un movimiento de protesta
11. refrendar = aprobar
12. el terciopelo: *le velours*
13. los insumos = los productos básicos
14. la remoción = la separación
15. destapar = descubrir
16. una apuesta = un desafío: *un pari, un enjeu*
17. aunar = unir, asociar
18. a rajatabla = a la letra
19. una lacra: *un fléau*
20. azotar: *fouetter, ravager*
21. un aguacate: *un avocat (fruit)*
22. el hacinamiento: *l'entassement*
23. la indigencia = la extrema pobreza
24. dispararse: *monter en flèche*
25. la canasta alimentaria: *le panier de la ménagère*
26. nahua = principal grupo amerindio de México
27. rotundamente = categóricamente
28. sin cuartel: *sans merci*
29. los aranceles: *les droits de douane*
30. rotundamente: *catégoriquement*
31. acuñado = adoptado
32. pandillera: *qui appartient aux gangs*
33. aferrarse: *s'accrocher*
34. escudarse = protegerse
35. el escarmiento = la lección
36. la mitigación: *l'atténuation*

- ***¡Viva Zapata!*** (1952), del director Elia Kazan, narra la vida del dirigente revolucionario mexicano Emiliano Zapata.
- ***El Norte*** (1983), melodrama de Gregory Nava sobre el desesperado y trágico viaje de dos hermanos guatemaltecos, que huyen de la cacería que se estaba produciendo contra la población indígena en su país, bajo la dictadura de José Efraín Ríos Montt.
- ***Rojo amanecer*** (1989), primera película mejicana de Jorge Fons en hablar abiertamente del movimiento de 1968 (Tlatelolco) y en centrar su trama en dicho episodio histórico.
- ***La ley de Herodes*** (1999), comedia satírica de Luis Estrada sobre la corrupción política en México específicamente durante los mandatos encabezados por el Partido Revolucionario Institucional (PRI) en el país.
- ***Babel*** (2006), del director mexicano Alejandro González Iñárritu, cuenta en una parte de la película la historia de una niñera mexicana que pasa la frontera, la llamada "línea" entre Estados Unidos y México.
- ***Maquilapolis*** (2006) de Vicky Funari y Sergio de la Torre cuenta la vida de dos mujeres que trabajan en maquiladoras y luchan por mejores condiciones laborales.
- ***7 soles*** (2009) de Pedro Ultreras trata del tráfico humano en la frontera entre México y Estados Unidos.
- ***La Bestia*** (2010) de Pedro Ultreras es un documental sobre los migrantes centroamericanos que intentan cruzar suelo mexicano para llegar a Estados Unidos a bordo del tren llamado "la Bestia".
- ***El infierno*** (2010), del director mexicano Luis Estrada relata la problemática del narcotráfico y crimen organizado en México, en torno a una crítica negativa hacia el Gobierno de Felipe Calderón, presidente de México de turno durante el estreno de la película. Cuenta las condiciones sociales que ocasionó la guerra contra el narcotráfico durante su gobierno.
- ***La jaula de oro*** (2013), de Diego Quemada-Díez, narra la violencia y el racismo que vive un grupo de jóvenes migrantes guatemaltecos y de un joven indígena tzotzil en su viaje hacia los Estados Unidos.
- ***La dictadura perfecta*** (2014), película de Luis Estrada. Después de una declaración emitida por el presidente de México, durante una conversación con el embajador de los Estados Unidos, en donde señalaba que "los mexicanos son mejores que los negros", la repercusión en los medios no se hizo esperar. Para "tapar" el error del presidente, el Gobierno hizo planes con una televisora para que emitiera un vídeo que involucre crímenes del gobernador Carmelo Vargas para así desviar la atención. Posteriormente, el gobernador decidió negociar con la televisora para cambiar su imagen y convertirlo en una estrella política.
- ***Sicario*** (2015), del director Denis Villeneuve sobre el crimen y el narcotráfico.

MAPA CONCEPTUAL

MC 39 México (presentación general)

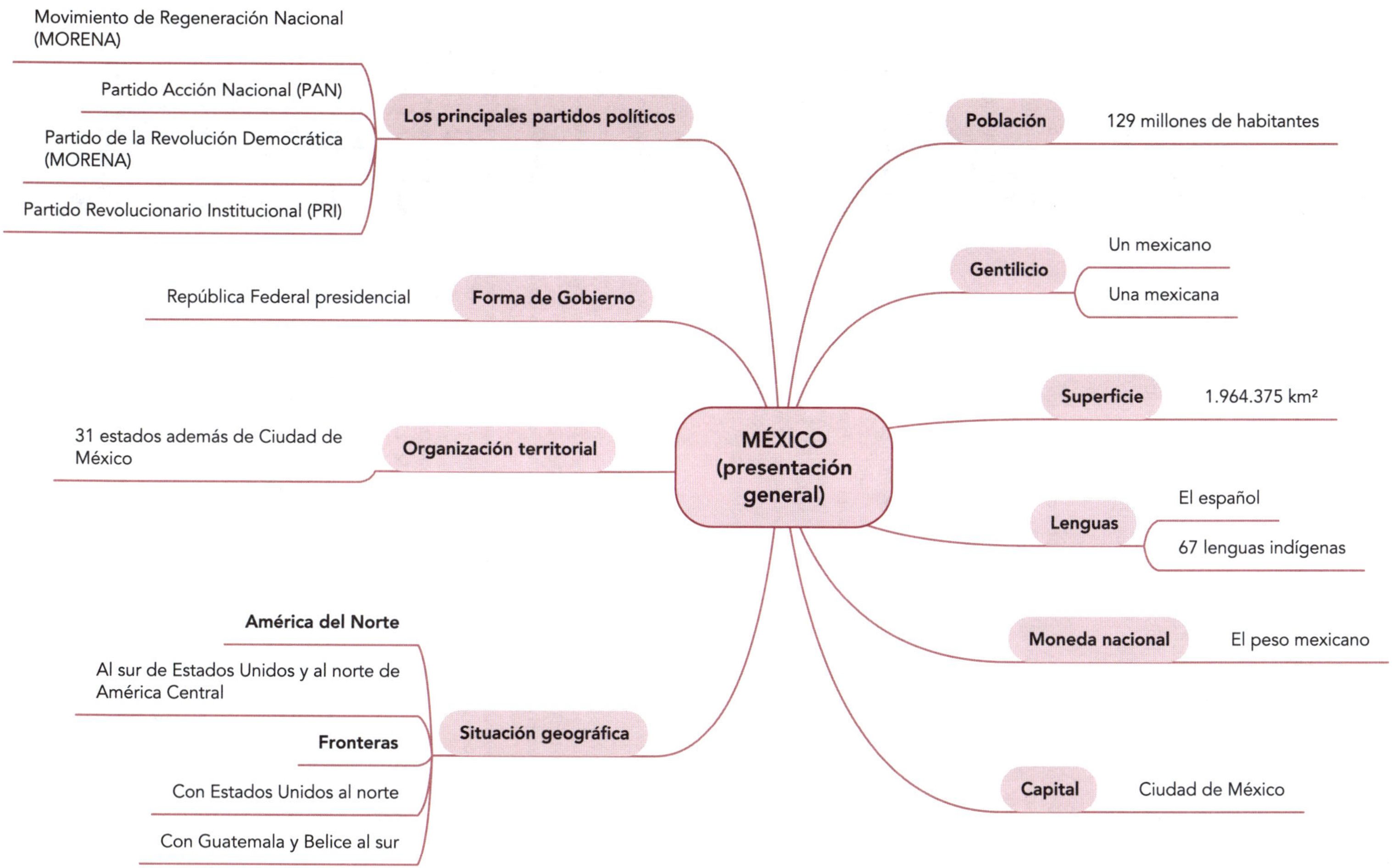

La presidencia de Andrés Manuel López Obrador

La presidencia de AMLO (desde el 1 de julio de 2018)

- **Frente a la Covid-19**
  - Actitud negacionista a mediados de marzo de 2020
  - Confinamiento y cierre de fronteras a finales de marzo
  - 10 millones de nuevos pobres en 2021
- **Victoria el 1 de julio de 2018**
  - **Del partido MORENA (Movimiento Regeneración Nacional)**
  - Una novedad: ni del PRD ni del PAN ni del PRI
  - Victoria en 31 de los 32 estados mexicanos
- **Relaciones exteriores**
  - **Su lema: "la mejor política exterior es la interior"**
    - Delegación de la asistencia en la cumbre del G20 (Japón, 2019) a su secretario de Relaciones exteriores, Marcelo Ebrard
    - Nada de "turismo político"
  - **Intención de impulsar un eje progresista en la región**
    - Participación modesta en la Alianza del Pacífico y el Mercosur
  - **Acercamiento a países con políticas izquierdistas**
    - Asilo político a Evo Morales por "razones humanitarias"
    - Apoyo a Alberto Fernández (Argentina)
    - Vuelco hacia Cuba, Nicaragua y Venezuela (reconocimiento a Nicolás Maduro)
- **Las grandes obras de AMLO**
  - **El Tren Maya**
    - Proyecto anunciado en septiembre de 2018
    - Inicio de las obras : octubre de 2020
    - 2.187 monumentos históricos hallados
  - **El Aeropuerto Internacional de Santa Lucía**
    - Inicio de la construcción: abril de 2019
  - **La refinería de Dos Bocas**
    - Séptima refinería de Pemex
    - Proyecto anunciado en junio de 2019

MC 41 Las relaciones con EE. UU. bajo López Obrador

LAS RELACIONES CON ESTADOS UNIDOS BAJO LÓPEZ OBRADOR

- **El T-MEC (Tratado entre México, Estados Unidos y Canadá)**
  - **Firmado el 30 de noviembre de 2018**
  - Sustituye al TLCAN vigente desde 1994
  - Suspensión de los aranceles previstos (5 %) a todos los productos importados desde México
- **Acuerdo para frenar la inmigración ilegal**
  - **7 de junio de 2019**
  - Disminución del 56 % de los flujos migratorios
- **Consecuencias del acuerdo migratorio**
  - **Programa "Quédate en México"**
  - Expulsión de 8.000 migrantes centroamericanos de Estados Unidos
  - México = tercer país seguro, según EE. UU.
- **Victoria de Joe Biden**
  - **7 de noviembre de 2020**
  - Elecciones en Estados Unidos
  - Promesas electorales
  - **Política migratoria "humana"**
  - Interrupción de la construcción del muro fronterizo
  - Regularizar 11 millones de migrantes ilegales
- **Tráfico de armas**
  - **Problema evocado por AMLO (octubre de 2019)**
  - Transcurren 90 días entre la compra de un arma en EE. UU. y un crimen cometido con la misma arma en México
  - Silencio de Trump
- **Narcotráfico**
  - **Noviembre de 2019**
  - EE. UU. le propuso su ayuda a México para acabar con los cárteles de droga
  - México rechazó la ayuda estadounidense
  - **Septiembre de 2020**
  - Trump amenazó a AMLO con penalidades si no actuaba más

LAS MUERTAS DE JUÁREZ

- **Ciudad Juárez**
  - En el estado de Chihuahua (México)
  - A pocos kilómetros de la frontera con EE. UU.
- **Feminicidios**
  - **Al menos desde 1993**
  - Antes de ser asesinadas, las mujeres suelen ser violadas y torturadas
- **Víctimas**
  - Mujeres jóvenes de entre 15 y 25 años
  - De familia humilde
- **Dos factores agravantes**
  - Las maquiladoras
  - TLCAN (1994)
- **Otros factores**
  - Machismo
  - Crimen organizado
  - Narcotráfico
  - Alcoholismo
  - Cultura del patriarcado
  - Desigualdad estructural entre los géneros
- **Organizaciones no gubernamentales que luchan activamente contra el feminicidio**
  - Casa Amiga
  - Nuestras Hijas de Regreso a Casa
  - Justicia para nuestras hijas
  - Red Mesa de Mujeres de Ciudad Juárez
  - Cruces de color rosa en la frontera como homenaje a las víctimas asesinadas en Ciudad Juárez
- **Impunidad de los casos**
  - Cuerpos siguen sin identificarse
  - Familias pobres incapaces de pagar el coste de la investigación
  - Pasividad y complicidad de las autoridades locales y nacionales
  - El Estado mexicano: uno de los principales responsables, según la Corte Interamericana de Derechos Humanos

MAPA CONCEPTUAL

MC 43 El caso Iguala (septiembre de 2014)

EL CASO IGUALA (septiembre de 2014)

- **Antecedentes**
  - **12 de diciembre de 2011**
  - "Conflicto de Ayotzinapa" entre normalistas y la policía federal y estatal (2 estudiantes muertos)
- **26 de septiembre de 2014**
  - Robo de dos autobuses por estudiantes normalistas dispuestos a manifestarse
  - Estudiantes normalistas interrumpidos por un grupo armado (policías y desconocidos) que abrió fuego contra ellos
  - 9 estudiantes fallecidos, 27 heridos y 43 desaparecidos
- **29 de septiembre**
  - Inicio de la búsqueda de los 43 estudiantes
- **4 y 9 de octubre**
  - Hallazgo de 36 cadáveres sepultados en fosas clandestinas cerca de Iguala pero no eran los 43
- **20 de noviembre**
  - **Manifestación de los familiares de los desaparecidos**
  - Gran indignación tanto nacional como internacional
  - Solicitud de esclarecimiento del caso por Colectivos, ONG, mandatarios de diversos países
  - Críticas del partido conservador (PAN)
- **Sospecha**
  - El autobús robado llevaba droga desde Guerrero a Chicago (EE. UU.), de ahí el ataque sufrido
- **7 de noviembre**
  - **"Verdad histórica"**
  - Tras el secuestro, incineración de los estudiantes en un basurero municipal
  - Negación de esta versión oficial por el Grupo Interdisciplinario de Expertos Independientes (GIEI)
- **4 de noviembre**
  - Detención del alcalde de Iguala y su esposa relacionados con el grupo criminal Guerreros Unidos
  - Hermanos de la mujer del alcalde: miembros de un excártel de drogas

Datos generales (➲ véase MC 44)

La República de Cuba es un archipiélago constituido por la isla mayor de las Antillas llamada Cuba, la segunda llamada la Juventud y más de 4.000 islotes. Ubicada en el mar de las Antillas (o mar Caribe), cerca de las costas de los Estados Unidos y México, su superficie es de casi 110.000 kilómetros cuadrados, sin incluir las aguas costeras y territoriales. Cuba cuenta con 5.746 kilómetros de costa y 29 kilómetros de fronteras.

El 27 de octubre de 1492, Cristóbal Colón descubrió la isla de Cuba en su primer viaje por la ruta del Nuevo Mundo. Sebastián de Ocampo realizó el primer circuito en torno a la isla en 1509 y llamó Carenas al lugar que actualmente ocupa el puerto de La Habana.

Ya en los siglos XVI y XVII, Cuba era muy codiciada[1] por los ingleses, franceses y holandeses por su posición estratégica, sus relaciones privilegiadas con EE. UU. así como por la explotación del azúcar y del tabaco. Tras la guerra cubano-hispano-estadounidense de 1898, la isla se volvió definitivamente independiente en 1901, pero los estadounidenses siguieron conservando un protectorado que les permitió implantar bases militares (Guantánamo, entre otras). La isla fue marcada por unos regímenes dictatoriales, en particular el de Fulgencio Batista (1940-1944 y 1952-1959), el de Fidel Castro (1959-2008) y el de su hermano Raúl (2008-2018) (➲ véase MC 45). Miguel Díaz-Canel, exvicepresidente, tomó el relevo presidencial en abril de 2018 (➲ véase MC 46).

La llegada al poder de Fulgencio Batista

Tras el derrocamiento[2] del presidente Grau San Martín, Batista, como coronel-jefe del Ejército, controló a todos los presidentes que le sucedieron en el cargo. Por el gobierno provisional pasaron Carlos Hevia (durante 6 días), Manuel Márquez Sterling (6 horas), Carlos Mendieta (1934-1935) y José Agripino Barnet (11 de diciembre de 1935 –20 de mayo de 1936). Éste convocó elecciones, donde salió electo Miguel Mariano Gómez (20 de mayo– 24 de diciembre de 1936) y tras su renuncia, llegó a la presidencia Federico Laredo Brú, partidario de realizar una Asamblea Constituyente en 1939. Pero Batista se encargó de organizarla buscando alianzas con partidos obreros, como el Comunista y el Partido Socialista Popular. El 8 de junio de 1940, se promulgó la nueva constitución cubana, que introducía el semiparlamentarismo, la elección del presidente por sufragio universal por un período de cuatro años, la intervención del gobierno en la economía y la seguridad social, entre otros. Su base social descansaría en los aportes de los comunistas.

Primer periodo de Batista (1940-1948)

Fulgencio Batista se presentó a las elecciones de 1940 como candidato de la Coalición Socialista-Democrática, tras las cuales asumió la presidencia de Cuba el 10 de octubre. A nivel nacional, su gobierno construyó algunas escuelas, aunque sólo a disposición de los hijos e hijas de la burguesía cubana.

A nivel internacional, el contexto de la Segunda Guerra Mundial empeoró el nivel de vida del pueblo cubano. En este gobierno de Batista, al haber comunistas, gran parte de sus ministros eran antifascistas, pero el ala conservadora del mismo era claramente pro-nazi. El alineamiento de la política económica con EE. UU. explica las medidas anti-fascistas y la posterior intervención de Cuba en la Segunda Guerra Mundial. La industria azucarera[3], afectada por el deterioro de las relaciones de Cuba con EE. UU., comenzó a recuperarse a raíz de la mejora de la situación el 27 de diciembre de 1939, al restablecerse el sistema de cuotas para esta industria. Cuba fue uno de los primeros países de América Latina en declarar la guerra a las potencias del Eje. El 7 de diciembre de 1941, tuvo lugar el ataque de Japón a la base naval de Pearl Harbor (Hawái), lo que provocó la entrada de EE. UU. en la Segunda Guerra Mundial. Batista, dos días después de ese ataque, el 9 de diciembre de 1941, le declaró la guerra a Japón, y el 11 de diciembre hizo lo mismo con Alemania e Italia. El 7 de septiembre de 1942, se firmó un acuerdo de cooperación militar y naval con EE. UU., en el cual Cuba le permitía construir una base aérea para patrullas anti-submarinas y un centro de instrucción para aviadores. Desde aquella base, los aeroplanos estadounidenses podían explorar la zona caribeña y los accesos del Canal de Panamá. Después de la guerra, habría un plazo de seis meses para devolverle estas bases a Cuba (que aún hoy queda pendiente). Cuba aportó manganeso para endurecer los blindajes de los tanques y los acorazados[4] estadounidenses a la vez que exportó azúcar a EE. UU., a Gran Bretaña y a la Unión Soviética.

A nivel económico, la participación de Cuba en la guerra afectó al turismo y causó la subida de los precios debida a la especulación. Como la Constitución de 1940 prohibía la reelección presidencial inmediata, el candidato aliado de Batista, Carlos Saladrigas Zayas, se presentó, pero perdió. Batista se fue de Cuba a Florida (EE. UU.) donde seguía buscando apoyos a su causa. Le sucedió entonces en la presidencia el antiguo presidente Ramón Grau San Martín, que intentó paliar los problemas económicos del mandato de Batista, pero no lo consiguió, siendo muchos negocios controlados por grupos mafiosos. El 1 de junio de 1948, Carlos Prío Socarrás se convirtió en el nuevo presidente de Cuba por el Partido revolucionario cubano auténtico. Justo en aquel año, Batista regresó de EE. UU. e inició una nueva etapa política.

Segundo periodo de Batista (1952-1959)

Antes de las elecciones de junio de 1952, el general Batista, apoyado por el Ejército y la oligarquía, tomó el 10 de marzo del mismo año el campamento de Columbia sin derramamiento[5] de sangre. Con ello, se daba por derrocada la presidencia de Carlos Prío Socarrás. Lanzó un comunicado afirmando falsamente que había llevado a cabo esa acción porque otro golpe de Estado se estaba preparando. La dictadura de Batista se definió como un régimen personalista más que como un régimen vinculado a una ideología política particular. El 4 de abril de 1952, una Ley Constitucional se sustituyó a la Constitución de 1940, se suspendió el Congreso, se entregó el poder legislativo al Consejo de ministros, además de suprimirse las garantías constitucionales y el derecho a huelga, y se restableció la pena de muerte (abolida en la Constitución de 1940). La mayor parte de la isla vivía en la miseria y no podía gozar[6] de la libertad de expresión, lo que desembocó en diferentes movimientos de oposición al régimen, entre ellos, el Movimiento 26 de Julio del año 1953, guiado por un joven abogado llamado Fidel Castro.

Para dar una imagen democrática, se celebraron unas elecciones fraudulentas en noviembre de 1954 que le concedieron a Batista el poder sin firme oposición, pese a que muchos líderes sindicales y comunistas llamaron al boicot de aquéllas. Batista aumentó el sueldo de las Fuerzas Armadas y de Seguridad para ganar su apoyo de la misma manera que se otorgó[7] un salario mayor que el del propio presidente estadounidense. En los años cincuenta, ya entrados en la Guerra Fría, Batista fue un fiel aliado geo-estratégico de los EE. UU. frente al bloque socialista. Rompió sus relaciones con la Unión Soviética (pese a que las había establecido durante su gobierno constitucional), creó con el asesoramiento[8] de la CIA el Buró de Represión de Actividades Comunistas (BRAC) en mayo de 1955 e ilegalizó al Partido Comunista. Sin embargo, el respaldo[9] estadounidense a Batista no se debió exclusivamente a cuestiones políticas y/o ideológicas, sino también económicas: grupos de altos funcionarios de la *United States Steel Co.* (consorcio acerero) visitaron al ministro de Información para asegurarle el apoyo del capital financiero estadounidense. Cuba así siguió dependiendo económicamente de EE. UU. De los negocios más rentables durante la dictadura de Batista, destacaron[10] principalmente los casinos y los prostíbulos en realidad controlados por capos[11] de la mafia italo-estadounidense. De hecho, se solía mostrar a la Cuba de este período como una especie de paraíso tropical que atraía a diferentes ciudadanos estadounidenses, así como a estrellas de Hollywood, pero a los hoteles lujosos, así como a los cines o restaurantes con espectáculos de *jazz*, sólo podían acceder los extranjeros (mayoritariamente estadounidenses) y la oligarquía cubana.

La dictadura de Fidel Castro (1959-2008)

La Revolución cubana de 1959

En 1956, Fidel Castro, el Che y sus "barbudos" desembarcaron en Cuba y se instalaron en Sierra Maestra como guerrilleros. Juntos, participaron en muchas batallas –entre las cuales, la de Santa Clara– y finalmente, entraron en La Habana en 1959, derrocando así a Batista. El triunfo de la Revolución se debió en gran parte a que puso fin a la dictadura respaldada por Estados Unidos. Con la ayuda de las masas obreras y campesinas, Fidel Castro instaló en La Habana un régimen revolucionario, estableciendo una reforma agraria y nacionalizando las refinerías de azúcar y petróleo, propiedad de los estadounidenses hasta entonces. Como represalia, el gobierno de Estados Unidos le impuso un embargo a Cuba a partir de octubre de 1960.

Ernesto Guevara, llamado "el Che", fue uno de los revolucionarios más emblemáticos de su época y lideró la Revolución Cubana junto a Fidel Castro y su hermano Raúl a quienes conoció en México en 1955. Argentino de nacimiento y médico de formación, Guevara fue nombrado jefe de la Milicia y director del Instituto de Reforma Agraria (1959), luego presidente del Banco Nacional y ministro de Economía (1960) y, finalmente, ministro de Industria (1961). A favor de la independencia real de Cuba, se esforzó por la industrialización del país, apoyado por la Unión Soviética. Quiso extender la lucha armada a todo el Tercer Mundo de ahí los diferentes focos guerrilleros instalados en países de América Latina. Combatió él mismo en el Congo y en Bolivia donde fue capturado por el ejército nacional y luego ejecutado el 9 de octubre de 1967. Muchos dijeron que Fidel Castro fue en parte responsable de su muerte. Otros le echan la culpa a la CIA que habría dado la orden de ejecutarlo.

La propaganda revolucionaria

El logro de toda la Revolución cubana se debió en gran parte a la propaganda que se dio tanto en los medios de comunicación como en la calle mediante carteles con lemas repetitivos "Socialismo o muerte", "Siempre unidos defendiendo el socialismo" o "Patria o muerte, venceremos". En 1961, se creó Radio Habana, la primera transmisión de radio internacional de onda corta y en 1965, se fundó el periódico llamado Granma que le permitía al régimen de Castro tener un medio de propaganda interno. Fidel Castro era conocido por ser un gran orador y sus discursos ininterrumpidos podían durar hasta 7 horas. Entre los más conocidos fue su primera intervención en 1960 en la sede de Naciones Unidas: más de 4 horas y media (un récord para la organización). Tales discursos duraron hasta 2006.

La represión

La legislación cubana contempla la negación de derechos civiles y políticos básicos. Por lo tanto, las fuerzas de seguridad, con ayuda de las organizaciones de masas controladas por el Estado, silencian en toda legalidad la disidencia con duras penas de prisión, amenazas de enjuiciamiento, hostigamiento o exilio. Así consiguen limitar gravemente el ejercicio de los derechos humanos fundamentales a la libertad de expresión, asociación y reunión. Las condiciones en las prisiones cubanas son inhumanas y los presos políticos padecen maltrato y tortura. En abril de 1961, los refugiados anticastristas, exiliados en Estados Unidos, intentaron desembarcar en el lugar llamado "Bahía de Cochinos" con el propósito de instalar un gobierno provisional y así derrocar a Fidel Castro. Pero en menos de 65 horas, las Fuerzas Armadas Revolucionarias de Cuba los habían aniquilado: murieron más de cien soldados y fueron capturados 1.200. A partir de entonces, Castro acudió[12] a la URSS y se autoproclamó marxista-leninista. Para el gobierno cubano, no existen los presos políticos, pero una organización opositora lucha para lograr su reconocimiento.

La oposición política: entre lucha y exilio

La primera opositora al castrismo fue Juana, la hermana de Fidel y Raúl Castro. Pese a combatir junto a ellos antes y después del triunfo de la Revolución, entró en conflicto con ellos, tras la declaración marxista-leninista del régimen y detenciones arbitrarias, por lo tanto decidió exiliarse en 1964. Después, fueron multiplicándose los movimientos de opositores. El exilio político fue consecuencia directa de la implementación del régimen castrista. Muchos partidarios de la dictadura de Batista huyeron a EE. UU. También salieron de la isla los integrantes de la burguesía cubana o los trabajadores de empresas estadounidenses establecidas en la isla. Fueron seguidos de numerosos disidentes cubanos. En 1962, se desató la conocida Crisis de los Misiles, conflicto generado a raíz del descubrimiento de bases nucleares de la Unión Soviética en la isla. Estados Unidos y la potencia comunista estuvieron a punto de emprender[13] una guerra mundial con la Cuba de Castro como protagonista. A partir de febrero de 1962, las medidas se endurecieron y las restricciones llegaron a ser casi totales cuando al principio, el embargo concernía sólo alimentos y medicinas. El 22 de marzo de 1961, se creó el Partido Unido de la Revolución Socialista de Cuba (PURSC) que pasó a denominarse Partido Comunista de Cuba (PCC) el 3 de octubre de 1965, el único partido reconocido en la isla. El 2 de noviembre de 1966, el presidente norteamericano Lyndon Johnson estableció la política de "puertas abiertas" que consistía en otorgarle la categoría de refugiado político a todo aquel que llegara desde Cuba. Enseguida, entró en vigor la Ley de Ajuste Cubano que estipulaba que cualquier ciudadano cubano con presencia física por al menos dos años en territorio estadounidense era admisible para recibir la residencia permanente. En 1976, Fidel Castro salió electo por el Partido Comunista de Cuba como presidente del Consejo de Estado, sustituyendo con este nuevo título el de presidente y el de primer ministro y teniendo todo el poder público en sus manos. En 1977, bajo la presidencia estadounidense del demócrata Jimmy Carter, se levantó la prohibición de viajar a Cuba. Cinco años después, Ronald Reagan la restableció. En 1980, se produjo el "éxodo de Mariel", una de las mayores emigraciones masivas de Cuba a los Estados Unidos (más de 125.000 cubanos "indeseables") organizada en realidad por el mismo Gobierno castrista para vaciar las cárceles cubanas de sus elementos más violentos. Pero, coincidió esta llegada con el auge de la ultraviolencia en Miami. Con el final de la URSS en 1991, Cuba ya no pudo recibir la habitual ayuda del bloque comunista (importaciones de combustibles, alimentos, maquinaria e inversiones de todo tipo) lo que provocó el llamado "Periodo Especial": una crisis económica que se vio aumentada por el recrudecimiento del embargo estadounidense en 1992. Hasta la fecha, Cuba importaba hasta el 98 % del petróleo que necesitaba de la URSS, nación con la que tenía el 72 % de su intercambio comercial. Los alimentos fueron racionados y al hambre se sumaron problemas de salud pública (ceguera temporal debida a la escasez de nutrientes). En 1994, Bill Clinton terminó con la política de "puertas abiertas". El estatus de refugiados sólo se otorgó a aquellos cubanos que lograran llegar a las playas de Estados Unidos sin que la Guardia Costera los interceptara en el mar.

Ley de "pies secos, pies mojados": según la propuesta de Clinton, los cubanos detenidos en las aguas entre las dos naciones (con "pies mojados") serían enviados de regreso a Cuba o enviados a un tercer país, mientras que los que llegaran a la costa ("pies secos") tendrían la oportunidad de permanecer en los Estados Unidos y más tarde postular a la residencia permanente legal, de acuerdo a la Ley de Ajuste.

El descontento general se mostró mediante protestas y enfrentamientos que culminaron con la llamada "crisis de los balseros". En agosto de 1994, las autoridades cubanas ordenaron a los guardacostas que no impidieran la salida de los habitantes en balsas y otras embarcaciones precarias: en un mes más de 30.000 cubanos salieron hacia las costas de Florida. El mismo año, Hugo Chávez, tras un intento de golpe de Estado fallido, visitó por primera vez a Fidel Castro. A partir de entonces forjaron una relación política y amistosa hasta el día de la muerte del venezolano en 2013. En 1996, la Ley Helms-Burton (*Cuban Liberty and Democratic Solidarity Act*), votada en Washington, reafirmó el embargo estadounidense en la isla.

En 1998, se presentó el Proyecto Varela fundado por Oswaldo Payá pero pese a presentar 11.020 firmas a favor de un referéndum sobre el sistema político en Cuba, la Asamblea Nacional desconoció el resultado. En 2006, se inició una campaña de desobediencia civil "Yo no coopero con la dictadura" que tuvo poco éxito en la isla. En abril de 2003, tras el arresto de 75 activistas, se desató la llamada Primavera Negra a raíz de la cual se formó un colectivo de esposas y familiares de presos cubanos llamado Las Damas de Blanco.

La persecución a la Iglesia católica

La Revolución Cubana empezó luchando contra la Iglesia católica. Cuando Fidel Castro proclamó el carácter marxista-leninista de su gobierno, parte de la jerarquía y el clero católicos reaccionaron contra el régimen. Muchos religiosos fueron discriminados, perseguidos y hasta expulsados del país durante las primeras décadas del castrismo. La llamada "Operación Pedro Pan" fue una maniobra coordinada entre el Gobierno Federal de los Estados Unidos, la Iglesia católica y los cubanos exiliados, a través de la cual más de 14.000 niños fueron llevados de Cuba a los EE. UU. entre diciembre de 1960 y octubre de 1962. Con el derrumbe[14] de la URSS, los sacerdotes comenzaron a ser más tolerados y hasta en los últimos tiempos. En 1963, Cuba contaba con unos 200 en activo: se habían reducido las órdenes religiosas, así como los colegios católicos. En 1998, el papa Juan Pablo II inició una visita histórica a Cuba, pero Fidel Castro siempre criticó la labor del Pontífice por su lucha contra el comunismo.

El ocaso de Fidel Castro

En 2001, el gobernante dio las primeras señales de una salud frágil, pero en 2003, se atacó nuevamente a los disidentes, sin autorizar ninguna crítica contra su régimen e impuso largas condenas contra 75 activistas. En 2004, tras un discurso, Fidel se cayó del estrado. En 2006, la televisión cubana anunció una operación intestinal complicada para Fidel, que le entregó entonces el poder a su hermano Raúl de forma temporaria. En diciembre del mismo año, debido a su estado de salud, renunció a su cargo de jefe del Partido Comunista, lo que se supo solo el 19 de febrero de 2008 de forma oficial.

La llegada al poder de Raúl Castro (2008-2018)

Sin organizar elecciones presidenciales, Raúl Castro se quedó con el poder y poco después, en diciembre de 2008, anunció que estaría dispuesto a hablar con el presidente estadounidense Barack Obama, recién electo. En 2011, éste decidió flexibilizar las medidas restrictivas impuestas a Cuba por la Administración de George Walker Bush entre 2001 y 2009. No obstante, se mantuvo el embargo y la oposición política siguió.

En 2008, la filóloga y periodista Yoani Sánchez sacó a la luz su blog llamado Generación Y. Poco después, publicó en línea un periódico digital titulado *14ymedio*. En 2010, la muerte del preso político Orlando Zapata Tamayo tras 85 días de huelga de hambre actuó como una bomba porque era el primer preso fallecido en las cárceles cubanas desde 1972. Había sido encarcelado durante los sucesos de la Primavera Negra. Asimismo, el fundador del Proyecto Varela murió en un polémico accidente de coche en 2012.

Sin abandonar el unipartidismo, la planificación económica y el protagonismo castrista, Raúl Castro implementó cambios para reactivar la malísima economía cubana que se ve claramente perjudicada por el embargo estadounidense, pero también porque Cuba no puede comerciar con casi ningún otro país: su sistema bancario está totalmente desconectado con el resto, lo que repercute negativamente en su economía. No existe una moneda fuerte con poder adquisitivo para realizar las transacciones comerciales: el peso cubano compite con el CUC, peso convertible al dólar y aceptado para el turismo. También le faltan empresas privadas: sólo se autorizan unos chiringuitos[15] gravados con altos impuestos. Le falta a Cuba libertad económica para crear empresas, atajar[16] la corrupción y premiar[17] el ahorro y la inversión local y extranjera. A finales de 2011, Raúl Castro autorizó el cuentapropismo, posibilidad de crear su propia empresa, pero sin conceder ayudas estatales. No cambió nada. Cuba no tiene ordenamiento jurídico ni poder judicial eficaz, equitativo e independiente para resolver los conflictos, castigar a los culpables, proteger los derechos humanos y dar seguridad. Por último, le falta transparencia en los actos del Gobierno. El 14 de enero de 2013 se aprobó la ley migratoria que autoriza viajar sin la llamada "tarjeta blanca". No se trataba de un permiso de salida, sino que se imponía un pasaporte adecuado para viajar de manera que los demócratas de la oposición, los médicos, los catedráticos, no podían salir del país aunque poseyeran catorce visas, como le sucedió a la filóloga disidente Yoani Sánchez. Entonces seguía sin reconocerse una verdadera libertad de movimiento, uno de los derechos humanos consagrados por Naciones Unidas. El Estado era dueño de los ciudadanos y decidía quién podía salir y quién no. Los cubanos ni siquiera podían elegir en la propia isla adónde viajar.

En cuanto al sistema educativo, cabe subrayar que Cuba está entre los países con menor tasa de analfabetismo del continente y a nivel sanitario, es el país que más contribuye en ayuda médica por el mundo, con millares de médicos en países pobres involucrados en programas sanitarios. Venezuela, entre otros países, recibió una ayuda valiosa por parte de Cuba.

El 17 de diciembre de 2014, se anunció el restablecimiento de las relaciones entre la Cuba de Raúl Castro y los EE. UU. de Barack Obama para el cual el papa Francisco intervino favorablemente. Lo confirmó Fidel Castro en una carta oficial. Sin embargo, aclaró que no confiaba totalmente en Washington. El año 2015 no mostró señales de verdadero acercamiento entre ambos países con excepción de la apertura de la embajada de EE. UU. en Cuba en julio y cierto aflojamiento[18] en la obtención de visas. El 12 de enero de 2017, el entonces presidente estadounidense puso fin a la llamada política de "pies secos, pies mojados", indicando que los inmigrantes cubanos serían tratados al igual que los de otras nacionalidades. Resultó de un acuerdo firmado entre ambos países e implicaba la aceptación del retorno de los cubanos que habían participado del Éxodo de Mariel (1980). Esta medida conllevó un aumento del número de inmigrantes cubanos. El 8 de noviembre de 2016, Donald Trump salió electo presidente de Estados Unidos y el llamado acercamiento histórico se vio afectado por las políticas de la nueva administración en cuanto tomó las riendas de la presidencia a partir del 20 de enero de 2017. Se cerró el consulado estadounidense en La Habana, se prohibieron los cruceros para norteamericanos a Cuba y se canceló la mayoría de los vuelos directos a la capital cubana. Trump reforzaría el embargo mediante 130 medidas en cuatro años.

En 2015, una nueva ley electoral reglamentó las elecciones de 2017, año en que se decidiría quién gobernaría la isla a partir de febrero de 2018 pero el 25 de noviembre de 2016, Raúl Castro anunció por televisión la muerte de su hermano Fidel Castro. Se aplazaron las elecciones a 2018. En la misma tumba de Fidel Castro, la líder y fundadora del movimiento popular Poder Ciudadano Siglo XXI, Piedad Córdoba, de 61 años, anunció su candidatura a las elecciones presidenciales de 2018.

Un relevo histórico: Miguel Díaz-Canel (19 de abril de 2018)

Afiliado al PCC desde 1989, Miguel Díaz-Canel, exvicepresidente de Raúl Castro, fue propuesto para sucederle mientras éste seguía dirigiendo el Partido Comunista hasta 2021, según anunció. El 10 de noviembre de 2019, la Asamblea Nacional de Cuba designó presidente de la República al actual mandatario, Miguel Díaz-Canel, en cumplimiento de la nueva Constitución que modificaba el organigrama de poder y recuperó así esa figura eliminada en 1976. No por ello supuso muchos cambios ya que asumía funciones que, en la práctica, eran las mismas que desempeñaba como presidente del Consejo de Estado desde abril de 2018 cuando sustituyó a Raúl Castro.

La Constitución cubana de 2019

Aprobada por la Asamblea Nacional del Poder Popular y aprobada en referendo popular el 24 de febrero de 2019 con el 86,85 % de los votos, sustituyó a la Constitución cubana de 1976 reformada en tres ocasiones (1978, 1992 y 2002). Subrayaba el carácter "irrevocable" del socialismo como sistema social en la isla, y abría su economía al mercado, la propiedad privada y la inversión extranjera, todo bajo control del Estado (Economía de mercado socialista). El artículo 5 ratificó al Partido Comunista como único, martiano[19], fidelista y marxista-leninista además de ser centro de poder en la isla. El presidente aparece por debajo del primer secretario del PCC en la escala política. También se declaró el carácter laico del Estado.

La represión política

El régimen cubano tiene un nuevo modo de reprimir a los disidentes a través de las "expatriaciones forzosas" a Guyana, a veces con una prima de 2.000 dólares para que empiecen una vida desde cero. Así se evita engrosar la lista de presos políticos cubanos. De acuerdo con el informe de *Cuban Prisoners Defenders* (CPD), a 1 de junio de 2019, la isla contaba al menos con 134 presos opositores entre los cuales 81 "convictos de conciencia" (casos de privación de libertad y trabajo correccional), 22 "condenados de conciencia" (cubanos en prisión provisional) y 31 "presos políticos".

Relaciones exteriores

Si las relaciones entre Cuba y Bolivia se estrecharon durante el Gobierno de Evo Morales, admirador de Fidel Castro y la Revolución Cubana, no fue el caso cuando Jeanine Áñez se autoproclamó presidenta interina al presentar Evo Morales su renuncia en noviembre de 2019. Asimismo, un mes después, Bolivia anunció su salida del ALBA (Alianza Bolivariana para los Pueblos de Nuestra América) en la cual participaba desde 2006. Las brigadas médicas cubanas completaron su integración para aumentar la atención de enfermedades en el área rural que carecía de salubridad en Bolivia. En diciembre, el gobierno provisional de Jeanine Áñez indicó que de los 702 cubanos que habían sido contratados para prestar sus servicios médicos en el país, solo 202 tenían título de medicina. A partir de ahí, se rompieron las relaciones bilaterales. Pero el 20 de octubre de 2020, Luis Arce, presidente elegido en Bolivia, anunció que restablecería las relaciones con Cuba y Venezuela proclamándose en contra de la OEA.

Cuba frente a la Covid-19

El 11 de marzo de 2020, se anunció el primer caso de coronavirus en Cuba. El día 24, el Gobierno decretó medidas drásticas de cuarentena a más de 40.000 turistas que estaban en el aeropuerto de La Habana además de limitar los movimientos de su población. Una semana después, se declaró el cierre de la isla para evitar más contagio frente a la pandemia de coronavirus que asolaba el planeta. No obstante, el Instituto de Aeronáutica Civil cubano aseguró mantener las operaciones aéreas de colaboración médica. De hecho, el país envió brigadas médicas para ayudar a 14 países, entre ellos Italia y Andorra, y preparó misiones solidarias. El 11 de junio, con el plan de retorno a la normalidad, se impusieron pruebas a turistas internacionales pero el 5 de agosto, el aumento de contagios aplazó la apertura de las fronteras. A finales de agosto, se decretó un toque de queda[20] para controlar un repunte de casos en la capital cubana, y se prolongó hasta finales de septiembre.

La pandemia de coronavirus agravó dramáticamente la crisis económica cubana debida a la ineficiencia del sistema productivo estatal y al recrudecimiento del embargo por la Administración del presidente estadounidense Donald Trump. Entonces, el Ejecutivo cubano reaccionó con un plan de reformas estructurales a favor del sector privado. En medio de un desabastecimiento[21] brutal con el desplome[22] del turismo en la isla, se aprobó una serie de medidas de urgencia: se eliminó el gravamen al dólar para aliviar[23] la extrema falta de liquidez. Se dieron señales de una economía aperturista para reducir el restringido corsé estatal y quitarle burocracia al sistema laboral. Se prometió reconocer y dar personalidad jurídica a las pequeñas y medianas empresas privadas, más allá del cuentapropismo autorizado durante la crisis del periodo especial de los años noventa, aunque con limitaciones. Las pymes ya podrían hacer negocios y asociaciones tanto con empresas públicas como extranjeras, y tendrían capacidad legal para importar y exportar. Todas estas medidas ya estaban incluidas en el programa de gestión del Gobierno desde hacía tiempo, pero nunca se habían llevado a cabo. La crisis sanitaria lo aceleró todo.

Las remesas, un eterno problema de la economía cubana

Un tercio de los cubanos recibe dinero del extranjero y muchas de las llamadas remesas oscilan entre los 100 y 200 dólares mensuales cuando el salario promedio está por debajo de los 24: la diferencia es sustancial en el nivel de vida de la gente. De ahí la ley estadounidense en vigor a partir del 27 de noviembre de 2020. El Gobierno de Trump prohibió el envío de remesas a través de compañías controladas por militares, entre otras *Western Union*. Esta medida está destinada a cambiar el rumbo del dinero mandado a la isla: los militares controlan más de la mitad de las remesas con las que se enriquecen hasta tal punto que llegaron a construir 57 hoteles en apenas dos años. El yerno de Raúl Castro fue sancionado a finales de septiembre de 2020 por controlar una de estas empresas. Pero los mismos cubanos sufrirán de las consecuencias de dicha ley.

La presidencia de Joe Biden en EE. UU.: ¿nuevas relaciones bilaterales?

El 7 de noviembre de 2020, la elección de Joe Biden a la presidencia de Estados Unidos les dio a los cubanos una chispa de esperanza. Miguel Díaz-Canel expresó la posibilidad de una relación bilateral constructiva y respetuosa de las diferencias entre ambos países (➲ véase cap.56). Y efectivamente, el presidente estadounidense que tomó posesión el 20 de enero de 2021 aseguró que revisaría las más de doscientas sanciones tomadas por Donald Trump. La normalización tomará tiempo y trabajo dado que sigue en pie el embargo sobre la isla, Cuba forma parte de la lista de países patrocinadores del terrorismo y más de 200 empresas cubanas están en la lista negra trumpista para avisar que no se puede tratar con ellas. Pero a pesar de ello, los cubanos ven con optimismo la investidura de Joe Biden. 2021 se anunció diferente.

NOTAS

1. codiciada: *convoitée*
2. el derrocamiento = la destitución
3. la industria azucarera: *l'industrie du sucre*
4. los acorazados: *les navires de guerre, les cuirassés*
5. un derramamiento (de sangre): *un bain (de sang)*
6. gozar = disfrutar
7. otorgar = conceder
8. el asesoramiento = el consejo
9. el respaldo = el apoyo
10. destacar: *ressortir, se dégager*
11. el capo (de la mafia) = el jefe
12. acudir a = pedir ayuda a, recurrir a
13. emprender = comenzar, entablar
14. el derrumbe: *l'effondrement*
15. los chiringuitos: *les restos-buvettes en bord de plage*
16. atajar = poner fin a
17. premiar = recompensar
18. el aflojamiento: *le relâchement*
19. martiano = de José Martí, poeta cubano considerado un héroe nacional por su lucha contra la independencia de Cuba.
20. el toque de queda: *le couvre-feu*
21. un desabastecimiento: *le désapprovisionnement*
22. el desplome: *l'effondrement*
23. aliviar: *soulager*

- ***Memorias del Subdesarrollo*** (1968), película de Tomás Gutiérrez Alea que cuenta cómo Sergio, un aspirante a escritor de la rica burguesía cubana, decide quedarse en la isla a pesar de que su esposa y amigos han optado por exiliarse a Estados Unidos en busca de una mejor calidad de vida. Sergio irá captando con su pluma cada cambio que se ha sucedido en su país, desde la caída de Fulgencio Batista en la Revolución de 1959, pasando por las etapas de Fidel Castro hasta llegar a la crisis de los misiles, denominada así por el conflicto entre los Estados Unidos, la Unión Soviética y Cuba.
- ***Fresa y chocolate*** (1994), coproducción de Cuba, España y México de 1994 protagonizado por Jorge Perugorría y Vladimir Cruz. Relata la historia de Diego, un joven gay culto que se enamora de David, ferviente comunista lleno de prejuicios.
- ***Azúcar amargo*** (1996), película de León Ichaso, que cuenta la historia de una pareja Gustavo, joven comunista creyente de Fidel Castro y Yolanda que sueña con ir a Miami para convertirse en bailarina, por lo que sus creencias políticas pondrán a prueba su amor.
- ***Antes que anochezca*** (2001), película de Julian Schnabel con Javier Bardem quien encarna a Reinaldo Arenas, poeta y escritor disidente del régimen cubano, que huyó a Estados Unidos en 1980.
- ***Fidel*** (2002), también conocida bajo el título: *Fidel y el Che*, película de David Attwood que recopila bajo forma de recuerdos personales todos los elementos que constituyeron la vida de Fidel Castro. Cuenta cómo, en 1967, un joven rebelde fue enviado por Che Guevara en busca del único hombre que puede apoyar la revolución boliviana: Fidel Castro. Desde su balcón, Fidel observa La Habana y rememora su pasado: los camaradas y la lucha que hicieron posible el derrocamiento del régimen de Batista y lo llevaron al poder, convirtiéndolo en uno de los líderes más controvertidos del siglo XX; su infancia, marcada por la influencia del revolucionario José Martí; la calurosa noche de 1947, en que las tropas estadounidenses fueron expulsadas de las calles de La Habana...
- ***Habana blues*** (2005), película de Benito Zambrano, que cuenta la historia de Ruy y Tito que tocan una mezcla de música tradicional cubana, de *rock and roll* y el *blues*. Consiguen posibilidad de salto internacional a cambio de ciertas condiciones, lo que enfrenta a los jóvenes músicos.
- ***Adieu Cuba*** (2006), película de Andy García que cuenta la vida diaria de los cubanos en 1958, antes de la llegada al poder de Fidel Castro.
- ***Regreso a Ítaca*** (2014), del cineasta Laurent Cantet que se inspiró en *La novela de mi vida*, del escritor cubano Leonardo Padura. Cuenta el reencuentro de cinco amigos en La Habana para celebrar el regreso de Amadeo tras 16 años de autoexilio en España.

MC 44 Cuba (presentación general)

CUBA (presentación general)

- **Único partido político**
  - Partido Comunista de Cuba (PCC) creado en 1965
- **Forma de Gobierno**
  - Estado comunista con partido único ("dictadura" según sus opositores)
  - República socialista (según los castristas)
- **Organización territorial**
  - 15 provincias
  - Una « municipalidad especial » (isla de la Juventud)
- **Situación geográfica**
  - **Isla**
    - Al norte de las Antillas, en la confluencia del mar Caribe y del golfo de México del océano Atlántico
  - **Fronteras marítimas**
    - Al sur de la costa este de EE. UU. y Bahamas
    - Al este de México
    - Al norte de las islas Caimanes y de Jamaica
- **Población**
  - 11,4 millones de habitantes
- **Gentilicio**
  - Un cubano
  - Una cubana
- **Lenguas**
  - El español
- **Capital**
  - La Habana
- **Superficie**
  - 110.860 km²
- **Moneda nacional**
  - **El peso cubano**
    - La moneda de los cubanos
  - **El CUC (peso convertible al dólar)**
    - La moneda de los turistas

MC 45 El castrismo (1959-2018)

EL CASTRISMO (1959-2018)

Inicios de la Revolución Cubana

- **26/07/1953**
  - Asalto fallido al cuartel Moncada por un grupo liderado por Fidel Castro junto a Che Guevara y Raúl Castro, su hermano
- **02/12/1956**
  - Inicio de la Revolución Cubana con el desembarque del barco Granma
- **08/01/1959**
  - Entrada triunfal en La Habana
  - Victoria de la Revolución Cubana
- **17 de mayo de 1959**
  - Ley de Reforma Agraria (expropiaciones y nacionalizaciones)
  - Unipartidismo: el PCC (Partido Comunista Cubano)

Relaciones internacionales tensas

- **31 de enero de 1962**
  - Expulsión de Cuba de la OEA
- **14 de octubre de 1962**
  - Crisis de los misiles
  - "Libreta de abastecimiento"
- **1 de septiembre de 1990**
  - Declive de la Unión Soviética
  - Pérdida del 85% del mercado exterior
  - "Periodo especial" (férreo control de los alimentos)

Balance

- 8.237 muertes ocasionadas por el castrismo
- Más de 2,5 millones de exiliados cubanos
- 20.000 presos políticos
- Sanidad básica gratuita
- Educación para todos con propaganda y censura
- Gran dependencia energética y alimenticia

Cambios bajo Raúl Castro

- **Finales de 2011**
  - Cuentapropismo
- **14 de enero de 2013**
  - Ley migratoria
- **17 dic. 2014**
  - Deshielo entre EE. UU. (Obama) y Cuba
- **2015**
  - Nueva ley electoral para 2018

Ocaso de Fidel Castro y llegada al poder de Raúl Castro

- **2008**
  - Retiro oficial de Fidel Castro
- **25 de noviembre de 2016**
  - Muerte oficial de Fidel Castro

La presidencia de Miguel Díaz-Canel (desde el 19 de abril de 2018)

LA PRESIDENCIA DE MIGUEL DÍAZ-CANEL (desde el 19 de abril de 2018)

- **Presidente de la República de Cuba**
  - Designado como candidato único del PCC
  - La Constitución cubana de 2019
  - Presidente del PCC: Raúl Castro
- **Represión política**
  - Expatriaciones forzosas con prima
  - 134 presos políticos
- **Relaciones regionales**
  - Respaldo a Cuba, Venezuela y Nicaragua
  - Relaciones diplomáticas con Argentina desde la elección de Alberto Fernández
- **Frente a la Covid-19**
  - **24 de marzo de 2020**
    - Cuarentena
  - **11 de junio**
    - Plan de retorno a la normalidad
  - **Finales de agosto**
    - Toque de queda
  - **Medidas económicas de urgencia**
- **Relaciones con Estados Unidos**
  - **27 de octubre de 2020**
    - Ley estadounidense
    - Prohibición del envío de remesas a través de compañías dirigidas por militares
  - **7 de noviembre de 2020**
    - Chispa de esperanza con la elección del demócrata Joe Biden a la presidencia de EE. UU.
  - ¿Nuevo acercamiento entre ambos países?

MC 47 La oposición en Cuba

LA OPOSICIÓN EN CUBA

Oswaldo Payá
- **1988**
  - Miembro fundador del Movimiento Cristiano Liberación
- **1998**
  - Fundación del Proyecto Varela
- **2002**
  - Presentación personal de 11.020 firmas como apoyo al Proyecto Varela en la Asamblea Nacional, pero en vano
- **2012**
  - Muerte en un controvertido accidente de coche

Orlando Zapata Tamayo
- **2010**
  - 85 días de huelga de hambre
  - Muerte del disidente a los 43 años

Yoani Sánchez
- Filóloga, periodista y bloguera cubana
- **Abril de 2007**
  - Creación del blog Generación Y
- **Mayo de 2014**
  - Fundación del periódico digital 14ymedio

Las Damas de Blanco
- **2003**
  - Movimiento ciudadano de esposas y otros familiares de presos cubanos considerados como presos comunes por el gobierno de Raúl Castro
  - Creación tras la llamada Primavera Negra

"Yo no coopero con la dictadura"
- **2006**
  - Campaña de desobediencia civil protagonizada por activistas cubanos por la democracia
  - Su lema: "sí quiero el cambio"
  - Poco éxito en la isla

Danilo Maldonado Machado alias el Sexto
- **Grafitero y defensor de los DD. HH. que denuncia los abusos de la dictadura**
  - Liberado en octubre de 2015 tras permanecer 10 meses en prisión, sin juicio

Tania Bruguera
- **Artista detenida en diciembre de 2015 y enero de 2016**
  - Organización de un performance público en La Habana
  - Participación en la campaña "Yo También Exijo" a favor de restaurar relaciones diplomáticas con EE. UU.
  - Durante "el Susurro de Tatlin" puso un micrófono y altavoces en la Plaza de la Revolución

34 REPÚBLICA DOMINICANA

Datos generales (véase MC 48)

República Dominicana es un país del Caribe que ocupa las dos terceras partes de la isla La Española (la segunda más extensa del archipiélago de las Antillas Mayores por detrás de Cuba). La comparte con Haití después de años (cuando no siglos) de turbulencias por los conflictos, ocupaciones, dictaduras, levantamientos y otros pronunciamientos que sufrió a lo largo de su historia. Limita al norte con el océano Atlántico, al sur con el mar Caribe, al este con el Canal de la Mona que la separa de Puerto Rico y al oeste con Haití, con una frontera terrestre de 270 kilómetros. Se trata de un país montañoso, cuyo punto culminante es el Pico Duarte a 3.089 metros de altura, el más alto de las Antillas. Su capital, Santo Domingo, alberga 3 millones de habitantes, o sea casi un tercio de la población total que alcanza los 10,7 millones. El PIB de República Dominicana que creció alrededor del 7 % en 2014, 2015 y 2016 (la tasa más alta de América Latina y una de las más altas del mundo) se ralentizó en 2017 con un crecimiento de un 4 %.

Antes de la llegada de Cristóbal Colón en diciembre de 1492, la isla estaba poblada por varias tribus indígenas, entre las que se encontraban taínos, arawak y caribes. Durante la conquista y colonización de la isla, los españoles importaron unos 30.000 esclavos africanos para sustituir a la mano de obra nativa cada vez menos numerosa por los enfrentamientos, las pésimas y crueles condiciones de trabajo, así como las epidemias. Uno de cada ocho nativos murió en el primer siglo de la Conquista. La mayoría de los africanos traídos a la República Dominicana por los españoles venían de Congo, Ghana y Camerún. Esta trata de negros explica que la población actual se componga de numerosos afrodescendientes y mulatos. En 1777, con el tratado de Aranjuez, España reconoció por primera vez de manera oficial la existencia de la colonia francesa de Santo Domingo, y se fijaron los límites entre la parte francesa y la española. En 1801, tras la gran revuelta de esclavos (iniciada en 1791 e inspirada en la Revolución francesa), Toussaint-Louverture, antiguo esclavo haitiano, se apoderó de[1] la parte oriental para unificar la isla y proclamó una constitución autonomista que le concedía plenos poderes vitalicios[2]. Pero en 1814, le fue devuelta a España (mediante el Tratado de París). Después de tres siglos de dominación española entrecortados de dominio francés, el país se independizó en 1821.

De la independencia al yugo haitiano, estadounidense y español

Ya en 1822, la recién independizada República Dominicana estaba bajo el yugo[3] de Haití (que permitió la abolición definitiva de la esclavitud), por una maniobra del presidente haitiano Jean-Pierre Boyer que anexionó la parte oriental hasta febrero de 1844, cuando una insurrección expulsó a la guarnición haitiana de Santo Domingo y proclamó la República. Debilitada por la amenaza de invasiones haitianas, la República Dominicana, liderada desde 1844 por el presidente Pedro Santana, le pidió auxilio a España que recuperó el cargo del país. Entre 1801 y 1855, Santo Domingo fue invadido seis veces por los haitianos. La presencia española no logró poner fin a la inestabilidad fomentada[4] por Estados Unidos por lo que en 1905 (después de varios intentos), el Gobierno dominicano firmó un tratado por una duración de cincuenta años que establecía su anexión a Estados Unidos por protectorado a cambio del pago de su deuda. Entre noviembre de 1916 y 1924, el ejército estadounidense ocupó la República Dominicana. En 1924, se restableció la democracia (con Horacio Vásquez) pero por poco tiempo ya que entre 1930 y 1990 se sucedieron derrocamientos[5] y "dictablandas"[6] cuando no dictaduras. A la República Dominicana le costaba trabajo encontrar una estabilidad democrática que nunca había experimentado.

La era trujillista (1930-1961)

Apoyado por Estados Unidos, el comandante del Ejército Nacional Rafael Leónidas Trujillo, derrocó en 1930 al presidente Horacio Vásquez mediante un golpe de Estado y estableció una larga dictadura represiva. La también denominada "Era de Trujillo" se caracterizó por un desmesurado culto a la persona, una sangrienta represión, un voraz anticomunismo, un antihaitianismo exacerbado, un clientelismo sistémico y un contexto de terror permanente. El balance de su gobernación ascendió a 50.000 muertos entre los cuales las víctimas de la Masacre del Perejil ocurrida a principios de octubre de 1937 que provocó el fallecimiento de más de diez mil (no existe recuento exacto) inmigrantes haitianos instalados en la República Dominicana. Trujillo, apodado "el Chivo", no dejó de fortalecer su dictadura mediante maniobras unilaterales. Impuso el Partido Dominicano como único partido autorizado al que era obligatorio afiliarse para buscar trabajo o poder salir del país. En octubre de 1931, el mandatario decretó la Ley de Emergencias por la que suspendía el pago de la deuda con Estados Unidos. También mermó[7] el gasto público con una ola de despidos y una baja de los salarios. El 26 de mayo de 1933, el Congreso lo nombró "Generalísimo de los Ejércitos Nacionales". En febrero de 1934, se volvió a elegir a Trujillo como candidato a presidente por el Partido Dominicano. El 16 de mayo de ese año, se celebraron comicios presidenciales sin ninguna oposición política. Por otra parte, el dictador había implantado una trama de corrupción para tener poder efectivo sobre la producción de azúcar de la que se benefició durante numerosos años. La economía funcionaba como una empresa personal del dictador y la gestión política estaba totalmente controlada por su partido. Trujillo utilizó el apoyo estadounidense para fortalecer todavía más su poder. En 1948, el país cofundó la Organización de Estados Americanos, que posteriormente condenó al régimen de Trujillo, entre otras razones, por las violaciones a los derechos humanos. A lo largo de la dictadura, siempre fue Rafael Trujillo quien dirigió a la nación hasta su asesinato el 30 de mayo de 1961, aunque otros presidentes títeres fueron elegidos como Jacinto Bienvenido (1938-1940) o Manuel de Jesús Troncoso (1940-1942) o su hermano Héctor Trujillo (1952-1960).

Una situación política caótica e inestable (1961-1966)

Con la caída de la dictadura se restablecieron los partidos políticos. En diciembre de 1962, la primera elección tras la dictadura llevó al poder a Juan Domingo Bosch que se había exiliado durante la dictadura de Trujillo. Sin embargo, fue derrocado a los siete meses de su investidura (septiembre de 1963) por un golpe de Estado apoyado por los terratenientes[8] e industriales. Se instauró un triunvirato[9] que a su vez fue derribado por otro golpe militar que involucró a la población civil lo que finalmente ocasionó una intervención armada de Estados Unidos. Un gobierno provisional fue instaurado para preparar las elecciones de junio de 1966 ganadas por Joaquín Balaguer, líder del Partido Reformista Social Cristiano (PRSC) y ya en el pasado elegido una vez (1960-1962).

Los doce años de Joaquín Balaguer (1966-1978)

En 1966, Balaguer ascendió al poder valiéndose de[10] fraudes electorales. Como fiel colaborador de Trujillo, también usó la represión contra los opositores políticos para mantenerse "democráticamente" hasta 1978. Durante su gestión se pisotearon[11] los derechos humanos y las libertades civiles, más de 11.000 personas desaparecieron o fueron asesinadas. Las desigualdades entre ricos y pobres crecieron notablemente. Para modernizar la isla, desarrolló las infraestructuras nacionales mediante la construcción de viviendas, acueductos, carreteras, complejos deportivos, teatros y museos.

Retorno a la democracia (1978-1986)

Durante las elecciones del año 1978, resultó electo Antonio Guzmán Fernández por el Partido Revolucionario Dominicano. Su mandato fue uno de los más liberales desde el Gobierno de Juan Domingo Bosch en 1963. Promulgó la Ley de Amnistía, que permitió la liberación de cientos de presos políticos y el regreso de numerosos exiliados políticos. A nivel económico, su prioridad era el desarrollo de la agricultura y de la agroindustria para crear empleo, proteger las pymes[12] y ampliar la producción de energía eléctrica. Su mandato terminó cuando se suicidó el 4 de julio de 1982. Le sucedió de manera interina (por 43 días) su vicepresidente, Jacobo Majluta.

A Salvador Jorge Blanco (1982-1986) se le consideró uno de los políticos más prometedores del país, pese a que fue sometido a la justicia por estafa[13], robo, abuso de confianza y prevaricación. Fue condenado a 20 años de cárcel que no cumplió tras 10 años de apelación. En 2001, el mandatario Hipólito Mejía indultó a Jorge Blanco que siempre clamó su inocencia, acusando a Joaquín Balaguer de persecución.

Vuelta de Joaquín Balaguer (1986-1996)

En 1986, regresó al poder Balaguer a los 80 años en unas elecciones poco reglamentarias. Como resultado de las denuncias de fraude, se efectuó una reforma constitucional que limitaba el período presidencial a dos años y anunció la celebración de elecciones para 1996. Su presidencia permitió desarrollar la economía del país privatizando numerosas empresas estatales y recibiendo una importante inversión extranjera. Joaquín Balaguer gobernó de manera autoritaria y paternalista, y pese a su edad muy avanzada y su ceguera[14], siguió siendo el personaje más influyente de la vida política del país aun cuando ya no era presidente.

Presidencia de Leonel Fernández (1996-2000)

Con el apoyo de Joaquín Balaguer y el Partido Reformista Social Cristiano en una coalición llamada Frente Patriótico, resultó electo Leonel Fernández del Partido de la Liberación Dominicana (PLD). Este gobierno se caracterizó por el crecimiento macroeconómico y la privatización de las empresas del Estado a través de la inversión extranjera. Se restablecieron las relaciones con Cuba y se firmó el Acuerdo de Libre Comercio con Centroamérica. Aunque la tasa de crecimiento superó un 8 % por el desarrollo de la actividad turística (➲ véase MC 50) y del sector de la construcción, el déficit comercial era muy preocupante por el alza del precio del petróleo. Los huracanes de 1998 y 1999 tuvieron un gran impacto en las exportaciones agrícolas y en la vida de los dominicanos afectados por una pobreza que alcanzaba un 70 % de ellos.

Presidencia de Hipólito Mejía (2000-2004)

Se interrumpió por cuatro años la presidencia de Leonel Fernández tras la elección de Hipólito Mejía en 2000, del Partido Revolucionario Dominicano. Éste emprendió reformas económicas y sociales entre las que destacaron la de Seguridad Social, Ley de Policía, Medio Ambiente, Salud Pública. También fomentó varias medidas económicas conocidas como “Paquetazo Económico” y ayudas sociales a los productores agrícolas, subsidios a familias pobres cuyos hijos asistían a las escuelas. Otra labor de envergadura: Mejía tuvo que negociar el Tratado de Libre Comercio con Estados Unidos, principal socio comercial del país. En 2003, estalló una fuerte crisis económica acompañada de la devaluación de la moneda y la salida de capitales provocó la quiebra[15] de muchas empresas. En 2002, con la mayoría en el Congreso, el presidente Mejía impulsó una reforma constitucional que restableció la posibilidad de la reelección presidencial, abolida en el año 1994 a petición de su propio partido.

Vuelta de Leonel Fernández (2004-2012)

En 2004, Leonel Fernández volvió a ganar las elecciones presidenciales con un 57 % de los votos frente al presidente en funciones Hipólito Mejía. Consiguió restaurar la estabilidad económica, mejoró el sistema de transporte público de Santo Domingo, renovó las infraestructuras viales, incentivó la construcción de nuevas escuelas o la renovación y ampliación de las antiguas, y modernizó los centros de formación dotándolos de ordenadores con acceso a Internet. En 2008, Leonel Fernández fue reelegido como presidente y empezó así su tercer mandato (segundo consecutivo), gobernando hasta 2012 cuando Danilo Medina, del mismo partido, salió victorioso en los comicios presidenciales después de prometer invertir más en el sector social, en el ámbito educacional y luchar contra la corrupción.

Danilo Medina (2012-2020)

Del Partido de la Liberación Dominicana, el primer mandato de Danilo Medina se caracterizó por cierta estabilidad económica y desarrollo social. Pero el balance no fue tan alentador como parecía ya que la delincuencia y la corrupción gubernamental no dejaron de crecer. Además, la frágil estabilidad del país se vio amenazada con la revelación del caso Odebrecht en 2016 (➲ véase cap. 63 y MC 118). El gigante de la construcción y obras públicas pagó más de 92 millones de dólares en sobornos[16] para ganar licitaciones[17] y contratos sobrevalorados durante más de veinte años. Esta declaración tuvo el efecto de un terremoto y existe el riesgo de que las réplicas del caso Odebrecht sigan cometiendo daños en un país donde conviven grandes desigualdades, una alta tasa de pobreza y un fuerte desempleo. La base económica del país evolucionó

El turismo en República Dominicana es un sector boyante que no deja de crecer. Entre 2012 y 2017, el número de turistas casi se duplicó. El turismo de sol y playa es el más desarrollado tanto con pernoctaciones[18] en la isla como mediante cruceros[19]. Sin embargo, el país empieza a preocuparse por el desarrollo de un turismo sostenible para preservar una de las islas más visitadas del Caribe. La mayoría de los turistas viajan allá por motivos de recreación y proceden de América del Norte, Europa y Sudamérica. Para explicar tal éxito, se pueden evocar las numerosas bazas[20] naturales de las que goza[21] el país, así como las estrategias del ministerio de turismo. En junio de 2018, la ciudad de Santo Domingo fue la sede internacional de la cuarta edición del LAMITE (*Latin America Meeting & Incentive Travel Exchange*), un encuentro de empresarios del turismo que permite fomentar dicho sector.

de una economía exportadora de productos primarios (como el azúcar, el café, el cacao, el tabaco o el plátano) a una economía de servicios cuyo motor es esencialmente el turismo, las comunicaciones y las finanzas. En 2017, la isla acogió a unos 6,9 millones de turistas extranjeros.

Las remesas también desempeñan un papel relevante en la economía ya que en Estados Unidos existe una gran diáspora dominicana con más de 1 millón de personas que contribuyen al desarrollo nacional, enviando miles de millones de dólares a sus familias.

En los comicios presidenciales del 15 de mayo de 2016, Danilo Medina volvió a ganar con una de las más altas votaciones en la historia electoral del país con un 61,8 % y el 16 de agosto asumió por segunda vez consecutiva la dirección de la nación. Poco después de su segunda toma de posesión y tras jurar que sería su último mandato, funcionarios y legisladores del PLD empezaron a promover una reforma para que Medina se presentara a las elecciones de 2020. Pero se encontraron de frente con el total rechazo de la oposición y del sector oficialista que apoya al tres veces presidente Leonel Fernández, presidente de esta formación. La creación de unas 200.000 pymes, de unos 400.000 empleos, el desarrollo del sector agrícola y el acceso a la educación redujeron la pobreza. Para el presidente, la gestión y la democratización del agua era la prioridad de su segundo mandato hasta tal punto que lo bautizó el "Cuatrienio del Agua".

El 13 de septiembre de 2017, la República Dominicana acogió a representantes del gobierno venezolano y de la oposición para encontrar una salida al conflicto que les opone desde 2014 (➲ véase MC 96 • 97). Entre el inicio de los diálogos y mediados de febrero de 2018, tuvieron lugar 6 reuniones que no permitieron alcanzar ningún acuerdo entre ambas partes. El presidente anfitrión, Daniel Medina, así como mediadores de otros países como el expresidente de gobierno español, José Luis Rodríguez Zapatero, lamentaron la falta de consenso. La MUD[22] pedía que se celebraran elecciones en Venezuela en 2018, que se liberaran los presos políticos y que se respetara el poder legislativo en manos de la oposición. Finalmente se celebraron las elecciones el 22 de abril de 2018. A pesar del fracaso de las conversaciones, Danilo Medina y su canciller Miguel Vargas no se arrepintieron[23] de haberlas organizado ya que consideraron que cumplieron con su "deber como latinoamericanistas".

Danilo Medina tuvo que renunciar a regañadientes a presentar su candidatura para las elecciones en 2020. La economía del país no paró de crecer hasta alcanzar un 7 % en 2018 aunque bajó a un 5,5 % en 2019. Pero no fue suficiente para superar el lastre de la pobreza, aunque pasó de un 39,7 % en 2012 a un 23 % en 2019. Los casos de indigencia pasaron del 9,9 % al 2,9 %.

El final del segundo mandato de Daniel Medina coincidió con la urgencia sanitaria que vivió el país caribeño a partir de principios de marzo hasta el fin del estado de emergencia el 26 de junio. Se reportaron 754 muertes por el Covid-19.

Luis Abinader (desde el 16 de agosto de 2020) (➲ véase MC 49)

El 5 de julio de 2020, se celebraron las elecciones generales ganadas por el candidato de la oposición Luis Abinader (del Partido Revolucionario Moderno) con un 52 % de los votos. Pero pese a la reapertura del turismo a partir del 1 de julio, en apenas 17 días se dispararon los casos y las defunciones lo que le obligó al país a mediados de julio a confinarse nuevamente por 45 días. El presidente fue investido el 16 de agosto e hizo de la lucha contra la pandemia su prioridad junto con la recuperación económica del país y el fortalecimiento del turismo. El 17 de septiembre, pronunció un discurso en el que recordó su pugna contra la corrupción y anunció la inversión de 40.000 millones de pesos republicanos para dotar de equipos a estudiantes y docentes a fin de que se salvara el curso 2020-2021, que comenzó telemáticamente el 2 de noviembre.

Si bien la economía dominicana fue la de mayor crecimiento de Latinoamérica en 2019 con un alza del 5 %, el presidente recién electo anunció que heredó un país económicamente quebrado y que las arcas del Estado estaban vacías. En respuesta a esta situación, abogó por una reforma tributaria y la implementación de nuevos impuestos, provocando así un descontento ciudadano. Para reforzar el sector turístico, el plan de recuperación del turismo buscará aumentar la inversión extranjera, incrementar la calidad del rubro, lanzar nuevos destinos y promover la marca país. De hecho, la pandemia provocó una caída de un 81 % de los turistas que llegaron al país en septiembre de 2020 en comparación con el mismo período del año anterior. La crisis sanitaria obligó al Ejecutivo a cerrar sus fronteras entre mediados de marzo y el 1 de julio y desde entonces el Gobierno no dejó de esforzarse por reactivar el rubro[24] turístico. Entre las principales medidas anunciadas por el Ejecutivo, figuraba un seguro médico que, desde el 15 de septiembre, se ofrece gratuitamente a los turistas que se alojaran en los hoteles del país.

Por otra parte, el presidente quiere aprovechar la situación geográfica privilegiada de su país para atraer la inversión extranjera, así como desarrollar el *nearshore* apostando por la tendencia de empresas estadounidenses que deslocalizan sus cadenas de suministro a países más cercanos. Este tipo de subcontratación permitiría reducir costes a Estados Unidos, generar empleo y crear nuevas oportunidades para República Dominicana. En cuanto a la lucha contra la corrupción, el jefe del Estado se comprometió a recuperar el patrimonio público sustraído fraudulentamente hablando del caso Odebrecht entre otros (➔ véase cap.63).

El 16 de octubre de 2020, Luis Abinader prorrogó el estado de emergencia, el estado de excepción y el toque de queda para poder seguir combatiendo la pandemia de coronavirus y proteger a los ciudadanos. El país sólo rompió con estas medidas en junio-julio para que se celebrara la elección presidencial.

NOTAS

1. apoderarse de: *s'emparer de*
2. vitalicio: *à vie*
3. el yugo: *le joug*
4. fomentar = promover
5. el derrocamiento: *le renversement*
6. una dictablanda = juego de palabras que consiste en designar un régimen que pretende ser autoritario a semejanza de una dictadura pero que finalmente, no lo es totalmente (➔ véase p. 13).
7. mermar = disminuir, reducir
8. el terrateniente: *le propriétaire terrien*
9. el triunvirato = gobierno de 3 personas
10. valerse de = utilizar
11. pisotear: *piétiner, écraser*
12. la pyme (= pequeña y mediana empresa)
13. la estafa: *l'arnaque*
14. la ceguera: *la cécité*
15. la quiebra: *la faillite*
16. los sobornos: *les dessous de table, les pots-de-vin*
17. la licitación: *l'appel d'offres*
18. la pernoctación: *la nuitée*
19. el crucero: *la croisière*
20. la baza: *l'atout*
21. gozar de: *jouir de*
22. la MUD = Mesa de la Unidad Democrática (= coalición de partidos de oposición)
23. arrepentirse de: *regretter*
24. el rubro = el sector

Toussaint Louverture (1992) de Philippe Niang es una telenovela inspirada en la trayectoria de Toussaint Louverture que pasó de esclavo a general del ejército francés y gobernador de Santo Domingo para acabar preso tras la traición de Bonaparte.

La Fiesta del chivo, novela escrita por Mario Vargas Llosa y publicada en 2000, se inspira en la dictadura de Rafael Leónidas Trujillo en los años 50, así como su asesinato.

MC 48 República Dominicana (presentación general)

REPÚBLICA DOMINICANA (presentación general)

- **Población**
  - 11,2 millones de habitantes
- **Gentilicios**
  - Un dominicano, una dominicana
  - Un quisqueyano, una quisqueyana
- **Lengua**
  - El español
- **Capital**
  - Santo Domingo
- **Superficie**
  - 48.310 km²
- **Moneda nacional**
  - El peso dominicano
- **Los principales partidos políticos**
  - El Partido de la Liberación Dominicana (PLD) de centroizquierda
  - El Partido Revolucionario Moderno (PRM), socialdemócrata y de centroizquierda
  - El Partido Reformista Social Cristiano (PRSC), conservador y de centroderecha
  - El Partido Revolucionario Dominicano (PRD), socialdemócrata y de centro
- **Forma de Gobierno**
  - República presidencialista unitaria
- **Organización territorial**
  - 31 provincias
  - Un distrito
- **Situación geográfica**
  - **Frontera terrestre**
  - Al oeste con Haití, que ocupa la otra parte de La Española
  - **Fronteras marítimas**
  - Al norte con el océano Atlántico
  - Al este con el Canal de la Mona, que lo separa de Puerto Rico
  - Al sur con el mar Caribe
  - **En el mar Caribe**
  - Ocupa los dos tercios orientales de la isla La Española

La presidencia de Luis Abinader (desde el 16 de agosto de 2020)

LA PRESIDENCIA DE LUIS ABINADER (desde el 16 de agosto de 2020)

- **Elección extraordinaria del 5 de julio de 2020**
  - Comicios en plena pandemia de coronavirus
  - Victoria del candidato opositor Luis Abinader con un 52 % de los votos
- **Prioridades**
  - Lucha contra la pandemia
  - Recuperación económica
  - Fortalecimiento del turismo
  - Lucha contra la corrupción
- **Frente a la Covid-19**
  - Contracción económica del 4 %
  - Estado de emergencia, estado de excepción, toque de queda entre marzo y noviembre
  - Hiato de un mes en julio para celebrar la elección presidencial
- **Retos**
  - Gestionar un país económicamente quebrado
  - Reformar el sistema tributario
  - Hacer del país un nearshore
  - Recuperar el dinero del Estado perdido debido a la corrupción

MC 50 El turismo en República Dominicana

EL TURISMO EN REPÚBLICA DOMINICANA

- **Sector boyante**
  - 2012 - 2017: se duplicó el número de turistas
  - Junio de 2018, la ciudad de Santo Domingo: sede internacional del LAMITE (cuarta edición)
- **Procedencia de los turistas**
  - América del Norte
  - Europa
  - Sudamérica
- **Turismo de sol y playa**
  - Cruceros
  - Pernoctaciones en la isla
  - Buceo
- **Desarrollo del turismo sostenible**
  - Preservación de la isla
- **Impacto de la Covid-19**
  - **Cierre de las fronteras entre marzo y julio de 2020**
  - Fuerte caída de las llegadas de turistas
  - **Reactivación del sector**
  - Seguro médico gratis para los turistas
  - Inversión extranjera
- **Desventajas**
  - Destrucción de la fauna y la flora de las zonas turísticas
  - Contaminación
- **Ventajas**
  - Creación de empleos
  - Ingresos para el país

Datos generales (véase MC 51)

Situada en América Central, Costa Rica es un país pequeño de 51.100 km^2 que comparte frontera con Panamá al sur y Nicaragua al norte. Separa el mar del Caribe al este del océano Pacífico al oeste. Superó en 2018 la barrera simbólica de los 5 millones de habitantes.

Allí desembarcó Cristóbal Colón durante su cuarto viaje, el 25 de septiembre de 1502. El hallazgo de algunos objetos de oro le valió su nombre de "costa rica" y así se convirtió en un terreno propicio para exploraciones diversas. Tras una primera fase de la Conquista (1502-1560) y una segunda (1560-1573), se llegó a la conclusión del fracaso español en el Caribe costarricense debido a tres factores: el clima lluvioso enemigo de las exploraciones y el saqueo[1] del territorio indígena por falta de víveres españoles de ahí la fuerte resistencia militar de la población indígena que impidió su reclutamiento por parte de los conquistadores. La llegada de un gobernador interino Alonso Anguciana de Gamboa en 1573 marcó un verdadero hito[2] en la transición de la conquista hacia la colonización del territorio costarricense hasta la independencia del país proclamada el 15 de septiembre de 1821.

Hacia una democracia

A lo largo del siglo XX y a principios del siglo XXI, Costa Rica pudo evitar, dentro de lo posible, mucha de la violencia que plagó a América Central. Sólo dos periodos de violencia marcaron su desarrollo democrático: la dictadura de Federico Tinoco Granado (1917-1919) tras un golpe de Estado y el estallido de una guerra civil de 40 días liderada por José Figueres Ferrer, a raíz de una elección presidencial supuestamente fraudulenta que había dado como victorioso a Otilio Ulate Blanco frente al bando republicano, entonces en el poder. Esta guerra interna se saldó con 2.000 muertos y un ejército destrozado.

Al asumir la presidencia Figueres, se creó en mayo de 1948 una Junta que duraría 18 meses y entregó el poder a Ulate Blanco que gobernó hasta 1953. El 1 de diciembre de 1948, el mismo Figueres abolió el Ejército con el objetivo de invertir en educación, sanidad, cultura e investigación todo el gasto que anteriormente se destinaba a las Fuerzas Armadas. Esta decisión llamó la atención tanto nacional como internacionalmente, siendo Costa Rica el primer país americano en eliminar las Fuerzas Armadas. Desde entonces, el país cuenta con una policía civil de 7.000 hombres para mantener la seguridad y el orden del país.

A partir de 1948, dos bandos oscilaron en el poder: el bando figuerista, representado por el Partido de Liberación Nacional y el bando calderonista, compuesto de distintos partidos y coaliciones, entre los cuales el partido Unión Nacional, Coalición Unidad y el partido Unidad Social Cristiana. La junta llevó a la fundación de la Segunda República con el nacimiento de una nueva constitución en 1949, liderada por Figueres y vigente hasta la actualidad. Se llegó a hablar de una "autorregulación cruzada" en la medida en que, por medio del juego de las alternancias políticas, las diversas fuerzas políticas eran sucesivamente controladoras o controladas lo que facilitó un compromiso obligatorio para que hubiera muchos vencedores y pocos perdedores. Por otro lado, el impulso inicial de 1949 favoreció el nacimiento de una tremenda burocracia, actor político muy importante hoy.

La era democrática

En noviembre de 1983, el presidente de Costa Rica, **Luis Alberto Monge (1982-1986)**, proclamó la neutralidad perpetua de Costa Rica ante cualquier conflicto bélico. Este comunicado corroboró la culminación del proceso de desarme unilateral y voluntario iniciado por Costa Rica en 1949, cuando la Asamblea Nacional Constituyente proscribió el Ejército. La neutralidad de Costa Rica sería perpetua, no transitoria, activa y no armada, de acuerdo con los principios del derecho internacional.

Óscar Arias Sánchez fue presidente de la República de Costa Rica en dos ocasiones, de 1986 a 1990 y más tarde, de 2006 a 2010. Recibió el Premio Nobel de la Paz en 1987 por participar en los procesos de paz en los conflictos armados de América Central de los años 80, en particular por oponerse al apoyo estadounidense en el conflicto nicaragüense de los contras (➔ véase MC 61). Óscar Arias intentó reiteradas veces que se modificara la Constitución política del país (artículo 132) para autorizar la reelección presidencial, expresamente prohibida desde el 11 de julio de 1969. Primero intentó hacerlo por medio de la Asamblea Legislativa pero no recibió el apoyo de su partido. Luego presentó un recurso ante la Sala Constitucional de la Corte Suprema de Justicia y ante la negativa, interpuso un segundo recurso y esa vez los magistrados sí revirtieron la reforma constitucional para permitir la reelección presidencial. Frente a este fallo[3] el ex presidente de Costa Rica, Luis Alberto Monge Álvarez, también miembro del PLN (mismo partido de Arias), tachó la modificación de la constitución de "golpe de Estado técnico" confiriéndole un carácter totalmente ilegal. Acusó a Óscar Arias de tráfico de influencias ante dicha sala, por atribuirse una facultad que sólo le correspondía al Congreso, según el artículo 195. Otra polémica surgió a raíz de la aprobación del Tratado de Libre Comercio (TLC) con Estados Unidos. La idea del referéndum ganó adeptos para evitar cualquier riesgo de violencia. En medio de acusaciones, hubo una masiva participación aquel día de la consulta y el DR-CAFTA terminó por aprobarse en la consulta del 7 de octubre de 2007, con un cerrado margen del 51 % a favor y 48 % en contra.

En las elecciones de 2010, **Laura Chinchilla** del Partido de Liberación Nacional (PLN) se convirtió en la primera mujer presidenta de Costa Rica. Su victoria supuso una continuación de su partido en el poder puesto que le sucedía a Óscar Arias, de quien había sido primera vicepresidenta. Sin embargo, el gobierno de Chinchilla se convirtió en uno de los gobiernos más impopulares de la historia del país.

En abril de 2014, la elección de **Guillermo Solís** marcó una primera victoria para el PAC (Partido Acción Ciudadana), que enterró el bipartidismo tradicional ya que ni era del calderonismo (Partido Unidad Social Cristiana) ni era del liberacionismo (Partido Liberación Nacional). Además, el respaldo[4] recibido por el Frente Amplio fue el mayor que había tenido entonces ahora la izquierda costarricense desde las elecciones de 1940. El gobierno de Guillermo Solís conoció altibajos y en el último tramo de su mandato enfrentó una fuerte caída de su popularidad por el escándalo de corrupción que detonó en diciembre de 2017. Se investigó el caso Cementazo[5] y se rindió como informe una supuesta "falta al deber de probidad" por parte del mandatario en plena campaña para las elecciones presidenciales de febrero de 2018. La investigación también desveló un relevante tráfico de influencias que involucró a funcionarios del Ejecutivo, del Legislativo y de la Corte Suprema de Justicia, además del estatal Banco de Costa

Rica. Éstos negociaron con un importador de cemento que pretendía romper el control de la transnacional suiza Holcim y la mexicana Cemex, con el respaldo del gobierno de Solís y de congresistas de distintos partidos.

La campaña presidencial de 2018 fue algo agitada con la exacerbación de la defensa de los "valores cristianos" en el escenario político, tras el fallo de la Corte Interamericana de Derechos Humanos (CIDH) del 9 de enero de 2018, que ordenó a todos sus países miembros habilitar la figura del matrimonio entre personas del mismo sexo (➔ véase cap. 67). Fue considerado como una buena noticia por grupos defensores de derechos humanos, pero fue un "shock religioso", por parte del Gobierno de Solís. En Costa Rica, el 70 % de la población declara ser católico y el 12 % evangélico. Un fuerte rechazo al matrimonio igualitario provocó el repentino avance de un predicador evangélico durante la campaña electoral.

En la primera vuelta de febrero de 2018, salieron como candidatos favoritos Fabricio Alvarado Muñoz, diputado, periodista y cantante cristiano del partido conservador Restauración Nacional, y Carlos Alvarado Quesada, escritor, politólogo y periodista. Además, estos comicios marcaron una ruptura histórica con los dos partidos tradicionales (PLN y PUSC) que, por primera vez, no pasaron a la segunda ronda. Salió victorioso **Carlos Alvarado Quesada**, de centro-izquierda y exministro del socialdemócrata PAC considerado presidente rockero. Como sucesor de Solís, se podía esperar cierta continuidad, pero no fue así ya que tuvo que desmarcarse del Gobierno saliente, sacudido por un caso de tráfico de influencias.

Para paliar la crisis fiscal el presidente prometió nuevas cargas impositivas, pero sin dar muchos detalles a los ciudadanos que se manifestaron masivamente hasta organizar una huelga de 86 días encabezada por los gremios del sector público, especialmente del sector docente. Se aprobó el paquete tributario pese a su rechazo por el 85 % de la población. Mientras tanto, se disparó el desempleo a una cifra récord del 20 %, especialmente entre los jóvenes, incrementaron la desigualdad, la economía informal y la pobreza. El país sufre también las consecuencias de una desaceleración de la economía. Las exportaciones y las ventas van bajando, la confianza de los empresarios escasea y no se prevén nuevas inversiones. Creció una rebelión contra el Gobierno por los cambios que supuso el plan fiscal en cuanto al empleo público. La Corte Plena, las universidades estatales y la Caja se consideraron excluidas de las nuevas condiciones laborales. Se trata de recortes en pluses salariales como anualidades y dedicación exclusiva, así como el congelamiento de salarios en algunos casos.

Por si fuera poco, a esta crisis económica, social y política, se sumó la crisis sanitaria debida a la Covid-19. No obstante, durante los dos primeros meses de la pandemia global, la gestión del presidente costarricense fue valorada positivamente, disparándose así la popularidad del mandatario del 21 % (diciembre de 2019) al 65 % (abril de 2020). Pero después, volvió a su impopularidad habitual. El Gobierno le achacó el alto índice de desempleo a la crisis sanitaria, proyectando para fin de año un déficit por encima del 10 % del PIB cuando ya en 2019, era del 6,3 %. Costa Rica ocupaba ya la casilla 30 global, y era tercero en América Latina en cuanto a déficit fiscal, según cifras del Fondo Monetario Internacional (FMI). Entonces, se derrumbó la confianza de la población en el Gobierno debido a que el paro se convirtió en la mayor preocupación ciudadana, seguida del costo de la vida y de la situación económica. Alvarado Quesada se defendió recordando lo que se había hecho a través de la Caja Costarricense de Seguro Social para ampliar la capacidad hospitalaria de camas moderadas y de cuidados intensivos. Si bien hasta mediados de julio, no se habían registrado muchas muertes, las cifras fueron disparándose hasta 12.000 casos a finales de octubre y 1.500 muertes.

Costa Rica: ¿país modelo?

Costa Rica es pues la democracia más antigua de América Latina, una sociedad pacífica y estable, con un desarrollo humano muy por encima de su ingreso ya que ocupa el cuarto puesto entre las naciones iberoamericanas. También los sectores Servicios y Turismo superan a la agricultura. Son muchos los factores que explican este desempeño[6]: la abolición del Ejército en 1948, la educación gratuita y obligatoria desde 1869, las garantías sociales adoptadas en la década de los cuarenta y la creación del sistema de parques nacionales en los setenta. En 2020, Costa Rica abrió su trigésimo parque natural recuperando el territorio de la isla San Lucas dedicada a ser centro de reclusión entre 1873 y 1991. Antes de su reapertura, la isla fue declarada de interés arquitectónico en 1995 y refugio de vida silvestre en 2001.

Cabe recalcar la apuesta[7] del país por la educación digital y la alta tecnología, posible gracias a dos factores: la introducción de la informática y del inglés en escuelas y colegios junto a una serie de reformas regulatorias y fiscales que permitieron la llegada del fabricante estadounidense Intel en 1997.

La revista internacional *The European* nombró en 2020 a Coyol Free Zone como la mejor zona franca de Latinoamérica y el Caribe, reconociéndola como la más innovadora y el mejor Centro de Negocios para Ciencias de la Vida. La zona cuenta con una conexión subterránea a la subestación de El Coyol, garantizando así la disminución casi total de interferencias. Además, tiene una buena calidad del agua, un alto nivel de telecomunicaciones y servicio de construcción “llave en mano” junto a un compromiso ambiental y social.

Costa Rica dirigida por Carlos Alvarado es un país ejemplar en materia de protección internacional. Desde 2018, el país acogió a 85.000 refugiados o solicitantes de asilo nicaragüenses que huyeron de su tierra natal. De hecho, el presidente fue felicitado en febrero de 2021 por esta labor.

La Costa Rica verde

Más recientemente, destacan[8] su inversión pionera en energía renovable y el sistema de pago por servicios ambientales. Cuando se creó el Instituto costarricense de Electricidad, en 1949, apenas un 15 % del territorio nacional tenía cobertura eléctrica pero después, el país invirtió en plantas hidroeléctricas lo que le vale hoy un liderazgo ambiental reconocido en todo el mundo. Costa Rica logró llevar la cobertura forestal del 21 % en 1987 al 52 % en 2016. En 2017, Costa Rica acaparó titulares[9] por lograr que el 100 % de su electricidad proviniera de fuentes renovables durante 300 días, incluyendo energía hidráulica, geotérmica, eólica y biomasa. Pero el país sigue dependiendo de los combustibles fósiles para el transporte. Las medidas ambientales adoptadas por distintos gobiernos y legislaturas permitieron el desarrollo del ecoturismo, una fuente de ingresos particularmente valiosa para las comunidades rurales y uno de los principales atractivos para los viajeros.

La Costa Rica *off shore*

En junio de 2017, Costa Rica alcanzó estándares de transparencia exigidos en el Foro Global para la Transparencia y el Intercambio de Información, por parte de la Organización para la Cooperación y el Desarrollo Económicos (OCDE). Hasta entonces, permanecía entre los 12 países con tareas pendientes en el campo de la transparencia tributaria. Cuando se dio a conocer esa calificación, en agosto de 2016, el país no contaba aún con la Ley de Lucha contra el Fraude Fiscal, ni con el acceso a la información de los beneficiarios de las entidades jurídicas que otorga dicha ley lo que que favorecía la confidencialidad sobre el movimiento de flujos de dinero y que –usualmente– no tienen una actividad industrial, ni producen bienes. Efectivamente, en Costa Rica, se brindó el beneficio de una política libre de impuestos como en todas las jurisdicciones *off shore* para extranjeros sobre cualquier actividad o transacción comercial realizada fuera del país.

Es de señalar que Costa Rica acusa cierto retraso en infraestructuras y competitividad, así como una creciente desafección política. Pese a ser un ejemplo democrático, el país sigue enfrentando retos[10] como la pobreza, la desigualdad y la inseguridad ciudadana, como lo subrayaron los datos 2017. Ese año se cerró con un alto e inesperado número de 700 homicidios. Además, en el verano de 2018, fueron asesinadas dos turistas lo que podría perjudicar seriamente la imagen del país.

NOTAS

1. el saqueo: *le pillage*
2. un hito = un acontecimiento
3. un fallo = (aquí) una sentencia, una decisión judicial
4. el respaldo = el apoyo
5. el Cementazo = término para designar el caso de corrupción vinculado a la empresa de cemento costarricense.
6. el desempeño = la función, el cumplimiento
7. la apuesta: *le pari, l'enjeu*
8. destacar = sobresalir
9. acaparar titulares: *faire la une des journaux, faire les gros titres*
10. un reto = un desafío

- ***El Dorado*** (1988), película española dirigida por Carlos Saura, rodada en Costa Rica.
- ***Password: una mirada en la oscuridad*** (2002), película de Andrés Heidenreich sobre la prostitución infantil en Costa Rica.
- ***Gestación*** (2009), película dramática dirigida por Esteban Ramírez, acerca del embarazo en adolescentes.
- ***Toque de lo alto*** (2016), primera película de temática cristiana filmada en Costa Rica, dirigida por José Mario Salas.

MC 51 Costa Rica (presentación general)

COSTA RICA (presentación general)

- **Población**
  - 5,14 millones de habitantes
- **Gentilicio**
  - Un / Una costarricense
- **Lenguas**
  - El español
- **Capital**
  - San José
- **Superficie**
  - 51.100 km²
- **Moneda nacional**
  - El colón costarricense
- **Los principales partidos políticos**
  - El PLN (Partido de Liberación Nacional)
  - El PAC (Partido Acción Ciudadana)
  - Frente Amplio
- **Forma de Gobierno**
  - República constitucional
- **Organización territorial**
  - **7 provincias**
  - Alajuela, Cartago, Guanacaste, Heredia, Limón, Puntarenas y San José
- **Situación geográfica**
  - **En América Central**
  - Separa el mar del Caribe al este del océano Pacífico al oeste
  - **Fronteras**
  - Al norte Nicaragua
  - Al sur Panamá

MC 52 La presidencia de Carlos Alvarado (desde el 8 de mayo de 2018)

LA PRESIDENCIA DE CARLOS ALVARADO QUESADA (desde el 8 de mayo de 2018)

- **Victoria presidencial de un centro-izquierdista**
  - **Del Partido Acción Ciudadana**
  - Ruptura histórica con los dos partidos tradicionales (PLN y PUSC)
- **Déficit fiscal**
  - Puesto 30 a nivel mundial, 3° a escala regional
  - Paquete tributario: rechazo del 85 % de la población
  - Huelga de 86 días del sector público
- **Crisis socioeconómica**
  - Aumento de la desigualdad, la economía informal y la pobreza
  - Mayor preocupación ciudadana: disparo del desempleo hasta un 20 %
- **Frente a la Covid-19**
  - **Gestión sanitaria alabada al principio de la pandemia**
  - Popularidad en aumento (abril de 2020): del 21 % al 65 %
  - Desarrollo de equipos de protección mediante impresoras 3D
  - Establecimiento de un hospital especializado en casos de COVID-19 en solo 11 días
  - **Medidas económicas desaprobadas**
  - Caída de la popularidad a partir de mayo hasta un 15 % (noviembre de 2020)
- **Crisis migratoria**
  - **1 millón de inmigrantes (= 10 % de la población costarricense)**
  - Refugiados procedentes de Nicaragua, Venezuela y Haití
  - Negociaciones para buscar apoyo internacional
- **Crisis política**
  - Desconfianza ciudadana
  - Descontento general por la política tributaria
  - Pero respaldo a la democracia contra vientos y mareas

MC 53 Las energías verdes: un modelo sostenible

LAS ENERGÍAS VERDES: UN MODELO SOSTENIBLE

- **Energías renovables costarricenses**
  - **2019: récord mundial por cuarto año consecutivo**
    - 300 días de producción eléctrica 100 % renovable
  - **2021: Costa Rica dejará de usar combustibles fósiles en su totalidad**
  - País ejemplar
- **Electricidad**
  - El 98,82 % de la electricidad costaricense proviene de fuentes renovables (hidráulica, geotérmica, eólica, biomásica, solar)
  - Cuatro grandes centrales hidroeléctricas
    - Tiene un plan aprobado para ser 100 % renovable en el año 2021
  - No depende de plantas movidas por hidrocarburos
- **Flora**
  - Principales especies de árboles autóctonos cultivados en viveros
  - Hogar de al menos el 5 % de la bio-diversidad mundial
- **Fauna**
  - 352 especies de aves
  - Especímenes de fauna rescatados
  - Pasos aéreos instalados para fauna silvestre
  - Inversión en materiales aislantes (para proteger las especies)
  - Más de 100 especies de mamíferos
- **Flora y fauna**
  - Se extienden por 17.385,76 km²
  - Representan el 34% de la superficie del país

Datos generales (véase MC 54)

El Salvador es el país más pequeño de Centroamérica con 21.041 km^2 y unos 6,7 millones de habitantes. Tiene una densidad bastante alta de 302 habitantes por km^2. Limita al norte con Honduras, al oeste con Guatemala y al sur con las costas del océano Pacífico. El Salvador es esencialmente agrícola y los tres principales productos cultivados son el café, el algodón y la caña de azúcar. La población se compone de un 85 % de mestizos, un 10 % de blancos y un 5 % de indígenas. El crecimiento económico del país alcanzó un 2,4 % en 2016 gracias a una baja de la factura petrolera y a las remesas[1] que ascendieron a 4,5 mil millones de dólares (o sea un 17 % del PIB). Es la economía centroamericana que menos ha crecido en los últimos años, con altos niveles de pobreza (41 % de los hogares por debajo del umbral de pobreza en 2015). En cuanto a lo político y lo social, la democracia y la paz se han consolidado desde el final de la Guerra Civil en 1992 y la desigualdad disminuyó casi 4 puntos entre 2006 y 2015, haciendo de El Salvador el país menos desigual de Latinoamérica después de Uruguay. Sin embargo, la violencia sigue dificultando el desarrollo socioeconómico, afectando la calidad de vida de los ciudadanos y frenando las inversiones extranjeras.

Para dirigir la conquista de las tierras del sur de Tenochtitlán, Cortés eligió a Pedro de Alvarado, que salió con 300 soldados españoles y más de 5.000 indios, sobre todo tlaxcaltecas. Tras una larga marcha, Pedro de Alvarado y sus hombres llegaron al territorio de la actual Guatemala, el 6 de junio de 1524.

Los tlaxcaltecas se habían convertido en aliados de los españoles por ser los enemigos de los aztecas. Su ayuda fue un elemento relevante en la conquista española de México y Centroamérica.

Las ideas independentistas fueron evolucionando en América Central desde la posición de autonomía defendida en San Salvador el 5 de noviembre de 1811 hasta la declaración de independencia absoluta de España o México en 1823 (véase cap. 51).

Oleada de autoritarismo (1910-1931)

Durante su corta presidencia, Manuel Enrique Araujo (1911-1913) llevó a cabo una reforma social con la Ley de Accidentes de Trabajo, que obligaba al Estado y a los patrones a indemnizar a sus empleados en caso de accidentes laborales. Sin embargo, esta legislación sólo se limitó a los trabajadores urbanos, excluyendo de hecho a los campesinos y jornaleros. Araujo también modernizó el sistema de recaudación fiscal con la creación de impuestos directos sobre el capital o la propiedad. Pero no tuvo tiempo para realizar las reformas que tenía pensadas, ya que murió asesinado en 1913. Entre el asesinato de Araujo y 1927, fue la familia Meléndez Quiñónez la que gobernó el país de manera autoritaria, comenzando con la llegada al poder de Carlos Meléndez, por ser vicepresidente de Araujo. El doctor Pío Romero Bosque accedió a la presidencia poco antes de la Gran Depresión de 1929 y, como el país dependía de la economía estadounidense, la sociedad entera se vio afectada por la caída de los precios del café. Al final de su mandato, se celebraron unas elecciones que llevaron al poder a Arturo Araujo el 1 de marzo de 1931. Sin embargo, el 2 de diciembre de 1931, fue derrocado por un grupo de militares por lo que no consiguió cumplir las reformas anunciadas, entre ellas el reparto de las tierras para los campesinos.

Golpes, dictaduras y militarismo (1931-1979)

En diciembre de 1931, un golpe de Estado llevó al poder al general Maximiliano Hernández Martínez, que terminó con la democracia. El general gobernó de manera dictatorial entre 1931 y 1944, por eso se denominó ese período "el Martinato". El 22 de enero se dio lo que se considera el primer levantamiento campesino-indígena en América Latina, apoyado por el Partido Comunista. La rápida intervención de la Guardia Nacional para sofocar el alzamiento causó miles de muertos (entre 7.000 y 25.000 muertos, según las estimaciones). A raíz de la sublevación, el poder del general Hernández Martínez se consolidó y con la represión, éste ganó el voto de confianza de la clase oligárquica. Su postura anticomunista era acorde a la administración estadounidense, lo que le valió la aprobación del Tío Sam. En diciembre de 1932, Costa Rica reconoció al gobierno del dictador y, en 1934, todos los países centroamericanos, lo habían reconocido. En febrero de 1944, comenzó el cuarto período de gobierno que debía terminar en 1949, pero el general no pudo concluirlo ya que se vio obligado a renunciar a la presidencia tras un sangriento alzamiento militar. A lo largo del Martinato, se restringieron las libertades constitucionales y se censuró la prensa nacional. Su gobierno militar autoritario fue el principio de una serie de golpes y dictaduras que acabaron en 1979 con el derrocamiento del general Carlos Humberto Romero. Entre 1945 y 1955, El Salvador conoció una década de bonanza que incrementó los ingresos del Estado y de los productores y exportadores de café y algodón. Sin embargo, estos beneficios no mejoraron las condiciones de vida de la mayoría de la población. El 15 de julio de 1969, estalló la "Guerra de las 100 horas", también llamada "Guerra del fútbol". Meses antes, las tensiones entre El Salvador y Honduras se habían incrementado por su papel en el Mercado Común Centroamericano ya que Honduras se consideraba en desventaja, en particular con respecto a El Salvador y Guatemala. Además, ambos países tenían un problema de limitación de fronteras.

> **La creación del Mercado Común Centroamericano** facilitó y favoreció las migraciones de salvadoreños hacia los otros países de Centroamérica, especialmente hacia Honduras. Pero los problemas generados por el MCCA provocaron una guerra entre El Salvador y Honduras en 1969. A raíz de la contienda regresaron numerosos salvadoreños, lo que aumentó el índice de desempleo y pobreza. Por eso muchos salvadoreños dejaron su país para instalarse especialmente en Estados Unidos. En los años 80, otras razones los empujaron a abandonar su patria: la inseguridad, la violencia y la guerra.

Por otra parte, entre 1920 y 1930, época de dificultades económicas, numerosos salvadoreños emigraron a Honduras. Se calcula que, a finales de 1960, unos 300.000 salvadoreños vivían en Honduras y unas organizaciones de terratenientes, interesados en extender sus fincas, habían tomado los espacios ocupados por los residentes salvadoreños. En junio de 1969, tres partidos de fútbol en la eliminatoria para la Copa Mundial desataron un frenesí de violencia entre hondureños y salvadoreños. El Salvador acusó a Honduras de genocidio y rompió relaciones con él el 26 de junio de 1969. La guerra duró del 15 al 18 de julio, cuando la Organización de Estados Americanos intervino para que cesara la contienda[2]. Este conflicto incrementó la presión social que derivó en la Guerra Civil de El Salvador e hizo mella[3] en un posible desarrollo económico sobre la base de una industrialización moderna. En 1970, se empezaron a crear las Fuerzas Populares de Liberación Farabundo Martí (FPL-FM) y el Ejército Revolucionario del Pueblo (ERP). Les siguieron las Fuerzas Armadas de la Resistencia Nacional (FARN) en 1975 y el Partido Revolucionario de los Trabajadores Centroamericanos (PRTC) en 1976.

El general Carlos Humberto Romero fue elegido presidente en 1977, imponiéndose a la vez por la fuerza y por el fraude. Su gobierno dejó de lado las reformas y reprimió las protestas populares muy duramente. Por ello, Romero fue acusado internacionalmente de violación a los derechos humanos. La participación de la Iglesia católica fue a contracorriente de la dictadura porque a partir del Concilio Vaticano II de 1965, asumió un papel mucho más activo en el campo social. Los múltiples ataques de que fueron objeto los católicos culminaron con los primeros asesinatos de sacerdotes en 1977, lo que atrajo la atención internacional sobre el país. El 15 de octubre de 1979, un golpe de Estado instauró una junta cívico-militar y marcó una nueva etapa. El último presidente militar de El Salvador dejó el país exiliándose a México.

Vuelta a la democracia (1979)

Los golpistas se comprometieron a acabar con las violaciones a los derechos humanos y la violencia política, anunciaron medidas para un reparto equitativo de la riqueza nacional, entre las cuales una reforma agraria. Sin embargo, la derecha se organizó para impedirlas y la Junta se las arregló para llevar a cabo las medidas anunciadas. Rápidamente, se formó una segunda Junta de Gobierno con el Partido Demócrata Cristiano y la Fuerza Armada, que expresó la voluntad de ambas partes de realizar una reforma agraria, así como la nacionalización de la banca y del comercio exterior. En marzo de 1980, se decretó la reforma agraria, tan anhelada[4] por los campesinos sin tierra. Toda propiedad individual mayor de 500 hectáreas debía ser expropiada y entregada a cooperativas; los campesinos que alquilaban tierras tenían la posibilidad de adquirirlas a plazos. Sin embargo, esta medida se implementó cuando en el país ya estaba desestabilizado por los enfrentamientos entre soldados y guerrilleros. En el seno de la Fuerza Armada, existieron desacuerdos sobre la postura que debía tomar la Junta: avanzar con la reforma agraria para satisfacer a los guerrilleros o aumentar las operaciones militares para controlar a los grupos guerrilleros. Cuando la guerrilla se volvió una fuerza militarmente poderosa, la guerra fue la opción escogida por la Junta.

Una guerra civil de impacto internacional (1980-1992)

La guerra de El Salvador durante la década de 1980 fue un conflicto civil que nunca fue declarado oficialmente, sino que fue aumentando progresivamente, pasando de enfrentamientos pequeños y aislados a grandes operativos militares que afectaron la vida de decenas de miles de habitantes de todo el país. A finales de 1980, el conflicto salvadoreño fue adquiriendo una importancia continental e internacional. Varias naciones apoyaron a tal o cual bando, entre las cuales Estados Unidos, que consideraba a Centroamérica como una zona de confrontación con la antigua Unión Soviética. El presidente Jimmy Carter, consciente de los problemas ocasionados por la Revolución Sandinista en Nicaragua (➔ véase MC 61), decidió que no pasaría lo mismo en El Salvador. A mediados de 1980, ya se había aprobado una ayuda militar valorada en 6 millones de dólares. En 1980, salió electo Ronald Reagan, quien temía que se produjera un "efecto dominó". Así, el Gobierno de Estados Unidos aumentó rápidamente el suministro de armamento y asesoría militar a las tropas del ejército salvadoreño. Al comienzo del conflicto, la Fuerza Armada contaba con 6.000 efectivos, pero en 1987 ascendía a 56.000.

Por otro lado, Nicaragua y Cuba respaldaron a la guerrilla salvadoreña por tener un interés particular en el triunfo revolucionario en El Salvador, ya que fortalecería sus propios gobiernos. Paralelamente al conflicto, diversas fuerzas sociales del país buscaron asentar las bases de un nuevo sistema político que sustituiría al que había sido eliminado por el golpe militar del 15 de octubre de 1979. El Partido Demócrata Cristiano, el Partido de Conciliación Nacional (PCN) y la joven Alianza Republicana Nacionalista (ARENA), creada en 1981, acordaron convocar elecciones para una Asamblea constituyente que redactara una nueva constitución. Los primeros comicios ocurrieron en marzo de 1982. La Asamblea Constituyente quedó bajo control de una alianza mayoritaria (ARENA y PCN) y empezó la redacción de una nueva Carta Magna. Nombró al doctor Álvaro Magaña como presidente provisional de la República hasta las elecciones directas de 1984, ganadas por Duarte, que intentó poner fin al conflicto por el diálogo, pero sin éxito. En 1989, fue elegido Alfredo Cristiani de la ARENA. El 4 de abril de 1990, en Ginebra, el secretario general y miembros del gobierno del presidente Cristiani y del FMLN firmaron un acuerdo que estableció las pautas de las negociaciones de paz. Tras intensos diálogos, el 31 de diciembre de 1991, las dos partes firmaron el Acta de Nueva York y el Acuerdo de Paz se firmaría el 16 de enero de 1992 con la Guerra Civil que provocó unos 75.000 muertos, 8.000 desaparecidos y un millón de desplazados. Este último trato supuso un cambio fundamental en la vida del país.

La ARENA en el poder (1989-2009)

Alfredo Cristiani gobernó de 1989 hasta entregarle el poder el 1 de junio de 1994 a su compañero de partido, Armando Calderón Sol, que a su vez fue sustituido por otro correligionario[5] (Francisco Flores) el 1 de junio de 1999. Cinco años más tarde, Francisco Flores entregó el poder a Elías Antonio Saca González. Al final del mandato de Saca, el partido ARENA sumaba veinte años ininterrumpidos en el poder. Desde la candidatura de Armando Calderón Sol hasta la de Elías Antonio Saca, siempre se enfrentó al partido FMLN, que una vez firmada la paz, se integró a la vida política nacional. Francisco Flores intentó apaciguar las tensiones entre la administración precedente y la oposición encarnada por el FMLN. También estableció el Plan Mano Dura para yugular la violencia omnipresente de la delincuencia juvenil y sobre todo las maras (➔ véase cap. 65). Antonio Saca implementó el Plan Súper Mano Dura, el 30 de agosto de 2004, dirigido especialmente contra los pandilleros y como la continuación lógica del plan del presidente Flores. Su objetivo era capturarlos, puesto que se les atribuía el 70 % de los actos delictivos del país. El gobierno lanzó un programa preventivo llamado Plan Mano Amiga para prevenir la violencia juvenil, el ingreso a las pandillas, el abandono de estudios, el consumo de drogas y los embarazos de adolescentes. También se creó el Plan Mano Extendida, cuya meta era rehabilitar a los jóvenes delincuentes. Sin embargo, la violencia no dejó de crecer en parte debido a la extrema pobreza que golpeaba a gran parte de la población. La gran pauperización de los salvadoreños durante décadas (cuando no siglos) hizo que el país se convirtiera en una nación de emigrantes y las remesas aumentaron el PIB nacional.

Desde un punto de vista económico, **las remesas** que envían representan una fuente importante de ingresos, equiparable a las exportaciones. En 1992, las remesas equivalían al 108 % de las exportaciones del país. El crecimiento que el país experimentó en los años 1990-2000 se debió en gran parte al envío de remesas por parte de los migrantes a sus familiares. Algunos piensan que este dinero constituye una economía "artificial". En 2016, las remesas equivalieron a un 19 % del PIB. Las familias salvadoreñas se benefician directamente con el incremento de las remesas familiares, ya que estos recursos mejoran su condición de vida e incentivan la actividad comercial del país. En octubre de 2017, alcanzaban los 4.000 millones de dólares, de los cuales un 97 % procedía de Estados Unidos. Numerosos salvadoreños optan por vivir en Estados Unidos (donde ya reside más de un millón de salvadoreños) pero a menudo son repatriados desde México, como lo indican las cifras siguientes: en 2016, 33.384 salvadoreños fueron deportados de México y en 2017, su número bajó considerablemente a 10.664. Más de 200.000 salvadoreños residentes en Estados Unidos se ven amenazados por la retirada del Estatus de Protección Temporal decidida por Donald Trump. El programa de Protección Temporal había sido creado en 1990 para darles visados extraordinarios a ciudadanos cuya vida corría auténtico peligro (guerra, desastres naturales).

El FLMN en el poder (a partir de 2009)

La legislatura de Mauricio Funes (2009-2014)

La victoria de Mauricio Funes en los comicios presidenciales del 15 de marzo de 2009 marcó un hito en la historia política de El Salvador por ser el primer representante del FMLN elegido para desempeñar el cargo presidencial. Funes puso en marcha el plan "Casa para Todos", cuyo propósito era la construcción de 25.000 viviendas; sin embargo, este proyecto no logró tener el impacto esperado. Además, ante la difícil tesitura[6] económica, tuvo que emprender un plan de austeridad aplicando recortes en todos los sectores. También intentó bajar la alta tasa de homicidios incrementando el número de policías, reformando las cárceles para impedir que presos pudieran organizar homicidios o cometer delitos desde su celda. El 1 de junio de 2009, el mandatario salvadoreño restableció las relaciones diplomáticas con Cuba, interrumpidas desde 1962. En 2012, se negó a reconocer al nuevo gobierno paraguayo tras la destitución del presidente Fernando Lugo. En 2016, Mauricio Funes le pidió asilo a Nicaragua después de ser investigado por enriquecimiento ilícito, malversación y tráfico de influencias. En noviembre de 2017, fue condenado a restituir los bienes adquiridos ilegalmente durante su mandato y fue inhabilitado por 10 años.

Salvador Sánchez Cerén: de guerrillero a presidente (2014-2019)

Tras una segunda victoria del FMLN sobre sus contendientes en la elección de 2014, con un 48,9 %, Salvador Sánchez Cerén se volvió presidente de El Salvador. Era la primera vez que un gobierno centroamericano quedaba en manos de un excombatiente del FMLN (como fue el caso en Uruguay con Pepe Mujica). Su principal reto fue detener la ola de violencia que azotaba al país. En 2015, El Salvador conoció el peor año de violencia de toda su historia con un aumento del 70 % de los homicidios respecto al año anterior. En 2016, 5.280 personas perdieron la vida de forma violenta por homicidios. Aunque en 2016 se registró una baja del 13 %, el año empezó mal con 39 homicidios el 1 de enero. Un año después, el 11 de enero de 2017, se registró el primer día sin muertes violentas en 24 meses. Sin embargo, en 2017, por tercer año consecutivo, El Salvador tuvo la tasa más alta de asesinatos en la región, siendo el doble de la tasa centroamericana.

	2014	2015	2016	2017
Homicidios	3912	6.072	5.280	3.954
Tasa de homicidios por 100.000 habitantes	61	102	81	60

Desde su llegada al poder, Salvador Sánchez Cerén se negó a negociar con las pandillas. Para contrarrestar la ola de violencia que asolaba a su país y hacía de él el Estado más violento de América Central, el presidente Cerén tomó medidas drásticas contra los pandilleros y delincuentes mediante el Plan "El Salvador Seguro". En abril de 2017, El Salvador se convirtió en el primer país en el mundo en prohibir las minas de metales sobre su territorio, por razones medioambientales y de sanidad pública. El mismo año, su gobierno prohibió también el matrimonio infantil. A nivel internacional, el mandatario no reconoció a Juan Orlando Hernández como presidente electo de Honduras en los comicios de noviembre de 2017 por ser elegido una segunda vez, algo anticonstitucional, en el país.

Salvador Sánchez Cerén dejó el poder como el presidente peor valorado de las últimas tres décadas en el país, conllevando de paso una visión negativa de su partido Frente Farabundo Martí para la Liberación Nacional. Esta pésima imagen la debió, entre otras razones, al estancamiento del crecimiento económico, a la falta de lucha contra la corrupción y a la inseguridad imperante en la nación.

La presidencia de Nayib Bukele (a partir del 1 de junio de 2019) (➲ véase MC 55)

La victoria de Nayib Bukele el 3 de febrero de 2019 marcó el fin de tres décadas de bipartidismo entre ARENA y FMLN. Le sucedió a Salvador Sánchez Cerén el 1 de junio de 2019. Cuando el presidente recién electo llegó al poder, el país se enfrentaba a distintos desafíos. La inseguridad imperante por la violencia de las pandillas (➲ véase cap. 65), la economía a media asta, los efectos del cambio climático en la agricultura, así como los fantasmas de la guerra civil eran algunos de los problemas que esperaban al mandatario. Por si fuera poco, un año después, tuvo que lidiar con la pandemia de coronavirus. De hecho, los pandilleros se aprovecharon de la epidemia de coronavirus que monopolizaba a las autoridades para multiplicar los crímenes. Como respuesta a estos actos violentos, el presidente decidió establecer un nuevo régimen penitenciario mezclando los miembros de las diferentes maras para evitar que planearan desde las cárceles ajustes de cuentas o asesinatos en el exterior. El mandatario salvadoreño fue uno de los primeros líderes centroamericanos en adoptar medidas para frenar la pandemia antes de que se presentara el primer caso. El 21 de marzo de 2020, anunció una cuarentena domiciliar.

Pero antes de gestionar la crisis sanitaria, tuvo lugar una crisis institucional tachada de autogolpe por parte de la oposición. Al tener la minoría en el Parlamento, el presidente no gozaba de mucho margen; por ello, el 9 de febrero de 2020, entró en el Parlamento respaldado por el Ejército para que los diputados aprobaran un préstamo de 109.000 dólares destinado a financiar un plan de seguridad contra las pandillas. La presencia de las Fuerzas Armadas recordó las horas más oscuras de la historia de la nación y el presidente del Parlamento, Mario Ponce, calificó de golpe de Estado esta maniobra de Nayib Bukele. A raíz de esta toma militar del Congreso, el periódico El Faro denunció las supuestas negociaciones con pandilleros de la MS-13 pero enseguida el presidente criticó y amenazó los medios de comunicación (➲ véase cap.62).

El 28 de febrero, se celebraron elecciones legislativas y municipales en El Salvador. Aunque el nombre de Nayib Bukele no apareció en las actas, la figura del mandatario estuvo presente a lo largo de la campaña. La alianza oficialista formada por su partido Nuevas Ideas y la formación Gana consiguió en las urnas el control de la Asamblea con mayoría absoluta (y buena parte de los ayuntamientos) lo que le permite al líder consolidar su poder político al tener un gran margen de maniobra a la hora de nombrar cargos en el Tribunal Supremo, la Contraloría y la Fiscalía. De hecho, ya no hace falta que negocie con nadie para nombrar al fiscal general, un tercio de los jueces de la Corte Suprema o el procurador general de derechos humanos. Queda por ver si la reforma constitucional llevada a cabo evolucionará hacia una Constituyente para buscar la reelección puesto que el actual mandato presidencial está limitado a cinco años (➲ véase cap.54).

NOTAS

1. las remesas = dinero que los migrantes mandan a sus familiares
2. la contienda = el conflicto, la guerra
3. hacer mella = perjudicar, dañar
4. anhelar = desear febrilmente
5. correligionario: *du même bord politique*
6. la tesitura = la coyuntura

1932, cicatriz de la memoria (2005) es un documental sobre la insurrección indígena de 1932 en El Salvador cuya represión provocó miles de muertos.

MC 54 El Salvador (presentación general)

EL SALVADOR (presentación general)

- **Población**
  - 6,7 millones de habitantes
- **Gentilicio**
  - Un salvadoreño
  - Una salvadoreña
- **Lengua**
  - El español
- **Capital**
  - San Salvador
- **Superficie**
  - 21.041 km²
- **Moneda nacional**
  - El colón salvadoreño
  - El dólar estadounidense
- **Los principales partidos políticos**
  - Alianza Republicana Nacionalista (ARENA)
  - Frente Farabundo Martí para la Liberación Nacional (FMLN)
  - Partido Demócrata Cristiano (PDC)
  - Partido de Conciliación Nacional (PCN)
  - Cambio Democrático (CD)
- **Forma de Gobierno**
  - República presidencialista
- **Organización territorial**
  - 14 departamentos
- **Situación geográfica**
  - En América Central
  - **Fronteras**
    - Al oeste de Guatemala
    - Al norte y este de Honduras
    - Al sureste del golfo de Fonseca que lo separa de Nicaragua
    - Al sur el océano Pacífico

MAPA CONCEPTUAL

MC 55 La presidencia de Nayib Bukele (desde el 1 de junio de 2019)

LA PRESIDENCIA DE NAYIB BUKELE (desde el 1 de junio de 2019)

- **3 de febrero de 2019**
  - **Victoria con el partido Gran Alianza por la Unidad nacional**
  - 53 % sin necesidad de segunda vuelta
  - Fin del bipartidismo entre ARENA y FMLN
- **Desafíos del país**
  - Economía
  - Los fantasmas de la guerra civil
  - Inseguridad
- **Las maras**
  - Mano dura contra los pandilleros
  - Aumento de los homicidios
  - Repunte de la violencia marera tras el confinamiento
- **Frente a la Covid-19**
  - **Nuevo régimen penitenciario: "Divide y vencerás"**
  - Medidas represivas contra los infractores
  - Centros de contención
- **28 de febrero de 2021**
  - **Elecciones legislativas y municipales**
  - Victoria arrasadora del partido oficialista
  - Control de la Asamblea Legislativa
- **Autoritarismo**
  - Detenciones arbitrarias
  - Apoyo al Ejército y a los policías
  - Un 85 % de la popularidad del presidente
  - **Autogolpe del 9 de febrero de 2020**
  - Minoría en el parlamento
  - Uso del Ejército para aprobar un plan anti-maras

Datos generales (véase MC 56)

La República de Guatemala es un país de América Central limitado al oeste y al norte por México, al este por Belice y el mar Caribe, al sudeste por Honduras y El Salvador y al sur por el océano Pacífico. El país tiene una superficie total de 108.889 km^2 y su capital es Ciudad Guatemala. Guatemala es uno de los países más volcánicos del mundo atravesado de Este a Oeste por la Sierra Madre.

En 2020, Guatemala cuenta con 18,1 millones de habitantes con un 41 % de mestizos, un 40 % de indígenas y un 18,5 % de blancos. La sociedad está dividida en dos grandes grupos: los indios de origen maya (población pobre que vive principalmente en las altas tierras poco fértiles) y los "ladinos" (mestizos y criollos), esencialmente ubicados en las zonas urbanas. Además del español, se hablan 21 lenguas indígenas y dos idiomas de origen africano: el garífuna y el xinca. De hecho, durante la época precolombina, diferentes grupos, entre los cuales los mayas, poblaban lo que hoy es Guatemala. La civilización maya floreció durante unos dos mil años, antes de la llegada de los españoles en 1523, desde México, bajo el mando de Pedro de Alvarado.

Los principales recursos económicos son la pesca y la agricultura (representan un 25 % del PIB) gracias al suelo muy fértil. El café, la caña de azúcar y los plátanos son los principales productos agrícolas cultivados y exportados. Los recursos minerales y energéticos más explotados son el níquel, el oro, el cobre y el petróleo (desde 1975). Además, las selvas, muy densas, producen madera preciosa para la ebanistería. La agricultura es el sector que más mano de obra emplea (un 55 % de la población activa) y sigue siendo la principal actividad del país.

Guatemala es la novena economía latinoamericana. Sin embargo, se trata del cuarto país más desigual de América Latina.

En 1812, cuando se aprobó la Constitución de Cádiz en España, el reino de Guatemala desapareció y fue sustituido por dos provincias: la Provincia de Guatemala, formada de Chiapas, El Salvador, Guatemala y Honduras, y la Provincia de Nicaragua y Costa Rica. Inspirándose en el triunfo de la Independencia en México, la élite criolla guatemalteca declaró, una primera vez, su independencia de la Corona española el 15 de septiembre de 1821 (véase cap. 51).

El férreo gobierno de Manuel Estrada Cabrera (1898-1920)

Los primeros inversionistas estadounidenses llegaron a Guatemala en pos de[1] la riqueza bananera que quedó en manos de la *United Fruit Company* (UFCO). En 1904, el dictador Manuel Estrada Cabrera le otorgó el derecho de explotación a cambio de la construcción de un ferrocarril. La *United Fruit Company* recibió gran parte de las mejores tierras guatemaltecas convirtiéndose así en la principal firma latifundista[2] del país, además de ser propietaria de ferrocarriles y puertos, así como de los barcos que transportaban la fruta. Además de los intereses económicos, Estrada Cabrera se acercó a Estados Unidos para pedirle ayuda militar en caso de que Inglaterra enviara una flota para reclamar el pago de la deuda.

Caos político (1920-1944)

A la caída de Estrada Cabrera en 1920, le sucedió el presidente interino Carlos Herrera y Luna que heredó un caos financiero, con inflación rampante. Se opuso a ratificar contratos con compañías norteamericanas firmados por Estrada Cabrera ya que los consideraba perjudiciales[3] para el país. Herrera fue derrocado[4] en diciembre de 1921 por el general José María Orellana, quien ratificó todos estos contratos. Este golpe de Estado fue parte de una serie de abusos cometidos en América Latina por parte de la *United Fruit Company*. Orellana murió en el ejercicio del poder en circunstancias sospechosas en 1926 y fue sustituido por su vicepresidente, Lázaro Chacón González. La política del general Jorge Ubico, presidente desde 1931 y partidario de la oligarquía hacendada, se mostró tan represiva que fue derrocado en 1944. Durante el gobierno de Ubico, el 70 % de las exportaciones guatemaltecas correspondía a la producción bananera y cafetalera. El general Ubico ejerció una férrea dictadura represiva que castigaba[5] las protestas con la cárcel o la muerte. Pese a ello, el 20 de octubre de 1944, un grupo de estudiantes universitarios, maestros, trabajadores y un sector de jóvenes oficiales del ejército, entre los que se encontraba Jacobo Árbenz, futuro presidente, acabaron con la dictadura de Ubico.

Intento de democratización y modernización (1944-1954)

La presidencia de Juan José Arévalo (1944-1950)

Los sublevados querían que se celebraran elecciones libres y se promulgara una constitución democrática. La administración estadounidense estaba demasiado ocupada con su participación en la Segunda Guerra Mundial para impedir ese impulso democrático. Pocos días después de la sublevación popular, se constituyó una Junta Revolucionaria de Gobierno y tuvieron lugar elecciones presidenciales ganadas por Juan José Arévalo. Por primera vez en su historia, los ciudadanos eran libres para organizarse en partidos y asociaciones políticas. Las decisiones del gobierno Arévalo, al ser cada vez menos afines con los intereses norteamericanos, crearon tanta sospecha en Washington que el presidente Truman mandó vigilarlo. Arévalo logró acabar su mandato a pesar de más de 30 intentonas golpistas promovidas por las oligarquías locales y la UFCO, que en esa época era el mayor terrateniente, dueño de los ferrocarriles, la electricidad, las líneas telegráficas y el principal puerto del país.

La presidencia de Jacobo Árbenz (1950-1954)

En las elecciones de 1950, los guatemaltecos, ilusionados ante las reformas del país, dieron de nuevo sus votos a los revolucionarios eligiendo a Jacobo Árbenz cuya prioridad era implementar una reforma agraria favorable a la mayoría campesina y lesiva[6] para los intereses estadounidenses. La mayoría de la tierra seguía en manos de la *United Fruit Company* y un puñado de ricos terratenientes. Miles de "sin tierras" sufrían un estatuto de servidumbre que sólo les permitía sobrevivir. El 17 de junio de 1952, fue aprobado el histórico decreto 900 que abarcaba la Ley de Reforma Agraria. Las expropiaciones empezaron en 1953 y cientos de campesinos comenzaron a recibir tierras. En Washington, no veían con buenos ojos las medidas del presidente, tanto más cuanto que ese mismo año se hizo cargo del Departamento de Estado John Foster Dulles, antiguo abogado y socio de la UFCO. Las reformas políticas emprendidas por el gobierno de Jacobo Árbenz no sólo llamaron la atención de Estados Unidos, sino también de una nueva generación de militantes de izquierdas entre los cuales destacaba la figura de Ernesto Che Guevara, que se había trasladado al país. Estados Unidos acusó a Árbenz de simpatías comunistas y su gobierno fue derrocado en 1954 con la ayuda de la CIA.

Para Washington, era imposible que Guatemala se convirtiera en un modelo para los otros países de la región. El 27 de junio de 1954, Árbenz renunció a la presidencia de la República. Una junta militar con el visto bueno de Washington tomó el poder lo que hizo, otra vez, de Guatemala un régimen satélite de los Estados Unidos donde volvieron a ser crónicos los asesinatos y la represión política.

Una larga guerra civil (1960-1996), trasfondo de regímenes democráticos en apariencia

Entre 1954 y 1996, Guatemala fue escenario de múltiples golpes de Estado mientras era asolada[7] por una guerra civil que duró 36 años. Esta guerra interna se produjo como consecuencia directa de la Guerra Fría. La región no era sino un foco[8] de manifestaciones, huelgas y protestas antigubernamentales. Con un golpe de Estado en marzo de 1982, el general Efraín Ríos Montt se hizo con el poder y la violencia incendió todavía más al país con masacres y desapariciones entre las poblaciones indígenas mediante la aplicación del Plan Victoria 82, que causó la muerte de unas 70.000 personas. Ríos Montt fue derrocado el 8 de agosto de 1983 por el general Oscar Mejía Víctores.

> Al terminar la Guerra Civil, **Efraín Ríos Montt** gozó de inmunidad primero como presidente de la República y luego como presidente del Congreso de la República y diputado ante el Parlamento centroamericano. El 14 de enero de 2012, terminó su mandato legislativo. El final de su aforamiento tuvo consecuencias inmediatas ya que una semana después, el 21 de enero, la jueza Carol Patricia Flores citó a Ríos Montt a declarar. En mayo de 2013, el exdictador fue condenado a 80 años de prisión por genocidio y delitos de lesa humanidad. Sin embargo, dos semanas después, el Constitucional anuló la condena por defectos de forma en el proceso y obligó a reabrirlo en enero y julio de 2015 y luego en marzo de 2016. Su juicio se reanudó en octubre de 2017, pero no pudo ser condenado por sufrir demencia. Falleció el 1 de abril de 2018.

Vinicio Cerezo Arévalo, sobrino del antiguo presidente José Arévalo, ganó la elección presidencial de 1985. Su prioridad era terminar con la violencia política e instaurar un gobierno de ley emprendiendo[9] una serie de reformas para luchar contra la corrupción y mejorar el sistema jurídico. Los militares tuvieron que alejarse del poder y volvieron a su rol de protección del Estado y de los ciudadanos. Durante sus primeros dos años de gobierno, Cerezo consiguió estabilizar la economía y apaciguar el sector político. Sin embargo, fue víctima de dos intentonas golpistas en mayo de 1988 y de 1989 y recibió numerosas críticas por hacer la vista gorda frente a casos de violaciones de derechos humanos. Los últimos dos años de su administración fueron marcados por el descontento popular debido a una corrupción muy extendida, una economía en declive y una creciente violencia.

El 11 de noviembre de 1990, Jorge Serrano Elías fue elegido democráticamente. Durante su mandato, en 1992, Rigoberta Menchú recibió el Premio Nobel de la Paz, como portavoz de la causa de los indios.

> La guatemalteca **Rigoberta Menchú** presentó en 1999 ante la Audiencia Nacional española una denuncia por delitos de genocidio, terrorismo y torturas causadas por el Ejército de Guatemala y los grupos militares de apoyo.

El 25 de mayo de 1993, Serrano intentó un autogolpe que fracasó debido a la presión internacional, la intervención del ejército y protestas ciudadanas. Tras "el Serranazo"[10], el Congreso, de acuerdo con la Constitución de 1985, eligió al fiscal de derechos humanos, Ramiro de León Carpio, que entabló una campaña anticorrupción para sanear al Congreso y a la Corte Suprema, exigiendo las renuncias de todos sus miembros. En la elección presidencial del 7 de enero de 1996, ganó Álvaro Arzú Irigoyen bajo cuya administración se sellaron[11] las negociaciones de paz con la firma, el 29 de diciembre de 1996, de los Acuerdos de Paz, que pusieron fin a 36 años de guerra civil. Esta contienda dejó más de 200.000 muertos y 45.000 desaparecidos y obligó a más de 100.000 personas a exiliarse. El 81 % de estos hechos violentos ocurrieron entre 1981 y 1983, siendo el período del mandato de Ríos Montt el más violento de todos.

Primera década del siglo XXI

Alfonso Antonio Portillo Cabrera gobernó Guatemala entre enero de 2000 y enero de 2004. Su legitimidad como presidente fue socavada[12] por la reputación internacional del líder de su partido político, el exdictador Efraín Ríos Montt, y la corrupción omnipresente en el país. Óscar Berger Perdomo tomó sus funciones en enero de 2004 prometiendo fortalecer las instituciones del Estado y luchar contra la corrupción y la impunidad. Durante su gobierno, se modernizaron las infraestructuras viales[13] con la construcción de varias autopistas de Guatemala y la remodelación del aeropuerto internacional La Aurora. Durante su mandato, se creó, el 12 de diciembre de 2006, la Comisión internacional Contra la Impunidad en Guatemala (CICIG), por iniciativa de las Naciones Unidas y del Gobierno, cuyo primer objetivo era reforzar el Estado de derecho. En 2008, tomó el cargo Álvaro Colom Caballeros, del partido político de centro izquierda Unidad Nacional de la Esperanza, tras su victoria frente a Otto Pérez Molina.

Segunda década del siglo XXI

La presidencia de Otto Pérez Molina (2012-2015)

El 11 de noviembre de 2011, Otto Pérez Molina ganó las elecciones contra Manuel Baldizón en la segunda vuelta. Pero antes de que acabara su mandato, la CICIG destapó graves casos de corrupción llevados a cabo por altos funcionarios de su gobierno. La vicepresidenta Roxana Baldetti tuvo que dimitir, así como varios de los miembros de su gabinete, por su implicación en los cohechos. Después de meses de protestas populares, el 2 de septiembre de 2015, Otto Pérez Molina fue obligado a renunciar a la presidencia de la República después de ser desaforado[14] por el Congreso. El presidente y la vicepresidenta fueron encarcelados en septiembre de 2015 por su participación en el escándalo de corrupción y fraude fiscal denominado “La línea”. (➔ véase cap. 63)

La presidencia de Jimmy Morales (2016-2020)

En este contexto particular y bajo el eslogan “Ni corrupto, ni ladrón”, el cómico sin ninguna experiencia política, Jimmy Morales, convenció al pueblo guatemalteco para llevarle a la presidencia y fue elegido el 25 de octubre de 2015, tras el encarcelamiento del presidente Otto Pérez Molina. Abiertamente contra el aborto, contra el matrimonio homosexual, contra la legalización de la marijuana, y a favor de la pena de muerte, al mandatario recién electo le esperaban numerosos retos tanto a nivel político como socioeconómico o judicial. Guatemala, en 2015, tenía más de la mitad de su población por debajo del umbral de pobreza (siendo la población indígena la más afectada) y el número de niños con desnutrición crónica más alto de América Latina (casi el 50 %) así como una de las cifras más elevadas de trabajo infantil (más de 750.000 menores). Por otra parte, era uno de los países más desiguales y violentos del mundo.

> Una de las estrategias de Jimmy Morales para mejorar la economía nacional era apostar por el turismo que formaba parte del *top 5* de prioridades del Gobierno. El país cuenta con una gran biodiversidad y, como cuna de la cultura maya, ofrece un rico acervo[15] cultural. El turismo reportó más de 73,8 millones de dólares a Guatemala durante 2017, con una mayoría de visitantes provenientes de Estados Unidos, México, Uruguay, Inglaterra, Colombia y Canadá.

Las remesas son también un relevante ingreso de dinero. En 2017, se batió el récord de remesas mandadas por inmigrantes guatemaltecos radicados en Estados Unidos con más de 7.500 millones de dólares.

Transcurridos los primeros dos años del mandato de Jimmy Morales, las expectativas de los ciudadanos no se han cumplido. Paradójicamente, en enero de 2017, el hermano y el hijo del presidente Jimmy Morales fueron imputados por corrupción y lavado de dinero. Además, el mandatario fue acusado por la CICIG de recibir financiamiento electoral irregular. Ante estas acusaciones, Jimmy Morales quiso expulsar del país a Iván Velázquez, responsable de la comisión. Sin embargo, tuvo que dar marcha atrás ante las protestas populares, la reacción de la Comunidad Internacional (en particular de EE. UU. y los países de la UE) y el Tribunal Constitucional guatemalteco. Con este presidente, los guatemaltecos pasaron de la ilusión al desencanto y al descontento. Entre septiembre y noviembre de 2017, miles de guatemaltecos se manifestaron para pedir la renuncia del presidente que seguía amparado por su inmunidad mantenida por el Congreso.

En una encuesta realizada en 2019, 8 de cada 10 guatemaltecos desaprobaron la política llevada a cabo por Jimmy Morales. La corrupción, punta de lanza durante la campaña electoral, no desapareció del país tanto más cuanto que el mandatario lo hizo todo para expulsar a la CICIG (➲ véase cap.63). El presidente tampoco supo acabar con la pobreza cuya tasa ascendía al 67 % al final de su mandato. La desnutrición infantil incrementó entre 2018 y 2019: un 50 % de los niños padece desnutrición crónica y la cifra alcanza el 75 % en las zonas rurales de población mayoritariamente indígena. La indigencia que rondaba el 46 % así como las desigualdades provocaron el éxodo de numerosos habitantes mediante las caravanas de migrantes de 2018. Pero, el acuerdo entre Donald Trump y Andrés Manuel López Obrador (➲ véase cap.32) para vigilar la frontera mexicana e impedir la entrada de migrantes centroamericanos dificultó la llegada de los guatemaltecos a Estados Unidos. Además, la aceptación de convertir a Guatemala en un "tercer país seguro" a petición de Donald Trump no hizo más que revelar las contradicciones de un país poco seguro. En cuanto a la violencia imperante en el país, Guatemala sigue siendo uno de los países más afectados por esta plaga en el subcontinente. Guatemala tiene la séptima tasa más alta de homicidios a nivel mundial siendo una traba[16] para el proceso de desarrollo del país. Los niveles de impunidad superiores al 95 % fomentan esta violencia y especialmente en contra las mujeres. Guatemala ocupa el tercer lugar del mundo en malos tratos contra las mujeres con casi 10 muertes violentas de mujeres por cada 100.000 habitantes.

La presidencia de Alejandro Giammattei (a partir del 14 de enero de 2020) (➲ véase MC 57)

Elegido en la segunda vuelta que se celebró el 11 de agosto de 2019, Alejandro Giammatei (candidato de derecha) tomó posesión de su cargo el 14 de enero de 2020. Al tomar las riendas del poder, sus prioridades consistían en erradicar la desnutrición infantil y la corrupción. Efectivamente, uno de cada dos niños guatemaltecos sufre desnutrición. También contemplaba aprobar una ley que equiparara a los mareros como terroristas ya que las pandillas juveniles socavan la democracia en su país. Por ello, instó a los mandatarios del triángulo del norte a unirse a su objetivo para acabar con la plaga de las maras (➲ véase cap. 65). Pero el primer gran reto del presidente es recuperar la confianza ciudadana perdida bajo el mandato de Jimmy Morales que no cumplió con sus promesas y melló[17] el Estado de Derecho.

Frente a la epidemia de coronavirus, una de las medidas del Gobierno fue la construcción de un hospital especializado con capacidad para atender a 319 pacientes y poner en cuarentena a otras 1.000 personas. También se impuso un toque de queda y el 5 de marzo se impuso el estado de calamidad. A mediados de noviembre de 2020, las muertes por coronavirus ascendían a 4.000.

Varias iniciativas se llevaron a cabo para frenar los efectos del coronavirus en vida diaria de los ciudadanos. La Asociación Guatemalteca de Exportadores con el apoyo de la Agencia de los Estados Unidos para el Desarrollo Internacional, establecieron una alianza en el marco de la prevención de la migración irregular y la violencia. Esta unión pretendía proteger a los niños y jóvenes vulnerables mediante donación de equipos de prevención, suministros de productos de higiene, así como consejos para una reactivación de la economía de manera segura.

NOTAS

1. en pos de: *à la recherche de*
2. latifundista: *propriétaire de grands domaines*
3. perjudicial: *préjudiciable*
4. derrocar: *renverser*
5. castigar: *punir*
6. lesivo = dañino
7. asolar: *dévaster*
8. el foco: *le foyer*
9. emprender: *entreprendre*
10. el Serranazo: *le coup d'Etat de Serrano*
11. sellar: *sceller*
12. socavar: *fragiliser*
13. vial: *routier*
14. desaforado = expulsado
15. el acervo = el patrimonio
16. una traba: *une entrave*
17. mellar: *porter atteinte à*

MC 56 Guatemala (presentación general)

GUATEMALA (presentación general)

- **Los principales partidos políticos**
  - Vamos, partido oficialista
  - Acción de Desarrollo Nacional (ADN)
  - Partido de Avanzada Nacional (PAN)
  - Movimiento Reformador (MR)
  - Gran Alianza Nacional (GANA)
- **Forma de Gobierno**
  - República presidencialista
- **Organización territorial**
  - 8 regiones con 22 departamentos
- **Situación geográfica**
  - En Centroamérica
  - **Fronteras**
  - Al oeste y al norte con México
  - Al este con Belice, el golfo de Honduras (mar Caribe) y la República de Honduras
  - Al sureste con El Salvador
  - Al sur con el océano Pacífico
- **Población**
  - 18,1 millones de habitantes
- **Gentilicio**
  - Un guatemalteco
  - Una guatemalteca
- **Lenguas**
  - El español
  - Lenguas indígenas
- **Capital**
  - Ciudad de Guatemala
- **Superficie**
  - 108.889 km²
- **Moneda nacional**
  - El quetzal

MAPA CONCEPTUAL

MC 57 La presidencia de Alejandro Giammatei (desde el 14 de enero de 2020)

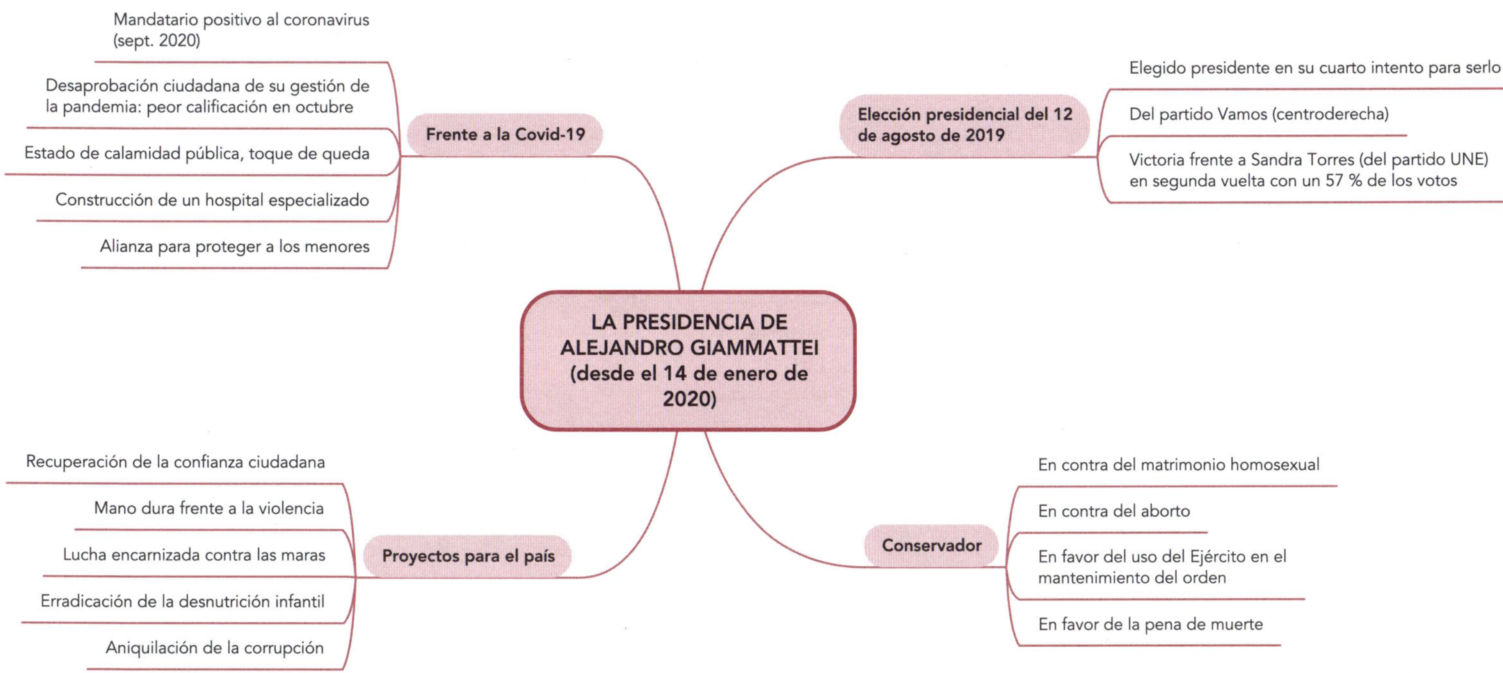

Datos generales (véase MC 58)

Este país de América Central cuya capital es el Distrito Central Tegucigalpa-Comayagüela limita al norte y al este con el mar Caribe y al sur con el golfo de Fonseca. Tiene frontera común con Nicaragua al sureste, El Salvador al sur y Guatemala al oeste. Su territorio se extiende por 112.492 km^2, incluidas las islas y su relieve ofrece una gran biodiversidad con unas 8.000 especies de plantas, unos 250 tipos de reptiles y anfibios, más de 700 especies de aves y 110 tipos de mamíferos. Con 9,3 millones de habitantes, el país consta de cuatro grandes familias étnicas: una mayoría de blancos o mestizos, seis pueblos indígenas (lencas, misquitos, tolupanes, chortis, pech, tawahkas), sólo una etnia negra (garífunas) y los criollos de habla inglesa. Su pueblo se dedica principalmente a actividades agropecuarias, además del comercio, manufacturas, finanzas y servicios públicos entre otras actividades.

En marzo de 1524, Gil González Dávila desembarcó en Honduras por primera vez y fundó la villa de San Gil de Buena Vista. Se instaló pacificando a los indios y luchando contra los españoles que competían con él.

Siendo España ocupada por los franceses, se produjeron en Nicaragua, El Salvador y Guatemala (1811-1813) los primeros actos de insurrección en favor de la independencia de Centroamérica, pero a partir de 1813 hasta 1820, Centroamérica no actuó más en pos de[1] la independencia. Cuando, el 24 de febrero de 1821, México se declaró independiente de España, dio un impulso al deseo independentista de Centroamérica que firmó el acta el 15 de septiembre del mismo año. Duró muy poco la euforia de la independencia ya que, en enero de 1822, por iniciativa de los conservadores y del emperador Agustín de Iturbide, las provincias unidas de Centroamérica se unieron al imperio mexicano. Esta unión duró hasta la caída del mismo Iturbide en marzo de 1823. Las empresas estadounidenses (la *United Fruit Company*, la *Standard Fruit Company* y la *Cuyamel Fruit Company*, entre otras) dominaron la economía hondureña, estableciendo enormes plantaciones de banano (véase cap. 58) a lo largo de la costa norte, convirtiendo así esta fruta en el producto principal para exportaciones a cambio de grandes concesiones. Desde finales del siglo XIX hasta mediados del siglo XX, el capital extranjero, la vida en las plantaciones y los conservadores operaron como factores decisivos de la política hondureña.

Regímenes autoritarios (1933-1982)

Durante la Gran Depresión y hasta 1948, Honduras estuvo bajo las órdenes dictatoriales del general Tiburcio Carías Andino. Le sucedieron otras dos administraciones autoritarias y se convocó una huelga de trabajadores bananeros. En 1955, los jóvenes reformistas militares organizaron un golpe de Estado que instaló una junta provisional allanando el camino hacia las elecciones. En 1957, Ramón Villeda Morales salió electo presidente de la Asamblea Constituyente para un mandato de 6 años pero en 1963, oficiales militares conservadores lo destituyeron en un golpe sangriento. Le sucedió entonces el general Oswaldo López Arellano hasta 1970. Se desató un descontento popular que incrementó tras la guerra fronteriza de 1969 con El Salvador, conocida como "La guerra del fútbol". Un presidente civil, Ramón Ernesto Cruz (Partido Nacional) tomó el poder en 1971, pero fue incapaz de gobernar lo que facilitó otro golpe a manos del general López en

1972. Éste implementó políticas más progresistas, incluida la reforma agraria, pero a mediados de la década de 1970, los escándalos de corrupción derribaron[2] su gobierno. Los regímenes del general Juan Alberto Melgar Castro (1975-1978) y el general Policarpo Paz García (1978-1982) construyeron mayoritariamente la actual infraestructura física de Honduras y su sistema de telecomunicaciones. El país también disfrutó de un crecimiento económico más rápido, dada la mayor demanda internacional de sus productos y la disponibilidad de préstamos comerciales extranjeros. Como fruto de negociaciones entre las fuerzas políticas y los militares, se redujo el periodo presidencial, se prohibió la reelección y se dio la tutela del sistema a las Fuerzas Armadas de Honduras, en caso de que alguno quisiera atentar contra la democracia y suprimir la Constitución de 1982.

El retorno a la democracia (1982-2009)

Un triunvirato inesperado

En enero de 1982, Suazo Córdova fue investido como presidente de Honduras poniendo fin a casi cinco décadas de gobernantes militares. Ante el gobierno sandinista nicaragüense percibido como una fuerza subversiva y un riesgo de inestabilidad política para Honduras, Estados Unidos pudo extender su papel de asesor político y proveedor de ayuda militar y económica. Paralelamente, el brigadier general Gustavo Álvarez Martínez asumió el cargo de comandante de las Fuerzas Armadas y llevó una política anticomunista en contra de los sandinistas. Habría contado con un escuadrón de la muerte dado el aumento de desaparecidos políticos en todo el país en la década de los 80. Honduras funcionaba como un "triunvirato": el presidente Suazo toleraba las decisiones del general Álvarez en seguridad nacional con tal de que éste apoyase militarmente sus políticas internas mientras los EE. UU. apoyaban al país a cambio del uso del territorio hondureño para formar y entrenar a los contrarrevolucionarios nicaragüenses conocidos como los "Contras" (➔ véase MC 61). Entre 1980 y 1982, la ayuda estadounidense para Honduras pasó de 3,3 millones de dólares a 31,3 millones. Finalmente, el 31 de marzo de 1984, Álvarez fue destituido y el general Walter López Reyes tomó el relevo exigiendo no sólo aumentos en la ayuda militar a cambio de la cooperación de Honduras en los asuntos regionales sino también reducciones de los ejercicios militares entre Honduras y EE. UU. La salida forzada de Álvarez destapó al presidente Suazo Córdova que entonces dio muestras de caudillismo. Como la Constitución prohibía la reelección, Suazo Córdova conspiró para nominar a Óscar Mejía Arellano en pos de las próximas elecciones. Dado que, en 1985, la Corte Suprema estaba compuesta en su mayoría de oficialistas, con vistas a una potencial victoria de Mejía, le correspondía a la Corte Suprema de Justicia la decisión de elegir a falta de mayoría simple. Al descubrirse la trampa, el Congreso despidió a cinco jueces lo que desató una crisis entre los tres poderes del Estado. Suazo amenazó con declarar el estado de emergencia y cerrar el Congreso. De ahí que la policía militar puso bajo custodia al nuevo presidente de la Corte Suprema de Justicia y a los otros cuatro jueces. Se llegó a un acuerdo: los candidatos de todas las facciones políticas podrían postularse a la presidencia y el ganador de las elecciones sería el candidato con más votos dentro de un mismo partido. Esta disposición ignoraba a la Constitución según la cual el presidente debía ser el candidato con mayoría simple. La campaña presidencial enfrentó a los liberales, Mejía Arellano y José Azcona en contra del nacionalista, Rafael Leonardo Callejas, candidato de la oposición. Los dos primeros se atacaron entre sí, aún más que al propio Callejas, lo que produjo la victoria de éste con el 44 % de los votos contra el 30 % para Azcona. Sin embargo, el Partido Liberal había sumado un 54 % del total de los votos. Aunque Callejas protestó, Azcona se quedó con la presidencia.

La administración de José Azcona (1986-1990)

En su discurso de investidura del 27 de enero de 1986, el nuevo presidente señaló los problemas sociales que sufría el país, destacó la creciente deuda nacional y se comprometió a cumplir con las políticas exteriores guiadas por el principio de no intervención. Entre un partido dividido en el congreso y la crisis en América Central, José Azcona trató de distanciarse de la política de Suazo, asegurando desconocer la presencia de los "Contras" en Honduras. No obstante, el presidente creía en la cooperación con la administración de Ronald Reagan en materia de seguridad.

A nivel económico, la falta de inversiones perjudicó las industrias y constructoras, la deuda externa ascendió a 2.400 millones de dólares y el paro afectaba a un cuarto de la población activa. Sólo se registró un crecimiento en las exportaciones bananeras y cafetaleras.

En marzo de 1986, el Ejército Popular Sandinista (EPS) incursionó para destruir los campamentos contras dirigidos por el comandante en jefe del ejército de Nicaragua. En diciembre, unidades de los dos ejércitos se enfrentaron en la frontera mientras que la Fuerza Aérea hondureña, la más potente de Centroamérica, entró en acción bombardeando dos pueblos nicaragüenses. El 5 de abril de 1988, el narcotraficante Ramón Matta Ballesteros que se había radicado en Honduras tras fugarse de una cárcel de Colombia, fue entregado a miembros de la DEA[3] quienes lo trasladaron a la República Dominicana. Luego, fue enviado a los Estados Unidos donde fue juzgado y condenado a cadena perpetua. Como consecuencia de ello, simpatizantes de Matta, grupos de estudiantes y campesinos quemaron la embajada de EE. UU. en Tegucigalpa por sus injerencias. Azcona declaró el estado de emergencia, denunció una supuesta conspiración del narcotráfico internacional para desestabilizar Honduras y desmintió que la DEA estuviera involucrada en la peripecia de aquel narcotraficante.

1990-2001: una década de lucha contra la criminalidad

En las primeras elecciones del siglo XXI, el 25 de noviembre de 2001, ganó el empresario Ricardo Maduro, del Partido Nacional, con el 52,2 % de los votos. Su política fue ejemplar en la lucha contra la ola de criminalidad ya que combatió la violencia de las bandas juveniles. Entre otras, las llamadas maras (➔ véase cap. 65) contra las que lanzó la iniciativa Tolerancia Cero. De mentalidad pro-mercado, obtuvo éxitos más visibles en la estabilización de la economía y la reducción de la deuda externa pero no erradicó la pobreza. A nivel internacional, el mandatario adhirió a Honduras al CAFTA (Tratado de Libre Comercio entre República Dominicana, Centroamérica y Estados Unidos de América, en español). En enero de 2006, finalizó su mandato cuatrienal, dejando paso a la presidencia del liberal José Manuel Zelaya.

Crisis política bajo la presidencia de José Manuel Zelaya (2006-2009)

Una vez en el poder, el mandatario protagonizó un inesperado vuelco[4]: gobernó con una política de izquierda, se alejó de Washington, entró en tratos petroleros con el venezolano Hugo Chávez y Honduras se incorporó al ALBA (➔ véase cap. 55). Tenía planeado abrir un proceso constituyente a imagen de los países del Socialismo del Siglo XXI (➔ véase cap. 53), obteniendo el apoyo de los menos afortunados del país, lo que no aceptaron los poderes tradicionales del país, políticos de su mismo partido, grandes empresarios, iglesias, instituciones de la sociedad civil, jueces. El 28 de junio de 2009, el mismo día en que fue destituido Zelaya, los militares lo secuestraron y lo expulsaron del país mientras el Congreso nombró al también liberal Roberto Micheletti como sustituto. Enseguida, el Consejo Permanente de la OEA (Organización de Estados Americanos) se reunió en torno a una resolución de condena al golpe de Estado en Honduras. Respaldó al presidente José Manuel Zelaya y la continuidad democrática en Honduras. Asimismo, la mayoría de los países expresó la necesidad de reintegrar al mandatario destituido y restablecer el orden jurídico en el país. No obstante, el congreso hondureño y el mismo Micheletti se mantuvieron firmes en su decisión y Zelaya no terminó su mandato, tras ingresar al país y refugiarse en la embajada de Brasil.

Vuelta al poder de la derecha con el Partido Nacional (a partir de 2009)

A finales del 2009, Honduras celebró elecciones presidenciales en las que resultó ganador el candidato del tradicional derechista y conservador Partido Nacional, Porfirio Lobo Sosa, un empresario agrícola con un discurso centrista y conciliador. El nuevo mandatario recibió un país dividido a nivel político, social y económico y sometido además a la observación democrática de la Comunidad Internacional. El 1 de junio de 2011, Honduras volvió a formar parte de la OEA.

La presidencia de Juan Orlando Hernández (desde enero de 2014) (➔ véase MC 59)

En noviembre de 2013, Juan Orlando Hernández, abogado de profesión y empresario, fue candidato a la presidencia por el Partido Nacional (derecha) y se impuso frente a la esposa de José Manuel Zelaya, Xiomara Castro, del Partido Libertad y Refundación (LIBRE), surgido luego del golpe de Estado de 2009. Hernández le dio por primera vez el segundo triunfo consecutivo al Partido Nacional desde el retorno a la democracia en 1980. Y eso que, durante su campaña electoral, fue acusado de fraude por un miembro de su mismo partido: habría recibido dinero del presidente saliente, Porfirio Lobo. Además, fue criticado por proponer la conformación de una Policía Militar de unos 30.000 soldados para combatir la violencia en Honduras. Ya en 2013, varias denuncias sobre violaciones a los derechos humanos y falta de medicinas en el Instituto Hondureño de Seguridad Social (IHSS) llevaron al Ministerio Público a intervenir y en mayo de 2015, el escándalo salpicó[5] al Partido Nacional, presidido ya por Hernández, cuando se reveló la existencia de cheques donados a esa institución política a través de empresas fantasma ligadas al robo del Seguro Social. Un mes después, Hernández admitió que su partido había recibido fondos fraudulentos para financiar su campaña pero que no tenían nada que ver con el dinero del Seguro Social. A nivel de seguridad, se señaló en enero de 2017 a Honduras como el país más peligroso del mundo para el activismo ambiental. Este dato fue confirmado por el asesinato de Berta Cáceres y de otros ambientalistas el 3 de marzo de 2016. También se evidenció la deficiencia y la lentitud de la investigación.

Hernández atribuyó a su gobierno la reducción de criminalidad en su país como resultado de la lucha contra las pandillas y los conflictos internos, así como la reorganización del sistema penitenciario, debido a los altos índices de hacinamiento[6] y de corrupción dentro de las cárceles. Trasladó a más de 2.200 reclusos de prisiones donde seguían cometiendo actos delictivos a cárceles de máxima seguridad y en algunos casos a celdas aisladas. Se reconoció también una alta inversión de su administración en obras de infraestructura como aeropuertos, ampliación y construcción de nuevas carreteras, y mejoras en instalaciones portuarias. Su plan de gobierno fue descrito en torno a la innovación en la productividad del país, al fácil acceso a los créditos de inversión para las personas naturales, al desarrollo cultural, a la reforma en la salud pública, al fortalecimiento de la seguridad y la defensa del país, a la reforma económica y al fomento de las políticas anticorrupción y transparencia. De hecho, la lucha anticorrupción se realizó mediante la intervención de varias instituciones del Estado como hospitales, centros penales y aduanas. Bajo el lema "una vida mejor", Hernández prometió ayudar a las 800.000 familias más pobres, apoyar a los pequeños productores y generar empleos. De hecho, se crearon 175.000 trabajos en el último año de su mandato. Se generaron 53.000 oportunidades de trabajo con la Ley del Empleo por Horas. El programa "Con Chamba[7] Vivís Mejor" produjo casi 34.000 empleos. También el mandatario promovió un programa a favor de la salud denominado "Honduras Actívate" que consistía en caminar y practicar otros deportes como el ciclismo.

En medio de cuestionamientos por corrupción, el presidente Hernández se lanzó, en 2016, en busca de la reelección pese a que la Constitución se lo prohibía. La criminalidad, la lucha contra el narcotráfico y el fin de la pobreza extrema del país fueron sus promesas electorales. En las elecciones de noviembre de 2017, se presentó entre otros el candidato de la Alianza contra la Dictadura (coalición izquierdista), Salvador Nasralla contra el presidente saliente, Juan Orlando Hernández. Según el Tribunal Supremo Electoral compuesto de jueces del Partido Nacional, un fallo[8] judicial de mayo de 2015 dejaba abierta la posibilidad de reelección presidencial. Hernández aprovechó la ocasión y obtuvo el 42,98 % de los votos frente al 41,39 % para Nasralla. Se tardó más de una semana después del conteo en anunciar oficialmente los resultados, en medio de protestas de la oposición que se saldaron con muertes de manifestantes saqueos y actos vandálicos. El Gobierno intentó controlar la situación con toque de queda o estado de excepción a partir del 1 de diciembre. Finalmente, Juan Orlando Hernández se convirtió en el primer presidente de Honduras reelegido en el cargo dándole una tercera victoria consecutiva al Partido Nacional, pero encarnada por un solo hombre. Tales comicios polémicos dejaron entrever la profunda polarización del país, así como una agudización de la crisis política y un debilitamiento de la institucionalidad.

La caravana de migrantes (octubre de 2018): ¿huyen del hambre o de la violencia?

Los problemas que enfrenta la población hondureña (desempleo, pobreza y violencia) se plasmaron a través de la caravana de migrantes que salió de San Pedro Sula, segunda mayor ciudad después de la capital Tegucigalpa, para el norte en octubre de 2018. Unos lo consideraron más bien como un éxodo creado por el hambre y la muerte. Sin embargo, el crecimiento económico iba por encima de la media centroamericana y el déficit fiscal cayó del 7,9 % del PIB a 1,2 %, como resultado de un ajuste impositivo. Además, el presidente impulsó un aumento del salario mínimo (unos 400 dólares), el más alto después de Costa Rica. El desempleo alcanzó un 7 % cuando antes rondaba el 4 %; el subempleo superó el 42 % lo que desestimó el valor del salario mínimo y la pobreza atañó a más del 60 % de la población: Honduras era en 2018 el país más desigual de Latinoamérica. Además del incremento de los precios de la electricidad y de los productos básicos, los sectores que más habían crecido no generaron empleo. Cuatro años antes, el presidente Hernández había conseguido reducir significativamente la tasa de homicidios diaria (de 80 muertos por cada 100.000 habitantes pasó a 40 por cada 100.000 habitantes). No obstante, la reelección del mandatario desencadenó una nueva oleada de violencia. Alrededor de 1,5 millones de hondureños vivían fuera del país, mayoritariamente en Estados Unidos. Desde su país de residencia enviaron remesas[9] familiares que en 2019 sumaron 5.400 millones de dólares, el 20 % del Producto Interno

Bruto (PIB). No fue la única caravana de migrantes: en 2020, en plena pandemia, también se organizó otra de 3.000 hondureños y en febrero de 2021, miles de hondureños que huían de su país fueron detenidos y reprimidos por las Fuerzas de seguridad de Guatemala con palos y bombas lacrimógenas.

Honduras frente a la Covid-19

Honduras llegó a tener una de las mayores tasas de letalidad por coronavirus de América Latina. En abril de 2020, moría una de cada 10 personas oficialmente contagiadas. Pese a su pésima sanidad, el país supo encarar la epidemia usando el llamado "método catracho", compuesto por los nombres (en inglés) de sus principales componentes: colchicina, antiinflamatorios, tocilizumab, ivermectina, anticoagulantes y la hidroxicloroquina. El nombre procede también del gentilicio coloquial dado a los hondureños. Lo ideó el médico hondureño Miguel Sierra-Hoffman desde Texas. A partir de su introducción en cinco hospitales de San Pedro Sula, el 23 de abril, la mortalidad cayó del 62 % al 7 % y no se registró ninguna muerte durante diez días consecutivos. Pese a que la Organización Mundial de la Salud anunció el 25 de mayo que suspendía temporalmente las pruebas de hidroxicloroquina por cuestiones de seguridad, el presidente declaró que seguiría usándola ya que daba resultados, al igual que Costa Rica. La escasez de pruebas al principio de la crisis sanitaria explica en parte el disparo de contaminados (100.000) y 4.250 fallecimientos a mediados de marzo de 2021.

NOTAS

1. en pos de = en busca de
2. derribar: *renverser (un régime)*
3. DEA: *Drug Enforcement Administration*
4. un vuelco: *un tournant*
5. salpicar: *éclabousser*
6. el hacinamiento = el amontonamiento
7. la chamba: *(fam.) le boulot*
8. un fallo = (aquí) una decisión judicial
9. las remesas = el dinero mandado por los migrantes a sus familiares

Morazán (2017), del director Hispano Durón, trata sobre la vida del prócer hondureño Francisco Morazán, quien murió asesinado en 1842 en Costa Rica cuando luchaba por la unión de Centroamérica.

MC 58 Honduras (presentación general)

HONDURAS (presentación general)

- **Población**
  - 9,3 millones de habitantes
- **Gentilicio**
  - Un hondureño
  - Una hondureña
- **Lengua**
  - El español
- **Capital**
  - Tegucigalpa
- **Superficie**
  - 112.090 km²
- **Moneda nacional**
  - El lempira
- **Los principales partidos políticos**
  - PLH (Partido Liberal de Honduras)
  - PNH (Partido Nacional de Honduras)
  - PDCH (Partido Demócrata Cristiano de Honduras)
  - PUD (Partido Unificación Democrática)
  - LIBRE (Partido Libertad y Refundación)
  - PAC (Partido Anti-Corrupción)
- **Forma de Gobierno**
  - República presidencialista
- **Organización territorial**
  - 18 departamentos
- **Situación geográfica**
  - En América Central
  - **Fronteras**
    - Al sureste con Nicaragua
    - Al suroeste con El Salvador
    - Al noroeste con Guatemala

La presidencia de Juan Orlando Hernández (desde el 27 de enero de 2014)

LA PRESIDENCIA DE JUAN ORLANDO HERNÁNDEZ (desde el 27 de enero de 2014)

- **Primer mandato**
  - **Primera victoria consecutiva del Partido Nacional**
    - Frente a Xiomara Castro de Zelaya, esposa del ex presidente destituido Manuel Zelaya
    - Elecciones del 24 de noviembre de 2013
- **Medio ambiente**
  - **Marzo de 2016**
    - Asesinato de Berta Cáceres y otros ambientalistas
  - **Enero de 2017**
    - "El país más peligroso del mundo para el activismo ambiental"
- **Corrupción**
  - **Lucha: intervención de instituciones estatales**
  - **Mayo de 2015**
    - Cheques donados al Partido Nacional tras robo del Seguro Social
  - **Junio de 2015**
    - Recaudación de fondos fraudulentos para financiar su campaña electoral
- **Segundo mandato**
  - **Elecciones de diciembre de 2017**
    - Estrecha victoria frente a Salvador Nasralla
    - Reelección contraria a la Constitución
    - Crisis postelectoral
- **Frente a la Covid-19**
  - **El "método catracho"**
    - Uso de la hidroxicloroquina como preventiva
    - Reducción de la mortalidad
- **Emigración masiva**
  - **Octubre de 2018**
    - Caravana de migrantes
  - **Octubre de 2020**
    - Nueva caravana de 3.000 migrantes en plena pandemia
- **Economía**
  - Ayuda a las 800.000 familias más pobres
  - Apoyo a los pequeños productores
  - Creación de empleos
  - Uno de los presidentes de América mejor valorados (55 % de aprobación)
- **Seguridad**
  - **"Tolerancia cero" ante los altos índices de violencia**
    - Ampliación de la Policía Militar y creación de la policía TIGRES
    - Ley del Sistema Nacional de Emergencias

MAPA CONCEPTUAL

Datos generales (➲ véase MC 60)

Nicaragua, situado entre el mar Caribe al este y el océano Pacífico al oeste, es el mayor país centroamericano con una extensión de 130.373 km^2. Limita al norte con El Salvador y Honduras, y al sur con Costa Rica. Managua, su capital, alberga una tercera parte de la población con sus 2,2 millones de habitantes. La situación geográfica del territorio hace de esta zona un lugar de tránsito entre los dos subcontinentes americanos. Se le llama "el país de los lagos y volcanes" por estas particularidades geodésicas. La agricultura representa hoy un 14 % del PIB gracias a la producción de café, azúcar, banano y soja.

En 1502, Cristóbal Colón bordeó[1] la costa de la actual Nicaragua y fue el primer europeo en pisar[2] la tierra firme nicaragüense. Cuando los conquistadores españoles llegaron al territorio que actualmente ocupa Nicaragua, la población indígena ascendía a unos 600.000 habitantes, pero, debido a la conquista, se redujo a 24.000 en menos de 50 años. El país se independizó de España en 1821, a raíz de la independencia de otros países de la región, y se convirtió en nación soberana en 1838 (➲ véase cap. 51).

La dictadura ilustrada de José Santos Zelaya (1893-1909)

En 1893, el levantamiento militar del liberal José Santos Zelaya terminó con tres décadas de conservatismo en el poder que convirtieron el café en el centro de la economía nacional, lo que aceleró su modernización con la construcción del ferrocarril para facilitar las exportaciones. Sin embargo, a nivel social, los terratenientes[3] se beneficiaron de la ley agraria a expensas de[4] los campesinos. A raíz de la Revolución Liberal que triunfó en julio de 1893, se instauró una Junta de Gobierno, presidida por Zelaya. El 15 de septiembre, día de la instalación de una Asamblea Nacional Constituyente, José Santos Zelaya asumió la presidencia "provisionalmente". Al principio de este período, estalló la guerra contra Honduras. Algunos liberales de Honduras, sintiéndose perseguidos por el gobierno conservador, se refugiaron a Nicaragua y Zelaya alentó a derrocar al presidente Vázquez. Entonces el gobierno hondureño le declaró la guerra a Nicaragua, el 30 de octubre. La victoria del general Ortiz permitió consolidar al Gobierno liberal provisional de Policarpo Bonilla, establecido en la capital hondureña en 1894. Este acontecimiento significó un triunfo para el liberalismo centroamericano. En 1905, aumentaron las tensiones en Centroamérica por las discrepancias con el entonces presidente de Guatemala, Manuel Estrada Cabrera, hóstil a Zelaya. A partir de 1907, numerosos enemigos de Zelaya quisieron derrocarlo, pero sin éxito. Mientras tanto, en Honduras, los oponentes a Manuel Bonilla también se levantaron contra su presidente y crearon una junta revolucionaria de Gobierno, de corte liberal, reconocida por Zelaya que acabó por declararle la guerra al Gobierno de Bonilla respaldado por El Salvador. Los liberales apoyados por Zelaya triunfaron, pero éste se sintió defraudado[5] y su deseo hegemónico sobre Centroamérica quedó frustrado porque su candidato no asumió la presidencia. Las tensiones entre los países de la región no dejaban de crecer mediante múltiples agresiones, lo que acarreó[6] la intervención de Estados Unidos en los asuntos centroamericanos. En 1906, en una conferencia presenciada por los mandatarios de las repúblicas centroamericanas, se estipuló que toda discrepancia entre ellos se sometiera al arbitraje de Estados Unidos y México. Sin embargo, Zelaya hizo oídos sordos[7], respaldó[8] a los liberales contra el gobierno conservador e invadió Honduras, lo que puso en peligro el proceso de paz de los acuerdos del "Marblehead", iniciados en 1906. Frente a este conflicto, el Tío Sam presionó a los países para que se celebraran unas conferencias en Washington, que desembocaron en la firma de un tratado de paz a finales de 1907. A nivel nacional, la dictadura de Zelaya llenó las cárceles de presos políticos. En ese contexto y tras un levantamiento iniciado el 10 de diciembre de 1909, Estados Unidos apoyó a los insurrectos, legitimado por aquellas convenciones de Washington. Además, el fusilamiento de dos ciudadanos estadounidenses echó leña al fuego[9] y a Zelaya fue derrocado[10] a petición del secretario de Estado Philander Chase Knox. Cuando José Santos Zelaya fue depuesto en 1909, Emiliano Chamorro Vargas se convirtió en presidente de la Asamblea Constituyente y líder del Partido Conservador. Lo que estaba en juego no era únicamente la vuelta a la democracia. Estados Unidos quería obtener la concesión para construir un canal interoceánico en Nicaragua, pero las condiciones de Zelaya ponían en entredicho[11] sus planes por eso contemplaban[12] eliminarlo.

Cinco lustros de convulsa vida política con injerencia estadounidense (1910-1936)

Juan Estrada Morales (1910-1911), que había participado en el derrocamiento de Zelaya como líder de la revolución libero-conservadora, se volvió presidente de Nicaragua el 28 de agosto de 1910. Convocó una Asamblea Constituyente, que lo eligió presidente constitucional, el 1 de enero de 1911, por un período de dos años. Sin embargo, se negó a aprobar la nueva constitución y convocó a otra Asamblea Constituyente que empezó su labor el 1 de mayo de 1910. Mandó a la cárcel a su ministro de Guerra, el general Luis Mena, pero para sus aliados, fue la gota que colmó el vaso[13] así que, el 8 de mayo de 1911, tuvo que renunciar a su cargo y fue sustituido provisionalmente por **Luis Mena**.

Al principio de su mandato, **Adolfo Díaz Recinos** (1911-1917) tuvo que hacer frente a la rebelión de Luis Mena, general conservador, y Benjamín Zeledón, militar liberal, en una guerra que duró del 29 de julio al 6 de octubre de 1912. Esta breve guerra civil acabó gracias al respaldo del general Emiliano Chamorro Vargas, nombrado ministro plenipotenciario en Estados Unidos y a la intervención de Estados Unidos, que derrotó[14] a los rebeldes liberales. En 1914 se firmó el Tratado Bryan-Chamorro, que concedía a Estados Unidos el derecho a construir en Nicaragua un canal interoceánico. Dicho acuerdo, que finalmente fue abolido, también le daba a Estados Unidos el derecho de establecer una base militar en el golfo de Fonseca durante un período de 99 años.

En 1917, **Emiliano Chamorro Vargas** (1917-1920) fue elegido presidente de la República y gobernó hasta 1920.

En las elecciones de 1920, salió elegido presidente **Diego Manuel Chamorro Bolaños** pero su mandato quedó interrumpido por su muerte en 1923. Así le sucedió su vicepresidente, Bartolomé Martínez, que se marcó como objetivo liquidar la deuda que el país tenía con unos banqueros estadounidenses. Fue cosa hecha al año siguiente, por lo que se convocaron elecciones para el mes de octubre de ese mismo año para las cuales se realizó una candidatura única entre conservadores y liberales.

Entre 1917 y 1926, el partido conservador dominó la vida política nicaragüense.

El conservador **Carlos Solórzano** fue investido a principios de 1925 y en agosto del mismo año, los *marines* se habían retirado del país. Pero en octubre, Emiliano Chamorro Vargas dio un golpe de Estado, tomando la ciudad de Tiscapa. Para contener la rebelión, Solórzano nombró a Chamorro Vargas jefe de la Fuerza Pública. Sin embargo, los desacuerdos y tensiones entre ambos provocaron la dimisión del presidente.

Chamorro Vargas tuvo que abandonar el poder ante las presiones estadounidenses, pero en vez de entregar la presidencia al liberal Juan Bautista Sacasa (vicepresidente de Solórzano), tal y como lo preveía la constitución, lo entregó a Sebastián Uriza y éste lo puso luego en manos de Adolfo Díaz. En mayo de 1926, el general José María Moncada, ferviente partidario de Sacasa, se rebeló exigiendo que Sacasa fuera presidente. Esta insurrección de índole liberal, apoyada por el gobierno mexicano de Calles, acarreó una nueva intervención de Estados Unidos que respaldaba a los conservadores. En enero de 1927, más de 5.000 soldados y *marines* estadounidenses se encontraban en el territorio nicaragüense, apoyados por 16 buques[15] de guerra. Pero era sin contar con la guerrilla llevada a cabo por Sandino.

Augusto Nicolás Calderón Sandino, más conocido como Augusto César Sandino y apodado el "general de hombres libres", formó una fuerza armada, cuando se enteró de la insurrección de Sacasa, para sumarse a los liberales. Las tropas estadounidenses habían logrado desarmarlos arrojando al mar las armas enviadas por los mexicanos. Con todo, Sandino consiguió recuperar 30 fusiles y vencer a los conservadores. En contra de las indicaciones de Moncada, Sandino difundió un comunicado en el cual pedía al pueblo de Nicaragua que se sublevara. Las acciones de Sandino le fueron dando fama tanto a nivel nacional como internacional, por lo que numerosos hombres se alistaron en sus filas. "La soberanía no se discute, se defiende con las armas en la mano", así se expresó Sandino sobre la lucha antiimperialista que llevó a cabo.

Los liberales, alzados en armas, establecieron un gobierno disidente en la ciudad de Puerto Cabezas y no reconocieron al gobierno de Adolfo Díaz. Organizaron el Ejército Liberal Constitucionalista y empezó la "Guerra Constitucionalista". Los rebeldes liberales contaban con los generales José María Moncada, Eliseo Duarte y Augusto C. Sandino, entre otros. Una vez más, Díaz pidió la intervención de las fuerzas de *marines* estadounidenses que ocuparon nuevamente el país, hasta su retirada definitiva en enero de 1933.

La elección presidencial de noviembre de 1928 dio como resultado la victoria del liberal **José María Moncada Tapia**, que prosiguió la colaboración con Estados Unidos en la persecución de Sandino. A su vuelta de México, el 7 de mayo de 1930, Sandino se enteró de que los norteamericanos habían formado una guardia nacional pagada con fondos públicos nicaragüenses para combatir a la guerrilla. Ante las elecciones de 1932, Sandino hizo una campaña de abstención.

Una vez elegido en 1932, **Juan Bautista Sacasa** negoció con Estados Unidos la retirada de los *marines*. Por presiones del embajador estadounidense, el presidente nombró jefe director de la Guardia Nacional a Anastasio Somoza García, casado con su sobrina Salvadora Debayle Sacasa. El presidente firmó un convenio de paz con Sandino, el 21 de febrero de 1934, pero esa misma noche, el coronel Elías Riggs, del ejército estadounidense, con el apoyo de Anastasio Somoza García, asesinó a Sandino, líder de la oposición reacio a la intervención estadounidense. Este asesinato fue el primer acto de las irregularidades que llevaron a Anastasio Somoza a la presidencia de Nicaragua, que pronto se convirtió en una dictadura respaldada por Estados Unidos. En 1936, Sacasa abandonó la presidencia, tras un golpe de Estado fomentado por su sobrino político[16] Anastasio Somoza García, que inició una larga dictadura que sólo acabaría en 1979.

La era Somoza (1936-1979)

Tras el asesinato de Sandino y la consolidación de su influencia en el Congreso y en el Partido Liberal, el nuevo jefe director de la Guardia Nacional, Anastasio Somoza, con respaldo estadounidense accedió a la presidencia de Nicaragua. Dirigió el país de 1937 a 1947 y de 1950 a 1956 (entre 1947 y 1950, no abandonó realmente el poder ya que seguía ejerciéndolo a través de testaferros[17]). Su familia estuvo en el poder hasta 1979. Mediante un nepotismo sin precedentes, colocó a sus familiares en puestos clave tanto en Nicaragua como en el extranjero y más particularmente en Estados Unidos. La primera oposición al régimen de Somoza procedió de la clase media-alta y conservadora alejada de la esfera del poder. Ante la libertad de expresión cada vez más limitada y la represión sumamente desarrollada, muchos opositores abandonaron el país, exiliándose a Estados Unidos. A nivel económico, el régimen somocista experimentó algunos períodos de crecimiento y modernización, pero siempre a expensas de las clases pobres y creando desigualdades sociales masivas. La oposición liberal fue sustituida por la marxista, de índole más radical. El 21 de septiembre de 1956, Anastasio Somoza García fue asesinado a tiros por el liberal Rigoberto López Pérez.

> A raíz del **asesinato de Anastasio Somoza García**, los dictadores cercanos a Somoza, Rafael Leónidas Trujillo (República Dominicana), Fulgencio Batista (Cuba), Carlos Ibáñez del Campo (Chile) y Alfredo Stroessner (Paraguay) se hicieron solidarios con su familia.

Tras la muerte del dictador, fue encarcelado el periodista Pedro Chamorro, uno de los mayores representantes de la resistencia contra el déspota y, en 1957, se exilió a Costa Rica para regresar a su país dos años después.

Luis Somoza Debayle le sucedió a su padre hasta 1963. Entretanto, en 1961, unos jóvenes políticos fundaron el Movimiento Nueva Nicaragua (MNN), cuya primera acción pública se realizó en marzo para apoyar la Revolución cubana y protestar contra la postura del Gobierno nicaragüense frente a Cuba. Luego, se disolvió el MNN para crear el Frente de Liberación Nacional (FLN), que por último dio paso al Frente Sandinista de Liberación Nacional (FSLN), inspirado en las ideas de Sandino, que emprendió la lucha contra la dictadura de la familia Somoza mediante una guerrilla tanto urbana como rural. En 1978, los insurrectos asaltaron[18] el Congreso de la República, revelando así las debilidades de la Guardia Nacional. En junio de 1979, los sandinistas lanzaron una ofensiva final, llamando a una huelga general para involucrar[19] a toda la población en la lucha contra el régimen. El 19 de julio, los guerrilleros del FSLN, apoyados por los campesinos, los obreros y los industriales hartos de la dinastía somocista, tomaron Managua y el dictador Anastasio Somoza Debayle –hijo del dictador Luis Somoza Debayle– huyó del país con su familia para instalarse en Estados Unidos.

> Desde 2012, a Pedro Chamorro se le considera oficialmente como héroe nacional con el título de "Mártir de las libertades públicas" por haber sido asesinado en enero de 1978. Su viuda, Violeta Barrios de Chamorro, fue presidenta de Nicaragua entre 1990 y 1996.

La Revolución Sandinista (1979-1990)

La entrada en Managua de las tropas del FSLN puso fin a una dictadura que había durado más de cuatro décadas e inició un vuelco[20] en la administración del país mediante la denominada Revolución Sandinista, que se prolongó hasta 1990. Al principio, el gobierno sandinista con ayudas económicas internacionales entabló grandes reformas sobre todo en el sector educativo y agrario. La nacionalización de las minas y la reforma agraria fueron medidas estrella que el Gobierno revolucionario puso en marcha expropiando las tierras pertenecientes a la familia Somoza y la oligarquía nicaragüense. La implantación de un sistema de salud universal y la alfabetización permitieron cierta mejora a nivel social. Desde 1978 hasta 1990, los sandinistas llevaron a cabo una serie de cambios: alfabetización masiva de la población, mejora de la sanidad y promoción de la igualdad de género. El analfabetismo retrocedió del 53 % de la población al 12 % en poco tiempo.

Con la ayuda de Estados Unidos (incluida la CIA), Honduras, Costa Rica y Argentina, los oponentes al sandinismo empezaron a organizarse mediante los contras, sumiendo al país en una violencia permanente.

Los contras es el nombre con el que se designó a los grupos de insurgentes terroristas financiados por Estados Unidos para desestabilizar y acabar con el gobierno del Frente Sandinista de Liberación Nacional (FSLN), que gobernó Nicaragua a raíz del derrocamiento de la dictadura somocista. Este ejército irregular llegó a tener entre 10.000 y 15.000 combatientes.

La administración Reagan decretó que el gobierno sandinista amenazaba a Centroamérica con sus ideas comunistas, así que suspendió toda ayuda hacia el país para desestabilizar y derrocar al gobierno sandinista. En 1984, Daniel Ortega, miembro del FSLN, ganó las elecciones con un 67 % de los sufragios. En 1985, EE. UU. implementó un bloqueo comercial con Nicaragua. Antes de 1987, las fuerzas de la Contra contaban con más de 10.000 hombres. El gobierno de EE. UU. intentó derrocar al gobierno sandinista por la fuerza pese a la oposición de la mayoría de los países latinoamericanos. Temiendo una extensión de la guerra por la región, México, Colombia, Panamá y Venezuela conformaron el llamado Grupo de Contadora en 1983 para mediar en el conflicto, sin obtener resultados positivos. En 1987, el presidente de Costa Rica, Óscar Arias Sánchez, realizó una conferencia de presidentes centroamericanos para solucionar los conflictos de Nicaragua y El Salvador. En 1988, empezaron las negociaciones entre el Gobierno de Nicaragua y la Contra.

Después de la Guerra Civil, el país quedó muy retrasado no sólo por las pérdidas humanas sino también por los daños materiales que ascendieron a 2.000 millones de dólares. El 62 % de la población de Nicaragua estaba en una situación de extrema pobreza. La economía nicaragüense, exangüe por el conflicto, estaba al borde de la quiebra hasta tal punto que el país fue considerado como el más pobre de América Latina.

Vuelta a la democracia (1990-2006)

Presidencia de Violeta Barrios de Chamarro (1990-1997)

El 25 de abril de 1990, se celebraron comicios presidenciales en los que se enfrentaron el presidente saliente [21] Daniel Ortega por el FSLN y Violeta Barrios de Chamarro por la UNO (Unión Nacional Opositora). Se convirtió en la primera presidenta elegida democráticamente en América Latina. El país se acercó a la política liberal defendida por Estados Unidos, paralizada durante el mandato de Daniel Ortega. El Consejo Supremo Electoral emergió como garante de la credibilidad del país, mientras que el Ejército y la Policía fueron despolitizados y se profesionalizaron, transformándose en verdaderas instituciones. En 1995, una reforma constitucional le devolvió facultades al Parlamento para limitar el presidencialismo y se instauraron pautas estrictas que limitaban la reelección presidencial a un período no consecutivo de gobierno.

Legislatura de Arnoldo Alemán Lacayo (1997-2002)

Arnoldo Alemán ganó la elección presidencial por el partido Alianza Liberal (ex UNO) con un 51 % de los votos. Este empresario cafetalero fue acusado de nepotismo y tachado de[22] populista durante su mandato. Pese a una postura antisandinista, al final de su legislatura, acordó el bipartidismo con Ortega. Gracias a los fondos que Nicaragua recibió tras el paso del huracán Mitch en 1998 (que dejó más de 700.000 damnificados), Arnoldo Alemán mandó construir carreteras, escuelas y centros de salud. El desvío de parte de esta ayuda, los escándalos de corrupción, así como su pacto con Daniel Ortega provocaron la caída de su popularidad. De hecho, volvió a presentarse a los comicios presidenciales de 2011, pero sufrió una estrepitosa derrota con un 6 % de los sufragios. Durante el mandato conservador de su sucesor Enrique Bolaños (2002-2007), Arnoldo Alemán fue acusado y condenado a 20 años de cárcel por robarle al Estado. Sin embargo, los acuerdos con Ortega le permitieron ser sobreseído[23]. Pero, su condición de expresidente le otorgó la inmunidad por su puesto en la Asamblea legislativa nacional. Bajo su administración, Arnoldo Alemán había modificado el porcentaje necesario para acceder a la presidencia, de un 45 % a un 35 % siempre y cuando hubiera una diferencia de cinco puntos entre los dos primeros candidatos.

Mandato presidencial de Enrique Bolaños Geyer (2002-2006)

En los comicios presidenciales del 4 de noviembre de 2001, el 58 % de los nicaragüenses le dio la victoria al empresario liberal Enrique Bolaños, vicepresidente de Arnoldo Alemán. Su principal contrincante, el expresidente sandinista, Daniel Ortega, fue derrotado por tercera vez. Nada más llegar al poder en 2002, Bolaños anunció que haría tabla rasa del pacto entre su predecesor y Daniel Ortega revisando la Carta Magna que permitía el reparto de cargos entre liberales y sandinistas. En noviembre de 2006, el Parlamento votó la prohibición total del aborto (➲ véase MC 115).

Nueva era autoritaria: Daniel Ortega Saavedra (desde 2007) (➲ véase MC 62)

Vuelta a la gobernanza para aferrarse al poder

En 2006, Nicaragua experimentó un giro político. En noviembre, Daniel Ortega ganó por segunda vez (aunque no consecutiva) las elecciones con un 38 % de los sufragios. A raíz de su derrota en 1992, comenzó a aplicar una serie de cambios dentro de su organización que conllevaron rupturas internas por lo que numerosos miembros fundadores del FSLN dejaron el partido y se opusieron a la nueva tendencia del partido sandinista encabezado por Ortega. A pesar de estas modificaciones, el Gobierno de Daniel Ortega volvió a aplicar algunos puntos de la revolución sandinista como la gratuidad escolar, así como la mejora del sistema de salud pública. Una novedad bastante significativa en la política y la economía nacional fue su alianza con el ALBA (Alianza Bolivariana para los Pueblos de Nuestra América) en febrero de 2007. Este acercamiento al gobierno venezolano se mostró como una alternativa a la tradicional alianza con Estados Unidos.

Desde su vuelta al poder en 2007, Ortega fue quitando los obstáculos que le impedían presentarse indefinidamente. El mismo año, Alemán y sus partidarios autorizaron la reelección (hasta entonces prohibida) de Ortega mediante una maniobra que declaró anticonstitucional la constitución del país. Ortega pudo ganar así las elecciones de 2011 y 2016 sin verdadera oposición ni observadores internacionales. De hecho, la UE calificó los resultados de la victoria de Ortega en 2011 como “opacos y no verificables”. El otro punto irregular, que provocó protestas, fue la decisión de la Corte Suprema, controlada por Ortega, de anular la candidatura del opositor Luis Callejas. La Constitución prohibía que un presidente en el cargo se presentara como candidato y tampoco permitía que lo hiciera quien hubiera ocupado dos veces el puesto. Entonces, la Corte Suprema de Justicia, bajo su control, emitió un fallo[24] que le permitió no cumplir la ley. Ganó las elecciones y, en 2014, se ratificó una ley que aprobaba la reelección indefinida (➲ véase cap. 54).

En julio de 2016, tres meses antes de los comicios, la Asamblea Legislativa de Nicaragua, controlada por los sandinistas, destituyó a la mayoría de los diputados opositores que denunciaron un "golpe de Estado" al Parlamento y un intento del Gobierno de Daniel Ortega de instaurar un régimen de partido único. Ganó los comicios del 6 de noviembre de 2016 con un 72,5 % de los votos, sin verdadero opositor y nombrando a su esposa, Rosario Murillo, vicepresidenta. La oposición cuestionó la legitimidad de las elecciones, particularmente por el rechazo de la observación internacional durante los comicios, así como la prohibición por ley de la participación de la oposición. Al margen de las últimas elecciones de 2016, los gobiernos consecutivos de Daniel Ortega desde el año 2006 se caracterizaron por una reducción de los índices de pobreza y la estabilidad macroeconómica, gracias al sector privado empresarial. En 2016, los principales proveedores de Nicaragua fueron EE. UU., China, México, Costa Rica y Guatemala. EE. UU. incrementó su presencia en el mercado nicaragüense, tras la pérdida de peso económico de Venezuela por la crisis que afecta al país desde 2015. Pero, la cosa estaba que ardía[25] entre Estados Unidos y Nicaragua desde agosto de 2017 cuando Ortega ordenó a la Asamblea Nacional (cuyos diputados obedecen directamente sus órdenes) que aprobara la Ley de Defensa del Patrimonio Nacional, con la que pretendía exigir a Washington una millonaria indemnización en compensación por los daños causados al país en la década de los 80. Esta demanda vino como respuesta a una iniciativa de ley por parte de Estados Unidos, que contemplaba imponer sanciones económicas al Gobierno sandinista para que respetara los derechos humanos, luchara contra la corrupción y garantizara la celebración de elecciones democráticas. Pero, con Daniel Ortega como presidente y Rosario Murillo como vicepresidenta, la rueda de la historia parece estar volviendo a su punto de partida (la dictadura dinástica de los Somoza) después de casi 40 años de revolución, contrarrevolución y democracia.

Nicaragua en la tormenta

El 18 de abril de 2018, estallaron unas protestas a raíz del anuncio de una reforma del Instituto Nicaragüense de Seguridad Social impuesta por decreto presidencial. Ésta incrementaba las contribuciones de los trabajadores e imponía una retención del 5 % a los jubilados. Esta medida fue el detonante de las manifestaciones que, tras 100 días de crisis, provocaron la muerte de más de 320 personas con más de mil heridos, así como el exilio de decenas de miles de personas y pérdidas económicas millonarias. La represión tuvo su momento más sangriento en julio con la Operación Limpieza cuya meta era deshacerse de los manifestantes. Pese a la situación caótica que imperaba en su país, Daniel Ortega descartó convocar elecciones anticipadas tachando esta demanda de estrategia golpista. Tanto la CIDH (Comisión Interamericana de Derechos Humanos) como el Alto Comisionado de Naciones Unidas para los Derechos Humanos acusaron al gobierno de graves violaciones de derechos humanos por el uso excesivo de la fuerza por parte de cuerpos de seguridad del Estado. Durante los meses que siguieron y sobre todo en diciembre, se reprimió a las organizaciones no gubernamentales y a los medios de comunicación mediante asaltos policiales, saqueos, ocupación de locales o detenciones arbitrarias con motivos fabricados como terrorismo o conspiración. El periodista, Carlos Fernando Chamarro, hijo de la expresidenta Violeta Chamorro –y también exdirector del diario del FSLN de Ortega en la década de 1980– tuvo que exiliarse a Costa Rica para escapar de la violencia hacia la prensa que había empezado con el asesinato del reportero Ángel Gahona el 21 de abril de 2018 (➲ véase cap. 62). En el marco de un diálogo entre oposición y oficialismo, la opositora Alianza Cívica por la Justicia y la Democracia exigió a principios de 2019 que se liberara a los más de 700 presos políticos encarcelados a raíz de las manifestaciones del año anterior. En febrero se excarceló a unos 100 oponentes y en marzo a 50 como condición de la oposición para que prosiguieran las conversaciones con el régimen autoritario de Ortega. El 19 de julio, el mandatario prometió impulsar las reformas electorales necesarias para los comicios de 2021. Sin embargo, unos diputados del oficialismo anunciaron en enero de 2020 que las consultas no se harían con los partidos de la oposición. En octubre de 2019, el Consejo Europeo adoptó un paquete de sanciones contra Daniel Ortega y su esposa y vicepresidenta, Rosario Murillo, así como funcionarios acusados de violaciones de los derechos humanos y abusos en la represión a los manifestantes opositores. Un año después, el 8 de octubre de 2020, el Parlamento Europeo prorrogó las medidas restrictivas contra la pareja Ortega y otros miembros del Gobierno a raíz de la convulsa situación política y social en la nación centroamericana y como respuesta a la Ley Especial de Ciberdelito o a la Ley de Agentes Extranjeros cuyo proyecto liberticida fue presentado en septiembre por los diputados del Frente Sandinista. Esta nueva normativa se considera un instrumento represivo más para acallar a los críticos o a cualquier persona u organización que reciba financiación del extranjero. El Consejo Europeo también exigió reformas electorales y políticas que garantizaran la celebración de elecciones transparentes y fidedignas[26]. Además, el Ejecutivo estadounidense presionó a su vez al régimen nicaragüense, al incluir en su lista de sancionados a la fiscal general de Nicaragua y al secretario de la presidencia. El 16 de octubre, la Coalición Nacional, compuesta de fuerzas opositoras entre las cuales la Unidad Nacional, Alianza Cívica por la Justicia y la Democracia, el Movimiento Campesino y el partido indígena Yatama, le pidió a la OEA que interviniera en favor de la liberación de los presos políticos y del retorno a la democracia.

La Ley Especial de Ciberdelito, iniciativa de los diputados oficialistas, en apariencia sirve para castigar el fraude, el espionaje electrónico, la usurpación de identidad y otros actos delictivos como la difusión de noticias falsas en las redes sociales. Pero se considera esta futura ley como una maniobra del oficialismo que podría sancionar a la oposición por sus críticas hacia el Gobierno en ejercicio. Como consecuencia, se convocó para el 7 de octubre una manifestación nacional mediante el hashtag #Nonoscallarán. Los tuiteros pretendían inundar su red social para mostrar su rechazo a esta legislación que califican de Ley Mordaza impuesta por el régimen dictatorial de Daniel Ortega. Esta ley, aprobada el 27 de octubre de 2020, castigará los delitos de noticias falsas a criterio de Daniel Ortega.

Nicaragua en tiempos de coronavirus

El 14 de marzo de 2020, el Ejecutivo nicaragüense desafió a la Organización Mundial de la Salud al desoír sus recomendaciones en plena pandemia con una marcha multitudinaria denominada "Amor en tiempos del Covid-19". Dora María Tellez (exguerrillera sandinista y exministra de Salud de Ortega en su primer período presidencial) tachó de "irresponsabilidad criminal" el hecho de juntar a tantas personas en esas circunstancias sanitarias. Esta manifestación progubernamental concordó con la postura del mandatario frente a los consejos de la OMS: no restringió las entradas al país, no impuso cuarentena por el Covid-19, no cerró las escuelas ni impidió las actividades masivas. Las cifras sobre muertes o contagios reveladas por el oficialismo distaban de la realidad y finalmente superaron las de Honduras o Panamá, aunque la nación sandinista cuenta con menos habitantes que dichos países. Además, se despidió a los médicos que denunciaron abiertamente la ceguera[27] y la locura del jefe del Estado en su gestión de la crisis sanitaria. De hecho, unos veinte ministros, diputados o alcaldes del Frente Sandinista (entre ellos Orlando Castillo, ministro de Telecomunicaciones) fallecieron de la covid-19. En mayo, Michelle Bachelet, Alta Comisionada de las Naciones Unidas para los Derechos Humanos, se ofendió frente a la decisión del Gobierno de Daniel Ortega de liberar a 2.800 reos[28] comunes, pero a ningún opositor encarcelado.

NOTAS

1. bordear: *longer*
2. pisar: *marcher sur, fouler*
3. el terrateniente: *le propriétaire terrien*
4. a expensas de: *aux dépens de*
5. defraudar = decepcionar
6. acarrear = provocar, ocasionar, causar
7. hacer oídos sordos: *faire la sourde oreille*
8. respaldar = apoyar
9. echar leña al fuego: *jeter de l'huile sur le feu*
10. derrocar: *renverser*
11. poner en entredicho: *remettre en question*
12. contemplar: *envisager*
13. la gota que colma el vaso: *la goutte d'eau qui fait déborder le vase*
14. derrotar: *battre, vaincre*
15. el buque = el barco
16. el sobrino político: *le neveu par alliance*
17. testaferro: *un prête-nom, un homme de paille*
18. asaltar: *asaillir*
19. involucrar = implicar
20. el vuelco: *un tournant*
21. saliente: *sortant*
22. tachar de: *taxer de*
23. sobreseer: *surseoir (abandon de la cause judiciaire)*
24. un fallo: *une sentence*
25. la cosa está que arde: *le torchon brûle*
26. fidedigna: *digne de confiance*
27. la ceguera: *l'aveuglement*
28. un reo = un prisionero

- ***Alsino y el cóndor*** (1982), película de Miguel Littin, relata la llegada de un militar estounidense y el rapto de un niño de 10 años en un vuelo de helicóptero, en medio de la guerra entre sandinistas y contras.
- ***Sandino*** (1991), película de Miguel Littin que narra la vida del general Augusto C. Sandino desde su nacimiento hasta su asesinato.
- ***La canción de Carla*** (1997), película de Ken Loach en la que una joven refugiada nicaragüense se enamora de un conductor de bus en Escocia. Transcurre el año 1987 y ella se lo trae a Nicaragua en medio de la Guerra Civil entre sandinistas y contras y quedan envueltos en los horrores de la guerra.

MC 60 Nicaragua (presentación general)

NICARAGUA (presentación general)

- **Población**
  - 6,5 millones de habitantes
- **Gentilicio**
  - Un / una nicaragüense
- **Lenguas**
  - El español
  - Lenguas de los pueblos indígenas originarios reconocidas
- **Capital**
  - Managua
- **Superficie**
  - 130.373 km²
- **Moneda nacional**
  - El córdoba
- **Los principales partidos políticos**
  - Frente Sandinista de Liberación Nacional (FSLN)
  - Partido Liberal Constitucionalista (PLC)
  - Partido Liberal Independiente (PLI)
- **Forma de Gobierno**
  - República presidencialista
- **Organización territorial**
  - 15 departamentos y 2 regiones autónomas
- **Situación geográfica**
  - En Centroamérica
  - **Fronteras**
    - Al norte con Honduras
    - Al sur con Costa Rica
    - Al oeste con el océano Pacífico
    - Al este con el mar Caribe

La Revolución Sandinista (1979-1990)

LA REVOLUCIÓN SANDINISTA (1979-1990)

- **El Frente Sandinista de Liberación Nacional (FSLN)**
  - **Lucha contra la dictadura de la dinastía Somoza**
  - Debe su nombre a Augusto César Sandino, líder de la guerrilla nicaragüense entre 1926 y 1933
  - Organización política, socialdemócrata y de izquierda, fundada en 1961 por Carlos Fonseca Amador, Santos López, Tomás Borge y Silvio Mayorga. Inspirada en la Revolución cubana
- **Revolución**
  - **1978**
  - Ocupación del Palacio Nacional de Managua por los sandinistas
  - Insurrección popular reprimida por el gobierno somocista
  - **Marzo de 1979**
  - Acuerdo de unidad del Frente Sandinista entre las 3 tendencias del FSLN
  - **Junio de 1979**
  - "Ofensiva final"
  - Huelga general para involucrar a toda la población en la lucha contra el régimen dictatorial
  - Fuerte represión de la Guardia Nacional con bombardeos y asesinatos
  - **Renuncia y exilio de Anastasio Somoza**
- **El FSLN en el poder**
  - **Expropiación de los bienes de la familia Somoza**
  - Reforma agraria integral
  - Nacionalización de las minas
  - Cruzada Nacional de Alfabetización que redujo el analfabetismo del 53 % al 12 %
  - Campañas de salud
  - **Los contras o la Contra**
  - Combatientes para vencer al FSLN
  - Financiados, entrenados y armados por EE. UU.
- **Intervención de Estados Unidos**
  - **1979**
  - Para intentar parar el avance del FSLN mediante la OEA
  - Para impulsar el movimiento de la Contra
- **1990**
  - **Derrota del candidato del FSLN Daniel Ortega frente a Violeta Chamorro**
  - Final de la Revolución Sandinista

MC 62 El orteguismo (desde 2006)

EL ORTEGUISMO (desde el 5 de noviembre de 2006)

- **Primer mandato (1984-1990)**
  - **1984**
    - Victoria de Daniel Ortega con el FSLN
  - **1985**
    - Bloqueo comercial de Estados Unidos
- **Segundo mandato (2006-2011)**
  - Gratuidad escolar
  - Mejora del sistema de salud pública
  - **Febrero de 2007**
    - Ingreso en el ALBA
  - **Octubre de 2009**
    - Fallo de la Corte Suprema que autoriza la reelección continua
- **Tercer mandato (2011-2016)**
  - **2014**
    - Manifestaciones contra el Canal de Nicaragua reprimidas
    - Aprobación de la ley que permite la reelección indefinida
  - **Julio de 2016**
    - Destitución de la mayoría de los diputados opositores 3 meses antes de los comicios presidenciales
- **Cuarto mandato (desde 2016)**
  - **16 de noviembre de 2016**
    - Victoria con un 72,5 %
    - Legitimidad de la elección cuestionada (ninguna oposición, ningún observador internacional)
  - **Pareja presidencial**
    - Vicepresidenta: Rosario Murillo, esposa de Daniel Ortega
  - **Abril-agosto de 2018**
    - Múltiples manifestaciones a favor de la dimisión de Ortega
    - **Fuerte represión (más de 300 muertos y 1.000 heridos)**
    - Emigración hacia Estados Unidos, Costa Rica y España
  - **Ley de ciberdelito (2020) = ley mordaza**
- **Características**
  - Nepotismo
  - Autoritarismo
  - Oposición amordazada
  - Reducción de la libertad de prensa
  - Presos políticos
- **Frente a la Covid-19**
  - **Irresponsabilidad gubernamental**
    - Despido de médicos críticos de la mala gestión
    - Liberación de 2.800 reos comunes, pero de ningún opositor encarcelado

Datos generales (véase MC 63)

Panamá es un istmo que une América del Sur con América Central. Situado en el sureste de América Central, tiene como capital la ciudad de Panamá. Limita al norte con el mar Caribe, al sur con el océano Pacífico, al este con Colombia y al oeste con Costa Rica. Anteriormente constituido por nueve provincias, desde el 1 de enero de 2014 se creó la provincia de Panamá Oeste, de ahí las 10 provincias actuales y cinco comarcas[1] indígenas. De acuerdo con la constitución panameña, el español es la lengua oficial del país; de hecho, es la lengua materna del 93 % de los panameños. El inglés es la segunda lengua más hablada en el país, pero otras lenguas son reconocidas en el sistema educativo en diversas comunidades donde vive mayoritariamente la población indígena.

Fue en 1502, durante su cuarto viaje, cuando Colón desembarcó a Panamá. En 1514, la escasa[2] rebelión de los nativos fue detenida por los españoles que reestructuraron la economía recurriendo al trabajo forzoso de unos 14.600 indios. El movimiento panameño de independencia de la Corona Española se inició el 10 de noviembre de 1821 con el Primer Grito de Independencia en la Villa de Los Santos. La falta de presupuesto[3] y de armamento militar, sumada a la inseguridad de ser reconquistado por España, interrumpió la aventura independentista del istmo, obligándolo a unirse a nuevas naciones americanas, entre las cuales los países de la Unión Centroamericana y Perú.

Una vez declarada su independencia de España (véase cap.51), el 28 de noviembre de 1821, los gobernantes de Panamá decidieron unirse voluntariamente a la Gran Colombia (formada por las actuales Colombia, Ecuador, Venezuela y Panamá) hasta su independencia, el 9 de julio de 1831. Pero poco después, Panamá se unió a la Nueva Granada (la actual Colombia y Panamá) de la que se separó varias veces antes de la definitiva en 1903.

El canal de Panamá: un siglo de disturbios (1903-1999) (véase MC 65)

La construcción del canal de Panamá empezó en 1881. Las obras supusieron muchas muertes debidas a enfermedades como la fiebre amarilla y el paludismo además de los deslizamientos de tierra. El canal interoceánico atraviesa el punto más estrecho del istmo de Panamá (82 km), favoreciendo un tránsito rápido y barato entre el océano Pacífico y el Atlántico y fomentando el crecimiento económico de los países desarrollados y en vía de desarrollo. El 22 de enero de 1903, se firmó el Tratado Herrán-Hay entre Estados Unidos y Colombia para finalizar la construcción del canal en territorio panameño, aunque quedó sin ratificarse[4] por el Senado colombiano. Una vez declarada la Separación de Panamá respecto de Colombia, se designó a Manuel Amador Guerrero como primer presidente constitucional de la República de Panamá el 19 de febrero de 1904. Se firmó un nuevo tratado para la construcción del canal interoceánico entre Estados Unidos y Panamá. La sorprendente obra de ingeniería fue terminada en 1914, utilizando tecnología avanzada para la época como motores eléctricos con esclusas, vías de ferrocarril y la construcción del lago Gatún, el lago artificial más grande del mundo hasta entonces.

Los tratados del canal le otorgaban[5] al Gobierno de los Estados Unidos la administración de una parte del terreno a lo largo de la vía interoceánica lo que, pese a[6] la soberanía de Panamá, muchas veces generó tensiones entre ambas naciones. El Tratado Arias-Roosevelt de 1936, firmado por los respectivos presidentes de Panamá y de EE. UU., anuló el principio de intervención militar estadounidense en los asuntos internos del Estado panameño, cambiando el concepto jurídico de país protegido por Estados Unidos para garantizar su independencia. En 1948, se creó la Zona Libre de Colón como una institución autónoma del Estado panameño, por el presidente Enrique A. Jiménez: consistía en una zona franca para beneficiarse a nivel mundial de la posición geográfica, los recursos portuarios y el canal. La firma del Tratado Remón-Eisenhower de 1955 le concedió a Panamá nuevas ventajas económicas y el pago de arriendos[7] por el canal.

En 1977, el general Torrijos y el presidente de EE. UU., Jimmy Carter, firmaron los Tratados Torrijos-Carter que establecieron la legalización de las bases militares en el país y la neutralidad del Canal de Panamá, pero definiendo como fecha definitiva para la devolución[8] del canal el 31 de diciembre de 1999.

La Guardia Nacional en el poder (1968-1983)

El 11 de octubre de 1968, apenas asumió la presidencia Arnulfo Arias Madrid, la Guardia Nacional liderada por Boris Martínez dio un golpe de Estado, iniciando así una dictadura militar que conllevó exilios, asesinatos, desapariciones y corrupción. Un año después, el general de Brigada Omar Torrijos asumió el mando de la Guardia Nacional y, en la Constitución de 1972, se nombró a sí mismo "líder máximo de la revolución panameña" del 11 de octubre y jefe del Estado. Fue un régimen de corte[9] populista con unas políticas de redistribución de las tierras y una política económica liberal que hizo de Panamá un gran centro bancario internacional. Fue intolerante con la oposición a su Gobierno y aún quedan sin resolver más de 200 asesinatos y desaparecidos bajo la dictadura militar de Omar Torrijos. Para dar crédito a los tratados Torrijos-Carter, Panamá tuvo que adoptar ciertas medidas de apertura democrática, como la legalización de los partidos políticos, una relativa liberalización periodística y el regreso[10] de varios exiliados políticos. En 1981, murió el general Torrijos en un accidente aéreo, poco después de la instalación de Ronald Reagan como presidente de Estados Unidos. Esta muerte fue considerada sospechosa. Entre 1981 y 1983 se sucedieron dos coroneles de la Guardia Nacional: Florencio Flores Aguilar y Rubén Darío Paredes.

Dictadura de Manuel Antonio Noriega (1983-1990)

En agosto de 1983, ascendió a comandante en jefe de la Guardia Nacional el general Manuel Antonio Noriega, quien transformó la institución armada en las Fuerzas de Defensa de Panamá. Durante los siguientes años, Panamá fue bloqueado económicamente por EE. UU. y cayó en una recesión económica y social (contracción del PIB de hasta la mitad en 1987 y 1988), causando el cierre de cientos de empresas y provocando el despido[11] de decenas de miles de panameños. La situación económica de Panamá obligó a miles de sus habitantes a emigrar hacia Estados Unidos, Costa Rica y España. En mayo de 1989, el general Noriega anuló los resultados de la elección presidencial, suspendió la constitución en septiembre y asumió el control de la nación panameña en calidad de jefe del Gabinete de Guerra, declarándole la guerra a EE. UU.

Noriega ya era conocido a partir de los años 50 puesto que colaboraba con la CIA y era una fuente de inteligencia preciosa. Constituía una de las vías principales de armas ilícitas, equipo militar y dinero para las fuerzas de contrainsurgencia respaldadas por Estados Unidos en América Central y América del Sur. Noriega también fue un relevante traficante de cocaína, pero nunca fue detenido por ello.

La **contrainsurgencia** son técnicas y prácticas aplicadas por los Estados para detectar y destruir a los miembros y bases de apoyo de los grupos insurgentes. Son de dos tipos: operaciones militares, policiales y de inteligencia o acciones de apoyo a la población combinadas con otras de propaganda y guerra psicológica. La Escuela de las Américas es un ejemplo de estas técnicas (➔ véase cap. 56).

La muerte de un soldado estadounidense por fuerzas de Panamá llevó al ejército del Gobierno estadounidense, encabezado por George H. W. Bush, a invadir Panamá el 20 de diciembre de 1989. Esta intervención, conocida como "Operación Causa Justa", provocó numerosas muertes de civiles y militares, así como el desmantelamiento de las fuerzas militares panameñas. Produjo asimismo un caos económico y social en el país. La posterior rendición del general Noriega el 3 de enero de 1990 y su detención marcaron el fin de la dictadura militar en Panamá. En 1992, Noriega fue condenado en EE. UU. a 40 años de cárcel y vio su pena reducida a 30. En abril de 2010, fue extraditado a Francia donde se le condenó por blanqueo de dinero del narcotráfico. Un año después, EE. UU. aceptó que fuera extraditado a Panamá.

Una nueva era democrática (a partir de 1990)

Mientras los estadounidenses bombardeaban distintos puntos de la capital panameña, **Guillermo Endara Galimany**, ganador de las mismas elecciones de 1989 anuladas por el general Noriega, fue juramentado como presidente constitucional de Panamá. Restableció el orden constitucional, mejoró la situación económica del país y reorganizó la fuerza policial. En 1990, fue uno de los fundadores del partido arnulfista pero poco después se alejó de su formación política por discrepancias[12] con su presidenta, Mireya Moscoso, viuda del expresidente Arnulfo Arias. Asumió el cargo de presidente hasta 1994, cuando le sucedió el candidato del PRD, Ernesto Pérez Balladares hasta 1999.

En las elecciones de 1999, **Mireya Moscoso** se convirtió en la primera mujer a la cabeza del país. El 31 de diciembre del mismo año, en fiel cumplimiento de los tratados Torrijos-Carter, la República de Panamá asumió el control total del Canal de Panamá.

Entre septiembre de 2004 y junio de 2009, **Martín Torrijos Espino**, hijo del general Omar Torrijos, ocupó el cargo de presidente, seguido del empresario **Ricardo Martinelli** (2009-2014). Ese periodo fue marcado por el pleno empleo, la pobreza bajó del 33 % al 26 % y el crecimiento económico fue en promedio de un 8,5 % anual, en tanto la inversión en obras públicas fue de 15.000 millones de dólares. En febrero de 2011, el vicepresidente y excanciller, Juan Carlos Varela, anunció la posible extradición de Manuel Antonio Noriega y el Departamento de Justicia de EE. UU. aceptó que Noriega regresara a Panamá donde se le acusaba de varios delitos.

Ricardo Martinelli fue arrestado en junio de 2018 después de su extradición por Estados Unidos donde había pedido asilo político en 2015 por ser perseguido por su predecesor Juan Carlos Varela. Pese a que su abogado denunció la violación de su destierro, el expresidente fue encarcelado en la misma prisión que el exdictador Noriega. Se le acusó de escuchas ilegales que le valieron una condena de 21 años de cárcel.

En la elección presidencial del 4 de mayo de 2014, el mismo **Juan Carlos Varela** salió vencedor y empezó su mandato el 1 de julio de 2014. En los primeros meses del Gobierno de Varela, el expresidente Ricardo Martinelli se convirtió en el principal rival de Varela, al que acusó de persecución política, odio, envidia[13] y rencor. Martinelli, quien presidía el Partido Cambio Democrático (derecha), culpó a Varela de no tomar decisiones y de poner en peligro el alto crecimiento económico y las inversiones extranjeras logradas por su gobierno. También le achacó el alza del costo de la vida y le culpó de la crisis de los sectores de la sanidad y la justicia.

El 31 de mayo de 2017, se anunció la muerte del exdictador Manuel Noriega, cerrándose así un capítulo de la historia de Panamá. Después de pasar casi tres décadas en distintas cárceles, no murió en la cárcel por el tumor cerebral que le obligó a ser tratado durante las últimas semanas de vida en un hospital de Ciudad de Panamá.

Laurentino Cortizo (desde el 1 de julio de 2019) (véase MC 64)

Después de dos candidaturas presidenciales vanas en 2008 y 2013, Laurentino Cortizo, apodado Nito, volvió en 2018 a la cabeza del PRD (Partido Revolucionario Demócrata) de centroizquierda. Salió victorioso el 5 de mayo de 2019 frente al candidato derechista Rómulo Roux. Encarnaba la novedad con su deseo de transparencia y restauración de la imagen de su país como paraíso fiscal a través de su lema "Salvar y transformar Panamá". Tras el escándalo de los *Panamá Papers* y el caso Odebrecht (véase cap. 63) que perjudicó a su predecesor Juan Carlos Varela, prometió luchar contra la corrupción, fomentar una mejor educación, reformar el Estado y dinamizar la economía. Pero, ante todo, ganó votos gracias a su discurso sobre las desigualdades en las regiones más pobres del país. Además, se comprometió a crear dos nuevos ministerios: uno de Cultura y otro de la Mujer para contrarrestar el número de violencias domésticas que se dispararon. Pero el balance de expertos al cabo de un año de presidencia distaba mucho de ser elogioso. Pese a una iniciativa presentada por la Alianza de las Mujeres en julio de 2019, aún no se había creado el Ministerio en febrero de 2020. No obstante, el 15 de agosto de 2019, el Gobierno de Cortizo creó el Ministerio de Cultura, el día en que Panamá celebraba el 500 aniversario de la fundación de la ciudad de Panamá y el 105 de apertura del Canal de Panamá, como para impulsar el desarrollo integral de la sociedad panameña. El país atravesó una crisis política, institucional, económica y social. La tasa de pobreza (19 %) era muy alta para un país con un crecimiento económico del 4,6 % de media anual por su ventajoso canal de ahí que muestra un mal reparto de las riquezas y una desigualdad a varios niveles, tanto sanitario como laboral: el empleo informal ocupaba un lugar preponderante. La crisis sanitaria debida a la Covid-19 no hizo más que acentuar el déficit del modelo económico y se diagnosticó para finales de 2020 una disminución del 2 % de su economía. El mandatario presentó una ley anticorrupción, pero ésta no salió a la luz. En verano de 2019, unos diputados alteraron estas medidas, reservando nuevos poderes al órgano legislativo e incluyendo un artículo que dificultaba una futura legislación del matrimonio homosexual. Después de manifestaciones violentas, la reforma fue retirada en diciembre. La gestión del Gobierno por Laurentino Cortizo engendró la desconfianza de la población y de los miembros de su propio partido. El despido del Ministro de Sanidad en plena pandemia agudizó la crisis sociopolítica. Con más de 145.000 casos y más de 5.900 muertes, a mediados de marzo de 2021, Panamá quedaba lejos de salir del atolladero[14] y el presidente de cumplir sus promesas.

Panamá, un país muy competitivo

Un istmo geográfica, bancaria y fiscalmente interesante

La posición geoestratégica de Panamá no sólo le valió ser un país de tránsito y lugar de encuentro de culturas diversas, sino también una amplia plataforma de servicios marítimos, comerciales, inmobiliarios y financieros, entre ellos la Zona Libre de Colón, zona franca más grande del continente y segunda a escala mundial. El famoso canal de Panamá es una obra que facilita la comunicación entre las costas de los océanos Atlántico y Pacífico, influyendo realmente en el comercio mundial. Entre 2007 y 2016, se realizó una ampliación del Canal, suponiendo así una mayor permeabilidad de culturas e intercambios.

El sistema bancario panameño está constituido principalmente por la banca privada, buena parte de ella de capital internacional. Durante las últimas dos décadas del siglo XX se fue fortaleciendo como uno de los más importantes centros financieros de América Latina, por las facilidades legales para instalarse, su situación geográfica respecto a la región, su relativa estabilidad económica y política y la dolarización de su economía.

Otro elemento clave es que Panamá goza de su posición de paraíso fiscal: bajo las leyes panameñas, las sociedades *off shore* están exentas del pago de impuesto sobre los ingresos por intereses o ganancia sobre el capital en las transacciones de compraventa de valores (acciones, bonos, materias primas, fondos de inversión y divisas). Por todas estas ventajas, Panamá se vio involucrado en el escándalo de los *Panama papers* en torno al bufete de abogados panameño Mossack Fonseca (➔ véase cap. 63).

Un canal ampliado, una máquina para hacer dinero (2007-2015)

Desde su inauguración el 26 de junio de 2016, el canal ampliado superó las expectativas de tránsito. Pero, reafirmó, además, su liderazgo ambiental en la industria marítima, ahorrando agua y reduciendo la producción de CO_2 gracias a las menores distancias de viaje y la mayor capacidad de carga que ofrece. Durante dos años, el canal estuvo operativo el 100 % del tiempo bajo el mando de la Autoridad del Canal de Panamá (ACP), agencia del Gobierno de Panamá encargada de la administración, conservación y modernización además del funcionamiento, mantenimiento y mejoramiento del Canal. No sólo varió el método de transitar los buques[15], sino que también amplió el horario y el número de operaciones conforme su personal iba adquiriendo experiencia. En dicho periodo pasaron por las nuevas esclusas 3.500 barcos, entre ellos muchas naves gaseras y transatlánticas de pasajeros que por sus dimensiones no podían pasar por las antiguas. A una media de 750.000 dólares por barco, el canal ampliado generó unos 2.625 millones de dólares, lo que supuso más del 80 % de su presupuesto inicial. La amortización de la inversión sería pues rápida, sobre todo teniendo en cuenta que la vida útil de los materiales es muy superior a 100 años.

Se remonta a 2014 la fecha en la que la Autoridad del Canal de Panamá y el grupo constructor llegaron a un acuerdo para finalizar las obras, pacto que suponía hacerlo a partes iguales. Para ello se pusieron en manos del arbitraje para dilucidar quién tenía razón y, así, recuperar la inversión. En 2017, una primera resolución cayó a favor de la ACP que iba a recibir por parte de las empresas constructoras GUPC, con la española Sacyr a la cabeza, más de 22 millones de dólares por sus gastos en el proceso de arbitraje y 900.000 dólares que había desembolsado, en concepto de provisión para gastos fijados por la corte internacional de arbitraje. No obstante, dos años después de cumplirse la inauguración de la ampliación del canal, quedaba pendiente[16] la resolución de otros cuatro arbitrajes entre GUPC y la ACP. Su proceso fue muy lento y, además, se enfrentó con una incógnita: la pandemia de Covid-19 que aplazó las negociaciones hasta el 25 de septiembre de 2020. Lo que reclamaban Sacyr y sus socios del consorcio GUPC era el aumento de costes derivado del retraso en las obras del Canal de Panamá. Pero nuevamente, el Canal de Panamá salió favorecido en el arbitraje por la construcción por lo que el contratista tuvo que devolver 265 millones de dólares y la ACP pagarle 17 millones más los costos de financiamiento.

NOTAS

1. una comarca = un distrito
2. escaso, -a (adj) = poco,-a, raro,-a
3. el presupuesto: *le budget*
4. ratificarse = aprobarse
5. otorgar = conceder
6. pese a: *malgré*
7. un arriendo = un alquiler: *une location*
8. la devolución = la restitución
9. de corte = de naturaleza, de índole
10. el regreso = el retorno
11. el despido = la pérdida de empleo
12. las discrepancias = los desacuerdos, diferencias de opiniones
13. la envidia: *la jalousie extrême*
14. salir del atolladero: *sortir du bourbier*
15. los buques: *les grands navires*
16. pendiente = sin resolver

Noriega, god's favorite (2000), del director estadounidense Roger Spottiswoode, cuenta la historia del general panameño Manuel Antonio Noriega, desde la pobreza más absoluta, pasando por soldado e informante de la CIA, hasta su relación con los narcotraficantes colombianos.

MC 63 Panamá (presentación general)

PANAMÁ (presentación general)

- **Población**
  - 4,6 millones de habitantes
- **Gentilicio**
  - Un panameño
  - Una panameña
- **Lengua**
  - El español
- **Capital**
  - Panamá
- **Superficie**
  - 75.420 km²
- **Monedas nacionales**
  - El balboa (oficial)
  - El dólar estadounidense (curso legal)
- **Los principales partidos políticos**
  - El Partido Revolucionario Democrático (PRD)
  - El Partido Panameñista (PAN)
  - El Cambio Democrático (CD)
  - El MOLIRENA (Movimiento Liberal Republicano Nacionalista)
- **Forma de Gobierno**
  - República presidencialista
- **Organización territorial**
  - 10 provincias
  - 2 comarcas indígenas pero con nivel de corregimiento
  - 3 comarcas indígenas con estatus de provincia
- **Situación geográfica**
  - En América Central
  - **Fronteras**
    - Al este con Colombia
    - Al oeste con Costa Rica

La presidencia de Laurentino Cortizo (desde el 1 de junio de 2019)

LA PRESIDENCIA DE LAURENTINO CORTIZO (desde el 1 de julio de 2019)

- **Victoria apretada frente a Rómulo Roux de derechas**
  - Del Partido Revolucionario Demócrata (centro-izquierda)
  - Su lema: "Salvar y transformar Panamá"
- **Sus promesas electorales**
  - Luchar contra la corrupción
  - Fomentar una mejor educación
  - Dinamizar la economía
  - Reformar el Estado
- **Creación de dos ministerios**
  - Ministerio de la Mujer (pendiente en marzo de 2021)
  - Ministerio de la Cultura (15 de agosto de 2019)
- **Frente a la Covid-19**
  - Despido del Ministro de Sanidad (junio de 2020)
  - Cuarentena e insólita medida: separar las salidas de hombres y mujeres
  - Panamá: uno de los países con mayor número de pruebas per cápita
  - Represión durante manifestaciones contra la mala gestión de la pandemia (febrero de 2021)
- **Crisis socio-política**
  - Aumento de la violencia a las mujeres
  - Tensiones entre el Ejecutivo y el Legislativo
  - Desconfianza de la población
- **Crisis económica**
  - Alta tasa de pobreza (19 %)
  - Decrecimiento del 2 %
  - Desempleo (18,5 %)
  - Informalidad (52,8 %)

MAPA CONCEPTUAL

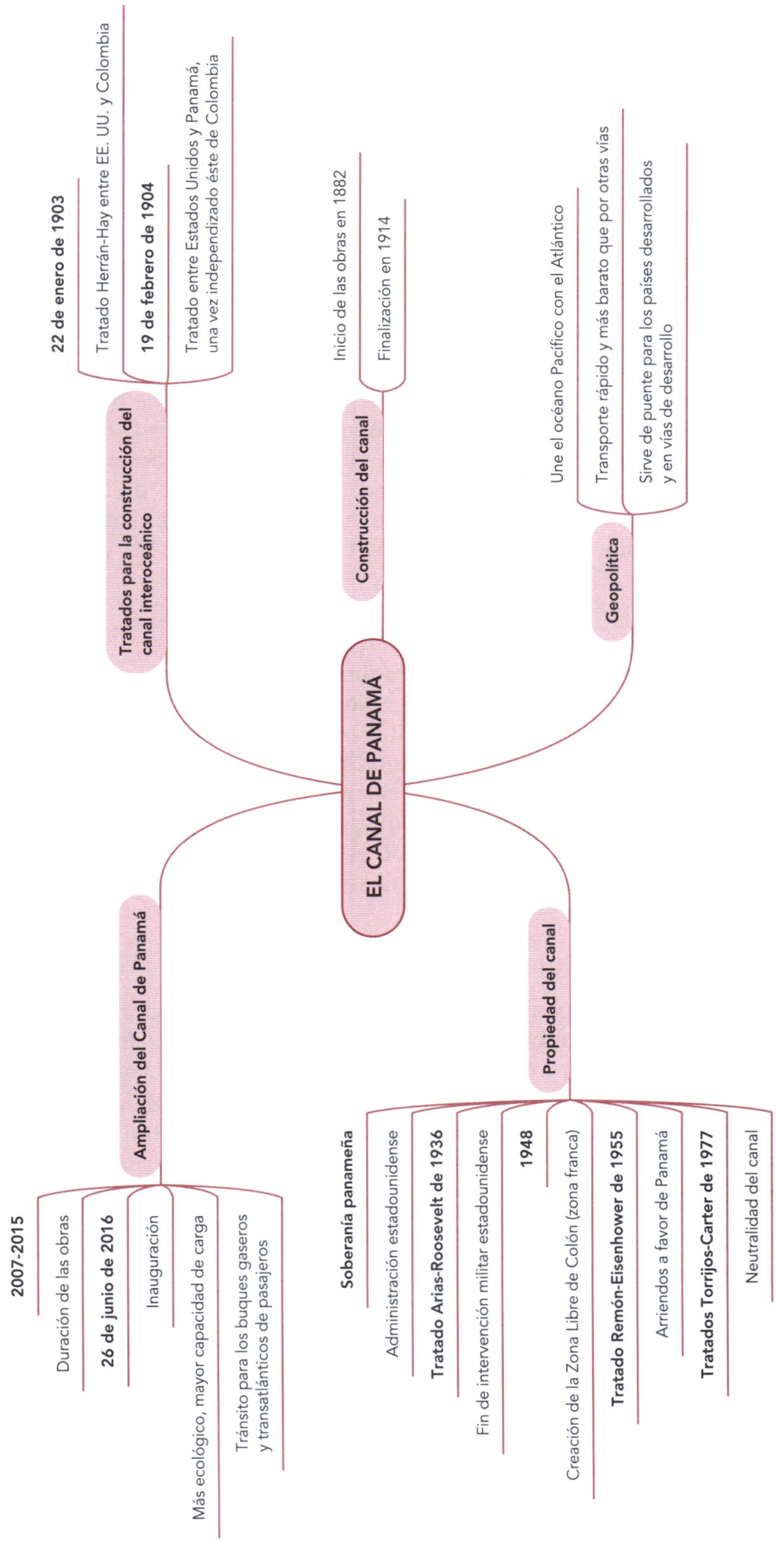
EL CANAL DE PANAMÁ
Tratados para la construcción del canal interoceánico
22 de enero de 1903
Tratado Herrán-Hay entre EE. UU. y Colombia
19 de febrero de 1904
Tratado entre Estados Unidos y Panamá, una vez independizado éste de Colombia
Construcción del canal
Inicio de las obras en 1882
Finalización en 1914
Geopolítica
Une el océano Pacífico con el Atlántico
Transporte rápido y más barato que por otras vías
Sirve de puente para los países desarrollados y en vías de desarrollo
Ampliación del Canal de Panamá
2007-2015
Duración de las obras
26 de junio de 2016
Inauguración
Más ecológico, mayor capacidad de carga
Tránsito para los buques gaseros y transatlánticos de pasajeros
Propiedad del canal
Soberanía panameña
Administración estadounidense
Tratado Arias-Roosevelt de 1936
Fin de intervención militar estadounidense
1948
Creación de la Zona Libre de Colón (zona franca)
Tratado Remón-Eisenhower de 1955
Arriendos a favor de Panamá
Tratados Torrijos-Carter de 1977
Neutralidad del canal

41 ARGENTINA

Datos generales (véase MC 66)

Argentina, el país hispanohablante más extenso, ocupa el extremo sur de Sudamérica y es el octavo país más grande del mundo. Se ubica en el sudeste de América del Sur y su territorio tiene frontera al norte con Bolivia y Paraguay, al nordeste con Brasil, al este con Uruguay y el océano Atlántico, al oeste con Chile. Su clima es muy variado debido a su tamaño. El país cuenta con 45,7 millones de habitantes.

Antes de la llegada de los españoles, la actual Argentina formaba parte del Imperio incaico. En febrero de 1516, el navegante español Juan Díaz de Solís desembarcó en la región del actual Río de la Plata. El nombre "Argentina" proviene del latín *argentum* (plata) y surgió a partir de la creencia que los conquistadores tenían acerca de la abundancia de este metal en este territorio. Sin embargo, la colonización no comenzó sino 20 años después, en 1536, año de la fundación de Buenos Aires. Después de 1810, año de la rebelión criolla, España nunca recuperó el control de la ciudad. El período de la guerra de independencia en Argentina abarca los años 1810-1820 (véase cap. 51).

Vertiginoso desarrollo económico

El trigo y la lana formaban parte de los productos más exportados. En 1914, Argentina era el segundo país más urbanizado del mundo por detrás de Gran Bretaña. Unos 6 millones de europeos (principalmente italianos y españoles por ello es el país más "blanco" de América Latina) llegaron a Buenos Aires entre 1870 y 1914 y más de la mitad se quedó definitivamente en Argentina. Mediante la inmigración, Argentina recibió una mano de obra competente y unos empresarios que incentivaron el desarrollo comercial e industrial. Además, Argentina se convirtió en uno de los mercados más importantes para la exportación, prueba de prosperidad económica en la Argentina de entonces.

El golpe de Estado del 6 de septiembre de 1930

Este golpe dio paso a una larga etapa de creciente inestabilidad y polarización. En el contexto de la Segunda Guerra Mundial, Argentina optó por una política de neutralidad. Sin embargo, los militares y buena parte de la población se inclinaron por el Eje (la Alemania de Hitler, la Italia de Mussolini y la España de Franco). Mediante un golpe de Estado, el 4 de junio de 1943, los militares instalaron al general Pedro Ramírez en el palacio presidencial para evitar que el candidato oficialista ganara las elecciones presidenciales.

La era peronista (1945-1974)

El peronismo (también denominado justicialismo) es un movimiento político que surgió en Argentina a mediados de los años 40 alrededor de la figura de Juan Domingo Perón. Se suele señalar la fecha del 17 de octubre de 1945 como nacimiento del peronismo, cuando numerosos argentinos exigieron la liberación de Perón. Es muy difícil definir la ideología peronista puesto que abarca propuestas de izquierda y de derecha. Uno de los rasgos del peronismo fue la demagogia llevada a su paroxismo.

Juan Domingo Perón (1945-1955): de ministro a presidente

Entre los golpistas del 4 de junio de 1943 estaban el coronel Perón y un grupo secreto de jóvenes oficiales favorables al Eje conocido como el GOU (Grupo de Oficiales Unidos). Después de un viaje a Italia, Perón había vuelto a Argentina a principios de 1941, pensando que podría aplicar las ideas fascistas y convertir su país así en una nación poderosa. En febrero de 1944, el general Ramírez fue depuesto por los militares proalemanes y sustituido por el ministro de Guerra, el general Edelmiro Farrell. Pero fue Perón quien se volvió el hombre fuerte del país desempeñando cargos como vicepresidente, ministro de Guerra, titular de la Secretaría del Trabajo y Bienestar Social y presidente del Consejo de Planeamiento de Posguerra. Perón intentó ganarse el favor de la clase obrera argentina proponiendo decretos favorables para los trabajadores (aumentos salariales, vacaciones, pensiones, seguro de riesgo de trabajo). La tensión comenzó a aumentar en junio de 1945, cuando la oposición al régimen militar se movilizó contra la política de Perón. El embajador estadounidense, Spruille Braden, también tomó parte en el pleito contra Perón y el gobierno que ejercía el poder. Se organizaron importantes manifestaciones contra el gobierno el 9 de septiembre y el 24 de septiembre tuvo lugar el primer intento de golpe contra los militares gobernantes. El 8 de octubre de 1945, aconteció un golpe de Estado por oficiales de la Marina y el Ejército respaldados por el embajador estadounidense después del que Juan Domingo Perón fue encarcelado. Sin embargo, el 17 de octubre, la movilización popular fomentada por su segunda esposa Eva Duarte, apodada entonces "Evita", permitió su rápida liberación. Juan Domingo Perón ya no era un mero oficial del ejército, sino también el líder obrero del país.

Pese a una amplia oposición en su contra, Perón se postuló para las elecciones presidenciales de febrero de 1946 y las ganó gracias al apoyo de la Iglesia, el Ejército, la policía, las masas populares. Un año después de su elección, presentó un programa sociolaboral que supuso mejoras respecto a las condiciones de trabajo y de vida de los trabajadores. Las medidas que definían la semana laboral de 48 horas, un sueldo mínimo o trece pagas al año favorecieron sobre todo a los obreros industriales. A nivel social, legalizó el divorcio y otorgó a las mujeres el derecho al voto. Miles de profesores universitarios fueron despedidos, la Corte Suprema perdió su autonomía y políticos prominentes de la oposición, como el líder del Partido Radical, Ricardo Balbín, fueron encarcelados. Las grandes victorias electorales de 1948 y 1951 (cuando Perón resultó reelecto con el 64 % de los votos en la primera elección con sufragio femenino) redujeron la presencia institucional de la oposición política a un nivel casi nulo. En 1949, se adoptó una nueva constitución y la doctrina social de Perón, el justicialismo, se convirtió en la base ideológica de la nación. El 11 de noviembre de 1951, Perón venció en las elecciones gracias al control de la prensa y de la oposición. El 26 de julio de 1952, falleció Evita cuando era una fuerza política de gran magnitud. En abril de 1953, con el cambio coyuntural económico, el Gobierno entró en una fase de aislamiento e inmovilismo al no poder llevar a cabo las transformaciones necesarias al buen desarrollo del país. Pese a los cambios en servicios, nacionalizaciones e industrialización ligera, el funcionamiento no era eficaz por no haber emprendido profundas reformas estructurales. El gobierno iba avanzando hacia la dictadura con la persecución de la oposición. El 16 de septiembre de 1955, estalló una insurrección militar

> **Eva Perón o Evita (oficialmente María Eva Duarte de Perón), apodada así por los descamisados –los pobres–**, fue actriz y luego dirigente política. Luchó por la igualdad política, jurídica y civil entre hombres y mujeres. Permitió el sufragio femenino, fundó el Partido Peronista Femenino y se dedicó a la lucha por los derechos sociales. Era tal su influencia y su culto que el Congreso la nombró "Jefa espiritual de la Nación". Al morir de un cáncer a los 33 años, se convirtió en un verdadero mito, aunque fue una figura controvertida.

que provocó 147 muertos y amenazó con bombardear la Casa Rosada (la residencia presidencial). Tres días después, Perón dimitió y, después de una estancia en Paraguay y Venezuela, se exilió a España, entonces dirigida por Franco, con el que Evita había tenido contactos. Eduardo Lonardi asumió la presidencia. El 13 de diciembre de 1963, el Gobierno argentino solicitó al general Francisco Franco la extradición de Perón. Sin embargo, el 31 de octubre de 1964, el Congreso argentino derogó las leyes que prohibían las actividades peronistas y comunistas. Perón había dejado Argentina, pero el peronismo seguía presente.

Inestabilidad política

Entre la renuncia de Perón en 1955 y su regreso a la presidencia el 17 de octubre de 1973, en el país se sucedieron diez presidentes diferentes, cinco de los cuales eran generales. El país pasó de administraciones militares represivas a gobiernos civiles débiles, a su vez sustituidos por otras dictaduras militares, a raíz de golpes militares. El peronismo no sólo sobrevivió al exilio de Perón, sino que continuó siendo la mayor fuerza política y social de Argentina, con una base sólida en los poderosos movimientos sindicales del país. La popularidad del justicialismo permitió que los peronistas ganaran todas las elecciones en las cuales pudieron participar o tener una influencia crucial en la mayoría de las que no se les permitiera tomar parte. El objetivo estratégico de los peronistas fue lograr que Argentina fuera ingobernable sin Perón. Los militares, al contrario, definían toda su política en torno a la idea de excluir a Perón del poder. Fue preocupante la aparición, en 1970, de diversos grupos de resistencia armada de inspiración tanto peronista como marxista. En marzo de 1970, fue secuestrado el cónsul paraguayo, y en junio fue ejecutado el general Aramburu, una de las figuras centrales del golpe que había depuesto a Perón en 1955. La policía y los militares lanzaron una ola brutal de represalias contra los activistas de izquierda. Los militares llegaron a la conclusión de que sólo Perón podía dar a la nación un gobierno estable.

Vuelta de Juan Perón (1973-1974)

Cuando, el 20 de junio de 1973, Perón aterrizó en el aeropuerto de Buenos Aires, le esperaban peronistas de izquierda y de derecha que acabaron provocando la Masacre de Ezeiza por sus discrepancias. Esta matanza bien representa la división que reinaba en el país durante la primera mitad de los 70. Los peronistas de izquierda, agrupados en la organización guerrillera Montoneros (➔ véase cap. 52), luchaban contra "los burócratas", es decir los peronistas más conservadores que controlaban el movimiento sindical. El 26 de septiembre de 1973, Juan Domingo Perón y su tercera esposa María Estela Martínez, conocida popularmente como Isabelita o Isabel Perón, triunfaron en los comicios. Sin embargo, el presidente murió de un ataque al corazón el 1 de julio de 1974 por lo que el 29 de junio de 1974, su esposa tuvo que sustituirlo para dirigir el país. En noviembre de 1974, apareció la Alianza Argentina Anticomunista (conocida como la Triple A), que obligó a centenares de intelectuales de izquierdas a abandonar el país. A raíz del omnipresente clima de violencia, Isabel Perón confió en los militares y los "escuadrones de la muerte" para destruir a la izquierda, lo que acarreó una inmensa ola de represión. A comienzos de 1975 y hasta el final de su presidencia, empezó la llamada "guerra sucia" durante la cual desaparecían unos 50 activistas de izquierda a la semana. Después de su legislatura, la guerra sucia se volvió todavía más fuerte cuando los militares se hicieron con el poder el 24 de marzo de 1976.

Dictadura militar (1976-1983) (véase MC 67)

Entre 1976 y 1983, se sucedieron cuatro dictadores procedentes de las Fuerzas Armadas. En diciembre de 1975, el general Jorge Rafael Videla se dirigió al gobierno peronista de Isabel Perón para exigir una salida inmediata a la crisis que azotaba al país tanto a nivel socioeconómico (bancarrota del peso, inflación del 400 %) como político. Este aviso anunciaba en cierta medida el golpe de Estado del 24 de marzo de 1976, que implantó el autodenominado Proceso de Reorganización Nacional, que pretendía crear una nueva clase dirigente, instaurar un nuevo orden social y político, refundar el modelo económico obedeciendo a los principios del liberalismo e institucionalizar el papel del Ejército en el seno del sistema político. Los militares de las Fuerzas Armadas se valieron de la inestabilidad económica y sobre todo política (los Montoneros o el fortalecimiento de la guerrilla trotskista del Ejército Revolucionario del Pueblo), para legitimar su golpe, así como el derrocamiento de Isabel Perón.

Primero, los tres cuerpos del Ejército coincidieron en la aplicación de la doctrina de seguridad nacional que luchaba contra los "subversivos", o sea el "enemigo interior" encarnado por los comunistas, marxistas, socialistas (ideología de izquierda) y privaba a los ciudadanos de las libertades básicas. Sin embargo, el Proceso fue marcado y debilitado por las discrepancias entre sus actores acerca de la finalidad misma del régimen Videla, priorizó la lucha antisubversiva y la vuelta al orden y la seguridad. En todo el país se instalaron campos de detención clandestinos donde se secuestraba, se torturaba y se asesinaba a los "subversivos" y se crearon los llamados "grupos de tareas", cuyo papel era raptar e interrogar a los sospechosos. Toda esta represión en torno a la Operación Cóndor (véase cap. 57), tuvo un impacto muy fuerte: desaparecieron 30.000 personas y unos 500 bebés fueron robados y atribuidos a familias cercanas al régimen. La canción "Desaparecidos" de Ruben Blades ilustra el fenómeno.

Tras la victoria de Argentina en el Mundial de 1978, Videla inició su segundo período (agosto de 1978) y se aprovechó del acontecimiento deportivo y del triunfo de la selección argentina para ostentar ante el mundo entero la alegría de su pueblo. Incluso invitó, en septiembre de 1979, la comisión de los derechos humanos de la OEA para que comprobara el respeto a los DD.HH. El 4 de octubre de 1980, Ricardo Viola le sucedió a Jorge Rafael Videla en un contexto económico convulso: el dólar pasó de 250 pesos en 1976 a 7.500 pesos en 1980, las reservas de divisas mermaron[1] mientras que la deuda aumentó alcanzando los 27.000 dólares. La profunda crisis económica, así como el acercamiento a los peronistas iniciado al principio de su mandato acarrearon tensiones dentro de la Junta, lo que condujo a un cambio de presidente en diciembre de 1981. Leopoldo Galtieri fue elegido a raíz de la destitución de Viola, emprendió económicamente una política liberal y siguió la línea estadounidense en cuanto a la cruzada anticomunista. En 1981, el Partido Justicialista, junto con la Unión Cívica Radical, el Partido Intransigente, el Partido Demócrata Cristiano y el Movimiento de Integración y Desarrollo conformaron la "Multipartidaria" mediante la que exigieron, en julio del mismo año, un retorno al Estado de Derecho, así como un plan económico de emergencia. A comienzos de la década de 1980, los militares consideraron que una guerra constituía el único camino posible para continuar en el poder en medio de una crisis económica cada vez más devastadora. El 2 de abril de 1982, Argentina comenzó el proceso de "recuperación" de las islas Malvinas, creando unidad y alegría en la opinión pública.

> **Las islas Malvinas** es un archipiélago británico situado en el extremo sur del océano Atlántico, a unos 360 kilómetros de Argentina.

Galtieri se valió de esta operación para desviar la atención social de la población e incentivar el apoyo al régimen (tal y como Videla lo había hecho con el Mundial 78). Efectivamente, desde el principio del conflicto, el gobierno recibió el respaldo de casi todos los argentinos, lo que sumió a los pocos resistentes en un profundo aislamiento. La unanimidad nacional sólo desapareció con la derrota de Argentina. Frente a la ocupación argentina, el gobierno británico reaccionó bélicamente y hundió un crucero argentino, ocasionando la muerte de 400 marinos. El 24 de mayo, Gran Bretaña invadió las Malvinas y el 14 de junio, terminó el conflicto con la rendición del ejército argentino, lo que generó el desgaste y la caída de la Junta Militar y el triunfo de una Margaret Thatcher políticamente agotada. La guerra de Las Malvinas pasó de "causa nacional" a "guerra absurda" que llevó a la destitución de Galtieri, sustituido por Reynaldo Bignone poco antes del final de la contienda. Las pérdidas humanas del bando argentino (649 militares) superaron a las del bando británico (255) además de la muerte de tres isleños durante el conflicto, a raíz del cual el Reino Unido recuperó su soberanía. La derrota argentina debilitó tanto a la Junta Militar que precipitó su final. El nuevo presidente nombró funcionarios civiles en todos los ministerios excepto Interior y previó una vuelta al Estado de derecho en marzo de 1984. Sin embargo, el descubrimiento de cementerios clandestinos el 29 de octubre de 1982 abortó ese comienzo de conciliación y consenso. El 16 de diciembre del mismo año, tuvo lugar la "Marcha por la democracia", que movilizó a más de 100.000 personas. El 29 de abril de 1983, un representante de la Junta Militar anunció que las personas desaparecidas desde 1973 (principio del caos político y del terrorismo) habían muerto como consecuencia del proceso bélico para eliminar a los subversivos. En septiembre de 1983, la ley de autoamnistía fue la gota que colmó el vaso, ya que, gracias a ella, los dirigentes militares se indultaron a sí mismos.

> La oposición durante la dictadura se organizó alrededor de varias asociaciones como las Madres de Plaza de Mayo, que empezó su acción en abril de 1977 cuando 14 madres de desaparecidos se reunieron en la Plaza de Mayo para conocer el paradero[2] de sus hijos desaparecidos y para reclamar la verdad sobre lo ocurrido. Las Abuelas de Plaza de Mayo, otro colectivo, obran por localizar y reunir con sus legítimas familias a los bebés robados por la dictadura militar. En agosto de 2020, habían recuperado la identidad de 130 hijos de desaparecidos.

Vuelta a la democracia (1983-2003)

Raúl Alfonsín entre castigo e impunidad (1983-1989)

En las elecciones presidenciales del 30 de octubre de 1983, Raúl Alfonsín venció al candidato peronista Italo Luther con un 52 % de los votos frente a un 45 %. Para entablar el proceso de reconstrucción del país y aliviar las heridas y secuelas causadas por la dictadura, el presidente recién elegido instauró un gobierno de unión nacional. En enero de 1984, el mandatario ordenó que se encarcelara al general Ramón Juan Alberto Camps, responsable de 5.000 desapariciones y del Caso Timerman y la Noche de los Lápices. A finales de septiembre de 1984, el escritor Ernesto Sábato, entre otros intelectuales, acabó la redacción del informe Nunca Más sobre los desaparecidos.

> **Nunca Más** es el nombre dado al informe llevado a cabo por la Comisión nacional sobre la Desaparición de Personas (CONADEP), cuya meta era enjuiciar y condenar a las juntas militares de la dictadura. La comisión fue creada a petición de Raúl Alfonsín el 15 de diciembre de 1983.

Sin embargo, el 24 de diciembre de 1986, Alfonsín aprobó la Ley de Punto Final, por la que se paralizaron los procesos judiciales contra los represores de la dictadura militar gracias a la fórmula siguiente: "se extinguirá la acción penal contra toda persona que hubiese cometido delitos vinculados a la instauración de formas violentas de acción política hasta el 10 de octubre de 1983". Esta ley levantó una viva polémica y provocó el descontento de numerosos argentinos que se manifestaron en Buenos Aires contra la adopción de dicha ley. Además, para completar esta ley de impunidad, Alfonsín promulgó, en junio de 1987, la Ley de Obediencia Debida, que hacía no punibles los delitos cometidos por los miembros de las Fuerzas Armadas salvo los que concernieran a los bebés robados. El Gobierno de Alfonsín terminó con una gran inestabilidad política y económica caracterizada por la hiperinflación y saqueos a los supermercados. El mandatario tuvo que renunciar 6 meses antes del final de su mandato.

Carlos Menem (1989-1999): de peronista a aliado de Estados Unidos (1989-1999)

La elección de Carlos Menem fue la primera sucesión presidencial entre dos presidentes constitucionales desde 1928, o sea un verdadero hito[3]. Enseguida el mandatario recién electo debió enfrentarse a la hiperinflación que golpeaba al país. Pese a ser peronista, se acercó de inmediato a Estados Unidos y Gran Bretaña. Logró ganarse la simpatía de la comunidad financiera estadounidense e incluso se llevó bien con George Bush padre. Luego viajó a Inglaterra donde consiguió restablecer relaciones diplomáticas con su enemigo en la guerra de las Malvinas. Entonces pudo emprender un enorme proceso de privatización. Sin embargo, sus medidas no bastaron ya que, en diciembre de 1989 llegó otra ola de hiperinflación. Por ello, adoptó la Ley de Convertibilidad, vigente desde el 1 de abril de 1991, que estabilizó la economía del país. A nivel político, la presidencia de Carlos Menem fue marcada por una serie de diez decretos sancionados el 7 de octubre de 1989 y el 30 de diciembre de 1990, con los que el dirigente decidió indultar a civiles y militares, responsables de crímenes durante la dictadura. Mediante estos decretos fueron indultadas más de 1.200 personas.

Las llamadas "leyes de impunidad" abarcan tanto la Ley de Punto Final y la de Obediencia Debida promulgadas por Raúl Alfonsín como los indultos de Menem. Las dos primeras fueron votadas por el Parlamento mientras que el indulto fue una decisión unilateral sin previa consulta y muy posterior a la sanción de las leyes.

En 1994, impulsó una reforma constitucional que disminuyó la extensión del mandato a cuatro años y permitió la reelección presidencial inmediata, lo que le dio la posibilidad de volver a presentarse. De hecho, salió reelegido el 14 de mayo de 1995. Por muy exitosas que fueron sus medidas tomadas durante la crisis, cuando la tesitura volvió a la normalidad, las decisiones del mandatario ya no les convinieron a los ciudadanos. Su despotismo y sus numerosas reformas relámpago[4] fueron el nudo del problema. En 1996, dos huelgas generales organizadas por la totalidad del movimiento sindical golpearon al país por el disparo[5] del desempleo. Menem intentó seguir en el poder para un tercer mandato mediante una enmienda[6] constitucional, pero no recibió el apoyo de la ciudadanía. Volvió a participar en las elecciones presidenciales de 2003, pero sin éxito.

Un mandato abortado: Fernando de la Rúa (1999-2001)

La victoria de Fernando de la Rúa se debió al castigo de los votantes hacia Carlos Menem y al deterioro de la situación económica del país, que cerró el año 1999 con una caída del PIB de un 3,4 % y un paro que alcanzaba el 14 %. Además, las cuentas estaban en rojo con un déficit fiscal de más de mil millones de pesos y una deuda externa de unos 150.000 millones anuales. Esta situación dramática empujó a Fernando de la Rúa a tomar medidas de ajuste para sanear las finanzas. Para respetar las directivas del FMI, el Gobierno aplicó planes de austeridad y aumentó los impuestos, desatando huelgas y protestas masivas en todo el país. Para contener la corrida bancaria (el retiro masivo de dinero) y evitar la bancarrota, a principios de 2001, Fernando de la Rúa ordenó el congelamiento de los depósitos: cerca de 70.000 millones de dólares. A raíz del retiro de

22.000 millones de dólares en menos de tres meses por parte de cuentahabientes[7], el Gobierno impidió que los retiros semanales superaran los 250 pesos. Además, prohibió las transferencias al extranjero, salvo las correspondientes a operaciones de comercio exterior, o al pago de gastos o retiros que se realizaran en el exterior vía tarjetas de crédito o débito emitidas en Argentina. El denominado "corralito" acarreó saqueos[8] y marchas de los ciudadanos bautizadas "cacerolazos" por utilizar cacerolas para provocar ruido. Frente a la agitación social, el 19 de diciembre de 2001 el presidente De la Rúa decretó el estado de sitio y al día siguiente renunció a su cargo y huyó en helicóptero. Tras la dimisión de De la Rúa se sucedieron 5 presidentes en dos semanas.

El kirchnerismo (2003-2015)

El kirchnerismo viene del nombre de la pareja que gobernó Argentina sucesivamente y durante 13 años. No se limita este término al sistema de poder organizado en torno a Néstor y Cristina de Kirchner, sino que también designa una ideología que proyecta un modelo socioeconómico a nivel nacional. El kirchnerismo reivindicó desde el principio una voluntad de refundación y reestructuración nacional, de transformación social y de mejora del país para convertirlo en una gran potencia. Se puede hacer un paralelo entre kirchnerismo y Socialismo del Siglo XXI en los Gobiernos de Correa en Ecuador, Morales en Bolivia o Chávez en Venezuela y Ortega en Nicaragua.

Néstor Kirchner (2003-2007): la memoria obstinada

En mayo de 2003, Néstor Kirchner heredó un país inestable tanto a nivel político como socioeconómico. El kirchnerismo desempeñó un papel relevante en la investigación respecto a las violaciones de derechos humanos durante la dictadura (este proceso había sido iniciado bajo la legislatura de Alfonsín, pero se vio socavado[9] por amnistías concedidas por el propio Alfonsín y por Menem). Se cancelaron la Ley del Punto Final y la de Obediencia Debida, se anularon los indultos y se reiniciaron los juicios. El gobierno de Kirchner les hizo mucho caso tanto a Hebe de Bonafini (presidenta de las Madres de Plaza de Mayo) como a Estela de Carlotto (presidenta de las Abuelas de Plaza de Mayo). El 24 de marzo de 2004, el presidente pidió "perdón en nombre del Estado" argentino por los crímenes de la dictadura militar y convirtió la ESMA en un Museo de la Memoria para que no se olvidara la represión ocurrida durante la dictadura.

> **La ESMA** (Escuela de Mecánica de la Armada) fue el centro de torturas más famoso de la dictadura argentina por el que pasaron más de 5.000 detenidos.

El objetivo del nuevo Gobierno era reestructurar el sector laboral aumentando las exportaciones gracias al auge de las *commodities*[10]. El país se benefició de los altos precios de la soja, entonces monocultivo nacional (véase cap. 58), renegoció la deuda y creó empleos.

A nivel internacional, Kirchner formó parte de un grupo de mandatarios de varios países latinoamericanos, junto con Lula (Brasil), Tabaré Vázquez (Uruguay), Evo Morales (Bolivia), Rafael Correa (Ecuador) y Hugo Chávez (Venezuela), que se opuso a la firma del ALCA (Área de Libre Comercio de las Américas), impulsado por Estados Unidos, creando como respuesta al ALCA la Unasur (véase cap. 55).

En 2006, Kirchner aprobó de manera definitiva la llamada "ley de superpoderes" por la que el poder legislativo se subordinó al ejecutivo, lo que llevó a la concentración del poder y la manipulación institucional.

Cristina Fernández de Kirchner (2007-2015): el modelo K en acción

Presidenta de Argentina entre el 10 de diciembre de 2007 y el 9 de diciembre de 2015, continuó la política de su marido Néstor Kirchner, que murió en octubre de 2010. Durante su mandato, Argentina se convirtió en la pionera de América Latina en cuanto a derechos sociales. En 2010, se aprobó el "matrimonio igualitario", haciendo de Argentina el primer país de la región y el décimo del mundo en permitir el casamiento entre personas del mismo sexo (➲ véase cap. 67). Dos años después, promovió la Ley de Identidad de Género y obligó al Estado a abonar las operaciones de cambio de sexo. En 2013, se promulgó una ley que castigaba[11] el trabajo infantil y otra que facilitaba la regularización de miles de empleadas domésticas.

Pese a los numerosos avances sociales y en derechos humanos, las dos legislaturas de Cristina Fernández de Kirchner siempre estuvieron más cerca de la represión blanda que de la libertad (➲ véase cap. 62). La sociedad argentina se polarizó cada vez más durante "la era K". Argentina era una democracia, pero en el sentido minimalista de la palabra, ya que volvió el miedo a disentir. Quienes discrepaban de los Kirchner eran castigados, no con penas de cárcel, sino con despidos o chantaje que perjudicaban[12] su vida laboral o personal. El entonces alcalde de Buenos Aires Mauricio Macri (luego presidente), los principales diarios nacionales *Clarín* y *La Nación*, así como el famoso actor Ricardo Darín y el entonces cardenal Jorge Mario Bergoglio, el actual papa Francisco criticaron a la presidenta que contratacó. El espionaje y el "carpetazo"[13] eran un medio para acallar a los oponentes. Una de las medidas más polémicas a nivel internacional fue la expropiación de las acciones de la empresa española Repsol en YPF anunciada en abril de 2012. La mandataria declaró el 51 % del patrimonio de YPF de utilidad pública y de ese porcentaje expropiado, un 49 % iría a las provincias y el 51 % restante al Estado.

En 2014, el Gobierno de Cristina Fernández de Kirchner tuvo que enfrentarse a una crisis judicial y financiera de gran envergadura, consecuencia de la deuda impagada desde 2001 a los fondos buitre[14].

> Los **fondos buitre** (o *holdouts*, o fondos de capital de riesgo) son fondos que se dedican a comprar la deuda de empresas o Estados en bancarrota o en una situación crítica, que después recuperan con intereses muy altos. Por ejemplo, en 2008, el fondo NML compró bonos por 50 millones de dólares y esperaba a que Argentina le reembolsara 800 millones de dólares, es decir un provecho de un 1.500 %. Los fondos buitre adquirieron gran parte de la deuda argentina a bajo precio. Cuando quisieron saldarla en 2001, en el punto álgido[15] de la crisis, el gobierno firmó la suspensión de pagos (*default*) sobre una deuda que alcanzaba los 102.000 millones de dólares que el país debía a sus acreedores. Entre 2005 y 2010, el Gobierno argentino consiguió reestructurar buena parte de su deuda, pero los desacuerdos y tensiones entre deudores y acreedores hicieron que los fondos buitre llevaran al Gobierno argentino a los tribunales. El juez estadounidense Thomas Griesa llevó adelante la causa por los bonos de deuda en *default* de Argentina, que desembocó en 2016 en un arreglo entre Argentina y los fondos buitre. En 2012, había condenado al país a pagar la totalidad de su deuda. En 2014, volvió a condenar a Argentina mediante una medida criticada por el FMI y Barack Obama. Cuando Mauricio Macri llegó al poder, se reactivaron las negociaciones y Griesa aceptó su cuota de una oferta de pago total de 9.300 millones de dólares para concluir la demanda y levantar las medidas cautelares contra Argentina.

Las acusaciones de corrupción también ensombrecieron los dos mandatos de Cristina Fernández de Kirchner. La familia presidencial aumentó su patrimonio en más de un 1.000 % entre 2003 y 2015. El escándalo que más afectó a la presidenta fue el caso Hotesur (empresa que gestiona los hoteles de la familia Kirchner) por el que Cristina Fernández fue indagada por lavado de dinero. Fue acusada de haber percibido alquileres a cambio de favorecer a los inquilinos con negocios en el kirchnerismo. Por otra parte, el vicepresidente Amado Boudou fue imputado en julio de 2014 de cohecho[16] y negociaciones incompatibles con la función pública por el llamado caso Ciccone (➔ véase cap. 63).

El 18 de enero de 2015, estalló el caso Nisman, del nombre del fiscal Alberto Nisman, encontrado muerto 4 días después de denunciar a Cristina Fernández de Kirchner por haber encubierto a los presuntos responsables iraníes del atentado de 1994 contra la AMIA (Asociación Mutual Israelita Argentina) en el que murieron 85 personas. Según el fiscal Nisman, el gobierno de Fernández negoció con Teherán la impunidad de los sospechosos a cambio de retomar las relaciones comerciales. Al principio, se insistió en que fuera un suicidio. Sin embargo, gracias al empeño de su exesposa, la jueza Sandra Arroyo Salgado, se confirmó, en marzo de 2016, que Alberto Nisman había sido asesinado.

Mauricio Macri, del fútbol a la presidencia del país (2016-2020): un giro a la derecha

Mauricio Macri (hombre de negocios perteneciente a una de las familias más ricas de Argentina y antiguo presidente del equipo de fútbol Boca Juniors) fue elegido el 22 de noviembre de 2015 con un 51 % del escrutinio frente al candidato oficialista, Daniel Scioli (que había recibido más sufragios en la primera vuelta), con una diferencia de 700.000 votos. Su elección emprendió el cambio de rumbo[17] del panorama político del subcontinente de la izquierda hacia la derecha (que se consolidó tras la victoria de la MUD en Venezuela el 6 de diciembre del mismo año, la elección de Pedro Pablo Kuczynski en Perú en 2016 y la de Sebastián Piñera en Chile el 17 de diciembre de 2017). Llegó al poder cuando el modelo económico kirchnerista estaba debilitándose por la caída del precio de las materias primas. El crecimiento de Argentina pasó de un 8 % casi cada año desde la llegada de Néstor Kirchner a la Casa Rosada a un 0,5 % en 2014. Los fantasmas de la crisis económica de 2000 se cernían sobre el país, por eso los votantes descartaron al candidato oficialista. La inflación escondida por el Gobierno de Cristina de Kirchner también pudo tener un peso en la decisión final de los votantes. El reto de Macri era mejorar sus relaciones con Estados Unidos (y en menor medida con España). Logró que Barack Obama viajara a Argentina en marzo de 2016, después de 10 años de un comportamiento reacio[18] hacia Estados Unidos por parte de los gobiernos kirchneristas. Durante su estancia, el mandatario estadounidense anunció la apertura de los archivos secretos de la CIA antes del plazo de 50 años.

En enero de 2016, el Estado dejó de subsidiar la energía y las facturas de electricidad aumentaron hasta un 300 %. También se devaluó el peso un 30 % en relación con el dólar en tan sólo un día después de que Macri decidió liberar el mercado cambiario. Por otra parte, el gobierno emprendió recortes en el gasto público (que se había duplicado durante el kirchnerismo) despidiendo a unos 20.000 funcionarios. En agosto del mismo año, Macri se ganó el rechazo de la Asociación de Derechos Humanos por evocar en Facebook que no sabía si eran 30.000 o 9.000 el número de desaparecidos durante la dictadura argentina. Desde su llegada a la Casa Rosada, Mauricio Macri fue desmontando el aparato y las políticas impuestas por el kirchnerismo y aplicó una serie de medidas neoliberales que provocaron el descontento popular. En noviembre, se presentó un proyecto de ley que iría en contra del proceso de memoria histórica en Argentina ya que prohibiría cualquier homenaje a personajes políticos o sociales dándoles sus nombres a lugares públicos hasta después de veinte años de su muerte. La iniciativa suprimiría el nombre Néstor Kirchner del palacio y de decenas de espacios públicos. Más figuras públicas políticas padecerían la misma suerte.

Las "caceroladas" volvieron a la calle, pero ya no se manifestaba la clase media contra el populismo de los Kirchner, sino que protestaban las clases populares contra el Gobierno de Macri por el aumento del precio del gas, de la electricidad y del transporte así como la reducción de las pensiones para compensar el déficit de Hacienda. El 30 de enero de 2017, el mandatario firmó el decreto que modificaba y endurecía la Ley de Migraciones de 2003. La nueva normativa agilizó[19] las deportaciones y prohibió el ingreso al país de los extranjeros que tuvieran antecedentes penales con penas de cárcel. En mayo de 2017, después de la polémica que generó un fallo[20] de la Corte Suprema que otorgó el "2 por 1" al represor Luis Muiña condenado por delitos de lesa humanidad, el Senado aprobó por 56 votos a favor y ninguno en contra el proyecto de ley para limitar la aplicación de la polémica ley del 2×1.

> **La ley del "2 por 1" (o "2×1")**, sancionada en 1994, durante la presidencia de Carlos Saúl Menem, contemplaba vaciar las prisiones argentinas atiborradas de presos. Transcurrido el plazo de dos años previsto en la ley, se debía computar doble cada día de prisión preventiva. Así, 1 año de detención valía por 2. En mayo de 2017, la Corte Suprema de Justicia de Argentina dictaminó que los condenados a penas de reclusión perpetua por su actuación en la última dictadura militar podían acceder a este beneficio lo que provocó la ira y el descontento de numerosos ciudadanos. Entonces, el Senado aprobó por unanimidad la ley contra el 2 × 1 para represores, excluyendo así la aplicación del polémico "2 por 1" a condenados por delitos de lesa humanidad.

Esta polémica sentencia provocó la indignación de las Madres y Abuelas de Plaza de Mayo, así como del colectivo "Historias desobedientes".

A nivel económico, Argentina empezó a consolidar su proceso de crecimiento. Desde su victoria electoral, Macri disfruta de una buena imagen en el extranjero por haber llevado a cabo el desmantelamiento del eje bolivariano. Pero, la segunda mitad de 2017 dejó una imagen más bien negativa del país con la desaparición y muerte del activista Santiago Maldonado en agosto durante una protesta mapuche, la pérdida de un submarino con los 44 tripulantes en noviembre y la foto de una niña guaraní bebiendo de un charco[21] que se hizo viral en las redes sociales en diciembre. Sin embargo, en las elecciones legislativas del 22 de octubre de 2017, fue "Cambiemos" (partido de Mauricio Macri), el que más escaños ganó en el Congreso de los Diputados lo que le permitió consolidarse como primera minoría en la Cámara Baja.

> **Historias desobedientes** es una iniciativa de hijos, hijas y familiares de torturadores y verdugos de la dictadura militar que denunciaron y siguen denunciando a sus parientes. No quieren que sus nombres se vinculen a las atrocidades cometidas por ellos y quieren que la justicia actúe contra ellos. Los miembros de Historias Desobedientes piensan distinto a los de su familia, lo que implica "sanciones del clan" que llegan hasta la exclusión de la estructura familiar. Tienen entre 38 y 58 años y son hijos de los represores que participaron activamente en el plan sistemático de represión entre 1976 y 1983.

El 9 de agosto de 2018, el Senado argentino se opuso a la modificación de la ley del aborto (previamente aprobada por el Congreso) que hubiera permitido la interrupción voluntaria del embarazo hasta la semana 14 de gestación (➔ véase cap. 61). Numerosas manifestaciones a favor de la despenalización habían tenido lugar entre febrero y agosto de 2018, pero no lograron acabar con la ley de 1921 que sólo permite el aborto cuando existe un riesgo grave para la madre o en caso de violación.

Si bien comenzó su mandato con el lema "Sí se puede" para encarar las problemáticas del país (inflación y pobreza), Mauricio Macri no logró alcanzar los objetivos anunciados durante su campaña electoral. La inflación alcanzó el 53 % entre septiembre de 2018 y el mismo mes de 2019. La deuda pública aumentó, igual que la incertidumbre, acarreando así una crisis monetaria. En septiembre de 2018, el Ejecutivo firmó con el FMI el mayor préstamo de la historia de dicho organismo: 57.000 millones de dólares. Pero este dinero no conllevó ninguna mejora económica sino la peor crisis desde la de 2001. Un 30 % de la población es pobre, el paro pasó del 7 % al 10 % y los sueldos se redujeron en un 12 % mermando así el poder adquisitivo de los argentinos. Por eso, los comicios de 2019 no se presentaban del buen pie para el gobierno oficialista. El partido Cambiemos no consiguió cumplir con las promesas de su programa. Además de un balance económico poco boyante[22], el panorama social tampoco era alentador con numerosas manifestaciones para denunciar la condición mujeril o las desigualdades.

Para la nueva cita presidencial, Mauricio Macri, encarnación del antiperonismo, sorprendió a la esfera política al designar como candidato a la vicepresidencia a Miguel Ángel Pichetto, exjefe parlamentario de Cristina Fernández de Kirchner y peronista convencido. Por su parte, la expresidenta asombró al escoger a Alberto Fernández como candidato a presidente por las pasadas discrepancias entre ambos. El 11 de agosto, Alberto Fernández, candidato por la coalición Frente de Todos junto con la expresidenta Cristina Fernández de Kirchner, ganó las elecciones primarias con el 47,79 % de los votos frente al 31,8 % obtenido por el presidente en ejercicio.

La vuelta del kirchnerismo con Alberto Fernández (10 de diciembre de 2019) (➜ véase MC 68)

El 27 de octubre de 2019, Alberto Fernández triunfó en primera vuelta con el 48,2 % de los votos, seguido por Mauricio Macri con un 42,2 %. Por primera vez, un presidente saliente que buscaba la reelección resultó derrotado. Otra particularidad de estos comicios residió en el cargo de vicepresidenta asumido por la expresidenta Cristina Fernández de Kirchner.

Una relación política convulsa

Si bien Alberto Fernández, fue muy afín a Néstor Kirchner, siendo jefe de Gabinete durante todo su mandato, renunció al cargo 7 meses después de la victoria de Cristina Fernández de Kirchner en los comicios de 2007. Tras su dimisión, adoptó una postura crítica hacia la presidenta. Pero 10 años después, se unió a Cristina Fernández de Kirchner para derrotar a Mauricio Macri en las elecciones de 2019. Pero con el surgimiento de la pandemia de coronavirus, ambos líderes volvieron a discrepar[23].

El reto al que se enfrenta el nuevo Ejecutivo consiste en estabilizar la moneda nacional depreciada desde 2011 y reducir la deuda sin mantener la política de austeridad llevada a cabo por su antecesor por lo desastrosa que resultó para los ciudadanos. Para luchar contra la baja del poder adquisitivo y sus consecuencias, el presidente presentó el plan alimentario "Argentina sin hambre". Pero la pandemia de coronavirus complicó todavía más el panorama socioeconómico del país que decretó una cuarentena estricta para contener la propagación del coronavirus. El Gobierno invirtió más del 1 % del PIB en el programa Ingreso Familiar de Emergencia para que unos nueve millones de ciudadanos recibieran 148 dólares al mes durante tres meses. Con semejante medida se dividió por dos el número de nuevos pobres que habría acarreado la crisis sanitaria. Sin embargo, en los ocho primeros meses de 2020, la actividad económica acumuló una reducción del 12,5 % con relación al mismo período de 2019. Con un 50 % de trabajadores informales, un 41 % de pobreza, la cuarentena tuvo un impacto tremendo. Entre marzo y octubre de 2020, estuvieron cerradas las escuelas y no funcionaron los transportes públicos. A mediados de noviembre de 2020, las muertes por coronavirus ascendían a 35.300.

El 30 de diciembre de 2020, en una votación histórica, el Senado argentino aprobó la legalización del aborto hasta la semana 14 de gestación, hito que hace del país uno de los pioneros de las conquistas sociales del subcontinente. Pese a la oposición de la Iglesia Católica y de las Iglesias Evangélicas, 38 senadores dijeron que sí a la interrupción voluntaria del embarazo frente a 28 noes (➔ véase cap. 61). Los jóvenes y los colectivos de mujeres, mediante la llamada "marea verde", desempeñaron un papel clave en la aprobación de dicha ley.

NOTAS

1. mermar = disminuir, reducir
2. el paradero: *l'endroit où se trouve*
3. un hito: *une date marquante*
4. un relámpago: *un éclair*
5. el disparo: *la montée en flèche*
6. una enmienda: *un amendement*
7. los cuantahabientes: *les titulaires de compte*
8. el saqueo: *le pillage*
9. socavar: *saper*
10. las commodities = las materias primas
11. castigar: *punir*
12. perjudicar: *porter préjudice*
13. el carpetazo → dar carpetazo: *classer un dossier, enterrer une affaire*
14. los fondos buitre: *les fonds vautours*
15. el punto álgido: *le point d'orgue*
16. el cohecho = la corrupción
17. el rumbo = la ruta, el camino
18. reacio: *réticent, réfractaire*
19. un fallo = una decisión judicial
20. agilizar = acelerar
21. un charco: *une flaque d'eau*
22. boyante = prospero
23. discrepar = diverger

- ***No habrá más pena ni olvido*** (1983) de Héctor Olivera es una crítica de la vida política argentina que evoca las disensiones entre el intendente y el delegado municipal de un pueblo peronista.
- ***La historia oficial*** (1985), de Luis Puenzo, narra la historia de Alicia, una profesora y su marido Roberto, un empresario que hace negocios con los militares, que adoptan a una niña que resulta ser "robada".
- ***La noche de los Lápices*** (1986) trata de unos adolescentes secuestrados, torturados y asesinados a raíz de sus protestas por el aumento del boleto estudiantil.
- ***Los presos de Bragado*** (1995) de Mariana Arruti es un documental basado en la tragedia de Bragado en los años 30, un caso de tortura y violencia política durante la década infame.
- ***Evita*** (1996) es un filme de Alan Parker que cuenta la vida de Eva Perón Duarte.
- ***Garage Olimpo*** (1999) de Marco Bechis cuenta la historia de María, secuestrada por unos soldados de paisano que la detienen y la llevan al Garage Olimpo, uno de los lugares donde se tortura a los "subversivos".
- ***Kamchatka*** (2002) de Marcelo Piñeyro cuenta la vida de un niño cuya familia, perseguida por la dictadura, tiene que huir al campo para ponerse a salvo.
- ***Imagining Argentina*** (2003) narra la historia de un director de un teatro infantil en Buenos Aires cuya esposa resulta detenida y desaparecida tras publicar un artículo sobre las desapariciones que tuvieron lugar en la Noche de los Lápices.
- ***La dignidad de los nadies*** (2006) de Fernando E. Solanas esboza un retrato de la sociedad argentina azotada por la crisis económica de 2001.
- ***Crónica de una fuga*** (2006) es un thriller inspirado en hechos reales que cuenta la fuga de cuatro presos de un centro clandestino de detención en Argentina durante la dictadura militar de 1976-1983).
- ***"El empleo"*** (2008), cortometraje de 6 minutos del argentino Santiago Bou Grasso, llama a reflexionar sobre lo absurdo de una vida dominada por el trabajo asalariado, donde productividad y alienación se dan la mano para transformar al ser humano en un autómata.
- ***Infancia clandestina*** (2012) evoca el regreso de un niño a Argentina cuando todavía gobierna la Junta militar que obligó a su familia a huir del país.
- ***La larga noche de Francisco Sanctis*** (2016) de Andrea Testa y Francisco Márquez trata de un hombre que conoce, en plena dictadura, el paradero de dos personas buscadas por los militares. Tiene la posibilidad de salvarlas, aunque implica arriesgar su propia vida.
- ***El camino de Santiago*** (2018) es una película de Tristán Bauer y Florencia Kirchner sobre el caso Santiago Maldonado.

MC 66 Argentina (presentación general)

- **ARGENTINA (presentación general)**
  - **Población**
    - 45,7 millones de habitantes
  - **Gentilicio**
    - Un argentino
    - Una argentina
  - **Lenguas**
    - El español
    - **Lenguas indígenas**
      - El mapuche y el quechua en el noroeste andino
      - El taba y el guaraní en el nordeste
  - **Capital**
    - Buenos Aires
  - **Superficie**
    - 2.780.400 km²
  - **Moneda nacional**
    - El peso argentino
  - **Los principales partidos políticos**
    - **El Partido Justicialista**
      - Frente de todos (partido oficialista)
      - Frente para la Victoria (kirchnerismo radical)
    - **El Partido Socialista (PS)**
    - **Movimiento de Integración y Desarrollo (centro)**
  - **Forma de Gobierno**
    - República Federal democrática
  - **Organización territorial**
    - La Ciudad Autónoma de Buenos Aires
    - 23 provincias
  - **Situación geográfica**
    - En América del Sur
    - **Fronteras**
      - Al norte con Bolivia y Paraguay
      - Al nordeste con Brasil
      - Al este con Uruguay y el océano Atlántico
      - Al sur con Chile y las aguas atlánticas del pasaje de Drake
      - Al oeste con Chile

LA DICTADURA MILITAR (1976-1983)

- **Vuelta a la democracia**
  - **30 de septiembre de 1983**
    - Elecciones presidenciales
    - Victoria de Raúl Alfonsín
- **Oposición**
  - **Las Madres de Plaza de Mayo**
    - Creación en abril de 1977
    - Presidenta: Hebe de Bonafini
  - **Las Abuelas de Plaza de Mayo**
    - Presidenta: Estela de Carlotto
- **Contexto internacional**
  - **Guerra Fría**
    - Apoyo de EE. UU.
    - Plan Cóndor
- **1982**
  - **Guerra de las Malvinas**
    - Derrota de Argentina frente a Reino Unido
    - Aceleración de la caída de la dictadura
- **Mundial 78**
  - **Escaparate de la dictadura**
    - Victoria de Argentina
- **Golpe de Estado militar**
  - **24 de marzo de 1976**
    - Derrocamiento de Isabel Perón
    - Contexto de violencia creciente, debido a los enfrentamientos entre las Fuerzas Armadas sumadas a la Triple A y las guerrilleras (Montoneros y ERP)
- **Entre 1976 y 1983**
  - **Sucesión de 4 juntas militares integradas por los comandantes de las tres Fuerzas Armadas**
    - Jorge Rafael Videla
    - Roberto Eduardo Viola
    - Leopoldo Fortunato Galtieri
    - Reynaldo Bignone
  - **Dictadura más sangrienta de la historia argentina**
- **Características**
  - **Terrorismo de Estado**
    - Violación a los derechos humanos
    - Crímenes de lesa humanidad
    - Muerte de miles de personas
    - Desaparición de los denominados "subversivos"
    - Apropiación de unos 500 recién nacidos
    - Centros de detención clandestinos

La presidencia de Alberto Fernández (desde el 10 de diciembre de 2019)

MAPA CONCEPTUAL

LA PRESIDENCIA DE ALBERTO FERNÁNDEZ (desde el 10 de diciembre de 2019)

- **Elección del 27 de octubre de 2019**
  - Victoria en primera vuelta con un 48,8 % frente a Mauricio Macri
  - Vicepresicenta: Cristina Fernández de Kirchner
  - **Regreso del peronismo / kirchnerismo**
  - Partido Frente de todos
- **Fernández y Fernández: "Te quiero, yo tampoco"**
  - Afín a Néstor Kirchner
  - Afín a Cristina Fernández de Kirchner
  - **2008**
  - Ruptura con Cristina Fernández de Kirchner: opositor al kirchnerismo
  - **2018**
  - Reconciliación con Cristina Fernández de Kirchner: reencuentro con el kirchnerismo
- **Prioridades du su mandato**
  - Renegociar la deuda externa
  - Estabilizar la moneda
  - **Luchar contra el hambre**
  - Plan "Argentina contra el hambre"
  - Legislar contra el negacionismo de la dictadura
  - Erradicar la corrupción
- **Frente a la Covid-19**
  - **Medidas gubernamentales**
  - Cuarentena estricta
  - Prohibición de despidos y suspensiones unilaterales por 120 días
  - Ingreso familiar de emergencia
  - Créditos a tasa 0 %
  - **Consecuencias socioeconómicas**
  - Contracción de la actividad económica entre enero y agosto de 2020 respecto a 2019: -12,5 %
  - Aumento de la pobreza previsto: +40 %
- **Relaciones internacionales**
  - Acogida del expresidente boliviano Evo Morales el 12 de dicembre de 2019
  - Abandono del Ejecutivo en las negociaciones de Mercosur con Canadá, Líbano y Singapur
- **Economía**
  - Desempleo (13,5 %)
  - Inflación (36,2 %)

Datos generales (➔ véase MC 69)

Situada en la región centro-occidental de América del Sur, Bolivia tiene frontera con Brasil al norte y al este, Paraguay y Argentina al sur, y Chile y Perú al oeste. Como no tiene acceso al mar sigue reclamándole a Chile una parte de su territorio por una salida soberana al océano Pacífico, de ahí el utópico concepto "mar de Bolivia". Se extiende por 1.098.580 km² –lo que le proporciona el sexto rango de Iberoamérica– y es uno de los países con mayor biodiversidad en el mundo. Abarca[1] distintos espacios geográficos como la cordillera de los Andes, el Altiplano, la Amazonía, los Llanos de Moxos y el Chaco. Al haber desarrollado las tradiciones con un mestizaje de las culturas precolombinas con la cultura española, es un país multiétnico y pluricultural, rico en la mezcla y sincretismo de costumbres y tradiciones recibidas de los pueblos indígenas y los conquistadores españoles. Cuenta con unos 11,6 millones de habitantes. Es el país más indígena de América Latina. La República de Bolivia pasó a llamarse Estado Plurinacional el 22 de enero de 2010. Dividido en nueve departamentos, está descentralizado con autonomías. Su capital es Sucre, también sede del órgano judicial pero La Paz asume la función de sede[2] de los órganos ejecutivo, legislativo y electoral.

En 1520, llegó por primera vez Alejo García a la actual Bolivia, por órdenes de la corona portuguesa, pero el primer español que emprendió la colonización por estas tierras fue Diego de Almagro. La actual Bolivia constituyó durante 200 años la Real Audiencia de Charcas, uno de los centros más prósperos y poblados de los virreinatos españoles. Los levantamientos de la actual Sucre y La Paz en 1809 fueron el punto de arranque de las guerras de independencia (➔ véase cap. 51). Los realistas[3] se resistieron hasta la muerte del último virrey, Pedro de Olañeta. El país se independizó de España el 6 de agosto de 1825 con el nombre de República de Bolívar que fue cambiado por República de Bolivia.

Conflictos fronterizos

Bolivia se enfrentó a sus vecinos en reiteradas ocasiones a lo largo de su historia.

El 14 de febrero de 1879, se inició la llamada **Guerra del Pacífico (1879-1883)** en la que Bolivia y su aliado Perú fueron derrotados por Chile tras la ocupación del puerto de Antofagasta, única posesión litoral de Bolivia hasta entonces. El litoral boliviano se extendía por unos 158.000 km², con cuatro importantes puertos.

Más adelante, Bolivia se enfrentó a Brasil en la llamada **Guerra del Acre (1899-1903)**, que terminó con la cesión de 191.000 km² a este país a cambio de una indemnización económica y una menor compensación territorial. Con el tratado de 1904, Bolivia perdió su acceso al mar.

Asimismo, Bolivia conoció conflictos territoriales por cuestión de límites con Argentina y Perú. La solución pacífica del litigio con Argentina se alcanzó en 1925. En 1930, Bolivia y Perú, mediante una comisión, delimitaron la frontera y resolvieron la controversia sobre la península de Copacabana.

En 1929, el estallido de la Gran Depresión junto al caos vivido deterioró la clase política y marcó el inicio de la **Guerra del Chaco (1932-1935)** entre Bolivia y Paraguay. El Chaco Boreal era el territorio objeto de la contienda[4] que duró tres años y se saldó con la muerte de unos 60.000 bolivianos y 30.000 paraguayos. El 21 de julio de 1938, se firmó el Tratado de Paz, Amistad y Límites, a favor de Paraguay que salió ganando el 75 % del Chaco Boreal. Además, la guerra cuestionó profundamente las instituciones nacionales y marcó el fin del sistema de partidos políticos tradicionales en Bolivia.

Entre 1935 y 1946, Bolivia fue gobernada por militares nacionalistas activos durante la Guerra del Chaco. Ciertos cambios empezaron a notarse: se decidió integrar a los indígenas en la sociedad y promover la apertura social, económica y política del este del país –una parte más bien aislada– así como revertir las ganancias[5] de la minería e hidrocarburos en favor del Estado. Nacieron sindicatos de mineros y obreros que se conformaron en la Central Obrera Boliviana (COB).

La Revolución Nacional (1952-1964)

El 16 de mayo de 1951, se realizó un golpe de Estado para evitar que, tras las elecciones generales, llegara al poder un gobierno del Movimiento Nacionalista Revolucionario (MNR), cuyo líder era el exiliado Víctor Paz Estenssoro. Éste, pese a obtener un 42,9 % frente al 32 % para su rival, no pudo ejercer el cargo, ya que el presidente en funciones, Mamerto Urriolagoitia (1949-1951), primero dimitió y luego, nombró de forma arbitraria al general Hugo Ballivián a la cabeza de una junta militar. Se agotó el antiguo orden oligárquico y en abril de 1952, se alzó el pueblo en varias ocasiones y finalmente estalló[6] la Revolución Nacional durante la cual gobernó el mismo MNR. Paz Estenssoro volvió del exilio para asumir la presidencia y llevó a cabo un proceso que transformó el rumbo político y económico del país desde la participación de los ciudadanos en la vida política (no existía el voto universal antes) hasta el reparto de las tierras entre indígenas, pasando por el control del Estado sobre los recursos naturales (➔ véase cap. 58) desde la nacionalización de las minas y el monopolio en la exportación del estaño hasta la prospección de pozos[7] petrolíferos por empresas extranjeras. También se dio una reforma educativa y se realizó la carretera Cochabamba-Santa Cruz para permitir la apertura[8] del oriente.

A finales de los años 50, la economía boliviana padeció la caída en picado de los precios del estaño a escala mundial lo que ocasionó un alto nivel inflacionista. Ante la poca rentabilidad de las minas de estaño y la reducción de empleados estatales y de sueldos por parte del gobierno, los sindicatos se resistieron. En 1956, otro protagonista de la Revolución Nacional, Hernán Siles Zuazo ganó las elecciones presidenciales y continuó con la política anterior hasta que Paz Estenssoro fue reelegido presidente en 1960. En su segundo mandato, éste quiso que se redactara una nueva constitución para aumentar la autoridad económica del gobierno e impulsar su propia reelección que se hizo realidad en 1964. Entonces, nombró como vicepresidente al jefe de la Fuerza Aérea, René Barrientos Ortuño. A fin de cuentas, Paz Estenssoro fue derrocado[9] un mes después de su reelección y el MNR fue disgregado: la Revolución Nacional duró hasta el golpe de Estado ocurrido el 4 de noviembre de 1964, tras el cual se hizo cargo del poder una junta militar liderada por el vicepresidente.

Una sucesión de gobiernos dictatoriales (1965-1981)

A partir de 1965, **René Barrientos** implementó medidas de desarrollismo económico para facilitar el retorno de la inversión extranjera a la industria minera del estaño. Un año después, el general se sometió a votación como persona civil, obteniendo su elección como presidente y en 1967, se aprobó una nueva constitución. Durante su gobierno militar, recibió el respaldo de militares y campesinos, pero sus relaciones con los mineros y obreros fueron conflictivas. Ese mismo año, estalló la guerrilla de Ñancahuazú (➲ véase cap. 52) liderada por Ernesto Che Guevara pero rápidamente fue derrotada por el Ejército de Bolivia con la ayuda de Estados Unidos para evitar que la guerrilla se expandiera a los países vecinos. El Che fue ejecutado. Barrientos murió en 1969 tras un accidente de helicóptero.

> **Ernesto Guevara**, conocido como el Che, fue uno de los ideólogos y comandantes de la Revolución cubana (➲ véase cap. 33). Convencido de la necesidad de extender la lucha armada a todo el Tercer Mundo, instaló focos guerrilleros en varios países de América Latina. Entre 1965 y 1967, él mismo combatió en el Congo y en Bolivia. Ahí fue capturado y ejecutado clandestinamente por el Ejército boliviano en colaboración con la CIA el 9 de octubre de 1967. Su figura suscita polémica: tiene tantos partidarios como detractores. Su retrato fotográfico, obra de Alberto Korda, es una de las imágenes más reproducidas del mundo bajo cualquier forma.

A partir de entonces, se sucedieron en el país unos gobiernos muy breves, en su mayoría militares, hasta que en 1971, **el coronel Hugo Banzer Suárez** tomó el poder después de derrocar al general Juan José Torres, de índole izquierdista. Bolivia se alineó a la corriente anti-izquierdista de los gobiernos militares de Argentina, Brasil, Chile, Paraguay y Uruguay en torno al operativo Cóndor (➲ véase cap. 57). Se suprimió el movimiento obrero y se suspendieron los derechos civiles de la población. Económicamente, el gobierno de facto se resistió gracias a los elevados precios del estaño e hidrocarburos y por un sobreendeudamiento externo. En 1978, Hugo Banzer dimitió tras una larga huelga de hambre de mineras que dirigían organizaciones sociales.

El 17 de julio de 1980, **el general Luis García Meza** mediante un golpe de Estado respaldado por paramilitares reclutados por el criminal nazi Klaus Barbie y el terrorista italiano Stefano Delle Chiaie, derrocaron a la presidenta constitucional interina Lidia Gueiler Tejada, evitando así la posible victoria de Hernán Siles Zuazo en las elecciones generales del 29 de junio de 1980. El gobierno de García Meza fue marcado por la brutal represión de los disidentes –desapariciones forzosas, detenciones o asesinatos– organizada por el ministro del Interior, Luis Arce Gómez. Dado que tanto la población como la Comunidad Internacional respaldaron poco el régimen estrechamente vinculado con el narcotráfico, ya se anunciaba su fin en 1981 y la última junta militar abandonó el poder en 1982.

Vuelta a la democracia (años 80-siglo XXI)

Una convulsa vida política (1980-2005)

En la década de los años 80, se dio un giro político relevante pero acompañado de una crisis económica profunda debida a la caída de los precios internacionales del estaño, a los ajustes internos destinados a reembolsar la deuda externa resultante de los gobiernos militares y a reducir la hiperinflación. La difícil situación económica fomentó el auge del narcotráfico: la producción ilegal de cocaína tuvo como principal destino los Estados Unidos (➲ véase cap. 64).

Entre 1982 y 1985, gobernó el izquierdista **Hernán Siles Suazo** de la UDP (Unidad Democrática y Popular), alianza formada por exiliados bolivianos durante la década anterior abarcando[10] partidos entre los cuales el MNR-I (Movimiento Nacionalista Revolucionario de Izquierda) y el MIR. Con una débil gestión económica, el Gobierno resultó incapaz de resolver la hiperinflación lo que desembocó en una crisis política cuya única salida fueron elecciones anticipadas. En 1985, **Víctor Paz Estenssoro** del MNR salió presidente electo por cuarta vez. Su gobierno (1985-1989) consiguió estabilizar la macroeconomía después de implementar medidas neoliberales.

Durante los años 90, se sucedieron los gobiernos de **Jaime Paz Zamora del MIR** (1989-1993), **Gonzalo Sánchez de Lozada** del MNR (1993-1997 y luego 2002-2003), **Hugo Banzer Suárez** de ADN (1997-2001) y **Jorge Quiroga Ramírez** (2001-2002). El primer Gobierno de Sánchez de Lozada se encargó de privatizar las empresas estatales de hidrocarburos, ferrocarriles, telecomunicaciones, electricidad y la línea aérea de transporte a través de un proceso de capitalización. Todos los gobiernos siguieron con la estabilización de la macroeconomía y la profundización del libre mercado recurriendo a la ayuda de organismos financieros internacionales como el FMI y el Banco Mundial, que condicionaron su apoyo a la aplicación del Consenso de Washington. Respaldados por Estados Unidos, continuaron luchando contra el narcotráfico. La corrupción rampante[11] y las pocas medidas de inclusión social acabaron debilitando al sistema político.

A principios del siglo XXI, una profunda crisis económica y la inestabilidad política provocaron movimientos sociales, principalmente de campesinos indígenas, mineros, vendedores ambulantes y cocaleros que impidieron gobernar al país. Entre numerosas protestas, destacó la Guerra del Agua ocurrida en Cochabamba, de enero a abril de 2000. Su detonante fue la privatización del abastecimiento de agua potable municipal a raíz del contrato que había firmado la multinacional Bechtel en septiembre de 1999, con el presidente y ex dictador de Bolivia, Hugo Banzer. Poco después, surgieron quejas sobre el aumento de las tarifas del agua (+ 50 %) por lo que muchas personas tuvieron que retirar a sus hijos de las escuelas o dejar de ir al médico. Se declaró la Ley marcial y la policía boliviana mató al menos a una persona e hirió a 170 manifestantes. En medio del colapso de la economía nacional y el aumento de los disturbios, el gobierno de Banzer se vio obligado a cancelar el contrato con Bechtel. Ante semejante clima de hostilidad, el segundo mandato de Gonzalo Sánchez de Lozada (2002-2003) fue interrumpido por la denominada guerra del gas. El presidente decidió huir del país, dejando su renuncia en el Congreso. Su vicepresidente, **Carlos Mesa Gisbert** tomó el relevo (2003-2005), pero sin ningún apoyo del Parlamento. Bajo presión política de los sindicatos y de un reciente movimiento autonomista, finalmente, se retiró. **Eduardo Rodríguez Veltzé** (2005-2006) llegó al poder como presidente interino y convocó elecciones generales para el 22 de enero de 2006.

> Por **la Ley marcial**, se declara un estado de excepción otorgándoles facultades extraordinarias a las Fuerzas Armadas y a la policía para volver a la calma.

> **La guerra del gas** se desarrolló durante el año 2003 y fue así denominada por ser objeto del conflicto la explotación de las reservas de gas natural descubiertas en el departamento de Tarija a mediados de los años 90 y consideradas como segundo mayor yacimiento[12] de Suramérica. El presidente en funciones, Gonzalo Sánchez de Lozada, había decidido exportar gas a EE. UU. y México por los puertos chilenos cuando ni siquiera existía una política que permitiera el abastecimiento[13] de gas al mercado interno. Se criticaron también los precios muy bajos que se practicaban a la hora de las exportaciones exteriores lo que no enriquecía al país exportador.

La era Evo Morales (2006-2019)

El 18 de diciembre de 2005, Evo Morales ganó las elecciones generales con un histórico 54 %. Así, se convirtió en el primer presidente indígena de Bolivia. Fue investido el 22 de enero de 2006.

Un primer mandato de Morales (2006-2010): un Estado y una constitución Plurinacionales

Se caracterizó por la implementación de políticas nacionalistas e indigenistas de izquierda alineadas con las políticas de Hugo Chávez y Fidel Castro en torno al Socialismo del Siglo XXI (➔ véase cap.53). Una de las promesas electorales que cumplió fue la estatización de las empresas de hidrocarburos y telecomunicaciones que en la pasada década habían sido privatizadas. Al principio de su mandato, sufrió la primera huelga de trabajadores en el sector agrícola y minero. Enseguida, impulsó la alfabetización mediante la campaña "Yo sí puedo" con participación y asesoría de los Gobiernos de Venezuela y Cuba. Continuó más adelante, en 2006, con la segunda fase del programa incluyendo las lenguas locales indígenas –el aymara y el quechua– en áreas urbanas y rurales. El mismo año, una Asamblea Constituyente se reunió para redactar una nueva constitución y dirimir[14] sobre la concepción de autonomías regionales. Esta consulta polarizó al país entre el occidente con los partidarios del Gobierno y el oriente con los seguidores de las demandas de autonomía departamental y capitalía para Sucre. Sólo en diciembre de 2007, fue aprobada la Constitución Plurinacional por 164 de los 255 asambleístas; posteriormente fue modificada por el Congreso y refrendada[15] por la población. Sobre la cuestión de las autonomías también ganó la alternativa del "No" impulsada por Morales, pero con una minoría relativa: cinco departamentos frente a cuatro. Por otro lado, la cuestión medioambiental fue recurrente en los discursos del presidente. No sólo el presidente aludía a la Pachamama[16] sino que también criticaba los daños provocados por las naciones industrializadas. Pero, la realidad es que estaba frente a un dilema: expandir las industrias extractivas o proteger el medioambiente. La Constitución de 2009 declaró Bolivia como Estado Plurinacional e independiente de la religión. El catolicismo dejó de ser culto oficial. No por ello el presidente perdería la simpatía del papa Francisco elegido en marzo de 2013 (➲ véase MC 122). El recurso a una nueva Constitución también le abrió la posibilidad de dos comicios consecutivos (2009 y 2014) sin que se tuviera en cuenta el primer mandato iniciado en 2006. En 2009, el crecimiento económico era tal que el Banco Mundial declaró que Bolivia había pasado del grupo de países de ingresos bajos al grupo de países de ingresos medios lo que suponía una victoria que le permitió ser reelegido.

Un segundo mandato (2010-2014) marcado por obras sociales

Efectivamente, el 6 de diciembre de 2009, Evo Morales ganó con el 64,22 % de los votos. Pero, a partir de 2010, la economía comenzó a deteriorarse como consecuencia de la crisis mundial de 2008. Para remediarlo, Morales eliminó los subsidios a los combustibles, lo que desató una oleada de manifestaciones. Empezaron a escasear productos de primera necesidad por lo que Bolivia importó en los primeros siete meses de 2011 más productos que en todo el año 2010. Su segundo mandato también fue marcado por dos hechos: su elección a la presidencia de los productores cocaleros del Chapare-Cochabamba y el polémico proyecto de construcción de una carretera que afectaría una zona de gran belleza natural: el Territorio Indígena y Parque Nacional Isibore-Secure (TIPNIS). Esta nueva vía de transporte perjudicaría a la tribu indígena residente en la zona.

Su política de expansión nacional se confirmó con la actividad contaminante de extraer gas y petróleo del territorio (➲ véase cap. 58) pero seguía defendiendo otra práctica indígena: la de talas y quemas[17] con el fin de obtener tierras para la agricultura, pero con un final inevitable: los incendios forestales. La nueva Ley de Telecomunicaciones, Tecnologías de Información y Comunicación de julio de 2011 preocupó mucho a la población porque autorizaba escuchas telefónicas en caso de crisis

> Evo Morales siempre se opuso a los Estados Unidos en torno a la hoja de coca en Bolivia defendiendo su producción y consumo para los indígenas, alegando que la planta era imprescindible para soportar el mal de alturas. Desde 2008, EE. UU. y Bolivia no han tenido embajadores que representen sus respectivos países. Además, Morales expulsó a la DEA (Drug Enforcement Agency) y la controvertida USAID (Agencia Estatal de Cooperación para el Desarrollo por sus siglas en inglés) lo que reveló que la gestión del narcotráfico y la soberanía nacional fueron y siguen siendo el tema de mayor desacuerdo.

nacional. Esta medida fue considerada como una maniobra del Estado para acaparar los medios de comunicación. A finales del año 2013, un grupo de jóvenes trabajadores solicitaron un cambio en la edad mínima para defender su "derecho al trabajo" como única forma de subsistencia para algunas familias pobres. Para ello, recurrieron al sindicato llamado la UNATSBO (Unión de Niños y Adolescentes Trabajadores de Bolivia) lo que precipitó la aprobación de la Ley de Trabajo Infantil. En 2013, según el informe del Ministerio Boliviano de Trabajo y del Fondo de Naciones Unidas para la Infancia, existían 850.000 niños y adolescentes trabajadores en el país (un 28 % de la población entre 5 y 17 años). El 87 % lo hacía en oficios peligrosos, en las minas, entre otros.

La Ley de Trabajo Infantil (julio de 2014) fija como edad mínima los 14 años. A modo excepcional, las Defensorías de la Niñez y Adolescencia autorizan la actividad laboral por cuenta ajena[18] a jóvenes de 12 a 14 años con tal de que el trabajo no perjudique la educación ni sea dañino para la salud y el equilibrio del joven. El presidente aseguró que dicha ley protegía a los niños dentro de un marco legal, regulaba los sueldos de modo que fueran iguales a los de un adulto y anunció que era un primer paso hacia la erradicación del trabajo infantil. A pesar de todo, esta ley fue polémica y tuvo repercusiones hasta a escala internacional. Para los países desarrollados, legalizar el trabajo infantil supone un retroceso cuando en realidad en los países en vías de desarrollo protege al menor.

La política llevada a cabo por Morales permitió que el país consiguiera uno de los más altos desarrollos progresivos de Suramérica con un retroceso del índice Gini del 0,60 en 2005 a 0,47 en 2016. La pobreza también disminuyó pasando de un 36,7 % a un 16,8 % entre las mismas fechas.

El índice o coeficiente de Gini es una herramienta económica utilizada para calcular el nivel de desigualdad entre los ciudadanos de un mismo país o de una misma región.

El segundo mandato de Evo Morales fue marcado por la construcción de un teleférico que conecta la ciudad de El Alto con el centro y el sur de La Paz. Pasaron casi dos años entre su iniciativa presentada en julio de 2012 y su puesta en servicio el 30 de mayo de 2014 con una red que originariamente contaba con tres líneas.

Al principio de su construcción, **el teleférico** contaba con tres líneas, pero se fue extendiendo hasta tener cinco (la Roja, Amarilla, Verde, Azul y Naranja). En enero de 2018 ya tenía nueve líneas (con la Blanca, Celeste, Café y Morada) y otra se inauguró en 2019: MITeleférico hoy ofrece once líneas en funcionamiento con la línea plateada y dorada. Fue todo un éxito tanto para la población local como para los turistas.

Un tercer mandato (2015-2019) y su carrera reeleccionista

En 2014, Evo Morales volvió a postularse para presidente y ganó el 22 de octubre con un 61 % de los votos. En marzo de 2015, conoció un primer revés electoral en las municipales cuando perdió el apoyo de unos departamentos clave –La Paz y El Alto– principales nichos del oficialismo. Este fracaso también se confirmó en febrero de 2016, en el referéndum que consistía en aprobar o rechazar el proyecto de reforma constitucional que le hubiera permitido al presidente presentarse a un nuevo mandato. El "No" ganó con un 51 % de los votos. Frente a este estrecho margen, el presidente atribuyó su derrota a una "campaña sucia[19]". Efectivamente, días antes de la consulta, estalló un escándalo que atribuía al presidente una paternidad no reconocida y un presunto trato de favor hacia una antigua amante. Volvió a la carga en noviembre de 2017 cuando el Tribunal Constitucional autorizó a Morales a buscar la reelección cuantas veces quisiera. Esta nueva estrategia para permanecer en el poder al menos hasta 2025 soliviantó[20] a la oposición: varios miles de personas protestaron en las principales ciudades del país. En un tuit, el presidente felicitó a Angela Merkel por su reelección democrática por cuarta vez a la cabeza del gobierno alemán: otra maniobra gubernamental para recibir apoyo exterior. En todo caso, Morales siguió teniendo el mayor respaldo electoral con un 37 % de preferencia con respecto a su adversario, el expresidente Carlos Mesa (20 %). El 1 de agosto de 2018, Evo Morales cerró el Palacio Quemado –que albergó el poder político desde el siglo XIX– porque se trasladó a la nueva sede presidencial llamada "Casa Grande del Pueblo". Después de tres años de construcción y una inversión de más de 34 millones de dólares, sobresale el edificio de 29 plantas y un helipuerto que incluye la residencia presidencial de 1.000 m². Enseguida, desató polémica. No fue la única obra junto con la construcción del teleférico ya que, en 2017, mandó construir un museo en su aldea natal Orinoca donde el edificio contrasta fuertemente con las chozas pobres del Altiplano árido en la parte occidental del país. Allí se recogió su propio legado, hasta la camiseta de la selección argentina que Lionel Messi le regaló a Morales.

Su tercer mandato se terminó con la quema de gran parte de la Amazonia entre julio y agosto de 2019. En Bolivia, los incendios arrasaron 5,3 millones de hectáreas de bosques que, según Evo Morales, se explicaron por el clima seco y los vientos. La emergencia generó un gran desplazamiento de bomberos y aviones cisternas así como la cooperación de varios países latinoamericanos y europeos. Cabe recordar que en los últimos diez años Bolivia perdió 1.800 millones de hectáreas de bosques por culpa de la masiva deforestación.

La política exterior boliviana siguió leal a Cuba y a Venezuela junto a una reciente amistad con Rusia, China e Irán. Criticó en reiteradas ocasiones a Perú y a Colombia por su TLC con Estados Unidos. Bolivia es un país bastante aislado como lo corroboró en 2013 la prohibición de que el avión presidencial sobrevolara tres países europeos. Éste aterrizó forzosamente en Viena (Austria) y el embajador español violó la inmunidad diplomática del aparato al subir a bordo para comprobar que Snowden no intentaba buscar exilio en América Latina (como lo hizo Assange en la Embajada de Ecuador en Londres). En abril de 2017, Morales rechazó el ataque aéreo de Estados Unidos a Siria y al mismo tiempo, votó en contra de la investigación al ataque con armas químicas del Gobierno sirio a la propia población. Esa negación fue considerada como un respaldo al régimen de Bashar Al Assad, o al menos un intento de disimulación de los horrores cometidos. Asumió el mismo mes la presidencia del Consejo de la OEA (Organización de Estados Americanos) pero suspendió la reunión que iba a debatir la aplicación de la Carta Democrática a Venezuela. Casi pasa lo mismo en julio de 2017 cuando se reunió Mercosur en Argentina: no firmó la carta conjunta de repudio a la violencia del régimen de Nicolás Maduro en Venezuela. Con Chile, las relaciones son aún muy tensas desde la Guerra del Pacífico en 1879 y no hay relaciones diplomáticas desde 1978. En Bolivia se dieron manifestaciones ("marea azul") para solicitarle a Chile un acceso al mar. La elección de Sebastián Piñera, por segunda vez no consecutiva, a la cabeza del gobierno chileno dejó pensar que no se resolvería rápidamente el conflicto en el Tribunal Internacional de La Haya. Pese a ello, el canciller boliviano, Fernando Huancanuni, anunció que como parte del "Plan 2025" del gobierno, Bolivia quisiera tener relaciones diplomáticas con todos los países en el futuro. Queda por ver si este sueño se cumplirá.

Un cuarto mandato abortado (2019)

Tras los comicios del 20 de octubre de 2019, la OEA señaló irregularidades en la cuarta victoria de Evo Morales. Las sospechas de fraude electoral dieron paso a semanas de manifestaciones violentas frente a las cuales el Gobierno reaccionó anunciando una pérdida económica sin precedentes y una desaceleración contraria al crecimiento que habían previsto. Pero no bastó para ponerle fin a la agitación social que se saldó con 35 muertos, 800 heridos, más de 1.500 detenidos y cientos de exiliados. El 10 de noviembre, Evo Morales renunció a su cargo de presidente y así se acabó su cuarto mandato cuando era recién electo. Dos días después, AMLO le concedió asilo político como se lo había pedido Evo Morales. Una vez en México, se quedó 24 días hasta el 6 de diciembre antes de salir para Cuba con motivo de presunta consulta médica. Desde allá, estuvo esperando a que Alberto Fernández, de izquierdas, asumiera la presidencia el 10 de diciembre para llegar a Argentina y preparar su partido MAS (Movimiento Al Socialismo), reorganizarse para enfrentar mejor las próximas elecciones cuya fecha no había sido fijada ya. El 12 de diciembre, llegó Evo Morales a Argentina. Su exilio fue respaldado por el Grupo de Puebla (➲ véase cap.55) compuesto de algunas personalidades como la expresidenta brasileña Dilma Rousseff, el exmandatario colombiano Ernesto Samper, el exjefe de Estado ecuatoriano Rafael Correa, el expresidente de Gobierno español José Luis Zapatero, el exdirigente paraguayo Fernando Lugo. La huida de Morales también provocó una crisis diplomática con España y México (➲ véase cap. 19).

> Conocidas como la **"Primavera boliviana"** o "la Revolución de las Pititas" o también como "los 21 días de Resistencia", estas protestas, que estallaron en la Paz tras un llamamiento del contrincante de Evo Morales, Carlos Mesa, se propagaron por todo el país, pero se concentraron sobre todo en Cochabamba y Santa Cruz, esta última ciudad y departamento siendo el bastión de la oposición a Evo Morales. Este municipio utilizó su gran peso económico para presionar a Evo Morales. De hecho, Santa Cruz aparece como la locomotora económica de la nación por representar lo que allí se produce el 30 % del PIB nacional.

El gobierno transitorio de Jeanine Áñez (noviembre de 2019)

Dos días después de la renuncia de Evo Morales, la senadora opositora Jeanine Áñez se autoproclamó presidenta interina de Bolivia, sin quorum en la Asamblea Legislativa Plurinacional, alegando que sólo tomaba el poder para colmar el vacío político que dejaron las renuncias del mandatario y los vicepresidentes, así como para llevar al país a nuevas elecciones. Recibió el apoyo del candidato Carlos Mesa que había pedido otros comicios tras la sospecha de conteo de votos fraudulento. Pero esa iniciativa fue considerada por los partidarios de Morales como un golpe de Estado cívico, policial y militar.

Apenas estaba presidiendo, el 15 de noviembre de 2019, Jeanine Áñez declaró que Bolivia rompía relaciones con Venezuela y se retiró de la Alianza Bolivariana para los Pueblos de nuestra América (ALBA). También analizó el retiro de la Unión de Naciones Sudamericanas (Unasur). Pero en marzo de 2020, la ministra de Relaciones Exteriores anunció que la salida del Estado boliviano de la Unasur dependía de la Asamblea Legislativa Plurinacional, mediante una ley, así como fue su ingreso en 2008. Pero surgió la crisis sanitaria y se interrumpió el proceso. En cuanto a la incorporación de Bolivia a Mercosur, se vio interrumpida por la crisis política (➲ véase cap.55).

Abogada, Jeanine Áñez fue miembro de la Asamblea Constituyente que redactó la actual Carta Magna. Sorprendió a todos cuando se postuló para las elecciones presidenciales previstas para el 3 de mayo de 2020 y pospuestas tres veces por la pandemia. También, mostró su voluntad de reunir todos los partidos políticos en contra de Evo Morales para hacer frente al partido MAS. Confió en que otras fuerzas políticas se unieran a su propio partido Movimiento Demócrata Social, para ser más fuertes mediante una coalición llamada JUNTOS. Pero la campaña electoral se alargó por la crisis del coronavirus y las formaciones políticas giraron en torno a una campaña más bien sanitaria. Cada candidato usó estrategias para alzarse como salvadores ante la pandemia: desde las mascarillas que llevaban el nombre de la coalición Juntos hasta las motocicletas para llevar a la gente, todo se hacía para ganar votos. Durante 6 meses de gestión gubernamental, la presidenta interina desperdició el milagro económico que Evo Morales logró en 13 años, milagro que colocó el país andino en el primer puesto de crecimiento económico cuando era el segundo más pobre de Latinoamérica. Además, Jeanine Áñez debió enfrentar escándalos en torno a 13 ministros y altos cargos del Gobierno supuestamente involucrados en irregularidades manifiestas: coacción, tráfico de influencias, primas, pagos y cobros irregulares, además de uso indebido de bienes estatales. Un récord de corruptela en seis meses.

Todo ello sumado a la mala gestión de la crisis sanitaria socavó las esperanzas de Áñez de salir vencedora en los comicios. Por eso el 17 de septiembre, renunció a su candidatura tras conocerse las intenciones de votos que priorizaban a otros candidatos que ella: el exministro Luis Arce que prometía defender las nacionalizaciones y el expresidente Carlos Mesa que pretendía destruir la polarización. El 12 de marzo de 2021, la Fiscalía de Bolivia emitió una orden de arresto "por sedición y terrorismo" vinculados con la crisis política de 2019 que conllevó la renuncia de Evo Morales.

Vuelta del MAS: Luis Arce (desde el 18 de octubre de 2020) (➔ véase MC 71)

Se otorgó el triunfo al MAS con el 52,4 % de los votos a favor de Luis Arce, delfín de Evo Morales, contra el 31,5 % para Carlos Mesa, de la oposición. Luis Arce ganó en las seis regiones noroccidentales con resultados que rondan un 50 % de los votos. En cambio, perdió en las tres regiones surorientales: Santa Cruz, Beni y Tarija, las mismas que se opusieron duramente al presidente Evo Morales hasta que la Constitución de 2009 les concedió cierta autonomía. En sólo dos, se impuso Carlos Mesa y en Santa Cruz triunfó Luis Fernando Camacho, el líder de las protestas de 2019 contra Morales. La victoria del partido de Evo Morales tuvo un alcance simbólico en América Latina, dándoles así oxígeno a los proyectos de izquierda tanto en México y Argentina como en Cuba y Venezuela. El presidente, Luis Arce, fue ministro de Economía durante la mayor parte del mandato del expresidente y fue designado candidato a la presidencia muy poco antes de las elecciones mientras que el sucesor natural de Morales era Choquehuanca, uno de los fundadores de MAS y finalmente vicepresidente. Es conocido como moderado que busca respetar los derechos de los indígenas bolivianos y eliminar el racismo mediante el estudio y la difusión de la "cosmovisión ancestral" en un ambiente pacifista.

El 28 de octubre de 2020, Evo Morales anunció que volvería a Bolivia en cuanto asumiera el cargo Luis Arce, ya que no podía ser arrestado por la policía dos días después de la anulación de la orden de detención del expresidente por delitos de terrorismo y sedición. El mismo día, la Cámara de Diputados y el Senado empezaron una reforma con el fin de reducir la mayoría necesaria para aprobar ciertas medidas, ya que el partido MAS no alcanzó los escaños requeridos. El ex presidente Carlos Mesa denunció la maniobra tachándola de autoritaria además de inaceptable e ilegítima. El 30 de octubre, se inició el debate en el Congreso para enjuiciar a Jeanine Áñez. El 8 de noviembre, el rey Felipe VI y el vicepresidente segundo Pablo Iglesias asistieron a la toma de posesión de Luis Arce: fue la cuarta ocasión en que el Gobierno español decidió enviar al rey a los actos de asunción de un presidente latinoamericano, tras su participación en los de México (2018), Panamá (2019) y Uruguay, a principios de 2020. Fue acompañado de Pablo Iglesias, vicepresidente de España. El 9 de noviembre de 2020, Evo Morales regresó a su tierra natal casi un año después de su exilio. Fue bien recibido por sus partidarios, pero la oposición organizó bloqueos en las carreteras para dificultarle el paso. El 12 de noviembre, Luis Arce cumplió con una de sus promesas electorales: aseguró el pago de “un bono contra el hambre” a más de 4 millones de bolivianos a partir de diciembre. Una medida para reactivar la economía en un contexto difícil debido a la pandemia que a mediados de marzo de 2021 se había cobrado la vida de casi 12.000 personas.

NOTAS

1. abarcar: *englober*
2. la sede: *le siège*
3. realista = de la familia real
4. una contienda = un conflicto
5. las ganancias = los beneficios
6. estallar = explotar (una guerra)
7. los pozos: *les puits*
8. la apertura: *l'ouverture*
9. derrocar: *renverser (un régime)*
10. abarcar: *englober*
11. rampante: *galopante*
12. el yacimiento: *le gisement*
13. el abastecimiento: *l'approvisionnement*
14. dirimir = resolver
15. refrendar = consultar mediante un referéndum
16. la Pachamama: *la Terre nourricière*
17. las talas y quemas: *l'écobuage*
18. por cuenta ajena: *en tant qu'employé*
19. sucio, -a: *sale*
20. soliviantar = indignar

- ***La nación clandestina*** (1989) de Jorge Sanjinés narra la historia de un campesino por haber actuado como represor durante la dictadura.
- ***También la lluvia*** (2010), de la directora española Icíar Bollaín cuenta el trabajo común que realizan Costa, un descreído productor de cine, y Sebastián, joven e idealista realizador, en torno a un proyecto ambicioso que van a rodar en Bolivia. Quieren abordar la llegada de los españoles a América insistiendo en la brutal empresa y en el papel de la Iglesia. Pero ambos se enfrentarán a la Guerra del Agua lo que desembocará en un viaje emocional.

MC 69 Bolivia (presentación general)

BOLIVIA (presentación general)

- **Los principales partidos políticos**
  - Movimiento al Socialismo (MAS): partido oficialista de izquierda
  - Acción Democrática Nacionalista (ADN): derecha
  - Movimiento Nacionalista Revolucionario (MNR)
  - Partido Demócrata Cristiano (PDC)
- **Forma de Gobierno**
  - República presidencialista
  - Estado Plurinacional de Bolivia desde 2009
- **Organización territorial**
  - 9 departamentos con 112 provincias
- **Situación geográfica**
  - **América del Sur**
  - No tiene salida al mar
  - **Fronteras**
  - Al norte y al oriente con Brasil
  - Al sur con Paraguay y Argentina
  - Al oeste con Chile y Perú
- **Población**
  - 11,6 millones de habitantes
- **Gentilicio**
  - Un boliviano
  - Una boliviana
- **Lenguas**
  - El español
  - 36 lenguas indígenas, entre las cuales el quechua, el guaraní, el aymara
- **Capital**
  - Sucre
- **Superficie**
  - 1.098.581 km^2
- **Moneda nacional**
  - El peso boliviano

MC 70 La era Evo Morales (2006-2019)

LA ERA EVO MORALES (2006-2019)

- **Presidencias de Evo Morales**
  - **Tres mandatos completos y uno abortado**
  - 2006-2010
  - 2010-2014
  - 2015-2019
  - 20 de octubre - 10 de noviembre de 2019
- **Alfabetización**
  - Campaña "Yo sí puedo" incluyendo las lenguas locales indígenas (el aymara y el quechua)
- **Política nacionalista e indigenista de izquierda**
  - **Alineada con las políticas de Hugo Chávez y Fidel Castro (Socialismo del Siglo XXI)**
  - Estatización de las empresas de hidrocarburos y telecomunicaciones
  - Política antiimperialista y antiestadounidense
- **La Constitución de 2009**
  - Estado Plurinacional e independiente de toda religión
  - Posibilidad de dos comicios consecutivos (2009 y 2014) sin tener en cuenta el primer mandato iniciado en 2006
- **Política a favor de la hoja de coca**
  - Desacuerdo con EE. UU.
- **Un cuarto mandato polémico y abortado**
  - **21 de febrero de 2016**
  - Referéndum para aprobar o rechazar la posibilidad para Morales de presentarse a un cuarto mandato. Victoria del NO con un 51 %
  - **Noviembre de 2017**
  - El Tribunal Constitucional Plurinacional admitió la posibilidad de un cuarto mandato
  - **20 de octubre de 2019**
  - Elecciones cuestionadas
  - Conteo de votos sospechoso
  - **Renuncia de Evo Morales y huida a México, luego a Argentina**
  - Autoproclamación de Jeanine Áñez como presidenta interina
- **Julio de 2014**
  - **Aprobación de la ley de trabajo infantil**
  - ¿Un paso hacia la erradicación del trabajo de los niños?
- **Julio de 2011**
  - Ley de Telecomunicaciones, Tecnologías de Información y Comunicación
- **Polémico proyecto de construcción de una carretera**
  - En el Territorio Indígena y Parque Nacional Isibore-Secure (TIPNIS)

La presidencia de Luis Arce (desde el 18 de octubre de 2020)

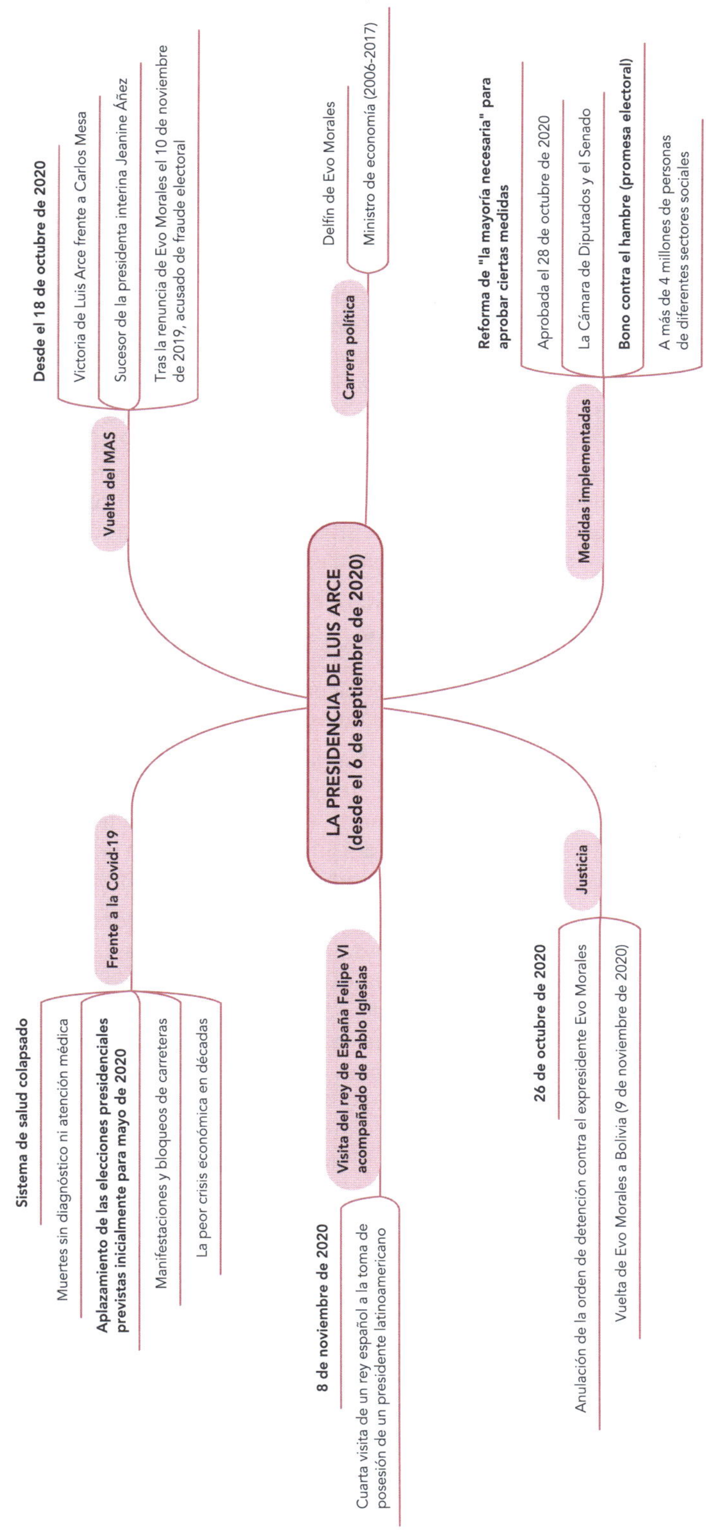

MAPA CONCEPTUAL

43 BRASIL

Datos generales (véase MC 72)

Oficialmente conocido como *República Federativa do Brasil* (en portugués), desde su Constitución de 1988, este "país continente" equivalente al 47 % de América del Sur abarca la mitad oriental del subcontinente y unas cuantas pequeñas islas del océano Atlántico. Su superficie estimada en más de 8,5 millones de km² lo coloca[1] como el quinto país más grande del mundo en área total. A pesar de que sus más de 217,5 millones de habitantes hacen de Brasil el sexto país más poblado del mundo, presenta un bajo índice de densidad poblacional debido a que la mayor parte de su población se concentra a lo largo de los 7.491 km de litoral atlántico cuando el interior del territorio se ve marcado por enormes vacíos demográficos. La selva amazónica se extiende por unos 3,6 millones de km² del territorio. Tiene frontera al norte con el departamento ultramarino francés de la Guayana Francesa, Surinam, Guyana y Venezuela; al noroeste con Colombia; al oeste con Perú y Bolivia; al sureste con Paraguay y Argentina, y al sur con Uruguay por lo que sólo Ecuador y Chile no limitan con Brasil. Gracias a su vegetación y al clima, es uno de los países con más especies de animales a escala mundial.

La federación está formada por la unión del Distrito Federal, los 26 estados y los 5.565 municipios. Siendo el idioma oficial el portugués y el más hablado en el territorio, Brasil es el mayor país lusófono del mundo. La sociedad brasileña es multiétnica por ser formada de descendientes de europeos, indígenas, africanos y asiáticos. También es la tierra con mayor número de católicos del mundo (véase cap. 66).

A nivel internacional, Brasil es miembro fundador de la Organización de las Naciones Unidas (ONU), G20, Comunidad de Países de Lengua Portuguesa (CPLP), Unión Latina, Organización de los Estados Americanos (OEA), Organización de los Estados Iberoamericanos (OEI), Mercado Común del Sur (Mercosur) y de la Unión de Naciones Sudamericanas (Unasur). También forma parte de los llamados BRICS.

> **Los BRIC** es un grupo de grandes países emergentes que se inició informalmente en 2006 para agrupar Brasil, Rusia, India, China. En 2011, se agregó Suráfrica a la coordinación formando así **los BRICS**. Son países que se reúnen anualmente desde ese año. El acrónimo BRICSAM también se usa para unir México al grupo sin que sea miembro porque, pese a parecerse mucho a los países BRICS, su economía se asemeja a los países de la OCDE.

Su primera capital fue Salvador de Bahía, sustituida por Río de Janeiro en 1763 hasta que se construyó la nueva capital: Brasilia en 1960. Brasil, entonces habitado por unos dos millones de indígenas, tuvo su primer contacto con los europeos en 1500 tras la expedición portuguesa liderada por Pedro Álvares Cabral. Se inició oficialmente la colonización en 1534, cuando el rey Juan III dividió el territorio en doce capitanías hereditarias hasta que se declaró la independencia del país el 7 de septiembre de 1822 (véase cap. 51).

Principios caóticos (1900-1930)

Durante el primer periodo del gobierno republicano, se inició un ciclo prolongado de inestabilidad financiera, política y social que se extendió hasta la década de 1920, manteniendo al país asolado por diversas rebeliones que poco a poco minaron el régimen. A escala internacional, Brasil mantuvo una política pacífica y neutral, que sólo fue interrumpida por la Guerra del Acre y Purús (véase cap. 42) entre 1899-1903 y la Primera Guerra Mundial (1914-1918).

La dictadura de Getúlio Vargas (1930-1945)

En 1930, Getúlio Vargas, candidato en las elecciones del mismo año, lideró un golpe de Estado y asumió la presidencia de la República con el respaldo de los militares. Juntos disolvieron el Congreso y siguieron su mandato bajo un estado de emergencia, colocando a sus aliados como sustitutos de los gobernadores de los diferentes estados. Dos rebeliones tuvieron lugar en respuesta a esta toma de poder: en 1932, alegando que el país necesitaba reformas democráticas, la oligarquía paulista[2] dirigió la revuelta, y también, en 1935, los comunistas se rebelaron, pero ambos movimientos fueron vanos y Vargas se valió de la amenaza comunista para impedir nuevas elecciones y organizar otro golpe de Estado en 1937. Se estableció una dictadura militar designada como "Estado Novo" o "Tercera República" respaldada por la burguesía conservadora, las clases medias y obreras dado que Vargas era apodado "el padre de los pobres". A nivel internacional, pese a que Brasil se mantuviera neutral durante los primeros años de la Segunda Guerra Mundial, se vio obligado a alinearse en favor de los Estados Unidos durante la Conferencia de Río de 1942, rompiendo relaciones diplomáticas con Alemania, Italia y Japón (las potencias del Eje). En represalia, el gobierno nazi y el fascista extendieron su campaña de guerra submarina a Brasil, y después de meses de continuo ataque contra navíos mercantes brasileños y la intensa presión pública que recibió el Gobierno, éste les declaró la guerra en agosto de 1942, y en 1944 mandó una fuerza expedicionaria para combatir en Europa. Se conoce el periodo dirigido por Gétulio Vargas por "getulismo" o "varguismo". Pese a ser muy controvertida, su política supuso un aporte fundamental para la clase baja a través de numerosas reformas sociales. Tras la victoria aliada al año siguiente Vargas fue depuesto[3] por otro golpe militar.

Entre 1930 y 1964, la política económica brasileña se orientó hacia la Industrialización como Sustituto de Importaciones (ISI). Se sustituyó una economía basada en la agricultura por una estructura industrial bastante avanzada que aseguró tasas de crecimiento entre las más altas del mundo durante la mayor parte del siglo XX. Pero, la contrapartida del modelo ISI fue el cierre al mercado internacional, el predominio estatal en la economía, altos índices de inflación y un balance de reparto de riquezas desastroso. La ISI no dio prioridad a la educación de capital humano como instrumento de igualdad y factor susceptible de dinamizar el potencial creativo e innovador de la sociedad.

La democracia fue restablecida con la elección del **general Eurico Gaspar Dutra** en enero de 1946 hasta 1951. **Getúlio Vargas** regresó democráticamente al poder a finales de 1950, pero en medio de una crisis política, se suicidó en agosto de 1954.

Regímenes militares y dictadura (1954-1985)

Después de la muerte de Vargas, se sucedieron algunos gobiernos provisionales y breves. En 1956, tras nuevas elecciones, llegó al poder **Juscelino Kubitschek** que adoptó una postura conciliadora con la oposición. La economía y el sector industrial crecieron sobremanera[4], pero su mayor éxito fue la construcción de la nueva capital, Brasilia, inaugurada en 1960. Le sucedió Jânio Quadros que en 1961, renunció al cargo, dejando la presidencia a su vicepresidente, João Goulart. Éste suscitó una fuerte oposición política al firmar el 13 de marzo de 1964 un decreto para expropiar refinerías de petróleo y tierras privadas. Además, pedía una nueva constitución para el país. Muchos sectores pensaron que Goulart quería establecer un régimen parecido al de la Unión Soviética mientras que ellos abogaban por[5] modelo estadounidense. Todo esto generó una reacción por parte de los conservadores en la llamada "Marcha de la Familia con Dios por la Libertad". El 30 de marzo, el discurso imprevisto en Río de Janeiro del presidente para solicitar el respaldo de los militares en sus reformas, fue el detonante para que los golpistas actuaran. João Goulart se volvió el primer presidente brasileño en morir exiliado.

Los golpistas instauraron rápidamente una auténtica dictadura cuando se imaginaba que el nuevo régimen sería de corta duración. **Humberto Castelo Branco (1964-1967)** promulgó entre otros autos[6], la Ley Institucional Número Cinco de 1968. Los disidentes a la dictadura, incluyendo la guerrilla urbana, fueron duramente reprimidos, pero no tan brutalmente como en otros países latinoamericanos. Por el extraordinario crecimiento económico, conocido como "el milagro brasileño", el régimen alcanzó su nivel más alto de popularidad en los años de mayor represión.

A partir de fines de los años 1960, las policías y Fuerzas Armadas ya habían comenzado a arrestar, torturar y eliminar opositores identificados como "comunistas". Sólo después, se dio a conocer la implicación de Brasil en el Plan Cóndor (véase cap. 57) en la década de los 70 y 80, pero, sin haber sido firmante del acta, a diferencia de Argentina, Bolivia, Chile, Paraguay y Uruguay. Castelo Branco pronto entró en conflicto con otros líderes militares porque insistía en que la dictadura militar no debía durar mucho y que el mando político tenía que entregarse a los civiles rápidamente. Pero, quería garantizar que no se le permitiera a la izquierda brasileña acceder al poder, en su variante socialista o comunista. Esta idea fue rechazada por el general Artur da Costa e Silva que, tras la renuncia de Castelo Branco, le sucedió en 1967 hasta 1969. **Emílio Garrastazu Médici** (1969-1974) fue el tercer presidente del régimen militar y representó la franja más dura del periodo: a favor del intervencionismo militar en la política interior, amplió los atributos del ejército en aras de la seguridad nacional. Al finalizar su mandato, **el general Ernesto Geisel** asumió la presidencia del país en 1974 y propuso redemocratizar Brasil eliminando la indisciplina militar imperante existente en el país, según él, desde 1889, suprimiendo la tortura de presos políticos y la censura de los medios de comunicación. En 1978, anuló la Ley Institucional Número Cinco, poniendo fin a la dictadura.

El ***Ato Institucional Número Cinco*** **o AI-5** fue un auto que le confería al presidente de la República poderes extraordinarios además de suprimirle a cualquier ciudadano por cinco años derechos políticos como el cese del privilegio de aforamiento[7] por prerrogativa de función, la suspensión del derecho de votar y ser votado en las elecciones sindicales y la prohibición de actividades o manifestación sobre asuntos de naturaleza política, entre otras medidas.

El 26 de abril de 2000, el exgobernador de Río de Janeiro emitió la hipótesis de que João Goulart y Juscelino Kubitschek habían sido asesinados como parte de la Operación Cóndor, y pidió la apertura de las investigaciones sobre sus muertes. Juscelino Kubitschek había muerto en un accidente de coche y Goulart de un supuesto ataque al corazón. El 27 de enero de 2008, un periódico publicó la declaración de un ex miembro del servicio de inteligencia de la dictadura de Uruguay, según el que Goulart había sido envenenado por orden del *Departamento de Ordem Política e Social*. En julio de 2008, una comisión especial de la *Asamblea Legislativa de Rio Grande do Sul*, corroboró la sospecha. El 13 de noviembre de 2013, a pedido de su familia, las autoridades brasileñas exhumaron los restos para practicar una autopsia cuyos resultados no fueron concluyentes, por ausencia de veneno debida a los cambios químicos sufridos en el tiempo transcurrido.

No obstante, el régimen militar prosiguió con su sucesor, **el general João Baptista de Oliveira Figueiredo** (1979-1985), para completar la plena transición hacia la democracia.

Una era democrática (1985-2018)

A nivel político, tanto el retorno al gobierno civil en 1985 como la promulgación de la nueva Constitución de 1988 fueron hitos relevantes de finales del siglo XX. A nivel económico, Brasil pasó de un modelo cerrado de predominio estatal a otro de corte neoliberal, más abierto y más orientado al mercado. Tras la muerte del presidente recién electo, **Tancredo Neves**, en 1985, asumió el cargo su vicepresidente **José Sarney** que terminó su mandato con una popularidad muy baja resultante de la crisis económica y de la inflación descontrolada. No obstante, este periodo presidencial fue marcado por la aprobación de la Constitución Federal de 1988 que reguló la forma de régimen, terminó con la censura de cualquier medio de comunicación y estableció el SUS (Sistema Único de Salud) entre otras reformas. Tras la Constitución Federal de 1988, quedó consolidado en Brasil el "presidencialismo de coalición", cuyo propósito consiste en que los gobiernos deben formar coaliciones con multitud de partidos políticos, dividiendo entre ellos las carteras ministeriales.

La mala administración del presidente en funciones facilitó en 1990 la elección del casi desconocido **Fernando Collor de Mello** cuyo mandato fue marcado por la aplicación del *pacote*, plan de saneamiento entre los más severos de la historia del país. Consistió principalmente en privatizar empresas, desregular las negociaciones salariales, confiscar temporalmente los ahorros y los depósitos bancarios, recortar[8] los programas sociales. Era de esperar que la solución radicaba en la creación del Mercosur (➔ véase cap. 55) en 1991, proceso de integración regional fundado por Argentina, Brasil, Paraguay y Uruguay. No obstante, el desempleo se disparó[9], los salarios retrocedieron y el país conoció la recesión económica. Entonces, fue denunciado por su propio hermano Pedro por un escándalo de corrupción que le impidió terminar su mandato. Se vio obligado a dimitir un día antes de ser destituido por el mismo Senado y pasó el relevo a su vicepresidente, **Itamar Franco** (1992-1995). Cuando éste tomó el poder, la inflación brasileña había alcanzado los cuatro dígitos, pasando de 1.100 % a 6.000 % entre 1992 y 1993 por lo que nombró como ministro de Hacienda a Fernando Henrique Cardoso, entonces ministro de Asuntos Exteriores. Éste creó el exitoso "Plan Real" que estabilizó la economía brasileña. Primero disminuyeron los procedimientos burocráticos que dificultaban las importaciones y luego se sobrevaloró la moneda de cambio poniendo fin a la hiperinflación.

Fernando Henrique Cardoso (1994-2002)

En la elección siguiente, Fernando Henrique Cardoso, del PSDB (*Partido da Social-Democracia Brasileira*), fue apoyado considerablemente por el presidente saliente y ganó en los comicios de 1994 y nuevamente en los de 1998. Una vez controlada la inflación, Cardoso siguió la apertura económica iniciada por su predecesor. Entre 1991 y 2001, el Estado brasileño se enriqueció privatizando empresas públicas en los sectores de telecomunicaciones y energía eléctrica. La implantación de la nueva moneda, el real, en julio de 1994, permitió que la inflación pasara del 2.500 % al 7 % en 2002. Otro dato relevante: la renta real del trabajador aumentó un 20 % entre 1993 y 2001. Como consecuencia de ello, se produjo un *boom* en el consumo interno que se tradujo en numerosas inversiones lo que permitió mejorar la recaudación[10] fiscal y sanear[11] las cuentas públicas. También el gobierno invirtió en la educación básica con el esfuerzo de las familias pobres para garantizar la escolaridad de sus hijos y adoptó políticas encaminadas a erradicar el trabajo infantil, proporcionando ayudas prenatales a las mujeres más pobres. Finalmente, un 97 % de los niños en edad escolar estaba escolarizado, reduciéndose tanto la mortalidad como el trabajo infantil.

No obstante, las reformas estructurales imprescindibles para la estabilidad económica del país no fueron unánimes. Los liberales las tacharon de[12] insuficientes mientras que los izquierdistas, la iglesia y los movimientos sociales organizados las consideraron como "globalización salvaje". La deuda del Estado se había disparado alcanzando el 55,5 % en el año 2000, sobre todo por los altos tipos de interés del *Banco Central do Brasil*.

Luiz Inácio Lula da Silva (2002-2010)

Desde su creación en 1980, el *Partido dos Trabalhadores* ha cambiado mucho y en veinte años, después de tres derrotas electorales sucesivas en las elecciones presidenciales, pasó de un programa inicial anticapitalista a un discurso cada vez más moderado, de centro izquierda. El PT ha ido priorizando a las clases medias e intelectuales con un proceso de institucionalización-burocratización de su aparato y de su dirección, poco a poco ocupada por los parlamentarios en detrimento de los sindicalistas de antes. A pesar de todo, la victoria de Lula en 2002 despertó muchas esperanzas en el país e incluso en toda América Latina. Sin embargo, Lula no actuó sobre esas desigualdades estructurales: durante su presidencia, las rentas de los más pobres aumentaron de manera notable pero las de los ricos todavía más. Brasil resultó un condensado de "Suiza-India" que reunía en su territorio rentas extremas.

El desgaste político de Cardoso llevó al auge electoral de Luiz Inácio Lula da Silva, del *Partido dos Trabalhadores* (PT). Candidato en tres ocasiones (1989-1994-1998), salió victorioso en 2002 frente al candidato del PSDB, José Serra, y otra vez en 2006. Aunque la transición política fue pacífica, durante su campaña presidencial, Lula le achacó[13] a Cardoso el supuesto empeoramiento de las condiciones sociales y criticó severamente sus reformas económicas. Pero, una vez elegido, siguió el mismo rumbo que su predecesor: continuó luchando contra la inflación, fue fiel a las obligaciones contraídas tanto nacionales como internacionales y mantuvo los derechos y libertades económicas y políticas inherentes a la democracia representativa y a la economía de mercado.

Cuando tomó el poder Lula, Brasil estaba experimentando una creciente pobreza y una fuerte desigualdad social. Volvió a subir la inflación en 2003 hasta el 15 % debido a la depreciación del real durante el año 2002. Lula expuso la necesidad de reactivar la producción industrial, en declive desde principios de 2001 y la urgencia de alcanzar tasas de crecimiento anuales como mínimo del 4,5 % o el 5 % del PIB, de reducir el tipo básico de interés, que se encontraba entre los más elevados del mundo, del 18,5 % al 13 % para facilitarle los créditos a la clase media.

A nivel regional, Brasil mostró una clara voluntad de hegemonía de proximidad. Hasta se llegó a hablar de "semi-imperialismo" o de "imperialismo periférico". Entre otras empresas brasileñas multinacionales, Petrobras con el petróleo y Odebrecht en la construcción practicaron una política económica agresiva hacia sus vecinos como Bolivia o Ecuador. Con Paraguay, surgieron conflictos debidos a la gestión de recursos hidroeléctricos comunes en Itaipú, donde Paraguay fue privado de su soberanía. Fue así como la burguesía financiera e industrial brasileña defendió sus ventajas a escala mundial, lo que, por otra parte, no impidió los acuerdos estratégicos entre Brasil y Estados Unidos, en cuanto a los agrocombustibles. Desde el punto de vista diplomático, Lula intentó desmarcarse apoyándose en los gobiernos de izquierda o centro-izquierda de la región y siempre respaldó a Chávez, mantuvo buenas relaciones con el gobierno castrista en Cuba, se mostró en contra de la destitución del presidente Zelaya en Honduras tras el golpe de 2009 (➲ véase cap.38) y no reconoció al presidente Porfirio Lobo (2010-2014).

En el plano internacional, Lula buscó un liderazgo entre los países en vías de desarrollo más importantes e intentó hacer frente a los más ricos viajando a más de ochenta países. Uno de sus objetivos era ganar un puesto como miembro permanente del Consejo de Seguridad de las Naciones Unidas, pero en balde[14]. No obstante, Brasil desempeñó un papel relevante en la entrada de Venezuela en el Mercosur (2005) y en la cumbre de julio de 2006, se mostró partidario de una América Latina más autónoma e independiente, distanciándose de los Estados Unidos. De ahí su oposición a la propuesta del ALCA (Área de Libre Comercio de las Américas; ➲ véase cap. 53). Sin embargo, Brasil trabajó para el desarrollo de la Unasur (Unión de Naciones Sudamericanas) finalmente firmada en 2004. También se dedicó a buscar nuevas rutas comerciales con países del mundo árabe y África. Favoreció las relaciones Sur-Sur no sólo en el plano diplomático sino también económico: en 8 años, los intercambios de China con Brasil aumentaron un 750 % (➲ véase cap. 56). Las relaciones de Brasil con la Unión Europea se inscribieron en esa preocupación por una mayor inserción competitiva en el mercado mundial. En el periodo 2004-2008, Brasil firmó con Francia un importante contrato de armamento. Además, el Mercosur estuvo en negociaciones con la UE, aunque chocó con el proteccionismo europeo, sobre todo en el sector agrícola.

Otro problema aún más grande es que Brasil se ha embarcado en una política de *agrobusiness*, que incluye el cultivo intensivo de transgénicos[15] y de agrocombustibles, para mayor satisfacción de empresas como Monsanto, bienvenidas en el país, aunque con consecuencias medioambientales y sociales desastrosas (➲ véase cap. 58 y 60). Por lo demás, esto llevó a la ministra de ecología, Marina Silva, a dimitir al cabo de unos meses. En estas condiciones, la gran reforma agraria tan necesaria y tan prometida, no se llevó a cabo de ahí un imposible desarrollo alternativo, democrático y sostenible. Siendo el PT minoritario en el Parlamento y en el Senado y sólo mayoritario en tres estados del país, desde su primer mandato, Lula buscó aliarse con la derecha liberal y latifundista para gobernar. Esta estrategia no hizo más que acentuar su inmovilismo, en particular desde el punto de vista de la política agraria. Sin embargo, Lula fue muy popular, sobre todo entre las clases más pobres, en particular del Nordeste. Numerosos programas sociales asistencialistas, entre los cuales Bolsa Familia –programa de ayuda financiera condicionado a la escolarización infantil– permitieron sacar de la miseria extrema a más de 20 millones de brasileños por lo que fueron una garantía electoral. También se amplió la cobertura social, así como los sueldos mínimos mientras menguaban[16] los niveles de criminalización de los movimientos sociales gracias a espacios de diálogo e incluso de cooptación de muchos dirigentes sociales y sindicales. Ahora bien, los grandes grupos mediáticos estaban en manos de una oligarquía arcaica, todavía ferozmente hostil a Lula, que le seguía considerando un sindicalista procedente de la izquierda, y por lo tanto potencialmente peligroso por la composición de su base social.

Es innegable que Lula renegó de los ideales del PT de 1980 para privilegiar la estabilidad macroeconómica centrada en la lucha contra la extrema pobreza en detrimento de las reformas sociales prometidas. Por sus logros socio-políticos, Lula fue considerado por Wall Street y gran parte de las élites como uno de los mejores presidentes de la historia democrática del país.

Dilma Rousseff (2010-2016)

Como Lula no podía volver a presentarse para las elecciones del 2 de octubre de 2010, pese a su alta popularidad, para el PT, el desafío era "hacer lulismo sin Lula". Y fue la promesa de la candidata Dilma Rousseff cuando anunció que seguiría el rumbo político y económico del presidente saliente. Economista de formación y jefa del Gabinete ministerial de Lula, primera ministra, Rousseff militó en su juventud en los movimientos de lucha armada contra la dictadura. Poco carismática pero respaldada por Lula, fue subiendo en los sondeos y ganó las elecciones en segunda vuelta –el 31 de octubre del mismo año– frente al principal candidato de la oposición, José Serra (social-democracia liberal). Así se convirtió en la primera presidenta de Brasil y la segunda persona en llegar a la presidencia sin nunca antes haber disputado una elección. Durante el primer año de Rousseff en el Palacio de Planalto, entre junio y diciembre, se dieron las primeras acusaciones de corrupción por las cuales seis de sus ministros dimitieron (su jefe de personal y los ministros de Turismo, Agricultura, Transportes, Deportes y Trabajo) junto a otros veinte empleados de Transportes.

En el marco de los Derechos Humanos, Dilma Rousseff, anunció el objetivo de la Comisión de la Verdad establecida en 2011: "recuperar la verdad sin revanchismo". Especificó que no se juzgaría a los responsables ya que persistía la Ley de Amnistía de 1979. La comisión tenía un plazo de dos años para investigar crímenes contra los derechos humanos cometidos entre 1946 y 1988, aunque se centró sobre todo en el último régimen militar (1964-1985).

En diciembre de 2014, **el informe de la Comisión de la Verdad** identificó a 434 víctimas mortales y desaparecidos durante la dictadura y también a unos 300 agentes del aparato represivo que, pese a los testimonios y pruebas recogidas en su contra, no serían llevados ante la justicia. Recogía testimonios de los torturados –entre los que se encontraba la futura presidenta Rousseff– al tiempo que confirmó la cooperación de algunas multinacionales con intereses en Brasil en la represión política y sindical.

El Mundial que se desarrolló en Brasil en 2014 dañó aún más la imagen del gobierno de Rousseff. Por un lado, fue el evento más costoso e inadecuado a la realidad económica del país. En febrero, se aumentó la tarifa de autobús en Río de Janeiro pese a las protestas callejeras en contra del incremento del precio del transporte. En mayo de 2014, las protestas fueron protagonizadas por sindicatos u organizaciones como el Movimiento de Trabajadores Sin Techo (MTST), que sumó 15.000 manifestantes. Pero el Gobierno de Dilma Rousseff rápidamente pactó una tregua con el MTST, prometiendo que iba a participar en un programa federal de viviendas y crear una comisión para analizar los desalojos forzados. Con vistas a una reelección, le interesaba a Rousseff calmar el juego. Al mismo tiempo, la justicia declaró las huelgas ilegales y desactivó la de funcionarios policiales en Bahía o de trabajadores del metro de São Paulo, para evitar cierto caos en el tránsito de la ciudad en vísperas[17] del Mundial. Por otro lado, este evento supuso una inflación de los precios que impactó particularmente en el pueblo. A nivel de infraestructuras, Brasil se enfrentó con otros dos grandes problemas: en mayo de 2014, el 53 % de las instalaciones no había podido terminarse a tiempo y el transporte iba a ser complicado. Durante las obras, la muerte de obreros empeoró la mala imagen del Mundial.

El 26 de octubre de 2014, Rousseff fue reelegida con un 51,59 % de los votos frente al candidato de oposición Aécio Neves. El 2 de diciembre de 2015, el presidente de la Cámara de Diputados de Brasil, Eduardo Cunha, activó el proceso de juicio político contra la presidenta Rousseff, acusada de haber ocultado un déficit presupuestario para ganar la reelección en 2014 y responsabilizada de la peor recesión del país en décadas. Mientras el país se preparaba para ser anfitrión de los Juegos Olímpicos de agosto de 2016, en Río de Janeiro, las denuncias de corrupción salpicaron[18] a varias empresas encargadas de las obras. Crisis política y recesión económica amenazaron con empañar[19] el megaevento deportivo. Miles de ciudadanos se opusieron a la realización de las Olimpiadas en Río pese a que la propia presidenta se defendió alegando que dos tercios de la inversión se destinarían a obras de infraestructura en la ciudad, como una nueva línea de metro, y autobuses que conectarían las áreas de competición, y quedarían funcionando después de los JJ. OO. El 17 de abril de 2016, la petición para iniciar el juicio político fue aprobada por la Cámara de Diputados de Brasil y el trámite en la Cámara Baja tuvo el apoyo de 367 legisladores contra 137 en contra. Pero, el 9 de mayo de 2016, el presidente interino de la Cámara de Diputados de Brasil anuló el proceso del juicio político contra la presidenta. Pese a ello, el presidente del Senado desconoció la anulación y el proceso contra Rousseff se mantuvo. El 12 de mayo, el

Senado de Brasil aprobó el juicio político a Dilma Rousseff, que quedó formalmente apartada de su cargo y sometida a un *impeachment* por 55 votos a favor –sólo eran necesarios 41– y 22 en contra. La mandataria se declaró inocente e indignada contra esa decisión que tachó de golpe parlamentario. Entonces, su vicepresidente, Michel Temer, del partido Movimiento Democrático Brasileño (una formación especializada en dar a los partidos gobernantes la mayoría parlamentaria a cambio de cargos importantes en la Administración y empresas públicas), en el juicio político a Rousseff, rechazó el *impeachment* por ser algo fuera de la normativa constitucional.

Presidencia interina de Michel Temer (mayo de 2016-octubre de 2018)

En mayo de 2016, el centroderechista **Michel Temer** la sustituyó inmediatamente en el cargo. En su discurso de presidente interino, Temer evocó que el cambio podía provocar esperanza y señaló la necesidad de un "Gobierno de salvación nacional" que por medio de muchos sacrificios sacara al país de la situación actual lo que la expresidenta consideró una traición y conspiración. En junio de 2017, la Fiscalía General denunció a Michel Temer por corrupción pasiva en la tentacular Operación *Lava Jato* (➔ véase cap. 63). En diciembre de 2017, se inició la campaña electoral y a un año de las elecciones presidenciales, Lula da Silva se postuló, aunque era condenado a nueve años y medio de prisión por corrupción pasiva y lavado de dinero. Lideraba las encuestas con un 37 % de intenciones de voto, seguido por el diputado de ultraderecha Jair Bolsonaro, del Partido Social-Cristiano, con un 17 %. A principios de 2018, Michel Temer fue detenido dos veces por ser uno de los beneficiarios de la trama vinculada a Petrobras, pero escapó de la justicia ya que fue liberado hasta que terminó su mandato. Era el segundo miembro del Ejecutivo brasileño en ser acusado de corrupción lo que sumió a la población en un clima de desconfianza total respecto de la clase gobernante.

El 14 de marzo de 2018, el asesinato de Marielle Franco, concejala en la Cámara Municipal de Río de Janeiro, plasmó la fragilidad de las instituciones democráticas brasileñas. Cuatro días antes del crimen, había denunciado a policías por abusos de autoridad contra una favela. Se definía a sí misma como "mujer feminista, negra e hija de la favela" y su compromiso inquebrantable frente a la violencia, la impunidad y la corrupción fue lo que la venció. Su ejecución la convirtió en un tótem pese a ser mujer, negra, activista y lesbiana en un país donde estas cuatro características cumulan los riesgos de ser asesinada.

> **Michel Temer** fue encarcelado en marzo de 2019, liberado y luego otra vez llevado a la cárcel. El juez lo acusó de encabezar "una organización criminal" y desviar unos 1.800 millones de reales (450 millones de euros) destinados a la construcción de la central nuclear Angra 3 en Río de Janeiro. Esta detención no hará más que beneficiarle a su sucesor.

Jair Bolsonaro, ¿una nueva era autoritaria? (7 de octubre de 2018) (➔ véase MC 73)

Como Lula fue encarcelado en abril de 2018, quien destacaba en agosto de 2018 en intenciones de voto era Jair Bolsonaro, figura controvertida por sus declaraciones a favor de torturadores de la última dictadura militar brasileña y sus insultos hacia la población afrodescendiente. Fue ganando terreno con valores cristianos. Poco después, en septiembre, Jair Bolsonaro fue apuñalado por un desconocido durante un acto de campaña electoral. Este incidente fue grabado por su hijo Flavio y difundido por las redes sociales, lo que amplió su victimización y sobremediatización. Como estaba en el hospital, no pudo participar en los debates entre candidatos lo que le favoreció ya que no luce como orador. Tras esta agresión, su popularidad subió hasta un 40 %.

Lula fue encarcelado tras la sentencia de primera instancia dictada por el juez Sérgio Moro, emblema de la causa y luego ministro de Justicia de Jair Bolsonaro. Pero enseguida surgieron varias polémicas en torno a su posible liberación solicitada por algunos jueces. Finalmente, en julio de 2018, se decidió mantenerlo preso. Privado de libertad, Lula no pudo presentarse a las elecciones el 7 de octubre. Salió de la cárcel en noviembre de 2019 cuando había sido condenado a doce años por un segundo caso de corruptela. Pudo beneficiar de un fallo de la Corte Suprema que indultaba a aquellos sentenciados a prisión sin condena firme.

Sin sorpresa alguna, entonces, Jair Bolsonaro salió electo el 28 de octubre de 2018 con el 55,13 % de los votos frente al progresista Haddad (del PT) que obtuvo el 44,87 % de los votos. Una de las promesas de su campaña electoral era la lucha contra la corrupción. No obstante, apenas llevaba un mes en el cargo, su hijo Flavio fue acusado de tener depósitos sospechosos en su cuenta bancaria.

Una gobernabilidad poco afín a la Constitución de 1988

Sin tener la mayoría parlamentaria desde el comienzo de su gobierno, Bolsonaro se apoyó en su capital político y un congreso mayoritariamente conservador para aprobar reformas y garantizar el funcionamiento de su administración. En su primer día como presidente, aprobó un paquete de medidas que pusieron en jaque[20] el cumplimiento de los derechos humanos en el país. Bolsonaro firmó una serie de decretos como reducir el salario mínimo por debajo de lo acordado, excluir a las personas LGTBIQ+ de las políticas de derechos humanos (➔ véase cap. 67) o delimitar las tierras de los indígenas. Tras menos de un año de mandato, abandonó el Partido Social Liberal (PSL) que lo representó en los comicios y se quedó sin partido político. Con un tono agresivo, desde el *Palacio do Planalto*, el llamado "Gabinete del Odio" insultó a diario a diputados federales y senadores, a presidentes de la Cámara de Diputados y del Senado Federal y a ciertos ministros del Tribunal Supremo. Esta estrategia de comunicación, tanto en sus apariciones y declaraciones públicas, como en las redes sociales, consistía en informes y *fake news*. El núcleo estaba dirigido por Carlos Bolsonaro, el segundo hijo del presidente, concejal del ayuntamiento de Rio de Janeiro que solía participar en reuniones de alto nivel, con ministros y gobernadores. Esos ataques continuos al Congreso Nacional lo descalificaron y agredieron hasta tal punto que impidió llevar a cabo las reformas económicas. Como efecto de esta crisis, se solicitaron al menos 10 peticiones de *impeachment* pero el presidente del Congreso, Maia, aún no inició el proceso de destitución.

El excapitán del Ejército y los militares

Entusiastas desde siempre por la candidatura Bolsonaro, los militares fueron un pilar fundamental de su gobierno. Además de los ocho ministros militares de un total de 22 y proporcionalmente con más presencia castrense[21] que durante la dictadura militar (1964-1985), el *Palacio do Planalto* fue "militarizado": todos los asesores directos del presidente procedían de los cuarteles. No obstante, durante la crisis sanitaria, la mayoría de la cúpula militar manifestó públicamente su desacuerdo con la postura anticientífica del presidente. En un pronunciamiento[22] realizado minutos antes de Bolsonaro, el 24 de marzo de 2020, el comandante del Ejército y general, Edson Pujol, contrario al negacionismo presidencial, afirmó que la crisis del COVID-19 tal vez fuera "la misión más importante de nuestra generación". También el ministro de la Casa Civil, el general Braga Netto, cobró protagonismo desempeñando la función que, ante la pasividad de Bolsonaro, algunos informalmente llamaron "jefe del Estado-Mayor del Planalto". Los militares no buscaron asaltar el poder, como en 1964, ya que gozaban de un elevado grado de autonomía e influencia, de una jubilación temprana y de generosos sueldos desde la reforma de pensiones de 2019. Según los militares, la estrategia a seguir debe ser la de los test masivos, aislar rápidamente nuevos infectados e intentar apartar a las poblaciones vulnerables. A fin de cuentas, el Ejército planteó las estrategias que debería haber formulado Bolsonaro desde el comienzo de la pandemia.

La política de armas

Bajo Lula da Silva, Brasil tenía una ley modélica de control de armas, parecida al modelo europeo, pero durante su campaña electoral, Bolsonaro prometió una política de "armas para todos" y fue lo que implementó acercándose al modelo estadounidense. En dos años se triplicó el número de pistolas o fusiles, pasando de 50.000 nuevas armas en el año de la victoria electoral de Bolsonaro a 130.000 registradas en octubre de 2020. Además, aumentaron las licencias: más personas podían salir de casa con un arma, podían poseer más piezas, comprar calibres más potentes, más munición y a partir de 2020 renovar el permiso se volvió posible al cabo de los diez años, no a los cinco como antes. Como Brasil era un inmenso mercado de armas ilegales dominado por el poderoso crimen organizado y múltiples rutas del narco, los ciudadanos de a pie se armaron para defender a sus familiares y su patrimonio. Pasaron a ser más de un millón de brasileños con licencia de armas legales. Sólo la mitad, eran policías, militares y soldados. Los asesinatos aumentaron durante la pandemia ya que cuanto más armada está la población, más crímenes se cometen. Si la policía y las Fuerzas Armadas respaldaron a Bolsonaro en cuanto a la política de armas, no fue el caso del Supremo, el Congreso y la sociedad civil que no estaban a favor de que su país conociera la presencia de las armas en su día a día.

Bolsonaro y la prensa frente a la Covid-19

Para el presidente, la prensa está llena de izquierdistas y comunistas. Sus agresiones a la prensa (➔ véase cap. 62) prosiguieron en tiempos de pandemia. En marzo de 2020, la Federación Nacional de Periodistas (FENAJ) registró 21 ataques del presidente, sólo en relación con la cobertura del coronavirus. Pero, en otros 141 episodios el presidente se pronunció en contra del periodismo profesional que sólo buscaba perseguirlo, presentándolo como un aliado de los gobernadores y parlamentarios de izquierdas y calificándolo de "raza en extinción". Hasta insistió en que la crisis del coronavirus era "mucha fantasía".

La pandemia del coronavirus y la postura negacionista del presidente Jair Bolsonaro, desde que se declaró el primer caso en el país a mediados de febrero, modificaron rápidamente el escenario político brasileño. Esa actitud tuvo consecuencias dramáticas tanto en el campo económico y federativo como en el Congreso y el Ministerio de Sanidad sin olvidar el ámbito de la prensa y el Ejército. En abril, invitó a su pueblo a un ayuno religioso para luchar contra la pandemia. En junio, cuando Brasil ya contaba con más de 36.000 muertos por Covid-19, el mandatario de extrema derecha seguía minorizando la amenaza del virus, llamándolo "gripecita" o "resfriadito", al igual que los dirigentes Donald Trump y Boris Johnson. Criticó las medidas de aislamiento social implementadas por los estados brasileños, particularmente los gobernadores de São Paulo y Rio de Janeiro, precandidatos a la presidencia en las elecciones de 2022. Quedaron suspendidas las clases, se cancelaron eventos, se cerraron comercios y museos. Finalmente, Bolsonaro fue contaminado y enfermó de la Covid-19 en julio. En lugar de cuestionar su postura, aprovechó la ocasión para promover la cloroquina como remedio. Hasta cambió dos veces de ministro de Salud. Además, estimuló y participó en protestas con centenas de personas en contra del Congreso Nacional y el Tribunal Supremo cuando uno de los jueces comparó los riesgos del orden democrático en

Brasil con la Alemania de Adolf Hitler. Su gesto fue clasificado de antidemocrático e irresponsable por diputados y adversarios políticos, pero Bolsonaro siguió respaldado mayoritariamente por el empresariado, especialmente del sector de servicios, que veían sus actividades menguadas. En agosto, al menos una docena de centrales sindicales de Brasil convocaron manifestaciones en contra del Gobierno ultraderechista y su gestión frente a la COVID-19. Su reivindicación era defender la vida y el empleo. Mientras que el país sumaba, a mediados de abril de 2021, más de 365.000 muertes y más de 5,8 millones de contagios, el presidente brasileño calificó la pandemia de "sobredimensionada". Las pésimas condiciones de vida agravaron los efectos de la pandemia en Brasil por dificultar la distancia social y la higiene: 31,5 millones de brasileños (el 15 % de la población) no tenían acceso a agua potable, 75 millones vivían en áreas sin alcantarillado[23], 6 millones no tenían baño en su casa y otros 12 millones de personas vivían en residencias donde se agrupaban más de tres personas por habitación.

Una fuerte crisis económica por venir

Pese al anuncio de una subida del PIB próxima al 2,5 % para 2020, la Fundación Getúlio Vargas (FGV) calculó una contracción del 4,5 % con riesgo de efectos negativos significativos hasta 2023. Como solución, los partidos de la oposición propusieron legislar sobre una renta mínima de emergencia: se entregaron más de 100 euros mensuales a cada familia de bajos ingresos durante el periodo de pandemia. El primer día que fue posible inscribirse para recibir el beneficio, el 7 de abril, más de 15 millones de personas se registraron en pocas horas. Sin embargo, los ciudadanos más afectados no fueron los más pobres. La población que más perdió fue la clase media. La clase baja perdió relativamente menos gracias al programa de transferencias monetarias, Bolsa Familia, introducido en las dos últimas décadas desde la presidencia de Lula.

NOTAS

1. colocar: *placer*
2. paulista: *de São Paulo*
3. depuesto = derrocado: *démis de ses fonctions*
4. sobremanera: *considérablement*
5. abogar por: *plaider pour*
6. un auto: *una decisión judicial sobre un asunto que no requiere sentencia*
7. el aforamiento: *la protection juridique*
8. recortar: *faire des coupes budgétaires*
9. dispararse: *monter en flèche*
10. la recaudación: *le recouvrement*
11. sanear: *assainir*
12. tachar de: *traiter de, critiquer*
13. achacar: *faire endosser la responsabilité de*
14. en balde = en vano, inútilmente
15. los transgénicos: *les OGM (Organismes Génétiquement Modifiés)*
16. menguar = disminuir
17. en vísperas de: *à la veille de*
18. salpicar: *éclabousser*
19. empañar: *entacher*
20. poner en jaque: *mettre en échec*
21. castrense = militar
22. un pronunciamiento = procedimiento por el cual el Ejército se muestra en contra del Gobierno y quiere derrocarlo.
23. el alcantarillado: *les égoûts*

- ***4 días de setiembre*** (1997) de Bruno Barreto narra la historia de dos jóvenes idealistas que deciden unirse al Movimiento Revolucionario Ocho de Octubre que los utilizará para secuestrar al embajador norteamericano en Brasil.
- ***Central do Brasil*** (1998), película de Walter Salles que relata la ayuda que presta la maestra Dora a los inmigrantes analfabetos de la estación central de Río.
- ***La Ciudad de Dios*** (2002), película de Fernando Meirelles et Kátia Lund, relata la historia de un niño negro, pobre y astuto que vive en una *favela* nacida de Río de Janeiro en los años 60.
- ***Última parada 174*** (2008) de Bruno Barreto cuenta la historia del superviviente de una matanza de ocho niños mendigos por la policía en una iglesia de Río de Janeiro, en julio de 1993. Algunos años después, el chico secuestró el ómnibus 174 y retuvo once rehenes durante cinco horas.
- ***O ano em que meus pais saíram de férias*** (en español, *El año en que mis padres se fueron de vacaciones*) (2009), película de Cao Hamburger que cuenta cómo, en el Brasil de 1970, cuando la Copa del Mundo de fútbol y en pleno régimen político, los padres de Mauro, de 12 años de edad, decidieron "salir de vacaciones". En realidad, huían de la dictadura y dejaron a su hijo en casa del abuelo.

BRASIL (presentación general)

- **Población**
  - 217,5 millones de habitantes
- **Gentilicios**
  - Un brasileño / un brasileiro
  - Una brasileña / una brasileira
- **Lenguas**
  - El portugués
  - Lenguas indígenas
- **Capital**
  - Brasilia
- **Superficie**
  - 8.515.770 km²
- **Moneda nacional**
  - El real
- **Los principales partidos políticos**
  - Partido de los Trabajadores (PT)
  - Partido del Movimiento Democrático Brasileño (PMDB)
  - Partido de la Social Democracia Brasileña (PSDB)
- **Forma de Gobierno**
  - República Federal presidencialista
- **Organización territorial**
  - 26 estados miembros
  - un Distrito Federal
- **Situación geográfica**
  - País soberano que comprende la mitad oriental de América del Sur
  - **Fronteras**
  - Al sur con Uruguay
  - Al norte con Venezuela, Surinam, Guyana y Guayana Francesa
  - Al noroeste con Colombia
  - Al oeste con Bolivia y Perú
  - Al suroeste con Argentina y Paraguay

La presidencia de Jair Bolsonaro (desde el 1 de enero de 2019)

LA PRESIDENCIA DE JAIR BOLSONARO (desde el 1 de enero de 2019)

- **Elegido el 28 de octubre de 2018 en la segunda vuelta**
  - **Victoria (55,13%) contra Fernando Haddad, candidato del PT (44,87%)**
  - Apuñalado durante su campaña electoral
- **Relaciones con el Ejército**
  - Excapitán del Ejército
  - Gabinete del odio encabezado por su hijo
  - **24 de marzo de 2020**
  - Pronunciamiento del comandante del Ejército Edson Pujol
  - 10 peticiones de impeachment
- **Contra la prensa**
  - **Fake news**
  - Insultos a los medios de comunicación
  - Descrédito del periodismo profesional
- **Frente a la Covid-19**
  - **Actitud negacionista del presidente**
  - Disparo de casos y fallecimientos
  - **Medidas tomadas por los militares frente a la pasividad gubernamental**
  - Aislamiento, pruebas masivas
- **Economía**
  - **Contracción del 2,5 %**
  - Renta mínima de emergencia de 100 dólares por familia
  - Decreto para reducir el salario mínimo por debajo de lo acordado
- **Política de armas**
  - **"Armas para todos"**
  - Triplicación del número de armas
  - 130.000 armas registradas (octubre de 2020)
  - Licencia de diez años (antes, cinco)

CHILE 44

Datos generales (véase MC 74)

Chile es un país andino del Cono Sur que tiene una gran diversidad natural por su configuración geográfica. Sus numerosas costas y sus tierras desérticas (el desierto de Atacama), sus montañas y dunas, sus volcanes y salares[1] sus lagos dan cuenta de la variedad de sus paisajes. Esta riqueza podría facilitar el fomento de las energías renovables y así disminuir el consumo de energías fósiles. El nombre "Chile" procede del aymara que significa "lugar donde termina la tierra" debido a su territorio muy largo (4.270 km) para un ancho que varía entre 445 km y 90 km. Limita con Perú al norte, Bolivia al noreste, Argentina al este y el paso Drake al sur. El país está dividido en tres partes: el Chile continental, el Chile insular (el archipiélago de Juan Fernández y las islas Desventuradas, en América del Sur, así como la isla Salas y Gómez y la isla de Pascua, en el océano Pacífico) y el Chile antártico. Chile totaliza una costa de 6.435 km de longitud y ejerce derechos exclusivos, reclamaciones de diverso grado y soberanía sobre su espacio marítimo, llamado "mar chileno". Con sus más de 18,9 millones de habitantes, Chile consiguió índices de alfabetización, calidad de vida, crecimiento económico, desarrollo humano, esperanza de vida, globalización y PIB per cápita que se encuentran entre los más altos de América Latina.

En 1520, la expedición de Fernando de Magallanes fue la primera en llegar a la parte sur de Chile por el estrecho que lleva su nombre y, en 1536, Diego de Almagro llevó a cabo una expedición hasta el Valle del Aconcagua y el norte del actual Chile. En 1808, Chile empezó su proceso de independencia que se extendió desde el establecimiento de la Primera Junta Nacional de Gobierno (septiembre de 1810) hasta la abdicación de Bernardo O'Higgins al cargo de director supremo (enero de 1823). Pero declaró su independencia el 12 de febrero de 1818 (véase cap. 51).

Principios del siglo XX: del régimen parlamentario a la República de Chile

En 1891, a raíz de una guerra civil resultante del conflicto entre el presidente José Manuel Balmaceda y el Congreso Nacional, los congresistas salieron victoriosos e instauraron la República Parlamentaria. La economía conoció cierto auge, pero no impidió que el país pasara por una inestabilidad política que dio lugar al movimiento proletario de la llamada "cuestión social". Dominaba la oligarquía y el desequilibrado reparto de las riquezas provocó una gran desigualdad social y, por ende[2], mucho descontento popular.

Arturo Alessandri (1920-1925) fue considerado un auténtico puente provisorio entre la élite y las masas populares, cada vez más irritadas. Pese a que la crisis social se agudizó[3], el presidente promulgó la Constitución de 1925, que marcó el fin del régimen parlamentario y la instauración de la República presidencial en Chile. El Congreso Nacional dominó la política y el presidente ya se había vuelto una figura sin autoridad apenas. El país se urbanizó y se crearon los primeros sindicatos.

Carlos Ibáñez del Campo (1927-1931) salió electo con gran apoyo popular, pero el contexto tanto nacional como internacional no era muy favorable. Primero, la mala política económica en el uso de los recursos y la Gran Depresión de 1929 acabaron con la riqueza creada por la extracción del salitre[4], produciendo una fuerte crisis económica. Segundo, se notaban los estragos[5] de la Primera Guerra Mundial, pese a la posición neutral de Chile en la contienda. En apenas tres años, el PIB cayó a menos de la mitad y Chile fue el país más afectado por la crisis mundial. Ibáñez renunció en 1931 y la inestabilidad política aumentó tras un golpe de Estado que originó la breve República Socialista de Chile.

Arturo Alessandri volvió a asumir el poder en 1932 y recuperó la economía, pero no aplacó[6] la tensión entre los partidos políticos. La crisis política también era social; nuevos actores de la sociedad exigían reformas urgentes.

Chile entre la Segunda Guerra Mundial y los albores de la Guerra Fría

En ese escenario, **Pedro Aguirre Cerda** (1938-1941) inició un periodo de legislaturas del partido Radical cuando ganó las elecciones presidenciales frente a los tradicionales gobiernos de la élite chilena. Bajo su presidencia cuyo lema era "gobernar es educar", fue muy popular y conocido como "el presidente de los pobres". Se dieron diversos cambios, particularmente en el ámbito económico con la industrialización chilena promovida por la Corporación de Fomento de la Producción (Corfo), creada junto con la Corporación de Reconstrucción y Auxilio después del terremoto de Chillán de 1939 –el más mortífero en la historia de Chile–. Además, su gobierno se concentró en los problemas sociales y estableció la reclamación sobre el Territorio Chileno Antártico. No pudo terminar su mandato porque falleció de una tuberculosis en 1941.

Le sucedió **Juan Antonio Ríos** (1942-1946) que pretendía ser neutral durante la Segunda Guerra Mundial, pero se enfrentó a la oposición y a las presiones de Estados Unidos y terminó declarando la guerra al Eje (Alemania, Italia y Japón), rompiendo relaciones diplomáticas en 1943. En 1945, Chile declaró la guerra a Japón y fue uno de los cincuenta y un Estados fundadores de la ONU. A nivel económico, el presidente tuvo que enfrentarse al desempleo creciente y a la baja de los salarios causados por la caída de los precios mundiales del cobre. Con problemas de salud graves, tuvo que renunciar al cargo en enero de 1946, sustituido por su ministro del Interior, Alfredo Duhalde Vásquez. De hecho, murió unos meses después.

Apoyado por el Partido Comunista, el radical **Gabriel González Videla** (1946-1952) ganó los comicios. Los dos primeros gobiernos fueron marcados pues por el comunismo, pero rápidamente, con el principio de la Guerra Fría y el alineamiento de Chile a las potencias occidentales, se provocó un giro forzado a la derecha, incluyendo la proscripción del comunismo a través de la llamada "Ley Maldita" en 1948. El Partido Comunista siguió ilegal hasta 1958. González Videla gobernó con el respaldo de los dos partidos derechistas, el Partido Liberal y el Partido Conservador. Este vuelco[7] de ideología era motivado por intereses económicos y comerciales con los Estados Unidos que efectivamente, empezaron a aumentar préstamos, inversiones y misiones técnicas en Chile. Si bien el Gobierno de González Videla consiguió aumentar la producción, no resolvió las desigualdades por lo que se desencadenaron varias protestas, primero de los funcionarios, luego de los radicales. Los partidos derechistas terminaron por abandonar al presidente que perdió peso en el Congreso, limitando así su acción gubernamental. En 1951, casi todos los sectores fueron afectados por las huelgas lo que llevó a la reelección de Carlos Ibáñez del Campo. No obstante, cabe recalcar[8] las medidas que tomó el presidente a favor de la mujer, ampliando sus derechos y nombrando a una primera ministra, una primera embajadora y una primera Oficina de la Mujer en Chile.

En 1952, **Carlos Ibáñez del Campo** fue nuevamente elegido presidente, precedido de una profunda desafección ciudadana a los partidos políticos. Su elección marcó la participación, por primera vez, de las mujeres en comicios presidenciales. Conforme iba desarrollándose su mandato, el presidente fue cada vez menos popular y vivió dificultades dada la implementación de un programa de gobierno adscrito al nacionalismo populista. Más tarde, en 1973, se opuso al presidente socialista Salvador Allende y apoyó el golpe de Estado de Augusto Pinochet.

Los tres tercios (1958-1973)

Entre 1958 y 1973, se sucedieron tres gobiernos –de ahí el nombre de los tres tercios– que correspondían con las tres corrientes principales, respectivamente la derecha, el DC (Demócrata Cristiano) y la izquierda.

Jorge Alessandri puso en práctica un plan de estabilización económica, centrado fundamentalmente en la lucha contra la inflación.

Eduardo Frei llevó a cabo un reformismo moderado, con la construcción de miles de viviendas, la modernización del aparato estatal, la reforma educacional, el fortalecimiento de las organizaciones de base y la ampliación de la Reforma Agraria. A diferencia de Alessandri, las expropiaciones de las grandes haciendas[9] produjeron tensiones con políticos de derecha.

Salvador Allende, después de postularse tres veces a la presidencia de la República de Chile en 1952, 1958 y 1964, salió vencedor con primera mayoría simple en las elecciones generales de 1970. Promovía "la vía chilena al socialismo" pero muchos dudaban de su proyecto por las tres derrotas precedentes. Tampoco ayudó el contexto de guerra fría que enfrentaba el bloque capitalista encabezado por EE. UU. y el bloque socialista liderado por la URSS. Apoyado por Unidad Popular, defendió los valores democráticos de un Estado socialista. La nacionalización del cobre y la privatización de sectores clave de la economía fueron las preocupaciones de Allende, junto a su voluntad de profundizar una reforma agraria. Pero en medio de la polarización política internacional de la Guerra Fría y en plena crisis económica y financiera interna con una inflación de un 606 % (la más alta en la historia de Chile), se desataron discrepancias tanto políticas como sociales. La necesidad creciente de bienes generó un descontento que se manifestó a través de "cacerolazos"[10] por parte de la clase media y alta contra el Gobierno de la Unidad Popular. Fue el momento idóneo[11] para acabar con el Gobierno de Salvador Allende.

La dictadura de Augusto Pinochet (1973-1990) (➔ véase MC 75)

El general Augusto Pinochet aprovechó ese contexto de disturbios para derrocar[12] al Gobierno de Allende mediante un golpe militar el 11 de septiembre de 1973 en el Palacio de la Moneda. Entre bombas, murió el presidente Allende.

> Hasta 2011 siempre subsistió la duda sobre si fue **un suicidio o un asesinato**. El Servicio Médico Legal de Chile aseguró ese año que el entonces presidente Salvador Allende se suicidó con su arma en el momento del golpe de Estado. En 2014, la Corte Suprema siguió la investigación y concluyó también al suicidio, poniendo fin a cuarenta años de interrogantes al respecto.

Bajo Pinochet, Chile fue el laboratorio perfecto del neoliberalismo. El llamado "Milagro Económico", orgullo del dictador fue impuesto por los *Chicago Boys* con el respaldo de las armas. Por aquel entonces, además, surgía el modelo "desarrollista", elaborado por el economista argentino Raúl Prebisch desde la Comisión Económica Para América Latina (CEPAL). Este modelo facilitaba, para los países en vías de desarrollo, un sistema económico autosuficiente en el cual debían cerrarse sus economías a las importaciones de productos manufacturados, los cuales se elaborarían localmente. Chile llegó a tener ensambladoras de automóviles y de televisores, diversas fábricas textiles con una mano de obra consecuente. En realidad, al inicial crecimiento económico, siguió un aumento dramático de la desigualdad de ingresos que se saldó con la crisis económica de 1982.

La dictadura militar instaurada entonces marcó profundamente la historia de Chile. La Junta Militar y sus aliados civiles impusieron arbitrariamente en la Constitución de 1980 los lineamientos del modelo político-económico y social que estaban implementando, con el objetivo de evitar que la ciudadanía y el poder legislativo pudieran modificarlos, pues sabían que tarde o temprano volvería la democracia y temían enmiendas[13].

Los Chicago Boys era un grupo de economistas chilenos formados en Estados Unidos que, al volver a Chile, impulsaron una política económica neoliberal de mercado que tuvo mucha influencia en regímenes autoritarios de América del Sur, y principalmente durante el de Pinochet. Esta doctrina desarrollada por Milton Friedman en la Universidad de Chicago, fue una respuesta al avance de las doctrinas socialistas que se impusieron tras la Segunda Guerra Mundial en muchos países del globo.

La Constitución de 1980 presentaba unas trabas[14] evidentes a su modificación:

Quórum de reforma Constitucional: entre un 60 % y un 66 % de los votos de los senadores y diputados era necesario para reformar un capítulo. Mucho más elevado que la regla de la mayoría simple (50 % + 1 de los votos), este quórum dificultaba reformar parte de la Constitución.

Leyes Orgánicas Constitucionales (LCO) consistía en jerarquizar temas como educación, concesiones mineras, Banco Central, Fuerzas Armadas y Carabineros para evitar que fueran cambiados. Para modificarlos, se requería un quórum de un 57 % de los votos del Parlamento. Antes de la vuelta a la democracia en 1990, el régimen publicó diversas LCO, consideradas como "leyes de amarre[15]" de la dictadura.

El Tribunal Constitucional (TC) funcionaba como una tercera cámara con poder de veto por si alguna reforma prosperara y lograra en el Congreso superar los quórums. Así sustituía la voluntad de los legisladores electos democráticamente.

Limitación de plebiscitos: sólo era posible una consulta popular en caso de desacuerdo entre el presidente y el parlamento sobre una reforma constitucional. Por tanto, si se quería someter a voto popular cualquier otro tema o ley de interés público, sería inconstitucional.

El sistema binominal (vigente hasta el año 2018) fue diseñado para que en las elecciones parlamentarias se eligiera en cada distrito o circunscripción a un candidato de cada bando mayoritario (derecha y concertación). Al generar este empate[16], se garantizaba que ninguno alcanzara los quórums establecidos para realizar cambios constitucionales. Así se excluían otras fuerzas que los dos bloques mayoritarios.

Senadores designados (cuatro eran militares designados por las Fuerzas Armadas, tres por la Corte Suprema y dos por el presidente) **y senadores vitalicios** (expresidentes de la República, como Pinochet entre 1998 y 2002). La idea era asegurar un empate en el Parlamento para frenar posibles reformas. Esta medida fue eliminada en 2005.

Inconstitucionalidad de ideologías de izquierda: el artículo VIII declaraba inconstitucionales a toda organización, movimiento de trabajadores y partido político izquierdista. Fue derogado en el año 1989.

La sociedad dividida se enfrentó a la persecución de los disidentes, al intento de Pinochet de perpetuarse en el poder a través de una fachada[17] constitucional y por último a la derrota del dictador que, convencido de que ganaría el referéndum del 5 de octubre de 1988, le preguntó al pueblo chileno si quería seguir con el régimen o no. El "no" obtuvo un 56 % de los votos y puso fin a la dictadura. En 1990, Pinochet entregó por libre potestad la presidencia, pero continuó comandando el Ejército hasta 1998, año en que se convirtió en senador vitalicio[18]. Comenzó entonces una tortuosa saga judicial que, iniciada en España –a petición del juez Baltasar Garzón– y continuada en su propio país, registró varios pleitos de incriminación por atentar gravemente a los derechos

Baltasar Garzón, juez de la Audiencia Nacional de España, culpó a Pinochet de su implicación en los delitos de genocidio, terrorismo internacional, torturas y desaparición de personas ocurridos en Chile durante el régimen militar.

humanos y por corrupción económica. Primero detenido en Londres en 1998, pero tras una batalla legal, fue liberado y volvió a Chile en 2000. Finalmente se decidió que Pinochet podía enfrentar un juicio por eso un juez chileno lo puso en arresto domiciliario. Su edad avanzada, su mal estado de salud con una demencia dudosa permitieron que el exdictador nunca fuera juzgado y muriera en su propia casa en 2006.

Más de 200.000 chilenos se exiliaron entre 1973 y 1990 hacia países que les otorgaron el asilo político. Muchos salieron a Argentina, Bolivia y Perú, siendo destinos fronterizos y directamente accesibles por vía terrestre. Otros se fueron por vía aérea hacia Canadá, Australia y Suecia, entre otros países de Europa. Sólo después de la muerte de Franco en España (1975), empezaron a llegar chilenos. Estados Unidos no recibió a ningún exiliado chileno en esa época. Exiliados chilenos también fueron llamados por el país africano Mozambique para poner todas sus competencias profesionales al servicio de la revolución socialista que apenas empezaba. Al tomar su independencia este país en 1975, tomó la vía marxista y al año siguiente, concluyó un acuerdo con el partido comunista chileno, de ahí la inmigración chilena en Mozambique.

No se puede contar ni cantar la historia chilena sin mencionar a Violeta Parra y a Víctor Jara, que con sus canciones previas a 1973 crearon un verdadero precedente para toda esa música que fue emergiendo paulatinamente y luego como una explosión después de la dictadura.

Vuelta a la democracia (a partir de 1990)

Bajo **Patricio Aylwin** (1990-1994), se formó la Comisión Rettig, que investigó por primera vez la existencia de detenidos desaparecidos y ejecutados políticos en el régimen militar (1973-1990). Pero ni siquiera tuvieron reconocimiento del Estado. **Eduardo Frei** le sucedió (1994-2000), pero no se adelantó nada en materia de derechos humanos. Fue 30 años después del derrocamiento militar del Gobierno de Salvador Allende cuando el presidente **Ricardo Lagos** (2000-2006) anunció la creación de la Comisión Nacional de Política y Tortura, liderada por el sacerdote Sergio Valech. Esta comisión recolectó miles de testimonios de víctimas y sus familiares y estableció que 28.459 personas habían sido encarceladas y torturadas durante la dictadura. Se estimó que, en total, 3.065 murieron o desaparecieron entre septiembre de 1973 y marzo de 1990.

Una alternancia política poco común (2006-2021)

La constitución chilena prohíbe la reelección presidencial consecutiva (➔ véase cap.54): todo presidente saliente debe dejar pasar un mandato antes de poder presentarse de nuevo a los comicios. Como consecuencia, a partir de 2006, se asistió a una alternancia entre dos presidentes: la socialista Michelle Bachelet y el derechista Sebastián Piñera. Se llegó a oír la frase "Si Bachelet 1 y Piñera 1 fueron símbolos de cambio (la igualdad de géneros, la alternancia en el poder), Bachelet 2 y Piñera 2 agotaron el *stock* de esperanzas".

Michelle Bachelet (2006-2010): un primer mandato entre memoria y revolución estudiantil

En 2006, fue elegida **Michelle Bachelet**, cuyo primer mandato fue marcado por la inauguración del Museo de la Memoria y de los Derechos humanos, única obra de esta índole en América Latina. También, el Gobierno formó una nueva comisión, conocida como Valech 2, que estableció la existencia de 9.795 nuevas víctimas de prisión política y tortura en la dictadura. Tanto la información recogida en esta instancia como la contenida en el Informe Rettig están a disposición de los tribunales, a diferencia de la Comisión Valech de la Administración de Lagos.

En abril y junio de 2006, se dio "la revolución de los pingüinos" en contra del sistema educativo chileno vigente desde la dictadura de Pinochet. La presidenta implementó la privatización que sólo contribuyó a elevar el nivel de acceso a la educación, pero no mejoró la calidad del sistema. Además, lo hizo más oneroso, convirtiéndose las universidades públicas chilenas en las más caras de América Latina.

La revolución de los pingüinos hace referencia a una gran movilización de los alumnos de la enseñanza secundaria, con su uniforme azul marino y la camisa blanca que recordaba el "traje" de estos animales. Se realizó sin violencia, con la aprobación de muchos sectores y tomando algunos colegios para protestar contra la mala calidad del sistema escolar y la dependencia municipal de los establecimientos. Los jóvenes muy implicados quisieron mostrar que el Estado debía ser más responsable del sector público. A raíz de esta revolución, la Ley General de Educación sustituyó a la LOCE en 2009 pero sin cambios significativos, se volvió a generar un descontento estudiantil en "la primavera chilena" en 2011.

Sebastián Piñera Echenique (2010-2014): primer presidente de derechas elegido por vía democrática tras el golpe de Estado

Sin reelección inmediata posible y con el pueblo chileno decepcionado por las promesas incumplidas de la presidenta, no volvió a presentarse M. Bachelet y además, ganó el candidato de derecha, **Sebastián Piñera Echenique**, una de las mayores fortunas del país. Primer presidente de derechas en ser elegido democráticamente desde 1958, fue el primero en ejercicio desde que Augusto Pinochet dejó el cargo en 1990. Dos catástrofes naturales le favorecieron. Primero, Chile, uno de los países más activos sísmicamente, debido a su ubicación[19] en el Cinturón de fuego del Pacífico, sufrió en febrero del 2010 un terremoto que se cobró 740 vidas. Al movimiento telúrico en sí y a la destrucción producida se sumaron diversos eventos anexos, entre los que avalanchas y tsunamis. Segundo, el 13 de octubre de 2010, se rescató a treinta y tres mineros chilenos que habían quedado atrapados durante 69 días a 700 metros bajo tierra en la mina San José de Copiapó. La sobremediatización de este salvamento aumentó la popularidad del presidente, mientras que un año después del derrumbe[20], la mayoría de los *33 de Atacama* seguía sin trabajo y con escasos ahorros. Y no impidió que los estudiantes se manifestaran otra vez como lo habían hecho en 2006 para reclamar un mejor nivel de educación. Piñera tuvo que enfrentarse con la "primavera chilena" en 2011 pero fue reconocido por su capacidad para generar empleos y mejorar la economía. Su primer gobierno fue marcado por este gran logro suyo.

Michelle Bachelet (2014-2018): un ajuste de cuentas con el pasado

En 2014, **Michelle Bachelet** volvió al escenario, triunfando con el 62,16 % contra Evelyn Matthei (37,83 %), con una participación del 41,98 % de los electores. Lo extraño fue que ambas mujeres habían compartido una infancia común por la proximidad de sus padres, Alberto Bachelet y Fernando Matthei, antes del golpe de Estado que derrocó a Salvador Allende. Mientras que Alberto Bachelet se situó del lado de Allende, Matthei integró el Ejército de Pinochet, pero fue el primero en reconocer la victoria del "No" en el plebiscito de 1988. Años después, las dos mujeres se convirtieron en rivales ante las elecciones generales de diciembre de 2013. El programa de Bachelet consignaba tres grandes reformas: tributaria, educacional y una nueva constitución. Se cumplió la primera, y los cambios en educación anotaron avances en temas como la ley de inclusión y la carrera docente. Sin embargo, la reforma de la Constitución no hizo más que empezar, con los cabildos y consultas ciudadanas. Un año después de su elección, la mandataria sufrió una histórica baja de popularidad debida a su presunta implicación en el Caso Caval que involucraba a su hijo, Sebastián Dávalos, y a su nuera (➔ véase cap.63). Este caso de corrupción, junto a la caída de los precios del cobre que no le permitió llevar a cabo[21] las promesas de su campaña presidencial, hicieron bajar su popularidad en septiembre de 2015 a un 22 %, cifra nunca alcanzada por ningún presidente chileno desde la vuelta a la democracia. Chile es efectivamente líder mundial en la producción de cobre[22] (➔ véase cap. 58), del cual es económicamente dependiente (con las ganancias derivadas del alto precio alcanzado por el metal rojo en la Bolsa hasta 2016, Chile pudo financiar el 47 % del presupuesto[23] del país). A seis meses de terminar su segundo mandato, Michelle Bachelet evocó un proyecto legislativo para revelar los testimonios confidenciales de maltratos recibidos por miles de chilenos durante la dictadura de Pinochet. La decisión, oficializada el mismo día del 44° aniversario del golpe militar, desató polémica porque el Estado se había comprometido a guardar la confidencialidad de los testimonios por 50 años. Una de las promesas cumplidas fue la despenalización del aborto (➔ véase cap. 61).

Sebastián Piñera Echenique (desde marzo de 2018): entre revueltas y nueva constitución (➔ véase MC 76)

En la segunda vuelta de las elecciones presidenciales, el 17 de diciembre de 2017, volvió a ganar el candidato derechista **Sebastián Piñera** –aunque sin mayoría en el Parlamento– frente a Alejandro Guillier del partido oficialista. Desde su investidura en marzo de 2018, el mandatario llamó a un "Gran Acuerdo Nacional por la Infancia y la Adolescencia" reformulando el Sename (Ministerio de Justicia y Derechos Humanos) y creando dos nuevos servicios: el de responsabilidad penal adolescente y el de protección de derechos de la niñez. Luego, presentó la Ley de Migraciones, con una mención especial para los venezolanos, reiterando su oposición al régimen de Nicolás Maduro. Como el 9 de agosto de 2018, el Senado de Argentina había rechazado el proyecto para despenalizar el aborto, Piñera anunció más equidad de género frente a la ola de reivindicaciones feministas que se dio un año después de su toma de posesión. En el Día Internacional de la Mujer (el 8-M), Buenos Aires se convirtió en el epicentro de la marcha feminista para reivindicar el derecho a abortar y denunciar los feminicidios. Mostró su preocupación por la crisis generada por el millonario fraude detectado dentro de la institución y el fracaso de la operación Huracán.

> **El operativo Huracán** consistió en una investigación policial iniciada por los Carabineros de Chile bajo el amparo de la Ley de Inteligencia, que llevó en septiembre de 2017, a la detención de ocho comuneros mapuche supuestamente involucrados en una asociación ilícita terrorista en el sur de Chile.

No obstante, no impidió que estallaran protestas masivas desde la clase baja hasta la clase alta. El 18 de octubre de 2019, se iniciaron las manifestaciones a raíz de la subida de las tarifas en el transporte público, pero las quejas fueron extendiéndose a otros factores como el alto costo de la vida, las bajas pensiones, los elevados precios del sistema sanitario y un rechazo generalizado a toda la clase política, incluyendo la Constitución de 1980 (aprobada durante la dictadura de Pinochet y reformada 22 veces en 40 años). El enfrentamiento de los manifestantes con los Carabineros –policía estatal– agravó la situación obligando a Piñera a suspender el alza tarifaria. Pero seguía vivo el descontento. Entonces, el presidente decretó el estado de emergencia en la capital y el Ejército declaró un toque de queda[24] a partir de las diez de la noche. Las protestas se saldaron con unos treinta muertos y miles de heridos. En noviembre, se anunció una Nueva Agenda Social con vistas a mejorar la sanidad, los salarios y la administración y se propuso un plebiscito para el 26 de abril de 2020 para saber si la población aceptaba o rechazaba pasar a una nueva constitución, quiénes la redactarían, cómo se elaboraría y además, si sería una Asamblea Constituyente completamente nueva o si la formarían parlamentarios ya electos. Pero la consulta popular tuvo que aplazarse al 25 de octubre por la pandemia de Covid-19. A finales de agosto de 2020, surgieron nuevas protestas por parte de los mapuches que reclamaban la devolución de sus territorios ancestrales, exigían su reconocimiento constitucional y denunciaban los atropellos del Estado chileno respecto a su pueblo. En Chile, no existe el estatus de pueblo, sino que la ley habla de etnias, y tampoco se prevén escaños reservados para ellos en el Congreso. La huelga de hambre se volvió a utilizar como medida de presión y el caso del machi Celestino Córdova puso contra las cuerdas[25] al gobierno de Sebastián Piñera.

El machi Celestino Córdova es un chamán de la comunidad mapuche que fue condenado a 18 años de prisión en febrero de 2014 por un incendio en el que murió un matrimonio un año antes. Tras varias huelgas de hambre en 2018 y 2020, el Gobierno chileno le permitió visitar a su comunidad y participar en ceremonias de acuerdo a la cosmovisión mapuche.

Con 14.700 fallecimientos y más de 510.000 casos, a mediados de noviembre de 2020, Chile enfrentó una crisis sanitaria fuerte y se acusó al Ejecutivo de mala gestión de la crisis. El presidente avanzó la implementación de un plan de ayuda similar a otros países de la región: una inversión de 34.000 millones de dólares en infraestructuras en 2.500 proyectos para crear 250.000 puestos de trabajo, según los cálculos del Gobierno chileno. A dos días del aniversario de las protestas de octubre de 2019, se dio una manifestación multitudinaria en la capital chilena para alzarse contra la política de Sebastián Piñera y denunciar las violaciones a los derechos humanos por los Carabineros.

Tras las múltiples denuncias de la represión ejercida por las Fuerzas Locales, los diputados de la oposición suspendieron al ministro de Interior acusado de responsabilidad en los hechos. Éste dimitió el 3 de noviembre de 2020.

Prosiguió la revuelta social al día siguiente en distintas zonas del país con el saldo de un muerto, 580 detenidos y 107 eventos graves de violencia (ataque de una comisaría, incendio en dos iglesias, saqueos de comercios). Ocurrió diez días antes del plebiscito que se celebró el 25 de octubre de 2020 con vistas a aprobar o no el cambio de la actual Constitución de 1980 heredada de la dictadura. Con la abstención que suele ser de las más altas tasas de Suramérica y sabiendo que los que más votan se sitúan en la franja entre 55 y 70 años (los más vulnerables), se daban pronósticos pesimistas. Pero esta consulta –la primera de siete convocatorias que culminarían en 2022– se terminó con el triunfo de la aprobación de una nueva constitución. Las mujeres y, más ampliamente, los movimientos feministas desempeñaron un papel central en este proceso constitucional. El 11 de abril de 2021, se tenía que elegir a los constituyentes, gobernadores regionales, alcaldes y concejales pero el alza de casos de Covid-19 obligó a posponer dichos comicios. A partir de esa fecha, los constituyentes tenían un año para redactar la Carta Magna y someterla a referéndum también. Se previó que el 4 de julio de 2021, se celebrarían las elecciones primarias de presidenciales y parlamentarios (senadores y diputados).

Con excepción de los tratados multilaterales, bilaterales y translaterales que Chile mantiene vigentes con otras naciones sin ninguna modificación posible, **la nueva constitución** ha de incluir derechos humanos, tratados en materia económica, inversiones extranjeras en salud, educación, AFP, servicios básicos, aprovechamiento de aguas y derecho penal. Y en su sustancia, se debate el régimen político, si el sistema debe ser presidencialista o parlamentario, el nivel de descentralización o la inclusión institucional de las minorías indígenas.

El 21 de noviembre de 2021, las elecciones presidenciales darán el nombre del sucesor (o sucesora) de Sebastián Piñera para el período 2022-2026 y pondrán un punto final a la alternancia con Michelle Bachelet que se asemejó a un acuerdo político tácito entre ambos. El 19 de diciembre de 2021 es la fecha prevista para una posible segunda vuelta para las elecciones presidenciales.

NOTAS

1. los salares = los desiertos de sal
2. por ende = por consiguiente
3. agudizarse = acentuarse
4. el salitre: *le salpêtre*
5. los estragos: *les ravages*
6. aplacar = calmar
7. un vuelco: *un revirement*
8. recalcar = insistir en
9. la hacienda = la explotación agrícola
10. el cacerolazo = la manifestación con ruidos de cacerolas
11. idóneo = ideal
12. derrocar = destituir
13. una enmienda: *un amendement*
14. las trabas: *les embûches*
15. el amarre: *le cordage*
16. el empate: *être ex aequo*
17. la fachada = la apariencia
18. vitalicio = de por vida, que dura toda la vida: *à vie*
19. la ubicación = la situación
20. el derrumbe: *l'effondrement*
21. llevar a cabo: *mener à bien*
22. el cobre: *le cuivre*
23. el presupuesto: *le budget*
24. un toque de queda: *un couvre-feu*
25. poner contra las cuerdas: *mettre au pied du mur*

- ***La Batalla de Chile (1973), documental de Patricio Guzmán***
- ***Chile, la memoria obstinada*** (1997), documental de Patricio Guzmán que rescata parte de la memoria chilena para luchar contra la amnesia del pueblo.
- ***Machuca*** (2004), película de Andrés Wood que cuenta el Chile del año 1973, cuando el golpe de Estado organizado por Pinochet en el Palacio de la Moncada.
- ***No*** (2012), película de Pablo Larraín que retrata la campaña publicitaria que se llevó a cabo con ocasión del referéndum de 1990 para consultar al pueblo sobre su voluntad de continuar con el régimen militar.
- ***Allende en su laberinto*** (2014) de Miguel Littin es una ficción basada en lo que pasó en el Palacio de la Moneda el 11 de septiembre de 1973.
- ***El botón de nácar*** (2015), documental de Patricio Guzmán que parte del descubrimiento de dos misteriosos botones en el fondo del océano Pacífico, cerca de las costas chilenas entre paisajes volcánicos, montañosos y glaciares. A través de su historia, se da a oír la palabra de los indígenas de Patagonia, la de los primeros navegantes ingleses y la de los presos políticos.
- ***Colonia*** (2015), ficción de Florian Gallenberger que cuenta la represión bajo la dictadura de Pinochet.
- ***La Cordillera de los sueños*** (2019), documental de Patricio Guzmán que retrata la Cordillera de los Andes como escenario geográfico pero también testigo histórico.

Avenida Vladimir Lenine (2019), novela de Constance Latourte que retrata el exilio de chilenos a Mozambique durante la dictadura de Pinochet y lo que queda hoy de este flujo migratorio.

MC 74 Chile (presentación general)

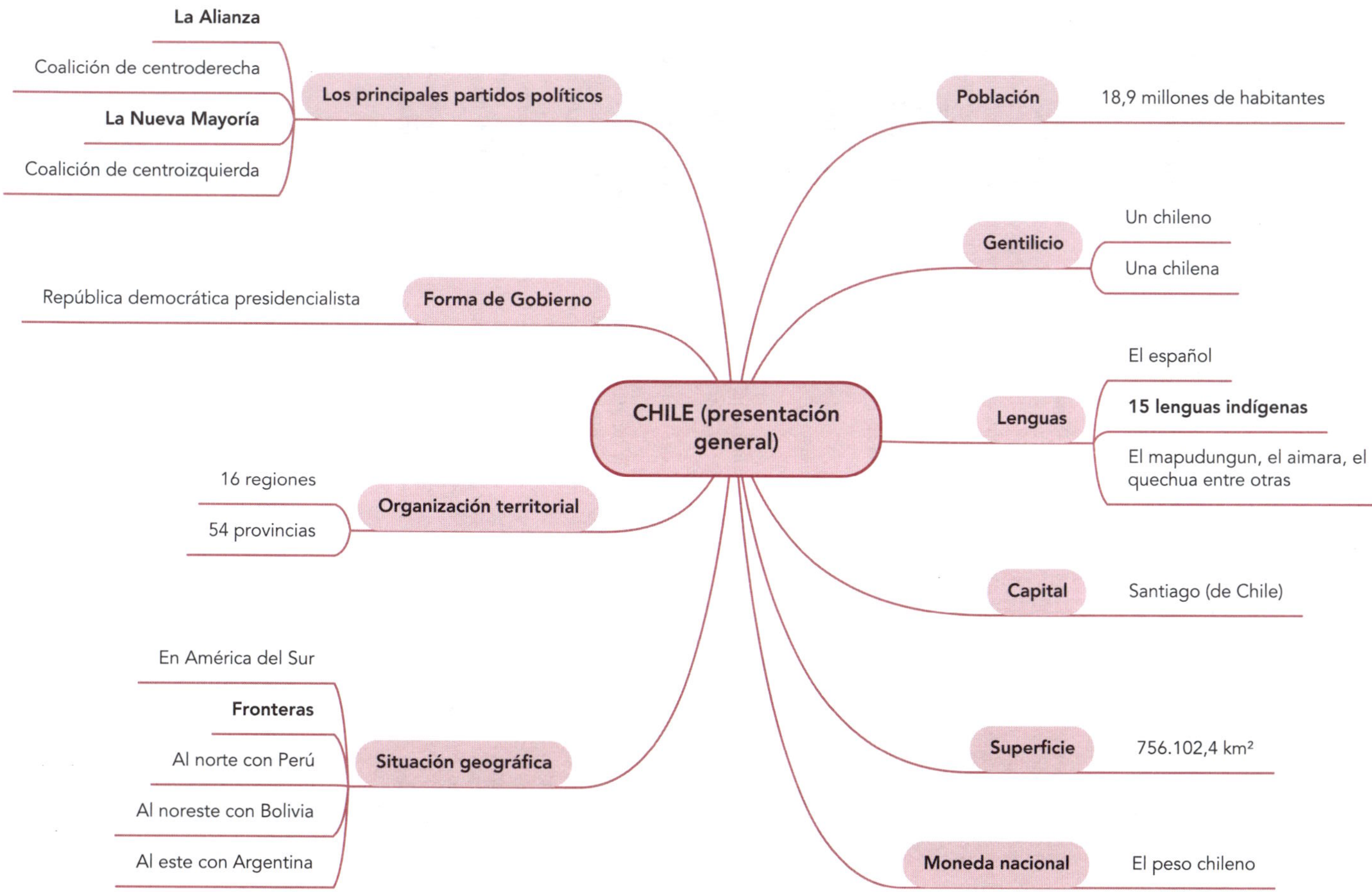

MC 75 La dictadura de Augusto Pinochet (1973-1990)

LA DICTADURA DE AUGUSTO PINOCHET (1973-1990)

- **Golpe de Estado**
  - **11 de septiembre de 1973**
    - Derrocamiento del presidente socialista Salvador Allende
- **Presidente de la Junta Militar de Gobierno**
  - **Disolución del Congreso Nacional**
    - Junta formada de representantes de la Armada, la Fuerza Aérea y Carabineros
- **Política**
  - Modelo autoritario, carente de democracia
  - De extrema derecha
  - Anticomunismo
- **Violaciones a los derechos humanos**
  - Prohibición legal de los partidos políticos (hasta 1987)
  - Limitación de la libertad de expresión
  - 28.259 víctimas de prisión política y tortura
  - 2.298 ejecutados
  - 1.209 desaparecidos
- **Economía**
  - **Cambio radical de orientación del papel del Estado**
    - De un rol productor e interventor pasó a uno de tipo subsidiario, inspirado en las doctrinas económicas neoliberales
- **Referéndum del 5 de octubre de 1988**
  - **¿Querían los chilenos seguir con el modelo autoritario?**
  - Ganó el "no": los ciudadanos chilenos le denegaron a Pinochet un nuevo mandato
  - Elecciones presidenciales democráticas (1989)
  - La dictadura militar terminó con la entrega de mando de Augusto Pinochet al nuevo presidente Patricio Aylwin
- **Sociedad**
  - Dominio sin contrapeso de los sectores empresariales
  - Incremento continuo de la desigualdad de ingreso
  - Aumento de la precariedad e inestabilidad laboral de los sectores asalariados
- **Cultura**
  - **Autorrepresión de ciertas manifestaciones culturales contrarias a la línea oficial**
  - "Apagón cultural"
  - Represión
  - Censura

MC 76 La presidencia de Sebastián Piñera Echenique (2018-2022)

LA PRESIDENCIA DE SEBASTIÁN PIÑERA (2018 - 2022)

- **Victoria electoral**
  - **17 de diciembre de 2017**
    - Frente a Alejandro Guillier del partido oficialista
- **Reivindicaciones feministas**
  - **9 de agosto de 2018**
    - Rechazo del proyecto para despenalizar el aborto por el Senado
  - **8-M: marchas multitudinarias en 2019 y 2020**
    - Denuncia de feminicidios
  - **Octubre de 2020**
    - Participación feminista en el proceso constitucional del 25 de octubre
- **Revuelta social**
  - **18 de octubre de 2019**
    - Manifestaciones violentas
    - Unos 30 muertos y miles de heridos
  - **Contra el tarifazo en el transporte público**
    - Suspensión del alza tarifaria
- **Frente a la Covid-19**
  - **Plan de ayuda**
    - Inversión de 34.000 millones de dólares en infraestructuras
    - Creación de 250.000 empleos
- **Hacia una nueva constitución**
  - **Manifestaciones violentas (4-18 de oct. 2020)**
    - A favor de más derechos de manifestaciones
    - Reivindicación de una nueva constitución
  - **Referéndum (25 de octubre de 2020)**
    - Aprobación por la mayoría de los ciudadanos
    - Para sustituir la constitución de 1980 aprobada bajo Pinochet
    - Proceso institucional de 2 años y medio
    - Ruptura del vínculo con la dictadura
  - **Elecciones del 11 de abril de 2021**
    - Para elegir a los constituyentes encargados de redactar la nueva Carta Magna
    - Para elegir a los gobernadores regionales, alcaldes y concejales
- **La causa mapuche**
  - **Agosto de 2020**
    - Huelga de hambre del machi Celestino Córdova
    - Devolución de sus territorios ancestrales
    - Reconocimiento constitucional

MC 77 La “chilenización” del cobre

LA "CHILENIZACIÓN" DEL COBRE

- **Durante la época colonial**
  - **Explotación de cobre**
    - Pequeña industria hasta el siglo XIX
- **Primer productor y exportador mundial**
  - **1810: independencia de Chile**
    - Producción de 19.000 toneladas de cobre
  - **1820 - 1900**
    - Producción de 2 millones de toneladas de cobre
- **Periodo de decadencia**
  - **A fines del siglo XIX (1897)**
    - Apenas 21.000 toneladas producidas
- **Interés de grandes grupos internacionales por los yacimientos chilenos**
  - **A comienzos del siglo XX: 1904**
    - Explotación de El Teniente por la Braden Copper Co., luego traspasada a la Kenecott Corporation, también estadounidense
  - **1910**
    - Inicio de la explotación de Chuquicamata por la Chile Exploration Company, propiedad de la familia Guggenheim de Nueva York
    - Exploración y explotación en Chile por otras empresas extranjeras
    - Pocos beneficios del cobre para Chile
- **Legislación en torno a la producción de cobre**
  - **1951**
    - Convenio de Washington
    - Chile recaudaba un 20 % de la producción cuprífera
  - **1955**
    - Departamento del Cobre
    - Tributación para garantizar un ingreso mínimo al Estado
- **Inicio de la "chilenización" del cobre en 1966**
  - **Sociedades mixtas con empresas extranjeras**
    - Chile cobraba un 51 % de los yacimientos
  - **Papel decisivo del Estado en la producción y comercialización del cobre**
- **Nacionalización del cobre**
  - **11 de julio de 1971**
    - Refinamiento del cobre y aumento de la producción hasta un millón de toneladas
- **Creación de la Corporación Nacional del Cobre de Chile**
  - **1 de abril de 1976**
    - CODELCO
    - Chile: mayor productor mundial de cobre
- **Ley Orgánica Constitucional sobre Concesiones Mineras**
  - **1981**
    - También llamada "Ley Minera"
    - Derechos de propiedad en la minería

45 COLOMBIA

Datos generales (véase MC 78)

Colombia se halla en el extremo noroccidental de América del Sur, con una superficie de 1.141.748 km^2. Limita al norte con el mar de las Antillas, al este con Venezuela, Brasil, al oeste con el océano Pacífico, al noroeste con Panamá y al sur con Perú y Ecuador. Los Andes atraviesan el país de Sur a Norte y ofrecen al paisaje seis cumbres[1] superiores a los 5.000 metros.

> La Colombia de hoy se puede entender mejor si se toman en cuenta su particularidad y su complejidad geográfica y topológica. Colombia es el único país de Sudamérica en tener dos fachadas marítimas. La cordillera de los Andes desemboca en una selva tupida[2] y pantanosa[3] (sur), en otra montaña la Sierra Nevada de Santa Marta (nordeste) y en los páramos[4] de la zona amazónica. Estas barreras naturales pueden explicar en parte la configuración humana, así como las problemáticas vinculadas a la violencia muy presente a lo largo de la historia del país ya que contribuyeron al establecimiento del caciquismo[5], al mantenimiento de las poblaciones que tardaron en mezclarse o desplazarse por la falta de infraestructuras viales difíciles de realizar por lo compleja que es la situación geográfica. Las guerrillas y el narcotráfico se aprovecharon de estas características para llevar a cabo sus misiones y complicar la tarea de las autoridades.

El país cuenta con 50,7 millones de habitantes y la capital, Bogotá, alberga a 1 de cada 6 habitantes. Colombia es un país con relevante presencia indígena y africana ya que un 15 % de los colombianos se identifica como indígena o afrocolombiano. Se trata del tercer país del continente con mayor población de origen africano con más de 4 millones de afroamericanos, después de Estados Unidos y Brasil. Sin embargo, según otras estimaciones que incluyen a zambos[6] y mulatos[7], su número llegaría a más de 13 millones, o sea un 30 % de la población. En cuanto a los amerindios, existen 87 etnias diferentes que hablan unas 70 lenguas. En doscientos años, la actual República de Colombia cambió varias veces de nombre y de zona geográfica. En 1819, la República de Colombia cubría los territorios actuales de Venezuela, Colombia, Panamá y Ecuador. En 1830, Venezuela y Ecuador se separaron, y la República de La Nueva Granada recién nacida se componía de las actuales Colombia y Panamá. En 1858, la Nueva Granada pasó a ser la Confederación Granadina, que a su vez acabó llamándose los Estados Unidos de Colombia en 1863. Y en 1886, el país volvió a designarse con el nombre de República de Colombia, aunque con una zona territorial distinta a la de 1819. El subsuelo cuenta con importantes recursos como el carbón, el petróleo, el níquel, las esmeraldas[8] o el oro (véase cap. 58).

En 1499, el navegante español Alonso de Ojeda llegó a las costas del norte de la actual Colombia acompañado de Américo Vespucio quien bautizó la tierra firme en honor a Cristóbal Colón. La zona conquistada pasó a llamarse Nuevo Reino de Granada y a principios del siglo XVIII se implementó el virreinato, también formado por las actuales repúblicas de Venezuela y Ecuador. Un siglo después, la invasión de Napoleón a España y la abdicación de Carlos IV debilitaron a la metrópoli y los criollos se aprovecharon de esta situación para emprender el camino a la independencia (véase cap. 51). En 1810, estalló la revolución en Cartagena y se extendió por todo el territorio. Los insurrectos encarcelaron al virrey y su esposa y luego los enviaron a España, declarando la independencia de la actual Colombia.

Separación de Panamá (1903)

En 1902, el Senado estadounidense aprobó el Tratado Herrán-Hay que permitía que Estados Unidos administrara una franja[9] interoceánica para que se construyera en esta zona un canal. En ese momento, los panameños pagaban impuestos al gobierno de Bogotá, pero no recibían casi nada debido a su lejanía[10] con la capital. En agosto de 1903, cuando el Senado colombiano rechazó dicho tratado, Estados Unidos fomentó un movimiento de independencia en la Provincia de Panamá no sólo por intereses económicos y comerciales, sino también por motivos geopolíticos. Después de una revuelta sin víctimas que culminó con la independencia de esta provincia el 3 de noviembre de 1903, los EE. UU. rápidamente reconocieron a la nueva República. Este acontecimiento fue un golpe duro para Colombia ya que Panamá era un lugar estratégico en el comercio mundial que representaba una gran fuente de ingresos. Panamá y el Tío Sam firmaron un nuevo tratado para la construcción del canal en 1904 y 10 años después se inauguró el Canal de Panamá (➔ véase MC 65).

Vaivén entre liberales y conservadores (1904-1958)

"La única diferencia actual entre liberales y conservadores, es que los liberales van a misa de cinco y los conservadores van a misa de ocho." Gabriel García Márquez, *Cien años de Soledad*, 1967

El nuevo presidente **Rafael Reyes**, elegido en 1904, trató de consolidar la sociedad colombiana mediante una política de convivencia. De este modo, nombró a algunos liberales en el Gobierno y en el Ejército Nacional. Quería modernizar el país mejorando las infraestructuras de transportes. Los altos precios del café favorecieron la estabilidad social y económica durante una década. Pero, a nivel político, el presidente cerró el Congreso (el 13 de diciembre de 1904) e implantó una dictadura para llevar a cabo las reformas que quería establecer sin que el Congreso, dominado por los conservadores, se lo impidiera. Convocó a una Asamblea Nacional que reformó la Constitución de 1886, aprobó la prórroga[11] de su período presidencial de 6 a 10 años y otorgó al mandatario poderes en asuntos económicos. En 1906, Rafael Reyes por poco fallece en un atentado que fue el pretexto para acentuar su autoritarismo. La prensa de oposición fue silenciada y los oponentes perseguidos. Frente a los problemas y al descontento, Rafael Reyes renunció a su cargo y fue sustituido por **Jorge Holguín** (en calidad de designado) por dos meses.

El 4 de agosto de 1909, el presidente conservador recibió el poder de manos de Rafael Reyes y convocó a una nueva Asamblea Nacional que se reunió en mayo de 1910 y cuya tarea central consistió en modificar la Constitución de 1886. Se redujo el mandato presidencial a 4 años, se prohibió su reelección inmediata, se ratificó la participación de los liberales tanto en el Ejecutivo como en el Legislativo y se abolió la pena de muerte. Nombró presidente de la República al conservador y dirigente de la Unión Republicana **Carlos Enrique Restrepo** que siguió impulsando el desarrollo económico del país: incentivó[12] las inversiones en las infraestructuras, saneó[13] las finanzas públicas y fomentó la creación de empresas.

> **La Unión Republicana**, creada en 1909, abogaba por la conciliación entre conservadores y liberales en un clima democrático.

A nivel político, su voluntad de modernizar el Estado no fue del gusto de la élite conservadora que encarnó una rígida oposición, a la que se sumaron[14] los liberales que querían recuperar sus miembros que habían integrado la Unión Republicana. El hecho más destacable de su presidencia fue la firma (en 1914) del

Tratado de Urrutia-Thompson con los Estados Unidos que ofrecía una compensación de 25 millones de dólares como reparación material a las pérdidas sufridas por Colombia a raíz de la separación de Panamá. Pero, gran parte de los colombianos se opuso a este acuerdo por lo que hubo que esperar 1922 para que fuera aprobado.

En 1914, fue elegido el conservador **José Vicente Concha** y en 1918, le sucedió **Marco Fidel Suárez** lo que simbolizó una vuelta a la política conservadora tradicional. Ambos lucharon para que el Congreso colombiano ratificara el Tratado Urrutia-Thompson. Suárez actuó para que Estados Unidos se convirtiera en un aliado de Colombia ya que, para él, era el único en poder darle la ayuda necesaria para desarrollar el país. Finalmente, el Congreso acabó aprobando el convenio el 22 de diciembre de 1922. Suárez renunció a su cargo en 1921 y fue reemplazado por **Jorge Holguín**. La prioridad del siguiente mandatario **Pedro Nel Ospina (1922-1926)** fue modernizar las instituciones económicas e industrializar al país. Se creó el Banco de la República, la Superintendencia Bancaria para mejorar la gestión económica del país y controlar la emisión de billetes. El presidente contó con una bonanza[15] económica y financiera debida a los precios del café y al dinero procedente de la indemnización estadounidense después del Tratado de Urrutia-Thompson. El país recibió tanto dinero en esa época que ésta fue denominada "la danza de los millones".

Entre 1922 y 1929, crecieron la red de ferrocarriles[16] y el número de fábricas lo que favoreció una fuerte migración a las ciudades, pues el jornal[17] de obrero era 20 veces mayor que el del campesino. Los hacendados[18] retenían la mano de obra por la fuerza mediante la Policía o del endeudamiento crónico. El cultivo del café creció vertiginosamente debido a que el precio se duplicó en ese período lo que impulsó la colonización campesina en tierras baldías. La cuestión se agravó en 1926 con la sentencia de la Corte Suprema que obligaba a los hacendados a presentar el título de propiedad en caso de litigio con sus trabajadores. Fue la llamada "prueba diabólica". Durante la legislatura de Miguel Abadía Méndez (1926-1928), las relaciones entre Colombia y Estados Unidos culminaron con un conflicto social que involucraba a la *UFCO* y *la Magdalena Fruit Company* (una compañía subsidiaria[19] colombiana) que compraba los plátanos a los terratenientes mientras que la *UFCO* se encargaba de su transporte, precio y exportación. En aquella época, Colombia era el tercer exportador de banano a nivel mundial (➔ véase cap. 58). En noviembre de 1928, comenzó una huelga que culminó con la "Masacre de las Bananeras" el 6 de diciembre. El Gobierno de Miguel Abadía mandó al Ejército que disparó contra[20] los huelguistas. Esta violenta represión, combinada a una coyuntura económica desfavorable unos meses antes de la crisis de 1929 en EE. UU. venció al conservadurismo pues los comicios de 1930 vieron la victoria del Partido Liberal con el candidato Enrique Olaya Herrera.

Al llegar a la presidencia mediante la coalición Concentración Nacional, el liberal **Enrique Olaya Herrera** tuvo que hacer frente a las consecuencias de la crisis de 1929. Por eso, apostó por[21] el proteccionismo y repartió los ministerios, gobernaciones y alcaldías equitativamente entre liberales y conservadores. Pero como no se cumplieron esas prerrogativas, se desató la llamada Violencia que azotaría al país durante un cuarto de siglo.

Por otra parte, el 1 de septiembre de 1932, unas tropas peruanas invadieron el puerto colombiano de Leticia, ubicado en el río Amazonas. Este episodio ocasionó una tregua entre conservadores y liberales que se unieron para ayudar al Gobierno en esta contienda[22] que duró hasta mayo de 1933 cuando se firmó el Protocolo de Río de Janeiro que reconoció la soberanía colombiana.

La Violencia (1930-1957) surgió a raíz de los desacuerdos que existían entre conservadores y liberales. Llevaron a un período muy violento de casi 3 décadas que provocó la muerte de unas 350.000 personas. La Violencia se puede dividir en dos etapas: la primera a principios de los 30 con la vuelta de los liberales al poder y la segunda que se inició en 1946 y se intensificó con el asesinato de Jorge Eliécer Gaitán en 1948. A partir de 1948, la violencia se disparó y el Estado creó una "policía política" (la POPOL) encargada de vigilar a los sindicatos y oponentes.

En las elecciones presidenciales de 1934, en las que el partido conservador se abstuvo, fue elegido **Alfonso López Pumarejo** que emprendió una serie de reformas para adaptar el Estado a las nuevas situaciones económicas y sociales. Con motivo de la política de López y la reforma constitucional de 1936, los conservadores tacharon[23] al Gobierno de socialista y de ateo. A diferencia de los gobiernos anteriores, el presidente reconoció los derechos entre patrones y trabajadores y quiso democratizar el acceso a la tierra mediante la Ley de Tierras (1936) que contemplaba[24] regularizar los trámites para obtener título de tierras u otorgarles la posibilidad de acceder a tierras baldías a los campesinos.

Eduardo Santos (1938-1942), que triunfó a raíz de la abstención de los conservadores, enfrentó las consecuencias de la Segunda Guerra Mundial que impactaron la economía del país. Los productores de café y de plátanos sufrieron la suspensión de las exportaciones a Europa. Tuvo que adoptar una política proteccionista para compensar la baja de las exportaciones e importaciones. Se declaró neutral en la contienda que golpeaba Europa y se alineó con los aliados.

En 1942, **Alfonso López Pumarejo** volvió a ser elegido en medio de la Segunda Guerra Mundial. El Partido Comunista Colombiano, fundado en 1930, apoyó al Gobierno de López que respaldaba[25] a los aliados. López no prosiguió las reformas que había iniciado en su primer mandato y se alejó de las clases populares al aproximarse a los sectores bancario y comercial. La fuerte oposición, el descontento popular, así como una intentona de golpe de Estado en 1944 incitaron al mandatario a renunciar a su cargo. Le sucedió de modo interino el liberal Alberto Lleras Camargo durante sólo un año.

Las luchas internas en el partido liberal hicieron que se presentaran dos candidatos: Gabriel Turbay (que representaba el oficialismo) y Jorge Eliécer Gaitán, representante de un liberalismo afín a la izquierda. Esta división del liberalismo facilitó la victoria del conservatismo en 1946 representado por **Mariano Ospina Pérez**. En 1948, estalló el llamado Bogotazo, revuelta a raíz del asesinato del candidato Gaitán que había pedido al mandatario presidente que interviniera para acabar con la violencia que azotaba[26] al país. Esta muerte provocó la ira de sus seguidores que exigían la renuncia de Ospina Pérez. La violencia entre liberales y conservadores no dejó de crecer y la oposición se hizo con el Congreso tras las elecciones de 1949.

El conservador **Laureano Gómez**, elegido en diciembre de 1949, se caracterizó por su inflexibilidad política, su anticomunismo, su radicalismo religioso y la persecución contra sus oponentes que lo apodaron "el Monstruo". En 1951, convocó una Asamblea Nacional Constituyente para redactar una nueva Carta Magna que le diera más poder al mandatario. Durante su mandato, las fuerzas armadas colombianas participaron en el conflicto militar en Corea. Colombia fue el único país de América Latina en participar en este episodio de la Guerra Fría. Gómez esperaba recibir asistencia militar estadounidense a cambio de su participación en Corea y efectivamente cobró millones de dólares en ayuda militar y entrenamiento. Acabó siendo derrocado por un golpe de Estado el 13 de junio de 1953, fomentado por varios conservadores, liberales y militares.

Tanto los conservadores como los liberales apoyaron al general **Gustavo Rojas Pinilla** para que luchara contra la violencia que asolaba[27] al país. Sin embargo, no logró apaciguar al país duraderamente pues los conflictos reaparecieron para mayor desilusión de los colombianos. Sin celebrar elecciones populares, la Asamblea Constituyente votó por Rojas para prolongar el período presidencial de 1954 a 1958. Desde los comienzos de su gobierno, Rojas Pinilla tuvo que encarar la oposición de Laureano Gómez junto a sus seguidores y la del Partido Comunista. Alberto Lleras Camargo como jefe del partido liberal viajó a España donde estaba exiliado el conservador Laureano Gómez. Ambos firmaron en 1956 el Pacto de Benidorm que planteaba las bases del futuro: evitar la lucha por el poder entre el partido liberal y el partido conservador. El Tratado de Sitges, firmado en julio de 1957, establecía las reglas del período político venidero[28]. Además, este acuerdo reconoció el derecho al voto de las mujeres anteriormente aprobado bajo la dictadura de Rojas, pero nunca practicado. Frente al descontento general, Gustavo Rojas Pinilla se retiró en mayo de 1957 y dejó el poder en manos de una junta militar. La renuncia del dictador permitió que el pacto entre Lleras Camargo y Laureano Gómez fuera aprobado por vía de referéndum el 1 de diciembre de 1957 con una arrasadora[29] victoria a favor del Frente Nacional, fruto del acuerdo entre Llera Camargo y Laureano Gómez.

El Frente Nacional (1958-1974)

En 1958, a raíz de la caída de Rojas Pinilla, empezó el Frente Nacional, coalición posibilitada por acuerdos entre los líderes del partido liberal y del partido conservador. La reforma constitucional que oficializó el sistema del Frente Nacional fue votada plebiscitariamente por doce años, y luego prorrogada a dieciséis. Por cuatro períodos de cuatro años, los partidos liberal y conservador iban a turnarse en la presidencia, a repartirse por mitades los cargos de gobierno, así como los escaños del Congreso. Para votar cualquier ley importante, se adoptó la norma de las dos terceras partes, con lo que se buscaba garantizar la unidad del bloque político en el poder, excluyendo la aprobación de cualquier medida positiva que no contara con la virtual unanimidad de los socios. El Frente Nacional, vigente en Colombia hasta 1974, se caracterizó por la distribución equitativa de ministerios y otros cargos en el poder público ejecutivo y el reparto igualitario de los escaños en el Congreso y en el Senado hasta 1968. El candidato presidencial era elegido por acuerdo bipartidista. El principal objetivo de este acuerdo político fue la reorganización del país tras el período de la Violencia y la presidencia del general Gustavo Rojas Pinilla. El Frente Nacional logró poner fin a la disputa bipartidista que golpeó a Colombia por más de un siglo, pero no consiguió erradicar los problemas sociales, económicos y políticos. Además, excluyó a los otros partidos políticos ya que el acuerdo descansaba en la alternancia entre el liberalismo y el conservatismo. Esta singular solución condujo a una nueva e imprevista ola de violencia encarnada por las guerrillas de izquierda (véase cap. 52). En todo el país, surgieron grupos guerrilleros como las FARC en 1964 (véase MC 80), el ELN el 7 de enero de 1965, el EPL en julio de 1967, el M-19 en 1974.

El M-19 (Movimiento del 19 de abril) fue una guerrilla urbana que se valió del secuestro, de la extorsión, así como del cultivo ilícito para financiarse. En 1980, asaltaron[30] la embajada de la República Dominicana en Bogotá y secuestraron a los diplomáticos. En 1985, tomaron el Palacio de Justicia de Bogotá causando la destrucción del edificio y la muerte de unas 100 personas.

El trabajo que tuvo que cumplir el liberal Alberto Lleras como presidente iniciador del sistema, fue arduo y abarcó los más variados frentes. Lo primero fue convencer a los liberales y los conservadores de que podían trabajar en común, lo que implicaba ante todo persuadirlos de que podían realizar una tarea conjuntamente. Llevó a cabo una política de austeridad e inició la reforma agraria. Modificó la Carta Magna para que el Frente Nacional durara 16 años en vez de 12 y estrechó las relaciones con Estados Unidos. Kennedy identificó a Colombia como un elemento importante en su nuevo programa para Latinoamérica denominado "la Alianza para el Progreso", que se inauguró el 17 de agosto de 1961. El objetivo de dicha unión era mostrar que "el medio más efectivo para mejorar las condiciones materiales de vida en América Latina era el capitalismo progresista y no el comunismo". El presidente Kennedy viajó a Bogotá a mediados de diciembre de 1961 y aprovechó para promover su política de desarrollo social. La ayuda financiera estadounidense alcanzó los 45 millones de dólares entre 1961 y 1963. El programa *"Food for peace"* permitió que Colombia recibiera productos agrícolas excedentes. Por otra parte, Colombia también fue el primer país latinoamericano en recibir a los Cuerpos de Paz estadounidenses en 1961. El número de voluntarios pasó de 61 a unos 700 a finales de los 70.

> El **Cuerpo de Paz** (*Peace Corps* en inglés) es una agencia federal independiente de los Estados Unidos y autorizada por el Congreso el 22 de septiembre de 1961. Se compone de voluntarios que promueven la paz a nivel mundial con su presencia en 4 continentes en diferentes momentos de la historia. Este grupo suscitó numerosas polémicas, al ser considerados como una herramienta de relaciones públicas para el Gobierno estadounidense para servir sus intereses militares. En Colombia, se les acusó de enseñarles a los campesinos a fabricar cocaína.

Guillermo León Valencia se enfrentó a importantes problemas tanto a nivel económico como político. De hecho, durante su mandato se formaron las FARC (➲ véase p.374) y el ELN.

El presidente **Carlos Lleras Restrepo** (1966-1970) propuso una solución a la compleja realidad socioeconómica: un programa de reforma agraria, a la cual se opusieron los terratenientes ricos y otros que temían que la reforma no tuviera en cuenta sus intereses económicos. También optó por promover la integración económica regional mediante el Pacto Andino (➲ véase cap. 55).

En las últimas elecciones dentro del marco del Frente Nacional, la coalición sufrió su primer revés[31] ya que su candidato conservador, **Misael Pastrana Borrero** (1970-1974), sólo ganó estrechamente contra el general Gustavo Rojas Pinilla de la Alianza Nacional Popular, derrocado justo antes de la instauración del Frente Nacional en 1957. En 1970, surgió el M-19 para protestar contra los resultados considerados como fraudulentos. Cuatro años después, empezó la lucha armada hasta su desmovilización el 8 de marzo de 1990. En ese momento, se convirtió en una formación política de izquierda conocida como Alianza Democrática M-19 hasta su desaparición del tablero político en los años 2000.

Las presidencias de 1974 a 1998

La elección del liberal **Alfonso López Michelsen** (1974-1978) anunció el fin del Frente Nacional acabando con la representación paritaria en el Congreso. El mandatario, que se había opuesto al Frente Nacional mediante el MRL (Movimiento Revolucionario Liberal) llevó a cabo reformas monetarias para terminar con el déficit fiscal heredado del gobierno de Misael Pastrana y consolidó el sector laboral e industrial. Pese a mejoras notables, el costo de la vida se disparó lo que desembocó en una huelga general el 14 de septiembre de 1977.

Los tres presidentes que le sucedieron intentaron solucionar los problemas de los gobiernos anteriores proponiendo un marco distinto condicionado por el fracaso del anterior. Al modelo represivo del presidente Julio César Turbay Ayala (1978-1982) se contrapuso el del diálogo de Belisario Betancur (1982-1986), éste fue sustituido por el de la mano tendida y el pulso firme de Virgilio Barco Vargas (1986-1990).

El liberal **Turbay** ganó las elecciones presidenciales, por escaso[32] margen, frente al conservador Belisario Betancur. Apenas en el poder, instauró el estatuto de seguridad nacional para proteger el territorio ante la violencia generada por las guerrillas. Modernizó al país, pero sus esfuerzos fueron socavados[33] por el narcotráfico que acabó por hacer de Colombia uno de los mayores proveedores[34] mundiales de marijuana y cocaína.

El conservador **Betancur** llegó al poder mediante una coalición bautizada Movimiento Nacional. Su hoja de ruta proponía consolidar la industria nacional, crear empleos y reducir los impuestos. Aunque alcanzó estos objetivos, la caída del comercio internacional impidió que su programa económico tuviera buenos resultados. Betancur intentó poner fin a los enfrentamientos armados comunes en el país iniciando conversaciones para consolidar el proceso de paz con las FARC, el M-19 y la Autodefensa Obrera. En 1984, el Gobierno consiguió el alto el fuego y se fundó la Unión Patriótica, conformada por exmiembros de las FARC e integrantes del Partido Comunista. Sin embargo, el asesinato del guerrero fundador del M-19, Iván Marino Ospina, acabó con las negociaciones.

El candidato liberal **Barco Vargas** resultó electo por una amplia ventaja sobre sus contrincantes[35]. Excluyó totalmente a los conservadores que pudieron haber participado en su administración lo que estimuló a la oposición que no dejó de actuar durante su mandato.

A raíz del asesinato del candidato liberal Luis Carlos Galán por su lucha contra el narcotráfico, fue **César Gaviria Trujillo** quien resultó elegido en marzo de 1990. Privatizó empresas estatales para modernizar el país.

En 1994, el candidato liberal **Ernesto Samper Pizano** ganó las elecciones frente al conservador Andrés Pastrana Arango que llegaría al poder cuatro años después. Su prioridad fue luchar contra la pobreza mediante un plan de desarrollo y el incremento del gasto social. Bajo su mandato se creó el Ministerio de Cultura, sin embargo, su gobierno bautizado "el salto social", tuvo que enfrentarse a varios reveses y escándalos. El primero, vinculado con la supuesta financiación ilegal de su campaña presidencial con el dinero del narcotráfico y el segundo, con las fumigaciones aéreas para erradicar los cultivos ilícitos que afectaron a los campesinos tanto a nivel sanitario como territorial puesto que gran parte de ellos fueron desplazados.

Dos décadas luchando contra las FARC (1998-2018)

Andrés Pastrana Arango (1998-2002), hacia un acuerdo de paz contra las FARC

Andrés Pastrana Arango, hijo del expresidente Misael Pastrana (1970-1974) y exalcalde de Bogotá, alcanzó el poder en 1998, en pleno conflicto entre el Estado y los guerrilleros. Colombia representaba una excepción en el subcontinente pacificado tras décadas de guerras civiles a raíz de la captura del líder peruano del Sendero Luminoso en octubre de 1992, los acuerdos de paz en El Salvador en 1993 y en Guatemala en 1996. Para apaciguar su país, el Gobierno de Pastrana delimitó una zona de despeje[36] en San Vicente del Caguán, para mostrar su voluntad de negociar la paz con las FARC. Pero la guerrilla utilizó los 42.000 km^2 (equivalente a la superficie de Suiza) como territorio donde organizar el narcotráfico y almacenar[37] armas y rehenes[38]. Pastrana consiguió que el Gobierno de Bill Clinton financiara la lucha contra el narcotráfico mediante el Plan Colombia (➔ véase cap. 64) aprobado en los últimos días de su mandato. El 20 de febrero de 2002, frente a la fallida iniciativa de paz, Pastrana suspendió el proceso de paz y anunció la vuelta de las Fuerzas Armadas a la zona de despeje. Además de gestionar los conflictos, el mandatario tuvo que reactivar la economía del país llevando a cabo una política de austeridad aplicando recortes[39] a la inversión pública y privatizando empresas estatales.

El "uribismo" (2002-2010), la guerra contra las FARC

Álvaro Uribe Vélez, cuyo lema de campaña era "mano firme, corazón grande", llegó a la presidencia en agosto de 2002 respaldado por el movimiento Primero Colombia. Para él, era una prioridad acabar con las guerrillas que asolaban a su país (➲ véase cap. 52). Estrechó los vínculos entre Colombia y Estados Unidos para llevar a cabo su Política de Seguridad Democrática. Con los fondos del Plan Colombia, el mandatario lanzó una ofensiva contra las FARC, pero sin lograr erradicarlas. Eso sí, consiguió que la guerrilla formara parte de la lista de países patrocinadores del terrorismo internacional (creada en 1979 y publicada anualmente por Estados Unidos). La guerra que el mandatario llevó contra las FARC casi se internacionaliza en 2008 a raíz de una incursión militar en Ecuador. Hugo Chávez envió tropas a la frontera colombiana para mostrar su solidaridad con el entonces presidente ecuatoriano, Rafael Correa.

En 2005, los "uribistas" del Congreso colombiano propusieron una reforma de la Constitución para que se permitiera la reelección presidencial a partir de 2006. Pese a una fuerte oposición por parte del liberalismo, de la izquierda o de la prensa, la reelección inmediata fue aprobada y el 28 de mayo de 2006, el presidente saliente volvió a ganar las elecciones. Durante sus dos mandatos, Álvaro Uribe contó con un relevante apoyo popular incluso cuando estalló el escándalo de los "falsos positivos" en 2008.

A nivel económico, la legislatura de Álvaro Uribe logró controlar la inflación, atrayendo la inversión internacional y perfeccionando el sistema financiero. Pero, pese a esta mejora en la economía y en la seguridad, los niveles de pobreza siguieron altos.

Juan Manuel Santos (2010-2018) y el pacto con las FARC

En 2010, Juan Manuel Santos se presentó a las elecciones presidenciales, apoyado por el entonces presidente Álvaro Uribe. A pesar del respaldo oficialista[40], Santos ganó penosamente los comicios en segunda vuelta y dio la espalda[41] a la política emprendida por Uribe. Por ello, el exmandatario encabezó a la oposición desde el Senado, sobre todo a raíz del anuncio de las conversaciones secretas con las FARC llevadas a cabo por el periodista Enrique Santos Calderón, hermano del presidente. La elección de Juan Manuel Santos abrió paso a un nuevo proceso de paz en el país (➲ véase MC 80) y a una redefinición de las relaciones internacionales especialmente con Ecuador y Venezuela, pero también Argentina, Perú y Chile. Además, el mandatario desarrolló el papel de Colombia en la integración regional en el seno de la Unasur y la Celac y al formar parte de la Alianza del Pacífico en 2011 (➲ véase cap. 55). En enero de 2011, firmó la Ley de Víctimas que reconocía a todas las víctimas del conflicto colombiano desde 1985. También garantizaba reparaciones financieras y restitución de las tierras tomadas irregularmente a sus dueños. El 7 de agosto del 2014, Juan Manuel Santos entabló su segundo mandato consecutivo caracterizado por tres ejes: Paz, Equidad y Educación. Su política interior fue marcada por la firma y refrendación del acuerdo de paz con las FARC a finales de 2016 pese a su derrota en el referéndum del 2 de octubre del mismo año. Durante sus dos mandatos, la economía colombiana experimentó un significativo auge por la buena gestión macroeconómica y la inversión extranjera. Sin embargo, el crecimiento económico se desaceleró pasando del 4,6 % en 2014 al 2,2 %

en 2016 y al 1,8 % en 2017 por la caída de los precios del petróleo. En agosto de 2018, el Gobierno de Venezuela culpó a Juan Manuel Santos del supuesto atentado contra Nicolás Maduro, reavivando así las tensiones entre ambos países fronterizos.

Las FARC, crónica de una guerrilla desmantelada

En mayo de 1964, se formaron las Fuerzas Armadas Revolucionarias de Colombia (primero llamadas "Bloque Sur" y más tarde FARC-EP) en un contexto de violencia política contra el Estado y de lucha por acceder a la tierra. Se trataba de un movimiento de origen rural apoyado por el Partido Comunista Colombiano que apareció a raíz de las desigualdades respecto al reparto de las tierras. No por casualidad los colombianos suelen decir que en su país "hay mucha tierra en pocas manos y muchas manos sin tierra". Su creación fue una respuesta a la ofensiva del gobierno contra la "República de Marquetalia", comunidad autónoma creada por grupos armados comunistas y liberales. Pero lo que empezó como un movimiento de autodefensa frente a un Estado latifundista, se convirtió en una máquina de guerra que cometió todo tipo de crímenes. Si en 1974, las FARC estaban presentes en cuatro frentes guerrilleros y en 1978 habían pasado a ocho, en 1982, alcanzaron 24 frentes con 1.000 hombres en armas. Después de un periodo de represión a finales de los 70 durante la presidencia de Julio César Turbay, el Gobierno de Belisario Betancur en 1982 propuso como estrategia conciliadora la amnistía. En respuesta, las FARC, formaron en 1985 un partido político llamado la Unión Patriótica (UP). Sus resultados alentadores[42] en las elecciones legislativas de 1986 les permitieron obtener 3 diputados y 2 senadores. A los representantes locales de los otros partidos no les gustó este éxito, por lo que, junto a movimientos paramilitares o narcotraficantes, asesinaron sistemáticamente a los líderes de la UP. Unos 4.000 dirigentes y militantes de la UP y del Partido Comunista fueron asesinados. Esta violencia extrema contra la UP comprometió la salida negociada del conflicto, generó un clima de desconfianza general que desembocó en un regreso a la actividad armada. Desde los años 80, el financiamiento de las FARC (y otros grupos armados) radicó en el narcotráfico, el secuestro, la extorsión y la venta de oro, esmeraldas, así como el lavado de activos. Estos recursos atrajeron a numerosos colombianos que se alistaron en las filas de la guerrilla que pasó de 1.000 hombres (1982) a alrededor de 20.000 a inicios de los 90. Al principio, los guerrilleros recaudaban[43] un impuesto sobre la coca que salía de las zonas controladas por ellos mismos. Sin embargo, para ganar todavía más dinero, empezaron a vender coca a los narcotraficantes lo que les permitió afianzar[44] su poder tanto a nivel territorial como material. Los secuestros políticos y económicos eran otro medio para presionar al Gobierno y cobrar rescates[45]. Las FARC lograron ocupar varias partes del país, dificultando así la captura de sus miembros.

En 1998, pese a la oposición de Estados Unidos, el gobierno colombiano decidió negociar directamente con las FARC desmilitarizando un territorio de unos 42.000 km^2 llamado "zona de despeje del Caguán". Pero fue un fracaso ya que se intensificó la violencia y se reforzó la guerrilla por la ausencia del Ejército. En los años 2000, las FARC contaban con unos 17.000 guerrilleros repartidos en 7 zonas regionales y esta dispersión constituyó una gran ventaja para actuar en todo el país. No obstante, también representó una desventaja en la medida en que impedía la buena comunicación, así como una verdadera cohesión entre los miembros. El principio del primer mandato de Álvaro Uribe se caracterizó por un clima de violencia extrema (3.000 secuestros y 35.000 homicidios al año). Obtuvo la rendición y el desarme de 30.000 paramilitares, pero no logró acabar con las FARC. El proceso acabó en febrero de 2002 y, a raíz de ese fracaso, el gobierno fue visto como incapaz de solventar los problemas vinculados a la guerrilla y la imagen que se tenía de ésta se ensombreció pasando a ser considerada como un grupo de narcoterroristas. A partir de ese año, los éxitos de las Fuerzas Armadas en el combate contra los guerrilleros debilitaron al grupo tachado de terrorista desde 1997 por Bill Clinton y catalogado oficialmente como organización terrorista desde 2001. Su "mano dura" fue apreciada por los electores colombianos que, a pesar de los riesgos para los rehenes, volvieron a votar por él. 2008 fue clave en la evolución de la gestión del conflicto no sólo por parte del Estado y de la guerrilla, sino también por la sociedad misma, harta de sufrir las consecuencias de los conflictos. El 4 de febrero de 2008, tuvo lugar una manifestación nacional pacífica contra la violencia y los abusos de las FARC. Se considera esta fecha como el despertar de una sociedad, antes asustada por el miedo, dispuesta a actuar para que la paz volviera al país. El 6 de marzo, los ciudadanos protestaron esa vez contra las acciones violentas de los grupos paramilitares.

Los paramilitares eran grupos armados de extrema derecha aparecidos en los 60 e inicialmente autorizados (a nivel legislativo) a actuar contra las guerrillas de izquierda. Lograron propagarse por el territorio colombiano gracias al apoyo de los latifundistas, los militares, los conservadores y los caciques locales. Para organizarse, crearon las AUC (Autodefensas Unidas de Colombia) que alcanzaron los 30.000 hombres en los años 90. Miles de personas murieron a manos de las AUC que querían apoderarse de[46] los territorios controlados por las FARC o el ELN (➜ véase cap. 52). A finales de los 90, las FARC combatían contra el ejército del país y las AUC. Además, el conflicto no se limitaba a estos combates ya que el ejército también luchaba contra el ELN y los narcotraficantes. Este panorama caótico plasmaba[47] las dificultades de un país que había perdido el control y se volvía cada vez más inestable. Los grupos paramilitares disponían de 32.000 miembros cuando se aprobó la Ley 975 de Justicia y Paz en 1985.

El fundador de las FARC, Pedro Antonio Marín (nombre de guerra Manuel Marulanda, alias "Tirofijo") murió de causas naturales en marzo de 2008, sin haber sido capturado jamás por las autoridades. El 2 de julio de ese año, fue liberada la rehén[48] más famosa a escala internacional, la candidata presidencial Íngrid Betancourt, en la llamada "Operación Jaque".

A raíz de la muerte de su emblemático jefe, desertaron numerosos guerrilleros. El liderazgo pasó entonces a Alfonso Cano, pero una fuerte campaña militar de las Fuerzas Armadas, respaldada en su mayoría por Estados Unidos, fragilizó al grupo. Además, la muerte del jefe militar Jorge Briceno, alias "Mono Jojoy", en septiembre de 2010, le asestó otro golpe duro a la guerrilla tras la pérdida de su líder en 2008. Ese año, el efectivo de las FARC ascendía a unos 9.000 combatientes, o sea la mitad que diez años antes. También en 2008, estalló el escándalo de los **"falsos positivos"**, es decir la implicación de miembros del Ejército colombiano en el asesinato de civiles inocentes, haciéndolos pasar por guerrilleros, a cambio de una compensación económica. Este asunto puso en tela de juicio[50] la política de mano dura del entonces presidente Álvaro Uribe. Durante sus dos legislaturas, los secuestros que pedían rescates disminuyeron un 90 % pasando de 1.708 a 282. Pese a los golpes sufridos por la guerrilla, en 2011, estaba presente en una tercera parte de los municipios del país. La elección de Juan Manuel Santos, exministro de Defensa de Uribe, cambió la gestión del conflicto entre la guerrilla y el Gobierno

Íngrid Betancourt es una política franco-colombiana que postuló por el partido verde Oxígeno al Senado en las elecciones legislativas del año 1998 y que renunció a su escaño en 2001 para presentarse a los comicios presidenciales de 2002 de Colombia. Fue secuestrada junto a su asesora Clara Rojas el 23 de febrero de 2002, cuando acudían a la zona de distensión establecida por el presidente Andrés Pastrana para entablar diálogos de paz con las FARC. Su secuestro fue mediatizado y denunciado a nivel internacional. Durante su cautiverio fue desplazada numerosas veces por la selva para que no se encontrara su paradero. Tras más de 6 años de cautiverio, fue rescatada[49] por medio de la exitosa "Operación Jaque" que constituyó un gran triunfo político para el gobierno de Álvaro Uribe, y también para su ministro de defensa Juan Manuel Santos, elegido presidente de Colombia dos años después Sarkozy.

ya que el presidente alentó al diálogo para resolver esta contienda que azotaba al país desde hacía casi 50 años. Los primeros contactos entre el mandatario recién elegido tuvieron lugar en secreto en noviembre de 2010, y sólo fueron revelados el 27 de agosto de 2012. Las negociaciones arrancaron[51] en Oslo (capital de Noruega, país garante) el 18 de octubre de 2012 y, el 15 de noviembre, se desarrollaron en La Habana (capital de Cuba, el otro país garante), sede principal de las negociaciones. Venezuela y Chile participaron en las conversaciones como mediadores para que las dos partes llegaran a un acuerdo. Los entonces dirigentes chileno y venezolano encarnaban los extremos del tablero político latinoamericano: Sebastián Piñera, representante de la derecha y Hugo Chávez de la izquierda del Socialismo del Siglo XXI (➔ véase cap. 53). El presidente bolivariano tenía relaciones directas con las FARC de ahí la elección de Venezuela como mediador. El Gobierno y las FARC, mediante este diálogo, querían encontrar un acuerdo para poner fin al conflicto armado que causó más de 220.000 muertos y unos 7 millones de desplazados en 50 años. Según ACNUR (Agencia de la ONU para los Refugiados creada en 1997), Colombia ocupa el segundo lugar en el mundo por el número de desplazados internos y el octavo lugar por el número de refugiados en el exterior. Hasta el pintor colombiano Botero plasmó el fenómeno de los desplazados en su cuadro epónimo. El conflicto tuvo un costo anual de un 3 % del PIB y frenó la inversión extranjera, así como la economía nacional.

Las discusiones giraron en torno a 6 puntos:

1) Lograr una política de desarrollo agrario integral: se trataba de un tema decisivo para las FARC cuyo primer objetivo era el reparto de los latifundios entre el campesinado pobre. La Ley de Víctimas y Restitución de Tierras o Ley de Reparación (aprobada en 2011) demostró la "voluntad de paz" del Gobierno de Juan Manuel Santos. El acuerdo, aprobado el 21 de junio de 2013 con el nombre de "Reforma Rural Integral", debe contribuir a la transformación estructural del campo para fomentar la igualdad entre los ciudadanos.

2) Posibilitar la participación política de las FARC: se consiguió el acuerdo el 8 de diciembre de 2013 que buscaba profundizar la democracia mediante la aparición de nuevas fuerzas políticas. La campaña de los oponentes al SÍ en el referéndum del 2 de octubre de 2016 giró en torno a este punto para socavar los esfuerzos de Juan Manuel Santos.

3) Poner fin al conflicto mediante la dejación de las armas por parte de los guerrilleros: el cese el fuego bilateral y definitivo, firmado en septiembre de 2015, también preveía la reincorporación de las FARC-EP a la vida civil. Se fijó en ese momento la fecha del 23 de marzo de 2016 para la firma final del acuerdo.

4) Encontrar una solución al problema del narcotráfico: el acuerdo, anunciado el 16 de mayo de 2014, preveía la erradicación manual de los cultivos, la retirada de las minas y el final del tráfico de drogas. Por primera vez las FARC reconocieron su vinculación con la comercialización de drogas.

5) Establecer la verdad, indemnizar a las víctimas a través de la justicia: para llevar a cabo semejante tarea, se creó el Sistema Integral de Verdad, Justicia, Reparación y No Repetición para facilitar la desmovilización de los guerrilleros, así como respetar los derechos de las víctimas.

6) Implementar, verificar y refrendar[52] lo anterior citado: representantes del gobierno y de las FARC integraron una comisión para velar por el buen cumplimiento de los acuerdos.

Entre 2010 y 2014, los guerrilleros pasaron de 9.000 a menos de 7.000 debido al desmantelamiento de su cúpula. El 4 de noviembre de 2011, el ejército mató a Alfonso Cano, líder del grupo desde mayo de 2008. Tras 4 años de negociaciones y tres intentos fallidos (en 1984 por iniciativa de Belisario Betancur, entre 1991 y 1992 en Venezuela y Colombia y, finalmente entre 1999 y 2002 con los diálogos de Caguán), Juan Manuel Santos y el guerrillero Rodrigo Londoño, alias "Timochenko", firmaron el "Acuerdo final para la terminación del conflicto y la construcción de una paz estable y duradera" el 24 de agosto de 2016 que debía ser ratificado por el plebiscito del 2 de octubre del mismo año. El 26 de septiembre, se celebró una gran ceremonia en Cartagena. Pero para mayor sorpresa general, el NO triunfó por poco y reveló lo dividida que resultaba la sociedad colombiana. De hecho, el SÍ obtuvo 6.377.482 votos (un 49,8 %) y el NO

6.431.376 (un 50,2 %) en un plebiscito con la mayor tasa de abstención en 22 años (un 63 %). Los opositores al acuerdo triunfaron por alrededor de 50.000 votos. Varios factores explican semejante resultado. La duración de las negociaciones, la campaña de la oposición encabezada por el expresidente Uribe, un texto muy largo de 297 páginas, el anuncio de una victoria fácil, así como la manipulación procedente de las redes sociales y de algunos sectores religiosos como la Iglesia evangélica (➔ véase cap. 66). Por otra parte, algunos puntos del acuerdo eran difíciles de aceptar para buena parte de los ciudadanos: impunidad para los exguerrilleros, creación de un partido político y reinserción de los excombatientes financiada por el Estado. El país resultó partido[53] en dos no sólo por los resultados casi iguales, sino también por una fractura entre las zonas rurales que votaron por el SÍ y urbanas que optaron por el NO. Tal distribución del voto se debió a que el conflicto entre la guerrilla y el Estado no se libró en las ciudades sino más bien en el campo, por lo que la sociedad urbana no sintió tan fuertemente la necesidad de paz como lo experimentó la población rural. El 7 de octubre de 2016, el presidente Juan Manuel Santos recibió el Premio Nobel de la Paz por su labor incesante para llegar a un acuerdo de paz con las FARC. Pese a la victoria del NO en el plebiscito del 2 de octubre, se mantuvo el cese el fuego firmado en agosto de 2016 hasta el 31 de diciembre. El 24 de noviembre de 2016 marcó un hito en la historia de Colombia por ser el día de la firma del Acuerdo de Paz que puso fin a medio siglo de conflicto. En 2017, la misión de la ONU en Colombia certificó el desarme total de los guerrilleros con la entrega de más de 7.000 armas. El 13 de noviembre de 2017, la Unión Europea retiró a las FARC de su lista de organizaciones terroristas (agregadas en diciembre de 2001). Un año después de la firma del acuerdo de paz entre el Gobierno colombiano y las FARC, se reveló que sólo se había cumplido un 18 % de lo que se había acordado.

Sin embargo, esta paz redujo las muertes en conflicto de más de 4.000 personas, dividió por dos los desplazamientos de población pasando de 91.045 a 48.335, disminuyó el número de heridos por minas antipersonales pasando de 1.041 personas en 2006 a 58 en 2017. Este alentador balance humano no debe minimizar los desafíos que esperan a un país en plena reconstrucción. Efectivamente, le queda por resolver el conflicto contra otra guerrilla (el ELN) cuya paz depende de los resultados en los comicios presidenciales del 27 de mayo de 2018, así como del trato dado a la agrupación política FARC (Fuerza Alternativa Revolucionaria del Común) surgida tras la dejación de las armas de la guerrilla. Frente al regreso de la violencia durante la campaña presidencial contra miembros de la FARC, el Gobierno convocó un pacto de no agresión. La reciente formación política parece sufrir el mismo destino que la UP en 1985. Si el Estado no quiere que se repita la historia, tendrá que adoptar una postura firme frente a estos nuevos brotes[55] de violencia y sobre todo si quiere construir un país seguro para atraer a los turistas.

El éxodo de las poblaciones rurales representa hoy un verdadero reto[54] para el gobierno, ya que todavía después de los acuerdos de paz unas mil familias fueron desplazadas, esencialmente afrocolombianos e indígenas. Las guerrillas no son y no fueron las únicas en provocar esos desplazamientos. Los grupos paramilitares, las empresas extractivas, así como el narcotráfico también son responsables. Numerosas firmas se apoderan de las tierras de los campesinos por no tener ellos títulos de propiedad. Entre 1990 y 2017, la población rural pasó de un 32 % del total a un 23,3 % mientras que la población urbana pasó de un 68 % a un 76,7 %, un salto que revela que los rurales abandonan el campo por la ciudad.

Con la elección de Iván Duque, se temió por la sostenibilidad de los acuerdos de paz con las FARC ya que éste contemplaba modificarlos, por ser un fiel aliado de Álvaro Uribe, opuesto a las negociaciones con la guerrilla.

El convulso mandato de Iván Duque (desde el 17 de junio de 2018) (véase MC 79)

El 17 de junio de 2018, Iván Duque ganó las elecciones presidenciales en la segunda vuelta frente al candidato izquierdista Gustavo Petro con el 53,85 % de los votos. La victoria del candidato derechista –delfín de Álvaro Uribe– le permitió a la derecha conservadora recuperar el poder tras ocho años de fuerte oposición al gobierno liberal de Juan Manuel Santos.

Durante su primer año en el poder, puso en tela de juicio el Acuerdo de Paz y enseguida aumentaron los asesinatos de líderes sociales o excombatientes de las FARC. De hecho, el mandatario cuestionó 6 de los 159 artículos del pacto negociado entre Juan Manuel Santos y la guerrilla. Para Iván Duque, el Acuerdo de Paz resultaba demasiado permisivo hacia los guerrilleros. El 11 de enero de 2019 tuvieron lugar marchas por todo el país que reclamaban la dimisión del fiscal general, Néstor Humberto Martínez, por presuntos vínculos con el caso de corrupción Odebrecht. Además, uno de los testigos clave que pudo haberlo desenmascarado murió envenenado con cianuro, como su hijo. El 26 de julio de 2019, miles de personas se manifestaron en varias ciudades del país y del mundo para denunciar e impedir los crímenes contra los líderes sociales a iniciativa de defensores de los derechos humanos. En noviembre seguían las protestas, fuertemente reprimidas por la policía y los militares hasta tal punto que la Defensoría del Pueblo expresó su preocupación por el uso desmedido de la fuerza por parte de los antidisturbios. Un año después, en septiembre de 2020, los ciudadanos volvieron a salir a la calle a raíz de la muerte de un hombre tras un brutal control policial. Las ciudades se encendieron para dar a conocer su descontento y su hartazgo ante semejante violencia. El 20 de septiembre retomaron las movilizaciones callejeras para denunciar una vez más la brutalidad, para expresar su hartazgo, criticar la mala gestión del presidente durante la pandemia, así como el decreto 1714 considerado la más agresiva reforma laboral y pensional de las últimas tres décadas. Esta reforma pensional acaba con el régimen de prima media y la cotización sería al 20 % del salario.

Un mes después, antiguos guerrilleros de las FARC que entregaron las armas en el marco del acuerdo de paz, emprendieron una marcha para denunciar la muerte de 234 excombatientes y exigir justicia por sus asesinatos cometidos desde la firma del tratado.

En medio de este convulso panorama, Colombia también encaraba la pandemia de Covid-19. De hecho, el país alcanzó los 30.000 muertos y se convirtió en la octava nación del mundo en superar el millón de casos. El impacto económico del confinamiento fue tal que la tasa de desempleo en agosto alcanzó el 16,8 %, un incremento de seis puntos respecto al año anterior. En los nueve primeros meses del año, el total de los ingresos laborales se redujo en un 10,7 %, lo que equivale a 3,5 billones de dólares si se compara con el mismo período en 2019.

Además de la crisis sanitaria, Colombia tuvo que gestionar la llegada cada vez más masiva de migrantes venezolanos. De hecho, es el principal receptor de exiliados venezolanos (con 1.800.000, de los cuales un millón son irregulares) por delante de Ecuador, Perú, Chile y Argentina. La pandemia empeoró la vida diaria de buena parte de ellos, y un 10 % regresó a su país. En febrero de 2021, el presidente Iván Duque anunció un plan para legalizar a migrantes venezolanos. Con esta decisión calificada de histórica, los venezolanos tendrán un plazo de 10 años para adquirir una visa de residentes. El estatuto de protección temporal les permitirá regularizar su situación y acceder a servicios para mejorar sus condiciones de vida.

NOTAS

1. la cumbre: *le sommet*
2. tupido = denso
3. pantanoso: *marécageux*
4. el páramo: *l'étendue désertique*
5. el caciquismo = sistema político basado en la dominación del jefe local (cacique)
6. zambo: *persona afroindia*
7. mulato: *métis*
8. la esmeralda: *l'émeraude*
9. la franja: *la bande de terre*
10. la lejanía: *l'éloignement*
11. la prórroga: *la prolongation*
12. incentivar: *stimuler, encourager*
13. sanear: *assainir*
14. sumarse: *se joindre à*
15. la bonanza: *la prospérité*
16. la red de ferrocarriles: *le réseau ferroviaire*
17. el jornal: *le salaire journalier*
18. el hacendado: *le propriétaire foncier*
19. subsidiario: *affilié*
20. disparar contra: *tirer sur (avec une arme)*
21. apostar por: *miser sur*
22. la contienda = el conflicto, la guerra
23. tachar de: *taxer de*
24. contemplar: *envisager*
25. respaldar: *soutenir, épauler*
26. azotar: *frapper*
27. asolar: *dévaster*
28. venidero: *futur*
29. arrasador: *triomphal*
30. asaltar: *assaillir*
31. el revés: *le revers*
32. escaso = pequeño, limitado
33. socavar: *miner*
34. proveedor: *fournisseur*
35. el contrincante = el adversario
36. la zona de despeje = (aquí) una zona desmilitarizada
37. almacenar: *stocker*
38. el rehén: *l'otage*
39. Los recortes: *les coupes budgétaires*
40. oficialista = del partido en el poder
41. dar la espalda: *tourner le dos*
42. alentador: *encourageant*
43. recaudar: *percevoir*
44. afianzar = consolidar
45. el rescate: *la rançon*
46. apoderarse de: *s'emparer de*
47. plasmar = reflejar
48. el rehén: *l'otage*
49. rescatar = liberar
50. poner en tela de juicio: *remettre en cause*
51. arrancar = iniciar
52. refrendar = aprobar, ratificar
53. partido = dividido
54. el reto: *le défi*
55. el brote: *la flambée*

- ***La vendedora de rosas*** (1999) de Víctor Gaviria se inspira en el cuento de Andersen "La pequeña cerillera" para reflejar la cruda realidad de los niños callejeros de Medellín.
- ***María, llena eres de gracia*** (2004) es una película dirigida por Joshua Marston que aborda el tema del drama vivido por las "mulas del narcotráfico" a través de la vida de una muchacha de 17 años llamada María.
- ***Guerrilla Girl*** (2005) es un documental dirigido por Frank Piasecki Poulsen que narra la vida de una joven de 20 años que decide ingresar en las FARC.
- ***Un tigre de papel*** (2007), documental de Luis Ospina, que relata la historia contemporánea de Colombia a través de la vida de Pedro Manrique Figueroa, precursor del *collage* en este país.
- ***Los colores de la montaña*** (2011), de Carlos César Arbeláez, trata de la realidad vivida por millones de colombianos a raíz del conflicto con las FARC.
- ***Operación E*** (2012) es una película del director franco-español Miguel Courtois inspirada en la denominada "Operación Emmanuel", el operativo montado para liberar al hijo que Clara Rojas tuvo durante su secuestro.

Cien años de soledad (1967) es una novela del escritor colombiano Gabriel García Márquez galardonado con el Premio Nobel de Literatura en 1982. El libro cuenta la historia de la familia Buendía a lo largo de siete generaciones en el pueblo ficticio de Macondo. Aunque su obra maestra sea una ficción representativa del realismo mágico, el novelista aborda numerosos episodios en relación con la historia de Colombia como las luchas entre conservadores y liberales, la Masacre de las Bananeras o la presencia estadounidense con la *United Fruit Company.*

MC 78 Colombia (presentación general)

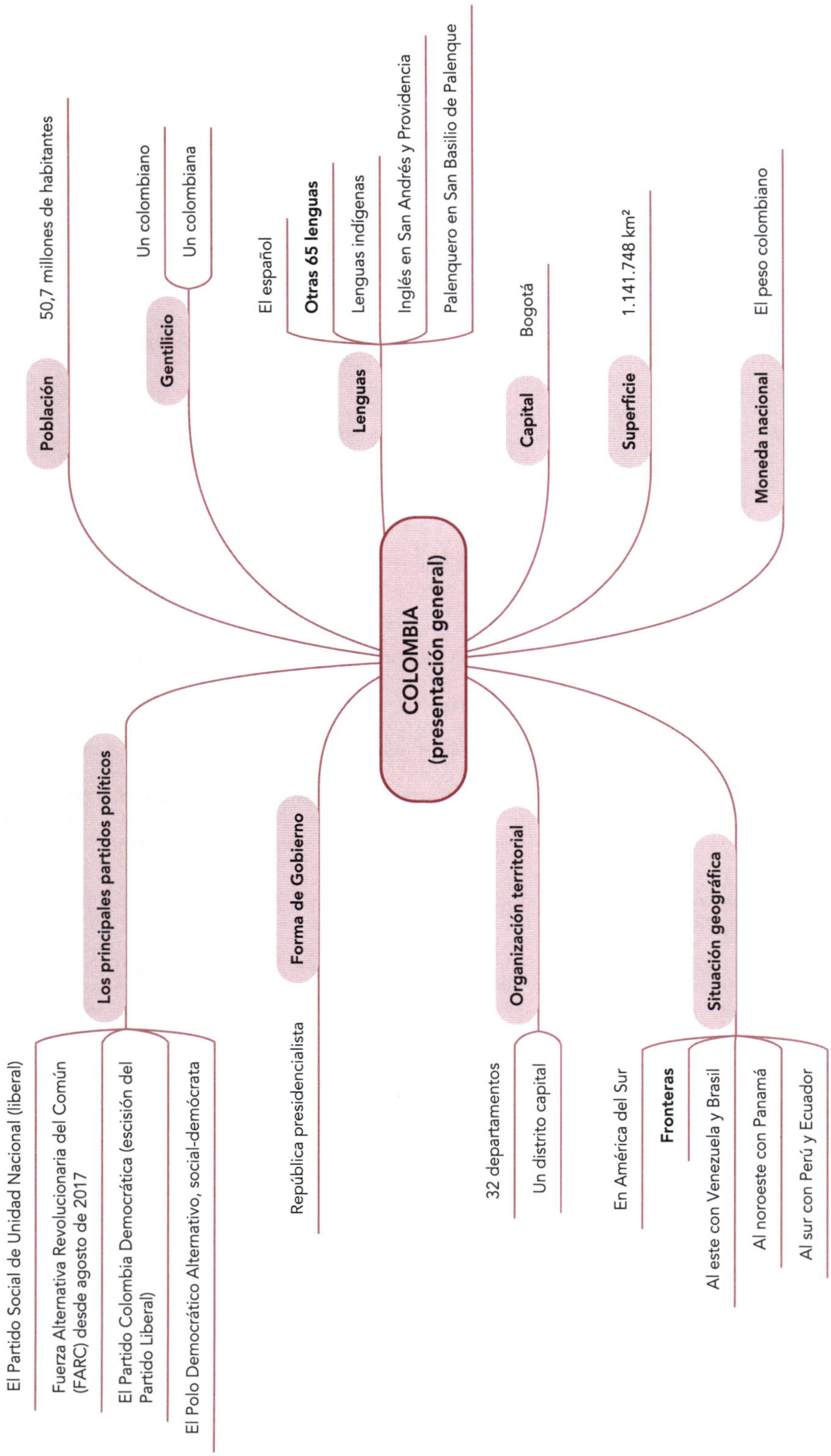

MC 79 La presidencia de Iván Duque (desde el 7 de agosto de 2018)

LA PRESIDENCIA DE IVÁN DUQUE (desde el 7 de agosto de 2018)

- **Elegido el 17 de junio de 2018**
  - Delfín del expresidente Álvaro Uribe (2002-2010)
  - Victoria frente al izquierdista Gustavo Petro
  - Vuelta de la derecha conservadora
- **Acuerdo de Paz con las FARC cuestionado**
  - Por ser demasiado permisivo según Iván Duque
  - Incremento de crímenes de exguerrilleros
  - Asesinato de 234 excombatientes desde la firma del tratado (26 de noviembre de 2016)
- **Reforma laboral**
  - **Septiembre de 2020**
    - Manifestaciones en su contra
- **Detención del mentor político del presidente**
  - **4 de agosto de 2020**
    - Arresto domiciliario de Álvaro Uribe
    - Renuncia a su cargo de senador
    - Por presunto soborno y manipulación de testigos
  - **10 de octubre de 2020**
    - Decisión de libertad inmediata de Álvaro Uribe
- **Frente a la Covid-19**
  - Desempleo: 16,8 %
  - Pruebas masivas
  - A partir de julio de 2020, cuarentena preventiva focalizada
- **Marchas contra la administración Duque**
  - **Septiembre de 2020**
    - A raíz de la muerte de un hombre tras un control policial
    - Manifestaciones contra la violencia de las autoridades
  - **21 de noviembre de 2019**
    - Paro nacional organizado por sindicatos, jubilados, profesores y estudiantes
    - Toque de queda, Ejército
    - En el marco de la "primavera latinoamericana"
  - **26 de julio de 2019**
    - Para denunciar los crímenes contra los líderes sociales
  - **11 de enero de 2019**
    - Contra la corrupción
  - **Denominador común: represión policial**

MC 80 Las FARC

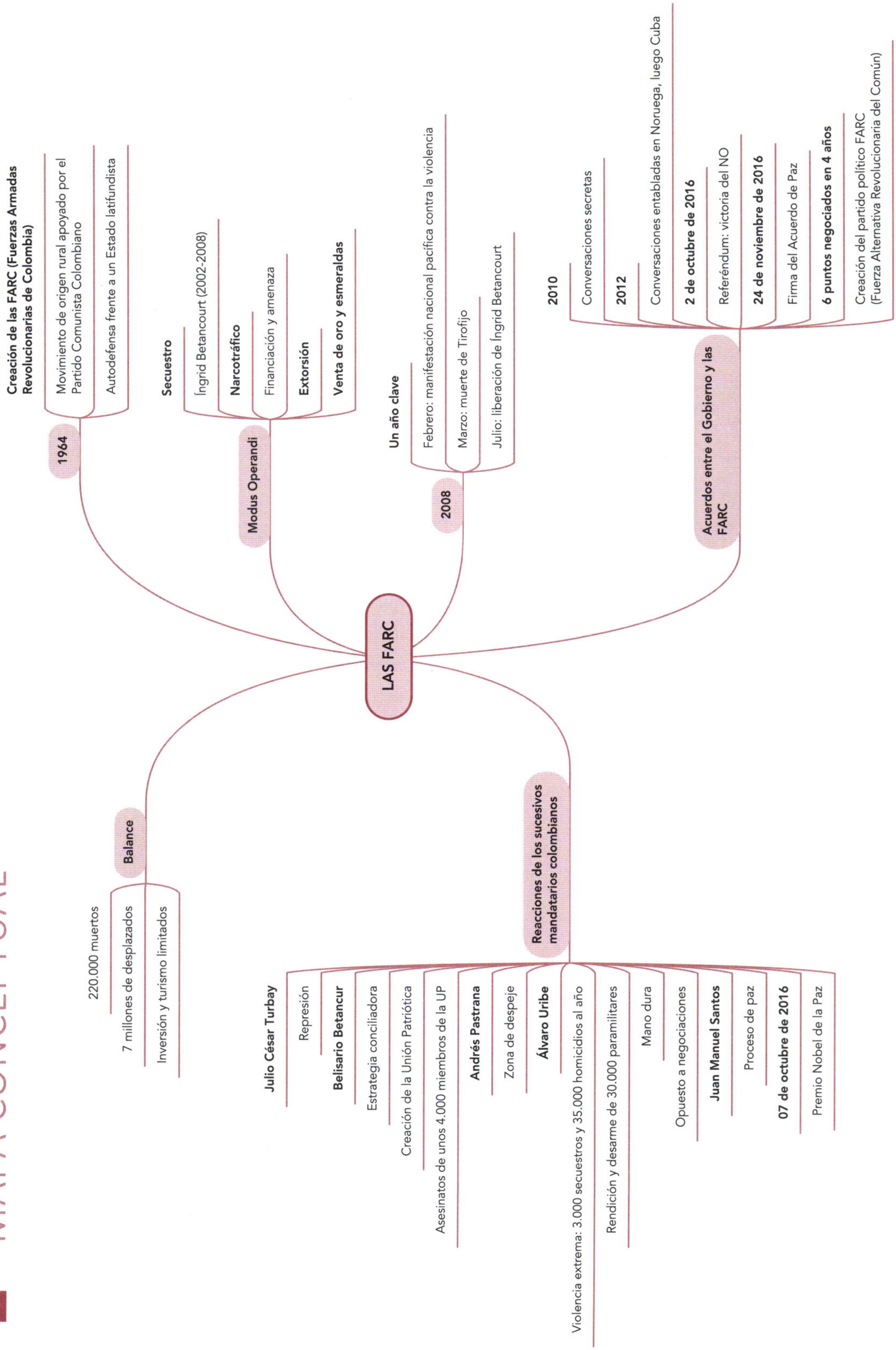

ECUADOR 46

Datos generales (véase MC 81)

La República de Ecuador, situada en América del Sur, tiene frontera con Colombia al norte y Perú al sur y al este. Limita al oeste con el océano Pacífico que lo separa de las islas Galápagos, de soberanía ecuatoriana, ubicadas a 1.000 kilómetros. Una sección volcánica de la cordillera de los Andes divide el territorio de norte a sur: en su flanco occidental está el golfo de Guayaquil y una llanura boscosa, y al este, la Amazonía. Ecuador es el cuarto país más pequeño del subcontinente con sus 283.561 km^2 pero es el décimo más poblado de América, con sus 17,5 millones de habitantes. La capital de Ecuador es Quito, pero su ciudad más poblada es Guayaquil. La lengua oficial es el español, hablado por un 99 % de la población, junto a otras trece lenguas indígenas reconocidas, incluyendo el kichwa y el shuar. Ecuador es una reciente potencia energética basada en energías sostenibles. Tiene una de las más altas concentraciones de ríos por km^2 en el mundo y es uno de los países con mayor biodiversidad del mundo. Es el principal exportador de banano a nivel mundial y uno de los principales exportadores de flores, camarones y cacao. Es el primer país del planeta en tener los Derechos de la Naturaleza garantizados en su constitución. No impide que sea un importante exportador de petróleo (véase cap. 58).

Cuando llegaron los españoles, el imperio inca estaba conociendo una guerra civil entre los dos hermanos Huáscar y Atahualpa, hijos del fallecido Huayna Cápac. En 1531, volvió Pizarro con la idea de una definitiva conquista. Se formaron dos expediciones, la de Pedro de Alvarado, desde Guatemala, y la de Sebastián de Belalcázar procedente del sur. La colonización duró unos trescientos años. La época independentista (véase cap. 51) tuvo sus orígenes en 1809 e inició el proceso emancipador comprendido entre 1820 y 1822. A partir de 1830, los territorios colombianos del sur se separaron y se crearon las naciones de Ecuador, Colombia, Venezuela y Panamá que mantuvieron su vínculo político y económico, siendo estados federados durante cinco años más. El siglo XIX fue marcado por convulsos conflictos de delimitación de fronteras con Perú.

Conflicto fronterizo: Perú y Ecuador se enfrentaron en varias ocasiones con respecto a su frontera común. Una fecha crítica fue el 3 de diciembre de 1859 que culminó con una convención para suspender cualquier acción bélica entre ambos Estados. El 25 de enero de 1860, se firmó un tratado por el que Ecuador declaró nula la asignación de territorios cedidos a sus acreedores. Dicho tratado establecía un plazo de dos años para ser ratificado por ambos países. Sin embargo, Ecuador lo declaró nulo en 1861 y Perú, en 1863. Los dos países parecieron llegar a un arreglo en 1887, pero Ecuador lo consideró rápidamente perjudicial para su soberanía. Finalmente, el 21 de junio de 1924, un Protocolo propuso una fórmula mixta, pero las conferencias fracasaron y eso que Perú le ofrecía a Ecuador acceso a la parte alta de unos ríos y hasta su parte navegable. En 1936, se fijó una "línea de *statu quo*" provisional, mutuamente reconocida, tomando como frontera natural, la Cordillera del Cóndor. Para ello ambos países se reunieron en Washington, pero en vano ya que Ecuador seguía reclamando el río Marañón y el Amazonas. Hubo que esperar el 29 de enero de 1942, día del Protocolo de Paz, Amistad y Límites de Río de Janeiro, diseñado para poner punto final al conflicto ecuatoriano-peruano.

Los gobiernos militares del siglo XX

El golpe de Estado del 9 de julio de 1925 dio lugar a un Gobierno Plural Civil-Militar de apenas un año hasta que fue nombrado presidente **Isidro Ayora** quien aprobó una nueva constitución. Su Gobierno creó el Banco Central del Ecuador, el Banco de Fomento, la Superintendencia de Bancos, la Caja de Pensiones, la Dirección Nacional de Aduanas, entre otras dependencias estatales. En 1930, se produjo una deflación general y Ayora se vio presionado a renunciar, dejándole el poder al ministro de Gobierno, **Luis Larrea Alba**, en agosto de 1931, pero ante la negativa del Congreso para adquirir poderes plenos, decidió disolverlo. El pueblo se rebeló contra la dictadura entregando el poder al presidente del Senado, Alfredo Baquerizo Moreno, que convocó elecciones presidenciales para octubre. Tras cierta inestabilidad política, el **Dr. José María Velasco Ibarra** salió ganando en 1934 y fue la gran figura de la política ecuatoriana hasta inicios de los 70 dado que fue presidente de Ecuador en otras cuatro ocasiones en 1944-1947, 1952-1956, 1960-1961 y 1968-1972.

En febrero de 1972, las Fuerzas Armadas tomaron el poder para derrocar a Velasco Ibarra, considerado como dictador civil, y llevó al poder al general **Guillermo Rodríguez Lara (hasta 1976)**. Una serie de nacionalizaciones resolvieron sin embargo las cuestiones básicas del sistema productivo y social del país ya que el gobierno creó CEPE, la Corporación Estatal Petrolera Ecuatoriana (actualmente Petroecuador) y fue adquiriendo las acciones mayoritarias del Consorcio Texaco –Gulf (*Gulf Oil Corporation*)– CEPE. En 1973, Ecuador para tener autonomía nacional en el manejo del petróleo, ingresó en el organismo más importante a nivel mundial de los países oferentes de petróleo, la Organización de Países Exportadores de Petróleo (OPEP). Entre 1974 y 1976, pasó de adquirir el 25 % al 62 % de las acciones del Consorcio que operaba en Ecuador para finalmente, alcanzar la totalidad de las acciones. El Estado ecuatoriano se hizo propietario del petróleo (➲ véase cap. 58). El Gobierno de Rodríguez Lara también creó el Instituto Ecuatoriano de Electrificación (INECEL) (actualmente Corporación Eléctrica del Ecuador) y un sistema para asegurar el abastecimiento de insumos[1] para los sectores populares: Empresa Nacional de Productos Vitales (Emprovit), que expedía esos productos a precios accesibles. También creó el Instituto Ecuatoriano de Telecomunicaciones (IETEL). El 1 de septiembre de 1975, les sorprendió a todos una auténtica balacera[2] de cuatro horas en contra del Palacio de Carondelet (sede presidencial): dejó un saldo de 22 muertos y más de 80 heridos además de serios daños materiales. Se trataba de una tentativa de golpe de Estado dirigido por el general Raúl González Alvear tras la cual éste se exilió a Chile y el general Rodríguez Lara promulgó un decreto-mordaza[3] para proteger el "prestigio" de las Fuerzas Armadas de los comentarios de los medios de comunicación. A pesar de ello, en enero de 1976, el general fue obligado a renunciar a la presidencia por orden del Consejo de Generales de las Fuerzas Armadas. El Gobierno quedó en manos de un triunvirato militar entre Armada, Ejército y Fuerza Aérea. El 18 de octubre de 1977, ocurrió la matanza de obreros azucareros de Aztra –otra masacre que quedó impune– porque habían iniciado una huelga.

Vuelta a la democracia en 1978

Richelieu Levoyer, ministro de Gobierno, estructuró el Plan de Retorno a la Democracia que consistía en formar una nueva Asamblea Constituyente convocada por la Junta Militar, con la nueva Constitución. En el referéndum de enero de 1978, el pueblo ecuatoriano tuvo que elegir entre la Constitución de 1945 reformada y la nueva constitución. La última parte del plan de la Junta Militar era convocar elecciones generales, en las cuales participaban 17 partidos políticos aprobados por el Régimen.

En 1979, el país volvió al sistema democrático, pero se sucedieron diez presidentes entre 1996 a 2006 con el derrocamiento de tres presidentes antes de terminar su mandato. La inestabilidad política llevó a una crisis económica y social que condujo a la dolarización de su economía.

La era Rafael Correa (2007-2017)

El Socialismo del Siglo XXI y la Constitución de 2007

En noviembre de 2006, Rafael Correa del partido Alianza País fue elegido presidente para el periodo 2007-2011 y aprobó una nueva constitución en la Asamblea Constituyente del 15 de abril de 2007. La redacción de una nueva Carta Magna, vigente a partir de 2008, obligó a convocar elecciones generales en 2009 cuando su primer mandato debía concluir el 15 de enero de 2011. Se adelantaron los comicios que ganó pese al escándalo mediático de supuesto lavado de dinero, que implicaban a miembros de su gabinete ministerial de Deporte. Su segundo mandato empezó el 10 de agosto de 2009, el mismo día del bicentenario del Primer Grito de Independencia. El 30 de septiembre de 2010, parte de la Policía Nacional y la Fuerza Aérea realizaron un parón[4] como señal de descontento. Sin embargo, el resto de las Fuerzas Armadas del país respaldó al régimen. El Gobierno consideró estos actos como un intento de golpe de Estado cuando, al final del mismo día, salió Correa del Hospital de la Policía Nacional rescatado por el Ejército de Ecuador y el GOE (Grupo de Operaciones Especiales) de la Policía. En un día, resultaron 5 personas muertas y 274 heridas. En más de una ocasión, Correa enalteció la labor de Chávez para acabar con la pobreza y la desigualdad en su país mediante la Revolución bolivariana. De hecho, la política que llevó el presidente ecuatoriano se inscribía en el Socialismo del Siglo XXI (➲ véase cap. 53). A favor de la unidad latinoamericana, Ecuador fue considerado como un referente necesario en una época en la que los movimientos de izquierdas comenzaban a desinflarse. Al contrario de Hugo Chávez en Venezuela, la bonanza económica de Ecuador facilitó la exposición de Rafael Correa con su firme discurso antiimperialista. En agosto de 2012, Ecuador recibió el respaldo[5] de los países del ALBA (ALianza Bolivariana para los pueblos de nuestra América), tanto de Venezuela y Cuba como de Bolivia y Nicaragua, con respecto al asilo político que obtuvo Julian Assange.

> El periodista y programador australiano, creador de la red WikiLeaks (2006), **Julian Assange**, fue arrestado en Londres el 7 de diciembre de 2010 por agentes de Scotland Yard tras el pedido de Suecia para su extradición, por cargos sexuales en su contra. Su posterior liberación bajo el pago de fianza ocurrió 10 días después de que WikiLeaks comenzó a filtrar más de 250.000 documentos a través de su sitio en internet, en los que el Gobierno estadounidense daba instrucciones a sus diplomáticos para que espiaran a políticos extranjeros y altos funcionarios de la Organización de las Naciones Unidas (ONU). La acusación habría sido pues una estrategia estadounidense para extraditar a Julian Assange a EE. UU. donde podría ser condenado incluso a la pena de muerte. Ju ian Assange se refugió en la Embajada de Ecuador en Londres el 19 de junio de 2012 hasta su expulsión en abril de 2019 por el Gobierno de Lenin Moreno.

El correísmo frente a la oposición creciente

Rafael Correa conoció una nueva victoria en las urnas, el 17 de febrero de 2013, un mes antes de la muerte de Chávez. Su reelección se hizo en detrimento del candidato de derecha Guillermo Lasso (22,66 %). Su Gobierno causó controversia por su relación con los medios de comunicación privados, a los que Correa consideraba sus opositores. En 2013, fue aprobada la Ley de Comunicación de Ecuador considerada como la peor "ley mordaza" de América. Dicha ley se aplicó de forma discriminatoria y como escudo de funcionarios ya que de los 270 procesos que se dieron entre junio de 2013 y febrero de 2015, 231 fueron contra medios privados y 142 de ellos fueron por quejas de autoridades y funcionarios. Mediante esta ley, se legalizó el linchamiento mediático, o sea que el presidente del Gobierno podía ridiculizar y hasta encarcelar a cualquier periodista que lo criticara y le tachara de gobernante autoritario (➲ véase cap. 62). Su política medioambiental fue también controvertida, sobre todo cuando en agosto de 2013, anunció el fin de la iniciativa Yasuní-ITT que consistía en dejar petróleo bajo tierra a cambio de una compensación económica de la Comunidad Internacional. Entonces, el presidente declaró que empezarían las obras de extracción petrolera. En agosto de 2015, se organizó una manifestación indígena que duró varios días en la capital, a raíz del descontento de un sector de la población frente a proyectos de medidas económicas como la Ley de Plusvalía y la Ley de Herencias[6], así como enmiendas[7] a la constitución que permitirían la reelección indefinida en cargos de elección popular. El saldo fue de 58 detenidos y 106 heridos, entre policías y civiles.

Hacia la reelección indefinida

Paralelamente al malestar de una parte de la población con el oficialismo, se reforzó el apoyo al Gobierno de Correa e incluso se inició la carrera reeleccionista a su favor. A pesar de recolectar las suficientes firmas para una consulta popular, Rafael Correa se negó a cambiar la constitución y quedó aprobada la reelección indefinida mediante una enmienda por la Asamblea Nacional el 3 de diciembre de 2015. Hubiera sido vigente a partir de 2021 (➲ véase cap. 54).

La estabilidad económica, un aliado del correísmo

En 2016, las medidas tributarias y aduaneras del Gobierno de Correa para evitar la salida de divisas del país frente a la crisis económica mundial y la devaluación del petróleo, justificaron la estable popularidad de Rafael Correa. Se notó un mínimo incremento en la inflación a nivel nacional, además de un leve aumento del paro junto al subempleo. Una de las principales consecuencias desde el inicio de la crisis económica, fue la salida de capitales del país a paraísos fiscales y la salida de divisas en la frontera colombo-ecuatoriana, pues en las provincias limítrofes con las ciudades colombianas, existen intercambios debidos a la amplia devaluación del peso colombiano en relación al dólar.

Tras el terremoto[8] de abril de 2016, el gobierno aprobó medidas económicas que no fueron bien aceptadas por algunos sectores: el IVA pasó del 12 % al 14 %. Además, los trabajadores con ingresos superiores a 1.000 dólares mensuales fueron obligados a donar un día de sueldo mientras que los ciudadanos con un capital mayor a un millón de dólares entregaron donaciones exclusivas y excepcionales. Asimismo, 63 asambleístas se negaron a donar el 10 % de sus salarios a las víctimas del seísmo, en su mayoría del bloque Alianza País.

El escándalo Odebrecht, un enemigo de la popularidad de Correa (➲ véase cap. 63)

En 2017, el gobierno de Ecuador y otros funcionarios se vieron imputados en el caso Odebrecht (➲ véase MC). Hasta el vicepresidente de la nación, Jorge Glas, entonces ministro de Obras Públicas, fue sobornado por la constructora. También se registraron quejas de grupos opositores al régimen por la supuesta concesión de obras a dedo por parte del oficialismo en megaproyectos como la Refinería del Pacífico. Además, se dio a conocer una sobrevaloración de proyectos como las hidroeléctricas en la Sierra. El escándalo Odebrecht disparó[9] las discrepancias entre el Gobierno y algunos sectores sociopolíticos de Ecuador ya existentes por el apoyo de Correa al régimen de Nicolás Maduro en Venezuela. Además, la opositora venezolana Lilian Tintori fue expulsada de Ecuador cuando quiso inmiscuirse[10] en la campaña política ecuatoriana. Todo ello no hizo más que agudizar las tensiones para definir al nuevo presidente. En la elección presidencial del 19 de febrero de 2017, pasaron a balotaje los candidatos Lenín Moreno, exvicepresidente de Correa del movimiento oficialista Alianza PAÍS, con el 39,36 % y Guillermo Lasso de la alianza del Movimiento CREO y el Movimiento SUMA, con el 28,09 % ya que no se alcanzó el 40 %.

El 30 de septiembre de 2008, al volver a Ecuador, la constructora brasileña Odebrecht, expulsada entonces por no pagar compensaciones, por fallas técnicas en la central hidroeléctrica San Francisco, aseguró que la relación entre Quito y Brasilia no se había deteriorado. De hecho, dos años después Odebrecht construyó de nuevo en Ecuador.

Lenín Moreno (2017-2021): una ruptura inesperada con el correísmo (véase MC 82)

En la segunda vuelta del 2 de abril de 2017, Lenín Moreno ganó con el 51,16 % de los votos contra Guillermo Lasso quien obtuvo el 48,84 %.

Discrepancias polifacéticas con el correísmo

Durante la campaña, muchos suponían que Moreno sería una marioneta y que Correa seguiría gobernando en la sombra. Pero, Lenín Moreno mostró rápidamente una nueva cara política. De ahí que fue duramente criticado por su predecesor y por el mismo partido Alianza PAÍS al distanciarse de la Revolución Ciudadana impulsada por Rafael Correa. El mismo día que asumió la presidencia, suprimió la Secretaría General del Buen Vivir y el Plan Familiar por ser consideradas meras utopías gubernamentales con un modelo de desarrollo que garantizaba derechos a las personas, a las comunidades y a la naturaleza, propugnando estilos de vida sostenibles[11] y armoniosos. En junio de 2017, Moreno creó el Consejo consultivo, productivo y tributario, para impulsar un cambio en la matriz productiva y fortalecer la economía, reduciendo el IVA al 12 %. Anunció otras medidas económicas relativas a la deuda, como el ajuste fiscal y las reformas presupuestarias, pero fueron duramente criticadas. Como prueba de su desacuerdo con el exmandatario, despidió al vicepresidente Jorge Glas. Este suceso provocó un resquebrajamiento[12] en el seno del partido donde morenistas y correístas se enfrentaron. En noviembre de 2017, Lenín Moreno fue expulsado de la presidencia del partido Alianza PAÍS. A mediados de diciembre, Jorge Glas fue condenado a seis años de cárcel y un día después, se reveló que Rafael Correa era responsable político y penal de los delitos cometidos a través de la asociación ilícita.

A principios de enero de 2018, Rafael Correa regresó a Ecuador para liderar la campaña por el "no" ante la consulta popular que se celebraría el 4 de febrero con la intención de imposibilitar la reelección indefinida. Le reprochó a Lenín Moreno un retroceso del país de veinte años atrás y no descartó la posibilidad de postularse de nuevo para la presidencia de 2021. Se desvinculó del partido Alianza PAÍS, con el que se había mantenido en el poder durante 10 años y creó una nueva formación política llamada Movimiento Revolución Ciudadana. En el referéndum, Lenín Moreno ganó la opción del Sí con un 82 % de participación, cerrándole las puertas de una nueva reelección al expresidente. Como consecuencia de la consulta, funcionarios del anterior gobierno hasta entonces en cargos clave perdieron sus puestos, cambiando la balanza de poder a favor del grupo morenista. Menos de 24 horas después, Rafael Correa tuvo que declarar ante la Justicia del país por un presunto caso de corrupción que él mismo tachó de "persecución judicial". En junio de 2018, fue imputado por el secuestro de un asambleísta perpetrado con dinero público.

En agosto de 2018, Lenín Moreno sacó al país del ALBA, núcleo de gobiernos izquierdistas de la región articulado por Venezuela y Cuba. Se alejó del Eje bolivariano (➲ véase cap.53) encabezado por Nicolás Maduro en Venezuela y se mostró partidario del "Grupo de Lima", países que reconocen a Juan Guaidó como presidente de Venezuela, entre los cuales Brasil, Colombia, Argentina y Perú. Asimismo, reanudó las relaciones con Estados Unidos y con organismos como el Fondo Monetario Internacional (FMI) que le concedió a Ecuador en abril de 2019 un préstamo de 4.200 millones de dólares.

El 24 de septiembre de 2020, un tribunal de la Corte Nacional de Justicia (CNJ) de Ecuador ordenó la localización y captura del expresidente **Rafael Correa, condenado a ocho años de prisión** por cohecho en un caso conocido como "Sobornos 2012-2016", por el cual también perdió su derecho a participar en elecciones y quedó inhabilitado. El caso investigó una red de corrupción mediante la cual recibió sumas de dinero indebidas en el palacio presidencial de Carondelet para financiar el movimiento político oficialista Alianza PAÍS a cambio de la adjudicación de millonarios contratos del Estado a empresas, entre ellas Odebrecht.

El 12 de abril de 2019, la ministra de Interior anunció la expulsión de Julian Assange de la embajada de Ecuador donde se había refugiado desde 2012. De acceder a la presidencia Guillermo Lasso en 2017, éste le habría expulsado en treinta días, como lo prometió durante la campaña electoral. Pero con Lenín Moreno a la presidencia de Ecuador, Julian Assange se sintió protegido. De hecho, en diciembre de 2017, el Gobierno ecuatoriano le concedió la nacionalidad. Con este gesto, el programador australiano tenía que respetar el protocolo de asilo y de mínima convivencia. Pero, Assange se inmiscuyó en asuntos de política internacional a través de las filtraciones de su organización *Wikileaks* además de instalar equipos electrónicos de distorsión no permitidos y bloquear las cámaras de seguridad de la misión. El Gobierno de Moreno ya no se sintió a salvo. A continuación, Julian Assange fue detenido y encarcelado en Londres en espera de un juicio que determine si será condenado a la pena de muerte en Estados Unidos por difundir documentos secretos principalmente sobre Irak y Afganistán o si será sancionado con 175 años de prisión.

Lucha contra el narcotráfico y el terrorismo

El 27 de enero de 2018, se produjo un atentado ligado a narcotraficantes en respuesta a las acciones gubernamentales en la lucha contra el tráfico de drogas. En febrero de 2020, Lenín Moreno visitó al presidente estadounidense Trump para buscar un acuerdo en la lucha contra el narcotráfico. Fue una visita inédita en diecisiete años. El interés para EE. UU. también es comercial respecto a la exportación de productos agrícolas y por ser uno de los principales destinos de miles de ecuatorianos que migraron en 1999 en pos de mejores condiciones de vida en el extranjero durante una de las peores crisis financieras en Ecuador.

El 18 de abril, tras dos atentados con secuestro y asesinato de tres personas del equipo periodístico cerca de la frontera norte con Colombia, Moreno advirtió de que nunca más su país acogería las negociaciones de paz entre Colombia y el Ejército de Liberación Nacional (ELN) mientras dicha guerrilla no cesara su actividad terrorista (➲ véase cap. 45 • 52).

La crisis ecuatoriana de octubre de 2019

Dada la mala situación económica de Ecuador, el 1 de octubre, Lenín Moreno tuvo que recurrir a medidas de ajuste del FMI que implicaron un precio del combustible de más del doble. Esta decisión provocó la cólera ciudadana y protestas con una huelga de transporte caracterizada como "revuelta", que la marcha indígena convirtió en insurrección. La Confederación Indígena precipitó las renuncias de Bucaram y Gutiérrez que era militar –y que en Ecuador es decisiva para el "control de la calle". La violencia en los incidentes llevó al presidente al borde de la ingobernabilidad y lo obligó a dejar la capital para instalarse en Guayaquil. Declaró el estado de excepción, impuso el toque de queda y para ello, desplegó las Fuerzas Armadas en Quito. Durante los incidentes, se contabilizaron 7 muertos, decenas de heridos y numerosos saqueos. El 12 de octubre, el mandatario canceló las medidas de principios de mes y convocó al diálogo a la Confederación Indígena, que enseguida lo aceptó. El gobierno ecuatoriano no cumplió entonces con el acuerdo con el FMI, considerado por los manifestantes el "enemigo" del país. Si bien nada atestigua que Correa orquestó esta revuelta, lo cierto es que pudo beneficiarse de ella ya que desde Bélgica donde quedaba exiliado y prófugo de la justicia ecuatoriana, seguía emitiendo discursos en contra de Moreno.

Ecuador frente a la pandemia de Covid-19 y a favor de la libertad de prensa

La llegada de la Covid-19 a Ecuador provocó una verdadera crisis sanitaria, económica y social que llevó al presidente Lenín Moreno a realizar ajustes en materia económica para enfrentar la baja del precio del petróleo, la caída de exportaciones, una menor recaudación de tributos y la ruptura de dos oleoductos que transportaban petróleo. El presidente creó una "Cuenta de Asistencia Humanitaria" dirigida por representantes de la sociedad civil, para controlar los ingresos y vigilar los gastos. El objetivo era reforzar la atención de áreas estratégicas como salud, alimentos y empleo. Para nutrir esta cuenta, las empresas con más de 1 millón de dólares de ganancias debían contribuir con el 5 % de sus utilidades, los trabajadores con más de 500 dólares al mes tienen que abonar 2 dólares mensuales en los siguientes nueve meses. También se publicó una tabla con incrementos progresivos de acuerdo al salario. Además, Moreno optó por reducir un 50 % los ingresos mensuales de los principales cargos de gobierno (incluso el de presidente) y de la Asamblea Nacional. Para paliar la crisis que generó la Covid-19, el Gobierno implementó la llamada Ley de apoyo humanitario vigente a partir de junio de 2020. Pero, según el Frente Unitario de Trabajadores (FUT), esa norma supuestamente precariza la situación laboral, permite el despido intempestivo sin respetar los derechos laborales y no genera trabajo. Por eso convocaron a una marcha a finales de octubre para mostrar su descontento frente a la política económica de Moreno y su acuerdo con el FMI. A mediados de marzo de 2021, Ecuador contaba con 16.000 fallecimientos por la Covid-19.

Con motivo del Día Mundial de la Libertad de Prensa (3 de mayo), Lenín Moreno había reafirmado el virus que sufre la propia prensa mediante noticias falsas, información no verificada, datos manipulados y no contrastados. Y lo relacionó directamente con la pandemia de Covid-19 ya que las restricciones impuestas por la salud pública, la movilidad humana, la vida social y cultural y las actividades económicas dificultan la tarea periodística. En mayo de 2018, Moreno ya mostró su desacuerdo con las sanciones a cerca de 200 medios de comunicación mediante la Ley de Comunicaciones aprobada por el expresidente. De hecho, en su reforma, eliminó el linchamiento mediático (➔ véase cap.62).

Precalentamiento de la carrera presidencial hacia 2021

De la Unión por la Esperanza (UNES) que reunía a los simpatizantes del correísmo, destacó en la lista de registrados el binomio Andrés Arauz y Carlos Rabascall, aupado[13] por un Correa entonces inhabilitado. Asimismo, se presentó la alianza entre el movimiento CREO, de Guillermo Lasso, y el Partido Social Cristiano, las dos fuerzas políticas de mayor oposición a la Alianza PAÍS de Correa durante su administración. 17 aspirantes fue un auténtico récord de candidatos para los comicios que se celebraron el 7 de febrero.

En plena crisis económica y sanitaria, Lenín Moreno terminó su mandato con un alto nivel de impopularidad por su gestión de la pandemia y con el mote de "traidor" del correísmo.

Unas elecciones reñidas

El 7 de febrero de 2021, se celebró la primera vuelta de la elección presidencial que oponía a tres contrincantes muy diferentes: el conservador Guillermo Lasso, el izquierdista y correísta Andrés Arauz y el indígena Yaku Pérez. Semanas después de los comicios, seguía sin conocerse qué candidato se enfrentaría a Andrés Arauz el 11 de abril. En efecto, después de anunciar la victoria de Yaku Pérez para la segunda vuelta, se dio por ganador a Guillermo Lasso, provocando así protestas indígenas. En la segunda vuelta celebrada el 11 de abril, ganó Guillermo Lasso con un 52,51 % de votos frente al 47,49 % para Andrés Arauz.

NOTAS

1. los insumos = los bienes básicos
2. una balacera: *une fusillade*
3. un decreto-mordaza = un decreto por el cual se restringe la libertad de expresión
4. un parón = una gran movilización
5. el respaldo = el apoyo
6. la herencia: *l'héritage*
7. la enmienda: *l'amendement*
8. un terremoto = un seísmo
9. disparar = ampliar, aumentar
10. inmiscuirse = involucrarse, implicarse
11. sostenible = a largo plazo
12. un resquebrajamiento: *une scission*
13. aupar = respaldar

Vengo Volviendo (2015), película de Gabriel Paez Hernández que cuenta el sueño de un joven de 22 años de ir a los EE. UU.

MC 81 Ecuador (presentación general)

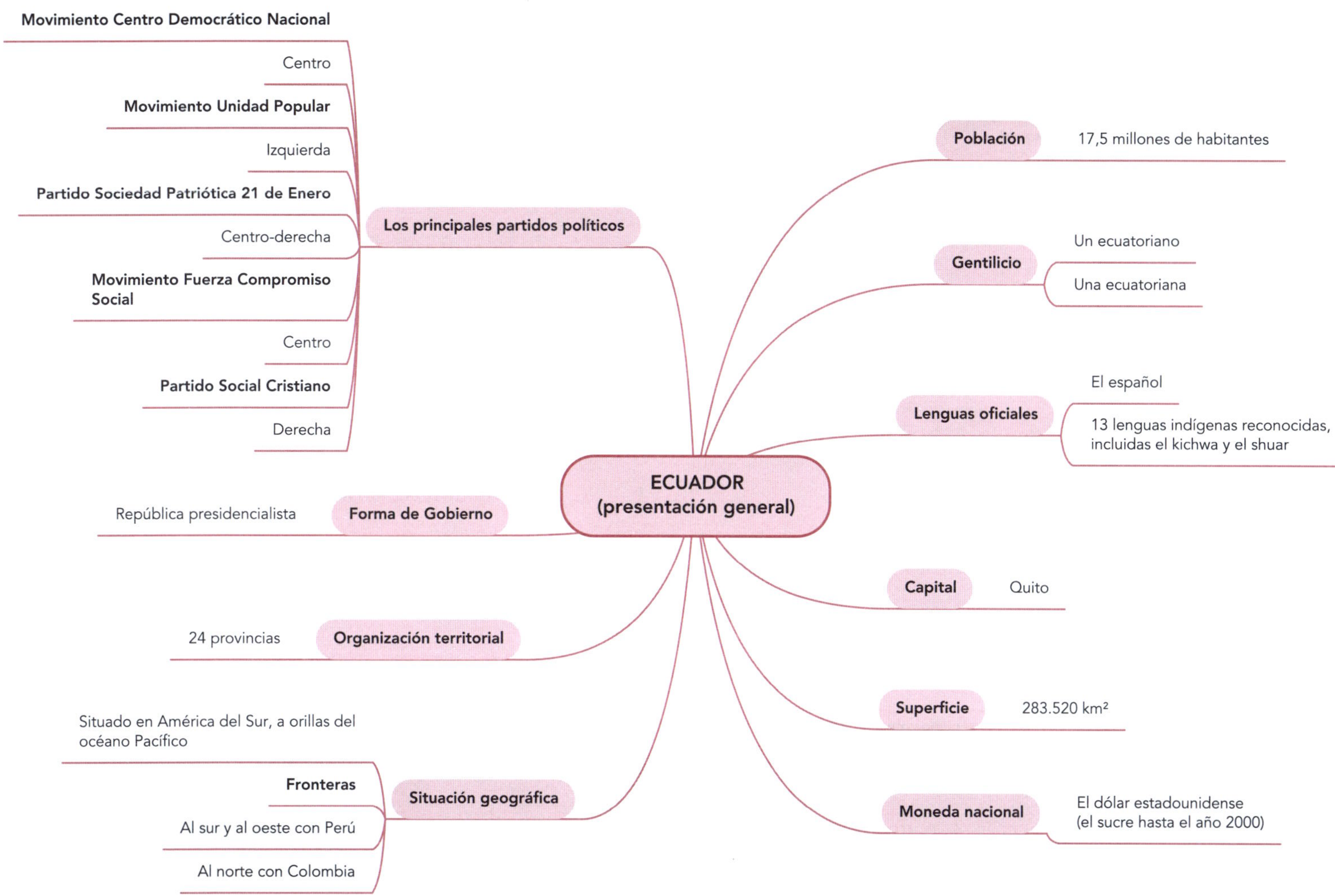

MC 82 La presidencia de Lenín Moreno (desde el 24 de mayo de 2017)

LA PRESIDENCIA DE LENÍN MORENO (desde el 24 de mayo de 2017)

- **Frente a la Covid-19**
  - **Ley de apoyo humanitario**
    - Sistema de semáforos (de rojo a amarillo y luego a verde) para la desescalada
  - **Cierre de las 56 zonas protegidas (un 20 % del territorio nacional)**
    - Incremento de la fauna
    - Mejora de la calidad del aire
- **Política anti-terrorista y anti-drogas**
  - **Crisis fronteriza con Colombia (marzo-abril de 2018)**
    - Ecuador renuncia a ser anfitrión de las negociaciones de paz con el ELN
  - Acuerdo anti-narcotráfico buscado con Trump (2020)
- **A favor de la libertad de prensa**
  - **Reforma de la Ley Orgánica de Comunicación**
    - Supresión del linchamiento mediático
- **Crisis ecuatoriana**
  - **Manifestaciones de octubre de 2019 y 2020**
    - Subida del precio de la gasolina
    - Pueblo en contra del acuerdo con el FMI
- **Victoria el 2 de abril de 2017**
  - Lenín Moreno, exvicepresidente de Rafael Correa
  - Frente a Guillermo Lasso de la alianza del Movimiento CREO y el Movimiento SUMA
  - Del mismo partido que su antecesor: Alianza País
- **Nuevo rumbo**
  - **Político**
    - Expulsado del partido Alianza País (nov. 2017)
    - Despido del vicepresidente Jorge Glas, acusado de corrupción (Odebrecht)
    - Salida de Ecuador del ALBA (agosto 2018)
  - **Económico**
    - Acuerdo con el FMI
    - Reducción del IVA al 12 %
- **4 de febrero de 2018**
  - **Referéndum con respecto a la reelección indefinida**
    - Supresión aprobada

PARAGUAY 47

Datos generales (➲ véase MC 83)

Paraguay es un país de América del Sur cuya capital es Asunción. Tiene frontera común con Argentina al sureste, sur y suroeste; con Bolivia, al norte y con Brasil, al este. No tiene acceso al mar, pero sí cuenta con puertos sobre los ríos Paraguay y Paraná que le dan una salida al océano Atlántico a través de la Hidrovía Paraná-Paraguay. De ahí que el escritor paraguayo Augusto Roa Bastos describía su país como una "isla rodeada de tierra" en el corazón del continente. Su territorio ocupa una superficie de 406.752 km^2 y viven en Paraguay 7,1 millones de habitantes. Es el quinto país más pequeño y el cuarto menos poblado de América del Sur. La primera vez que los españoles llegaron a estas tierras, fue en 1516 a través de la fallida[1] expedición de Juan Díaz de Solís al Río de la Plata. Como éste murió, su tripulación[2] quiso regresar a España. Cerca de la costa brasileña, uno de sus navíos naufragó, dejando entre los sobrevivientes a Aleixo García, que lideró además a 2.000 guerreros guaraníes hasta las fronteras del Imperio incaico antes de 1533.

En 1810, la Guerra de la Independencia española permitió que los insurrectos[3] argentinos establecieran una junta para reunir a todas las provincias del Virreinato del Río de La Plata. La Intendencia de Paraguay se negó a someterse a dicha junta, mediante la Revolución de Mayo de 1811. Esta fecha marcó el inicio de la independencia de Paraguay (➲ véase cap. 51).

Fundación de los dos primeros partidos políticos y alternancia

Bajo la presidencia de **Bernardino Caballero** (1880-1886), se reorganizaron las instituciones, se reanudaron las líneas de ferrocarril y el telégrafo –una política que continuó **el general Patricio Escobar**. En 1887, sus partidarios fundaron el Partido Colorado, de tradición nacionalista, en respuesta a la creación del primer partido moderno de Paraguay, el Partido Liberal, que seguía la misma línea política que los opositores al Gobierno de los López. El Partido Liberal dirigió el país durante los siguientes años, pero, su división lo llevó a una inestabilidad política continua. Se sucedieron breves períodos de gobierno, que no llegaron a terminar un mandato de cuatro años como lo rige la Constitución, por impedimento de revoluciones lideradas o por liberales disidentes o por colorados. El primero en lograrlo desde la presidencia de Escobar fue **Eduardo Schaerer**, del Partido Liberal también. Su periodo de gobierno (1912-1916) coincidió con un gran crecimiento económico, causado por las ventajas comerciales que aportó la Primera Guerra Mundial.

Cinco lustros de guerras (1922-1947)

La Primera Guerra Civil paraguaya (1922-1923)

De los cuatro sucesores de Eduardo Schaerer, **Manuel Franco, José Pedro Montero, Manuel Gondra** y **Eusebio Ayala**, ninguno completó los cuatro años de mandato presidencial. La Guerra Civil empezó cuando los partidarios del candidato Adolfo Chirife intentaron restaurar la celebración de los comicios cancelados por el presidente Eusebio Ayala. El conflicto concluyó cuando las fuerzas sublevadas derrotaron al gobierno con la toma de Asunción. Sólo a partir de 1924 se inició un período de mayor estabilidad en el que tres presidentes consecutivos completaron sus cuatro años de mandato.

La Guerra del Chaco (1933-1938)

Así fue llamado el conflicto bélico que se libraron Paraguay y Bolivia entre el 9 de septiembre de 1932 y el 12 de junio de 1935 en torno al Chaco Boreal. Hasta finales de los años 1920, en este territorio vivían comunidades indígenas sin que ningún país pudiera controlar exceptuando su frontera occidental con Paraguay y oriental con Bolivia ya que sus límites quedaban por definir con exactitud. Al cabo de tres años de contiendas[4] aisladas de pequeñas escuadras bolivianas y paraguayas, el Ejército paraguayo acabó venciendo en la Batalla de Boquerón en 1932. El cese de las hostilidades se acordó el 14 de junio de 1935. Bajo presión de Estados Unidos, se llegó a un tratado secreto firmado el 21 de julio de 1938. A pesar del triunfo paraguayo, el país resultó devastado humana y económicamente. Mientras Paraguay perdió unos casi 120.000 km^2 de su territorio, Bolivia sufrió la pérdida de 250.000 km^2. El conflicto se cobró la vida de más de 100.000 soldados.

> El *Tratado de Paz, Amistad y Límites* se firmó el 21 de julio de 1938, pero sólo el 27 de abril de 2009, se estableció el acuerdo de límites definitivo. La zona en litigio quedó dividida en tres cuartas partes bajo soberanía paraguaya y una cuarta parte bajo soberanía boliviana. Bolivia recibió una zona a orillas del alto río Paraguay.

Hacia la Segunda Guerra Civil paraguaya (marzo-agosto de 1947): contexto y conflicto

Al llegar a la presidencia, en 1940, **Higinio Morínigo** ejerció un régimen dictatorial nacionalista, suspendió la Constitución y prohibió los partidos políticos. Como respuesta, se desataron revueltas estudiantiles y huelgas[5] generales. La victoria aliada en la Segunda Guerra Mundial en 1945 convenció a Morínigo para liberalizar su régimen. En 1946, tras la expulsión del Gobierno de los sectores más cercanos al Eje nazi, devolvió la libertad de expresión al pueblo, permitió el retorno de los exiliados políticos y formó un gobierno de coalición entre el Partido Colorado y el partido Concentración Revolucionaria Febrerista. Este periodo de 6 meses tomó el nombre de "Primavera democrática". Sin embargo, la férrea[6] alianza entre el Partido Colorado y su grupo paramilitar Guión Rojo llevó a un autogolpe de Estado fallido en diciembre de 1946. Fue el detonante que provocó, el 8 de marzo de 1947, el inicio de la segunda Guerra Civil paraguaya, también llamada Revolución de los *pynandí* (del guaraní, pies descalzos). Tras varios meses de batallas contra liberales, febreristas, comunistas e independientes, con ayuda del general argentino Juan Domingo Perón (➲ véase cap. 41), que contaba con mejores recursos y la participación del campesinado colorado, el Partido Colorado ganó la contienda, que terminó seis meses después, el 20 de agosto de 1947.

El Partido Colorado: 60 años en el poder (1948-2008)

El 3 de junio de 1948, Morínigo fue derrocado[7] del Gobierno por un golpe de Estado militar, y sustituido por el presidente del poder judicial, **Dr. Juan Manuel Frutos**, del Partido Colorado. A partir de entonces, se consolidó la hegemonía plena del Partido Colorado, que llevó al poder al entonces coronel Alfredo Stroessner Matiauda.

El Stronato o la dictadura stronista (1954-1989) (➲ véase MC 84)

Alfredo Stroessner Matiauda era conocido por haber servido en el pasado en el ejército paraguayo y en 1954, fue ascendido a general de división. En mayo del mismo año, encabezó un golpe de Estado para derrocar al presidente Federico Chaves, de su mismo partido. La Junta de Gobierno del Partido Colorado eligió como candidato a Stroessner para presidente y proclamó su victoria en las elecciones del 11 de julio de

1954, sin oposición. Salió victorioso en ocho ocasiones, pese a la participación de otros candidatos del Partido Liberal, del Partido Liberal Radical y del Partido Revolucionario Febrerista. Una vez en el poder, para acabar con 50 años de anarquía, Stroessner gobernó con el apoyo del Ejército y del Partido Colorado, suprimió inmediatamente las garantías constitucionales, controló los partidos políticos aunque, con el fluir de los años, se convirtió en un líder más tolerante con los partidos de oposición. Ejerció una represión de mano dura como lo demuestran las numerosas ejecuciones (400 según cifras oficiales, pero entre 2.000 y 3.000 según la no gubernamental Agrupación de Familiares de Detenidos Desaparecidos) y 20.000 personas encarceladas, según cifras de la Comisión y Verdad de 2008. Para acallar a los disidentes, Stroessner empleó la tortura y el secuestro. También fue señalado como responsable de políticas genocidas contra los indígenas aché con prácticas de asesinatos y esclavitud.

En septiembre de 2019, se descubrieron huesos y cráneos humanos en la antigua casa de Stroessner, llamada la "Mansión del Terror". Las autoridades analizaron si correspondían a cuerpos de los más de 400 desaparecidos de la dictadura más larga de Sudamérica. Descubrieron que de allí salía un túnel que llevaba a una fosa común donde dieron con más restos humanos.

El partido gubernamental también sufrió purgas antes de volverse un medio idóneo[8] para repartir favores entre la trilogía "Gobierno-Partido-Fuerzas Armadas", lo que incrementó la corrupción. El 25 de agosto de 1967, Stroessner reformó la constitución, instaurando la posibilidad de una única reelección presidencial, pero consecutiva. En 1977, una enmienda[9] a la constitución le dio el permiso de quedarse en el poder de forma indefinida. Se desataron varios conflictos religiosos porque Stroessner no mantenía buenas relaciones con la Iglesia católica. Entre los más destacados[10] fueron los episodios de 1967, 1969 y 1988 que posibilitaron el establecimiento de grupos evangelistas estadounidenses (➔ véase cap. 66).

Stroessner llegó al poder en medio de una gran crisis social y económica, pero sin adoptar medidas de liberalización, el crecimiento volvió a notarse a finales de los años 50 hasta alcanzar una media del 4,2 % del PIB durante los años 60. Los años 70 fueron marcados por un crecimiento moderado hasta la construcción de la represa[11a] de Itaipú, que permitió resolver el conflicto del Salto del Guaira con Brasil. Aunque fue construida la presa[11b] con capital casi exclusivamente brasileño, se registró un crecimiento de un 11 % del PIB entre 1976 y 1981. El Tratado del Río de la Plata firmado con Argentina, Brasil y Uruguay le permitió a Paraguay exportar sus productos, pero a partir de 1982, los tres países iniciaron su transición hacia la democracia y el pueblo paraguayo aprovechó ese clima político para manifestarse. Tales manifestaciones fueron lideradas por el Acuerdo Nacional (PLRA, febrerista) y los sindicatos, pero fueron reprimidas violentamente, a pesar de ser pacíficas. Quedándose Stroessner abandonado por sus antiguos aliados, la economía del país empeoró. A lo largo de los años sesenta y setenta, Alfredo Stroessner realizó diversas obras de infraestructura para mejorar el sistema de carreteras, como la Transchaco, que desenclavó ciertas provincias. Stroessner apoyó un plan de entrega de 20 hectáreas de tierras arables[12] a un precio razonable para cada soldado que concluyera el servicio militar. Esta operación favoreció a unos 10.000 soldados favorecidos que trabajaron duro y sacaron beneficios agrícolas. También destacaron otras obras públicas, como escuelas, universidades, edificios, puentes, hospitales, aldeas, pueblos y ciudades. En sus campañas electorales para buscar la reelección, recurría al eslogan "Paz, Trabajo y Bienestar con Stroessner" y le ponía su nombre a cada obra realizada.

En la esfera internacional, en 1960, Stroessner rompió relaciones con el régimen comunista de Fidel Castro. Tropas argentinas se infiltraron en el país pero Stroessner consiguió expulsarlas. Pese a ser considerado pro-alemán, sus relaciones con Alemania se fueron deteriorando con los años. Realizó varios viajes a Estados Unidos, a Francia y fue el primer mandatario extranjero en visitar Chile bajo la dictadura del general Augusto Pinochet (➔ véase cap. 44). Legitimó así su régimen político de la misma manera que les permitió la entrada a dictadores derrocados de otros países, como fue el caso de Anastasio Somoza Debayle (➔ véase cap. 39). Pero cuando éste fue asesinado, marcó un periodo de inestabilidad política. Alegando lo mal que actuaban los servicios de seguridad, se acusó a un periodista chileno de haber asesinado a Somoza que, aunque inocente, pasó varios años en la cárcel, hasta ser liberado gracias a la presión del gobierno chileno de aquella época. Por ser un régimen anticomunista, favoreció los intereses estadounidenses, hasta que el gobierno de Ronald Reagan puso fin al régimen. Se terminaba la Guerra Fría, época en que los EE. UU. sostenían dictaduras militares anticomunistas en Iberoamérica. Asimismo, Stroessner garantizó asilo político a muchos nazis en el suelo paraguayo, después de la Segunda Guerra Mundial. Debido a esta política, fue duramente criticado por los medios de comunicación internacionales.

> En 1992, se descubrieron los llamados "Archivos del Terror", que demostraban la participación de Stroessner en la Operación Cóndor (➔ véase cap. 57). Pero éste murió en el exilio en Brasil el 16 de agosto de 2006 de una neumonía sin haber sido juzgado por crímenes de lesa humanidad.

En 1988, se reconoció fraude electoral en los comicios que le dieron la victoria a Stroessner con el 88,8 % de los votos, el mismo año en que Paraguay recibió la visita del papa Juan Pablo II. Ante la dura represión ejercida, la facción más tradicionalista de su partido, los militares y sobre todo la Iglesia católica dieron muestra de malestar y en la noche del 3 de febrero de 1989, su hasta entonces compañero de lucha, el general Andrés Rodríguez Pedotti, con el respaldo de Estados Unidos, encabezó un golpe de Estado. Stroessner fue arrestado y luego enviado al exilio a Brasilia, junto a su familia.

Continuidad política del Partido Colorado (1989-2008)

En 1989, **el general Andrés Rodríguez Pedotti**, del Partido Colorado, salió electo e implementó reformas políticas, judiciales y económicas. El 26 de marzo de 1991, se firmó el Tratado de Asunción por el cual se creó el Mercosur. Además, entró en vigor la Constitución de 1992 que estableció previsiones para la protección de los derechos políticos y civiles, la independencia de los poderes del Estado y la creación de la Justicia Electoral, entre otras instituciones, y se declaró la abolición de la pena de muerte.

En 1993, llegó al poder **Juan Carlos Wasmosy Monti**, primer presidente civil de Paraguay en casi 40 años. Entre 1995 y 1998, el país sufrió la peor crisis financiera de su historia, con más de 20 bancos en bancarrota. Los logros políticos obtenidos tras el golpe de 1989 fueron cuestionados. Wasmosy alejó del ejército al general Lino Oviedo, acusándolo de estar preparando un golpe en su contra. En 1997, cuando Oviedo fue elegido líder del Partido Colorado, Wasmosy lo hizo encarcelar y enjuiciar por un tribunal militar acusándolo del mismo crimen. Oviedo no pudo presentarse a los comicios de 1998. El candidato sustituto **Raúl Cubas** ganó las elecciones, indultó a Oviedo y lo liberó pero la oposición obtuvo de la Corte Suprema la cancelación del indulto. Como Cubas no respetó la sentencia, el Senado se mostró dispuesto a votar por la destitución de Cubas.

El 23 de marzo de 1999, fue asesinado Luis María Argaña, vicepresidente y rival de Oviedo. Como respuesta a este acto de violencia, el mismo día, la plaza del Congreso se llenó de manifestantes en contra del gobierno de ahí el nombre de Marzo Paraguayo para nombrar esta crisis política. Ocho manifestantes fueron asesinados a tiros. Oviedo fue acusado del asesinato de Argaña. Al día siguiente, la Cámara de Diputados juzgó a Cubas. Pero el 28 de marzo, éste renunció y partió al exilio a Brasil mientras Oviedo huía a Argentina, país que le dio asilo político antes de que se fuera definitivamente a Brasil.

El presidente del Senado, Luis González Macchi, un opositor de Cubas, juró como presidente sin elecciones el mismo día e intentó crear un gobierno de coalición. Aunque el Partido Liberal lo expulsó del gobierno en febrero de 2000, el gobierno de González Macchi logró consenso entre los partidos en muchos asuntos controvertidos, incluida la reforma económica.

El liberal Julio César Franco fue nombrado en agosto de 2000 para llenar la vacante vicepresidencial. En 2001, la Cámara Baja[13] del Congreso consideró, pero no aprobó una moción para juzgar a González Macchi por presunta corrupción y gobierno ineficaz. Finalmente dirigió el país hasta 2003, año en que le sucedi, **Nicanor Duarte Frutos** hasta 2008. Pero su posición religiosa más cercana al protestantismo (neo-cristianismo) que al catolicismo generó una serie de polémicas en un país tradicionalmente católico.

Ruptura del orden político: Fernando Lugo (2008-2012)

Inscrito en el pequeño Partido Demócrata Cristiano para poder postularse a la presidencia, **el exobispo Fernando Lugo** fue elegido el 20 de abril de 2008, convirtiéndose éste en el segundo presidente de izquierda del país después de Rafael Franco (1936-1937) y el primero en ser elegido democráticamente. Además, fue la primera vez en la historia paraguaya que el partido oficialista le cedió el poder pacíficamente a un miembro de la oposición. Efectivamente, el expresidente Nicanor Duarte Frutos reconoció la derrota del Partido Colorado después de sesenta años en el poder. El Partido Demócrata Cristiano forma parte de una coalición de más de una docena de partidos de oposición y movimientos sociales, llamado Alianza Patriótica para el Cambio. El centro-derechista Federico Franco, miembro del Partido Liberal Radical, el segundo partido político más grande de Paraguay, se volvió vicepresidente bajo la legislatura de Fernando Lugo.

Lugo surgió en el escenario político nacional, apoyando a los campesinos que solicitaban una mejor distribución de la tierra (un 1 % de los terratenientes posee el 77 % de las tierras arables) y reclamaban la atención de las necesidades más urgentes de las zonas rurales. De ahí que centró su campaña electoral en la reforma agraria. Otros objetivos eran la mejora de la justicia, la sanidad universal gratuita y la recuperación de la soberanía energética, favoreciendo al nacionalismo en cada uno de sus discursos. Como Uruguay depende mucho de Brasil al que le sigue vendiendo un 80 % de la electricidad producida por la presa binacional de Itaipú, Fernando Lugo quiso renegociar los precios de venta en 2008. Paraguay lo consiguió en 2011, triplicando así sus beneficios. Además, la concentración de tierras en el este de Paraguay (entre 300.000 y 500.000 brasileños cultivan inmensas explotaciones de soja transgénica) conlleva un éxodo cada vez más frecuente de los campesinos "sin tierra" hacia las ciudades, donde viven en la extrema pobreza. Paraguay se ubica en el quinto puesto latinoamericano respecto a la exportación de bovino y soja. La economía informal representa un 40 % del PIB. Más de un millón de paraguayos vive fuera de su país y envía dinero a sus familias: las remesas constituyen un 5 % del PIB. Pero, durante su presidencia, Fernando Lugo tuvo que suspender muchas de sus giras[14] y reuniones electorales por amenazas de muerte. A lo largo del año 2010 y principios de 2011, Paraguay alcanzó un récord de crecimiento económico, generado en gran medida por la exportación de materias primas y la expansión de los sectores comercial, industrial y de la construcción. En septiembre de 2011, Paraguay se adhirió a la Unión de Naciones Suramericanas (Unasur), junto a otras once naciones suramericanas. El mandato presidencial de Lugo fue interrumpido por una crisis política el 22 de junio de 2012, considerada un golpe parlamentario.

Fernando Lugo fue acusado por mal desempeño en sus funciones y llevado ante los tribunales. Se le reprochó no haber intervenido tras una rebelión campesina en Curuguaty, con un saldo de 17 muertos, considerada por ciertas fuentes como un montaje que sirviera de pretexto para pedir la destitución de Lugo.

Este controvertido juicio fue considerado como un golpe parlamentario ya que Lugo fue destituido de la presidencia e inmediatamente sustituido por su vicepresidente, Federico Franco. Los partidarios del presidente denunciaron violaciones al debido proceso, con falta de verdaderas pruebas, presentación de acusaciones falsas y rapidez excesiva del juicio. Alegando el artículo 17 de la Constitución, protestaron contra este proceso político que sólo duró en total menos de 48 horas y dando dos horas a la defensa para la presentación oral de su descargo en el Senado.

Entonces, **Federico Franco** asumió el cargo de presidente interino hasta las siguientes elecciones generales de abril de 2013. Los Gobiernos de Unasur rechazaron lo que consideraron una ruptura del orden democrático y no reconocieron el nuevo Gobierno. Como consecuencia, Paraguay fue suspendido momentáneamente de las reuniones del Mercosur y Unasur.

Un retorno caótico del Partido Colorado: Horacio Cartes (2013-2018)

En los comicios del 21 de abril de 2013, con la victoria del empresario **Horacio Cartes**, las élites empresariales respiraron otra vez con tranquilidad: Horacio Cartes había amasado su fortuna como empresario en varios negocios principalmente relacionados con las finanzas, el tabaco y la ganadería[15]. Tras las elecciones, Paraguay volvió a ser aceptado en la región ya que se levantaron las sanciones impuestas al país por parte del Mercosur y de la Unasur. Cuando Cartes se lanzó en política, desmintió las acusaciones sobre presuntos vínculos con el narcotráfico. Además, en 1985, había sido condenado por su implicación en una estafa[16] millonaria al Banco Central de Paraguay por evasión de divisas, por lo que huyó del país durante cuatro años antes de entregarse a la justicia. En 2008, la Corte Suprema de Justicia acabó rehabilitándolo. Tras afiliarse a dicho partido en 2009, promovió su propio grupo, el movimiento Honor Colorado, que se convirtió en arma política que lo llevó a la presidencia. El Partido Colorado regresó al poder tras haber estado en la oposición sólo cuatro años en las últimas seis décadas.

En 2017, la economía de Paraguay creció un 3,5 % y los pronósticos para 2018 eran de un 4,5 % lo que auguraba una consolidación debida a dos factores. Desde la adopción del "régimen de metas de inflación" en política monetaria (2011), la inflación se redujo al 4 %. Las expectativas del mercado se ajustaron rápidamente en torno al objetivo del Banco Central de Paraguay que, ganando credibilidad, pudo respaldar el crecimiento, bajando los tipos de interés en abril de 2015 tras fuertes choques externos tales como la caída de los precios de la soja y la debilidad del crecimiento en los socios comerciales. Otro motivo, la "Ley de Responsabilidad Fiscal", vigente desde 2015, impuso un tope del 1,5 % del PIB al déficit presupuestario, lo que cumplió el gobierno colorado nuevamente en 2017. El reparto del gasto público se orientó hacia una mayor inversión, tras un periodo duro para sectores de vital importancia, como la infraestructura. No obstante, el 28 de marzo de 2017, unos manifestantes reunidos en Asunción sostuvieron que senadores iban a allanar[17] el camino a la reelección de Cartes. Los militares permanecieron en alerta y estaban preparados para cerrar 14 accesos a la capital del país en caso de que la situación "se descontrolara". Desde su aprobación en 1992, la constitución prohíbe la reelección presidencial para evitar las tentaciones autoritarias de los dirigentes políticos. Un proyecto de enmienda de la Constitución de Paraguay ya fue rechazado en agosto de 2016. En la noche del 29 de marzo, la tensión se disparó y el Congreso de Paraguay fue asaltado contra el intento del presidente de abrir paso a la reelección y poder seguir en el poder después de 2018. Los disturbios se saldaron con la muerte de un opositor y numerosos heridos, además de 211 personas detenidas. Cartes no apareció en toda la noche, pero cuando emitió un comunicado fue para lanzarse contra la oposición y la prensa (véase cap. 62). A mediados de abril de 2017, Horacio Cartes anunció que no se presentaría de nuevo en las elecciones presidenciales de 2018 cuando en septiembre, no descartó una posible reforma de la Constitución. A fin de cuentas, no se presentó a los comicios de abril de 2018.

Elección de Mario Abdo Benítez (abril de 2018-) (véase MC 85)

Una herencia stronista polémica

El conservador **Mario Abdo Benítez** ganó en unas reñidas elecciones con el 46,46 % de los votos frente al 42,73 % que sacó el liberal Efraín Alegre, de la coalición opositora Alianza Ganar. Fue la victoria colorada más ajustada desde 1993. Recibe como apodo "Marito" para diferenciarlo de su padre también llamado Mario exsecretario privado del entonces dictador Alfredo Stroessner que gobernó el país con mano de hierro durante 35 años. De hecho, honró al Partido Colorado cuando participó en los funerales del exdictador en agosto de 2006. Pese a ello, se defendió prometiendo que lideraría "un salto para adelante" en Paraguay, donde casi una tercera parte de la población vive en la pobreza o la extrema pobreza. El dirigente se posicionó en contra del matrimonio homosexual (véase cap.67) y del aborto (véase cap.61), pero sí, a favor de los negocios extranjeros para exportar soja. Muchos de la oposición creen que Mario Abdo Benítez es un heredero del stronismo. En uno de los países más pobres de América Latina, la edad media de la población es de 25 años. Muchos de los votantes tienen entonces una idea borrosa de lo que fue aquella dictadura.

2019: un primer año de mandato caótico

En enero de 2019, rompió las relaciones diplomáticas con Venezuela y reconoció a Juan Guaidó como presidente del país (véase cap. 50). En agosto de 2019, la filtración de un acuerdo secreto con Brasil para la compra de energía de la represa de Itaipú generó la primera crisis de gobierno de Mario Abdo Benítez. Cinco renuncias en su gabinete aumentaron las tensiones en torno a un posible juicio político parlamentario del presidente y del vicepresidente, con vistas a su destitución. El acuerdo con Brasil quedó anulado. Pero en el momento de la votación, los diputados del movimiento Honor Colorado, liderado por el expresidente Horacio Cartes, respaldaron al mandatario, impidiendo así su destitución. Su popularidad cayó hasta alcanzar un 68 % de desaprobación. Esta crisis política fue uno de los factores de la desaceleración de la economía paraguaya por generar desconfianza e incertidumbre. El mandatario explicó la caída del PIB de un 3 % en 2019 por seis meses de lluvia lo que indignó a muchos ciudadanos.

Paraguay frente al dengue y a la Covid-19

A finales de 2019, Paraguay se enfrentó a una epidemia de dengue que superó en cifras la de 2013. El 13 de enero de 2020, con más del 70 % de las personas con dengue registrado en la capital Asunción, se decretó la emergencia sanitaria durante tres meses. Ante la escalada de la enfermedad, el Ministerio de Salud Pública suspendió las vacaciones del personal clínico a partir del 1 de febrero y contrató más médicos y enfermeras para atender a los pacientes. Hasta se vio afectado el presidente por la epidemia que se saldó con 53 muertos y 177.104 casos notificados. Dio por terminado el 27 de marzo cuando apenas acababa de declararse la Covid-19 como pandemia.

A principios de febrero, aún no se había registrado ningún caso de coronavirus en Paraguay, pero el gobierno de Mario Abdo Benítez suspendió las visas a todo ciudadano de la República Popular de China, así como a cualquier extranjero que hubiese viajado a China continental. Cuando se confirmó el primer caso de Covid-19 a inicios de marzo, el día 10, el Gobierno decretó el Aislamiento Preventivo General a nivel nacional. Diez días después, decretó el confinamiento total, se suspendieron las clases y se declaró un toque de queda nocturno. El 24 de marzo, cerró sus fronteras terrestres con Argentina, Bolivia y Brasil. El presidente mandó construir dos hospitales de emergencia y aumentó las camas de cuidados intensivos. Brasil resultó la principal amenaza en la lucha contra la pandemia, debido a su alto número de contagios y muertes. Por eso fueron enviados militares paraguayos a la región fronteriza para impedir la entrada de automóviles y autobuses de comerciantes y residentes brasileños y se levantaron vallas de alambre de púa en la ciudad fronteriza de Pedro Juan Caballero.

Por tener una baja densidad poblacional y ciudadanos jóvenes, Paraguay logró contener la pandemia al principio. Pero ante el relajamiento, los números empezaron a dispararse hasta llegar a 3.300 fallecimientos a mediados de marzo de 2021.

Del Partido Colorado a la Concordia Colorada

La pandemia fue ocasión para los dos sectores del oficialismo conservador (los movimientos Colorado Añetete, que lidera Abdo Benítez, y Honor Colorado, de Horacio Cartes) para crear, en agosto de 2020, una alianza llamada "Concordia Colorada". Con ésta, Abdo Benítez se aseguró un nuevo respaldo legislativo para la aprobación de 350 millones de dólares de crédito, dentro de su plan para reactivar la economía que en 2021 caería un 2,3 % como consecuencia de la pandemia según la Comisión Económica para América Latina y el Caribe. La oposición calificó esta alianza de "pacto de impunidad" para blindar a legisladores de ambas corrientes con casos ante la Justicia. Efectivamente, Cartes ganó seguridad frente a la Justicia de Brasil que investiga sus vínculos con Darío Messer, el cambista involucrado en la red de corruptela conocida como Lava Jato (➲ véase cap. 63). En cualquier caso, Concordia Colorada evidenció el peso político del expresidente, Horacio Cartes, cuyo movimiento era mayoritario en la Cámara Baja y le garantizaba estabilidad a Abdo Benítez para completar su mandato en 2023.

NOTAS

1. fallida = fracasada
2. la tripulación: *l'équipage*
3. los insurrectos: *les insurgés*
4. la contienda = el conflicto
5. una huelga: *une grève*
6. férrea = dura como el hierro
7. derrocar: *renverser (un régime)*
8. idóneo, -a = ideal
9. una enmienda: *un amendement*
10. destacado, -a = relevante, importante

11a-11b. una represa = una presa: *un barrage*

12. arable = que se puede cultivar
13. la Cámara Baja (del Parlamento): *le Congrès*
14. una gira: *une tournée*
15. la ganadería: *l'élevage*
16. una estafa: *une escroquerie*
17. allanar = facilitar

Cuchillo de palo (2010) de Renate Costa trata de un hombre homosexual perseguido por su orientación sexual durante la dictadura del paraguayo general Stroessner

MC 83 Paraguay (presentación general)

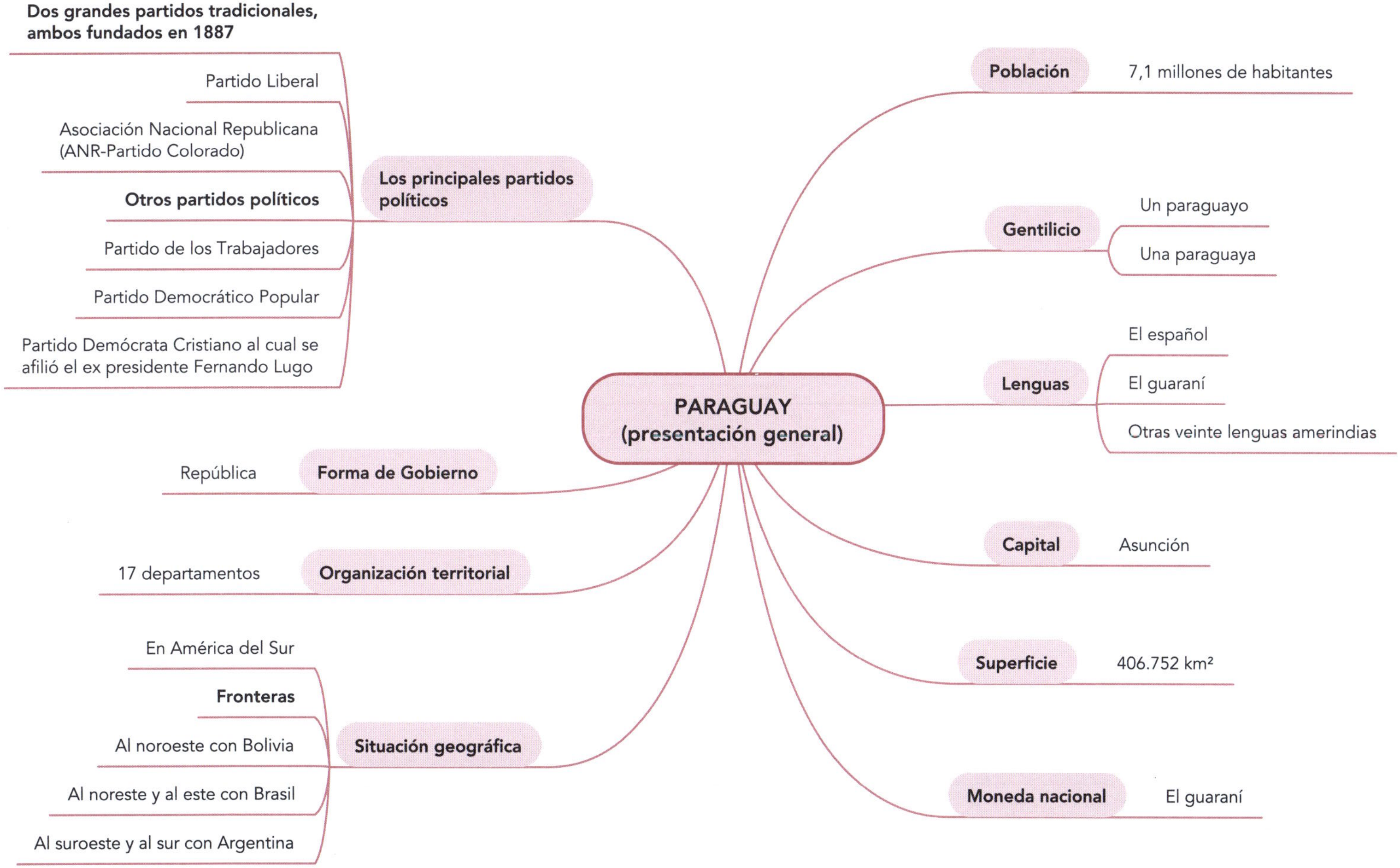

MC 84 La dictadura de Alfredo Stroessner (1954-1989)

LA DICTADURA DE ALFREDO STROESSNER (1954-1989)

- **Llegada al poder**
  - **Mayo de 1954: golpe de Estado de Stroessner (Partido Colorado)**
  - Derrocamiento del presidente Federico Chaves (Partido Colorado)
  - **11 de julio de 1954**
  - Presidente de la Junta de Gobierno
- **Dictadura (1954-1989)**
  - **Elegido en 8 legislaturas seguidas**
  - 1977: aprobación de la reelección indefinida
  - **Supresión de las garantías constitucionales, control de los partidos políticos y dura represión**
  - Entre 3.000 y 4.000 personas asesinadas
- **Corrupción**
  - **Trilogía "Gobierno-Partido-Fuerzas Armadas" para un reparto de favores**
  - Contrabando
- **Régimen anticomunista**
  - A favor de los intereses estadounidenses hasta el fin de la Guerra Fría
- **Religión**
  - Conflictos con la Iglesia católica
  - Favores a grupos evangelistas estadounidenses
- **Obras públicas**
  - Carreteras, escuelas, universidades, edificios, puentes, hospitales, aldeas, pueblos y ciudades
- **Final de la dictadura**
  - **Derrocamiento (3 de febrero de 1989)**
  - Golpe de Estado contra Stroessner por su mano derecha, con el respaldo de EE. UU.
  - **Exilio a Brasilia**
  - Participación de Stroessner en la Operación Cóndor
  - **Fallecimiento (16 de agosto de 2006)**
- **Política exterior**
  - 1960: ruptura de las relaciones con Castro
  - 1973: apoyo a Pinochet
  - Asilo político a los nazis derrotados durante la Segunda Guerra Mundial
  - Políticas genocidas contra los indígenas aché
  - Protección a dictadores derrotados como al nicaragüense Somoza
- **Economía**
  - Crecimiento (+4 %) entre los años 50 y 80
  - Boom económico (+11 % del PIB): represa de Itaipú (1984)
  - 1973: Tratado del Río de la Plata con Argentina, Brasil y Uruguay
  - Ayuda de la CIA en la inversión desarrollista del Banco Mundial
  - Entrega de 20 hectáreas de tierras arables a soldados para beneficios agrícolas

MC 85 La presidencia de Mario Abdo Benítez (desde el 15 de agosto de 2018)

LA PRESIDENCIA DE MARIO ABDO BENÍTEZ (desde el 15 de agosto de 2018)

- **Victoria en las elecciones presidenciales**
  - **Movimiento Colorado Añetete**
  - Frente al liberal Efraín Alegre
  - Sucesor de Horacio Cartes del mismo Partido Colorado pero del movimiento Honor Colorado
- **Herencia stronista polémica**
  - **"Marito"**
  - Hijo de Mario Abdo Benítez, exsecretario privado del exdictador Alfredo Stroessner
  - Asistió a los funerales de Stroessner (agosto de 2006)
- **Crisis política**
  - **Agosto de 2019**
  - Acuerdo secreto con Brasil para comprar energía de la represa de Itaipú
  - Manifestaciones masivas
  - Anulación de dicho acuerdo
- **Frente a la Covid-19 y al dengue**
  - **Doble pandemia**
  - **Dengue**
    - Desde noviembre de 2019 hasta finales de marzo de 2020
  - **Covid-19**
    - A partir de marzo de 2020
    - Incorporación de unas 400 camas suplementarias
- **Desconfianza e incertidumbre**
  - Desaprobación ciudadana (68 %)
  - Caída del 2 % de la economía
- **Concordia Colorada**
  - **Alianza entre el Colorado Añetete de Abdo Benítez y Honor Colorado de Horacio Cartes**
  - Creación en agosto de 2020
  - Considerada como "un pacto de impunidad"

48 PERÚ

Datos generales (véase MC 86)

La República de Perú cuya capital es Lima es un país del oeste de Sudamérica. Se sitúa al sur de Ecuador y Colombia, al oeste de Brasil y Bolivia y al norte de Chile. Se extiende sobre más de 1.285.000 km^2 para 33,5 miliones de habitantes. El idioma nacional es el español, aunque numerosos peruanos hablan diversas lenguas indígenas, siendo la más extendida el quechua.

En 1525 y 1527, Francisco Pizarro organizó dos expediciones hacia el reino de Birú (tal y como se llamaba el país en aquella época), así confirmó la riqueza del imperio inca al emperador Carlos V. Éste le dio su respaldo para que siguiera sus expediciones. En 1532, entró en un territorio inca debilitado por luchas internas y logró el apoyo de pueblos indígenas que querían librarse de la dominación inca. En 1533, tomó Cuzco, la capital incaica, y los colonos españoles fundaron una nueva ciudad (Lima) para gobernar y gestionar los territorios conquistados mediante el Virreinato del Perú (una entidad territorial situada en América del Sur, parte integrante del Imperio español y vigente entre los siglos XVI y XIX). Antes de la independencia, la autoridad colonial se enfrentó a varios levantamientos entre los cuales la rebelión de Túpac Amaru II, ocurrida entre 1780 y 1782. Esta insurrección indígena pasó a la acción armada cuando no recibió respuesta a sus reclamaciones que denunciaban la explotación de los indios impuesta por el sistema colonial. Esta movilización masiva de autóctonos que exigían la supresión de impuestos y protestaban por el maltrato de los funcionarios del rey, provocó finalmente la militarización del Estado colonial, hasta tal punto que los siguientes virreyes[1] fueron militares. La Independencia se proclamó el 28 de julio de 1821 (véase cap. 51). Sin embargo, hubo que esperar el fin de la batalla de Ayacucho en 1824 para que se acabara totalmente la dominación española en Perú.

Perú: entre militarismo y autoritarismo

Patria Nueva o el Oncenio de Leguía (1919-1930)

Augusto Bernardino Leguía asumió el poder como presidente transitorio tras el golpe de Estado del 4 de julio de 1919. Disolvió el Congreso y convocó un referéndum para aprobar una serie de reformas constitucionales. La Asamblea Constituyente, que se instaló el 24 de septiembre de 1919, lo ratificó como presidente el 12 de octubre de 1919 y dio lugar a una nueva Constitución en 1920. Augusto Leguía fue reelegido en 1924 y en 1929. Su oncenio se caracterizó por una restricción de las libertades y un autoritarismo crónico. Los opositores políticos fueron perseguidos, encarcelados y hasta fusilados. El Congreso, vaciado de toda oposición, se sometió al Ejecutivo que quiso emprender numerosas reformas para modernizar al país. Para crear infraestructuras viales[2], se aprobó en 1920 la impopular Ley de Conscripción Vial que obligaba a todos los hombres de 18 a 60 años a trabajar gratuitamente en la construcción de carreteras. Esta medida afectó esencialmente a la población indígena. A nivel político, los viejos partidos fueron sustituidos por nuevos que sedujeron a las clases medias y populares: el Partido Aprista, fundado por Víctor Raúl Haya de la Torre, de centro izquierda, y el Partido Socialista Peruano, ideado por José Carlos Mariátegui. A nivel internacional, firmó con Colombia y Chile acuerdos que provocaron el descontento de la ciudadanía.

El 3 de junio de 1929, el Tratado de Lima, firmado con Chile, posibilitó recuperar la provincia de Tacna, pero no la de Arica. Un año antes, en 1928, Leguía había firmado un acuerdo con Colombia, para dar a este país acceso al Río Amazonas, en el llamado "Trapecio de Leticia (municipio en la frontera entre Perú y Colombia)" que todavía en 2018 planteaba problemas. Por otra parte, Perú se volvió cada vez más dependiente de EE. UU. por los numerosos préstamos para realizar obras públicas. La aparente bonanza surgida a raíz del dinero prestado terminó cuando estalló la crisis de 1929. Los tratados, así como la degradación de la tesitura económica llevaron a la caída de Augusto Leguía. El 22 de agosto de 1930, estalló un pronunciamiento contra el presidente liderado por el comandante Luis Miguel Sánchez Cerro. Tras la renuncia de Leguía el 25 de septiembre de 1930, el poder quedó en manos de una Junta Militar de Gobierno.

El tercer militarismo (1930-1939)

La irrupción y vuelta de los militares al poder se denominó el tercer militarismo. La prioridad de la Junta Militar fue solventar la crisis económica que golpeaba al país. Para ello se contrató a unos peritos[3] financieros estadounidenses. Al no abandonar el poder, Sánchez Cerro provocó el descontento de la ciudadanía hasta tal punto que tuvo que renunciar el 1 de marzo de 1931. La presión popular impuso a **David Samanez Ocampo** como presidente de una Junta Nacional de Gobierno. Éste consiguió pacificar al país y convocó elecciones presidenciales y una Asamblea Constituyente. Los comicios, que se celebraron el 11 de octubre de 1931, se consideraron como las primeras elecciones modernas de la historia peruana por aplicarse el voto secreto y directo. **Sánchez Cerro** (por la Unión Revolucionaria) ganó frente a Víctor Raúl Haya de la Torre por el Partido Aprista Peruano pero los apristas no reconocieron el resultado. El país quedó dividido y al borde de la guerra civil. Sánchez Cerro tomó posesión el 8 de diciembre de 1931 y se instaló también el Congreso Constituyente cuya prioridad fue redactar una nueva constitución. Al contar con la mayoría parlamentaria, Sánchez Cerro aprobó leyes represivas para acallar a la oposición aprista. La denominada Ley de Emergencia dio al Gobierno poderes especiales para reprimir a los opositores (apristas y comunistas en su mayoría). El año 1932, conocido como el "año de la barbarie", fue escenario de numerosos actos violentos por parte de los apristas. A nivel internacional, Sánchez Cerro, tuvo que apoyar a los peruanos de Leticia que querían que su territorio, cedido a Colombia por el Tratado Salomón-Lozano de 1922, volviera a formar parte de Perú lo que desembocó en un conflicto bélico con Colombia. Durante la contienda, el presidente fue víctima de un atentado mortal perpetrado por un aprista. Entonces, el Congreso, transgredió la constitución para nombrar presidente de la República al general **Óscar Benavides**, como sustituto del difunto presidente hasta 1936. La primera misión de Benavides fue finalizar el conflicto con Colombia mediante un acuerdo de paz en mayo de 1934, por el que Perú se comprometía a respetar el Tratado Salomón-Lozano. Tras un corto período de conciliación, se reanudó la persecución contra los apristas que volvieron a cometer atentados. El Partido Aprista como el Partido Comunista quedaron prohibidos por ley. En 1936, el Congreso decidió que Benavides extendiera su mandato hasta 1939. El mandatario logró superar la crisis económica y saneó las finanzas. El país comenzó a prosperar gracias a las exportaciones agrícolas y mineras. Sin embargo, el autoritarismo del presidente llevó a una intentona golpista por lo que Benavides convocó elecciones después de un plebiscito celebrado el 18 de junio de 1939 que facilitó la aprobación de reformas constitucionales para fortalecer el Ejecutivo a expensas del Legislativo.

Perú en la Segunda Guerra Mundial (1939-1945)

Manuel Prado Ugarteche asumió la presidencia el 8 de diciembre de 1939 tras su victoria en las elecciones del 22 de octubre de 1939. Recibió el apoyo del Partido Comunista, pero prosiguió con la proscripción al Partido Aprista. Manuel Prado se alineó con los aliados durante la Segunda Guerra Mundial haciendo de Perú el primer país latinoamericano en romper relaciones con las potencias del Eje (Alemania, Japón e Italia). Dicha alineación de Perú a los aliados causó problemas con los inmigrantes italianos, alemanes y japoneses, convertidos de inmediato en enemigos (de hecho, el gobierno restringió su libertad). En junio de 1941, estalló un conflicto con Ecuador (tras la ocupación de parte del territorio peruano por las tropas ecuatorianas) que duró hasta el 21 de julio del mismo año. El Ejército peruano, que salió victorioso, ocupó parte de la provincia ecuatoriana El Oro y volvió a controlar los territorios orientales amazónicos reclamados por Ecuador. En 1942, la postura del presidente peruano incitó a los demás mandatarios latinoamericanos a respaldar a Estados Unidos. La contienda impulsó el desarrollo de la economía peruana en la medida en que las importaciones bajaron lo que fomentó el surgimiento de industrias que paliaron la ausencia de productos extranjeros.

La chispa democrática: José Luis Bustamante y Rivero (1945-1948)

José Luis Bustamante y Rivero, investido el 28 de julio de 1945, enfrentó una difícil situación política y socioeconómica, pero pese a ello, mantuvo el Estado de derecho y las libertades individuales. El predominio de Alianza Popular Revolucionaria Americana (APRA) en el Congreso enfrentó constantemente a los poderes Ejecutivo y Legislativo. La inflación creció y los ciudadanos perdieron su poder adquisitivo, acarreando manifestaciones. Frente al malestar social, Bustamante implementó una política de asistencia social, de inspiración aprista. A nivel político, Bustamante perdió el respaldo aprista que culminó[4], el 7 de enero de 1947, con el asesinato de Francisco Graña Garland, director del diario *La Prensa* de índole[5] antiaprista. El 3 de octubre de 1948, el APRA inició una sublevación en el Callao (puerto de Lima) con apoyo de algunos miembros de la Marina y un grupo de civiles. El levantamiento fracasó y Bustamante prohibió al partido aprista. Pero, el 27 de octubre de 1948, el general Manuel Odría, se levantó en contra del Gobierno, proclamando una Revolución Restauradora.

El Ochenio de Odría (1948-1956)

Los militares instauraron una Junta Militar, presidida por **el general Manuel Arturo Odría Amoretti**, que impuso un gobierno autoritario, antiaprista y anticomunista. El Ochenio de Odría, caracterizado por la supresión de las libertades individuales, se dividió en dos períodos: la Junta Militar de Gobierno (1948-1950) y la Presidencia de la República (1950-1956). Tras varias maniobras anticonstitucionales y represivas, Odría llegó a la presidencia el 2 de julio de 1950 siendo el único candidato. Su gobierno se benefició de la guerra de Corea que fomentó las exportaciones y el aumento de los precios. Se desarrolló el país gracias a reformas a nivel educativo, sanitario e infraestructural. El auge del sector de la construcción, principalmente en Lima, atrajo a numerosos habitantes de la Sierra en pos de[6] trabajo. La capital no estaba preparada para acoger a tantos forasteros[7] que se instalaron en las denominadas "barriadas"[8] llamadas después "pueblos jóvenes" o "asentamientos humanos" o "Conos". Hacia 1954, la oposición volvió a organizarse mediante la Coalición Nacional que convocó en Arequipa una reunión que fue duramente reprimida, provocando una huelga general en la ciudad y el estallido de la Revolución de Arequipa en 1955. Se consideró este episodio como el principio del fin del régimen de Odría que acabó convocando elecciones en 1956, anunciando que no se postularía como candidato, así como el aprismo y el comunismo, privados de su derecho a presentarse.

Crisis socioeconómica con predominio militar

Las elecciones celebradas el 17 de junio de 1956, llevaron al poder a **Manuel Prado Ugarteche**, que se había ganado el respaldo de los apristas, prometiendo que les quitaría la proscripción. Logró enfrentar la pésima situación económica que atravesaba el país, nombrando como ministro de Hacienda a Pedro Beltrán que saneó las finanzas públicas y estabilizó la moneda peruana mediante alzas de precios y recortes presupuestarios[9]. En esa época, continuaron las migraciones de la sierra hacia la capital donde se desarrollaron las chabolas[10]. Al final de su mandato, el presidente no gozaba de una gran popularidad. Las elecciones, convocadas para el 10 de junio de 1962, no permitieron la victoria de un candidato ya que ninguno de ellos había conseguido una tercera parte de los votos exigida por la constitución. Entonces los militares depusieron a Manuel Prado el 18 de julio de 1962 a favor de una junta militar dirigida por Ricardo Pérez Godoy y Nicolás Lindley López.

Esta junta de carácter reformista sólo duró un año (1962-1963) pero sí elaboró una reforma agraria y creó instituciones destinadas a la planificación estatal y a la promoción cultural para evitar el descontento social.

En las elecciones celebradas el 9 de junio de 1963, salió victorioso **Fernando Belaúnde Terry** frente a Odría. Su labor se concentró en las grandes obras públicas con la construcción de carreteras y aeropuertos. Pero siempre se topó con[11] la desaprobación de la oposición. Los movimientos guerrilleros (➔ véase cap. 52) aparecieron con el MIR, dirigido por Luis de la Puente Uceda y el ELN liderado por Héctor Béjar (ambos grupos derrotados en 1966). A nivel socioeconómico, Belaúnde nacionalizó los yacimientos petrolíferos en Brea y Bariña y comenzó una reforma agraria, pero no logró controlar la inflación. El 1 de septiembre de 1967, la moneda nacional sufrió una devaluación, provocando así un gran malestar social que incrementó el éxodo rural especialmente hacia la capital.

12 años de militarismo (1968-1980)

El Gobierno de Juan Velasco Alvarado se instaló el 3 de octubre de 1968, tras el derrocamiento del presidente Belaúnde. Se autodenominó "Gobierno Revolucionario de las Fuerzas Armadas" y se definió como nacionalista, antiimperialista y orientado hacia la izquierda a diferencia de lo que pasaba en esa época en los demás países del Cono Sur. Mediante el denominado "Plan Inca", se llevó a cabo una reforma agraria y una nacionalización de bancos y empresas. Pero el Estado se endeudó y el país cayó en una grave crisis económica. Por otra parte, se disolvió el Congreso, se desterró a numerosos líderes políticos, se anularon las libertades individuales y se privó a la prensa de su libre pensamiento lo que causó manifestaciones populares contra la dictadura en la capital a partir de julio de 1974. Velasco culpó a la CIA y a los apristas de los disturbios.

El 29 de agosto de 1975, **el general Francisco Morales Bermúdez** derrocó[12] a Velasco mediante el golpe denominado "Tacnazo". Durante este gobierno militar, se multiplicaron las protestas que pedían el retorno a la democracia. El 19 de julio de 1977, la capital quedó paralizada durante 24 horas y a raíz de este paro general ocurrieron varias movilizaciones nacionales. Esta presión popular venció a Francisco Morales Bermúdez que convocó una Asamblea Constituyente para anticipar la vuelta al orden democrático. En 1979, se ratificó la nueva Constitución y se celebraron elecciones democráticas en 1980 poniendo fin a 12 años de gobierno militar.

Vuelta a la democracia socavada por el Sendero Luminoso

Al asumir la presidencia por segunda vez, **Fernando Belaúnde Terry** heredó una fuerte crisis socioeconómica debida a una tremenda deuda externa y la creciente inflación. El presidente restableció la libertad de los medios de comunicación censurados y expropiados por la dictadura militar. La profunda crisis económica provocó una oleada de huelgas pese a avances en el ámbito de la educación, la vivienda y la construcción de carreteras. El fenómeno terrorista, sumado al narcotráfico (véase cap. 64), socavó[13] la presidencia de Fernando Belaúnde y provocó un clima de inestabilidad. Los guerrilleros de inspiración comunista o maoísta como Sendero Luminoso activo desde 1980 hasta 1992 y el Movimiento Revolucionario Túpac Amaru fundado en 1984 (MRTA) pretendían instaurar un nuevo Estado mediante la lucha armada (véase cap. 50).

El candidato aprista **Alan García** ganó las elecciones de 1985 convirtiéndose así en el primer presidente aprista de la historia de Perú. No logró solventar los problemas económicos del país, ni contener la hiperinflación o paliar la escasez de alimentos que llegó a un punto crítico durante su primer mandato. Además, el terrorismo pasó de zonas rurales a ciudades, Lima incluida. Casi diariamente se producían explosiones de coches bomba que segaron[14] muchas vidas, amenazas de muerte, apagones que hacían la vida imposible.

El objetivo de Sendero Luminoso, oficialmente conocido como Partido Comunista del Perú –Sendero Luminoso, era sustituir las instituciones peruanas, consideradas burguesas, por un régimen revolucionario campesino comunista. Los actos terroristas que cometieron los guerrilleros desestabilizaron al país controlando varias ciudades importantes y acarrearon la muerte de unas 35.000 personas, un millón de desplazados y más de 40.000 millones de dólares de pérdidas económicas. Esta banda terrorista figura en las listas de organizaciones terroristas de Estados Unidos, la UE o Canadá.

La dictadura de Fujimori (1990-2000) (véase MC 87)

La elección del candidato del partido recién creado Cambio 90, **Alberto Fujimori**, como presidente de la República peruana fue una verdadera sorpresa ya que era muy poco conocido a diferencia de su adversario, el escritor y futuro Nobel de Literatura (2009), Mario Vargas Llosa. Fujimori llegó al poder en un período en el cual el gobierno había perdido autoridad y credibilidad debido a la mala gestión de los problemas (entre otros el terrorismo, la corrupción y el decaimiento de la economía) por parte del presidente saliente Alan García. Su objetivo era restaurar la autoridad del Estado, derrotar el terrorismo, detener una inflación galopante, fomentar la recuperación económica, así como insertar al país en el sistema financiero internacional. El 5 de abril de 1992, anunció la disolución del Congreso y de la Corte Suprema, llevando a cabo una verdadera guerra contra los grupos guerrilleros del Sendero Luminoso y del MRTA. El autogolpe fue un paso atrás en la democracia. Un año después, Fujimori, bajo la presión de la OEA, tuvo que retornar a la democracia, con una nueva constitución que le otorgaba más poder, al ser posible su reelección. A pesar de la condena internacional a raíz del autogolpe y de la suspensión de la ayuda estadounidense, Fujimori ganó los comicios de abril de 1995 frente a Javier Pérez de Cuéllar, exsecretario general de la ONU. Dos factores principales explican esta victoria: los ciudadanos veían a Fujimori como el vencedor del Sendero Luminoso, así como el hombre que había recuperado parte del territorio perdido a favor de Ecuador (Guerra del Cóndor en enero y febrero de 1995). Uno de los episodios más destacados fue la toma de rehenes[15] en la embajada de Japón en Lima, el 17 de diciembre de 1996, por el Movimiento Revolucionario Túpac Amaru. 71 de los 72 rehenes que se encontraban en la embajada fueron liberados el 22 de abril de 1997 (tras 125 días de reclusión) en una incursión de las Fuerzas Armadas peruanas que ejecutaron a los militantes del MRTA que habían participado del secuestro. La operación se consideró un gran éxito tanto a nivel nacional como internacional. El mandatario se valió de este triunfo para mantenerse en el poder. Ante la oposición creciente, decidió reforzar el control de los medios que ya se había efectuado durante su primera legislatura. Pese al carácter autoritario de su gobierno, fue elegido una tercera vez en 2000.

Sin embargo, este tercer mandato no duró mucho pues salieron a la luz los "Vladivídeos", un escándalo de corrupción revelado el 14 de septiembre del 2000, a raíz de la compra de unos vídeos por unos opositores, donde se veía al asesor de inteligencia, Vladímir Montesinos, sobornando a miembros del Gobierno. En noviembre de 2000, Fujimori anunció que renunciaba a su cargo vía fax desde Japón donde se había refugiado por tener la doble nacionalidad. Temía ser acusado penalmente por los actos de corrupción en su gobierno.

A nuevo milenio, ¿nueva política?

La presidencia de Alejandro Toledo (2001-2006)

La administración de Alejandro Toledo se caracterizó por un proceso de desarrollo del país mediante el fomento de la inversión extranjera y la firma de tratados de libre comercio. Sin embargo, los gastos desenfrenados, así como los casos de corrupción (➲ véase cap.63) que salpicaron[16] su entorno familiar y profesional provocaron varias protestas sociales, entre las cuales destaca el "Arequipazo". En junio de 2002, este movimiento en Arequipa organizado por el Frente Amplio Cívico de dicha ciudad, celebró seis jornadas de masivas manifestaciones con el conjunto de la población, en oposición al proyecto del Gobierno de privatizar la empresa eléctrica, lo que suponía un aumento de las tarifas y el despido[17] de trabajadores. No obstante, en su campaña, Toledo había descartado privatizar esta empresa. La región fue declarada en estado de emergencia y bajo control militar. El movimiento cobró fuerza lo que obligó al Gobierno a dar marcha atrás. El 10 de julio de 2002, el primer ministro Roberto Dañino Zapata dimitió. En mayo de 2003, Alejandro Toledo tuvo que declarar otra vez el estado de emergencia en todo el país para contener un desborde social debido a una oleada de protestas masivas y huelgas por parte de maestros, agricultores y trabajadores sanitarios que querían obtener mejores condiciones laborales y salariales. El 26 de abril de 2004, en Llave (Puno), miles de personas atacaron y asesinaron a un alcalde de la provincia peruana de El Collao, al que acusaban de nepotismo y corrupción.

Pese a cierta bonanza económica, con un crecimiento acumulado del PIB (+20,6 %), un aumento de las exportaciones (+44,7 %), una deuda externa del 40 % del PIB, la popularidad de Toledo, al final de su mandato, estaba por los suelos. Además, el balance económico alentador no logró frenar la emigración ni reducir la pobreza extrema.

La vuelta de Alan García (2006-2011)

Después de un primer gobierno (1985-1990) que sumió al país en la violencia cotidiana y una hiperinflación que alcanzó los cuatro dígitos, Alan García volvió a presentarse en la elección presidencial con el eslogan "El Perú avanza". Dejó un balance tibio[18]: la pobreza urbana disminuyó, pero la rural se consolidó.

Perú no era en ese momento el principal productor de cocaína, pero sí su principal exportador por los bajos niveles de incautación[19] policial. Los cultivos de hoja de coca en Perú subieron un 6,8 % en 2009 y después de 2011, el país se convirtió en el primer productor de cocaína por delante de Colombia (➲ véase cap. 64).

El 15 de agosto de 2007, un terremoto de intensidad 7,9 en la escala Richter acabó con la vida de más de 500 personas y dejó a más de 300.000 sin hogar en el sur del país. Un informe de la Comisión de Fiscalización del Congreso reveló que las autoridades sólo invirtieron un 40 % de los fondos destinados a los damnificados. El 60 % que faltaba se esfumó y no se conoció su paradero[20]. Las organizaciones de damnificados denunciaron que se volvió a construir menos del 10 % de las casas derrumbadas por el terremoto. Se sospechó que el Gobierno de Alan García había desviado el dinero inicialmente dedicado a los damnificados (➲ véase cap. 63).

Según la Coordinadora Nacional de Derechos Humanos, durante los 5 años de su gobierno, el país retrocedió respecto a derechos económicos, políticos y sociales. Como fue el caso con Alejandro Toledo, la economía del país creció, pero la inestabilidad social también. Las comunidades andinas y amazónicas protestaron contra proyectos extractivos. Bajo su mandato, se triplicaron los conflictos sociales. El 5 de junio de 2009, en Bagua, un contingente policial armado se enfrentó a indígenas que bloqueaban una carretera, lo que provocó 33 muertos. Después del llamado Baguazo, en mayo de 2010, el Congreso aprobó una ley de consulta previa a los pueblos indígenas para evitar nuevos conflictos sociales, pero en realidad nunca se aplicó.

La presidencia de Ollanta Humala (2011-2016)

En junio de 2011, la victoria electoral del líder del Partido Nacionalista Peruano contra Keiko Fujimori, hija del exdictador Alberto Fujimori, generó numerosas expectativas tanto a nivel nacional como a nivel regional. Las reformas impulsadas a lo largo de los primeros seis meses de su mandato dieron una impresión de cambio, después de dos décadas de neoliberalismo. La propuesta de impuesto adicional a las empresas mineras, la promesa de consulta a las comunidades en proyectos extractivistas, el impulso de nuevos programas sociales y el acercamiento a Brasil y Unasur fueron los aspectos más relevantes de esta primera etapa. Sin embargo, en 2012, estalló un conflicto social, a raíz del proyecto minero Conga de la empresa Yanacocha, que provocó numerosas muertes, pero logró paralizar las obras. Después de estos acontecimientos, Humala emprendió un giro hacia la derecha al distanciarse de Hugo Chávez, a quien admiraba mucho, y al nombrar a Oscar Valdés como nuevo primer ministro, famoso por su orientación neoliberal. Humala acabó prosiguiendo el neoliberalismo implantado por Fujimori en los 90. El alto precio del oro y el cobre[21] (➲ véase cap. 58) favoreció el crecimiento económico del país, siendo el sector minero hoy en día un motor de la economía junto al sector de la construcción. Se amplió la clase media que alcanzó un mejor poder adquisitivo. Sin embargo, la desigualdad se acentuó también. En el ámbito social, el gobierno de Humala quiso ostentar una imagen de preocupación social creando el Ministerio de Inclusión Social e implantando nuevos programas de ayudas como Pensión 65, para los mayores de bajos recursos, y Beca 18 universitarias, para los jóvenes más necesitados.

La pareja Ollanta Humala y Nadine Heredia dio mucho que hablar antes de las elecciones de 2016 por recordar al matrimonio Kirchner, pero finalmente, la esposa de Humala no se presentó.

En julio de 2017, se les ordenó 18 meses de prisión preventiva por lavado de activos cuestionando así los aportes al Partido Nacionalista del Gobierno de Venezuela y de la constructora brasileña Odebrecht (➲ véase MC 118) para las campañas electorales del 2006 y 2011. Tanto Humala como su esposa negaron haber recibido dinero en distintas ocasiones de dicha empresa brasileña. Finalmente, sólo cumplieron 9 meses de los 18 previstos por decisión del Tribunal Constitucional. Salieron de la cárcel en marzo de 2018.

La presidencia abortada de Pedro Pablo Kuczynski (2016-2018)

El 10 abril de 2016, tuvo lugar la primera vuelta de la elección presidencial encabezada por la candidata de la derecha conservadora Keiko Fujimori, del partido Fuerza Popular, con un 32,64 % de los sufragios frente a Pedro Pablo Kuczynski apodado PPK, del partido Peruanos por el Kambio (PPK) con un 17,23 %. Sin embargo, en la segunda vuelta, se invirtió la tendencia gracias al apoyo de los peruanos de EE. UU. (el país con mayor cantidad de peruanos residentes en el extranjero) y de España (el segundo lugar donde residen más peruanos expatriados), así como por el respaldo de la lideresa de izquierda, Verónika Mendoza. Además, los escándalos que afectaron al partido de Keiko Fujimori (su secretario general tuvo que retirarse por una investigación de la agencia antidrogas de EE. UU.) favorecieron la victoria estrecha de PPK con un 50,12 % frente a un 49,88 % para Keiko Fujimori, o sea una diferencia de tan sólo 40.000 votos. Además, se descubrió que el hermano de Keiko, Kenji, el congresista más votado en 2016, no votó por su hermana lo que reavivó las disputas internas entre ambos hermanos.

Pedro Pablo Kuczynski fue elegido presidente, pero Keiko Fujimori ostentaba una amplia mayoría en el Parlamento con 71 escaños.

En octubre de 2016, estalló la primera crisis gubernamental. Mientras Kuczynski estaba en Ecuador, salió a la luz la existencia de unos audios que revelaban una serie de chanchullos[22] para lucrarse con la salud pública, en los que estaba envuelto el entonces asesor presidencial Carlos Moreno. Al final, Moreno tuvo que abandonar el cargo. Este asunto dañó la imagen del nuevo Gobierno y generó tensiones entre el Ejecutivo y el Parlamento. En marzo de 2017, El Niño[23] provocó lluvias torrenciales en el norte del país que ocasionaron más de 100 muertos y más de 170.000 damnificados. A raíz de esta catástrofe natural, el Gobierno creó la Autoridad para la Reconstrucción a fin de facilitar las obras.

El telúrico caso de corrupción de Odebrecht, cuyo epicentro fue Brasil, tuvo réplicas de gran magnitud en Perú. Si bien Kuczynski no fue vinculado directamente a este megaescándalo, lo ocurrido hizo que los ciudadanos desconfiaran todavía más de la clase política en general ya que varios exmandatarios (entre ellos Alejandro Toledo, Alan García y Ollanta Humala) fueron acusados. Por eso, el Gobierno de PPK presentó una modificación de la Ley de Contrataciones, para impedir que el Estado contratara con compañías corruptas.

Desde su llegada al poder, pero sobre todo a partir de septiembre de 2017, Pedro Pablo Kuczynski se enfrentó a un dilema que bloqueaba la política peruana: el posible indulto al expresidente Fujimori, condenado a 25 años de prisión por crimen de lesa humanidad. La presión que ejerció el fujimorismo, con mayoría absoluta en el Congreso, le obligó a modificar varias veces su gobierno. Fuerza Popular representado por Keiko Fujimori entre otros partidos intentó destituir al presidente Kuczynski por sospechas de corrupción en la trama Odebrecht. Por poco el mandatario evitó el *impeachment*. Para esquivarlo, Kuczynski le concedió el indulto a Fujimori el 24 de diciembre de 2017 provocando así numerosas manifestaciones de protesta (en octubre de 2018, la Corte Suprema de Perú anuló el indulto y Alberto Fujimori volvió a ser encarcelado el 23 de enero de 2019). A la hora de la votación, el hermano de Keiko Fujimori se abstuvo junto a otros 9 congresistas lo que permitió salvar a PPK de la destitución cuando el Congreso tenía asegurada su victoria. Esta maniobra de Keiko Fujimori se consideró como un golpe de Estado exprés contra el presidente. En los últimos dos comicios presidenciales, ella perdió mientras que su hermano Kenji fue el congresista más votado en estas dos ocasiones.

El 21 de marzo de 2018, Pedro Pablo Kuczynski renunció un día antes de que el Congreso votara una moción para destituirlo por sus supuestos vínculos con la empresa Odebrecht. Le sucedió Martín Vizcarra, su vicepresidente. La presión contra PPK había aumentado tras la divulgación de un vídeo que mostraba a Kenji Fujimori mientras intentaba convencer a parlamentarios para que apoyaran al presidente con la promesa de obras públicas en sus distritos.

Martín Vizcarra, de vicepresidente a presidente (2018-2020) (➲ véase MC 88)

Martín Vizcarra llegó a la presidencia de modo interino después de la dimisión de PPK y se posesionó el 23 de marzo de 2018. Desde el principio, Fuerza Popular, el partido opositor liderado por Keiko Fujimori, no dejó de obstaculizar al nuevo mandatario por tener la mayoría en el parlamento. Martín Vizcarra impulsó reformas políticas y judiciales pero casi siempre rechazadas por el Congreso en manos de la disolución. También respaldó a los fiscales del caso Lava Jato (➲ véase cap. 63) en su labor contra la corrupción. La disolución del Congreso el 30 de septiembre de 2019 por parte del mandatario fue el punto álgido[24] de las tensiones entre la oposición y el Ejecutivo. Por una parte, el Gobierno abogaba por modificar la ley para llevar a cabo modificaciones en el sistema de reclutamiento de los candidatos a magistrados. Por otra parte, la mayoría opositora defendía el mantenimiento de los fueros parlamentarios. Para conseguir sus fines, el Congreso intentó suspender al presidente de sus funciones con un voto que necesitaba una mayoría simple. Logró su propósito ya que Martín Vizcarra fue suspendido por 12 meses, pero no se realizó esta suspensión por ser invalidada por el Tribunal Constitucional en enero de 2020. El mismo mes tuvieron lugar elecciones congresales.

Durante su mandato, se llevaron a cabo varias medidas para garantizar los derechos de las comunidades indígenas y afroperuanas. Se fomentó el desarrollo de programas televisivos hablados en los tres principales idiomas originarios del país: quechua, aimara y ashaninka. Luchó contra la anemia infantil con el programa Amor de Hierro y contra la comida basura mediante la Ley de Promoción de la Alimentación Saludable. Y frente a la oleada de inmigrantes venezolanos, el Ejecutivo reglamentó su llegada bajo varios requisitos: pasaporte y visa (excepto para las personas vulnerables como los niños o las mujeres embarazadas).

> **El Caso Richard Swing** es un caso mediático que presuntamente involucró al presidente Martín Vizacarra. Desde 2017, Richard Cisneros (Swing es su nombre artístico) obtuvo nueve contratos con el Ministerio de Cultura (por un valor total de 50.000 dólares) en el desarrollo de actividades fuera de su contexto profesional. Además, los últimos dos contratos se realizaron en abril de 2020, durante el estado de emergencia y la crisis económica que afecta al país. El 8 de octubre de 2020, se anunció la liberación de los nueve implicados. Según Richard Swing, fue Alarcón, el presidente de la Comisión de Fiscalización del Congreso, enemigo de Vizcarra quien dirigió la maniobra para perjudicarle al jefe del Estado.

En septiembre de 2020, el Congreso inició un proceso de destitución contra Martín Vizcarra por su presunta implicación en el llamado "Caso Swing". Para que prosperara dicha moción de vacancia contra el mandatario, se necesitaban 87 votos. El 18 de septiembre, los 32 votos a favor, 78 en contra y 15 abstenciones no permitieron que se aprobara la destitución.

Por el poco tiempo que se quedó en la Jefatura del Estado, Martín Vizcarra no pudo llevar a cabo grandes obras reformatorias. Afianzó la lucha contra la corrupción, tuvo que encarar varias crisis y recuperar la confianza ciudadana socavada por los numerosos casos de corrupción que afectaron a sus predecesores.

Corruptela presidencial (➔ véase cap. 63): los últimos cinco presidentes peruanos están acusados de corrupción y otros actos delictivos: Alejandro Toledo, Alan García, Ollanta Humala y PPK están vinculados al escándalo Odebrecht mientras que Alberto Fujimori se ve involucrado en el caso de los "vladivídeos".

Alberto Fujimori (1990-2001): renunció a raíz del escándalo de los "vladivídeos", en los que su colaborador Vladimiro Montesinos sobornaba a congresistas para apoyar al presidente. Fujimori presentó su renuncia desde Japón, su país de origen.

Alejandro Toledo (2001-2006): a este exmandatario se le acusa de haber recibido unos 20 millones de dólares de Odebrecht a cambio de contratos. El Poder Judicial dictó en su contra 18 meses de prisión preventiva que no efectuó por estar prófugo en Estados Unidos.

Alan García (1985-1990 / 2006-2011): en abril de 2019, se suicidó al enterarse de que las autoridades iban a detenerlo por supuestos delitos de corrupción vinculados al caso Odebrecht.

Ollanta Humala (2011-2016): El 26 de abril de 2018, el Tribunal Constitucional sentenció que el expresidente Ollanta Humala y su esposa, Nadine Heredia, enfrentarían el proceso penal en libertad. En julio de 2017, el juez había ordenado 18 meses de prisión preventiva contra la pareja.

PPK (2016-2018): El 15 de abril de 2019, la Fiscalía de Perú solicitó prisión preventiva contra el expresidente, investigado por presunto lavado de activos en el marco del caso Odebrecht aunque éste negó las acusaciones en su contra.

La corrupción también gangrenó al sector judicial con la revelación de un nuevo escándalo de corrupción: el Caso Cuellos Blancos, una red criminal que se asentó en las esferas más altas del sistema de justicia para mantenerse en el poder y beneficiar a sus integrantes. Este asunto salió a la luz con la filtración de audios que evidenciaban tratos ilícitos entre altas autoridades del sistema judicial peruano con coimas de miles de dólares. Esta organización delictiva constaba de tres redes distintas: una red interna con personal administrativo y jurisdiccional, una red interna compuesta de abogados y empresarios y una red de altos funcionarios.

El nivel de aprobación de Martín Vizcarra alcanzó el 66 %, tasa poco vista estos últimos años en los presidentes peruanos. Pero esta buena nota no se mantuvo. Su popularidad bajó 16 puntos en sólo dos meses. Su gestión de la economía, del sector y de la lucha contra la delincuencia resultó muy criticada. Estas asignaturas pendientes se vieron dificultadas por la irrupción de la pandemia de coronavirus que azotó de pleno al país. El 15 de marzo, el jefe del Estado decretó el estado de emergencia, el aislamiento social, el cierre de los comercios no esenciales y el toque de queda. La nación andina fue la tercera en Latinoamérica en términos de casos positivos y fallecimientos por detrás de Brasil y México. Después del desconfinamiento, el Gobierno intentó reactivar la economía que cayó un 17 % en los primeros cinco meses del año conllevando la destrucción de al menos 2,6 millones de empleos. En septiembre de 2020, el presidente anunció que ampliaría el estado de emergencia hasta el 31 de octubre y que se mantendrían cuarentenas enfocadas en ciertas zonas. Desplegó subsidios y ayudas sociales para 8 millones de hogares y 7.000 empresas para amortiguar los efectos devastadores de la pandemia. Pero el balance de la gestión de la epidemia resulta negativo para numerosos ciudadanos afectados directamente por el virus. A mediados de noviembre se registraban 35.100 fallecimientos por coronavirus.

El 9 de noviembre, se celebró una segunda moción de censura contra Martín Vizcarra por "incapacidad moral". El Congreso lo destituyó con 105 votos a favor y 19 en contra. Perú tiene un sistema político presidencialista en el que el presidente, elegido por sufragio universal, es el jefe de Estado, pero su Congreso, que cuenta con 130 legisladores, se

Para pedir una moción de censura se necesita una demanda por parte del 20 % de los congresistas, para admitirla es necesario el 40 % y para que prospere el 60 % o sea 87 votos. Lo paradójico es que los diputados que promovieron la moción contra el presidente por corrupción están investigados por corruptos. Pese a una aprobación que oscilaba entre el 60 y el 80 %, Martín Vizcarra fue destituido confirmando así la sentencia según la cual: "En Perú es más fácil vacar al presidente que condenar a un asesino".

compone sólo de una cámara legislativa. Para evitar que los presidentes dieran muestras de autoritarismo, se introdujeron mecanismos inspirados en el parlamentarismo europeo. La única manera para el presidente de garantizar la estabilidad de su mandato es tener mayoría en el Congreso lo que no tenía Martín Vizcarra. Si bien logró evitar la destitución en la primera moción de vacancia de septiembre de 2020, la segunda le fue fatal. A raíz de esta crisis institucional considerada como un golpe de fuerza, numerosos ciudadanos salieron a la calle en Lima y otros municipios para protestar contra el derrocamiento de Vizcarra y la juramentación de su sustituto, **Manuel Merino**.

El 10 de noviembre, éste asumió como presidente de transición. Este político desempeñó un papel relevante en la primera moción para destituir a Martín Vizcarra en septiembre de 2020, ya que le permitió a un congresista que difundiera audios de conversaciones del mandatario sospechoso de corrupción. Pese a que Merino aseguró que mantendría las elecciones presidenciales y parlamentarias programadas para abril de 2021, miles de ciudadanos se manifestaron para reclamar una salida constitucional a la crisis política mediante el *hashtag* #ManuelMerinoNoEsMiPresidente. El 15 de noviembre, tras 6 días de protestas, 13 de los 16 ministros de Manuel Merino dimitieron a raíz de la muerte de dos manifestantes por la represión policial. El mismo día, el presidente interino Manuel Merino renunció y fue sustituido por **Francisco Sagasti**, previamente elegido presidente del Congreso, por sucesión constitucional.

El 11 de abril de 2021, se celebró la primera vuelta de la elección presidencial en la que salieron favoritos para la segunda vuelta (prevista el 6 de junio) Pedro Castillo (izquierda) y Keiko Fujimori (derecha).

NOTAS

1. un virrey: *un vice-roi*
2. vial = de carreteras
3. un perito = un experto
4. culminar = terminar
5. una índole = una naturaleza
6. en pos de = en busca de
7. un forastero = una persona extraña al lugar
8. una barriada: *un bidonville*
9. un recorte presupuestario: *une coupe budgétaire*
10. una chabola: *un bidonville*
11. toparse con: *tomber sur (sens figuré)*
12. derrocar: *renverser (un régime)*
13. socavar: *saper*
14. segar = acabar con
15. un rehén: *un otage*
16. salpicar: *éclabousser*
17. un despido: *un licenciement*
18. tibio: *tiède*
19. una incautación: *une saisie*
20. el paradero = lugar donde se encuentra
21. el cobre: *le cuivre*
22. un chanchullo: *une magouille*
23. El Niño: *fenómeno climático que provoca estragos sobre todo en la cuesta pacífica sudamericana*
24. el punto álgido = el clímax

- ***Dioses*** (2008), película del director peruano Josué Méndez, que relata los conflictos interiores de los miembros de una misma familia frente a las desigualdades sociales.
- ***La teta asustada*** (2009), de Claudia Llosa, se centra en el miedo de las mujeres violadas durante la época del Sendero Luminoso.
- ***Canción sin nombre*** (2019), de Melina León, relata el robo de niños recién nacidos en el Perú de los años 80, con el Sendero Luminoso como tela de fondo.

- ***Lituma en los Andes*** (1993), novela del escritor peruano Mario Vargas Llosa ambientada en los años 1980 en medio de la guerra desatada por el grupo terrorista Sendero Luminososmo amarillo ("amarillismo") bajo la dictadura de Fujimori.
- ***Abril rojo*** (2006), novela del escritor peruano Santiago Roncagliolo que recuerda el terrorismo del Sendero Luminoso en los años 80 y 90 en Perú.
- ***Cinco Esquinas*** (2016), novela de Mario Vargas Llosa que cuenta el periodismo amarillo ("amarillismo") bajo la dictadura de Fujimori.

MC 86 Perú (presentación general)

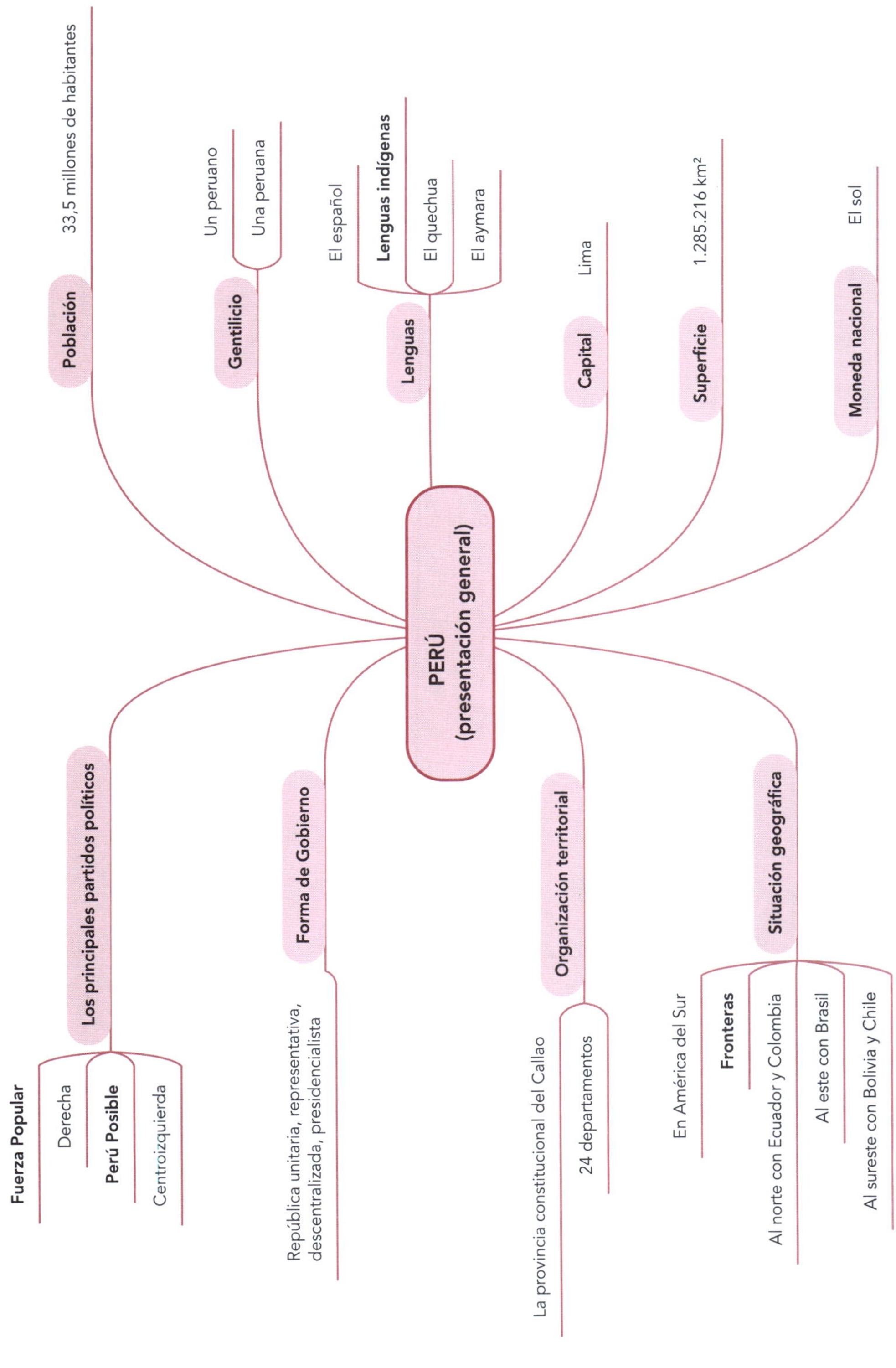

MC 87 El fujimorismo (1990-2000)

EL FUJIMORISMO (1990-2000)

- **Primer mandato (1990-1995)**
  - **10 de julio de 1990**
    - Victoria frente al escritor Mario Vargas Llosa
  - **Fujishock**
    - Devaluación de los salarios de la mayoría de la población
    - Privatización de las compañías del Estado
  - **5 de abril de 1992**
    - Disolución del Congreso = autogolpe
  - **Lucha contra el Sendero Luminoso**
  - **1993**
    - Nueva constitución
- **Segundo mandato (1995-2000)**
  - **1996**
    - Ley de Interpretación Auténtica para poder presentarse a un tercer mandato
  - Crisis de los rehenes
  - **Creciente impopularidad por los numerosos casos de corrupción**
  - **Septiembre de 1998**
    - Rechazo del pedido de nulidad de la Ley de Interpretación Auténtica
- **Tercer mandato (abortado en 2000)**
  - Victoria en las elecciones presidenciales de mayo de 2000 frente a la no participación de Alejandro Toledo en la segunda vuelta
  - 26-27-28 julio de 2000: Marcha de los Cuatro Suyos
  - Vladivídeos
  - Noviembre de 2000: anuncio por fax de su renuncia a la presidencia desde Japón
  - Inhabilitación para ejercer cualquier cargo público por un periodo de 10 años
- **Detención, extradición y juicios**
  - **Nov. 2005**
    - Viaje a Chile
    - Arresto por orden de un ministro de la Corte Suprema chilena
  - **Sept. 2007**
    - Extradición a Perú
  - **2009**
    - Condena por delitos de lesa humanidad
  - **2010**
    - Confirmación de la pena de 25 años de prisión por violaciones a los derechos humanos
  - **24 dic. 2017**
    - Aceptación del pedido de indulto humanitario para la libertad de Fujimori por el entonces presidente Pedro Pablo Kuczynski
  - **3 oct. 2018**
    - Anulación del indulto por la Corte Suprema de Perú

MC 88 La presidencia interina de Martín Vizcarra (marzo de 2018 - noviembre de 2020)

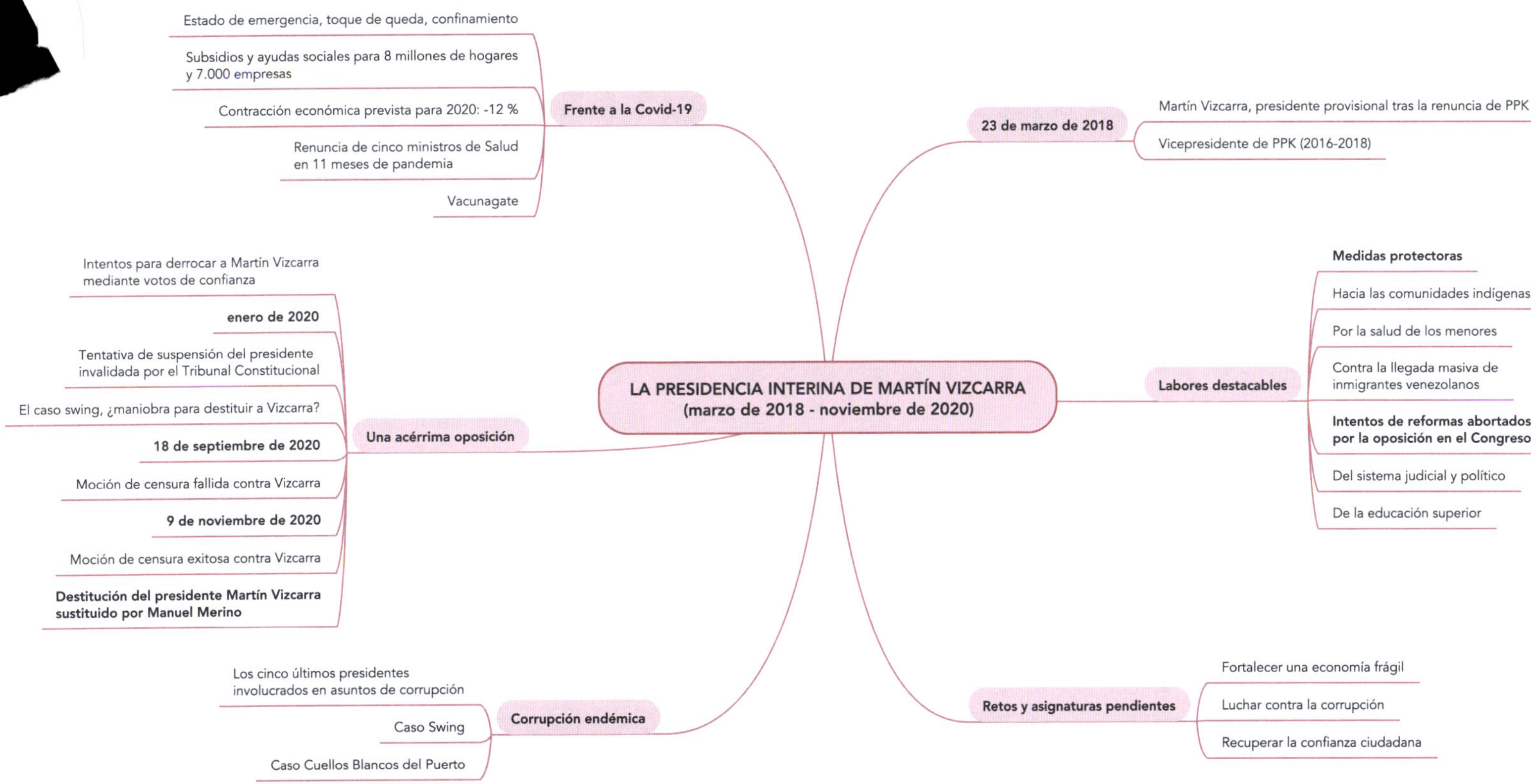

49 URUGUAY

Datos generales (➔ véase MC 89)

La República Oriental de Uruguay es un país de América del Sur que tiene frontera con Brasil al noreste y con Argentina al oeste. Limita con el océano Atlántico al sureste y el Río de la Plata al sur. Con sus 176.215km², es el segundo país más pequeño de Suramérica, después de Surinam. Por ser la tierra más oriental del Virreinato del Río de la Plata el territorio fue llamado durante mucho tiempo Banda Oriental e incluía parte del actual estado brasileño de Río Grande del Sur. Uruguay se ubica en décima posición entre los países sudamericanos con sus 3,5 millones de habitantes y su capital es Montevideo. Los principales recursos económicos son la agricultura y la ganadería ya que los recursos minerales y energéticos son escasos[1], y las principales industrias son de cemento, papel y cartón, así como refinerías de petróleo.

Es el país de América Latina con el nivel de alfabetización más alto y, junto con Costa Rica, con el más equitativo reparto de las riquezas. Desde 1980, es el tercer país latinoamericano, después de Argentina y Chile, con mayor índice de desarrollo humano (IDH) y el cuarto país de Latinoamérica, después de Cuba, Costa Rica y Chile, con la esperanza de vida más alta. Además, es un modelo democrático con el menor índice de Percepción de Corrupción. Por último, se sitúa dentro de los diez países más verdes del mundo.

El español Sebastián Gaboto fue el primero en fundar la ciudad de San Lázaro en la entonces llamada Banda Oriental, a principios de 1527 y después, fue fundado un segundo fuerte en la desembocadura del río San Salvador. Pero ambos establecimientos fueron efímeros. En enero de 1680, los portugueses ocuparon la parte meridional de la Banda Oriental –violando el Tratado de Tordesillas– y el 22 de noviembre de 1723, el Maestre de Campo Manuel de Freytas Fonseca fundó el fuerte de Montevieu, introduciendo a los africanos de naciones bantú como esclavos. Los portugueses fueron desalojados en 1723 y el capitán español Bruno Mauricio de Zabala fundó oficialmente Montevideo el 24 de diciembre de 1726.

> **El Tratado de Tordesillas**, firmado el 7 de junio de 1494, se compone de una serie de acuerdos entre el rey Fernando II de Aragón y la reina Isabel I de Castilla, por una parte, y el rey Juan II de Portugal por otra, en virtud de los cuales se establece una nueva línea de demarcación entre las dos coronas, que corre de un polo a otro, 370 leguas al oeste de las islas de Cabo Verde.

Durante la Revolución de Mayo de 1810 iniciada en Buenos Aires y el levantamiento revolucionario de las provincias del Plata, Montevideo se mantuvo fiel a las autoridades españolas, pero no fue el caso del interior rural del país y de las ciudades más pequeñas. En abril de 1825, estalló otra revolución conocida como la gesta[2] emancipadora de los 33 Orientales para liberar la Banda Oriental. Le sucedió inmediatamente la Guerra de Cisplatine –o Guerra de Brasil– entre el Imperio de Brasil y las Provincias Unidas del Río de la Plata, recién emancipadas del yugo[3] español. En esta contienda se contó con la ayuda del Reino Unido como mediador diplomático. Bajo presión británica, fue firmado el Tratado de Montevideo el 27 de agosto de 1828, cambiándose así el nombre de la provincia de Cisplatine en Uruguay. Sólo la parte oriental del territorio, el Rio Grande do Sul, quedó bajo dominación brasileña. Se garantizó con este convenio la libre navegación del Río de la Plata.

La Suiza de América

A finales del siglo XIX, el país había completado su organización y durante la era Batllista alcanzó altos niveles de bienestar, equiparables a los europeos por lo que pasó a ser conocido internacionalmente como "la Suiza de América". De la mano del presidente **José Batlle y Ordóñez** (1903-1907 y 1911-1915), Uruguay consolidó su democracia. Fue uno de los primeros en abolir la pena de muerte (1907) y en admitir el divorcio por la sola voluntad de la mujer (1913). En el mismo periodo se legalizó la prostitución y se aprobaron además avanzadas normas laborales, como la reducción de la jornada laboral a 8 horas (1915) y leyes de seguridad social. Ya había sido la segunda nación del mundo, siguiendo los postulados[4] de José Pedro Varela, en establecer por ley un sistema educativo gratuito, obligatorio y laico en 1877.

También se permitió el voto femenino en 1927. Muchos logros dieron a conocer internacionalmente Uruguay: el edificio más alto de América Latina en 1928 (el Palacio Salvo), la excelente infraestructura, sanidad y educación con niveles superiores a los países europeos, su universidad pública, el estadio más grande del mundo (el Estadio Centenario), los servicios públicos estatales (electricidad, teléfonos, gas, tranvías, ferrocarriles, agua corriente, entre otros), un peso uruguayo que tendía a apreciarse frente al dólar, nuevas instituciones públicas, el triunfo en los campeonatos de fútbol en los Juegos Olímpicos (París en 1924 y Ámsterdam en 1928) y en los mundiales de 1930 cuya sede fue la ciudad de Montevideo y de 1950, en Brasil. Todas estas hazañas[5] contribuyeron a perpetuar el mito de la edad dorada de Uruguay.

La era de la exportación

Tras la Segunda Guerra Mundial, la bonanza[6] económica favoreció la industrialización del país. Durante años dejaron de importarse productos manufacturados europeos para fabricarlos en el territorio nacional y así conseguir una de las más bajas tasas de desempleo. A finales del siglo XIX, el motor del crecimiento de Uruguay, como el de muchos otros países de América Latina, fueron las exportaciones. La diferencia fundamental de Uruguay con los demás, es que no dependía excesivamente de un único país de destino.

Con el cambio de siglo, los principales bienes que exportaba Uruguay fueron la lana (42 % del porcentaje total) y en segundo lugar la carne congelada (24 %). Estos productos se dirigieron principalmente a tres mercados (Bélgica, Francia y Argentina) aunque sin representar el 70 % de la exportación total. Con la Primera Guerra Mundial dichas exportaciones bajaron y otros países cobraron[7] más peso, pasando del 30 % en 1912 al 70 % en 1917. La economía uruguaya siguió concentrando sus esfuerzos e inversiones en lana y carne, ya que escaseaban en países europeos que privilegiaban la producción manufacturera. Los adelantos tecnológicos de entonces permitieron aumentar la productividad de los ganados[8], como el método de la cría[9] ya que, en términos de extensión de tierra, ésta era menor respecto a la vecina Argentina, también uno de los mayores países de carne. Aunque el producto estrella[10] de la economía uruguaya era la lana (46 %), la exportación de carne aumentó gracias a los frigoríficos (que mejoraban su conservación) y a mejores técnicas de navegación y transporte.

Las nuevas características de producción conllevaron un cambio radical en las estructuras agrícolas, dejando paso a explotaciones capitalistas orientadas al mercado, y no al simple consumo interno, pero la organización de la tierra no produjo un desarrollo económico duradero en el país. En Uruguay se habló de un crecimiento extensivo, con un aumento de la tierra utilizada y de la mano de obra sin pensar en alternativas a la falta de recursos naturales, como consecuencia de la explotación de la tierra.

De los *shocks* externos a la ISI (Industrialización por Sustitución de Importaciones)

Tras la era de las exportaciones, la Primera y Segunda Guerra Mundial y la Gran Depresión de 1929 acabaron con la bonanza de Uruguay, siendo el sector exportador el motor de su economía. Hasta principios de la década de los 50, Uruguay vivió a expensas de[11] lo que ocurría en el resto del mundo lo que se desvelaron las fluctuaciones de su PIB.

En 1950, a América Latina le llegaron ideas del extranjero: se decidió dejar de basar la economía en el sector primario para pasar a producir las manufacturas que hasta el momento habían importado (ISI). Uruguay no sacó todo el provecho de sus vecinos, por su limitado territorio y, por ende, la restricción de un mercado interno potente. Pese a ello, algunas medidas ISI sí que se cumplieron con el impulso de muchas empresas por el Gobierno Central y la importación de más bienes de capital que de otro tipo para el cambio de sistema económico. Sin embargo, no fue suficiente y se inició un déficit público.

De la crisis económica a la formación de guerrillas (1955-1973)

Hacia 1955, la crisis económica acabó afectando también a las instituciones políticas. En 1962, la izquierda uruguaya sufrió una derrota electoral muy severa: el viejo Partido Socialista perdió su representación en el Parlamento. Esta crisis agudizó[12] el escepticismo de los uruguayos en torno a la posibilidad de desplazar, por vía electoral, a los partidos tradicionales del poder. La Revolución cubana (➲ véase cap. 33) parecía mostrar que era posible catalizar los procesos de cambio a través de otras formas de lucha. A lo largo de los años 60, el deterioro económico se acompañó de cierta agitación social por parte de sectores gremiales[13] izquierdistas y paralelamente, de la actividad de unos diez grupos revolucionarios, entre los que destacaron los Tupamaros que optaron por la guerrilla urbana (➲ véase cap. 52). Durante la década del 60 y 70, actuaron algunas organizaciones de ultraderecha como la Juventud Uruguaya de Pie (JUP) y el Comando Caza Tupamaros (CCT), conocido como Escuadrón de la Muerte. Las Fuerzas Armadas utilizaron a su favor el deterioro que asolaba al país y fueron cobrando cada vez más protagonismo. Estos hechos condujeron a un golpe de Estado que instauró una dictadura cívico-militar.

La dictadura de 1973 a 1985 (➲ véase MC 91)

Durante toda **la dictadura militar**, fueron arrestados, recluidos en casi total incomunicación y torturados muchos dirigentes de izquierda y otros ciudadanos sin posición política acusados de rebelión contra el orden público. Ahora bien, los dirigentes de los partidos políticos tradicionales como Luis Alberto Lacalle de Herrera (1990-1995) y Jorge Batlle Ibáñez (2000-2005), futuros presidentes democráticos de la República, fueron liberados, sin dejar por ello de ser sospechosos en todo momento y sometidos a vigilancia permanente. En las cárceles uruguayas murieron cerca de un centenar de prisioneros políticos y siguen desaparecidas otras 140 personas.

Juan María Bordaberry, elegido el 1 de marzo de 1972, ejerció como presidente constitucional hasta 1973. Apoyado por las Fuerzas Armadas, disolvió el Parlamento convirtiéndose así en dictador a raíz del golpe de Estado del 27 de junio de 1973. Meses más tarde, creó un Consejo de Estado con funciones legislativas y control administrativo además de encargarlo de reformar la Constitución. Restringió la libertad de expresión y de pensamiento de ahí la injerencia del Ejército y la Policía en los servicios públicos.

Como respuesta a la dictadura naciente, gran parte de la ciudadanía y trabajadores agrupados en la Convención Nacional de Trabajadores (CNT), así como el Movimiento Estudiantil, principalmente representado por la Federación de Estudiantes Universitarios, realizó una huelga[14] general de 15 días.

El 1 de junio de 1976, Bordaberry les propuso a los comandantes en jefe de las Fuerzas Armadas una reforma del sistema institucional del país, suprimiendo los partidos políticos y sustituyéndolos por "corrientes de opinión" en un sistema de corte[15] corporativista. Pero, los militares mostraron su desacuerdo, lo que causó una crisis política que culminó con la destitución de Bordaberry sustituido el 12 de junio de modo interino, por **Alberto Demicheli**, hasta entonces presidente del Consejo de Estado. Entre las primeras medidas implementadas, estuvo la supresión hasta un nuevo pronunciamiento de las elecciones generales (previstas para noviembre de ese mismo año) y la creación del Consejo de la Nación. A nivel económico, Demicheli planeó una amplia liberalización y apertura de la economía. Para ello, ratificó el Plan Nacional de Desarrollo creado en 1972 para promover una nueva alianza entre los militares y la tecnoburocracia: se pretendía transformar las estructuras productivas del comercio exterior en torno a la distribución del ingreso, la demanda y los precios relativos. Finalmente, el 1 de septiembre de 1976, Demicheli delegó la presidencia a **Aparicio Méndez** (exministro de Salud Pública) que tomó las riendas del poder hasta septiembre de 1981. El 1 de septiembre de 1981, el general **Gregorio Álvarez** asumió el poder como presidente de facto hasta su dimisión el 12 de febrero de 1985. Fue el dictador más temido de la dictadura uruguaya ya que dirigió el país con mano dura en una oscura etapa de la que siempre dijo no arrepentirse para nada.

Ya, en el referéndum del 30 de noviembre de 1980, la ciudadanía mostró su rechazo al proyecto de reforma constitucional por parte del régimen dictatorial, promoviendo así cierta apertura política. Álvarez rechazó el veredicto de la opinión pública y siguió reprimiendo hasta que, dado el avance de los sectores políticos opositores en las elecciones internas de 1982 y la falta de apoyo de las Fuerzas Armadas para continuar con el régimen dictatorial, aceptó negociar un nuevo calendario electoral.

"Goyo" Álvarez, como era conocido, fue encarcelado en Montevideo en 2007, procesado y condenado en 2009 a 25 años de prisión por la muerte de 37 opositores en 1977 y 1978. Fue uno de los acusados uruguayos en el juicio por el Plan Cóndor (➔ véase cap. 57).

Hacia un retorno a la democracia

En noviembre de 1984, convocó pues elecciones legislativas y presidenciales en las que salió electo **Julio María Sanguinetti** del Partido Colorado, el 1 de marzo de 1985. Sin embargo, subsistían presos políticos como el líder del Partido Nacional, Wilson Ferreira Aldunat, y candidatos proscritos como el líder del Frente Amplio, Líber Seregni que había sido encarcelado de 1973 a 1985.

En febrero y marzo de 1985, los partidos políticos mayoritarios se pusieron de acuerdo para amnistiar a los criminales de los delitos políticos cometidos a partir del 1 de enero de 1962, con excepción de los homicidios intencionales y tratamientos inhumanos, crueles o degradantes y hasta de la detención de personas desaparecidas luego (➔ véase cap. 57).

En diciembre de 1986, se aprobó la **Ley de Caducidad** que protegía a todos los miembros de las Fuerzas Armadas acusados de violar a los derechos humanos entre 1973 y 1985. Después, se llevó a cabo una campaña de recolección de firmas para impulsar un referéndum para anularla el 16 de abril de 1989. Triunfó el voto a favor del NO (53 %) que significó mantener la amnistía a los delitos cometidos durante el Gobierno militar.

En los comicios de noviembre de 1989, resultó ganador **Luis Alberto Lacalle** del Partido Nacional y en 1994, **Sanguinetti** fue reelegido. En 1996, por primera vez se consideró una reforma constitucional que instauró las elecciones internas y el balotaje. Siendo así, en 1999, triunfó **Jorge Batlle Ibáñez** del Partido Colorado que asumió la presidencia hasta 2005 después de cinco candidaturas presidenciales frustradas (1966, 1971, 1989, 1994 y 1999). A nivel educativo, inició el Plan Ceibal, un proyecto que consistía en que cada maestro y cada alumno de las escuelas públicas del país dispusieran de una computadora portátil de 100 dólares.

Crisis económica, política y social de 2002

El 30 de julio de 2002, se decretó el feriado bancario (o corralito), es decir que se suspendió toda actividad financiera bajo el gobierno de Batlle Ibáñez que lo justificó por un pedido expreso del FMI para proceder a la liquidación de los bancos del grupo Peirano. Este parón[16] duró una semana, hasta el 5 de agosto.

El caso Peirano

En febrero de 1973, el juez penal Héctor Amilivia detuvo y enjuició al entonces presidente del Banco Mercantil, Jorge Peirano Facio, por delitos bancarios. Todas las firmas colaterales, prohibidas por la normativa vigente en aquella época, las presidía el hermano de Jorge, quien también fue procesado. Peirano había pasado a ser ministro de Industrias por lo que fue liberado días después de la disolución de las cámaras parlamentarias por imposición militar el 27 de junio de 1973. Tras el exilio del juez a Barcelona (España), Jorge siguió en el Banco Central. Mediante sus negocios y quiebras, fue acumulando fortuna a lo largo de la dictadura en tres países.

En diciembre de 2002, el Grupo Peirano que poseía o controlaba acciones volvió a ser procesado y encarcelado por una estafa bancaria de 800 millones de dólares. A lo largo de la carrera delictiva de Jorge Peirano Facio, miles de personas perdieron sus ahorros[17] en las instituciones bancarias controladas por el banquero.

Dicha decisión tenía como objetivo detener la fuga de depósitos que Uruguay venía sufriendo desde el 2001, ya que muchos ahorristas argentinos acudieron a sus ahorros en Uruguay por no poder sacar dinero en su propio país. Los cajeros[18] automáticos se quedaron sin dinero, las casas cambiarias[19] vendían el dólar a 38 pesos y lo compraban a 24. El 31 de julio, durante la noche, ocurrió el primer saqueo a un supermercado rápidamente seguido al día siguiente por una ola de más de treinta. Como muchos comerciantes no abrieron sus comercios por miedo a nuevos saqueos, el ministro del Interior intentó calmar a la población anunciando un refuerzo de la vigilancia policial. Mientras en el país reinaba el caos, el director del FMI había dado la orden de no prestarle un dólar más a Uruguay, pero Estados Unidos acabó concediéndole a Uruguay un préstamo puente de 1.500 millones de dólares destinados a capitalizar los bancos estatales para resolver la crisis económica uruguaya.

Las consecuencias inmediatas de la crisis del 2002 no se hicieron esperar. Se registraron dos suicidios al día sin contar las numerosas tentativas, conoció el salario real una fuerte caída, con una pérdida del 22 % respecto al año 2000. También el desempleo se disparó hasta alcanzar el 17 % en 2003 pero esta tendencia no duró ya que al final del Gobierno de Jorge Batlle, los índices de paro se revirtieron en cifras inferiores a las del momento de su llegada al poder. Al contrario, el salario real que en 2005 se ubicaba muy por debajo de las cifras del 2000.

Tres lustros para el Frente Amplio

Tabaré Vázquez (2005-2010), un gobierno de reformas

En las elecciones generales de finales de 2004, rompiendo con la hegemonía de los partidos tradicionales del país, el Partido Colorado y el Partido Nacional, salió electo Tabaré Vázquez, tras dos candidaturas presidenciales (1994 y 1999). Durante este primer mandato, el mandatario del Frente Amplio (FA) se dedicó a reducir la pobreza y la indigencia en el país a través de dos programas sociales: un plan de emergencia y otro de equidad para aportar respuestas a las demandas y necesidades más básicas sobre todo en alimentación y salud. Mediante el decreto antitabaquismo "Un millón de gracias" (febrero de 2006), Uruguay se convirtió en el primer país de América y el séptimo en el mundo en prohibir totalmente el consumo de tabaco en lugares públicos cerrados. La puesta en marcha del Hospital de Ojos, situado en Montevideo, fue otro gran proyecto llevado a cabo durante la presidencia de Tabaré Vázquez. El 27 de julio del 2009, se celebraron las diez mil operaciones de catarata efectuadas y el hospital pasó a llamarse Hospital José Martí, en honor al poeta cubano y en conmemoración a la labor común entre el Gobierno de Cuba y el de Uruguay.

Los mejores años de la economía uruguaya, durante el primer gobierno del FA, fueron los cuatro primeros dado que, en 2009, el impacto de la crisis financiera de EE. UU. se resintió en Uruguay. La tasa de crecimiento acumulativo anual del PIB pasó del 8,5 % en 2008 al 2,9 % en el año electoral. La economía no entró en recesión, pero los indicadores empeoraron significativamente. Tras la crisis económica del 2002 que había disparado[20] la tasa de desempleo en un 17 %, ésta bajó en 2006 a un 10,9 % y a finales de 2007 a un 7,7 %, situándose así en el índice más bajo registrado en el país desde 1993. En parte, fue fruto del programa "Uruguay trabaja" que promovió el trabajo como factor socioeducativo con la ayuda del Banco de Previsión Social que entregó un préstamo mensual de 4.000 dólares a personas vulnerables de entre 18 y 65 años residentes en hogares humildes, que habían dejado la escuela antes de terminar el tercer año de Ciclo Básico y no habían trabajado durante más de dos años. En cuanto a educación, Vázquez prosiguió el Plan Ceibal iniciado durante la presidencia de Batlle y lo quiso extender a toda la educación pública secundaria. Su nombre pasó a ser una sigla que significaba: "Conectividad Educativa de Informática Básica para el Aprendizaje en Línea". El proyecto era parte del "Plan de inclusión y acceso a la sociedad de la información y el conocimiento". Otro proyecto denominado "Gol al Futuro" fue impulsado para exigirles carrera universitaria a los jugadores de fútbol juveniles de Uruguay, ya que este sector constaba de una deserción estudiantil con niveles preocupantes. En enero de 2008, 3.000 personas antes analfabetas, lograron graduarse[21] tras seguir el curso de alfabetización. Sólo trescientos eran de la capital mientras que el resto pertenecía al interior del país, siendo los 40 años el promedio de edad del alumnado y en su gran mayoría la clase social baja. En cuanto a política tributaria, analistas consideraron la reforma de Tabaré Vázquez como la primera gran reforma de izquierda que este gobierno puso en marcha.

Durante su campaña presidencial, Vázquez había prometido aclarar hechos ocurridos bajo la dictadura cívico-militar entre los años 1973 y 1985, tales como desapariciones forzadas, torturas. Pero en ningún momento, el objetivo era castigar a los culpables por lo que no anuló la llamada Ley de Caducidad. No obstante, el 31 de octubre del 2005, Vázquez dejó afuera de la ley los casos de Washington Barrios, primer desaparecido en Argentina y de Horacio Ramos, aparecido ahorcado en su celda[22], además de otros cuarenta y tres casos más. Tales exclusiones de la Ley de Caducidad permitieron la condena de los jefes de la dictadura militar uruguaya, como la de Juan María Bordaberry y Gregorio Álvarez.

A nivel internacional, la presidencia de Vázquez fue marcada por la reanudación de relaciones con Cuba y la afianzada amistad entre el Gobierno uruguayo y el venezolano. El presidente uruguayo inició una primera etapa de acercamiento político y comercial, de donde surgió el convenio con la petrolera PDVSA y otros acuerdos. Pero a medida que Hugo Chávez se ponía más extremista con Estados Unidos, Vázquez se fue distanciando del eje bolivariano y dejó de ir a reuniones en Caracas. Asimismo, Chávez no acudió a las de Montevideo. Venezuela se situaba entonces en el sexto lugar con una participación del 3,9 % de las ventas al exterior. Vázquez priorizó pues a Estados Unidos y a Chile. De hecho, su modelo era el Chile de Michelle Bachelet, considerado como ejemplo del "regionalismo abierto". Estado asociado al Mercosur, Chile firmó decenas de acuerdos de libre comercio, entre otros con Estados Unidos. Mantuvo mejores relaciones con otros gobiernos "progresistas" como el de la Bolivia de Evo Morales, el Brasil de Lula y el Ecuador de Rafael Correa. En cambio, las malas relaciones con la Argentina de la pareja Kirchner, se debieron a las duras críticas de Vázquez respecto al Mercosur y a su oposición a un TLC con Estados Unidos. Finalmente, se abrieron nuevas fronteras comerciales con países como Nueva Zelanda, Rusia, China, India y Emiratos Árabes Unidos.

> **Juan María Bordaberry** murió en 2011, en arresto domiciliario, tras ser condenado a 30 años por cometer asesinatos y propagar desapariciones. **Gregorio Álvarez** desconoció en absoluto el Plan Cóndor (➔ véase cap. 57), repitió varias veces a la prensa que moriría en la cárcel y allí murió efectivamente en diciembre de 2016, tras cumplir diez años en prisión. Antes, el Banco de Previsión Social les había suspendido la jubilación a ambos, una pensión que correspondía a su ejercicio como expresidentes de la República.

Tabaré Vázquez terminó el año 2008 políticamente debilitado. En noviembre y diciembre recibió dos golpes muy duros que provinieron paradójicamente de su propio partido. Primero, el grupo parlamentario frenteamplista aprobó la Ley de Salud Sexual y Reproductiva. Pese a ideas socialistas, Vázquez, siempre se mostró en contra de la despenalización del aborto (➔ véase cap. 61) y en el país, el Código Penal tipificaba como delitos el consentimiento de la mujer para su propio aborto, así como realizar la interrupción voluntaria de embarazo, con o sin ese consentimiento. Por eso, cumpliendo con un compromiso asumido públicamente, el presidente vetó los artículos de la ley que despenalizaban el aborto. La tensión entre el presidente y la mayoría de la bancada frenteamplista fue muy fuerte y derivó en la renuncia de Vázquez al Partido Socialista (PS). El segundo golpe al liderazgo presidencial se verificó en el Congreso del Frente Amplio (FA), cuando la mayoría de los congresistas, en lugar de acompañar a Vázquez en su apoyo a la candidatura de Danilo Astori a partir de febrero de 2008, optó por designar a José Mujica como candidato "oficial" a la presidencia.

Al día siguiente, la situación era completamente distinta. A finales de 2009, pasando del 49 % al 72 %, Vázquez logró alcanzar niveles de popularidad y de aprobación de gestión absolutamente inéditos debidos a dos factores políticos. En primer lugar, desplegó una estrategia de comunicación mediante actos públicos de transparencia, viajes al exterior e inauguraciones de obras. En segundo lugar, tanto José Mujica como los otros dos precandidatos frenteamplistas, Danilo Astori y Marcos Carámbula, optaron por concentrarse en la competencia interna con vistas a la campaña presidencial sin criticar al gobierno. En resumidas cuentas, Vázquez deseaba terminar su mandato con un mejor capital político para permitir la reelección de su partido político lo que consiguió en las elecciones primarias del 28 de junio de 2009 con la victoria del frenteamplista José Mujica.

La "revolución plebeya" de José Mujica (2010-2015) (➔ véase MC 92)

Si la elección de Tabaré Vázquez inició una nueva era en Uruguay con el predominio político del Frente Amplio, a su vez, el ascenso de José Mujica, que había sido diputado, senador y ministro durante la presidencia de su predecesor, confirmó un ciclo de gran trascendencia en la política del país.

> **José Mujica**, más comúnmente llamado Pepe Mujica, es el primer presidente guerrillero y fue una figura histórica del MLN-Tupamaros (➔ véase cap. 52). Sufrió por más de doce años su detención en cuarteles militares, sometidos a un régimen de destrucción y de aislamiento total que incluyó dos años en un pozo. Es famoso por conducir un escarabajo Volkswagen del año 87 y vivir (aun cuando era presidente) en una casa de campo. Renunció al 90 % de su sueldo de presidente a favor de los más necesitados. En agosto de 2018, Pepe Mujica renunció a su cargo de senador por motivos personales y cansancio. Rechazó también la pensión correspondiente, anunciando su simple jubilación. Pero en octubre de 2019, volvió al Senado como el más votado del Frente Amplio. Como favorito, pudo reintegrar el Senado. Pero la pandemia de Covid-19 precipitó su retiro definitivo de la vida política en octubre de 2020 por padecer una enfermedad autoinmune.

A pesar de prometer "un giro a la izquierda" durante la campaña presidencial, Mujica ofreció más continuidad que cambio en política pública. El segundo Gobierno del FA, tal y como el primero, intentó aunar[23] crecimiento económico y distribución del ingreso en su lucha contra la pobreza y la exclusión social. En materia de políticas sociales, educación y vivienda eran el blanco privilegiado. A nivel económico, Mujica apostó por la modernización de la agricultura, estimulando la cooperación entre universidades y productores agropecuarios, aunque con efectos negativos: la "extranjerización" de las tierras, un modelo agrícola productivista poco ecológico, monocultivo y agroquímico igual que en Argentina y Brasil. En política, destacaron unos cambios. En primer lugar, Mujica se esforzó por construir un buen clima de diálogo con la oposición y favoreció la incorporación de representantes del Partido Nacional, del Partido Colorado y del Partido Independiente en los directorios de las empresas públicas lo que supuso la recuperación de la tradicional "coparticipación". Para ello Mujica convocó comisiones laborales interpartidarias con el fin de acordarse en torno a educación, seguridad, energía y cambio climático. Pese a su pasado guerrillero, Mujica ostentó una concepción pluralista de la política. En segundo lugar, Mujica se presentó ante la opinión pública como el "presidente de todos" y no como "presidente frenteamplista" como lo ilustró su iniciativa, finalmente frustrada, de favorecer la liberación de presos de más de 70 años condenados por violaciones a los derechos humanos durante la dictadura. Se explicó por razones humanitarias cuando durante 25 años, la izquierda uruguaya luchó por juzgarlos y encarcelarlos. En tercer lugar, sus niveles de exposición pública fueron muy superiores a los de Vázquez. Éste fue un presidente mesurado, discreto, hasta tachado de "ausente" mientras que Mujica trabajó cada día como si fuera el último y no mostró interés en administrar su participación en el debate público.

Su mandato fue marcado por leyes sociales. Primero, fue la despenalización del aborto[24] en octubre de 2012, convirtiendo Uruguay en el segundo país de la región, después de Cuba, en permitirlo. Luego, en abril del mismo año, legalizó el matrimonio homosexual, hasta entonces sólo habilitado en Argentina y en Ciudad de México. Cabe recordar que Uruguay, laico desde 1917, es uno de los países más seculares de América Latina, donde la religión y la Iglesia católica como institución han tenido mucho menos peso. Por último, se aprobó la legalización de la producción y venta de cannabis, por la necesidad de combatir las drogas duras, según el presidente Mujica, en particular la pasta base[25]. La iniciativa de Mujica fue tomada por los parlamentarios del FA, como una manera de ampliar las libertades y respetar la diversidad, cuando su verdadero objetivo era crear competencia directa con los narcotraficantes. Tras un prolongado debate político y social desde que lanzó la idea en junio de 2012, el proyecto fue aprobado en el marco de medidas para combatir el aumento de la violencia en el país. Una tarea pendiente fue la educación, como solución para combatir la delincuencia.

En la escena internacional, el continuo acercamiento a la presidenta argentina Cristina Fernández reflejó un cambio de foco en la política exterior de Uruguay. Mujica lideró el movimiento a favor de Argentina en el conflicto con Gran Bretaña por la soberanía de las islas Malvinas, y fue el primer país del bloque regional en impedir el acceso a sus puertos de barcos comerciales con la bandera inglesa del archipiélago. Por influencia de Mujica, el Mercosur adoptó la misma actitud en una decisión que expuso a todo el bloque a un incidente diplomático con Gran Bretaña. Con Argentina Mujica optó por el diálogo y la negociación amistosa para recomponer el distanciamiento con Tabaré Vázquez. Apoyó a Néstor Kirchner como secretario general de la Unasur y así logró terminar con el bloqueo de los puentes del Río de la Plata a mediados de 2010. Con los últimos gestos amistosos, concretó el dragado del canal Martín García, el acceso a energía de Paraguay a través de Argentina y el visto bueno para ampliar el puerto de Nueva Palmira, sobre el río Uruguay compartido.

Mujica siempre se mostró agradecido con Chávez por los llamados "petrodólares" que el gobierno bolivariano concedió para remodelar el Hospital de Clínicas y para crear la empresa Envidrio (con ex trabajadores de Cristalerías del Uruguay). También celebró el acuerdo con Petróleos de Venezuela (PDVSA) por el que Uruguay compró crudo[26] con muchos años de plazo y pocos intereses. Uruguay negoció además una quita[27] de la deuda que tenía con PDVSA, superior a los 650 millones de dólares. Con la política exterior del presidente José Mujica, quedó atrás la época en que Uruguay promovía un acercamiento político y comercial con Estados Unidos.

Tabaré Vázquez (2015-2020), hacia una recesión económica

En un contexto internacional difícil y con un déficit fiscal ascendente, el 1 de marzo de 2015, Tabaré Vázquez recibió de manos de José Mujica la bandera presidencial. Así el Frente Amplio iniciaba su tercer período consecutivo de Gobierno, todos con mayoría en ambas cámaras.

Vázquez mantuvo la educación dentro de las prioridades del Presupuesto y el 2015 se cerró con la donación de 30.000 tabletas gratuitas para jubilados lo que le valió al presidente una aprobación del 35 %. Otras 100.000 se entregaron en el 2016 y se completó el programa a lo largo del segundo mandato. Una de sus promesas electorales era tender al 6 % del PIB para la educación, pero a los dos años de su segundo mandato, estaba en el 4,8 % y le quedaban tres años de Gobierno. Si la educación requirió buena parte de la atención del Gobierno en el primer año, la economía y la seguridad lo hicieron en el segundo. Preocupado por el déficit fiscal, el Gobierno adoptó una serie de medidas de consolidación fiscal vistas por la oposición como de ajuste. Modificó franjas del IRPF y aumentó los ingresos más altos para reducir el déficit. También Vázquez buscó acuerdos en seguridad y convocó a todos los partidos políticos. En abril de 2016, se aplicó con éxito un nuevo patrullaje denominado PADO que se saldó por una caída de los robos del 8 % en el 2016. Pero aunque la promesa electoral era llevar esa reducción al 30 %, aumentaron un 50 % los números de rapiñas[28] en un año, de 2017 a 2018. Vázquez sufrió las consecuencias de la ley que regulaba el mercado de la marihuana: la venta en farmacias comenzó a mediados de 2017 y enseguida planteó problemas de seguridad.

La esposa del expresidente Pepe Mujica, Lucía Topolansky, asumió el 13 de septiembre de 2017 la vicepresidencia de Uruguay tras la renuncia de Raúl Fernando Sendic por varios escándalos.

La orientación de la política exterior del Gobierno de Tabaré Vázquez era "abrir" nuevos mercados y buscar la flexibilización del Mercosur para así constituir acuerdos de libre comercio con la Alianza del Pacífico (Chile, Perú, Colombia y México), Estados Unidos, Europa (Alemania, Finlandia y Rusia) y el continente asiático. Pero a fin de cuentas, se volcó más hacia la derecha, buscando un apoyo directo a los lineamientos estadounidenses dada la situación internacional: la elección de Mauricio Macri en Argentina en 2015, la victoria de la derecha en el parlamento de Venezuela en febrero de 2016 así como el revés sufrido en el referéndum de febrero de 2016 en Bolivia fueron logros de la derecha que debilitaron la influencia de los gobiernos progresistas de la región.

Se desató una polémica en 2016 cuando se supieron los gastos personales realizados por el vicepresidente **Raúl Fernando Sendic** en viajes oficiales, mientras estaba desempeñando el cargo de vicepresidente de la República. En junio de 2016, se le acusó de haber utilizado la tarjeta corporativa tanto en Uruguay como en el extranjero, y entre sus gastos se incluían artículos de electrónica, vestimenta, joyas o muebles. El Tribunal de Conducta Política del Frente Amplio sentenció a Sendic por haber incurrido en "un modo inaceptable de manejar fondos públicos".

Vuelta al poder del Partido Nacional: Luis Alberto Lacalle Pou (desde el 24 de noviembre de 2019) (➲ véase MC 93)

Hijo del expresidente Luis Lacalle Herrera (1990-1995) del Partido Nacional, Luis Alberto Lacalle Pou ganó las elecciones presidenciales frente al oficialista Daniel Martínez, del partido Frente Amplio que tuvo que resignarse a su derrota electoral. Ya era conocido en la escena política por su carrera de diputado (2000-2015) y senador (2015-2019) además de perder las presidenciales de 2015 frente a Tabaré Vásquez. Dos razones principales también explican la victoria del presidente electo: la pésima situación económica de Uruguay y la subida creciente de la inseguridad contra la que prometió luchar el candidato derechista cristiano. Con sólo 30 de los 99 escaños en el Parlamento uruguayo, tuvo que negociar con los partidos de la Coalición Multicolor que facilitaron su elección y compuesta de elementos del macrismo argentino, del militarismo de Bolsonaro y del liberalismo chileno. Pese a ello y a ser felicitado por el presidente brasileño, Luis Alberto Lacalle Pou no dudó en asegurar que denunciaría a cualquier dictador. De hecho, a finales de 2019, al conocerse la crisis política boliviana desencadenada por la renuncia de Evo Morales, Uruguay, como país miembro del Mercosur, solicitó oficialmente la suspensión de Bolivia, igual que en su día fue suspendido Paraguay cuando el golpe parlamentario de 2012, o lo está Venezuela desde junio de 2018.

Uruguay se distingue también por ser en 2020 el Gobierno más digitalizado de Latinoamérica y se sitúa en vigésima sexta posición a escala mundial. Para medir[29] la capacidad de transformación digital de los gobiernos, la Organización de las Naciones Unidas (ONU) elaboró el Índice de Desarrollo del Gobierno Electrónico que define cada país con una puntuación entre 0 (= menos avanzado) y 1 (= más avanzado). Uruguay consiguió 0,85. En tiempos de Covid-19, el acceso a los servicios de la administración pública puede verse limitado por una carente infraestructura digital por eso se aceleró e intensificó la necesidad de que los gobiernos ofrezcan sus servicios a la ciudadanía de forma *online*.

De hecho, Uruguay destacó por la gestión de su mandatario, vista con admiración por el resto de América Latina, durante la pandemia de Covid-19. El primer contagio de COVID-19 en el país se detectó en marzo, apenas dos semanas después de que asumiera el cargo. A finales de octubre, la nación exhibía el menor número de casos totales (3.125) y de fallecimientos (58) en la región y de las cifras más bajas, si se ajusta por población. La clave del éxito no sólo se debió a la baja densidad poblacional del país y los 3,5 millones de habitantes que cuenta Uruguay sino también a la total transparencia con la que el mandatario informó de la situación sanitaria. El Gobierno suspendió clases y eventos masivos, pero no impuso cuarentena. Prefirió apelar a una libertad con responsabilidad para mantener medidas preventivas como el distanciamiento social y sabía que podía contar con un sistema de salud bueno. A mediados de octubre, no se volvieron a abrir las fronteras a los turistas extranjeros, aunque era temporada de verano para el hemisferio sur y se perfilaba un colapso económico en caso de cierre persistente. Se dieron a conocer dos propuestas: la creación de un pasaporte sanitario con varios testeos, trazabilidad digital del turista y una cuarentena o aislamiento más breve. Se sumó a otro proyecto de "turismo sano" brindado por agencias de viajes.

En medio de este escenario de serenidad, sorprendió a todos en julio de 2020 la dimisión del Ministro de Asuntos Exteriores, Ernesto Talvi, horas antes de que Uruguay asumiera la presidencia pro tempore del Mercosur para concretar los acuerdos con la Unión Europea y con la Asociación Europea de Libre Comercio, y seguir las negociaciones con Canadá, Singapur y Corea. Enseguida fue sustituido por el embajador de Uruguay en España, Francisco Bustillo. Más tropiezos[30] se dejaron entrever. Por un lado, fue cuestionado el respaldo del mandatario al asesor de Donald Trump, Mauricio Claver-Carone, a la presidencia del Banco Interamericano de Desarrollo (BID), por romper con la tradición de 60 años con latinoamericanos al frente de la institución. Por otro lado, el 3 de junio de 2020, presentó un paquete de leyes de urgente consideración, aprobado en medio de cuestionamientos por un total desacuerdo del Congreso.

> **La LUC (Ley de Urgente Consideración)** cuenta con 476 artículos divididos en diferentes ámbitos: seguridad pública, secretaría de inteligencia estratégica del Estado, educación, económica y empresas públicas, eficiencia del Estado, sector agropecuario, relaciones laborales y seguridad social, desarrollo social y salud, normativa sobre la emergencia de vivienda, modificaciones al Código Civil y otras disposiciones.

Del 18 al 25 de octubre de 2020, *ReachingU*, financiadora para programas de educación, organizó su primera campaña global bajo el lema: "Levanta la mano por la educación en Uruguay" en la que se busca captar donaciones para formar docentes y directores, y tutorías integrales que brindan acompañamiento académico y socioemocional en Uruguay.

2020 se cerró con la muerte de Tabaré Vázquez de un cáncer de pulmón.

NOTAS

1. escaso = poco
2. la gesta: *le scénario*
3. el yugo: *le joug*
4. un postulado = una condición, una premisa
5. una hazaña: *un exploit*
6. la bonanza = la prosperidad
7. cobrar = (aquí) tomar
8. el ganado: *le bétail*
9. la cría: *l'élevage*
10. el producto estrella: *le produit phare*
11. a expensas de: *aux dépens de*
12. agudizar: *exacerber, aggraver*
13. los sectores gremiales: *les organisations syndicales*
14. una huelga: *une grève*
15. un corte = una tendencia
16. un parón = una parálisis
17. los ahorros: *les économies*
18. los cajeros automáticos: *les distributeurs automatiques*
19. las casas cambiarias: *les maisons de change*
20. disparar: *faire monter en flèche*
21. graduarse: *se diplomer*
22. una celda: *une cellule*
23. aunar = reunir
24. el aborto: *l'avortement*
25. la pasta base = residuo de cocaína convertido en una droga de bajo costo similar al crack
26. el crudo: *le pétrole brut*
27. una quita de deuda: *une remise partielle de la dette*
28. La rapiña = el robo
29. medir: *mesurer*
30. un tropiezo = una dificultad

- ***Paísito*** (2008), película de Ana Díez que relata el reencuentro entre un hombre y una mujer, exiliada en España, que se habían conocido de niños y que se habían jurado amor eterno.
- ***La demora*** (2012), película uruguaya de Rodrigo Plá que cuenta la vida diaria de una madre de tres hijos que vive con su propio padre al que le falla la memoria.
- ***La noche de 12 años*** (2018) de Álvaro Brechner cuenta las vida de tres presos (entre los cuales Pepe Mujica) en un calabazo durante 12 años bajo la dictadura militar.

Primavera con una esquina rota, novela del escritor uruguayo Mario Benedetti (1982) sobre los años de las dictaduras argentina y uruguaya.

URUGUAY (presentación general)

- **Población**
  - 3,5 millones de habitantes
- **Gentilicio**
  - Un uruguayo
  - Una uruguaya
- **Lengua**
  - El español
- **Capital**
  - Montevideo
- **Superficie**
  - 176.220 km²
- **Moneda nacional**
  - El peso uruguayo
- **Los principales partidos políticos**
  - **Partido Nacional (o Partido Blanco)**
    - Conservador
  - **Frente Amplio**
    - Izquierda, centroizquierda
  - **Partido Colorado**
    - Liberalista
  - **Partido Demócrata Cristiano**
    - Izquierda
- **Forma de Gobierno**
  - República presidencial
- **Organización territorial**
  - 19 departamentos
- **Situación geográfica**
  - En América del Sur
  - **Fronteras**
    - Al sur de Brasil
    - Al este de Argentina y separado por el río Uruguay

MAPA CONCEPTUAL

MC 90 La guerrilla de los Tupamaros (1966-1973)

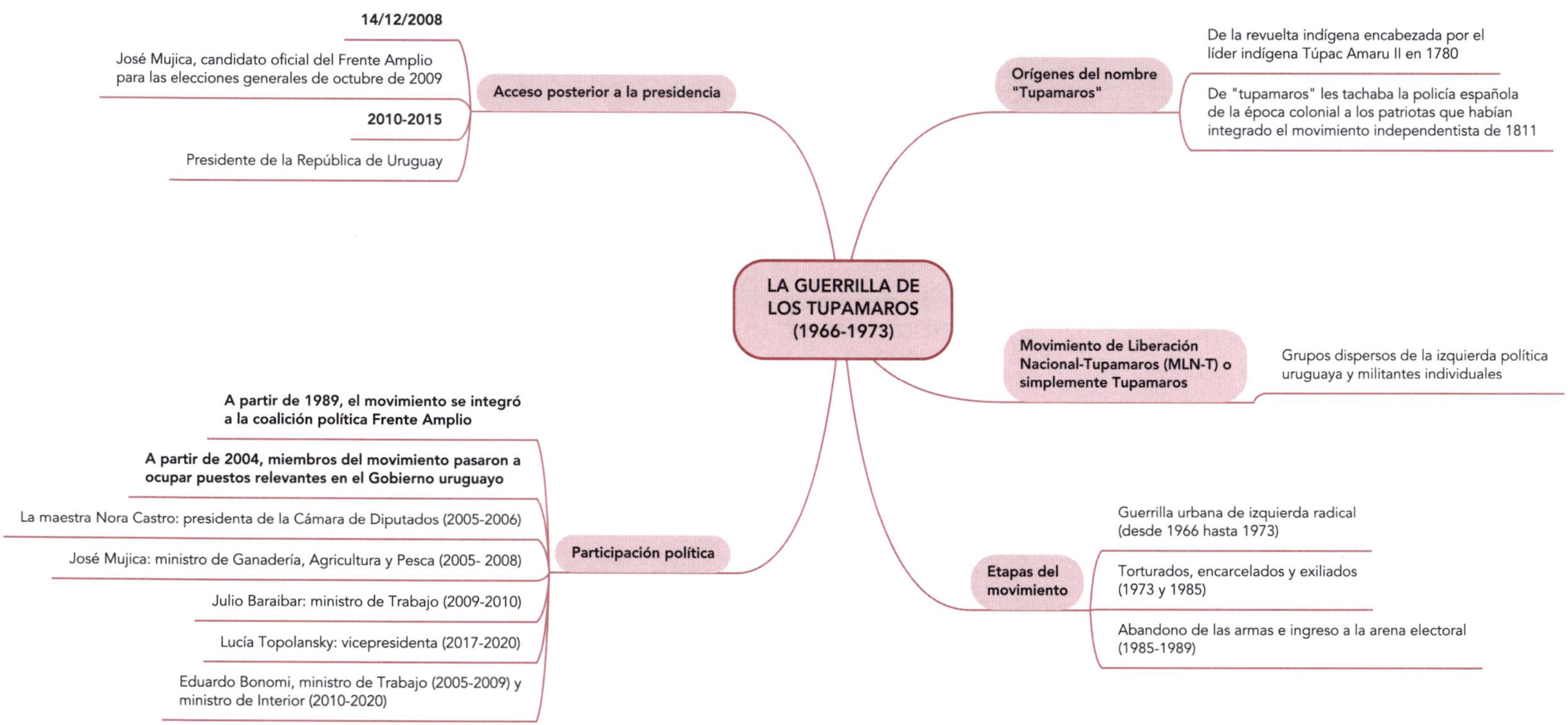

La dictadura uruguaya (1973-1985)

LA DICTADURA URUGUAYA (1973-1985)

- **Gobierno militar**
  - **12 años de dictadura**
  - Tras el golpe de Estado del 27 de junio de 1973
  - Prohibición de los partidos políticos
  - Ilegalización de los sindicatos
  - Censura de los medios de prensa
- **Juan María Bordaberry**
  - Presidente elegido democráticamente (1 de marzo de 1972)
  - Dictador a partir del golpe de Estado (27 de junio de 1973)
  - Pérdida de confianza y apoyo de las Fuerzas Armadas
  - Ni renuncia propia ni destitución, pero sí sustitución (12 de junio de 1976)
- **Alberto Demicheli (expresidente del Consejo de Estado)**
  - **12 de junio - 1 de sept. de 1976**
  - Sustituto interino de Bordaberry
- **Participación en el Plan Cóndor**
  - Persecución y encarcelamiento de políticos y civiles opositores durante todo el periodo dictatorial
  - Muerte de un centenar de prisioneros
  - Unos 170 desaparecidos
  - 400.000 exiliados
- **El general Gregorio Álvarez**
  - **1 de septiembre de 1981 - 12 de febrero de 1985 (dimisión)**
  - Lento proceso de apertura política
  - Falta de apoyo de las Fuerzas Armadas
  - Elecciones internas (1982): avance de los partidos opositores
  - **Fin de la dictadura marcado por las elecciones (1 de marzo de 1985)**
  - Victoria de Julio María Sanguinetti del Partido Colorado
- **Aparicio Méndez (exministro de Salud Pública)**
  - **1 de sept. de 1976 - 1 de sept. de 1981**
  - Sustituto interino de Demicheli
  - Rechazo de la ciudadanía al régimen dictatorial en el referéndum del 30 de noviembre de 1980

MC 92 Pepe Mujica, un presidente atípico (2010-2015)

PEPE MUJICA, UN PRESIDENTE ATÍPICO (2010-2015)

- **Victoria del partido oficialista (Frente Amplio)**
  - **1 de marzo de 2010**
    - Frente a Luis Alberto Lacalle Pou (Partido Nacional)
- **Un estilo de vida "común"**
  - José Mujica o Pepe Mujica
  - El presidente más pobre de América Latina
  - Dejó el palacio presidencial abierto a los pobres
  - Siguió viviendo en su finca en el campo
  - Dio un 90% de su sueldo a obras caritativas
  - Siguió usando sandalias y viejas camisas
- **Derechos humanos**
  - **Marzo de 2012**
    - Reconocimiento público de la responsabilidad de Uruguay en las violaciones a los derechos humanos durante la dictadura
- **Política en materia de drogas**
  - **Junio de 2012**
    - Legalización y regulación de la venta de marihuana por el Estado
    - Para entrar en competencia con los narcotraficantes
- **Relaciones internacionales**
  - **Con Argentina**
    - Desbloqueo del Puente Libertador General San Martín
    - Planta regasificadora para proveer gas natural a ambos países durante quince años (a partir de 2013)
- **Sociedad**
  - **Plan de Integración Socio-Habitacional "Juntos"**
    - Financiado por el 87 % del salario mensual del presidente y por la venta de unas propiedades del Estado en desuso
  - **Abril de 2013**
    - Legalización del matrimonio homosexual
    - Tercer país por detrás de Argentina y Ciudad de México
- **Sanidad**
  - **Octubre de 2012**
    - Legalización del aborto
    - Uruguay: segundo país latinoamericano de la región, por detrás de Cuba
    - Creación de centros de desintoxicación

La presidencia de Luis Alberto Lacalle Pou (desde el 1 de marzo de 2020)

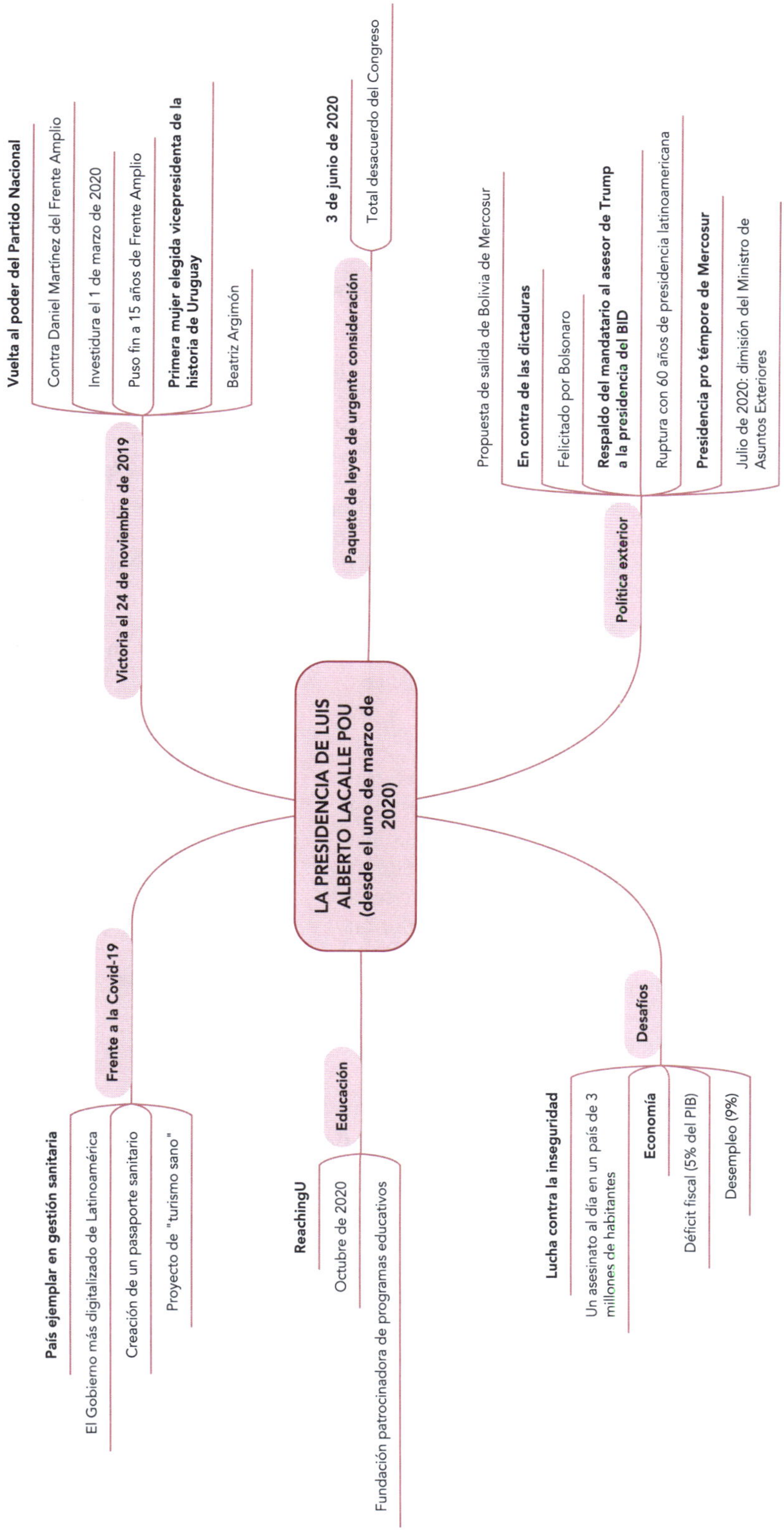

MAPA CONCEPTUAL

50 VENEZUELA

Datos generales (véase MC 94)

La República Bolivariana de Venezuela es un país de Sudamérica que limita al norte con el mar Caribe y el océano Atlántico, al este tiene frontera con la República de Guyana, al oeste limita con Colombia y al sur con Brasil. Cuenta con una población de 32,3 millones de habitantes. El castellano es la lengua oficial, aunque en los estados Bolívar y Amazonas (cerca de la frontera brasileña) se hablan idiomas indígenas, como el yanomami, el pemón y el panare.

Antes de la llegada de Cristóbal Colón, la región ahora conocida como Venezuela estaba habitada por numerosas tribus indígenas. El proceso de conquista empezó a raíz del tercer viaje de Cristóbal Colón el 5 de agosto de 1498 cuando pisó por primera vez el continente. Un año más tarde, Américo Vespucio, Juan de la Cosa y Alonso de Ojeda bordearon las costas de la actual Venezuela donde encontraron algunos pueblos construidos sobre pilares llamados palafitos[1]. Por ello, según ciertos autores se bautizó a las tierras descubiertas "pequeña Venecia[2]" que dio el nombre Venezuela, aunque también se afirma que los indígenas del Lago de Maracaibo llamaban Venezuela a su región porque esta palabra significaba "Agua Grande". La conquista comenzó con la llegada de los primeros españoles a la isla de Cubagua en el siglo XV y duró hasta el siglo XVII. Los caribes opusieron una gran resistencia a los conquistadores lo que frenó su avance.

La Independencia de Venezuela fue un largo proceso que empezó en 1810 y terminó en 1823 con la derrota de las tropas realistas en la Batalla del Lago de Maracaibo (véase cap. 51). Simón Bolívar destacó particularmente en el proceso de independencia del país. Su entrada triunfal en la ciudad de Caracas, el 6 de agosto de 1813, le valió el título de Libertador otorgado por la municipalidad.

Simón Bolívar fue un militar venezolano que contribuyó a la independencia de Venezuela, Bolivia (que le debe su nombre al Libertador), Ecuador, Perú y Colombia como lo hicieron el argentino José de San Martín y el chileno Bernardo O'Higgins. Se le considera el Padre de la Patria hasta tal punto que su apellido dio lugar al adjetivo "bolivariano" que califica la República Bolivariana de Venezuela. Hugo Chávez sentía una admiración tan grande por el Libertador que su figura se incluyó en el artículo primero de la Constitución de 1999, que reza que la República fundamenta "su patrimonio moral y sus valores de libertad, justicia y paz internacional en la doctrina de Simón Bolívar, el Libertador".

Medio siglo de inestabilidad política

Dictadura vitalicia del general Juan Vicente Gómez (1908-1935)

Juan Vicente Gómez llegó al poder derrocando[3] al general Cipriano Castro, caudillo[4] de la Revolución Liberal Restaurada y presidente del país desde 1899. Gómez se aprovechó de la presencia del mandatario en Europa para dar un golpe de Estado y en 1908, fue designado por el Congreso presidente provisional para luego encadenar cuatro mandatos consecutivos, entregando por intervalo el poder a un civil. Actuó para que el Congreso aprobara la modificación de la constitución o promulgara una nueva Carta Magna acorde con sus voluntades o necesidades. Se ratificaron hasta 7 constituciones durante sus cuatro legislaturas. Los Estados Unidos se acercaron a Venezuela a raíz de la Revolución Mexicana (véase cap. 32) que les hacía temer por el abastecimiento de crudo[5]. A partir de 1914, se inició la extracción del petróleo a gran escala. El oro negro superó al café en términos de exportación y en 1920, alcanzó el puesto de primer exportador de petróleo del mundo y segundo productor por detrás de Estados Unidos (➔ véase cap. 58). Gómez se quedó en el poder hasta su muerte en 1935.

Intentos de modernización (1936-1948)

Eleazar López Contreras asumió la presidencia del país en 1936 tras la muerte de Juan Vicente Gómez. No prosiguió la política autoritaria de su predecesor, modernizó al país con nuevos ministerios como el de Sanidad y Asistencia Social o Agricultura, así como la creación del Banco Central de Venezuela y la Guardia Nacional.

Después de ser ministro de Guerra y Marina bajo la presidencia de Eleazar López Contreras, el general **Isaías Medina Angarita** fue presidente de la República entre 1941 y 1945. Como su predecesor, emprendió reformas que hicieron de Venezuela una nación compenetrada con el siglo XX. Fue derrocado el 18 de octubre por un golpe de militares asociados con los líderes del partido Acción Demócrata que reclamaban una reforma constitucional que permitiera el sufragio universal, directo y secreto.

Una Asamblea Constituyente elaboró la Constitución de 1947 y la elección del escritor **Rómulo Gallegos** del partido Acción Demócrata (Adeco) marcó un hito en la historia política de Venezuela por ser el presidente elegido en las primeras elecciones universales, directas y secretas. Sin embargo, su gobierno fue derrocado en 1948 y seguido de una larga dictadura militar.

Una década dictatorial (1948-1958)

Se estableció una junta militar conformada por el comandante **Carlos Delgado Chalbaud** y los tenientes coroneles **Marcos Pérez Jiménez** y **Luis Felipe Llovera Páez**. El 30 de noviembre de 1952 se realizaron elecciones, pero el alto mando militar hizo caso omiso de los resultados y designó a Pérez Jiménez presidente provisional. Su quinquenio se desarrolló entre censura, represión y violación a los derechos humanos. El 13 de noviembre de 1950, el comandante Delgado Chalbaud fue asesinado. Entonces se nombró a **Germán Suárez** como presidente de la Junta que incrementó la represión política. El 19 de abril de 1953, Marcos Pérez Jiménez pronunció un discurso en el que anunció la doctrina del nuevo ideal nacional, centrada en el militarismo. La guerra de Corea de 1951 y el cierre del canal de Suez en 1959 permitieron un incremento de los ingresos petroleros. En diciembre de 1957, Pérez Jiménez realizó un referendo con vistas a permanecer en el poder. Sin embargo, el fraude causó manifestaciones ciudadanas que, apoyadas por ciertos sectores del Ejército, terminaron con la presidencia dictatorial de Marcos Pérez Jiménez el 23 de enero de 1958.

Tres décadas democráticas

En 1958, Venezuela volvió a emprender el rumbo a la democracia. Entre 1959 y 1989, Venezuela fue el único país junto con Costa Rica y Colombia en tener un régimen democrático. El Pacto de Punto Fijo, firmado en 1958 por los líderes de los 3 principales partidos, establecía acuerdos para garantizar la estabilidad democrática del país. Dichas formaciones políticas se comprometieron a respetar los resultados de los comicios de 1958 y respaldar al gobierno electo. La Constitución de 1961 estableció límites a la reelección presidencial: el presidente podía realizar un mandato de 5 años y podía ser reelegido, pero sólo tras dos mandatos que él no desempeñara, o sea después de 10 años. Durante estos 30 años, dos partidos se repartieron el poder: Acción

Democrática, partido socialdemócrata creado por Rómulo Betancourt en 1941 y el COPEI (Comité de Organización Política Electoral Independiente) de tipo socialcristiano fundado en 1946 por Rafael Caldera. A partir de 1993 terminó el bipartidismo, hasta tal punto que en 2007 existían oficialmente más de 100 partidos políticos nacionales.

Rómulo Betancourt ganó las elecciones del 7 de diciembre de 1958 y su mandato empezó el 13 de febrero de 1959 en coalición con el COPEI. El Pacto Fijo, respaldado por la ciudadanía venezolana, alejó las prácticas militaristas que impedían la soberanía popular. El primer año de gobierno se caracterizó por una serie de huelgas, así como alborotos[6] callejeros. Además, la baja de los precios del petróleo y la Revolución cubana desestabilizaron el panorama económico y político del país. De hecho, movimientos guerrilleros de izquierda radical se inspiraron en la experiencia cubana para manifestarse (➲ véase cap. 52). En la primavera de 1960, se promulgó la Reforma Agraria pero justo después, se produjeron varias acciones en contra del presidente entre las que alzamientos militares y un atentado orquestado por el dictador dominicano Rafael Leonidas Trujillo, (➲ véase cap. 34) del que salió herido[7]. El año terminó con medidas económicas de emergencia con una baja del sueldo de los funcionarios, una devaluación del bolívar y el control de cambios. La nueva constitución (la más longeva de la historia de Venezuela) se promulgó el 23 de enero de 1961 con motivo del tercer aniversario del derrocamiento de la dictadura de Marcos Pérez Jiménez. Sin embargo, varios alzamientos militares fragilizaron al gobierno, empezando con el del 26 de junio de 1961. Ese día, se sublevó un grupo de militares mandado por antiguos generales fieles a Pérez Jiménez insatisfechos con el gobierno del presidente Betancourt. El llamado "Barcelonazo" fue rápidamente controlado por los militares leales al mandatario, pero causó numerosos muertos y heridos. En mayo y junio de 1962 se produjeron otros alzamientos militares apoyados por grupos de izquierda radical, primero el Carupanazo y luego el Porteñazo que pretendían derrocar al gobierno. Los combates provocaron más de 400 muertos. La alianza de Betancourt con el gobierno estadounidense, su política anticomunista, así como la presencia de militares afines al exdictador explicaban en parte esa voluntad de derrocar a Betancourt. Los radicales de izquierda, a raíz del fracaso de los golpes y de la ilegalización del Partido Comunista Venezolano (PCV) y del Movimiento de Izquierda Revolucionaria (MIR), organizaron la lucha armada mediante el Frente de Liberación Nacional. Si bien numerosos venezolanos compartían las ideas de los guerrilleros, no apoyaron a la guerrilla por los métodos violentos usados (➲ véase cap. 52).

Después de ser presidente del Senado y del Congreso, **Raúl Leoni** fue elegido presidente de Venezuela en 1963 y asumió el cargo a partir de 1964. Durante su mandato, la lucha paramilitar del Partido Comunista de Venezuela y del Movimiento de Izquierda Revolucionaria siguió y, en mayo de 1967, unos cubanos desembarcaron en Machurucuto para apoyar a los guerrilleros venezolanos. Esta intervención fue rápidamente frustrada y se evocó este episodio en la OEA para denunciar la voluntad de Fidel Castro de generalizar la Revolución cubana a toda América Latina. Durante el gobierno de Raúl Leoni se construyó la central hidroeléctrica "Guri" (que pasó a llamarse central hidroeléctrica Bolívar), ampliando así el acceso a la electricidad a la mayoría de los hogares venezolanos.

Le sucedió **Rafael Caldera (1969-1974)** que regresó del exilio para participar en la estabilización de la democracia. Había fundado el partido socialcristiano COPEI en 1946 y desempeñado un papel clave en la elaboración del Pacto de Punto Fijo firmado en 1958. Triunfó en las elecciones presidenciales de 1968 después de presentarse 3 veces a este cargo y llevó a cabo una política nacional demócrata. Concluyó el proceso de pacificación de las guerrillas de izquierda que se habían alzado contra los gobiernos de Rómulo Betancourt y Rafael Leoni reincorporando el PCV y el MIR en la vida política.

Durante el primer mandato de **Carlos Andrés Pérez (1974-1979),** el aumento del precio del petróleo (multiplicado por 4 entre 1971 y 1974) fomentó el desarrollo industrial del país. Entre 1952 y 1973, Venezuela conoció un crecimiento del 6 % anual lo que hizo de ella una de las economías más competitivas a nivel mundial. La nacionalización de las industrias del hierro y del petróleo en 1974 dieron al Estado los medios para desempeñar un papel activo en el sector económico. Pero, el reverso de la medalla fue el fuerte endeudamiento del país pese a la bendición petrolera, acompañado de altos niveles de corrupción. A finales de los 70, el presupuesto del país era negativo lo que provocó una leve inflación y el descontento de los ciudadanos.

Elegido en diciembre de 1978, **Luis Herrera Campins** asumió la presidencia el 12 de marzo de 1979 anunciando que sus prioridades serían el ámbito educativo y el sector agrícola e industrial. Reformó dichas áreas, pero la caída de los precios del petróleo y la corrupción acarrearon una serie de problemas que frenaron el desarrollo del país. En 1983, la deuda externa superaba los 50.000 millones de dólares. El gobierno no sólo perdió el apoyo del pueblo, sino también el de su partido (el COPEI) que fue derrotado en los comicios de diciembre de 1983.

Jaime Lusinchi salió victorioso de las elecciones de 1983 con su partido Acción Demócrata con una diferencia de 1.500.000 votos frente a su contrincante del COPEI. Lusinchi heredó una situación crítica a la que intentó hacer frente reformando el Estado, refinanciando la deuda externa y consolidando la democracia. Bajo su presidencia, la corrupción se agravó todavía más, sin por ello manchar su popularidad. Su sucesor, Carlos Andrés Pérez, procedía de la misma formación política, algo que nunca había ocurrido en Venezuela.

En los últimos meses de Lusinchi y los primeros de **Carlos Andrés Pérez (1989-1993)**, fueron aprobadas reformas para iniciar un proceso de descentralización político-administrativa. Las primeras elecciones de gobernadores y alcaldes revelaron la emergencia de nuevas organizaciones políticas que acabaron con el bipartidismo (AD versus COPEI) vigente en el país desde 1958. Desde las elecciones de 1989, las huelgas y manifestaciones habían formado parte de la vida diaria de los venezolanos. En 1991, el presidente anunció la aplicación de un plan social conocido como el "Megaproyecto Social" pero llegaba demasiado tarde para mermar[8] el descontento general. En febrero de 1992, el oficial del ejército Hugo Chávez Frías intentó un golpe de Estado, que falló y por el que estuvo encarcelado durante dos años. Les pidió a sus compañeros que entregaran las armas en un mensaje televisivo que le benefició a Chávez para sus futuros planes políticos. Carlos Andrés Pérez no terminó su mandato ya que fue suspendido de sus funciones tras un juicio por corrupción, el primero en la historia del país a un presidente en ejercicio.

Rafael Caldera no volvió a presentarse a la presidencia del país con el respaldo del COPEI sino con un nuevo partido que fundó (Convergencia) apoyado por el Movimiento al Socialismo que quería alejarse del modelo económico neoliberal aplicado por su predecesor. Nada más llegar al poder, decidió reformar el papel de las Fuerzas Armadas, y otorgó el sobreseimiento[9] a los golpistas del 4 de febrero y del 27 de noviembre de 1992. Chávez fue liberado el 26 de marzo de 1994. Durante la segunda legislatura de Caldera, el sistema financiero se desplomó[10] y provocó la disminución de las reservas internacionales, así como el incremento de la inflación. Se llevó a cabo un plan de ajuste denominado "Agenda Venezuela" para contener los efectos de la crisis. El precio de la gasolina aumentó mientras que el del petróleo bajó. Con todo, Caldera consiguió estabilizar al país tanto a nivel político como social.

Chavismo y socialismo del siglo XXI (véase cap. 53)

La era Chávez (1998-2013) (véase MC 95)

En pleno declive de la "IV República" caracterizada por la alternancia en el poder del partido Acción Democrática y del COPEI, **Hugo Chávez** ganó las elecciones presidenciales de 1998. Quería llevar a cabo un proyecto de renovación del Estado basado en el "bolivarianismo", también llamado "Socialismo del Siglo XXI" (véase cap. 53). Un año después se aprobó la Constitución de 1999 por la que se estableció la "V República". Hasta su muerte en 2013, Chávez no dejó de reformar la Carta Magna, por vía de referéndum, para adaptar las instituciones a su creciente autoritarismo (véase MC 103 • 104) hasta convertir su régimen en verdadera autocracia. Inicialmente, Chávez había sido elegido para cumplir un mandato de 5 años, sin embargo, la Constitución de 1999 alargó el mandato a 6 años y permitió una única reelección. Chávez salió victorioso en casi todos los procesos electorales en los que participó. En 2002, fue víctima de un golpe de Estado apoyado por Estados Unidos, sin embargo, la movilización popular le permitió mantenerse en el poder. En 2004, la oposición organizó un referéndum revocatorio que ella misma perdió, ya que el presidente logró un respaldo ciudadano del 59 %. El chavismo ganó la totalidad de los escaños a la Asamblea Nacional en las elecciones legislativas de 2005 a raíz del boicot de la oposición. Un año después, en los comicios presidenciales de diciembre de 2006, Hugo Chávez venció a Manuel Rosales con el 63 % de los votos. El 2 de diciembre de 2007, sometió a referéndum un proyecto de reforma constitucional que suprimía el límite de dos mandatos presidenciales consecutivos. Sin embargo, los electores rechazaron este proyecto que puso fin a 12 victorias electorales consecutivas desde 1998. El 15 de febrero de 2009, se celebró otro referéndum organizado por el oficialismo para suprimir el límite de mandatos y fue aprobado por el 54 % de los votantes. Las elecciones legislativas a la Asamblea Nacional marcaron la vuelta de la oposición reunida en la MUD (la Mesa de Unidad Democrática). Pero, el 7 de octubre de 2012, el candidato de la MUD, Henrique Capriles Radonski no logró vencer al carismático Hugo Chávez que obtuvo un 55 % de los votos con una tasa de participación récord del 80 %. Las elecciones regionales del 16 de diciembre de 2012 confirmaron la victoria arrasadora[11] del oficialismo con 20 de las 23 regiones que eligieron candidatos chavistas. Tres meses después, el 5 de marzo de 2013, el comandante feneció[12] en Cuba donde recibía cuidados para curar su cáncer. Chávez gozó hasta el final de una gran popularidad entre las clases más humildes, por su gran carisma y sus largos discursos que incluían a los venezolanos más desfavorecidos a través de su programa televisivo *Aló Presidente*. En éste se alababa a sí mismo desarrollando así el culto a su persona. El populismo servido por los ingresos del petróleo deterioró la calidad de la democracia venezolana.

Durante sus legislaturas, Hugo Chávez acalló a la oposición, censuró los medios de comunicación en desacuerdo con el régimen, militarizó al equipo gubernamental, mostró una admiración desmedida por Fidel Castro y un odio visceral por Estados Unidos. El Ejército fue convirtiéndose en órgano ejecutivo de Hugo Chávez que nombró a militares en cargos clave en el marco de las misiones bolivarianas financiadas por los ingresos petroleros. El Estado bolivariano implementó misiones en diferentes ámbitos para mejorar las condiciones de vida de los venezolanos. La pobreza se redujo del 50 % al 31 % entre 1998 y 2011 y la pobreza extrema del 20 % al 8,5 %. En el ámbito educativo, la Misión Robinson I permitió que cerca de 1,5 millón de personas aprendieran a leer, y con las Misiones Ribas y Sucre miles de estudiantes pudieron acceder a estudios universitarios. El Sistema Nacional Público garantizó un acceso gratuito a los cuidados médicos, la Misión Barrio Adentro se encargó de las poblaciones marginadas a nivel sanitario y la Operación Milagro de Cuba se ocupó de los venezolanos más pobres con problemas oculares. En cuanto a la Misión Mercal, organizaba ventas de alimentos a precios muy bajos y controlados por el Estado (que los subvencionaba al 30 %) para eliminar los problemas de desnutrición. Los productos vendidos procedían de las importaciones que acabaron por sumir[13] la producción nacional en un estancamiento[14] nocivo para los agricultores. El 80 % de lo que consumían los venezolanos era importado. El coste de las importaciones se duplicó entre 1998 y 2012 así como el número de empleados públicos que pasó de 1 millón a 2,5 millones. La agricultura representaba un 3,8 % del PIB por lo que Venezuela necesitaba importar alimentos. En 2012, el país los importó por 8.120 millones de dólares, o sea un aumento del 58 % con respecto al año anterior. El principal producto exportado por Venezuela era el petróleo (➲ véase cap.58). Para modernizar sus infraestructuras y aumentar la extracción, PDVSA tuvo que endeudarse con empresas extranjeras de Rusia, Estados Unidos, China, España o Francia. A pesar de los descomunales ingresos generados por el petróleo (en 2012 el país cobró más de 92.000 millones de dólares gracias al oro negro) y de la nacionalización de varios sectores de la economía, el balance socioeconómico del chavismo no fue tan alentador[15] y positivo como lo vaticinaba[16] Hugo Chávez. La violencia se disparó[17] hasta tal punto que Caracas se consideró una de las 5 ciudades más peligrosas del mundo, con una tasa de 130 homicidios por 100.000 habitantes. El gobierno no invirtió en las infraestructuras del país, gastó el dinero en las Misiones y otros programas sociales para satisfacer al pueblo, pero no solventó los problemas a largo plazo. La mitad de los ingresos de PDVSA se destinaba a las ayudas sociales. En vez de invertir en la mejora del sistema de producción tanto agrícola como industrial, se gastaron los petrodólares en la importación de lo que no se producía o fabricaba en el país. Esta política cortoplacista[18] tiene a largo plazo graves consecuencias. Es lo que en teoría económica se llama “el síndrome holandés”: lo padecen en materias primas los países ricos que gozan de ingresos en divisas y deciden no invertir en industria. Para no recurrir a los organismos crediticios internacionales a los que acusa de estar bajo control estadounidense (Banco Mundial, Fondo Monetario Internacional), el gobierno venezolano se endeudó con China (➲ véase cap. 56), que fue convirtiéndose en una de las principales fuentes de financiación y el elemento imprescindible para la economía, la política y la diplomacia del país. De hecho, para llevar a cabo el ALBA (➲ véase cap. 53), su gran proyecto geopolítico para contrarrestar al ALCA ideado por Estados Unidos, Hugo Chávez se valió del peso que le daba el petróleo. Quería juntar a los países latinoamericanos que enarbolaban el “Socialismo del Siglo XXI”, creando una integración económica, política y monetaria, fundada en principios de solidaridad e intercambio, un poco al estilo de la UE. El chavismo se caracterizó por su odio hacia Estados Unidos acusado de imperialismo y golpes de Estado por el régimen chavista. El comandante se alió con Cuba (programa de intercambio: médicos cubanos contra petróleo venezolano), Rusia (suministrador principal de material de defensa), Siria o Vietnam, países hostiles al Tío Sam. No dudaba en insultar a los estadounidenses en sus numerosos discursos. Del mismo modo que Simón Bolívar había liberado América del yugo[19] español, Chávez se consideraba como el libertador del capitalismo y del imperialismo “yanquis”. Pese a una libertad de expresión cada vez más amordazada[20], la oposición se manifestó desde el principio de la era chavista. En 2007, el cierre de Radio Caracas Televisión –canal de la oposición– provocó numerosas protestas y fomentó la organización del movimiento opositor. En 2010, Chávez creó la CELAC para oponerse a la OEA e incluir a su aliado castrista cuando la OEA excluía a Cuba por ser una dictadura.

Primer mandato de Nicolás Maduro (2013-2018)

El 5 de marzo de 2013, falleció el mandatario bolivariano abanderado del Socialismo del Siglo XXI y empezó lo que se podría denominar la era postchavista. A raíz de su muerte, tomó el relevo su delfín, Nicolás Maduro (➔ véase MC 96), quien fue elegido por poco el 14 de abril de 2013, para proseguir la política de su difunto mentor. Sólo le ganó al candidato de la oposición Henrique Capriles por 273.000 votos (o sea por un 1,49 % de votos de diferencia) lo que marcó el principio de la erosión del chavismo y el avance de la derecha en el país de la Revolución Bolivariana. Nicolás Maduro, no tenía el carisma de Hugo Chávez y tampoco se beneficiaba de su popularidad. La escasez de productos básicos, ya presente bajo Chávez, la inflación rampante (un 56 % en 2013) y la creciente inseguridad desembocaron desde febrero de 2014 en protestas callejeras tanto por parte de los estudiantes como de la oposición política. A raíz de estas manifestaciones, el líder opositor Leopoldo López fue encarcelado y luego condenado a 13 años y 9 meses de prisión por ser, según las autoridades, el instigador de las violencias que causaron numerosas muertes.

El 16 de febrero de 2014, se dictó una orden de detención contra Leopoldo López, líder opositor del partido Voluntad Popular. Después de entregarse el 18 de febrero de 2014, Leopoldo López fue encarcelado en la prisión de Ramo Verde. En mayo de 2014, su esposa Lilian Tintori viajó a España para exponer el caso de Leopoldo López y otros opositores. Su juicio empezó el 23 de julio de 2014. En mayo de 2015, Leopoldo López se juntó a Daniel Ceballos para iniciar una huelga de hambre para pedir la liberación de los presos políticos. A finales de mayo, el gobierno impidió que los expresidentes Andrés Pastrana (Colombia) y Jorge Quiroga (Bolivia) se entrevistaran con Leopoldo López. Lo mimo hizo en junio con el expresidente español Felipe González. El exfiscal Franklin Nieves, después de fugarse a Estados Unidos en 2015, aseguró que recibió presiones del Gobierno para usar pruebas falsas contra el líder Leopoldo López y que su encarcelamiento había sido planeado antes de las protestas de febrero de 2014. En 2016, el expresidente español José Luis Rodríguez Zapatero viajó varias veces al país para mediar en la liberación de López, pero sin éxito.

La Unasur desempeñó un papel importante como mediador en el proceso de diálogo entre el gobierno y la oposición a raíz de las protestas iniciadas a principios de febrero de 2014. El 6 de diciembre de 2015, los partidos de oposición, agrupados en la MUD, ganaron ampliamente las elecciones legislativas lo que representó la primera derrota del chavismo desde 1998. Desde entonces, empezó un pulso entre la oposición y un Gobierno respaldado por las decisiones del Tribunal Supremo de Justicia. A lo largo del año 2016, los partidos de oposición intentaron celebrar un referéndum revocatorio para que renunciara Nicolás Maduro y se celebraran nuevas elecciones presidenciales. La MUD consiguió más del 1 % de las firmas necesarias para poner en marcha el proceso, sin embargo, su suspensión por el Consejo Nacional Electoral el 20 de octubre de 2016 provocó una crisis política e institucional. El 30 de octubre, se instaló una Mesa de Diálogo entre el Gobierno y la oposición para llegar a acuerdos mediante la ayuda del Vaticano y de Unasur con la presencia de expresidentes como José Luis Rodríguez Zapatero, Leonel Fernández y Martín Torrijos. Sin embargo, el diálogo no desembocó en ningún acuerdo por las enormes discrepancias entre el oficialismo[21] y la oposición. A finales de marzo de 2017, el Tribunal Supremo de Justicia limitó las competencias de la Asamblea Nacional lo que provocó numerosas manifestaciones a partir del 1 de abril. Entre el 1 de abril y el 31 de julio de 2017 se contabilizaron más de 6.700 protestas (o sea 56 diarias) que se saldaron con la muerte de 157 personas, numerosos arrestos y saqueos[22]. El 1 de mayo, el presidente Maduro convocó una Asamblea Nacional Constituyente cuya meta era modificar la Carta Magna del país. La oposición la rechazó aduciendo que permitía al Gobierno llevar a cabo el autogolpe emprendido meses antes. Henrique Capriles (oponente y excandidato presidencial venezolano) tenía planeado viajar a Nueva York para reunirse con el Alto Comisionado de la ONU para los Derechos Humanos. No obstante, la Oficina Nacional de Migraciones, anuló el 18 de mayo su pasaporte para que no pudiera acudir a la cita. Ya en abril había sido declarado inelegible por 15 años permitiéndole así a Nicolás Maduro deshacerse de un opositor de peso.

El 4 de junio de 2017, el Consejo Nacional Electoral decretó la fecha de la elección de los miembros de la Asamblea Nacional Constituyente para el 30 de julio. Una vez elegida, la ANC destituyó el 5 de agosto a la fiscal general de la República, Luisa Ortega Díaz, por su desacuerdo con las medidas tomadas por el Gobierno, aunque era una aliada del proceso bolivariano. Sin embargo, desde la deriva autoritaria de Maduro, se distanció del chavismo. Luisa Ortega introdujo un proceso contra la convocatoria de la Constituyente ya que, según ella, era una manera para Maduro de acabar con la oposición. El 5 de agosto de 2017, Mercosur decidió la suspensión política de Venezuela por su "violación de las instituciones democráticas", ya suspendida económicamente en diciembre de 2016 por no cumplir sus obligaciones dentro del marco mercado común. El 2 de septiembre, se le prohibió a Lilian Tintori salir de Venezuela para evitar que se reuniera con mandatarios europeos. El 17 de noviembre de 2017, el exalcalde de Caracas, Antonio Ledezma, encarcelado en febrero de 2015 y en arresto domiciliario desde febrero de 2016, huyó de su residencia para Bogotá desde donde tomó un avión para España donde pidió asilo político como otros tantos venezolanos desde 2014. La diáspora venezolana, exiliada tanto por la persecución política contra los disidentes como por el desabastecimiento y la inseguridad crónicos, es cada vez más numerosa. Venezuela es uno de los países más violentos del mundo.

Nicolás Maduro declaró **el estado de emergencia económica** el 14 de enero de 2016, un mes después de que la Asamblea Nacional, dominada por la oposición por primera vez desde 1998, ganara las elecciones legislativas el 6 de diciembre de 2015. El poder legislativo votó en contra del estado de excepción, pero el poder judicial apoyó al presidente y validó el decreto, que debía durar 60 días. En marzo de 2016, se prorrogó dicha medida que se podía considerar una estrategia del ejecutivo para hacerse con el poder legislativo ya que el estado de emergencia le permitía gobernar por decreto y tener poderes especiales para suspender el orden constitucional y así eludir las decisiones de la Asamblea Nacional. En mayo, se decretó el estado de excepción que planeaba incrementar el control de los militares y de los Comités Locales de Abastecimiento y Producción (CLAP) sobre la comercialización de productos de primera necesidad. Otorgaba al Ejecutivo la posibilidad de restringir la movilidad de dinero e impedía las sanciones políticas contra las máximas autoridades políticas. El Gobierno justificó el estado de excepción y emergencia económica por la altísima inflación y la escasez que golpeaba al país desde hacía meses, cuando no años.

En 2017, los venezolanos fueron la comunidad extranjera que más emigró para España. A uno de julio de 2017, los venezolanos eran 73.747 mientras que eran 53.488 a 1 de julio de 2016, año en que comenzaron a dispararse las salidas de venezolanos para España. Lo mismo ocurrió en Argentina donde los venezolanos residentes en el país se multiplicaron por seis entre 2015 y 2017.

Al terminar 2017, la situación en Venezuela era catastrófica tanto a nivel económico como social. La inflación alcanzó un 1.367 % en 2017 cuando el PIB bajó un 12 % y en 2018, alcanzó el 1.700.000 %. Pese a esta pésima tesitura[23], el gobierno rechazó la ayuda humanitaria varias veces lo que agravó la situación. Numerosas venezolanas embarazadas fueron a Colombia para dar a luz, ya que padecían desnutrición y el sistema sanitario de su país no les garantizaba los cuidados necesarios. La reapertura de la frontera entre Venezuela y Colombia en agosto de 2016 (cerrada en agosto y septiembre de 2015 por el Gobierno con la expulsión de colombianos) facilitó su paso, así como el de miles de venezolanos en busca de alimentación y medicinas. El flujo migratorio de venezolanos hacia Colombia aumentó en un 110 % en 2017, lo que significa que más de 35.000 venezolanos entraron al país cada día, una verdadera sangría para un país al borde del caos. La crisis alimentaria que golpea de frente a los venezolanos perjudica su salud hasta tal punto que en 2017 un 65 % de ellos perdió 11 kilos.

Frente a esta situación de emergencia, varias instancias intentaron actuar para solventar esta crisis polimorfa. Entre ellas, el Grupo de Lima, una alianza compuesta de Argentina, Canadá, Chile, Colombia, Guatemala, Honduras, México, Panamá, Paraguay, Perú, Brasil y Costa Rica que se reunió varias veces para determinar el rumbo a seguir. En su reunión del 14 de febrero de 2018, respaldó la decisión del Gobierno peruano de descartar la presencia de Nicolás Maduro en la Cumbre de las Américas. Además, el grupo exigió un nuevo calendario electoral para que no se celebraran los comicios presidenciales con anticipación. La República Dominicana también desempeñó un papel relevante en el intento de encontrar una salida al conflicto entre el chavismo y la MUD.

Tras el boicoteo de la oposición en las elecciones municipales de diciembre de 2017, Nicolás Maduro advirtió que los partidos Voluntad Popular y Primero Justicia no podrían participar en los comicios presidenciales inicialmente previstos para abril de 2018 y finalmente celebrados el 20 de mayo. Las irregularidades durante la convocatoria y el proceso electoral, así como las numerosas inhabilitaciones de muchos opositores pusieron en tela de juicio la legitimidad de la victoria de Nicolás Maduro y de su segundo mandato. El resultado fue la abstención más alta de la historia del país ya que la oposición se había opuesto a estos comicios por carecer de garantías (sólo Henri Falcón se presentó sin el visto bueno de la MUD). El 9 de agosto, el Tribunal Supremo de Justicia ordenó la detención de Julio Borges (expresidente de la Asamblea Nacional), por su vinculación con el supuesto atentado cometido contra el presidente Nicolás Maduro el 4 de agosto de 2018. Una nueva manera de amordazar a la oposición.

El 20 de mayo de 2018, pese a la advertencia que profirió el mandatario "votos o balas" para que el electorado acudiera a las urnas, sólo un 46 % de los ciudadanos inscritos en el censo (frente al 80 % en 2013) votó y Nicolás Maduro fue reelegido con el 67 % de los votos. Esta participación, que resultó ser la más baja de la historia del país, plasmó el respaldo de gran parte de los ciudadanos a la oposición. La victoria del presidente oficialista fue reconocida por la Bolivia de Evo Morales, China, Cuba, El Salvador de Sánchez Cerén, Irán, Nicaragua, Rusia, Siria y Turquía.

Segundo mandato de Nicolás Maduro (a partir de 2019)

La situación política de Venezuela en 2019 siguió enmarcándose en un contexto autoritario y convulso en el que se opusieron los partidarios de Nicolás Maduro, que continuaba aferrándose al poder, y los opositores que buscaban apoyo internacional para emprender el retorno a una democracia de pleno derecho. El 5 de enero de 2019, Juan Guaidó asumió el cargo de presidente de la Asamblea Nacional. El 10 de enero, Nicolás Maduro tomó posesión para el periodo 2019-2025 ante el Tribunal Supremo de Justicia por considerar ilegítima la Asamblea Nacional encabezada por la oposición. El 23, Juan Guaidó se autoproclamó presidente encargado de Venezuela después de asumir la presidencia de la Asamblea Nacional. Su autoproclamación tuvo lugar durante una manifestación nacional organizada por la oposición en la que anunció los tres ejes de su futura agenda política: el cese de la usurpación, un gobierno de transición y la celebración de comicios libres. A raíz de este acto, más de 50 naciones lo reconocieron como presidente legítimo del país, entre ellas Estados Unidos, gran parte de la UE así como el Grupo de Lima (excepto México). A la crisis política que desestabilizaba a

Venezuela se sumó una crisis humanitaria debida al desabastecimiento que sufre la sociedad venezolana desde hace más de un lustro. Para paliar la falta de alimentos y medicinas, se organizó desde el extranjero una operación a fin de proporcionar productos de primera necesidad a los ciudadanos. Pese a la pésima situación socioeconómica del país, Nicolás Maduro rechazó esta ayuda humanitaria procedente de Brasil, Colombia y Estados Unidos. Como muestra de su desacuerdo, el mandatario cerró la frontera y rompió relaciones diplomáticas con su vecino colombiano. En febrero, los venezolanos también sufrieron varios apagones[24] a escala nacional conllevando aún más desamparo entre ellos. Para restablecer la democracia en el territorio, se organizó la llamada "Operación Libertad" en la que participaron Juan Guaidó apoyado por un grupo de militares así como Leopoldo López, liberado de su arresto domiciliario. Le pidieron a la población que se manifestara en las calles para derrocar a Nicolás Maduro. Esta tentativa de golpe de Estado falló y se reanudaron las negociaciones entre oficialismo y oposición pero sin ningún resultado concluyente. Noruega, nuevo mediador entre oficialismo y oposición, recibió a representantes de Nicolás Maduro y de Juan Guaidó. Sin embargo, la vía del diálogo fracasó. En julio de 2019, a raíz de su visita a Venezuela (19-21 junio) como alta comisionada de las Naciones Unidas para los Derechos Humanos, Michelle Bachelet (expresidenta de Chile) publicó un informe sobre la situación de la nación bolivariana que evidenció la violación a los derechos humanos. En su reporte, reveló que desde 2016, el régimen de Nicolás Maduro implementó una estrategia para "neutralizar, reprimir y criminalizar" a los oponentes. En 2018, los asesinatos por resistencia a la autoridad rondaron los 5.300, siendo responsables las Fuerzas Especiales. A petición de Michelle Bachelet se retomó la mediación entre el Ejecutivo oficialista y el encargado en Barbados, pero en vano por lo que el país cayó en una guerra de desgaste entre oficialismo y oposición.

El 5 de agosto de 2019, Donald Trump emitió una orden ejecutiva que imponía nuevas sanciones económicas al gobierno venezolano. Mediante esta medida el Ejecutivo estadounidense congeló los bienes y activos del oficialismo bolivariano y de las personas que respaldaban al régimen de Maduro, además de las sanciones individuales, financieras y petroleras ya vigentes. El mandatario de EE. UU. tomó esta decisión para aislar todavía más a Maduro a escala internacional negándole el acceso al sistema financiero global. Nicolás Maduro culpó a Estados Unidos de la crisis socioeconómica que azotaba de pleno a los venezolanos mientras que Juan Guaidó la apoyó precisando que no concernía los productos alimentarios o los artículos de primera necesidad. En enero de 2019, la Asamblea Nacional ya había declarado la congelación de activos financieros en los países que no reconocían al gobierno de Nicolás Maduro. El 25 de enero de ese año, el Banco de Inglaterra retuvo 1.200 millones de dólares de reservas auríferas venezolanas. Pero en octubre de 2020, la Asamblea Constituyente en manos de Nicolás Maduro aprobó la Ley Antibloqueo que otorgaba al presidente poderes extraordinarios para tomar decisiones en materia económica y contrarrestar sanciones establecidas por Estados Unidos.

El 2 de julio de 2020, el Tribunal Superior británico reconoció a Juan Guaidó como presidente legítimo de Venezuela, otorgándole así la potestad sobre las reservas de oro que tenía la nación bolivariana en el Banco de Inglaterra. Sin embargo, el 5 de octubre, la justicia británica anunció la anulación de este fallo, aceptando así el recurso presentado por el Banco Central de Venezuela. El líder chavista recuperó de esta manera la autoridad sobre dicho metal, pero esto no significaba que se entregara el oro al chavismo ya que el caso estaba en manos de una mayor investigación. En esta fiebre aurífera, Nicolás Maduro pretendió que los lingotes recuperados servirían para frenar la pandemia de Covid-19 (y eso que ya había pedido una parte de las reservas antes de la crisis sanitaria) mientras que Juan Guaidó alegó que el dinero sería malversado por un Estado corrupto y "cleptócrata" (➔ véase cap. 63).

El 5 de enero de 2020, Juan Guaidó fue reelegido como jefe de la Asamblea Nacional pero al mismo tiempo, Luis Parra se proclamó "presidente" del Parlamento de Venezuela en lugar de Juan Guaidó.

La pandemia de coronavirus supuso un golpe más a la crisis polifacética que azotaba al país. El Gobierno decretó el estado de alarma el 14 de marzo y una cuarentena a partir del 17 que fue prorrogada varias veces y seguida de una fase de flexibilización del confinamiento poblacional. Nicolás Maduro anunció una serie de medidas económicas para hacer frente a la pandemia entre las cuales la supresión del pago de alquileres por seis meses y el financiamientos de los Comités Locales de Abastecimiento y Producción (CLAP). Pero el parón provocado por la pandemia impactó especialmente el sector petrolífero (véase cap. 58). De hecho, en 2020, los niveles de producción de PDVSA alcanzaban el 25 % de lo que representaban en 2013.

Luis Parra fue miembro del partido opositor Primero Justicia, pero fue expulsado por negocios ilícitos con el chavismo. También estuvo involucrado en la Operación Alacrán que pretendía impedir la reelección de Juan Guaidó como presidente de la Asamblea con la compra de legisladores opositores mediante millones de dólares.

Las cifras anunciadas por el oficialismo en octubre (780 fallecidos) diferían de las de la oposición (1.600 muertos) que denunció, además, que el Ejecutivo había reducido el número de pruebas para detectar nuevos casos de coronavirus para que se redujera el número de infectados.

En octubre de 2020, el líder chavista, en busca de un impulso para las elecciones legislativas previstas el 6 de diciembre de 2020, anunció un adelanto del período navideño a octubre así como la reactivación de la economía (ya maltrecha antes de la Covid-19) con la reapertura de numerosas tiendas y hoteles. Con el inicio adelantado de la Navidad los funcionarios pudieron cobrar por anticipación los aguinaldos[25]. Otra maniobra para obtener más votos fue la liberación de unos presos políticos, considerada como una farsa por Juan Guaidó por ocurrir a unas semanas de los comicios legislativos. La situación socioeconómicas en el país era tan catastrófica que la mitad del territorio se vio afectada por cortes de luz, escasez de carburante o un problemático suministro de agua potable y de gas, acarreando así una oleada de protestas callejeras en septiembre de 2020. La pésima tesitura del país, con más de un 90 % de la población que vive bajo condiciones de pobreza de ingresos, conllevó una crisis migratoria sin precedentes únicamente comparable con el éxodo sirio. Pese al "Plan vuelta a la Patria", iniciativa estatal para fomentar el retorno de los ciudadanos exiliados, en 2020 entre 5 y 6 millones de venezolanos vivían fuera de su país, la mitad de ellos repartidos entre Colombia y Perú. Frente a semejante panorama, la Organización Mundial para las Migraciones (OIM) en colaboración con la Agencia de Naciones Unidas para los Refugiados (ACNUR) lanzó el "Plan Regional de Respuesta a Refugiados y Migrantes" para atender las urgencias humanitarias debidas a los enormes flujos migratorios venezolanos y hacer frente a la precariedad alimentaria.

Una oposición fragmentada (véase MC 97)

Por más que el Gobierno de Maduro hable de los disidentes como de un grupo homogéneo designado como "la oposición", no existe unidad dentro de los opositores. Además, no toda la gente de izquierda está a favor de Maduro y no toda la gente de derecha forma parte de la oposición. La Mesa de la Unidad Democrática (MUD), la coalición que desde 2008 une diferentes partidos y personalidades en su intento de derrotar al chavismo, logró una importante victoria en las elecciones parlamentarias del 6 de diciembre de 2015. La MUD apostó por la estrategia electoral para contrarrestar al chavismo después de enfrentarlo mediante protestas callejeras, paros petroleros, abstenciones electorales o golpe de Estado. La aparente unidad de la oposición a raíz de este triunfo dejó entrever en octubre de 2017 ciertos desacuerdos entre Henrique Capriles, candidato presidencial con el partido Primero Justicia y Henry Ramos Allup, dirigente del partido Acción Demócrata y presidente de la Asamblea durante el año 2016. Los dos políticos contemplaban presentarse como rival de Maduro para las elecciones de 2018, pero la inhabilitación de Henrique Capriles por 15 años (anunciada en abril de 2017) le impidió aspirar a la jefatura del Estado. El partido Voluntad Popular, cuyo máximo representante (Leopoldo López) estaba encarcelado desde 2014 tampoco pudo ser candidato a la presidencial. En febrero de 2018, Henry Ramos Allup anunció su candidatura a las primarias para las elecciones convocadas por la Asamblea Constituyente para las elecciones inicialmente previstas el 22 de abril de 2018 y finalmente aplazadas al 20 de mayo. Finalmente, no participó en el escrutinio denunciando falta de transparencia en el proceso electoral. El 27 de febrero, Henri Falcón se proclamó candidato por el partido Avanzada Progresista sin tomar en cuenta la postura de la MUD que condenó su candidatura y lo expulsó de su coalición.

Frente al proceso de diálogo llevado a cabo en Oslo y a raíz del anuncio de elecciones legislativas para el 6 de diciembre de 2020, el antichavismo no reaccionó de manera unida. Algunos se mostraron a favor de impulsar las conversaciones con el oficialismo cuando otros, como los partidos Primero Justicia o Voluntad Popular, se negaron rotundamente. Además, si bien los opositores coincidieron en la necesidad de elecciones, no todos optaron por las mismas prioridades por lo que perdieron peso. De hecho, no todos abogaban por participar en los comicios legislativos con Maduro en funciones por considerarlos sesgados[26]. En agosto de 2020, María Corina Machado rechazó la propuesta de Juan Guaidó de formar un bloque conjunto en rechazo al Gobierno de Nicolás Maduro.

El 24 de octubre de 2020, la llegada secreta de Leopoldo López a España abrió una nueva etapa entre las fuerzas opositoras. Llevaba año y medio viviendo en la embajada española ubicada en Caracas tras ser liberado el 30 de abril de 2019 de su arresto domiciliario. Se fugó de Venezuela a escondidas, llegó a Colombia, se fue rumbo a Estados Unidos y salió de Miami en avión para aterrizar a Madrid donde se reunió con su familia exiliada.

Pese a resultar fragmentada, la oposición se puso de acuerdo para no participar en las elecciones legislativas del 6 de diciembre de 2021 por considerarlas irregulares y seguramente fraudulentas. Sin sorpresa ganó el oficialismo.

NOTAS

1. un palafito: *une maison sur pilotis*
2. Venecia: *Venise*
3. derrocar: *renverser (un dictateur)*
4. un caudillo = un jefe
5. el abastecimiento de crudo: *l'approvisionnement en pétrole*
6. el alboroto: *le vacarme, le tumulte*
7. herido: *blessé*
8. mermar = reducir
9. el sobreseimiento: *le non-lieu*
10. desplomarse: *s'effondrer*
11. arrasador: *triomphal*
12. fenecer: *morir*
13. sumir: *plonger*
14. el estancamiento: *la stagnation*
15. alentador: *encourageant*
16. vaticinar = profetizar
17. dispararse: *monter en flèche*
18. cortoplacista: *à court terme*
19. el yugo: *le joug*
20. amordazada: *bâillonnée*
21. el oficialismo = el partido que está en el poder
22. el saqueo: *le pillage*
23. la tesitura = la situación
24. un apagón: *une coupure d'électricité*
25. los aguinaldos: *les étrennes*
26. sesgado: *biaisé*

Doña Bárbara (1929), novela del venezolano escritor Rómulo Gallegos que retrata a una mujer terrateniente, ruda e insensible, por una experiencia traumática que tuvo de adolescente al mismo tiempo que expresaba su rebeldía al régimen dictatorial y al atraso que vivía el país.

MC 94 Venezuela (presentación general)

VENEZUELA (presentación general)

- **Población**
  - 33,5 millones de habitantes
- **Gentilicio**
  - Un venezolano
  - Una venezolana
- **Lenguas**
  - El español
  - Lenguas indígenas
- **Capital**
  - Caracas
- **Superficie**
  - 916.445 km²
- **Moneda nacional**
  - El bolívar
- **Los principales partidos**
  - Partido Socialista Unido de Venezuela (PSUV): partido oficialista
  - Acción Democrática (AD)
  - Comité de Organización Política Electoral Independiente (COPEI)
  - Mesa de la Unidad Democrática (MUD)
  - Voluntad Popular
  - Primero Justicia
- **Organización territorial**
  - 23 estados
  - Un distrito capital incluyendo Caracas
  - Las dependencias federales: más de 311 islas, islotes y cayos en su mayoría deshabitados
- **Forma de Gobierno**
  - Presidencialista
- **Situación geográfica**
  - En América del Sur
  - **Fronteras**
  - Al norte con el mar Caribe y el océano Atlántico
  - Al oeste con Colombia
  - Al sur con Brasil
  - Al este con Guyana

EL CHAVISMO (1998-2013)

- **6 de diciembre de 1998**
  - Victoria en las elecciones presidenciales (56,5 %)
- **Socialismo del Siglo XXI**
  - Bolivarianismo
- **1999**
  - **Nueva constitución**
    - El mandato pasó de 5 a 6 años
    - Una reelección posible
- **2002**
  - **Golpe de Estado apoyado por Estados Unidos**
    - Movilización popular para mantenerlo en el poder
- **2004**
  - Referéndum revocatorio perdido por la oposición
  - Creación del ALBA
- **2007**
  - **Referéndum para reformar la constitución y suprimir el límite de dos mandatos presidenciales consecutivos**
    - Rechazado por los ciudadanos
    - Fin de las 12 victorias electorales consecutivas del oficialismo desde 1998
- **2009**
  - **Otro referéndum organizado por el oficialismo para suprimir el límite de mandatos**
    - Aprobado por el 54 % de los votantes
- **05 de marzo de 2013**
  - **Muerte de Hugo Chávez**
    - Le sustituye Nicolás Maduro, su vicepresidente
- **Características**
  - **Antiimperialismo**
    - Odio a Estados Unidos
  - **Cuba**
    - Admiración por Fidel Castro
    - Intercambio petróleo/médicos
  - **Censura**
    - Oposición acallada
    - Militarización del equipo gubernamental
    - Violencia
  - **Propaganda**
    - Programa televisivo Aló Presidente
  - **Petróleo**
    - PDVSA
    - 96 % de las exportaciones
    - Petrochequeras
    - Desarrollo de las Misiones con los ingresos del petróleo
  - **Escasez desde 2012**
    - Alimentos, productos básicos

MAPA CONCEPTUAL

MC 96 El autoritarismo de Maduro (desde el 14 de abril de 2013)

EL AUTORITARISMO DE NICOLÁS MADURO (desde el 14 de abril de 2013)

- **Política gubernamental**
  - **14 de abril de 2013**
    - Victoria de Nicolás Maduro frente a Henrique Capriles
  - **06 de diciembre de 2015**
    - Elecciones legislativas: victoria de la MUD
    - Estado de emergencia y de excepción declarados en 2016
    - Gobernación de Maduro por decreto y poder legislativo pese a la victoria de la oposición
  - **Julio de 2017**
    - Asamblea Constituyente
  - **20 de mayo de 2018**
    - Elecciones presidenciales (sin oposición): victoria de Maduro
  - **23 de enero de 2019**
    - Autoproclamación de Juan Guaido como presidente de Venezuela
  - **06 de diciembre de 2020**
    - Elecciones legislativas
- **Ámbito social**
  - **Denuncias**
    - #anaquelesvacíos contra la penuria en los supermercados
    - #Maduroesoscuridad contra los apagones
  - **Manifestaciones**
    - **Febrero de 2014**
      - Contra el Gobierno de Nicolás Maduro (altos niveles de delincuencia, alta inflación y escasez de productos básicos)
    - **Abril-agosto de 2017**
      - 56 marchas diarias (157 muertos)
  - **Sanidad**
    - Viaje de numerosas venezolanas embarazadas a Colombia para dar a luz
    - Desnutrición
  - **Violencia**
    - 68 personas asesinadas diariamente en Venezuela en 2016
- **Ámbito internacional**
  - **Diálogo con España**
    - Para mediar la liberación del preso político Leopoldo López
    - Viajes de Felipe González (2015) y José Luis Rodríguez Zapatero (2016)
  - **Incremento de la emigración hacia España**
    - La comunidad venezolana: primera en pedir asilo
  - **Crisis (diplomática, humanitaria, económica) colombo-venezolana**
    - Deportación de colombianos y cierre de las fronteras
    - Reapertura de la frontera: agosto de 2016
    - Flujo migratorio de los venezolanos hacia Colombia: +110 % (2017)
    - Gobierno colombiano acusado por Nicolás Maduro de atentar contra él (4 de agosto de 2018)
  - **Intentos de mediación para restaurar el diálogo entre el Gobierno y la oposición**
    - Intento fallido del Papa (oct. 2016)
    - 2017: inicio de conversaciones en la República Dominicana
    - 2019: inicio de diálogo en Noruega
- **Frente a la Covid-19**
  - **El método venezolano del 7-7**
    - Campaña de vacunación masiva entre diciembre de 2020 y enero de 2021
- **Economía**
  - **Hiperinflación**
    - De un 800 % (2016) a un 1.367 % (2017)
    - De un 1.700.000 % (2018) al 7.374,4 % (2019)
    - 4.210 % (2020)
  - Principal vendedor de oro del planeta

MC 97 La oposición en Venezuela

LA OPOSICIÓN EN VENEZUELA

- **Opositores políticos**
  - **Henrique Capriles**
    - Candidato en los comicios de 2012 y en los de 2014 tras la muerte de Hugo Chávez
    - Inhabilitado en 2017 por el oficialismo para ejercer cualquier cargo público por 15 años
  - **Daniel Ceballos**
    - Detenido arbitrariamente en marzo de 2014
    - Encarcelado en 2016 después de su arresto domiciliario
  - **Juan Guaidó**
    - Autoproclamación como presidente el 23 de enero de 2019
  - **Antonio Ledezma**
    - Encarcelado en febrero de 2015 cuando era alcalde de Caracas
    - Fuga a España en noviembre de 2017
  - **Leopoldo López**
    - Declarado culpable de incitación a la violencia en las manifestaciones de 2014 y condenado a 13 años y 9 meses de prisión en 2015
    - El exfiscal Franklin Nieves, tras fugarse, aseguró que recibió presiones del Gobierno para usar pruebas falsas contra el líder Leopoldo López
    - Arresto domiciliario y refugio en la embajada de España de Caracas (nov.2017)
    - Fuga a España en octubre de 2020
  - **Luis Parra**
    - Primero oponente al chavismo y luego cercano al oficialismo
    - 05/01/2020: autoproclamación como presidente del Parlamento venezolano contra Juan Guaidó
  - **Lilian Tintori**
    - Esposa de Leopoldo López
    - Varios viajes al extranjero para concienciar a los políticos
    - Instalación en España con sus hijos
- **Partidos opositores**
  - Primero Justicia (2000)
  - MUD (2008)
  - Voluntad Popular (2009)
- **Elecciones legislativas del 6 de diciembre de 2020**
  - Desacuerdo entre los opositores
- **Diálogo fallido entre oficialismo y oposición**
  - República Dominicana
  - Noruega
- **4 de agosto de 2018**
  - **Supuesto atentado contra Nicolás Maduro**
  - Orden de detención contra los opositores Julio Borges y Juan Requesens
- **Oposición fragmentada**
  - **En las elecciones del 22 de abril de 2018**
  - El opositor Henri Falcón rompió filas con la MUD al presentarse a las elecciones
- **Manifestaciones entre abril y agosto de 2017**
  - 56 al día
  - 157 muertos
- **6 de diciembre de 2015**
  - Histórica victoria de la MUD en las elecciones legislativas
  - Referéndum revocatorio cancelado

MC 98 El petróleo en Venezuela

EL PETRÓLEO EN VENEZUELA

- **Venezuela, un petroestado**
  - **Mayor productor mundial de petróleo hasta 2016**
    - Crudo extra pesado
    - Requiere ir a refinerías especiales
    - Dependencia a los precios del mercado
- **Durante la era Chávez**
  - **Nacionalización de los activos petroleros de propiedad extranjera**
    - Un 96 % de la economía venezolana
    - Despido de 20.000 profesionales del petróleo
    - Ni desarrollo ni diversificación de la economía nacional
  - **Petrochequeras para facilitar el trueque**
    - Petróleo venezolano a cambio de médicos cubanos
    - Petróleo venezolano para intercambiar armas con Irán
- **Durante los años de auge para PDVSA (compañía petrolera estatal)**
  - **Beneficios a los residentes de pueblos petroleros**
    - Programas de comida gratuita
    - Campamentos de verano
    - Juguetes navideños
- **Consecuencias nefastas para el país**
  - **Colapso total de la economía**
    - Ninguna inversión en infraestructuras, escuelas u hospitales
    - Comida importada
    - Falta de cemento para la construcción
    - Aumento del precio de la gasolina
    - Kilómetros de cola para comprar bombonas de gas o gasolina
- **Desde la presidencia de Nicolás Maduro**
  - **Escasez de petróleo**
    - Refinerías oxidadas
    - Ninguna plataforma en busca de yacimientos
  - **Baja de la producción petrolera**
    - Mala gestión por Maduro
    - Sanciones de Trump a las petroleras estadounidenses para dejar de perforar
  - **Caída de los precios del petróleo**
    - 2014: 115 dólares por barril
    - 2016: 27 dólares por barril
  - **Caída de las ganancias en exportaciones**
    - 2010: 90.000 millones de dólares al año
    - 2020: 2.300 millones
  - **19 de febrero de 2020**
    - Emergencia energética declarada por Maduro
  - **Plan de privatización de PDVSA**
    - Compra por petroleras rusas

ENFOQUE TEMÁTICO

LAS INDEPENDENCIAS LATINOAMERICANAS 51

Datos generales

Desde la llegada de Cristóbal Colón al Nuevo Mundo (1492), su conquista y su colonización hasta la Guerra de Independencia hispanoamericana (1898), la mayoría de los países suramericanos eran colonias españolas a excepción de Surinam (dominación holandesa), las Guyanas (una francesa, la otra inglesa) y todos los países centroamericanos estaban bajo control español salvo Belice (dominación inglesa). En la parte norte de América, México, y en el Caribe, Cuba, Puerto Rico y República Dominicana también eran tierras españolas, pero Haití pertenecía a Francia y Brasil, a Portugal.

La mayoría de las colonias españolas en América Latina fue ganando su independencia a lo largo del primer cuarto del siglo XIX. Paraguay fue uno de los primeros países en independizarse.

La **Guerra de la Independencia española (1808-1814)** se desarrolló dentro del contexto de las Guerras Napoleónicas, que enfrentaron a España, Reino Unido y Portugal contra el primer imperio francés, cuya pretensión era instalar en el trono español al hermano de Napoleón, José Bonaparte.

Algunos libertadores marcaron estos hitos[1], entre los cuales figuran en 1810 el cura **Miguel Hidalgo** en México, **Simón Bolívar** y **José de San Martín** para América del Sur.

Miguel Hidalgo fue sacerdote y revolucionario. Conocido por iniciar la primera etapa de la Guerra de Independencia de México a través del llamado *Grito de Dolores*, dirigió militar y políticamente los seis primeros meses de la revuelta independentista hasta que fue capturado el 21 de marzo de 1811 y encarcelado en la ciudad de Chihuahua. Allí fue juzgado y fusilado el 30 de julio del mismo año. En México, se le conoce como *Padre de la Patria*.

Simón Bolívar fue un militar y político, conocido como El Libertador, por conseguir la independencia de las colonias de la América española. Su ideal era crear la unidad política de toda América del sur. Así fundó las repúblicas de la Gran Colombia en 1819 y Bolivia que le debe su nombre en 1825. Desde su Venezuela natal extendió la lucha liberadora a Colombia, Ecuador, Perú y Bolivia. Fue precisamente en Perú donde Bolívar consolidó su leyenda como líder de la América independiente. El 27 de abril de 1830, Bolívar desalentado y enfermo renunció a la presidencia de la Gran Colombia. El 17 de diciembre de 1830, murió Simón Bolívar a los 47 años.

José de San Martín fue un militar y político rioplatense y uno de los libertadores de Argentina, Chile y Perú. Según él, el triunfo de la guerra hispano-americana sólo pasaba por la eliminación de los núcleos reales que mantenían el sistema colonial en América.

A este proceso de emancipación, también se le llamó "descolonización", proceso por el cual se dio lugar a las naciones de habla española que se conocen hoy: **en América del Norte**, México; **en el Caribe**, Cuba, República Dominicana y Puerto Rico; **en América Central,** Costa Rica, El Salvador, Guatemala, Honduras, Nicaragua y Panamá; **en América del Sur**, Argentina, Bolivia, Colombia, Chile, Ecuador, Paraguay, Perú, Uruguay y Venezuela. Los libertadores se inspiraron tanto en la independencia de Estados Unidos (1775-1783) como en la Revolución francesa de 1789. De hecho, el himno nacional de Honduras la recuerda evocando a Dantón.

Los virreinatos, grandes imperios de los actuales países latinoamericanos (véase MC 99)

En poco más de un siglo, la Corona de Castilla exploró, conquistó y pobló enormes territorios en el norte, centro y sur del continente americano por lo que se puede decir que la colonización española fue la más importante de todas las colonizaciones europeas. Tras conquistar tierras del Caribe (Santo Domingo, Puerto Rico y Cuba) y los reinos azteca e inca, los territorios españoles se organizaron en dos grandes virreinatos inicialmente: el virreinato de Nueva España, con capital en Ciudad de México y el virreinato del Perú, gobernado desde Lima. Más tarde, se dio a conocer una verdadera expansión y un fuerte asentamiento en el sur del continente donde se crearon los virreinatos de Nueva Granada y de Río de la Plata.

El virreinato de Nueva España (1535-1821)

Este territorio incluyó lo que actualmente es México, además de los actuales estados de Estados Unidos: California, Nevada, Colorado, Utah, Nuevo México, Arizona, Texas, Oregón, Washington, Florida y partes de Idaho, Montana, Wyoming, Kansas, Oklahoma y Luisiana.

También incluyó la parte suroeste de la Columbia Británica del actual Canadá y la Capitanía General de Guatemala (los actuales países de Guatemala, Belice, Costa Rica, El Salvador, Honduras y Nicaragua).

En el virreinato de Nueva España se incluyó también la Capitanía General de Cuba (actuales Cuba, República Dominicana, Puerto Rico, Trinidad y Tobago y Guadalupe) y la Capitanía General de Filipinas (incluyendo Filipinas, las islas Carolinas y las islas Marianas, en el océano Pacífico, en Asia y Oceanía).

El virreinato del Perú (1542-1824)

Este inmenso conjunto abarcó gran parte de Sudamérica, incluida Panamá. Se excluyó Venezuela y la costa atlántica de Brasil, que pertenecía a Portugal.

El virreinato de Nueva Granada (1717-1723 y 1739-1819)

Esta área reunió las Reales Audiencias de Santafé de Bogotá, Panamá y Quito así como parte del posterior territorio de la Capitanía General de Venezuela.

El virreinato comprendió territorios de las actuales Repúblicas de Colombia, Ecuador, Panamá, Costa Rica y Venezuela, además de regiones del norte del Perú y Brasil, y el oeste de Guyana.

El virreinato del Río de la Plata (1776-1814)

Esta zona geográfica surgió de una división del virreinato del Perú e incluyó los territorios de las gobernaciones de Buenos Aires, Paraguay, Tucumán y Santa Cruz de la Sierra, el corregimiento de Cuyo de la capitanía general de Chile y los corregimientos de la provincia de Charcas.

Actualmente este territorio forma las Repúblicas de Argentina, Uruguay, Paraguay, Bolivia, partes del sur de Brasil, del norte de Chile y del sureste de Perú, así como también las disputadas islas Malvinas.

Además, integró las islas africanas de Fernando Poo (hoy Bioko) y Annobón en la actual Guinea Ecuatorial, cedidas por Portugal en 1777, aunque el intento por colonizarlas fue vano.

Territorios de alta resistencia

Algunos pueblos aborígenes se resistieron frente a los conquistadores. Entre ellos, destacan los mapuches del centro de Chile, que fueron declarados como nación independiente tras la larga Guerra de Arauco (1550-1656) que se saldó con numerosas vidas españolas en el Nuevo Mundo.

Algunas regiones no fueron completamente controladas por el Imperio español. Es el caso de la Patagonia (en el extremo sur de Argentina y Chile), el Gran Chaco (región del Norte Grande Argentino, Bolivia, el centro-sur de Brasil, específicamente la región de Mato Grosso y Mato Grosso del Sur, entre los ríos Paraguay y Paraná y el Altiplano andino), la Amazonia (6 millones de km^2 repartidos entre nueve países, de los cuales Brasil y Perú poseen la mayor extensión de la Amazonia, seguidos por Bolivia, Colombia, Venezuela, Ecuador, Guyana, Guayana Francesa y Surinam) y los desiertos del norte de Mesoamérica.

Las independencias de Norte a Sur (➔ véase MC 100)

Estos procesos de independencias del yugo[2] español o portugués fueron más o menos largos según los países: pudo durar tanto unos días como varios años, según los países. Durante la mayor parte del proceso, se llevó a cabo una guerra entre realistas[3] (partidarios de la monarquía española), y patriotas (partidarios de la independencia). Pero en algunos casos fueron tan sólo reuniones, juntas o proclamaciones de independencia de forma pacífica.

La Gran Colombia (1819-1831): el sueño de Bolívar

Esta iniciativa de Simón Bolívar surgió de la independencia de Venezuela del Reino de España para crear un bloque fuerte frente a los posibles territorios que hubiera reconquistado España. Fue un área de América del Sur creada en 1819 por la unión de los actuales Venezuela, Ecuador y Colombia, a la que luego se sumó Panamá (1821) después de independizarse de España. Simón Bolívar fue presidente de la Gran Colombia desde su creación en 1819 hasta que murió en 1830. Luego le sucedieron tres presidentes hasta la disolución de la Gran Colombia el 21 de noviembre de 1831.

En América del Norte

México

La independencia de México se extendió desde el Grito de Dolores, el 16 de septiembre de 1810, hasta la entrada del Ejército Trigarante a la Ciudad de México, el 27 de septiembre de 1821.

En América Central

Costa Rica, Guatemala, El Salvador, Honduras y Nicaragua

El primer movimiento independentista centroamericano se dio el 5 de noviembre de 1811 mediante una conspiración, pero se llevó a cabo la independencia definitiva el 15 de septiembre de 1821 de forma bastante pacífica, tras una reunión entre las mismas autoridades coloniales y una junta de notables compuesta por líderes religiosos y criollos ilustrados.

Panamá

Entre el 11 y el 28 de noviembre de 1821, se dio el proceso emancipador por el cual Panamá rompió los lazos coloniales existentes con el Imperio español.

En el Caribe

Cuba

Se inició el 24 de febrero de 1895 en una rebelión simultánea de 35 localidades cubanas, en el Grito de Baire y terminó el 12 de agosto de 1898 con la rendición del ejército colonial español ante el avance del ejército independentista cubano.

Puerto Rico

Puerto Rico conoció un autogobierno autonómico de 1897-1898. Después del Tratado de París, la isla quedó bajo el control de Estados Unidos. Puerto Rico destaca pues por pasar de ser colonia española a estadounidense ya que, en 1917, con la aprobación de la Ley Jones, los puertorriqueños se hicieron ciudadanos estadounidenses y se volvió Estado Libre Asociado bajo dominación estadounidense desde 1952.

En América del Sur

Argentina

A raíz de la Revolución de mayo de 1810, se creó el primer gobierno de las Provincias Unidas el 25 de mayo de 1810, lo que marcó el inicio del proceso independentista argentino. El proceso político y militar ocurrido entre los años 1819 y 1823 disolvió todas las autoridades nacionales el 11 de febrero de 1820, día en que renunció el último Director Supremo, José Rondeau, y se disolvió el Congreso Nacional lo que marcó el final del proceso independentista. Por último, se estabilizaron los gobiernos de las provincias argentinas.

Bolivia

El 6 de agosto de 1825, se proclamó la independencia de Bolivia tras la Batalla de Junín ganada por Simón Bolívar. De ahí el nombre del país en honor al Libertador.

Brasil

En cuanto a la América portuguesa, el príncipe *dom* Pedro I, hijo del rey portugués *dom* João VI, proclamó la independencia de Brasil el 7 de septiembre de 1822, convirtiéndose así en el primer emperador de Brasil. Esta proclamación se hizo en ausencia de su padre. Hoy se habla de un país continente de habla portuguesa.

Chile

El proceso de independencia chileno comenzó el 18 de septiembre de 1810, con el establecimiento de la Primera Junta Nacional de Gobierno, y se terminó el 28 de enero de 1823 con la abdicación de Bernardo O'Higgins (director supremo).

Colombia

El proceso independentista colombiano se llevó a cabo entre el 20 de julio de 1810 y el 10 de agosto de 1819, día en que el Ejército republicano encabezado por Simón Bolívar llegó a las puertas de Santa Fe.

Ecuador

La declaración de independencia de Ecuador se dio a conocer el 24 de mayo de 1822 tras la batalla de Pichincha.

Paraguay

Los días 14 y 15 de mayo de 1811 marcaron la revolución independentista en este país suramericano.

Perú

En 1820, la Expedición Libertadora desembarcó en Perú bajo el mando del general José de San Martín. La independencia fue proclamada en Lima el 28 de julio de 1821.

Uruguay

El Congreso de Florida declaró el 25 de agosto de 1825 la total independencia del territorio oriental respecto de Portugal a la vez que se reiteró la voluntad de que formara parte de las Provincias Argentinas. Sólo en 1828 se creó el Estado Oriental de Uruguay.

Venezuela

El Acta de la declaración de la independencia de Venezuela se firmó el 5 de julio de 1811 pero se dio en medio del conflicto sangriento que duró veintitrés años. La Guerra de la Independencia de Venezuela comenzó a raíz de la Revolución del 19 de abril de 1810 y terminó el 10 de noviembre de 1823.

NOTAS

1. un hito = un hecho histórico
2. el yugo: *le joug, la domination*
3. realista = que están a favor del rey

El encuentro de Guayaquil (2016) relata el encuentro entre José de San Martín y Simón Bolívar.

MC 99 Los grandes imperios colonizados (1535-1814)

LOS GRANDES IMPERIOS COLONIZADOS (1535-1814) y sus equivalencias actuales

- **El virreinato de Nueva España (1535-1821)**
  - Parte suroeste de Canadá
  - Algunos estados de los Estados Unidos (California, Nevada, Colorado, Utah, Nuevo México, Arizona, Texas, Oregón, Washington, Florida y partes de Idaho, Montana, Wyoming, Kansas, Oklahoma y Luisiana)
  - México
  - Belice
  - Guatemala
  - El Salvador
  - Honduras
  - Nicaragua
  - Costa Rica
- **El virreinato del Perú (1542-1824)**
  - Gran parte de Sudamérica, incluyendo Panamá
  - A excepción de Venezuela y la costa atlántica de Brasil (que pertenecía a Portugal)
- **El virreinato de Río de la Plata (1776-1814)**
  - Argentina
  - Bolivia
  - Paraguay
  - Uruguay
  - Partes del sur de Brasil
  - Zonas del norte de Chile
  - Región del sureste de Perú
  - Las disputadas islas Malvinas
  - La isla africana actual Bioko y Annobón en la actual Guinea Ecuatorial, cedidas por Portugal en 1777
- **El virreinato de Nueva Granada (1717-1723 y 1739-1819)**
  - Panamá
  - Colombia
  - Venezuela
  - Ecuador
  - Regiones del norte del Perú y Brasil
  - El oeste de Guyana

MC100 Las independencias latinoamericanas

LAS INDEPENDENCIAS LATINOAMERICANAS

- **ARGENTINA**: 25 de mayo de 1810 - 11 de febrero de 1820
- **PARAGUAY**: 14-15 de mayo de 1811
- **VENEZUELA**: 5 de julio de 1811
- **CHILE**: 18 de septiembre de 1810 - 28 de enero de 1823
- **CENTROAMÉRICA**: **Costa Rica, El Salvador, Guatemala, Honduras y Nicaragua**
  - 5 de noviembre de 1811: primera oleada independentista
  - 15 de septiembre de 1821: independencia definitiva
- **COLOMBIA**: 20 de julio de 1810 - 10 de agosto de 1819
- **MÉXICO**: 27 de septiembre de 1821
- **CUBA**: 24 de febrero de 1895-12 de agosto de 1898
- **URUGUAY**
  - 25 de agosto de 1825
  - 1828: creación del Estado Oriental de Uruguay
- **BOLIVIA**: 6 de agosto de 1825
- **BRASIL**: 7 de septiembre de 1822
- **ECUADOR**: 24 de mayo de 1822
- **PERÚ**: 28 de julio de 1821
- **PANAMÁ**: 11-28 de noviembre de 1821

MAPA CONCEPTUAL

52 LAS PRINCIPALES GUERRILLAS LATINOAMERICANAS

Datos generales (véase MC 101)

Unas cuarenta guerrillas surgieron en América Latina a lo largo de la segunda mitad del siglo XX. Unas cuantas fueron aniquiladas[1] por militares, otras se fraccionaron o se desgastaron[2] y algunas firmaron acuerdos de paz. Algunos líderes murieron, mientras que otros, ya incorporados a la vida civil, llegaron al poder. Y otros más siguieron desempeñando un papel relevante en la sociedad latinoamericana. Cabe destacar algunas de las principales guerrillas que conoció América Latina, según los países ordenados de Norte a Sur.

En América del Norte

En **México** (véase cap. 32), se formó el Ejército Zapatista de Liberación Nacional (EZLN) en 1910. Pero permaneció pacífico hasta que unos indígenas se alzaron en armas en el Estado de Chiapas el 1 de enero de 1994, cuando entró en vigor el TLCAN (Tratado de Libre Cambio en América del Norte entre México, Estados Unidos y Canadá). Poco después, el Ejército dejó la lucha armada, pero, desde 2003, formó gobiernos autónomos en la selva del Sur de México. Su líder, el muy famoso subcomandante Marcos, que ocultaba su rostro[3] con un pasamontañas, ya no aparecía en público desde 2009 y pasó a llamarse Galeano en 2014. Los representantes del grupo indígena eligieron a María de Jesús Patricio Martínez como candidata para la elección presidencial de 2018 en México. Pero sin éxito.

En el Caribe

En **Cuba** (véase cap. 33), el Movimiento 26 de Julio creado en 1955 y el Ejército rebelde, dirigidos por Fidel Castro, derrocaron[4] al dictador Fulgencio Batista el 31 de diciembre de 1958 e instauraron una revolución marxista-leninista, que inspiró y apoyó a las guerrillas de América Latina. Fidel cedió el poder a su hermano Raúl de forma oficiosa en 2006 y oficial en 2008. Durante casi 60 años en el poder, el régimen castrista fue el único régimen comunista de Occidente.

En América Central

En **El Salvador** (véase cap. 36), el Frente Farabundo Martí para la Liberación Nacional (FMLN), de naturaleza marxista-leninista, fue fundado en Cuba en 1980 por cinco organizaciones clandestinas para combatir en la Guerra Civil (1980-1992) a los gobiernos de derechas. Firmó acuerdos de paz en 1992 y se convirtió en partido político que llegó en 2009 a la presidencia con Mauricio Funes (2009-2014).

En **Guatemala** (véase cap. 37), la Unidad Nacional Revolucionaria Guatemalteca (URNG) se fundó en 1982 con la fusión de cuatro grupos marxista-leninistas. Tras pelear[5] en una guerra civil de 36 años, firmó la paz en 1996 y se convirtió en un partido de izquierda.

En **Nicaragua** (➔ véase cap. 39), el Frente Sandinista de Liberación Nacional (FSLN) nació en 1961. Apoyada por Cuba, fue la única guerrilla en llegar al poder por las armas, en 1979, tras derrocar a la dictadura de 45 años de los Somoza. Gobernó bajo la presidencia de Daniel Ortega en la década de los años 80, todavía con el respaldo de Cuba, librando una sangrienta[6] guerra contra una guerrilla contrarrevolucionaria organizada por Estados Unidos en Honduras. Ortega perdió las elecciones en 1990, volvió al poder en 2007 y desde entonces, fue reelegido dos veces (en 2011 y en 2016).

En América del Sur

En **Argentina** (➔ véase cap. 41), se desarrollaron dos guerrillas.

- La guerrilla de los Montoneros se organizó en 1970 por nacionalistas, identificados con el peronismo[7], que viraron a la izquierda. Practicó la lucha armada hasta 1979. Fue derrotada por la dictadura militar (1976-1983). La presidenta Cristina Fernández de Kirchner y su marido Néstor Kirchner pertenecían a la Juventud peronista, brazo político de los Montoneros.
- También surgió en 1970 el Ejército Revolucionario del Pueblo (ERP), de orientación guevarista. Su líder, Roberto Santucho, murió en 1976 durante la dictadura. Otro líder, Enrique Gorriarán Merlo, que combatió en Nicaragua con el FSLN, comandó una célula que mató en 1980 al dictador nicaragüense Anastasio Somoza (1967-1972 y 1974-1979) en Asunción y dirigió un ataque a un cuartel[8] bajo el Gobierno del argentino Raúl Alfonsín (1983-1989).

En **Bolivia** (➔ véase cap. 42), la Guerrilla de Ñancahuazú se desarrolló entre 1966 y 1967 tras el triunfo de Fidel Castro en Cuba. El argentino Ernesto Guevara trató de internacionalizar la revolución en 1967 en Bolivia creando el Ejército de Liberación Nacional (ELN). Los rebeldes se instalaron junto a un río llamado Ñancahuazú. Partieron de un foco[9] rebelde rural (teoría o doctrina del foquismo), aniquilado en menos de un año por tropas bolivianas entrenadas por Estados Unidos. En octubre de 1967, el "Che" fue capturado y ejecutado.

En **Brasil** (➔ véase cap. 43) se dieron a conocer tres guerrillas.

- La Acción Libertadora Nacional (ALN), de índole marxista, fue creada en 1968 para combatir a la dictadura militar (1964-1985). Su líder, Carlos Marighella, autor del *Minimanual del guerrillero urbano*, murió asesinado en 1969. Sin embargo, el grupo actuó hasta 1974.
- La Vanguardia Popular Revolucionaria (VPR) se formó en 1966, con algunos exmilitares, para combatir a la dictadura. Se unió con el Comando de Liberación Nacional (Colina) y actuó hasta 1971. La expresidenta Dilma Rousseff (en el poder de 2011 a 2016) participó en esas dos guerrillas.
- La guerrilla de Araguaia, de orientación comunista, operó entre 1967 y 1974 para combatir la dictadura militar hasta ser diezmada[10] por la fuerza. Uno de sus sobrevivientes, José Geonino, procesado por corrupción, presidió el Partido de los Trabajadores que gobernó Brasil bajo la presidencia de Lula (2003-2011) y luego de Dilma Rousseff (2011-2016).

En **Chile** (➲ véase cap. 44), se conocieron dos guerrillas.

- El Frente Patriótico Manuel Rodríguez (FPMR) propició la lucha contra la dictadura del general Augusto Pinochet (1973-1990) y empezó a desarticularse a finales de los 90. Su líder, Mauricio Hernández Norambuena, fue condenado dos veces a cadena perpetua.
- El Movimiento Izquierda Revolucionaria (MIR, en ruso "Мир", del mundo o de la paz), de índole marxista-leninista, fue fundado en 1965 y se dividió en 1987. Algunos miembros fueron eliminados y otros encarcelados. Los de la fracción política dejaron la acción o se unieron a otras fuerzas.

En **Colombia** (➲ véase cap. 45), se dieron tres guerrillas.

- Las Fuerzas Armadas Revolucionarias de Colombia (FARC), de índole marxista, fue creada en 1964 por campesinos. Su líder histórico, ya fallecido, fue Manuel Marulanda. Llegó a tener 20.000 miembros. Se financió de secuestros y del narcotráfico. Firmó el acuerdo de paz con el Gobierno de Juan Manuel Santos, el 24 de noviembre de 2016.
- El Ejército de Liberación Nacional (ELN), guevarista, surgió cuando la Revolución Cubana, en 1960, y cuenta con unos 2.500 guerrilleros. Entre sus líderes estuvieron exsacerdotes católicos ortodoxos. Además, el grupo es conocido en el país por los atentados a las operaciones de las multinacionales energéticas, los secuestros y la disputa del control de territorios, principalmente con cultivos de coca. Declararon un alto el fuego el 1 de octubre de 2017. Pero, el 17 de enero de 2019, el atentado contra la escuela de policía General Santander –en el que murieron 22 personas– rompió los acuerdos de paz entre el gobierno de Iván Duque y el ELN. El mandatario colombiano declaró esta guerrilla como Grupo Armado Organizado (GAO), cuyos integrantes se pueden desmovilizar para ser juzgados por delitos políticos. El ELN declaró el 1 de abril de 2020 el alto el fuego por un mes para lidiar con la crisis causada por la irrupción de la pandemia de la Covid-19. En julio, uno de sus cabecillas fue asesinado por las Fuerzas Armadas de Colombia.
- El Movimiento 19 de abril (M-19) y el Ejército Popular de Liberación (EPL) se desarmaron en los 90, pactaron la paz y sus líderes están en la vida política.

En **Ecuador** (➲ véase cap. 46), el Alfaro Vive Carajo (AVC), de naturaleza marxista-leninista, se creó en 1983 y resistió a golpes del Gobierno derechista de Febres Cordero (1984-1988) y pactó la paz en 1991 con el Gobierno socialdemócrata de Rodrigo Borja (1988-1992). En 2006, resurgió como movimiento social con Alianza País (AP, partido de izquierda), de los expresidentes Rafael Correa y Lenín Moreno (2017-2021).

En **Perú** (➲ véase cap. 48), hubo dos famosos movimientos guerrilleros.

- El Sendero Luminoso, de orientación maoísta, lanzó en mayo de 1980 una "guerra popular prolongada". El conflicto dejó 70.000 muertos en dos décadas. Fue desarticulado a mediados de los 90 tras la captura de su líder, Abimael Guzmán, en 1992. Fue considerada una de las guerrillas más sanguinarias de América Latina. Algunos grupos remanentes, aliados con los narcotraficantes, siguen actuando en la selva.
- El Movimiento Revolucionario Túpac Amaru (MRTA), de orientación guevarista, fue desbaratado[11] en 1997. Cobró notoriedad con el secuestro de la residencia del embajador de Japón en Lima en diciembre de 1996, que terminó a los 126 días con el rescate[12] de 71 rehenes[13], la muerte de uno de ellos, de dos militares y de los 14 asaltantes de la casa.

En **Uruguay** (➔ véase cap. 49), el Movimiento de Liberación Nacional-Tupamaros (MLN-T) surgido en 1962 consistió en una guerrilla urbana que actuó en los años 60-70. Fue derrotado[14] por los militares en 1972, lo que abrió las puertas al golpe de Estado de 1973. Sus líderes, entre ellos el expresidente José "Pepe" Mujica (2010-2014), fueron encarcelados durante 13 años y amnistiados en 1985 con la vuelta a la democracia. Tras un debate interno, se integró a la coalición política Frente Amplio en 1989.

En **Venezuela** (➔ véase cap. 50), las Fuerzas Armadas de Liberación Nacional (FALN) fueron creadas en 1962 por el partido comunista contra el Gobierno de Rómulo Betancourt (1945-1948 y 1959-1964). Se dividió: una facción desapareció en 1969 y otra operó en los años 70. En ellas participó Alí Rodríguez, secretario general de la Unión de Naciones Suramericanas (Unasur), exministro de Finanzas, excanciller y extitular de la petrolera PDVSA.

NOTAS

1. aniquiladas = destruidas
2. desgastarse = deteriorarse
3. el rostro = la cara
4. derrocar = destituir
5. pelear = discutir
6. sangrienta = con mucha sangre
7. el peronismo = movimiento político populista en Argentina instaurado por Juan Perón (1946-1952; 1952-1955 y 1973-1974)
8. un cuartel: *une caserne*
9. un foco = un epicentro
10. diezmado = destruido
11. desbaratado = desmontado
12. un rescate = una salvación
13. un rehén: *un otage*
14. derrotado = vencido

- ***Netulme 81*** (2012) de Evelyn Campos trata de un grupo de exiliados militantes del Movimiento de Izquierda Revolucionaria que se organizó en Europa y se preparó en Cuba para retornar a Chile para desestabilizar a la dictadura militar de Augusto Pinochet en el marco de la llamada "Operación Retorno".

Abril Rojo, novela peruana de Santiago Roncagliolo (2006) sobre la guerrilla del Sendero Luminoso en Perú.

MC 101 Las principales guerrillas latinoamericanas y su impacto político

LAS PRINCIPALES GUERRILLAS Y SU IMPACTO POLÍTICO

Unas 40 guerrillas surgieron en América Latina en la segunda mitad del siglo XX: unas se extinguieron, otras se dividieron y algunas firmaron pactos de paz. Varios de sus líderes, incorporados a la vida civil, llegaron al poder.

- **Frente Farabundo Martí para la Liberación Nacional (FMLN)**
  - **Fundado en El Salvador en 1980**
  - El expresidente Salvador Sánchez Cerén (2014-2018) formó parte del FMLN
- **Frente Sandinista de Liberación Nacional (FSLN)**
  - **Creado en Nicaragua en 1961**
  - Derrocamiento de la dinastía Somoza (1979)
  - El presidente Daniel Ortega (desde 2006) fue guerrillero sandinista
- **Montoneros**
  - **Formados en Argentina en 1970**
  - Lucha armada (1970 - 1979)
  - Vuelta al poder de Juan Perón
- **Sendero Luminoso**
  - **Grupo comunista creado en Perú en los años 1970**
  - Guerra popular armada (mayo de 1980 -1992)
  - Principal detractor: el dictador Alberto Fujimori
- **Movimiento de Liberación Nacional-Tupamaros (MLN-T)**
  - **Fundado en Uruguay en 1962**
  - Actividad armada en los años 60 y 70
  - El expresidente José Mujica (2010-2015) fue guerrillero
- **Ejército Zapatista de Liberación Nacional (EZLN)**
  - **Creado en México en 1910**
  - Actividad guerrillera iniciada en 1994
  - Jefe: el subcomandante Marcos
  - Marichuy (María de Jesús Patricio Martínez) del partido zapatista actual se presentó como candidata en las elecciones presidenciales de 2018
- **Movimiento 26 de Julio y Ejército Rebelde**
  - **Creado en Cuba en 1955**
  - Jefe: Fidel Castro, dirigente (1959-2008)
  - Relevo asegurado por su hermano, Raúl Castro (2008-2018)
- **Guerrilla de Ñancahuazú**
  - **Iniciada en Bolivia en 1966**
  - Jefe: el argentino Ernesto Che Guevara
  - Muerte del Che en plena guerrilla en Bolivia (9 de octubre de 1967)
  - Grupo también conocido como Ejército de Liberación Nacional de Bolivia (ELN)
- **Fuerzas Armadas Revolucionarias de Colombia (FARC)**
  - **Creada en Colombia en 1964**
  - Acuerdos de paz (24 de noviembre de 2016)
  - Un partido político llamado FARC (Fuerza Alternativa Revolucionaria del Común)

EL SOCIALISMO DEL SIGLO XXI 53

Orígenes

El Socialismo del Siglo XXI es un concepto que apareció en 1996 mediante Heinz Dieterich Steffan, pero sólo fue a partir del 30 de enero de 2005 cuando se difundió mundialmente por boca del entonces presidente de Venezuela, Hugo Chávez, desde el V Foro Social Mundial. Los cuatro países latinoamericanos que defendieron en su momento tales ideas y que siguieron el Eje bolivariano fueron Venezuela, Nicaragua, Ecuador y Bolivia: un bloque que ha contado hasta el momento con el respaldo político del régimen de Cuba, uno de los mayores beneficiados del petróleo venezolano. Ahora bien, Fidel Castro y Raúl Castro influyeron mucho en este modelo sin que éste fuera plenamente adoptado por este país. En cierta forma, la Argentina de los Kirchner (Néstor y su esposa Cristina) optó por este camino, pero no tan abiertamente como lo hicieron Chávez, Ortega, Correa y Morales.

> Se conoció como **"eje bolivariano"** un grupo de países liderados por Venezuela. Formaron parte de este eje: Venezuela, Ecuador, Bolivia, Nicaragua, Cuba, Uruguay, El Salvador, y de alguna forma, Argentina. Fueron neocomunistas latinoamericanos que ascendieron al poder mediante elecciones democráticas.

Definición del Socialismo del Siglo XXI (➔ véase MC 102)

El Socialismo del Siglo XXI fue un socialismo revolucionario que procedía directamente de la filosofía y la economía marxista, y que se sustentaba[1] en cuatro ejes: el desarrollismo democrático regional, la economía de equivalencias, la democracia participativa y protagónica así como las organizaciones de base. Dieterich, en su obra *Socialismo del Siglo XXI* (tal y como lo retomó Chávez) se basó en la visión de Karl Marx sobre la dinámica social y la lucha de clases pero revisándola. Quiso actualizarla al mundo de hoy, integrando avances en el conocimiento, experiencias en los intentos socialistas, proponiendo pistas concretas tanto en la economía política como en la participación democrática de la ciudadanía. Resumiéndose así, el Socialismo del Siglo XXI supuso que era necesario un fortalecimiento radical del poder estatal democráticamente controlado por la sociedad para adelantar[2] en el desarrollo.

Adaptación del Socialismo del Siglo XXI al eje bolivariano

En el marco[3] de la Revolución Bolivariana, Chávez señaló la necesidad de una etapa de transición llamada "democracia revolucionaria" y expresó a mediados de 2006 que habían asumido el compromiso de dirigir la Revolución Bolivariana hacia lo social y contribuir a la senda[4] del socialismo del siglo XXI basado en la solidaridad, la fraternidad, el amor, la libertad y la igualdad". Este pensamiento se alineaba con el de Heinz Dieterich Steffan que, al final de la obra, abrió un debate constructivo para mejorar el proyecto del Socialismo del Siglo XXI, lo que indicaba que dicha ideología estaba reformulándose constantemente.

En su emisión *Aló Presidente* en 2003, Hugo Chávez también presentó la propuesta de Giulio Santosuosso para el Socialismo del Siglo XXI, entendiendo "socialismo" en un paradigma liberal. Su autor creía en una extensa realineación ideológica, fruto obvio del cambio de modelo económico en el mundo actual. Su tesis radicaba[5] en buscar una alianza entre el socialismo y el liberalismo para alcanzar una sociedad más justa.

Para ello, el socialismo tenía que haber dejado al estatismo y al liberalismo a un lado y al capitalismo a otro lado. Dieterich, en *Socialismo del Siglo XXI*, proponía un modelo económico que no estuviera basado en el precio de mercado, es decir en las leyes de la oferta y la demanda, porque éstas eran el fundamento de la economía de mercado y del capitalismo, según él fuentes de las asimetrías sociales y de la sobreexplotación de recursos naturales. En este aspecto se distinguió Chávez que basó su economía en un solo recurso: el petróleo. El proyecto de "economía de valores" de Dieterich se fundaría más bien en el valor del trabajo que implicaba un producto (o servicio).

Críticas respecto al Socialismo del Siglo XXI

Es obvio[6] que la gran mayoría de las críticas al Socialismo del Siglo XXI provienen de sectores de derecha, que acusan al movimiento de defender ideas caducas.

El político venezolano de izquierda y opositor al chavismo, Teodoro Petkoff, cree que dos rasgos[7] del chavismo son el autoritarismo y el militarismo, a pesar de que el chavismo se define a sí mismo defensor de un socialismo democrático.

Por su parte, el arzobispo de Mérida, Monseñor Baltazar Porras, opinó que el Socialismo del Siglo XXI es indefinido ideológicamente, que busca distraer la atención y "parece más bien un supermercado". Lo caracterizan el populismo, el autoritarismo y el militarismo.

A juicio del director del *Interamerican Institute for Democracy* (IID), Carlos Sánchez Berzaín, politólogo y escritor boliviano, el Socialismo del Siglo XXI es una expresión de neocomunismo con fachada de populismo de izquierda y simulación de democracia donde la corrupción es un elemento imprescindible[8]. Para él, todos estos países del Socialismo del Siglo XXI tienen rasgos comunes: "son gobiernos estatistas, centralistas, que pretenden permanecer indefinidamente en el poder, que han hecho desaparecer la división e independencia de poderes y el Estado de derecho, que tienen perseguidos, presos y exiliados políticos, no respetan la libertad de prensa y, en suma, han hecho desaparecer todos los elementos de la democracia para sustituirlos por un poder central y omnipotente que los pueblos no están dispuestos a tolerar". A los países del Socialismo del Siglo XXI se les reconoce por ser antiimperialistas y por su odio a los "yanquis", tales y como los llaman peyorativamente.

Hacia el declive del Socialismo del Siglo XXI

La utilización de este concepto se dio de forma distinta en los cuatro países latinoamericanos citados previamente, aunque los entonces jefes de Gobierno mantenían relaciones amistosas.

En **Venezuela**, bajo el mando de Hugo Chávez, desde 1999 hasta 2013, se planteaba que la Revolución bolivariana era un tipo de socialismo inspirado en el cristianismo, incluso calificó a Jesús de Nazaret de "socialista". Chávez también afirmó compartir ideas trotskistas como la revolución permanente e ideas gramscianas[9]. Ahora bien, Chávez afirmaba que el Socialismo del Siglo XXI aceptaba la propiedad privada (a diferencia de la postura marxista-leninista), pero rechazaba la propiedad privada cuando "degeneraba en la acumulación egoísta". En el año 2007, Hugo Chávez planteó una reforma a la constitución venezolana para modificar 69 artículos donde se proponía la formación de un Estado socialista, cambios económicos, estructurales, institucionales, políticos, entre otros, pero dicha propuesta fue rechazada democráticamente en el referéndum constitucional de 2007. En el programa de Gobierno de Hugo Chávez para el período 2013-2019, conocido como "Plan de la Patria", se promovían distintos tipos de propiedad, incluida la privada, pero se dijo que la nueva economía socialista debía construirse "sobre la base de un amplio sustento público, social y colectivo de la propiedad sobre los medios de producción" y generar "relaciones de producción e intercambio complementarias y solidarias". Dentro del chavismo, se promovía la creación de comunas socialistas con su sistema económico comunal, el apoyo al control obrero por medio de la autogestión obrera y la cogestión, la intervención del Estado en la economía, el desarrollo de programas sociales conocidos como misiones bolivarianas y la expropiación de empresas. Chávez también afirmaba que el Socialismo del siglo XXI debía nutrirse[10] de las corrientes más auténticas del cristianismo, dentro de una democracia participativa y protagónica que debía conjugar igualdad con libertad. Sin embargo, Hugo Chávez murió al principio de este nuevo mandato, el 5 de marzo de 2013, y no pudo llevar a cabo el previsto Plan de la Patria. Aunque su sucesor, Nicolás Maduro, se comprometió a seguir con el modelo del Socialismo del Siglo XXI, hoy Venezuela está atravesando una crisis polifacética: no sólo económica y política sino también social, humanitaria y migratoria (➲ véase cap. 50).

En **Ecuador**, bajo el entonces presidente Rafael Correa (2007-2017) el desarrollo del Socialismo del Siglo XXI tenía características propias en su país ya que no se trataba de una estatización de los medios de producción y del socialismo tradicional, sino que el Estado desempeñaba un rol protagónico para impulsar la economía. Correa afirmaba también que "el capital debía estar al servicio del ser humano y no al revés" y era necesario impulsar la democratización de los medios de producción. El presidente Correa también apoyaba la participación de los trabajadores en la gestión de las empresas, aceptaba la propiedad privada, pero decía que debía ser democratizada. Pero antes de dejar la presidencia, promovió una ley de impuestos sobre la herencia[11] de una propiedad privada. Por otra parte, afirmaba que el Socialismo del Siglo XXI tampoco negaba el mercado pero que había que gobernarlo, para que no les gobernara a ellos. Con el gobierno de Lenin Moreno se apagó tal socialismo en Ecuador (➲ véase cap. 46).

En **Bolivia,** el entonces presidente del Estado Plurinacional de Bolivia (2006-2019) y máximo dirigente del Movimiento al Socialismo (MAS), Evo Morales, se declaró también a favor de construir el Socialismo del Siglo XXI a través de una revolución cultural anticolonial y de la creación de una sociedad plurinacional siempre que coexistiera la democracia representativa con formas comunales e indígenas de democracia. El Gobierno de Evo Morales también se caracterizó por la nacionalización de hidrocarburos, aceptación de la propiedad privada e implementación de programas sociales. Evo Morales aseguró también que su modelo socioeconómico estaba basado en "la solidaridad, la reciprocidad, la comunidad y el consenso, porque la democracia es [...] un consenso". En octubre de 2013, se aprobó una ley que permitía que los trabajadores tomaran empresas privadas quebradas[12] o liquidadas y las convirtieran en empresas sociales, constituyéndose así en empresas recuperadas. Luego, en febrero de 2016, la derrota de Evo Morales en el referéndum por el que pretendía reformar la Constitución de Bolivia para poder extender su mandato, podía suponer un notable paso atrás del populismo bolivariano en Sudamérica. No obstante, en noviembre de 2017, el tribunal constitucional autorizó a que Evo Morales se presentara a un cuarto mandato en las elecciones de octubre de 2019 en las que salió electo. Pero ante sospechas de fraude en el conteo de votos, Evo Morales dimitió el 10 de noviembre y le pidió asilo político a México antes de irse a Argentina, el 12 de diciembre, una vez elegido Alberto Fernández, de izquierda (➲ véase cap. 42).

En **Nicaragua**, el presidente Daniel Ortega, líder del Frente Sandinista de Liberación Nacional (FSLN), fue guerrillero de formación castrista y gobernó Nicaragua de 1985 a 1990. Pero retornó al poder en 2007 con influencia, favor e impulso de Hugo Chávez y Fidel Castro. Nicaragua se define como parte del Socialismo del Siglo XXI que se traduce fundamentalmente en el aumento del tamaño[13] del Estado, la eliminación de los medios de comunicación independientes y la solidaridad internacional, para lograr sociedades más igualitarias. De hecho, Ortega llegó a la presidencia con un plan de gobierno socialista, cristiano y solidario. Daniel Ortega regresó en 2007 con la intención de no dejar el poder nunca más. Se dijo al principio que el acercamiento entre Ortega y el sector privado se daba en parte porque el sandinismo aprendió de los errores cometidos en los 80, cuando impuso controles en la economía, confiscó bienes y propiedades y estatizó empresas. Pero el presidente acabó perpetuándose en el poder copando[14] todos los poderes (ejecutivo, legislativo y judicial) e incluso las instancias electorales, pero además interviniendo en las asociaciones privadas. La nueva victoria de Daniel Ortega en la elección presidencial de 2016 le permitió nombrar a su esposa como vicepresidenta para ambos formar una pareja electoral y dar una imagen todopoderosa. El guerrillero que luchaba, en torno a la Revolución sandinista, contra la dictadura de la dinastía Somoza, finalmente se ha convertido en un presidente que va acumulando mandatos desde 2006 y resulta el más "vivo" del Socialismo del Siglo XXI ya que, con total discreción, fue descartando[15] a la oposición y junto a su esposa, Rosario Murillo, son los más ricos de Nicaragua. En Nicaragua, el descontento general que se mostró a través de las numerosas manifestaciones ocurridas entre abril y julio de 2018 reveló el declive del Socialismo del Siglo XXI hasta en el país donde se le veía más "vivo" (➲ véase cap. 39).

Hasta hace poco, estos cuatro países pudieron contar con la ayuda de Cuba, Argentina y Uruguay. Pero en la isla caribeña, Raúl Castro dejó el poder en manos de Miguel Díaz-Canel como presidente de la República, aunque sigue presidiendo el Partido Comunista Cubano. En Argentina, la elección de Mauricio Macri en diciembre de 2015 dio un punto final a la era kirchnerista y el presidente era un declarado adversario del Socialismo del Siglo XXI. No obstante, le sucedió a la presidencia Alberto Fernández con Cristina Fernández de Kirchner como vicepresidenta. Con la vuelta de la izquierda en Argentina, Venezuela recuperó un aliado en América del Sur pero no por ello éste quedó convencido del Socialismo del Siglo XXI. Por último, en Uruguay, la elección de Luis Alberto Lacalle Pou en 2020 evidenció un giro a la derecha, respecto a los tres mandatos anteriores del Frente Amplio (socialista).

En la actualidad, el bloque del Socialismo del Siglo XXI ha iniciado su fase de agotamiento[16] y su propia extinción con la crisis venezolana actual y no sólo por la baja de los precios del petróleo. Algunos cambios de índole política y económica desde la creación de este bloque explican este vuelco.

NOTAS

1. sustentarse = basarse
2. adelantar = avanzar
3. el marco = el ámbito
4. la senda = el camino
5. radicar en = basarse en
6. obvio (adj.) = evidente
7. un rasgo: *un trait*
8. imprescindible = indispensable
9. Antonio Gramsci (1891-1937): *filósofo, escritor y teórico político italiano*
10. nutrirse = alimentarse
11. la herencia: *l'héritage*
12. quebrado, -a = en bancarrota
13. el tamaño: *la taille*
14. copar = monopolizar, acapararse
15. descartar: *écarter*
16. el agotamiento: *l'épuisement*

Al sur de la frontera (2010), película de Oliver Stone que narra el terrible periplo del fallecido presidente de Venezuela, Hugo Chávez, quien llevó al país a una crisis general de donde aún no pueden salir.

EL SOCIALISMO DEL SIGLO XXI EN AMÉRICA LATINA

Término que retomó Hugo Chávez en 2005 para aplicarlo a una tendencia política seguida especialmente por cuatro países latinoamericanos

BOLIVIA

Bajo la presidencia de Evo Morales (2006-2019)

- Movimiento Al Socialismo (MAS)
- Revolución cultural anticolonial
- Creación de una sociedad plurinacional
- Nacionalización de los hidrocarburos e implementación de programas sociales
- Modelo socioeconómico basado en la solidaridad, la reciprocidad, la comunidad y el consenso
- Ley de conversión de empresas privadas quebradas o liquidadas en empresas sociales

VENEZUELA

Bajo la presidencia de Hugo Chávez (1999-2013)

- Revolución Bolivariana
- Plan de la Patria (2013-2019) adoptado por Chávez antes de su muerte: amplio sustento público, social y colectivo de la propiedad
- Creación de comunas socialistas

NICARAGUA

Bajo la presidencia de Daniel Ortega (desde 2007)

- Plan de gobierno "socialista, cristiano y solidario"
- Cambio del sistema político y económico
- Contra las "políticas neoliberales" y los acuerdos con el Fondo Monetario Internacional (FMI)

ECUADOR

Bajo la presidencia de Rafael Correa (2007-2017)

- Intervención del Estado en la economía
- Capital al servicio del ser humano
- Democratización de los medios de producción
- Apoyo a la participación de los trabajadores en la gestión de empresas
- Gobernar el mercado

54 LA CARRERA REELECCIONISTA

Datos generales (véase MC 104)

En los años 80, con la vuelta a la democracia (excepto en Cuba, Nicaragua, República Dominicana y Paraguay), en ningún país latinoamericano podía reelegirse un presidente de forma continua para evitar cualquier riesgo de dictadura. Sólo a mediados de los 90 en la mayoría de los países de la región se permitió la reelección, pero según ciertas modalidades. Se estipulan las distintas formas de reelección presidencial en la Carta Magna[1] de cada país. Pero, si un presidente lo quiere, puede cambiar la constitución con una enmienda[2] y pasar así de prohibir la reelección a brindar[3] su posibilidad. Actualmente, siguen existiendo cuatro modalidades: la reelección inmediata (se permiten dos mandatos seguidos), la reelección aplazada o diferida (se deja correr un plazo antes de poder reelegir al presidente saliente), la reelección indefinida (no existe ningún plazo que ponga fin a la reelección presidencial) y por último, la no reelección (se prohíbe elegir a un expresidente).

La reelección inmediata (o consecutiva)

Actualmente, son cinco los países que permiten la reelección inmediatamente después de un mandato: Argentina, Brasil, Ecuador y Honduras.

En **Argentina**, tras la reforma constitucional de 1994, Carlos Menem gobernó de 1989 a 1999. Después del mandato de Néstor Kirchner (2003-2007), se presentó su esposa Cristina Fernández que salió electa en 2007. La pareja quiso desbaratar[3] la Carta Magna alternando mandatos de forma a quedarse en el poder sin cumular dos mandatos seguidos. Pero Néstor Kirchner murió en 2010 y la presidenta en funciones tuvo que presentarse de nuevo en 2011 en las elecciones. Ganó por segunda vez, lo que le impedía volver a presentarse para un tercer mandato. De hecho, en septiembre de 2012, los argentinos salieron a la calle para protestar contra una "re-reelección", lo que provocó un auténtico "cacerolazo[4]". A raíz de este movimiento en contra, la presidenta no se postuló para las elecciones de noviembre de 2015. Ganó el candidato de la oposición: Mauricio Macri, terminando así por un tiempo con la era kirchnerista. Pero la elección de Alberto Fernández a finales de 2019 supuso la vuelta de Cristina Fernández de Kirchner como vicepresidenta, esta vez.

En **Brasil**, está permitida la reelección inmediata desde la presidencia de Fernando Henrique Cardoso (primer mandato de 1994 a 1998 y segundo mandato de 1998 a 2002). Asimismo, se aprovechó de la ley el presidente Lula del Partido de los Trabajadores quien gobernó durante dos mandatos seguidos de 2002 a 2006 y de 2006 a 2010. Tomó el relevo su vicepresidenta, Dilma Rousseff, del mismo partido. Después de un primer mandato, salió electa por segunda vez pero fue destituida por corrupción en 2016 y sustituida por Michel Temer.

En **Ecuador**, a principios de febrero de 2018, el presidente Lenín Moreno citó en las urnas a los ecuatorianos en un referéndum y consiguió cerrarle las puertas al expresidente Rafael Correa que ya había cumplido dos mandatos (de 2007 a 2017): tras nueve meses en la presidencia, el Ejecutivo ganó la opción del Sí (67,5 %), con una participación del 82 %. Antes de dejar la presidencia, Correa aprobó en 2015 la ley que posibilitaba la reelección indefinida y le permitiría volver en 2021.

En **Honduras**, en noviembre de 2016, el presidente Juan Orlando Hernández anunció que buscaría un nuevo mandato en las elecciones de noviembre de 2017. Finalmente se declaró que existía un fallo[5] de la Corte Suprema de Justicia que hacía inaplicables los artículos que prohibían la reelección mientras que siete años atrás no había ninguna sentencia de la Corte Suprema. La decisión desató[6] una crisis política sobre todo porque en 2009, el presidente de entonces, Manuel Zelaya, fue destituido con la ayuda de los militares cuando buscaba la reelección. Juan Orlando Hernández salió vencedor en las elecciones, empezando su segundo mandato en enero de 2018 hasta 2022.

En **República Dominicana**, en 2015, el entonces presidente Danilo Medina impulsó un cambio en el sistema de elección para volver al sistema del 2002 de la reelección inmediata. Incluso se debatió para cambiar la Constitución y permitirle al presidente de turno postularse una tercera vez. La última reforma incluyó una disposición transitoria que le impidió al presidente de la República presentarse otra vez en las elecciones del 2020.

La reelección aplazada[7] (o diferida)

Otros países prefieren optar por una reelección diferida, o sea no de forma inmediata. Así que se deja a un presidente la posibilidad de gobernar y la de volver después de uno o varios mandatos, sea del mismo partido o del partido de la oposición.

En **Chile**, Michelle Bachelet que gobernó de 2006 a 2010 volvió a ser elegida en 2014 después de dejar la presidencia al candidato opositor, Sebastián Piñera Echenique. A su vez, éste tomó el poder de nuevo en 2018, cuando abandonó el Gobierno Michelle Bachelet. Se trata pues de una verdadera alternancia entre el partido de turno y el de la oposición. En enero de 2019 se presentó un proyecto de ley para aprobar la reelección inmediata.

En **Costa Rica**, desde el 4 de abril de 2003, los magistrados le dieron la luz verde a la reelección después de varias tentativas vanas por parte del expresidente Óscar Arias que acabó por ser reelegido en 2006, veinte años después de su primer mandato presidencial.

En **El Salvador**, en junio de 2014, la justicia declaró que los expresidentes tenían que dejar correr diez años antes de postularse para un segundo mandato. Se tomó esta decisión tras declarar inconstitucional la candidatura del exmandatario Antonio Saca (2004-2009) en las elecciones del mismo año.

En **Perú**, hasta 2019 era posible la reelección inmediata como lo atestiguaron los dos mandatos seguidos de Alberto Fujimori entre 1990 y 2000, de acuerdo con la Constitución de 1993. Pero desde el 30 de mayo de 2019, con la modificación del artículo 112 de la Constitución, se estableció que el mandato presidencial era de cinco años, sin reelección inmediata y que, transcurrido otro período constitucional como mínimo, el expresidente puede volver a postular.

En **Uruguay**, en dos ocasiones se buscó la reelección. El primero fue el colorado Gabriel Terra, que lo logró mediante una Convención Constituyente previa a un golpe de Estado. El segundo fue el caso del también colorado Jorge Pacheco Areco que lo plebiscitó en las elecciones de 1971 y que no lo logró porque el pueblo dijo "no". Tabaré Vázquez del Frente Amplio presidió el país de 2005 a 2010, dejando el puesto de jefe de Estado a José Mujica, del mismo partido, durante un mandato (2010-2015) y volvió al puesto presidencial en 2015 hasta la elección de Luis Alberto Lacalle Pou en 2020.

La reelección indefinida

Si algunos países limitan la reelección presidencial en cantidad de veces, otros preconizan una reelección indefinida. Es el caso de los países del Socialismo del Siglo XXI (véase MC 102) o parte de los países que lo respaldan[8].

En **Cuba**, la situación es particular ya que la dictadura no autoriza la formación de otro partido que no sea el Partido Comunista Cubano bajo la presidencia de Fidel Castro (1959-2008), primero y bajo la de su hermano Raúl Castro (2008-2018). Cuando éste asumió el cargo, anunció que sólo estaría en el poder dos mandatos seguidos de cinco años. Y así fue: en abril de 2018, Raúl Castro abandonó el poder y su vicepresidente, Miguel Díaz-Canel, tomó el relevo como candidato único. Pese a la propuesta de limitar la reelección a dos mandatos consecutivos, se optó en la Constitución de 2019 por la reelección indefinida como ya era el caso en la Carta Magna de 1976.

En Venezuela, se sometió a plebiscito un proyecto de reforma constitucional en 2007 entre otros cambios, pero la reelección indefinida fue rechazada. Entonces en 2009, se dio otro referéndum en el cual se planteó exclusivamente el tema y se adoptó la reelección indefinida. Hugo Chávez pudo ser elegido por cuarta vez en diciembre de 2012 a pesar de un cáncer que acabó con su vida el 5 de marzo de 2013.

Más peculiar fue aún la estrategia de Evo Morales, presidente de **Bolivia**, desde diciembre de 2005. Éste fue reelegido en 2009, de acuerdo con la Constitución. Antes de terminar su segundo mandato cambió el nombre del país, pasando a llamarse Estado Plurinacional de Bolivia (antes República de Bolivia) en 2009. Le permitió pues al presidente aspirar a un tercer mandato en 2014. En el referéndum de febrero de 2016, el partido oficialista MAS[9] consultó al pueblo sobre la posibilidad de quedarse en el poder para un cuarto mandato, pero salió perdiendo. Finalmente, un fallo del Tribunal Constitucional le dio el visto bueno a un cuarto mandato en noviembre de 2017, tras una manifestación masiva de los campesinos, mineros, mujeres, jóvenes y representantes de otros sectores en apoyo a su nueva candidatura. Evo Morales ganó las elecciones de octubre de 2019 pero fue acusado de fraude electoral y después de manifestaciones de la oposición, decidió renunciar el 10 de noviembre.

En **Nicaragua**, Daniel Ortega, ya presidente de 1979 a 1985, no consiguió la reelección en 1990 por no permitírselo la Constitución, pero volvió a la escena presidencial en 2006. Fue reelegido en 2011 y por tercera vez en 2016. Hoy ya no se le reconoce el alma sandinista revolucionaria que pregonaba en el pasado y sus compañeros de lucha están decepcionados cuando ven en Ortega a un presidente que tiende al autoritarismo. Pasó a una nueva etapa en la que incluyó a su esposa, Rosario Murillo, nombrada vicepresidenta del país. Hasta se habla de orteguismo y absolutismo. Pese a que, en abril de 2018, se dieron manifestaciones violentas a favor de su destitución, Ortega sigue aferrado al poder.

La no-reelección

En la región, son cinco los países que prohíben la reelección: Colombia, Guatemala, México y Paraguay, pero se están observando tentaciones de abandono por lo que el panorama de la reelección tiende a evolucionar.

En **Colombia**, como lo permitía en 2005 la constitución colombiana, dos presidentes pudieron seguir en el poder tras efectuar un primer mandato: Álvaro Uribe Vélez reelegido en 2006 y Juan Manuel Santos reelegido en 2014. Pero, en 2015, la plenaria de la Cámara de Representantes aprobó la eliminación de la reelección presidencial de la Constitución Política. Sólo se puede pretender a la reelección mediante un referéndum o una Asamblea Constituyente.

En **Guatemala**, bajo la presidencia de Otto Pérez Molina (2012-2016), se anunció que convendría abrir debate sobre el tema de la reelección, aunque nunca planteó su propia reelección el presidente. Con esto, Pérez Molina quería evidenciar ante todo que Guatemala tenía el peor sistema: no sólo prohíbe la reelección, sino que además son mandatos de cuatro años, no como en México donde los seis años de presidencia dejan más tiempo para llevar a cabo proyectos a largo plazo. En marzo de 2018, Jimmy Morales anunció que le gustaría tener otro periodo de gobierno, pero el 14 de enero de 2020, finalmente le entregó la banda presidencial a Alejandro Giammattei.

En **México**, la última vez que se dio una reelección, fue en 1910 con Porfirio Díaz que curiosamente se había sublevado antes contra Benito Juárez bajo el lema "sufragio efectivo, no reelección". El expresidente Felipe Calderón (2006-2012) tenía pensado presentarse de nuevo para las elecciones de 2018. Como la constitución no le concede esta posibilidad, le quedó la de proponer a su esposa Margarita Zavala como candidata. Hubiera sido para él una ocasión más de presidir aunque a distancia. Pero ésta no fue elegida y ganó Andrés Manuel López (AMLO).

En **Panamá**, la reelección presidencial está prohibida desde la primera Constitución Política de la República en 1904. Los últimos intentos para establecer constitucionalmente la reelección inmediata se dieron en 1998, pero ésta fue derrotada en referéndum, y en 2011, fue rechazada en la Asamblea Nacional. La vigente Constitución, reformada en 2004, refiere al artículo 178 para establecer la prohibición de la reelección inmediata.

En **Paraguay**, se dieron unas violentas manifestaciones en contra de la posibilidad de que el presidente de turno fuera reelegido en abril de 2017, lo que muestra la virulenta oposición a la decisión de los senadores: querían aprobar una enmienda que habilitara la reelección. Pero ante tales disturbios se prefirió suspender la sesión.

NOTAS

1. la Carta Magna: *la constitución*
2. una enmienda: *un amendement*
3. brindar: *offrir*
3. desbaratar: *déjouer*
4. "cacerolazo" = manifestación ruidosa con cacerolas para mostrar cierto descontento
5. un fallo = aquí, una decisión
6. desatar = provocar
7. aplazada = diferida
8. respaldar = apoyar
9. MAS = Movimiento Al Socialismo

MC 103 Modalidades de reelección en América Latina

LAS MODALIDADES DE REELECCIÓN

- **Países que permiten la reelección presidencial indefinida**
  - **Nicaragua**
    - **Nueva Constitución de 2014**
      - Reelección indefinida y posibilidad de elegir al presidente en primera vuelta con mayoría simple
  - **Venezuela**
    - **Asamblea Nacional Constituyente de 2019**
      - Ninguna mención de límites de cargos
- **Caso aislado**
  - **Cuba**
    - **Nueva Constitución de 2019**
      - Período presidencial de 5 años con opción a una reelección inmediata
      - Sigue siendo una dictadura
- **Países que permiten la reelección presidencial inmediata, pero prohíben la reelección indefinida**
  - **Argentina**
    - Desde la reforma de la Constitución de 1994
  - **Bolivia**
    - Restricción de hasta 2 mandatos (artículo 168 de la Constitución de 2009)
  - **Brasil**
    - Desde la reforma de la Constitución de 1997
  - **Ecuador**
    - Desde el referéndum del 4 de febrero de 2018
- **Países que prohíben la reelección presidencial**
  - **Colombia**
    - Desde 2015
  - **Guatemala**
    - No-reelección desde la Constitución de 1985
  - **Honduras**
    - Pero un fallo de la Corte Suprema de Justicia de 2015 dejó abierta esa posibilidad
  - **México**
    - Desde la Constitución de 1933
  - **Paraguay**
    - Desde la Constitución de 1992
- **Países que no permiten la reelección presidencial inmediata pero sí la alterna**
  - **Chile**
    - Enero de 2019: proyecto para la reelección inmediata
  - **Costa Rica**
    - Reelección posible desde abril de 2003
  - **El Salvador**
    - Desde 2014, sólo posible 10 años tras su mandato
  - **Panamá**
    - Desde la reforma de la Constitución en 2004
  - **Perú**
    - Desde mayo de 2019
  - **República Dominicana**
    - Desde la Constitución de 1994
  - **Uruguay**
    - Desde el plebiscito de 1971

MC104 La fiebre reeleccionista en América Latina

LA FIEBRE REELECCIONISTA EN AMÉRICA LATINA

- **Argentina**
  - **Era kirchnerista 2003-2015**
    - 2003: victoria de Néstor Kirchner
    - 2007: presidencia de Cristina Fernández de Kirchner
    - 2010: muerte de Néstor Kirchner
    - 2011: segundo mandato de la presidenta
    - 2013: manisfestaciones en contra de una re-reelección
- **Bolivia**
  - **Noviembre de 2017**
    - Posibilidad de un cuarto mandato autorizada por el Tribunal Constitucional
  - **Noviembre de 2019**
    - Autoproclamación de Jeanine Áñez tras la renuncia de Evo Morales
    - Candidata para las elecciones de septiembre de 2020: la presidenta interina
- **Cuba**
  - **Dictaduras de Fidel Castro (1959-2008) y de Raúl Castro (2008-2018)**
    - Elecciones con un solo partido político (PCC) desde 1959 hasta 2019
- **Ecuador**
  - **Tres mandatos consecutivos de Rafael Correa (2007-2017)**
  - **Diciembre de 2015**
    - Nueva Carta Magna: reelección indefinida a partir de 2021
  - **Febrero de 2018**
    - Modificación anulada tras el referéndum organizado por Lenín Moreno
- **Venezuela**
  - **Hugo Chávez habría concluido una presidencia de 20 años si no hubiera muerto en marzo de 2013**
    - Tras dos reformas de la constitución, aprobación por Hugo Chávez de la reelección indefinida
  - **Nicolás Maduro en el poder desde 2013**
    - Reelegido en 2018
- **República Dominicana**
  - **2012: llegada al poder de Danilo Medina, en contra de la reelección**
    - 2015: plan urdido para modificar la Constitución
    - 2019: manifestaciones en contra de la reelección del presidente en turno
- **Paraguay**
  - **Marzo de 2017**
    - Manifestaciones en contra de la voluntad de reelección de Horacio Cartes
  - **Abril de 2017**
    - Renunció a volver a postularse para las elecciones de 2018 (cumplió con lo dicho)
- **Nicaragua**
  - **Tercer mandato consecutivo de Daniel Ortega desde 2007**
    - En realidad, cuarto mandato: en 1990, no logró la reelección inmediata
- **Honduras**
  - **Segundo mandato de Juan Orlando Hernández en 2018**
    - Aprovechando un fallo del Tribunal Constitucional
    - Aunque la Constitución no se lo permitía

MC105 Los presidentes iberoamericanos (abril de 2021)

LOS PRESIDENTES IBEROAMERICANOS (abril de 2021)

- **ARGENTINA**: Alberto FERNÁNDEZ
- **BOLIVIA**: Luis ARCE
- **BRASIL**: Jair BOLSONARO
- **CHILE**: Sebastián PIÑERA
- **COLOMBIA**: Iván DUQUE
- **COSTA RICA**: Carlos ALVARADO
- **CUBA**: Miguel DÍAZ-CANEL
- **ECUADOR**: Guillermo LASSO
- **EL SALVADOR**: Nayib BUKELE
- **GUATEMALA**: Alejandro GIAMMATTEI
- **HONDURAS**: Juan Orlando HERNÁNDEZ
- **MÉXICO**: Andrés Manuel LÓPEZ OBRADOR
- **NICARAGUA**: Daniel ORTEGA
- **PANAMÁ**: Laurentino CORTIZO
- **PARAGUAY**: Mario ABDO BENÍTEZ
- **PERÚ**: Francisco SAGASTI
- **REPÚBLICA DOMINICANA**: Luis ABINADER
- **URUGUAY**: Luis Alberto LACALLE POU
- **VENEZUELA**: Nicolás MADURO

LOS ORGANISMOS DE INTEGRACIÓN REGIONAL LATINOAMERICANOS 55

Datos generales (véase MC 106)

La integración regional en Latinoamérica ostenta una larga trayectoria cuyos orígenes podrían remontarse al período independentista decimonónico (véase cap. 51) con los proyectos integracionistas de Simón Bolívar, por ejemplo. Pero este proceso de cooperación subcontinental empezó realmente a mediados del siglo XX.

Desde entonces, existen múltiples convenios y tratados regionales o subregionales de integración y concertación en América Latina. Estas entidades contemplan[1] una unidad identitaria regional en un mundo cada vez más global mediante mercados comunes, zonas de libre comercio, uniones aduaneras e instituciones internacionales cuyo objetivo es la integración regional, el desarrollo mediante la desgravación[2] arancelaria[3], la promoción del comercio, la cooperación tanto científica como tecnológica o financiera, la preservación del medio ambiente o la promoción del turismo.

Antes de 2000, un país latinoamericano tenía un promedio de cuatro socios comerciales preferenciales frente a 10 en 2013.

Los organismos

La CEPAL (Comisión Económica para América Latina) es un organismo dependiente de la ONU, creado en 1948, que se esfuerza por fomentar[4] el desarrollo económico y social de la región. Organiza actividades financiadas por la ONU para América Latina, publica numerosos informes, propone estadísticas, hace balances[5] y revela datos macroeconómicos que ilustran la realidad socioeconómica latinoamericana.

La OEA (Organización de Estados Americanos) es el órgano de cooperación creado en 1948 que incluye a todos los países del continente americano. La declaración de la organización dice que trabaja para fortalecer la paz, la seguridad y la democracia, promover los derechos humanos, apoyar el desarrollo social y económico favoreciendo el crecimiento sostenible en el continente. Desea construir relaciones más fuertes entre las naciones y los pueblos de la zona. Los países que forman parte del eje[6] bolivariano (Venezuela, Cuba, Bolivia, Nicaragua) la cuestionan[7] cada vez más por el papel demasiado relevante e intervencionista de EE. UU. Cuba fue excluida de la organización en 1962 y volvió a integrarla en 2009. En junio de 2009, se suspendió a Honduras a raíz del golpe de Estado que destituyó al presidente Manuel Zelaya. El 26 de abril de 2017, en plena crisis política, económica y social, Venezuela amenazó con abandonar la OEA, lo que no hizo finalmente. Y en la sesión del 26 julio de 2017, cuatro días antes de la celebración de las elecciones de la Asamblea Nacional Constituyente en Venezuela, la OEA fracasó[8] en su demanda al Gobierno venezolano de "suspender el proceso hacia una Asamblea Nacional Constituyente que implicaba el desmantelamiento definitivo de la institucionalidad democrática".

El MCCA (Mercado Común de Centroamérica) que apareció en 1960 cuenta con cinco países miembros: Costa Rica, El Salvador, Guatemala, Honduras, Nicaragua y fomenta el comercio interregional, que no deja de crecer desde su creación. El TLCAN es su principal socio comercial. Es de notar que Panamá no forma parte de este mercado.

La CAN (Comunidad Andina de Naciones): es el proceso de integración regional más antiguo de Sudamérica. Fue creado en 1969 y está integrado por Bolivia, Colombia, Ecuador y Perú. Limita sus proyectos a temas económicos y comerciales. Los países del Mercosur son miembros asociados a la CAN y Chile también desde 2006. Entre los estados observadores se encuentra España desde 2011. Dentro de la CAN, Perú y Colombia apuestan[9] claramente por Estados Unidos. Firman[10] con Washington tratados de librecambio, sirviendo ante todo los intereses de las multinacionales norteamericanas, aguzando[11] de esta manera las contradicciones. En 2006, Venezuela salió de la organización como protesta a los futuros tratados de libre comercio que firmarían Colombia y Perú con Estados Unidos, dejando enfrentarse dos subconjuntos: Bolivia y Ecuador, por una parte, Colombia y Perú por otra.

En 2004, se firmó un Acuerdo de Libre Comercio CAN-Mercosur (Acuerdo de Complementación económica). Colombia, Ecuador y Perú son asimismo miembros asociados de Mercosur. Por otra parte, Perú y Colombia firmaron un Acuerdo de Libre Comercio con la UE. Su gran logro fue la creación de una Zona de Libre Comercio que se completó en enero de 2006.

La ALADI (Asociación Latinoamericana De Integración): se constituyó en 1980 y se compone de los 12 Estados miembros siguientes: Argentina, Bolivia, Brasil, Chile, Colombia, Cuba, Ecuador, México, Paraguay, Perú, Uruguay, Venezuela. La asociación apuesta por establecer un sistema arancelario preferencial, así como conceder ventajas a los países menos desarrollados. Su objetivo final es la creación de un mercado común latinoamericano.

El Mercosur (Mercado Común del Sur) fue instituido en 1991 por Argentina, Brasil, Paraguay y Uruguay y estructurado en 1995 en una zona de libre cambio. Venezuela forma parte del grupo desde 2006 y Bolivia desde 2015. En cuanto a Chile, Colombia, Ecuador, Perú, Guyana y Surinam, son "Estados asociados". Se trata de la quinta mayor economía del mundo y abarca el 75 % del PIB de Sudamérica. Su objetivo es propiciar un espacio común para generar oportunidades comerciales e inversiones mediante la integración de las economías nacionales al mercado internacional, conseguir la libre circulación de mercancías y un mercado único económico, suprimiendo aranceles y fronteras. La Unión Europea negoció con Mercosur un Acuerdo de Asociación que, además de un refuerzo de la cooperación y el diálogo político entre ambos bloques, incluya un Tratado de Libre Comercio. Sin embargo, en julio de 2020 se detuvieron las negociaciones por el ecocidio en la selva amazónica (➔ véase cap. 60).

Paraguay fue suspendido tras la destitución de su presidente Fernando Lugo en 2012.

El Caricom (Caribbean Community and Common Market), creado en 1993, reúne a quince Estados miembros que interactúan para poner al pueblo de la Comunidad caribeña en el centro del proceso de integración mediante una estrategia común para hacer frente a la coyuntura mundial en los sectores del turismo, de la seguridad alimentaria y de la crisis energética. Doce naciones del Caricom, a las que se sumó[12] República Dominicana, firmaron con la UE el Acuerdo de Asociación Económica (AAE, también conocido como EPA, por sus siglas en inglés) en 2008, cuya meta es generar empleos, facilitar las inversiones y apoyar a los países del Caribe para que crezca su economía.

Durante la crisis política, económica y social que azota a Venezuela, el Caricom envió dos comunicaciones al presidente de Venezuela, Nicolás Maduro, y a la MUD (Mesa de la Unidad Democrática), para que se reanudara el diálogo entre el Gobierno y la oposición.

El TLCAN (Tratado de Libre Comercio de América del Norte) también conocido en inglés como NAFTA (*North American Free Trade Agreement*) o ALENA (*Accord de libre-échange nord-américain*) en francés, vigente desde 1994, entre Estados Unidos, México y Canadá se limita a zonas comerciales y a tratados económicos que permiten la libre circulación de bienes y servicios mercantes, pero sin conceder los mismos derechos a las poblaciones. La elección de Donald Trump el 7 de noviembre de 2016 puso en tela de juicio[13] este acuerdo. De hecho, el 1 de julio de 2020, entró en vigor el nuevo Tratado de Libre Comercio entre Estados Unidos, Canadá y México (**T-MEC o USMCA**) que, según espera el Gobierno mexicano, le ayudará a salir de la crisis económica debida al coronavirus más rápidamente que los otros países latinoamericanos. También será un bastión contra China para EE. UU. Expertos piensan que la principal idea es ejercer más presión y controlar los salarios y las condiciones de trabajo en México. Posiblemente desaparecerán fenómenos como el trabajo infantil o la migración estacional[14] de los trabajadores de la cosecha.

El ALCA (Área de Libre Comercio de las Américas) se veía como una prolongación del TLCAN que incluyera a todas las economías latinoamericanas (excepto Cuba) en la economía estadounidense. La idea fue lanzada en junio de 1990 por el presidente George H. Bush, pero, tras varias polémicas y críticas, el proyecto está estancado y hasta se lo califica de "muerto".

El SICA (Sistema de la Integración Centroamericana), creado el 13 de diciembre de 1991, busca fomentar una mejor integración de la región. Sus miembros son Costa Rica, El Salvador, Guatemala, Nicaragua, Panamá, Honduras, Belice y, desde 2013, República Dominicana. Honduras estuvo suspendido entre junio de 2009 y julio de 2010, a raíz de la destitución del presidente Manuel Zelaya.

AEC (Asociación de Estados del Caribe) se constituyó en julio de 1994 para promover la cooperación, elaborar un espacio económico común, proteger el mar y favorecer la acción concertada entre todos los países del Caribe. Está incorporada por 25 Estados participantes y siete Miembros Asociados.

El Proyecto Mesoamérica (PM), Plan Puebla Panamá (PPP): esta entidad creada en 2008 contribuye al diálogo político para elaborar consensos, crear cooperación y atraer recursos para robustecer los procesos de integración y desarrollo de los 10 países mesoamericanos que la componen: Belice, Colombia, Costa Rica, El Salvador, Guatemala, Honduras, Nicaragua, Panamá, República Dominicana y los estados del Sur-Sureste de México: Campeche, Chiapas, Guerrero, Oaxaca, Puebla, Quintana Roo, Tabasco, Veracruz y Yucatán. Su objetivo prioritario es mejorar la calidad de vida de los habitantes de esta área desarrollando interconexiones eléctricas, de movilidad y telecomunicaciones, así como proyectos en ámbitos sociales como la salud o el medio ambiente.

El ALBA-TCP (Alianza Bolivariana para los Pueblos de Nuestra América – Tratado de Comercio de los Pueblos): se trata de una organización internacional de ámbito regional creada por Venezuela para la integración de los países de América Latina y el Caribe y vista como una alternativa al ALCA. Hugo Chávez quiso formar, junto al cubano Raúl Castro, una Federación de Estados Unidos de América del Sur basada en doctrinas de izquierda y más precisamente en el Socialismo del Siglo XXI (➔ véase cap. 53). A esta alianza radical y antiestadounidense que surgió en 2004 se sumaron la Bolivia de Evo Morales en 2006, el Honduras de Zelaya en 2008, el Ecuador de Rafael Correa en 2009, y el Nicaragua de Daniel Ortega en 2011. Pero en 2010, tras el golpe de Estado de 2009, Honduras se tuvo que retirar. El principal objetivo del ALBA es luchar contra la pobreza y la exclusión social y para ello promovió una zona con tratados comerciales y económicos alternativos a los fomentados por Estados Unidos. También pretende solventar[15] los principales problemas del continente: la insuficiencia energética (con la formación de Petrosur), el monopolio de la información (con la creación) o el analfabetismo (gracias al método de alfabetización cubano "Yo sí puedo").

El ALBA tiene su propio banco desde 2008 y en 2010 empezó a circular la moneda virtual llamada SUCRE (Sistema Unitario de Compensación Regional). El TCP se refiere a acuerdos comerciales o bilaterales que van más allá del mercado de bienes y servicios entre los países miembros (el ejemplo más famoso es el del petróleo venezolano contra médicos y profesores cubanos).

El CAFTA-DR (Central American Free Trade Agreement and Dominican Republic) es un acuerdo lanzado en 2003 entre los países de Centroamérica, República Dominicana y Estados Unidos para profundizar en las relaciones bilaterales de comercio, atraer inversiones extranjeras, incentivar[16] los flujos comerciales y favorecer la integración regional. La República Dominicana espera así contrarrestar las pérdidas económicas acarreadas por la pujante[17] competencia asiática.

La Unasur (Unión de las Naciones Suramericanas) es una organización política y económica que reagrupa los doce países de América del Sur y que fue firmada en 2008 en Brasilia. Este proyecto nació en un contexto de oposición al ALCA, ideado por George H. Bush en 1990. El objetivo de los doce países es la reunión del Mercosur, de la Comunidad Andina de Naciones, de Chile, de Guyana y de Surinam en una sola comunidad, basándose en el modelo de la Unión Europea excluyendo de facto a EE. UU. y México. Resulta una organización de concertación política.

La CELAC (Comunidad de Estados Latinoamericanos y Caribeños) es un mecanismo representativo de concertación política, cooperación e integración de los Estados latinoamericanos y caribeños que reúne de forma permanente a los treinta y tres países de América Latina y el Caribe sobre la base del acervo[18] histórico del denominado Grupo de Río. Fue creada en 2010 a iniciativa de Hugo Chávez. Se trata de una "OEA sin Estados Unidos ni Canadá" para sacar a Latinoamérica de la influencia y del control de EE. UU. Es una reacción de los países latinoamericanos ante la crisis económica que afectaba en esa época a Europa y Estados Unidos desde 2008. Cuba es miembro desde el inicio y Raúl Castro era presidente del organismo en 2013. Fue inaugurada en diciembre de 2011 en Venezuela, como organización regional de las Américas. Tiene un doble objetivo: reforzar el diálogo entre todos los países del continente americano y del Caribe salvo EE. UU., Canadá y Puerto Rico (Estado Libre Asociado a EE UU) y competir con la Organización de los Estados Americanos (OEA) creada en 1890, que incluye a EE. UU. y Canadá, pero excluye a Cuba.

El AAE UE-CARIBE (Acuerdo de Asociación Económica) entre la UE y los 13 países del Caribe prevé un libre acceso de las exportaciones al mercado europeo y la liberalización de los intercambios en el sector de los servicios, a lo largo del periodo 2008-2012.

La Alianza del Pacífico es una iniciativa de integración regional creada el 28 de abril de 2011 por Chile, Colombia, México y Perú y cuyo objetivo es la construcción de una zona de "integración profunda" para avanzar progresivamente hacia la libre circulación de bienes, servicios, capitales y personas. También busca impulsar un mayor crecimiento, desarrollo y competitividad de las economías de los miembros a fin de superar las desigualdades socioeconómicas, favorecer la inclusión social de sus habitantes e incrementar[19] su bienestar. Si bien se trata de un organismo económico y comercial, la ideología política resulta imprescindible para su éxito. Como bloque económico, representa el 37 % del PIB total de América Latina y el Caribe. España fue el primer país europeo en lograr el estatus de observador en 2012 lo que consolidó sus vínculos con los cuatro países miembros.

El Grupo de Lima es una instancia multilateral que nació el 8 de agosto de 2017 en la capital peruana a raíz de la Declaración de Lima que reunió a representantes de 14 países cuyo objetivo era encontrar una salida pacífica a la crisis en Venezuela. Argentina, Brasil, Canadá, Chile, Colombia, Costa Rica, Guatemala, Honduras, México, Panamá, Paraguay y Perú fueron las primeras naciones en integrar dicho organismo.

Prosur o Foro para el Progreso de América del Sur, creado a iniciativa de Iván Duque (Colombia) y Sebastián Piñera (Chile), es un organismo que pretende sustituir la organización Unasur. El 22 de marzo de 2019 se celebró en Santiago de Chile la primera cumbre a la que acudieron los presidentes de Argentina, Brasil, Chile, Colombia, Ecuador, Paraguay, Perú y el embajador de Guyana en Chile. Prosur contempla ser un espacio de cooperación entre países sudamericanos para fomentar la integración y el desarrollo de las naciones que forman parte de él.

El Grupo de Puebla, fundado el 12 de julio de 2019 en la ciudad mexicana de Puebla, es un foro político de ideología socialista cuya misión es favorecer la integración regional, articular políticas progresistas e idear programas de desarrollo. Entre los fundadores destacan Rafael Correa, Lula Da Silva, Alberto Fernández, Irene Montero, Evo Morales, José Mujica y José Luis Rodríguez Zapatero. Esta entidad surgió como contrapoder al derechista Grupo de Lima.

Impacto de la Covid-19: ¿hacia la desintegración regional?

América Latina y el Caribe se han convertido en la zona más afectada por la pandemia de COVID-19. Ya antes de la crisis sanitaria, el modelo de desarrollo regional encaraba dificultades estructurales finalmente exacerbadas por las consecuencias del coronavirus en los países tanto a nivel económico como social. Las desigualdades, la informalidad laboral, la pobreza, la violencia, los desastres naturales o el bajo crecimiento eran tantas problemáticas abordadas en los organismos de integración regional y fueron factores que vulneraron el subcontinente. Por ello la cooperación vecinal resultó clave para contrarrestar los efectos desastrosos. El Mercosur aprobó recientemente un fondo especial de 16 millones de dólares para mejorar las capacidades de testeo de sus socios. En cuanto al SICA elaboró el Plan de Contingencia Regional cuyo dinero (1.900 millones de dólares) está destinado a gestionar las consecuencias sanitarias y económicas de la pandemia, así como crear un mecanismo colectivo de compra de medicinas y equipamiento medical.

Pero, con el surgimiento de la epidemia, algunos países no reaccionaron colectivamente sino de manera individual, aunque se pudo subrayar cierta solidaridad entre algunos. El 15 de enero de 2020, Brasil, octava potencia económica a escala mundial, se retiró de la CELAC por lo que no participó en la cumbre virtual celebrada el 24 de septiembre y organizada por México (como presidente pro témpore) en el marco de la lucha contra el virus. Los participantes resaltaron la importancia de semejante reunión, entre ellos el representante regional de la FAO que hizo hincapié en la colaboración entre su institución y la CELAC para evitar que la crisis sanitaria se agravara y se convirtiera en una crisis alimentaria gracias a fondos de cooperación sur-sur y triangular. Pero no por ello México apareció como un modelo de gestión frente a la crisis sanitaria (➲ véase cap.32).

El 24 de abril de 2020, Argentina anunció su retirada parcial del Mercosur paralizando así las acciones de dicho bloque y dificultando la exportación de productos argentinos a algunos mercados internacionales. Los oponentes acusaron a Alberto Fernández de usar la pandemia como excusa para frenar negociaciones con Canadá, Líbano o Singapur. El aislamiento ideológico del mandatario argentino (izquierda) podría explicar esta salida ya que su país tenía que hacer concesiones con socios de derecha (Paraguay y Uruguay), cuando no de ultraderecha (Brasil).

Límites de la integración regional en América Latina

Pese a que la integración regional es clave para el crecimiento positivo y sostenible de los Estados latinoamericanos, no se pueden negar las trabas[20] que la frenan y a veces la hacen imposible. Si bien se achacó esta falta de éxito a causas externas como el imperialismo estadounidense, también se puede atribuir este balance de medias tintas a factores internos como un exceso de nacionalismo o un cambio en la geopolítica del área. Existen diferencias, cuando no discrepancias tan fuertes entre las naciones latinoamericanas que a veces la cooperación regional resulta imposible. El cambio de un presidente en tal o cual país cambia las tornas en los bloques a los que pertenece como fue el caso con Argentina y el Mercosur (dominado por países de derechas) cuando Alberto Fernández sustituyó a Mauricio Macri. Además, aunque las distancias geográficas parecen haber desaparecido con la mejora en los transportes o el desarrollo tecnológico, se nota una limitación a zonas bastante cercanas geográficamente hablando. Aparecen también diferencias en este ámbito a la hora de idear los organismos de integración como el ejemplo paradigmático de la Alianza del Pacífico. Y más allá de las diferencias geopolíticas o geográficas, existen desacuerdos históricos como entre Bolivia y Chile (➔ véase cap.42) o desemejanzas socio-étnicas que conllevan visiones distintas del mundo como entre Argentina (país muy europeo) y Perú.

Todos estos escollos[21] dificultan una integración regional estable y duradera, pero de esperar que los países latinoamericanos prioricen actuaciones conjuntas en aras de su propio empeño socio-económico como lo expresó Jean Monnet (uno de los padres de la CEE): "Haz que los hombres trabajen juntos. Demuéstrales que, más allá de sus diferencias y límites geográficos, existe un interés común".

NOTAS

1. contemplar: *envisager*
2. la desgravación: *le dégrèvement*
3. arancelario: *douanier*
4. fomentar: *favoriser*
5. el balance: *le bilan*
6. el eje: *l'axe*
7. cuestionar: *remettre en cause*
8. fracasar: *échouer*
9. apostar por: *miser sur*
10. firmar: *signer*
11. aguzar: *stimuler*
12. sumarse a: *se joindre à*
13. poner en tela de juicio: *mettre en doute*
14. estacional: *saisonnier*
15. solventar = solucionar
16. incentivar: *stimuler*
17. pujante: *puissant*
18. el acervo = el patrimonio
19. incrementar = aumentar
20. las trabas: *les embûches*
21. los escollos: *les écueils*

MC106 Los organismos de integración regional

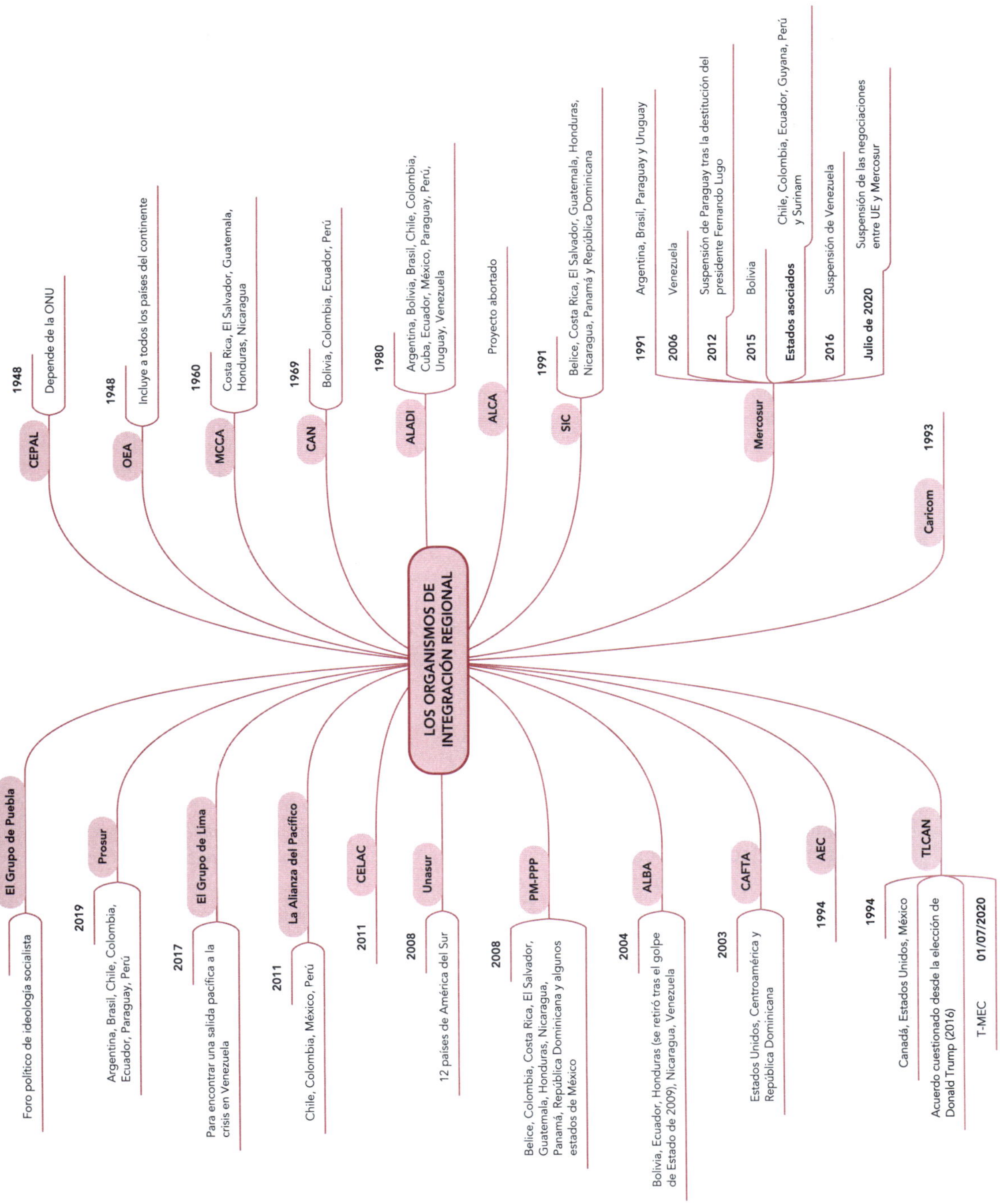

56 AMÉRICA LATINA FRENTE A ESTADOS UNIDOS Y CHINA

Datos generales

La elección de Donald Trump como presidente de Estados Unidos y su toma de posesión a principios de 2017 supusieron un cambio radical en el comercio internacional. Con su lema *Make America Great Again* ("hacer a América grande de nuevo") y *America First* ("América primero"), el presidente estadounidense declaró su intención de establecer aranceles[1] de hasta el 45 % en la importación de productos chinos y de otros países como México so pretexto de proteger a los trabajadores estadounidenses frente a la competencia desleal de estos países. Esta visión proteccionista del comercio se concretó el 22 de enero de 2018 cuando la administración Trump impuso una tarifa del 30 % a las importaciones de paneles solares y del 20 % a las de máquinas lavadoras, medidas que incidían principalmente sobre industrias chinas. Como respuesta a estas medidas, China anunció su voluntad de imponer aranceles de hasta un 25 % sobre bienes importados de Estados Unidos por valor de 3.000 millones de dólares. Un pulso comenzó entre ambos países con varias listas de productos afectados por dichos impuestos arancelarios. En medio de este conflicto comercial que va evolucionando en contienda política desde la clausura del consulado chino de Houston (22/07/2020) seguido por el de Estados Unidos en Chengdu (27/07/2020), Latinoamérica aparece como un territorio estratégico para China ya que el subcontinente lleva dos siglos bajo dominación (cuando no injerencia) política, comercial, económica y militar del Tío Sam. Desde el desembarco de China al continente americano a principios del siglo XXI, América Latina está convirtiéndose en un territorio de la disputa entre las dos mayores potencias mundiales por ser el coto vedado[2] de Estados Unidos y el nuevo patio de juegos de China.

Latinoamérica, "tan lejos de Dios, tan cerca de Estados Unidos" (➔ véase MC 107)

Estados Unidos es una potencia financiera, económica, militar y política que numerosas veces quiso influir en países o regiones que consideraba estratégicos para preservar sus intereses y adquirir potencia. América Latina fue uno de los primeros territorios que experimentó esta influencia mediante intervenciones armadas, golpes de Estado, lluvias de dólares, así como un hegemonismo político y económico. Si bien Latinoamérica se había emancipado de España a principios del siglo XIX tras la ola de independencias (➔ véase cap. 51), iba a enfeudarse a Estados Unidos ya a finales del siglo XIX, con excepción de algunos países. Las guerras independentistas y la formación de los Estados nacionales debilitaron la economía latinoamericana mientras el vecino del Norte despegaba, por lo que le entraron ganas de desarrollarse aún más por todo el continente, imponiendo sus reglas del juego a los países recién independizados. Así fue como

> **La doctrina del destino manifiesto**, usada para justificar adquisiciones territoriales, pretendía que Estados Unidos era una nación destinada a expandirse.
>
> Con **la política del gran garrote**, complemento a la doctrina Monroe, Roosevelt quería mostrar que podía intervenir en los países para defender los intereses estadounidenses. Se trata del principio del imperialismo de Estados Unidos en América Latina.
>
> Con **la política del buen vecino** (oficial a partir de 1933), el Tío Sam pretendía suavizar sus relaciones con Latinoamérica para fomentar la solidaridad continental frente a las amenazas exteriores como el fascismo y el nazismo, sobre todo en vísperas de la Segunda Guerra Mundial.

la historia de América Latina se vinculó íntimamente a la de Estados Unidos, a la vez por su proximidad geográfica y por los intereses del Tío Sam en esta área mediante varias políticas como la denominada "doctrina del destino manifiesto" o la política del gran garrote[3] (*big stick ideology*) pasando por la del buen vecino.

La doctrina Monroe, una medida proteccionista

En 1823, el entonces presidente de EE. UU., James Monroe, pronunció la frase "América para los americanos", interpretada como "América para los estadounidenses". Significaba que los Estados europeos no tenían ningún derecho a meterse en los asuntos[4] del continente americano. Tal consigna se implantó para justificar la política de expansión estadounidense que iba de México hasta las tierras australes de Argentina y acabar con el monopolio comercial de España. Si bien al principio abogaba[5] por librarse del colonialismo europeo, esta doctrina acabó por servir los intereses geopolíticos y económicos estadounidenses. La guerra entre Estados Unidos y España en 1898 puede considerarse el punto final de la presencia colonial española en América Latina, con la pérdida de Cuba y Puerto Rico.

Una descomunal expansión territorial

La potencia estadounidense fue desarrollándose conforme conquistaba tierras que iba incorporando a su territorio. A nivel territorial, los Estados Unidos de principios del siglo XIX representaban un 30 % de lo que son hoy en día. Su expansión, así como su desarrollo industrial a mediados del siglo XIX, generaron una actitud a la vez agresiva y paternalista hacia los países latinoamericanos. Aunque todavía no tenía ningún potencial militar, logró vencer rápidamente a México durante la contienda que duró de 1846 a 1848, a raíz de la que anexionó lo que ahora son los estados de California, Nevada, Arizona, Nuevo México, Utah, Texas y parte de Colorado. El debilitamiento y el estancamiento de Latinoamérica resultantes de las guerras de independencia le dieron a Estados Unidos el rol de hermano mayor e hicieron del subcontinente el coto vedado de Estados Unidos. A lo largo del siglo XIX, Estados Unidos intervino en diferentes países de Latinoamérica: Uruguay (1858), Panamá y Nicaragua (1860), México (1876) y Chile (1891). Este intervencionismo iba a generalizarse al principio del siglo XX y convirtió a Latinoamérica en "patio trasero"[6] de EE. UU.

América Latina, patio trasero de Estados Unidos

La *United Fruit Company*, conocida como UFCO o la frutera, era una multinacional estadounidense, fundada en 1899 que producía y comercializaba frutas tropicales cultivadas en América Latina con un sistema de bonos con los que se pagaba a los trabajadores. El sistema les volvía dependientes de la UFCO ya que como no cobraban un sueldo en metálico, no les quedaba otro remedio que comprar donde ellos mismos trabajaban. Adquirió tanto peso que se convirtió en una verdadera fuerza política y económica en numerosos países de la región en el siglo XX. Amparó golpes de Estado, se valió de mordidas[7] para incrementar sus ganancias y tener todavía más poder. Solía comprar a precios bajos grandes latifundios en Centroamérica para tener el monopolio sobre la producción bananera. En Cuba, la UFCO controlaba la producción de azúcar y fue una de las primeras en ser expulsada en 1959, tras el triunfo de la Revolución cubana. El 1 de enero de 1960, el gobierno de Fidel Castro nacionalizó todas las posesiones de la UFCO sin darle ninguna compensación a cambio. En 1903, Cuba empezó arrendando a Estados Unidos la zona de la base de Guantánamo y el mismo año, comenzaron las obras del canal de Panamá por empresas estadounidenses.

El Canal de Panamá: Inaugurado en agosto de 1914 por Estados Unidos, el Canal de Panamá simboliza el sueño hecho realidad. Hacia 1880, Colombia le vendió los derechos para construir un canal a una empresa francesa. Sin embargo, Ferdinand de Lesseps nunca pudo rematarlo[8] por razones financieras. La empresa fue puesta en liquidación en 1892 lo que provocó el escándalo de Panamá. En 1902, Colombia firmó con EE. UU. el Tratado de Herrán-Hay que fijaba las condiciones de la construcción del futuro canal. Pero el Senado colombiano consideró el acuerdo desventajoso[9] por lo que no lo ratificó. En 1903, Panamá se separó de Colombia por un movimiento de independencia fomentado por el Tío Sam. Entonces, la construcción del canal pasó a manos de Estados Unidos que terminó las obras e hizo del canal una verdadera arma de incremento de los intercambios comerciales internacionales, de integración y de globalización. El 7 de enero, el buque Alexander La Valley hizo el primer viaje por el Canal de Panamá, pero este tránsito no fue considerado como la inauguración de la obra. Hubo que esperar agosto de 1914 para que se estrenara oficialmente con el barco de vapor Ancón. Casi un siglo después, en 2006, se aprobó por vía de referéndum la renovación del canal (por un coste de 5.000 millones de dólares) orquestada por la empresa española Sacyr y que consistía en una ampliación que permitiera el paso de naves[10] mayores que los Panamax, la duplicación de la capacidad de tráfico y de los beneficios. En los años 1990-2000, unos 14.000 navíos transitaban por el canal cada año. Con una tercera esclusa y una ampliación, se prevé un tránsito de buques Post-Panamax que miden hasta 400 metros de largo y 50 de ancho y una duplicación de tonelaje. Además de este canal, Panamá cuenta con 6 puertos, un ferrocarril, una autopista dedicados únicamente a estos intercambios entre los dos océanos lo que hace de Panamá la mayor zona de librecambio del mundo por detrás de Hong Kong. Esta tesitura económica boyante incentivó[11] a los otros países de América Central que se animaron a construir corredores[12] bioceánicos ya sea en forma de canales húmedos o de canales secos lo que convertirá Centroamérica en la región más "canalera" del mundo.

Los años 20 y 30 fueron marcados por las intervenciones estadounidenses en los países centroamericanos que acabaron controlados por las firmas multinacionales y tropas norteamericanas allí desplegadas. Quien daba el visto bueno[13] a los presidentes latinoamericanos era Estados Unidos y aquel que no correspondía a las exigencias de Washington era derrocado[14] y sustituido por otro más acorde. Luego de Centroamérica, Sudamérica empezó a ser una zona de interés para Estados Unidos, que regó los países de dólares hasta llegar a una situación en la que el dólar estadounidense sustituía las monedas nacionales, lo que creó una dependencia a las finanzas norteamericanas.

Impacto de la Segunda Guerra Mundial

Cuando estalló la Segunda Guerra Mundial en 1939, Estados Unidos se declaró neutral (aunque oficialmente ayudaba a los Aliados) e impuso esta postura a todos los gobiernos latinoamericanos, ya que Argentina o Uruguay tenían ciertas simpatías con el Eje (el bando que luchaba contra los Aliados: Alemania, Japón e Italia). En 1941, el ataque japonés a Pearl Harbor provocó la participación de Estados Unidos en el conflicto. Entonces, los países de América Latina acabaron declarándole la guerra a Alemania. Con esta situación "excepcional" de guerra, numerosos países latinoamericanos permitieron la construcción de bases estadounidenses, lo que tuvo un impacto en el futuro de la región cuando empezó la Guerra Fría. Por otra parte, se implementó el Tratado Interamericano de Asistencia Recíproca (TIAR), una alianza de carácter defensivo por la que los países signatarios se comprometían a acudir en defensa de otro país miembro si éste era atacado. México, Cuba, Venezuela, Ecuador y Paraguay no firmaron este tratado. Pese a esta alianza que permitía que Washington controlara los países latinoamericanos y evitaba que se difundiera el comunismo, las ideas comunistas y nacionalistas de izquierda empezaban a expandirse por el subcontinente. Para Washington, el comunismo ponía en peligro la estabilidad regional. Por consiguiente, Estados Unidos decidió intervenir directamente en los diferentes Estados de la región mediante la CIA (*Central Intelligence Agency*) creada en 1947.

América Latina atrapada en la Guerra Fría (1947-1990)

Durante la Guerra Fría, Latinoamérica se convirtió en un verdadero campo de batalla donde se enfrentaban el bloque soviético y el bloque estadounidense. Washington comanditaba el derrocamiento de los mandatarios que no correspondían con sus ideales políticos y económicos. En 1954, la CIA colaboró en el golpe de Estado en Guatemala, orquestado contra el presidente Árbenz (véase cap. 37), que había nacionalizado los activos guatemaltecos de la poderosa empresa *Union Fruit Company*. En 1959, se produjo un cambio fundamental en la configuración regional dominada por Estados Unidos: la Revolución cubana. A menos de 200 km de las costas estadounidenses, había triunfado una revolución socialista cuya primera acción fue nacionalizar empresas estadounidenses y promover una reforma agraria. Estados Unidos reaccionó primero con el embargo del azúcar y en 1961, intentó derrocar a Fidel Castro desembarcando en la Bahía de Cochinos, pero no fue más que un fracaso que acabó por acercar Cuba a la URSS. Para evitar el efecto dominó, en 1961, el gobierno del presidente Kennedy aplicó en América Latina un programa para mejorar la calidad de vida de sus habitantes mediante la Alianza para el Progreso.

La Alianza para el Progreso era de una especie de Plan Marshall promovido por Estados Unidos para fomentar[15] el desarrollo económico, político y social de los países latinoamericanos, para que se alejaran de la URSS. Entre 1961 y 1970, Washington inyectó 20.000 millones de dólares en todos los Estados de la región, excepto Cuba.

Las guerrillas revolucionarias se desarrollaron a raíz de los viajes de Che Guevara por todo el subcontinente (véase cap. 52). Sin embargo, Estados Unidos acabó con el Che el 9 de octubre de 1967, cuando el agente de la CIA, Félix Rodríguez, recibió la orden de fusilar al guerrillero.

Los años setenta transcurrieron entre golpes de Estado y golpes de Estado en todos los países latinoamericanos. Dentro de los países, los militares perseguían al comunismo. Así que se pasó de una política de seguridad nacional a una política de defensa nacional, ya que el enemigo (el comunista) se encontraba dentro de las naciones. En 1973, Estados Unidos, con la intervención de la CIA, apoyó directa y activamente el golpe de Estado militar que derrocó a Salvador Allende e instauró la dictadura de Augusto Pinochet hasta 1990 (véase MC 88). Salvador Allende había sido elegido democráticamente en 1970 y había emprendido[16] numerosas nacionalizaciones y una reforma agraria que no eran del gusto de Washington, lo que facilitó el golpe de Estado de Pinochet, artífice[17] del Plan Cóndor (véase cap. 57). Los militares que participaban en los secuestros, torturas y asesinatos de los "subversivos" habían sido formados previamente en centros dirigidos por Estados Unidos, como la Escuela de las Américas.

La Escuela de las Américas fue fundada en 1946 en Panamá y está situada en Fort Benning, en la localidad estadounidense de Columbus (Georgia). Esta obra del Ejército de los Estados Unidos tenía como objetivo entrenar a soldados latinoamericanos en técnicas de guerra y contrainsurgencia. Entre 1946 y 1984, se hallaba en la Zona del Canal de Panamá. Allí se formaron más de 70.000 militares y policías de América Latina; entre ellos destacan por su extrema violencia Leopoldo Fortunato Galtieri (Argentina), Manuel Antonio Noriega (Panamá), Manuel Contreras (Chile) y Vladimiro Montesinos (Perú). Cientos de miles de latinoamericanos fueron torturados, violados, asesinados, desaparecidos, masacrados y obligados a refugiarse por soldados y oficiales entrenados en esa academia militar. Los graduados de la Escuela de las Américas persiguieron a los educadores, organizadores de sindicatos, trabajadores religiosos, líderes estudiantiles, a los pobres y campesinos que luchaban por sus derechos. El general francés, Paul Aussaresses (tras su experiencia durante la guerra de Argelia), fue uno de los instructores de esta escuela, en 1973, durante la dictadura brasileña. En 1984, la Escuela de las Américas fue trasladada al Estado de Georgia en los Estados Unidos a petición del presidente panameño Jorge Illueca quien describió a la Escuela de las Américas como "la mayor base para la desestabilización en América Latina". En el mismo año, uno de los principales diarios panameños la apodó "La Escuela de Asesinos".

Las relaciones entre América Latina y Estados Unidos tras la Guerra Fría

Al terminar la Guerra Fría, Estados Unidos ya no podía imponer tan fácilmente su voluntad en América Latina. Con la democratización del subcontinente, emergió un sentimiento antiamericano que se plasmó[18] en los resultados electorales. La elección en 1998 de Hugo Chávez en Venezuela iba a abrir la vía a la izquierda, lo que habría sido imposible e impensable dos décadas antes. El "giro a la izquierda" sudamericano entablado en los años 2000 modificó el tablero geopolítico[19] con una disminución de la injerencia estadounidense en la región. La izquierda se impuso en Argentina (con la pareja Kirchner), Brasil (con Lula y Rousseff), Uruguay (con Tabaré Vázquez y Pepe Mujica), Bolivia (con Evo Morales), Ecuador (con Rafael Correa), Nicaragua (con Daniel Ortega), lo que creó un bloque capaz de contrarrestar la influencia estadounidense por diferentes alianzas, entre las cuales el ALBA, ideada por Hugo Chávez y apoyada por Rafael Correa y Evo Morales. Si bien Estados Unidos sigue desempeñando un papel central en Latinoamérica, tiene que adaptarse a la nueva configuración política y aceptar las condiciones de una América Latina cada vez más fuerte y segura de sí misma. La emergencia económica de ciertos países como Brasil, Argentina o Chile (apodado el "Tigre latinoamericano") les permitió emanciparse de la tutela estadounidense, sobre todo con la creación de organismos económicos de integración regional como el Mercosur (➔ véase cap. 53).

Al no tener tanto peso como en el pasado, la lucha contra el narcotráfico se convirtió en el nuevo modo de injerencia de EE. UU. en Latinoamérica, con el despliegue de soldados y millones de dólares destinados a la guerra contra los narcotraficantes mediante el Plan Colombia o el Plan Mérida (➔ véase cap. 59).

De Barack Obama a Donald Trump, crónica de una brecha anunciada

Con más de 60 millones de habitantes, o sea un 18 % de la población total, los latinos tienen un peso tanto político como económico allende[20] el Río Grande. En 2002, los latinos se convirtieron en la mayor minoría en los Estados Unidos, lo que hizo de ellos una comunidad muy poderosa. Los mexicanos –por su proximidad geográfica– son la nacionalidad latinoamericana más presente en EE. UU. con un 63 %, seguida de los puertorriqueños (10 %), salvadoreños (3,8 %) y cubanos (3,7 %). California, Texas y Florida son los tres estados con más inmigrantes latinoamericanos. Desde 2014, numerosos centroamericanos (sobre todo menores) han emprendido el viaje al Norte para reunirse con su familia que reside en EE. UU. o huir de la violencia en su país. 2014 fue un año de crisis migratoria con más de 70.000 menores indocumentados que viajaban solos. Desde EE. UU., los inmigrantes suelen mandar remesas a sus familias que se quedaron en el país de origen.

Las remesas[21] es el dinero enviado por los inmigrantes a su país de origen. Son imprescindibles a la economía mexicana: en 2015, alcanzaron 25.000 millones de dólares, más de lo que México ganó con las exportaciones petroleras. Las remesas enviadas desde los Estados Unidos a México ascendieron a 27.000 millones de dólares en 2016 y representaban más del 3 % del PIB (en algunos Estados incluso llegaban al 10 % del PIB estatal). México es la cuarta economía receptora de remesas en el mundo, por detrás de China, India y Filipinas. Entre 2000 y 2016, estas transferencias de dinero aumentaron a una tasa media anual del 9,2 %, pasando de 6.572 millones de dólares a 26.972 millones de dólares. Las remesas escalaron al segundo lugar como fuente de ingresos para el país, sólo por detrás de las exportaciones automotrices, con 113.316 millones de dólares. En el país azteca, el envío de dinero no ha dejado de crecer para superar en 2019 los 36.000 millones de dólares. Pese a la pandemia de coronavirus y contra los pronósticos, se disparó el envío de remesas en 2020: se transfirieron más de 22 mil millones de dólares en la primera mitad del año, un incremento del 10 % en comparación con el mismo período de 2019

De los 60 millones de latinoamericanos, 32 millones tienen derecho al voto. Tradicionalmente, los hispanos votan por los demócratas excepto los cubanos. Durante las elecciones de 2008 y 2012, los hispanos tuvieron un peso decisivo en la elección del candidato demócrata Barack Obama. Durante sus dos mandatos, Barack Obama se empeñó en[22] recobrar la confianza perdida de América Latina y restablecer relaciones con sus vecinos multiplicando los encuentros diplomáticos con sus homólogos mexicano, colombiano, peruano, brasileño, cubano y argentino para asentar nuevas relaciones más equilibradas entre su nación y los países latinoamericanos.

A raíz del deshielo entre Cuba y Estados Unidos anunciado el 17 de diciembre de 2014, Barack Obama viajó a Cuba en marzo de 2016. El mandatario estadounidense hizo historia al convertirse en el primer presidente norteamericano en visitar la isla en 88 años.

La elección de Mauricio Macri, después de la larga era kirchnerista, permitió un acercamiento entre Argentina y EE. UU. El viaje de Obama en marzo de 2016 pretendía romper la desconfianza latinoamericana hacia EE. UU. Durante su estancia en Argentina, Barack Obama anunció que abriría con anticipación los archivos de la dictadura argentina.

Durante las elecciones presidenciales en Estados Unidos celebradas en 2016, por muy paradójico que pareciera, numerosos electores latinos votaron por Donald Trump pese a su programa abiertamente antihispano, los insultos a los mexicanos y el proyecto de construcción del muro entre EE. UU. y México. Esos votantes llamados "trumpistas" temieron que otros latinos les robaran el trabajo. La elección de Donald Trump abrió un período de incertidumbre para las relaciones entre Estados Unidos y Latinoamérica por su postura antimexicana. Los esfuerzos llevados a cabo por Barack Obama se vieron socavados[23] por la política aislacionista de Donald Trump. Por ello, la carrera por la Casa Blanca 2020 es decisiva no sólo para Estados Unidos sino también para sus vecinos latinoamericanos ya que del mandatario electo depende el enfoque de las relaciones geopolíticas y socioeconómicas entre el Tío Sam y el subcontinente. Además, el voto latino desempeña un papel relevante en ciertos estados como California, Florida, Nuevo México y Texas.

El voto hispano

Siendo los hispanos la primera minoría étnica de Estados Unidos con más de 60 millones (o sea un 18 % de la población), su voto cobra cada vez más importancia por ser la primera minoría electoral con unos 32 millones de votantes, un 13 % del electorado (casi el doble que en 2000). La mayor parte de los electores procede de México (61 %), por delante de Puerto Rico (7 %), Cuba (4 %), El Salvador (4 %) y República Dominicana (3,5 %). Tradicionalmente, los latinos suelen votar por los demócratas, aunque los cubanos y los exiliados venezolanos antichavistas se decantan por los republicanos. De los 300.00 venezolanos afincados en Miami, 50.000 tenían derecho al voto en los comicios de noviembre de 2020.

El demócrata que más votos hispanos obtuvo fue Bill Clinton en 1996 con un 73 % de las papeletas. La participación en las urnas desde los años 80 es tradicionalmente baja en comparación con otros grupos: sólo el 48 % del electorado latinoamericano acude a las urnas frente al 60 % de la población blanca o afroamericana. Los votantes hispanos representan un verdadero gigante dormido.

Si bien ambos bloques siguen teniendo vínculos fuertes por su proximidad geográfica y la atracción que ejerce EE. UU. en la región, las conexiones entre ambas partes van perdiendo fuelle y la agenda política exterior estadounidense se limita a algunas cuestiones candentes: la migración centroamericana, el narcotráfico, la crisis política con Venezuela o el lazo económico con México. De hecho, durante su mandato, Donald Trump no visitó el área latinoamericana cuando George W. Busch o Barack Obama viajaron respectivamente 18 y 15 veces. Los hispanos es la comunidad que más sufrió la política migratoria de la administración Trump. Afectados tres veces más por el desempleo que otros grupos de población, los latinos también fueron los más perjudicados por la covid-19. Durante el último debate entre Joe Biden y Donald Trump, el candidato demócrata anunció que de llegar a la presidencia emprendería la reforma migratoria que Barack Obama dejó pendiente, concedería la ciudadanía a 11 millones de inmigrantes y regularizaría la situación de los *Dreamers*.

Durante el mandato de Barack Obama, se deportó a tres millones de personas así que los votantes latinos eran conscientes de que la promesa de Joe Biden podía no cumplirse. Por otra parte, a finales de octubre de 2020, a una semana de la elección presidencial, la prensa publicó una noticia dañina para la administración Trump: en 2017 y 2018, 545 niños inmigrantes fueron separados de sus padres, como consecuencia de la política migratoria de "tolerancia cero".

> **Los *Dreamers***
> Son los jóvenes que llegaron con sus padres a Estados Unidos siendo niños y que pudieron apuntarse al DACA (*Deferred Action for Childhood Arrivals*), el programa de Acción Diferida para los Llegados en la Infancia, introducido por Obama en 2012. Esta medida permitía a los *Dreamers* vivir sin esconderse por estar protegidos contra la deportación. Pero el 5 de septiembre de 2017, Donald Trump ordenó la revocación de este plan, dejando a los jóvenes en una gran precariedad y una tremenda desprotección judicial.

Para Latinoamérica, la victoria del demócrata Joe Biden anunciada el 8 de noviembre de 2020 supuso cierto alivio, sobre todo en países como Cuba, particularmente aquejado por la administración Trump. La economía de la isla afectada por la pandemia de Covid-19 ya había sufrido en los años anteriores las 132 medidas y sanciones del Gobierno estadounidense. Donald Trump cerró el consulado estadounidense en La Habana, así como el consulado cubano en Estados Unidos, impidiendo así los trámites para viajar a su país. También limitó las remesas, acabó con los vuelos directos o cruceros impactando en el turismo de la isla ya que EE. UU. era el segundo país emisor de turistas. En cuanto a México, esta noticia cambiará la ofensiva política migratoria llevada a cabo por Trump desde 2017. Así que su derrota les dio oxígeno al país vecino y al oficialismo cubano porque el presidente recién electo prometió volver a la política de acercamiento llevada a cabo por Barack Obama y detener la construcción del muro para frenar la inmigración clandestina.

Después de Estados Unidos, ¿es China el nuevo dueño[25] de Latinoamérica? (➲ véase MC 108)

Hasta los años 2000, China no desempeñaba un papel relevante en los intercambios comerciales con Latinoamérica. Tras el ingreso de China en la Organización Mundial del Comercio en el 2001, se inició una década dorada entre ambos territorios. En menos de diez años, China se volvió el segundo socio[24] comercial de la zona, por detrás de Estados Unidos, colaborador natural para Latinoamérica por su proximidad geográfica. Pero con el paso del tiempo, América Latina se ha convertido en un socio comercial estratégico e imprescindible que atrae a China por sus reservas energéticas o mineras, así como sus materias primas (➲ véase cap. 58) que el gigante asiático necesita para seguir creciendo. Desde 2015, China es el principal socio comercial de América del Sur y en 2018, la nación asiática se ha convertido en el segundo socio comercial de Latinoamérica. Lo que está en juego es la perennidad de esta relación de interdependencia porque, si bien en la primera década América Latina y China tuvieron un período de alto dinamismo económico debido al crecimiento de la nación asiática, desde 2012 se ha frenado su crecimiento acarreando un descenso de las importaciones de productos primarios. Los intereses entre ambos territorios residen en la gran complementariedad en el ámbito económico-comercial y eso cualquiera que sea el contexto político de los países latinoamericanos. En efecto, a partir de 2018, tuvieron lugar en el subcontinente numerosos cambios gubernamentales sobre todo en los mayores países: Brasil, México y Colombia. Pero estas modificaciones políticas no alteraron la relación con China. El giro[25] a la derecha emprendido en la región ya en 2015 con la elección de Mauricio Macri en Argentina no trastornó[26] las relaciones sino-argentinas. Si bien China fue un socio privilegiado de la Argentina dirigida por Cristina Fernández de Kirchner (izquierda), también lo fue bajo la presidencia de Mauricio Macri (derecha) que supo adaptarse en aras del[27] pragmatismo para colmar las demandas del gigante asiático. De hecho, en diciembre de 2018, Mauricio Macri y Xi Jinping firmaron 37 acuerdos bilaterales lo que evidencia la necesidad de esta relación tanto a nivel económico-comercial como financiero. China se ha vuelto uno de los principales financistas del Banco Central Argentino y un 40 % de sus reservas internacionales está estimado en yuanes.

Una retahíla de acuerdos

El período comprendido entre 2001 y 2014 marcó un hito[28] histórico en el surgimiento y la consolidación de las relaciones comerciales entre América Latina y el Caribe con China. El primer TLC de China con un país latinoamericano fue firmado con Chile. Si bien entró en vigor en octubre de 2006, las relaciones entre ambos países se remontan a 1970 cuando Chile fue el primer país latinoamericano en entablar lazos diplomáticos con China. También fue la primera nación en respaldar[29] la entrada del gigante oriental en la OMC (Organización Mundial del Comercio). En una década, los intercambios comerciales entre ambos países se cuadruplicaron y superan los 30.000 millones de dólares anuales. Luego se negoció un TLC con Perú (vigente desde marzo de 2010) que supera los 16.000 dólares, otro con Costa Rica (desde agosto del 2011) que ronda[30] los 2.000 dólares. Aunque los tratados con Chile y Perú resultan claramente económicos para su abastecimiento[31] en cobre[32] y hierro[33], aquel con Costa Rica parece más geopolítico por querer China aliados en Centroamérica. Desde 2020, se negocia un TLC con Panamá, aunque ambos países ya firmaron más de veinte acuerdos de cooperación a nivel comercial, económico, turístico y marítimo. De hecho, China es el segundo cliente del Canal de Panamá (con un 18 % de la carga que pasa por las esclusas) por detrás de Estados Unidos con un 68 % de la carga. Un TLC con Panamá le daría a China muchas oportunidades en el transporte de mercancías gracias al enorme canal. Ecuador, pese a la ausencia de TLC con China, empezó a mantener buenas relaciones bajo la presidencia de Rafael Correa y la elección de Lenín Moreno no alteró la entente sino-ecuatoriana. Más de 90 empresas chinas obran en Ecuador y ambas naciones firmaron unos diez acuerdos culturales, financieros o políticos.

Una relación interdependiente asimétrica

En 2008, el Gobierno chino publicó el "Documento sobre la política de China hacia América Latina y el Caribe" que planteaba los objetivos de la política china hacia la región y presentaba las pautas que seguirían las relaciones de cooperación con el subcontinente. En 2011, Chile, Colombia, México y Perú crearon la Alianza del Pacífico (➲ véase cap. 55) mostrando así la voluntad de las naciones latinoamericanas de volverse hacia Asia ya que China fue aceptada como país observador en 2013. En mayo y junio de 2013, el presidente Xi Ping emprendió su primera gira por Latinoamérica viajando a México, Costa Rica y Trinidad y Tobago para enfatizar la cooperación con estas naciones. En julio de 2014 y en noviembre de 2016, el presidente chino volvió al subcontinente para estrechar[34] todavía más las relaciones con el subcontinente que desempeña un papel clave no sólo en el crecimiento del gigante asiático como proveedor[35] de recursos naturales sino también como aliado imprescindible en el tablero político internacional. Mediante esta relación bilateral, China pretende asentarse en la región para competir con Estados Unidos y transcender las meras[36] relaciones comerciales. Los intercambios entre ambas zonas se concentran esencialmente en tres países: Brasil, Chile y Venezuela y se limitan a cuatro productos: la soja, el petróleo, el hierro y el cobre.

El 29 de enero de 2014, fue creado el Foro China-CELAC (en la Habana) cuya primera reunión ministerial tuvo lugar en Beijing un año después. El Gobierno chino definió el marco de cooperación 1+3+6, o sea 1 programa, 3 motores (comercio, inversión y cooperación financiera) y 6 ejes[37] (energía, recursos naturales, infraestructuras, agricultura, manufactura e innovación tecnológica). Se trata de una cooperación clave para China ya que le permite involucrarse en los asuntos del continente americano sin que Estados Unidos y Canadá intervengan.

China, un inversor privilegiado

La inversión de China en América Latina y el Caribe ascendió a 14,4 mil millones de dólares en el 2013. Ese año fue particularmente crítico, pues si bien las inversiones financieras del país asiático en América Latina se multiplicaron por tres, aquéllas en actividades no financieras conocieron una caída del 38,7 % durante este mismo período. Esto se explica en parte por la caída de los precios de los recursos minerales, segundo sector de importancia para la inversión de China en la zona. Entre los países con inversiones superiores a los 100 millones de dólares se encontraban Argentina, Brasil, Ecuador, Panamá, Perú y Venezuela. Las inversiones chinas se enfrentaron a actos delincuentes o manifestaciones violentas contra sus operaciones como por ejemplo en Perú en 2015 a raíz de las protestas contra la gestión del proyecto minero Las Bambas Minmetals.

Préstamos chinos, ¿una ganga[38] para Latinoamérica?

La consolidación de las relaciones comerciales entre China y América Latina y el Caribe se acompañó de préstamos considerables por parte del gigante oriental fomentándose así una diplomacia financiera. En efecto, China pasó de ser económicamente inexistente para Latinoamérica a ser el principal socio económico del subcontinente. Los préstamos chinos superan los 133.000 millones de dólares, siendo Venezuela el principal receptor de este dinero, con casi la mitad de esta suma por el petróleo. Los proyectos que se llevan a cabo en Latinoamérica los hacen empresas chinas. En una década (2005-2014), se realizaron 76 préstamos a quince países de la región entre los cuales los principales receptores fueron respectivamente Venezuela (con 16 préstamos con un valor de casi 54.000 dólares), Brasil y Argentina.

Los préstamos firmados con China no exigen que los países efectúen cambios políticos o económicos. Sin embargo, se exige que se compren productos chinos, que no se critique abiertamente al Gobierno chino o que se acepte el principio de una sola China. Por otra parte, las naciones que más se beneficiaron de ellos fueron países políticamente afines como Venezuela en la era Chávez, el Brasil de Lula, la Argentina de los Kirchner o el Ecuador de Rafael Correa.

Entre 2008 y 2012, se efectuaron once petropréstamos (préstamos a cambio de petróleo) a tres países (Venezuela, Ecuador y Brasil) por un importe de 59.000 millones de dólares. Venezuela es el país que más más provecho sacó de este tipo de préstamos (con 44.000 millones de dólares). Por otra parte, entre 2000 y 2018, los créditos otorgados por instituciones chinas a Venezuela rondaron los 68.000 millones de dólares, es decir un 48 % del total de los préstamos aprobados por dicho país en el subcontinente.

Un frenazo[39] letal

La desaceleración de la economía china, así como las reformas administrativas y estructurales redujeron las inversiones en América Latina. A partir de 2015, la economía china experimentó un frenazo que acarreó una caída del 25 % en las exportaciones del subcontinente a China en los primeros seis meses de ese año respecto al mismo período del año anterior. La menor demanda del gigante asiático y un menor precio de los recursos naturales explican la baja en las exportaciones latinoamericanas tanto en el sector de los combustibles o recursos mineros como en el sector alimentario. Honduras, Costa Rica, Colombia y Venezuela fueron los países más impactados con disminuciones que alcanzaban respectivamente el 84 %, el 80 %, el 50 % y el 48 %. En cuanto a Brasil y México, si bien eran los mayores socios de China y redujeron sus exportaciones, esta diminución no impactó tanto sus economías por su tamaño y su menor dependencia. En este panorama desolador destacó Ecuador cuyas exportaciones a China incrementaron un 98 % gracias a mayores exportaciones de alimentos.

El coronavirus y la geopolítica sanitaria

Como China está en todos los frentes para ganar más terreno en América Latina, no vaciló en sacar provecho de la crisis sanitaria provocada por la propagación del coronavirus. Después de la "diplomacia de la chequera" que consiste en proporcionar dinero a los países, China innovó con la llamada "diplomacia de las mascarillas" con el envío a Latinoamérica de material médico, expertos, mascarillas o la aprobación de préstamos para salir adelante. El 23 de julio de 2020, los ministros de Relaciones Exteriores chinos y latinoamericanos se reunieron virtualmente mediante una videoconferencia cuyo tema era la COVID-19. El ministro de Relaciones Exteriores, Wang Yi, presentó cinco propuestas sobre una cooperación antiepidémica entre China y Latinoamérica. Entre otras, China propuso seguir enviando equipos de médicos a ALC para fomentar la investigación y desarrollar conjuntamente vacunas. También anunció un préstamo de 1.000 millones de dólares para que las naciones latinoamericanas pudieran acceder a la vacuna contra el coronavirus. Una nueva Guerra Fría se avecina entre China y EE. UU. con América Latina de por medio.

El pulso entre China y EE. UU.

La irrupción de China a América Latina y el afianzamiento[40] de sus vínculos le permitieron a la región emanciparse de Estados Unidos. Sin embargo, la relación entre el gigante asiático y Latinoamérica resulta asimétrica a beneficio de China y a expensas del subcontinente a nivel económico y ambiental sobre todo por el extractivismo intensivo que no sólo induce contaminación sino también conflictos y desplazamientos de autóctonos (➔ véase cap. 60). La desaceleración de la economía china, así como la caída del precio de las materias primas provocaron el déficit comercial de los países latinoamericanos. De hecho, las exportaciones no compensan las importaciones de productos manufacturados de China.

Parece que América Latina, al querer deshacerse de su dependencia a Estados Unidos, se volvió dependiente de China que ocupa cada vez más terreno en la región tanto a nivel económico y comercial como financiero cuando no político. Los préstamos y petropréstamos chinos se han vuelto una herramienta estratégica de *soft power* en América Latina ya que permiten afianzar la presencia del gigante asiático, así como el mantenimiento de regímenes con ideologías parecidas a las de China. La nación asiática gana pues cada vez más terreno en Latinoamérica tradicionalmente bajo influencia estadounidense. De hecho, para contrarrestar la expansión de China en la región, el Gobierno estadounidense se vale del argumento del respeto a los derechos humanos, resaltando la situación en Hong Kong y Xinjiang. Por otra parte, para frenar el avance chino en su patio trasero, Washington lanzó a finales de 2019 el programa *"Growth in the Americas"* ("América Crece"), cuya meta consiste en fomentar[41] la inversión del sector privado estadounidense en el desarrollo de infraestructuras en el continente, salvo en Venezuela, Cuba y Nicaragua, por discrepancias[42] políticas. La guerra ideológica y económica entre los dos gigantes no hace más que comenzar...

NOTAS

1. los aranceles: *les droits de douane*
2. el coto vedado: *la chasse gardée*
3. el garrote: *le gourdin (ici la doctrine du big stick, du gros bâton)*
4. meterse en los asuntos: *s'occuper des affaires*
5. abogar por: *plaider en faveur de, défendre*
6. el patio trasero: *l'arrière-cour*
7. la mordida = el soborno: *le pot-de-vin*
8. rematar: *achever*
9. desventajoso: *désavantageux*
10. la nave: *le navire*
11. incentivar: *estimular*
12. el corredor: *le couloir*
13. dar el visto bueno: *donner son accord*
14. derrocar: *renverser*
15. fomentar: *promouvoir, encourager*
16. emprender: *entreprendre*
17. el artífice: *l'artisan*
18. plasmarse: *se refléter*
19. el tablero geopolítico: *l'échiquier géopolitique*
20. allende: *au-delà de*
21. las remesas: *les envois de fonds des migrants vers leur pays d'origine*
22. empeñarse en: *s'obstiner à*
23. socavar: *saper, miner*
24. un socio: *un partenaire*
25. un giro: *un tournant*
26. trastornar: *bouleverser*
27. en aras de: *au nom de*
28. un hito: *un fait marquant*
29. respladar = ayudar
30. rondar: *avoisiner*
31. el abastecimiento: *l'approvisionnement*
32. el cobre: *le cuivre*
33. el hierro: *le fer*
34. estrechar: *resserrer*
35. proveedor: *fournisseur*
36. mero (adj.) = simple
37. un eje: *un axe*
38. una ganga: *une aubaine*
39. un frenazo: *un coup de frein*
40. el afianzamiento = la consolidación
41. fomentar = desarrollar
42. discrepancias = desacuerdos

Cien años de soledad (1967), del escritor colombiano Gabriel García Márquez que cuenta el funcionamiento de la *United Fruit Company* en el pueblo imaginario de Macondo.

MC107 Las relaciones entre América Latina y Estados Unidos

LAS RELACIONES ENTRE LATINOAMÉRICA Y ESTADOS UNIDOS

- **Doctrinas**
  - **Doctrina Monroe**
  - "América para los americanos"
  - Doctrina del destino manifiesto
  - Doctrina del buen vecino
  - Política del gran garrote ("the big stick")
- **1846-1848**
  - Guerra con México
- **1899**
  - United Fruit Company
- **Segunda Guerra Mundial (1939-1945)**
  - Bases estadounidenses en Latinoamérica
  - Tratado Interamericano de Asistencia Recíproca
- **Intervencionismo después de 1990**
  - 1999 — **Colombia** — Plan Colombia
  - 2002 — **Venezuela** — Golpe de Estado contra Hugo Chávez
  - 2009
    - **Colombia** — Despliegue de tropas estadounidenses en siete bases militares colombianas
    - **Honduras** — Derrocamiento del presidente Manuel Zelaya por soldados entrenados por la Escuela de las Américas
  - 2010 — **Costa Rica** — Llegada de 7.000 marines, 46 buques y 200 helicópteros estadounidenses
- **Intervencionismo estadounidense durante la Guerra Fría (1947-1990)**
  - 1954 — **Guatemala** — Golpe de Estado por parte de la CIA para derrocar a Jacobo Árbenz
  - 1960 — **Cuba** — Embargo de EE. UU.
  - 1961 — **Cuba** — Invasión fallida de la Bahía de los Cochinos
  - 1964
    - **Panamá** — El Día de los Mártires
    - **Brasil** — Operación "Brother Sam" para derrocar a João Goulart
  - 1965 — **República Dominicana** — Después de la guerra civil
  - 1967 — **Bolivia** — Ejecución de Ernesto Che Guevara por el gobierno boliviano
  - 1973 — **Chile** — Golpe de Estado de Augusto Pinochet
  - 1976 — **Argentina** — Golpe de Estado
  - 1980 — **El Salvador** — Apoyo económico al Gobierno contra el FMLN
  - 1981 — **Nicaragua** — Apoyo financiero y militar a la Contra para debilitar al gobierno sandinista

MC 108 Las relaciones entre América Latina y China

LAS RELACIONES ENTRE LATINOAMÉRICA Y CHINA

China

- **Potencia industrial (desde 1978: Deng Xiaoping), comercial, tecnológica, financiera y militar**
  - Gran capacidad de crecimiento (tensiones con EE. UU. tras la elección de Donald Trump)
- **Socio privilegiado de América Latina**
  - Segundo socio comercial latinoamericano, por detrás de EE. UU.
  - Tercer mayor emisor de inversiones latinoamericanas
  - Década dorada entre ambas zonas: 2001-2011

Relación desigual

- **China se beneficia más de la situación**
  - Materias primas necesarias a China para su crecimiento
- **Desaceleración económica desde 2012 con impacto en Latinoamérica**
  - Dependencia excesiva de Latinoamérica a China
- **Desequilibrio entre los diferentes países y las poblaciones**
  - Impacto ecológico y económico por la extracción masiva

Relaciones con la CELAC

- 2015: primer foro bilateral en Beijing
- 2018: segundo foro en Santiago de Chile
- 2021: tercer foro previsto en Beijing
- **De los 33 países que conforman la CELAC, sólo 2 países latinoamericanos no asistieron por no reconocer China**

Relaciones financieras y económicas

- **Venezuela, Brasil y Argentina son los 3 países con más inversión china**
  - Venezuela, principal país receptor de divisas chinas = voluntad de emanciparse de la hegemonía estadounidense
  - Los préstamos firmados con China no exigen cambios políticos o económicos por parte de los países receptores
- **Productos exportados por Latinoamérica**
  - Soja, petróleo, hierro y cobre son los tres productos más exportados
  - Bolivia: minerales (principalmente litio)
  - Hidrocarburos: Perú, Venezuela, Ecuador, Colombia, Brasil y Argentina
  - Una tercera parte de los alimentos importados por China es latinoamericana
- **Tratados de Libre Cambio con tres países**
  - **Chile (2006)**
    - China es el mayor socio económico de Chile (desde 2012)
    - El 98 % de las mercancías disfruta de cero aranceles (desde 2017)
  - **Perú (2010) y Costa Rica (2011)**
  - **Los próximos objetivos son Colombia, Panamá y el Mercosur**
- **Covid-19**
  - Diplomacia de la chequera

Obras infraestructurales chinas en Latinoamérica

- **Entre 2003 y 2017, 110.000 millones dólares invertidos por China en Latinoamérica**
  - Argentina, Bolivia, Brasil
  - Costa Rica y Panamá

LA OPERACIÓN CÓNDOR 57

Datos generales (véase MC 109)

La Operación Cóndor, también llamada Plan Cóndor, fue algo único en América Latina y es una de las historias más trágicas del continente que se saldó[1] con miles de víctimas. El plan fue ideado bajo seis dictaduras latinoamericanas por los dirigentes para intercambiar datos informativos sobre los disidentes que luchaban para derrocarlos[2]. Su fundación fue aprobada el 28 de diciembre de 1975 en Santiago de Chile, durante una reunión de los responsables de la inteligencia de las dictaduras y firmada por los representantes de **Argentina** (Jorge Casas, capitán de navío, SIDE (Secretaría de Inteligencia del Estado), que aún no representaba a una dictadura militar), **Bolivia** (Carlos Mena, mayor del Ejército), **Chile** (Manuel Contreras Sepúlveda, jefe de la DINA (Dirección de Inteligencia Nacional), **Uruguay** (José Fons, coronel del Ejército) y **Paraguay** (Benito Guanes Serrano, coronel del Ejército). **Brasil** no firmó esa primera acta pero otros documentos muestran con claridad que participó en el Plan Cóndor. De forma esporádica, se contó también con la participación de Perú, Colombia y Venezuela. Rápidamente, la operación cambió de táctica y pasó a la fase de secuestros, torturas o asesinatos a lo largo de los años 70 y 80, siempre con la autorización implícita de la dictadura local, para eliminar a los opositores refugiados en otros países. El Plan Cóndor fue extendiendo sus fronteras y las dictaduras empezaron a asesinar a disidentes en Europa y EE. UU. Sólo se conoció muchos años más tarde su existencia gracias a los llamados "Archivos del Terror" hallados en 1992 en Paraguay, que proporcionaron las cifras de 50.000 asesinatos, 30.000 "desapariciones" y 400.000 encarcelamientos.

Implicación de otros países en el Plan Cóndor

Estados Unidos: mediante los archivos desclasificados de la CIA, se supo que Manuel Contreras, jefe de la policía secreta que operaba bajo Augusto Pinochet (la DINA) en Chile, se había quedado 15 días en el cuartel general de la CIA en 1975. A raíz de esta estancia, Contreras resultó el "creador" de la Operación Cóndor. En 2004, se reveló que Henry Kissinger, entonces consejero de Seguridad Nacional, pudiera ser el verdadero ideólogo de dicha operación. Durante el juicio, no se dio ninguna prueba definitiva de que algún organismo de EE. UU. hubiera promovido el plan pero sí ha quedado claro por distinta documentación que lo conocían con todo detalle. En septiembre de 1976, el asesinato de Orlando Letelier, exministro del gobierno de Salvador Allende, en Washington, desató polémica y levantó sospechas sobre la implicación de Estados Unidos en el Plan Cóndor. En marzo de 2016, como respuesta a una solicitud del presidente argentino, Mauricio Macri, y ayudar a familiares de las víctimas para que familiares de las víctimas supieran la verdad, el expresidente estadounidense, Barack Obama, prometió desclasificar documentos (archivos militares y de inteligencia) relacionados con las dictaduras latinoamericanas, especialmente los de la CIA. Lo que sí se sabe a ciencia cierta es que EE. UU. se fue alejando a medida que el Plan Cóndor empezó su oleada de asesinatos en distintos países y dejó de ser un plan secreto.

Francia: la periodista francesa Marie-Monique Robin investigó en el Ministerio francés de Asuntos Exteriores del Quai d'Orsay y dio con archivos entre los cuales destacaba un documento original que acreditaba un acuerdo de 1959 entre París y Buenos Aires. Consistía en una misión militar francesa permanente de oficiales que habían luchado en la guerra de independencia de Argelia y que se encontraban en las oficinas del jefe del Estado mayor del Ejército argentino. El gobierno de Valéry Giscard d'Estaing colaboró secretamente con la dictadura militar de Jorge Rafael Videla en Argentina y con la de Augusto Pinochet en Chile. Dicho acuerdo prosiguió hasta la llegada al poder del socialista francés François Mitterrand en 1981. El 10 de septiembre de 2003, el diario *Le Monde* informó que diputados del partido francés ecologista de los Verdes solicitaron una comisión parlamentaria sobre el papel de Francia en el apoyo de los regímenes militares en América Latina (1973-1984) ante la Comisión de Relaciones Exteriores de la Asamblea Nacional, presidida por Édouard Balladur. Tanto el diputado Roland Blum a cargo de la comisión, como el ministro francés de Asuntos Exteriores de entonces, Dominique de Villepin, en un viaje a Chile en 2004, afirmaron que nunca había habido cooperación entre Francia y los regímenes militares.

En 2007, el almirante argentino Luis María Mendía confirmó ante el tribunal de Buenos Aires la participación de Bertrand de Perseval, agente de la inteligencia francesa, en el secuestro de dos monjas francesas, asesinadas luego. Fue más allá: también, solicitó a los jueces argentinos que fueran citados ante el tribunal Valéry Giscard d'Estaing y su primer ministro francés Pierre Messmer así como el embajador francés en Buenos Aires y todos los funcionarios en su lugar en la embajada francesa de Argentina entre 1976 y 1983.

Leyes de impunidad del Cono Sur (véase MC 110)

A la hora de dejar el poder, los dictadores votaron leyes de amnistía, lo que dificultó o impidió, en algunos casos, eventuales juicios. A los responsables de masacres, torturas, homicidios y desapariciones, estos instrumentos legales les garantizaron el amparo y olvidaron a las víctimas. Por eso se consideraron leyes del olvido o de autoamnistía. Al restaurarse la democracia, algunos gobiernos cancelaron dichas leyes para juzgar a los exdictadores u otros militares, considerando que iban en contra de la Convención Americana sobre Derechos Humanos firmada en 1969 por todos los países de América Latina. Otros gobiernos se negaron. Argentina se ha convertido en el primer país en condenar formalmente a los jerarcas del Plan Cóndor y ha abierto así una puerta que en otros países parece mucho más cerrada. No figuraron en el juicio argentino los máximos jefes del Plan Cóndor porque murieron, pero simbólicamente, el proceso judicial también va contra ellos.

En Argentina (véase cap. 41): el país aprobó la "Ley de Pacificación Nacional" en 1983 que contemplaba beneficios para autores, partícipes, instigadores, cómplices o encubridores de diversos abusos ocurridos durante la dictadura cívico-militar y extinguía las acciones penales de los delitos cometidos desde mayo de 1973 hasta junio de 1982.

Nada más ser elegido, Raúl Alfonsín (1983-89) la derogó y enseguida creó la Comisión Nacional sobre la Desaparición de Personas (informe "Nunca más"). En 1985, se enjuició a Videla y Massera, que fueron condenados a cadena perpetua, y Viola fue condenado a 17 años de cárcel. Bajo presión del Ejército, se aprobó la "Ley de Punto Final" (1986), que dio fin a los juicios, así como la "Ley de Obediencia debida" (1987), que exculpó a los (sub)oficiales que

Los vuelos de la muerte, llamados por los ejecutores "traslados" para hacerles creer a las víctimas que iban a ser encarceladas. En realidad, arrojaban los cuerpos ya fusilados al mar o al Río de la Plata, con el fin de hacer desaparecer los cadáveres y las pruebas del délito. Antes de desarrollarse en Argentina, el método fue precisado y experimentado en Argelia donde los combatientes del FLN eran arrojados al Mediterráneo desde un avión con los pies hundidos en un bloque de cemento. El método fue llamado "crevettes Bigeard" adoptando el apellido del general Marcel Bigeard.

habían atentado contra los derechos humanos bajo órdenes de un militar superior. Carlos Menem (1989-99) indultó a la Junta y a 300 militares. Al llegar al poder, Néstor Kirchner (2003-2007) canceló las "leyes del perdón", los indultos por crímenes de lesa humanidad y ordenó la apertura de los archivos de la represión. Se reabrieron miles de casos: Videla y otros jefes volvieron a la cárcel. En 2007, bajo la presidencia de Cristina Fernández de Kirchner, empezó el megajuicio de los crímenes cometidos en la Escuela de Mecánica de la Armada (ESMA). También fueron juzgados el coronel uruguayo Manuel Cordero, extraditado en 2007 a Argentina desde Brasil, y el exagente de la inteligencia argentina Miguel Ángel Furci: ambos recibieron la pena de 25 años de cárcel. Entre los condenados también estaba Reynaldo Bignone, último dictador argentino, que fue condenado a 25 años (2010), y el general Santiago Riveros. En 2011, algunos de los represores más crueles (Jorge Acosta, apodado *El Tigre*, Alfredo Astiz, con el mote[3] *El Ángel Rubio*) fueron condenados a cadena perpetua. En 2012, Videla volvió a ser condenado a 50 años de cárcel por el robo de bebés (2012) pero murió tres días después de declarar en este juicio.

Afrontar su responsabilidad en el Plan Cóndor fue lo último que Videla hizo en vida, asegurando ante el tribunal que se hacía cargo de toda la responsabilidad, pero sin dar ningún detalle nuevo. También fueron imputados 68 responsables de los "vuelos de la muerte" en un proceso que duró 2 años con 900 testigos presentes. Fue el mayor proceso contra la dictadura: se juzgó a 789 personas. En 2014, Argentina impulsó un proyecto de ley para prohibir el indulto a los criminales de la dictadura.

> **El caso de los bebés robados** a lo largo de la dictadura argentina es una búsqueda que sigue de actualidad gracias a las asociaciones Madres de la Plaza de Mayo y Abuelas de la Plaza de Mayo. El último nieto fue encontrado en junio de 2019 y, desde que empezaron a investigar, era el 130 de los 500 bebés robados.

En Bolivia (➜ véase cap. 42): las leyes de amnistía de 1982 siguen amparando a los militares implicados en los crímenes de las dictaduras sucesivas entre 1969 y 1981, pese a la orden de detención contra el dictador García Mesa y Luis Arce Gómez, en 1989. Medio siglo después de que el golpe de Estado del general Barrientos inició casi dos décadas de gobiernos autoritarios en el país, siguen sin ser atendidas[4] las demandas de las víctimas para establecer la verdad. La nula colaboración de las autoridades militares para hacer disponibles sus archivos clasificados referentes a esa época es un factor clave que ha contribuido a la falta de verdad, justicia y reparación en Bolivia.

En Brasil (➜ véase cap. 43): en 1979, el gobierno militar de João Antonio Figueiredo promulgó la ley de amnistía que perdonaba los crímenes políticos, electorales y conexos cometidos desde septiembre de 1962 hasta agosto de 1979. En abril de 2010, el Supremo Tribunal Federal (STF) de Brasil, máxima instancia judicial del país, rechazó revisar la Ley de Amnistía evitando así que se juzgara a los represores del último período militar (1964-85). Brasil no derogó la Ley de Amnistía de 1979 y nunca juzgó los crímenes de la dictadura.

En Chile (➜ véase cap. 44): en abril de 1978, el gobierno de Pinochet aprobó una ley por la cual se concedía amnistía (olvido legal, que extingue la responsabilidad de sus autores) para todas las acciones penales emergentes de los delitos cometidos con motivación o finalidad terrorista o subversiva, desde el 25 de mayo de 1973 hasta el 17 de junio de 1982. Pinochet, aunque detenido en Londres en 1998 y de vuelta a Chile en 2000, murió en 2006 sin ser condenado. Hoy, la Ley de Amnistía de 1978 sigue vigente, a pesar del proyecto de la expresidenta Michelle Bachelet de cancelarla en 2015 y de querer levantar el secreto en 2017.

En Paraguay (➔ véase cap. 47): a diferencia de los demás países que participaron de la Operación Cóndor, Paraguay no tuvo ley de amnistía, pero no por ello significó que se salvara de la impunidad. Posiblemente, todo el sistema estaba preparado para seguir igual después del dictador Stroessner. Algunos piensan que el Partido Colorado nunca pensó que iba a caer; por eso no hizo falta este tipo de leyes.

En Uruguay (➔ véase cap. 49): fue el último país en aprobar esta ley en 1985 pero también es uno de los que todavía sigue sin revertir la normativa. Con la Ley de Caducidad, el Gobierno decidía qué casos podían ser juzgados o no. Los uruguayos rechazaron cancelar la Ley de Caducidad al 57 % en el referendo de 2009. Cuando el Senado aprobó su anulación, consiguió procesar a Juan María Bordaberry (en arresto domiciliario hasta su muerte en 2011) y a Gregorio Álvarez (condenado a 25 años de cárcel en 2009) así como a otras trece personas. Pero en febrero de 2013, la Suprema Corte de Justicia declaró inconstitucional dicha cancelación, lo que criticó el Comité de Derechos Humanos de la ONU.

En Italia: en febrero de 2015, un gran juicio se inició contra el Plan Cóndor pero se desarrolló lejos del continente americano: en Roma. Se juzgó por delitos de lesa humanidad a 33 exmilitares y civiles de Bolivia, Chile, Perú y Uruguay, acusados de la desaparición y muerte de 43 opositores, entre ellos 23 ciudadanos italianos.

Comisiones de la Verdad y Justicia

En Argentina: la memoria histórica se ha convertido en una política de Estado que se mantuvo con Mauricio Macri como mandatario. Así lo mostró el medio centenar de juicios en los que el Estado fue querellante[5]. El 24 de marzo de 2017, en el Día de la Memoria instaurado por la pareja Kirchner, se dio una manifestación masiva por los 41 años de golpe de Estado con duras críticas a Macri. La marcha de 2020 fue "en casa" y desde los balcones, colgando pañuelos blancos[6] en símbolo de paz, debido al confinamiento por la pandemia del Coronavirus. En febrero de 2020, el presidente Alberto Fernández se comprometió a poner en marcha una nueva legislación que penalice a los que nieguen los crímenes de la dictadura militar argentina.

En Bolivia: en 2004, fue promulgada la Ley 2640 que buscaba otorgar reparación a las víctimas y familiares de las violaciones a derechos humanos cometidas durante los regímenes militares. En 2017, se instauró la Comisión de la Verdad en contra de la impunidad.

En Brasil: en 2011, bajo la presidencia de Dilma Rousseff, fue creada la Comisión de la Verdad, que investigó los crímenes de la dictadura (1964-1985). En diciembre de 2014, divulgó su informe que contabilizaba 443 muertos o desaparecidos y 377 responsables. Sin embargo, en julio de 2019, Jair Bolsonaro, presidente de Brasil, cuestionó abiertamente la Comisión de la Verdad y alentó[7], meses antes, a los militares en activo a conmemorar el golpe de Estado.

En Chile: bajo la presidencia de Patricio Aylwin (1990-94), se creó la Comisión Nacional de Verdad y Reconciliación (informe Rettig) para investigar los crímenes de la dictadura. En 2003, bajo Ricardo Lagos (2000-2006), se votó la ley "No hay mañana sin ayer" que aumentó las indemnizaciones a las víctimas pero redujo las condenas a los militares. Otras dos comisiones se encargaron de registrar a las víctimas torturadas y encarceladas entre 1973 y 1990: la Comisión de Prisión Política y Tortura Valech (2004) y Valech II (2006). No obstante, los testimonios se recogieron bajo un secreto de 50 años lo que imposibilita dar a conocer la información hasta 2053.

En Paraguay: el descubrimiento en diciembre de 1992 del primer Archivo del Terror y en octubre de 2008, el hallazgo de una cámara de tortura en los sótanos[8] del edificio del Ministerio de Interior no dejaron ninguna duda sobre la colaboración de Paraguay en el Plan Cóndor. En 2003, se creó la Comisión de la Verdad y Justicia y en 2011, el proceso de recuperación de la Memoria Histórica del periodo dictatorial se plasmó en la creación del MEVES, acrónimo de Memoria y Verdad sobre el Stronismo. Sin embargo, a finales de 2018, familiares influyentes del exdictador y stronistas afines al Partido Colorado reclamaron el regreso de los restos del general Stroessner a Asunción lo que, junto a una agitación crónica, atestigua de una memoria militante favorable a la dictadura. La elección de Mario Abdo Benítez, del Partido Colorado, y su participación a los funerales de Stroessner en 2006 dan muestra de ello.

En Uruguay: en el 2000, se creó la Comisión para la Paz y en 2015, se fundó la Comisión de la Verdad y Justicia formada por familiares de las víctimas y referentes religiosos. Entre enero de 2006 y noviembre de 2020 consiguieron ubicar e identificar a 5 cuerpos uruguayos.

NOTAS

1. saldarse = concluirse
2. derrocar = destituir
3. un mote: *un sobriquet*
4. atendidas = consideradas
5. querellante = que lucha
6. un pañuelo blanco: *un foulard ou mouchoir blanc*
7. alentar: *encourager*
8. los sótanos: *les sous-sols*

- ***Crónica de una fuga*** o ***Buenos Aires 1977*** (título francés) (2007), del director de cine argentino Adrián Caetano, que cuenta las torturas durante los meses que precedieron la junta militar argentina.
- ***La Historia Oficial*** (1985), película argentina de Luis Puenzo que cuenta la toma de conciencia de una profesora catedrática de la Historia de su propio país y de las atrocidades de la dictadura argentina.
- ***"Escadrons de la mort, l'école française"*** (2003), de Marie-Monique Robin sobre la implicación de Francia en el Plan Cóndor, consta de numerosos testimonios.

- ***Primavera con una esquina rota*** (1982), novela uruguaya de Mario Benedetti donde se cuenta la detención de un hombre vivida por diferentes miembros de su familia.
- ***Operación Cóndor 40 años después*** (2015), informe de Baltasar Garzón establece el funcionamiento de este plan dentro de un marco latinoamericano y un contexto internacional.

MC 109 La operación Cóndor

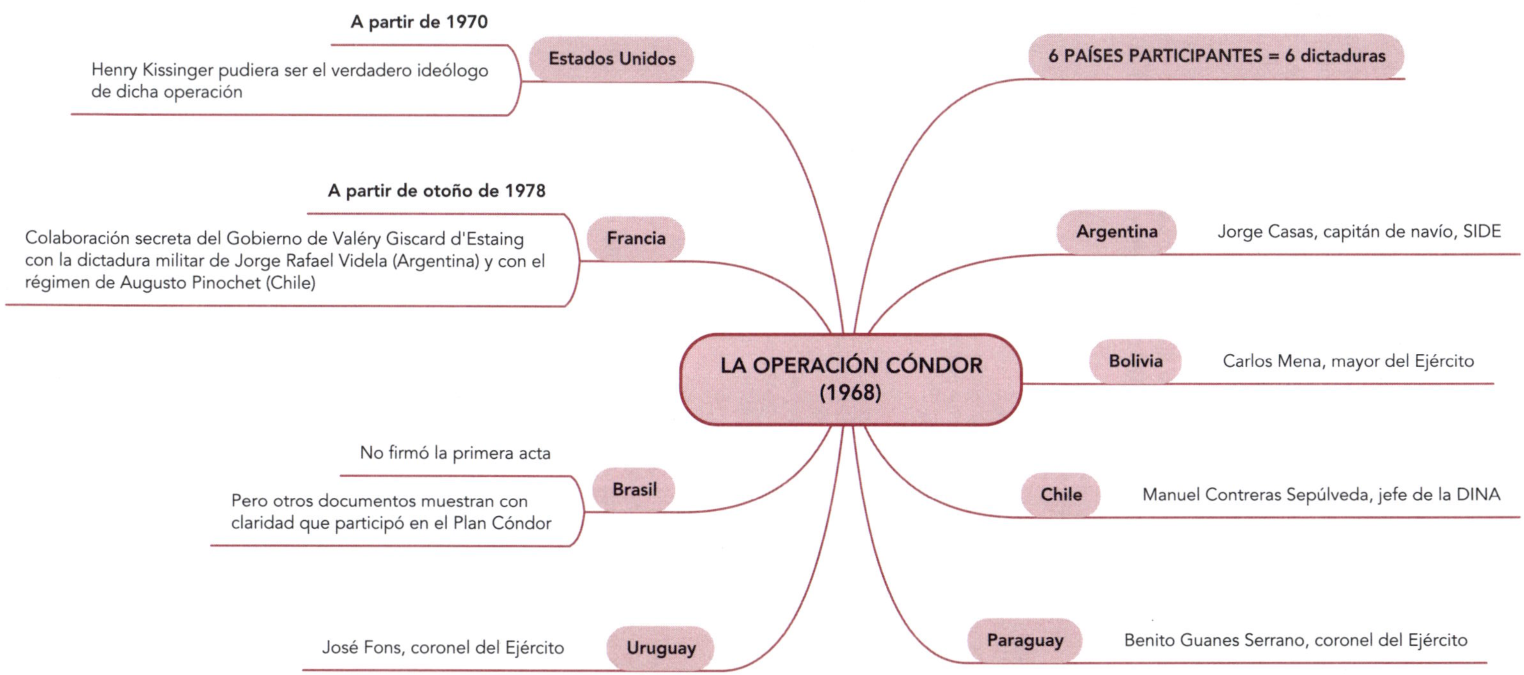

MC 110 Leyes de impunidad del Cono Sur y su derogación

LAS LEYES DE IMPUNIDAD DEL CONO SUR Y SU DEROGACIÓN

- **Argentina**
  - **1983**
    - Ley de Pacificación Nacional (sept.)
    - Derogación de dicha ley por Raúl Alfonsín (dic.)
    - Comisión Nacional sobre la Desaparición de Personas (informe "Nunca más") creada por Raúl Alfonsín
    - Investigación de los crímenes
  - **1986**
    - Ley de Punto Final aprobada por Raúl Alfonsín
  - **1987**
    - Ley de Obediencia Debida aprobada por Alfonsín
  - **1989-1999**
    - Indulto a la Junta y a 300 militares por Carlos Menem
  - **2003**
    - Leyes del perdón canceladas por Néstor Kirchner
    - Juicios a los criminales de lesa humanidad
- **Paraguay**
  - Ninguna ley de amnistía pero impunidad total
- **Bolivia**
  - **1982**
    - Leyes de Amnistía
  - **2004**
    - Ley 2640
    - Reparación a víctimas y familiares de los crímenes de lesa humanidad cometidos durante los regímenes militares
- **Uruguay**
  - **1986**
    - Ley de Caducidad
  - **1989 y 2009**
    - Ley sometida a consulta popular en dos ocasiones
  - **2011**
    - Anulación de la Ley de Caducidad
  - **2013**
    - Declaración inconstitucional de dicha cancelación por la Corte Suprema de Justicia
- **Chile**
  - **1978**
    - Ley de autoamnistía bajo Pinochet
    - Olvido legal de delitos
  - **1990**
    - Comisión Nacional de Verdad y reconciliación (informe Rettig)
    - Investigación de crímenes
- **Brasil**
  - **1979**
    - Ley de autoamnistía bajo João Antonio Figueiredo
  - **2012**
    - Comisión de la Verdad creada por Dilma Rousseff
    - Investigación de crímenes]

58 LOS RECURSOS NATURALES

Datos generales (MC 111)

América fue un amplio territorio desconocido durante siglos y codiciado desde hace más de cinco siglos. La conquista que libraron tanto los españoles como los ingleses, franceses y portugueses reveló tesoros de la naturaleza. Desde sus más nobles minerales (oro, plata, cobre, plomo, zinc y litio) hasta sus yacimientos de petróleo y gas natural, cada país ofrece su propia riqueza natural y mucha diversidad. Ahora bien, no todos los Estados consiguen explotar estos recursos de la misma manera. Por ello o sufren la instalación de firmas internacionales en su propio territorio o recurren a la tecnología del país norteño (Estados Unidos) o la de otros continentes como Europa y Asia, suscitando mucha competencia entre todos (➔ véase cap. 56).

El agua dulce

En el mundo existen 35 millones de km³ de agua dulce y somos 7,8 mil millones de habitantes. No obstante, más de 750 millones de personas no tienen acceso al agua y se prevé que para 2025 los dos tercios de la población mundial sufrirán escasez de agua. Esta crisis se debe a un problema de gestión de recursos hídricos. El continente americano cuenta con el 31 % de las reservas de agua dulce del mundo. Entre los primeros diez puestos con mayores recursos hídricos, cuatro son de la región: **Brasil** ocupa el primer puesto, **Colombia** el sexto, **Perú** el noveno y **Venezuela** el décimo. Y entre los primeros treinta puestos mundiales con agua dulce, figuran diez países latinoamericanos: a la lista anterior, se suman **Chile**, **Argentina**, **Bolivia**, **México**, **Ecuador** y **Paraguay**. Se explica por la existencia del acuífero guaraní, un reservorio de agua dulce de 37.000 km³ que se extiende por debajo de la superficie de partes transfronterizas de Brasil (840.245 km²), Argentina (225.000 km²), Paraguay (70.000 km²) y Uruguay (45.000 km²). Pero el principal problema es la población cada vez más extensa por el planeta y el malgasto de agua generado a diario.

Chile es uno de los pocos países en haber privatizado el agua con una política ultraliberal de gestión de este recurso desde la dictadura de Augusto Pinochet (1973-1990). Sometida a la ley del mercado, el agua se compra como títulos de propiedad y el 90 % del agua está en manos de grandes empresas transnacionales. Las protestas masivas de octubre de 2020 abogan por la recuperación del agua como bien común y comunitario. Son también reivindicaciones presentes con vistas a la nueva Constitución chilena que sustituiría a la vigente desde 1989.

El mal uso del agua en la agricultura y la privatización del agua fueron detonantes de algunas protestas. Un ejemplo de ello fue la Guerra del Agua en **Bolivia** en 2000. En febrero de ese año, la multinacional Bechtel impulsada por el Banco Mundial, firmó un contrato con el entonces presidente boliviano Hugo Banzer para privatizar el servicio de suministro de agua a la ciudad de Cochabamba. Poco después, protestaron aquellos que tuvieron que retirar a sus hijos de las escuelas o dejar de ir a consultar médicos como consecuencia del alza de los precios del agua (+ 300 %). Se declaró la ley marcial, estatuto de excepción para permitir la intervención de la policía boliviana: las protestas se saldaron con la muerte de un joven de 17 años, 121 heridos y 172 participantes encarcelados. El gobierno de Bolivia terminó invalidando el contrato con Bechtel que había sido oficialmente adjudicado a una empresa denominada Aguas del Tunari, un consorcio empresarial formado por Bechtel (participación del 27,5 %), la empresa norteamericana Edison, las empresas Politropolis s.a., A. Petricevich y SOBOCE S.A., así como el consorcio español Abengoa S.A. (que participaba con el 25 %).

Otra polémica se desató respecto al Lago Cocibolca en **Nicaragua**, el mayor lago de agua dulce que abastece de agua a toda Centroamérica con sus 8.264 km². En 2013, el Gobierno de Daniel Ortega anunció su proyecto de construir un canal interoceánico de 286 kilómetros de largo, 520 metros de ancho y una profundidad de 27,6 metros para permitir el paso de buques de gran calado y así entrar en competencia con el canal de Panamá. Aunque suponía un verdadero riesgo medioambiental, el presidente sólo respondía con beneficios económicos para el país. Pero finalmente, el proyecto nunca se llevó a cabo: no sólo el arquitecto chino Wang King perdió gran parte de su fortuna sino que también se organizaron varias protestas de campesinos para evitar su construcción. La ley 840 contemplaba la concesión al socio chino para ejecutar siete subproyectos, entre ellos puertos, oleoductos, zonas francas, y zonas turísticas en cualquier parte del territorio nacional. Habría supuesto despojar de sus tierras a más de 50.000 habitantes de una vasta región del sur-sureste, casi equivalente a la tercera parte del territorio total de Nicaragua. A pesar de que este proyecto expiró en 2019, el presidente nicaragüense volvió a mencionarlo para mayor sorpresa de los políticos, ambientalistas y campesinos de la zona.

En países como **México** donde escasea el agua, se disparan la Coca-Cola y la diabetes. Si el agua llega a costar lo mismo o más, para hidratarse la población consume Coca-Cola, accareando así una subida de azúcar en el cuerpo y más obesidad.

Productos hidrocarburos

En 2020, la matriz energética de América Latina y el Caribe se compone esencialmente de hidrocarburos. La mayor aportación la hace el gas natural (34 %); seguido por el petróleo (31 %), principalmente utilizado para la producción de gasolinas y otros combustibles líquidos. En el sector de energía producida por fuentes no fósiles, la hidroenergía aporta el 8 %; la energía solar, un 6 %; y la geotermia y la energía nuclear, un 1 % cada una. El 19 % restante corresponde a diversas fuentes de energía como carbón vegetal, bagazo[1] o leña[2]. El transporte es el sector más intensivo en el uso de energía, con un consumo del 52 %; lo sigue la industria (18 %); el residencial (13 %); comercio y servicios (12 %); agricultura, pesca y minería (3 %); y, finalmente, la construcción (2 %). Según la Agencia Internacional de Energías Renovables (IRENA), el 75 % de la energía eléctrica en la región es producida por fuentes renovables. La mayoría de este suministro (80 %) lo proporciona la hidroelectricidad, pero este aporte desata polémica ya que la construcción de embalses[3] supone la deforestación e inundación de grandes extensiones de territorio y el desplazamiento de las comunidades locales. Otro problema son las emisiones de metano generadas por la acumulación de sedimentos en el fondo de las represas que participan de la emisión de gases de efecto invernadero[4] (GEI), causantes del calentamiento global. Pese a ello, la región sólo contribuye con el 10 % de los GEI a escala mundial y un 46 % de ese aporte procede de la producción, transformación, distribución y consumo de energía de los sectores donde se concentra su actividad económica.

Ahora bien, todos los sectores energéticos latinoamericanos se ven afectados por la crisis del coronavirus, especialmente los hidrocarburos, y en menor medida el sector eléctrico y las energías renovables. Las economías más dependientes del gas y el petróleo a veces son las peor preparadas para afrontar la crisis del Gran Confinamiento, como la denomina el FMI. La región está sumida entonces en un contexto energético difícil por la combinación del colapso de los precios de estos hidrocarburos en el mercado mundial, la caída de la demanda asiática y el desplome de las demandas nacionales de combustibles y electricidad.

El gas natural

América Latina comenzó a importar gas natural licuado (GNL) en el año 2000. Actualmente esta área representa el tercer mercado para la comercialización del GNL a nivel mundial, después de Asia y Europa. Si bien a nivel regional se observa un equilibrio entre la oferta y la demanda de gas natural y un elevado horizonte para la relación Reservas/Producción, varios países de la región carecen de gas por lo que deben recurrir a importaciones. Tal es el caso de **Argentina**, **Brasil**, **Chile**, **Uruguay** y en menor medida, **Colombia y Venezuela**. Argentina es uno de los países de la región con mayor tradición en el uso de gas. Gracias al aumento en la oferta de GNL, a sus precios más competitivos así como a un mayor acceso a nuevas tecnologías para la importación, nuevos países se han agregado a esta lista de importadores latinoamericanos y caribeños. Desde 2019, la región cuenta con más de 30 proyectos para los próximos años lo que evidencia el gran potencial que tiene dentro de la industria global del GNL. Entre otros, Chile invirtió en una terminal de GNL de 165 millones de dólares y **Bolivia** exporta gas a través de puertos argentinos, realizando inversiones de más de 200 millones de dólares en las terminales de regasificación de Bahía Blanca y Escobar. Colombia aprobó la construcción de una terminal GNL del Pacífico de unos 300 millones de dólares y en 2020, Ecuador lanzó un permiso para desarrolladores en un proyecto de planta de ciclo combinado de 500 MW (dos turbinas a Gas, dos calderas de recuperación de calor, una turbina de vapor, planta desalinizadora de agua y línea de transmisión). Por otra parte, destacan como netos exportadores Bolivia y Perú, cuando Ecuador presenta una situación equilibrada.

Bolivia empezó a producir gas natural en los años 70 y promulgó la Ley General de Hidrocarburos, iniciándose así la exportación de gas a Argentina mediante YPFB (Yacimientos Petrolíferos Fiscales Bolivianos). La década de los 80 fue marcada por diferentes golpes de Estado, una crisis económica con hiperinflación que sólo consiguió conjurar el entonces presidente boliviano Víctor Paz Estenssoro. A principios de los 90, se firmó el polémico convenio "Borrón y Cuenta Nueva" por el cual se anularon las obligaciones de la estatal argentina Gas del Estado con YPFB. Afortunadamente, el descubrimiento de nuevos pozos atenuaron los efectos negativos de esta negociación. Liderada por el entonces mandatario boliviano Gonzalo Sánchez de Lozada a partir de 1996, la privatización de YPFB generó un desmembramiento en empresas de capitales privados que le pagaron al país tan sólo un 18 % en concepto de regalías[5]. A fin de cuentas, fue generándose un malestar social que acabó estallando durante el segundo gobierno de Sánchez de Lozada: en febrero y octubre de 2003, las manifestaciones del pueblo fueron duramente reprimidas. La muerte de más de 70 personas en esas jornadas trágicas conocidas como "la guerra del gas" (➲ véase cap. 42), marcaron su renuncia e inmediata fuga a los Estados Unidos. En 2004, bajo el presidente Carlos Mesa, se aprobó un referéndum vinculante específicamente relativo a la propiedad de los hidrocarburos, a la derogación de la Ley de Hidrocarburos promulgada por Sánchez de Lozada y a la refundación de YPFB. El Congreso aprobó una nueva Ley de Hidrocarburos gravando la producción con un 32 % de impuestos, pero manteniendo las regalías en un 18 %. Mesa se negó a ratificar dicha ley y los movimientos sociales exigieron la nacionalización total de los hidrocarburos. La crisis política desatada se saldó con la dimisión del presidente. Después de un gobierno de transición de seis meses encabezado por Eduardo Rodríguez Veltzé, Evo Morales Ayma asumió la presidencia en febrero de 2006, tras una victoria inédita en elecciones generales, con más del 54 % de los votos a su favor. El 1 de mayo, nacionalizó los hidrocarburos, recuperando su propiedad para los bolivianos. YPFB renació y el 29 de octubre, se firmaron nuevos contratos con las compañías petroleras privadas, estableciendo hasta el 82 % de regalías en favor del Estado boliviano, en la mejor negociación lograda jamás para el país.

Perú inició la producción de gas natural más tarde. Su planta de licuefacción de gas natural, Perú LNG creada en 2010, conoce cierto éxito ya que cuenta con una capacidad para exportar hasta 4,45 millones de toneladas de GNL por año. Crecen mucho las exportaciones de GNL procedentes de esta planta que recibe gas a través de una tubería de 408 kilómetros construida a través de los Andes y se encuentra a 170 kilómetros al sur de Lima.

En junio de 2019, Bolivia y Perú firmaron convenios de cooperación en integración energética en beneficio de las poblaciones fronterizas de ambos países y para promover más inversiones en el territorio nacional. A partir de ahí, Bolivia tiene la concesión para hacer redes de gas en nueve distritos peruanos. Esto significa que se instalarán conexiones domiciliarias, comerciales e industriales.

El petróleo

Con el descubrimiento de yacimientos de petróleo realizados en los últimos años, América Latina cuenta con el 18 % de la existencia mundial de crudo[6] en su subsuelo, o sea 345.000 millones de barriles de crudo en reservas probadas. Según la Organización Latinoamericana de Energía (OLADE), en 2014, **Argentina** contaba con reservas para 11 años, mientras que **Brasil** tenía para 18, **Ecuador** para 34, **México** para 11, **Colombia** para 8 y **Venezuela** para 201 años.

En cuanto a la elaboración y exportación existe un gran desequilibrio, dado que los países que más petróleo tienen no son necesariamente los que lo producen de forma proporcional a su *stock*. Entre 2009 y 2011, las nuevas tecnologías de extracción en tierra, pero sobre todo *offshore*, permitieron encontrar un 20 % más de petróleo en el mundo, mientras que en América Latina, supuso un crecimiento de un 40 %. Por eso cobró importancia la participación de Brasil, hasta convertirse en otro de los actores primordiales tras los últimos hallazgos[7] en zonas *offshore*. Aunque Ecuador descubrió tardíamente el petróleo, es un productor importante. También Argentina presenta unos yacimientos petrolíferos, aunque pocos por eso se dice que es un país con petróleo, pero no petrolero. Lo mismo para Bolivia, que tiene yacimientos petrolíferos pero éstos no constituyen una parte tan importante como el gas natural. A Colombia, el petróleo le proporciona más que la autosuficiencia energética: entre 2005 y 2020, la estabilidad económica dependió de las exportaciones petroleras.

> **OLADE** es un organismo de carácter público intergubernamental, constituido el 2 de noviembre de 1973, mediante la suscripción del Convenio de Lima. Dicha organización nació en un contexto de búsqueda de una nueva relación económica –más equitativa– entre países más desarrollados y en vías de desarrollo. Fue ratificado por los 27 países de América Latina y el Caribe.

Pese a que este panorama presenta una gran oportunidad para el futuro económico latinoamericano, tiene competidores. A partir de 2005, la economía de EE. UU. se ha atiborrado[8] de petróleo debido a la fractura hidráulica (*fracking*), que le permitió incrementar la producción de crudo (+71,2 %) y reducir las importaciones (–26,4 %). Así, los estadounidenses pudieron aprovechar la sed[9] de combustibles latinoamericana, que fue aumentando, tanto por las necesidades de su parque automovilístico como de las centrales eléctricas. Unas exigencias que los países de la zona fueron incapaces de saciar[10], puesto que sus refinerías se habían quedado obsoletas por falta de inversión. El surgimiento de EE. UU. como potencia petrolera casi autosuficiente no sólo impuso un competidor poderoso, sino que también redujo su papel como consumidor. Por si fuera poco, las importaciones de petróleo de Canadá aumentaron a medida que disminuyeron las de EE. UU. Canadá amplió sus ventas de petróleo pesado, suplantando de esta forma a México y Venezuela, principales exportadores latinoamericanos de este producto. Si en 2005, los canadienses acaparaban el 17 % de sus importaciones, en 2019, controlaban casi el 40 %. El área con interés para la minería abarca 37 pueblos contiguos (alrededor de 3.400 km²). Durante el mismo lapso de tiempo, las ventas mexicanas menguaron[11] un 62 % y las venezolanas, un 40 %. Por su posición geográfica y la menor explotación petrolífera, Brasil, Colombia, Ecuador y Argentina sintieron menos el golpe.

El sector petrolero es muy diferente según los países latinoamericanos: unos no han descubierto petróleo en su territorio, otros echaron a perder[12] su petróleo y otros tantos siguen buscando en vano la autosuficiencia. Además, en abril de 2020, en plena crisis sanitaria contra el coronavirus, con la caída del WIT –índice petrolero estadounidense de referencia– Venezuela, Colombia y Ecuador fueron los más perjudicados, ya que sus ingresos fiscales dependían directamente de sus exportaciones de crudo. En Colombia, casi la mitad de los ingresos en divisas son de origen petrolero, por lo que su moneda perdió un 15 %. La reforma tributaria impulsada por el presidente Iván Duque, cuya aprobación rondó el 20 %, y un desempleo creciente dieron a conocer momentos de menor recaudación. En México, el golpe fue duro para la estatal Pemex, pero el país diversificó sus fuentes de ingreso, además de disponer de una cobertura petrolera. En Brasil y Argentina, como las arcas fiscales no dependían directamente del recurso, los efectos resultaron más difusos, aunque pudieron congelar la inversión extranjera, como en el caso de Vaca Muerta.

Un caso singular: el petróleo venezolano (➔ véase MC 98)

Venezuela lleva un siglo considerado un petroestado, con las mayores reservas de petróleo del planeta pero últimamente la situación se ha degradado considerablemente.

Las políticas adoptadas desde 1999 por **el gobierno de Hugo Chávez** tendieron a incrementar la exploración, extracción y producción así como el refinamiento del petróleo, mientras que el descubrimiento permitió que esta industria prosperara. Como auténtico capitalista ideológico y revolucionario, Chávez era buen vendedor, pero quizá mejor comprador. En política interior, las operaciones más rentables que realizó en el mercado del petróleo fue ganar apoyos o neutralidad entre sectores de la clase media venezolana, financiando el consumo a través de viajes y compras en el exterior. También recibió respaldo de la clase popular ya que, mediante las llamadas “Misiones”, otorgaba a los pobres ayudas directas puras y simples. Así que el petróleo se convirtió en un arma estratégica política. A los que no votaban por él, Chávez les amenazó alguna vez con quitarles la luz. Aunque el país gozaba de tanto petróleo, se dieron numerosos apagones[13]. A escala regional, Venezuela le dio un soplo nuevo a la vetusta economía cubana, financió el establecimiento de un sistema de países clientes (los bolivarianos Nicaragua, Ecuador y Bolivia) y otro de países hermanos y aliados (los populismos de Brasil, Argentina y Uruguay). Los primeros, a través de ayudas directas y los segundos, mediante acuerdos, contratos y programas de cooperación, fueron atraídos por el petróleo venezolano. En una gira de cinco días, repartió millones de dólares, selló[14] acuerdos estratégicos y concretó opulentas inversiones. Gracias a sus petrodólares, Hugo Chávez se convirtió en el benefactor de varias naciones de Sudamérica.

Un petrodólar es un dólar estadounidense obtenido a través de la venta de petróleo. El término fue acuñado[15] en 1973 por Ibrahim Oweiss, profesor catedrático de economía en Georgetown, que vio necesario describir la situación existente en los países de la OPEP (Organización de Países Exportadores de Petróleo), donde la venta de petróleo les permitía a esas naciones prosperar económicamente e invertir en las economías de otras naciones que compraban su petróleo. El petrodólar tiene más importancia para la dominación global estadounidense que la exportación de armas o la cultura hollywoodense, ya que permite que EE. UU. sea el mayor exportador de billetes de dólares que todo el mundo necesita para comprar petróleo. El petrodólar le proporciona pues un carácter imprescindible a los EE. UU.

La primera parada de su gira por la región fue Argentina. Junto al entonces presidente Néstor Kirchner, Chávez acordó la construcción de una planta de 400 millones de dólares para la regasificación del gas natural licuado procedente de Venezuela. Y como lo fue haciendo a partir de 2004, compró 500 millones de dólares en bonos con vencimiento en 2015, con lo que acumuló una tenencia de más de 5.000 millones de dólares en títulos públicos argentinos. El apoyo de Chávez a las finanzas de Kirchner en un año electoral tuvo un alto costo: para acceder a ese dinero, Argentina tenía que pagar un impuesto superior al 10 %. Los petrodólares significaron para Chávez ganar importantes aliados políticos, y para los países que recibían el hidrocarburo, disponer de este valioso bien a precios muy favorables o créditos de muy bajo interés. En Uruguay, el presidente venezolano suscribió con el presidente uruguayo de entonces, Tabaré Vázquez (2006-2010), un Acuerdo de Seguridad Energética en el que se comprometió a mantener casi *ad infinitum* la provisión de crudo: Venezuela financiaba el 25 % de la venta de petróleo a Uruguay en un plazo de 15 años con un 2 % de interés. El acuerdo también contempló la creación de una empresa entre la entidad refinadora uruguaya Ancap, Petróleos de Venezuela (PDVSA) y Enarsa de Argentina para la explotación conjunta en la reserva del Orinoco. La venta de petróleo era pues un arma de doble filo. Otra de las estrategias geopolíticas más exitosas de la Venezuela dirigida por Hugo Chávez fue el intercambio de petróleo por insumos[16] de distinta índole para su país. La política definitoria de la era Chávez-Fidel Castro fue el programa de "petróleo por doctores": Cuba recibía unos 100.000 barriles de petróleo diarios desde Venezuela a cambio de enviar decenas de médicos y enfermeras para trabajar en zonas pobres de ciudades venezolanas y pueblos rurales. Con este sistema, los estudiantes de medicina venezolanos también podían estudiar en Cuba de forma gratuita. Chávez firmó, en 2007, con Evo Morales la constitución de dos empresas binacionales: Petroandina, que invirtió 600 millones de dólares en la exploración de hidrocarburos en varias regiones bolivianas, y Ende-Alba, que previó la construcción de una planta termoeléctrica en la que Venezuela invertiría 70 millones de dólares. Fueron negociaciones que se hicieron de Estado a Estado, pues los intereses de esta iniciativa que nacía desde la solidaridad deberían beneficiar tanto a los venezolanos como a los países receptores, en especial países de Centroamérica. Cuando en enero de 2007, el comandante Hugo Chávez acudió[17] a Managua a la toma de posesión de Daniel Ortega, al día siguiente se suscribió un acuerdo energético que regía la cooperación y le permitía a Managua importar diez millones de barriles anuales. El acuerdo fue suscrito en el marco de Petro Caribe en marzo de 2007, pero aún faltaba el acta constitutiva de Alba de Nicaragua S.A. (Albanisa), la compañía "privada" creada en julio de ese año que serviría para importar el petróleo y cuyos socios serían dos empresas estatales: la petrolera venezolana PDVSA con el 51 % de las acciones y la nicaragüense Petronic, con el 49 %. El acuerdo original establecía que Nicaragua pagaría el 50 % de la factura petrolera a 90 días y el otro 50 % se pagaría en términos concesionales pactados a más de 23 años de plazo con dos de gracia, quedando este fondo a disposición de Nicaragua para financiar obras de infraestructura y proyectos sociales. Unos meses después, a finales de abril del mismo año, los presidentes suscribieron el nuevo acuerdo energético del ALBA, en el que se estableció que del 50 % del préstamo, el 25 % sería cooperación no reembolsable canalizada a través del Fondo Alba, y que el 25 % restante sería asumido por Nicaragua. En 2017, un informe del Banco Central mostró una dramática caída en la cooperación petrolera venezolana, cuyo importe era menor que el acumulado del pago de servicios de la deuda petrolera. Casi una década después del inicio de esa lluvia de petrodólares, Nicaragua no tenía ningún centro de excelencia tecnológica, ningún instituto de primer nivel de educación secundaria y técnica, para generar la fuerza de trabajo indispensable para impulsar el desarrollo del país. Si la deuda petrolera se convirtiera en deuda pública, los más pobres se resentirían. Así Hugo Chávez se ganó así los favores de países que finalmente se unieron al Socialismo del Siglo XXI (véase cap. 53). Pero en realidad, sólo un 10 % de su producción petrolera iba al Caribe, América Central y Cuba.

El entonces gobernante venezolano no sólo actuó a nivel regional sino también a escala internacional con las petrochequeras. Las exportaciones de crudo de Venezuela representaban el 76 % del total de sus ventas al exterior y las de productos refinados de petróleo, el 17 %. El 93 % del total de sus ingresos[18] por exportaciones provenía del petróleo. La mayor parte del petróleo venezolano fue para Asia: las ventas a China e India representaban en realidad el 54 % de las exportaciones totales de crudo, pero si agregándole un 6 % que iba hacia Singapur, su destino final era mayoritariamente China con un 60 % del total. El crudo que se enviaba a China estaba principalmente destinado para pagar los créditos rotativos que China le concedía al país desde 2007 y el Gran Fondo de Largo Plazo, que Pekín puso a disposición de Caracas en 2010 por 10 años. Debido a la fuerte caída de los precios del petróleo, Venezuela debió enviar en los últimos tiempos cada vez más crudo a China por el mismo importe en dólares. En segundo lugar como compradores de petróleo venezolano, se hallaban Estados Unidos e India, sendos[19] con un 20 %. En enero de 2016, EE. UU. le compró a Venezuela 702.000 barriles diarios de crudo y sus derivados. India compraba tradicionalmente un 20 % de la producción de crudo venezolano. La novedad era que Nueva Delhi propuso realizar luego una operación de trueque de medicamentos indios por petróleo procedente de Venezuela. Por último, un 10 % de la producción se dirigía al resto del mundo, destacándose España (3 %) y Brasil (2 %), mientras que menos del 1 % iba para Uruguay.

El petróleo venezolano explica en parte el colapso del chavismo ya que Hugo Chávez se empeñó en establecer una amplia, dispendiosa y clientelar política social que no estaba sustentada en una economía productiva, creciente y sostenible, sino en los altos precios del petróleo hasta 2014. Después de la muerte de Chávez y la llegada al poder de **Nicolás Maduro**, el panorama cambió. Cuando los precios del petróleo empezaron a derrumbarse[20], pasando el barril de crudo de 115 dólares en 2014 a 27 dólares en 2016, se desató un resquebrajamiento[21] del modelo hasta hacerlo añicos[22]. Además, el crudo venezolano era tan pesado que necesitaba refinarse en refinerías específicas que fueron cerrando con el paso del tiempo. De ahí la crisis económica en el país con más del 93 % de las reservas mundiales de petróleo. La economía venezolana dependía mucho de este producto y las fluctuaciones de los precios internacionales influyeron considerablemente en la balanza nacional. En Venezuela, empezó a escasear el combustible y los automovilistas sufrían hasta 72 horas de cola en las estaciones de servicio para abastecerse[23]. En 2020, el país produjo menos de un tercio del petróleo que producía en 1999, cuando Hugo Chávez tomó las riendas del país. A la espera de que los precios repuntaran[24], y a la par las inversiones en las refinerías, Venezuela tuvo que abastecerse de combustibles en el exterior. Las importaciones de gasolina procedentes de EE.UU. se multiplicaron por cuatro entre 2014 y 2016. En enero de 2016, la estatal venezolana PDVSA le compró 550.000 barriles a Estados Unidos, algo que nunca antes había ocurrido en los 100 años de actividad petrolera en Venezuela. PDVSA adquirió el petróleo estadounidense para diluir crudos pesados y extrapesados venezolanos, de menor precio en los mercados y más difíciles de vender. Venezuela pasó a ser el segundo mayor comprador de gasolina a EE. UU., tan sólo por detrás de México. Poco a poco, Maduro fue dejando de lado la petrolera estatal que no le suponía tanto dinero como antes. En septiembre de 2017, el Gobierno de Nicolás Maduro decidió dar pasos hacia la desdolarización de su economía, lo que podía constituir una amenaza para la hegemonía económica estadounidense. Por ello las élites en Washington intentaron resistirse frente a ese proceso. Cabe recordar que el líder libio Muammar al-Gaddafi y Saddam Hussein fueron derrocados[25] y asesinados brutalmente después de optar por vender petróleo en euros y luego introducir un dinar de oro para reemplazar a la moneda europea. Washington decidió bloquear la economía de Venezuela –como sanción a la política dictatorial que lleva– y de hecho, prohibió a las empresas estadounidenses perforar más en Venezuela y a los aliados de EE. UU. comprar petróleo venezolano. Así que Venezuela vendió petróleo a China y al hacerlo ya no fijó su precio en dólares sino utilizando la moneda china –el yuan–, lo cual pondría en peligro la supremacía del dólar estadounidense y, con ello, su economía. A fin de cuentas, al intentar castigar a Venezuela, Washington salió aún más perjudicado[26]. En agosto de 2019, Donald Trump endureció las normas a Venezuela, advirtiendo que cualquier entidad extranjera que siguiera haciendo negocios con el régimen venezolano podría estar sujeta a peores sanciones. China sustituyó entonces a Estados Unidos como mayor importador de petróleo de Venezuela, otro elemento en la acalorada rivalidad entre Washington y Pekín (➲ véase cap. 56). En febrero de 2020, Nicolás Maduro anunció una emergencia energética y en marzo, evocó la privatización de PDVSA. Finalmente, le entregó a Rusia el control de la estatal petrolera PDVSA como una forma de pago ante las millonarias deudas que mantenía con el Gobierno de Vladimir Putin. En abril de 2020, Rosneft, petrolera estatal de Rusia y principal socio internacional de Maduro, vendió sus activos de la compañía petrolera venezolana y en mayo, otra compañía rusa se hizo con PDVSA. Para compensar la pérdida económica que supuso el mercado petrolero para Venezuela, la extracción ilegal de oro y su posterior contrabando se ha convertido en una de las únicas fuentes de financiamiento del régimen de Nicolás Maduro. También el tráfico de drogas le reportaría dinero. Según la Fiscalía de Estados Unidos, el mandatario venezolano sería el capo del Cártel de los Soles. Por eso Trump ofreció 15 millones de dólares a quien aportara información efectiva para arrestar al heredero de Chávez, mucho más de lo que se pedía por Pablo Escobar en los años 90, o por El Chapo Guzmán más recientemente.

Explotación petrolera mexicana y sus decepciones (➲ véase cap. 32)

La estatal petrolera mexicana, Pemex, peleó durante 12 años contra el continuo declive de la mayoría de sus activos, sobre todo del megayacimiento de Cantarell (dos tercios de la producción petrolera de México) en las costas de Yucatán y Campeche. México, con el 4 % del petróleo de la región, vio declinar la cantidad de petróleo en las últimas dos décadas. Pero, un gran descubrimiento en 2009, en la región del Paleocanal de Chicontepec, revirtió la tendencia. La petrolera nacional apostó por Chicontepec como uno de sus grandes proyectos entre 2009 y 2014, debido al enorme potencial de barriles de crudo equivalente, la mayor reserva entre los 12 activos de Pemex. El auge de Chicontepec disparó[27] el número de pozos perforados de Pemex, llegando a su apogeo histórico en 2013. Sin embargo, la falta de tecnología y la caída de los precios de las materias primas impidieron la extracción de los bloques. Si las exportaciones no han disminuido a un mayor ritmo es porque la región de la costa del Golfo de México en Estados Unidos, donde se encuentra la mayor capacidad de refinación del mundo, requiere del mismo crudo pesado que se extrae en México, ya que no puede procesar el crudo ligero de los yacimientos de *shale* (petróleo de esquisto). No obstante, en 2016, la exportación de crudo mexicano a Estados Unidos bajó considerablemente, así como aquella a los otros países americanos. Hasta se habló de despetrolización de la economía. En 2018, el país, que hace apenas siete años presumía de ser la octava nación que más crudo producía en el mundo, tuvo que comprarle 50.000 barriles diarios a su vecino del norte. Pese a conocer un verdadero éxito en el pasado, Pemex diversifica sus exportaciones buscando nuevos destinos: a partir de 2016, un 51 % del petróleo mexicano se envió a doce países cuando España, India, Italia, República Dominicana, Portugal, Jamaica y Nicaragua apenas representaban el 11,5 % nueve años atrás. Desde entonces, a esta lista Pemex agregó a Japón, Corea del Sur, Francia, China y Holanda.

Megaescándalo en Odebrecht: la brasileña Petrobras cae en picado (➲ véase cap. 63)

La petrolera estatal Petrobras, mayor empresa del país, con 87.000 empleados activos, producía 2,77 millones de barriles al día en 2020. Su imagen fue dañada por la operación llamada "Lava Jato" (lavadero de coches, en brasileño), una red de corrupción que comenzó en 2001 y se dio a conocer en la estatal brasileña Petrobras. En marzo de 2014, se realizaron las primeras detenciones. Expertos estiman que las actividades delictivas se desarrollaron durante casi diez años, entre 2004 y 2012, y que el dinero desviado alcanzó los 8.000 millones de dólares. La trama consistía en el soborno[28] a altos funcionarios de Petrobras y otros cargos públicos para conseguir contratos "sobrefacturados" multimillonarios con la petrolera estatal. El capital era obtenido por los beneficiarios mediante operadores financieros, entre los que figuraban políticos, que colaboraban con el esquema de corrupción. Entre los detenidos figuraban Alberto Youssef, un experto en blanqueo de dinero, y Paulo Roberto Costa, exdirector de Abastecimiento de Petrobras entre 2004 y 2012. Ambos colaboraron con la justicia mediante un acuerdo de delación premiada hasta que estalló el megaescándalo Petrobras. Varios expresidentes fueron mencionados como participantes del caso: Fernando Henrique Cardoso (del Partido de la Socialdemocracia brasileña, PSDB), Luiz Inácio Lula da Silva (del gobernante Partido de los Trabajadores, PT), Fernando Collor de Melo (senador del Partido del Trabajo de Brasil, PTB, procesado en el Supremo Tribunal federal) y la entonces mandataria, Dilma Rousseff (PT), que había alcanzado la reelección en octubre de 2014 y cuya popularidad se derrumbó con el caso Odebrecht. Rousseff presidía el Consejo de Administración de Petrobras entre 2003 y 2010, cuando se aprobaron y ejecutaron algunas de las operaciones más escandalosas y más cuestionadas del caso. Entre ellas, la compra de la refinería de Pasadena, en Estados Unidos, por un precio 47 veces superior al que había desembolsado dos años antes, en 2004, la empresa belga Astra Oil. Se consideró pues que tanto Lula como Rousseff debían de estar enterados[29] del asunto y se les acusó de pasividad. Dilma Rousseff fue destituida el 31 de agosto de 2016 y sustituida por Michel Temer de forma interina. En julio de 2017, el expresidente brasileño Luiz Inácio Lula da Silva fue condenado a nueve años y seis meses de cárcel por corrupción y blanqueo de dinero, según dictó el juez de la Operación Lava Jato, Sérgio Moro. La condena se refirió al caso del apartamento de lujo de Guarujá (estado de São Paulo), un inmueble que el líder del Partido de los Trabajadores (PT) habría recibido como forma de propina[30] de manos de la constructora OAS, una de las implicadas en el escándalo de corruptela de Petrobras (➲ véase cap. 43). Un juez de la Corte Suprema de Justicia anuló las condenas de Lula en marzo de 2021, liberándolo así de la cárcel.

El proyecto petrolero Yasuní-ITT en Ecuador (2007-2013)

La Iniciativa Yasuní-ITT fue un proyecto oficial del gobierno de Ecuador, entre 2007 y 2013, durante el mandato de Rafael Correa (➲ véase cap. 46), que consistía básicamente en no explotar el petróleo en un sector del Parque Nacional Yasuní donde viven aborígenes. A cambio, varios países del mundo aportarían un 50 % del costo de la producción, mientras que la otra parte la pagaría el Estado ecuatoriano. Esta compensación se haría en aras de la economía ecológica, ambiental y de recursos naturales. La iniciativa nació oficialmente el 10 de diciembre de 2007, cuando el ministro de Energía de entonces anunció la condición imprescindible: la comunidad internacional debía entregarle a Ecuador al menos 3.600 millones de dólares en 13 años. La conservación de áreas protegidas y la reducción de la deforestación en Ecuador era un segundo beneficio que se añadía a la mitigación del cambio climático y la preservación de la biodiversidad. También se contaba con otro beneficio: los fondos del capital podían invertirse en proyectos hidroeléctricos y geotérmicos con rentabilidad garantizada. Además, los programas sociales promovían educación, salud y generación sustentable[31] de empleo productivo en las zonas de influencia de los proyectos, que cubrían gran parte de Ecuador. Pero el 15 de agosto de 2013, se dio por terminada la iniciativa por fallarle la comunidad internacional al país, según el mandatario ecuatoriano y enseguida se anunció el comienzo de la explotación petrolera en la zona. Naciones Unidas consiguió recolectar 13,3 millones de dólares en depósitos concretos, mientras que otros 116 millones de dólares quedaron en compromisos. Para calmar las tensiones, matizó[32] diciendo que sólo un 0,1 % de este parque nacional se usaría para la extracción petrolera.

Desde entonces, otros proyectos de producción en la región amazónica han generado conflicto con los aborígenes que viven allí.

La OPEP y varios países no miembros acordaron reducir la producción en casi 1,8 millones de barriles diarios a partir de enero de 2017 para reducir las existencias mundiales e impulsar los precios. Hasta ahora, el grupo, liderado por Arabia Saudí y Rusia, había logrado pocos resultados por estar las reservas muy por encima de una media de cinco años, en parte gracias a la creciente oferta de *shale* (tipo no convencional de gas natural ya que se encuentra en bloques de gas de esquisto) procedente de Estados Unidos. En julio de 2017, Ecuador asestó[33] un duro golpe a la unidad de la OPEP (Organización de Países Exportadores de Petróleo) al anunciar que no cumpliría con los recortes y que comenzaría a aumentar la producción de petróleo, alegando que necesitaba el dinero. Finalmente, en octubre de 2019, Ecuador avisó que se retiraría oficialmente de la OPEP a partir del uno de enero de 2020 por dos razones. Primero, quería aumentar su producción y segundo, deseaba alinearse con EE. UU. Siendo Ecuador el socio más pequeño del grupo petrolero, poco peso tuvo esta decisión en realidad. La producción del país es de 531.480 barriles diarios de crudo, en comparación con los 10 millones diarios de crudo que alaba[34] Arabia Saudita.

Desnacionalización de YPF en Argentina

En 1992, el gobierno peronista de Carlos Menem desnacionalizó el petróleo, transfiriendo los yacimientos de hidrocarburos del Estado nacional a las provincias, pero esta ley también privatizó a YPF, pasando a manos de la compañía española Repsol y adoptando pues la denominación Repsol YPF. La petrolera española sobreexplotó los yacimientos, pero no exploró nuevos. Por eso, durante el primer gobierno de Cristina Fernández de Kirchner (2010-2014), Repsol YPF tuvo que importar en reiteradas ocasiones grandes cantidades de nafta[35] para poder abastecer los surtidores[36] de las estaciones de servicio para automóviles, camiones y máquinas agrícolas. En el primer trimestre de 2012, varias provincias expropiaron áreas que se encontraban en concesión de Repsol YPF, mientras que la entonces mandataria buscaba recuperar parte de YPF. Finalmente, el 16 de abril de ese año, el gobierno argentino decidió la expropiación de la petrolera, adjudicándose así el 51 % de las acciones en poder de Repsol para el Estado nacional y repartiendo el 49 % restante en acciones para las provincias productoras.

El petróleo en Colombia

En 2012, Colombia era el sexto productor de crudo de América Latina. Los pozos exploratorios que se perforaron hasta el 30 de abril de 2017 ya superan los perforados durante 2016, lo que reflejaba la reactivación en la inversión y confianza del sector. Pese a que la empresa estatal Ecopetrol estimaba que el país dejaría de exportar crudo en los próximos años y tendría que importarlo, porque no se descubrían nuevos yacimientos, en mayo de 2018 se anunció que Colombia había desplazado a Venezuela y exportaba a EE. UU. más crudo que su país vecino, convirtiéndose así en una de las cinco primeras fuentes de importación de petróleo de Estados Unidos, detrás de Canadá, México, Arabia Saudita e Irak.

¿El futuro del petróleo?

Venezuela, Brasil y México estaban entre los benditos[37] (o tal vez malditos) por el alza de los precios, pero este paisaje cambia de forma permanente en una era del petróleo barato. Algunos productores tendrán mejores resultados que otros, pero el poder del petrodólar ha terminado. A todas luces, la OPEP se ha debilitado[38]. Con la crisis sanitaria de la Covid-19, se derrumbaron los precios de los hidrocarburos lo que no presagia nada bueno para los países productores de petróleo. Además, las leyes ambientales y fuentes de energía alternativas conspiran contra los hidrocarburos. ¿Cumplirán los Gobiernos sus objetivos de cambio climático para pronosticar un cambio acelerado en las energías renovables y fuentes de energía alternativas, ya sea a través de los coches eléctricos o la energía solar? La eficiencia energética está presionando en la misma dirección. Hace una década, EE. UU. era el mayor importador de petróleo del mundo. El gas y petróleo *shale* ahora le aseguran autosuficiencia energética durante la década de 2020. Los pozos de esquisto pueden ser tapados[39] y destapados de forma relativamente barata, proporcionando un amortiguador en los mercados internacionales.

Con la caída de la producción petrolera y la crisis económica que sufre Venezuela desde hace años, el Gobierno de Nicolás Maduro se vio obligado a impulsar la explotación de oro, diamantes, coltán y otros minerales en el Arco Minero del Orinoco, al sureste del país, que atraviesa varias selvas y las cuencas de los ríos Orinoco y Caroní, habitados por comunidades indígenas. En 2019, la delegación de Juan Guaidó –opositor de Maduro– en la Cumbre del Clima de Madrid entregó a varios países un informe en el que se alertaba de un proceso que se intensificó a partir de 2016 con concesiones mineras en un 12 % del territorio nacional, en otros términos: 700 toneladas de oro, cobre, diamante, coltán hierro y bauxita. Sin embargo, "la barbarie de la minería" fue creciendo y afecta al 50 % de la geografía venezolana, donde habría alrededor de 1.900 explotaciones mineras ilegales. El hijo de Nicolás Maduro encabeza una mina de coltán. Además, en los últimos años, con las sanciones internacionales al régimen de Nicolás Maduro los tesoros que guarda Venezuela se han visto seriamente perjudicados.

Las reservas mineras

Latinoamérica sigue siendo una fuerza dominante en la minería global, liderando el mundo en la producción de cobre, plata y mineral de hierro. También allí se sitúa el 61 % de las reservas mundiales de litio. Si **Chile**, **Perú**, **Brasil y México** son las principales potencias a nivel regional y también mundial, todas excepto Brasil vieron disminuir su atractivo en la inversión. Se justifica esta tendencia por la incertidumbre política y regulatoria en los mineros de Chile, Perú y México, mientras que los esfuerzos del presidente brasileño, Jair Bolsonaro, para aliviar la burocracia en el sector parecen beneficiarle. Es entonces una prioridad clave para los gobiernos chilenos y peruanos, pero no tanto para México, ya que el presidente Andrés Manuel López Obrador tiene que enfocarse en cambiar a la compañía petrolera estatal, Pemex, cargada de deudas. Los cuatro países citados concentran alrededor del 85 % de las exportaciones de minerales y metales de la región. **Ecuador** destaca desde que se encontró una enorme mina de oro, Alpala, a sólo tres horas de Quito: es la mina subterránea más grande de plata, tercera de oro y sexta de cobre en la clasificación mundial. Argentina es el tercer productor mundial de litio con casi cuarenta salares en diversas fases, desde la exploración inicial hasta en etapa de construcción. **Bolivia** se agrega a la lista de los países ricos en litio con varios proyectos estratégicos e intercambios con Asia (➲ véase cap. 56). Bolivia además tiene las diez principales reservas de zinc y plomo. Y por si esto fuese poco, la República Dominicana ostenta la tercera mina de oro más grande del mundo y Guatemala la segunda de plata.

El cobalto

En el pasado, el abastecimiento de cobalto dependía de los mercados de cobre y níquel, metales más valiosos que se extraen junto al cobalto. Pero hoy el cobalto está cobrando fuerza en los mercados por ser un metal clave en el desarrollo de los coches eléctricos. Más del 60 % del cobalto del mundo es extraído en la República Democrática del Congo, pero China es el principal productor del planeta de cobalto refinado. En el océano Pacífico, también existe cobalto en el área de la zona Clarion-Clipperton (CCZ, por sus siglas en inglés) que se extiende entre **México** y Hawái. Como es Patrimonio de la Humanidad, ningún país puede reclamar soberanía sobre ella.

El cobre entre chilenización y nacionalización

Según la CEPAL (Comisión Económica para América Latina y el Caribe), **Chile** es el principal productor mundial y regional de cobre, aunque su producción fue bajando desde 2019. Hasta los años 65, la participación nacional en la explotación de este metal rojo era mínima y las principales compañías pertenecían a grupos estadounidenses. La chilenización –adquisición por parte del Estado de Chile de un porcentaje de acciones de las grandes compañías mineras– se dio en 1966, seguida de la nacionalización del cobre en 1971. Durante la dictadura de Pinochet, se modificó varias veces la Ley Reservada del Cobre votada en 1958 que le garantizaba al ejército[40] un importe automático de los beneficios del cobre, principal producto de exportación del país, oficialmente con el objetivo de comprar armamento. En mayo de 2016, el Consejo de la Transparencia de Chile terminó con 28 años de secreto en torno a la utilización de los beneficios del cobre por parte del ejército.

Si bien Chile tiene liderazgo en la región, no impide que **Perú y México** sean grandes productores de cobre también.

El coltán, bautizado el "oro azul", tiene gran demanda internacional por su uso en la electrónica, especialmente en la industria de las baterías y microchips, ya que es indispensable en los teléfonos inteligentes y los ordenadores. Igualmente se usa en la biomedicina para la creación de prótesis humanas. **Bolivia, Brasil, Colombia y Venezuela** tienen reservas de coltán aunque el 80 % de las reservas mundiales se sitúan en República de Congo en África.

El hierro

Entre los diez primeros países productores mundiales de hierro, **Brasil** va en segunda posición, después de Australia, tanto en reservas como en producción de mineral utilizable.

El litio

Sin lugar a dudas, Australia era el mayor productor de litio en 2020, pero sus reservas representaban el 4 % a escala mundial mientras que los países del llamado "triángulo del litio" (**Bolivia-Argentina-Chile**) suman entre ellos más de la mitad de las reservas mundiales. En términos de producción, Chile ocupa el segundo lugar, Argentina el tercero y Bolivia el cuarto. México y Brasil también tienen litio en su territorio aunque no tanto como los cuatro países citados. La importancia de la región en el campo de litio se refleja mejor en las reservas que en su producción, siendo el "oro blanco" difícil de extraer y costoso. Requiere pues técnicas de alta especialización de las que carecen los países latinoamericanos y la fabricación de baterías de litio va más allá de la extracción minera. Ésta suele acompañarse de un alto consumo y una fuerte contaminación de agua e impacta en el paisaje, con la introducción de caminos de exploración en ecosistemas sensibles y la instalación de infraestructuras. Por otra parte, la actividad industrial tiene efectos dañinos para la flora y fauna, generando residuos sólidos y químicos. Por eso los extractores de litio tienen que encarar a las poblaciones indígenas (➲ véase cap. 59) y los defensores del planeta (➲ véase cap. 60).

Los recursos globales están dominados por Bolivia, seguido por Argentina y Chile. Al triángulo del litio se sumó **Perú** con una diferencia notable: al contrario de los otros tres países cuyo litio se encuentra en salares[41], el litio peruano es una mezcla mineral uranio-litio en roca que exige nuevas tecnologías e investigación para su procesamiento metalúrgico, extracción y producción. En Chile, Bolivia y Argentina la extracción se hace desde la superficie en sus depósitos evaporíticos en los salares a grandes volúmenes lo que supone alta productividad y rentabilidad.

El oro

Casi 30 campos de oro en toda **Venezuela** la sitúan como segunda reserva más grande de oro del planeta. Vende oro a Holanda, Portugal, España, Suecia, Suiza, pero sobre todo a China y Turquía. En el ránking mundial, **Brasil** ocupa el sexto puesto, **Perú** el séptimo y **México** el noveno. Tras el asalto de una mina de oro mexicana por un comando armado, en abril de 2020, AMLO respondió seis meses después reforzando la seguridad con la creación de una policía especial para evitar que se reprodujeran semejantes ataques. **Argentina** se encuentra en el puesto 12. Pero en junio de 2019, **Ecuador** anunció que habían encontrado una mina de oro que podría convertirse en segunda reserva más grande del mundo. Se inició la construcción de la mina subterránea en 2020 y su explotación se prevé para tres años después. Este yacimiento cuenta además con cantidades enormes de plata y cobre. Muy rápidamente, se llevaron a cabo exportaciones hacia China.

La plata

México lidera la producción de plata a nivel mundial muy por delante del segundo puesto donde se sitúa **Perú** (la mitad), seguido de China. **Chile** ocupa el séptimo lugar, seguido por **Bolivia y Argentina** empatados[42] en octavo. No obstante, en términos de reservas de plata, Perú encabeza la lista y México sólo ocupa el séptimo lugar mundial.

El plomo

La producción de plomo se mantuvo estable en **Perú y México** en 2019, colocándolos respectivamente en cuarto y quinto puesto por detrás de Australia, China y Rusia mientras que **Bolivia** experimentó una caída, situándose en octava posición.

El zinc

Perú es el segundo mayor productor minero de zinc después de China. **México** ocupa el sexto lugar, seguido de **Bolivia**. En términos de reservas, México se sitúa en tercera posición junto con Rusia y por detrás de Australia y China pero seguido de Perú.

Energías renovables

Las energías verdes, sobre todo la eólica y la solar, están ganando representación en la región. El uso de este tipo de energía para la producción de electricidad asciende al 16 %, particularmente gracias al impulso que se le ha dado entre países que importan la mayoría de su combustible, como **Chile**. Estos distintos tipos de energía permiten combatir el cambio climático y contrarrestar[43] la dependencia de los países a los combustibles fósiles. Un referente en el uso de energías renovables es **Costa Rica** (➔ véase cap. 35) que hizo de la descarbonización una meta y conoce grandes logros en cuanto a la producción de electricidad en base a fuentes casi 100 % renovables. El 99,35 % de su electricidad generada durante el primer semestre de 2017 fue todo un éxito pero su matriz energética genera un 80 % de la emisión total de gases de efecto invernadero nacional. Cuenta con el 74,8 % de las hidroeléctricas, el 11,1 % de la geotermia, el 11,9 % de la energía eólica, el 1,4 % de la biomasa, y sólo el 0,01 % de energía solar. El informe energético 100 % renovable se publicó durante la COP 25 organizada por Chile pero celebrada en Madrid, por las manifestaciones violentas ocurridas en América Latina en el otoño de 2019. En el Caribe, **Cuba** espera producir el 24 % de su energía mediante fuentes renovables para el 2030. De hecho, en abril de 2017, se inició la construcción de su primera central bioeléctrica, con una expectativa de ahorro de unos 50 millones de dólares al sustituir el petróleo venezolano. La isla también impulsó proyectos eólicos, con inversión de capital chino y español. Paralelamente a los efectos nocivos a nivel medioambiental, la extracción del litio y el cobalto en Chile y en Cuba son utilizados para la fabricación de baterías que permiten almacenar energía de fuentes renovables e impulsar coches eléctricos: una paradoja inevitable en el mundo de la transición energética.

Los diversos cambios de gobierno entre 2018 y 2019 tuvieron inevitablemente un impacto en la política energética. El cambio de enfoque se concentra en la división de los modelos energéticos, que oscilan entre poner los recursos naturales y económicos al servicio del desarrollo nacional y optar por un modelo más abierto, que, preservando cierto control de los recursos, incorpore inversiones extranjeras para convertir los recursos en producción y renta. Sin embargo, ninguno de estos modelos incorpora la visión de una transición energética justa.

Recursos agrícolas

En un foro organizado este martes por el Instituto Interamericano de Cooperación para la Agricultura (IICA), con sede en Costa Rica, en agosto de 2020, expertos destacaron el potencial de la industria de biocombustibles de América Latina y el Caribe. El éxito en la región se explica por la relación estrecha entre la producción de biodiesel y sus impactos en las cadenas de valor agrícola de la palma en Colombia, la colza en Chile y la soja en Argentina. Antes Monsanto y ahora la empresa suiza Bayer que compró la firma estadounidense, están al acecho de todos los recursos agrícolas útiles para el sector automovilístico.

El aguacate[44]

Los países productores de aguacate en la región son principalmente **México**, **Chile**, **Perú y Colombia**. Esta fruta es considerada como "oro verde" desde hace unos diez años por sus propiedades nutricionales y grasas naturales. Su voraz demanda ha generado un consumo aproximado de 5.000 millones de kilógramos al año en todo el mundo y una producción intensiva en el estado de Michoacán (México): representa efectivamente 8 de cada 10 aguacates de México y 5 de cada 10 aguacates de la producción mundial. La superficie de producción equivale a 196.000 campos de fútbol y su economía regional depende en gran medida de un producto con un valor de mercado en torno a los 2.500 millones de dólares anuales. Hasta hace dos décadas, los compradores estadounidenses no tenían acceso al aguacate mexicano porque el gobierno de los EE. UU. prohibió las importaciones durante 87 años, considerándolas un riesgo para la agricultura. En 1997, comenzó la exportación masiva del aguacate apoyada principalmente por el Tratado de Libre Comercio de América del Norte (TLCAN). En 2005, el aguacate mexicano ya ocupaba todos los supermercados de los Estados Unidos, principal importador de aguacates porque allí se consume masivamente para hacer el famoso guacamole con motivo del Superbowl, final de campeonato organizado por la *National Football League*, liga estadounidense de fútbol. *"Avocados from Mexico"* (Aguacates de México) fue la primera marca del sector agrícola que pagó un anuncio en televisión en la Super Bowl. Los perjuicios medioambientales que supone el cultivo de aguacate provocan la ira de sus detractores.

Hace más de una década que Chile sufre una grave sequía por los efectos del calentamiento global y la actividad de las agroexportadoras dedicadas al cultivo de esta fruta. Atraídas por las condiciones climáticas a partir del año 2000, grandes compañías aterrizaron en la zona de Petorca para dedicarse a este cultivo. Los empresarios eliminaron el bosque nativo, desatando la deforestación de miles de hectáreas, e instalaron sus plantaciones, que riegan con agua extraída de las napas subterráneas de los dos ríos que riegan la provincia: el Petorca y La Ligua. Ambos se han convertido en un lecho[45] de piedras, hierbas y animales vagabundos. El primero ya se declaró agotado en 1997 y en 2004 se restringió la explotación de sus aguas subterráneas. La Ligua se agotó en 2004. Desde 2012, la cuenca está declarada "zona de escasez hídrica" y es que cada kilo de producto necesita unos 2.000 litros de agua. En esta región, los árboles frutales se riegan abundantemente mientras la población vive bajo racionamiento de agua y paga una de las tarifas más altas de la región. Otro problema es que los aguacates se han convertido en objeto de deseo para los cárteles de la droga mejicanos. La industria del aguacate goza de tanta popularidad (representa hasta 12 veces el salario mínimo del país) que los narcotraficantes mexicanos intentan diversificar su cartera de actividades desde que el Gobierno endureció su guerra contra las drogas. El estado de Michoacán en particular ha sido escenario de muchos ataques criminales desde principios de 2020: el objetivo de los cárteles es limpiar territorios forestales para así abrir espacio para sus plantaciones.

El arroz

El arroz fue introducido en América Latina por los colonizadores españoles a través de México alrededor de 1520 en Veracruz y por los portugueses a través de Brasil. Aunque tuvo gran éxito en la mayoría de los países, a partir de 2012, se conoció una gran migración del cultivo del arroz hacia la soja y el maíz, más rentable para la producción y el comercio. Los mayores productores y consumidores de Latinoamérica son **Brasil, Colombia, Perú, Argentina y Chile**. Y en países como **Cuba, Puerto Rico o República Dominicana** el arroz es un alimento de consumo diario. Uno de los platos más populares es el arroz con frijoles. Pero no sólo se come el arroz blanco, sino que también se usa para preparar aceites, bebidas refrescantes o alcohólicas.

El cacao

Al principio del mercado mundial de cacao, **Brasil** era en el siglo XIX, el primer productor mundial. Suplantado hoy por África del oeste, queda en primer lugar de la producción en América Latina con plantaciones convertidas en grandes explotaciones industriales. Ecuador llega en segunda posición regional. La producción de cacao de los otros países de esta región (**México, Bolivia, Colombia y Venezuela**) tiende a variar sensiblemente debido a las condiciones climáticas y problemas de parásitos que dañan los cultivos. En el Caribe, la República Dominicana representa cerca del 2 % de la producción mundial, y en menor medida llegan Haití, Jamaica, **Cuba**, Trinidad y Tobago, Granada.

El café

El café es uno de los productos agrícolas de mayor importancia económica a nivel mundial, y ocupa el segundo lugar después del petróleo en materia de cifras de comercio internacional. Sólo llegó a América en el siglo XVIII mediante un oficial de la armada francesa que en 1720 transportó la planta hasta la Isla Martinica (en las Antillas) por orden de Luis XIV. El 90 % de su producción está en manos de pequeños productores y se concentra en el área que va **desde México hasta Perú**. **Brasil** es el primer productor mundial que junto con Vietnam, **Colombia**, Indonesia y Etiopía controlan un 60 % de la producción total. Brasil es el país productor de café más grande del mundo con más de 220.000 plantaciones de café de distintos tamaños. El café se ha convertido en el producto agrícola de mayor exportación tanto para **Guatemala** como para **Perú**. Para **Costa Rica** el cultivo del café reforzó su identidad nacional y favoreció la creación de una sociedad más próspera. Tras una pequeña crisis en los precios del grano entre 1847 y 1849, los altos precios del café predominaron y a partir de mediados del siglo XIX, este cultivo tuvo repercusiones sociales y culturales directas en la construcción de la identidad nacional. El café se convirtió en un agente civilizador, en el "grano de oro", dado que la prosperidad obtenida de su comercio se transformó en progreso económico y avances sociales lo que, a su vez, hizo más compleja y diversa la sociedad costarricense finalmente mejor integrada y económicamente más dinámica. Los mejores cafés, sean de Costa Rica, sean de Brasil o Colombia, van para la exportación.

El caucho, un auge que les costó la vida a miles de indígenas

La explotación de caucho no duró mucho pero dejó huellas indelebles. Su auge comenzó a mediados del siglo XIX a raíz de la fuerte demanda de gomas por parte de la industria europea y estadounidense. Inició su declive en 1914, debido a la entrada en producción de las plantaciones de *seringueira* (en portugués), que Gran Bretaña había establecido en sus colonias del Sudeste asiático, con semillas llevadas de contrabando desde Brasil. En esa época, la producción de estas plantaciones superó la procedente del medio natural, de ahí una reducción de los costos de extracción. La actividad extractiva se extendió por todos los territorios amazónicos, como **Brasil, Perú, Colombia, Bolivia, Ecuador y Venezuela**, conllevando estragos para los pueblos indígenas. La labor de extracción del caucho radicaba en un sistema de trueque, llamado la "habilitación" que consistía en entregar bienes industriales a los indígenas para que ellos los pagaran con las gomas recolectadas. Pero los caucheros sobrevaloraban los precios de los bienes industriales que les entregaban y, al contrario, subvaloraban el de las gomas silvestres que recibían a cambio, para así generar deudas que los indígenas nunca conseguían pagar y terminaban siendo transferidas a los hijos. Éstos debían seguir trabajando para el patrón para pagarlas. Como los jefes de las estaciones gomeras[46] ganaban un porcentaje sobre el caucho recolectado, imponían condiciones cada vez más brutales para que los indígenas aumentasen su productividad. Quien no cumplía con las cuotas impuestas por el patrón era sometido a castigos físicos que causaron miles de muertes. Este sistema asimétrico impuso un régimen de terror en la zona. Más tarde, en la década de 1930, Henry Ford, el pionero de la industria norteamericana de automóviles, decidió sembrar árboles del caucho en la Amazonia, con técnicas de cultivo y cuidados especiales, pero la iniciativa fracasó ya que la plantación fue atacada por una plaga que afectó las hojas de los árboles. Además, los avances internacionales desarrollaron la creación y difusión del caucho sintético, lo que acabó definitivamente con la extracción de la goma natural.

La colza

Chile es el mayor exportador del hemisferio sur. Allí, Bayer expandió las fábricas de producción de semillas transgénicas de su subsidiaria Monsanto, según el proyecto denominado "Satisfacción de la demanda" cuyo objetivo es aumentar la producción de semillas en un 20 % para que Chile pueda satisfacer el 70 % de la demanda en la región en un futuro cercano. Las organizaciones medioambientales están alarmadas: una red de acción contra los plaguicidas pide la prohibición del glifosato en Chile. Y es que el 90 % de la materia prima utilizada para los biocombustibles proviene de aceites de soja, palma y colza.

El maíz (choclo o también... elote en México y Centroamérica)

El maíz es originario de América y es tan importante que hasta el escritor chileno, Pablo Neruda, le dedicó una poesía "Oda al maíz" en 1955. Cuatro de los diez mayores productores de maíz del mundo son americanos: Estados Unidos, **Brasil, Argentina y México** aglutinaron casi el 50 % de la producción mundial en 2018. Existen más de 59 variedades del maíz nativo sólo en México, desde el maíz amarillo hasta el azul pasando por el rojo y el blanco, según la polinización, el viento y los insectos que transportan las partículas. Para los indígenas el maíz tiene un valor identitario, según lo que reza[47] el Popol Vuh, también conocido como Las Antiguas Historias del Quiché, libro sagrado de los indios Quichés que vivían en la zona de Guatemala. Dicha obra relata que los primeros hombres ideales de maíz, los formaron los dioses, después de varios intentos fallidos de barro y madera. Se utiliza el maíz para el autoconsumo de comunidades campesinas e indígenas pero, junto con la producción de tortilla, su principal forma de consumo, también es la base de la alimentación de la mayor parte de la población urbana y semiurbana. Es la base de muchos platos salados en la región: entre los más conocidos están la tortilla, las enfrijoladas, enchiladas y quesadillas, los tacos, las tostadas y garnachas, memelas y chilaquiles, los tamales. Además, se usa en platos dulces como el pilone o incluso en bebidas.

La palma

Colombia es el primer productor de aceite de palma en América y el cuarto en el mundo. Este monocultivo puso en jaque la flora y la fauna del Pacífico porque atrajo enfermedades y otras plagas de insectos que destruyeron parte del cultivo y llevó a una crisis económica en el país.

La papa (o patata)

La papa es una planta originaria de los Andes peruanos y bolivianos. Domesticada en el altiplano andino por sus habitantes hace unos 7.000 años, fue llevada a Europa por los conquistadores españoles más como una curiosidad botánica que como una planta alimenticia. A nivel regional, Perú es el principal productor de papa. La mayor zona de producción se encuentra en las regiones de la sierra del **Perú**, en donde se siembra más del 95 % de las áreas. Le siguen **Brasil, Colombia, Argentina, México, Chile, Bolivia, Venezuela, Ecuador y Cuba**. En 2020, a escala internacional, Perú se consolidó en el puesto 11. La gran diversidad genética de las papas peruanas corre peligro por las nuevas variedades comerciales, a menudo producidas para satisfacer las preferencias de los consumidores urbanos. Son papas de formas, sabores y colores distintos (amarillas, blancas, rojas, moradas y negras). Para contribuir a la conservación del rico legado nacional de las papas, el Gobierno del Perú creó en julio de 2008 un registro nacional de la papa nativa peruana. La presencia de papas silvestres en México indica que este país se ubica en la cuna[48] de este tubérculo. Brasil es el lugar de origen de la yuca, principal raíz de cultivo mundial. No obstante, hasta finales del siglo XIX el cultivo de la papa era casi desconocido, cuando la introdujeron los inmigrantes europeos en las zonas relativamente templadas del sur de Brasil. El INIA (Instituto Nacional de Innovación Agraria) tiene registradas alrededor de 7.408 variedades de papa nativa, de las cuales 729 están inscritas con información de procedencia y caracterización morfológica a nivel de planta y tubérculo. La papa se come hervida o frita, en puré o deshidratada, siendo esta forma la más fácil de comercializar. Cada 30 de mayo los peruanos celebran el Día de la Papa.

El plátano (o banana, cambur, maduro, guineo)

Con el descubrimiento de América, llegó el plátano desde África a las zonas tropicales del continente. Su producción masiva se remonta a finales del siglo XIX y su aumento no tardó en provocar un gran excedente de ese producto, entonces codiciado por grandes empresarios estadounidenses. Poco a poco, la exportación de plátano a Estados Unidos fue creciendo y dio lugar a la fundación de la *United Fruit Company* en 1899, un conglomerado de empresas exportadoras con sede en Nueva Orleans, que pasó a ser la mayor compañía de América Central. Así se convirtió **Costa Rica** en el primer exportador mundial de bananas, seguida de sus países vecinos **Nicaragua, Honduras** o **Guatemala**. La *United Fruit Company* cobró poder tanto económico como político gracias a la explotación de la mano de obra barata en las plantaciones centroamericanas y a la venta del producto en Estados Unidos. Creó un sistema de sumisión en torno a los trabajadores a los que pagaba con bonos y no en metálico. Tales bonos sólo servían dentro de la misma empresa, según un sistema que recuerda el principio de la colonización. Financió golpes de Estado en Centroamérica, aniquiló organizaciones sindicales y finalmente sobornó a líderes locales durante la mayor parte del siglo XX. El término "república bananera" fue invento del cómico estadounidense O. Henry para referirse despectivamente a esos países. La *United Fruit Company* existió hasta finales de los años 60 con un enorme poder en todo el Caribe. El plátano se encuentra cocinado bajo diferentes formas: verde o maduro pero siempre frito (patacones o tostones).

El tabaco

Desde la colonización de Cuba hasta hoy, el cultivo del tabaco y su elaboración industrial han sido elementos fundamentales de la economía cubana. Desde el embargo impuesto por Eisenhower, los cigarillos y puros no se vendían en los Estados Unidos pero con el deshielo entre los dos países, Barack Obama autorizó la venta de marcas legendarias como Cohíbas y Montecristo. El Gobierno de Donald Trump cuestiona la comercialización de los habanos más finos. En julio de 2017, las principales empresas tabacaleras firmaron un acuerdo para desarrollar conjuntamente este sector. Aunque el tabaco cubano es reconocido internacionalmente, no se sitúa entre los primeros productores mundiales. En América Latina, destaca **Brasil** que ocupa el tercer puesto a escala mundial. Desde hace varias décadas, los mayores productores latinoamericanos de puros han sido **Cuba, República Dominicana, Honduras y Nicaragua**. A partir de 2016, Nicaragua tomó la delantera y se posicionó como líder mundial de este tipo de tabacos por su suelo "suave" idóneo para el cultivo de tabaco. Cinco de los 10 mejores puros del mundo son fabricados en Nicaragua, afirman dos de las revistas especializadas en la industria. Estados Unidos es el mayor importador al representar el 50 % del mercado de consumo mundial.

De la vaca a la soja

Durante el siglo XX **Argentina** se convirtió en un importante exportador de carne vacuna y cereales (trigo, maíz, girasol, entre otros). Al mismo tiempo, esos productos básicos cuya producción se centraba en la región pampeana[49] formaban parte del mercado interno, ya que en las regiones fuera de la Pampa se producían los tradicionales cultivos industriales: caña de azúcar, algodón, yerba mate[50], frutales diversos que comenzaron también a exportarse a mediados y finales del siglo. En Argentina se producía la casi totalidad de los alimentos que consumía su población, salvo algunos productos tropicales como el café o los palmitos[51]. En los años setenta, se establecieron nuevas variedades de cereales y oleaginosas en el campo pampeano y se introdujo la doble cosecha. En vez de alternar la producción agrícola con la ganadería, se originó una mayor "agriculturización" con la siembra de dos cultivos agrícolas anuales.

El campo argentino comenzó a alimentarse con la soja, a costa de la ganadería y la producción de otros cereales tradicionales. El cultivo de soja comenzó a producirse en gran escala adquiriendo un cariz muy especial a partir de 1996, cuando surgió el mercado de la semilla de soja transgénica, comercialmente llamada "RR". Rápidamente esta variedad sustituyó a la convencional, transformando a la soja en uno de los principales productos de exportación. Tanto la producción de la semilla RR como el glifosato, herbicida potente, son obra de la compañía estadounidense Monsanto –ahora comprada por la suiza Bayer– pero su distribución pasó a manos de empresas licenciatarias, lo que determinó la dependencia de los agricultores nacionales respecto de estas grandes empresas transnacionales. La crisis argentina de 2001 (➔ véase cap. 41) no modificó en lo sustancial estas tendencias. Sin embargo, la devaluación del tipo de cambio de la moneda nacional, junto a mejoras en los precios internacionales de la soja, supusieron un aumento de los ingresos globales del sector. Por lo tanto, el modelo de agricultura industrial, centrado en la soja, siguió expandiéndose, favorecido por diversas políticas públicas. La mayor parte de harinas y otros subproductos de la soja estuvieron fundamentalmente destinados al consumo del ganado de Europa, ya que después de la crisis de la "vaca loca", la soja se transformó en uno de los alimentos balanceados más apetecibles para alimentar pollos, vacas y cerdos europeos. Desde un punto de vista coyuntural, este boom de la soja transgénica facilitó la expansión de grandes superávits fiscales y de la balanza comercial, esenciales para el pago de los servicios de la deuda externa argentina. La demanda externa, que en otros tiempos fue principalmente Inglaterra y Estados Unidos, agregó a China a principios del año 2002. Así pasó Argentina de la vaca a la soja por ser más rentable la producción de soja y más económica su exportación.

Los países del Mercosur (➔ véase cap. 55) han desplazado a los Estados Unidos como principales productores de soja en el mundo. Efectivamente, **Argentina, Brasil, Paraguay y Uruguay** (a los que se sumó más recientemente **Bolivia**, por su elevada producción en el departamento de Santa Cruz), alcanzaron 105 millones de toneladas anuales de soja, frente a 87 millones en Estados Unidos. El área de soja se incrementó en un 120 % en América Latina entre 1990 y 2005. Otro elemento a tener en cuenta, es el grado de industrialización de la soja. La mayor parte de la soja se exporta en grano sin procesar, excepto en Argentina. En 2007, en Brasil sólo se industrializó el 52 % de la producción, pero Argentina procesó el 71 % de su producción bajo la forma de harinas y aceite de soja. Uruguay es el caso opuesto: sólo industrializa el 5 %, mientras el 95 % se exporta en grano. Todo se explica: de la mano de la crisis financiera de 2002, un 25 % de la tierra cultivable del país pasó a manos extranjeras. Las mayores compras fueron realizadas por capitales argentinos que controlaron la mitad de la producción de soja. Pero no fue el único sector: la industria de la carne, la más importante del país, fue controlada por brasileños, al igual que el arroz, el mayor cultivo de exportación.

A fin de cuentas, América Latina es un amplio territorio de riquezas considerables por eso fue tan codiciado en tiempos de la conquista y sigue siéndolo actualmente. Sin embargo no todos sus recursos son explotables de la misma manera en cada país y las multinacionales siguen apoderándose de ellos. Además, sólo una pequeña parte de la población se beneficia de las ganancias generadas lo que le da la razón al naturalista y explorador italiano Antonio Raimondi cuando dijo en 1850 que Perú era "un mendigo sentado en un banco de oro". Bien se podría extender esta sentencia a toda América Latina.

NOTAS

1. un bagazo = residuo de materia después de extraer su jugo
2. la leña: *le bois à chauffer, la bûche*
3. un embalse = una represa = una presa: *un barrage*
4. los gases de efecto invernadero: *les gaz à effet de serre*
5. las regalías = los privilegios
6. el crudo = el petróleo bruto
7. un hallazgo: *une trouvaille*
8. atiborrarse = llenarse
9. la sed: *la soif*
10. saciar = satisfacer
11. menguar = disminuir
12. echar a perder = despilfarrar, derrochar: *gaspiller*
13. un apagón: *une coupure de courant*
14. sellar = firmar, convenir
15. acuñar = crear
16. los insumos = las materias primas
17. acudir = ir a
18. los ingresos: *les revenus*
19. sendos (adj.) = por separado
20. derrumbarse: *s'effondrer*
21. un resquebrajamiento: *une fissure*
22. hacerlo añicos = destruirlo
23. abastecerse: *se fournir, s'approvisionner*
24. repuntar: *rebondir*
25. estar derrocado: *être renversé (un régime)*
26. perjudicado = dañado: *endommagé, qui a subi un préjudice*
27. disparar = aumentar
28. el soborno: *les pots-de-vin*
29. estar enterados = estar al corriente
30. una propina: *un pourboire*
31. sustentable = sostenible: *renouvelable*
32. matizar: *nuancer*
33. asestar (un golpe): *asséner*
34. alabar: *vanter*
35. el nafta: *le naphte (kérosène et essence intermédiaires dérivés du pétrole).*
36. los surtidores: *les distributeurs*
37. benditos: *bénis*
38. debilitado: *affaibli*
39. tapados = cubiertos
40. el ejército: *l'armée*
41. un salar = una laguna temporal cuyos sedimentos están compuestos esencialmente de sales (cloruro, solfato, nitratos...)
42. empatados: *ex-aequo*
43. contrarrestar: *contrer*
44. el aguacate: *l'avocat*
45. un lecho: *un lit, une couche*
46. las gomeras = de caucho
47. rezar: *raconter*
48. la cuna: *le berceau*
49. pampeano = de la Pampa, región de Argentina
50. la yerba mate: *planta que se usa en infusión en el Río de la Plata*
51. los palmitos: *les cœurs de palmier*

- ***La rosa blanca*** (1961), película mexicana de Roberto Gavaldón que cuenta la **exprropiación** (expropiación) petrolera, en 1937, durante el Gobierno de Lázaro Cárdenas, el nacionalismo, la solidaridad y los valores patrios frente al capital extranjero.
- ***También la lluvia*** (2011), película de la directora de cine española Icíar Bolaín que se centró en el episodio de la Guerra del Agua en Bolivia.
- ***Hablemos de petróleo*** (2015), película de animación realizada por Otto sobre los errores cometidos por el Gobierno venezolano durante 14 años. https://comoeslacosa.com/2015/04/14/hablemos-de-petroleo/
- ***El abrazo de la serpiente*** (2015), película colombiana dirigida por Ciro Guerra y ambientada en la Amazonia colombiana, cuenta dos historias basadas en las memorias de los científicos Theodor Koch-Grünberg y Richard Evans Schultes. Ambos fueron respectivamente guiados en 1909 y 1940 por un chamán en busca del *yakruna*, una planta difícil de conseguir. Durante sus viajes se observa la explotación del caucho, mostrando también la esclavitud de los indígenas.
- ***El largo camino del chocolate*** (2020), documental de un ciclista alemán Guido Kunze que emprendió un viaje a Ecuador, en busca de los orígenes del cacao.

La vorágine (1924), novela del colombiano José Eustasio Rivera ambientada en la Amazonia Colombiana. Cuenta los enfrentamientos de los caucheros y colonos en la jungla para explotar el látex, así como los sufrimientos de los indios nativos considerados como "los esclavos del caucho".

MC 111 Los recursos naturales

LOS RECURSOS NATURALES

- **La cuestión del agua**
  - **Latinoamérica: 31 % de las reservas mundiales de agua dulce**
    - Brasil, Colombia, Perú, Venezuela
  - **Problemas**
    - Chile: privatización del agua desde la dictadura de Pinochet
    - Guerra del Agua en Bolivia en 2000
    - Lago Cocibolca en peligro en Nicaragua
- **Hidrocarburos**
  - **Gas natural**
    - Bolivia, Perú
  - **Petróleo**
    - América Latina: 18 % de las reservas de crudo del mundo
    - Venezuela, Brasil, México
- **Las reservas mineras**
  - **Cobre**
    - Chile, Perú, México
  - **Coltán**
    - Bolivia, Brasil, Colombia y Venezuela
  - **Litio**
    - Bolivia, Argentina, Chile
  - **Oro**
    - Venezuela, Brasil, Perú
  - **Plata**
    - México, Perú, Chile
  - **Plomo y zinc**
    - Perú, México, Bolivia
- **Productos agrícolas y principales países productores**
  - **Aguacate**
    - México, Chile, Perú, Colombia
  - **Arroz**
    - Brasil, Colombia, Perú, Argentina, Chile
  - **Café**
    - Zona entre México y Perú
  - **Caucho**
    - Brasil, Perú, Colombia, Bolivia, Ecuador y Venezuela
  - **Colza**
    - Chile
  - **Maíz**
    - Brasil, Argentina y México
  - **Palma**
    - Colombia
  - **Patata**
    - Perú, Brasil, Colombia, Argentina
  - **Plátano**
    - Costa Rica, Nicaragua, Honduras, Guatemala
  - **Soja**
    - Argentina, Brasil, Paraguay, Uruguay
  - **Tabaco**
    - Brasil, Cuba, República Dominicana

59 LA CUESTIÓN INDÍGENA

Datos generales (véase MC 112)

Antes de la conquista española, residían en el continente unos 60 millones de habitantes. A partir de 1492, con la llegada de Colón a Guanahaní, la conquista del Nuevo Mundo y la instalación de los colonos, los nativos designados con la palabra "indígenas" se sometieron (no sin resistencia) a los conquistadores. Muchos de ellos murieron durante aquel encuentro no sólo por los combates frente a los europeos, sino principalmente por las enfermedades que trajeron los habitantes del Viejo Continente. Durante muchos años, fueron aislados[1], olvidados o discriminados, pero en 1992 volvieron a cobrar protagonismo a raíz del V centenario del "Descubrimiento" por las numerosas protestas que organizaron para denunciar siglos de injusticia y marginación (la minoría india es la más marginada y pobre de América). Los años 90 marcaron un hito[2] en el despertar indio en el continente americano. En 1992, Rigoberta Menchú, una indígena maya quiché guatemalteca, recibió el Premio Nobel de la Paz tras luchar por los derechos de los indígenas. Dos años más tarde en México, el Ejército de Liberación Nacional Zapatista lanzó una ofensiva militar para tomar pueblos de Chiapas, en el sur de México, pidiendo *"democracia, libertad, tierra, pan y justicia"* para la comunidad indígena.

> El 1 de enero de 1994, día en que entraba en vigor el Tratado de Libre Comercio de América del Norte (TLCAN) con Estados Unidos y Canadá, el subcomandante Marcos, enigmático líder de la guerrilla zapatista, se convirtió en una figura carismática internacional. El guerrillero encapuchado, cuyo verdadero nombre es Rafael Sebastián Guillén, abogaba por los derechos de los indígenas y contra el capitalismo. Fue profesor de filosofía antes de dedicarse a la lucha por los indígenas.

En 1994, la Asamblea General de las Naciones Unidas decidió que el Día Internacional de las Poblaciones Originales tendría lugar el 9 de noviembre para darles visibilidad y denunciar las desigualdades que padecen: exclusión, pobreza (el 43 % de los hogares indígenas latinoamericanos vive bajo el umbral de pobreza), analfabetismo, esperanza de vida más baja que los no indígenas, y violación de sus derechos. Unos 50 millones de indígenas pueblan Latinoamérica (un 10 % de la población de la región) y pertenecen a 826 etnias o pueblos. Esta cifra supone un aumento del 50 % en la primera década del siglo XXI (en 2007 eran 30 millones de nativos). Dicho crecimiento no sólo obedece a la dinámica demográfica, sino también a un aumento en la autoidentificación como indígena. Todos los países del subcontinente cuentan con poblaciones indígenas, pero cinco países concentran casi el 90 % de ellas: Bolivia (62 %), Guatemala (41 %), Perú (24 %), México (15 %) y Ecuador (8 %). Se nota una fuerte heterogeneidad en la región. En un extremo se encuentran México y Perú, con casi 17 millones y 7 millones de población indígena, respectivamente; y en el otro, Costa Rica y Paraguay que totalizan más de 100.000 indígenas, y Uruguay consta de unos 80.000. Resulta muy difícil obtener un censo[3] fidedigno[4] porque numerosos indígenas rechazan su identidad y no se consideran parte de este colectivo. Conservan su lengua e identidad, así como su organización social, económica, jurídica y política. En 2006, la elección del primer presidente indígena de Bolivia fue el punto álgido[5] de este resurgimiento ya que abría paso políticamente a una comunidad considerada como ciudadanos de segunda zona.

Los indígenas suelen vivir en territorios áridos, montañosos, difíciles de acceso o de poca productividad agrícola y cuando están instalados en territorios ricos en productos naturales o recursos energéticos, padecen expoliación, reciben amenazas o incluso son asesinados (➔ véase cap. 60). Las compañías extranjeras suelen explotar los recursos naturales presentes en sus territorios sin permiso previo por lo que los indígenas pierden sus riquezas, se quedan sin agua y recuperan tierras contaminadas. Algunos de ellos optan por preservar el medio ambiente como el mexicano Jesús León Santos que ganó el Premio Ambiental Goldman en 2008 por su labor de reforestación en su región de Oaxaca.

Principales grupos étnicos según los países

Argentina: unos 30 grupos étnicos viven en el territorio argentino pero los mapuches y los kollas son los más importantes.

Bolivia: más de 40 etnias están presentes en el país entre las cuales destacan los aymaras, los quechuas y los guaraníes.

Brasil: existen 227 grupos étnicos y se siguen hablando más de 180 lenguas indígenas.

Chile: los mapuches representan más del 85 % de la población amerindia, el 15 % restante lo comparten los aymaras, quechuas y rapanui entre otros.

Colombia: 87 grupos étnicos se hallan en el territorio colombiano que siguen practicando más de 67 lenguas indígenas. La mayoría de ellos vive en los 710 resguardos titulados.

Ecuador: quechuas y shuars son los pueblos más numerosos en este país.

Guatemala: es el hogar de 24 grupos étnicos principales. Los quichés son el pueblo mayoritario y el maya goza de una buena difusión en el territorio gracias a la creación de la Academia de lengua maya.

Honduras: los principales colectivos indios son los lencas y miskitos.

México: en el sur del país viven unos 40 grupos étnicos entre los cuales los nahuas, los mayas, los zapotecas y los mixtecas entre otros.

Paraguay: cuenta con 17 grupos y la principal lengua es el guaraní, reconocido idioma oficial junto al castellano.

Perú: los amerindios albergan 68 grupos étnicos, de los cuales 7 viven al margen de la civilización. Entre las 16 familias etnolingüísticas destacan la quechua, la aymara y la arawak.

En octubre de 2019, por primera vez se defendió una tesis de doctorado en quechua, hecho de gran trascendencia para las lenguas originarias que se encuentran en peligro de extinción. Para la doctoranda graduada con un 20, sustentar su tesis en quechua fue era una manera de preservar la cultura andina y fortalecer las minorías lingüísticas.

Venezuela: los galibis, pemons y arawaks son los tres grupos más importantes de los 32 que residen en el país.

La población latinoamericana procede de un largo mestizaje entre nativos, europeos y africanos. En general, los mestizos suelen identificarse como blancos. Cada grupo tiene un nombre específico:

Mestizo: es la persona nacida de una madre o padre blanco (llamado criollo) y una madre o padre amerindio. También se usa la palabra "cholo" que, en ciertos países como Ecuador, encierra un sentido peyorativo.

Mulato: es el individuo nacido de la unión entre una persona blanca (un criollo) y una persona negra.

Zambo: es el ser humano nacido del mestizaje de una persona negra con una persona amerindia.

Protección y reconocimiento de los indígenas

La Junta de Valladolid puede considerarse el punto de partida de la defensa de los indígenas. A mediados del siglo XVI, Bartolomé de las Casas se enfrentó a Juan Ginés de Sepúlveda en un debate para defender los derechos de los indios y establecer el tipo de evangelización que adoptar. Esta discusión desembocó en una revisión de las leyes de Indias y permitió la creación de la figura del "protector de indios" cuyo papel era velar por el bienestar de los nativos. Un poco antes, a principios del siglo XVI, Fray Antonio de Montesinos ya había emprendido el camino hacia la defensa de los pueblos originarios asentando[6] las bases del llamado indigenismo.

> **El indigenismo** es un movimiento social, cultural y religioso de defensa del indio. No viene directamente de los indios sino de los criollos o mestizos. En el siglo XIX, los criollos fomentaron un indigenismo reivindicativo como plasmación de su antiespañolismo. Por ejemplo, en la literatura se empezó a idealizar el mundo indígena. Frente al indigenismo, emergió el indianismo que pretendía defender realmente a los indios ya que las reivindicaciones procedían directamente de los principales interesados.

Los 90 y la primera década del 2000 marcaron un antes y un después en la defensa y reconocimiento de los derechos de los pueblos indígenas. Para protegerlos, se aprobaron convenios internacionales. El Convenio 169 de la OIT (Organización Internacional del Trabajo) adoptado en 1989 reconoce y ampara[7] jurídicamente los derechos de los pueblos indígenas. Establece que los pueblos nativos deben ser consultados ante leyes que los involucren. Argentina, Brasil, Bolivia, Chile, Colombia, Costa Rica, República Dominicana, Ecuador, Guatemala, Honduras, México, Paraguay, Perú, Venezuela firmaron este acuerdo. En 2007, la Declaración de las Naciones Unidas sobre los Derechos de los Pueblos Indígenas, que afirma su derecho a la libre determinación, fue un verdadero hito en la historia de los indígenas.

> **Declaración de las Naciones Unidas sobre los Derechos de los Pueblos Indígenas**
>
> **Artículo 1**: Los indígenas tienen derecho, como pueblos o como individuos, al disfrute pleno de todos los derechos humanos y las libertades fundamentales reconocidos en la Carta de las Naciones Unidas, la Declaración Universal de Derechos Humanos y las normas internacionales de derechos humanos.
>
> **Artículo 2**: Los pueblos y los individuos indígenas son libres e iguales a todos los demás pueblos y personas y tienen derecho a no ser objeto de ningún tipo de discriminación en el ejercicio de sus derechos, en particular la fundada en su origen o identidad indígenas.
>
> **Artículo 3**: Los pueblos indígenas tienen derecho a la libre determinación. En virtud de ese derecho determinan libremente su condición política y persiguen libremente su desarrollo económico, social y cultural.
>
> **Artículo 4**: Los pueblos indígenas, en ejercicio de su derecho a la libre determinación, tienen derecho a la autonomía o al autogobierno en las cuestiones relacionadas con sus asuntos internos y locales, así como a disponer de medios para financiar sus funciones autónomas.
>
> **Artículo 5**: Los pueblos indígenas tienen derecho a conservar y reforzar sus propias instituciones políticas, jurídicas, económicas, sociales y culturales, manteniendo a la vez su derecho a participar plenamente, si lo desean, en la vida política, económica, social y cultural del Estado.
>
> **Artículo 6**: Toda persona indígena tiene derecho a una nacionalidad.
>
> **Artículo 7**: 1. Las personas indígenas tienen derecho a la vida, la integridad física y mental, la libertad y la seguridad de la persona. 2. Los pueblos indígenas tienen el derecho colectivo a vivir en libertad, paz y seguridad como pueblos distintos y no serán sometidos a ningún acto de genocidio ni a ningún otro acto de violencia, incluido el traslado forzado de niños del grupo a otro grupo.
>
> **Artículo 8**: Los pueblos y los individuos indígenas tienen derecho a no ser sometidos a una asimilación forzada ni a la destrucción de su cultura.

Los pueblos indígenas han ido defendiendo sus derechos en las legislaciones e instituciones de los Estados, en un difícil y largo proceso que sigue inacabado hoy. De hecho, se observan innegables progresos en la defensa de sus derechos, pero este proceso de inclusión no impide retrocesos o violaciones de sus derechos.

El Convenio 169 sobre pueblos indígenas de la OIT desempeñó un papel relevante[8] en las reformas constitucionales de los países de América Latina. Desde su aprobación y la de la Declaración sobre los Derechos de los Pueblos Indígenas, numerosos países, entre ellos Venezuela (1999), México (2001), Colombia (2003), Perú (2005), Ecuador (2008) y Bolivia (en 2009) modificaron su constitución para reconocer los derechos de los pueblos indígenas. Sin embargo, los avances legales, desgraciadamente, no garantizan el respeto de los derechos indígenas ni su total inclusión en la sociedad. Los pueblos indígenas cuentan con el apoyo del papa Francisco (➲ véase cap. 66) que, desde su llegada al Vaticano, denuncia su exclusión y trato desigual. Para él, resultan perjudicados por el deterioro ambiental, la exclusión secular que sufren y la economía global moderna que explota los recursos naturales de las comunidades indígenas. En enero de 2018, el Sumo Pontífice viajó a Perú y Chile para abordar temas como la cuestión indígena o medioambiental que resultan estrechamente vinculadas.

Situación país por país

Argentina

Si bien la constitución reconoce los derechos de los pueblos indígenas a ocupar sus tierras ancestrales y gestionar sus recursos naturales, gran parte de ellos siguen sin ver reconocidos realmente sus derechos sobre la tierra (y eso, aunque en 2006 fue aprobada por el Congreso de la Nación la Ley de Emergencia de la Propiedad Comunitaria que dio un marco de protección a las comunidades frente a los desalojos[9] de sus tierras). En Argentina casi un millón de personas se identifican como indígenas o descendientes de indígenas. Los mapuches aparecieron en la escena internacional por su conflicto con la firma Benetton, que empezó en 2002 con la expulsión de sus tierras. Hasta la muerte de Santiago Maldonado, primero desaparecido y luego encontrado muerto, en Argentina siempre se había tratado esta cuestión como un asunto menor. Sin embargo, la desaparición de Santiago Maldonado en agosto de 2017, así como la muerte de un activista indígena disparado por la policía en noviembre colocaron al país en el primer plano. Además, casos como el de Javier Chocobar, asesinado a tiros mientras defendía pacíficamente su territorio, demuestran una gran discriminación en el acceso a la justicia de los pueblos indígenas ya que su asesinato sigue impune desde 2009.

Bolivia

A raíz de la adopción de la Declaración de las Naciones Unidas sobre los Derechos de los Pueblos Indígenas y de una nueva constitución, Bolivia tomó el nombre de Estado Plurinacional en 2009. Antes, en 1994, una reforma constitucional reconoció el carácter multicultural de los derechos indígenas. Sin embargo, los amerindios enfrentan retos[7] porque sus tierras contienen reservas de petróleo y gas. Los proyectos hidroeléctricos, que los impactan directamente, ponen en peligro la existencia de las comunidades. En marzo de 2017, varios líderes de pueblos indígenas amazónicos denunciaron que no se cumplía el consentimiento para prospecciones petrolíferas en territorios indígenas, algo ilegal.

Entre agosto y diciembre de 2011, el megaproyecto de construcción de una inmensa carretera que debía atravesar las tierras de poblaciones indígenas, ya había puesto a Evo Morales en una situación delicada. A pesar de defender oficialmente al colectivo indígena del que procede y a la Pachamama[10], esta decisión revela una clara violación a sus derechos en beneficio del provecho y de la integración regional.

Sin embargo, algunos avances como la formación de un primer gobierno indígena autónomo en la provincia de Charagua en enero de 2017 son pruebas del respeto a la naturaleza y a los derechos de los pueblos indígenas.

Chile

En este país, no existe reconocimiento constitucional de los pueblos indígenas, aunque los mapuches son el mayor pueblo indígena de Chile. Lograron resistir a la conquista durante 300 años, pero las derrotas a finales del siglo XIX les obligaron a desplazarse a la Araucanía. Posteriormente, el gobierno alentó a los inmigrantes europeos a colonizar dicha región. En 1970, una reforma agraria bajo la presidencia de Salvador Allende permitió que los mapuches recuperaran sus tierras. Sin embargo, en 1980, el Gobierno de Pinochet promulgó una ley que acabó con las reservas mapuches. Hoy en día, la Araucanía sigue siendo el escenario de un conflicto secular entre las autoridades e instituciones. No obstante, la situación va mejorando con el proceso de reconocimiento mediante la promulgación de la Ley de Desarrollo Indígena en 1993 por la que el Estado reconoció a las comunidades indígenas como descendientes legítimos de los pueblos originarios del territorio. En 2009, entró en vigor el Convenio 169 de la OIT, muy esperado por los nativos. También se dieron 230.000 hectáreas a las comunidades indígenas y se crearon unas 33.600 becas para estudiantes indígenas. A pesar de tímidos avances, los mapuches siguen reivindicando la autonomía jurisdiccional (derecho propio), la recuperación de tierras ancestrales y el reconocimiento de la identidad cultural. Por otra parte, acusan al Estado de reprimir y desarticular sus demandas, realizando juicios fraudulentos contra los llamados "presos políticos mapuches". Así se pasa por alto la Ley de Desarrollo Indígena. En su viaje en enero de 2018, el papa Francisco hizo del pueblo mapuche una prioridad con una visita a su territorio.

Colombia

Desde 1991, el concepto de nación pluriétnica, multicultural y multilingüe está incorporado en la Constitución de Colombia y ese mismo año se aprobó por ley el Convenio 169 de la OIT. Los territorios indígenas están constituidos en comunidades donde se tiene acceso a una educación propia en lengua nativa. En 1995, se instaló en el país la petrolera Occidental Petroleum en el territorio uwa, lo que dio lugar a un largo conflicto entre los nativos y los "extractivistas". Durante el mandato de Álvaro Uribe, la Organización de las Naciones Unidas denunció los asesinatos de indígenas y en particular del grupo kankuamo, amenazado de exterminio. En agosto de 2017, tuvieron lugar enfrentamientos, entre el Ejército de Liberación Nacional (ELN) y las fuerzas de seguridad del Estado que provocaron una crisis humanitaria poniendo en peligro a los indígenas. A pesar del acuerdo de paz con las FARC, los indígenas siguen vulnerables frente a otros grupos paramilitares, los narcotraficantes o las multinacionales. Casi 200.000 indígenas declararon ser víctimas directas de los narcoterroristas y una tercera parte de los nativos está en peligro de extinción. Por muy extraño que parezca, la situación de la población indígena de Colombia ha empeorado desde la firma del acuerdo de paz (➔ véase cap. 45). Aunque el Gobierno garantiza en la Constitución derechos y territorios a los pueblos nativos, éstos no se respetan casi nunca en la práctica. A menudo exigir su derecho de posesión de sus tierras es imposible ya que los indígenas no tienen certificados de propiedad. Las entidades territoriales indígenas (ETIs), creadas a partir de la Constitución de 1991 para reglamentar los territorios donde viven las comunidades indígenas, son entidades que tienen sus propios gobiernos locales encabezados por un gobernador indígena y reciben una financiación del Estado gracias a la Ley 60 de 1993 para apoyar estos territorios que resultan no enajenables.

Ecuador

El Convenio 169 de la OIT fue ratificado por Ecuador el 15 de mayo de 1998. En 2000, cientos de miles de manifestantes lograron provocar la dimisión del presidente Jamil Mahud. La Declaración de las Naciones Unidas sobre los Derechos de los Pueblos Indígenas fue adoptada por la Asamblea General el 13 de septiembre de 2007. Ecuador es un país intercultural y plurinacional que reconoce y garantiza la existencia de distintas culturas, caracterizadas por tener sus propias costumbres, tradiciones e idioma. A título de ejemplo, la educación bilingüe es un derecho que obliga a que tanto en los tribunales como en los organismos públicos haya funcionarios que hablen o traduzcan la lengua quichua. Se debe consultar a las comunidades para extracción de hidrocarburos y negociar con ellas indemnizaciones. Sin embargo, pese a los derechos consagrados en la Carta Magna, persisten las violaciones a los derechos indígenas. En agosto de 2017, representantes de los indígenas shuar presentaron ante la Comisión Interamericana de Derechos Humanos (CIDH) su preocupación ante las actividades extractivistas que se llevan a cabo en el país y que provocan su desplazamiento y podrían poner en riesgo la vida de ciertos pueblos en aislamiento voluntario.

Guatemala

El Acuerdo sobre Fortalecimiento del Poder Civil y Función del Ejército en una Sociedad Democrática adoptado en 1996 fue clave para proteger a las comunidades indígenas para quienes la llegada de las fuerzas de seguridad a sus territorios significó pérdidas humanas, materiales y culturales. Aunque el Gobierno de Guatemala ha adoptado la Declaración de las Naciones Unidas sobre los Derechos de los Pueblos Indígenas, éstos continúan sufriendo limitaciones en su participación en el ámbito político, laboral o educativo.

Rodrigo Tot, agricultor indígena guatemalteco que entabló la lucha contra una minera y las autoridades de su país para recuperar las tierras de su comunidad, fue galardonado con el prestigioso Premio Ambiental Goldman 2017. Su distinción llega después de que dos ganadores latinoamericanos fueran asesinados en 2016 (➔ véase cap. 60).

Honduras

Varios pueblos indígenas afirman que sus derechos a ser consultados no se cumplen en caso de proyectos de exploración y explotación de recursos naturales en sus territorios. Los pueblos indígenas siguen teniendo dificultades para acceder a la justicia en casos de agresión u homicidios. Los indígenas (muchas veces activistas) resultan particularmente vulnerables como lo ilustra el asesinato de Berta Cáceres el 3 de marzo de 2016 (➔ véase cap. 60).

México

En México donde está aprobado el Convenio 169 de la OIT, se admite la educación bilingüe, se respeta la cultura ancestral y se proponen políticas específicas en materia de tierras, pero no se habla de autonomía plena de los indígenas. En 1992, el Estado mexicano reconoció a los pueblos indígenas al añadir en su Carta Magna un artículo para tomar en cuenta esta comunidad. México fue declarado nación multicultural fundada en sus pueblos indígenas. 67 idiomas indígenas son cooficiales junto al español, pero existen otros 220 en México. En la práctica su uso resulta bastante limitado la extrema pobreza y alta marginalidad siguen formando parte de su vida. En general, las comunidades indígenas no son consultadas, se las hostiga y se criminaliza a sus líderes. La presión extractivista para que sus territorios sean concesionados para megaproyectos frena los avances en materia de derechos de los indígenas que no tienen ningún peso frente a los intereses del Estado y de las empresas mineras e hidroeléctricas. Por ejemplo, numerosos indígenas de Puebla sufren escasez de agua debido al uso que hacen de ella las grandes multinacionales sin que nadie se ofenda por ello (➲ véase cap. 58).

Paraguay

En un Estado de tan sólo siete millones de habitantes, más de dos millones son descendientes de alguna de las 20 etnias originarias que conviven en el país. En 1992, la lengua guaraní se convirtió en lengua oficial junto al español en Paraguay. El 76 % se encuentra en situación de pobreza extrema, según el censo de, y suelen sufrir racismo en su vida diaria. Paraguay es el único país del Cono Sur que no posee una ley contra toda forma de discriminación. El caso más extremo de rechazo fue el del pueblo aché, víctima de una campaña de exterminio instaurada por la dictadura militar de Alfredo Stroessner (1954-1989) en la década de 1970. A raíz de estos actos, su población disminuyó más del 60 % en menos de cinco años por la expulsión de sus tierras, la falta de atención médica y la venta de sus niños para el trabajo doméstico.

Perú

Entre 1995 y 1999 (bajo la presidencia de Alberto Fujimori), unas 331.600 mujeres y unos 25.500 hombres, en su mayoría indígenas, fueron esterilizados a la fuerza (mediante chantaje, presiones o amenazas). En 2009, a raíz de las protestas indígenas que se saldaron con la muerte de 34 personas, el gobierno de Alan García (2006-2011) suspendió el decreto conocido como “Ley de la Selva” que ponía en peligro el territorio indígena a favor de las multinacionales del sector energético. Ollanta Humala, presidente de Perú elegido en julio de 2011, votó en septiembre del mismo año, la Ley de Consulta Previa que obliga al Estado a preguntar a las comunidades nativas antes de aprobar proyectos mineros y energéticos en sus tierras. Bagua, la provincia desde la que se promulgó dicha ley, en la región del Amazonas, fue teatro de cruentos enfrentamientos entre la policía y los indígenas a raíz de la inversión privada en sus tierras autorizada por el entonces presidente Alan García. En 2016, tuvieron lugar 13 vertidos de petróleo del Oleoducto Norperuano (que liberaron 3.000 barriles de petróleo, unos 477.000 litros, en varios ríos de la Amazonia peruana) que contaminaron agua y tierras pertenecientes a los pueblos indígenas de la cuenca amazónica. Las organizaciones indígenas de las zonas afectadas se declararon en huelga para exigir al gobierno que abordara cuestiones como la salud de la población y las reparaciones por los daños al medio ambiente. La Asociación Interétnica de Desarrollo de la Selva Peruana, portavoz de los pueblos indígenas locales, organizó protestas frente al edificio de la empresa estatal a la que acusan de ser responsable de las fugas. En diciembre de 2016, las organizaciones indígenas y el gobierno acabaron por firmar un acuerdo a este respecto. La vulnerabilidad de las comunidades indígenas también viene de proyectos de construcción como el del aeropuerto de Chincheros (cerca de Cuzco, para llegar más fácilmente al Machu Picchu), iniciado en febrero de 2017. Las comunidades quechuas fueron desalojadas de sus tierras en aras del turismo y numerosas familias vendieron sus terrenos a cambio de poco dinero impidiendo así el ancestral cultivo de la papa (o patata).

En octubre de 2020, la Federación Nativa del Río Madre de Dios y Afluentes (Fenamad) denunció que unas 380 comunidades pertenecientes a 16 pueblos originarios corrían riesgos debido a una ley promulgada sin consulta previa con los indígenas ni con entidades medioambientales. Dicha norma legislativa, al priorizar la construcción de carreteras en una zona reservada a las comunidades, pone en peligro a sus habitantes.

El advenimiento político: de la resistencia al poder

"Volveré y seré millones", ¿acaso esta frase atribuida a Túpac Amaru, antes de su ejecución por los españoles, está cumpliéndose tal y como un presagio?

Los descendientes de los indígenas, otrora[11] diezmados[12], explotados y discriminados, quieren que se oigan sus reivindicaciones, aun a riesgo de desestabilizar a los gobiernos en funciones. América Latina ha experimentado una inédita movilización de los pueblos indígenas en los últimos 20 años, pero su participación política, y especialmente la de las mujeres indígenas, sigue muy baja. En México, Guatemala, Perú, países con población mayoritariamente indígena, los movimientos indígenas no han logrado crear todavía una organización política propia para participar electoralmente. Sin instrumento político propio, los indígenas no pueden acceder al poder ni cambiar su situación socioeconómica, así como la percepción que de ellos se tiene. Ninguno de los partidos políticos tradicionales asume a los indígenas como sujetos plenos de derechos.

Ecuador y Bolivia son las dos puntas de lanza en este ámbito. En 2003, Nina Pacari fue la primera mujer indígena en ser ministra en Ecuador. En agosto de 1998, había sido elegida al Congreso Nacional del Ecuador y en mayo de 2007, fue nombrada jueza del Tribunal Constitucional. La victoria de Evo Morales en los comicios presidenciales de diciembre de 2005 se consideró el verdadero punto de partida de la emergencia del "poder indio" y de un orgullo indio, aunque en Perú, el presidente Alejandro Toledo (de origen indígena) ya había declarado, al referirse a su elección, que su pueblo (la comunidad indígena) había esperado quinientos años. Evo Morales había creado en enero de 1999 su propio brazo político, el MAS (Movimiento Al Socialismo) que le permitió pasar de la resistencia social a la construcción de un poder político.

El despertar indio ya se había percibido en el país con los aymara que contribuyeron, en 2003, al derrocamiento[13] del presidente Gonzalo Sánchez de Lozada (elegido democráticamente) que pretendía exportar gas boliviano hacia California, pasando por Chile.

En Ecuador, en 1986, se conformó la primera organización nacional de indígenas, la Confederación de Nacionalidades Indígenas del Ecuador (CONADE), luego transformada en la CONAIE. Así se puso en marcha el "movimiento indígena", con varias movilizaciones reivindicativas hasta que en 1996 nació el Movimiento Plurinacional Pachakutik-Nuevo País, como una alianza interétnica que representaba a los indios y mestizos en un proyecto común. Su compromiso político abogaba por la renovación democrática, la visibilización étnica y la lucha contra el modelo económico neoliberal vigente desde los ochenta.

La Confederación de Nacionalidades Indígenas del Ecuador (CONAIE) es una organización que resulta de la lucha continua de las comunidades indígenas. Tiene como objetivo consolidar a los pueblos indígenas de Ecuador, proteger sus territorios, luchar contra la opresión de las autoridades civiles, abogar por la identidad y la dignidad indígena, así como arremeter contra el colonialismo.

La primera elección de Rafael Correa en 2006 dio lugar a una investidura según los ritos indios en presencia de Evo Morales y Hugo Chávez en Zumbahua que reveló su afán de visibilidad hacia las poblaciones indígenas.

En México, más de veinte años tras la sublevación del EZLN, éste surgió una vez más en la esfera pública con nuevas propuestas. En octubre de 2016, el EZLN anunció junto con el Congreso Nacional Indígena su intención de participar en las elecciones presidenciales de 2018 con una mujer indígena (María de Jesús Patricio Martínez) como candidata independiente.

"De la resistencia al poder", tal era el tema de la tercera Cumbre Continental de los Pueblos Indios, celebrada en Guatemala en 2007. El título de este foro plasma la voluntad de los pueblos originarios de subir al escenario político y cambiar su suerte. Sin embargo, queda mucho camino por recorrer para que los indígenas alcancen los derechos que las constituciones les atribuyen y para que su representación política sea realmente efectiva. Pese a una visibilidad cada vez más fuerte, el balance no es tan alentador ya que los indígenas –mujeres incluidas– están poco representados políticamente. En México, de un total de 14 diputados indígenas en una cámara de 500 diputados en el periodo 2012-2015, cuatro eran mujeres. Guatemala contaba con tres mujeres, entre 19 indígenas, en un total de 158 escaños en el periodo 2012-2016. Nicaragua tuvo dos mujeres de los tres indígenas en un total de 92 diputados en la Asamblea Nacional entre 2006 y 2009. En Ecuador, de un total de 124 asambleístas, sólo había dos mujeres del total de siete indígenas en el periodo 2009-2013. En Perú, de los 130 congresistas, nueve eran indígenas (2 de ellos mujeres) entre 2011 y 2016. En Bolivia, donde los indígenas representan la mayoría de la población, de los 130 diputados en la Cámara 41 eran indígenas (nueve de ellos eran mujeres) (➔ véase cap. 61).

María de Jesús (Marichuy) Patricio Martínez es una indígena mexicana nahua, médica tradicional y defensora de los derechos humanos, elegida por el Congreso Nacional Indígena como representante indígena para las elecciones presidenciales de 2018. En enero de 2018, la caravana en la que viajaba la candidata para realizar su campaña fue asaltada violentamente.

En las elecciones del 18 de octubre de 2020 en Bolivia, el Movimiento Al Socialismo salió victorioso gracias al voto de la clase media y de los electores indígenas. Logró los siete escaños en los departamentos que tienen una representación Indígena Originario Campesino.

Yalitza Aparicio, de maestra a máximo exponente de la causa indígena

Yalitza Aparicio es una profesora mexicana y actriz que salió a la fama por su actuación en la película *Roma* del director Alfonso Cuarón. Su papel en la cinta le valió una nominación para el Óscar a mejor actriz, convirtiéndose así en la primera indígena nominada para este premio. *The New York Times* la consideró como mejor actuación de 2018, fue portada de la revista Vogue en diciembre del mismo año y en octubre de 2019, la BBC la incluyó en la lista de las cien mujeres más influyentes del mundo. Su fama fulgurante le dio visibilidad a toda la comunidad indígena y sobre todo a las mujeres. Ese mismo mes, la UNESCO la nombró embajadora de Buena Voluntad por su compromiso con la igualdad de género y los derechos de los pueblos autóctonos. En septiembre de 2020, protagonizó la nueva campaña de Dior de mujeres poderosas, una iniciativa llamada #DIORSTANDSWITHWOMEN cuyo objetivo es visibilizar a las mujeres que están cambiando el mundo. Durante la pandemia de coronavirus, la portavoz de los indígenas llamó a proteger a los trabajadores domésticos que corren el riesgo de contaminarse para mantener su sueldo por falta de acceso al sistema de protección social.

El impacto de la Covid-19 en la comunidad indígena

La pandemia representa una verdadera amenaza para la salud de los pueblos originarios que antes de la crisis provocada por el coronavirus ya experimentaban un acceso insuficiente a los servicios sanitarios. La mayor parte de las instalaciones médicas (cuando existen) están mal equipadas y carecen de personal cualificado. Además, se encaran a la inseguridad alimentaria, como consecuencia de la pérdida de sus territorios tradicionales. Los pueblos indígenas de la región amazónica corren más riesgos de contaminarse. Según la Organización Panamericana de la Salud, las poblaciones indígenas de la Amazonia brasileña y colombiana tienen 10 veces más probabilidades de contraer la enfermedad que otros grupos. El acceso a los servicios sanitarios resulta ser un verdadero desafío para esta comunidad haciéndola particularmente vulnerable. El aislamiento, el hacinamiento, el limitado acceso a medidas de higiene preventiva son tantos más factores que facilitan la transmisión del virus. A 30 de octubre de 2020, se habían registrado unos 170.000 casos entre los indígenas en 12 países y casi 3.500 fallecimientos. El Ejecutivo mexicano implementó acciones de prevención entre los locales mediante guías escritas o auditivas en varias lenguas autóctonas (náhuatl, tsotsil, chinanteco…) para garantizar su información frente a la pandemia. Las comunidades indígenas también aplican sus propias estrategias para enfrentar esta situación utilizando los conocimientos y prácticas tradicionales, como el aislamiento voluntario y el cercamiento de sus territorios.

NOTAS

1. aislado: *isolé*
2. marcar un hito: *faire date*
3. el censo: *le recensement*
4. fidedigno: *digne de foi*
5. el punto álgido: *le point d'orgue*
6. asentar = instalar
7. amparar = proteger
8. relevante = significativo, importante
9. el desalojo = la expulsión
10. La Pachamama = la Madre Tierra
11. otrora: *autrefois*
12. diezmado: *décimé*
13. el derrocamiento: *le renversement*

- ***La controverse de Valladolid*** (1992) del director Jean-Daniel Verhaeghe cuenta el debate entre Fray Bartolomé de Las Casas y Juan Ginés Sepúlveda sobre la condición indígena durante la colonización.
- ***La tierra de los hombres rojos*** (2008) de Marco Bechis cuenta la tragedia de los jóvenes indígenas que, al no tener posibilidades de integrarse en la sociedad brasileña se suicidan.
- ***Newen Mapuche*** (2010) de Elena Varela es un documental sobre las razones del conflicto entre el pueblo Mapuche y el Estado chileno.
- ***También la lluvia*** (2010) de Icíar Bollaín ambienta su película en Cochabamba donde la privatización y venta del agua a una multinacional siembra entre la población un malestar tal que hará estallar la Guerra Boliviana del Agua. La historia se desarrolla durante el rodaje de una película sobre Cristóbal Colón y el descubrimiento de América y el director eligió Bolivia por tener una gran población indígena que para él es una mano de obra barata.
- ***Insurgentes*** (2012) de Jorge Sanjinés repasa momentos históricos de los nativos indios en la lucha contra los conquistadores españoles.
- ***El abrazo de la serpiente*** (2015) de Ciro Guerra narra dos historias que tienen lugar en 1909 y 1940 durante la Fiebre del Caucho.
- ***Roma*** (2018) de Alfonso Cuarón cuenta la vida de una sirvienta indígena en una familia mexicana acomodada.

La controverse de Valladolid (1992), del escritor francés Jean-Claude Carrière, escrito con motivo del quinto centenario del descubrimiento de América. Se basa en hechos reales ocurridos en 1550 durante el debate entre Fray Bartolomé de Las Casas y Juan Ginés Sepúlveda.

MC112 La cuestión indígena

LA CUESTIÓN INDÍGENA

- **1492**
  - **12 de octubre de 1492**
  - Llegada de Colón a Guanahani (actual San Salvador)
  - Encuentro entre dos mundos que provocó la muerte de numerosos nativos (asesinatos, epidemias europeas y trabajos forzados)
  - Día de la Hispanidad
- **Principales países**
  - **50 millones de indígenas (826 etnias)**
  - Bolivia (62 % de la población total del país)
  - Guatemala (41 %)
  - Perú (24 %)
  - México (15 %)
- **1992**
  - **Premio Nobel de la Paz**
  - Rigoberta Menchú (Guatemala)
  - **V Centenario del "Descubrimiento"**
  - **El despertar indio**
- **1994**
  - **ELNZ (Ejército de Liberación Nacional Zapatista)**
  - Subcomandante Marcos
- **2008**
  - **Premio Ambiental Goldman**
  - Jesús León Santos, indígena mexicano
  - Por su labor en la reforestación en Oaxaca
- **El impacto de la Covid-19**
  - **Población particularmente vulnerable**
  - 3.500 muertes en la comunidad indígena (octubre de 2020)
  - Prevención: guías en lenguas originarias
- **Presencia política**
  - **"Volveré y seré millones"**
  - **Bolivia**
  - Evo Morales considerado como primer presidente indígena
  - **Guatemala**
  - "De la resistencia al poder", lema de la tercera cumbre continental de los pueblos indios en 2007
  - **México**
  - Candidata indígena, María de Jesús Patricio Martínez, en las elecciones presidenciales de México (2018)
- **Lucha y reconocimiento**
  - En la Constitución
  - Por ley
  - Confederación de Nacionalidades Indígenas del Ecuador (CONAIE)
  - Yalitza Aparicio, tótem de la causa indígena

LOS MOVIMIENTOS AMBIENTALISTAS EN LATINOAMÉRICA 60

Frente a los problemas ecológicos que conoce Latinoamérica debidos al modelo extractivista[1], varias voces se levantaron para dar la alarma sobre los peligros que, a corto y largo plazo[2], sufre la región.

La sobreexplotación de las riquezas naturales en América Latina

Las condiciones de producción y consumo de los países del subcontinente agotan[3] los recursos naturales (➲ véase cap.58) y tienen consecuencias no sólo en la naturaleza sino también en las poblaciones. Por otra parte, se produce una pérdida de identidad de los pueblos, una destrucción de sus valores culturales y la sustitución de sus prácticas tradicionales en la utilización de los recursos por otras ajenas[4] a su ámbito ecológico y cultural de origen. Para ilustrar las consecuencias de la sobreproducción, del rendimiento (producción de biocombustibles, "megaminería" a cielo abierto, cultivos transgénicos) y de la invasión de las tierras por las industrias cualesquiera que sean sus sectores laborales, basta con citar la deforestación de la selva amazónica, la erosión de los suelos, la pérdida de biodiversidad, la contaminación (del aire, del agua o de la tierra), el acceso limitado al agua, el impacto en la salud, el éxodo de las poblaciones indígenas, campesinas e incluso urbanas por las expropiaciones de sus tierras o propiedades. Para denunciar el abuso de las multinacionales en América Latina, se creó un tipo de recompensa satírica: el Premio Internacional Motosierra de Oro con que Greenpeace "galardona" irónicamente a dirigentes o responsables de actos nefastos, entre otros la deforestación. Entre agosto de 2003 y agosto de 2004, el terreno deforestado en Brasil correspondía a 26.130 km², o sea una superficie superior a El Salvador. El gobernador Blairo Maggi (nombrado ministro de Agricultura en mayo de 2016), ganó este trofeo por su desinterés hacia el medio ambiente. Numerosas veces los Estados actúan con los activistas como si cometieran un delito. Prueba de ello el encarcelamiento del militante ambientalista indígena mexicano Ildefonso Zamora por su lucha contra la tala ilegal.

El activismo ecologista en América Latina impacta en los derechos humanos, así como en la seguridad de los activistas medioambientales y no puede contar con las garantías institucionales para preservar la biodiversidad, a sus habitantes y a los defensores de ambos. Entonces, los movimientos ambientales surgieron como respuesta a la falta de compromiso de los Estados en el ámbito ecológico. Muy a menudo están formados por grupos con identidad propia (numerosas veces indígenas), ostentan una fuerte cohesión frente al poder del Estado y a los abusos de las grandes firmas que rigen el orden económico mundial. Estos nuevos militantes ocupan cada vez más la escena política reivindicando más respeto hacia su cultura y el entorno donde viven, pidiendo equidad social y una mejor calidad de vida para las comunidades locales. Su objetivo fundamental es encontrar alternativas y nuevos escenarios de acción política, para limitar el impacto de la relación que existe entre la sociedad de consumo y la naturaleza en el marco de la globalización. Para recompensar las acciones y el compromiso de los activistas medioambientales y darles visibilidad, Richard y Rhoda Goldman crearon el Premio Ambiental Goldman en 1990. Se trata de uno de los máximos reconocimientos por la defensa del medio ambiente. Desde 2012, en América Latina, fueron mujeres (y no hombres) las que lo obtuvieron por su labor de defensora de la Madre Tierra.

Morir por defender el planeta... (véase MC 113)

América Latina es la región más mortífera para los activistas medioambientales. La corrupción política que gangrena el poder, tanto a nivel local como nacional, es el principal motor de estos crímenes. Los políticos y empresarios, cualquiera que sea su ideología o su puesto, tienen una gran responsabilidad y cuentan con un panel de varias armas para conseguir sus fines: intimidación, amenaza, maltrato físico y sicológico, destrucción del medio ambiente y asesinato.

Chico Mendes pagó con su vida en diciembre de 1988 su lucha por la defensa de los pueblos y tierras de la Amazonia y contra los latifundistas, la extracción maderera y las grandes empresas de la industria agroalimentaria. Se convirtió en héroe de la causa de los pueblos amazónicos y de su hábitat. Fue el primero de una larga lista interminable. De hecho, el grupo mexicano Maná inmortalizó su figura en la canción "Cuando los ángeles lloran" y se creó en 2004 el premio Chico Mendes con el que se recompensa a las personalidades por su labor. En diciembre de 2018, el papa Francisco fue premiado, así como Lula da Silva.

La ejecución, en enero de 2017, de Isidro Baldenegro (activista indígena mexicano galardonado[5] en 2005 con el Premio Goldman por su defensa de los bosques de la Sierra Tarahumara) le asestó un duro golpe a los militantes ecologistas por su gran compromiso y su influencia internacional.

En 2019, entre los cinco países más afectados por estos crímenes, cuatro se encontraban en Latinoamérica. Colombia, Brasil, México y Honduras encabezaban la clasificación de las naciones con mayor número de asesinatos de ecologistas. De los 212 defensores de la tierra que fueron asesinados, más de las dos terceras partes eran latinoamericanos. La situación en Colombia se agravó pasando de 24 asesinatos en 2018 a 64 en 2019. El país dejó el segundo lugar en la lista de defensores del medio ambiente asesinados para alcanzar el primer puesto. En México, 18 ambientalistas fueron asesinados por su compromiso medioambiental. Estos asesinatos están relacionados con los esfuerzos de los indígenas por detener la tala ilegal de árboles en sus tierras. En Honduras, los ataques letales aumentaron de 4 en 2018 a 14 en 2019. Afectaron especialmente a las mujeres y no dejaron de crecer desde el asesinato de Berta Cáceres en 2016, pocos meses después de haber ganado el premio Goldman, por oponerse a la construcción de un embalse en su región.

Proteger a la Pachamama[6], ¿un asunto de mujeres?

"¡Ni las mujeres ni la tierra somos territorios de conquista!", este mensaje del grupo feminista boliviano "Mujeres Creando" resume la correlación que existe entre mujer (cuerpo) y tierra (territorio) (sobre todo en la cosmovisión indígena) y sintetiza en sí la idea de una lucha propia de las mujeres para preservar la tierra, correlato de su cuerpo. Por cierto, la Tierra para los indígenas es la Pachamama, la Madre Tierra que encierra en sí la idea de territorio y de fecundidad. Resulta casi natural, cuando no esencial, el compromiso mujeril por la defensa del planeta tanto más cuanto que las prácticas extractivistas tienen un impacto directo en la salud y la fertilidad de las mujeres y provocan más violencia de género. En Latinoamérica, existe la triple pena de ser mujer, indígena y ambientalista. Cada una de estas características tomadas por separado ya representa un peligro en la región. Entonces cumular las tres multiplica los riesgos, pero no impide que las mujeres indígenas ambientalistas defiendan su territorio sean cuales sean las consecuencias ya que permanecer de brazos cruzados también es peligroso. El llamado "ecofeminismo" está muy presente en América Latina, pero a menudo sin que las protagonistas de la defensa de las tierras sepan lo que es. Puede parecer paradójico, pero lo importante para ellas no es teorizar su lucha sino actuar para que las mentalidades y las acciones cambien.

En Argentina, la producción de soja transgénica se concentra en la región de Córdoba. La fumigación diaria de las zonas cultivadas provocó a principios de los años 2000 numerosas enfermedades en los habitantes locales. Las madres de Ituzaingo se dieron cuenta de la relación que existía entre las fumigaciones y los casos de leucemia, malformaciones o cánceres y empezaron a denunciar las consecuencias dramáticas de este tipo de cultivo en los vecinos. Su combate permitió que se votara una ley en 2004 con vistas a impedir la fumigación en un radio de 1 500 metros. En la localidad de Malvinas Argentinas, las mujeres encabezaron la lucha contra la construcción por la multinacional Monsanto de la mayor fábrica de semillas de maíz transgénico de América Latina. Lograron impedir la implantación del gigante productor de agroquímicos y biotecnología. Una victoria que recuerda que David puede vencer a Goliat.

Destacan algunas mujeres por su mediatización, su reconocimiento internacional y su empeño para defender su tierra y las comunidades que allí viven.

Máxima Acuña: esta peruana luchó contra el Proyecto Conga de la minería Yanacocha que quería ampliar su zona de explotación. Además de sufrir numerosas intimidaciones (destrucción de su casa, amenazas) por parte de la empresa y ninguna reacción de la policía, Máxima Acuña fue agredida junto con su hija. Protestó y denunció los hechos ante la Justicia peruana, pero en vez de respaldarla, la sentenciaron y la obligaron a abandonar sus tierras. El 18 de abril de 2016, recibió el Premio Medioambiental Goldman por su lucha en defensa del medio ambiente.

Ruth Buendía: seleccionada en 2012 por el periódico *El País* entre las 100 personalidades más destacadas de América Latina por su valor y compromiso, recibió el premio Goldman en 2014 por su labor contra la construcción de dos plantas hidroeléctricas que ponían en peligro los territorios y habitantes indígenas peruanos.

Berta Cáceres: cofundó en 1993 el COPINH (Consejo Cívico de Organizaciones Populares e Indígenas de Honduras) para luchar por la defensa del medio ambiente y mejorar las condiciones de vida de las poblaciones rurales e indígenas de la región. No dudó en denunciar el acoso[7] a los indígenas y el robo de sus tierras por parte del gobierno hondureño, así como la venta de los recursos naturales de su país. Solía actuar en todos los frentes (para evitar la privatización de los ríos, cancelar los proyectos de presas hidroeléctricas y contrarrestar los megaproyectos mineros, eólicos y madereros). Luchó contra el proyecto hidroeléctrico Agua Zarca, en el río Gualcarque. Para ella y su comunidad, el desvío del río no sólo representaba un ataque espiritual (por ser un río sagrado) sino también una expoliación de sus recursos vitales –el agua y los peces– necesarios a la supervivencia de los habitantes locales. El asesinato de Berta Cáceres el 3 de marzo de 2016 fue el único medio para detenerla y silenciarla.

Jakeline Romero: esta lideresa colombiana de la comunidad de los indígenas Wayúu y activista por los derechos de las mujeres y pueblos indígenas fue víctima de amenazas e intimidaciones repetidas por parte de paramilitares y poderosas corporaciones contaminantes.

Lesbia Yanet Urquía: esta lideresa comunitaria hondureña que formaba parte del COPINH desde las protestas en contra del golpe de Estado de 2009 (➔ véase cap.38) era una activista medioambiental que velaba por[8] los derechos indígenas en contra de la construcción de la represa hidroeléctrica Aurora I. En julio de 2016, cuatro meses después del asesinato de Berta Cáceres, Lesbia Yaneth Urquía fue asesinada a su vez.

Estos últimos años, decenas de mujeres activistas fueron asesinadas por su combate por la protección de la Pachamama en aras del provecho a costa de las poblaciones y sus tierras.

Radiografía pulmonaria de Latinoamérica

La ceguera brasileña: "Habría que felicitar a Brasil por la forma en que protege su medio ambiente", dijo Jair Bolsonaro en septiembre de 2020 durante un evento de apoyo al sector agrícola del Pantanal, el mayor humedal[9] tropical del planeta. Esta declaración se dio en el punto álgido de los incendios (en su mayoría provocados por el hombre) en la selva amazónica y en El Pantanal. De hecho, la arrasadora ola de fuegos que devoraban la fauna y la flora de dichas zonas se intensificó entre 2019 y 2020 con un aumento del 14 %. Como consecuencia de la pésima gestión medioambiental en Brasil, en 2019, el Ejecutivo francés rechazó la ratificación del acuerdo comercial entre la Unión Europea y Mercosur por motivos ecológicos. El bosque tropical que ardía también estaba en el radar del candidato a la Casa Blanca, Joe Biden, que amenazó a Brasil con sanciones económicas si seguía ese rumbo en su política ambiental. Pero en 2020, en el contexto de crisis sanitaria, la comunidad internacional tenía otras prioridades y no se preocupó tanto por esta catástrofe ecológica. El colmo es que Lula había sido galardonado con el premio medioambiental Chico Mendes, en diciembre de 2018, desde la cárcel donde estaba preso.

La paradoja boliviana: desde su primera elección en 2005, Evo Morales (➔ véase cap.42) no deja de referirse a la Madre Tierra y a poner (teóricamente hablando) a los indígenas en el centro de sus preocupaciones. En 2015, aludió a este tema evocando "la obligación de defender la vida, de salvar la Pachamama (...)", señalando que "los países industrializados están sobreindustrializando y eso tiene un costo para el planeta Tierra". Detrás de este discurso ecologista, se esconde una realidad que no es un camino de rosas[10]. Las derivas de la política ambiental boliviana ponen en peligro no sólo la naturaleza sino también a los indígenas implementando megaproyectos ya sea para competir a nivel internacional con sus vecinos, ya sea para multiplicar los beneficios. El corredor[11] transoceánico que une Brasil a Chile pasando por Bolivia provocó el desvío de numerosos ríos, el desplazamiento de los habitantes, así como un incremento de la criminalidad y una alteración del ecosistema. Por otra parte, en mayo, el gobierno aprobó un decreto que permitía que las petroleras prospectaran en las zonas protegidas y en febrero de 2016, se inició el proyecto "Nueva Esperanza" para la extracción de petróleo en parques protegidos y eso que podría engendrar sacudidas sísmicas. Evo Morales tampoco quiso renunciar a su salida al mar y para conseguirlo estuvo dispuesto a cualquier sacrificio.

La ambivalencia ecuatoriana: como su homólogo boliviano, el entonces mandatario ecuatoriano Rafael Correa (➔ véase cap.46) no dudó en encenderle una vela a Dios y otra al Diablo[12] al proteger ciertas áreas de su país para luego desdecirse[13] de sus propias promesas. Fue el caso de la fracasada iniciativa "Yasuni ITT" (➔ véase cap. 58) por la que el presidente Correa debía proteger la biodiversidad de su país. Al contrario, condujo a la explotación del suelo por el petróleo a expensas de la riqueza de la naturaleza y de los indígenas presentes en este territorio. Para preservar esta zona había pedido la ayuda internacional, pero alegando que no era suficiente, empezó la extracción del petróleo.

Honduras: desde el golpe de Estado de 2009, se han emprendido en el país numerosos megaproyectos muy destructivos para el medio ambiente, que acarrean[14] el desplazamiento de las comunidades indígenas, la privatización de ríos y territorios que privan a las poblaciones de su mayor fuente de agua y alimentos.

Nicaragua: la obra faraónica de creación de un canal interoceánico (➔ véase cap. 39) que fue otorgada a la empresa china *Hong Kong Canal Development* mediante una ley de concesión de 100 años tendrá consecuencias desastrosas sobre el medio ambiente si se lleva a cabo su construcción. Este canal pasaría por el lago Cocibolca que representa la mayor reserva de agua dulce de toda América Central. También preocupa mucho la posible contaminación del lago debida a un accidente o a la intrusión de agua salada una vez que el lago esté conectado con el océano. Investigadores alertan que peligraría el ecosistema del lago con sus especies endémicas y sus patrones migratorios. Además, la ubicación del canal dentro de una zona volcánica y sísmica activa podría afectar la viabilidad técnica del proyecto. Por eso este proyecto (varado de momento) suscitó muchas reacciones por parte de los activistas medioambientales que fueron violentados como consecuencia de sus peticiones. El caso del grupo de medioambientalistas mexicanos "Caravana para el buen vivir", detenidos en Nicaragua en 2016 y cuyo objetivo era recorrer México y América del Sur para difundir una educación ambiental, simboliza una práctica presente en la mayor parte de los países latinoamericanos: es más fácil acallar a los que denuncian que detener a los que cometen delitos contra las tierras y las poblaciones.

Una chispa[15] de esperanza...

El ecologista estadounidense Douglas Tompkins se dedicó a la preservación de la biodiversidad y al activismo medioambiental creando organizaciones de protección del medio ambiente (principalmente activas en Argentina y Chile), fomentando la creación de parques protegidos (en Chile). Después de su muerte, su esposa regaló 400.000 hectáreas al Estado chileno para que las incorporara a parques naturales y amplificara la protección de los territorios. Se trata de la mayor donación privada del planeta.

NOTAS

1. extractivista = que extrae los recursos del subsuelo
2. a corto y largo plazo: *à court et long terme*
3. agotar: *épuiser*
4. ajeno: *différent, étranger*
5. galardonar = recompensar
6. la Pachamama: *la Terre-Mère*
7. el acoso: *le harcèlement*
8. velar por: *veiller sur*
9. el humedal: *le marais*
10. no ser un camino de rosas: *ne pas être un long fleuve tranquille*
11. el corredor: *le couloir*
12. encenderle una vela a Dios y otra al diablo: *ménager la chèvre et le chou*
13. desdecirse de: *revenir sur (une promesse, une décision)*
14. acarrear = provocar
15. la chispa: *l'étincelle*

Hija de la laguna (2015), documental del peruano Ernesto Cabellos Damián que relata la lucha por el agua de Nélida Ayay Chilón y de las comunidades campesinas contra la industria minera en América del Sur.

MC 113 Los movimientos ambientalistas

LOS MOVIMIENTOS AMBIENTALISTAS

- **Fuerte compromiso indígena y mujeril**
  - **Chile**
    - ONG Pachamama
  - **Honduras**
    - Berta Cáceres
    - Lesbia Yanet Urquía
  - **Perú**
    - Máxima Acuña
    - Ruth Buendía
- **Una actividad de alto riesgo**
  - **1988**
    - Asesinato de Chico Mendes (Brasil)
  - **2016**
    - Asesinato de Berta Cáceres (Honduras)
  - **2017**
    - Asesinato de Isidro Baldenegro (México)
    - Desaparición y muerte de Santiago Maldonado (Argentina)
- **Países con proyectos dañinos para el medio ambiente**
  - **Brasil**
    - Crecimiento del 64 % del área deforestada en un año (2019-2020)
    - Incendios forestales voluntarios
  - **Ecuador**
    - Yasuní-ITT
  - **Guatemala y Honduras**
    - Mar de basuras
  - **Nicaragua**
    - Construcción de un canal interoceánico (proyecto abortado)
- **Reconocimiento internacional**
  - **Premio Goldman (o Nobel verde)**
    - Ruth Buendía (2014-Perú)
    - Berta Cáceres (2015-Honduras)
    - Máxima Acuña (2016-Perú)
    - Rodrigo Tot (2017-Guatemala)
    - Francia Márquez (2018-Colombia)
    - Alberto Curamil (2019-Chile)
    - Premio cancelado por la pandemia del coronavirus (2020)
  - **Premio irónico**
    - Premio Motosierra de Oro

SER MUJER EN AMÉRICA LATINA Y NO MORIR EN EL INTENTO

61

Datos generales

Nacer hembra[1] en América Latina viene a ser un verdadero reto, cuando no un drama, para las mujeres por las múltiples desigualdades y violencias que sufren a diario. A pesar de esta situación injusta y peligrosa, numerosas latinoamericanas consiguieron o siguen logrando hacer oír su voz ya sea por cuenta propia ya sea mediante colectivos. De la Malinche a Yoani Sánchez (véase cap. 33) pasando por Rigoberta Menchú (véase a continuación), mujeres consiguen resistir en aras de[2] la libertad y los derechos humanos.

La Malinche nació con el nombre de Malinalli y como hija de un cacique feudatario del Imperio azteca, recibió el tratamiento reverencial convirtiéndose así su nombre en Malintzin (de ahí la Malinche, resultante de la deformación fonética castellana). La joven Malinalli acompañó a Hernán Cortés a lo largo de la conquista y siendo amante de Cortés, le abrió el imperio mexicano. Desempeñó así a su servicio una función clave: la de intérprete con las poblaciones indias gracias a su lengua materna, el náhuatl. Acabó siendo odiada por los suyos por traicionarlos. Se dice que Cortés le había prometido no hacerle daño al pueblo. Es un personaje controvertido porque también es el símbolo de un México moderno y mestizo.

Mujeres en la política (véase MC 114)

En esta región, las mujeres alcanzaron y siguen alcanzando niveles de poder desconocidos en la mayor parte de Europa, pese a tener derechos limitados.

Varios países del subcontinente eligieron a mujeres como mandatarias. Fue el caso de Violeta Chamorro en Nicaragua (1990), luego el de Mireya Moscoso en Panamá (1999), seguida por Michelle Bachelet en Chile en dos ocasiones (2006-2010, 2014-2018), y por Cristina Fernández de Kirchner en Argentina dos veces consecutivas (2007-2015), Laura Chinchilla en Costa Rica (2010-2014), Dilma Rousseff en Brasil (2011-2016), siendo su segundo mandato truncado a raíz de su destitución por corrupción. En México, la candidata a los comicios presidenciales de 2018 María de Jesús Patricio Martínez sumaba, según ella, dos desventajas (ser mujer e indígena) pero no dudó en desafiar los males que gangrenan su país entre los cuales corrupción, violencia e impunidad. Con esta frase recuerda el papel que desempeña, según ella, un presidente: "Servir y no servirse, construir y no destruir, obedecer y no mandar, proponer y no imponer, convencer y no vencer, bajar y no subir, representar y no suplantar". En Uruguay, Lucía Topolansky, esposa de Pepe Mujica (expresidente), asumió en septiembre de 2017 la vicepresidencia de su país tras la renuncia de Raúl Sendic por varios escándalos.

Claro que muchas de estas mujeres les sucedieron a políticos muy populares y del mismo partido. Fue el caso de Michelle Bachelet (que sustituyó a Ricardo Lagos), Dilma Rousseff (que prosiguió la labor de Lula Da Silva), Laura Chichilla (que tomó el relevo de Óscar Arias) y Cristina Fernández de Kirchner (prolongación de su esposo Néstor Kirchner). Otras ejercieron de presidentas interinas por distintas razones: Isabel Martínez de Perón (1 de julio de 1974 –24 de marzo de 1976), a la muerte de su marido Juan Perón, o Lidia Gueiler Tejada (1979-80) en Bolivia que le sucedió a Walter Guevara Arze a raíz de un golpe de Estado.

Mujeres latinoamericanas en el ámbito laboral y social

Si bien el protagonismo femenino en la esfera política se debe fundamentalmente a una voluntad de paridad (14 países de América Latina y el Caribe tienen leyes de cuotas para mejorar la participación de las mujeres en los cargos de elección popular), se puede explicar el incremento de la participación mujeril en el mundo laboral por mejoras socioeconómicas. En la mayoría de los países del subcontinente, se registran más mujeres universitarias que hombres. Sin embargo, queda mucho por hacer, sobre todo en cuanto reformas o cambios de mentalidades que permitan garantizar la igualdad de género y penalizar la discriminación. La Organización Internacional del Trabajo ya ha llamado la atención varias veces sobre la brecha salarial entre hombres y mujeres. Éstas ganan entre un 60 % y un 90 % del ingreso promedio de los hombres. En su lugar de trabajo, muchas mujeres padecen acoso[3] por parte de sus compañeros de trabajo o su jefe.

Se calcula que el porcentaje de mujeres cabeza de familia creció pasando de un 22 % en 1990 a un 31 % en 2008. Además, las mujeres de la región les dedican una mayor proporción de tiempo que los hombres a actividades no remuneradas que son características del trabajo doméstico: un 86 % en Guatemala, un 81 % en Costa Rica y un 74 % en México y Uruguay, según un informe del Banco Mundial del año 2014. La brecha salarial y el techo de cristal (➔ véase cap. 29) son síntomas de una sociedad desigual en género.

A lo largo del año 2018, numerosas mujeres de Argentina y Chile salieron a la calle o paralizaron universidades para denunciar estas desigualdades junto a la violencia de género y el acoso que sufren a diario. Las protestas a favor de la despenalización del aborto en Argentina y la movilización estudiantil en Chile marcaron el principio de una ola de feminismo en estas naciones que fue ensombrecida por el apuñalamiento de 3 mujeres durante una marcha feminista.

Cuando la unión hace la fuerza

Ante abusos a los derechos humanos emergieron diferentes colectivos mujeriles para denunciarlos y erradicarlos.

Madres de Plaza de Mayo: es una asociación argentina creada durante la dictadura de Jorge Rafael Videla (1976-1983), primero para conocer el paradero de sus hijos detenidos y desaparecidos, y luego establecer quiénes fueron los responsables de los asesinatos de sus hijos y promover su enjuiciamiento. Las Madres de la Plaza de Mayo empezaron a manifestar en dicha plaza el sábado 30 de abril de 1977 y nunca dejaron de hacerlo a pesar del retorno a la democracia en 1983. Suelen reunirse cada jueves a las tres y media de la tarde. Su señal de reconocimiento: un pañuelo[4] blanco en la cabeza (se trataba, al principio, del pañal[5] de sus hijos desaparecidos; luego, ha ido evolucionando) con la fecha de nacimiento de su allegado[6] desaparecido. Como le daban vueltas a la plaza por orden de la policía que les impedía quedarse inmóviles manifestando, se les acabó llamando "Locas de la Plaza de Mayo".

Abuelas de Plaza de Mayo: es una asociación argentina cuya meta es localizar y restituirles a sus legítimas familias todos los niños secuestrados y desaparecidos durante la dictadura militar. También actúa para que se haga justicia. Hasta junio de 2019, las Abuelas han recuperado la identidad original de 130 nietos. La presidenta, Estela de Carlotto, recuperó a su nieto Ignacio Montoya Carlotto en 2014. Se trataba del nieto 114 nacido en cautiverio[7] 36 años atrás.

Las Damas de blanco: es un movimiento cubano que reúne a esposas y familiares de presos políticos cubanos. El movimiento nació en 2003, tras la llamada Primavera Negra de Cuba. Se las llama "Damas de blanco" porque llevan ropa blanca durante sus marchas.

Ni una menos: se trata de una consigna que dio nombre a un movimiento de protesta contra la violencia hacia las mujeres. Nació en Argentina en 2015 por el hartazgo de las mujeres ante los asesinatos y las violencias a las mujeres. La primera marcha bautizada *Ni Una Menos* tuvo lugar el 3 de junio de 2015 en ochenta ciudades de Argentina tras el asesinato de una joven de 14 años por su novio. El movimiento se extendió a otros países de la región como Uruguay, Chile o Perú (el entonces presidente Pedro Pablo Kuczynski participó en la manifestación del 13 de agosto de 2016 donde se pedía el cese de la violencia machista).

Mujeres que salieron del anonimato por su compromiso

Numerosas mujeres no dudan o no dudaron en arriesgarse la vida para defender causas como la protección del planeta, la libertad de expresión o la defensa de los indígenas, entre otras.

Doña Francisca Ramírez: esta líder campesina se ha convertido en el símbolo de la lucha de los agricultores y ambientalistas de Nicaragua contra la construcción del canal interoceánico impulsado por el Gobierno de Daniel Ortega y otorgado a una empresa china. Le propusieron dinero para que abandonara su batalla, pero nunca aceptó. Finalmente, el canal no se construyó.

Berta Cáceres: fue una lideresa indígena hondureña activista medioambiental. En 2015, obtuvo el Premio Goldman, un galardón denominado el "Nobel Verde" que se concede anualmente como recompensa a defensores de la naturaleza y el medio ambiente. Fue asesinada el 3 de marzo de 2016.

Estela de Carlotto: es una activista argentina de Derechos Humanos y presidenta de la asociación Abuelas de Plaza de Mayo. Su hija, Laura Estela Carlotto, fue secuestrada y desaparecida en Buenos Aires cuando estaba embarazada. Buscó a su nieto durante casi 36 años hasta encontrarlo en 2014.

Yoani Sánchez: es una periodista cubana famosa por su blog *Generación Y*, donde hace una descripción crítica de la realidad de la isla. En 2008, ganó el prestigioso Premio Ortega y Gasset de periodismo y fue seleccionada por la revista *Time* entre las cien personas más influyentes del mundo. Denuncia la violación a los derechos humanos por parte del régimen castrista. El 21 de mayo de 2014, Yoani Sánchez estrenó la primera edición de *14ymedio*, un periódico digital independiente.

Tania Bruguera: artista cubana comprometida, fue encarcelada varias veces en diciembre de 2014 y enero de 2015 por organizar un *performance* público en La Habana. Puso un micrófono y altavoces en la Plaza de la Revolución para que los cubanos pudieran expresar sus sentimientos con respecto al deshielo entre Cuba y EE. UU.

Lilian Tintori: es la esposa del preso político venezolano Leopoldo López. Lucha activamente por su liberación.

Rigoberta Menchú: es una líder indígena guatemalteca, defensora de los derechos humanos que recibió el Premio Nobel de la Paz en 1992 y el Premio Príncipe de Asturias de Cooperación Internacional en 1998. Es famosa por su liderazgo al frente de las luchas sociales tanto a nivel nacional como internacional.

Pamela Montenegro: *youtuber* mexicana asesinada a tiros en febrero de 2018 por orden de un grupo criminal del estado de Guerrero, Pamela Montenegro, conocida como "Nana Pelucas", tenía un canal en *YouTube*, *El sillón TV* donde publicaba críticas a figuras políticas mexicanas, en forma de sátiras.

Abortar en América Latina (➲ véase MC 115)

La región tiene algunas de las leyes de aborto más estrictas del mundo, desde la prohibición total del aborto en El Salvador, hasta leyes que limitan severamente la práctica y dificultan el acceso a este derecho. En 1990, se estableció el 28 de septiembre como el "Día de la Lucha por la Despenalización y Legalización del Aborto" en Latinoamérica. Actualmente, esta pugna[8] continúa más vigente que nunca. En la región, desde principios de los años 2000, varias mujeres llegaron a la presidencia pero no por ello se tradujo en una mejora de las condiciones de vida de las mujeres. Según la Organización Mundial de la Salud, el índice de abortos inducidos[9] es superior al promedio mundial y es aún más alto en los países donde está penalizado. A su vez, se calcula que cada año América Latina es el escenario de cuatro millones de abortos ilegales en los que mueren 4.000 mujeres. Sin embargo, los distintos gobiernos (también los que se pretenden progresistas) procuran estrechar lazos con la Iglesia católica (➲ véase cap. 65). Por eso, se debe asociar la lucha por este derecho democrático elemental a la pelea por la separación de esta institución y el Estado. El primer paso adelante se dio en noviembre de 2016 cuando el papa Francisco anunció que los sacerdotes católicos podían absolver el pecado del aborto de forma indefinida. El 19 de febrero de 2020, miles de mujeres celebraron el Día de Acción Verde por el Derecho al Aborto Libre, Seguro y Gratuito, en Argentina y otras ciudades de América Latina. En Buenos Aires, la masiva manifestación estuvo acompañada de una intervención musical frente al Parlamento del colectivo feminista chileno Las Tesis, conocidas mundialmente por su canción de protesta contra la violencia de género "Un violador en tu camino". Salvo Argentina, Cuba, México D.F. y Uruguay donde es legal, los países de la región oscilan entre la despenalización bajo ciertos supuestos[10] y la prohibición absoluta del aborto (con penas de prisión para quien lo practique).

Países que legalizaron el aborto

En **Argentina**, en la aplicación del aborto no punible y el debate sobre la Interrupción Voluntaria del Embarazo (IVE), se comprueba la influencia activa que ejerce la Iglesia católica: durante el año 2014, el Vaticano impuso su pluma en el Código Civil. La pelea entre los sectores conservadores y los que reclaman la despenalización del aborto agregó en 2013 a un actor protagónico: Francisco, el primer papa argentino y americano de la historia. Y su figura como elemento disuasivo supera cualquier discusión sobre el aborto. Tampoco respaldó el aborto la exmandataria Cristina Fernández de Kirchner y, a lo largo del gobierno kirchnerista, la cuestión fue descartada[15] cinco veces. Maurico Macri advirtió de que ningún avance se daría bajo su gobierno porque según él, había que defender la vida humana. En mayo de 2018, una gran marcha se dio por toda Argentina para convencer a la Cámara Baja del Congreso de que votara por la legalización del aborto, pero el Senado rechazó el proyecto de ley con 38 votos en contra, 31 a favor y 2 abstenciones. Con la llegada al poder de Alberto Fernández en diciembre de 2019, se impulsó en marzo de 2020 un nuevo proyecto de ley para legalizar el aborto. Por novena vez el Congreso votó el asunto y finalmente, el 30 de noviembre del mismo año, el Senado aprobó la legalización del aborto permitiendo la interrupción del embarazo hasta la semana catorce. Después de este plazo, será posible abortar en caso de violación o si peligra la vida o la salud de la madre. Las menores de 13 años requerirán un consentimiento informado y la presencia de al menos uno de sus padres. Además, las adolescentes de entre 13 y 16 años tendrán que acudir al centro de salud con un acompañante.

Al triunfar la Revolución en 1959, **Cuba** se convirtió en uno de los pocos países de América Latina en el que el aborto fue una práctica legal. Eso sí, su acceso generó desigualdad social y económica ya que un aborto seguro en una de las exclusivas clínicas privadas de la isla sólo podían pagarlo mujeres de la clase media-alta de Cuba. Por eso, en 1965, el Gobierno cubano instituyó la práctica libre y gratuita del aborto para todas las mujeres cubanas que lo requirieran y estableció por ley que se debía realizar en una institución hospitalaria y por manos expertas. El Ministerio de Salud pública garantizó enseguida los servicios de aborto con una alta calidad y seguridad.

En la capital **Ciudad de México**, en 2007, se optó por legalizar el aborto a petición de la mujer, hasta las doce semanas de embarazo, pero sigue prohibido en otras ciudades mexicanas por higiene y falta de medios médicos.

En **Uruguay**, desde la caída del régimen militar, entre 1985 y 2001 se debatieron más de cuatro proyectos en torno al aborto, resultantes de la lucha de grupos feministas e izquierdistas. En 2003, se dio a conocer la cifra colosal de abortos clandestinos y ante la presión de la opinión pública, se consiguió el asesoramiento[11] pre y postaborto en todos los hospitales. En noviembre de 2008, el Senado votó un proyecto que eliminaba las penas para quien realizara un aborto, el cual fue posteriormente vetado[12] por el entonces presidente, Tabaré Vázquez (2005-2010), con el aval de la Ministra de Salud Pública. En noviembre de 2012, se legalizó el aborto hasta la semana 12 de gestación (o 14 en caso de violación) bajo la presidencia de José Mujica, del mismo partido que Tabaré Vázquez (Frente Amplio). Uruguay es el país latinoamericano con menor peso de la Curia[13], es un Estado laico como tantos otros pero que cuenta con el mayor número de ateos. En 2013, sectores vinculados a la derecha debieron desistir de su intento de impulsar un referéndum contra la ley, ya que no pudieron cumplir con el requisito del 25 % de adhesión del padrón[14] electoral. En el país, la legalización de la interrupción voluntaria de embarazo redujo significativamente la mortalidad materna, colocando a Uruguay en el segundo lugar de América después de Canadá con las tasas más bajas.

Países que despenalizaron el aborto bajo ciertas causales

Los hay que despenalizaron el aborto bajo dos o tres causales pero existen países que sólo admiten el aborto con una única condición: si hay riesgo para la salud y la vida de la madre.

Bajo tres causales

En **Brasil**, según el Código Penal de 1940, el aborto es ilegal pero no punible si el embarazo peligra la vida de la mujer o resulta de una violación. En 2012, el Supremo Tribunal Federal (STF) agregó una tercera causal: cuando el bebé no tiene cerebro, es decir que no podrá vivir una vez nacido y por tanto no es viable. El tema tabú en el país católico más poblado del mundo salió a la luz durante la elección presidencial de Dilma Rousseff, obviamente castigada por los votantes religiosos por manifestarse en el pasado a favor de la despenalización del aborto. En Brasil, un país con una marcada desigualdad, el aborto seguro queda a merced del estrato socioeconómico de la mujer. Y las más vulnerables son las mujeres negras, menores de 14 años y residentes de la periferia del gigante latinoamericano. Y con la llegada al poder de un presidente ultraconservador, Jair Bolsonaro, dista[16] mucho de legalizarse el aborto.

En 1931, **Chile** contaba con una ley que autorizaba el llamado aborto terapéutico (autorizado por razones médicas). La misma fue anulada en 1989 durante la dictadura "cívico-militar" liderada por Augusto Pinochet, cuando todo tipo de aborto fue calificado como "delito contra el orden de la familia y contra la moralidad pública". Desde la vuelta a la democracia, en 1990, el aborto se convirtió en una de las mayores luchas de los movimientos feministas pero no fue posible por la oposición de la Iglesia católica y de los grupos conservadores de la derecha y de centro-izquierda, a pesar de que se evaluaran entre 150.000 y 200.000 abortos clandestinos al año en el país. Después de debatir su despenalización en caso de inviabilidad fetal, riesgo de vida de la madre y violación, apoyada por el 83 % de la población, Michelle Bachelet consiguió que el Congreso aprobara a principios del verano 2017 la despenalización del aborto.

En **Colombia**, el aborto está despenalizado desde su aprobación por la Corte constitucional en 2006 bajo la presidencia de Álvaro Uribe. Se limita a tres causales: cuando el embarazo pone en peligro la salud física o mental de la mujer, o su vida; cuando el embarazo es resultado de una violación o de incesto o cuando hay malformaciones del feto que son incompatibles con la vida por fuera del útero. El debate también se abrió de nuevo en 2020 en la Corte Constitucional donde se busca despenalizar el aborto antes de las 16 semanas de gestación.

En **Costa Rica**, la ley sólo permitía salvar la vida de la madre desde 1970. En mayo de 2016, el presidente Guillermo Solís defendió regular el aborto terapéutico ante el Vaticano cuando 19 diputados solicitaron al papa para que interviniera ante la voluntad del presidente de extender el aborto a más causales. Finalmente, en diciembre de 2019, el Gobierno de Carlos Alvarado consiguió despenalizar el aborto terapéutico bajo tres condiciones: que no haya otra alternativa, que la madre dé su consentimiento y que tres profesionales en medicina lo valoren como necesario. Partidos políticos cercanos a las iglesias cristianas critican al presidente por actuar ilegalmente y dar paso al aborto libre, prohibido en la legislación costarricense.

En **Panamá**, se puede abortar bajo tres criterios, según el Código penal de 1982: si el producto de la concepción tiene malformaciones genéticas que le impidan vivir al nacer o cuando la vida de la madre esté en peligro o también si el embarazo es fruto de una violación.

Bajo dos causales

En Bolivia, desde 1973, el aborto es ilegal, salvo para prevenir daño a la salud de la mujer o en casos de violación o incesto. La pena es de uno a tres años en prisión para la mujer embarazada que consiente la operación y de uno a seis años para la persona que realiza el aborto. Pero en marzo de 2017, el Parlamento de Bolivia propuso despenalizar el aborto en nueve causales, cuatro de ellas durante las primeras ocho semanas de gestación y cinco para cualquier momento del embarazo. De aprobarse las nuevas condiciones, las mujeres con falta de recursos económicos o en situación de pobreza también tendrían el derecho de abortar.

En **Ecuador**, donde el aborto es considerado como un "delito contra la existencia natural" y cuyo Código penal castiga las "lesiones del feto", se aprobó en enero de 2014 una nueva ley que despenaliza el aborto cuando el embarazo pone en peligro la vida de la mujer o cuando es consecuencia de la violación en una mujer que padece[17] discapacidad mental.

Bajo una sola causal: si hay riesgos para la salud o la vida de la madre

En **Guatemala**, en septiembre de 2018, el Congreso volvió a debatir sobre la Ley para la Protección de la Vida y la Familia, proyecto del Gobierno de Jimmy Morales (2016-2020) que cuenta con el respaldo de la Alianza evangélica. El aborto está despenalizado con la única condición de que presente un riesgo para la vida de la madre, pero la nueva ley prevé condenas de prisión de entre dos a cuatro años si la mujer llega a abortar. Además, prohíbe la educación en diversidad sexual y veta nuevamente el matrimonio entre personas del mismo sexo. Además se contemplan multas para quien coopere y penas especiales para los médicos y profesionales de salud implicados. Con la llegada al poder de Alejandro Giammattei a principios de 2020, la situación siguió igual. Médico de profesión, se declaró en contra del aborto y criticó a los expresidentes que no condenaron el aborto con penas de cárcel.

Distintas organizaciones como la Comisión Económica para América Latina y el Caribe (CEPAL) indican que **Paraguay** muestra las tasas de embarazo y mortalidad infantil más altas de la región. En agosto de 2016, el presidente derechista Horacio Cartes advirtió de que el aborto no era un derecho humano y se negó a ceder ante las presiones de organismos internacionales como la Organización de Estados Americanos (OEA) y la ONU. Si bien en el país, la interrupción de embarazo es legal frente a la amenaza de vida a la mujer, el caso de la niña violada de diez años a quien se le negó este derecho, se dio a conocer en el mundo. Éste no fue sino otro episodio de la histórica alianza entre la Iglesia católica, el gobernante ANR-Partido Colorado y las organizaciones pro-vida contra las mujeres.

En **Perú**, el aborto es un delito incluido en el Código Penal. Sólo está despenalizado en caso de riesgo para la vida de la madre. En 2014, el Gobierno del entonces presidente, Ollanta Humala, hizo público un "protocolo" para casos de aborto terapéutico. El 24 de noviembre de 2015, el Congreso de Perú rechazó definitivamente su despenalización en caso de violación pero, bajo la presidencia de Pedro Pablo Kuczynski, se presentó el 12 de octubre de 2016 ante el Congreso un proyecto de ley para despenalizar el aborto en casos de violación y malformación fetal "incompatible con la vida". Pero el proyecto no se llevó a cabo.

En Venezuela, el aborto es ilegal salvo en caso de presentar riesgos para la vida o la salud de la madre. En caso contrario, la mujer que intencionalmente aborta, valiéndose para ello de medios empleados por ella misma, o por un tercero, con su consentimiento, será castigada con prisión de 6 meses a 2 años. En 2006 y 2014, la ONU le pidió a Venezuela que ampliara la ley de aborto para evitar muertes de jóvenes y aceptara excepciones adicionales en caso de que el embarazo fuera consecuencia de una violación o un incesto, pusiera en riesgo la salud de la adolescente y evitara la práctica de un aborto inseguro. Pero fue inútil.

Países que prohíben el aborto

En cuatro países de América Latina, tres centroamericanos y uno caribeño, no sólo el aborto es ilegal en todos los supuestos sino que las mujeres reciben condenas de hasta más de 30 años de cárcel por realizar esta práctica. En estos Estados ni siquiera se contempla la interrupción del embarazo en caso de que exista peligro para la vida de la madre. Estos países comparten algunos factores comunes: son países empobrecidos y con gran desigualdad, se encuentran a la cola de los índices de democracia en la región y hay un enorme predominio de la religión cristiana. Curiosamente, en el pasado, se dieron casos de no punibilidad pero el avance de sectores más conservadores aliados a la jerarquía eclesiástica fueron limitando aún más este derecho.

República Dominicana es uno de los países de la región con mayores índices de muerte de mujeres relacionadas con el embarazo, parto y puerperio[18]. Según el Ministerio de Salud Pública del país, los abortos inseguros provocan el 10 % de las muertes maternas en el país. Sin embargo, en junio de 2017, el anterior presidente, Danilo Medina (2012-2020) se mostró favorable a una ley de supuestos equiparable a la mayoría de países latinoamericanos pero se enfrentó a la oposición de la Iglesia católica y al Senado que rechazó por segunda vez las observaciones del poder ejecutivo al Código Penal. El aborto sigue castigándose pues con penas de dos a tres años de prisión y se incluye a la mujer que lo cause o a cualquiera que la ayude.

En **El Salvador**, tras una modificación en el Código Penal en 1988, el aborto quedó prohibido incluso cuando el embarazo es consecuencia de una violación o cuando la vida de la mujer corre peligro, estableciendo así este país las condenas más altas del mundo. En 2011, se produjo la sentencia a María Teresa Rivera, condenada sin pruebas a más de 40 años de prisión por "homicidio agravado". Sólo la ayuda internacional consiguió que la liberaran. Otro caso fue la controvertida sentencia de 30 años de cárcel contra Évelyn Hernández, la joven que parió a un bebé muerto tras ser violada por un pandillero[19]. En agosto de 2018, tras cumplir dos años de cárcel, la justicia salvadoreña terminó absolviéndola. Un caso parecido se produjo en 2014, cuando Cindy Erazo dio a luz a un feto muerto en un centro comercial de San Salvador, inmediatamente fue detenida y condenada a 30 años de prisión por homicidio agravado. Tras una apelación, esta pena fue reducida por un tribunal a diez años y finalmente, seis años después, fue absuelta. En la actualidad, más de 18 mujeres están en prisión tras ser acusadas de haber abortado.

En **Honduras**, el Código Penal incluye el aborto entre los "delitos contra la vida" y desde 2001, se castiga con cinco años de cárcel. Hasta en caso de abortos por riesgo de vida, la mujer debe contar con la autorización del cónyuge[20] o un pariente cercano.

En **Nicaragua**, con 52 votos a favor y ninguno en contra, en vísperas de la elección presidencial celebrada en noviembre de 2006, fue derogada la figura del aborto terapéutico, vigente en el artículo 165 del Código Penal aprobado en 1975. Desde 1837, se estableció en Nicaragua por primera vez el aborto como indicación médica con el fin de salvar la vida de la madre.

En resumidas cuentas, América Latina sólo se compara con África y Medio Oriente en cuestión de aborto ya que el 97 % de las mujeres de la región vive en países donde la interrupción del embarazo está severamente restringida por ley. Además, el 23 de octubre de 2020, se firmó el Consenso de Ginebra, con 32 países del mundo, incluyendo Brasil.

Mujeres maltratadas

El informe 2016/17 de Amnistía Internacional reveló que en la región eran asesinadas diariamente 12 mujeres y niñas por motivos de género y que la mayoría de esos crímenes quedaban impunes.

En México fue donde se integró por primera vez en las leyes de Estado el término "feminicidio" (o "femicidio") en 1976 para referirse a las mujeres de Ciudad Juárez (estado de Chihuahua), torturadas y violadas antes de ser asesinadas. Se remonta el fenómeno al menos a enero de 1993. Dos factores explican el aumento drástico de la actividad criminal así como del crecimiento demográfico en dicha ciudad: el auge de las maquiladoras y el establecimiento del Tratado de Libre Comercio de América del Norte (TLCAN). Firmado en 1994 convirtió Ciudad Juárez (➔ véase MC 42) en un foco[21] de atracción para el comercio internacional y para muchas familias en busca de mejores oportunidades laborales y económicamente más favorables. Rondando el año 2005, las autoridades lo achacaron más bien a las investigaciones de las redes de narcotráfico, actualmente las mayores causantes de asesinatos en la ciudad, así como en el resto de México. Por lo general, las víctimas suelen ser mujeres jóvenes y adolescentes de entre 15 y 25 años de edad, de escasos[22] recursos y que han debido abandonar sus estudios secundarios para comenzar a trabajar a temprana edad. Ante el drama, la sociedad ha acusado de pasividad a las autoridades locales y nacionales, puesto que en muchos casos los delitos no se han esclarecido y han quedado impunes. La Corte Interamericana de Derechos Humanos ha llegado a considerar al Estado mexicano como uno de los principales responsables de estos hechos por lo que varias organizaciones no gubernamentales respaldan a las madres y familiares víctimas del feminicidio como Casa Amiga, Nuestras Hijas de Regreso a Casa, Justicia para nuestras hijas, Red Mesa de Mujeres de Ciudad Juárez, entre otras.

El 25 de noviembre, se celebra el Día Internacional de la No Violencia contra la Mujer para concienciar sobre lo que activistas califican como "un genocidio silencioso", que victimiza a la mitad de la humanidad. Para dar visibilidad a los casos de violencia brutal y forzar políticas a que pongan fin a la agresión sistemática de la mujer, en los últimos cinco años la figura del feminicidio está siendo incorporada al código penal de países latinoamericanos, como es ya el caso de Costa Rica, Chile, Guatemala, El Salvador y México. No obstante, los resultados no son alentadores. Uno de los países pioneros fue Guatemala donde organismos internacionales alertan de una epidemia de asesinatos por desigualdad de género. La mayoría de los agresores en Guatemala son condenados por homicidio agravado, porque es difícil probar el feminicidio: exige mostrar las relaciones desiguales de poder, la misoginia o el odio de género.

¿Cómo se explica que, pese a las leyes contra la violencia, en todos los países siga habiendo tantas mujeres maltratadas, hasta desfiguradas y asesinadas con cuchillos, armas de fuego o quemadas con alcohol?

Obviamente, las leyes, aunque necesarias, no son la única respuesta a los problemas. Los Estados no pueden permanecer indiferentes y pasivos ante esta forma extrema de violencia y existe una condena bastante homogénea en la región, pero hay deudas pendientes[23] que no pasan por el plano normativo. Para luchar, se requiere contar con una mejor información y con estadísticas sobre violencia. Hoy, a excepción de unos pocos países, la mayoría de los registros de feminicidios están bajo responsabilidad de organizaciones de mujeres que recogen los casos que se publican en diarios. También el Estado debe garantizar a las mujeres el acceso a la justicia. En El Salvador, se crearon comisarías para mujeres llevadas por mujeres policías para que las víctimas no vacilaran en denunciar los malos tratos.

NOTAS

1. una hembra = una chica, una mujer
2. en aras de: *au nom de*
3. el acoso: *le harcèlement*
4. un pañuelo: *un mouchoir*
5. un pañal: *une couche (d'enfant)*
6. un allegado : *un parent proche*
7. en cautiverio: *en captivité*
8. la pugna = la lucha
9. inducido = incitado
10. un supuesto = una condición, una causal
11. el asesoramiento = el consejo, la consulta
12. vetar = prohibir
13. la Curia = institución encabezada por la Iglesia de Roma que tiene su misión en América Latina
14. el padrón = el censo, el cálculo
15. descartado = eliminado
16. distar = estar lejos
17. padecer = sufrir
18. el puerperio = el postparto (que se extiende hasta ocho semanas después de dar a luz)
19. un pandillero (miembro de una pandilla): *un membre d'un gang*
20. el cónyuge = la pareja
21. un foco: *un foyer*
22. escaso: *rare*
23. pendiente = sin resolver

- ***Yawar Mallku la sangre del cóndor*** (1969), de Jorge Sanjinés, aborda el tema de la esterilización de campesinas por miembros del Cuerpo de Paz de Bolivia.
- ***El crimen del padre Amaro*** (2002), película mexicana de Carlos Carrera, de la novela epónima portuguesa de Eça de Queiroz (1875). Cuenta cómo un joven clérigo llamado Amaro llega a una comunidad donde confluyen la corrupción, los romances entre sacerdotes y mujeres y la moral. A raíz de una relación secreta que resulta en un embarazo no deseado, el padre Amaro convence a la joven de abortar en una clínica clandestina lo que pone en riesgo la vida de ambos. El mismo año se publicaba en Francia *La faute de l'Abbé Mouret*, d'Émile Zola, supuestamente inspirado en esta novela.
- ***La nana*** (2009) de Sebastián Silva retrata a una niñera en una familia chilena acomodada.
- ***Right to life Guatemala (Derecho a la vida Guatemala)*** (2011), documental del cineasta londinense Greg Brosnan que habla de los abortos clandestinos en Guatemala, el país latino con la tasa de fecundidad más alta entre las mujeres y la nación más pobre de la región. A través de diversos testimonios, este documental explora cómo las guatemaltecas acuden a realizarse un aborto clandestino como una solución a la falta de planificación familiar.
- ***Aborto clandestino: crucifixión democrática*** (2012), documental argentino realizado por el colectivo "Elsa Torres" para exponer los motivos del aborto legal y seguro ante el gran número de muertes de mujeres por aborto mal practicados. Echa luz sobre la anticoncepción para los hombres también.
- ***Clandestinas*** (2013), documental argentino de Andrea Aguilar y Ezequiel Altamirano, reúne cuatro testimonios de mujeres abortistas de distintas edades y un hombre que acompañó a su pareja durante el proceso de interrupción del embarazo. Narra las experiencias que vivieron en el contexto de la clandestinidad, de ocultar el hecho incluso a la familia y los amigos. El documental toma la postura política de apoyo al aborto legal.
- ***Ixcanul*** (2015), de Jayro Bustamente, evoca la vida de una joven maya que intenta cambiar su destino.

El feminicidio en Ciudad Juárez, la historia sin final (2016), de la periodista española Elena Ortega, cuenta la historia de violencia sufrida por las mujeres en Ciudad Juárez, tras un viaje que realizó.

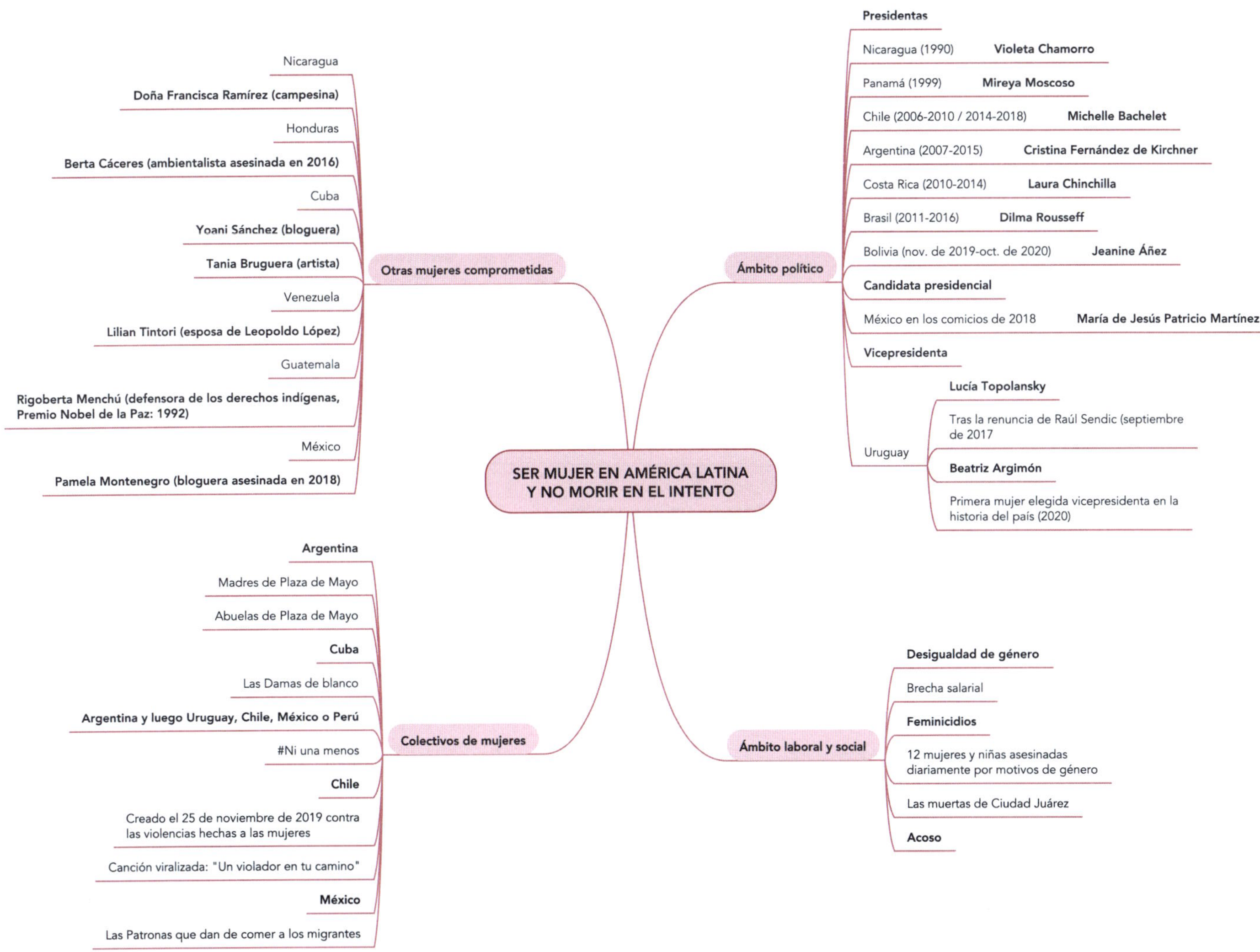
SER MUJER EN AMÉRICA LATINA Y NO MORIR EN EL INTENTO
Ámbito político
Presidentas
Nicaragua (1990)
Violeta Chamorro
Panamá (1999)
Mireya Moscoso
Chile (2006-2010 / 2014-2018)
Michelle Bachelet
Argentina (2007-2015)
Cristina Fernández de Kirchner
Costa Rica (2010-2014)
Laura Chinchilla
Brasil (2011-2016)
Dilma Rousseff
Bolivia (nov. de 2019-oct. de 2020)
Jeanine Áñez
Candidata presidencial
México en los comicios de 2018
María de Jesús Patricio Martínez
Vicepresidenta
Uruguay
Lucía Topolansky
Tras la renuncia de Raúl Sendic (septiembre de 2017
Beatriz Argimón
Primera mujer elegida vicepresidenta en la historia del país (2020)
Ámbito laboral y social
Desigualdad de género
Brecha salarial
Feminicidios
12 mujeres y niñas asesinadas diariamente por motivos de género
Las muertas de Ciudad Juárez
Acoso
Otras mujeres comprometidas
Nicaragua
Doña Francisca Ramírez (campesina)
Honduras
Berta Cáceres (ambientalista asesinada en 2016)
Cuba
Yoani Sánchez (bloguera)
Tania Bruguera (artista)
Venezuela
Lilian Tintori (esposa de Leopoldo López)
Guatemala
Rigoberta Menchú (defensora de los derechos indígenas, Premio Nobel de la Paz: 1992)
México
Pamela Montenegro (bloguera asesinada en 2018)
Colectivos de mujeres
Argentina
Madres de Plaza de Mayo
Abuelas de Plaza de Mayo
Cuba
Las Damas de blanco
Argentina y luego Uruguay, Chile, México o Perú
#Ni una menos
Chile
Creado el 25 de noviembre de 2019 contra las violencias hechas a las mujeres
Canción viralizada: "Un violador en tu camino"
México
Las Patronas que dan de comer a los migrantes

MC 115 Legislación en torno al aborto

LEGISLACIÓN EN TORNO AL ABORTO

- **Legalización total del aborto**
  - **Argentina (30 de diciembre de 2020)**
    - Aprobación por el Senado tras varias tentativas
  - **Cuba (1965)**
    - Resultante de la Revolución
  - **México**
    - En la capital mexicana (2007)
    - En el estado de Oaxaca (2019)
  - **Uruguay (2012)**
    - Legal hasta la semana 12 (o semana 14 en caso de violación) bajo la presidencia de Pepe Mujica
- **Prohibición total de abortar**
  - **No sólo el aborto es ilegal sino que practicarlo se castiga con años de cárcel**
  - **El Salvador (1998)**
    - Delito, sin excepciones, hasta 30 años de cárcel
  - **Honduras (1983)**
    - Derogación de artículos para despenalizar por motivos terapéuticos, eugenésicos y jurídicos (1997)
  - **Nicaragua (2006)**
    - Con la llegada al poder de Ortega
  - **República Dominicana (2017)**
    - Intentos de despenalización pero castigo confirmado por el Senado en caso de aborto voluntario
- **Despenalización parcial del aborto bajo una única causal**
  - **Si hay riesgo para la salud o la vida de la mujer**
  - Guatemala (1973)
  - Paraguay (1997)
  - Perú (1991)
  - Venezuela (2000)
- **Despenalización parcial del aborto bajo dos causales**
  - **En caso de riesgo para la salud o la vida de la mujer o si el embarazo es fruto de una violación**
  - Bolivia (1973)
  - Ecuador (1970)
- **Despenalización parcial del aborto bajo tres causales**
  - **En caso de violación, riesgo para la salud o la vida de la madre y malformaciones del feto**
  - Brasil (2016)
  - Chile (julio de 2017)
  - Colombia (2006)
  - Costa Rica (2019)
  - México (2007) salvo en la capital donde es legal
  - Panamá (1982)

LA PRENSA SILENCIADA 62

Datos generales (véase CM 116)

La libertad de prensa varía según los países y su historia: va vinculada con la democracia de un país como lo muestra el empeoramiento de la libertad de prensa en toda la región desde 2013. De hecho, la ONU promulgó el 3 de mayo como Día Mundial de la Libertad de Prensa. Cada año, el organismo Reporteros Sin Fronteras publica la clasificación mundial de los 180 países estudiados. En 2020, se confirmó un deterioro generalizado en la región con dos excepciones: Costa Rica y Uruguay.

En América Latina, ser periodista significa arriesgarse la vida, especialmente si la labor profesional está dedicada a denunciar organizaciones que violan los derechos humanos. Día a día, los reporteros llaman la atención sobre injusticias que afectan las libertades de las personas. Muchos de ellos pagan con agresiones de todo tipo (asesinatos, amenazas, intimidaciones y hostigamientos[1] y hasta con su vida. Sin embargo, continúan pugnando contra gobiernos, grupos terroristas, narcotraficantes, policías o militares. Algunos mandatarios atacan, ridiculizan o acallan[2] a los periodistas, desacreditándolos o acusándolos de conspiración política. Como respuesta, los medios de comunicación suelen antocensurarse para evitar la cárcel u otras penas. Por eso las radios comunitarias son un medio esencial pero frágil al servicio de la población.

Adopción de leyes de libertad de información

Desde 1994, existe un documento oficial basado en el concepto de que "ninguna ley o acto de gobierno puede limitar la libertad de expresión o de prensa, sin importar el medio que se trate". La Declaración de Chapultepec fue adoptada por la Conferencia Hemisférica sobre Libertad de Expresión celebrada en México, D.F. el 11 de marzo de 1994 y concierne el hemisferio desde Alaska hasta Tierra de Fuego.

A excepción de Bolivia, Costa Rica, Cuba y Venezuela, la mayoría de países de América Latina legalizaron oficialmente el acceso a la información oficial: Colombia (1985); México, Panamá y Perú (2002); República Dominicana y Ecuador (2004); Honduras (2006); Nicaragua (2007); Chile y Guatemala (2008); Brasil y El Salvador (2011). Estas leyes son reconocidas por la Unesco. En 2003, Argentina sólo promulgó un decreto presidencial sobre la libertad de información. Esos avances articularon un robusto marco jurídico regional, y, con el fluir de los años, se crearon normas sólidas relativas al derecho a la libertad de informar.

Pero no por ello garantiza el respeto del trabajo de los periodistas. Todo depende de los gobiernos. No sólo los periodistas sino también los activistas y lanzadores de alerta cumplen el mismo tipo de trabajo arriesgado que los periodistas, ya que ejercen un contrapoder. Irónicamente, la sede diplomática de Ecuador en Londres estuvo años albergando a Julian Assange, el cual, aunque no periodista, abogaba por la libertad de publicación de cualquier información (véase cap. 46).

El 27 de marzo de 2020, la Comisión Interamericana de Derechos Humanos anunció la instalación de una Sala de Coordinación y Respuesta Oportuna para garantizar la adopción de medidas rápidas y coordinadas durante la pandemia de COVID-19. La Comisión reafirmó su voluntad de apoyar a los Estados en la protección y defensa de los derechos humanos en el contexto de la crisis. La Sala recaba y sistematiza información, además de articular y formular propuestas para la toma de decisiones de la Comisión. Pero algunos países se pasan por alto[3] las propuestas. El Coronavirus se ha convertido en un factor multiplicador de la pésima o falsa información.

Países con prensa libre

Dos países de América Latina son ejemplos de democracia y de libertad de expresión: Costa Rica y Uruguay. Asimismo, son dos excepciones en una región corroída por la corrupción, la inseguridad y la violencia cotidiana contra los medios de comunicación.

Costa Rica (puesto 7)

Este lugar privilegiado, solo lo superan naciones como Noruega, Finlandia, Dinamarca, Suecia, Países Bajos y Jamaica. Costa Rica recuperó tres de los cuatro puestos que había perdido a lo largo del año 2019 por los ataques de figuras políticas contra los medios durante las elecciones y las represalias, producto de la cobertura sobre el caso llamado "el cementazo" (➲ véase cap. 63).

Uruguay (puesto 19)

En materia de libertad de información, Uruguay también es un modelo. En 2020, se mantuvo en décima novena posición. La Ley de Servicios de Comunicación Audiovisual, aprobada en diciembre de 2014, favoreció el pluralismo de los medios de comunicación y permitió la creación de un Consejo de Comunicación Audiovisual independiente del Ejecutivo. No obstante, en 2016, se registraron casos de amenazas, intimidaciones y presiones políticas contra periodistas que cubrían casos de corrupción que involucraban miembros del Gobierno. El caso Odebrecht (➲ véase cap. 63) seguramente salpicó[4] Uruguay, pero según expertos, nunca fue investigado por la Justicia.

Países con libertad de prensa cuestionada

Chile (puesto 51)

En 2001, el presidente Ricardo Lagos firmó una ley de prensa en la que se derogaban algunas de las provisiones más punitivas de la Ley de Seguridad Interior del Estado, aprobada bajo la dictadura de Augusto Pinochet (1973-1990). A principios de 2007, la Corte Suprema dictó una ordenanza que restringía el acceso de los periodistas acreditados a los tribunales. Este decreto provocó la ira de los medios de comunicación que se manifestaron masivamente considerando que esta medida atentaba contra la libertad de prensa. Como consecuencia, la Corte Suprema renunció a aplicar lo que ella misma había dictado. Si bien Chile mejoró su posición en la clasificación de países con libertad de prensa, apenas diez años después, en abril de 2016, dio un paso atrás cuando el Gobierno de Michelle Bachelet promulgó dos polémicas reformas conocidas como "leyes mordaza[5]" cuyo objetivo era sancionar a los autores de las filtraciones de investigaciones judiciales. Más tarde, en plena pandemia de Covid-19, el uno de mayo de 2020, cerca de 50 periodistas fueron detenidos arbitrariamente por Carabineros mientras cubrían las diferentes manifestaciones. Casi la mitad de ellos sufrieron lesiones por lacrimógenas o perdigones.

República Dominicana (puesto 55)

Pese a que las leyes dominicanas brindaban[6] la libertad de criticar al gobierno pública y privadamente sin temor a represalias, el año 2019 mostró un retroceso de tales libertades con intimidaciones, censuras de programas, ataques físicos y acosos ocasionales por investigar o denunciar grupos criminales o corrupción oficial.

Argentina (puesto 64)

La historia del periodismo argentino cambió en la mañana del 25 de enero de 1997, cuando se asistió al más brutal crimen contra la libertad de prensa del que se tiene memoria en democracia. El reportero gráfico José Luis Cabezas apareció calcinado dentro de un coche a 350 km de Buenos Aires. Dos meses antes, el policía Gustavo Prellezo había pedido antecedentes suyos. El principal sospechoso fue el empresario Alfredo Yabrán que actuó en total ilegalidad durante la década de los 90. Ni siquiera los servicios de inteligencia tenían una foto de Yabrán mientras que Cabezas sí tenía una y lo pagó con su vida. Así empezó el operativo para silenciar a los periodistas.

Luego, bajo la presidencia de Cristina Fernández de Kirchner, los dos periódicos independientes *Clarín y La Nación* fueron muy controlados. De hecho, el diario *Clarín* pasó de apoyar al kirchnerismo a ser el máximo detractor del Gobierno de Fernández de Kirchner en sus últimos años de poder. Por eso la entonces gobernante quiso hacerse con la papelera que regía la publicación de este periódico para censurar todos los artículos que le parecían controversiales. Al llegar al poder Mauricio Macri, en 2015, anunció el fin de la guerra contra el periodismo con la derogación de la Ley de Medios. Pero sin aprobar ninguna ley, lanzó una serie de decretos. Volvió a autorizar la compra y venta de licencias de medios antes intransferibles y amplió el límite de licencias por propietario, así que reforzó la posición del Grupo Clarín y limitó la competencia extranjera. Creó un organismo único (ENACOM) para regular la televisión, la radio, las telecomunicaciones y las TIC que pasó a ser propiedad del Ejecutivo. A fin de cuentas, la Ley de Medios sigue existiendo, pero la vació de su contenido.

La vuelta del kirchnerismo al poder con la elección de Alberto Fernández en 2019 reanudó el debate sobre la Ley de Medios. El presidente se mostró crítico al respecto, pero no anunció ninguna ley sustituta.

> La Ley de Servicios de Comunicación Audiovisual, llamada popularmente **"Ley de Medios"**, fue promulgada el 10 de octubre de 2009 bajo la presidencia de Cristina Kirchner para sustituir la anterior Ley de Radiodifusión aprobada en 1980 durante la dictadura militar y vigente desde entonces. La Ley de Medios fue bien recibida porque aumentaba la pluralidad en los medios de comunicación, reduciendo la cantidad de licencias en manos de un solo propietario y autorizaba organizaciones sin fines de lucro. Según otros, fue una estrategia política de la presidenta para acapararse los medios.

El Salvador (puesto 74)

En El Salvador, donde tradicionalmente se ejercía menos violencia contra los periodistas pese a su alto índice global de homicidios, la intimidación a los medios fue incrementando en diez años. En 2009, murió asesinado Christian Poveda, periodista y reportero, por realizar el documental *La Vida Loca* sobre la vida de las maras (➔ véase cap. 65). Además, Nayib Bukele, presidente desde junio de 2019, empezó a estigmatizar en las redes sociales a los medios de comunicación con amenazas, intimidación, campañas de descrédito y acoso fiscal contra medios, periodistas y opositores críticos. Su oficina impidió el acceso a los medios independientes a ruedas de prensa y anunció que el Ministerio de Hacienda investigaba sobre el periódico digital El Faro por supuesto lavado de dinero y evasión tributaria. Esta acción gubernamental sería una represalia por las investigaciones periodísticas de dicho diario, entre las cuales una relacionada con una negociación secreta del Gobierno de Bukele con la organización criminal Mara Salvatrucha, de cara a las elecciones parlamentarias de febrero de 2021.

Panamá (puesto 76)

Mientras que se solía presentar Panamá como un país con plena libertad de prensa, en julio de 2020, estalló un escándalo que afectó el periódico *La Prensa*, uno de los más importantes en el país: se dio a conocer el secuestro del inmueble en el que funciona el diario, mientras que al día siguiente ocurrió lo mismo con sus cuentas bancarias, lo que impidió el pago de proveedores, de servicios y de la corporación. Fueron 240 personas afectadas por tal acción represiva, consecuencia de una investigación publicada por el periódico en 2009, basada en un trabajo de la Fiscalía de Panamá. El caso involucraba al expresidente Pérez Balladares en un presunto blanqueo de capitales, a través de una empresa que obtuvo una concesión bajo su mandato para operar 500 máquinas tragamonedas. A continuación, fue enjuiciado, pero al ser declarado después inocente, decidió demandar al periódico La Prensa.

Perú (puesto 90)

El caso Orellana Rengifo en 2019 ilustró el problema de la falta de libertad de prensa en Perú: ante una serie de investigaciones periodísticas que evidenciaban el *modus operandi* de una gigante red criminal dedicada al tráfico de terrenos e inmuebles y al lavado de activos, ésta promovió diversas querellas contra un número considerable de periodistas. Pese a que éstos no estaban afectando el derecho al honor, la mayoría de las querellas[7] fueron admitidas a trámite por el Poder Judicial. Otros casos fueron las condenas por difamación del director de un diario y un periodista a dos años de prisión preventiva y a una reparación civil de cierta cantidad de dinero cuando, en realidad, estaban ejerciendo su oficio con respeto y honor.

Ecuador (puesto 98)

En Ecuador, el Gobierno de Rafael Correa (2007-2017) aprobó la Ley Orgánica de Comunicación, auténtica mordaza que legalizó el linchamiento mediático y justificaba el encarcelamiento y la persecución de cualquier periodista que criticara al régimen. Históricamente, 9 de cada 10 medios de comunicación ecuatorianos eran de propiedad privada, por eso el entonces mandatario prometió revertir esta tendencia y garantizar el derecho a la pluralidad y la justicia en el acceso a medios de comunicación social. En 2012, el salario mínimo de los periodistas aumentó aproximadamente en un 400 %, a conveniencia de varios actores políticos y mediáticos. En 2017, se registraron 114 ataques, siendo los últimos tres meses del gobierno de Rafael Correa los más violentos, frente a los tres primeros meses del gobierno de Lenín Moreno, con una caída mayor al 50 % y un total de 54 casos.

La drástica caída de las cifras de ataques a la libertad de expresión plasman[8] una nueva realidad que se podría traducir en una mejora en el ejercicio de este derecho fundamental. En mayo de 2018, con la llegada al poder de Lenín Moreno, se reformó la ley de comunicaciones adoptada bajo Correa. Se eliminó todo el esquema administrativo de sanción y control; desapareció definitivamente la Superintendencia de Comunicación (Supercom) y se fortaleció la institucionalidad con la aspiración y ampliación de las funciones del Consejo de Regulación y Desarrollo de la Información (Cordicom) y la Defensoría del Pueblo. En febrero de 2019, Lenín Moreno reafirmó su compromiso con la libertad de prensa en el acto de firma de la declaración de Chapultepec.

Países con libertad de prensa en zona roja

Paraguay (puesto 100)

En el país, se contaron 17 asesinatos de trabajadores de prensa desde 1989 hasta 2018. La mayoría de ellos quedaron impunes y solamente en uno fue condenado el autor moral. Como estos casos no son castigados, se refuerza la limitación al trabajo de las personas que ejercen el periodismo. A todo ello se suman algunas recientes formas de limitar la labor, que van desde la amenaza de agresión física, pasando por el acoso sexual, hasta la persecución judicial de algunos periodistas. En julio de 2019, mientras unos reporteros daban cobertura informativa a las manifestaciones, resultaron heridos o agredidos. En febrero de 2020, el director de Comunicación del portal brasileño Porã News Lourenço "Leo" Veras fue asesinado por sicarios de la organización criminal Primer Comando Capital (PCC). Días antes, había recibido amenazas de muerte, pero no sabía si procedían del lado paraguayo o brasileño. El móvil del crimen fue que el PCC no aceptó ni toleró la información brindada por Veras.

Brasil (puesto 107)

Tras una dictadura militar durante la cual fue amordazada la libertad de expresión, la Constitución de 1988 puso fin a la censura y consagró el secreto de las fuentes periodísticas. Hasta fue pionera en el mundo como garante de los derechos de la ciudadanía y de la libertad de prensa. Pero hoy, a imagen de México, Brasil sufre el crimen organizado y el narcotráfico, lo que afecta el trabajo de investigación de los periodistas, la mayoría de las veces intimidados. En junio de 2016, un proyecto de ley que pretendía atacar fenómenos como el *cyberbullying* fue, en realidad, una ley espía dirigida a vencer a los enemigos del poder. Apenas llegó al gobierno (1 de enero de 2019), el ultraderechista presidente brasileño Jair Bolsonaro adoptó la retórica de las "noticias falsas" favorecida por muchos de los gobernantes autoritarios. Según el Comité para la Protección de los Periodistas, Bolsonaro hostigó y bloqueó a reporteros específicos en Twitter, amenazó con retirarles la asignación de publicidad oficial a los medios de comunicación, fustigó a la prensa que criticó a su Gobierno y acusó de mentiroso al diario de mayor circulación nacional *Folha de São Paulo* por eso una de sus primeras medidas fue anular la suscripción de su gobierno a este periódico. Las agresiones a la prensa del dirigente brasileño suelen incluir todo tipo de insultos, como sugerir que la renombrada periodista, Patrícia Campos Mello, quien destapó el escándalo de los mensajes ilegales de WhatsApp por ciertas empresas que respaldaron a Bolsonaro durante la campaña electoral de 2018, había ofrecido sexo a cambio de información. Se concluye con que la libertad de prensa está gravemente amenazada en Brasil.

Bolivia (puesto 114)

Los periodistas bolivianos que molestaron al gobierno de Morales (2006-2019) fueron víctimas de encarnizamiento[9] judicial. En 2009, dos tipos de mecanismos se adoptaron en virtud del Decreto Supremo 181 para frenar el libre ejercicio de los periodistas: el primero mediante cierta presión económica con publicidades condicionadas y el segundo bajo ataques y críticas a medios de comunicación. A ello se sumaron detenciones arbitrarias de reporteros y un alto grado de impunidad. Este clima propició la autocensura en todo el país. En mayo de 2011, Evo Morales optó por reformar parcialmente la Ley de Imprenta. Ya muchos políticos de toda índole habían solicitado modificarla antes. Se restringió la labor de la prensa en la elección de los magistrados bolivianos y se prohibió crear espacios de opinión.

> **La Ley de Imprenta**, vigente desde 1925, se refiere a la libertad de prensa. En sus distintos artículos, trata temas de la inviolabilidad del secreto en materia de imprenta, tribunales de imprenta, entre otros.
>
> Artículo 1: "Todo hombre tiene el derecho de publicar sus pensamientos por la prensa, sin previa[10] censura, salvo las restricciones establecidas por la presente ley".

Tras la renuncia de Evo Morales el 10 de noviembre de 2019, le sucedió la presidenta interina Jeanine Áñez que, el 25 de marzo de 2020, promulgó el Decreto Supremo 4200 con el fin de ampliar las medidas de cuarentena para combatir la pandemia de Covid-19. Un artículo estipula que "las personas que inciten al incumplimiento del presente Decreto Supremo, desinformen o generen incertidumbre entre la población serán sujeto de denuncia penal por la comisión de delitos contra la salud pública". Las personas condenadas podrían enfrentarse a penas de hasta diez años de prisión. Muchos organismos internacionales consideraron esta medida idónea para silenciar opiniones y comentarios protegidos por el derecho a la libertad de expresión.

Guatemala (puesto 116)

El presidente de Guatemala, Alejandro Giammattei, quien asumió su cargo en enero de 2020, heredó una situación desastrosa en cuestión de libertad de prensa. Durante el anterior mandato (2016-2019), el expresidente Jimmy Morales agredió sin cesar a los periodistas críticos de su gestión y gobierno, acusándolos a menudo de difundir noticias falsas y de engañar a la población. El clima de gran tensión y autocensura no parece cambiar con el nuevo gobierno. La Fiscalía de Delitos contra Periodistas del Ministerio Público (MP), creada en noviembre del 2019, indica que de enero a junio de 2020 se presentaron 43 denuncias de ataques contra periodistas en el país. A pesar de diversos intentos, Guatemala sigue sin implementar un plan de protección para periodistas.

Nicaragua (puesto 117)

En este país existe una libertad de expresión condicionada por la creación de un propio aparato mediático al que recurre la pareja gobernante, Daniel Ortega y Rosario Murillo, del Frente Sandinista de Liberación Nacional (FSLN). Efectivamente, ambos controlan y entregan de forma limitada las licencias de radio, televisión y telefonía. Por otra parte, la supeditación[11] a sus intereses de dos de las organizaciones gremiales[12] (CPN y UPN) y el acaparamiento a su favor de la publicidad oficial son muestras del desconocimiento de la Ley de Acceso a la Información Pública. Además, el mandatario se negó a conceder entrevistas e impuso un bozal[13] a los funcionarios públicos, excluyendo a los medios y periodistas en entrevistas y conferencias de prensa en ministerios de Estado. Desde la llegada de Ortega al poder en 2007, las agresiones físicas contra los periodistas, la existencia de un duopolio televisivo, la autocensura y el uso de la Dirección General de Ingresos (DGI) para amedrentar a medios y periodistas han formado parte del conjunto de factores que limitan el ejercicio de la libertad de expresión. El periódico independiente *Confidencial* y el programa *Café con Voz* se refirieron a la falta de acceso a la información pública pese a la vigencia sólo teórica de la Ley 621. Los profesionales de medios independientes no dan entrevistas, las informaciones en las páginas *web* del Estado están desactualizadas y la única información oficial es la transmitida cada día por la vicepresidenta, Rosario Murillo, a través de los medios oficialistas. En 2018, periodistas y jóvenes se manifestaron en contra del asesinato del periodista Ángel Gahona mientras cubría protestas en Bluefields. En 2020, la Asociación de los Periodistas en Nicaragua cumplió 20 años de lucha continua, al principio contra la censura de la dinastía somocista pero ahora contra la pareja presidencial. Muchos periodistas fueron encarcelados y otros se exiliaron para salvarse la vida o poder seguir ejerciendo su oficio. El 27 de octubre de 2020, el Parlamento orteguista aprobó la denominada Ley Especial de Ciberdelitos, cuyo objetivo principal es la criminalización de publicaciones en medios de comunicación independientes y redes sociales de contenido considerado por el Gobierno como falso con penas de cárcel que oscilan entre uno y diez años. La considerada "ley mordaza" no sólo afecta a periodistas, sino que se extiende a todo ciudadano que critique la Administración de Ortega en plataformas digitales. Piensa penar con cadena perpetua los delitos de odio y bloquear la financiación de ONG críticas con su Gobierno.

Colombia (puesto 130)

Durante los años ochenta y noventa, el periodismo era uno de los oficios más peligrosos en Colombia por la acción armada de los narcotraficantes y las guerrillas. El asesinato de Guillermo Cano, director del diario *El Espectador*, a manos de miembros del Cártel de Medellín, marcó el inicio de una larga batalla periodística por sus derechos. Otro punto álgido[14] en medio de la ofensiva paramilitar fue el asesinato de Jaime Garzón y el secuestro y la violación de una periodista colombiana. También, años después, un coche bomba preparado por la exguerrilla FARC estalló delante de las instalaciones de Caracol Radio. Junto a estos hitos[15], centenares de periodistas fueron amenazados, secuestrados y asesinados. La situación que vive la prensa local y regional con autocensura contrasta con la situación de la prensa nacional, la cual consigue mantenerse independiente y con niveles importantes de recursos para la investigación. Actualmente, las presiones a la prensa son menos evidentes. Unas formas de abuso contra el periodismo son las "chuzadas[16]", el espionaje ilegal, las extrañas judicializaciones, las interceptaciones y la "autocensura" por intereses financieros.

Los últimos del ranking, los países más violentos y letales del mundo

México, uno de los países más letales del mundo (puesto 143)

Muchos periodistas mexicanos resultan amenazados, aunque se reconocen el pluralismo y la libertad de los medios. Entre 2000 y 2020, se calcula que más de 135 periodistas murieron asesinados. Es el país sin guerra más peligroso para ejercer el periodismo. La polémica Ley de Monopolio en las Telecomunicaciones aprobada en julio de 2014 restringió los servicios de radiodifusión, televisión, telefonía e internet. La situación de la libertad de prensa se deterioró mucho en 2015 por los cárteles de droga que asesinan a sangre fría en total impunidad por la policía muy corrupta y un gobierno federal débil. En mayo de 2017, murió asesinado el periodista mexicano, Javier Valdez Cárdenas, fundador del diario *Ríodoce*. Había recibido varios premios, entre los cuales el Premio Internacional de la Libertad de Prensa en 2011, por sus pesquisas[17] sobre el narcotráfico y el crimen organizado en México. El nivel de violencia contra la prensa en México es comparable, según el reportero especial de la ONU sobre la libertad de expresión, David Kaye, con el de países en guerra, como Afganistán o Siria. Entre diciembre de 2018 y octubre de 2020, murieron asesinados 19 periodistas bajo la presidencia de Andrés Manuel López Obrador.

Venezuela, un país con una prensa acosada (puesto 147)

Ya eran evidentes, bajo la presidencia de Hugo Chávez, algunos signos de censura periodística con el cierre de algunos medios de comunicación o acoso a periodistas, ventajismo electoral y falta de autonomía. Pero desde la llegada al poder de Nicolás Maduro en marzo de 2013, tanto los periodistas como los medios padecen intimidación o ataques cibernéticos, para interferir en los contenidos de los medios. Además de ello, el Gobierno les negó visas a corresponsales internacionales, ordenó el cierre de *CNN* en español e impidió la publicación de nueve periódicos por escasez de papel. Para evitar que periodistas e infociudadanos realizasen la cobertura de hechos públicos, el régimen utilizó la violencia tanto física como verbal, el amedrentamiento[18], el robo y la confiscación de equipos, la expulsión de edificios públicos. El gobierno utilizó su poder mediático para denigrar e insultar a periodistas y editores. El Gobierno de Nicolás Maduro lleva una verdadera guerra mediática: entre 2005 y 2017, se cerró más de un centenar de medios de comunicación, sin contar con la prohibición de la transmisión de muchos canales internacionales, como la CNN. La ley adoptada en 2010 contempla que el gobierno puede sancionar cualquier contenido que "cuestione a la autoridad constituida legítimamente", de ahí las detenciones abusivas de reporteros y juicios por difamación. Si bien Chávez se mantuvo dentro de los límites, Maduro los pasó por alto. A esta deriva autoritaria se suma la escasez de papel que pone en peligro la circulación de la prensa escrita. Lo último fue el bloqueo de las conexiones a internet para silenciar a la oposición. Al menos 40 portales de noticias sufren persecución del Gobierno de Maduro. El 28 de octubre de 2020, la Comisión Interamericana de Derechos Humanos (CIDH) exigió a las autoridades venezolanas información completa sobre el paradero y el estado de salud del periodista crítico Roland Carreño, desaparecido sin dejar rastro durante 24 horas. Su detención fue confirmada sin mayores detalles por el Gobierno de Nicolás Maduro. Este profesional es conocido por actuar de coordinador para Voluntad Popular, el partido de Leopoldo López. Fue arrestado tras la huida de éste a España donde se encontró con su familia (➔ véase cap. 50).

Honduras (puesto 148)

En septiembre de 2017, bajo la presidencia de Juan Orlando Hernández, se aprobó un nuevo Código Penal que considera delito la protesta social con penas de prisión de 10 a 20 años. Dicho código, en apariencia dedicado a los "desórdenes públicos", va en contra de la libertad de expresión y amenaza con llevar a la cárcel a los periodistas ya que criminaliza la publicación de noticias. En la década anterior a 1999 habían sido asesinados dos periodistas, pero a raíz del golpe de Estado de 2009, murieron 40. Entre 2010 y 2020, 79 periodistas murieron asesinados. Además, Honduras registra la tasa de impunidad más alta (92 %) con un 20 % de los crímenes que se denuncian y sólo un 4 % de los casos se investiga. Desde la llegada al poder de Juan Orlando Hernández, la situación se deterioró considerablemente con miles de detenciones arbitrarias durante protestas y asesinatos de periodistas debidos a narcotráfico y corrupción. En 2017, el Congreso modificó por primera vez el código penal para castigar con penas de prisión de hasta ocho años a los periodistas declarados culpables de un delito vagamente definido (disculpa, glorificación, justificación del terrorismo). En febrero de 2020, la

Comisión Interamericana de Derechos Humanos (CIDH) instó a Honduras a investigar los asesinatos de periodistas y a despenalizar los delitos contra el honor, como injuria, difamación y calumnia.

Cuba, un estado sin libertad de prensa (puesto 171)

Cuba es el segundo país del mundo con el mayor número de periodistas encarcelados. Los Castro, en el poder entre 1959 y 2018, mantuvieron un monopolio de la información por no tolerar ninguna voz independiente. Las detenciones abusivas, amenazas, campañas de difamación, así como la confiscación de materiales eran las formas más comunes de acoso generalizado y reforzado por el arsenal restrictivo de la ley.

Sólo existen en la isla dos periódicos oficiales que dependen del partido comunista e informan a los ciudadanos cubanos: el primero, *Granma*, sale a diario y el segundo *Juventud Rebelde*. Antes de la Revolución cubana, la capital estaba dotada de 135 salas de cine cuando hoy tan sólo existen veinte. Para colmo, el Estado cubano ha implementado su propia enciclopedia. Además, el acceso a la compra de ordenadores ha sido prohibido y los canales de televisión extranjeros son prohibidos por el gobierno. Aun los correos electrónicos son analizados por el Estado.

También se considera como el cuarto peor país en el tratamiento de los pocos blogueros y periodistas independientes que trabajan con un acceso a Internet muy limitado, tal y como refiere la famosa filóloga cubana Yoani Sánchez, que creó el blog *Generación Y* (en referencia a la generación conectada). A pesar de todo, ella fundó el periódico digital *14ymedio* para denunciar la mutilación de la libertad de prensa en Cuba. Por último, Cuba tiene la peor tasa de acceso a Internet del continente (5 %). El acercamiento de Cuba a los Estados Unidos en diciembre de 2014 dejó entrever cambios que no se llevaron a cabo. Se notó una mejora en el acceso a la web en junio de 2017, tras una prueba piloto: más de seiscientos hogares pudieron conectarse a internet mediante el servicio estatal: ETECSA tiene el monopolio de las comunicaciones y en agosto de 2018, anunció el próximo servicio de internet en teléfonos móviles, todo un hito para los cubanos. Aunque la situación de represión de la libertad de expresión y prensa es histórica y sistemática, la escalada represiva actual se recrudece tras la aplicación del Decreto Ley 370 "sobre la mediatización de la sociedad en Cuba", vigente desde el 4 de julio de 2019. Con la llegada de Miguel Díaz-Canel a la presidencia de la República de Cuba, no mejoró la situación. En julio de 2020, 132 personas –entre las cuales artistas, periodistas y activistas– fueron detenidas, y sufrieron cortes del servicio de internet, ante la convocatoria en varias zonas del país de protestas contra la violencia policial.

La verdad, primera "víctima" del coronavirus

A nivel mundial y regional, la emergencia de la pandemia de Covid-19 golpeó de lleno a los medios de comunicación y, por ende, al ejercicio de periodismo.

En Perú, muchos medios de comunicación nacionales mantuvieron sus compromisos con la ciudadanía y sus trabajadores; algunos medios impresos locales, sin embargo, empezaron a suspender sus publicaciones.

En Venezuela, el Gobierno de Nicolás Maduro no vaciló en asediar a los medios y desde el inicio de la pandemia de coronavirus, se reportaron muchos casos de arrestos de periodistas por informar sobre el número de casos en el país.

En Nicaragua existe una situación similar con la condena de varios periodistas y el allanamiento de medios de comunicación durante todo el año 2019. Como consecuencia, más de 80 periodistas se exiliaron. Frente a la COVID-19, el gobierno de Daniel Ortega sólo reportó oficialmente once casos mientras que en Centroamérica ya se habían reportado por las mismas fechas más de 100.000 contagios. No siguió las recomendaciones globales para atender la pandemia y mantuvo la celebración de eventos deportivos como partidos de fútbol.

NOTAS

1. el hostigamiento = el acoso: *le harcèlement*
2. acallar: *faire taire*
3. pasarse por alto = no respetar
4. salpicar: *éclabousser*
5. la ley mordaza: *la loi bâillon*
6. brindar = ofrecer
7. una querella: *une plainte*
8. plasmar = cristalizar
9. el encarnizamiento: *l'acharnement*
10. previa = anticipada
11. la supeditación = la dependencia
12. gremial = de corporaciones
13. el bozal: *la muselière*
14. el punto álgido: *le point culminant*
15. un hito: *un fait historique*
16. una chuzada: *une écoute téléphonique*
17. una pesquisa: *une enquête policière*
18. el amedrentamiento = la intimidación

Clasificación de países latinoamericanos en materia de libertad de prensa entre los 180 países del mundo (datos 2020)

LA PRENSA SILENCIADA

- **PAÍSES CON LIBERTAD DE EXPRESIÓN**
  - Costa Rica (7)
  - Uruguay (19)
- **PAÍSES CON CIERTA LIBERTAD DE EXPRESIÓN**
  - Chile (51)
  - República Dominicana (59)
  - Argentina (64)
  - El Salvador (74)
  - Panamá (76)
  - Perú (90)
  - Ecuador (98)
- **PAÍSES CON UNA PRENSA PARCIALMENTE LIBRE**
  - Paraguay (100)
  - Brasil (107)
  - Bolivia (114)
  - Guatemala (116)
  - Nicaragua (117)
- **PAÍSES SIN LIBERTAD DE EXPRESIÓN**
  - Colombia (130)
  - México (143)
  - Venezuela (147)
  - Honduras (148)
  - Cuba (171)

63 LA CORRUPCIÓN, UNA ENFERMEDAD ENDÉMICA

Datos generales (véase MC 117)

Las transiciones de gobiernos autoritarios hacia democracias que caracterizaron a Latinoamérica durante los 80 y 90 recalcaron una voluntad de transparencia gubernamental. Efectivamente, las dictaduras militares se conocen no sólo por las violaciones a los derechos humanos, sino también por la corrupción oficial generalizada. Conforme[1] iba fortaleciéndose la democracia, comenzó a emerger el problema de la corrupción gracias a la atención de la sociedad civil y la meticulosa labor[2] de los medios de comunicación. La corrupción se convirtió entonces en un asunto central en el subcontinente. La primera Cumbre[3] de las Américas en 1994 abordó la lacra[4] que resulta ser la corrupción en la región y desembocó en la "Convención Interamericana contra la Corrupción" suscrita en 1996 en Venezuela.

Si bien hasta los años ochenta, el mal latinoamericano era el militarismo, hoy la enfermedad que gangrena la región hasta desestabilizar los gobiernos es la corrupción. Se trata de un mal generalizado, cuyas metástasis afectan a la práctica totalidad de las esferas de la vida pública y privada de los países de la zona. Se da de diferentes formas (enriquecimiento ilícito, blanqueo, malversación) y en diferentes niveles (altos funcionarios, burocracia, políticos). Los casos de corrupción destapados[5] en América Latina en estos últimos años no sólo tienen consecuencias políticas por la pérdida de credibilidad de las instituciones, sino también socioeconómicas ya que tienen un impacto relevante en las inversiones extranjeras en los países del subcontinente y generan desigualdad entre los ciudadanos que empiezan a expresar su creciente descontento mediante protestas en las que exigen que los gobiernos tomen medidas drásticas contra la corrupción que es un verdadero lucro cesante[6] tanto para los Estados como para los ciudadanos.

En la actualidad, los escándalos de corrupción tienen un alto costo político ya que ocasionan la caída de popularidad o la renuncia de varios presidentes. En países como Guatemala o Brasil, los casos de corrupción sacaron a la calle a miles de personas que lograron poner en jaque[7] a los mandatarios salpicados[8] por los escándalos. La corrupción socava[9] la estabilidad democrática, frena el crecimiento económico, así como la competitividad y debilita al Estado de derecho lo que fomenta delincuencia y violencia criminal debido a la impunidad. Por ello es tan importante que los ciudadanos actúen para impedir la propagación de esta plaga[10].

La aprobación de la Convención de las Naciones Unidas contra la Corrupción en 2004 muestra que la Comunidad Internacional está dispuesta a unirse para impedir la difusión de la corrupción y a luchar contra ella. Cada año, *Transparency International* publica un informe con el índice de percepción de la corrupción en más de 180 países del mundo. Uruguay y Chile, pese a haber caído algunos puntos, siguen siendo los menos corruptos a diferencia de Venezuela que ocupa el último lugar del ranking en Latinoamérica.

Parece que la corrupción política ha dejado de ser impune en Latinoamérica a tenor de los juicios iniciados en 2016 y que, en algunos casos, se abrieron las cárceles a varios exmandatarios.

Argentina

La percepción de corrupción en Argentina bajó estos últimos diez años pasando de la posición 127 en 2011 a la 85 en 2019. Sin embargo, los escándalos siguen afectando todos los sectores de la élite argentina: políticos, funcionarios, empresarios y medios de comunicación. En 1999 se creó la Oficina Anticorrupción en Argentina que depende del Ministerio de Justicia y Derechos Humanos para luchar contra este flagelo[11]. Sin embargo, no impidió el surgimiento de escándalos como el de la "Causa Ciccone", que involucraba al vicepresidente Amado Boudou acusado de enriquecimiento ilícito, cohecho[12], así como actividades incompatibles con su cargo de funcionario público.

El caso Odebrecht también ensombreció[13] los mandatos de la pareja Kirchner. Durante los 13 años de kirchnerismo, la constructora brasileña gastó 35 millones de dólares en coimas[14] que le permitieron obtener contratos por unos 278 millones de dólares.

Uno de los escándalos más recientes es el que involucra a la expresidenta Cristina Fernández de Kirchner y vicepresidenta del Gobierno de Alberto Fernández en 2020. La llamada "causa de los cuadernos" comenzó en agosto de 2019 a raíz de las declaraciones de un chófer del Gobierno que había apuntado las idas y vueltas entre empresarios pagadores y funcionarios cobradores con bolsos repletos de dinero ilegal. Entre los nombres destacaban los de Cristina Fernández de Kirchner y de su marido Néstor Kirchner. El juez Bonadio sacó a la luz una presunta red que recababa dinero de empresas constructoras a cambio de contratos de obra pública. El 30 de septiembre de 2020, el máximo tribunal penal de Argentina rechazó un recurso de queja pedido por la defensa de Cristina Fernández de Kirchner, por lo que siguen vigentes los procesamientos por corruptela.

Brasil, epicentro de un terremoto llamado *"Lava Jato"* (➔ véase MC 118)

Durante 2016, Brasil fue sacudido por el mayor escándalo de corrupción de su historia, cuyas ramificaciones todavía no han terminado de conocerse. Los fiscales destaparon una gigantesca trama de sobornos que alcanzó a decenas de políticos, empresarios o ejecutivos de empresas. Éstos desviaron fondos públicos para financiar partidos del oficialismo y aumentar fortunas personales. Este escándalo ha dado lugar a 240 acusaciones penales y 118 condenas, por un total global de 1.256 años de prisión. La empresa constructora Odebrecht, implicada en el escándalo, reconoció haber efectuado pagos irregulares por miles de millones de dólares a funcionarios al mando de la petrolera estatal Petrobras. Los fiscales en la Operación *Lava Jato* iniciaron una campaña nacional, denominada "10 medidas contra la corrupción", instando al Gobierno brasileño a reforzar el poder de las autoridades encargadas de investigar y juzgar la corrupción, y asegurar que se restituyeran los fondos públicos desviados. En noviembre de 2016, se aprobó una nueva ley al respecto, pero ésta reflejaba solamente algunas de las medidas recomendadas. La nueva ley estuvo siendo puesta a prueba con el expresidente de Brasil, Michel Temer, procesado por haber aceptado presuntamente un soborno por varios millones de dólares.

Las acusaciones de corrupción a Petrobras, emblema de Brasil, alcanzaron todos los niveles de su sociedad y su clase política. Impactaron en la administración de los exmandatarios Lula y Dilma Rousseff, así como del entonces presidente interino Michel Temer. La llamada operación *Lava Jato*, iniciada en marzo de 2014, reveló la existencia de licitaciones fraudulentas de los contratos de Petrobras. Mediante concursos públicos[15]

Odebrecht, un *thriller* económico-judicial (➔ véase MC 118):

Marcelo Odebrecht reconoció haber pagado sobornos por más de 385 millones de dólares en Argentina, Colombia, República Dominicana, Ecuador, Guatemala, México, Panamá, Perú y Venezuela, casi tanto como en su propio país (349 millones de dólares entre 2003 y 2016). Este megaescándalo que salpicó a numerosos gobiernos latinoamericanos consistía en sobornar a funcionarios públicos a cambio de contratos durante 20 años. Aunque los gobiernos de derechas no escapan a este entramado de corrupción, fue con el apoyo de los mandatarios del Socialismo del Siglo XXI (➔ véase cap.53) como Odebrecht consiguió consolidarse y gangrenar América Latina. Durante los mandatos de Lula, Odebrecht tejió[21] vínculos con Argentina, Bolivia, Ecuador, Cuba y Venezuela para llevar a cabo megaproyectos en países socialistas.

En Argentina, Odebrecht confesó haber entregado 35 millones de dólares a colaboradores de Néstor y Cristina Kirchner entre 2007 y 2014 cuando éstos le culpaban a Mauricio Macri.

En Colombia, Juan Manuel Santos afirmó que las mordidas[22] tuvieron lugar durante la gestión de Álvaro Uribe mientras que el exmandatario insistió en la culpabilidad de Santos alegando que los fraudes ocurrieron cuando Santos y Marcelo Odebrecht se encontraron en 2015, en Panamá. Se sabe que Colombia cobró 11 millones de dólares entre 2009 y 2014.

Cuba habría recibido más de mil millones de dólares mediante la empresa GAESA (consorcio militar que controla el 80 % de la economía cubana): 802 millones para la construcción del Puerto de Mariel y 290 millones para la edificación de una zona de desarrollo. Se trata de sobrefacturación de los contratos que hubieran tenido que costar dos veces menos.

En República Dominicana, seis acusados entre los cuales un exministro y exsenadores se repartieron, se beneficiaron de 92 millones de dólares entre 2001 y 2014 entregados por la empresa constructora para obtener la adjudicación de obras públicas. El 5 de octubre de 2020, el Ejecutivo dominicano anunció que rompía sus relaciones contractuales con la firma Odebrecht.

En Ecuador, el expresidente ecuatoriano Rafael Correa recibió 33,5 millones de dólares entre 2007 y 2016. La justicia estableció que el mandatario y varios de sus excolaboradores cobraron sobornos a cambio de contratos con la firma Odebrecht. En septiembre de 2020, el juez ordenó la captura del dirigente que reside en Bélgica, así como su inhabilitación de por vida.

En México, entre 2010 y 2014 se transfirieron más de 10 millones de dólares por contratos con Pemex. En febrero de 2020, el exdirector de Pemex Emilio Lozoya Austin fue detenido en España en el marco de la investigación por corrupción y su presunta implicación en la trama Odebrecht.

En Panamá, los hijos del expresidente Ricardo Martinelli se habrían beneficiado de una parte de los 59 millones de dólares recibidos entre 2010 y 2014.

En Perú, la Fiscalía Anticorrupción solicitó 18 meses de prisión preventiva para Alejandro Toledo, presidente del país entre 2001 y 2006, acusado de haber recibido 20 millones de dólares en sobornos de Odebrecht. Toledo no fue el único expresidente peruano salpicado por este escándalo. La pareja Humala también se habría aprovechado de esta trama fraudulenta. Humala habría recibido incluso tres millones de dólares para financiar su campaña presidencial. En noviembre de 2017, Marcelo Odebrecht declaró que su empresa apoyó a políticos peruanos como Keiko Fujimori y Alan García, además de Alejandro Toledo y Ollanta Humala.

En Venezuela, la Revolución Bolivariana recibió, por lo menos, 98 millones de dólares entre 2006 y 2015 para que el gigante de la construcción obtuviera contratos de obras públicas.

falsificados, las empresas presentaban proyectos con costos inflados[16] cuyo importe podría superar los 3.000 millones de dólares. En junio de 2015, la policía brasileña detuvo a Marcelo Odebrecht, uno de los empresarios más poderosos de Brasil, presidente de la mayor constructora latinoamericana, con 168.000 empleados. Después de negarse a colaborar con la policía, acabó por confesar los nombres de las personas involucradas en esta megatrama de corrupción a cambio de rebajar 10 años su condena de 19 años. Junto a él, 77 altos cargos de la empresa dieron nombres, fechas y cuantías[17] a la policía. La sentencia cayó en abril de 2017: tuvo que pagar una multa[18] de 3.500 millones de dólares, la mayor impuesta a una compañía acusada de corrupción. En mayo de 2016, el presidente del Parlamento, Eduardo Cunha, –tercera persona más poderosa de Brasil– fue suspendido acusado de múltiples cargos de corrupción. En noviembre de 2016, Sérgio Cabral, exgobernador de Rio de Janeiro, fue detenido por haber desviado 60 millones de euros de obras públicas. En mayo de 2017, el presidente interino Michel Temer fue denunciado por el fiscal general[19] por recibir sobornos y en julio de 2017, Lula fue condenado a 9 años y medio de prisión por corrupción pasiva y lavado de dinero. En diciembre de 2017, Michel Temer, firmó un polémico decreto de indulto navideño que beneficiaba a los condenados por corrupción dándoles la posibilidad del perdón judicial, tanto de sus penas de prisión como de sus multas. Hasta 2016, sólo podían aprovecharse de este perdón los condenados por crímenes sin violencia a un máximo de 12 años de reclusión y que hubieran cumplido un cuarto de su pena. Con las modificaciones de Michel Temer, el tiempo de cumplimiento mínimo de la pena se redujo a un quinto. Uno de cada tres condenados podría sacar provecho de esta controvertida medida mellando[20] la labor llevada a cabo por el juez federal Sérgio Moro en el marco de las investigaciones del caso *Lava Jato*. Pese a ello, Sérgio Moro fue elegido personaje latinoamericano más influyente del año 2017 por el Grupo de Diarios América por el alcance de la investigación en el subcontinente.

Chile

Chile suele considerarse internacionalmente como uno de los países menos corruptos del continente. Empero[23], casos como los de Penta, Soquimich y Caval mancillaron[24] esta imagen positiva.

El "Caso Caval": en 2013, en plena campaña presidencial chilena, el hijo de Michelle Bachelet, Sebastián Dávalos, y su nuera[25], Natalia Compagnon, realizaban trámites[26] para conseguir un crédito de 10 millones de dólares para la empresa Caval, pero sin éxito. El 6 de noviembre, sin embargo, la pareja logró reunirse con el vicepresidente del Banco de Chile y el 16 de diciembre, sólo 24 horas después de que Michelle Bachelet ganara las elecciones, el banco les concedió el préstamo. A raíz de este escándalo (uso de información privilegiada y tráfico de influencias), la popularidad de la mandataria recién electa se desplomó alcanzando un mínimo histórico de un 31 %. Para sortear la crisis, la presidenta creó, una semana después de revelarse el escándalo, el Consejo Asesor Presidencial Anti-Corrupción.

El "Caso Soquimich": la empresa minera controlada por Julio Ponce Lerou, exyerno del dictador Augusto Pinochet, fue investigada por dudosos pagos a decenas de personalidades del ámbito político. El importe de los documentos tributarios falsos denunciados por el Servicio de Impuestos Internos alcanzaría unos 6,94 millones de dólares.

Colombia

En los años 80, la corrupción del narcotráfico llegó a tal nivel que, incluso, un presidente de la República (Ernesto Samper) fue acusado de recibir sobornos del cartel de Cali para financiar su campaña electoral. El comercio de la cocaína no fue solamente un asunto de las grandes mafias de la droga. De hecho, la corrupción y el problema relacionado con las drogas se refuerzan mutuamente, puesto que el narcotráfico se ve facilitado por la corrupción que se nutre del narcotráfico.

Costa Rica

Pese a su tercera posición en el ranking de *Transparency International*, los habitantes de la "Suiza latinoamericana" consideran la corrupción el segundo problema más grave del Estado por detrás de la seguridad. Un 85 % de los entrevistados a principios de 2017 pensaba que había mucha corrupción en su país. Con mucha razón. El presidente de Costa Rica, Luis Guillermo Solís, se vio implicado a finales de 2017 en el escándalo de corrupción del cemento chino, apodado "el cementazo", que involucró a funcionarios del Ejecutivo, del Legislativo y de la Corte Suprema de Justicia, así como al estatal Banco de Costa Rica, que prestó al importador de cemento, Juan Carlos Bolaños, más de 40 millones de dólares en condiciones irregulares.

Guatemala

En abril de 2015, la CICIG (Comisión Internacional Contra la Impunidad en Guatemala, iniciativa de la ONU) anunció la desarticulación de una red de fraude aduanero, conocida como "la línea", que estaba relacionada con la entonces vicepresidenta y con su secretario privado. La línea operaba por lo menos desde hacía un año en las siete aduanas más importantes del país en términos de recaudación. Se estima que de mayo de 2014 a febrero de 2015 al menos 500 contenedores ingresaron a Guatemala sin realizar el pago correspondiente, lo que permitió que cada uno de los altos mandos de la estructura obtuviera ganancias de cerca de cinco millones de dólares. Un mes después, en mayo de 2015, la CICIG reveló otro escándalo de corrupción, en el Instituto Guatemalteco de Seguro Social que implicaba a los principales miembros de su Junta Directiva y que tuvo consecuencias trágicas con 12 personas fallecidas. En diciembre de 2014, el IGSS (Instituto Guatemalteco de Seguridad Social) adjudicó al Grupo Pisa un contrato de unos 15 millones de dólares por servicios de diálisis, después del supuesto abandono de la licitación[27] de la empresa estadounidense Baxter, que había proveído el servicio durante los últimos 11 años. El Grupo Pisa ganó la adjudicación gracias a los sobornos otorgados a funcionarios del IGSS. En menos de seis meses 91 pacientes sufrieron infecciones y 12 personas murieron. Estos casos de corrupción minaron la credibilidad de la gestión del presidente Otto Pérez Molina cuya aprobación cayó a un 30 %. Los ciudadanos se manifestaron para exigir la renuncia del presidente y de su gabinete. Pérez Molina fue detenido por fraude, asociación ilícita y corrupción. Para demarcarse, Jimmy Morales hizo campaña con una plataforma contra la corrupción, y con el eslogan "Ni corrupto, ni ladrón". Sin embargo, su apellido se vio salpicado por un caso de corrupción que implicó a su hermano y a su hijo. Además, el exministro de Comunicaciones, Alejandro Sinibaldi, y el exembajador de Guatemala en Estados Unidos, Julio Ligorría, habrían malversado fondos del Estado por más de 10 millones de dólares. En junio de 2017, ambos eran prófugos a raíz de este caso de "delincuencia económica de cuello blanco". Buena parte del dinero se destinó al Partido Patriota que llevó a la presidencia a Otto Pérez Molina, actualmente encarcelado por corrupción. La CICIG y la Fiscalía guatemalteca lograron obtener una orden oficial para su aprehensión por corrupción y en septiembre de 2017, Julio Ligorría fue detenido en Madrid por financiación ilícita de la campaña electoral de Pérez Molina. En enero de 2020, se anunció que Guatemala perdió 10 puestos en el Índice de Percepción de Corrupción de la organización Transparencia Internacional y cayó a su máximo histórico durante el Gobierno del expresidente Jimmy Morales Cabrera. El exmandatario, que había expulsado la CICIG, colocó su país justo antes de Nicaragua y Venezuela.

México

En julio de 2015, la fuga de Joaquín Guzmán (conocido como el Chapo Guzmán), uno de los narcotraficantes más buscados del mundo, de un penal de máxima seguridad evidencia la corrupción que existe en el sistema político y judicial del país. El narcotraficante huyó de su celda en la cárcel de El Altiplano por un hoyo[28] cavado[29] por debajo de la ducha que llevaba a un túnel de más de 1,5 kilómetro hasta el exterior de la prisión. El Gobierno reconoció que el Chapo había sido ayudado por funcionarios o trabajadores de la prisión para evadirse. De hecho, el director de El Altiplano y dos responsables del sistema penitenciario federal tuvieron que dimitir.

Por otra parte, la familia presidencial también se vio involucrada en un caso de corrupción ya que la primera dama, Angélica Rivera, compró una lujosa mansión[30] a la constructora Grupo Higa por un precio mucho más bajo que los del mercado y dicho grupo tenía conexiones con el entonces mandatario Enrique Peña Nieto. Este presunto conflicto de interés dañó la imagen del presidente.

Panamá

En 2011, Panamá firmó un acuerdo de doble imposición e intercambio de información por lo que España lo borró de la lista de los paraísos fiscales. Sin embargo, el escándalo de los papeles de Panamá mostró lo contrario cuando estalló en abril de 2016. Francia lo incluyó en su lista de países no cooperantes en materia fiscal a raíz del escándalo de Mossack Fonseca y la UE lo añadió en la lista negra de los paraísos fiscales no sólo a raíz de los *Panama Papers* sino también por su implicación en el caso Odebrecht.

La constructora brasileña era la principal contratista del Estado panameño que realizó enormes obras como el metro de la capital. Aunque Marcelo Odebrecht confesó que Panamá había recibido 59 millones de dólares en sobornos, las cuentas de la Fiscalía panameña señalaron más de 80 millones de dólares de los cuales 55 millones habrían sido cobrados por los dos hijos del exmandatario Ricardo Martinelli, él mismo investigado por presunta desviación de fondos en contratos que iban desde alimentos inicialmente destinados a comunidades vulnerables hasta grandes obras de infraestructura.

Durante su mandato (2009-2014), Ricardo Martinelli espió a políticos y empresarios para cobrar dinero además de garantizarse el respaldo necesario en el Congreso para la aprobación de leyes y reformas. El 28 de enero de 2015, el expresidente corrupto salió del país, rumbo a Guatemala. El 11 de junio de 2018, regresó a Panamá tras ser extraditado desde Estados Unidos y fue puesto en manos de la Justicia panameña que pidió 21 años de prisión para el exjefe de Estado. Pero, en 9 de agosto de 2019, fue absuelto de todos los cargos imputados.

> Los ***Panama Papers*** fue la expresión utilizada por los medios de comunicación para hablar de los documentos confidenciales del bufete de abogados Mossak Fonseca que fueron sacados a la luz el 9 de mayo de 2016. Los principales servicios de la firma consistían en la fundación de sociedades *offshore* para que diversas personalidades obviaran el pago de impuestos o redujeran el importe total de su factura fiscal. La firma de letrados panameños gestionó unas 300.000 empresas y actuó en su nombre en paraísos fiscales como las islas Caimán, Panamá o las Seychelles. Los socios del bufete fueron detenidos a principios de 2017 por su presunta implicación con los sobornos pagados por la empresa Odebrecht.

Perú

Se estima que el país y los ciudadanos pierden unos 10 millones de dólares anualmente a raíz de los casos de corrupción. El poder parece totalmente corrupto desde las últimas cinco presidencias. De hecho, los mandatarios que gobernaron entre 1990 y 2018 están encarcelados, investigados por corrupción o prófugos de la justicia.

Alberto Fujimori, presidente entre 1990 y 2000, tras el autogolpe de 1992, se benefició de los fondos públicos mediante la cooptación de todas las ramas del poder público. Fue condenado a una pena de 25 años (por crímenes de lesa humanidad y corrupción) de la que cumplió 10 años. En 2004, se estimó en unos 600 millones de dólares su fortuna amasada ilegalmente en los 10 años que estuvo en el poder. Fue indultado el 24 de diciembre de 2017 por el presidente Pedro Pablo Kuczynski lo que provocó marchas de protesta en el país por lo polémica que fue esta decisión. Pedro Pablo Kuczynski había sido conminado[31] por la oposición en el Congreso a renunciar a su cargo a raíz de la investigación sobre el caso Odebrecht. Fue lo que hizo en marzo de 2018.

Alejandro Toledo, que dirigió Perú entre 2001 y 2006, se fugó del país en 2017 para escapar de la justicia. La Fiscalía peruana le acusó de haber cobrado dinero de la constructora brasileña Odebrecht para favorecerla en la concesión de un proyecto. Habría recibido de la empresa más de 17 millones de dólares. **Alan García**, que primero gobernó Perú ente 1985 y 1990 y luego entre 2006 y 2011, se suicidó en abril de 2019 después de que se oficializó su orden de detención en el marco del caso Odebrecht. **Ollanta Humala**, presidente entre 2011 y 2016, fue acusado de haber cobrado tres millones de dólares de Odebrecht para la campaña presidencial de 2011 que le permitió ganar los comicios. Humala y su esposa Nadine Heredia pasaron 300 días en prisión preventiva entre julio de 2017 y abril de 2018. Si bien el Tribunal Constitucional ordenó su liberación, no retiró los cargos contra ellos. En cuanto a **Pedro Pablo Kuczynski**, a la cabeza del país entre 2016 y 2019, la Fiscalía pidió 36 meses de prisión preventiva por pagos que habría cobrado de la empresa Odebrecht.

Uruguay

Se trata del país menos corrupto de Latinoamérica. En 2017, Uruguay ocupó la vigésima tercera posición en el ranking internacional de corrupción. No obstante, los uruguayos perciben un incremento de la corrupción en su país. La renuncia de Raúl Sendic (vicepresidente de Tabaré Vázquez) en septiembre de 2017 a raíz de denuncias de corrupción corrobora esta idea subyacente.

Venezuela

Aunque Hugo Chávez se volvió presidente con la promesa de erradicar la corrupción, Venezuela, 20 años después de su primera elección, sigue liderando el ranking de *Transparency International* como uno de los 10 países más corruptos del planeta. En 2020, el país se encontraba en el puesto 173 en el índice de corrupción de Transparencia Internacional (de un total de 180 países). El descubrimiento del petróleo a principios del siglo XX favoreció la corrupción política y Chávez, pese a su compromiso, no libró al país de esta práctica fraudulenta (➲ véase cap.58). Durante los sucesivos mandatos de Chávez, el número de casos de corrupción, así como las sumas en juego fueron los peores de la historia venezolana haciendo del país un estado corrupto además de ser un petro y narcoestado. En 2016, dos miembros de *Transparency International* fueron arrestados junto con dos periodistas por investigar un escándalo de corrupción. El mismo año, Transparencia Venezuela lanzó una aplicación para teléfonos móviles denominada “Dilo aquí” que permitía a los usuarios presentar denuncias por corrupción de manera anónima. La aplicación también se está usando en Guatemala y Honduras.

En veinte años de chavismo, el país perdió unos 450.000 millones de dólares por la corrupción galopante. Se calcula que el 10 % del PIB se va cada año en la corrupción estatal, un verdadero lucro cesante[32] para los ciudadanos que sufren desde 2013 una crisis sin precedentes. Dos de los políticos más cercanos a Nicolás Maduro, Tareck El

Aissami y Diosdado Cabello, resultan involucrados en una operación de narcotráfico conocida como el Cártel de los Soles. Esta organización implica a más de 120 funcionarios del régimen.

NOTAS

1. conforme: *au fur et à mesure*
2. la labor: *le travail, la tâche*
3. la Cumbre: *le Sommet*
4. la lacra: *le fléau*
5. destapado = revelado
6. el lucro cesante: *le manque à gagner*
7. poner en jaque = amenazar
8. salpicado: *entaché, éclaboussé*
9. socavar: *saper*
10. una plaga: *un fléau*
11. un flagelo: *un fléau*
12. un cohecho = un caso de corrupción
13. ensombrecer: *assombrir*
14. una coima: *un surplus*
15. los concursos públicos: *les marchés publics*
16. inflado: *gonflé*
17. una cuantía: *un montant*
18. una multa: *une amende*
19. un fiscal general: *un procureur général*
20. mellar = calmar, apaciguar
21. tejer: *tisser*
22. las mordidas: *les rentrées d'argent*
23. empero: *toutefois*
24. mancillar: *éclabousser, entacher*
25. la nuera: *la belle-fille*
26. los trámites: *les démarches*
27. la licitación: *l'appel d'offres*
28. un hoyo: *un trou*
29. cavado: *creusé*
30. una mansión: *une demeure*
31. conminado: *convoqué*
32. el lucro cesante: *le manque à gagner*

- ***Ojos que no ven*** (2003), película de Pancho Lombardi y Natalia Mateo que retrata los más atroces actos de corrupción que se cometieron durante el gobierno del ex presidente Alberto Fujimori.
- ***Memoria del saqueo*** (2004), película documental de Pino Solanas que narra la época desde la dictadura militar de 1976 en Argentina hasta el "Cacerolazo" (2001).
- ***Miss Bala*** (2011), del director Gerardo Naranjo, cuenta el secuestro de una aspirante a un concurso de belleza por unos sicarios.
- ***Polícia Federal: "A lei é para todos" (la ley es para todos)*** (2017), del director brasileño, Marcelo Antunez, es una versión fílmica de la operación *Lava Jato* en Brasil. La cinta viene acompañada de una industria cultural, literaria y mediática, sobre el caso brasileño y está basada en el bestseller epónimo, de Carlos Graieb (ex editor de Veja) y Ana María Santos.
- ***Panamá Papers*** (2018), documental sobre el escándalo epónimo.

MC 117 La corrupción: panorama general

LA CORRUPCIÓN EN AMÉRICA LATINA (panorama general)

- **Países con alta percepción de corrupción**
  - Venezuela
  - Nicaragua
  - México
  - Paraguay
  - Guatemala
  - Honduras
  - Bolivia
  - República Dominicana
- **Países con media percepción de corrupción**
  - Brasil
  - Perú
  - Ecuador
  - Colombia
  - Panamá
  - El Salvador
- **Países con baja percepción de corrupción**
  - Uruguay
  - Chile
  - Costa Rica
  - Argentina
  - Cuba
- **Impacto socioeconómico**
  - Lucro cesante para el país y sus ciudadanos
  - Desigualdades sociales
  - Injusticia: favorece la delincuencia
  - Desarrollo económico frenado
  - Inestabilidad democrática
- **Impacto político**
  - **Desconfianza de los ciudadanos en sus representantes**
    - Manifestaciones
    - Abstención creciente
  - **Destitución o renuncia de expresidentes**
    - Dilma Rousseff (Brasil)
    - Pedro Pablo Kuczynski (Perú)
    - Martín Vizcarra (Perú)
  - **Enjuiciamiento o encarcelamiento de expresidentes**
    - Alejandro Toledo fugitivo (Perú)
    - Ollanta Humala (Perú)
    - Lula Da Silva (Brasil)
    - Michel Temer (Brasil)
    - Otto Pérez Molina (Guatemala)
    - Ricardo Martinelli (Panamá)
  - **Suicidio de un expresidente**
    - Alan García (Perú)
- **Mayores escándalos**
  - **Costa Rica**
    - Cementazo
  - **Panamá**
    - Panamá Papers
  - **Venezuela**
    - Desvío de 60 millones de dólares a Andorra por 3 directivos de la petrolera estatal venezolana (2008-2014)
  - **10 países involucrados: Argentina, Brasil, Colombia, Ecuador, Guatemala, México, Panamá, Perú, República Dominicana y Venezuela**
    - Odebrecht (véase MC 118)

MC118 El caso Odebrecht

EL CASO ODEBRECHT

- **La empresa Odebrecht**
  - La mayor constructora de América Latina establecida en Brasil
  - Creada en 1944 por Norberto Odebrecht
- **Corruptela**
  - **Sobornos (entre 2007 y 2016)**
    - 800 millones de dólares gastados en coimas a jefes de Estado, ministros y funcionarios para obtener licitaciones y contratos de obras
    - Presupuesto casi siempre escandalosamente sobrevaluado para recibir ganancias sustanciosas
  - **Denuncias en cadena**
    - 78 altos cargos de la empresa incluido Marcelo Odebrecht revelaron nombres, fechas y cuantías para reducir sus condenas
  - **Multa**
    - Odebrecht tuvo que pagar la mayor multa impuesta a una compañía acusada de corrupción: 3.500 millones de dólares
- **Países y (ex)presidentes involucrados**
  - **Argentina**
    - 35 millones de dólares
    - Administraciones de los Kirchner
  - **Brasil**
    - 349 millones de dólares
    - Temer, Rousseff, Lula involucrados
  - **Colombia**
    - 11 millones de dólares
    - Mordidas realizadas entre 2009 y 2014
  - **Ecuador**
    - 33,5 millones de dólares
  - **Guatemala**
    - 18 millones de dólares
  - **México**
    - 10,5 millones de dólares pagados a funcionarios de Pemex
  - **Panamá**
    - Sobornos de unos 18 millones de dólares (primera línea de metro de la capital)
    - Más de 7 millones (ampliación de Tocumen, principal aeropuerto)
  - **Perú**
    - 29 millones de dólares
    - Los expresidentes Alejandro Toledo, Alan García, Ollanta Humala
    - 21 de marzo de 2018: renuncia de PPK
  - **República Dominicana**
    - 92 millones de dólares
  - **Venezuela**
    - 98 millones de dólares
    - Pagos irregulares a funcionarios públicos de las administraciones de Chávez y Maduro (2006-2015)

64 EL NARCOTRÁFICO

Datos generales (véase MC 119)

El tráfico de droga es una de las plagas[1] más relevantes que sufre América Latina, no sólo por su peso en la economía sumergida sino también por los peligros que representa su consumo y la violencia que implica en todos los sectores de la sociedad. Pasó de ser un asunto de salud pública a un problema de seguridad nacional cuando no continental. Por eso, a finales de los 90, los Estados declararon "la guerra contra las drogas". El narcotráfico en América Latina se explica entre otras cosas por las fuertes ganancias que genera este comercio debido a la gran demanda procedente de Estados Unidos y Europa. En México, Centroamérica y Sudamérica se produce y transporta gran parte de la droga destinada a los países desarrollados y también desde hace poco para atender[2] la demanda nacional. En países como Perú, Bolivia y Colombia, el sector de la droga, particularmente la cocaína, emplea clandestinamente a casi un millón de personas y genera miles de millones de dólares. Estos países producen unas 500 toneladas al año. El negocio relativo al narcotráfico es el segundo a nivel mundial en movimiento de capitales, después del petróleo. La pobreza de las poblaciones rurales incentivó la producción y el tráfico de la droga por lo fácil que resulta ganarse la vida de esta manera. Por eso las zonas de cultivo no dejaron de ampliarse a pesar de las políticas antidrogas establecidas a nivel nacional o entre Estados Unidos y los países productores. En América se encuentra el 45 % del total de consumidores de cocaína del mundo, la mitad de los de heroína y una cuarta parte de los de marihuana. El consumo de drogas ilícitas genera un negocio que mueve 84.000 millones de dólares al año en el mundo, de los cuales 34.000 millones se concentran en EE. UU.

La regulación internacional en materia de droga se funda en tres convenios de la ONU firmados por 188 países. El convenio de 1988 se centra en la lucha contra el tráfico y la represión mientras que los de 1961 y 1971 se enfocan en el control del mercado legal, aunque establecen medidas para luchar contra el comercio ilegal. La prohibición y la represión que se llevan a cabo desde hace más de 50 años han fracasado y sus consecuencias son tremendas a todos los niveles. No se saben precisamente las cantidades de drogas producidas ni los beneficios ya que las cifras fluctúan según quien las publica. Por ejemplo, según Estados Unidos, la producción mundial de cocaína ascendía en 2011 a 785 toneladas, entre las cuales 325 producidas en Perú, 265 en Bolivia y 195 en Colombia. Sin embargo, la Oficina de Naciones Unidas contra la Droga y el Delito (UNODC, por sus siglas en inglés) reveló que Colombia había producido 345 toneladas de cocaína. La manipulación de las cifras se puede explicar por los partidarios del modelo prohibicionista que, abogando por[3] el Plan Colombia, quieren evidenciar una caída espectacular de la producción de cocaína.

En abril de 2016, se celebró en Nueva York la Asamblea General de las Naciones Unidas sobre Drogas (Ungass) que reunió a numerosos mandatarios. En esta cumbre antidroga, México, Uruguay, Guatemala y Bolivia criticaron a las Naciones Unidas por no implementar iniciativas relacionadas a la legalización de ciertas drogas frente al fracaso[4] de la política represiva.

Producción, elaboración y rutas de la droga

El primer eslabón[5] de la cadena de la oferta son los productores. Los cocaleros[6] se concentran en la región andina, mientras que los productores de opio se hallan en México, Guatemala y Colombia. Los principales países productores de cannabis en el continente son México, Estados Unidos, Colombia, Paraguay y Canadá. México provee[7] alrededor de la mitad de la marijuana consumida en Estados Unidos mientras que desde Paraguay se suministra gran parte del cannabis consumido en el Cono Sur.

Los narcotraficantes internacionales ocupan la siguiente etapa de la cadena cuando la producción no tiene lugar en el país de consumo. Son ellos quienes transportan las drogas ya sea por vía marítima, ya sea por vía terrestre. Entre el 80 % y el 90 % de la cocaína consumida por casi cinco millones de estadounidenses pasa por México y como las incautaciones[8] por parte de la marina mexicana han crecido, la cocaína se transporta cada vez más por Centroamérica. Por eso Guatemala y Honduras se ven particularmente afectados. Los narcotraficantes colombianos transportan la cocaína a México y Centroamérica utilizando embarcaciones (entre ellas submarinos), así como avionetas e incluso drones. El 70 % de la cocaína sale de Colombia por el Pacífico, el 20 % por el Atlántico, y el 10 % pasa por Venezuela. La frontera terrestre entre Guatemala y México es difícil de controlar lo que facilita el contrabando. Las organizaciones de narcotraficantes mexicanos son las que dominan el mercado de drogas al por mayor en los Estados Unidos y son las únicas organizaciones de narcotraficantes que tienen una presencia en todo el país. Además, los mareros (➲ véase cap. 65) desempeñan un papel innegable en el narcotráfico por su carácter internacional y fuera de la ley.

Narcoviolencia

El narcotráfico actúa como un terremoto[9] que mella[10] toda la estructura de una nación. La violencia de los narcotraficantes y la de las autoridades, la corrupción generalizada a todos los sectores de todas las instituciones, debilitan la democracia. La corrupción y el problema de las drogas se refuerzan mutuamente, ya que la corrupción facilita el narcotráfico que, a su vez, alimenta la corrupción. La violencia de los cárteles ha disparado[11] las tasas de homicidios voluntarios en Honduras, Venezuela o México. Dada su localización geográfica entre los principales productores de coca en el sur y los principales consumidores de cocaína en el norte, la región se ha convertido en un "narcocorredor"[12] gangrenado por la violencia. El gobierno de AMLO anunció, en enero de 2020, que 2019 había sido el año con más asesinatos en los últimos veinte años.

Además, Centroamérica fue, en 2019, el área con mayor nivel de muertes violentas del mundo, con una tasa de 25,9 homicidios por cada 100.000 habitantes. Este resultado se debe sobre todo a los asesinatos por narcotráfico y a las maras.

Esta espiral mortífera hunde[13] a los países en una situación inestable que hace que las poblaciones decidan exiliarse para librarse del peligro cotidiano. Desde 2014, Centroamérica conoce una verdadera crisis migratoria con el éxodo de miles de niños indefensos que viajan solos o adultos vulnerables frente a las pandillas o las autoridades corruptas. Sólo en 2014, unos 70.000 niños centroamericanos indocumentados emigraron a Estados Unidos. En 2018, Estados Unidos detuvo a unos 76.000 menores centroamericanos no acompañados y las autoridades aprehendieron a unos 40.500. Se trataba de la mayor oleada de niños migrantes pese a las medidas agresivas de Donald Trump para bloquear la inmigración ilegal en el suroeste.

Estragos[14] ecológicos

El cultivo de drogas se suele realizar en zonas selváticas de gran valor, ocasionando consecuencias inmediatas para el medio ambiente como la deforestación, la degradación de tierras y la contaminación. Numerosas actividades económicas tradicionales (agricultura, minería, ganadería) no hacen sino incrementar el impacto negativo sobre el medio ambiente.

La aspersión aérea del herbicida glifosato perjudica[15] no sólo el medio ambiente sino también la salud humana. Además, ante el temor por la erradicación de sus cultivos, los productores ilegales aceleran los ciclos productivos para obtener el mayor rendimiento de la tierra posible. De hecho, para escapar a las autoridades, la producción y los cultivos ilegales generalmente se trasladan a otros lugares. Por otra parte, los productores de drogas optan por ecosistemas con abundante presencia de biomasa vegetal para dificultar la localización de los cultivos. En Perú, el cultivo ilícito provocó la destrucción de 2,5 millones de hectáreas de bosque amazónico para cultivar coca. En Colombia, más de un millón de hectáreas de bosque nativo fue destrozado: por cada hectárea de coca, se deforestan cuatro hectáreas de selva. Las consecuencias son también dramáticas para las poblaciones (muchas veces indígenas) que tienen que desplazarse ya sea por la aspersión o fumigación ya sea por miedo a los narcotraficantes.

El impacto ambiental y humano no sólo afecta a los países productores de cultivos ilícitos, sino que tiene consecuencias internacionales por la producción masiva de gases de efecto invernadero generados a raíz de la quema[16] de los bosques[17] tropicales.

Una particularidad andina: Bolivia y Perú

La hoja de coca es originaria de los países andinos y es un elemento cultural. Sin embargo, en forma paralela al uso tradicional, se ha desarrollado el cultivo destinado a la producción de cocaína en varios países de Sudamérica.

La demanda creciente de cocaína por parte de Estados Unidos acarreó un crecimiento espectacular de la producción de las hojas de coca en Perú y en Bolivia. Estados Unidos quiere erradicar los cultivos, a lo que los países productores responden que se deben ofrecer otras fuentes de ingresos a los campesinos pobres que viven legalmente del cultivo tradicional de la hoja de coca. Así surgió el concepto de cultivos alternativos. Bolivia intenta desde hace años exportar bolsitas de mate de coca (infusión para combatir el mal de altura), pero no puede hacerlo porque la Convención de Estupefacientes de Viena de 1961 incluye la coca en la lista de estupefacientes. Evo Morales luchó para que se borrara la hoja de coca de la lista internacional de sustancias prohibidas, ya que esta planta figura en la Constitución boliviana de 2009 como patrimonio nacional de las especies que proteger. En Bolivia, los programas de desarrollo alternativo se han llevado a cabo desde mediados de los 70 con apoyo internacional. En 2011, frente al rechazo de la ONU de legalizar el coqueo[18], el parlamento boliviano se retiró del Convenio de Viena de 1961, pero solicitó de nuevo su adhesión con una reserva en el uso tradicional de la coca para conciliar sus obligaciones internacionales con su constitución. En cuanto a Perú, aplica programas de desarrollo alternativo desde 1995 y ofrece a los agricultores incentivos para que abandonen el cultivo de la coca. La erradicación de dichos cultivos se ha convertido en una verdadera política. Se hace exclusivamente manualmente sin utilizar la aspersión química para evitar daños ecológicos. A pesar de los esfuerzos por parte de los gobiernos, la producción en Bolivia ha permanecido estable y la de Perú ha aumentado.

Colombia, el paradigma de la exportación

Ser el único país del subcontinente bordeado por dos océanos resulta ventajoso para la exportación de drogas. Asimismo, sus selvas y montañas facilitan la ocultación de los laboratorios. Además, el clima y la altitud favorecen el cultivo de la planta de coca. En 1936, el Código Penal definió la venta y el consumo de droga como delitos contra la salud pública y en 1947, se prohibió el cultivo de la marijuana y de la hoja de coca. El problema de las drogas se internacionalizó a partir de los 70 con la intervención, la colaboración y la ayuda de Estados Unidos en la guerra contra el narcotráfico. Durante esa década, el Gobierno no se posicionaba firmemente. En 1975, creó una taquilla[19] especial en el Banco Central para cambiar fácilmente grandes cantidades de dinero lo que permitía blanquear legalmente el dinero procedente del narcotráfico.

A mediados de los 80, el gobierno colombiano se valió de[20] la extradición a Estados Unidos para luchar contra los narcotraficantes lo que desató[21] una ola de violencia por parte de ellos mediante atentados, asesinatos y secuestros de políticos. Empezó la era del "preferimos una tumba en Colombia a una prisión en Estados Unidos". Pablo Escobar y sus congéneres cometían actos violentísimos para presionar al Gobierno. Este narcoterrorismo sólo acabó en 1993 con la muerte de Escobar.

La narcoviolencia, omnipresente en el país en los años 90, fue un verdadero desafío para los políticos ya que el mismo Escobar entró en la esfera política cuando fue elegido en 1982 como representante suplente al Congreso de la Nación por Antioquia. La guerra entre el Estado y el cartel de Medellín, liderado por Escobar, se intensificó entre 1989 y 1990. En agosto de 1989, mientras hacía campaña por la presidencia, el candidato Luis Carlos Galán fue asesinado (y otros cuatro candidatos) por órdenes de Escobar. Galán había prometido usar el poder del Estado para desmantelar los cárteles. Hasta la muerte de Pablo Escobar en diciembre de 1993, los coches bomba, los secuestros y los asesinatos se convirtieron en la vida cotidiana de los colombianos. Tras la muerte de Escobar, la policía y el ejército se concentraron en el cártel de Cali controlado por los hermanos Rodríguez Orejuela.

En 1982, el presidente recién elegido Belisario Betancur cuestionó la práctica de la extradición por considerarla una injerencia estadounidense en los asuntos nacionales. Sin embargo, su ministro de Justicia no ocultaba su voluntad de llevar a cabo extradiciones para combatir el narcotráfico. Rodrigo Lara fue el único político en considerar que el problema de las drogas era una amenaza para la sociedad. Su combate contra esta lacra[22] lo llevó al cementerio. Fue asesinado el 30 de abril de 1984, mes y medio después de un registro que permitió la incautación de 14 toneladas de cocaína. En 1983, había dado luz verde a la aspersión aérea de los campos de marijuana, medida proseguida por su sucesor. Pero este programa de erradicación de los cultivos generó numerosas protestas tanto por parte de políticos y ecologistas como de campesinos por las consecuencias sanitarias que ocasionó en las poblaciones locales y en el éxodo provocado.

El Gobierno colombiano intentó frenar el aumento de los cultivos de coca mediante el desarrollo alternativo como respuesta al comercio ilícito de drogas. La meta era incentivar a los cultivadores de drogas a orientarse hacia otros cultivos como el cacao o el café a cambio de subsidios monetarios condicionados. El "Programa de Familias de Guardabosques" permitió que más de 122.000 familias recibieran subsidios a cambio de mantener 222.000 hectáreas de bosques inicialmente dañados por cultivos ilícitos. Los cárteles de la droga acarrearon profundos cambios en la estructura de la sociedad colombiana al influir en la política a través de una combinación de amenazas, corrupción y violencia, que les permitió introducirse en los gobiernos locales cuando no nacionales. La economía de las drogas ilícitas incidió también en las finanzas de los grupos guerrilleros. Se calcula que los ingresos anuales totales obtenidos de las drogas por las FARC ascendían a unos 1.000 millones de dólares. Sin embargo, en 2016 las FARC (➔ véase cap. 45) dejaron de participar en el negocio de las drogas tras el acuerdo de paz.

Si bien Juan Manuel Santos (2010-2018) se alejó del discurso beligerante de Uribe, no propuso ninguna alternativa como la despenalización. La represión sigue siendo el credo del Gobierno en materia de droga (Juan Manuel Santos fue ministro de Defensa de Uribe) aunque abordó el problema desde una perspectiva más social.

Tras varios años de lucha contra el narcotráfico y con la llegada de Iván Duque, Colombia logró frenar el incremento exponencial de la superficie destinada al cultivo de coca. Si bien se mantiene en niveles muy altos, el mandatario colombiano dio a conocer en 2019 una leve reducción en las hectáreas dedicada a este producto. Iván Duque dio un giro en la política antidrogas del país respecto a Juan Manuel Santos que había optado por tratar el problema como un asunto de salud pública y de derechos humanos. Iván Duque volvió a una línea más dura como su mentor Álvaro Uribe. Abogó por la erradicación forzosa en detrimento de la sustitución voluntaria y un regreso al prohibicionismo. Esta reducción le vino de perlas al dirigente colombiano ya que su par estadounidense Donald Trump había amenazado con descertificar a Colombia en la lucha contra las drogas si no mejoraba los resultados en este ámbito.

El Plan Colombia (2000) es un acuerdo bilateral entre los gobiernos de Colombia y Estados Unidos a iniciativa de los presidentes Andrés Pastrana y Bill Clinton. El principal objetivo de Colombia era acabar con el tráfico ilegal de drogas y promover la paz mientras que el de Estados Unidos era contener el narcotráfico hacia los Estados Unidos. Entre 2000 y 2010, Colombia recibió más de 8.000 millones de dólares dentro del marco del Plan Colombia. Este plan permitió dividir por dos la superficie de los cocales. En 2003, **el Plan Patriota**, que sucedió al Plan Colombia, trató de acabar con las FARC con el despliegue de un contingente militar. Su objetivo era cerrar los corredores del narcotráfico y erradicar los cultivos ilegales, ya que los abusos de la guerrilla y la falta de inversión del gobierno propiciaron el aumento de la pobreza y el número de desplazados. Sin embargo, Colombia sigue entre los tres mayores proveedores mundiales de cocaína sobre todo desde que los traficantes desarrollaron una variedad de hoja de coca que mide tres metros de alto, o sea el doble de la planta de origen.

México, entre narcoestado y narcocultura

En los años 80, Félix Gallardo (alias el Padrino) controlaba la mayor parte de la cocaína que se producía o pasaba por México por tener el monopolio de este mercado ilegal. Tras su detención en 1989, se inició la fragmentación de este jugoso[23] mercado con la emergencia de cárteles que se disputaban el control de las zonas dedicadas al narcotráfico. 6 cárteles reinaban en el territorio azteca: el cártel de Sinaloa, los Zetas, el cártel del Golfo, la familia michoacana, cártel de los Beltrán Leyva y el cártel de Juárez. Los dos primeros controlan el 80 % del tráfico.

Durante el mandato de **Vicente Fox** (2000-2006), la corrupción rampante, la impunidad, así como el narcotráfico gangrenaron todos los estratos del Estado. Por ello, al llegar al poder, **Felipe Calderón** (2006-2012) emprendió una verdadera cruzada contra el narcotráfico pensando que el ejército era la solución para acabar con esta plaga. En 2006, desplegó a 36.000 soldados por todo el país, de los cuales 8.500 en Ciudad Juárez, para luchar contra unos 100.000 miembros de los cárteles creando un clima de inseguridad global. Desgraciadamente, esta guerra contra el narcotráfico fracasó ya que se multiplicó la violencia entre los cárteles (por el control de las zonas) que expandieron su territorio hasta América Central. La guerra contra el narcotráfico se saldó con más de 70.000 muertos y 10.000 desaparecidos. Según el Reporte Mundial de la Droga 2017, realizado por la oficina de la ONU para las drogas y el delito, el cultivo de opio para la producción de heroína en México pasó de 3.300 hectáreas (2005), a 26.000 hectáreas (2015), prueba de la ineficacia de esta guerra.

La Iniciativa Mérida (2008) es un tratado establecido entre México y Estados Unidos para luchar contra el narcotráfico ya que México es el corredor por donde pasan los traficantes. La iniciativa se instauró durante el Gobierno de Felipe Calderón con un presupuesto de 1.400 millones de dólares, material para vigilar los territorios y espacios marítimos (aviones, helicópteros para acceder a lugares difíciles de acceso), perros entrenados para la búsqueda de drogas. Desgraciadamente, desde la implementación de este plan, se ha podido observar un aumento de la criminalidad con una tasa de homicidios muy alta y un incremento de un 245 % de los secuestros en diez años. El balance humano y la ausencia de resultados concluyentes (corrupción, violencia e impunidad siguen royendo a la democracia).

Enrique Peña Nieto (2013-2018) prosiguió la línea de Felipe Calderón, pero se distanció de la "guerra abierta" contra los cárteles de la droga para hacer hincapié en la protección de los ciudadanos. Cuando tomó posesión de su cargo en 2019, Andrés Manuel López Obrador tenía como objetivo erradicar la corrupción y el narcotráfico. En cuanto a **Andrés Manuel López Obrador**, anunció en su campaña electoral que quería poner el enfoque en la prevención y en las oportunidades para que los jóvenes no cayeran en la trampa del narcotráfico. Para él, la solución de fondo al problema del narcotráfico era combatir el desempleo. No quiso repetir la guerra contra los cárteles como sus antecesores. En septiembre de 2020, Donald Trump amenazó a AMLO con penalidades si no hacía "más" para luchar contra el narcotráfico. El mandatario estadounidense ya había advertido en 2019 al Ejecutivo mexicano que contemplaría descertificar a México en su lucha antidrogas, lo que implicaría un cese de la ayuda financiera y del apoyo de Washington en organismos internacionales. En octubre, la justicia estadounidense detuvo al exsecretario de Defensa de Enrique Peña Nieto, el General Salvador Cienfuegos, por presunta colaboración entre 2015 y 2017 con el cártel de los Beltrán Leyva además de otros delitos. Su arresto asestó un golpe duro a la lucha contra el narcotráfico y confirmó una vez más la idea de que México se ha vuelto un narcoestado.

El narcotráfico no se limita a la esfera económica, política y social. Con el desarrollo del narcotráfico y de los códigos que van parejo[24] de él surgió una nueva forma de cultura llamada "narcocultura". Es un verdadero modo y modelo de vida que se transmite sobre todo a través de las canciones y sus *videoclips*. Existe una gran importancia de la narcocultura entre los mexicanos, sobre todo entre los jóvenes que se identifican con los capos de los cárteles a quienes quieren imitar. Los narcocorridos son canciones que elogian el narcotráfico y relatan las hazañas de los narcotraficantes. Muchos narcocorridos están prohibidos por promover la violencia, transmitir valores machistas e incitar al consumo de droga. En 2017, los Tigres del Norte (grupo mexicano famosísimo) fueron sancionados con una multa de 25.000 dólares por cantar un narcocorrido.

El Chapo Guzmán o cuando la realidad supera a la ficción

Joaquín Guzmán, alias El Chapo Guzmán (narcotraficante y asesino mexicano, jefe del cártel de Sinaloa). En 1993, fue detenido en Ciudad de Guatemala y extraditado a México, pero ocho años después se escapó de la prisión y se convirtió en el segundo hombre más buscado por el FBI y la Interpol, después de Osama Bin Laden. El 22 de febrero de 2014, Enrique Peña Nieto, confirmó que El Chapo había sido capturado. Pero, el 11 de julio de 2015, volvió a fugarse lo que hizo de él la única persona en haberlo logrado dos veces de un penal de máxima seguridad. Se escapó a través de un hoyo cavado en su ducha que lo condujo a un túnel cuya construcción costó al menos un millón de dólares. Durante su fuga, fue entrevistado por Kate del Castillo (actriz mexicana famosa por su papel de narcotraficante en la telenovela *La Reina del Sur*) y el actor Sean Penn para la revista *Rolling Stones*. El 8 de enero de 2016, se anunció su nueva detención seguida de su extradición a Estados Unidos un año después. En julio de 2019 fue condenado a cadena perpetua por Estados Unidos. Durante la pandemia de coronavirus, su hija, Alejandrina Guzmán anunció que distribuiría provisiones a las personas de la tercera edad que no recibieron ayuda. De hecho, los mayores recibieron cajas estampadas con el logo de la marca de ropa El Chapo 701. También regaló mascarillas con el nombre y la imagen del narcotraficante. Incluso entre rejas, El Chapo Guzmán es noticia.

La paradoja estadounidense

El narcotráfico, el narcoterrorismo y la aparición de "narcoestados" constituyeron una excusa para que Estados Unidos interviniera (después de la Guerra Fría) en América Latina. Lo que estaba en juego eran los intereses estadounidenses tanto a nivel financiero como sanitario. Además, son los mayores consumidores de droga del mundo.

En 1971, el presidente estadounidense declaró la guerra a las drogas en un discurso que inició una larga marcha contra el narcotráfico que todavía no ha acabado hoy en día. En 1973, prosiguió con la creación de la DEA (*Drug Enforcement Administration*) y lanzó las primeras fumigaciones de cultivos de marijuana en México. Pero ni la estrategia militar del Plan Colombia o de la Iniciativa Mérida, ni las fumigaciones vencieron al narcotráfico. La política represiva y bélica no resolvió el problema del consumo de drogas ilegales que no ha dejado de crecer.

A favor de la legalización de las drogas

Frente al fracaso de las políticas represivas, algunas personalidades o mandatarios abogaron por la despenalización y la legalización de ciertas drogas. Además, se constató que las regiones del mundo donde menos represivas son las políticas vinculadas al narcotráfico son aquéllas donde la tasa de mortalidad es la más baja. Colombia y Guatemala han empezado a reflexionar sobre el tema mientras que Uruguay ya ha dado el paso.

El Gobierno de Uruguay, bajo la presidencia de José Mujica, presentó en junio de 2012 un proyecto de ley para legalizar y regular la venta de marihuana. Se permitió el autocultivo personal (hasta seis plantas y un máximo de 480 gramos al año) así como el cultivo en clubes con membresía[25]. Los campesinos producen cannabis para luego venderlo a consumidores mayores de edad registrados en una lista. Es una manera de competir con a los narcotraficantes para robarles el mercado. Uruguay no sólo es el primer país latinoamericano en despenalizar su consumo, sino que se ha convertido en el primero en el mundo en gestionar y regular la producción de marihuana para uso recreativo.

Uruguay produce marijuana de tres formas: la principal es monopolio del Estado mediante dos empresas, Symbiosis e Iccorp, la segunda forma se hace en los "clubes canábicos" fuertemente regulados y la tercera se efectúa por cultivadores individuales que también respetan importantes restricciones. El cannabis producido por el Estado se comercializa en 23 farmacias de barrio (casi todas en Montevideo) cuyos usuarios deben registrarse.

Pero, con eso y con todo, la venta de marihuana en las farmacias plantea problemas de seguridad y violencia. Muchas fueron asaltadas por lo que el Gobierno busca soluciones. Uruguay era una de las pocas naciones latinoamericanas más seguras del subcontinente. Pero, tras la legalización de la marihuana se incrementó la delincuencia y los asesinatos crecieron un 45,8 % durante 2018. Este fenómeno obedece a la lucha sin cuartel[26] que enfrenta a los distribuidores ilegales de droga que perdieron más de la mitad de sus clientes.

Mario Vargas Llosa no tiene pelos en la lengua a la hora de hablar del tema de la despenalización de la marijuana. El Premio Nobel de Literatura se decanta por la legalización del cannabis arguyendo[27] que la prohibición no ha hecho sino convertir el narcotráfico en un poder económico y criminal que ha multiplicado la violencia, la inseguridad, así como la corrupción. Siguiendo las mismas ideas, la OEA (Organización de Estados Americanos) está a favor de la despenalización del consumo de drogas en el continente para luchar contra las derivas del narcotráfico y sus consecuencias múltiples. En Estados Unidos, ocho estados despenalizaron el consumo de marijuana para uso recreativo y unos 20, anteriormente, ya habían legalizado el uso para fines medicinales. En junio de 2018, Canadá emprendió el mismo camino que Uruguay.

NOTAS

1. la plaga: *le fléau*
2. atender: *satisfaire*
3. abogar por: *plaider pour*
4. el fracaso: *l'échec*
5. el eslabón: *le chaînon*
6. el cocalero = el productor de coca
7. proveer: *fournir*
8. la incautación: *la saisie*
9. el terremoto: *le tremblement de terre*
10. mellar: *porter atteinte*
11. disparar: *faire monter en flèche*
12. el narcocorredor: *le couloir du narcotrafic*
13. hundir: *plonger*
14. los estragos: *les dégâts*
15. perjudicar: *nuire*
16. la quema = acción de quemar
17. el bosque: *la forêt*
18. el coqueo: *la cokéfaction*
19. la taquilla: *le guichet*
20. valerse de = utilizar
21. desatar = provocar
22. la lacra: *le fléau*
23. jugoso: *juteux*
24. ir parejo: *aller de pair*
25. la membresía: *l'adhésion*
26. sin cuartel: *sans merci*
27. argüir: *conclure*

- ***María llena eres de gracia*** (2004) de Joshua Marston narra la vida de una joven colombiana que abandona su pueblo y trabajo en una plantación de rosas para convertirse en mula.
- ***El infierno*** (2010) de Luis Estrada Épica es una comedia negra sobre el mundo del narco mexicano.

La Reina del Sur (2009), novela del escritor Arturo Pérez-Reverte, retrata a la narcotraficante famosa Teresa Mendoza apodada la reina del Sur.

MC 119 El narcotráfico

EL NARCOTRÁFICO

- **La regulación internacional**
  - **Tres convenios de la ONU (1961, 1971, 1988)**
  - Cumbre antidroga en Nueva York (2016)
- **Impacto del narcotráfico**
  - **Debilitamiento de la democracia**
  - Violencia e inseguridad
  - Disparo de las tasas de homicidios voluntarios
  - Desplazamientos de miles de habitantes
  - Medio ambiente (deforestación, degradación de las tierras y contaminación)
- **México**
  - **Presidencia de Felipe Calderón**
  - Guerra contra el narcotráfico (unos 80.000 muertos)
  - **Presidencia de Vicente Fox**
  - Corrupción e impunidad (gran desarrollo del narcotráfico)
  - **El Plan Mérida**
  - Combate común entre EE.UU., México y Centroamérica
  - **El cártel de Sinaloa y los Zetas controlan el 80 % del tráfico**
  - El Chapo Guzmán
- **Perú**
  - **Hoja de coca**
  - Producción de cocaína
  - Programas de desarrollo alternativo desde 1995
- **A favor de la legalización de la marihuana**
  - **Uruguay**
  - A iniciativa de Pepe Mujica
  - Primer país latinoamericano en despenalizar su consumo y en gestionar y regular su producción para uso recreativo
  - **Estados Unidos**
  - Despenalización en 8 estados
  - **La OEA**
- **Bolivia**
  - **Hoja de coca**
  - Producción de cocaína
  - Patrimonio nacional de las especies que proteger (Constitución de 2009)
  - Programas de desarrollo alternativo (desde mediados de los 70)
- **Colombia**
  - Extradición de los narcotraficantes a EE. UU. (mediados de los 80)
  - Asesinato del candidato presidencial Luis Carlos Galán (1989)
  - Narcoterrorismo hasta la muerte de Pablo Escóbar en 1993 (coches bomba, secuestros)
  - Plan Colombia (2000)
  - FARC (1964-2016)

Génesis (véase MC 120)

Aunque las guerras civiles que conoció Centroamérica entre los 70 y los 90 dejaron paso a la paz y a regímenes democráticos, la violencia sigue asolando[1] esta región. Entre otras razones se debe a las maras, pandillas[2] nacidas en Estados Unidos a raíz de la emigración de los centroamericanos que huyeron de los conflictos, de la represión o de la pobreza. Pero se enfrentaron a la marginación social, a la pérdida de su identidad, a la precariedad social y laboral, así como a la criminalización por parte de las autoridades estadounidenses. Como respuesta a esta difícil integración, estos inmigrantes se reagruparon y crearon pandillas inspirándose en las bandas estadounidenses de los años 50. Así fue como nacieron en los barrios pobres de Los Ángeles las dos mayores maras conocidas con el nombre de Mara Salvatrucha (MS-13) y Barrio 18 (o Mara 18). Actualmente, estas dos maras se hallan en Estados Unidos, México, Honduras, El Salvador y Guatemala.

Transnacionalización

A finales de los 80 y principalmente en los 90, las autoridades estadounidenses emprendieron acciones represivas frente a las actividades delictivas de los mareros[3]. En 1996, el Congreso decidió que los extranjeros condenados a penas de más de un año de cárcel serían repatriados al país que sus padres habían abandonado. El Servicio de Inmigración y Naturalización estadounidense (*Immigration and Naturalization Service*) empezó a deportar a los pandilleros para reducir los problemas de delincuencia y vaciar las cárceles abarrotadas[4]. Esta política de "mano dura" acarreó la repatriación de miles de inmigrantes salvadoreños, hondureños, mexicanos o guatemaltecos a su país de origen que desconocían por haberlo dejado de niños o por no haber nacido allí. Totalmente desarraigados, sin perspectiva de futuro, reprodujeron lo que habían hecho en EE. UU. para no sentirse marginados: pandillas delictivas que funcionan como una tribu con rituales, atuendo[5] típico, señas de identidad y normas jerárquicas. La estructura de la mara atrae fácilmente a los jóvenes desprovistos de núcleo familiar acentuado por la emigración ya que encuentran en ella la familia, el reconocimiento y el apoyo que nunca han tenido.

La mara: modo de empleo

Para ingresar en una mara, los aspirantes tienen que sufrir una paliza[6] de varios segundos (13 para la Mara Salvatrucha y 18 para Barrio 18) o son puestos a prueba durante un período que puede durar hasta un año para realizar las tareas más básicas e ingratas. Además les permite observar las reglas y el funcionamiento de la mara que se subdivide en *clikas*. Los asesinatos también forman parte del ritual para integrar la mara ya que los jóvenes que aspiran a entrar en ella tienen que asesinar para probarle su lealtad. Los signos externos (la ropa, los tatuajes…) desempeñan un papel relevante para diferenciarse o identificarse. El tatuaje sirve no sólo para marcar la pertenencia a una pandilla sino también para enseñar el cargo del marero, así como las tareas realizadas. En este sentido, los tatuajes son como un carné de identidad o un trofeo individual y hacen las veces de[7] biografía del pandillero puesto que son como cicatrices que relatan las experiencias personales o actos realizados por él. Cada mara tiene sus propios símbolos (la Mara Salvatrucha utiliza el número 13 o las letras MS cuando Barrio 18 usa el número 18) y cada tatuaje tiene su significado: torres y cárceles para simbolizar la vida pasada en la prisión, payasos y cara feliz para representar los momentos alegres, lágrimas[8] para referirse a la muerte, tres puntos para remitir a la mara, la cárcel y la muerte (los tres pilares de la vida de los mareros).

Violencia destructora

Tal y como la hormiga marabunta que lo destruye todo por su paso y que le da su nombre, la mara asola y gangrena a los países donde se instala hasta tal punto que se le atribuye las altísimas tasas de homicidios en el Triángulo Norte conformado por Honduras, El Salvador y Guatemala. Entre 2006 y 2016, se registraron unos 150.000 asesinatos en estos tres estados o sea tres veces más que en México y diez más que en Estados Unidos. Además del sicariato[9], los mareros controlan el tráfico de inmigrantes ilegales que pasan por Tapachula, en la frontera entre Guatemala y México, participan en el narcotráfico asociándose con los cárteles, extorsionan, violan a las mujeres, en fin, aparecen como mecanismos de terror que sirven para mantener silenciados y en perpetuo estado de angustia a los ciudadanos. Esta violencia extrema y crónica explica la oleada migratoria de estos últimos cinco años y sobre todo la huida de miles de niños que intentan alcanzar Estados Unidos por su cuenta. En 2014, unos 70.000 menores centroamericanos cruzaron la frontera mexicana con todos los riesgos que ello implica por miedo a morir en su país. La mayoría de ellos huye de tres de los países más violentos del mundo. En 2016, en El Salvador, la tasa de homicidios fue la más alta del mundo para un estado que no está en situación de guerra con 81 homicidios por 100.000 habitantes.

Lucha contra las maras: crónica de un fracaso rotundo

La lucha contra las maras les sale muy cara a los Estados, se dedican millones para combatirlas. En El Salvador, las autoridades gastaron 36 millones de dólares para luchar contra las bandas criminales. La violencia le costó al país 4.000 millones de dólares en 2016 y 3.628 millones de dólares a Guatemala. Estados Unidos aprobó un plan cuyo presupuesto ascendía a 750.000 dólares para jaquear[10] a las pandillas centroamericanas. En el Triángulo Norte viven entre 70.000 y 100.000 pandilleros y en EE. UU. 6.000. El crimen organizado les encarga realizar desde actividades ilegales a nivel de barrios hasta asaltos o crímenes, vinculados al narcotráfico. En 2012, El Salvador optó por negociar paz con las maras en 2012 a cambio de una política penitenciaria más suave respecto a los 10.000 mareros encarcelados. Esta medida tuvo como consecuencia una disminución considerable del número de muertos a manos de las maras.

Juan Orlando Hernández, presidente de Honduras, decidió, desde el principio de su primer mandato en 2013, iniciar una verdadera guerra contra las maras. Militarizó la seguridad ciudadana para sustituir a la policía corrupta. Entre 2011 y 2016, los homicidios se redujeron un 30 %, en 2016, unas 5.000 personas fueron asesinadas en las calles de Honduras. En Honduras, ahora, a los mareros, se los encarcela en prisiones de alta seguridad con condiciones extremas (inspiradas en modelos de EE. UU.) donde están aislados prolongadamente, ven la luz una hora al día, son monitoreados las 24 horas lo que hace que ciertos de ellos pierdan la noción del tiempo.

Con **el Plan Libertad Azul** en 2002, Honduras fue el primer país del Triángulo Norte en organizar la lucha contra las maras. Este plan era un operativo "cero tolerancia" hacia los pandilleros llevado a cabo por el ejército y la policía mediante el uso de la fuerza. En 2003, el Parlamento reformó el artículo 132 del Código penal dando pie a la primera Ley Antimaras de América Central. Pero como represalia a estas medidas, la violencia no hizo más que intensificarse.

El Plan Mano Dura, creado en 2003 en El Salvador en el marco de la Ley Antimaras fue una iniciativa del presidente Francisco Flores para combatir a los pandilleros facilitando su juzgamiento y encarcelamiento. Se inspiró en el plan represivo ideado por el mandatario hondureño Ricardo Maduro mediante su política de "tolerancia cero". Sin embargo, estos planes no tuvieron los efectos esperados ya que las cárceles acabaron atiborradas[11] y los mareros podían seguir con sus actividades ilícitas desde allí. Los centros penales resultaron saturados y se multiplicaron las extorsiones y órdenes para asesinar testigos. Se derogó la ley el uno de abril de 2004 por violar principios fundamentales de igualdad judicial y se aprobó otra llamada "Ley para el combate de las actividades delincuenciales de grupos y asociaciones ilícitas especiales" que sirvió de campaña electoral para el partido político Arena. En agosto de 2004, el presidente recién electo Antonio Saca dio a conocer el plan **Súper Mano Dura** que tuvo un efecto contrario a lo que se esperaba: la tasa de homicidios aumentó en tan sólo un año. En septiembre de 2010, el Ejecutivo de Mauricio Funes aprobó la Ley de Proscripción de maras, pandillas, agrupaciones, asociaciones y organizaciones de naturaleza criminal cuya ineficiencia fue tal que en marzo de 2012 se negoció con los pandilleros.

El Plan Escoba, aplicado en Guatemala a partir de 2003, operó detenciones masivas, pero sin marco legal. Este operativo fue un fracaso porque la violencia no dejó de aumentar.

En diciembre de 2004, el FBI creó la ***MS13 National Task Force***, una organización cuyo objetivo era neutralizar y desmantelar primero la Mara Salvatrucha y luego, en 2007, el Barrio 18. El Salvador, Guatemala y Honduras colaboraron con Estados Unidos mediante oficinas del Centro de Antipandillas Transnacional implantadas en sendos países. Estas medidas no permitieron aniquilar las pandillas.

Para el presidente salvadoreño Nayib Bukele, erradicar a los pandilleros es una prioridad. En El Salvador, los grupos pandilleros son responsables del 75 % de los homicidios. Bukele es el primero en considerar a las maras como parte del crimen organizado sin ninguna medida complaciente. Su estrategia consiste en tratar a los mareros como criminales, recuperar la totalidad de los territorios dominados por las pandillas y evitar que los jóvenes las integren. El mandatario no quiere seguir el *modus operandi* de sus predecesores que fracasaron con su gestión punitiva del asunto y opta por un enfoque más global de esta problemática identificando las causas para encontrar soluciones que den otras oportunidades a los jóvenes. Para llevar a cabo su lucha contra las maras, el Ejecutivo salvadoreño ideó el Plan de Control Territorial para combatir la criminalidad, el narcotráfico y la extorsión. En julio de 2019, anunció el estado de emergencia máxima en las cárceles después de acciones violentas atribuidas a mareros. Los presos tuvieron que permanecer las 24 horas del día en sus celdas, sin acceso visual al exterior y se mezclaron miembros de bandas enemigas para que una pandilla no impusiera sus reglas en la cárcel. También exigió que las empresas telefónicas cortaran la señal en todas las cárceles para evitar que los mareros ordenaran asesinatos y extorsiones. Durante la pandemia de coronavirus, el mandatario salvadoreño autorizó el uso de la fuerza letal a los miembros de los cuerpos de seguridad contra las pandillas provocando así la indignación de asociaciones de derechos humanos. En octubre de 2020, una corte especializada condenó a 275 años de prisión a un líder de la Mara Salvatrucha.

Las maras en tiempos de coronavirus

Si bien la pandemia de coronavirus tuvo efectos arrasadores en Latinoamérica, las medidas gubernamentales para yugular la crisis sanitaria conllevaron una disminución de la criminalidad en los países del Triángulo Norte. En Honduras, los crímenes bajaron un 30 % y en Guatemala se observó la misma tendencia. El toque de queda[12] impuesto por los gobiernos para frenar la propagación del virus implicó el confinamiento de los delincuentes que no pudieron seguir con sus actividades delictivas.

Sin embargo, una vez desconfinados, los mareros reanudaron sus crímenes y extorsiones. Repuntó la violencia tras la tregua por la covid-19 provocando respuestas todavía más duras por parte de los gobiernos, como en El Salvador.

NOTAS

1. asolar: *frapper*
2. una pandilla: *un gang*
3. los mareros = los miembros de una mara
4. abarrotado = lleno
5. un atuendo: *une tenue*
6. una paliza: *une raclée*
7. hacer las veces de: *servir de*
8. una lágrima: *une larme*
9. el sicariato: *le recours aux tueurs à gage*
10. jaquear: *mettre en échec*
11. atiborrado = lleno
12. el toque de queda: *le couvre-feu*

- ***La vida loca*** (2009), del periodista y cineasta hispano-francés Christian Poveda, retrata la vida diaria de los pandilleros del Barrio 18. Pagó con su vida la grabación de este documental ya que, en 2009, fue asesinado a tiros por mareros y un policía cómplice por miedo a que revelara informaciones sobre la banda.
- ***Sin nombre*** (2009), película de Cary Fukunaga que cuenta las andanzas de dos jóvenes que intentan escapar de su destino: Sayra, una joven hondureña que quiere juntarse con su madre que vive en Estados Unidos y Casper, exmiembro de la Mara Salvatrucha que huye tras haber asesinado a su jefe.
- ***Alma, hija de la violencia*** (2014), documental en el que Alma cuenta en primera persona su experiencia en el mundo de la mara cuyas reglas según ella "eran matar, robar y extorsionar".

LAS MARAS

- **Pandillas**
  - **Nacidas en EE. UU. tras la emigración de centroamericanos que huían de las guerras civiles en su propio país**
  - Mara Salvatrucha (o MS-13)
  - Barrio 18 (o Mara 18)
- **Rituales para entrar**
  - Paliza de varios segundos
  - Subdivisión en clicas
  - Ropa y tatuajes para diferenciarse
- **Países donde hacen estragos**
  - **Triángulo Norte de la región**
    - El Salvador
    - Guatemala
    - Honduras
  - **En menor grado**
    - Estados Unidos
    - México
  - Incluso se exportó el fenómeno a España
- **Lucha contra las maras**
  - **El Salvador**
    - Plan Mano Dura (2003)
    - Medidas drásticas de Nayib Bukele (desde 2019)
  - **Guatemala**
    - El Plan Escoba (2003)
  - **Honduras**
    - Verdadera guerra de Juan Orlando Hernández (desde 2014)
    - Plan Libertad Azul (2002)
  - **Estados Unidos**
    - Ley de 1996 para deportar a los mareros condenados a más de un año de cárcel (política de mano dura)
    - MS13 National Task Force (2004)
- **Modus Operandi**
  - **Financiación**
    - Extorsión
    - Robos y ventas
    - Prestamista (el "gota a gota")
  - **Violencia**
    - Asesinatos
    - Sicariato
  - **Tráfico**
    - Drogas
    - Migrantes

66 EL PLURALISMO RELIGIOSO

Datos generales

El 12 de octubre de 1492, Cristóbal Colón pisó[1] el suelo de Guanahaní (actual isla Watling) y tomó posesión de las tierras descubiertas y por descubrir en nombre de los Reyes Católicos. El adjetivo "católicos" en su apelación resume a las claras la importancia de la religión en aquella época. La expansión de la fe católica se consideraba como una de las metas que alcanzar con la exploración y la conquista del territorio recién descubierto. La bula *Inter caetera* otorgada por el papa Alejandro VI en 1493 y que definía las zonas que pertenecerían a los Reyes Católicos les fue muy favorable a Isabel de Castilla y Fernando de Aragón dándoles a los monarcas el monopolio del comercio con las nuevas tierras a cambio de evangelizar a los pueblos autóctonos mediante la venida de misioneros.

> **Los Reyes Católicos**, Isabel de Castilla (1451-1504) y Fernando de Aragón (1452-1516), al contraer matrimonio en 1469, contribuyeron a la unificación territorial de España. El adjetivo "Católicos" se les otorgó en una bula publicada por el Papa Alejandro VI en 1494, por la reconquista de Granada finalizada el 2 de enero de 1492 con la toma de la ciudad epónima, el descubrimiento de nuevas tierras en el Nuevo Mundo y el fortalecimiento del catolicismo mediante la Inquisición.

Durante 500 años, se impuso el catolicismo como religión frente a las creencias de los indígenas pero al fusionar la religión católica con éstas, nació un sincretismo religioso que sigue manifestándose hoy en ciertas celebraciones pese al paso del tiempo. Es el caso del Día de Muertos en México por ejemplo. Esta fusión no se limitó a la cultura amerindia sino que incorporó también la religión yoruba, procedente de África, a raíz de la llegada de esclavos africanos al Nuevo Mundo dando lugar así a la santería en Cuba y al *vudu* en Haití.

Pero hoy en día, el catolicismo ya no es la religión monopólica que era hasta mediados –finales del siglo XX según los países. Si bien sigue mayoritaria en gran parte de las naciones latinoamericanas, la Iglesia católica vio mermar[2] su hegemonía estos últimos años en beneficio de las iglesias evangélicas con sus variantes (pentecostal, metodista, bautista...), después de la competencia con el protestantismo (en el siglo XIX), de la incursión de los anticlericales (desde mediados del siglo XIX hasta el XX), de la Teología de la Liberación y luego de los socialistas, anarquistas y marxistas (hasta los años 1970).

> **La Teología de la Liberación** nació en los años 60 como respuesta a la injusticia y en oposición al papel de la Iglesia en las dictaduras latinoamericanas. Para los liberacionistas, la lucha contra la pobreza y la opresión eran metas prioritarias. Por eso numerosos sacerdotes[3] se comprometieron políticamente siguiendo los preceptos del marxismo, integrando guerrillas de ultraizquierda como el ELN por ejemplo y a veces pagaron con su vida su compromiso a favor de los más desfavorecidos o los "subversivos" de las dictaduras de los años 70. En los años 80-90, este movimiento religioso sufrió un retroceso[4] a raíz del retorno a la democracia y de las críticas del papa Juan Pablo II.

Radiografía religiosa de los países hispanoamericanos

	Catolicismo	Evangelismo
1. **Argentina**	71 %	15 %
2. **Bolivia**	77 %	16 %
3. **Brasil**	61 %	26 %
4. **Chile**	45 %	11 %
5. **Colombia**	79 %	13 %
6. **Costa Rica**	62 %	25 %
7. **Cuba**	85 %	-
8. **Ecuador**	79 %	13 %
9. **El Salvador**	50 %	28 %
10. **Guatemala**	43 %	41 %

	Catolicismo	Evangelismo
11. **Honduras**	37 %	39 %
12. **México**	81 %	9 %
13. **Nicaragua**	40 %	32 %
14. **Panamá**	70 %	19 %
15. **Paraguay**	89 %	7 %
16. **Perú**	76 %	17 %
17. **República Dominicana**	57 %	23 %
18. **Uruguay**	42 %	15 %
19. **Venezuela**	73 %	17 %

La totalidad de la población católica de los 19 países latinoamericanos alcanza los 447 millones de feligreses[5], o sea un 33 % de la totalidad de la población católica mundial que asciende a 1.300 millones de personas. Pese a que el 84 % de los adultos latinoamericanos creció en un hogar[6] católico, sólo el 70 % lo es. La fe católica va desapareciendo de los hogares ya por cambio al protestantismo (mediante las iglesias evangélicas) ya por volverse agnósticos o ateos. De toda la región, Colombia tiene el más alto porcentaje de católicos que se cambiaron al protestantismo (74 %). En Uruguay, se declara aconfesional un 37 % de la población. Una tendencia general y constante es que los católicos se oponen menos que los protestantes a cuestiones como la defensa de la vida (el aborto, los medios anticonceptivos) o la familia (divorcio, relación sexual fuera del matrimonio, homosexualidad). Según los países, la tasa de aceptación es distinta también: en Uruguay está a favor de las uniones homosexuales el 35 % de los protestantes y el 59 % de los católicos mientras que en El Salvador son apoyadas por el 7 % de los protestantes y el 12 % de los católicos. En cuanto a Chile, destaca por la fuerte caída del catolicismo y el incremento de los ateos a raíz de los casos de pedofilia en la Iglesia como el caso Karadima que salió a la luz en 2004. En febrero de 2011, tras la indagación llevada a cabo por la Santa Sede, Fernando Karadima fue declarado culpable de abuso sexual y condenado a una vida de penitencia en absoluta reclusión. En mayo de 2018, los 34 obispos miembros de la Conferencia Episcopal de Chile presentaron su renuncia al Vaticano, como respuesta a los abusos cometidos por los párrocos en la Iglesia católica, después de que el papa Francisco reconoció sus "errores graves de juicio", respecto a su encubrimiento[7] del caso Karadima. Los escándalos de pedofilia así como la sofocación[8] de estos asuntos por parte de las autoridades religiosas dañaron[9] la imagen del catolicismo y explican su retroceso en Chile.

Las iglesias evangélicas, ¿una verdadera amenaza al catolicismo?

Aunque la religión católica impera[10] en el subcontinente desde hace medio siglo, es de notar la expansión de las comunidades evangélicas, sobre todo desde los años 1950-60. A finales del siglo XIX, América Latina contaba con menos de 25.000 protestantes. En 1916, se registraban unos 128.000 protestantes mientras que desde 1990 se habla ya de 30 o 40 millones de latinoamericanos integrados a las iglesias evangélicas. Como consecuencia de la censura de la Teología de la Liberación por parte del Vaticano, los movimientos evangélicos empezaron a colarse por la región sobre todo a partir de los años 80 desde EE. UU. Hoy es la segunda religión en Latinoamérica con 122 millones de fieles, o sea un 20 % de la población. Su éxito reside en la fraternidad, una liturgia fácilmente accesible, el espectáculo, la acogida personal y una visión ética ultraconservadora. Su exitosa estrategia de evangelización masiva descansa en un uso pletórico de los medios de comunicación (con radios, canales de televisión, diarios propios) y en los imperios creados por varias "mega-iglesias" que funcionan como verdaderas firmas. Por otra parte, ya no se conforman con aspirar a ocupar cada vez más espacio religioso, sino que quieren dominar el panorama político latinoamericano. En países como Brasil (primera nación en términos de fieles evangélicos y cuarta a nivel mundial por detrás de Estados Unidos, China y Nigeria), numerosas comunidades evangélicas operan como un bloque político en la esfera pública, pugnando[11] contra el aborto y el matrimonio homosexual y negociando con partidos políticos sus cuotas de poder y beneficios. Se han vuelto una verdadera fuerza política por ganar cada vez más peso tanto en las elecciones presidenciales como en votaciones referendarias.

De hecho, el voto evangelista fue clave en la elección en 2018 de Jair Bolsonaro (➲ véase cap. 43) cuya candidatura había sido impulsada por el pastor evangelista Magno Malta y la cartera de la Mujer, la Familia y los Derechos Humanos había sido confiada a la pastora evangélica Damares Alves. En 2018, el candidato izquierdista mexicano Andrés Manuel López Obrador (➲ véase cap. 32) también recibió el respaldo de los evangélicos (recibió de ellos 1,5 millones de votos) al integrar en su coalición electoral al Partido Encuentro Social, conformado por evangelistas. El 2 de octubre de 2016, Colombia comprobó el poder de los evangélicos que promovieron la campaña por el NO en el referéndum para el acuerdo de paz con la guerrilla de las FARC (➲ véase cap. 45). Aunque se vaticinaba una victoria del SÍ, el NO ganó por el empeño[12] de los evangélicos. Dos años más tarde, éstos apoyaron al candidato derechista Iván Duque mediante dos partidos de la misma obediencia: el MIRA y Colombia Justa Libres. También se puede evocar el caso de Costa Rica en las elecciones de 2018 en las que se enfrentaron el predicador evangélico Fabricio Alvarado del partido confesional Restauración Nacional y el candidato oficialista Carlos Alvarado. Aunque Fabricio Alvarado no alcanzó la presidencia, obtuvo los escaños necesarios para que su partido político se convirtiera en la segunda fuerza política del país. Esta influencia creciente de las iglesias evangélicas explica, en parte, el giro conservador en América Latina desde 2018 anunciado ya un par de años antes.

Tras cinco siglos de monopolio católico y convivencia política cualesquiera que fueran las gobernanzas (Virreinato, República, de índole liberal, conservadora, de izquierdas o de derechas), el nuevo espectro religioso de América Latina muestra un declive[13] del catolicismo así como una menor influencia de la Iglesia católica. Aunque las iglesias evangélicas ganan cada vez más terreno en numerosos ámbitos y son verdaderos imperios financieros, no se puede declarar rotundamente que América Latina haya dejado el catolicismo ni se puede sostener que se haya vuelto "protestante". Pero tampoco sigue siendo "católica" como a principios del siglo XX cuando los católicos representaban más del 90 % de la población. Por eso la elección de un papa latinoamericano no puede considerarse una mera casualidad en un contexto de secularización acelerada.

Jorge Bergoglio, el primer Papa latinoamericano

En marzo de 2013, el Papa Francisco le sucedió a Benedicto XVI (Papa desde abril de 2005) que había renunciado un mes antes a su cargo de pontífice[14] por su edad avanzada (85 años en aquel momento). La elección en 2013 del primer papa latinoamericano por el cónclave marcó un hito[15] no sólo en la historia del catolicismo sino también en la historia de América Latina por su papel clave en numerosos asuntos de la región.

Siendo Latinoamérica la región con más católicos en el mundo, la designación de Jorge Bergoglio, alias Francisco, ilustra la voluntad del Vaticano de recuperar la popularidad perdida a raíz de sucesivos escándalos que salpican[16] la Iglesia católica.

Francisco, ¿tabla de salvación del catolicismo?

Frente a la pérdida de feligreses en la región, su llegada permitió volver a evangelizar, en pleno siglo XXI, el continente con más católicos del mundo. Es de subrayar que se expresa en una lengua hablada por más de 500 millones de personas. Argentino de nacimiento, fue controvertido al principio de su elección por su supuesto apoyo a la dictadura militar en Argentina y por su reformismo liberal. Pese a ello, es una voz emergente en el continente ya que resulta muy cercano a los más humildes. Con su designación, la Iglesia católica en América Latina pretendía emprender[17] su salvación. En los años 70, el 90 % de los latinoamericanos era católico mientras que hoy en día sólo un 70 % de ellos se identifica como tal.

Gira papal por Latinoamérica

Durante su visita a Brasil, en agosto de 2013, el pontífice rechazó la propuesta de la entonces presidenta Dilma Rousseff de combatir juntos el hambre alegando que el Vaticano no se aliaba con gobiernos. Tras esa visita, la entonces presidenta promulgó una ley que hizo obligatorio el tratamiento de urgencia en centros de salud pública a víctimas de violencia sexual, y su acceso a medicamentos para impedir el embarazo[18] no deseado, como la pastilla del día después[19]. Esta ley considerada como un paso hacia la legalización del aborto recibió una fuerte oposición de grupos cristianos según los cuales el texto podría incentivar la práctica del aborto (➔ véase cap. 64). Ya en 2007, bajo el mandato de Lula, el ministro de Salud, José Gomes Temporão, había insistido en su tesis abortista sin respetar una tregua política por la visita del papa Benedicto XVI. Con la llegada de Bolsonaro al poder, no se volvió a plantear la legalización del aborto.

Para hacer frente a este desapego[20] por la Iglesia católica, el Papa emprendió una gira[21] más amplia por América del Sur (Ecuador, Bolivia y Paraguay) en julio de 2015, un viaje a Cuba en septiembre de 2015, a México en febrero de 2016 y a Colombia en septiembre de 2017. En enero de 2018, viajó a Chile y Perú. Lo que llamó la atención fue la ausencia de Argentina, su país de origen, en su agenda. Durante estos viajes por Latinoamérica, le pidió perdón al pueblo boliviano por la complicidad de la Iglesia católica en la opresión de América Latina durante la conquista y la era colonial. Evo Morales sorprendió al papa Francisco al obsequiarle[22] una talla[23] de madera con la representación de un crucificado sobre una hoz[24] y un martillo[25], reproducción de una obra realizada supuestamente por el sacerdote español Luis Espinal asesinado en 1980 en Bolivia. Durante su estancia, Francisco sostuvo que no era injusto que Bolivia se planteara la salida al mar. La insistencia de Evo Morales en la mediación papal para solventar el contencioso entre Chile y Bolivia le llevó a regalarle a Francisco un ejemplar del "Libro del Mar" que contiene un resumen histórico de la demanda del país andino contra Chile. Tras esta visita del Santo Padre a Bolivia, el Gobierno chileno de Michelle Bachelet en 2018 le propuso a Evo Morales que se restablecieran las relaciones diplomáticas suspendidas en 1962, con un paréntesis entre 1975 y 1978, debido a la histórica reclamación boliviana de una restitución de su salida al mar. A diferencia de los países latinoamericanos que visitó, Chile fue un destino difícil para el Papa, por el número bajo de católicos (un 44 %) superados por los ateos y sacudido por los escándalos de abusos sexuales en el seno de la iglesia chilena. Chile es el país que peor valora al Sumo Pontífice[26] con una nota de 5,1/10, muy lejos del 8,3/10 dado por Paraguay.

En México, en Chiapas (el estado con mayor población indígena de México y también el más pobre), el Papa Francisco presentó un decreto para autorizar el uso de lenguas indígenas en misa y celebró una misa en Ciudad Juárez, después de rezar frente al Río Bravo en el lugar que separa México de Estados Unidos. En el mayor corredor migratorio del mundo, mencionó la "crisis humanitaria" de la migración recordando las razones que llevan a los migrantes a huir de su país. En Perú, donde la situación es diferente a la de Chile, la misa celebrada por el Papa reunió a un millón de personas. Sin embargo, éste no se limitó a dirigirse a sus fieles. No vaciló en evocar la crisis política que experimentaba el país en parte a causa de los numerosos casos de corrupción que afectaban a los exmandatarios mediante esta frase inequívoca: "¿Qué le pasa a Perú que cada vez que sale un presidente lo meten preso?".

Un Papa mediador

Antes de sus diferentes viajes más allá del Atlántico, el Papa ya había obrado por "su" continente desempeñando un papel relevante en la reconciliación entre Cuba y EE. UU. oficializada el 17 de diciembre de 2014. Tanto Obama como el entonces líder cubano Raúl Castro admitieron que el Papa fue una de las claves para que ambos países volvieran a abrir sus embajadas y reanudaran sus relaciones. El Sumo Pontífice envió cartas personales a los mandatarios estadounidense y cubano proponiéndoles el Vaticano como punto neutral de encuentro.

Su papel de mediador no se limitó al restablecimiento de las relaciones entre La Habana y Washington. Puso la diplomacia vaticana al servicio de Colombia (entre el presidente Juan Manuel Santos y el expresidente Álvaro Uribe), de Venezuela al lograr sentar a la oposición y al Gobierno en una mesa de diálogo con el respaldo de la Unasur y tres expresidentes (José Luis Rodríguez Zapatero, Martín Torrijos y Leonel Fernández). También medió en el desacuerdo entre Chile y Bolivia respecto a la salida al mar. Intervino en el caso de los migrantes cubanos varados[27] en varios países de Centroamérica, sobre todo en Costa Rica después de que Nicaragua cerrara su frontera e impidiera que los migrantes siguieran su camino al norte.

Por otra parte, durante las manifestaciones que tuvieron lugar en el subcontinente a finales de 2019, el papa pidió que se pusiera fin a las protestas mediante el diálogo y que se prestara atención a "las poblaciones más vulnerables, a los pobres y a los derechos humanos".

Un Papa polifacético[28]

Además de mediar en los asuntos latinoamericanos, este Papa polivalente no dudó en enfrentarse a los problemas de la Iglesia y a los del planeta. No sólo apostó por reformar las leyes y tradiciones católicas al iniciar la "humanización" del catolicismo atreviéndose a[29] hablar de temas como el divorcio, la homosexualidad o el sida por lo que se habló de él como "aperturista[30] y franco"), sino que también apareció como una figura global y se involucró en temas como el cambio climático o las desigualdades en su encíclica *Laudato si*. En ésta, así como en la exhortación apostólica *Evangelii gaudium* o en sus discursos, abordó temas económicos y sociales proponiendo incluso opiniones críticas hacia los mandatarios de los países donde se encontraba. Fue el caso en Brasil donde no vaciló en responsabilizar a los dirigentes frente a las realidades socioeconómicas de la nación. Además, en 2019, cuando los incendios forestales destruían parte de la Amazonía, Francisco dio la voz de alarma e hizo un llamado para salvar el pulmón del planeta que, según él, es de todos. Pero en febrero de 2020, el presidente brasileño, Jair Bolsonaro, volvió a afirmar que la selva amazónica es de Brasil.

El 5 de junio de 2020, el Santo Pontífice encabezó un encuentro virtual entre las primeras damas de 9 países latinoamericanos y jóvenes de todo el mundo alrededor del tema de la educación al medio ambiente.

En resumidas cuentas, este primer Papa argentino, primer Papa latinoamericano y primer Papa jesuita que no tiene pelos en la lengua[31] ha logrado, pese a su elección controvertida, solventar problemas diplomáticos y políticos y evitar que ciertas crisis pasen a mayores. Pero le quedan numerosas asignaturas pendientes[32] a Francisco, un Papa atípico y polifacético.

Sacudido por numerosos escándalos, la Iglesia católica latinoamericana sufre un descenso que al Papa Francisco le cuesta frenar. Queda por ver si su reciente amplitud de miras[33] atraerá más fieles. En octubre de 2020, el Sumo Pontífice expresó por primera vez su respaldo a la legalización de las uniones civiles de parejas del mismo sexo, una manera de decir amén a la formación de familias homosexuales.

NOTAS

1. pisar: *fouler*
2. mermar = disminuir
3. el sacerdote: *le prêtre*
4. el retroceso: *la régression*
5. el feligrés: *le paroissien*
6. el hogar: *le foyer*
7. el encubrimiento: *la couverture, la dissimulation*
8. la sofocación: *l'étouffement (d'une affaire)*
9. dañar: *ternir, nuire à*
10. imperar: *régner, prédominer*
11. pugnar = luchar
12. el empeño = la determinación
13. el declive = la decadencia
14. el pontífice: *le pontife*
15. el hito: *le fait marquant*
16. salpicar: *éclabousser*
17. emprender: *entreprendre*
18. el embarazo: *la grossesse*
19. la pastilla del día después: *la pilule du lendemain*
20. el desapego: *le manque d'intérêt, le détachement*
21. la gira: *la tournée*
22. obsequiar = regalar
23. la talla = la escultura
24. la hoz: *la faucille*
25. el martillo: *le marteau*
26. el Sumo Pontífice: *le souverain pontife*
27. varado = bloqueado
28. polifacético = polivalente
29. atreverse a = osar
30. aperturista: *ouvert d'esprit*
31. no tener pelos en la lengua: *ne pas avoir la langue dans sa poche*
32. una asignatura pendiente: *un problème en suspens*
33. la amplitud de miras: *l'ouverture d'esprit*

- ***El crimen del padre Amaro*** (2002) de Carlos carrera cuenta la relación incipiente entre un sacerdote y una joven religiosa.
- ***Elefante blanco*** (2012) de Pablo Trapero trata de la amistad y aventuras de dos sacerdotes que llevan a cabo una labor social en un barrio de Buenos Aires tras haber sido víctimas de un atentado en Centroamérica.
- ***El Club*** (2015) de Pablo Larraín cuenta la rutina de cuatro sacerdotes que conviven en una casa con una monja cuidadora.

MC 121 El pluralismo religioso

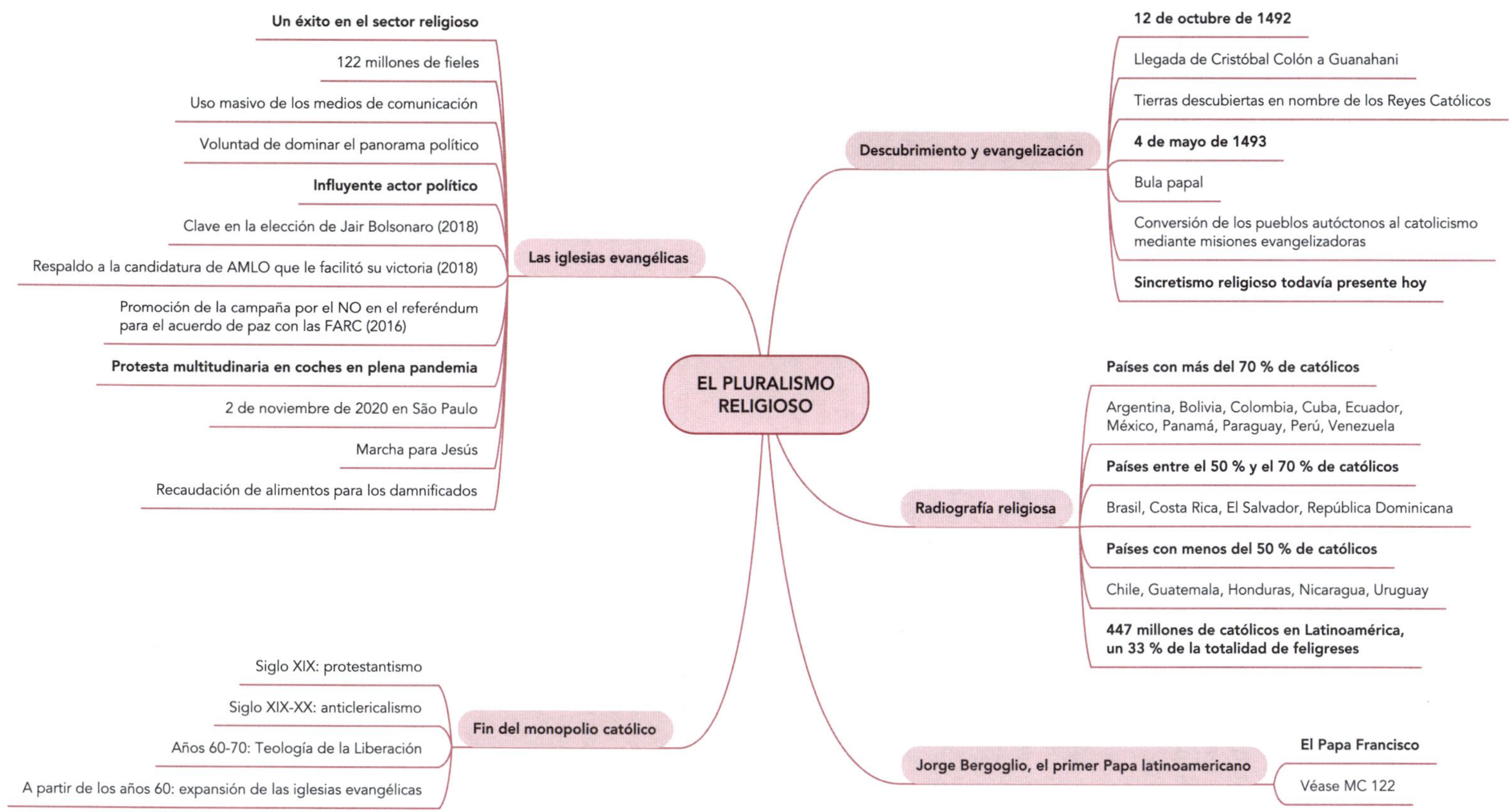

MC122 Un papa latinoamericano

FRANCISCO, UN PAPA LATINOAMERICANO

- **13 de marzo de 2013**
  - **Jorge Bergoglio**
    - Sucesor de Benedicto XVI
    - Primer papa jesuita
    - Primer papa latinoamericano (ruptura con el sempiterno eurocentrismo)
  - **Polémica**
    - Apenas elegido, ya controvertido por su supuesto respaldo a la dictadura militar argentina (1976-1983)
- **Gira por el subcontinente**
  - **Julio-agosto de 2013**
    - Brasil
  - **Julio de 2015**
    - Ecuador
    - Bolivia
    - Paraguay
  - **Septiembre de 2015**
    - Cuba
  - **Febrero de 2016**
    - México
  - **Septiembre de 2017**
    - Colombia
  - **Enero de 2018**
    - Chile
    - Perú
- **Un verdadero mediador**
  - **Bolivia / Chile**
    - El Gobierno chileno le propuso a Evo Morales el restablecimiento de las relaciones diplomáticas en el contencioso (salida al mar)
  - **Colombia**
    - Diplomacia vaticana al servicio de Colombia entre el presidente Juan Manuel Santos y el expresidente Álvaro Uribe (acuerdos de paz de las FARC)
    - Diálogo entablado con el ELN (Ejército de Liberación Nacional)
  - **Costa Rica**
    - Mediador en la crisis vivida por los migrantes cubanos bloqueados
  - **Cuba / Estados Unidos**
    - Acercamiento oficializado el 17 de diciembre de 2014
  - **Venezuela**
    - Restablecimiento del diálogo entre la oposición y el Gobierno (pero finalmente fallido)
- **Gran preocupación por las problemáticas de su época**
  - **El "papa de los pobres"**
    - Desigualdades
    - Migrantes
  - **Un papa moderno**
    - Mujer
    - Familia
    - Matrimonio homosexual
    - Ecología

67 LA HOMOSEXUALIDAD

Datos generales

Frente a la homosexualidad, se ven reacciones homófobas que se remontan a la época de la Conquista cuando los españoles, ingleses, franceses y portugueses les impusieron un modo de vivir a los indígenas entre los que hasta entonces se practicaba la homosexualidad con total libertad y sin represión. La Iglesia católica condenó cualquier práctica que se opusiera a su dogmatismo, considerándola pecado mortal y demoníaco. La persiguió mediante la Santa Inquisición[1], que se impuso también en los territorios americanos. Muchos indígenas o amerindios homosexuales fueron asesinados por los colonos o conquistadores españoles principalmente.

Más recientemente, el trato que se les da, en América Latina, a las personas lesbianas, *gays*, bisexuales y transexuales (LGBT) varía bastante según el país. Aunque todavía impera el machismo y la homofobia en un gran sector de la población, se observan numerosos avances en ciertas legislaciones latinoamericanas, convirtiéndose incluso algunos países, en unos de los más progresistas y tolerantes del mundo. Uruguay es un ejemplo claro de ello.

Legislaciones en torno a la sexualidad (➔ véase MC 123)

En toda Latinoamérica, la actividad sexual entre personas del mismo sexo se considera legal. Sin embargo, existen varios pequeños Estados caribeños donde todavía es ilegal y se condena con diversas penas de prisión (Antigua y Barbuda, Barbados, Dominica y Granada). Existen pues códigos penales bien distintos entre países de la región y del Caribe.

Contra las discriminaciones homosexuales

Varios países ya han adoptado legislaciones para condenar específicamente las discriminaciones y agresiones sufridas por motivos de orientación sexual e identidad de género. Es el caso de Cuba y República Dominicana en el Caribe. En todos los países de América del Norte y América Central, se aplican normas en contra de cualquier discriminación sexual. En casi todos los países de América del Sur, existe esta legislación que prohíbe discriminación basada en la orientación sexual y la identidad de género o su expresión, incluyendo a veces el discurso de odio, con excepción de Perú y Paraguay. En Argentina, sólo existe esta norma en la capital, Buenos Aires. Argentina también permite el acceso a la reproducción asistida (gestación o maternidad subrogada) de los homosexuales.

En octubre de 2020, el papa Francisco expresó por primera vez su apoyo a la legalización de las uniones civiles de parejas del mismo sexo: "La gente homosexual tiene derecho a estar en una familia. Son hijos de Dios y tienen derecho a una familia. Nadie debería ser expulsado o sentirse miserable por ello". Por ello fue muy criticado entre los católicos y sectores muy conservadores.

Algunas normas discriminatorias

En Bolivia, Ecuador, Guatemala, Honduras, Nicaragua, Paraguay, República Dominicana y Venezuela, el servicio militar está prohibido para los homosexuales. En otros países, no hace mucho que está permitido: en Colombia (desde 1999) y en Argentina, en Uruguay y Perú (desde 2009). Pero en Brasil se consiente el servicio militar a los homosexuales desde 1969.

La donación de sangre no es sistemática ya que en Bolivia y Venezuela se adoptaron normas para prohibirla a los homosexuales por motivos sanitarios (Sida). En Brasil y Uruguay, se especifica un veto de un año para la donación de sangre.

Legislación en torno a la unión civil y al matrimonio

A principios de 2018, la Corte Interamericana de Derechos Humanos (CIDH) anunció que podría obligar a los Gobiernos de América Latina a cambiar su normativa para implementar el matrimonio igualitario en aras de la no discriminación. Algunos países tomaron en cuenta las recomendaciones como Costa Rica, pero otros como Bolivia y Paraguay siguen en su línea conservadora. La adopción de niños por parejas homosexuales a veces se permite, pero se restringe a una persona soltera[2].

Países que legalizaron la unión civil entre personas del mismo sexo

En 2007, **Colombia** reconoció una unión marital de hecho[3], por decisión de la Corte Constitucional.

Desde 2008, **Ecuador** cuenta con una unión civil entre personas del mismo sexo oficializada con el nombre de unión de hecho. El mismo año, quedó legalizada también en **Uruguay.**

Brasil reconoce esta unión como unión estable (desde 2011) y **Argentina** como unión convivencial (desde 2015).

En **Chile**, se reconocen matrimonios extranjeros del mismo sexo como unión civil y para propósitos de inmigración, pero no se estipuló ninguna ley que legalizara el matrimonio homosexual entre chilenos. Respecto a la adopción, las personas LGBT pueden adoptar, pero como solteros. También se reconoció un Acuerdo de Unión Civil (desde 2015) otorgando derechos similares a los del matrimonio. En agosto de 2017, a seis meses de dejar el poder, la socialista Michelle Bachelet firmó el proyecto que buscaba establecer el matrimonio igualitario con posibilidad de adoptar a menores. **Costa Rica** reconoce desde 2015, mediante sentencia judicial, la unión de hecho de parejas homosexuales a raíz de la interpretación de la Ley General de la Persona Joven. Pero no se legalizó el matrimonio homosexual. **México** legalizó en ciertos estados la unión civil entre personas del mismo sexo a partir de 2007 en la capital (Ciudad de México), luego en Quintana Roo (2012), Coahuila (2007), Colima (2013), Campeche (2013), Jalisco (2014), Michoacán (2015) y Tlaxcala (2017).

En **Bolivia**, en julio de 2020, el Tribunal Departamental de Justicia (TDJ) de La Paz comunicó una sentencia a favor de una pareja del mismo sexo cuya unión libre le fue negada por el Servicio de Registro Cívico (Serecí). Se anuló una resolución del Serecí que negaba el derecho de dos personas del mismo sexo al reconocimiento de la unión libre.

Países que legalizaron el matrimonio homosexual

Asimismo, es legal el matrimonio homosexual y la adopción homoparental en todo el territorio de **Argentina** (desde 2010), **Brasil** (desde 2013 cuando ya en 2010 se había legalizado la adopción), **Colombia** (desde 2016 y para la adopción desde 2015) y **Uruguay** (desde 2013 cuando ya en 2009 se había legalizado la adopción).

En **México**, aunque la Suprema Corte de Justicia de la Nación (SCJN) se pronunció en todas sus resoluciones a favor del matrimonio igualitario y en 2015 declaró inconstitucionales las leyes locales que lo impidieran, algunos estados del país lo legalizaron, otros no. Antes de la fecha, se legalizó en **Ciudad de México** en 2009. Con el aniversario de la reforma en diciembre de 2019 (en marzo de 2020, si se considera la fecha de su entrada en vigor), se eliminaron las referencias a "hombre" y "mujer" para pasar a hablar de "contrayentes". En Quintana Roo, nunca hubo impedimento y se celebró el primer matrimonio gay en 2011. Luego **Coahuila en** 2014, **Nayarit** en 2015, **Jalisco**, **Campeche**, **Michoacán**, **Morelos**, **Colima** en 2016, **Chihuahua**, **Puebla** y **Chiapas** en 2017 y **Oaxaca** (2018). En **Nuevo León**, en febrero de 2019, la Suprema Corte invalidó varios artículos de su Código Civil por estimar que violaban el derecho a la igualdad. Poco después, se celebró el primer matrimonio homosexual. El Código Civil aún es segregativo. Sin embargo, las oficialías del Registro Civil de los municipios de Nuevo León ya tramitan las solicitudes de matrimonio de personas del mismo sexo sin trabas burocráticas ni necesidad de amparo. El mismo año, el estado de **Aguascalientes** autorizó el matrimonio igualitario. En mayo de 2019, se aprobó la reforma del Código Familiar para el estado de **San Luis Potosí** y se legisló a favor del matrimonio igualitario y de la adopción homoparental. El 17 de junio de 2019, víspera del Día Internacional del Orgullo LGBT, pasó a la historia de **Baja California Sur** cuando el Congreso del Estado aprobó las reformas al Código Civil local que permiten el matrimonio entre personas del mismo sexo sin tener que promover juicios de amparo. En cambio, en Baja California, el tema volvió a ser debatido en la cámara legislativa en junio de 2020, pero sin alcanzarse una mayoría calificada para modificar el texto.

En Durango, pese a que en 2015 la SCJN tachó de inconstitucionales, pero sin invalidarlas, las legislaciones locales que impedían el matrimonio entre personas del mismo sexo, en febrero de 2017 y en mayo de 2019 el Congreso local de Durango rechazó sendas iniciativas que iban en esta línea. En Guerrero, Guanajuato, Sinaloa, Sonora, Tabasco, Tamaulipas, Tlaxcala, Veracruz y Yucatán, pese a numerosas iniciativas, el Congreso de estos estados rechazó las reformas que posibilitarían el matrimonio *gay*. No son los mismos estados de México donde se autoriza la adopción conjunta, en Ciudad de México (2010), Coahuila (2014), Campeche (2015), Colima (2016), Michoacán (2016), Morelos (2016) y Veracruz (2016). En todo México, las personas solteras pueden adoptar.

Ecuador legalizó y reconoció por vía constitucional el matrimonio igualitario, desde el 12 de junio de 2019, bajo la presidencia de Lenin Moreno.

Casi un año después, el 26 de mayo de 2020, Carlos Alvarado Quesada, presidente de **Costa Rica**, celebró que la nación centroamericana reconocía oficialmente el matrimonio entre personas del mismo sexo.

Otros países están debatiendo sobre el tema

El 15 de enero de 2020, **Chile** dio un paso adelante con la aprobación por el Senado del proyecto de ley de matrimonio homosexual. El primer proyecto se remontó a 2017 bajo la iniciativa de Michelle Bachelet.

En **Perú**, la situación no se aclara porque la Constitución no reconoce el derecho al matrimonio entre personas del mismo sexo (pero tampoco lo prohíbe) y el Código Civil, en su artículo 234, admite solamente matrimonios heterosexuales (pero esta es una norma de menor rango que la Constitución). Dos mujeres contrajeron pues matrimonio en 2016 y la justicia peruana lo reconoció. En agosto de 2020, el Estado de

Perú reconoció por primera vez a las parejas homosexuales en sus ayudas a familiares de profesionales de salud fallecidos por COVID-19. Este decreto se realizó bajo los principios de igualdad y no discriminación.

Países que prohíben el matrimonio homosexual

En **Cuba**, la Constitución impide el matrimonio homosexual desde 1976.

Desde la aprobación del matrimonio civil homosexual en España en 2005, se generó una onda conservadora que estalló en los países del Triángulo Norte de Centroamérica. En **Honduras** se prohibió de forma constitucional tanto el matrimonio homosexual como la adopción de niños por homosexuales. Sin embargo, surgió otra vez la polémica en febrero de 2019 con respecto a un recurso de inconstitucionalidad con vistas a legalizarlo. En **Guatemala y El Salvador**, se presentaron reformas calcadas de la ley hondureña. El presidente salvadoreño, Nayib Bukele, confirmó que estaba en contra del matrimonio igualitario pese a que la Sala Constitucional de la Corte Suprema admitió en agosto de 2019 dos demandas en contra de los artículos que lo prohíben. Alejandro Giammattei, presidente de Guatemala, también se pronunció en contra de reconocer cualquier matrimonio homosexual.

La Constitución de **Bolivia** prohíbe el matrimonio homosexual desde 2009 pero en 2017 le dio luz verde al matrimonio transexual o transgénero ya que un año antes, se legalizó el cambio de nombre y género en la cédula de identidad. **República Dominicana** prohíbe el matrimonio homosexual desde 2010. Con vistas a los comicios de julio de 2020, las iglesias católica y evangélica de la República Dominicana, que se oponen por completo a la unión de parejas del mismo sexo, intervinieron en un discurso en contra de cualquier candidato a la presidencia que estuviera a favor de otro matrimonio que no sea entre un hombre y una mujer.

En **Paraguay**, la Constitución prohíbe el matrimonio entre personas del mismo sexo desde 1992. En junio de 2019 se celebró la Marcha del Orgullo en las calles de la capital Asunción con el respaldo de Europa, Estados Unidos y Reino Unido. Según muchos paraguayos, asisten a un retroceso de sus derechos, de ahí la gran manifestación a favor del matrimonio *gay*. Paraguay sepultó en 2014 un proyecto de ley contra toda forma de discriminación por motivos de diversidad de género. Mientras esté en el poder el Partido Colorado, no parece que haya posibilidad de cambio al respecto. Bajo la dictadura de Alfredo Stroessner, los homosexuales fueron duramente reprimidos. Hasta se estableció una lista de hombres que fusilar.

NOTAS

1. La Santa Inquisición = institución fundada en 1478 por los Reyes Católicos para mantener la ortodoxia católica en sus reinos.
2. soltero, -a = que vive solo
3. unión marital de hecho: *équivalent au PACS*

- ***Fresa y chocolate*** (1993), película cubana de Tomás Gutiérrez Alea y Juan Carlos Tabío, adaptación libre del cuento *El Lobo, el bosque y el hombre nuevo* del cubano Senel Paz.
- ***108 Cuchillo de palo*** (2010), película documental paraguaya de Renate Costa Perdomo que da a conocer el maltrato y las torturas que sufrieron los homosexuales en Paraguay durante la dictadura de Stroessner.
- ***Azul y no tan rosa*** (2014), película venezolana dirigida por Miguel Ferrari que generó gran polémica en las salas de cine del país, creando reflexión en los venezolanos con respecto a la postura de la familia frente a la homosexualidad.

MC123 Legislación en torno a la homosexualidad

LEGISLACIÓN EN TORNO A LA HOMOSEXUALIDAD

- **Países que legislaron contra la discriminación**
  - Argentina (sólo en Buenos Aires), Bolivia, Chile, Colombia, Cuba, Ecuador, República Dominicana, Uruguay y Venezuela
- **Países que legalizaron la unión civil entre personas del mismo sexo**
  - Argentina, Brasil, Chile, Colombia, Costa Rica, Ecuador, México (sólo en 8 estados) y Uruguay
- **Países que prohíben el servicio militar a homosexuales**
  - Bolivia, Ecuador, Guatemala, Honduras, Nicaragua, Paraguay, República Dominicana y Venezuela
- **Países que legalizaron el matrimonio entre personas del mismo sexo**
  - Argentina, Brasil, Colombia, Costa Rica, Ecuador y Uruguay
  - Aún debatido en Chile y Perú
- **Países que prohíben el matrimonio entre personas del mismo sexo**
  - Bolivia, Cuba, Honduras, Paraguay y República Dominicana
- **Países que prohíben la donación de sangre de los homosexuales**
  - Bolivia y Venezuela
- **En octubre de 2020, el papa Francisco expresó por primera vez su apoyo a la legalización de las uniones civiles de parejas del mismo sexo**

INDEX DES CARTES MENTALES

Imprimé en Italie par «La Tipografica Varese Srl» Varese